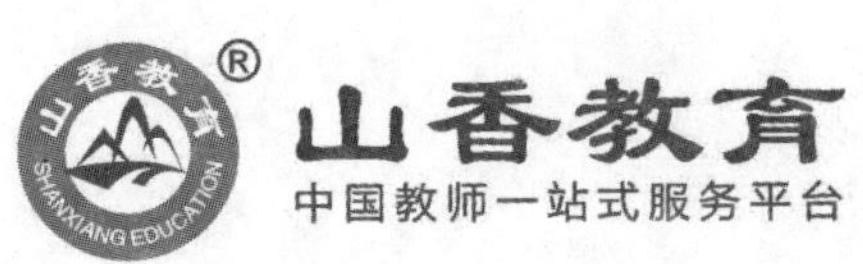

真题精选4200题

公共基础知识

山香教育 主编

（解析册）

目　录

第一部分　政治常识

第二部分　经济常识

第三部分　管理常识

第四部分　法律常识

第五部分　人文素养

第六部分　科技常识

第七部分　公文写作

第八部分　事业单位概况与思想道德建设

第一部分　政治常识

第一章　马克思主义哲学

基础知识达标

一、单项选择题

1. A 【解析】本题考查唯心主义。客观唯心主义把客观精神(如上帝、鬼神、理念、绝对精神等)看作世界的主宰和本原,认为现实的世界只是这些客观精神的外化和表现。把人生的成败寄托于“锦鲤”,属于客观唯心主义。故选A。

2. C 【解析】本题考查矛盾。人工智能始终领先于人类“智能”的观点错误,A项错误。材料未体现创新推动社会生产力的发展,B项错误。从哲学上看,材料说明创新推动文化和思维方式的发展,矛盾是事物发展的源泉和动力,C项正确。量变和质变是事物发展的基本状态,D错误。故选C。

3. C 【解析】本题考查矛盾的主次方面原理及其方法论。材料体现出平台经济高速发展,虽然给人们的生活带来便利,但也衍生出一些问题。这要求我们分清主流和支流,但不忽视支流,要正视问题,C项正确。材料强调的是数字经济的负面影响,即强调矛盾的次要方面,AD项不符合题意。人们不能根据自己的愿望建立新的具体的联系,可以根据固有的联系建立新的联系,B项错误。故选C。

4. A 【解析】本题考查实践。在不同的历史发展阶段,人类实践活动的内容、形式、规模和水平是各不相同的,都受到一定社会历史条件的制约,是一定历史条件下的产物。中国科技事业起步比西方晚,并且受到西方的技术垄断和封锁制约,但北斗人不懈奋斗,使中国成为世界上第三个独立拥有全球卫星导航系统的国家。这说明人的实践活动是历史的、发展的。A项正确。正确的意识对人们认识世界和改造世界具有指导作用,B项说法错误。具体问题具体分析是我们正确认识事物的基础和正确解决问题的关键,C项说法错误。发展的总趋势是前进性和曲折性的统一,D项说法错误。故选A。

5. C 【解析】本题考查因果联系与规律。“前事不忘,后事之师”是说人们应当牢记以前的经验教训,作为今后行事的借鉴,强调要根据因果联系总结经验教训,C项正确。题干强调的是联系,而不是规律,排除ABD项。故选C。

6. D 【解析】本题考查实践的含义。实践是以人为主体,以世界上的任何事物为对象的现实活动。

7. A 【解析】本题考查意识对物质的能动作用。题干中强调“文博文创热”成为消费新增长点,说明文化作为一种精神力量,能够在人们认识世界、改造世界的过程中转化为物质力量,对社会发展产生深刻的影响,A项正确。B项属于唯心主义的观点,排除。CD两项说法正确但不符合题意。故选A。

8. D 【解析】本题考查认识与实践。中国的珠峰测量史佐证了科技进步的实践可以推动认识向前发展,D项正确。追求真理是一个永无止境的过程,而非“循环往复的过程”,B项错误。AC项说法正确但不符合题意,排除。

9. B 【解析】本题考查价值判断与价值选择。材料并未体现经济基础决定上层建筑,也未体现价值判断和价值选择往往会因人而异,②③错误。随着生活水平的提高,如今年轻人以能吃、爱吃、会吃为荣,而在物质匮乏的年代,人们提倡节衣缩食。不同时期人们对吃的理解不同,这反映了社会存在决定社会意识,价值判断和价值选择具有社会历史性,①④正确,故选B。

10. C 【解析】本题考查矛盾的特殊性。“白梅懒赋赋红梅,逞艳先迎醉眼开”的意思是:我懒于为白梅赋诗,而要赋咏红梅;春天未到,红梅逞艳,先迎着醉眼开放。“挥毫落纸墨痕新,几点梅花最可人”的意思是:挥毫纵横,水墨淋漓,那纸上便绽放出几朵动人的梅花。“有梅无雪不精神,有雪无诗俗了人”的意思是:只有梅花没有雪花的话,看起来没有什么精神气质,如果下雪了却没有诗文相合,也会非常俗气。“不知花气清相逼,但觉山深春尚寒”的意思是:身临其境,只觉得山深境幽,春寒料峭,却不曾想到这正是梅花冷香逼人的缘故。矛盾的特殊性是指具体事物在其运动中的矛盾及每一矛盾的各个方面都有其特点。C项中,梅、雪、诗各有其特点,缺一不可,体现了矛盾的特殊性。

11. A 【解析】本题考查马克思主义。马克思主义理论就是关于无产阶级革命和人类解放的理论和纲领体系。马克思主义的根本价值追求是人类解放。故选A。

12. A 【解析】本题考查哲学基本派别的历史形态。客观唯心主义把客观精神(如上帝、鬼神、理念、绝对精神等)看作世界的主宰和本原,认为现实的世界只是这些客观精神的外化和表现。朱熹提出“理在事先”,即把“天理”说成是世界万物的本原,属于客观唯心主义的观点。C、D项属于主观唯心主义的观点。B项属于唯心主义,无法判断是主观唯心主义还是客观唯心主义。故选A。

13. D 【解析】本题考查辩证唯物论。包括自然界和人类社会在内的整个世界,其真正的统一性在于它的物质性,句(1)说法正确。人存在于自然系统之中并给予其重大影响,句(3)说法正确。自然生态与人类发展的矛盾并非不可协调,句(2)说法错误。故选D。

14. A 【解析】本题考查运动。题干这句话体现了事物的运动和发展具有客观性,不以人的主观意志或者朝代的更替为转移。BCD项与题意无关。故选A。

15. C 【解析】本题考查辩证唯物论。规律是客观的,不以人的意志为转移,它既不能被创造,也不能被消灭。规律是普遍的,自然界、人类社会和人的思维,在其运动变化和发展过程中,都遵循其固有的规律。超标超前培训违背了学生个体身心发展规律,教育部的规定反映了规律具有普遍性和客观性,说明教育必须遵循规律,按照客观规律办事,C项正确。主观能动性的发挥有正确与错误之分,发挥主观能动性不一定能利用规律,A错误;规律是客观的,不能改造规律,B错误;材料没有体现人可以改变规律起作用的前提条件,D不合题意。故选C。

16. C 【解析】本题考查辩证唯物论。"政绩广告"是不从实际出发、从主观愿望出发的做法,违背了一切从实际出发、实事求是的要求。故选C。

17. C 【解析】本题考查辩证唯物论。"共同但有区别的责任"原则对发达国家和发展中国家的区分是基于历史因素和现实因素等方面的考虑,体现了坚持一切从实际出发,实事求是的哲学道理。

18. C 【解析】本题考查主观能动性与客观规律性的统一。在农业生产中,配合季节气候,每种作物都有一定的耕作时间,称为农时。不误农时,就是遵循规律,体现了尊重客观规律是发挥主观能动性的前提。C项最符合题意,当选。

19. B 【解析】本题考查唯物辩证法。城市整体景观风貌跟建筑外观形象之间是整体与部分的关系,"统筹城市建筑布局,协调城市景观风貌""防止片面追求建筑外观形象"启示我们要正确认识和处理整体与部分的辩证关系,树立全局观念,立足整体,统筹全局,选择最佳方案,实现整体的最优目标,从而达到整体功能大于部分功能之和的理想效果。

20. B 【解析】本题考查对立统一规律。对立统一规律即事物的矛盾规律,揭示了事物发展变化的动力和源泉,是唯物辩证法的实质和核心。

21. B 【解析】本题考查矛盾。"能与不能、知与不知、有与没有"是矛盾的双方,二者对立统一,在一定条件下相互转化。材料启示我们坚持两点论和重点论的统一,看问题、办事情,既要全面、统筹兼顾,又要善于抓住重点和主流,①④正确。事物的性质主要由主要矛盾的主要方面决定,②错误。③与题意无关。故选B。

22. C 【解析】本题考查质量互变规律。题干中这句话的意思是:千仓万箱的粮食不是耕种一次就能得到的,高耸冲天的树木不是十天就能长成的,反映了质量互变规律。"寄言持重者,微物莫全轻"告诫人们对微小的事物要提高警惕,切不可等闲视之,从反面反映了质量互变规律。故选C。

23. A 【解析】本题考查唯物辩证法的范畴。原因和结果是揭示事物或现象间普遍联系和相互作用的哲学范畴。原因是指引起一定现象的现象,结果是指由原因起作用而被引起的现象。事物或现象之间这种引起与被引起的关系,就是因果关系。在本题中,黄河下游断流和供水不足是原因,工业损失巨大是结果,A项正确。BCD项与题意无关。故本题选A。

24. C 【解析】本题考查唯物辩证法的范畴。必然性和偶然性是揭示事物联系和发展中两种不同的趋势的一对范畴。必然性产生于事物内部的主要原因,在发展过程中居于支配地位,决定着事物发展的前途和方向;偶然性则产生于事物次要的和外部的原因,在发展中居于从属地位,对事物的发展过程起着促进或延缓的作用。故选C。

25. A 【解析】本题考查唯物辩证法的范畴。规律是事物运动过程中内在的、固有的、稳定的、必然的联系,兔子撞到树桩是一种偶然联系,而该农夫主观认为这是一种规律,把偶然联系当作必然联系,犯了主观主义错误,违背了规律的客观性。故选A。

26. D 【解析】本题考查唯物辩证法的范畴。必然性是指事物联系和发展过程中一定要发生的、确定不移的趋势。偶然性是指事物联系和发展过程中并非确定发生的,可以出现,也可以不出现,可以这样出现,也可以那样出现的不确定的趋势。黑天鹅的存在既在意料之外,却又是客观事实,体现了任何偶然事物背后都存在必然。故选D。

27. C 【解析】本题考查认识论。题干强调了实践是认识的来源,故选C。

28. B 【解析】本题考查认识论。实践是检验真理的唯一标准,谎言经不起实践的检验,B项正确。正确的思想意识能够正确地反映客观存在,错误的思想意识错误地反映了客观存在,A项错误。CD项与题意无关。故选B。

29. D 【解析】本题考查认识论。实践决定认识,实践是认识的来源,实践是认识发展的动力,实践是检验认识真理性的唯一标准,实践是认识的目的和归宿。题干所述现象在孩子们中间愈来愈普遍,这是因为孩子们缺乏产生正确认识的社会实践经验,说明社会实践是认识的基础,故选D。

30. A 【解析】本题考查认识论。人类的认识是无限发展的。认识的辩证发展过程是实践、认识、再实践、再认识,循环往复以至无穷,呈现出辩证发展的显著特点。故选A。

31. A 【解析】本题考查价值评价。李文亮医生在劳动和奉献中创造人生价值,A项正确。人生的价值就在于对社会的责任和贡献,BC项说法错误。价值判断是社会存在在人们头脑中的反映,是在社会实践的基础上形成的,D项说法错误。故选A。

32. C 【解析】本题考查历史唯物主义。人民群众是历史的创造者，进行改革要以人民群众为依托，才能改有所进、改有所成。AD项不符合题意。实践是认识的目的，B项错误。故选C。

33. B 【解析】本题考查历史唯物主义。人民群众是推动事业发展的力量源泉，是推动社会变革的决定性力量。人民群众在创造历史的过程中起决定作用。人民是决定党和国家前途命运的根本力量。本题为选非题，B项说法错误，当选。

34. B 【解析】本题考查马克思主义的理论特征。马克思主义的理论特征包括科学性、人民性、实践性和开放性。其中，马克思主义的开放性是指马克思主义是不断发展的开放的理论，始终站在时代前沿。马克思主义的开放性使其能够永葆美妙之春，不断探索时代发展提出的新课题，回应人类社会面临的新挑战。

35. C 【解析】本题考查哲学的基本派别。思维和存在何者为世界本原的问题是划分唯物主义和唯心主义的唯一标准。

36. C 【解析】“人心之动，物使之然也”说明物质是心理活动的原因，即物质决定意识，因此该观点属于朴素唯物主义范畴。故选C。

37. D 【解析】“天”是指自然界的最高主宰或天意，“道”是指三纲五常等封建社会准则。这句话的意思是，封建社会的最高原则是由天决定的，天是永恒不变的，因而按天意建立的封建社会之道也是永恒不变的。这是客观唯心主义的哲学观点。

38. B 【解析】客观唯心主义是唯心主义哲学的两种基本形式之一。它认为在物质世界和人类产生之前就独立存在着一种客观精神（理念、理、绝对精神、绝对观念等），这种客观精神在其发展过程中，产生了物质世界。

39. C 【解析】“两弹一星”精神促进了国防事业的发展，是因为在一定条件下，精神力量可以转化为物质力量。

40. A 【解析】本题考查辩证唯物论。医学专家对流行性疾病的冷静态度表明，人类的意识具有主观能动性，人能够认识和改造世界，人能够认识和利用规律，A项正确。实践是认识的目的和归宿，B项错误。C项不符合题意。人类可以认识规律，但不能改变规律，D项错误。故选A。

41. D 【解析】本题考查意识的能动作用。意识具有能动性，主要表现在人能够能动地认识世界和改造世界。人们在意识的指导下能动地改造世界，即通过实践把意识中的东西变成现实的东西，创造出没有人的参与永远也不可能出现的东西。但人们不可能在想象中创造出现实世界。C项错误，D项正确。A项和B项，本身说法错误。故本题选D。

42. D 【解析】钉钉子不是一锤就能钉好的，而是要一锤一锤接着敲，直到把钉子钉实钉牢，钉牢一颗再钉下一颗，不断钉下去，必然大有成效。习总书记所强调的“发扬钉钉子精神”就是要求领导干部在工作中不折腾、不反复，保持工作的稳定性和连续性，稳扎稳打向前走，即要求领导干部充分发挥主观能动性，逐步推进社会的发展。故本题中D选项最为合适。

43. C 【解析】诗句说的是失去的时间不能从头再来，体现的是时间不可逆，揭示了时间的一维性。

44. D 【解析】科幻电影体现意识活动的主动创造性，说明了意识不仅能反映事物的外部现象而且能够把握事物的本质和规律；不仅能够“复制”当前的对象，而且能够追溯过去、推测未来，能够创造一个理想的或者幻想的世界。D项符合题意。科幻电影不是对现实的如实反映，A项错误；真理是主观符合客观的哲学范畴，B项错误；科幻电影源于实践，但离不开创作者的丰富想象，C项错误。故选D。

45. C 【解析】项目团队根据棉花种子发芽的规律，通过在地面控制中心发送指令，使种子在月球背面发芽，认识并利用了规律。C项符合题意。主观与客观是具体的历史的统一，A项错误。人可以根据事物固有的联系建立新的联系，B项错误。尊重客观规律是做事成功的前提，D项错误。故选C。

46. D 【解析】揠苗助长的故事说明事物发展有其固有的规律性，我们必须按照客观规律办事，在尊重客观规律的基础上发挥主观能动性。

47. C 【解析】题干中“随着科技进步，存储能力更强的介质还将不断出现”，说明事物发展的方向是前进的、上升的，故选C项。

48. C 【解析】A、B项属于对立统一规律，D项是热力学第一定律。故选C。

49. A 【解析】通信从2G发展到5G，给人们带来越来越好的网络体验，说明发展是事物运动变化过程中内在具有的、前进的、上升的运动。A项说法正确。

50. C 【解析】世界上的事物千差万别，事物的联系也是多种多样的，题中既要认识事物的有利条件，又要重视事物的不利条件，体现了事物联系的多样性。

51. A 【解析】做一个“耐撕”的人，更多地表达了青年人对现代生活的一种“向外探索”的态度。在竞争环境下，尝试为自己争取，努力用实力证明自己，应具备的辩证法思想是：要坚定发展是前进性和曲折性的统一，相信历经千难万险之后定会有光明的前途，A项符合题意。

52. B 【解析】否定之否定规律是哲学的基本规律之一。它揭示了事物发展是前进性与曲折性的统一，表明了事物的发展不是直线式前进而是波浪式前进或螺旋式上升的。

53. B 【解析】题干表明全面深化改革虽会经历荆棘和挫折，但终将取得成功，这表明事物的发展是前进性和曲折性的统一。故选B。

54. B 【解析】A项，“把握机遇”体现的是量变质变原理，材料中未体现，排除。C项，“分析问题需要改进理论指导”体现的是认识和实践的关系，材料中未体现，排除。D项，“重视过程”体现了量变质变原理，材料中未体现，排除。B项，正确处理效率与公平的关系体现了联系的观点。故选B。

55. A 【解析】“堤溃蚁孔，气泄针芒”出自《后汉书》，意思是小小的蚂蚁窝能够使堤岸溃决，针芒般大小的孔眼也能使气泄掉。这句话提醒人们，做人做事都要在祸患出现萌芽的时候就着手处理，防患于未然；如果小事不注意，很可能前功尽弃，顷刻之间颠覆所有累积起来的成果，导致结果发生负面的“质变”。这句古训蕴含着量变和质变的辩证关系原理。故选A。

56. D 【解析】“一步一个脚印把前无古人的伟大事业推向前进”体现的辩证法原理是：事物是变化发展的，要重视量的积累才会有质的飞跃，D正确。

57. A 【解析】唯物辩证法认为矛盾是普遍存在的，矛盾是事物发展的动力和源泉；形而上学则否认事物内部存在的矛盾，把事物变化的原因归结为外部力量的推动。唯物辩证法和形而上学的根本分歧和斗争焦点在于是否承认矛盾，是否承认矛盾是事物发展的动力和源泉。

58. A 【解析】这句话的意思是：湍急的河流下，必有深潭；高高的山岭下，必有深谷。这句话体现的是矛盾双方对立统一的关系，即矛盾双方在一定条件下相互依存，一方的存在以另一方的存在为前提。

59. C 【解析】两句俗话告诉我们该退的时候就“退后一步”，该进的时候就“往前一步”，到底是“往前一步”还是“退后一步”，要看处于什么情形下，即要坚持具体问题具体分析。

60. A 【解析】矛盾的普遍性存在于特殊性之中，共性寓于个性之中；矛盾的特殊性包含普遍性，个性包含共性。“瓣瓣不同，却瓣瓣同心”反映了矛盾特殊性与普遍性的统一。

61. C 【解析】题干强调要立足整体，树立全局观念。这是因为整体居于主导地位，具有部分所不具有的功能，C项正确。当部分以合理结构组成整体时，整体功能才大于部分功能之和，A项说法错误。立足整体，统筹全局，选择最佳方案，才能实现整体最优目标，B项说法错误。D项说法正确但不符合题意。故选C。

62. C 【解析】辩证否定观，是事物对自身的否定，是既肯定又否定，既保留又克服，实质是扬弃；创新对既往和现实都是既肯定又否定，A错误；解放思想，实事求是不是破除一切传统观念，是对传统观念的批判继承，B错误；在绝对不相容的对立中思维是形而上学思维方法的基本特征，D项错误。故选C。

63. D 【解析】弘扬以改革创新为核心的时代精神，必须大力推进理论创新、制度创新、科技创新、文化创新以及其他各方面的创新。实践基础上的理论创新是社会发展和变革的先导；制度创新是其他一切创新的重要保障；科技创新是国家竞争力的核心；大力推进文化创新是繁荣发展社会主义先进文化的需要。

64. A 【解析】事物的发展是内外因共同作用的结果，其中内因是事物变化发展的根据，外因是事物变化发展的条件，外因要通过内因起作用。“打铁还需自身硬”说明中国共产党要重视自身建设，从严治党，着重强调了内因的作用。故选A。

65. A 【解析】实践不是仅仅停留在意识范围内的活动，而是通过人与客观世界实际的相互作用而引起客观世界变化的活动，这是实践的直接现实性。“不驰于空想”就是告诫我们不要只是停留在意识范围内，而要踏实工作。

66. D 【解析】社会实践是文化创新的源泉和动力。离开了社会实践，文化创新就成了无源之水、无本之木，人们就不能进行有价值的文化创造。歌手用作品真切地、深刻地反映了他在西藏的所见所闻，说明了艺术作品的源泉是现实的生活实践。

67. A 【解析】京剧中的脸谱造型是对社会生活中的人物形象进行抽象概括后的艺术加工，说明艺术不仅能反映客观现实，而且是对客观现实能动的反映。

68. B 【解析】人的思维是否具有真理性是一个实践的问题，说明人的思维是否具有真理性需要经过实践标准的检验。实践是检验认识真理性的唯一标准。

69. D 【解析】人们获得认识的途径是多方面的。通过亲身实践获得的知识是直接经验；通过读书等渠道学习他人实践的经验即间接经验，也是人们获得认识的重要途径。人的时间、精力是有限的，每次都亲自实践获得认识是不必要的，也是不可能的。因此实践不是获得认识的唯一途径，要把认识的来源和获得认识的途径区别开来。

70. C 【解析】A项说法正确，但题干并未涉及真理以及它与实践的关系；实践决定认识，认识工具是认识的具体化，所以应该是认识工具依赖于人们实践能力的发展，B项错误；实践的发展为人们提供日益完备的认识工具，这些工具延伸了人类的认识器官，反过来促进人类认识的发展，所以人类认识世界的能力随着工具的发展而发展，C项正确；题干并未涉及真理问题，D项不合题意。故正确答案为C。

71. A 【解析】本题考查唯物辩证法。消灭麻雀时只看到“麻雀吃粮食”的一方面，而没有看到“麻雀吃害虫”的另一方面，是片面的。把麻雀列为保护动物是用全面的观点看问题。

72. D 【解析】本题考查唯物辩证法。观察和认识中国，历史和现实都要看，内部和外部也都要看，这是习近平总书记历史思维的重要特点。这种历史思维体现了在承认时空的客观性的基础上，坚持内外因的辩证统一，辩证分析过去、现实和未来的因果关系等特点。本题为选非题，D项不符合题意，当选。

73. B 【解析】本题考查认识的过程。题干中儿童关于太阳的看法属于感性认识，有待于上升为理性认识。

74. A 【解析】本题考查真理的特性。真理具有条件性，任何真理都有自己适用的条件和范围，如果超出了这个条件和范围，真理就会变成谬误。

75. B 【解析】本题考查真理的特性。“一切都会过去的，唯有真理长存”体现了真理的客观性，B项正确。真理是一个不断发展的过程，任何真理性的认识都是由相对真理向绝对真理转化过程中的一个环节，A项错误。C项与题意无关。真理的内容是客观的，但形式是主观的，真理属于认识范畴，不能把真理等同于客观实在，D项错误。故答案选B。

76. B 【解析】本题考查真理和谬误的对立统一关系。真理和谬误的对立统一包含两方面：第一，真理和谬误相互对立，二者存在着原则界限。第二，真理和谬误的对立是相对的，它们在一定条件下相互转化。二者的对立只是在非常有限的范围内才具有绝对的意义，超出这个范围，二者的对立就是相对的。真理和谬误的对立统一关系表明，真理总是同谬误相比较而存在、相斗争而发展。

77. C 【解析】这句话的意思是，越是深入实践，知识越能不断增长，认识就能不断精进；有了更深刻的认识，实践才越有方向感。这句话充分体现了实践、认识、再实践、再认识，如此循环往复以至无穷，而实践和认识之间每一循环的内容，都比较前一循环进到了更高一级的程度。故本题选C。

78. C 【解析】从历史唯物主义角度看，网络流行语是一种社会意识，而社会现象或新闻事件属于社会存在。网络流行语背后都有一种社会现象或一类新闻事件说明社会意识是对社会存在的反映。

79. C 【解析】经济基础是指同生产力的一定发展阶段相适应的占统治地位的生产关系各方面的总和，要想社会进步和发展，经济基础还得适应生产力的发展，因此并不是只要上层建筑适应经济基础的需要就一定能推动社会的发展和进步。故选C。

80. C 【解析】上层建筑对社会发展起推动作用还是起阻碍作用，不取决于它是否适合自己的经济基础，而取决于它所服务的经济基础的性质的先进与落后。当上层建筑所服务的经济基础是一种先进的生产关系时，它越是为自己的经济基础服务，就越能促进生产力乃至整个社会的发展。相反，当上层建筑所服务的经济基础是一种落后的生产关系时，它越是为自己的经济基础服务，就越是阻碍生产力乃至整个社会的发展。

81. C 【解析】在历史创造者问题上，唯物史观认为，人民群众是推动历史发展的决定力量。唯心史观则认为，思想动机在社会发展中起决定作用。二者的根本对立在于是否承认人民群众是推动历史发展的决定力量。

82. A 【解析】题干中表述的是因为农民劳动活动的重要历史作用设立了中国农民丰收节，A项与题干表述相符。B项表述错误，排除。C项属于精神决定物质的唯心主义的错误观点，排除。题干表述不涉及实践与认识的关系，也不是唯物史观角度，排除D项。故选A。

83. D 【解析】A项属于唯物论的内容，B项和C项属于辩证法的内容。D项正确，属于历史唯物主义的内容。从题干中可知，我国社会主要矛盾发生了转化，但历史依然在向前发展，这表明人类社会的矛盾运动在不断推进历史的发展。故本题选D。

84. A 【解析】脱贫的手段各异说明事物的联系具有多样性，“四个一批”措施表明针对不同的贫困状况要分别处理，一切以时间、地点和条件为转移，即说明了事物的联系具有多样性和条件性，A项正确；致贫的原因多样说明不同事物的矛盾不同，B项错误；人民群众是社会历史的主体，打赢脱贫攻坚战离不开人民群众的主体作用，但并非个人主体地位，C项错误；实践具有社会历史性，但实践过程中要遵循客观规律，不能超越历史条件，D项错误。故选A。

85. D 【解析】积极投身为人民服务的实践是拥有幸福人生的根本途径，A错误。人的价值就在于创造价值，B错误。材料未强调全面提高个人素质，C错误。在平凡的岗位上默默地奉献着的人赢得了属于自己的“锦鲤”，这说明价值观对人们认识世界和改造世界具有重要导向作用，D正确。

86. B 【解析】刘永坦院士及其团队研制的“新体制雷达”使中国对海岸线和领空的掌控力上升了一个台阶，同时也获得了相应的奖励。这说明了人既是价值的创造者又是价值的享受者。

87. B 【解析】所谓人生态度，是指人们通过生活实践形成的对人生问题的一种稳定的心理倾向和基本意愿。题干描述的是人生态度。

88. C 【解析】实现人生价值需要充分发挥主观能动性，需要顽强拼搏、自强不息的精神。人的先天条件是无法改变的，后天的努力却人人都能做得到，关键是看我们愿不愿做、怎样去做。王泽山认为，专业无所谓冷热，任何专业只要肯钻研都会大有作为。这体现了其主观能动性的充分发挥，王泽山认真钻研火炸药技术，最终实现人生价值。王泽山认为，国家需要就是他研究的方向，火炸药是有国家战略意义的领域。这体现了他坚持个人与社会的统一。因此，①④符合题意，故本题选C。

89. D 【解析】材料中，人们在不同的世界观影响下产生了不同的方法论，说明世界观和方法论是一一对应的，世界观决定了方法论，而方法论体现了世界观。

90. A 【解析】材料表明具体科学是哲学的基础，具体科学的进步推动哲学的发展。A项符合题意，当选。

91. B 【解析】哲学必须以具体科学为基础，是对具体科学共性的抽象和概括。具体科学也离不开哲学世界观的指导，如果离开正确哲学的指导，具体科学的研究就会迷失方向。哲学和各门具体科学就是共性和个性、一般和个别、指导和被指导的关系。哲学不等同于各门具体科学，也不是凌驾于具体科学之上的"科学之科学"。

92. A 【解析】思维和存在的关系问题是哲学的基本问题。

93. D 【解析】根据题意，题中学生和教师面对的问题，是人们在生活中遇到的思维和存在的关系问题。这体现了思维和存在的关系问题首先是人们在生活和实践活动中遇到的无法回避的基本问题，故D当选。ABC项与题意无关，故排除。

94. A 【解析】古代朴素唯物主义，否认世界是神创造的，认为世界是物质的，坚持了唯物主义的根本方向，本质上是正确的。但是它把物质归结为具体的物质形态，具有局限性。题中"把可直接感知的某种具体实物看作是世界的本原"是古代朴素唯物主义的观点，A正确。

95. B 【解析】"生死有命，富贵在天"指人的生死等一切遭际皆由天命决定。这是客观唯心主义观点。

96. D 【解析】"心诚则灵，心不诚则不灵"认为意识对物质有决定作用，夸大了意识的能动作用，是典型的主观唯心主义命题，D正确。

97. D 【解析】本题中的观点坚持用物质世界本身具有的某种特性来解释自然界，但是它孤立地、静止地、片面地考查客观事物，看不到自然界的一切组成部分是相互联系的、运动的、变化的、发展的，所以是机械决定论的观点。D正确。

98. A 【解析】马克思主义哲学的革命性按其本质来说是批判的、革命的。马克思主义哲学的革命性，集中体现在它的批评精神，它用唯物辩证法观察事物，反对把客观世界和人的认识绝对化、凝固化，在一定程度上也成为人民群众变革现存世界的武器。

99. A 【解析】理论联系实际是学习马克思主义的根本方法。首先，这是由马克思主义的实践性决定的。实践是马克思主义的基础，马克思主义源于实践并随着实践的发展而发展，它的科学性和旺盛生命力的根源就在于它同实践紧密结合。其次，这是由我们学习马克思主义的目的决定的。所谓理论联系实际，就是把马克思主义的基本原理作为指导，去观察和分析社会实际、工作实际和思想实际。

100. C 【解析】马克思主义最根本的世界观和方法论是辩证唯物主义和历史唯物主义。

101. B 【解析】马克思认为，哲学的最终目的在于认识和改造世界。而在马克思之前，所有的哲学都不具有实践性。马克思主义哲学改变了实践在哲学中的地位和作用，就是哲学不但应该具有理论性，更应该具有实践性，指导人们认识世界和改造世界。

102. A 【解析】物质与意识对立的绝对性只有一点，即思维与存在何者为第一性，超出这个范围，可以相互转化，二者之间的对立只有相对而言的意义，A正确。

103. A 【解析】孔子这句话是告诫人们要养成踏实认真的学习态度、实事求是的作风，避免鲁莽虚荣。故选A。

104. A 【解析】市场一直处于变化发展的过程中，农民跟风种地，而不根据市场的变化及时作出调整，就违背了一切从实际出发的原则。

105. B 【解析】世界上一切事物都是运动和变化的。静止是物质运动的一种特殊状态。运动和物质的关系是不可分割的，物质是运动的物质，运动是物质的根本属性和存在方式。

106. C 【解析】马克思主义哲学正确揭示了时间和空间的本质。任何物质的存在和运动，都必然经历一定的时间和占据一定的空间，时间和空间是运动着的物质存在的基本形式，C正确。客观实在性是物质的唯一特性。运动是物质的根本属性。矛盾是物质运动的根本原因。A、B、D均错误。

107. D 【解析】人类社会的发展和自然界的发展都具有不以人的意志为转移的客观规律性，这是人类社会史与自然史的相同之处。同时也说明，社会规律和自然规律具有共同的本质，即具有客观性。然而社会发展规律与自然发展规律也有不同的一面，体现在表现形式上的不同。自然界发展的规律是由自然界中各种盲目力量相互作用而形成的，自然规律是自发地起作用；而人类社会发展的规律是由人有意识、有目的地活动而形成的。这并不是说社会发展规律不是客观的，而是说社会规律离不开人的活动，而人的活动总是在意识支配下进行的，社会规律一旦形成就对人的活动起制约作用，也是不可违背的。

108. C 【解析】规律是客观的，不以人的意志为转移，故C项错误。

109. C 【解析】A项，忽略了人类所具有的主观能动性，排除。B项，错在"一切"上，人类合理、适度、科学地按照自然规律的本身改造自然，并不会遭到"自然界的报复"，排除。D项本身的说法错误，人类应该在遵循自然规律的基础上发挥主观能动

性去实践,去改造自然,科学发展,从而达到人与自然的和谐。对“北大荒”的早期开发和后来的过度开垦,从正、反两方面说明人们应该合理调节人与自然之间的物质变换。故选C。

110. B 【解析】国际社会日益成为一个你中有我、我中有你的“命运共同体”,面对世界经济的复杂形势和全球性问题,任何国家都不可能独善其身。“命运共同体”体现了一切事物、现象、过程之间的相互影响、相互作用和相互制约,整个世界是万事万物相互联系的统一整体。

111. D 【解析】通信方式的演变说的是事物的发展,新的通信方式不断出现,说明事物的发展是前进的。故选D。

112. B 【解析】这个研究表明,规律是客观的,不以人的意志为转移,启示我们要尊重规律,按客观规律办事。

113. D 【解析】荀子强调,处理人、社会与自然的关系,都必须遵守“时”,体现了发挥主观能动性必须以尊重客观规律为前提。

114. B 【解析】“从一个较长的历史时期来说,改革会使人人受益”说明事物发展的前途是光明的;但改革“伴随着眼泪和痛苦”,说明事物发展的道路是曲折的。这句话包含的哲学道理主要是事物的发展是前进性和曲折性的统一。

115. C 【解析】哲学意义上的新事物和旧事物并不是以事物出现的时间早晚来界定的,而是以其是否符合事物发展的客观规律、是否具有强大的生命力和远大前途来进行区分的。

116. D 【解析】在工作中要把握好度。忽视对度的把握,就会使量积累到一定程度产生质变,出现“过犹不及”的情况。

117. C 【解析】材料强调修订党规党纪要一步一步迈进,即坚持量变和质变的统一,因为事物的发展都要经历由不完善到比较完善的过程。

118. C 【解析】只有重视量的积累,才能促成质变,笑到最后。故选C。

119. B 【解析】“防微杜渐”指当错误的思想和行为刚有苗头或征兆时,就加以预防与制止,坚决不让它继续发展。因为一旦任其发展,就有可能会发生质变,从而难以控制。故选B。

120. D 【解析】石头剪刀布的游戏中,没有剪刀的存在,就没有石头的胜和布的输,这三者之间具有相互依赖性,即具有统一性;但剪刀胜布,石头胜剪刀,布胜石头又体现了矛盾的斗争性,即对立性。

121. A 【解析】矛盾的同一性是指矛盾双方的相互依存、相互贯通。而老子所说的“有无”“难易”等对立的双方,都是相互依存着的。

122. B 【解析】白马是矛盾的特殊性,马是矛盾的普遍性,特殊的事物也具有这一类事物共有的属性,即普遍性寓于特殊性之中,而题中观点则割裂了事物共性和个性之间的联系。

123. B 【解析】“打老虎”是抓住主要矛盾,“也要打苍蝇”是不能忽视次要矛盾。故选B项。

124. C 【解析】A项说法错误,合作与竞争都很重要;B项错误,合作是共享的基础;D项错误,共享是合作的结果。故选C项。

125. D 【解析】度是保持事物质的稳定性的数量界限,即事物的限度、幅度和范围。度的两端叫关节点或临界点,超出度的范围,一物就转化为他物。“治大国如烹小鲜”启示我们,做事情要注意火候,在认识和处理问题时要坚持适度的原则。

126. A 【解析】否定之否定规律,揭示了事物由肯定到否定,再由否定到否定之否定的发展过程,它是事物完善自己、发展自己的一个有规律的过程,在这个过程中事物的发展表现出周期性。

127. B 【解析】矛盾存在于一切事物中,并且贯穿于事物发展过程的始终,即矛盾无处不在,矛盾无时不有。这是矛盾的普遍性原理。不会有“万事”都“如意”的情况,因此“万事如意”违背了矛盾的普遍性。

128. D 【解析】独立自主、自力更生是内因,是事物变化发展的根据;争取外援是外因,是事物变化发展的条件。内因与外因都不可缺少,任何事物的变化发展都是内外因共同作用的结果,所以体现的是内因与外因的辩证关系。D正确。

129. B 【解析】因果联系的多样性表现为一因一果、一果多因、一因多果、多因多果等。中国面临的贸易摩擦不但源于产业结构、贸易政策等经济因素,也与中国国际地位的上升息息相关,体现了一果多因的联系。

130. D 【解析】辩证唯物主义认识论认为,人们对客观世界的认识和改造、人生价值和理想的实现,都离不开社会实践。实践不仅是人类存在和发展的前提,也是人类认识的基础。实践是人类最基本的活动。作为主观见之于客观的实践活动,是科学世界观、人生观和价值观相统一的基础。所以说,实践的观点是辩证唯物主义认识论的首要的基本观点。

131. B 【解析】搬运夫和哲学家之间的差别是分工造成的,说明人的才能主要来源于后天的实践,B正确。

132. B 【解析】“自在之物”是指自然界自然存在的事物,而“为我之物”则是指经过人的实践改造过的事物。人具有主观能动性,可以改造自然界,B符合题意。

133. D 【解析】“操千曲而后晓声,观千剑而后识器”形容练习很多支乐曲之后才能懂得音乐,观察过很多柄剑之后才懂得如何识别剑器。这句话强调了实践的重要性,故选D。

134. D 【解析】实践是检验真理的唯一标准,这是由真理的本性和实践的特点决定的,真理的本性是主观和客观的一致。

实践的特点包括直接现实性,即实践是直接改造客观世界的物质活动,是主观见之于客观的物质活动。只有实践才能把主观认识和客观实在联系起来加以对照,从而判明主观和客观是否一致,判明认识是否具有真理性。D正确。

135. D 【解析】因为实践是认识的目的和归宿,所以我们不能纸上谈兵、光说不练,而要将各项措施通过具体工作实践落到实处。

136. C 【解析】这句话说的是实践与认识的关系,故排除A项;实践决定认识,认识不能独立于实践之外,获得认识的途径有直接经验和间接经验,B、D项说法错误,排除;故选C。

137. C 【解析】"熟能生巧"是指熟练了就能产生巧办法、好办法,表明实践锻炼提高了人的认识能力,从而说明实践是认识发展的动力。

138. D 【解析】根据知识获得的方式,可以把知识分为直接知识与间接知识。直接知识来自个体亲身体验,间接知识来自非亲身体验的资料。

139. B 【解析】任何真理都是理论与实践的具体的历史的统一。人们对发展观、公平观的认识的发展变化表明,真理以实践为基础并随着实践的发展而发展。

140. B 【解析】唯物史观认为,物质生活资料的生产是人类社会生存和发展的决定性条件。人们为了能够"创造历史",必须能够生活。但是,为了生活,首先就需要吃喝住穿以及其他一些东西。因此第一个历史活动就是生产这些需要的资料,即生产物质生活资料本身。故选B。

141. D 【解析】地理环境通过对生产过程的影响,直接或间接地影响社会发展。这表现在:地理环境能影响劳动生产率的高低,决定生产部门的分布,制约一个国家生产发展的潜力。

142. A 【解析】马克思主义运用历史唯物主义的基本观点来说明道德的本质,第一次科学地揭示了道德的本质,认为道德不是先天固有的"善良意志",不是神的启示,也不是人性的自然表现,而是一种特殊的社会意识形态,是上层建筑的构成部分。A项正确,D项错误。道德本质上是一定社会经济关系的产物,社会经济关系对道德起着决定作用。B项错误。道德受社会关系特别是经济关系的制约,但不是仅仅受经济关系制约。C项错误。故本题选A。

143. B 【解析】经济贫困形成贫困文化,贫困文化阻碍人们摆脱困境,说明文化与经济是相互影响和制约的关系。

144. C 【解析】法律作为上层建筑的一部分,其所服务的经济基础是否适应生产力的发展要求决定了法律对社会发展能否起进步作用。

145. D 【解析】生产方式是生产力与生产关系在物质资料生产过程中的统一。

146. D 【解析】所谓客观经济条件,主要是指一定的社会生产力和社会生产关系的状况。

147. C 【解析】人民群众创造历史的作用表现在以下几个方面:人民群众是社会物质财富的创造者;人民群众是社会精神财富的创造者;人民群众是社会变革的决定力量。本题的关键在于"道德建设的主体",道德属于精神财富,表明人民群众是社会精神财富的创造者。故选C。

148. A 【解析】B项说法过于绝对,排除;社会基本矛盾运动是社会发展的根本动力,C项错;D项不是解释原因,排除。

149. B 【解析】建设制造强国,既需要领军型人才,也需要大批技能高超的技工队伍。这主要是基于劳动者在生产力发展中发挥着主导作用,人民群众是历史的创造者。

150. D 【解析】在人的本质问题上,马克思指出:"人的本质不是单个人所固有的抽象物,在其现实性上,它是一切社会关系的总和。"而资产阶级人性论却制造了许多错误的理论,从抽象的人出发,说人性自由、人性自私,这一观点恰与马克思所认为的人的本质在其现实性上是一切社会关系的总和相违背,因而是错误的。故选D。

151. D 【解析】人既是价值的创造者,又是价值的享受者。人的价值包括两个方面,一方面就在于个人对社会的责任和贡献,另一方面是社会对个人的尊重和满足。而人的真正价值在于创造价值,在于对社会的责任和贡献。

152. B 【解析】人生价值之所以是社会价值和自我价值的统一,就是由于"人既是作为个体而存在又作为社会成员而存在",B正确。人作为个体存在,具有自我价值;人作为社会成员而存在,具有社会价值。人作为个体存在与社会存在的统一体,决定了人生价值是社会价值和自我价值的统一。

153. B 【解析】在当前社会转型时期提倡"厚德"主要是让人们树立正确的价值观,因为价值观对人们的行为具有重要的制约、驱动和导向作用。故本题选B。

154. C 【解析】一些地方"为了金山银山,毁了绿水青山"的情况屡见不鲜,这是价值观不正确导致的。科学发展观要求我们尊重客观规律,以人为本,保护环境,正确处理人与自然的关系,这也是我们应该坚持的正确的价值取向。

155. B 【解析】游玉棋自幼家庭贫困,积极从事公益事业,表明他积极投身于服务社会、服务人民的实践,在为社会奉献中实现着自己的人生价值。

156. C 【解析】艺术创作取得成功,实现了个人的价值,而艺术创作之所以取得成功,是因为联系了社会现实和时代诉

求，体现了要在个人与社会的统一中实现人生价值。

157. C 【解析】我们应当确立以天下为己任、服务人民、奉献社会的人生目的。

158. C 【解析】钱学森的话充分表明，对一个人的价值评判主要是看他的贡献，即看他通过自己的活动在多大程度上满足了他所属社会及他人的需要。

159. A 【解析】我们的人生价值只有通过对社会对他人的贡献才能实现，故答案选A。

160. D 【解析】社会提供的客观条件是实现人生价值的前提，①说法错误；正确的价值选择应基于正确的价值判断，②说法错误。题干中“当得知国家的召唤后，他毅然放弃国外的优厚条件，回国带领科研团队寻求技术突破”表明实现人生价值要不忘初心，坚持正确的价值观，要把个人理想与民族命运结合在一起。③④符合题意，故选D。

161. C 【解析】“把哲学思维作为我们实现中华民族伟大复兴中国梦、做好各项工作的看家本领”是因为正确的哲学能够指导人们正确地认识世界和改造世界，C正确。哲学不是一门科学，A表述错误；哲学的研究对象是整个世界，B、D错误。

162. B 【解析】真正的哲学是社会变革的先导，它与时俱进、实事求是、弃旧创新、生机勃勃。思想意识、文化观念、法律制度、伦理道德的破旧立新，必须依靠哲学的引导才能够实现。

163. A 【解析】马克思主义这一概念早在马克思在世时就已经使用。从狭义上说，马克思主义即马克思和恩格斯创立的基本理论、基本观点和学说体系。从广义上说，马克思主义不仅指马克思和恩格斯创立的基本理论、基本观点和学说体系，也包括继承者对它的发展，即在实践中不断发展着的马克思主义。

164. D 【解析】思维和存在的关系问题是人们在生活和实践活动中首先遇到和无法回避的基本问题。

165. A 【解析】唯物主义在哲学基本问题上主张物质为第一性、精神为第二性，世界的本原是物质，精神是物质的产物和反映。唯心主义在哲学基本问题上主张精神、意识或理念为第一性，物质为第二性，即物质依赖意识而存在。

166. B 【解析】题干所述说明认识是人脑对客观存在的能动反映，体现了辩证唯物主义观点。

167. A 【解析】马克思主义哲学的产生有深厚的阶级基础、自然科学基础和理论来源。马克思主义哲学既是科学的世界观，又是科学的方法论，是科学的世界观和方法论的有机统一。故本题答案选A。

168. B 【解析】辩证唯物主义和历史唯物主义是马克思主义最根本的世界观和方法论，是马克思主义哲学的核心内容。实践的观点是马克思主义哲学中首要的和基本的观点。故选B。

169. A 【解析】世界的统一性在于它的物质性，即世界统一的基础是物质。

170. B 【解析】客观实在性是物质的唯一特性。

171. C 【解析】题干的意思是：从古至今，规则没有不改变的，权势没有不逐渐积聚的，事物没有不变化的，社会风气没有不变更的。可见，这句话反映出运动是物质发展变化的根本属性。

172. A 【解析】时间是指物质运动的持续性和顺序性，具有客观性、一维性；空间是指运动物质的广延性和方位性，具有三维性。B、C、D错误。故本题答案选A。

173. A 【解析】题干强调的是人们赋予了客观事物美好的寓意，表明人能够能动地认识世界，意识活动具有主动创造性。故选A。

174. D 【解析】A、B本身说法正确，但不是“画饼不能充饥”的原因，故排除；精神可以通过实践转化为物质，C错误；“画饼不能充饥”，这是因为观念的东西不能代替物质的东西，D正确。

175. C 【解析】人与自然的矛盾不是不可调和的，A错误；人不能改造规律，只能认识和利用规律，B错误；自在事物的联系和人为事物的联系都是客观的，D错误；人的一些行为导致淡水湖面临危机，这要求我们要尊重规律，与自然和谐相处，C正确。

176. C 【解析】材料没有体现量变与质变的关系，A不合题意；规律是客观的，不能被创造、改变、消灭和废除，B错误；材料启示我们，规律是客观的，是不以人的意志为转移的，我们要尊重规律，按客观规律办事，而不能违背规律，C符合题意；尊重客观规律是我们发挥主观能动性、做好事情的基础和前提，D说法错误。

177. B 【解析】发挥意识的主观能动性，前提是需要利用客观条件，尊重客观规律。

178. A 【解析】习近平总书记深刻指出，实事求是是马克思主义的根本观点，是中国共产党人认识世界、改造世界的根本要求，是我们党的基本思想方法、工作方法、领导方法。

179. A 【解析】我国在20世纪30年代将水葫芦作为畜禽饲料引入，严重破坏当地水生生态系统的结构和功能，造成严重的生物污染，说明事物存在着前后相继的历史联系，因此要防患于未然，A符合题意。联系具有客观性，不能随意改变，人们可以根据事物固有的联系，改变事物的状态，调整原有的联系，建立新的联系，B错误。要遵循事物的联系，但减少联系的说法是错误的，C、D排除。

180. B 【解析】这句俗语说明了花与树、鸟与林的关系，而且侧重于强调树和林对花和鸟的重要意义。由此可以得出，这句话是要说明局部的存在离不开整体，整体对局部的发展具有重要意义。

181. B 【解析】我们应依据客观情况而非主观愿望制定相关政策，A错误；政府根据客观情况制定相关办法，体现了一切从实际出发、实事求是，B正确；联系是客观的，不以人的意志为转移，故不可改变事物固有联系，C错误；D与题意无关。

182. B 【解析】这句话的意思是："你们居住在大老远的北方，我们（楚国）在遥远的南方，相距很远，即使是马和牛走失，也跑不到对方的境内去，没想到你们竟然进入我们的领地，这是为什么？"这句话说明事物的联系是客观的，是事物本身所固有的，不以人的意志为转移，我们要从事物固有的联系中把握事物，不能主观臆造虚假联系。

183. D 【解析】世界上没有孤立存在的事物，每一种事物都是和其他事物相联系而存在的，这是一切事物的客观本性。联系又是有条件的，任何联系都是事物之间的相互制约，相互联系的事物彼此互为条件，有多少种联系，也就有多少种条件。D项正确。

184. C 【解析】A项强调的是凡事要尽力而为，至于是否能达到目的就要看时运如何，有宿命论的意思，但还强调要发挥主观能动性。B项的意思是没有破除就没有创立，没有阻止就没有运动，体现的是矛盾的同一性。D项体现的是个人价值和社会价值的统一。C项强调行为要遵守规则，故选C项。

185. D 【解析】联系是指一切现象、事物都互相作用、互相影响和互相制约，指事物内部矛盾双方和事物之间所发生的关系。事物的联系是普遍存在的、多种多样的。

186. D 【解析】歌曲体现了国与家的关系。D项，"皮之不存，毛将焉附"的意思是说皮都没有了，毛往哪里依附？比喻事物失去了借以生存的基础，就不能存在。将皮与毛联系起来，体现了联系的观点。A项体现矛盾是对立统一的，B项体现价值判断和价值选择要以国家和人民的利益为重，C项体现重视量的积累。这三项均与题意无关。故选D。

187. B 【解析】题干所表达的重点为网约车取得合法身份只是万里长征的第一步，也就是说网约车有了进一步的发展，但是后面还有很长的路要走，还会面临困难和阻碍。规律是客观的，但人们在客观规律面前可以发挥主观能动性，C项错误。A是无关项，排除。D强调的侧重点是前途光明，而题干强调的是发展的曲折性，排除D。故本题答案为B。

188. B 【解析】每个环节都打点折扣，最终得出的成绩就是不及格，说明从90%到59%正是一个量变引起质变的过程。

189. B 【解析】材料中强调的是量的积累的重要性，A不符合题意。一年365天，如果每天坚持这样做，就是"1+1%"的365次方，一年下来就是原来"1"的37.7834倍，强调量变是质变的前提和必要准备，我们要重视量的积累，B正确。矛盾双方在一定条件下可以相互转化，而没有"矛盾同一性和斗争性相互转化"的说法，C错误。材料没有涉及辩证的否定，D不符合题意。

190. D 【解析】"越是民族的，越是世界的"体现了矛盾普遍性和特殊性的统一，没有涉及整体和部分的内容，故A、B错误；事物发展是量变和质变的统一，体现的是发展观的内容，C不合题意；本土文化有其自身的特点，体现了矛盾的特殊性，D正确。

191. A 【解析】题干中句子的意思是说，往往善于游泳的人被溺死，善于骑马的人被摔死，所擅长的技能在一定条件下反而给自身带来了灾祸，这就是说事物在一定条件下是可以相互转化的。

192. D 【解析】恩格斯这句话表明"历史灾难"和"历史的进步"作为矛盾的双方在一定条件下可以相互转化。

193. B 【解析】辩证否定观是既肯定又否定，而非否定现存一切事物，A错误；被动接受"标准答案"，不敢尝试新事物，是缺乏创新精神的体现，要求我们坚持以创新思维指导认识世界和改造世界的活动，B符合题意；规律具有客观性，不能够被创造，C错误；真理是客观的、有条件的，"推翻真理"说法错误，D排除。

194. C 【解析】此题考查实践区别于认识的特点。此题出自列宁的论断："实践高于（理论的）认识，因为这不仅具有普遍性的品格，而且还具有现实性的品格。"实践是一种直接现实性活动，它可以把人们头脑中观念的存在变为现实的存在。

195. A 【解析】"绝知此事要躬行"就是强调正确认识的获得来自实践活动。故选A项。

196. C 【解析】工匠精神强调的是用辩证否定的观点看问题，要"吐故纳新"，不要"墨守成规"，A错误。工匠精神对精品有着执着的坚持和追求，要"精益求精"，而不是"不要标新立异"，B错误。工匠精神追求完美和极致，说明工匠精神强调的是用发展的观点看问题，要"追求卓越"，不要"因循守旧"，C正确。材料没有强调实践的观点，D错误。

197. D 【解析】实践是人类能动地改造世界的客观物质性活动。

198. C 【解析】题干说明的是认识的发展，而不是人类社会的发展，故排除A；B项是真理的概念，而不是体现的哲理，故排除B；题干中并没有提及以实践检验真理，故排除D。

199. A 【解析】本题中，"知识"代表真理；"力量"是对人的需要的满足，即价值。真理和价值既相互区别，又统一于人的实践活动之中。B、C、D项都夸大了知识的作用，是错误的观点。

200. C 【解析】认识的主体性原则是指主体的能动性原则。认识是主体在实践基础上对客体的能动反映。

201. B 【解析】材料表明，人们在特定的实践水平下对理想有不同的认识，说明人的认识是受实践水平限制的。

202. D 【解析】一个正确的认识需要经过多次反复才能完成，这体现了认识的有限性和无限性的辩证统一，说明整个人类的认识是有限与无限的统一。

203. A 【解析】形式主义脱离实际内容，实质是主观主义，官僚主义主要表现为高高在上、官气十足、主观武断、强迫命令、脱离实际、脱离群众。两者的共同错误是主观认识脱离当时当地的客观实际。

204. C 【解析】题干中强调的是人们对网红的两种不同看法，对象都是网红，因此强调人们对同一事物的认识有差异性，会有所不同，所以C选项正确。

205. D 【解析】根据史实的研究成果来看，十四年抗战的说法更科学，表明意识对物质的反映具有越来越全面、准确、深刻的总趋势，D正确。"社会意识随社会存在的变化而变化"在材料中未体现，A排除；B说法太绝对，排除；C不符合题意。

206. C 【解析】经济基础决定上层建筑，A、B错误。材料中"党制定的一系列正确的路线、方针、政策"属于上层建筑的内容，促进了我国经济的迅猛发展，说明上层建筑对经济基础具有积极的能动作用，C正确。社会发展的根本动力是生产力和生产关系、上层建筑与经济基础的矛盾运动，社会主义社会也不例外，只是这种矛盾是非对抗性的，D错误。

207. B 【解析】改革只能解决非对抗性社会矛盾，革命才能解决对抗性社会矛盾，A错误；养老保险制度改革属于社会分配制度改革，属于生产关系改革，是为了适应生产力发展的要求，B正确；材料没有体现改革的社会作用，不符合题意，C错误；"养老保险制度"是对产品如何分配方面的改革，不属于上层建筑改革，D不符合题意。

208. A 【解析】生产资料所有制形式在生产关系体系中起决定作用，其表现有：(1)它决定整个生产关系的性质；(2)它决定人们在生产中的地位；(3)它决定人们在生产中的相互关系；(4)它决定产品的分配方式。

209. D 【解析】先进生产力的集中体现和主要标志是科学技术。邓小平曾指出，科学技术是第一生产力。这一论断是对科学技术在现代生产力的重要地位和重要作用的科学概括。

210. B 【解析】我国当前改革的性质是社会主义制度的自我完善和发展。

211. D 【解析】科学技术特别是科学技术革命是"在历史上起推动作用的革命力量"。马克思对科学技术的伟大历史作用作过精辟而形象的概括，认为科学是"历史的有力的杠杆"，是"最高意义上的革命力量"。故本题答案选D。

212. D 【解析】经济基础是指同生产力的一定发展阶段相适应的占统治地位的生产关系各方面的总和。ABC项的表述均不准确，故选D。

213. C 【解析】马克思主义的群众观点是我们党群众路线的理论基础。马克思主义认为人民群众是历史的创造者。

214. C 【解析】一切工作都要从实际出发，而非从价值观出发，A错误；价值判断是价值选择的基础，B错误；青年要扣好人生的"第一粒扣子"是说要树立正确的价值观，C符合题意；材料没有强调社会提供的客观条件，D与题意无关。

215. D 【解析】A不符合题意，排除。价值观是一种社会意识，有正确与错误之分，正确的价值观才是对社会存在的正确反映，B项说法错误；正确的价值观才能指导人们采取正确的行动，C项说法错误；价值观对人们认识和改造世界的活动具有重要的导向作用，D项说法正确。

二、多项选择题

1. AB 【解析】本题考查唯物辩证法的矛盾观。题干观点中有主轴、重要领域、关键环节、其他领域等关键词，体现了主要矛盾和次要矛盾对立统一，体现了两点论和重点论相统一，AB项正确。材料未涉及内部、外部，C项错误。材料中未涉及矛盾的普遍性与特殊性，D项错误。故选AB。

2. ABD 【解析】本题考查抗疫精神。抗疫精神，是在抗击新冠肺炎中形成的众志成城、抗击疫情的精神。它来源于中国人民的抗疫实践，是一种积极的社会意识，是一种强大的精神力量，所以A、B、D项正确。精神可以在实践中转化为物质力量，而非"直接转化"，C项错误。故选ABD。

3. ABCD 【解析】本题考查主观唯心主义。主观唯心主义把个人的主观精神如感觉、经验、心灵、意识、观念、意志等看作是世界上一切事物产生和存在的根源与基础，而世界上的一切事物则是由这些主观精神所派生的，是这些主观精神的显现。ABCD项均属于主观唯心主义观点。

4. AC 【解析】本题考查唯物主义。罗素提出"逻辑原子论"，认为这个世界是由逻辑事实构成的，这是近代形而上学唯物主义的观点。黑格尔把绝对精神看作世界的本原，这是客观唯心主义的观点。墨子以"耳目之实"的直接感觉经验作为认识的唯一来源，他认为，判断事物的有与无，不能凭个人的臆想，而是要以大家所看到的和所听到的为依据，这是古代朴素唯物主义的观点。王守仁主张心外无物，心外无理，宇宙便是吾心，吾心便是宇宙，这是主观唯心主义的观点。故本题选AC。

5. AB 【解析】本题考查历史唯物主义。封建社会女性地位低，说明社会存在决定社会意识，A项正确。随着社会的发展，两性平等越来越受到重视，说明社会意识随着社会存在的变化而变化，B项正确。CD项说法错误。

6. AB 【解析】马克思主义是在无产阶级革命实践中产生、发展起来的，是无产阶级根本利益的科学表现。鲜明的阶级性和实践性是马克思主义的根本特性。故本题选AB。

7. ABC 【解析】题干是习近平总书记对当代青年提出的殷切期望，也是对务实作风的生动表述。这句话强调了一切从实际出发，在实践中充分发挥主观能动性，积极进取。没有提到外因的作用，D项与题干无关。故选ABC。

8. BD 【解析】A项为无关选项。C项表述错误，人们可以认识和利用规律，无法改造规律。题干强调的是要按照自然规律对待生态环境，积极推进生态文明建设，才能实现中华民族永续发展。故选BD。

9. ABC 【解析】王夫之是我国古代朴素唯物主义者，他的思想是我国朴素唯物主义的高峰。"动静者，乃阴阳之动静也""皆本物之固然"说明运动和静止都是物质的固有属性。"静者静动，非不动也"说明静止是运动的特殊状态，是缓慢不显著的运动。"动、静，皆动也"说明运动的绝对性和静止的相对性。故本题选ABC。

10. ABD 【解析】"不积跬步，无以至千里；不积小流，无以成江海"出自《荀子·劝学》，比喻学习必须日积月累，循序渐进，这说明了量变是质变的基础。"千里之堤，溃于蚁穴"意思是千里长的大堤，往往因蚁穴而崩溃，这也表达了量变是质变的基础。故选A、B、D三项。

11. ACD 【解析】本题考查矛盾的特殊性在三个方面的具体表现。B项是矛盾的斗争性，故排除。

12. AB 【解析】扫码及刷脸支付给消费者带来便利的同时也带来了许多弊端，说明扫码及刷脸支付是矛盾的统一体，而且作为新事物要经历曲折的发展过程。必然性蕴藏于偶然性之中，通过大量偶然性表现出来，并为自己开辟道路，故C项说法错误。在不同的条件下，斗争性和同一性所处的地位会有所不同，矛盾的斗争性不会始终处于主要的方面，故D项说法错误。故本题选AB。

13. AD 【解析】题干体现了一切事物都包含着既对立又统一的两个方面，矛盾双方相对应而存在、相斗争而发展，故AD项正确。矛盾的统一和对立同等重要，B项说法错误。矛盾的统一是相对的，对立是绝对的，C项说法错误。

14. BC 【解析】传统春节文化的根本性质并未发生变化，而是庆祝方式发生了变化，A项错误；事物的现象与本质是对立统一的，而非直接统一，D项错误。以往和如今人们过年方式的变化，说明年俗的变化呈现出阶段性的特点，故B正确；虽然过年的习俗变了，但都是人们都在庆祝春节，说明事物的现象是多变的，本质是稳定的，故C正确。

15. ACD 【解析】实践是人类能动地改造世界的客观物质性活动。实践的基本特征包括客观物质性、自觉能动性和社会历史性。

16. ABD 【解析】辩证唯物主义认为，真理具有一元性。真理的一元性是指对于特定认识客体来说，真理只有一个，它不因主体认识的差别和变化而改变。真理是一元性与多样性的辩证统一，而非一元性和多元性的统一，故C项说法错误。

17. CD 【解析】真理的客观性包含两重含义：(1)真理的内容是客观的，也就是说真理中包含着不依赖于任何主体的客观内容。真理属于认识论的范畴，是人们对客观事物及其规律的正确反映。故A、B两项说法错误，C项说法正确。(2)检验真理的标准也是客观的。实践是检验真理的唯一标准。故D项说法正确。

18. AD 【解析】地理环境是人类生存的场所，为人类提供生活资料和生产建设的资源。

19. ABC 【解析】生产力是指人类征服自然、改造自然、获取物质资料的能力。生产力的构成要素包括劳动者、劳动资料、劳动对象。

20. BC 【解析】改革是对上层建筑的调整，因此应当是推动上层建筑与经济基础相适应，故A错；改革是对生产关系和上层建筑所进行的局部调整，并不触及社会基本制度，故D错。故选BC。

21. BC 【解析】B项，国家监察体制属于上层建筑，国家监察体制改革是为了推动经济社会健康发展，体现了通过完善上层建筑以巩固经济基础的政治思想。C项，实现对所有行使公权力的公职人员监察全覆盖，体现了以人民为中心的价值导向。AD项与题意不符。故选BC。

22. BD 【解析】A项错误，改革中面对的社会基本矛盾是非对抗性的。C项错误，社会基本矛盾运动的规律决定了社会的性质和总体面貌。题干表明改革是社会主义制度的自我完善和发展，改革必须坚持以人民为中心的发展思想。故选BD。

23. BCD 【解析】本题考查唯物史观。人民群众是社会历史的主体，是历史的创造者，是社会物质财富的创造者，是社会精神财富的创造者，是社会变革的决定性力量。群众观点是我们党最基本的政治观点，群众路线是我们党最根本的工作路线。因此，从唯物史观看，重视民心是贯彻党的群众观点和群众路线的重要保证，体现了人民群众是历史的创造者，可以对经济社会发展起积极的推动作用。BCD项说法均正确。人民群众的社会实践是衡量社会发展道路正确与否的根本标准，A项说法错误。

24. BCD 【解析】本题考查唯物史观。蒲松龄在创作《聊斋志异》时，通过听群众讲故事来搜集素材，这与社会物质财富无关，可排除A。这个创作过程，说明人民群众是社会精神财富的创造者和传播者，人民群众的生活和实践是一切精神财富形成和发展的源泉，人民群众的实践为精神财富的创造提供了必要的物质条件。故选BCD。

25. BC 【解析】物质决定意识，A项说法错误；意识可以转化成物质，但是意识不能创造物质，D项说法错误。

26. AB 【解析】人能够能动地认识世界和改造世界，意识活动具有目的性、计划性、主动创造性和自觉选择性。

27. BCD 【解析】物质世界的运动是绝对的,静止是相对的。静止是物质运动在一定条件下的稳定状态。运动和静止相互依赖、相互渗透、相互包含。故B、C、D三项正确。

28. ABD 【解析】马克思主义哲学唯物辩证法三大规律是质量互变规律、否定之否定规律、对立统一规律。其中,对立统一规律是辩证法的实质和核心。

29. ABD 【解析】从内容上看,实践可以划分为三种基本类型:物质生产实践、社会政治实践和科学文化实践。

30. AD 【解析】我国社会主要矛盾发生变化,这是我国的实际情况,发展中国特色社会主义的所有方针政策都应该从这个实际情况出发,表明从实际出发才能有效地认识和改造世界,认识世界的最终目的在于指导实践活动。实践决定认识,B错误;C不符合题意。

31. BC 【解析】A项夸大了意识的作用,错误;B项正确,麻痹大意往往导致生产事故频发说明人的意识能够影响实践发展的趋势和结果;C项正确,安全意识之所以成为安全生产的关键,是因为人的意识是促成实践中的矛盾转化的重要条件;D项错误,人的意识不同,实践结果的性质可能就不同,但不是说一定就会不同。故选BC。

32. AC 【解析】实践是认识的目的,B项说法错误;D项说法正确,但与题意无关。故选AC。

33. CD 【解析】真理是客观事物及其规律在人的意识中的正确反映,故C、D两项正确。

34. BC 【解析】世界是物质的,物质决定意识,意识是客观世界的主观映象,故A项正确,排除。实践是检验真理的唯一标准,故B项错误,当选。真理是客观的,不以人的意志为转移,真理是对客观事物的正确认识,但不能说真理就是客观事物本身,故C项错误,当选。一切意识都是对客观世界的反映。正确的意识是对客观世界的正确的反映,我们通常把正确反映客观事物的本质和规律的认识称为真理;错误反映客观事物的认识称为谬误。错误的意识比如鬼神观念等是对客观世界的歪曲的、虚幻的反映。因此无论人们怎样设想鬼神的存在,都无非是在人的基础上增加或者减少一些人的属性虚构出来的,是对客观事物歪曲颠倒的反映。故D项正确,排除。

35. AB 【解析】之所以重视科技创新,从辩证法的角度讲是因为事物是变化发展的,从认识论上讲是因为认识在实践的基础上不断扩展、深化、向前推移。CD项与题意无关。

36. ABD 【解析】C项的说法是错误的,历史发展是有其自身规律的。

37. AB 【解析】C项说法错误,价值观属于社会意识,社会存在的变化决定社会意识的变化,正确的价值观念也会随条件的改变而改变;D项说法错误,尊崇劳动的信念对社会的发展进步具有重大意义,但不是决定性的。故选AB。

38. ACD 【解析】B项表述错误,坚信人民群众自己解放自己是历史唯物主义的群众观点。

39. ABC 【解析】干部要"洗脚"是要求干部要深入群众,调查研究。干部要深入群众是由人民群众的历史地位决定的,人民群众是实践的主体,人民群众中蕴藏着无穷的智慧。干部要调查研究,是因为一切真知来源于社会实践。D项不符合题意,排除。

40. ABCD 【解析】马克思主义哲学物质观指出了物质的唯一特性是客观实在性,批判了唯心论和二元论;坚持了物质世界的可知性,体现了本体论和认识论的统一;坚持了世界的多样性与物质统一性,克服了旧唯物主义物质观的缺陷,体现了唯物论和辩证法的统一。D项,马克思主义将人类社会也归于物质范畴,创造了唯物史观,实现了历史观与自然观的统一。故选ABCD。

41. ABCD 【解析】意识的本质包括:(1)意识是人脑的机能,人脑是意识的物质器官;(2)意识是客观世界的主观映象,是人脑对客观世界的反映;(3)意识是社会的产物,从起源来说,人类意识是社会性劳动创造的。

42. AC 【解析】针对城市车辆逐年增长的现状,杭州对大数据的分析和应用成为治堵新发力点,体现了杭州坚持一切从实际出发,根据不断变化的情况决定治堵措施,A正确。经济建设才是所有工作的重中之重,B错误。大数据的分析和应用成为治堵新发力点,体现了杭州善于在具体的城市发展中掌握和利用规律,C正确。大数据在城市管理中能发挥重要作用但并非决定作用,D错误。

43. BCD 【解析】墨菲定律告诉我们,容易犯错误是人类与生俱来的弱点,不论科技多发达,事故都会发生。所以,我们要避免盲目乐观,尽可能想得周到、全面一些,努力从偶然中把握必然,具体分析事物的各种联系,而不是企图容忍错误或者掩盖错误。

44. CD 【解析】矛盾具有特殊性,就要求我们在解决问题的时候要具体问题具体分析。A项体现的是矛盾的同一性,排除。B项"绳锯木断,水滴石穿"体现了量变引起质变的哲学道理,排除。故本题答案选CD。

45. ACD 【解析】竞争各方能"合作共赢",是因为矛盾的同一性,竞争双方有相互吸引、相互联结的趋势。它有两方面的含义:一是矛盾双方相互依赖,一方的存在以另一方的存在为前提或条件;二是矛盾双方相互贯通,即相互渗透、相互吸引有利于自身发展的因素,以促进自身发展。故ACD正确。B项"克服矛盾另一方"说法错误,排除。

46. CD 【解析】假象作为现象的一种,是本质的特殊表现形式。假象是从反面表现本质,是本质的歪曲的、颠倒的反映,但不是对本质的否定，A项错误。假象也是客观现象的一种，B项说法错误，D项说法正确。假象歪曲地表现着事物的本质，容易使人产生错觉，C项说法正确。

47. AC 【解析】题干中鲁迅说的“单是说不行，要紧的是做”强调的是实践的重要性；题干中鲁迅要求我们做事情要从“一木一石”做起，强调的是我们在做事情的过程中要重视量的积累。

48. AB 【解析】“历尽天华成此景，人间万事出艰辛”包含的哲理是量变达到一定程度才能发生质变，故C项不符合；“冬青树上挂凌霄，岁晏花凋树不凋”包含的哲理是事物发展有其自身的客观规律，故D项不符合。

49. AB 【解析】我国个人所得税起征点的不断调整，说明社会存在决定社会意识，社会意识随着社会存在的变化而变化，A、B两项正确。历史唯物主义认为，社会存在决定社会意识，社会存在的变化发展决定社会意识的变化发展，社会意识反映社会存在，故C项本身说法错误。从根本上说，社会存在决定社会意识，但社会意识又具有相对独立性，它有时会落后于社会存在，有时又会先于社会存在而变化发展，故D项本身说法错误。

50. ABC 【解析】价值评价在实践中起着激励、制约和导向的作用。D项夸大了价值评价的作用，是错误的说法。

51. ABC 【解析】人生价值包括两个方面：一是个人对社会的责任和贡献，二是社会对人的尊重和满足。但人生的真正价值在于对社会的贡献，故D项错误。人的价值具有目的性和工具性的二重性，个人价值的问题实质是人和社会的关系问题，人的价值就在于人的价值是能够创造价值的价值，是一切价值中最高的价值。

52. BD 【解析】题干中王选的话表明：人生的真正价值在于对社会的责任和贡献，而不在于人的自然本性的满足，也不应以个人的得失作为标准。

三、判断题

1. √ 【解析】本题考查质量互变规律。“千里之堤，溃于蚁穴”的意思是说千里长的大堤，往往因蚂蚁洞穴而崩塌，体现了量变达到一定程度必然引起质变，质变是量变的必然结果。

2. √ 【解析】本题考查真理。真理是人们对客观事物及其规律的正确反映。真理最基本的属性是客观性。真理的客观性决定了真理的一元性。在确定的对象和范围内，真理与谬误的对立是绝对的，谎言是成不了真理的。

3. √ 【解析】本题考查矛盾观。“万物莫不有对”意思是说世界万物都有与它相反的一面，体现了矛盾的普遍性，说明矛盾是普遍存在的。

4. √ 【解析】本题考查马克思主义。马克思主义强调的人民，不是抽象的、超阶级的“人”，而是以工人阶级为主的包括广大人民群众的具体的人。马克思主义以前的各种理论流派，只是在人的概念上大做文章，抽象地谈论人性，空谈所谓“人的解放”，鼓吹超阶级的人性，而对以工人阶级为主的包括广大人民群众的具体的人民视而不见。人民性是马克思主义的鲜明特色。

5. √ 【解析】本题考查辩证唯物论。心情愉快，则感到“光阴似箭”；心情抑郁，则感到“度日如年”，这说明了人的时间观念具有相对性。

6. √ 【解析】本题考查辩证唯物论。思路决定出路要求我们在实际工作中，一方面要拓宽思路，在困境中善于思考，发挥主观能动性。另一方面，要积极把思维付诸实践，工作中做到持之以恒，做出令人满意的工作成绩。从哲学角度看，这体现出意识具有能动作用。

7. × 【解析】本题考查唯物辩证法。形而上学认为世界上的一切事物和现象都是孤立存在、互无关联的，世界上的一切事物和现象都是静止不动的，否认质变，否认矛盾。题干这句话的意思是耸入云霄的树木一定有它的根基，环绕山陵的水流一定有它的源头，体现了联系的观点和发展的观点。

8. √ 【解析】本题考查唯物辩证法的联系观。花不能离枝，鸟不能离群，这说明部分是整体中的部分，体现了局部性质和意义的体现离不开整体。

9. √ 【解析】本题考查唯物辩证法。发展的本质是新事物的产生和旧事物的灭亡。储存能力更强的介质不断出现，体现了事物发展的方向是前进的、上升的。

10. √ 【解析】本题考查价值观。钟南山院士正确的价值观体现了他为国为民的价值选择，说明实现人生价值需要正确价值观的指引。

11. √ 【解析】本题考查历史唯物主义。社会存在决定社会意识，社会意识是社会存在的反映，并反作用于社会存在。文化作为一种精神现象，从根本上说，源于社会生活，尤其源于一定社会的物质生产活动，文化是社会生活、社会存在的反映。

12. √ 【解析】本题考查历史唯物主义。社会意识具有相对独立性，它在反映社会存在的同时具有自己特有的发展形式和规律。首先，社会意识和社会存在的发展具有不平衡性。其次，社会意识内部各种形式之间相互作用、相互影响。最后，社会意识对社会存在具有能动的反作用，这是社会意识相对独立性的突出表现。由于市民健康意识不足，导致分餐制的落实面临诸多掣肘，体现了社会意识落后于社会存在时，落后的社会意识对社会存在的发展起阻碍作用。

13. √ 【解析】辩证唯物论的基本观点是:世界的本原是物质,主张物质决定意识,意识是对物质的反映,同时,意识对物质有能动的反作用。承认世界是物质的,物质具有客观实在性,这是整个马克思主义哲学的基础。

14. √ 【解析】解放思想、实事求是、与时俱进是马克思主义哲学的精髓。

15. √ 【解析】改革是社会主义制度的自我完善和发展,改革体现了物质世界是绝对运动和相对静止的统一。

16. × 【解析】港珠澳大桥的建成通车,将加速大珠三角地区的经济融合。联系具有客观性,人们可以根据事物固有的联系建立新的联系,但不能根据需要建立新的联系。

17. √ 【解析】本题考查唯物辩证法。唯物辩证法是关于联系和发展的科学,联系的观点和发展的观点是它的总特征。

18. × 【解析】本题考查联系观。联系具有普遍性,并不意味着世界上任何事物之间都存在着某种联系,联系是有条件的。

19. × 【解析】本题考查联系观。联系是普遍的、客观的、有条件的。

20. × 【解析】本题考查唯物辩证法。"金无足赤,人无完人"说明人既有缺点,也有优点,不能简单地分成一半优点一半缺点,应全面地看问题。

21. × 【解析】这句话说明认识是一种波浪式前进或螺旋式上升的过程。

22. × 【解析】本题考查上层建筑的概念。上层建筑是指建立在一定经济基础上的社会意识形态以及与之相适应的政治法律制度和设施等的总和。在阶级社会中,政治法律制度和设施是上层建筑的重要组成部分,通常简称为政治上层建筑。马克思主义认为,政治思想、法律思想、哲学思想、文艺思想等意识形态诸种形式,通称为思想上层建筑。在上层建筑中,政治上层建筑处于主导地位;国家政权是上层建筑的核心。

23. √ 【解析】意识形态话语权主要是指在社会思潮中,引导民心、决定社会舆论走向等方面的能力。意识形态工作对国家的重要性使得不同的社会制度都在这一点上认识趋同并紧抓不放。

24. √ 【解析】人民群众是社会实践的主体,是历史的创造者,也是物质财富和精神财富的创造者,是社会变革的决定力量。

25. × 【解析】人民群众是社会物质财富和精神财富的创造者,也是社会变革的决定力量,所以,人民群众是真正的英雄,但不能由此认为人民群众是社会发展的根本动力。生产力和生产关系的矛盾与经济基础和上层建筑的矛盾,是人类社会的基本矛盾,是社会发展的根本动力。

26. √ 【解析】改革是社会主义制度的自我完善和发展。

27. √ 【解析】唯物辩证法承认事物的内部矛盾,而形而上学则否认事物的内部矛盾。是否承认事物的内部矛盾是二者斗争的焦点。

28. √ 【解析】唯物辩证法认为,世界是普遍联系和永恒发展的,事物的内部矛盾是事物发展的根本动力。唯物辩证法的三个基本观点是联系的观点、发展的观点和矛盾的观点。

29. √ 【解析】黑格尔是辩证法的集大成者,但黑格尔的辩证法是唯心主义辩证法。马克思主义哲学的辩证法是唯物主义辩证法。因此,辩证法既可以和唯物主义结合,也可以和唯心主义同流。

30. √ 【解析】"仁者见仁,智者见智"指不同的人对同一事物会有不同的见解和主张,说明意识受主体状态的影响。

31. √ 【解析】马克思主义哲学认为,自由是正确地认识规律并按规律办事。只有正确认识规律并按规律办事,才能有效地改造世界,实现预期目的。

32. √ 【解析】马克思主义的辩证唯物主义和历史唯物主义,是科学的世界观和方法论。故本题正确。

33. × 【解析】意识活动是人脑的内在功能,不具有直接现实性。人们可以通过自己的努力"梦想成真",说明实践具有直接现实性。

34. × 【解析】发展和变化是有区别的,变化是世界上发生的一切变化和过程,包括事物的性质、数量、结构、位置等方面的活动和改变。发展是变化的一种,并不是世界上所有的变化都是发展。发展是新事物代替旧事物,是事物由简单到复杂、由低级到高级的运动变化。

35. × 【解析】马克思主义认为人民群众才是历史的创造者。不管什么样的历史人物,在历史上发挥怎样的作用,都要受到社会发展客观规律的制约,而不能决定和改变历史发展的基本趋势。

36. × 【解析】生产力高低是衡量社会进步的根本尺度,但不是唯一尺度,因而题干说法错误。

37. √ 【解析】人民群众是社会精神财富的创造者。人民群众的生活和实践是一切精神财富形成和发展的源泉。人民群众的实践为精神财富的创造提供了必要的物质条件。

38. × 【解析】只有正确的价值观才有积极导向作用。

39. √ 【解析】物质世界是绝对运动与相对静止的统一。"进"体现了发展变化,即绝对运动;"稳"体现了相对静止。

40. × 【解析】所谓规律，就是事物运动过程中固有的、本质的、必然的、稳定的联系。但是规律的存在和发生作用是有条件的，条件具备，规律就存在、就起作用，一旦规律存在和发生作用的条件不存在了，规律就不起作用。不同的物质形态、不同的运动形式有不同的规律，同一规律在不同的发展阶段也有不同的表现形式。所以说，规律不是不变化的，而是随着客观条件的变化而变化的。

41. × 【解析】充分发挥主观能动性，也必须遵守客观规律，人们不能突破历史条件所许可的范围。

42. √ 【解析】联系是客观的。人为事物的联系虽然是人类实践活动的产物，具有"人化"的特点，但仍然是客观的，不以人的意志为转移。人为事物的联系只有通过实践这一客观的物质活动才能够形成，形成之后便独立于人的意识之外。

43. √ 【解析】否定之否定规律表明，事物的变化发展是前进性和曲折性的统一，总趋势是前进的，道路是曲折的，在曲折中前进。

44. √ 【解析】时代变了，而人们的"面子"观念依旧存在的现象表明，社会存在和社会意识的发展存在不平衡，社会意识具有相对独立性的特点。

综合能力提升

一、单项选择题

1. A 【解析】本题考查辩证唯物论。"天行有常，不为尧存，不为桀亡"的意思是大自然的运行有其自身规律，这个规律不会因为尧的圣明或者桀的暴虐而改变，体现了规律具有客观性。"天不言而四时行，地不语而百物生"体现了规律是客观的，不以人的意志为转移，A项符合题意。"黑发不知勤学早，白首方悔读书迟"劝勉青少年要珍惜少壮年华，勤奋学习，有所作为，B项不符合题意。"卧看满天云不动，不知云与我俱东"体现了运动与静止的辩证关系，C项不符合题意。"不识庐山真面目，只缘身在此山中"要求观察事物应客观全面，D项不符合题意。故选A。

2. B 【解析】本题考查对立统一规律。"江碧鸟逾白，山青花欲燃"的意思是：碧绿的江水把鸟儿的羽毛映衬得更加洁白，山色青翠欲滴，红艳的野花似乎要燃烧起来了。诗句描写了碧江与白鸟、青山与红花之间互相映衬的美景，体现了矛盾双方相互依存的哲理。B项，"蝉噪林逾静，鸟鸣山更幽"体现了动与静的相互依存，符合题意，当选。

3. A 【解析】本题考查对立统一规律。把坚定制度自信和不断改革创新统一起来，在坚持根本政治制度的基础上，不断推进制度体系完善和发展，说明了坚持和发展是对立统一的，A项正确。规律是客观的，是不以人的意志为转移的，它既不能被创造，也不能被消灭，B项错误。社会存在决定社会意识，社会意识是社会存在的反映，并反作用于社会存在，C项错误。整体居于主导地位，统率着部分。部分在事物的存在和发展过程中处于被支配的地位，服从和服务于整体，D项错误。故选A。

4. C 【解析】本题考查对立统一规律。"垃圾是放错了地方的资源"的观点表明："垃圾"在一定条件下可以转化为"资源"，体现了矛盾双方在一定条件下可以相互转化。故选C。

5. C 【解析】本题考查辩证唯物论和唯物辩证法。"成功的背后永远是艰辛努力"体现了物质和意识的辩证关系，说明意识具有能动作用；"大事全是由小事积累起来的""滴水可以穿石"体现了质量互变规律；"只要坚韧不拔、百折不挠，就一定能够成功"体现了因果联系，即原因和结果这一对唯物辩证法的基本范畴。题干未体现个性和共性，故选C。

6. D 【解析】否定之否定规律是指事物由肯定到否定，再到否定之否定的过程。A、B、C项都包含了辩证否定的过程，符合否定之否定规律。D项"白天—黑夜—白天"反映的是自然循环规律，不符合否定之否定规律。本题为选非题，故选D。

7. A 【解析】"自古逢秋悲寂寥，我言秋日胜春朝"的意思是：自古以来人们每逢秋天都会感到悲凉寂寥，我却认为秋天要胜过春天。题干说明不同的人对秋天的感觉和认识不同，体现了认识具有主体差异性。A项诗句意为：从正面看庐山山岭连绵起伏，侧面看则山峰耸立，从远处、近处、高处、低处看都呈现不同的样子，同样说明认识具有主体差异性。故选A。

8. B 【解析】真正的哲学能够把握时代的脉搏，是自己时代精神的精华；能正确反映时代的任务和要求，是认识和改造世界的有力工具。①④正确。②③夸大了真正的哲学的作用，排除。故选B。

9. D 【解析】A、B项属于典型的主观唯心主义。C项，"理在气先"是指客观精神"理"是万事万物的本原，属于客观唯心主义。D项，指客观规律不以人的意志为转移，属于唯物主义的观点。故选D。

10. D 【解析】人工智能的出现进一步佐证了辩证唯物论的正确性，它进一步表明了意识是人脑的机能和属性，说明意识活动与其他物质活动运动形式具有同一性，丰富了物质与意识相互关系的内容。本题选D。

11. A 【解析】题干中"心晴的时候，雨也是晴；心雨的时候，晴也是雨"强调了意识对人的情绪的调节作用。"春风得意马蹄疾，一日看尽长安花"强调的也是意识对人的影响，A正确。"天若有情天亦老，人间正道是沧桑"强调的是规律的客观性，"试玉要烧三日满，辨材须待七年期"强调的是实践是检验真理的唯一标准，"自古逢秋悲寂寥，我言秋日胜春朝"强调的是不同的人对同一事物有不同的认识，BCD均与题干中名句蕴含的哲理不一致。

12. B 【解析】联系的客观性是指联系是事物本身所固有的本性，不以人的主观意志为转移。无论是自在之物还是人为

之物，它们的联系都具有客观性。故①正确，②错误。联系的客观性要求我们必须从事物固有的联系中把握事物的真实联系，切忌主观随意性。故④正确，③错误。故本题选B。

13. B 【解析】本题考查唯物辩证法。"对症下药""见风使舵""入乡随俗"体现了具体问题具体分析的哲理，"与时偕行"体现了用发展的观点看问题。故本题选B。

14. A 【解析】本题考查唯物辩证法。题干强调了环境对人的影响，强调了外因在事物发展过程中的作用，①②④符合题意，A项正确；③强调的是整体对部分的影响，不符合题意。故选A。

15. D 【解析】美国将中国定位为"竞争对手"，注重的是斗争性；中国将美国视为"合作者"，注重的是同一性，A错误。斗争性是绝对的、无条件的，同一性是相对的、有条件的，B错误。同一以差别和对立为前提，C错误。矛盾双方既对立又统一，由此推动事物的运动、变化和发展，中美之间这种对立统一关系，推动着中美关系的发展，D正确。

16. C 【解析】对于我国的发展而言，不同发展阶段的矛盾具有不同的表现，也就意味着不同时代面临不同的问题，有不同的使命。"新时代""新方位""新使命"之所以"新"，就是因为当前与过去两个不同的历史阶段相比具有不同的矛盾表现。故选C。

17. D 【解析】"化危为机、转危为安"说明矛盾双方在一定条件下相互转化；"紧扣重要战略机遇新内涵"坚持了"两点论"和"重点论"相结合。故选D。

18. D 【解析】①说法错误，应该是坚持主观与客观的具体的历史的统一。②说法错误，应该是坚持"特殊—普遍—特殊"的工作方法。③④说法正确且符合题意，故本题选D。

19. D 【解析】题干并未体现创新对人类思维方式的推动作用，排除A。实践基础上的理论创新是社会发展和变革的先导，而非科技创新，排除B。实践决定认识，因此应当说，实践永无止境，创新就永无止境，排除C。

20. A 【解析】"山近月远觉月小，便道此山大于月。若人有眼大如天，还见山小月更阔"体现了人们的认识受各种条件的限制。"不识庐山真面目，只缘身在此山中"也体现了这一哲理。故本题选A。B项体现了事物之间的相互联系，C项体现了运动是物质存在的方式，D项强调了实践是认识的基础，均不符合题意。

21. D 【解析】A选项表述无误，但是题干并未出现服务群众的含义，与题干主旨不符，排除。B选项，文学创作并不是对人民生活和实践的直观反映，而是加入了作者的主观创造，"艺术来源于生活，高于生活"，故而B选项观点错误，排除。C选项观点错误，直接经验与间接经验都有可靠与不可靠的，不能直接比较。作者深入群众生活实践，获得素材和灵感，在此基础上有了创作的思路，进行文学创作，体现了实践活动是认识的来源，D选项符合题意。故选D。

22. D 【解析】实践决定认识，认识来源于实践，实践是检验认识的唯一标准。A项中的鸭子从游的实践中得出"水暖"的认识。B项比喻不经历艰险，就不能取得成功，也指需通过实践取得真知。C项中对鱼和鸟的习性的了解来源于深入其生长环境的实践。D项体现的是一种谦虚、上进的学习态度，没有涉及实践与认识的辩证关系。本题为选非题，故选D。

23. A 【解析】科学家设计和制造出一种小蛋白，有助于帮助人们更好地了解天然蛋白丝，进而研制出自然界没有的全新材料。这表明人类能够基于事物固有的联系建立新的联系，通过实践可以把自在事物的联系转化为人为事物的联系，①②正确；③中"更高级、更复杂"的说法错误，故排除；无论是自在事物的联系还是人为事物的联系，都是客观的，不以人的意志为转移，④说法错误，故排除。故本题选A。

24. D 【解析】②④符合题意，从嫦娥一号到嫦娥四号，中国航天人大胆创新、努力探索，使中国航天逐梦之旅越来越辉煌。这体现了科学态度和革命热情是人类实践成功的必要条件，而人们建立恰当的具体联系方式能够推动事物发展。①与题意不符，题干强调的是中国航天人大胆创新、努力探索，推动航天事业发展，没有体现人类实践的社会历史性推动着科学技术日益进步。③说法错误，自在事物从量变到质变并不需要人的主观能动性的发挥。故本题选D。

25. D 【解析】习主席告诫青年要使自己的思维视野、思想观念、认识水平跟上越来越快的时代发展。这表明时代和实践为认识的发展提供了条件和需求，实现认识与实践的统一需要不断提升主体素质，③④正确；源于直接经验的认识不一定是真理性认识，①说法错误，排除；实践具有直接现实性，认识不具有直接现实性，②说法错误，排除。故本题选D。

26. A 【解析】归纳是从个别到一般，演绎则是从一般到个别。

27. A 【解析】实践是人类能动地改造世界的客观物质性活动，是以改造客观世界为目的、主体与客体之间通过一定的中介发生相互作用的客观过程。实践的主体、客体和中介是实践活动的三项基本要素。故选A。

28. D 【解析】①说法错误，斗争性寓于同一性中。④说法正确，但不是哲学道理，不符合题意。②③说法正确且符合题意。故本题选D。

29. D 【解析】本题考查社会存在与社会意识。幸福感以一定的物质财富为基础，说明社会存在决定社会意识，①正确。在现实生活中幸福感的提升与物质财富的增加并不一定同步，说明社会意识具有相对独立性，即社会意识在反映社会存在的同时具有自己特有的发展形式和规律，②正确。故选D。

30. C 【解析】①说法错误，物质资料生产是人类社会存在和发展的基础。④说法错误，推动社会发展的根本动力是社会基本矛盾。②③说法正确且符合题意，故本题选C。

31. D 【解析】“治国有常，而利民为本”和“天下之治乱，不在一姓之兴亡，而在万民之忧乐”都体现出重视“人民群众是历史的创造者”这个历史唯物主义观点。A项强调的是君主的作用，否认了人民群众的主体地位，B项强调的是治国的手段方法，C项说明了意识的重要作用，均不符合题意。

32. C 【解析】“正是有了我和我的意识，才有了地球”属于主观唯心主义观点；“没有地球哪有我们的意识呢”属于朴素唯物主义观点。②③说法不正确，故选C项。

33. C 【解析】旧唯物主义之所以是半截子的唯物主义，是因为它在自然观上是唯物主义，但在历史观上仍然是唯心主义，没有把唯物主义贯彻到底，C正确。

34. B 【解析】马克思主义政党是工人阶级的先锋队，这一表述鲜明地指出了党的阶级性和先进性。工人阶级是马克思主义政党的基础，但并不是说马克思主义政党即工人阶级本身，A错误，B正确；工人阶级的先进性决定了马克思主义政党的先进性，阶级性并非先进性的根本前提，C、D错误。故选B。

35. C 【解析】A项“山重水复疑无路，柳暗花明又一村”蕴含前进性和曲折性相统一的哲理；B项“海日生残夜，江春入旧年”蕴含新事物孕育于旧事物解体之时的哲理；C项“横看成岭侧成峰，远近高低各不同”是指通过从不同角度“看”，以不同的视角，欣赏到了不同的景致，让人回味无穷，正是对“观察事物的立足点、立场不同，就会得到不同的结论”这一哲学理论的体现；D项“落红不是无情物，化作春泥更护花”阐明联系具有普遍性。因此本题选C。

36. C 【解析】故事里的希腊人借口事物是变化发展的，否认了相对静止，否认了事物质的稳定性，从而把一切事物都看成是瞬息万变、不可捉摸的。

37. B 【解析】“坐地日行八万里，巡天遥看一千河”蕴含的哲理是物质的运动绝对性和静止相对性的统一。“人生代代无穷已，江月年年只相似”指的是人生一代代地无穷无尽，只有江上的月亮一年年地总是相像，也体现了事物绝对运动和相对静止的统一。

38. C 【解析】“要命令自然就得服从自然”既从唯物论的角度强调了必须按客观规律办事，又从辩证法角度强调了人与自然的对立统一关系，体现了唯物论与辩证法的统一。

39. A 【解析】题干的意思是：观察堂屋下面的阴影，就可以知道日月运行的情况，阴阳变化的程度；看到瓶子中的水结了冰，就可以知道天下已经寒冷，鱼鳖已经潜藏了。这主要用来比喻由细微的迹象就能推知事物发展变化的趋势。A项的含义与此相似。B项说明了应尊重规律，与时俱进。C项体现了对立统一规律。D项是一种形而上学的观点。故选A。

40. A 【解析】从哲学角度看，生物识别技术被广泛应用是基于矛盾的特殊性，A正确且符合题意，B、C不符合题意；D说法错误，具体问题具体分析是正确认识事物的基础和正确解决问题的关键。

41. B 【解析】根据项目的投资性质、工艺流程等不同特点对企业定制“个性化”审批服务，体现了矛盾具有特殊性，坚持了具体问题具体分析。

42. A 【解析】A项，“天地不仁，以万物为刍狗”出自《道德经》。通俗来说就是：天地看待万物是一样的，不对谁特别好，也不对谁特别坏，强调一切随其自然发展。此句体现规律的客观性，并未体现矛盾的普遍性。BCD项体现了万事万物都是对立面的统一，矛盾是普遍存在的。本题为选非题，故选A。

43. D 【解析】反腐败斗争，“老虎”“苍蝇”一起打，体现了两点论，统筹兼顾；又凸显了“老虎”这个重点反腐败对象，体现了重点论。

44. A 【解析】“蝉噪林逾静，鸟鸣山更幽”体现了矛盾双方相互联结，一方的存在以另一方的存在为前提，即体现了矛盾的统一性。“竹外桃花三两枝，春江水暖鸭先知”体现的是联系的普遍性。“射人先射马，擒贼先擒王”体现了要抓主要矛盾。“江山代有才人出，各领风骚数百年”体现了发展的观点。

45. C 【解析】张首晟团队通过实践找到了正反同体的“天使粒子”，验证了意大利理论物理学家在80年前提出的预测，说明实践是检验真理的唯一标准，C项正确。绝对真理和相对真理是同一客观真理的两重属性，二者辩证统一。一方面，二者相互依存，真理的绝对性寓于真理的相对性之中。另一方面，二者相互包含，真理的相对性包含并表现着真理的绝对性。真理是一个不断发展的过程，任何真理性的认识都是由相对真理向绝对真理转化过程中的一个环节。AD项本身说法有误。B项，真理具有绝对性，这是从真理的客观性、人类认识的本质和真理的发展等方面来说的，与题意不符。故选C。

46. D 【解析】必然王国和自由王国是指人类在客观世界面前所处的两种不同的社会活动状态。在认识上，必然王国是指人们在认识和实践活动中，对客观事物及其规律还没有形成真正的认识，而不能自觉地支配自己和外部世界的一种社会状态；自由王国则指人们在认识和实践活动中，认识了客观事物及其规律并自觉依照这一认识来支配自己和外部世界的一种社会状态。

47. C 【解析】社会意识具有相对独立性。社会意识能够积极地反作用于社会存在，精神力量可以变成物质力量，这是社会意识相对独立性的最突出的表现。

48. B 【解析】题干所述出自《关于费尔巴哈的提纲》。马克思在《关于费尔巴哈的提纲》中深刻地揭示了社会生活的实践本质，科学地说明了人的社会性本质，正确地阐述了社会实践是历史发展的动力。

49. C 【解析】"有为才有位，有位更有为"的意思是：有了作为，为社会作出了贡献，社会就给你更好的位置；同时，当你坐到了适当的位置，就能调动多种资源，更好地施展才华。这句话启示我们，人生真正价值在于社会价值与自我价值的统一。

50. C 【解析】《中国共产党章程》总纲中指出，马克思列宁主义揭示了人类社会历史发展的规律，它的基本原理是正确的，具有强大的生命力。

51. D 【解析】坚持经济社会发展与人的全面发展的统一，始终是科学社会主义的目标取向。

52. A 【解析】该对联适用于教师，土财主的做法是一种机械的、形而上学的照搬，故与"邯郸学步"相同。"守株待兔"是把偶然联系当作必然联系，"刻舟求剑"是否认绝对运动，"掩耳盗铃"是主观唯心主义，B、C、D均不符合题意。

53. C 【解析】"天不变，道亦不变"是用静止的观点看问题，属于形而上学的观点。

54. B 【解析】发展的实质是事物的前进和上升，是新事物的产生和旧事物的灭亡，是新事物取代旧事物的过程，新事物符合客观规律，具有强大的生命力和远大的前途，B符合题意。A、C体现的是事物的发展是前进性与曲折性的统一，D体现的是新事物的出现是在旧事物的母体中孕育产生的，均与题意不符。

55. A 【解析】学习传统文化对践行社会主义核心价值观有积极作用，但也出现了消极现象，这体现了矛盾是对立统一的。故本题选A。

56. D 【解析】"人无远虑，必有近忧"的意思是人如果没有长远的谋划，就会有即将到来的忧患。其哲学根据就是因果联系，与"雨露滋润禾苗壮，万物生长靠太阳"体现的哲理相同。

57. A 【解析】"物有甘苦，尝之者识"强调实践是认识的基础。"为学之实，固在践履"强调实践的重要性，A正确。"学如不及，犹恐失之"形容学习勤奋，进取心强；"为学患无疑，疑则有进"是说读书做学问就怕发现不了问题，只有带着问题学习才能进步，强调疑问的重要性；"学而不思则罔，思而不学则殆"是说学习与思考同等重要，不可偏废。B、C、D均没有涉及实践，不符合题意。

58. D 【解析】必然性和偶然性是对立统一的关系。因此，恩格斯说，必然的东西是偶然的，偶然的东西是必然的。

59. D 【解析】A、B、C均为感性认识。D项包含对春季天气现象的思考和概括，属于理性认识。故选D。

60. C 【解析】上层建筑包括思想上层建筑(政治法律思想、道德、宗教、文学艺术、哲学、文化等意识形态)和政治上层建筑(军队、警察、法庭、监狱、政府机构和政党、社会集团等)两大方面，A选项是政党，B选项是军队，D选项属于文化，所以这三个选项都是上层建筑，故答案选C。

61. B 【解析】A项是根据经济运行形态划分的，C项是根据生产资料所有制划分的，D项则是根据社会占主体地位的产业形态划分的。根据人的发展状况把人类历史划分为人对人的依赖性社会、人对物的依赖性社会、个人全面发展的社会三个阶段，反映出马克思对人类发展规律的深刻认识。

二、多项选择题

1. BC 【解析】本题考查辩证唯物论和唯物辩证法。"堤溃蚁孔，气泄针芒"比喻不注意细微的漏洞就会铸成大错，说明量变达到一定程度会引发质变，A项对应有误。"和实生物，同则不继"，意为实现了和谐，则万物即可生长发育，如果完全相同，则无法发展，反映了矛盾的同一性和斗争性是辩证统一的，D项对应有误。BC项均对应正确，当选。

2. BD 【解析】本题考查唯物辩证法。题干说明了在线教学的优点和问题并存，这表明在线教学作为新事物，其发展和完善总要经历一个过程，启示我们分析在线教学的问题要坚持"两分法"和"两点论"，BD项正确。主要矛盾的主要方面决定事物的性质，C项错误。承认矛盾的普遍性是坚持唯物辩证法的前提，具体问题具体分析是正确认识和处理一切矛盾的关键。具体问题具体分析是正确解决问题的关键，A项不符合题意。故选BD。

3. ABD 【解析】本题考查实践。虚拟实践的主体是人，对象是虚拟客体，活动领域是虚拟空间，AD项正确。人们通过技术手段有意识有目的地创造了一个与现实世界相对应、并且与现实世界相互渗透、相互转化的虚拟世界。从功能上看，虚拟实践活动突出地表明了人类实践活动的创造性，B项正确。虚拟实践是在虚拟世界里所形成的一种前所未有的新的人类实践活动形式，它是社会物质实践的派生形式，具有相对独立性，不具有直接现实性，C项错误。

4. BD 【解析】本题考查主观能动性与客观规律性的统一。中国人的奔月梦想通过航天科技的研发成果——"嫦娥四号"得以实现，说明充分发挥人类主观能动性的前提是尊重客观规律，BD项正确。A项夸大了人类主观能动性的作用，排除。C项，题干不涉及"信息传达方式"，排除。故选BD。

5. ABC 【解析】本题考查唯物辩证法。现代系统论的基本思想蕴含于唯物辩证法之中，同时又在一定程度上丰富和深化

唯物辩证法思想。

6. CD 【解析】本题考查联系观。整体是事物的全局和发展的全过程，居于主导地位，整体统率着部分；部分是事物的局部和发展的各阶段，在事物的存在和发展过程中处于被支配的地位，部分服从和服务于整体。整体不是各个部分的简单相加，优化的系统整体大于部分的总和。整体和部分相互依赖：(1)整体由部分构成，离开部分，整体不复存在；(2)部分是整体中的部分，离开了整体，部分就不成其为部分。整体和部分相互影响：(1)部分的功能及其变化会影响整体的功能，关键部分的功能及其变化甚至对整体的功能起决定作用；(2)整体的功能状态及其变化也会影响到部分。山水林田湖是一个生命共同体的整体，由山、水、林、田、湖、树、土等部分构成，整体和部分相互依赖。AB项说法错误，C项说法正确。联系的普遍性指的是联系是普遍存在的，世界处于普遍联系之中。对待大自然应用联系的观点看问题，D项说法正确。故选CD。

7. AC 【解析】"量变必然发生质变"说法错误，量变只有达到一定程度才会发生质变，B错误。题干中不涉及意识对生理活动的调控作用，D不符合题意。排除BD，故选AC。

8. AC 【解析】"积极与沿线国家的发展战略相互对接"，说明事物是普遍联系的；"突出重点、远近结合、有序推进"说明做事情要坚持"两点论"与"重点论"的统一。故选AC。

9. ABD 【解析】规律是事物运动过程中内在的、固有的、稳定的、必然的联系，兔子撞到树桩是一种偶然联系，并不是规律，而该宋人误认为这是一种规律，把偶然联系当作必然联系，犯了主观主义错误，违背了规律的客观性，A、D项符合题意。B项，真理是标志主观同客观相符合的哲学范畴，是正确的认识，而个人的主观经验的正确性是不确定的，该宋人错误地将主观经验当作了真理。偶然性的背后总是隐藏着必然性，没有脱离必然性的纯粹的偶然性，C不是错误。故选ABD。

10. ABD 【解析】秋在不同的文人心中有着不同的映象与反映，表明了意识具有主体差异性，意识是人脑对客观存在的主观映象，意识具有自觉选择性和主动创造性。因此，A、B、D项说法正确。C项说法错误，实践是按照创作者的意图改造客观世界的活动，意识是对客观世界的反映。故本题选ABD。

11. AB 【解析】归纳推理是由个性到共性的认识方法，演绎推理是由共性到个性的认识方法。买果人尝了个别的果子之后可以发现所有果子的共性，是归纳推理；而果园主认为这树上的果子都很好，所以买果人品尝任意一个就知道了，这是演绎推理，因此A、B正确。C选项，间接经验同样是获得认识的重要途径，获得真知未必需要亲身经历，排除。D选项，感性认识是对事物表面的、直接的、具体的、个别特性的反映；理性认识是对事物本质的、全体的、间接的、概括的反映，理性认识是认识的高级阶段，并不是丰富的感性认识的积累，排除。故本题答案选AB。

12. AD 【解析】唯物史观认为社会历史从根本上说是生产发展的历史，是人民群众创造的历史，人民群众是社会变革的决定力量，故A项正确。B项说法是一种英雄史观，错误。唯物史观认为人民群众是历史的创造者和主体，人民群众是一个历史范畴，并不等同于独立的个体人，因此说人人创造历史是错误的观点，故C项错误。任何历史人物，特别是杰出人物的出现，都体现了必然性与偶然性的统一。杰出人物是适应时代的需要而产生的。每一个时代一定会出现自己的杰出人物，这是必然的；但杰出人物在什么时间、什么地方，以什么方式出现，由谁来担当杰出人物，则具有一定的偶然性。故D项正确。

13. ABC 【解析】僧房里的磬经常自鸣不是由于外在的神秘力量，而是与寺钟音调相同，产生了共鸣的结果。因此，与寺钟音调相同产生的共鸣是磬自鸣的原因，这体现了因果联系的客观性，A项正确。人的意识是可以正确认识客观事物的，这体现了思维与存在的同一性，B项正确。磬的自鸣是现象，与寺钟音调相同产生共鸣是本质，本质是现象存在的基础，C项正确。形式指事物内在要素的结构或表现方式。内容决定形式，形式依赖于内容，并随着内容的发展而改变，但形式又反作用于内容，影响内容。内容和形式揭示的是事物内在要素的结构和表现方式的关系。D项本身说法正确，但材料并没有体现，排除。故本题选ABC。

14. BC 【解析】马克思主义认为，题干中的三种国家都是建立在生产资料私有制基础上的，都代表的是统治阶级的意志，是剥削阶级统治被剥削阶级的工具，是为其统治服务的，这三种国家不可能体现全体社会成员的意志。前两种社会的被统治阶级有强烈的人身依附性，而资本主义的劳动者是有人身自由的。

15. ABCD 【解析】马克思主义认为，人的自由而全面的发展与社会政治、经济、文化的发展互为前提，是社会发展的根本目标和社会进步的重要内容，是社会发展的结果和原因。

16. ACD 【解析】经济规律与自然规律相比，其特点是：第一，由于自然规律赖以产生的自然条件变化时间很长，因而自然规律一般长久不变；而经济规律赖以产生的经济条件可能较快地发生变化，因此，经济规律一般来说不是长久不变的，它会随着经济条件的变化而变化。第二，自然规律可以离开人们的活动独立存在并发生作用，而经济规律总是和人们的经济活动相联系。第三，在阶级社会中，自然规律的发现和利用是没有阶级性的，而经济规律的发现和利用则直接或间接地涉及各个阶级的切身利益，受到阶级利益的限制。故本题答案选ACD。

17. CD 【解析】本质是指事物的根本性质，指组成事物的各个基本要素的内在联系。现象是指事物的表面特征以及这些

特征的外部联系。四个选项中，A、B两项描述的是事物的现象，C、D两项属于事物的本质。

18. AD 【解析】原因是指引起一定现象的现象，结果是指由于原因的作用，与之串联而引起的现象。B是前后相继的自然现象，不存在因果关系。C体现出运动是绝对的，静止是相对而言的。故本题答案选AD。

第二章　毛泽东思想概论

一、单项选择题

1. C 【解析】为了审查和纠正党在大革命后期的严重错误，决定新的路线和政策，中共中央于1927年8月7日在湖北汉口召开紧急会议，这次会议被称为“八七会议”。在此次会议上，毛泽东第一次提出“须知政权是由枪杆子中取得的”的重要论断。C项正确。1938年，中共六届六中全会上，毛泽东明确提出“使马克思主义中国化”，A项排除。毛泽东在1941年5月召开的延安干部会议上指出“在全党推行调查研究的计划，是转变党的作风的基础一环”，B项排除。1939年，毛泽东在《〈共产党人〉发刊词》中指出：统一战线，武装斗争，党的建设，是中国共产党在中国革命中战胜敌人的三个法宝，三个主要的法宝。D项排除。故选C。

2. B 【解析】本题考查群众路线。群众路线是指一切为了群众，一切依靠群众，从群众中来，到群众中去。群众路线是毛泽东思想活的灵魂的三个基本方面之一，是中国共产党根本的政治路线和组织路线。毛泽东指出的共产党人要同人民结合起来，在人民中间生根、开花，体现了紧紧依靠人民群众的群众路线。故选B。

3. C 【解析】本题考查民主集中制。民主集中制是我们党的根本组织原则和领导制度，是马克思主义政党区别于其他政党的重要标志。

4. A 【解析】八七会议是1927年中国共产党在汉口召开的紧急会议，确定了开展土地革命和武装推翻国民党反动统治的总方针。“工农武装割据”思想的基本内容是：在中国共产党的领导下，以武装斗争为主要形式，以土地革命为中心内容，以革命根据地为战略阵地的三者的密切结合。可见，“工农武装割据”思想在根据地建设方面具有创新性。故选A。

5. D 【解析】旧民主主义革命的领导者是资产阶级，新民主主义革命的领导者是无产阶级。革命领导阶级的不同是区别二者的根本标志。

6. A 【解析】本题考查党在过渡时期的总路线。党在过渡时期的总路线被称为“一体两翼”。其中，“一体”是指“一化”，即社会主义工业化；“两翼”是指“三改”，即对个体农业、手工业和资本主义工商业的社会主义改造。它们之间相互联系，不可分离。两者相辅而成，相互促进。故本题答案为A。

7. D 【解析】本题考查党建的知识。题干中提到群众利益无小事，体现出着力点在“为民”。“立党为公，执政为民”是中国共产党的执政理念，故本题答案为D。

8. B 【解析】本题考查延安整风的中心任务。延安整风的内容是反对主观主义以整顿学风、反对宗派主义以整顿党风、反对党八股以整顿文风，其中心任务是反对主观主义以整顿学风。

9. A 【解析】“惩前毖后，治病救人”的方针是毛泽东主席在深刻总结了中共党内斗争经验的历史基础上提出来的，是延安整风运动的宗旨。实行这一方针能够达到弄清思想、团结同志两个目的，使党的建设更加兴旺发达。

10. A 【解析】1956年4月，毛泽东发表《论十大关系》，第一次就民主党派问题提出“长期共存，互相监督”的方针。故本题选A。

11. D 【解析】《中国共产党章程》的总纲中规定：“中国共产党是中国工人阶级的先锋队，同时是中国人民和中华民族的先锋队。”

12. B 【解析】党的建设包括思想建设、政治建设、组织建设、理论建设、作风建设等方面，但首先要着重从思想上建党。党的思想建设的根本任务就是要用无产阶级思想去克服各种非无产阶级思想，从思想上保证共产党组织的纯洁性。故选B。

13. A 【解析】毛泽东同志指出，理论和实践相结合的作风，和人民群众紧密地联系在一起的作风，以及自我批评的作风，是中国共产党区别于其他任何政党的显著标志。

14. C 【解析】中国共产党在长期的革命实践中，确立了一条辩证唯物主义的思想路线，即一切从实际出发，理论联系实际，实事求是，在实践中检验真理和发展真理。

15. B 【解析】马克思主义和中国实际相结合形成的第一次飞跃的理论成果是毛泽东思想。

16. A 【解析】1941年3月，张如心在《共产党人》杂志第16期发表的《论布尔什维克的教育家》一文中首次使用了“毛泽东同志的思想”这一提法，对毛泽东的理论和策略进行了概括。1943年7月5日，王稼祥在《解放日报》上发表了《中国共产党与中国民族解放的道路》，正式提出了“毛泽东思想”这一理论问题，第一次科学地、准确地阐述了毛泽东思想的概念。

17. A 【解析】1939年10月，毛泽东在《〈共产党人〉发刊词》中总结中国共产党18年革命斗争的历史经验时指出：“统一战线、武装斗争、党的建设，是中国共产党在中国革命中战胜敌人的三个法宝”。

18. D 【解析】毛泽东这段话表明了我党许多卓越领导人对“毛泽东思想”的形成和发展都作出了重要贡献，毛泽东同志的科学著作是它的集中概括。故选D。

19. B 【解析】毛泽东思想初步形成于土地革命前、中期，这一时期毛泽东的著作有:《中国的红色政权为什么能够存在?》《井冈山的斗争》《星星之火，可以燎原》等。

20. A 【解析】农民问题是新民主主义革命时期中国革命的基本问题。

21. C 【解析】无产阶级的领导权是中国革命的中心问题，也是新民主主义革命理论的核心问题。

22. C 【解析】毛泽东从中国国情出发，分析了半殖民地半封建社会的中国社会的国情，强调中国革命只能以武装斗争为主要形式。

23. C 【解析】1948年，毛泽东的《在晋绥干部会议上的讲话》中，完整地概括了中国共产党的新民主主义革命的总路线，即“无产阶级领导的、人民大众的，反对帝国主义、封建主义和官僚资本主义的革命”。

24. C 【解析】1941年5月，毛泽东在《改造我们的学习》中说明了“实事求是”的基本含义。

25. C 【解析】1941年5月，毛泽东同志在延安高级干部会议上作了《改造我们的学习》的报告，标志着整风运动的开始。

26. B 【解析】1956年4月，毛泽东在中共中央政治局扩大会议上所作的《论十大关系》的讲话指出，我国社会主义建设必须围绕着一个基本方针，就是“把国内外一切积极因素调动起来，为社会主义事业服务”。

27. B 【解析】毛泽东在1956年9月召开的党的八大上提出了社会主义初级阶段国内主要矛盾。

28. D 【解析】实事求是、群众路线、独立自主是贯穿于毛泽东思想各个组成部分的最基本立场、观点和方法，是辩证唯物主义和历史唯物主义的世界观和方法论在中国革命和建设中的具体运用和发展，是毛泽东思想活的灵魂。

29. B 【解析】毛泽东思想的精髓是实事求是。毛泽东同志曾对“实事求是”作过精辟的概括，他指出:“‘实事’就是客观存在着的一切事物，‘是’就是客观事物的内部联系，即规律性，‘求’就是我们去研究。”这一论断深刻揭示了实事求是的科学内涵和基本要求。

30. C 【解析】坚持党的思想路线，解放思想、实事求是、与时俱进，是党保持先进性和增强创造力的决定性因素。

31. C 【解析】党章总纲指出，我们党的最大政治优势是密切联系群众，党执政后的最大危险是脱离群众。

32. A 【解析】在抗日战争的艰苦岁月，毛泽东时刻想到人民群众的切身利益。他说:“有无群众观点是我们同国民党的根本区别，群众观点是共产党员革命的出发点与归宿。从群众中来，到群众中去，想问题从群众出发就好办。”

33. B 【解析】群众路线是党的根本工作路线，以毛泽东为代表的中国共产党在长期斗争中形成了一切为了群众，一切依靠群众和从群众中来，到群众中去的群众路线。

34. B 【解析】全心全意为人民服务是我们党的根本宗旨，是党所从事的全部事业的基本出发点和归宿。

35. C 【解析】新民主主义时期，国家有残余的封建主义力量也有新兴的资本主义力量，更有广大的无产阶级力量，但任何一种力量都不足以统治国家，更何况中国的资本主义发展状况还没有强大到形成一个单纯的资产阶级，A错误。新中国成立后实行的才是无产阶级专政，故B错误。新民主主义时期的国体是无产阶级领导的，以工农联盟为基础的，包括小资产阶级、民族资产阶级和其他反帝反封建的人们在内的各革命阶级的联合专政，C正确，D错误。故选C。

36. C 【解析】中国的社会性质与革命特点决定了中国革命要分两步走，因此民主革命和社会主义革命不可以同时进行。

37. C 【解析】中共七大的一个重大历史性贡献是将毛泽东思想写在了党的旗帜上，确立了毛泽东思想为党的指导思想并写入党章。

38. A 【解析】“两个务必”是毛泽东同志在党的七届二中全会上要求全党在胜利面前要保持清醒头脑，在夺取全国政权后要经受住执政的考验，务必使同志们继续地保持谦虚、谨慎、不骄、不躁的作风，务必使同志们继续地保持艰苦奋斗的作风。

39. C 【解析】统一战线、武装斗争、党的建设是中国共产党在民主革命中战胜敌人的三大法宝。

40. D 【解析】党的八大的召开，标志着中国共产党探索自己的建设社会主义的道路取得初步的成果。在这之前，毛泽东的《论十大关系》则是这一探索的开始。1956年，毛泽东《论十大关系》的讲话，初步总结了我国社会主义建设的经验，提出了探索适合我国国情的社会主义建设道路的任务。D正确。

41. A 【解析】1957年整风运动的主要内容为:反官僚主义、反宗派主义、反主观主义。其中，反官僚主义是这次整风运动的重中之重。

42. C 【解析】党章总纲载明:党的最高理想和最终目标是实现共产主义。

43. B 【解析】党的作风是党的形象，关系人心向背，关系党的生死存亡。习近平总书记指出:“我们党作为马克思主义政党，不但要有强大的真理力量，而且要有强大的人格力量。真理力量集中体现为我们党的正确理论，人格力量集中体现为我们党的优良作风。”

44. B 【解析】根据《中国共产党章程》第二十七条规定，党的地方各级委员会全体会议，每年至少召开两次。

二、多项选择题

1. ABC 【解析】A项，毛泽东在八七会议上提出了著名的“枪杆子里出政权”的论断。B项，井冈山时期，毛泽东为了批判党内存在的悲观思想，在给林彪的信中，运用唯物辩证法科学地分析了国内政治形势和敌我力量对比，提出“星星之火，可以燎原”。C项，1946年，毛泽东在和美国记者的谈话中指出：“一切反动派都是纸老虎。看起来，反动派的样子是可怕的，但是实际上并没有什么了不起的力量。从长远的观点看问题，真正强大的力量不是属于反动派，而是属于人民。”D项，“改革是中国发展生产力的必由之路”是邓小平在1985年发表的对改革性质的判断。故选ABC。

2. AB 【解析】毛泽东在《星星之火，可以燎原》中指出：“这里用得着中国的一句老话：‘星星之火，可以燎原。’这就是说，现在虽只有一点小小的力量，但是它的发展是会很快的。”故A项正确。毛泽东以巨大的政治勇气在1927年8月7日在湖北汉口党的最高会议——八七会议上结合中国当时国情提出了“枪杆子里出政权”的著名论断，故B项正确。“一国两制”是一个国家、两种制度的简称，指的是在中华人民共和国境内，国家的主体实行社会主义，香港、澳门和台湾实行资本主义。“一国两制”是邓小平为了实现中国统一的目标而创造的方针。故C项不选。1988年9月，邓小平同志根据当代科学技术发展的现状和趋势，提出了“科学技术是第一生产力”的论断。故D项不选。

3. ABCD 【解析】新民主主义革命中，无产阶级是革命最主要的动力，农民阶级是革命的主力军，小资产阶级和民族资产阶级也是革命的动力。

4. ABCD 【解析】党的建设是指党为保持自己的性质而从事的一系列自我完善的活动，不仅包括党务工作，还包括党的政治建设、思想建设、组织建设、作风建设、纪律建设和制度建设等。

5. BCD 【解析】三大改造是新中国成立后由中国共产党领导的对农业、手工业和资本主义工商业的社会主义改造。三大改造实现了把生产资料私有制转变为社会主义公有制的任务，为我国的社会主义工业化开辟了道路，我国从此进入社会主义初级阶段。

6. AB 【解析】毛泽东关于党的建设的主要著作有《反对自由主义》《中国共产党在民族战争中的地位》《改造我们的学习》《整顿党的作风》《反对党八股》《学习和时局》《关于健全党委制》《党委会的工作方法》等。

7. BCD 【解析】中国共产党的宗旨是全心全意为人民服务，故A项说法错误。

8. AB 【解析】马克思主义是毛泽东思想的理论基础，中国优秀传统文化是毛泽东思想的重要文化来源。资产阶级思想不是毛泽东思想的主要来源，故CD不选。

9. ABCD 【解析】在新民主主义革命时期，统一战线的历史发展经历了四个阶段：1921 ~ 1927年的第一次国共合作统一战线，1927 ~ 1937年的工农民主统一战线，1937 ~ 1945年的抗日民族统一战线，1945 ~ 1949年的人民民主统一战线。

10. ACD 【解析】《论联合政府》是毛泽东1945年4月24日在中国共产党第七次全国代表大会上作的政治报告，体现了新民主主义革命理论。

三、判断题

1. × 【解析】本题考查社会主义改造的历史意义。1956年，对农业、手工业和资本主义工商业“三大改造”的基本完成，标志着我国社会主义制度的基本建立。社会主义制度的建立是中国历史上最深刻最伟大的社会改革。

2. √ 【解析】本题考查新民主主义革命理论。近代中国所遭受的最大压迫来自帝国主义。帝国主义发动的一系列侵略战争，给中华民族带来了无尽的战祸和灾难，使近代中国变成了半殖民地半封建社会。所以中国革命的首要对象是帝国主义。

3. √ 【解析】本题考查毛泽东思想的内涵。毛泽东思想是中国化的马克思主义。第一，毛泽东思想同马克思列宁主义是一脉相承的科学的理论体系；第二，毛泽东思想融入了中华民族的优秀思想文化，形成了新鲜活泼的、为中国老百姓所喜闻乐见的中国作风和中国气派，使马克思主义由欧洲形式转化为中国形式；第三，毛泽东思想是中国共产党人实践经验的结晶。

4. × 【解析】毛泽东思想是马克思主义中国化的第一个重大理论成果，是被实践证明了的关于中国革命和建设的正确理论原则和经验总结。

5. √ 【解析】农村包围城市的革命道路理论，是马列主义普遍原理与中国革命具体实践相结合的光辉典范，它的提出是毛泽东思想形成的重要标志。

6. × 【解析】新民主主义革命是新式的、特殊的资产阶级革命，这是由近代中国的社会性质和主要矛盾决定的。

7. √ 【解析】毛泽东在《关于正确处理人民内部矛盾的问题》一文中指出，把正确区分和处理人民内部矛盾，作为社会主义国家政治生活的主要内容。社会主义社会的基本矛盾是一种既相适应又相矛盾的情况，不具有对抗性，可以经过社会主义制度本身，不断地得到解决。

8. × 【解析】中国共产党是中国工人阶级的先锋队，同时是中国人民和中华民族的先锋队。

9. √ 【解析】毛泽东思想是马克思列宁主义在中国的运用和发展。毛泽东思想是被实践证明了的关于中国革命和建设的正确的理论原则和经验总结。毛泽东思想是中国共产党集体智慧的结晶。

10. √ 【解析】“党政军民学,东西南北中,党是领导一切的”是毛泽东同志的著名论断。

第三章 中国特色社会主义理论体系与时政热点

基础知识达标

一、单项选择题

1. B 【解析】习近平总书记指出:“事实充分证明,精准扶贫是打赢脱贫攻坚战的制胜法宝,开发式扶贫方针是中国特色减贫道路的鲜明特征。只要我们坚持精准的科学方法、落实精准的工作要求,坚持用发展的办法解决发展不平衡不充分问题,就一定能够为经济社会发展和民生改善提供科学路径和持久动力!”故选B。

2. D 【解析】2021年中央一号文件规定,脱贫攻坚目标任务完成后,对摆脱贫困的县,从脱贫之日起设立5年过渡期,做到扶上马送一程。故选D。

3. C 【解析】2021年2月4日,北京冬奥会、冬残奥会火炬“飞扬”正式问世。故选C。

4. D 【解析】习近平在博鳌亚洲论坛2021年年会开幕式上的视频主旨演讲中指出:本届年会是在特殊背景下召开的。年会以“世界大变局:共襄全球治理盛举,合奏‘一带一路’强音”为主题,恰逢其时,具有重要现实意义。故选D。

5. A 【解析】创新、协调、绿色、开放、共享是五大发展理念。(1)创新发展是指把创新摆在国家发展全局的核心位置,不断推进理论创新、制度创新、科技创新、文化创新等各方面创新,让创新贯穿党和国家一切工作,让创新在全社会蔚然成风。(2)协调发展是指必须牢牢把握中国特色社会主义事业总体布局,正确处理发展中的重大关系,重点促进城乡区域协调发展,促进经济社会协调发展,促进新型工业化、信息化、城镇化、农业现代化同步发展,在增强国家硬实力的同时注重提升国家软实力,不断增强发展整体性。(3)绿色发展是指必须坚持节约资源和保护环境的基本国策,坚持可持续发展,坚定走生产发展、生活富裕、生态良好的文明发展道路,加快建设资源节约型、环境友好型社会,形成人与自然和谐发展的现代化建设新格局,推进美丽中国建设,为全球生态安全作出新贡献。(4)开放发展是指必须顺应我国经济深度融入世界经济的趋势,奉行互利共赢的开放战略,发展更高层次的开放型经济,积极参与全球经济治理和公共产品供给,提高我国在全球经济治理中的制度性话语权,构建广泛的利益共同体。(5)共享发展是指必须坚持发展为了人民、发展依靠人民、发展成果由人民共享,作出更有效的制度安排,使全体人民在共建共享的发展中有更多获得感,增强发展动力,增进人民团结,朝着共同富裕的方向稳步前进。题干主要强调协调城市与农村之间、不同区域之间、物质与精神之间的发展,是协调发展的表现。故选A。

6. A 【解析】数百万驻村干部、第一书记日夜奋战在脱贫攻坚主战场,体现了中国共产党人为人民谋幸福的初心,是坚持党的执政理念、贯彻群众路线的内在要求,A项正确。“行政体制”说法错误,因为题干的主体是党员干部,而不是政府,B项错误。党员干部奋战脱贫攻坚主战场不是为了推进乡村治理体系的完善和治理能力现代化,实施乡村振兴战略有利于推进乡村治理体系的完善和治理能力现代化,C项错误。党员干部奋战脱贫攻坚主战场的目的是打赢脱贫攻坚战,实现共同富裕,而不是同步富裕,D项错误。

7. A 【解析】中国共产党从《共产党宣言》等马克思主义经典著作中不断汲取思想营养。中国共产党以马克思主义为指导思想和行动指南。马克思主义深刻揭示了人类社会发展规律,指明了历史发展的方向。马克思主义是不断发展的开放的理论,不断探索时代发展提出的新课题、回应人类社会面临的新挑战。坚持以马克思主义为指导,就使得我们党站得高、看得远,总能走在时代前列。A项符合题意。

8. B 【解析】在各族干部群众中深入开展中华民族共同体意识教育,有利于激发各族人民深厚爱国热情,弘扬社会主义核心价值观念,建设各民族共有的精神家园,故选B。

9. D 【解析】1938年,毛泽东在党的六届六中全会上作了题为《论新阶段》的政治报告,最先提出了“马克思主义中国化”这个命题。故选D。

10. C 【解析】党的十七大报告指出,中国特色社会主义理论体系,就是包括邓小平理论、“三个代表”重要思想以及科学发展观等重大战略思想在内的科学理论体系。故选C。

11. A 【解析】党的十八届四中全会首次以全会的形式专题研究部署全面推进依法治国这一基本治国方略,提出全面推进依法治国的总目标和重大任务。党的十九届五中全会通过的《中共中央关于制定国民经济和社会发展第十四个五年规划和二〇三五年远景目标的建议》对“四个全面”战略布局作出了新表述——全面建设社会主义现代化国家,全面深化改革,全面推进依法治国,全面推进从严治党。故选A。

12. D 【解析】习近平新时代中国特色社会主义思想是时代精神的精华,可以为我们提供解决各类问题的一般方法,但不能提供具体方法,A项错误。习近平新时代中国特色社会主义思想系统回答了新时代坚持和发展什么样的中国特色社会主

义、怎样坚持和发展中国特色社会主义这一重大时代课题，B项错误。材料内容体现不出习近平新时代中国特色社会主义思想对提高文化软实力的影响，C项不符合题意。题干表明习近平新时代中国特色社会主义思想具有鲜明的时代意义，是发展着的马克思主义，D项正确。故选D。

13. C 【解析】"十四五"规划提出构建以国内大循环为主体、国内国际双循环相互促进的新发展格局，并把科技创新作为首要任务。

14. B 【解析】作为负责任大国，中国坚守和平、发展、公平、正义、民主、自由的全人类共同价值，坚持共商共建共享的全球治理观，坚定不移走和平发展、开放发展、合作发展、共同发展道路。

15. D 【解析】习近平总书记在十九届中央纪委第四次全会上强调，要强化政治监督保障制度执行，增强"两个维护"的政治自觉。

16. A 【解析】2021年4月，中共中央办公厅印发《关于庆祝中国共产党成立100周年组织开展"永远跟党走"群众性主题宣传教育活动的通知》，对庆祝中国共产党成立100周年群众性主题宣传教育活动作出部署。

17. C 【解析】2020年12月12日，中共中央政治局就切实做好国家安全工作举行第二十六次集体学习。中共中央总书记习近平在主持学习时强调，国家安全工作是党治国理政一项十分重要的工作，也是保障国泰民安一项十分重要的工作。做好新时代国家安全工作，要坚持总体国家安全观，抓住和用好我国发展的重要战略机遇期，把国家安全贯穿到党和国家工作各方面全过程，同经济社会发展一起谋划、一起部署，坚持系统思维，构建大安全格局，促进国际安全和世界和平，为建设社会主义现代化国家提供坚强保障。

18. A 【解析】1982年，邓小平在党的十二大上提出了"建设有中国特色的社会主义"的命题。

19. D 【解析】社会主义初级阶段不是泛指任何国家进入社会主义都要经历的起始阶段，而是特指我国在生产力落后、商品经济不发达条件下建设社会主义所要经历的特定阶段。

20. A 【解析】科学发展观，第一要义是发展，核心是以人为本，基本要求是全面协调可持续，根本方法是统筹兼顾。故选A。

21. A 【解析】习近平总书记指出："群众路线是我们党的生命线和根本工作路线，是我们党永葆青春活力和战斗力的重要传家宝。"不论过去、现在和将来，我们都要坚持一切为了群众，一切依靠群众，从群众中来，到群众中去，把党的正确主张变为群众的自觉行动，把群众路线贯彻到治国理政全部活动之中。坚持群众路线，核心的问题是党要始终保持同人民群众的血肉联系，一刻也不脱离群众。

22. B 【解析】习近平总书记提出，全心全意为人民服务是党一切行动的根本出发点和落脚点，是我们党区别于其他一切政党的根本标志。

23. C 【解析】《中国共产党领导是中国特色社会主义最本质的特征》指出，坚持党的领导，首先是坚持党中央权威和集中统一领导，这是党的领导的最高原则，任何时候任何情况下都不能含糊、不能动摇。必须增强政治意识、大局意识、核心意识、看齐意识，自觉维护党中央权威和集中统一领导，自觉在思想上政治上行动上同党中央保持高度一致。

24. D 【解析】习近平总书记对中央和国家机关推进党的政治建设作出重要指示强调，中央和国家机关首先是政治机关，必须旗帜鲜明讲政治，坚定不移加强党的全面领导，坚持不懈推进党的政治建设。

25. C 【解析】政治建设是党的根本性建设，"两个维护"是党的政治建设的首要任务。

26. B 【解析】坚持和加强党的全面领导，是新时代党的建设的根本原则。坚持党要管党、全面从严治党，是新时代党的建设的指导方针。这"两个坚持"集中反映了新时代中国特色社会主义建设和执政党建设的本质要求，是统领新时代党的建设的总纲，是党领导的伟大事业不断取得胜利的根本保证。

27. B 【解析】强调"生命重于泰山"体现了坚持以人民为中心的发展思想。以人民为中心的发展思想回答了发展是为了"谁"的问题，体现了我们党全心全意为人民服务的根本宗旨，彰显了发展的根本目的。

28. A 【解析】十九大报告指出，共产主义远大理想和中国特色社会主义共同理想，是中国共产党人的精神支柱和政治灵魂，也是保持党的团结统一的思想基础。

29. A 【解析】十九大报告指出，实现中华民族伟大复兴是近代以来中华民族最伟大的梦想。中国共产党一经成立，就把实现共产主义作为党的最高理想和最终目标，义无反顾地肩负起实现中华民族伟大复兴的历史使命，团结带领人民进行了艰苦卓绝的斗争，谱写了气吞山河的壮丽史诗。

30. C 【解析】社会和谐是中国特色社会主义的本质属性，是国家富强、民族振兴、人民幸福的重要保证。

31. D 【解析】新时代中国特色社会主义思想，明确了中国特色社会主义最本质的特征是中国共产党的领导。

32. D 【解析】中国共产党的领导是中国特色社会主义制度的最大优势。

33. B 【解析】要实现全体人民共同富裕的宏伟目标，最终要靠发展。

34. A 【解析】《中国共产党章程》的总纲规定，中国共产党坚持独立自主的和平外交政策，坚持和平发展道路，坚持互利共赢的开放战略。故选A。

35. D 【解析】中国特色社会主义理论体系由基本理论、基本路线、基本纲领三个层次构成。本题为选非题，故选D。

36. C 【解析】积极培育和践行社会主义核心价值观，有助于应对世界范围内思想文化交流、交融、交锋形势下的价值观较量。ABD项说法有误，故选C。

37. D 【解析】"富强、民主、文明、和谐"是我国社会主义现代化国家的建设目标，也是从国家层面对社会主义核心价值观基本理念的凝练。"自由、平等、公正、法治"是对美好社会的生动表述，也是从社会层面对社会主义核心价值观基本理念的凝练。"爱国、敬业、诚信、友善"是公民基本道德规范，是从个人行为层面对社会主义核心价值观基本理念的凝练。

38. D 【解析】实现中华民族伟大复兴的中国梦，必须弘扬中国精神。也就是以爱国主义为核心的民族精神，和以改革创新为核心的时代精神。

39. D 【解析】"四个自信"即中国特色社会主义道路自信、理论自信、制度自信、文化自信。其中，文化自信是更基础、更广泛、更深厚的自信，是一个国家、一个民族发展中更基本、更深沉、更持久的力量。

40. D 【解析】伟大斗争、伟大工程、伟大事业、伟大梦想，紧密联系、相互贯通、相互作用，其中起决定性作用的是党的建设新的伟大工程。故选D。

41. C 【解析】习近平总书记指出："改革开放是决定当代中国命运的关键一招，也是决定实现'两个一百年'奋斗目标、实现中华民族伟大复兴的关键一招。"改革开放已成为当代中国最鲜明的特色、当代中国共产党人最鲜明的品格。

42. A 【解析】十九大报告指出，综合分析国际国内形势和我国发展条件，从二〇二〇年到本世纪中叶可以分两个阶段来安排。第一个阶段，从二〇二〇年到二〇三五年，在全面建成小康社会的基础上，再奋斗十五年，基本实现社会主义现代化。第二个阶段，从二〇三五年到本世纪中叶，在基本实现现代化的基础上，再奋斗十五年，把我国建成富强民主文明和谐美丽的社会主义现代化强国。

43. C 【解析】贯彻新发展理念，建设现代化经济体系，必须坚持质量第一、效益优先，以供给侧结构性改革为主线，推动经济发展质量变革、效率变革、动力变革，提高全要素生产率，着力加快建设实体经济、科技创新、现代金融、人力资源协同发展的产业体系，着力构建市场机制有效、微观主体有活力、宏观调控有度的经济体制，不断增强我国经济创新力和竞争力。故选C。

44. B 【解析】十九大报告指出，经济体制改革必须以完善产权制度和要素市场化配置为重点，实现产权有效激励、要素自由流动、价格反应灵活、竞争公平有序、企业优胜劣汰。故选B。

45. C 【解析】党的十九大报告指出，全面依法治国是中国特色社会主义的本质要求和重要保障。必须把党的领导贯彻落实到依法治国全过程和各方面，坚定不移走中国特色社会主义法治道路，完善以宪法为核心的中国特色社会主义法律体系，建设中国特色社会主义法治体系，建设社会主义法治国家，发展中国特色社会主义法治理论，坚持依法治国、依法执政、依法行政共同推进，坚持法治国家、法治政府、法治社会一体建设，坚持依法治国和以德治国相结合，依法治国和依规治党有机统一，深化司法体制改革，提高全民族法治素养和道德素质。

46. B 【解析】党的十九大报告指出，坚持总体国家安全观。必须坚持国家利益至上，以人民安全为宗旨，以政治安全为根本，统筹外部安全和内部安全、国土安全和国民安全、传统安全和非传统安全、自身安全和共同安全，完善国家安全制度体系，加强国家安全能力建设，坚决维护国家主权、安全、发展利益。

47. A 【解析】经党中央批准、国务院批复，自2021年起，将每年1月10日设立为"中国人民警察节"。

48. C 【解析】《中华人民共和国国家安全法》第十四条规定："每年4月15日为全民国家安全教育日。"

49. A 【解析】2022年北京冬奥会的会徽为"冬梦"。

50. A 【解析】北京2022年冬奥会吉祥物"冰墩墩"以熊猫为原型进行设计创作，将熊猫形象与富有超能量的冰晶外壳相结合，体现了冬季冰雪运动和现代科技相融合的特点。

51. A 【解析】2022年2月4日至2022年2月20日，第二十四届冬季奥运会将在中华人民共和国北京市和河北省张家口市联合举行。这是中国历史上第一次举办冬季奥运会。

52. C 【解析】为完善事中事后监管，加强和创新"双随机、一公开"等监管方式，要依托国家政务服务平台建设"互联网+监管"系统，强化对地方和部门监管工作的监督，实现对监管的"监管"，并通过归集共享各类相关数据，及早发现防范苗头性和跨行业跨区域风险。故选C。

53. C 【解析】《关于推进医疗保障基金监管制度体系改革的指导意见》强调，到2025年，基本建成医保基金监管制度体系和执法体系，形成以法治为保障、信用管理为基础，多形式检查、大数据监管为依托，党委领导、政府监管、社会监督、行业自律、个人守信相结合的全方位监管格局，实现医保基金监管法治化、专业化、规范化、常态化，并在实践中不断发展完善。

54. C 【解析】“一带一路”是指“丝绸之路经济带”和“21世纪海上丝绸之路”。“一带一路”构想是对古代丝绸之路、海上丝绸之路的继承和发展。故选C。

55. A 【解析】“只涉及”说法不准确，B项错误。“一带一路”不是经济结盟，C项错误。D项说法片面。故选A。

56. A 【解析】“一带一路”建设植根于丝绸之路的历史土壤，重点面向亚欧非大陆，同时向所有朋友开放。

57. A 【解析】十九大报告指出，优先发展教育事业。建设教育强国是中华民族伟大复兴的基础工程，必须把教育事业放在优先位置，深化教育改革，加快教育现代化，办好人民满意的教育。要全面贯彻党的教育方针，落实立德树人根本任务，发展素质教育，推进教育公平，培养德智体美全面发展的社会主义建设者和接班人。

58. C 【解析】人生的扣子从一开始就要扣好，说明青少年处在价值观形成和确立的时期，抓好这一时期的价值观养成十分重要。

59. D 【解析】2020年6月，国家卫生健康委等部门联合印发《校园食品安全守护行动方案(2020—2022年)》，部署开展2020年至2022年校园食品安全监管工作，要求各地全面落实学校食品安全校长(园长)负责制和校外供餐单位食品安全主体责任，切实强化监管，治理突出问题，加强校园食品安全社会共治。故选D。

60. C 【解析】《大中小学劳动教育指导纲要(试行)》指出：在大中小学设立劳动教育必修课程。中小学劳动教育课平均每周不少于1课时，职业院校开设劳动专题教育必修课，不少于16学时，本科阶段不少于32学时。故选C。

61. C 【解析】马克思主义中国化就是将马克思主义基本原理同中国具体实际相结合，不断形成具有中国特色的马克思主义理论成果的过程。具体地说，就是把马克思主义基本原理同中国革命、建设和改革的实践结合起来，同中国的优秀历史传统和优秀文化结合起来，既坚持马克思主义，又发展马克思主义。②中的说法太片面了，故不选。

62. B 【解析】1938年，毛泽东在党的六届六中全会上作的题为《论新阶段》的政治报告中最先提出了“马克思主义中国化”这个命题。

63. A 【解析】遵义会议后，党中央开始关注在马克思列宁主义指导下系统总结中国革命的实践经验。而到延安整风后，推进马克思主义中国化，从而更好地指导中国革命，成为全党的共识。

64. B 【解析】在新民主主义革命、社会主义革命、社会主义建设、社会主义改革的过程中，对于中国共产党人来说，始终应保持实事求是的理论精髓、世界观和方法论基础，十分重要而且很有必要。故本题选B。

65. B 【解析】党的十一届三中全会以后，邓小平第一次比较系统地初步回答了在中国这样的经济文化比较落后的国家，如何建设、巩固和发展社会主义的一系列基本问题，用新的思想、观点，继承和发展了马列主义、毛泽东思想。

66. A 【解析】邓小平同志指出：“社会主义的本质，是解放生产力，发展生产力，消灭剥削，消除两极分化，最终达到共同富裕。”“贫穷不是社会主义，社会主义要消灭贫穷”的论断体现了社会主义的本质要求。故选A。

67. D 【解析】搞清楚什么是社会主义，怎样建设社会主义，是为了在坚持社会主义基本制度的基础上进一步认清社会主义的本质。

68. B 【解析】党的思想路线的基本内容是：一切从实际出发，理论联系实际，实事求是，在实践中检验真理和发展真理。邓小平同志在毛泽东同志提出的“实事求是”的基础上，把党的思想路线进一步概括为“解放思想，实事求是”，强调了解放思想。故选B。

69. B 【解析】改革、发展、稳定是我国社会主义现代化建设的三个重要支点。改革是经济社会发展的强大动力，发展是解决一切经济社会问题的关键，稳定是改革发展的前提。

70. C 【解析】建设中国特色社会主义的总任务是实现社会主义现代化和中华民族伟大复兴，A项错误。党在社会主义初级阶段的基本路线是党和国家的生命线，发展是解决我国一切问题的基础和关键，B项错误。我国的立国之本、中国特色社会主义事业发展的政治保证是四项基本原则，D项错误。改革开放是强国之路，是我国社会主义事业发展的强大动力，C项正确。故选C。

71. B 【解析】坚持和发展中国特色社会主义，是改革开放以来我们党全部理论和实践的鲜明主题，也是习近平新时代中国特色社会主义思想的核心要义。故本题选B。

72. B 【解析】社会主义的本质是解放生产力，发展生产力，消灭剥削，消除两极分化，最终达到共同富裕。从邓小平同志关于社会主义本质的新概括来看，实现社会主义的关键是要发展生产力，就必须坚持改革开放。

73. D 【解析】1978年12月，十一届三中全会在北京举行，这次会议重新确立了解放思想、实事求是的思想路线，实际上形成了以邓小平为核心的党中央领导集体。所以解放思想、实事求是的思想路线在拨乱反正中被重新确立，为邓小平理论的形成奠定了科学的方法论基础。故本题答案为D。

74. D 【解析】本题考查党史。中共十五大把邓小平理论确立为中国共产党的指导思想并载入党章，明确规定中国共产党以马克思列宁主义、毛泽东思想、邓小平理论作为自己的行动指南。故本题选D。

75. A 【解析】本题考查社会主义的本质。社会主义的本质是解放生产力，发展生产力，消灭剥削，消除两极分化，最终达到共同富裕。社会主义的根本任务是发展生产力，特别是发展先进生产力。迅速发展生产力，不断提高人民的物质文化生活水平，既是社会主义本质的内在要求，也是社会主义制度优越性的具体体现。邓小平的这句话意在强调解放和发展生产力的重要性。

76. D 【解析】习近平总书记在庆祝改革开放40周年大会上强调，40年的实践充分证明，改革开放是党和人民大踏步赶上时代的重要法宝，是坚持和发展中国特色社会主义的必由之路，是决定当代中国命运的关键一招，也是决定实现“两个一百年”奋斗目标、实现中华民族伟大复兴的关键一招。故答案选D。

77. D 【解析】中国共产党第十八次全国代表大会通过了关于《中国共产党章程(修正案)》的决议。大会一致同意将科学发展观同马克思列宁主义、毛泽东思想、邓小平理论、“三个代表”重要思想一道确立为党的指导思想写入党章。

78. C 【解析】十八大报告指出，解放思想、实事求是、与时俱进、求真务实，是科学发展观最鲜明的精神实质。

79. A 【解析】本题考查科学发展观的内涵。科学发展观的第一要义是发展，核心立场是以人为本，基本要求是全面协调可持续，根本方法是统筹兼顾。

80. D 【解析】科学发展观是马克思关于发展的世界观和方法论的集中体现。

81. A 【解析】习近平总书记在十九大报告中指出：“实现伟大梦想，必须推进伟大事业。中国特色社会主义是改革开放以来党的全部理论和实践的主题，是党和人民历尽千辛万苦，付出巨大代价取得的根本成就。”

82. A 【解析】哲学思想是不断发展和进步的，因此，不能说中国特色社会主义理论体系是哲学思想发展的巅峰。

83. C 【解析】十八大报告指出，必须坚持走共同富裕道路。共同富裕是中国特色社会主义的根本原则。故选C。

84. D 【解析】党的十六大报告提出把不断改善人民生活作为处理改革、发展、稳定关系的重要结合点。

85. C 【解析】习近平新时代中国特色社会主义思想的核心要义是坚持和发展中国特色社会主义。

86. A 【解析】中国梦提出的时代背景是中国特色社会主义道路、理论和制度的不断创新。

87. A 【解析】十九大报告指出，中国特色社会主义进入新时代，意味着近代以来久经磨难的中华民族迎来了从站起来、富起来到强起来的伟大飞跃，迎来了实现中华民族伟大复兴的光明前景；意味着科学社会主义在二十一世纪的中国焕发出强大生机活力，在世界上高高举起了中国特色社会主义伟大旗帜；意味着中国特色社会主义道路、理论、制度、文化不断发展，拓展了发展中国家走向现代化的途径，给世界上那些既希望加快发展又希望保持自身独立性的国家和民族提供了全新选择，为解决人类问题贡献了中国智慧和中国方案。

88. A 【解析】党的十九大报告宣布我国开启全面建设社会主义现代化国家新征程，即中国特色社会主义进入新时代，A项正确；2019年，我国正处在全面建成小康社会的决胜期，并没有完成，B项错误；C项基本实现现代化是2035年要达到的目标；D项成为社会主义现代化强国是第二个一百年目标。故本题选A项。

89. D 【解析】习总书记在十九大提出：“这个新时代，是承前启后、继往开来、在新的历史条件下继续夺取中国特色社会主义伟大胜利的时代，是决胜全面建成小康社会、进而全面建设社会主义现代化强国的时代，是全国各族人民团结奋斗、不断创造美好生活、逐步实现全体人民共同富裕的时代，是全体中华儿女勠力同心、奋力实现中华民族伟大复兴中国梦的时代，是我国日益走近世界舞台中央、不断为人类作出更大贡献的时代。”D选项中“同步富裕”说法错误，故本题选D项。

90. A 【解析】新时代中国共产党的历史使命，是继续推进实现中华民族伟大复兴。

91. B 【解析】习近平同志在十九大报告中强调，中国特色社会主义进入新时代，我国社会主要矛盾已经转化为人民日益增长的美好生活需要和不平衡不充分的发展之间的矛盾。

92. B 【解析】十九大报告指出：当前，国内外形势正在发生深刻复杂变化，我国发展仍处于重要战略机遇期，前景十分光明，挑战也十分严峻。

93. A 【解析】十九大报告第四部分“决胜全面建成小康社会，开启全面建设社会主义现代化国家新征程”中提出，全面建成小康社会必须坚定实施七大战略，具体包括科教兴国战略、人才强国战略、创新驱动发展战略、乡村振兴战略、区域协调发展战略、可持续发展战略、军民融合发展战略。

94. B 【解析】习近平总书记指出，脱贫攻坚的标准就是稳定实现贫困人口“两不愁三保障”，不愁吃、不愁穿，义务教育、基本医疗、住房安全有保障。

95. B 【解析】2017年6月23日，习近平总书记在山西太原市主持召开的深度贫困地区脱贫攻坚座谈会上指出：“根据河北省的调查，深度贫困的特征可以概括为‘两高、一低、一差、三重’。”“两高”即贫困人口占比高、贫困发生率高。“一低”即人均可支配收入低。“一差”即基础设施和住房差。“三重”即低保五保贫困人口脱贫任务重、因病致贫返贫人口脱贫任务重、贫困老人脱贫任务重。

96. D 【解析】党的十九大之所以提出实施乡村振兴战略，就是要正视农业农村发展的阶段性特征和面临的突出问题，对

新时代"三农"政策适时进行调整和完善，加快推进农业农村现代化，让农业成为有奔头的产业，让农民成为有吸引力的职业，让农村成为安居乐业的美丽家园。故本题选D。

97. B 【解析】精准扶贫和精准脱贫的基本要求与主要途径是六个精准和五个一批。五个一批是：发展生产脱贫一批、易地搬迁脱贫一批、生态补偿脱贫一批、发展教育脱贫一批、社会保障兜底一批。故选B。

98. D 【解析】城镇化的核心是人的城镇化，其出路在于充分就业。城镇化要与工业化、信息化同步发展，其与城市化有一定的差别。故答案选D。

99. C 【解析】党的十九大报告指出，实施乡村振兴战略，要坚持农业农村优先发展，按照产业兴旺、生态宜居、乡风文明、治理有效、生活富裕的总要求，建立健全城乡融合发展体制机制和政策体系，加快推进农业农村现代化。

100. C 【解析】中国特色社会主义进入了新时代，我国经济发展也进入了新时代，基本特征就是我国经济已由高速增长阶段转向高质量发展阶段。

101. B 【解析】长江三角洲区域一体化发展规划范围包括上海市、江苏省、浙江省、安徽省全域，但不包括江西省。

102. D 【解析】习近平总书记强调，全面深化改革总目标是完善和发展中国特色社会主义制度、推进国家治理体系和治理能力现代化，这两句话是一个统一整体，前一句规定了根本方向，后一句规定了在根本方向指引下完善和发展中国特色社会主义制度的鲜明指向，两句话都讲，才是完整的、全面的。

103. A 【解析】十九届三中全会提出，深化党和国家机构改革是推进国家治理体系和治理能力现代化的一场深刻变革。

104. C 【解析】在新的历史起点上，深化党和国家机构改革要以加强党的全面领导为统领，以推进国家治理体系和治理能力现代化为导向，以推进党和国家机构职能优化协同高效为着力点。

105. C 【解析】全面深化改革不是某个领域某个方面的单项改革，而是关系党和国家事业发展全局的重大战略部署，是一个涉及经济社会发展各领域的复杂系统工程。要坚持整体推进，统筹谋划，深化改革各个方面、各个层次、各个要素，注重推动各项改革相互促进、良性互动、协同配合，注重改革措施整体效果，防止畸重畸轻、单兵突进、顾此失彼。但整体推进又不是平均用力、齐头并进，而是要注重抓主要矛盾和矛盾的主要方面，注重抓重要领域和关键环节。重要领域"牵一发而动全身"，关系到改革大局，是改革的重中之重；关键环节"一子落而满盘活"，关系到改革成效，是改革的有力支点。以这些重要领域和关键环节为突破口，可以对全面改革起到牵引和推动作用。故答案为C。

106. B 【解析】A项错误，人民政协是我国的爱国统一战线组织；C项错误，人大代表代表人民具体行使国家权力；D项错误，政治协商是人民政协的职能。B项正确，中国共产党是中国特色社会主义事业的领导核心，是我国最高政治领导力量。

107. A 【解析】不忘初心，继续前进，就是要坚定共产主义远大理想和中国特色社会主义共同理想，不断把为崇高理想奋斗的伟大实践向前推进。树立和追求共产主义远大理想，要体现在积极投身中国特色社会主义建设事业的实际行动中。

108. B 【解析】"坚持党要管党、全面从严治党"是新时代党的建设的指导方针。

109. D 【解析】习近平总书记在十九大报告中指出，要把党的政治建设摆在首位。旗帜鲜明讲政治是我们党作为马克思主义政党的根本要求，是共产党人最鲜明的本质特征。

110. A 【解析】2018年1月5日，新进中央委员会的委员、候补委员和省部级主要领导干部学习贯彻习近平新时代中国特色社会主义思想和党的十九大精神研讨班在中央党校开班。习近平在开班式上发表重要讲话。习近平强调，不忘初心，牢记使命，就不要忘记我们是共产党人，我们是革命者，不要丧失了革命精神。习近平指出，时代是出卷人，我们是答卷人，人民是阅卷人。"答卷人"是指中国共产党。习近平指出，勇于自我革命，从严管党治党，是我们党最鲜明的品格，全面从严治党永远在路上。在新时代，我们党必须以党的自我革命来推动党领导人民进行的伟大社会革命，把党建设成为始终走在时代前列、人民衷心拥护、勇于自我革命、经得起各种风浪考验、朝气蓬勃的马克思主义执政党。故A正确。

111. C 【解析】C项正确，加强党内监督有利于督促党员干部廉洁从政，防止腐败，保持党的先进性，巩固党的执政地位。A项错误，共产党依法执政，政府依法行政；B项不符合题意，题干论述的主体是党而非政府；D项不符合题意，题干未体现民主集中制。故选C。

112. B 【解析】新时代党的建设总要求强调，要以党的政治建设为统领。

113. D 【解析】精神懈怠危险、能力不足危险、脱离群众危险、消极腐败危险更加尖锐地摆在全党面前。

114. A 【解析】十九大报告指出，坚持反腐败无禁区、全覆盖、零容忍，坚定不移"打虎""拍蝇""猎狐"，不敢腐的目标初步实现，不能腐的笼子越扎越牢，不想腐的堤坝正在构筑，反腐败斗争压倒性态势已经形成并巩固发展。

115. C 【解析】"党是整个社会的表率，党的各级领导同志又是全党的表率"说明党员干部要发挥模范作用；"打铁还需自身硬"说明党要不断提高自身素质，要与时俱进地提高执政能力。故答案选C。

116. C 【解析】社会主义协商民主是在中国共产党领导下，人民内部各方面围绕改革发展稳定重大问题和涉及群众切身利益的实际问题，在决策之前和决策实施之中开展广泛协商，努力形成共识的重要民主形式。习近平在党的十九大报告中指出:“有事好商量,众人的事情由众人商量,是人民民主的真谛。”深刻理解这一重要科学论断背后的科学逻辑,对推进社会主义协商民主广泛多层制度化发展,坚定中国特色社会主义道路自信、理论自信、制度自信、文化自信具有重要意义。故本题选C。

117. A 【解析】①正确,推进农村土地“三权分置”改革,发展规模化农业,有利于解决粮食供需矛盾。②正确,确保粮食安全始终是国家经济发展的底线,要确保耕地红线不动摇;在城市化和工业化不断深化的背景下,我国的粮食供需矛盾日益凸显,因此要创新土地资源调控手段。③错误,积极拓展国际市场,取消粮食进出口关税会增加进口粮数量,但不是解决粮食供需矛盾和确保国家粮食安全的合理措施。④错误,优化农业种植结构,扩大经济作物种植面积会进一步减少粮食产量,不利于解决粮食供需矛盾。故本题选A。

118. B 【解析】习近平总书记在十九大报告中,在党的十七大、十八大提出保障和改善民生的“五有”目标基础上,首次系统地提出了“七有”目标,即“在幼有所育、学有所教、劳有所得、病有所医、老有所养、住有所居、弱有所扶上不断取得新进展”。

119. A 【解析】我国设立“中国农民丰收节”有利于营造重农强农的氛围,凝聚爱农支农的强大精神力量,助力乡村战略的实施,满足人民日益增长的美好生活需要,也彰显了“三农”工作的重要地位。

120. D 【解析】中共中央2006年11月颁发的《关于巩固和壮大新世纪新阶段统一战线的意见》中指出:“改革开放以来出现的新的社会阶层,主要由非公有制经济人士和自由择业知识分子组成,集中分布在新经济组织、新社会组织中。他们作为中国特色社会主义事业的建设者,在促进共同富裕、构建社会主义和谐社会、全面建设小康社会中发挥着重要作用。”故本题应选D。

121. B 【解析】中国改革友谊奖章,是中华人民共和国为感谢国际社会对中国改革开放事业的支持和帮助,向国际友人颁授的奖章。2018年12月18日,党中央、国务院决定向阿兰·梅里埃等10名国际友人颁授中国改革友谊奖章。

122. B 【解析】在2019年新年贺词中,习近平总书记说:“一个流动的中国,充满了繁荣发展的活力。我们都在努力奔跑,我们都是追梦人。”

123. C 【解析】2019年4月30日,在纪念五四运动100周年大会上,习近平总书记指出,五四运动孕育了以爱国、进步、民主、科学为主要内容的伟大五四精神,其核心是爱国主义。

124. A 【解析】2019年4月30日,在纪念五四运动100周年大会上,习近平总书记强调新时代中国青年运动的主题,新时代中国青年运动的方向,新时代中国青年的使命,就是坚持中国共产党领导,同人民一道,为实现“两个一百年”奋斗目标,实现中华民族伟大复兴的中国梦而奋斗。

125. B 【解析】2019年5月13日中共中央政治局召开会议,决定从今年6月开始,在全党自上而下分两批开展“不忘初心、牢记使命”主题教育。会议指出,根据党的十九大部署,以县处级以上领导干部为重点,在全党开展“不忘初心、牢记使命”主题教育,用习近平新时代中国特色社会主义思想和党的十九大精神武装头脑、指导实践、推动工作,推动全党更加自觉地为新时代党的历史使命而努力奋斗。

126. C 【解析】2019年6月4日,亚足联特别代表大会确认中国获得2023年亚洲杯举办权。

127. A 【解析】2019年6月18日人民日报发表署名文章:《世上本无“修昔底德陷阱”——评美国一些人战略迷误的危险(中)》。

128. A 【解析】5G商用部署,是作为高性能网络的使用,有利于文化的传递、沟通和共享,满足人民日益增长的美好生活需要。

129. D 【解析】社会主义核心价值体系是社会主义制度在价值层面的本质规定,是全党全国各族人民团结奋斗的共同思想基础,是实现科学发展、社会和谐的推动力量,是国家文化软实力的核心内容,反映了我国社会主义基本制度的本质要求。D正确。

130. A 【解析】富强、民主、文明、和谐是国家层面的价值目标,自由、平等、公正、法治是社会层面的价值取向,爱国、敬业、诚信、友善是公民个人层面的价值准则,这24个字是社会主义核心价值观的基本内容。

131. D 【解析】党的十八届三中全会对改革开放成功实践进行了科学总结,大会提出:“坚持改革正确方向,最核心的是在改革中坚持和完善党的领导,坚持和完善中国特色社会主义制度。”故本题选D项。

132. B 【解析】党的十八大报告提出,中国特色社会主义的总布局是“五位一体”,即经济建设、政治建设、文化建设、社会建设和生态文明建设。

133. A 【解析】创新是一个民族进步的灵魂,是一个国家兴旺发达的不竭源泉,也是中华民族最鲜明的民族禀赋。

134. B 【解析】2008年12月,胡锦涛在纪念中国科协成立50周年大会上指出,要把增强自主创新能力作为发展科学技术的战略基点、作为调整产业结构和转变发展方式的中心环节,把建设创新型国家作为面向未来的重大战略选择。

135. C 【解析】创新是引领发展的第一动力,也是建设现代化经济体系的战略支撑。

136. B 【解析】党中央、国务院作出的建设创新型国家的决策,是事关社会主义现代化建设全局的重大战略决策。建设

创新型国家，核心就是把增强自主创新能力作为发展科学技术的战略基点，走出中国特色自主创新道路，推动科学技术的跨越式发展；就是把增强自主创新能力作为调整产业结构、转变增长方式的中心环节，建设资源节约型、环境友好型社会，推动国民经济又快又好发展；就是把增强自主创新能力作为国家战略，贯穿到现代化建设各个方面，激发全民族创新精神，培养高水平创新人才，形成有利于自主创新的体制机制，大力推进理论创新、制度创新、科技创新，不断巩固和发展中国特色社会主义伟大事业。故答案选B。

137. B 【解析】习近平强调，现代化经济体系，是由社会经济活动各个环节、各个层面、各个领域的相互关系和内在联系构成的一个有机整体。要建设创新引领、协同发展的产业体系；要建设统一开放、竞争有序的市场体系；要建设体现效率、促进公平的收入分配体系；要建设彰显优势、协调联动的城乡区域发展体系；要建设资源节约、环境友好的绿色发展体系；要建设多元平衡、安全高效的全面开放体系；要建设充分发挥市场作用、更好发挥政府作用的经济体制。

138. A 【解析】发展是解决我国一切问题的基础和关键，发展必须是科学发展，必须坚定不移贯彻创新、协调、绿色、开放、共享的发展理念。

139. C 【解析】党的十八届五中全会指出，实现"十三五"时期发展目标，破解发展难题，厚植发展优势，必须牢固树立并切实贯彻创新、协调、绿色、开放、共享的发展理念。其中，在坚持共享发展中指出，实施脱贫攻坚工程，实施精准扶贫、精准脱贫，分类扶持贫困家庭，探索对贫困人口实行资产收益扶持制度，建立健全农村留守儿童和妇女、老人关爱服务体系。所以精准扶贫战略基于的发展理念是共享。C正确。

140. A 【解析】《深入理解新发展理念》一文中指出，共享理念实质就是坚持以人民为中心的发展思想，体现的是逐步实现共同富裕的要求。

141. B 【解析】正确处理"金山银山"和"绿水青山"的关系，归根到底就是正确处理经济发展和生态环境保护的关系。这是实现可持续发展的内在要求，是坚持绿色发展、推进生态文明必须解决的重大问题。

142. B 【解析】绿色发展已成为当下各级政府和全国人民的广泛共识，这是因为绿色发展注重的是解决人与自然和谐共生问题，坚持绿色发展是解决我国当前发展不平衡不充分问题的重要举措，是实现我国发展战略目标的重要途径。

143. D 【解析】生态文明的核心就是坚持人与自然和谐共生。

144. C 【解析】井冈山精神是中国革命精神的源泉，革命精神的洪流由此形成。改革开放精神与井冈山精神、长征精神、延安精神、西柏坡精神等是一脉相承而又不断发展的。它们是中国共产党人在不同历史时期，对中华民族精神不断赋予新内涵的体现。从井冈山精神到改革开放精神的发展历程表明，民族精神具有与时俱进的品质。

145. A 【解析】"九二共识"的核心是坚持"一个中国"原则。

146. B 【解析】美国无视中美经济结构、发展阶段特点和国际产业分工现实，坚持认为中国采取不公平、不对等的贸易政策，导致美国出现对华贸易逆差，在双边经贸交往中"吃了亏"，并对华采取单边加征关税措施。因此，贸易战是美国为了遏制中国发展采取的经济霸凌行径。

147. B 【解析】我国奉行独立自主的和平外交政策。加强同广大发展中国家的团结与合作是我国外交工作的基本立足点。

148. A 【解析】"一带一路"是"丝绸之路经济带"和"21世纪海上丝绸之路"的简称。"一带一路"旨在借用古代丝绸之路的历史符号，高举和平发展的旗帜，积极发展与沿线国家的经济合作伙伴关系，共同打造政治互信、经济融合、文化包容的利益共同体、命运共同体和责任共同体。因此，"一带一路"不只适用于周边内陆国家。本题为选非题，答案为A。

149. C 【解析】2019年9月17日，国家主席习近平签署主席令，根据十三届全国人大常委会第十三次会议表决通过的全国人大常委会关于授予国家勋章和国家荣誉称号的决定，授予董建华"'一国两制'杰出贡献者"国家荣誉称号。

150. D 【解析】2019年9月17日，国家主席习近平签署主席令，授予42人国家勋章、国家荣誉称号。

151. C 【解析】中国是人类命运共同体理念的倡导者。党的十八大报告正式提出"倡导人类命运共同体意识"。

152. B 【解析】习近平指出，中华文明是亚洲文明的重要组成部分。亲仁善邻、协和万邦是中华文明一贯的处世之道，惠民利民、安民富民是中华文明鲜明的价值导向，革故鼎新、与时俱进是中华文明永恒的精神气质，道法自然、天人合一是中华文明内在的生存理念。故本题选B。

153. A 【解析】"人类命运共同体"包括五大支柱：一是政治上要建立"平等相待、互商互谅的伙伴关系"；二是安全上要营造"公道正义、共建共享的安全格局"；三是经济上要谋求"开放创新、包容互惠的发展前景"；四是文化上要促进"和而不同、兼收并蓄的文明交流"；五是环境上要构筑"尊崇自然、绿色发展的生态体系"。从文化上看，要坚持交流互鉴，建设一个开放包容的世界。不同文明要取长补短、共同进步。故选A。

154. A 【解析】2019年6月7日，第二十三届圣彼得堡国际经济论坛全会在俄罗斯圣彼得堡举行，中国国家主席习近平在致辞中指出，可持续发展是破解当前全球性问题的"金钥匙"。故本题选A。

155. A 【解析】坚持人民主体地位，是中国特色社会主义事业能够取得巨大成就的基本前提；坚持解放和发展社会生产力，是中国特色社会主义的根本任务；坚持推进改革开放，是坚持和发展中国特色社会主义的必由之路；坚持维护社会公平正义，是中国特色社会主义的内在要求；坚持走共同富裕道路，是中国特色社会主义的根本原则；坚持促进社会和谐，是中国特色社会主义的本质属性；坚持和平发展，是中国特色社会主义的必然选择；坚持党的领导，是保证中国特色社会主义发展方向的根本保障。

156. C 【解析】中国走和平发展道路的自信和自觉，来源于中华文明的深厚渊源。

157. D 【解析】胡锦涛在《"七一"讲话》中指出：建设中国特色社会主义的根本目的是不断实现好、维护好、发展好最广大人民的根本利益，党的理论、路线、纲领、方针、政策和工作必须以符合最广大人民的根本利益为最高衡量标准。

158. C 【解析】中非双方的根本利益是不一致的，A选项错误；国际竞争的实质是以经济和科技实力为基础的综合国力的竞争，B选项错误；维护国家利益是主权国家对外活动的出发点和落脚点，D选项错误；正是由于共同的国家利益是合作的基础，所以中非合作论坛峰会才能共商中非友好合作大计，规划新时代中非合作的宏伟蓝图，出台引领中非合作发展的重大举措。

159. C 【解析】1979年3月，邓小平在党的理论工作务虚会上发表了《坚持四项基本原则》的重要讲话，强调在中国实现四个现代化，必须坚持社会主义道路，坚持无产阶级专政，坚持共产党的领导，坚持马列主义、毛泽东思想。

160. B 【解析】中国共产党第十二次全国代表大会于1982年9月1日至11日在北京召开。邓小平主持了大会开幕式，并致开幕词。他高度地评价了这次大会的历史地位，认为这次大会将是党的第七次全国代表大会以来最重要的一次会议，他还总结了新中国成立以来的历史经验，正式提出了"建设有中国特色的社会主义"的新命题。

161. B 【解析】1992年春，邓小平在南方谈话中正式提出社会主义本质——解放生产力，发展生产力，消灭剥削，消除两极分化，最终达到共同富裕。

162. D 【解析】社会主义的根本任务是解放和发展生产力。社会主义的根本目的是消灭剥削，消除两极分化，最终达到共同富裕。

163. A 【解析】1997年9月，中共十五大把"邓小平建设有中国特色社会主义理论"直接称为"邓小平理论"，并将"邓小平理论"写入党章。

164. B 【解析】邓小平理论的思想精髓是解放思想、实事求是。

165. D 【解析】邓小平根据马克思主义基本原理，总结国内外社会主义实践的经验教训，明确提出社会主义的最终目标就是达到共同富裕。

166. D 【解析】"一个中心，两个基本点"是党在社会主义初级阶段的路线。一个中心，指以经济建设为中心；两个基本点，指坚持四项基本原则，坚持改革开放。

167. D 【解析】建设有中国特色社会主义理论的核心内容是：中国只有坚持社会主义，才能消灭贫穷，走向富强，消灭落后，走向现代化；而中国坚持的社会主义，必须是切合当代中国实际的有中国特色的社会主义。为此，首先要搞清楚什么是社会主义，怎样建设社会主义。邓小平反复强调的一个主题，就是这两个"搞清楚"，这可以说是建设有中国特色的社会主义理论中一个最基本的理论问题。

168. B 【解析】改革开放是我国的强国之路，是我们国家发展进步的活力源泉。坚持四项基本原则是我国的立国之本，是国家生存发展的政治基石。

169. A 【解析】"一国两制"，即"一个国家，两种制度"，是中国政府为实现国家和平统一而提出的基本国策。1997年7月1日，中国政府正式恢复了对香港行使主权。

170. A 【解析】构建社会主义和谐社会有六条基本原则：(1)必须坚持以人为本。这是构建社会主义和谐社会的根本出发点和落脚点。(2)必须坚持科学发展。这是构建社会主义和谐社会的工作方针。(3)必须坚持改革开放。这是构建社会主义和谐社会的工作动力。(4)必须坚持民主法治。这是构建社会主义和谐社会的工作保证。(5)必须坚持正确处理改革发展稳定的关系。这是构建社会主义和谐社会的工作条件。(6)必须坚持在党的领导下全社会共同建设。这是构建社会主义和谐社会的领导核心和依靠力量。故选A。

171. D 【解析】2003年10月11日至14日，中共十六届三中全会在北京举行。胡锦涛在会上发表的重要讲话和全会通过的《中共中央关于完善社会主义市场经济体制若干问题的决定》，提出坚持以人为本，树立全面、协调、可持续的发展观和统筹城乡发展、统筹区域发展、统筹经济社会发展、统筹人与自然和谐发展、统筹国内发展和对外开放的思想，明确了完善社会主义市场经济体制的目标和主要任务，深刻阐述了科学发展观。

172. B 【解析】科学发展观，第一要义是发展，核心是以人为本，基本要求是全面协调可持续，根本方法是统筹兼顾。

173. B 【解析】科学发展观坚持以人为本的发展，全面协调可持续的发展。这是科学发展观对于实现什么样的发展的科

学回答。

174. D 【解析】科学治理雾霾，需要坚持以人民为中心，推动发展方式转变，实现科学发展。A、B、C说法错误。

175. C 【解析】党的十九大把习近平新时代中国特色社会主义思想确立为党的指导思想，党的十九大报告明确指出，要用新时代中国特色社会主义思想武装全党。

176. D 【解析】围绕重大时代课题，中国共产党坚持以马克思列宁主义、毛泽东思想、邓小平理论、“三个代表”重要思想、科学发展观为指导，坚持解放思想、实事求是、与时俱进、求真务实，坚持辩证唯物主义和历史唯物主义，紧密结合新的时代条件和实践要求，以全新的视野深化对共产党执政规律、社会主义建设规律、人类社会发展规律的认识，进行艰辛理论探索，取得重大理论创新成果，形成了习近平新时代中国特色社会主义思想。

177. D 【解析】习近平总书记指出，中国共产党领导是中国特色社会主义最本质的特征，是中国特色社会主义制度的最大优势。

178. B 【解析】党的十九大报告指出：中国特色社会主义道路是实现社会主义现代化、创造人民美好生活的必由之路，中国特色社会主义理论体系是指导党和人民实现中华民族伟大复兴的正确理论，中国特色社会主义制度是当代中国发展进步的根本制度保障，中国特色社会主义文化是激励全党全国各族人民奋勇前进的强大精神力量。

179. A 【解析】中国特色社会主义道路是实现我国社会主义现代化的必由之路，是创造人民美好生活的必由之路。

180. B 【解析】十九大的主题是：不忘初心，牢记使命，高举中国特色社会主义伟大旗帜，决胜全面建成小康社会，夺取新时代中国特色社会主义伟大胜利，为实现中华民族伟大复兴的中国梦不懈奋斗。

181. D 【解析】中国共产党第十九次全国代表大会，是在全面建成小康社会决胜阶段、中国特色社会主义进入新时代的关键时期召开的一次十分重要的大会。

182. D 【解析】习近平同志在十九大报告中指出，中国特色社会主义进入新时代是我国发展新的历史方位。

183. B 【解析】“两个一百年”奋斗目标是指：第一个一百年，是到中国共产党成立100年时全面建成小康社会；第二个一百年，是到新中国成立100年时建成富强民主文明和谐美丽的社会主义现代化强国。

184. D 【解析】党的十九大在坚持“两个一百年”奋斗目标的基础上具体划分了第二个百年奋斗目标的两个阶段：第一个阶段，从2020年到2035年，在全面建成小康社会的基础上，再奋斗15年，基本实现社会主义现代化，把我们党在80年代提出的在21世纪中叶实现的基本现代化目标提前到2035年；第二个阶段，从2035年到本世纪中叶，在基本实现现代化的基础上，再奋斗15年，把我国建成富强民主文明和谐美丽的社会主义现代化强国。

185. A 【解析】党的十九大报告在对决胜全面建成小康社会作出部署的同时，明确了从2020年到本世纪中叶分两步走全面建成社会主义现代化强国的新目标。

186. A 【解析】全党同志一定要永远与人民同呼吸、共命运、心连心，永远把人民对美好生活的向往作为奋斗目标，以永不懈怠的精神状态和一往无前的奋斗姿态，继续朝着实现中华民族伟大复兴的宏伟目标奋勇前进。

187. D 【解析】党的十九大报告指出，必须把维护中央对香港、澳门特别行政区全面管治权和保障特别行政区高度自治权有机结合起来。

188. B 【解析】坚持道路自信就是要坚定走中国特色社会主义道路，这是实现社会主义现代化的必由之路。

189. D 【解析】江泽民在党的十五大报告中指出，十一届三中全会以来，党正确地分析国情，作出我国还处于社会主义初级阶段的科学论断。我们讲一切从实际出发，最大的实际就是中国现在正处于并将长期处于社会主义初级阶段。

190. B 【解析】2015年中央经济工作会议提出，要加强供给侧结构性改革，后来又明确提出以深化供给侧结构性改革为主线。我国改革的主线自改革开放初就一直不断发展，现在进入全面深化改革的时期，以深化供给侧结构性改革为重点、为主线、为主要抓手，就是要培育新动能，要解决体制机制的矛盾。要想提高供给效益，要想提高全要素生产率，必须要以深化供给侧结构性改革为主线。

191. A 【解析】党的十九大报告提出，健全学生资助制度，使绝大多数城乡新增劳动力接受高中阶段教育、更多接受高等教育。

192. D 【解析】十九大报告中明确了党在新时代的强军目标是：建设一支听党指挥、能打胜仗、作风优良的人民军队，把人民军队建设成为世界一流军队。

193. B 【解析】听党指挥是灵魂，决定军队的政治方向；能打胜仗是核心，反映军队的根本职能和军队建设的根本指向；作风优良是保证，关系军队的性质、宗旨、本色。

194. C 【解析】党的十九大报告指出，适应世界新军事革命发展趋势和国家安全需求，提高建设质量和效益，确保到二〇二〇年基本实现机械化，信息化建设取得重大进展，战略能力有大的提升。

195. D 【解析】十九大报告指出，党要加强社会治理制度建设，完善党委领导、政府负责、社会协同、公众参与、法治保障

的社会治理体制，提高社会治理社会化、法治化、智能化、专业化水平。

196. D 【解析】当前，我国发展不平衡不充分问题在乡村最为突出，主要表现在：农产品阶段性供过于求和供给不足并存，农业供给质量亟待提高；农民适应生产力发展和市场竞争的能力不足，新型职业农民队伍建设亟待加强；农村基础设施和民生领域欠账较多，农村环境和生态问题比较突出，乡村发展整体水平亟待提升；国家支农体系相对薄弱，农村金融改革任务繁重，城乡之间要素合理流动机制亟待健全；农村基层党建存在薄弱环节，乡村治理体系和治理能力亟待强化。

197. C 【解析】习近平总书记指出，实施乡村振兴战略，是党的十九大作出的重大决策部署，是决胜全面建成小康社会、全面建设社会主义现代化国家的重大历史任务，是新时代做好“三农”工作的总抓手。

198. D 【解析】2017年12月召开的中央经济工作会议指出：中国特色社会主义进入了新时代，我国经济发展也进入了新时代，基本特征就是我国经济已由高速增长阶段转向高质量发展阶段。

199. C 【解析】2017年10月18日，习近平同志在十九大报告中指出，加强社会保障体系建设。按照兜底线、织密网、建机制的要求，全面建成覆盖全民、城乡统筹、权责清晰、保障适度、可持续的多层次社会保障体系。全面实施全民参保计划。完善城镇职工基本养老保险和城乡居民基本养老保险制度，尽快实现养老保险全国统筹。完善统一的城乡居民基本医疗保险制度和大病保险制度。完善失业、工伤保险制度。建立全国统一的社会保险公共服务平台。

200. A 【解析】十九大报告明确提出，全面依法治国是中国特色社会主义的本质要求和重要保障。

201. A 【解析】人民是依法治国的主体和力量源泉，这是由我国的国体和政体决定的。

202. A 【解析】习近平同志在党的十九大报告中指出：“中国共产党一经成立，就把实现共产主义作为党的最高理想和最终目标，义无反顾肩负起实现中华民族伟大复兴的历史使命。”

203. A 【解析】党的十九大是在中国特色社会主义进入新时代的关键时期召开的一次十分重要的大会，事关中国特色社会主义前途命运，事关最广大人民根本利益。这体现了党对国家的政治领导，故选A。

204. B 【解析】党的十九大报告指出，增强党自我净化能力，根本靠强化党的自我监督和群众监督。

205. D 【解析】中国特色社会主义最本质的特征是中国共产党领导，中国特色社会主义制度的最大优势是中国共产党领导。

206. B 【解析】伟大斗争，伟大工程，伟大事业，伟大梦想，紧密联系、相互贯通、相互作用，其中起决定性作用的是党的建设新的伟大工程。推进伟大工程，要结合伟大斗争、伟大事业、伟大梦想的实践来进行，确保党在世界形势深刻变化的历史进程中始终走在时代前列，在应对国内外各种风险和考验的历史进程中始终成为全国人民的主心骨，在坚持和发展中国特色社会主义的历史进程中始终成为坚强领导核心。

207. D 【解析】党的作风关系党的形象，关系人心向背，关系党和国家的生死存亡。新时期以改革创新精神推进党的建设科学化，必须全力强化作风建设这个保障。

208. C 【解析】十九大报告指出，实现“两个一百年”奋斗目标、实现中华民族伟大复兴的中国梦，不断提高人民生活水平，必须坚定不移把发展作为党执政兴国的第一要务，坚持解放和发展社会生产力，坚持社会主义市场经济改革方向，推动经济持续健康发展。

209. A 【解析】党的十九大报告字里行间贯穿“以人民为中心”的思想充分表明我们党始终代表最广大人民的根本利益，坚持以人为本、执政为民的理念。B、C、D三项在材料中没有体现，故选A。

210. B 【解析】党的十八届三中全会提出，我国全面深化改革的总目标是完善和发展中国特色社会主义制度，推进国家治理体系和治理能力的现代化。

211. A 【解析】建设现代化经济体系，必须把发展经济的着力点放在实体经济上，把提高供给体系质量作为主攻方向，显著增强我国经济质量优势。

212. C 【解析】十九大报告指出，中国将高举和平、发展、合作、共赢的旗帜，恪守维护世界和平、促进共同发展的外交政策宗旨，坚定不移在和平共处五项原则基础上发展同各国的友好合作，推动建设相互尊重、公平正义、合作共赢的新型国际关系。

213. C 【解析】2015年7月31日，国际奥委会第128次全会在吉隆坡举行，投票选出2022年冬奥会举办城市，经过85位国际奥委会委员的投票，北京赢得2022年第24届冬季奥林匹克运动会的举办权。

214. C 【解析】2022年北京冬奥会会徽是“冬梦”，冬残奥会会徽是“飞跃”。

215. B 【解析】社会主义核心价值观分别从国家、社会、个人三个层面进行了表述。从国家层面看，是富强、民主、文明、和谐；从社会层面看，是自由、平等、公正、法治；从公民个人层面看，是爱国、敬业、诚信、友善。B正确。

216. C 【解析】党的十九大报告指出：“建设教育强国是中华民族伟大复兴的基础工程，必须把教育事业放在优先位置，加快教育现代化，办好人民满意的教育。”

217. A 【解析】习近平总书记在党的十九大报告中指出:“推动城乡义务教育一体化发展,高度重视农村义务教育”。这是以习近平同志为核心的党中央对我国教育事业具有战略意义的政策导向。

218. D 【解析】习近平同志在党的十九大报告中指出:“深入挖掘中华优秀传统文化蕴含的思想观念、人文精神、道德规范,结合时代要求继承创新,让中华文化展现出永久魅力和时代风采。”

219. A 【解析】文化兴国运兴,文化强民族强是因为文化与经济、政治相互影响、相互交融,文化越来越成为综合国力竞争的重要因素,①③正确;只有优秀的文化才能促进人的全面发展,②错误;文化实质上是一种精神力量,④错误。

220. D 【解析】党的十八届六中全会公报中正式提出了“以习近平同志为核心的党中央”。

221. C 【解析】“不驰于空想,不骛于虚声”是李大钊的名言,指不能不切实际地空想,不付诸行动,更不能去追求一些虚幻的东西。

222. C 【解析】党的十八届三中全会指出,要紧紧围绕使市场在资源配置中起决定性作用,深化经济体制改革。

223. C 【解析】友谊勋章全称中华人民共和国友谊勋章,是中国国家对外最高荣誉勋章,授予在中国社会主义现代化建设和促进中外交流合作、维护世界和平中作出杰出贡献的外国人。

224. B 【解析】党的十九大报告呼吁:各国人民同心协力,构建人类命运共同体,建设持久和平、普遍安全、共同繁荣、开放包容、清洁美丽的世界。

225. C 【解析】习近平在“一带一路”国际合作高峰论坛圆桌峰会上致闭幕辞时提出:我们携手推进“一带一路”建设国际合作,让古老的丝绸之路重新焕发勃勃生机。

226. A 【解析】独立自主是中国对外政策的根本原则。自新中国建立以来,我国始终都没有放弃独立自主原则。

227. D 【解析】和平共处五项原则是我国对外关系的基本准则,这五项原则是:互相尊重主权和领土完整、互不侵犯、互不干涉内政、平等互利、和平共处。

228. D 【解析】“丝路精神”的内涵包括:和平合作、开放包容、互学互鉴、互利共赢。

229. C 【解析】发展是党执政兴国的第一要务,是解决中国一切问题的关键。党的十六届四中全会明确指出:提高党的执政能力,首先要提高党领导发展的能力。

230. A 【解析】中国共产党在总结1956年以来的社会主义建设正反两方面经验的基础上,提出了“中国式的现代化道路”的概念,并对其做了初步的理论概括,为中国特色社会主义道路的开辟奠定了理论前提。

231. C 【解析】实事求是是马克思主义中国化的理论精髓,是我们党的思想路线的核心。

232. D 【解析】邓小平理论首要的基本理论问题是:什么是社会主义,怎样建设社会主义。

233. A 【解析】邓小平在1992年南方谈话中指出,社会主义初级阶段的矛盾决定了党和国家的工作中心是经济建设,党和国家的根本任务是集中力量发展社会生产力,而现有的经济体制和生产关系不能更好地适应生产力的发展,因此必须实行改革开放。

234. C 【解析】以经济建设为中心是兴国之要,是我们党和国家兴旺发达、长治久安的根本要求。能否坚持以经济建设为中心,是关系到我国社会主义现代化的成败、关系到社会主义的前途和命运的大问题。

235. B 【解析】1992年初,邓小平提出:“社会主义的本质是解放生产力,发展生产力,消灭剥削,消除两极分化,最终达到共同富裕。”故选B。

236. B 【解析】邓小平提出,要坚持物质文明和精神文明两手都要抓、两手都要硬,只有两个文明都搞好,才是有中国特色的社会主义。物质文明和精神文明是互为条件的,物质文明是精神文明的基础,精神文明对物质文明有反作用。

237. B 【解析】社会主义精神文明是我国现代化建设的重要保证,它使我国的现代化沿着正确的方向发展,为现代化建设提供精神动力,提供智力支持,为现代化建设创造良好稳定的社会环境。

238. B 【解析】1981年,党的十一届六中全会通过的《关于建国以来党的若干历史问题的决议》第一次提出我国的社会主义制度还处于初级阶段。

239. A 【解析】我国社会主义初级阶段的时间跨度是指从1956年社会主义改造基本完成到21世纪中叶社会主义现代化基本实现的整个历史阶段。

240. A 【解析】社会主义初级阶段包括两层含义:第一,我国社会已经是社会主义社会,我们必须坚持而不能离开社会主义。第二,我国的社会主义社会还处在初级阶段,我们必须从这个实际出发,而不能超越这个阶段。前一层含义阐明的即是社会主义初级阶段的社会性质。

241. A 【解析】党在社会主义初级阶段的基本路线被简要概括为“一个中心,两个基本点”。经济建设是中心,四项基本原则和改革开放是基本点。其中,经济建设是核心、是主体,是坚持党的基本路线的关键,两个基本点围绕和服务于经济建设这个中心。如果动摇或改变了这个中心，也就等于动摇或改变了党的基本路线。故本题答案选A。

242. A 【解析】"一国两制"构想最初提出来是为了解决台湾问题。

243. C 【解析】坚持党的基本路线的关键是坚持以经济建设为中心不动摇。

244. D 【解析】解放和发展生产力，消灭剥削，消除两极分化都是手段。发展经济的根本目的是最终实现共同富裕，提高全国人民的生活水平和质量。

245. A 【解析】党的十六届六中全会明确提出了"六个必须坚持的原则"，其中一个必须坚持的原则是必须坚持以人为本，这是构建社会主义和谐社会的根本出发点和落脚点。

246. C 【解析】科学发展观是立足社会主义初级阶段基本国情，总结我国发展实践，借鉴外国经验，适应新的发展要求提出来的。社会主义初级阶段的基本国情是科学发展观提出的根本依据。

247. B 【解析】坚持以人为本是科学发展观的本质和核心。以人为本，就是要把人民的利益作为一切工作的出发点和落脚点，不断满足人们的多方面需求和促进人的全面发展，提高人民生活水平。

248. D 【解析】科学发展观的基本要求是全面协调可持续发展。

249. A 【解析】党的十七届四中全会《决定》指出："坚持把马克思主义作为立党立国的根本指导思想，紧密结合我国国情和时代特征大力推进理论创新，在实践中检验真理、发展真理，用发展着的马克思主义指导新的实践，是建设马克思主义学习型政党的首要任务。"

250. C 【解析】1980年1月，邓小平在《目前的形势和任务》中指出："我们坚持四项基本原则，就是坚持社会主义，坚持无产阶级专政，坚持马列主义、毛泽东思想，坚持党的领导，这四个坚持的核心，是坚持党的领导。"

二、多项选择题

1. ABCD 【解析】习近平总书记在党史学习教育动员大会上指出，全党同志要做到学史明理、学史增信、学史崇德、学史力行，学党史、悟思想、办实事、开新局，以昂扬姿态奋力开启全面建设社会主义现代化国家新征程，以优异成绩迎接建党一百周年。故选ABCD。

2. ABC 【解析】中国共产党成立100周年庆祝活动标识由党徽、数字"100""1921""2021"和光芒线组成，生动展现中国共产党团结带领中国人民不忘初心、牢记使命、艰苦奋斗的百年光辉历程。故选ABC。

3. ABC 【解析】这句话是中共十八大后，习近平总书记在参观《复兴之路》展览时说的。习近平总书记指出，我国是人民民主专政的社会主义国家，与国家、民族建设紧密相关的是全体社会主义劳动者、社会主义事业的建设者和拥护社会主义的爱国者。故选ABC。

4. ACD 【解析】党的十八大提出，倡导富强、民主、文明、和谐，倡导自由、平等、公正、法治，倡导爱国、敬业、诚信、友善，积极培育和践行社会主义核心价值观。

5. BD 【解析】中国特色社会主义伟大实践中，中国特色社会主义道路是实现途径，中国特色社会主义理论体系是行动指南，中国特色社会主义制度是根本保障，中国特色社会主义文化是精神力量。

6. ABCD 【解析】"四个自信"包括道路自信、理论自信、制度自信、文化自信。

7. BD 【解析】本题考查习近平新时代中国特色社会主义思想。坚持和发展中国特色社会主义的总任务是实现社会主义现代化和中华民族伟大复兴，在全面建成小康社会的基础上，分两步走在本世纪中叶建成富强民主文明和谐美丽的社会主义现代化强国。

8. ABCD 【解析】党的十九大报告指出，构建人类命运共同体，建设持久和平、普遍安全、共同繁荣、开放包容、清洁美丽的世界。

9. BCD 【解析】国家主席习近平在2020年8月11日签署主席令，根据十三届全国人大常委会第二十一次会议表决通过的决定，授予钟南山"共和国勋章"，授予张伯礼、张定宇、陈薇（女）"人民英雄"国家荣誉称号。

10. ABCD 【解析】《海南自由贸易港建设总体方案》提出：紧紧围绕国家赋予海南建设全面深化改革开放试验区、国家生态文明试验区、国际旅游消费中心和国家重大战略服务保障区的战略定位，充分发挥海南自然资源丰富、地理区位独特以及背靠超大规模国内市场和腹地经济等优势，抢抓全球新一轮科技革命和产业变革重要机遇，聚焦发展旅游业、现代服务业和高新技术产业，加快培育具有海南特色的合作竞争新优势。

11. BCD 【解析】十九届四中全会指出，必须加强和创新社会治理，完善党委领导、政府负责、民主协商、社会协同、公众参与、法治保障、科技支撑的社会治理体系，建设人人有责、人人尽责、人人享有的社会治理共同体，确保人民安居乐业、社会安定有序，建设更高水平的平安中国。

12. AB 【解析】坚持和完善中国特色社会主义制度、推进国家治理体系和治理能力现代化的总体目标是，到我们党成立100年时，在各方面制度更加成熟更加定型上取得明显成效；到2035年，各方面制度更加完善，基本实现国家治理体系和治理能力现代化;到新中国成立100年时,全面实现国家治理体系和治理能力现代化,使中国特色社会主义制度更加巩固、优越性充分展现。

13. ABD 【解析】党的十九届四中全会提出,坚持和完善共建共治共享的社会治理制度,保持社会稳定、维护国家安全。

14. BD 【解析】我国秉持亲、诚、惠、容的周边外交理念,A项错误。人类命运共同体思想展现出中国领导人面向未来的长远眼光、博大胸襟和历史担当,B项正确。我国秉持正确义利观和真实亲诚理念,加强同发展中国家团结合作,包括义利相兼、以义为先的正确义利观以及结伴而不结盟的国家间伙伴关系,C项错误,D项正确。故选BD。

15. ABCD 【解析】本题考查邓小平理论。A项,解放思想、实事求是是邓小平理论的精髓;BCD三项,中共十三大比较系统地阐述了关于社会主义初级阶段的理论,制定了初级阶段党的基本路线,提出了政治体制改革的目标和基本方针,确定了我国经济发展"三步走"战略部署。ABCD都属于邓小平理论的主要内容。

16. ABC 【解析】本题考查邓小平理论。社会主义的根本目的包括消灭剥削、消除两极分化、最终达到共同富裕。

17. ABCD 【解析】本题考查中国特色社会主义理论体系。消除贫困,逐步实现共同富裕是社会主义制度优越性的体现。邓小平同志指出,社会主义的本质,是解放生产力、发展生产力,消灭剥削、消除两极分化,最终达到共同富裕。江泽民同志指出,实现共同富裕是社会主义的根本原则和本质特征。社会主义生产目的是最大限度地满足人民的物质生活和文化生活的需要,这就要求消除贫困,实现共同富裕。

18. ABCD 【解析】科学发展观的具体内容包括:第一,以人为本的发展观。第二,全面发展观。第三,协调发展观。第四,可持续发展观。

19. ABCD 【解析】习近平新时代中国特色社会主义思想是马克思主义中国化的最新成果,是党和人民的实践经验和集体智慧的结晶,是中国特色社会主义理论体系的重要组成部分,是全党全国人民为实现中华民族伟大复兴而奋斗的行动指南。

20. ABCD 【解析】为贯彻习近平新时代中国特色社会主义思想,党的十九大报告提出新时代坚持和发展中国特色社会主义的基本方略。基本方略共十四条:(一)坚持党对一切工作的领导;(二)坚持以人民为中心;(三)坚持全面深化改革;(四)坚持新发展理念;(五)坚持人民当家作主;(六)坚持全面依法治国;(七)坚持社会主义核心价值体系;(八)坚持在发展中保障和改善民生;(九)坚持人与自然和谐共生;(十)坚持总体国家安全观;(十一)坚持党对人民军队的绝对领导;(十二)坚持"一国两制"和推进祖国统一;(十三)坚持推动构建人类命运共同体;(十四)坚持全面从严治党。

21. ABC 【解析】ABC项均属于"十四个坚持"的内容,D项说法错误。故选ABC。

22. ABC 【解析】为人民谋幸福、为民族谋复兴、为世界谋大同,是深刻理解和全面把握习近平新时代中国特色社会主义思想的金钥匙,也是这一思想最鲜明的实践特色。

23. ABC 【解析】党的十八大以来,面对十分复杂的国内外环境,习近平总书记强调要提高战略思维、历史思维、辩证思维、创新思维、法治思维、底线思维等思维能力,不断战胜前进中的风险和困难。战略思维能力,就是高瞻远瞩、统揽全局,善于把握事物发展总体趋势和方向的能力。历史思维能力,就是以史为鉴、知古鉴今,善于运用历史眼光认识发展规律、把握前进方向、指导现实工作的能力。辩证思维能力,就是承认矛盾、分析矛盾、解决矛盾,善于抓住关键、找准重点、洞察事物发展规律的能力。创新思维能力,就是破除迷信、超越陈规,善于因时制宜、知难而进、开拓创新的能力。底线思维能力,就是客观地设定最低目标,立足最低点,争取最大期望值的能力。故选ABC。

24. ABCD 【解析】国家安全是国家的基本利益,是一个国家处于没有危险的客观状态,是国家没有外部的威胁和侵害,也没有内部的混乱和疾患的客观状态。当代国家安全包括11个方面的基本内容,即国民安全、领土安全、主权安全、政治安全、军事安全、经济安全、文化安全、科技安全、生态安全、信息安全和核安全。

25. ABC 【解析】中华民族有着独特的精神标识,那就是在5000多年文明发展中孕育的中华优秀传统文化,在党和人民伟大斗争中孕育的革命文化和社会主义先进文化。

26. ABCD 【解析】在习近平新时代中国特色社会主义思想指导下,中国共产党领导全国各族人民,统揽伟大斗争、伟大工程、伟大事业、伟大梦想,推动中国特色社会主义进入了新时代。

27. AB 【解析】习近平总书记强调:"我们要坚持党的基本路线,把以经济建设为中心同坚持四项基本原则、坚持改革开放这两个基本点统一于新时代中国特色社会主义伟大实践,长期坚持,决不动摇。"

28. AB 【解析】AB项正确,乡村振兴战略决策体现了中国共产党坚持以人民为中心,将不断实现人民对美好生活的向往作为始终不渝的奋斗目标,践行立党为公、执政为民的执政理念。CD项说法错误,中国共产党以马克思列宁主义、毛泽东思想、邓小平理论、"三个代表"重要思想、科学发展观、习近平新时代中国特色社会主义思想作为自己的指导思想和行动指南,最终目标是实现共产主义。故选AB。

29. ABD 【解析】2018年9月21日,在中共中央政治局就实施乡村振兴战略进行第八次集体学习时,习近平总书记强调,要围绕农民群众最关心最直接最现实的利益问题,加快补齐农村发展和民生短板,让亿万农民有更多实实在在的获得感、幸福感、安全感。

30. ACD 【解析】党的十九大报告指出:"全党要充分认识这场伟大斗争的长期性、复杂性、艰巨性,发扬斗争精神,提高斗争本领,不断夺取伟大斗争新胜利。"

31. ABC 【解析】党的十九大报告中指出,青年兴则国家兴,青年强则国家强。青年一代有理想、有本领、有担当,国家就有前途、民族就有希望。

32. ACD 【解析】党的十九大报告指出,我国社会主要矛盾的变化,没有改变我们对我国社会主义所处历史阶段的判断,我国仍处于并将长期处于社会主义初级阶段的基本国情没有变,我国是世界最大发展中国家的国际地位没有变。

33. CD 【解析】中国特色社会主义进入新时代,在中华人民共和国发展史上、中华民族发展史上具有重大意义,在世界社会主义发展史上、人类社会发展史上也具有重大意义。

34. ACD 【解析】本题考查中国特色社会主义理论。中国特色社会主义建设的总布局是经济建设、政治建设、文化建设、社会建设和生态文明建设五位一体。故本题答案为ACD。

35. BC 【解析】本题考查中国特色社会主义理论体系。《中国共产党章程》总纲部分规定:"中国共产党的领导是中国特色社会主义最本质的特征,是中国特色社会主义制度的最大优势。党政军民学,东西南北中,党是领导一切的。党要适应改革开放和社会主义现代化建设的要求,坚持科学执政、民主执政、依法执政,加强和改善党的领导。党必须按照总揽全局、协调各方的原则,在同级各种组织中发挥领导核心作用。"故答案选BC。

36. ACD 【解析】党的十九大报告提出,加强农村基层基础工作,健全自治、法治、德治相结合的乡村治理体系。

37. ABCD 【解析】全面推进依法治国,实现依法治国的总目标,必须坚持中国共产党的领导、人民主体地位、法律面前人人平等、依法治国和以德治国相结合。

38. AB 【解析】十八届四中全会提出,全面推进依法治国,总目标是建设中国特色社会主义法治体系,建设社会主义法治国家。

39. ACD 【解析】对"文化自信"的解释有:(1)文化是民族生存和发展的重要力量,文化的兴盛是实现中国梦的重要保证。习近平总书记高度重视文化的地位和作用,他指出,没有中华文化繁荣兴盛,就没有中华民族伟大复兴。(2)中国优秀传统文化是中华民族的"根"与"魂"。习近平总书记高度重视中国优秀传统文化,并将其作为治国理政的重要思想文化资源。(3)中国特色社会主义植根于中华文化的沃土。习近平总书记强调,中国特色社会主义是在对中华民族5000多年悠久文明的传承中走出来的。

40. AB 【解析】文化是一个国家、一个民族的灵魂。历史和现实都表明,一个抛弃了或者背叛了自己历史文化的民族,不仅不可能发展起来,而且很可能上演一幕幕历史悲剧。文化自信,是更基础、更广泛、更深厚的自信,是更基本、更深沉、更持久的力量。

41. BCD 【解析】习近平总书记在庆祝改革开放40周年大会上提出,建立中国共产党、成立中华人民共和国、推进改革开放和中国特色社会主义事业,是五四运动以来我国发生的三大历史性事件,是近代以来实现中华民族伟大复兴的三大里程碑。

42. ABCD 【解析】我们党作出实行改革开放的历史性决策,是基于对党和国家前途命运的深刻把握,是基于对社会主义革命和建设实践的深刻总结,是基于对时代潮流的深刻洞察,是基于对人民群众期盼和需要的深刻体悟。

43. ACD 【解析】党的十九大报告指出:中国将高举和平、发展、合作、共赢的旗帜,恪守维护世界和平、促进共同发展的外交政策宗旨,坚定不移在和平共处五项原则基础上发展同各国的友好合作,推动建设相互尊重、公平正义、合作共赢的新型国际关系。

44. ACD 【解析】我国构建的伙伴关系有三个基本特征:第一是平等性,国家不分大小贫富,都要相互尊重主权、独立和领土完整,相互尊重各自选择的发展道路与价值观念,相互平等相待,相互理解支持。第二是和平性,伙伴关系与军事同盟最大的区别是不设假想敌,不针对第三方,排除了军事因素对国家间关系的干扰,致力于以合作而非对抗的方式,以共赢而非零和的理念处理国与国关系。第三是包容性,超越社会制度与意识形态的异同,最大限度地谋求共同利益与共同追求。

45. ABC 【解析】D观点错误,我国在国际事务中起着重要作用。

46. ABC 【解析】"一带一路"建设秉持的是共商、共建、共享原则。

47. ABC 【解析】党的十九大报告中指出,必须坚持节约优先、保护优先、自然恢复为主的方针,形成节约资源和保护环境的空间格局、产业结构、生产方式、生活方式,还自然以宁静、和谐、美丽。

48. ABD 【解析】党的十九大报告指出,加快建立绿色生产和消费的法律制度和政策导向,建立健全绿色低碳循环发展的经济体系。构建市场导向的绿色技术创新体系,发展绿色金融,壮大节能环保产业、清洁生产产业、清洁能源产业。

49. ABCD 【解析】中国特色社会主义理论体系是对马克思主义中国化最新成果的全面概括,是科学社会主义在中国的新发展,它实现了以中国特色社会主义为主题的重大理论创新,具有鲜明的时代性、强烈的实践性、浓郁的民族性和高度的开

放性等基本特性。

50. ABCD 【解析】中国共产党第十九次全国代表大会，是在全面建成小康社会决胜阶段、中国特色社会主义进入新时代的关键时期召开的一次十分重要的大会。大会的主题是不忘初心，牢记使命，高举中国特色社会主义伟大旗帜，决胜全面建成小康社会，夺取新时代中国特色社会主义伟大胜利，为实现中华民族伟大复兴的中国梦不懈奋斗。

51. ABCD 【解析】中国特色社会主义进入了新时代，是我国发展新的历史方位。这一重大政治判断，不是凭空作出的，而是有着充分的历史、时代、理论和实践的依据。概括说来，这一判断基于我国发展进入新阶段、中国共产党领导人民长期奋斗取得的伟大成就，基于社会主要矛盾发生新变化，基于党的奋斗目标有了新要求，基于我国面临新的国际环境。

52. ABC 【解析】党在新世纪新阶段的三大任务是继续推进现代化建设、完成祖国统一、维护世界和平与促进共同发展。

53. ABC 【解析】习近平在十九大报告中指出：推动城乡义务教育一体化发展，高度重视农村义务教育，办好学前教育、特殊教育和网络教育，普及高中阶段教育，努力让每个孩子都能享有公平而有质量的教育。

54. ABC 【解析】十九大报告提出：加强社会保障体系建设，坚持房子是用来住的、不是用来炒的定位，加快建立多主体供给、多渠道保障、租购并举的住房制度。

55. ABC 【解析】十九大报告指出，中国将高举和平、发展、合作、共赢的旗帜，恪守维护世界和平、促进共同发展的外交政策宗旨，坚定不移在和平共处五项原则基础上发展同各国的友好合作，推动建设相互尊重、公平正义、合作共赢的新型国际关系。

56. ABCD 【解析】习近平总书记在十九大报告中指出："增强政治意识、大局意识、核心意识、看齐意识，坚决维护党中央权威和集中统一领导，严明党的政治纪律和政治规矩，层层落实管党治党政治责任。"

57. AB 【解析】习近平同志在作十九大报告时说，中国共产党人的初心和使命，就是为中国人民谋幸福，为中华民族谋复兴。

58. ABC 【解析】《中国共产党章程》规定："党的领导主要是政治、思想和组织领导。"

59. BD 【解析】实现中华民族伟大复兴的中国梦，必须弘扬中国精神，这就是以爱国主义为核心的民族精神和以改革创新为核心的时代精神。"中国精神"是社会主义核心价值体系的精髓，是民族精神与时代精神的统一。

三、判断题

1. √ 【解析】疫情防控阻击战彰显了万众一心抗击疫情的中国力量，彰显了中国集中力量办大事的制度优势。

2. √ 【解析】价值观具有导向作用。社会主义核心价值观能够引领社会思潮、凝聚社会共识，有利于提高国家文化软实力，因此必须把社会主义核心价值观的培育融入国民教育、精神文明创建活动的全过程。

3. × 【解析】中国革命和建设的基本立足点是独立自主、自力更生。

4. √ 【解析】社会主义核心价值观是社会主义核心价值体系的内核和精髓，体现社会主义核心价值体系的根本性质和基本特征，反映社会主义核心价值体系的丰富内涵和实践要求，是社会主义核心价值体系的高度凝练和集中表达。

5. × 【解析】党的十九大将习近平新时代中国特色社会主义思想确立为党必须长期坚持的指导思想并载入党章，实现了党的指导思想的又一次与时俱进。

6. √ 【解析】习近平新时代中国特色社会主义思想是新时代中国共产党的思想旗帜，是国家政治生活和社会生活的根本指针，是当代中国的马克思主义、21世纪的马克思主义。

7. × 【解析】《习近平新时代中国特色社会主义思想学习纲要》中指出，就业是最大的民生工程、民心工程、根基工程。要把稳就业摆在突出位置，实施就业优先政策，实现更高质量和更充分就业。

8. × 【解析】改革开放只有进行时，没有完成时。新时代坚持和发展中国特色社会主义，根本动力仍然是全面深化改革。在前进道路上，要进一步解放思想、进一步解放和发展社会生产力、进一步解放和增强社会活力，在更高起点、更高层次、更高目标上推进全面深化改革，将改革开放进行到底。

9. √ 【解析】习近平总书记在党的十九大报告中指出，要突出政治标准，提拔重用牢固树立"四个意识"和"四个自信"、坚决维护党中央权威、全面贯彻执行党的理论和路线方针政策、忠诚干净担当的干部。这一要求，体现了组织路线为政治路线服务的根本原则，凸显了干部工作的政治定位，具有鲜明导向性和现实针对性。

10. √ 【解析】习近平总书记指出，改革和法治如鸟之两翼、车之两轮。

11. × 【解析】新发展理念就是创新、协调、绿色、开放、共享的发展理念。创新发展注重的是解决发展动力问题；协调发展注重的是解决发展不平衡问题；绿色发展注重的是解决人与自然和谐问题；开放发展注重的是解决发展内外联动问题；共享发展注重的是解决社会公平正义问题。因此，最能体现坚持以人民为中心的发展思想的是共享理念。

12. √ 【解析】加快转变经济发展方式，要坚持把经济结构战略性调整作为主攻方向，坚持把科技进步和创新作为重要支撑，坚持把保障和改善民生作为根本出发点和落脚点，坚持把建设资源节约型、环境友好型社会作为重要着力点，坚持把改

革开放作为强大动力。

13. × 【解析】我国高度重视制造业发展，坚持创新驱动发展战略，把推动制造业高质量发展作为构建现代化经济体系的重要一环。题干中的“高效率发展”说法错误。

14. √ 【解析】十九大报告指出，坚持新发展理念。发展是解决我国一切问题的基础和关键，发展必须是科学发展，必须坚定不移贯彻创新、协调、绿色、开放、共享的发展理念。

15. × 【解析】十九大报告指出：中国特色社会主义最本质的特征是中国共产党领导，中国特色社会主义制度的最大优势是中国共产党领导。

16. √ 【解析】党的十九大报告第一次把党的政治建设纳入党的建设总体布局，强调以党的政治建设为统领。

17. √ 【解析】党的十九大报告提出党的政治建设这个重大命题和重大任务，并强调党的政治建设是党的根本性建设，决定党的建设方向和效果，要把党的政治建设摆在首位。

18. √ 【解析】习近平总书记在十九大报告中指出，巩固和发展爱国统一战线。统一战线是党的事业取得胜利的重要法宝，必须长期坚持。

19. √ 【解析】党的十九大报告提出，人民健康是民族昌盛和国家富强的重要标志。要完善国民健康政策，为人民群众提供全方位全周期健康服务。

20. × 【解析】本题考查庆祝改革开放40周年大会。改革先锋许崇德，曾参与1954年宪法起草，全程参与1982年宪法修改，参加1988年、1993年、1999年和2004年四次宪法修改及其他众多重要法律的制定修改工作，堪称新中国宪法学奠基人之一。

21. √ 【解析】改革开放以来，摆在我们面前的一项重大历史任务，就是推动中国特色社会主义制度更加成熟、更加定型，为党和国家事业发展、为人民幸福安康、为社会和谐稳定、为国家长治久安提供一整套更完备、更稳定、更管用的制度体系。

22. × 【解析】党的十九大提出，保持土地承包关系稳定并长久不变，第二轮土地承包到期后再延长三十年。

23. √ 【解析】本题考查党和国家机构改革。十九届三中全会审议通过了《中共中央关于深化党和国家机构改革的决定》和《深化党和国家机构改革方案》。根据方案，组建自然资源部，组建生态环境部，组建农业农村部，组建文化和旅游部，组建国家卫生健康委员会，组建退役军人事务部，组建应急管理部，组建国家市场监督管理总局，组建国家广播电视总局，组建中国银行保险监督管理委员会，组建国家国际发展合作署，组建国家医疗保障局，组建国家粮食和物资储备局，组建国家移民管理局，组建国家林业和草原局，重新组建国家知识产权局，重新组建科学技术部，重新组建司法部，优化水利部职责，优化审计署职责，监察部并入新组建的国家监察委员会。

24. √ 【解析】习近平总书记在各地考察、出席会议时，多次就做好教育公平和教育扶贫工作提出殷切希望，强调治贫先治愚、扶贫必扶智，教育是阻断贫困代际传递的治本之策。

25. × 【解析】推进国家治理体系和治理能力现代化，绝不是西方化、资本主义化。在人权、选举制度、法治等重大问题上，必须理直气壮，不能以西方政治制度模式为标准。

26. × 【解析】党的十九届四中全会提出，鼓励勤劳致富，保护合法收入，增加低收入者收入，扩大中等收入群体，调节过高收入，清理规范隐性收入，取缔非法收入。题干中的“缩小中等收入群体”说法错误。

27. × 【解析】1987年，中共十三大提出了社会主义初级阶段理论。社会主义初级阶段不是泛指任何国家进入社会主义阶段都要经历的起始阶段，而是特指我国在生产力落后、商品经济不发达条件下建设社会主义必然要经历的特定历史阶段。

28. × 【解析】解放和发展生产力是社会主义根本任务，这是社会主义最终战胜资本主义并向共产主义过渡的根本条件。社会主义与资本主义的直接对抗或和平竞争的历史反复说明，社会主义与资本主义谁胜谁负，最终取决于生产力水平的高低。

29. × 【解析】实现马克思主义中国化第一次飞跃的理论成果是毛泽东思想。

30. √ 【解析】“什么是社会主义，怎样建设社会主义”是邓小平理论首要的基本的理论问题。

31. × 【解析】要全面落实科学技术是第一生产力的思想，就是要大力实施科教兴国战略。

32. × 【解析】中共十七届六中全会指出，社会主义核心价值体系是兴国之魂，是社会主义先进文化的精髓，决定着中国特色社会主义发展方向。

33. × 【解析】中国特色社会主义理论体系是包括邓小平理论、“三个代表”重要思想、科学发展观、习近平新时代中国特色社会主义思想在内的科学理论体系。在当代中国，坚持马克思主义，就必须坚持中国特色社会主义理论体系；坚持中国特色社会主义理论体系，就是真正坚持马克思主义。

34. × 【解析】习近平新时代中国特色社会主义思想系统回答了新时代坚持和发展什么样的中国特色社会主义，怎样坚持和发展中国特色社会主义这一重大时代课题。

35. × 【解析】十九大报告指出，中国特色社会主义进入新时代，我国社会主要矛盾已经转化为人民日益增长的美好生活需要和不平衡不充分的发展之间的矛盾。但社会发展的基本矛盾没有变化，是生产力和生产关系的矛盾，经济基础和上层建筑的矛盾。

36. × 【解析】十九大报告指出，从全面建成小康社会到基本实现现代化，再到全面建成社会主义现代化强国，是新时代中国特色社会主义发展的战略安排。

37. √ 【解析】消除贫困、改善民生、逐步实现共同富裕，是社会主义的本质要求，也是我们党的重要使命。

38. √ 【解析】中国共产党面临着四大危险和四大考验。四大危险是指精神懈怠危险、能力不足危险、脱离群众危险、消极腐败危险，四大考验是指执政考验、改革开放考验、市场经济考验、外部环境考验。

39. √ 【解析】习近平总书记明确指出，实现伟大梦想，必须进行伟大斗争、建设伟大工程、推进伟大事业。

40. √ 【解析】要实现伟大梦想，就要进行伟大斗争、建设伟大工程、推进伟大事业，其中起决定性作用的是党的建设新的伟大工程。

41. √ 【解析】十九大报告指出，制定国家监察法，依法赋予监察委员会职责权限和调查手段，用留置取代“两规”措施。

42. × 【解析】习近平同志在党的十九大报告中指出，党的政治建设是党的根本性建设，决定党的建设方向和效果。

43. × 【解析】“四个全面”不包括全面从严执政。2020年，党的十九届五中全会强调：协调推进全面建设社会主义现代化国家、全面深化改革、全面依法治国、全面从严治党的战略布局。这表明“四个全面”战略布局的内涵，正式由“全面建成小康社会、全面深化改革、全面依法治国、全面从严治党”发展为“全面建设社会主义现代化国家、全面深化改革、全面依法治国、全面从严治党”。

44. √ 【解析】我国社会主要矛盾的变化没有改变我们对我国社会主义所处历史阶段的判断，我国仍处于并将长期处于社会主义初级阶段的基本国情没有变，我国是世界最大发展中国家的国际地位没有变。

45. √ 【解析】关于发展的重要性，邓小平同志说“发展才是硬道理”，江泽民同志说“发展是党执政兴国的第一要务”，习近平同志说“发展是解决一切问题的总钥匙”，体现了中国解决所有问题的关键是要靠自己的发展，其中贯穿了我们党建设和发展中国特色社会主义总依据的思想。

46. × 【解析】习近平指出，共建“一带一路”倡议源于中国，但机会和成果属于世界，中国不打地缘博弈小算盘，不搞封闭排他小圈子，不做凌驾于人的强买强卖。

47. √ 【解析】习近平同志明确指出，共享理念实质就是坚持以人民为中心的发展思想，体现的是逐步实现共同富裕的要求。

48. √ 【解析】习近平同志指出，人民立场是中国共产党的根本政治立场，是马克思主义政党区别于其他政党的显著标志。

49. √ 【解析】根据《中国共产党发展党员工作细则》第三十二条规定，预备党员转为正式党员、延长预备期或取消预备党员资格，应当经支部大会讨论通过和上级党组织批准。

50. × 【解析】实体经济是一国经济的立身之本，是财富创造的根本源泉，但不是我国发展的战略目标。

51. √ 【解析】改革是社会主义的自我完善和发展，是发展中国特色社会主义的强大动力。

52. √ 【解析】把党的政治建设作为党的根本性建设，既是政党的内在本质属性要求，也是确保政党政治良性发展的根本保障。

53. √ 【解析】习近平总书记为党中央的核心、全党的核心，是历史的选择、人民的选择、实践的选择。服从核心、维护核心就是服从大局、维护大局，就是最大的政治。

54. √ 【解析】习近平总书记在中共中央政治局第二十次集体学习时讲道：“辩证唯物主义并不否认意识对物质的反作用，而是认为这种反作用有时是十分巨大的。我们党始终把思想建设放在党的建设第一位，强调‘革命理想高于天’，就是精神变物质、物质变精神的辩证法。”

55. √ 【解析】中国共产党是人民解放事业的组织者和领导者。在人民解放事业的各个阶段上，它通过从群众中来，到群众中去的一整套原则和方法，集中体现人民群众的利益和意志，通过动员和组织群众，带领群众去实现革命和建设的目标。因此，群众路线是中国共产党的基本领导方法。

56. × 【解析】中国共产党的最高理想和最终目标是实现共产主义。

57. √ 【解析】2019年4月16日，习近平总书记在重庆主持召开解决“两不愁三保障”突出问题座谈会并发表重要讲话。他在讲话中指出，“两不愁”就是稳定实现农村贫困人口不愁吃、不愁穿；“三保障”就是保障其义务教育、基本医疗和住房安全。

58. × 【解析】不同地区、不同部门的生产条件存在很大的差别，经济发展不平衡，劳动者的个别差异也很大，在这样的

条件下,不可能实现同步富裕。

59. × 【解析】邓小平同志"和平统一、一国两制"构想最初是为解决台湾问题提出的。

60. √ 【解析】邓小平在《在武昌、深圳、珠海、上海等地的谈话要点》中提出,"左"带有革命的色彩,好像越"左"越革命。"左"的东西在我们党的历史上可怕呀！一个好好的东西,一下子被他搞掉了。右可以葬送社会主义,"左"也可以葬送社会主义。中国要警惕右,但主要是防止"左"。

61. √ 【解析】农业产业化经营的实质就是用管理现代工业的办法来组织现代农业的生产和经营,是继家庭联产承包责任制和乡镇企业之后,我国农民的又一伟大创造。

62. × 【解析】党的十九大报告在阐述习近平新时代中国特色社会主义思想的"八个明确"中指出:中国特色社会主义最本质的特征是中国共产党领导。

63. √ 【解析】党的十九大报告提出,新时代中国特色社会主义思想,是对马克思列宁主义、毛泽东思想、邓小平理论、"三个代表"重要思想、科学发展观的继承和发展,是马克思主义中国化最新成果,是党和人民实践经验和集体智慧的结晶,是中国特色社会主义理论体系的重要组成部分,是全党全国人民为实现中华民族伟大复兴而奋斗的行动指南,必须长期坚持并不断发展。

64. × 【解析】深化改革并不是对原有改革的否定,而是对原有改革的深入推进。

65. √ 【解析】十八大以来,习近平总书记多次强调并在党的十九大报告中明确指出:中国特色社会主义最本质的特征是中国共产党领导,中国特色社会主义制度的最大优势是中国共产党领导,必须坚持和加强党对一切工作的领导。

66. √ 【解析】习近平总书记强调,我们要坚信,中国特色社会主义道路是实现社会主义现代化的必由之路,是创造人民美好生活的必由之路。

67. × 【解析】"两个一百年"奋斗目标就是到中国共产党成立100年时全面建成小康社会;到新中国成立100年时建成富强民主文明和谐美丽的社会主义现代化强国。

68. √ 【解析】习近平同志在十九大报告中强调,中国特色社会主义进入新时代,我国社会主要矛盾已经转化为人民日益增长的美好生活需要和不平衡不充分的发展之间的矛盾。

69. × 【解析】我国社会主要矛盾的变化,没有改变我们对我国社会主义所处历史阶段的判断,我国仍处于并将长期处于社会主义初级阶段的基本国情没有变,我国是世界最大发展中国家的国际地位没有变。

70. × 【解析】十九大报告明确了坚持和发展中国特色社会主义,总任务是实现社会主义现代化和中华民族伟大复兴,在全面建成小康社会的基础上,分两步走在本世纪中叶建成富强民主文明和谐美丽的社会主义现代化强国。建设一支听党指挥、能打胜仗、作风优良的人民军队,把人民军队建设成为世界一流军队,这是党在新时代的强军目标。

71. × 【解析】十九大报告指出,我国对世界经济增长的贡献率超过30%。

72. × 【解析】党的十九大报告指出,保持土地承包关系稳定持久,并且长久不变,第二轮土地承包到期后,要延长30年。

73. × 【解析】我国各族人民为之奋斗的共同目标是把我国建设成为富强民主文明和谐美丽的社会主义现代化强国。

74. √ 【解析】生态文明是人类遵循人、自然、社会和谐发展这一客观规律而取得的物质与精神成果的总和。生态文明观的核心是从"人统治自然"过渡到"人与自然协调发展"。

75. √ 【解析】党的十八大报告指出:"建设中国特色社会主义,总依据是社会主义初级阶段,总布局是五位一体,总任务是实现社会主义现代化和中华民族伟大复兴。"

76. × 【解析】当前国际竞争的实质是以经济和科技实力为基础的综合国力的较量。

77. × 【解析】世界正处于大发展大变革大调整时期,和平与发展仍然是时代的主题。世界要和平、人民要合作、国家要发展、社会要进步是时代的潮流。

78. √ 【解析】习近平总书记在十九大报告中指出,我们坚决维护国家主权和领土完整,绝不容忍国家分裂的历史悲剧重演。一切分裂祖国的活动都必将遭到全体中国人坚决反对。我们有坚定的意志、充分的信心、足够的能力挫败任何形式的"台独"分裂图谋。我们绝不允许任何人、任何组织、任何政党、在任何时候、以任何形式、把任何一块中国领土从中国分裂出去!

79. × 【解析】习近平同志在党的十九大报告中指出,社会主义核心价值观是当代中国精神的集中体现,凝结着全体人民共同的价值追求。

80. × 【解析】党的十八届五中全会提出创新、协调、绿色、开放、共享的发展理念。创新发展居于国家发展全局的核心位置,是引领发展的第一动力。

81. √ 【解析】长期以来,中国外交布局坚持"大国是关键、周边是首要、发展中国家是基础、多边是重要舞台"的总体框架。

82. × 【解析】独立自主是我国对外政策的根本原则，和平共处五项原则是我国处理对外关系的基本准则。

83. √ 【解析】2013年4月19日，习近平在主持十八届中央政治局第五次集体学习时的讲话中指出：要牢记“蠹众而木折，隙大而墙坏”的道理，保持惩治腐败的高压态势，做到有案必查、有腐必惩，坚持“老虎”“苍蝇”一起打，切实维护人民合法权益，努力做到干部清正、政府清廉、政治清明。这也表明了中国共产党反腐倡廉、加强党的建设的决心。

综合能力提升

一、单项选择题

1. D 【解析】“三个代表”重要思想在党的建设方面作出了六项新的理论贡献：提出党的建设必须按照党的政治路线来进行；提出“两个转变”的思想；提出“两个先锋队”的思想；提出“两个纲领相统一”的思想；提出“两个基础”的思想；提出解决“两大历史性课题”的思想。本题为选非题，故选D。

2. B 【解析】《习近平谈治国理政》第三卷收入了习近平总书记在2017年10月18日（党的十九大开幕日）至2020年1月13日期间的报告、讲话、谈话、演讲、批示、指示、贺信等92篇，分为19个专题，是全面系统地反映习近平新时代中国特色社会主义思想的权威著作。

3. B 【解析】领域发展不平衡主要是指经济建设、政治建设、文化建设、社会建设、生态文明建设五大领域发展不平衡。经济发展一马当先、奇迹频现，政治、社会、文化建设虽稳步推进，但与经济发展还存在较大差距。故选B。

4. A 【解析】创新是引领发展的第一动力，是建设现代化经济体系的战略支撑。要瞄准世界科技前沿，强化基础研究，实现前瞻性基础研究、引领性原创成果重大突破。加强应用基础研究，拓展实施国家重大科技项目，突出关键共性技术、前沿引领技术、现代工程技术、颠覆性技术创新，为建设科技强国、质量强国、航天强国、网络强国、交通强国、数字中国、智慧社会提供有力支撑。故选A。

5. A 【解析】《校园食品安全守护行动方案（2020—2022年）》提出：全面落实校外供餐单位食品安全主体责任；严格落实学校食品安全校长（园长）负责制；切实强化校园食品安全监督管理；广泛开展宣传，加强校园食品安全社会共治。

6. B 【解析】反腐倡廉是党和国家始终高度重视的最为重大的任务，也是没有完成期限的长期任务，故选B。

7. A 【解析】《抗击新冠肺炎疫情的中国行动》白皮书指出，中国始终秉持人类命运共同体理念，肩负大国担当，同其他国家并肩作战、共克时艰。

8. C 【解析】党的十三大把邓小平“三步走”的发展战略构想确定下来，指出我国经济发展战略部署大体分“三步走”：第一步，从1981年到1990年实现国民生产总值比1980年翻一番，解决人民的温饱问题；第二步，从1991年到20世纪末，使国民生产总值再增长一倍，人民生活达到小康水平；第三步，到21世纪中叶，人均国民生产总值达到中等发达国家水平，人民生活比较富裕，基本实现现代化。C项错误，党的十八大报告首次正式提出“全面建成小康社会”。本题为选非题，故正确答案为C。

9. C 【解析】习近平总书记的讲话告诉我们，我们必须有这样的底线思维，不断增强忧患意识，下好先手棋、打好主动仗，充分做好防范和化解各种重大风险的各项准备。

10. D 【解析】十九大报告指出：“综合分析国际国内形势和我国发展条件，从二〇二〇年到本世纪中叶可以分两个阶段来安排。第一个阶段，从二〇二〇年到二〇三五年，基本实现社会主义现代化。到那时，我国经济实力、科技实力将大幅跃升，跻身创新型国家前列；人民平等参与、平等发展权利得到充分保障，法治国家、法治政府、法治社会基本建成，各方面制度更加完善，国家治理体系和治理能力现代化基本实现；社会文明程度达到新的高度，国家文化软实力显著增强，中华文化影响更加广泛深入；人民生活更为宽裕，中等收入群体比例明显提高，城乡区域发展差距和居民生活水平差距显著缩小，基本公共服务均等化基本实现，全体人民共同富裕迈出坚实步伐；现代社会治理格局基本形成，社会充满活力又和谐有序；生态环境根本好转，美丽中国目标基本实现。”故本题选D。ABC三项均是第二阶段的任务。D项为第一阶段的任务。

11. B 【解析】从二〇三五年到本世纪中叶，在基本实现现代化的基础上，再奋斗十五年，把我国建成富强民主文明和谐美丽的社会主义现代化强国。到那时，我国物质文明、政治文明、精神文明、社会文明、生态文明将全面提升，实现国家治理体系和治理能力现代化，成为综合国力和国际影响力领先的国家，全体人民共同富裕基本实现，我国人民将享有更加幸福安康的生活，中华民族将以更加昂扬的姿态屹立于世界民族之林。故B项正确，ACD项均属于二〇二〇年到二〇三五年的奋斗目标。

12. D 【解析】①说法错误，发展战略性新兴产业，并不能替代传统产业。②说法错误，应该是实现经济发展模式从主要依靠物质资源消耗转变为主要依靠劳动生产率的提升。③④都有利于解决材料中的上述主要矛盾，正确且符合题意，故本题选D。

13. A 【解析】十九大报告对新时代我国社会主要矛盾作出了重大政治判断，就是我国社会主要矛盾已经转化为人民日益增长的美好生活需要和不平衡不充分的发展之间的矛盾。这个判断应当从两方面理解，一方面说明我们的发展质量、发展规模、发展效益同人民对美好生活的需要不适应，这是一种不充分；另一方面说明我们的发展潜力、潜能还没有得到充分地释放，这也是一种不充分，BD项说法正确。社会主要矛盾的变化有力证明了：把科学社会主义基本原则同中国发展实际相结合，坚持党的基本理论、基本路线、基本方略，就能实现人民对美好生活的向往，就能实现中华民族的伟大复兴，C项说法正确。对我国社会主要矛盾的全新概括不代表对中国特色社会主义历史性成就的否定，A项说法错误。本题为选非题，答案为A。

14. B 【解析】党的十九届三中全会通过的《中共中央关于深化党和国家机构改革的决定》(以下简称《决定》)明确指出，党的有关机构可以同职能相近、联系紧密的其他部门统筹设置，实行合并设立或合署办公。要系统谋划和确定党政机构改革事项，统筹调配资源，减少多头管理，减少职责分散交叉，使党政机构职能分工合理、责任明确、运转协调。可见，《决定》强调的是正确理解和落实党政职责分工，理顺党政机构职责关系，使党政机构分工合理。党政合并只是在部分领域为了减少职责分散交叉而采取的方法，不是党群机构改革的基本原则，B项理解有误。本题为选非题，答案为B。

15. C 【解析】全面建成小康社会的三大攻坚战是防范化解金融风险、精准脱贫和污染防治，A项说法错误。绿色发展是构建高质量现代化经济体系的必然要求，是解决污染问题的根本之策，B项说法错误。生态环境安全是国家安全的重要组成部分，是经济社会持续健康发展的重要保障，C项说法正确。地方各级党委和政府主要领导是本行政区域生态环境保护第一责任人，D项说法错误。故答案选C。

16. A 【解析】A项正确，中国共产党是中国特色社会主义事业的领导核心。B项说法错误，生态文明建设职能是政府的职能之一，村委会是村民自治组织，不具有生态文明建设职能。C项错误，说法过于绝对。D项说法错误，发展基层民主是人民当家作主的有效途径。

17. A 【解析】打造粤港澳大湾区有利于产业转型升级，但不涉及我国东中西区域协调发展，A项不恰当，故选A。

18. B 【解析】A项错误，政府是行政的主体，政府依法行政，共产党依法执政。B项正确，我们必须坚持依法治国和以德治国相结合，使法治和德治在国家治理中相互补充、相互促进、相得益彰，推进国家治理体系和治理能力现代化。C项错误，在我国，人民是国家的主人，国家权力由人民行使，但不是直接行使。人民行使国家权力的机关是全国人民代表大会和地方各级人民代表大会。D项错误，我国各民主党派是参政党。“参政议政”是各民主党派作为参政党所具有的一项基本职能，也是人民政治协商会议的一项基本职能。参政议政是各民主党派、无党派民主人士和其他爱国人士参与国家政治生活的泛称。因此，“参政”并非“参与执政”。在我国，具有执政权力的只有中国共产党。故本题选B。

19. B 【解析】题干中古训的意思是善于消除灾祸的人，总是先查找其根由；善于调理疾病的人，总是先断绝疾病产生的源头。比喻解决问题要找到问题的症结，才能根治。总书记的用典意在强调要从源头上反腐，铲除不良作风和腐败现象滋生蔓延的土壤，根本上要靠法规制度。因此，在新时期、新形势下，推进党风廉政建设和反腐败斗争，关键要将反腐纳入法治的轨道。故选B。

20. B 【解析】①说法错误，党要依法执政，依法行政的主体是行政机关；④说法错误，中国共产党对各民主党派的领导是政治领导；党加强自身建设有利于加强党的领导能力和执政能力，是保持党的先进性的必然要求，②③说法正确，故本题选B。

21. D 【解析】题干中并没有涉及中国共产党的执政地位是谁赋予的问题，故排除①。中国特色社会主义的根本保障是中国特色社会主义制度，故②说法不准确。因此，本题选D。

22. C 【解析】发扬五四精神的时代价值在于坚定理想信念，助力实现中华民族的伟大复兴，激发人们的爱国情感，激励中国人民奋勇前进，C正确。

23. C 【解析】东京申奥特殊大使是日本著名动漫形象哆啦A梦。

24. B 【解析】《中国制造2025》提出了“三步走”战略，为中国制造描绘出一张转型升级的路线图：第一步，到2025年迈入制造强国行列；第二步，到2035年我国制造业整体达到世界制造强国阵营中等水平；第三步，新中国成立一百年时，制造业大国地位更加巩固，综合实力进入世界制造强国前列。

25. C 【解析】C项错误，工匠精神应“实现由中国产品向中国品牌的转变”。

26. C 【解析】A项错误，政治多极化、经济全球化是当今国际形势的突出特点，“一体化”的说法错误。B项“主导力量”说法错误。D项错误，主权国家对外活动的出发点和落脚点是国家利益，不是各国共同利益。故选C。

27. D 【解析】共同利益是合作的基础，但由于国家性质的不同，中意两国根本利益是不一致的，A错误。题干强调积极发展两国间关系，而不是坚持国家利益至上，B错误。我国坚持独立自主的和平外交政策，实行不结盟政策，C错误。习近平主席对意大利进行了国事访问，为中意关系发展规划新蓝图，这说明我国奉行互利共赢的开放战略，积极发展两国间关系，D正确。

28. C 【解析】党的十九大报告提出的两个阶段目标具有以下五个鲜明特点：第一，紧扣我国社会主要矛盾变化。第二，突出发展质量要求，不设数量指标要求。第三，更加突出“全面深化改革”和“全面依法治国”的目标要求，协调推进“四个全面”战略布局。第四，突出我们要实现的现代化是社会主义的现代化，是以人民为中心的现代化，是全体人民共同富裕的现代化。第五，两个阶段目标既是未来全面建设社会主义现代化强国的顶层设计，也分层次，有联系也有区别。由此可知③说法错误，

故选C。

29. B 【解析】马克思领导创建了世界上第一个无产阶级政党——共产主义者同盟，领导了世界上第一个国际工人组织——国际工人协会。

30. C 【解析】以“留置”取代“两规”是一个重要变革。对留置的审批程序、使用条件、使用期限等予以严格的法律限制，意味着留置的审批权力是特定的，留置措施的期限是确定的，留置的条件也更加明晰。可以采取留置措施的是涉嫌贪污贿赂、失职渎职等严重职务违法或者职务犯罪的被调查人，以及涉嫌行贿犯罪或者共同职务犯罪的涉案人员。

31. A 【解析】我国之所以优先发展教育，是因为教育是发展科技和培养人才的基础，在现代化建设中具有先导性、全局性作用，教育是民族振兴和社会进步的基石。

32. D 【解析】按照党的十九大提出的决胜全面建成小康社会、分两个阶段实现第二个百年奋斗目标的战略安排，中央农村工作会议明确了实施乡村振兴战略的目标任务：到2020年，乡村振兴取得重要进展，制度框架和政策体系基本形成；到2035年，乡村振兴取得决定性进展，农业农村现代化基本实现；到2050年，乡村全面振兴，农业强、农村美、农民富全面实现。D项中2060年的说法错误，故选D。

33. A 【解析】党的十九大报告提出，坚决打赢脱贫攻坚战，确保到2020年我国现行标准下农村贫困人口实现脱贫，贫困县全部摘帽，解决区域性整体贫困，做到脱真贫、真脱贫。为此必须坚持精准扶贫，分析致贫的具体原因；精神脱贫先行，激发群众的内生动力。

34. A 【解析】全面建成小康社会，实现中华民族伟大复兴的中国梦，关键在党。这是因为中国共产党是中国人民和中华民族的先锋队，是中国特色社会主义事业的领导核心，①②正确。全国人民代表大会是我国的最高国家权力机关，③说法错误。④说法正确但不符合题意，故选A。

35. B 【解析】“三实”是指谋事要实、创业要实、做人要实。

36. C 【解析】习近平主席说，古丝绸之路绵亘万里，延续千年，积淀了以和平合作、开放包容、互学互鉴、互利共赢为核心的丝路精神。故A错。第一届“一带一路”国际合作高峰论坛于2017年5月在北京举行，故B错。哈萨克斯坦属于“一带一路”沿线国家，故D错。

37. A 【解析】开展“两学一做”学习教育，是落实党章关于加强党员教育管理要求、面向全体党员深化党内教育的重要实践，是推动党内教育从“关键少数”向广大党员拓展、从集中性教育向经常性教育延伸的重要举措，是加强党的思想政治建设的重要部署。故A项错误。

38. A 【解析】改革开放40年的历史经验归结到一点，就是把马克思主义基本原理同中国具体实际相结合，走自己的路，建设中国特色社会主义。在这一过程中产生了邓小平理论、“三个代表”重要思想、科学发展观等一系列重大战略思想。

39. A 【解析】习近平总书记深刻指出，我们党领导人民进行社会主义建设，有改革开放前和改革开放后两个历史时期，这是两个相互联系又有重大区别的时期，但本质上都是我们党领导人民进行社会主义建设的实践探索，不能用改革开放后的历史时期否定改革开放前的历史时期，也不能用改革开放前的历史时期否定改革开放后的历史时期。故选A。

二、多项选择题

1. BCD 【解析】习近平总书记提出，注重系统性、整体性、协同性是全面深化改革的内在要求，也是推进改革的重要方法。

2. AD 【解析】“新基建”不仅在经济社会运行中发挥着重要的支撑作用，未来还将成为促进新一轮经济增长的新动能。短期内，“新基建”有助于扩大需求、稳增长、稳就业；长期看，“新基建”将为产业发展注入数字动力，不断释放经济增长潜力。同时，“新基建”也将培育新技术产业，为实体经济高质量发展提供新动能。B项“增加企业筹资融资渠道”和C项“从根本上促进国内消费升级”说法错误。故选AD。

3. ACD 【解析】党章指出：中国共产党在领导社会主义事业中，必须坚持以经济建设为中心，其他各项工作都服从和服务于这个中心。要实施科教兴国战略、人才强国战略、创新驱动发展战略、乡村振兴战略、区域协调发展战略、可持续发展战略、军民融合发展战略，充分发挥科学技术作为第一生产力的作用，充分发挥创新作为引领发展第一动力的作用，依靠科技进步，提高劳动者素质，促进国民经济更高质量、更有效率、更加公平、更可持续发展。故选ACD。

4. ABD 【解析】党的十九届四中全会强调：突出坚持和完善支撑中国特色社会主义制度的根本制度、基本制度、重要制度。可以说，根本制度是中国特色社会主义制度存在的依据，起顶层决定性、全域覆盖性、全局指导性作用。基本制度是体现党关于经济社会发展基本原则和基本理念的制度，是各领域建设赖以运转的主要依据和基本规范。重要制度是从根本制度和基本制度派生而来的、国家治理各领域各方面各环节的具体的主体性制度，包括经济体制、政治体制、文化体制、社会体制、生态文明体制、法治体系、党的建设制度等，是推动国家治理各方面政策落实落细的制度。

5. ABC 【解析】习近平强调，斗争是一门艺术，要善于斗争。在各种重大斗争中，我们要坚持增强忧患意识和保持战略定力相统一、坚持战略判断和战术决断相统一、坚持斗争过程和斗争实效相统一。领导干部要守土有责、守土尽责，召之即来、来之能战、战之必胜。

6. ABCD 【解析】2019年6月24日下午，中共中央政治局就“牢记初心使命，推进自我革命”举行第十五次集体学习。习近平强调，牢记初心和使命，推进党的自我革命，要坚持加强党的集中统一领导和解决党内问题相统一，要坚持守正和创新相统一，要坚持严管和厚爱相统一，要坚持组织推动和个人主动相统一。故选ABCD。

7. ABC 【解析】根据《中国共产党支部工作条例（试行）》第四条规定，党支部设置一般以单位、区域为主，以单独组建为主要方式，A项正确。第五条规定，正式党员不足3人的单位，应当按照地域相邻、行业相近、规模适当、便于管理的原则，成立联合党支部。联合党支部覆盖单位一般不超过5个，B项正确。为期6个月以上的工程、工作项目等，符合条件的，应当成立党支部，C项正确。第八条规定，为执行某项任务临时组建的机构，党员组织关系不转接的，经上级党组织批准，可以成立临时党支部。临时党支部主要组织党员开展政治学习，教育、管理、监督党员，对入党积极分子进行教育培养等，一般不发展党员、处分处置党员，不收缴党费，不选举党代表大会代表和进行换届，D项错误。故选ABC。

8. CD 【解析】100名受奖人员系山东籍或在山东工作的有：打造寿光蔬菜品牌推动农业产业化的典型代表——王伯祥；保卫改革开放和平环境的战斗英雄——韦昌进；党员领导干部的楷模——孔繁森；践行“工匠精神”的优秀代表——许振超；注重企业管理创新的优秀企业家——张瑞敏；农村基层党建“莱西经验”的实践创新者——周明金；弘扬社会主义核心价值观的优秀表演艺术家——李雪健；企业“军转民”实践的创新者—倪润峰等。

9. ABD 【解析】“事者，生于虑，成于务，失于傲”的意思是：事情都产生于思虑、谋划，成功于努力、实干，失败于傲慢、轻视。“生于虑”，就是要未雨绸缪，周密考虑和精心安排各项工作。“成于务”，就是要把党和政府的各项政策措施落到实处。“失于傲”，就是说形势越好，越要保持清醒的头脑，越要增强忧患意识。

10. ABCD 【解析】习近平在纪念马克思诞辰200周年大会上说，学习马克思，就要学习和实践马克思主义关于人类社会发展规律的思想；学习马克思，就要学习和实践马克思主义关于坚守人民立场的思想；学习马克思，就要学习和实践马克思主义关于生产力和生产关系的思想；学习马克思，就要学习和实践马克思主义关于人民民主的思想；学习马克思，就要学习和实践马克思主义关于文化建设的思想；学习马克思，就要学习和实践马克思主义关于社会建设的思想；学习马克思，就要学习和实践马克思主义关于人与自然关系的思想；学习马克思，就要学习和实践马克思主义关于世界历史的思想；学习马克思，就要学习和实践马克思主义关于马克思主义政党建设的思想。

11. BD 【解析】为了解决大学生人际交往和互助问题，每年的5月25日被确定为全国大学生心理健康日，“5. 25”是“我爱我”的谐音；“世界精神卫生日”是由世界精神病学协会在1992年发起的，时间是每年的10月10日。

12. BD 【解析】中国特色社会主义进入了新时代，但我国仍处于社会主义初级阶段，“新时代”并没有改变我国的基本国情，说明“新时代”具有“初级阶段”的基本特征。现在的“新时代”相对于长期的“初级阶段”，是一个独特的阶段，二者是个性与共性的关系。

13. ABCD 【解析】十九大报告指出：党的基层组织是确保党的路线方针政策和决策部署贯彻落实的基础。要以提升组织力为重点，突出政治功能，把企业、农村、机关、学校、科研院所、街道社区、社会组织等基层党组织建设成为宣传党的主张、贯彻党的决定、领导基层治理、团结动员群众、推动改革发展的坚强战斗堡垒。党支部要担负好直接教育党员、管理党员、监督党员和组织群众、宣传群众、凝聚群众、服务群众的职责，引导广大党员发挥先锋模范作用。坚持“三会一课”制度，推进党的基层组织设置和活动方式创新，加强基层党组织带头人队伍建设，扩大基层党组织覆盖面，着力解决一些基层党组织弱化、虚化、边缘化问题。扩大党内基层民主，推进党务公开，畅通党员参与党内事务、监督党的组织和干部、向上级党组织提出意见和建议的渠道。注重从产业工人、青年农民、高知识群体中和在非公有制经济组织、社会组织中发展党员。加强党内激励关怀帮扶。增强党员教育管理针对性和有效性，稳妥有序开展不合格党员组织处置工作。

14. ABD 【解析】李保国，河北省武邑县人，中国知名经济林专家、山区治理专家。2016年5月中共中央宣传部追授李保国为“时代楷模”。吕建江，曾任河北省石家庄市公安局桥西分局安建桥综合警务服务站主任。2018年4月，中共中央宣传部追授吕建江“时代楷模”称号。南仁东，吉林省辽源市人，中国天文学家、中国科学院国家天文台研究员。2017年11月，中共中央宣传部追授南仁东“时代楷模”荣誉称号。河北省塞罕坝机械林场位于河北省承德市围场满族蒙古族自治县北部坝上地区。2014年4月，中宣部授予塞罕坝机械林场建设者“时代楷模”荣誉称号。

三、连线题

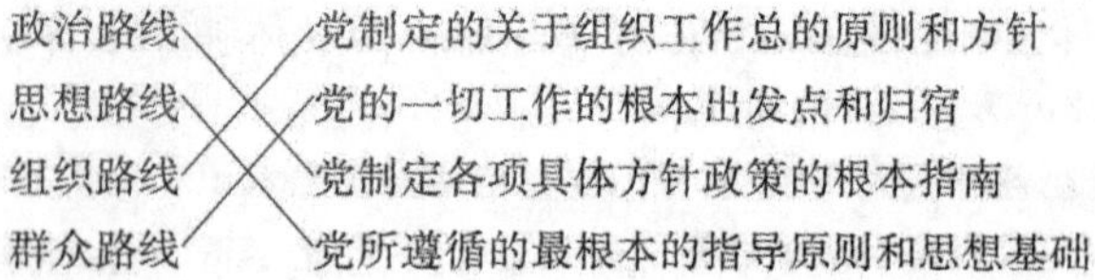

政治路线　　党制定的关于组织工作总的原则和方针
思想路线　　党的一切工作的根本出发点和归宿
组织路线　　党制定各项具体方针政策的根本指南
群众路线　　党所遵循的最根本的指导原则和思想基础

四、主观题

1.**【参考答案】**第一，人民是大山。中国拥有近14亿勤劳勇敢的人民，占世界总人口六分之一，是世界人口第一大国。近14亿人民的力量是最磅礴的力量、最雄浑的力量、最无穷的力量，如同绵延不绝的巍巍高山，矗立在世界东方。人民是历史的见证者、历史的记录者、历史的创造者，是推动国家发展进步的力量源泉。

第二，人民是靠山。靠山，简言之，就是可依靠的强大力量。中国革命、建设、改革、发展的伟大实践有力地证明了，人民是党和国家最强大的靠山。党和国家背靠这座大山，必将无往而不胜，直抵中华民族伟大复兴的理想彼岸。

第三，人民是泰山。泰山自古都是稳固、安定的代名词，泰山稳就是社稷稳定、政权稳固、国家昌盛、民族团结的象征。近14亿中国人民是共和国的宝贵财富、无穷财富、最大财富，是共和国960万平方公里广袤大地的压舱石、寿山石、泰山石。有了这样的人民，国家必定稳如泰山、坚如磐石，有了这样的人民，国家必定基业长青、事业兴旺、政权稳固、繁荣昌盛、民族富强、民族必然复兴。

2.**【参考答案】**习近平新时代中国特色社会主义思想的历史贡献，可以概括为以下几个方面：

(1)开辟了马克思主义新境界，实现了马克思主义基本原理与中国具体实际相结合的又一次飞跃；

(2)开辟了中国特色社会主义新境界，深刻揭示了新时代中国特色社会主义的本质特征、发展规律和建设道路；

(3)开辟了治国理政新境界，正是在这一思想指引下，我们党团结带领人民推动党和国家事业取得了历史性成就，发生了历史性变革；

(4)开辟了管党治党新境界，正是遵循这一思想，我们党以坚强的决心、空前的力度，推进全面从严治党，管党治党实现从"宽松软"到"严紧硬"的深刻变化。

3.**【参考答案】**与资本主义、传统的社会主义相比，中国特色社会主义制度具有自身的基本特征和制度优势。在这些制度优势中，党的领导是最大优势。中国共产党是中国特色社会主义事业的领导核心。

第一，中国特色社会主义制度的制度优势，依赖于党的社会领导。中国共产党的性质、立场和价值追求使其具有强大的社会公信力和凝聚力，能将个体的利益、意志凝聚为社会合力，彰显出中国特色社会主义制度的强大优势。社会发展的动力最终来自具有不同利益和意志的单个人，在当代中国的改革和发展中，只有中国共产党具有的强大的群众组织力和社会号召力，才能将个人的力量凝聚为社会合力，集中力量办大事。

第二，中国特色社会主义制度的制度优势，依赖于党的政治领导。党的政治领导决定国家改革发展的政治立场、政治方向、政治原则。中国共产党鲜明的政治立场，就是坚决维护和实现无产阶级和最广大人民群众的根本利益，国家政策、方针都要符合人民群众的意志，权力不能成为少数利益集团的代言人。党带领全国人民把方向、谋大局、定政策、促改革，离不开党的意志和人民的意志的一致性。党的意志代表人民意志，人民的意志是党的意志的根据和遵循。

第三，中国特色社会主义制度的制度优势，依赖于党确立的正确思想路线。我们党始终高度重视思想建设、理论建设，在实践中坚持和发展真理，不断研究新情况、总结新经验、解决新问题，在实践中丰富和发展马克思主义，使党的理论、路线、方针和政策顺应时代发展的潮流和我国社会发展进步的要求，永远走在时代前列。

4.**【参考答案】**(1)坚定文化自信，推动社会主义文化繁荣兴盛，有利于弘扬中华优秀传统文化。(2)坚定文化自信，推动社会主义文化繁荣兴盛，可以推动社会主义精神文明和物质文明协调发展，更好地坚持中国特色社会主义文化发展道路。(3)文化自信是民族复兴的昂扬动力，实现中华民族伟大复兴，需要坚定文化自信，积极推动社会文化繁荣兴盛。(4)坚定文化自信，推动社会主义文化繁荣兴盛，有利于激发全民族文化创新创造活力，建设社会主义文化强国。

5.**【参考答案】**(1)提高教师政治地位是实现中华民族伟大复兴的根本大计。中华民族自古以来就有尊师重教、崇智尚学的优良传统，实现中华民族伟大复兴体现了中华民族和中国人民的整体利益，教师是推进新时代中国特色社会主义事业，提升综合国力的重要力量，全党全社会要弘扬尊师重教的社会风尚，让广大教师享有应有的声望是实现中华民族伟大复兴的国之大计、党之大计。

(2)提高教师社会地位是满足人民对美好生活需要，实现教育公平的关键。教师是立教之本、兴教之源，承担着让每个孩子健康成长、办好人民满意教育的重任。国家要始终把教育摆在优先发展的战略位置，教育投入要更多向教师倾斜，不断改善教师的工作、学习和生活条件，培养造就一支师德高尚、业务精湛、结构合理、充满活力的高素质专业化教师队伍，让每个孩子享有受教育和人生出彩的机会。

(3)提高教师职业地位是增强国家核心竞争力的根本。当今世界，科技进步日新月异，国际竞争日趋激烈。增强教师教书育人的荣誉感和责任感，确立人民教师无上光荣，教师是太阳底下最高尚的职业成为全党全社会的共识，以凝聚人心、完善人格、开发人力、培育人才、造福人民，为确保我国科技创新人才持续迸发，增强我国在未来激烈的国际竞争中的重要潜在力量和后发优势提供坚强支撑。

6.**【参考答案】**在全国生态环境保护大会上，习近平总书记提出了新时代推进生态文明建设必须坚持的六项重要原则：坚持人与自然和谐共生；绿水青山就是金山银山；良好生态环境是最普惠的民生福祉；山水林田湖草是生命共同体；用最严格制度最严密法治保护生态环境；共谋全球生态文明建设。(需要考生根据要点，联系实际进行阐述。)

7.【参考答案】整体与部分是辩证统一的：(1)整体居于主导地位，统率着部分，具有部分不具备的功能，部分离不开整体。这就要求我们树立全局观念，立足整体，统筹全局，实现最优目标。(2)整体由部分组成，部分制约整体，关键部分的功能及其变化甚至对整体的功能起决定作用。这就要求我们重视部分的作用，搞好局部，用局部的发展推动整体的发展。

8.【参考答案】社会主义核心价值观的基本内容是：富强、民主、文明、和谐，自由、平等、公正、法治，爱国、敬业、诚信、友善。富强、民主、文明、和谐是国家层面的价值目标，自由、平等、公正、法治是社会层面的价值取向，爱国、敬业、诚信、友善是公民个人层面的价值准则。

第二部分　经济常识

第一章　政治经济学

基础知识达标

一、单项选择题

1. D 【解析】流通手段是指货币在商品交换中充当媒介作用的职能，特点是"一手交钱，一手交货"。移动支付属于即时支付的买卖行为，体现了货币的流通手段职能，D项正确。A项，贮藏手段，指货币作为社会财富的代表，可以退出流通领域，被贮藏起来的职能。B项，支付手段，指货币用来清偿债务或支付赋税、租金、工资等的职能。C项，价值尺度，指货币充当衡量商品价值量大小尺度的职能。货币执行价值尺度的职能，不需要现实的货币，只需要观念上的货币。故选D。

2. A 【解析】"高速"指向数量或规模，往往是经济发展初级阶段的目标。"高质量"强调质量和效益，是经济发展达到一定水平之后才会有的目标。我国经济发展进入新常态，大力推动经济进入创新驱动、内生增长的发展轨道，有利于推动高质量发展。

3. D 【解析】材料未体现居民收入增长与经济发展同步，A项错误。材料中的做法与缩小行业之间、区域之间的收入差距无关，B项错误。材料中的一系列措施并不完全是初次分配的体现，且重点不在于强调效率，C项错误。材料中的一系列措施是促进社会公平的表现，D项正确。

4. B 【解析】竞争中性原则有利于实现市场在资源配置中的决定性作用，有利于国有企业和其他类型企业的平等竞争，有利于建立统一开放、竞争有序的现代市场体系，B项正确，AC项错误。诚实守信是现代市场经济正常运行必不可少的条件，D项错误。

5. B 【解析】价格歧视的特点是：在同一时间、不同接受者、相同等级和质量的情况下，实行不同的销售价格和收费标准。①没有体现相同等级和质量这个特点，排除；②属于在同一时间、相同等级和质量商品的情况下，按购买量的多少决定单位产品的价格，对不同购买数量采取不同的价格，是价格歧视；③属于在同一时间、相同等级和质量商品的情况下，对于不同类型的接受者实行不同的销售价格，是价格歧视；④提供的不是相同等级和质量的服务，排除。故选B。

6. C 【解析】本题考查商品。商品是人类社会生产力发展到一定历史阶段的产物，是用于交换的劳动产品。国家紧急调动的医疗物资没有用于交换，不是商品。故选C。

7. D 【解析】本题考查剩余价值。劳动力在使用过程中，不仅能创造自身价值，而且能创造出比自身价值更大的价值，这部分超出劳动力价值的价值就是剩余价值。剩余价值和劳动力价值统称为新价值。

8. A 【解析】本题考查价值规律。价值规律是商品生产和商品交换的基本经济规律，也是市场经济最主要的经济规律。价值规律调节生产资料和劳动力在各生产部门的分配；刺激商品生产者改进生产工具，提高劳动生产率，加强经营管理，降低消耗，以降低个别劳动时间；促使商品生产者优胜劣汰。从根本上说，"寻找空白点"体现了价值规律的要求。故选A。

9. B 【解析】本题考查纸币。纸币是代替金属货币执行流通手段职能的，纸币的发行量必须以流通中所需金属货币量为依据。

10. C 【解析】本题考查微观经济。在发展社会主义市场经济过程中，要使企业成为真正的市场主体。增强微观主体的活力，说到底就是要增强企业的活力。故选C。

11. D 【解析】在市场经济条件下，政府并非把自己的意志强加于市场主体，而是以不损害市场主体的经营自主权为界限，提供服务。政府的职能主要在于为市场主体创造一个公平竞争的环境和规范引导市场主体的行为。政府在市场经济中扮演的是经济管理员和服务员的角色。故选D。

12. A 【解析】本题考查现代企业制度。我国经济体制改革的中心环节是国有企业改革，国有企业改革的方向是建立现

代企业制度。现代企业的基本特征有:产权清晰,权责明确,政企分开,管理科学。其中,产权清晰是建立现代企业制度的关键。故选A。

13. B 【解析】本题考查资源配置。在社会化大生产条件下,资源配置有两种基本方式:(1)计划配置方式,即政府部门根据社会需要和产能,以计划配额、行政命令的方式来统管资源和分配资源。在一定条件下,这种方式有可能从整体利益上协调经济发展,集中力量完成重点工程项目。(2)市场配置方式,即依靠市场运行机制进行资源配置的方式。疫情期间,国家征用口罩体现了计划配置方式,故选B。

14. B 【解析】本题考查社会主义市场经济。火神山医院的建造,向世人展示了社会主义市场经济能够发挥国家集中人力、物力、财力办大事的优势,能够运用经济手段、行政手段等进行科学的宏观调控,故选B。

15. C 【解析】本题考查市场调节的局限性。市场调节的滞后性是指经济活动参加者是在某种商品供求不平衡导致价格上涨或下跌后才作出扩大或减少这种商品供给的决定。市场调节的自发性是指在市场经济中,为了追求更高的经济利益,商品的生产者和经营者在价值规律的自发调节下自发进行经济活动。市场调节的盲目性是指由于商品的生产者和经营者不可能完全掌握市场各方面的信息,也无法控制经济变化的趋势,因此他们的决策会带有一定的盲目性。滞后性表现为“事后诸葛亮”,自发性表现为“以经济利益为最高追求”,盲目性表现为“跟风”。因此,虽然各国都加大生产规模,抗疫物资依然供应紧张,说明了市场调节具有滞后性。

16. D 【解析】本题考查所有制。非公有制经济主要包括个体经济、私营经济、外资经济等。股份制经济是指全部注册资本由全体股东共同出资,并以股份形式投资举办企业而形成的一种经济类型。股份制是社会化大生产和商品经济发展的必然产物。它作为一种企业组织形式和经营管理制度,不是一种独立的所有制,可以适用于不同的社会制度。故选D。

17. A 【解析】本题考查社会保障制度。社会保障制度是以国家为主体,依据法律规定,通过国民收入的再分配,对公民在暂时或者永久性失去劳动能力以及由于各种原因生活发生困难时给予物质帮助,保障居民最基本的生活需要。我国社会保障制度的基本目标是保证人们最基本的生活需要。故选A。

18. B 【解析】本题考查市场的类型。按照构成市场的要素不同,可以将市场划分为商品市场、资本市场、劳动力市场、技术市场、信息市场;按照商品用途或商品满足消费者需求的性质不同,可以将市场划分为生活资料市场和生产资料市场;按照市场的竞争形态不同,可以将市场划分为完全竞争市场、完全垄断市场、寡头垄断市场和垄断竞争市场。消费品市场又称生活资料市场、最终产品市场。它是指生产经营者从事消费品经营,满足人们生活消费需要的经济活动领域,或指消费者为满足生活消费需要而购买商品的场所。故选B。

19. A 【解析】本题考查分配。初次分配指国民总收入(即国民生产总值)直接与生产要素相联系的分配,主要根据效率原则进行分配,比如工资、地租等。再分配是在初次分配的基础上,对部分国民收入进行的重新分配,主要由政府调节机制起作用,是按照兼顾公平和效率的原则、并侧重公平原则进行的第二次分配,主要包括个人所得税、退休金和其他转移收支。第三次分配是指动员社会力量,建立起社会救助、民间捐赠、慈善事业、志愿者行动等多种形式的制度和机制,是对政府调控的补充。故选A。

20. D 【解析】本题考查分配。再分配是在初次分配基础上,对部分国民收入进行的重新分配,主要由政府调节机制起作用,是按照兼顾公平和效率的原则、并侧重公平原则进行的第二次分配。国家的各级政府以社会管理者的身份通过财政税收等手段,通过社会福利、保险、医疗等方面提供给公民的保障,属于再分配。题干中提高困难残疾人生活补贴和重度残疾人护理补贴标准,体现了政府通过再分配来促进社会公平。故选D。

21. B 【解析】本题考查消费的作用。消费对生产具有重要的反作用,消费的发展促进生产的发展,具体表现在:(1)消费是生产的目的。只有生产出来的产品被消费了,这种产品的生产才算真正完成。(2)消费调节生产。消费所形成的新的需要,对生产的调整和升级起着导向作用。(3)一个新的消费热点的出现,往往能带动一个产业的出现和成长。(4)消费为生产创造出新的劳动力,能提高劳动力的质量,提高劳动者的生产积极性。因此,坚持扩大内需的原因在于,消费对生产有反作用,消费能拉动经济增长,B项正确。C项只是消费的反作用的一个方面。A项和D项为无关选项。

22. C 【解析】本题考查正确的消费观。“保护环境,绿色消费”强调面对严峻的资源短缺和环境污染,我们应该树立生态文明观,保持人与自然之间的和谐。手机以旧换新既使旧手机重新有了用武之地,又减轻了对环境的污染,体现了保护环境、绿色消费的原则。故选C。

23. A 【解析】本题考查消费。高涨的爱国热情带动了红色旅游的发展,体现了消费观念影响消费行为,A项正确。材料未涉及收入和消费的关系,未涉及商品价格影响消费行为,也未反映经济发展水平影响消费,BCD项均不符合题意。

24. A 【解析】本题考查生产与消费。“互联网+回收”的模式反映出企业重视市场需求,这属于企业经营的重要策略,A项正确。题干没有体现诚信经营,B项错误。生产决定消费方式,C项错误。题干说明消费对生产具有反作用,一个新的消费热点的出现,往往能带动一个产业的出现和成长,没有体现“互联网+回收”的模式创造消费动力,D项错误。故选A。

25. B 【解析】无形商品包括技术、信息、管理才能、服务、专利等。

26. B 【解析】劳动有简单劳动和复杂劳动之分，社会必要劳动时间是以简单劳动为尺度来计量的，复杂劳动可以换算成倍加的简单劳动，可以比简单劳动创造出更大的价值。

27. A 【解析】本题考查劳动的二重性。抽象劳动是商品价值的唯一源泉。

28. D 【解析】本题考查商品的二因素。对于商品生产者来说，“产品卖出去才是硬道理”意味着：只有让渡使用价值，才能获得商品的价值。这是因为，商品的使用价值与价值是统一的，价值的存在要以使用价值的存在为前提，使用价值是价值的物质承担者。商品生产者生产商品是为了获取价值，商品消费者是为了获取使用价值，只有通过交换才能解决商品的使用价值和价值的矛盾。

29. D 【解析】本题考查商品价值量的决定。商品价值量由生产该商品的社会必要劳动时间决定。

30. A 【解析】本题考查货币职能。支付手段主要是债权债务关系的清算，被用来支付商品购买过程中的贷款或用来支付债务、租金、利息、工资等款项。故本题答案为A。B项，价值尺度是用货币作为尺度来衡量和表现其他一切商品的价值。C项，流通手段是货币在商品流通过程中充当交换的媒介。D项，贮藏手段是指货币退出流通领域被当作社会财富的一般代表保存起来的职能。

31. C 【解析】本题考查货币职能。流通手段，是指货币在商品交换中充当媒介作用的职能，亦称“购买手段”，C项正确。ABD项均不符合流通手段的“一手交钱，一手交货”特征，可排除。故选C。

32. C 【解析】本题考查商品和货币。网上团购作为购物的一种特殊方式，使商品交换的方式发生了变化，C项正确。货币是交换商品的媒介，网上团购仍然需要货币的参与，不会使货币职能发生本质性的变化，A项错误。商品是用于交换的劳动产品，商品交换的本质是所有权和使用权的移交，B项错误。D项说法过于绝对。故选C。

33. A 【解析】本题考查人民币制度。本位制即以某种物质作为一个国家的通用货币，我国的人民币制度属于不兑现的纸币本位制。纸币本位制，亦称“自由本位制”，是以国家发行的纸币作为本位货币的一种货币制度。人民币采取不兑现纸币的形式，没有含金量的规定，也不与任何外币确定正式的联系，是一种信用货币。

34. B 【解析】本题考查商品经济。影响商品经济运动的规律有价值规律、竞争规律、供求规律、货币流通规律等。其中，影响商品经济运动最直接的规律是供求规律，价值规律是商品经济的基本规律。

35. B 【解析】决定价格的是商品的价值，排除A、D。题干表述的是因为成本上升，导致产品价格水涨船高，并未涉及供求关系，C错误。故选B。

36. C 【解析】价格围绕价值上下波动是价值规律作用的表现形式。商品价格虽然时升时降，但商品价格的变动总是以其价值为轴心。因此不会出现商品价格无限制地上涨或下跌现象。

37. C 【解析】相对剩余价值是指在工作日长度不变的条件下，由于缩短必要劳动时间、相应延长剩余劳动时间而产生的剩余价值。相对剩余价值产生的条件即社会劳动生产率的提高。

38. A 【解析】市场经济最基本的功能有利益刺激、资源导向、优化资源配置、调节供求平衡、优胜劣汰、自动调节收入分配、传递信息。故答案选A。

39. B 【解析】商品市场、资本市场、劳动力市场是市场体系的最基本内容，是市场体系的三大支柱。

40. A 【解析】在现代市场经济的发展中，市场是“看不见的手”，而政府的引导被称为“看得见的手”。故选A。

41. B 【解析】本题考查市场调节的局限性。由于市场中的每个生产经营者并不能从宏观层面对于市场前景做准确的把握，也无法控制经济变化的趋势，因此所有生产经营者的决策都会带有一定的盲目性。如果企业可以通过对大数据的搜集与分析全面了解市场供求变化的信息，这有助于减少市场调节的盲目性。本题选B。

42. C 【解析】本题考查社会主义经济制度。社会主义经济制度的基础是生产资料的公有制，即全民所有制和劳动群众集体所有制。

43. C 【解析】本题考查我国的基本经济制度。公有制经济，是指国有经济、集体经济以及混合所有制经济中的国有成分和集体成分。草根经济属于非公有制经济，排除①。非公有制经济在支持我国经济增长、促进科技创新、扩大劳动就业、增加国家税收等方面，都发挥了重要作用。发展草根经济有利于扩大就业、提高人民生活水平、拉动国内需求。故选C。

44. C 【解析】本题考查我国的基本经济制度。个体经济和私营经济虽然都是非公有制经济，但在性质上仍有不同。个体经济即个体所有制经济，是指劳动者个人占有生产资料和劳动产品，主要依靠个人劳动从事生产经营活动的私有制经济。私营经济则是企业主私人占有生产资料，依靠雇佣劳动者进行生产经营，以获取利润为生产经营目的的私有制经济。ABD项是个体经济的特点，但不是它在性质上区别于私营经济的原因，均不符合题意，排除。故选C。

45. D 【解析】公有制和非公有制经济都是社会主义市场经济的重要组成部分，是我国经济社会发展的重要基础，D项符合题意，当选。公有制经济是社会主义经济制度的基础，A错误；公有制为主体、多种所有制经济共同发展的基本经济制度，是

中国特色社会主义制度的重要支柱,也是社会主义市场经济体制的根基,B错误;各种所有制经济在国民经济中的地位是不平等的,公有制经济是主体,C错误。

46. B 【解析】股份制经济是混合所有制经济形成、发展的企业制度前提,更是混合所有制经济借以实现的组织制度形式,发展股份制经济必然形成混合所有制经济。

47. A 【解析】《中共中央、国务院关于深化国有企业改革的指导意见》指出:主业处于充分竞争行业和领域的商业类国有企业,原则上都要实行公司制股份制改革,积极引入其他国有资本或各类非国有资本实现股权多元化,国有资本可以绝对控股、相对控股,也可以参股,并着力推进整体上市。

48. A 【解析】构成现代企业制度的制度要素主要有法人产权制度、法人治理制度、有限责任制度和管理层级制度。其中,法人产权制度是基础,法人治理制度是核心,有限责任制度是保障,管理层级制度是工具。

49. B 【解析】公司法人治理结构是指有关企业控制权和剩余索取权分配的一整套法律、文化和制度安排,包括人力资源管理、收益分配和激励机制、财务制度、内部制度和管理、公司外部治理市场、有关公司治理的法律法规等。

50. A 【解析】合伙制企业可以从众多的合伙人处筹集资本,一定程度上突破了企业资金受单个人所拥有的量的限制,并使得企业从外部获得贷款的信用增强,扩大了资金的来源。故A项中资金较少的说法错误。

51. A 【解析】在古典危机中,生产过剩直接表现为有效需求不足,商品卖不出去,最终引发金融动荡,股市崩溃;而在当代危机中,生产过剩不再直接表现为有效需求不足,而是表现为有效需求旺盛,甚至表现为有效需求“过度”。

52. A 【解析】社会主义之所以高于和优于资本主义,最终要体现在它的生产力要比资本主义发展得更高一些、更快一些。

53. C 【解析】各种各样的高科技产品正在改变着我们的生活,说明生产决定消费的方式,C项说法正确。

54. A 【解析】数字经济的发展让年夜饭有了更多可能,表明生产决定消费的方式和质量,A项符合题意;年夜饭外卖、厨师上门制作年夜饭等服务,满足了80后、90后“一键订餐”的需求,强调的是生产决定消费的方式和质量,没有体现生产为消费创造动力,B项与题意不符;材料强调生产对消费的决定作用,没有体现消费对生产的反作用,C、D项与题意不符。

55. D 【解析】作为新的消费热点,智能垃圾分类设备的需求对生产提出新的要求,推动了相应的全新产业链的形成,这说明新的消费热点能带动新产业的出现和成长。故选D。

56. B 【解析】在生活中,明星广告潜移默化地影响着广大消费者的选择。这是在利用明星效应影响其粉丝的消费行为,主要抓住了消费者的从众心理。

57. B 【解析】购买考试用书的目的是提高自身素质,实现全面发展,所以这笔消费属于发展资料消费。故本题选B。

58. A 【解析】现代农业示范园旅游的发展,有利于推动农业供给侧改革,带动农村新产业新业态的兴起和发展。

59. B 【解析】本题考查收入分配。国民收入再分配是指对市场初次分配结果进行调节,以达到分配的社会公平目标。实施再分配的主体是政府,政府通过国民收入再分配所形成的分配关系可以有效促进社会的稳定和发展。再分配的内容包括:社会保障、税收调节、转移支付、银行信贷、劳务费用和价格变动等。A项属于税收调节,C项属于转移支付,D项属于银行信贷。B项,最低工资是指劳动者在法定工作时间提供了正常劳动的前提下,其雇主或用人单位支付的最低金额的劳动报酬,属于初次分配。故答案选B。

60. A 【解析】本题考查社会生产总过程。在社会生产过程中,生产是起决定作用的环节。

61. D 【解析】本题考查消费。消费品数量增加,人们的货币工资水平不变,说明人们的消费能力没有提高,会造成供大于求的情况,导致产品积压,D项正确。消费品供过于求,物价下跌,A项错误。竞争加剧,厂商为吸引消费者会加快提升产品质量,B项错误。消费品供过于求,生产资料市场需求减少,会导致生产资料价格下跌,影响经济增长,C项错误。故选D。

62. B 【解析】本题考查生产与消费。根据题干“也有一些企业因商品滞销而减产甚至停产”可知,消费具有反作用力,B项说法正确。故答案选B。

63. A 【解析】本题考查消费者的从众心理。从众心理具有仿效性、重复性和盲目性的特点,商家找体育明星代言正是利用了消费者追赶潮流、仿效明星的从众心理。

64. A 【解析】本题考查收入和消费的关系。随着经济发展和收入增加,人们开始消费高档耐用品,说明收入是消费的基础和前提,A项正确。本题是强调经济发展、收入增长对消费的影响,而不是消费对经济的影响,B项错误。C、D项与题意无关。

65. B 【解析】本题考查低碳经济。低碳经济是以“低能耗、低污染、低排放、高效益”为基础的经济发展模式。B项,电冰箱中保持较多的霜可能耗费更多的电,不符合低碳经济要求,当选。

66. D 【解析】本题考查消费观。绿色消费是以保护消费者健康和节约资源为主旨,符合人的健康和环境保护标准的各种消费行为的总称,其核心是可持续消费。

67. A 【解析】“对小麦的品尝”说明小麦具有使用价值，但是品尝小麦不能判定它是何种制度下生产的，可知小麦的使用价值不能反映人们的社会生产关系。

68. C 【解析】马克思在《资本论》中，从分析商品出发，把商品的价值划分为使用价值和价值，并在此基础上，将劳动划分为抽象劳动和具体劳动，并指出抽象劳动创造价值，是价值的源泉。因此，劳动二重性理论是理解马克思主义政治经济学的枢纽。

69. C 【解析】抽象劳动是指无差别的一般人类劳动。抽象劳动生产商品的价值，而具体劳动生产了商品的使用价值。

70. D 【解析】劳动力这一特殊商品的消费（使用）过程就是劳动过程，在这个过程中，不仅能创造出新的价值，而且能创造出比自身价值更大的价值。

71. B 【解析】商品经济的产生和存在是以一定的经济条件为前提的，这些经济条件主要有：一是社会分工。社会分工是商品经济存在的前提，是一切商品生产的一般基础。二是生产资料和劳动产品属于不同的所有者。这是商品经济产生和存在的决定性条件。

72. A 【解析】价值规律是商品经济的基本规律。

73. B 【解析】商品经济是一种直接以交换为目的的经济形式，包括商品生产和商品交换，社会分工和私有制是商品经济产生的两个基本条件。自然经济简单地讲就是自给自足的经济，没有商品交换，是为了满足生产者自身消费的需要。

74. C 【解析】商品的价格由价值决定，价值与价格成正比。故选C。

75. D 【解析】形成商品价值的劳动是相同的人类劳动，是同一的人类劳动力的耗费。因此，商品的价值量不能由个别生产者生产商品所耗费的劳动时间即个别劳动时间来决定，而是由生产该商品所必需的平均必要劳动时间，即社会必要劳动时间来决定。

76. A 【解析】供求关系是一定时期内社会提供的全部产品、劳务与社会需要之间的关系。题干中一张门票炒到6万元人民币，主要原因是供求关系失衡。

77. A 【解析】在市场经济中，生产和需求的平衡，是通过供求和价格的相互作用来实现的。供大于求，价格下降，生产减少；供不应求，价格上升，生产增加；供求平衡，各个部门的生产比例得到合理分配，资源配置实现合理化。

78. B 【解析】劳动力需求的特点有：(1)劳动力需求是派生需求；(2)劳动需求是对劳动力的雇佣意愿和支付能力的统一。

79. A 【解析】货币作为价值尺度，就是把各种商品的价值都表现为一定的货币量，以表示各种商品的价值在质的方面相同的情况下，在量的方面可以比较。市场上某商品标价为1200元，这1200元就是该商品的价值量，发挥的是货币的价值尺度职能。

80. A 【解析】网购和支付宝的出现，使人们在购物的过程中采用电子支付，而不使用纸币，从而减少流通中的现金使用量，节约了社会成本。

81. A 【解析】雇佣劳动者的抽象劳动从劳动时间上分为必要劳动时间和剩余劳动时间，必要劳动时间生产劳动力的价值，剩余劳动时间生产剩余价值。故选A。

82. A 【解析】马克思把由资本技术构成决定并能反映技术构成变化的资本价值构成，叫作资本的有机构成，具体表现为不变资本(C)与可变资本(V)的比率。

83. A 【解析】资本积累是指资本家为了追求剩余价值，不把剩余价值全部用于消费，而是作为追加资本，这种剩余价值的资本化，就叫作资本积累。资本积累的结果会使社会资本总额增大。

84. C 【解析】中华人民共和国的社会主义经济制度的基础是生产资料的社会主义公有制，即全民所有制和劳动群众集体所有制。

85. B 【解析】我国现阶段的基本经济制度是由我国的社会主义性质和社会主义初级阶段的基本国情决定的。

86. C 【解析】B项是我国的政策措施，而非依据；我国实行公有制为主体、多种所有制经济共同发展的基本经济制度，公有制和非公有制都是社会主义市场经济的重要组成部分，是经济社会发展的重要基础，A、D说法错误。故选C。

87. B 【解析】“生产者总是根据上一期的价格来决定下一期的产量，这常常会导致实际的产量过剩或不足”表明了市场调节是一种事后调节，从价格形成、价格信号传递到商品生产的调整有一定的时间差。由此可见，B项符合题意。

88. C 【解析】政策分配和调整利益关系主要采取两种形式：一是直接对社会利益进行分配和调整的政策，如社会分配政策、税收政策、财政政策、价格政策、区域发展政策等。二是间接对社会利益进行分配和调整的政策，如国家制定和实施的推动高新科技发展的各种政策。故选C。

89. D 【解析】再分配也称社会转移分配，是政府对要素收入进行再次调节的过程。提高退休人员养老金属于再分配。材料强调如何通过调整分配政策支持实体经济，B、C项与题意不符；材料反映的问题涉及分配比例问题，并不属于不合理收

费,D项说法错误。

90. C 【解析】题干强调的是个人原因,只有C项是个人不能驾驭的,故选C。

91. A 【解析】企业是市场经济活动的主要参加者,是国民经济的细胞,而合理的分配政策有利于减轻企业负担,促进经济发展,故选A。

92. D 【解析】经济体制改革是全面深化改革的重点,核心问题是处理好政府和市场的关系,使市场在资源配置中起决定性作用和更好发挥政府作用。

93. C 【解析】竞争是商品经济的必然产物,是市场经济的特征,是商品交换得以进行的前提,是市场经济有效运行的必要条件。承认社会主义经济是商品经济,就不能排斥竞争。

94. A 【解析】在互联网信息技术的催化融合下,新产业、新业态、新产品不断涌现,对经济增长的支撑作用日益增强,这告诉我们创新已经成为驱动经济发展的新方式,A正确;推进经济结构战略性调整是加快转变经济发展方式的主攻方向,B错误;C、D与材料无关。

95. C 【解析】创新是引领经济发展的第一动力。投资、消费、出口是拉动我国经济发展的三驾马车。

96. A 【解析】生产决定消费的质量和水平。新四大发明的出现提高了人们的消费质量和水平,改变着人们的生活,根源于社会生产的大发展和生产力水平的提高。人类赖以存在和发展的基础是物质资料的生产,而非科技,B项错误;CD两项在材料中未体现,故排除。

97. C 【解析】考查商品的定义,商品是用于交换的劳动产品,即要满足用于交换和劳动产品两个条件,故答案是C选项。

98. C 【解析】商品内在的使用价值和价值的矛盾,其完备的外在表现是商品与货币之间的对立。

99. C 【解析】商品的价格最终是由价值决定的,因而商品的价值是决定商品价格浮动的根本因素。

100. C 【解析】A是货币的价值尺度职能,B、D是货币的支付手段职能,C是流通手段职能,故本题答案选C。

101. D 【解析】商品经济是指直接以交换为目的的经济形式,包括商品生产和商品交换。

102. B 【解析】市场经济是商品经济发展到一定阶段的产物,是发达商品经济的表现形式和现代形态。

103. D 【解析】第一,市场经济是一种自主经济,商品生产者必须是独立的市场主体。第二市场经济是平等的经济,它只承认等价交换,不承认任何超越市场的特权。第三,市场经济是竞争经济,为了各自的价值的实现,市场主体之间必然激烈竞争,优胜劣汰。因而在市场经济活动中,机会和风险是并存的。这一机制促使企业不断提高自身素质和经营规模,以求在竞争中立于不败之地。第四,市场经济是开放型经济。企业为了获取利润,实现产品的价值,会不遗余力地开拓市场。

104. A 【解析】供给侧结构性改革,就是从供给端入手,增强企业创新能力,提高供给质量,改善供给结构,使供给更好地适应需求。这说明提出供给侧结构性改革的经济学依据是生产决定消费,A项当选。

105. D 【解析】商业利润是商业资本家从事商业经营活动所获得的利润。商业利润不过是产业资本家让渡给商业资本家的一部分剩余价值,商业利润的真正来源是产业工人所创造的剩余价值。

106. A 【解析】社会主义必须实行按劳分配是由社会主义公有制和社会生产力的发展水平决定的。社会主义公有制是实行按劳分配的所有制基础。

107. C 【解析】实现公有制与市场经济相结合的有效途径是建立现代企业制度。

108. D 【解析】社会主义市场经济是法制经济,因而法律作为维持市场秩序的手段不可或缺。

109. C 【解析】在社会总资产中占优势的是公有资产而不是国有经济,A项错误;在所有制结构中占主体地位的是公有制经济而不是国有经济,B项错误不选,D是干扰项。

110. D 【解析】经济总量平衡是指总供给和总需求的平衡与协调。

111. A 【解析】通过调节货币的发行量来调节社会的供求关系是国家参与社会主义市场经济的一种重要手段,也是国家调节社会总需求和总供给平衡的关键。

112. B 【解析】党的十八届三中全会指出,经济体制改革是全面深化改革的重点,核心问题是处理好政府和市场的关系,使市场在资源配置中起决定性作用和更好发挥政府作用。

113. A 【解析】题中强调消费和生产的关系,生产决定消费。高铁开通之后,才有了出行和旅游消费的方便,所以是强调生产对于消费质量和方式的促进和提高。正确答案是A选项。B强调消费对生产的反作用,不选。C错误,生产对消费具有调节作用。D在题意中没有体现。

114. C 【解析】"三去一降一补"的政策是去产能、去库存、去杠杆、降成本、补短板五大任务。

二、多项选择题

1. BCD 【解析】本题考查企业。从企业发展的历史来看,具有代表性的企业制度有以下三种:业主制,合伙制,公司制。

2. AD 【解析】商品经济是以社会化大生产为基础、直接以交换为目的的经济形态,是商品生产和商品流通的统一。商品

经济产生的条件包括:(1)社会分工,这是生产力方面的条件;(2)生产资料和产品归不同的所有者所有(私有制),这是生产关系方面的条件。

3. AB 【解析】货币具有价值尺度、流通手段(购买手段)、贮藏手段、支付手段和世界货币五种职能,其中价值尺度和流通手段(购买手段)是货币的基本职能。故选AB。

4. ABCD 【解析】马克思认为虚拟资本具有两种形态,第一形态是以有价证券为代表的现实资本的"纸质副本",如股票和债券;第二形态是基于信用产生的,包括商业汇票、银行汇票和银行券等。故选ABCD。

5. ABC 【解析】本题考查资本周转。资本周转是指不断重复、周而复始的资本循环过程。资本必须在运动中才能实现其价值增殖,这种运动不能孤立地循环一次便停下来,而必须持续不断地周期性进行。资本周转速度是指资本在一定时期内的周转次数,影响它的因素有资本的周转时间、生产资本中固定资本和流动资本的比例及其周转速度。故答案选ABC。

6. CD 【解析】市场主体可以分为投资者、经营者、劳动者以及消费者、企业、受益者等。

7. ABCD 【解析】市场经济的基本特征有:资源配置市场化、企业行为主体化、企业产权商品化、市场体系完备化、交易过程规范化、市场管理法制化、宏观调控间接化。

8. ABCD 【解析】本题考查市场失灵。市场调节作用具有局限性,即存在市场失灵。市场失灵的表现有:(1)市场调节的自发性、滞后性、盲目性;(2)市场无法调节收入分配不公的现象;(3)市场无法限制垄断,存在不完全竞争市场,容易产生生产过剩;(4)不能提供公共物品,容易造成资源的浪费。

9. BCD 【解析】本题考查社会主义市场经济体制。经济公平包括收入公平、财产公平和消费公平。收入公平是以收入差距的大小来衡量和判别的,常用基尼系数或洛伦兹曲线来表示。财产公平是以居民之间拥有的财产多寡为衡量标准的。这与收入概念上的公平不同,它是以存量为基础的,而收入公平是以流量为基础的。消费公平是以居民之间的消费差距大小为衡量标准的。从时间维度来观察,收入公平有助于财产公平,而收入公平、财产公平有助于消费公平。动态地看,消费公平又反过来有助于收入公平、财产公平。故选BCD。

10. ABCD 【解析】本题考查收入分配。收入分配格局是指各分配主体在分配收入中所占的份额和由此形成的比例关系。影响收入分配格局变化的因素,有经济转型方面的因素,有经济发展方面的因素,有经济和社会政策方面的因素,也有人口和家庭结构变化方面的因素。

11. BC 【解析】A项中的"同步富裕"说法错误;D项中,"实行平均分配"是错误的,"消除差距"也是不可能的。

12. ACD 【解析】扩大高收入者比重,缩小中等收入者的比重,会加剧贫富分化,B错误。缩小收入差距的途径包括提高低收入者收入水平,缩小高收入者比重,扩大中等收入者的比重,坚决取缔非法收入,保障困难群众的基本生活等,ACD正确。

13. ACD 【解析】商品的销售价格是由生产商品的成本决定的,二维码技术的应用并不会降低商品的销售价格。

14. ABC 【解析】社会主义市场经济的基本特征主要表现在:(1)在所有制结构上,以公有制为主体,多种所有制经济共同发展,一切符合"三个有利于"的所有制形式都可以而且应该用来为社会主义服务。(2)在分配制度上,坚持以按劳分配为主体,多种分配方式并存。把按劳分配和按生产要素分配结合起来,坚持更加注重社会公平的原则。(3)在宏观调控上,因为以公有制为主体,国家对市场的调控具有较雄厚的物质基础,又有牢固的政治基础和广泛的群众基础,所以能够把人民的当前利益与长远利益、局部利益和集体利益结合起来,发挥计划与市场两个手段的长处,把市场调节和宏观调控结合起来。

15. ABD 【解析】市场经济是社会化的商品经济,市场经济可以合理而有效地配置资源,A项正确;市场经济具有平等性、竞争性、法制性、开放性等基本特征,而本题中的并购事件正是市场经济具有"竞争性"的体现,B项正确;题干中并未出现政府行为,C项不符合题意;市场经济具有客观地进行价值评估的功能,而且题目中也有所体现,D项正确。

三、判断题

1. √ 【解析】本题考查货币的本质。数字货币的本质仍是一般等价物,没有改变货币的本质。发行数字货币不仅可以降低货币发行的成本,也能降低商业银行对现金使用和管理等一系列的成本。

2. √ 【解析】本题考查商品价格的决定因素。市场上各种商品的价格不等,首先是因为它们所包含的价值量不同。带烘干功能的洗衣机往往要比普通洗衣机的售价高出许多,是因为带烘干功能的洗衣机价值量更大。

3. √ 【解析】本题考查经济制度。我国的基本分配制度是以按劳分配为主体,多种分配方式并存。这种分配制度的产生具有客观必然性:首先,这是与我国现阶段生产力发展水平相适应的;其次,这是由我国以公有制为主体、多种所有制经济共同发展的所有制形式决定的;最后,这是发展社会主义市场经济的客观要求,是经济制度的重要组成部分。

4. × 【解析】本题考查社会主义生产关系的实质。社会主义劳动是劳动者在生产资料公有制基础上,为增进个人利益和社会共同利益而进行的分工协作的劳动,是不再受剥削的劳动者的联合劳动。社会主义劳动是自觉的劳动,社会主义劳动具有直接社会劳动的性质,社会主义劳动仍然区分为必要劳动和剩余劳动。可见,企业之间"共享员工"并不能改变这一性质和特点。

5. √ 【解析】本题考查社会主义市场经济。我国是社会主义国家，国有经济掌握着国家经济命脉，在国民经济中起主导作用。发展、壮大国有经济既是一个经济问题，也是一个政治问题。

6. √ 【解析】本题考查社会主义市场经济。十八届三中全会通过的《中共中央关于全面深化改革若干重大问题的决定》指出：经济体制改革的核心问题是处理好政府和市场的关系，使市场在资源配置中起决定性作用和更好发挥政府作用。

7. × 【解析】本题考查社会主义市场经济。我国的公有制经济不仅包括国有经济和集体经济，还包括混合所有制经济中的国有成分和集体成分。

8. × 【解析】本题考查价值规律。价值规律是商品经济的基本经济规律，它的基本内容和要求是：商品的价值量由生产该商品的社会必要劳动时间所决定，商品交换以价值为基础实行等价交换。

9. √ 【解析】本题考查影响商品价值量的因素及影响结果。商品的价值量是凝结在商品中的社会必要劳动时间的数量。在单位时间生产的商品价值总量不变的前提下，单位商品的价值量同生产该商品的劳动生产率成反比，而与体现在商品中的社会必要劳动时间成正比。

10. × 【解析】商品的价值量由生产该商品的社会必要劳动时间决定。

11. √ 【解析】市场经济是指市场机制在资源配置中起基础作用的经济运行形式，在这种形式中，资源配置是由市场导向决定的。市场经济是商品经济充分发展的产物。

12. √ 【解析】党的十八届三中全会指出，发展社会主义市场经济，要使市场在资源配置中起决定性作用。

13. × 【解析】本题考查市场经济。市场经济是一种经济体系，在这种体系下，产品和服务的生产及销售完全由自由市场的自由价格机制所引导，而不是像计划经济一样由国家所引导。因而，市场经济是一种市场配置资源的竞争型经济形态。

14. √ 【解析】本题考查社会主义市场经济体制。社会主义市场经济是同社会主义基本社会制度结合在一起的市场经济，体现社会主义的根本性质，是使市场在社会主义国家宏观调控下对资源配置起决定性作用的经济体制。党的十八届三中全会通过的《中共中央关于全面深化改革若干重大问题的决定》明确指出："紧紧围绕使市场在资源配置中起决定性作用深化经济体制改革。"

15. × 【解析】我国社会主义市场经济与资本主义市场经济的根本区别在于社会基本经济制度不同。

16. × 【解析】本题考查市场经济的特征。在市场经济的特征中，开放是平等和竞争充分展开的前提，也是法制发挥作用的社会条件。

17. √ 【解析】本题考查社会主义市场经济。资源合理配置是社会再生产顺利进行的必要条件，也是提高宏观经济效益的辅助因素，这是市场经济在优化资源配置方面的作用。

18. √ 【解析】本题考查信息经济的概念。信息经济是随着经济信息化和信息经济化的发展提出并不断完善的一个新概念。信息经济是以现代信息技术等高科技为物质基础，信息产业起主导作用的，基于信息、知识、智力的一种新型经济。

19. × 【解析】本题考查收入分配。基尼系数越靠近1越不平等，越靠近0越平等。当基尼系数为0时，收入完全平等。

20. √ 【解析】本题考查收入分配。按劳分配是指在社会主义公有制范围内，按照劳动者提供的劳动的数量和质量进行分配，等量劳动领取等量报酬，多劳多得，少劳少得，不劳不得。按劳分配是社会主义的分配原则，它体现着个人消费品分配领域中社会主义性质的分配关系。

21. × 【解析】本题考查国民收入分配。财政通过国民收入的再次分配，加快推进基本公共服务均等化，缩小收入分配差距，促进社会公平并改善人民生活。

22. × 【解析】本题考查收入分配。按劳分配是指在社会主义公有制范围内，凡是有劳动能力的人都应尽自己的能力为社会劳动，社会以劳动作为分配的尺度，按照劳动者提供的劳动的数量和质量进行分配，等量劳动领取等量报酬，多劳多得，少劳少得，不劳不得。

23. √ 【解析】本题考查收入分配。国民收入的初次分配指国民收入在物质生产领域内部进行的分配。国民收入经过初次分配，分为两个组成部分：一部分是物质生产领域劳动者的个人收入，另一部分是生产单位和社会的纯收入。国民收入经过初次分配形成了国家、企业或集体、物质生产部门、劳动者的原始收入，国民收入的初次分配，直接关系到国家、生产单位和劳动者个人三方面的经济利益，并在很大程度上决定了积累基金和消费基金的比例。

24. √ 【解析】本题考查社会保障。社会保险作为现代社会保障体系的重要组成部分，采取保险的形式对个人收入进行调节，是一种特殊性质的个人消费品的再分配形式。

25. × 【解析】有价值的东西必然有使用价值，有使用价值的东西却不一定有价值。

26. × 【解析】财富只能在生产过程中增殖。

27. √ 【解析】习近平同志指出，市场决定资源配置是市场经济的一般规律。

28. × 【解析】社会主义经济制度与以往一切以私有制为基础的社会经济制度的根本区别在于，它要消灭剥削和消除两极分化,实现共同富裕。

29. × 【解析】在我国社会主义初级阶段,公有制经济包括国有经济、集体经济及混合所有制中的国有成分和集体成分。

30. √ 【解析】我国经济中的混合所有制是指不同所有制经济单位的资本联合或相互参股形成的经济形式,它是社会主义初级阶段基本经济制度的重要实现形式。

31. × 【解析】由于社会主义国民收入是由生产部门创造出来的,因此社会主义国民收入的初次分配是在与生产领域有直接联系的经济单位和社会成员中进行的。

32. × 【解析】社会保障水平不是越高越好,只有当社会保障水平与经济发展水平相适应时才能发挥其应有的作用。不然容易造成对经济的拖累,影响经济的发展。此外,如果社会保障水平过高,容易造成"懒人社会"的问题,不利于社会的健康发展。

33. √ 【解析】养老保险是指国家和社会通过相应的制度安排,为劳动者解除养老后顾之忧的一种社会保险。它的目的是增强劳动者抵御老年风险的能力,同时弥补家庭养老的不足。

34. × 【解析】货币是资本的最初表现形式。

35. × 【解析】供求规律是指在价值规律发挥作用的过程中,商品的市场供给同有支付能力的需求之间所具有的内在联系和趋于平衡的内在必然性。在市场经济中,供求规律不是某一发展阶段或某一领域的特有现象,它无所不在。但供求规律并不是孤立地发挥作用,而是与竞争规律、价值规律结合起来共同发挥作用。

36. × 【解析】超额利润是指其他条件保持社会平均水平而获得超过市场平均正常利润的那部分利润。机会成本是指为了得到某种东西而所要放弃另一些东西的最大价值。二者不属于同一范畴的概念。

37. √ 【解析】在社会化大生产条件下,资源配置有两种方式:计划方式和市场方式。

38. √ 【解析】国家保证各种所有制经济依法平等使用生产要素、公开公平公正参与市场竞争、同等受到法律保护,依法监管各种所有制经济。

39. × 【解析】经济增长方式一般是指通过生产要素变化包括数量增加、结构变化、质量改善等,实现经济增长的方法和模式。经济发展方式既包括经济增长方式的内容,还包括产业结构、收入分配、居民生活以及城乡结构、区域结构、资源利用、生态环境等方面的内容。因此经济增长方式不能等同于经济发展方式。

40. × 【解析】公司治理结构是指为实现资源配置的有效性,所有者(股东)对公司的经营管理和绩效进行监督、激励、控制和协调的一整套制度安排,它反映了决定公司发展方向和业绩的各参与方之间的关系。因此,公司治理结构的实质是解决所有权对经营权的制衡和配置问题。

41. × 【解析】按劳分配是指在生产资料社会主义公有制条件下,对社会总产品做了各项必要的社会扣除以后,按照个人提供给社会的劳动的数量和质量进行分配。

42. √ 【解析】社会保障是调节收入分配的重要工具。社会保障调节收入分配的功能体现在收入分配的多个层次中,包括初次分配、再分配,甚至三次分配。其中,社会保障在收入再分配方面的作用更加明显。

综合能力提升

一、单项选择题

1. A 【解析】本题考查商品的定义。商品是用来交换的劳动产品,劳动产品不一定是商品,但商品一定是劳动产品。A项属于劳动产品,但没有用于交换,不属于商品,当选。

2. C 【解析】本题考查商品的价值量与劳动生产率的关系。限定条件"劳动量不变"的意思是,生产出的商品价值总量不变。当劳动生产率提高,单位劳动时间内生产的商品数量增加。但生产的商品价值总量不变,这样,分摊到单位商品的劳动量减少,从而单位商品价值量必然减少。故选C。

3. B 【解析】本题考查生产配额。生产配额是指政府运用行政力量把供给数量限制在低于市场均衡水平的干预行为,这在一定程度上形成了不公平竞争。故选B。

4. B 【解析】本题考查社会主义市场经济。公有制经济是我国国民经济的主体,A项错误。公有资产在社会总资产中占优势,C项错误。非公有制经济是社会主义市场经济的重要组成部分,社会主义经济不等于社会主义市场经济,D项说法错误。非公有制经济是我国经济社会发展的重要基础,其中民营经济是推动经济社会发展的重要动力,是推进供给侧结构性改革、推动高质量发展、建设现代化经济体系的重要主体,也是党长期执政、团结带领全国人民实现"两个一百年"奋斗目标和中华民族伟大复兴中国梦的重要力量。因此,党中央出台政策组合拳,千方百计帮扶企业特别是民营企业渡过难关。

5. B 【解析】"质优价廉"和"优质优价"中,"质"体现的是使用价值,"价"体现的是价值,故选B。

6. A 【解析】马克思主义政治经济学认为,商品的使用价值是指能够满足人们某种需要的属性;商品的价值是指凝结在

商品中的无差别的人类劳动。使用价值反映人与自然的关系，是商品的自然属性；价值反映人与人之间的关系，是商品的社会属性。价值的存在要以使用价值的存在为前提，使用价值是价值的物质承担者。商品是使用价值和价值的对立统一体。本题为选非题，故选A。

7. A 【解析】本题考查商品的二因素。价值是指凝结在商品中无差别的人类劳动，是商品的社会属性；无差别的人类劳动则以社会必要劳动时间来衡量。使用价值指的是商品能够满足人们某种需要的属性，也就是物品的有用性，是商品的自然属性，D项说法错误。商品的使用价值与价值是统一的，价值的存在要以使用价值的存在为前提，使用价值是价值的物质承担者，A项说法正确，C项说法错误。有使用价值的物品不一定有价值，即物品不一定能成为商品，B项说法错误。故答案选A。

8. C 【解析】本题考查商品价值量的影响因素。单位商品的价值量与社会劳动生产率成反比，2018年劳动生产率提高25%，则其价值为10÷(1+25%)=8(元)。2018年菲律宾的通货膨胀率为24%，则2018年这款Real香蕉商品的价值为8×(1+24%)=9.92(元)，答案选C。

9. B 【解析】本题考查流通中所需要的货币量的计算。根据实际流通中所需要的货币量=待售商品价格总额/流通速度可知，去年的货币流通速度=20万亿÷4万亿=5次；今年所需要的货币量=30万亿÷5=6万亿元，故选项B正确。

10. A 【解析】比较优势原理可以表述为：在两国之间，劳动生产率的差距并非在任何产品上都是相等的。每个国家都应集中生产并出口具有比较优势的产品，进口具有比较劣势的产品，双方均可节省劳动力，获得专业化分工，提高劳动生产率。A国生产衣服和电子产品都有优势，但生产电子产品的优势更大；B国生产衣服和电子产品都有劣势，但生产衣服的劣势更小。根据比较优势原理，A国应该生产电子产品，B国应该生产衣服。因此，A国生产电子产品，B国生产衣服，则两国都能从贸易中获利。

11. D 【解析】①说法错误，社会主义市场经济以共同富裕为根本目标。作为一种资源配置手段，市场不能自发地通过利益引导促进共同富裕。②说法错误，生产资料公有制是我国社会主义经济制度的基础。故选D。

12. D 【解析】本题考查收入分配。劳动者报酬是指劳动者因从事生产和服务活动所获得的全部报酬，包括劳动者获得的各种形式的工资、奖金和津贴。劳动者报酬既包括货币形式，又包括实物形式，还包括劳动者所享受的公费医疗和医药卫生费、上下班交通补贴、单位支付的社会保险费、住房公积金等。

13. D 【解析】本题考查消费者剩余。消费者剩余是指消费者消费一定数量的某种商品愿意支付的最高价格与这些商品的实际市场价格之间的差额。生产成本下降则商品实际市场价格也随之下降，则消费者剩余将会上升。

14. A 【解析】本题考查消费。①符合题意，"最终消费支出对国内生产总值增长的贡献率为76.2%"说明消费成为拉动经济增长的首要因素。②符合题意，"基本必需品消费支出占比下降，通讯器材类和化妆品类的消费支出分别同比增长11.7%和13.5%"，这表明居民消费结构改善，恩格尔系数下降。故本题选A。

15. D 【解析】供给侧结构性改革强调从供给端入手采取措施促进生产。降低银行存款准备金率有利于增加市场上货币的流动性，刺激总需求，这是从需求端入手的措施，A不符合题意；改善消费预期显然是需求端的措施，B不符合题意；增发国债，有利于增加货币的流通量，刺激社会总需求，因此也是需求端的措施，C不符合题意；给中小高新技术企业实行税收优惠，有利于使这些企业减少成本，增加对科研的投入，提高生产的创新能力，因此是供给端的措施。故本题选D。

16. C 【解析】①与题意无关，题干强调的是供给侧，而非需求侧。④错误，发展实体经济应该优化升级传统产业，而非"限制"。②③符合题意，故选C。

17. A 【解析】供给侧结构性改革就是从提高供给质量出发，通过对供给结构的调整，扩大有效供给。大力实施"中国制造2025"，打造中国产品优质名片就是通过对供给结构的调整，引领生产发展，A项正确。BCD三项均为需求侧改革。

18. D 【解析】当新房供应量不断增加时，房价上涨的趋势会相对减缓。因此D项不能解释题干中的情况。

19. D 【解析】价值决定价格，电子商务模式使得流通环节减少，导致商品流通成本降低，从而使商品价格下降。价格变动影响需求，商品价格下降会促进居民消费。

20. D 【解析】价值尺度是指货币表现其他一切商品是否具有价值和衡量其价值量大小的职能，商品的标价16万元就是该汽车的价值量，因而属于价值尺度职能；流通手段是货币在商品流通中充当交换媒介借以实现商品价值的职能，小李在买车时交付的9万元就是在商品流通中充当了交换媒介；货币支付手段的职能是被用来清偿债务或支付赋税、租金、工资等，是随着赊账买卖的产生而出现的，购买的主要是服务，利息2万元体现了货币的支付手段职能。故选D。

21. D 【解析】社会主义市场经济体制的基本特征主要表现在以下几个方面：一是在所有制结构上，以公有制为主体、多种所有制经济共同发展，一切符合"三个有利于"标准的所有制形式都可以而且应该用来为社会主义服务；二是在分配制度上，以按劳分配为主体、多种分配形式并存；三是在宏观调控上，以实现最广大劳动人民利益为出发点和归宿。

22. D 【解析】"弹性生产线"是根据用户的不同需求生产出有差异性的产品的生产线，体现了需求对生产的调节作用。故选D。

23. B 【解析】纸币只能执行货币的流通手段和支付手段职能，部分国家的纸币还可以执行世界货币职能（如美元、欧元等），因此①和④说法均错误，故选B。

24. C 【解析】我国公有制和非公有制经济在市场中平等竞争，但二者的地位在所有制结构中不是平等的，公有制经济占主体地位，A错误。股份制改革并非所有企业做大、做强、做优的必经之路，B表述太过绝对，排除。我国改革靠国有企业和非国有经济"两条腿"走路，有利于充分发挥各种所有制经济的优势，保证其依法平等使用生产要素、公平参与市场竞争、同等受到法律保护，体现了我国坚持公有制为主体，多种所有制经济共同发展的基本经济制度，C正确。我国要毫不动摇地巩固和发展公有制经济，毫不动摇地鼓励、支持和引导非公有制经济的发展，D错误。

25. C 【解析】按劳分配是社会主义公有制的分配形式。因此在国有企业工作的小张的工资属于按劳分配收入。A、B、D都属于按劳动要素分配。

26. A 【解析】根据题意，可作如下推导：生产为消费创造动力，通过供给侧改革，增加有效供给，刺激消费者的购买欲望，刺激消费需求，消费对生产有反作用，从而拉动经济增长，A正确；"发挥供给单向拉动作用"说法错误，B错误；"实现同步富裕"说法错误，C错误；题目强调的是供给侧改革，从供给、生产端入手，通过增加有效供给，刺激消费者的购买欲望，从而促进经济发展，而不是讲消费对经济的拉动作用，D不符合题意。故本题答案选A。

27. B 【解析】供给侧有劳动力、土地、资本、创新四大要素。故B项说法错误。

二、多项选择题

1. ACD 【解析】"抱布贸丝"的意思是拿着布来换丝，属于物物交换。这里的布和丝具备了使用价值和价值的基本雏形，属于商品，在交换过程中更看重其使用价值，故在互换之时往往存在着价值不对等的现象。ACD三项说法正确。商品流通是以货币为媒介的连续不断的商品交换，在此处没有货币这种媒介，所以不属于商品流通，B项错误。故选ACD。

2. ABD 【解析】一般情况下，商品的需求量与价格成反比。商品价格升高，则该商品需求量降低；商品价格降低，则该商品需求量增加，A项正确。消费者收入水平是影响商品需求量的因素之一，正常商品的需求量与消费者收入水平呈正比，即收入越高，需求量越大；收入降低，则需求量减少，B项正确。互为替代品的两个商品需求量呈反向变动，一个商品价格提高，则该商品的需求量减少，但它的替代品需求量就会增加，C项错误。互补的两个商品的需求量则呈同向变动，一个商品价格提高，则该商品的需求量减少，而它的互补品需求量也会随之减少，D项正确。

3. ACD 【解析】利润率是剩余价值与预付总资本的比率，它是剩余价值率的转化形式，表示资本增殖及资本家盈利的程度。反映资本家对工人的剥削程度的因素是剩余价值率，B错误。故本题选ACD。

4. AC 【解析】A项正确，完善促进消费的体制机制，有利于创设良好的消费环境，促进消费，培育新增长点。B项错误，生产决定消费，生产是消费的基础。应增强消费对经济发展的基础性作用。C项正确，建立绿色生产和消费的法律制度和政策导向有利于在绿色低碳方面形成新动能。D项错误，"奢侈消费""超前消费"违背勤俭节约、适度消费的要求。故本题选AC。

5. AD 【解析】B项表述错误，应该是：实行以增加知识价值为导向的分配政策；C项依法保障高校毕业生优先就业的说法错误。

6. ABC 【解析】不变资本是以生产资料形式存在，在生产过程中被消耗，生产出新产品，价值转移到新产品中去，不会发生量的变化（即它转移的价值不会大于它原有的量）的这部分资本。由此可知，不变资本的价值在生产过程中不会发生增殖。D项说法错误，本题选ABC。

第二章　西方经济学

基础知识达标

一、单项选择题

1. B 【解析】在这个智能手机不断发展的时代，随着大屏手机的不断推出，平板电脑的用途就显得过于单一，其娱乐功能已是大屏手机的基本功能。因此，平板电脑的销量持续下跌，逐渐被大屏手机所替代，这是因为商品的功用会影响消费者选购，消费者一般更倾向于选购功用更丰富的商品，B项正确。A项说法过于绝对。如果两种商品的功用相同或相近，可以满足消费者的同一需要，那么这两种商品互为替代品，C项说法错误。D项不是题干现象的原因。故选B。

2. C 【解析】宏观调控不包括市场手段，A项错误。宏观调控的经济手段，就是通过经济利益的调整来影响和调节经济活动。对居民用户实行垃圾计量收费和差别化收费，发挥了经济利益对人们行为的引导作用，属于宏观调控的经济手段，C项正确。行政手段是依靠行政机构，采取强制性的命令、指示、规定等行政方式来调节经济活动，以达到宏观调控目标的一种手段。法律手段是指依靠法制力量，通过经济立法和司法，运用经济法规来调节经济关系和经济活动，以达到宏观调控目标的一种手段。BD项均不符合题意。故选C。

3. B 【解析】货币政策是指国家通过金融系统调节货币的供应量，实现宏观经济目标的一种经济政策，包括法定存款准备金率、再贴现率、银行贷款利率等。财政政策是指国家通过财政收入和财政支出调节社会总需求和总供给，以实现社会经济目标的具体措施，包括税收、国债、财政投资、财政补贴等。AC两项属于财政政策，排除。提高银行的房贷利率属于货币政策，B项正确。限制商品房购买套数是政府运用行政手段进行宏观调控的表现，D项错误，排除。故选B。

4. A 【解析】完全竞争市场最典型的特点是市场上具有众多的生产者和消费者，企业生产的产品是同质的，进出行业很容易。根据这个特点，农产品的市场比较接近完全竞争市场。不完全竞争市场包括以下三类：(1)完全垄断市场。这种市场类型常常存在于公用事业部门。(2)寡头垄断市场。这种市场类型多存在于汽车、钢铁、石油和有色金属等行业。(3)垄断竞争市场。一般的日用工业品市场和副食品市场属于这种类型。故选A。

5. D 【解析】本题考查通货膨胀。(1)在债务人与债权人之间，通货膨胀将有利于债务人而不利于债权人。在通常情况下，借贷的债务契约都是根据签约时的通货膨胀率来确定名义利息率的，所以当发生了未预期的通货膨胀之后，债务契约无法更改，从而就使实际利息率下降，债务人受益，而债权人受损。其结果是对贷款，特别是长期贷款带来不利的影响，使债权人不愿意发放贷款。A项说法正确。(2)在雇主与工人之间，通货膨胀将有利于雇主而不利于工人。这是因为，在不可预期的通货膨胀之下，工资增长率不能迅速地根据通货膨胀率来调整，从而即使在名义工资不变或略有增长的情况下，实际工资下降。实际工资下降会使利润增加。利润的增加有利于刺激投资。B、C项说法正确。(3)在政府与公众之间，通货膨胀将有利于政府而不利于公众。由于在不可预期的通货膨胀之下，名义工资总会有所增加(尽管并不一定能保持原有的实际工资水平)，因此，随着名义工资的提高，达到纳税起征点的人增加了，有许多人进入了更高的纳税等级，这样就使得政府的税收增加。D项说法错误。故选D。

6. C 【解析】本题考查经济学词汇。沉没成本是指由于过去的决策已经发生了的，不能通过其他方式弥补收回的成本。打翻的牛奶属于一种沉没成本，故选C。边际成本指的是每一单位新增生产的产品(或者购买的产品)带来的总成本的增量。要素的边际收益与产品的边际收益是两个不同的概念，要素的边际收益表示增加一单位要素所增加的收益，而产品的边际收益是增加一单位产品所增加的收益。规模经济指在技术水平不变的情况下，当两种生产要素按同样的比例增加，即生产规模扩大时，所引起的产量或报酬的变化。

7. D 【解析】本题考查影响消费的因素。有机蔬菜较高的价格让很多普通消费者望而却步，说明收入是消费的基础和前提，D项正确。价值决定价格，B项错误。AC项材料未体现。故选D。

8. A 【解析】本题考查恩格尔系数。恩格尔系数是食品支出总额占个人消费支出总额的比重。它是国际上通用的衡量居民生活水平高低的一项重要指标，一般随居民家庭收入和生活水平的提高而下降。一个家庭或国家的恩格尔系数越小，就说明这个家庭或国家经济越富裕，生活水平越高。反之，如果这个家庭或国家的恩格尔系数越大，就说明这个家庭或国家的经济越困难，生活水平越低。甲地居民的恩格尔系数略小于乙地，说明甲地居民的总体生活水平略高于乙地，故选A。

9. A 【解析】本题考查基尼系数。基尼系数是国际上通用的、用以衡量一个国家或地区居民收入差距的常用指标。基尼系数最大为“1”，最小等于“0”。基尼系数越接近0表明收入分配越是趋向平等，A项符合题意。恩格尔系数是衡量生活水平高低的指标。幸福指数是衡量人们对自身生存和发展状况的感受和体验，即人们的幸福感的一种指数。居民消费指数是一个反映居民家庭一般所购买的消费品和服务项目价格水平变动情况的宏观经济指标。

10. C 【解析】本题考查宏观调控的目标。充分就业是宏观经济政策的首要目标。

11. B 【解析】本题考查宏观调控。囤积防护用品和哄抬物价的行为体现了市场调节的自发性，A项错误。市场监管局对该公司进行了行政处罚，体现了政府运用行政手段进行宏观调控，B项正确。形成以道德为支撑、法律为保障的社会信用制度，是规范市场秩序的治本之策，C项错误。题目中没有涉及市场准入规则，D项错误。故选B。

12. C 【解析】本题考查货币政策。连续降低利率、降低存款准备金率会增加银行可贷资金，使货币供应量增加，是一种扩张性的货币政策。故选C。

13. A 【解析】本题考查货币政策工具。再贴现率是指金融机构向该国央行作短期融资时，该国央行向金融机构收取的利率。美国联邦储备系统负责履行美国的中央银行的职责，这个系统主要由联邦储备委员会、联邦储备银行及联邦公开市场委员会等组成。故选A。

14. A 【解析】在《国富论》中，亚当·斯密在说明为什么对进口或对使用自己的资本进行限制为不必要时，使用了“看不见的手”一词。

15. B 【解析】经济学家认为人们的思想五花八门，行为却出奇一致，而这一行为就源自激励。

16. D 【解析】本题考查供求理论。供求影响价格，同种商品，供不应求时，买方竞争，推动价格上涨；供过于求时，卖方竞争，促使价格下降。“物以稀为贵”是供不应求时，买方竞争，推动价格上涨的情况，体现了供求关系影响商品价格。

17. A 【解析】本题考查效用理论。总效用是指消费者从消费一定量的商品或劳务中所得到的总的满足程度。一般而言,总效用取决于消费水平的大小,消费上升,总效用会增加。边际效用是指消费者每增加消费一个单位的某物品所增加的满足程度。一般而言,边际效用的大小随着消费商品数量的增加而减少。题干中的“多多益善”指的是总效用会随着消费上升而增加的现象。

18. D 【解析】本题考查生产者行为理论。成本最小化,并不能完全保证企业获得最大利润,还需同时满足收益最大化的条件。

19. A 【解析】本题考查影响需求的因素。需求是指消费者在某一特定时期内,在一既定的价格水平下愿意而且能够购买的商品和劳务量。对消费者需求量影响最大的是价格。

20. C 【解析】本题考查边际成本和边际收益。边际成本指追加生产一单位产品导致的成本增加额。边际收益指增加出售一单位产品导致的总收益增加量。如果边际收益大于边际成本,就意味着增加产量可以增加总利润,于是厂商会继续增加产量,以实现最大利润目标。如果边际收益小于边际成本,那就意味着增加产量不仅不能增加利润,反而会发生亏损,这时厂商为了实现最大利润目标,就不会增加产量而会减少产量。只有在边际收益等于边际成本时,厂商的总利润才能达到极大值。而且,这一利润极大化条件适用于所有类型的市场结构。故选C。

21. C 【解析】需求弹性是指在一定时期内商品需求量的相对变动对于该商品价格的相对变动的反应程度。需求量对价格变化不敏感,说明随着价格的变化,需求量变化不大,这种情况属于缺乏弹性。

22. D 【解析】食盐属于价格较低的生活必需品,其需求价格弹性最小。

23. B 【解析】S牌滤水器的消费与其滤芯的消费相配套,属于互补品。

24. B 【解析】供给和需求是使市场经济运行的力量,它们决定了每种商品的产量和销售价格。在市场经济理论中,需求决定供给。

25. C 【解析】边际分析是指通过对增量变化的分析,来确定生产要素配置的合理边界或当事人行为的合理边界,确定实现均衡所要求的数量标准或几何条件。

26. D 【解析】恩格尔系数是食品支出总额占个人消费支出总额的比重。一般认为,恩格尔系数达59%以上为贫困,50~59%为温饱,40~50%为小康,30~40%为富裕,低于30%为最富裕。

27. D 【解析】第二次世界大战后,新发展起来的国际垄断组织的形式是跨国公司。

28. B 【解析】市场体系的建立是市场经济体制运行和发挥作用的基本前提,市场经济的基础就是市场,而完备、统一的市场体系则是市场机制作用的前提条件。B正确。

29. B 【解析】帕累托最优是评价资源配置效率、或者说确定资源配置最优状态的一种经济学标准。在不减少其他任何人效用或福利的情况下,如果任何生产与分配的重新安排都不能增加另外一些人的效用或福利,这时的资源配置状态就属于最优化状态,即帕累托最优状态。

30. B 【解析】居民消费价格指数(CPI)是一个反映居民家庭一般所购买的消费品和服务项目价格水平变动情况的宏观经济指标,其变动率在一定程度上反映了通货膨胀或紧缩的程度。

31. D 【解析】绿色GDP在21世纪初引入我国并被引进科学发展观,它最大的目标是实现经济、社会、环境的可持续发展。

32. A 【解析】在社会主义市场经济体制下,国家的宏观调控主要采取以间接调控为主的方式。

33. C 【解析】我国宏观调控的手段有经济手段、法律手段和必要的行政手段,其中最主要的手段是经济手段,经济手段又分为财政政策和货币政策。

34. A 【解析】调节利率和存款准备金率均属于货币政策工具。经济萧条时,一般采取扩张性的货币政策,如降低利率、降低法定存款准备金率、降低再贴现率等。故选A。

35. C 【解析】根据《中华人民共和国中国人民银行法》第三条规定,货币政策目标是保持货币币值的稳定,并以此促进经济增长。

36. B 【解析】本题考查市场结构类型。垄断竞争市场里,众多厂商生产有差别的同种商品,而广告的特点就是能够突出产品的不同点,影响消费者的选择。因此,在垄断竞争市场里,可以通过广告来扩大销售量。可见,垄断竞争市场是广告作用最大的市场结构。

37. C 【解析】本题考查市场结构类型。寡头垄断市场的主要特征包括:在一个行业中,只有很少几个企业进行生产;它们所生产的产品有一定的差别或者完全无差别;它们对价格有较大程度的控制;进入这一行业比较困难;寡头垄断市场的明显特征是几家寡头厂商之间具有相互依存性。故本题选C。

38. A 【解析】本题考查宏观调控的基本目标。宏观调控的主要目标是促进经济增长、增加就业、稳定物价、保持国际收支平衡。其中,保持社会总供给和社会总需求的平衡是宏观调控的基本目标。

39. A 【解析】本题考查财政政策的影响。扩张性财政政策指的是政府通过发行国债、增加财政支出和减少税收等措施，刺激经济需求从而缓和经济萧条的状况。但由于支出增多，税收减少，会造成政府的财政赤字，增加债务。

40. C 【解析】本题考查货币政策的影响。紧缩性货币政策就是通过减少货币供应量达到紧缩经济的作用。当货币供应量小于流通中对货币的客观需求量，有利于抑制社会总需求。

41. D 【解析】本题考查一般性货币政策工具。货币政策工具是指通过货币供给量和信贷规模，对整个经济运行施加普遍影响的工具。货币政策的一般性政策工具也就是传统的货币政策工具，包括存款准备金、再贴现、公开市场业务。外汇平准基金属于间接汇率管制的一种方式。本题为选非题，故选D。

42. C 【解析】本题考查信用方式。直接信用是指没有中间人参与的借贷双方直接进行借贷的一种信用活动。直接信用主要有证券信用、民间借贷、商业信用等。题干中，甲公司与乙公司的相互借贷行为属于直接信用。

43. C 【解析】"严控""强化"体现了国家进行科学的宏观调控，C选项符合题意；市场经济在资源配置中起决定作用，B项错误；A材料没有体现，排除；D选项中国主导世界市场的发展的说法错误。

44. B 【解析】政府部门的检查是行政手段，而非经济手段，A项错误；市场固有的缺陷可以通过国家的宏观调控进行调节，C项错误；题干反映的是国家宏观调控，而非市场的作用，排除D项。故选B。

45. A 【解析】减税降费是一系列的经济政策，因而属于宏观调控的经济手段。

46. A 【解析】中国人民银行是中华人民共和国的中央银行，是中华人民共和国国务院的组成部门。中国人民银行是我国金融机构体系的核心，在国务院领导下，制定和执行货币政策，防范和化解金融风险，维护金融稳定。

47. C 【解析】向企业提供贷款是商业银行的业务，不是中央银行的职能。

48. C 【解析】国债是中央政府为筹集财政资金而发行的一种政府债券，因而债务人为政府。

49. A 【解析】A项正确，小微企业、农民、城镇低收入人群等弱势群体是普惠金融的重点服务对象，普惠金融有利于消除贫困、实现社会公平。B项错误，夸大了普惠金融的作用。C项错误，执政为民的主体是中国共产党，不是政府。D项错误，说法过于绝对。

50. B 【解析】行政手段是国家凭借行政权力，通过颁布行政命令，制定政策、措施等形式，对商业经济活动进行宏观调控或干预的方式或方法。有关部门建立健全的国家标准属于行政手段，B项正确，C项错误。规范市场秩序、促进公平竞争的治本之策是建立社会信用制度，A项错误；市场在资源配置中发挥决定性作用，D项错误。

51. C 【解析】通货膨胀是指在货币流通条件下，因货币供给大于货币实际需求，也即现实购买力大于产出供给，导致货币贬值，而引起的一段时间内物价持续而普遍地上涨的现象。经济增长、货币政策、供给冲击并不会造成整体的价格上涨，故选C。

52. A 【解析】通货膨胀是指经济运行中出现的物价总水平持续上涨的现象，其实质是社会总需求大于社会总供给。

53. A 【解析】本题考查通货膨胀的成因。通货膨胀深层原因有四种可能：需求拉动、成本推动、结构失调和预期因素。流通中的货币供应量过多是表面原因。本题为选非题，故选A。

54. A 【解析】③错误，通过发展经济来扩大就业是有效解决我国就业问题的根本途径；④错误，党和国家的这一重要安排有利于促进劳动者实现就业，但不是劳动者实现就业的内在要求和前提。①②符合题意，本题选A。

55. A 【解析】充分就业是经济学中的一个假设，指的是除了正常的暂时不就业(比如工作转换等)，所有的人都找到合适的职务，没有浪费的现象。在充分就业情况下，仍然会存在摩擦性失业和自愿失业，B项错误；经济萧条时期因总需求不足会造成周期性失业，而不是供给不足，C项错误；宏观调控可以减少季节性失业，但不可完全避免，D项错误；结构性失业，主要是由于经济结构(包括产业结构、产品结构、地区结构等)发生了变化，现有劳动力的知识、技能、观念、区域分布等不适应这种变化，与市场需求不匹配而引发的失业，A项正确。故正确答案为A。

56. A 【解析】《国富论》是英国古典经济学家亚当·斯密的经济学著作，它的出版标志着古典政治经济学理论体系的建立。

57. A 【解析】大卫·李嘉图在其代表作《政治经济学及赋税原理》中提出了著名的比较利益学说，对绝对利益学说进行了修正。

58. B 【解析】卖方市场是卖方在交易中处于有利地位的市场。在卖方市场上，商品供不应求，购买者争相购买，销售者趁机提价，买方不得不接受较高的价格以满足自己的需要，卖方在交易中处于主动地位，于是出现"物以稀为贵"的现象，商品价格呈上涨趋势。天降大雨，小贩趁机提价，雨伞却卖得很不错，说明此时处于卖方市场。

59. B 【解析】"物以稀为贵"说明市场上的商品处于供小于求的情况，商品价格有上涨趋势，卖方在交易上处于有利地位的市场。

60. A 【解析】汽油与汽车为互补品，当汽油价格急剧上涨时，人们对汽油的需求就会减少，同时也会减少对汽车的需求。

61. C 【解析】恩格尔系数是食品支出总额占个人消费支出总额的比重。当人们收入提高时，可支配的个人消费支出总额增加。若假定其他量为常数，则食品支出总额占个人消费支出总额的比重下降，从而使恩格尔系数下降。

62. B 【解析】人们休闲方式不断"升级"的根本原因是社会经济不断发展，进而居民收入不断提高。故答案选B。

63. A 【解析】题目中的做法有助于信息沟通，资源共享，促进农业生产资料优化配置，A项符合题意。

64. D 【解析】循环经济以减量化、再利用和资源化为原则，以提高资源利用效率为核心，以资源节约、资源综合利用、清洁生产为重点。

65. A 【解析】需求的构成要素有两个：一是有购买的欲望；二是有支付能力。

66. C 【解析】市场交易规则是指各市场主体在市场上进行交易活动所必须遵守的行为准则与规范。

67. B 【解析】本题考查按生产要素分配。在市场经济条件下，按生产要素分配就是按照生产要素的市场价格来分配，因此，生产要素贡献的大小是由市场价格决定的。答案选B。

68. C 【解析】按市场客体的性质，社会主义市场体系主要包括产品市场和要素市场。产品市场是指可供人们消费的最终产品和服务的交换场所及其交换关系的总和；要素市场包括金融市场(资金市场)、劳动力市场、房地产市场、技术市场、信息市场、产权市场等。

69. C 【解析】在市场经济条件下，市场在资源配置中起决定性作用。而实现资源的优化配置，主要是通过价格、供求、竞争机制来实现的。

70. A 【解析】企业是以营利为目的而从事生产经营活动的，向社会提供商品和服务的经济组织。企业经营的直接目的是获取利润，在此基础上企业还要承担相应的社会责任，注重社会效益。

71. C 【解析】依法严惩危害食品安全犯罪活动，这告诫经营者要坚持诚信经营，严格遵守法律法规，C符合题意；企业以营利为目的，A说法错误；BD观点正确但不符合题意，排除。故本题答案选C。

72. A 【解析】价格机制是市场机制中最敏感、最有效的调节机制，是市场机制中的核心机制，价格的变动对整个社会经济活动有十分重要的影响。

73. A 【解析】加快建设全国统一市场，在更大程度上发挥市场配置资源的决定性作用，是完善社会主义市场经济体制的客观要求。故答案选A。

74. C 【解析】我国经济已经从计划经济向市场经济转变，因此政府的宏观调控模式必然要考虑到尊重市场规律，不能再用以前计划经济时代的直接行政性的宏观调控，而要转变为以经济的、法律的手段为主，行政手段为辅的以间接调控为主的调控模式。

75. C 【解析】在当今中国，维护和实现社会公平的根本途径，仍然是努力发展社会经济，为实现更高水准的社会公平奠定必要的物质基础。

76. B 【解析】完善的社会保障制度是社会主义市场经济体制的重要支柱，关系到改革、发展、稳定的全局，不仅为社会成员提供可靠的"安全网"，而且是经济、政治和文化这一高速运行列车的"减震器"。

77. C 【解析】使收入分配朝着"橄榄型"方向发展，是为了扩大中等收入的人群，使中等收入占大多数，促进社会的公平。

78. B 【解析】基尼系数是国际上用来综合考察居民内部收入分配差异状况的一个重要分析指标。经济学家们通常用基尼系数来表现一个国家或地区的财富分配状况。恩格尔系数是食品支出总额占个人消费支出总额的比重。道·琼斯指数是世界上最有影响力、使用最广的股价指数。纳斯达克指数是反映纳斯达克证券市场行情变化的股票价格平均指数。

79. C 【解析】洛伦兹曲线的弯曲程度反映了收入分配的不平等程度。弯曲程度越大，收入分配越不平等。

80. C 【解析】CPI指消费者物价指数，是反映与居民生活有关的商品及劳务价格统计出来的物价变动指标，通常作为观察通货膨胀水平的重要指标，是市场经济活动与政府货币政策的重要参考指标。CPI可以反映通货紧缩的程度，故C项表述错误。

81. C 【解析】我国宏观调控的经济手段主要包括财政政策和货币政策，故选C。

82. A 【解析】在经济衰退时期，通过降低税率、增加公共投资、完善社会保障等方法能够有效刺激消费、扩大内需，A项正确。BCD三项的措施会抑制消费，往往在经济过热或出现通货膨胀的情况下使用。故本题选A。

83. C 【解析】一般扩张性货币政策控制工具包括：降低法定存款准备金率；降低央行再贴现利率；降低利率；购进政府债券等。卖出政府债券会减少市场上货币供应量，以抑制总需求的过度膨胀，属于紧缩性货币政策。C项符合题意。

84. B 【解析】根据《中华人民共和国中国人民银行法》第二条规定，中国人民银行在国务院领导下，制定和执行货币政策，防范和化解金融风险，维护金融稳定。

85. B 【解析】在国债、股份有限公司股票、银行储蓄、国企债券四种理财产品中，公司股票的风险最大，因此从安全性的角度考虑，沈爷爷最不应该选择投资股票。

86. A　【解析】通货膨胀，是指在货币流通条件下，因货币供给大于货币实际需求，也即现实购买力大于产出供给，导致货币贬值而引起的一段时间内物价持续而普遍上涨的现象。其实质是社会总需求大于社会总供给。

87. C　【解析】农民种粮的利润受到粮食供求关系的影响，而粮食需求缺乏弹性，当粮食获得丰收的时候，其供求关系发生较大变化，供给量的增幅大于需求量的增幅、粮食出售价格的降幅大于需求量增加的幅度，因而种粮农民的利润下降。

88. C　【解析】恩格尔系数是国际通行的衡量人民生活水平的一个重要标志，它是食物支出与总消费支出之比。城市居民的恩格尔系数较低，说明城市居民食物支出占总消费支出的比例较小，其收入和消费水平较乡村居民高。

89. A　【解析】作为消费者，家庭是人类社会生活的原动力。经济活动从家庭需要出发，以需要满足为归宿，消费是一切经济活动的起点和终点。扩大内需，加快发展，最主要的就是增加家庭消费。故本题选A。

90. C　【解析】边际成本指的是每一单位新增生产的产品（或者购买的产品）带来的总成本的增量。这个概念表明每一单位的产品的成本与总产品量有关。

91. A　【解析】供求关系影响商品价格。大蒜减产，导致市场上大蒜供不应求，大蒜价格随之上升。

92. D　【解析】对于生产同种商品的厂家来说，价格是最有利的竞争工具。只有生产出物美价廉的商品，厂家才能在竞争中取得优势。

93. D　【解析】建设统一开放、竞争有序的市场体系，是使市场在资源配置中起决定性作用的基础。

94. A　【解析】在市场竞争中，必然会出现优胜劣汰，市场经济通过供求、竞争和价格机制的交互作用，影响企业的经营管理，A正确；B、D是市场经济影响的结果而非途径，不合题意；优胜劣汰是市场发挥决定性作用的结果，C不合题意。

95. A　【解析】财政政策和货币政策是国家在宏观调控中最常用的经济手段。

96. B　【解析】财政政策是指根据稳定经济的需要，通过财政支出与税收政策来调节总需求。货币政策通过中央银行调节货币供应量，影响利息率及经济中的信贷供应程度来间接影响总需求。故选B项。

97. A　【解析】主要的货币市场工具由短期国债、大额可转让存单、商业票据、银行承兑汇票、回购协议和其他货币市场工具构成。而信用工具按信用形式划分，可分为商业信用工具，如各种商业票据等；银行信用工具，如银行券和银行票据等；国家信用工具，如国库券等各种政府债券；证券投资信用工具，如债券、股票等。故本题选A。

98. C　【解析】药品断供的主要原因是销量少且原料成本高，通过研发并不能解决原料成本问题，A错误。国家宏观调控要以经济、法律手段为主，以行政手段为辅。将用行政手段直接规定药价作为主要措施，是违背市场经济规律的，B错误。增加财政补贴对企业进行支持，可以降低企业的资金压力，从而带动企业生产，C正确。解决廉价抗癌救命药"因销量少且原料成本过高而全国断供"问题，离不开国家的宏观调控，D错误。

99. A　【解析】社会主义市场经济是同社会主义基本制度结合在一起的。社会主义市场经济既具有市场经济的共性，又具有自己鲜明的特征；既可以发挥市场经济的长处，又可以发挥社会主义制度的优越性。社会主义市场经济能够发挥国家集中人力、物力、财力办大事的优势，使国家对经济的宏观调控做得更好、更有成效。故本题选择A项。

100. D　【解析】社会主义市场经济的正常发展，既需要充分发挥市场调节的作用，又需要加强国家的宏观调控。在资源配置中，要发挥市场在资源配置中的决定性作用。

101. D　【解析】在社会主义市场经济中，市场在资源配置中起决定性作用。但市场机制本身存在局限性，不可能单独调节经济运行的全过程，因而需要国家的宏观调控或计划指导。政府要从微观管理转为宏观管理。

102. B　【解析】诚信只是企业经营成功的因素之一，A、C错误；"黑名单"制度和联合惩戒措施的实施使失信企业名誉扫地，经营受阻，说明良好的信誉与形象关系到企业经营的成败；D不符合题意。

103. C　【解析】网络公司不能完善法律，A错误；网络公司无权明确网民的责任，B错误；"防范假冒伪劣"说明网络公司要诚信经营，"不能成为谣言扩散器"说明网络公司需要加强自律，明确责任，C正确；材料中的行为与是否完善技术没有直接关系，D不符合题意。

104. C　【解析】单个企业只能提高其个别劳动生产率，而不是社会劳动生产率，A错误；材料与网络助推企业发展无关，B不合题意；"工匠对自己的产品精雕细琢、精益求精"，启示企业经营者要提高劳动者素质，确保提升产品和服务质量，C符合题意；材料与企业的品牌形象、知名度无关，D不符合题意。

105. A　【解析】外部性又称为溢出效应、外部影响或外差效应，指一个人或一群人的行动和决策使另一个人或一群人受损或受益的情况。故本题选A。

106. C　【解析】失业率是指失业人口占总劳动人口的比率。

107. D　【解析】"微创业"因为成本低、门槛低、可批量、见效快，成为受到青年欢迎的一种新的就业模式。可见微创业提供的就业模式更加注重实际，D项说法正确。

108. A　【解析】通过就业带动脱贫，是因为就业是民生之本，可使劳动者获得生活来源，A正确；B不是材料现象的原因；

C、D表述错误。

109. D 【解析】大学生的职业选择要坚持国家利益和个人特长相结合。月嫂市场火爆,学护理专业的小张选择月嫂工作,运用所学知识最后取得成功,表明了应根据个人特长与社会需要灵活就业,D正确。

二、多项选择题

1. BC 【解析】题干体现了国家通过科学的宏观调控弥补市场调节缺陷,严格规范市场秩序,营造公平竞争的市场环境,其目的是确保民生得到有效保障和改善,BC项正确。"消除市场调节的弱点和缺陷"说法太过绝对,D项错误。题干强调国家规范市场秩序,A项与题意无关。故选BC。

2. BD 【解析】我国《国民经济行业分类》(GB/T 4754—2017)将产业划分为:第一产业,指农、林、牧、渔业(不含农、林、牧、渔服务业)。第二产业,指采矿业(不含开采辅助活动),制造业(不含金属制品、机械和设备修理业),电力、热力、燃气及水生产和供应业,建筑业。第三产业指除第一产业、第二产业以外的其他行业。因此,种植业和畜牧业都是第一产业,金融业和服务业是第三产业,答案选BD。

3. ABCD 【解析】广义上的市场规则可以分为市场进出规则、市场竞争规则、市场交易规则和市场仲裁规则等四个方面:(1)市场进出规则,是市场主体(即商品)进入或退出市场的行为准则与法律规范。从具体内容上可以区分为市场进入规则和市场退出规则两个方面。(2)市场竞争规则,是国家为维护市场各主体之间平等交换、公平竞争,根据市场经济的内在规定和要求,依法确立的市场竞争行为准则与规范。(3)市场交易规则,是各市场主体在市场上进行交易活动所必须遵守的行为准则与规范。(4)市场仲裁规则,是指仲裁机构在对市场主体之间的经济纠纷进行仲裁时必须遵守的行为准则和规范。

4. ABCD 【解析】严格控制某些行业工资过快增长,严格限制非正常收入,加强税收调节,建立和健全社会保障体系等都是收入分配制度改革与政策调整的有效措施。

5. ABCD 【解析】GDP是按市场价格计算的一个国家(或地区)所有常住单位在一定时期内生产活动的最终成果。GDP包含的项目有:①消费;②投资;③政府购买;④净出口。

6. BC 【解析】国内生产总值是用最终产品和服务来计量的,即最终产品和服务在该时期的最终出售价值。新汽车和新机器都是最终产品,应计入GDP。

7. ABCD 【解析】宏观调控的法律手段是指依靠经济立法和经济司法来监督管理经济的手段,具有权威性和强制性。《反垄断法》《反不正当竞争法》《价格法》等市场经济相关法律法规为市场制定了竞争法则,也有利于保护价值规律和供求规律不受抑制或破坏。

8. BCD 【解析】税率属于财政政策,A项错误,排除。

9. ABC 【解析】货币基数的大小与法定准备金率、现金存款比率和超额准备金率有关。

10. ABC 【解析】调整税率是政府运用的财政政策工具,故排除D项。

11. BCD 【解析】货币紧缩政策会使货币供应量减少,从而导致物价水平下降,A项说法错误。BCD表述正确。

12. BCD 【解析】政府着力减税降费,更承诺确保所有行业税负只减不增,企业负担轻了,创新发展后劲更足;着力缓解企业融资难、融资贵问题,精准有效支持实体经济,让企业有钱生产、有钱创新;深化"放管服"改革,着力优化营商环境,让企业集中精力抓生产、搞创新;厚植"双创"土壤,营造良好科研生态,让人人皆可创新,创新惠及人人。

13. AC 【解析】积极的财政政策是指政府财政支出大于财政收入的一种财政政策,其目的在于刺激需求的增加,具有反经济衰退的功能。主要工具是:减税、加大财政投资和补贴。故本题选AC。BD属于货币政策。

14. AD 【解析】利息率也叫利率,它是一定时期内利息额同本金的比率。利息率的高低取决于两个因素:平均利润率的高低;资本市场上的供求关系即借贷资本的供求状况。

15. ABCD 【解析】生产要素市场包括金融市场(资金市场)、劳动力市场、土地市场、技术市场、信息市场、产权市场等。

16. CD 【解析】供给侧有劳动力、土地、资本、创新等要素。

17. AC 【解析】材料说明了供给和需求是相互依赖、相互贯通的,AC正确。

18. AD 【解析】价格调节着市场供求关系,而市场供求关系反作用于价格,成为支配或影响市场价格形成与运动的基本因素。具体表现为需求大于供给时,价格就趋于上升;需求小于供给时,价格就趋于下降。

19. ABD 【解析】市场决定资源配置的优势在于:作为市场经济基本规律的价值规律,具有通过市场交换形成分工和协作的社会生产机制,通过市场竞争形成激励先进、鞭策落后的优胜劣汰机制,通过市场价格形成自动调节生产(供给)和需求的机制,从而可以引导资源配置符合价值规律,以最小投入(费用)取得最大产出(效益)。C项说法错误,市场调节的盲目性就是由于人们不可能完全掌握市场各方面的信息,也无法控制经济变化的趋势,他们的决策会带有一定的盲目性。故本题选ABD。

20. BC 【解析】充分的市场竞争有以下作用:(1)对生产者和经营者形成外在压力,使其改进技术,提高效率,优胜劣汰;

(2)保证价格变化灵敏性,使供求关系很快得到调整,促进资源优化配置。

21. ACD 【解析】市场机制主要包括价格机制、竞争机制、供求机制,其中,价格机制是市场机制的核心。

22. BD 【解析】作为共享经济的一种新形态,共享单车是指企业与政府合作,按照“市场主导、政府支持、全民参与”的模式,在校园、公交站点、商业区等公共场所为人们提供的单车共享服务。共享单车模式可以整合社会资源,提供优质公共服务,引导绿色出行,建设环境友好型社会。

23. CD 【解析】分享经济不属于公有制的范畴,A错;分享经济作为一种全新商业模式也不涉及收入分配问题,B错;分享经济可以实现有偿分享闲置资源,因而有利于实现资源优化配置,C正确;未来五年我国分享经济年均增长将在百分之四十左右,表明发展分享经济能够为经济发展提供新的增长点,D正确。故选CD。

24. AD 【解析】“将农户组成农业合作社”体现的是通过产业发展带动共同富裕,A正确;“利用从外国引进的优良品种和先进技术发展绿色产业”体现的是高效农业与生态农业相结合,D正确。材料没有涉及引进外资,故排除B;材料也没有涉及区域分工,所以不选C。

25. AB 【解析】在市场经济条件下,仅靠市场调节不行,还需要国家的宏观调控。必须把市场调节(无形手)和国家的宏观调控(有形手)结合起来,加强宏观调控,不只是为了弥补市场调节的不足,更是由我国的社会主义性质决定的,社会主义公有制及共同富裕要求国家必须发挥宏观调控职能。商品经济的内在规律——价值规律既是市场机制运行的内在依据,也是市场经济发挥作用的基础。因此,AB两项错误,当选。

26. BCD 【解析】同业拆借利率是银行及金融机构之间的短期资金借贷利率,调整拆借利率属于货币政策。

27. AD 【解析】紧缩性财政政策的主要手段:(1)提高政府转移支付水平,增加社会福利费用;(2)增加税收,以降低企业的投资能力和个人的投资热情,并抑制总需求的膨胀;(3)发行公债以减少流通中的货币供应量;(4)消减政府预算,限制公共事业投资,以此来减少政府支出。

28. ACD 【解析】当社会总需求大于社会总供给时,会产生通货膨胀,而非通货紧缩。

29. ABCD 【解析】保持人民币币值基本稳定,对内保持物价总水平稳定,对外保持人民币汇率稳定,有利于人民生活安定,有利于国民经济又快又好发展,有利于世界金融稳定,有利于世界经济的发展。

30. ABCD 【解析】市场经济的缺陷有:(1)对宏观经济活动调节的盲目性;(2)市场机制作用的局限性;(3)容易造成资源的浪费;(4)市场经济具有分化性。

31. BC 【解析】题中没有显示消费者会增加对盐产品的需求量,A错误。我国放开盐产品价格,由企业根据生产经营成本、食盐品质、市场供求状况自主定价,这会推动产盐企业不断提高劳动生产率,从而更好地发挥市场在盐业资源配置中的决定性作用,B、C正确。盐产品价格放开后,其价格由生产形成,不一定上涨,故不一定会提高以盐为原材料的企业的生产成本,D错误。

32. ABCD 【解析】衡量一个国家经济水平的主要指标一般有:国内生产总值GDP、国民生产总值GNP、采购经理指数PMI、消费者物价指数CPI、生产物价指数PPI、国民幸福指数GHI、恩格尔系数、预期寿命、人类发展指数、基尼系数等。

33. CD 【解析】扩大总需求在财政政策上的措施有:增加政府支出、减少税收;在货币政策上的措施有:降低利率、降低法定准备金率、降低再贴现率、央行在公开市场业务中买进政府债券。故CD正确。

34. ACD 【解析】低碳经济是指以低能耗、低污染、低排放为基础的经济模式,是人类社会继农业文明、工业文明之后的又一次重大进步。

35. ABCD 【解析】CPI是居民消费价格指数的简称,是一个反映居民家庭一般所购买的消费品和服务项目价格水平变动情况的宏观经济指标。CPI是度量通货膨胀的一个重要指标,CPI的高低可以在一定水平上说明通货膨胀的严重程度;一般来说,当CPI的增幅>3%时就是通货膨胀,当CPI的增幅>5%时就是严重通货膨胀。CPI对股价也有影响,一般情况下,物价上涨,股价上涨;物价下跌,股价也下跌。

36. ABCD 【解析】国家经济实力的大小,通常从以下几方面来衡量:(1)国民收入和国民生产总值;(2)国家财政收入和银行资金;(3)扩大再生产投资;(4)主要产品产量及其在世界的位次。

37. ABCD 【解析】我国宏观调控的主要目标是:促进经济增长,增加就业,稳定物价,保持国际收支平衡。

三、判断题

1. √ 【解析】本题考查影响需求的因素。影响消费者需求的因素有:商品本身的价格、消费者的偏好、替代商品的价格和数量、互补商品的价格和数量、消费者的收入、消费者对未来价格的预期等。其中,对消费者需求量影响最大的是价格因素。

2. × 【解析】本题考查投资理财选择。国债虽然有中央政府的信誉作为担保,作为一种投资理财的产品来说相对安全,但是收益也较低。一般来说,安全性较高的理财产品往往收益也较低,而且不同的人群有不同的理财需求,所以最佳的投资理财产品不能一概而论。

3. × 【解析】本题考查宏观经济。拉动经济增长的“三驾马车”是投资、消费、出口。

4. × 【解析】本题考查虚拟经济的特征。虚拟经济是市场经济高度发达的产物,以服务于实体经济为最终目的。与实体经济相比,虚拟经济具有明显不同的特征。概括起来,主要表现为高度流动性、不稳定性、高风险性和高投机性四个方面。

5. √ 【解析】本题考查泡沫经济。泡沫经济指资产价值超越实体经济,极易丧失持续发展能力的宏观经济状态。泡沫经济发展到一定的程度,通常会由于支撑投机活动的市场预期或者神话的破灭,而导致资产价值迅速下跌,这在经济学上被称为泡沫破裂。

6. × 【解析】本题考查宏观调控手段。经济手段包括财政政策和货币政策等。行政手段,是国家通过行政机构,采取带强制性的行政命令、指示、规定等措施来调节和管理经济的手段。教育部要求禁止教育APP向学生及家长收取任何费用,是通过行政手段对教育市场进行调控。

7. × 【解析】本题考查恩格尔系数。恩格尔系数是国际通行的衡量人民生活水平的一个重要标志,它是食物支出与总消费支出之比。一个家庭的恩格尔系数越高,意味着这个家庭的贫困程度越高。

8. √ 【解析】本题考查市场结构类型。完全竞争市场又叫作纯粹竞争市场,是指竞争充分而不受任何阻碍和干扰的一种市场结构。完全竞争市场在现实生活前提条件下很难成立,完全竞争市场的效率必须在具备了严格前提条件的情况下才会出现。

9. × 【解析】低档商品指当人们实际收入增加时,反而减少对其消费需求量,以较高档次商品将其替代的那一类商品。因此,在人们实际收入与其他条件既定时,低档商品降价也能带来需求量的增加。

10. √ 【解析】生产要素不仅包括土地、劳动和资本,而且还包括自然资源、技术、人力资本、研究与开发、信息、管理等新型生产要素。

11. × 【解析】市场调节具有自发性、盲目性和滞后性等固有的弊端,不可能消除。

12. × 【解析】国外净要素收入为国外本国居民同期创造价值与国内外国居民同期创造的价值之差,其数值可能为正,可能为负,也可能为零。

13. × 【解析】社会主义市场经济和资本主义市场经济都有国家的宏观调控。

14. × 【解析】政府在市场经济中的基本作用是弥补市场缺陷和矫正市场失灵,以保证社会福利的最大化和公共目标的实现。因此,宏观调控可以矫正市场的偏差。

15. √ 【解析】在社会主义市场经济体制下,国家对企业的管理必须以间接方式为主,主要通过调节市场参数或经济杠杆来引导企业按照国家的宏观决策和国民经济发展的总体要求进行生产经营活动。

16. × 【解析】货币政策是指政府通过中央银行,为实现其特定的经济目标而采用的各种控制和调节货币供应量和信用量的方针、政策和措施的总称。

17. × 【解析】近年来,由于多重因素交织,粮食种植收益总体呈下降趋势,农民种粮收入大不如前。保障种粮农民持续增收,让粮食收购价格回归市场,是我国农业供给侧结构性改革的方向。

18. × 【解析】“同步富裕”说法错误,应是“共同富裕”。

19. × 【解析】商业银行的基础业务是存款业务,主体业务是贷款业务。

20. √ 【解析】通过购买商业保险,投保人将风险转移是减少危害、防范后患、保障生活、安定社会的有效方法,是规避风险的有效措施。

21. × 【解析】利率是影响债券价格的重要因素之一:当利率提高时,债券的价格就降低;当利率降低时,债券的价格就会上升。因此,债券价格和利率是反方向变动关系。

22. × 【解析】充分就业并不等于全部就业,而是仍然存在一定的失业,但所有的失业均属于摩擦性的和结构性的,而且失业的间隔期很短。通常把失业率等于自然失业率时的就业水平称为充分就业。

23. × 【解析】僵尸企业是指丧失自我发展能力,必须依赖非市场因素即政府补贴或银行续贷来维持生存的企业。

24. × 【解析】利用机会成本概念进行经济分析的前提条件是:(1)资源是稀缺的;(2)资源具有多种用途;(3)资源已经得到充分利用;(4)资源可以自由流动。

25. √ 【解析】本题考查宏观调控手段。行政手段的特点之一是权威性。行政手段以权威和服从为前提,行政命令接受率的高低在很大程度上取决于行政主体的权威大小。

26. √ 【解析】本题考查货币政策。经济膨胀时期,中央银行需要采取紧缩性的货币政策,卖出政府债券意味着减少货币供应量,这是国家调控经济的货币措施。

27. √ 【解析】本题考查经济杠杆的概念。经济杠杆是在社会主义条件下,国家或经济组织利用价值规律和物质利益原则影响、调节和控制社会生产、交换、分配、消费等方面的经济活动,以实现国民经济和社会发展计划的经济手段,包括价格、税

收、信贷、工资、奖金、汇率等。

28. × 【解析】本题考查货币政策和财政政策的区分。货币政策是指国家通过金融系统调节货币的供应量，实现宏观经济目标的一种经济政策。财政政策是指国家通过财政收入和财政支出调节社会总需求和总供给，以实现社会经济目标的具体措施。题干所述为财政政策。

29. × 【解析】本题考查通货膨胀的经济效应。在通常情况下，借贷的债务契约都是根据签约时的通货膨胀率来确定名义利息率，所以当发生了未预期的通货膨胀之后，债务契约无法更改，从而就使实际利息率下降，债务人受益，而债权人受损。借款人（债务人）还款时，如果利率固定，并且持续通货膨胀，那么他还的钱的购买力将大幅贬值，他是受益者。

30. × 【解析】本题考查通货膨胀的衡量指标。生产价格指数（PPI）是衡量工业企业产品出厂价格变动趋势和变动程度的指数；消费者价格指数（CPI）是反映一国居民各个时期所消费的一定商品和劳务价格的平均变动程度的相对指标；批发物价指数（WPI）是反映商品批发价格水平变动的指标。通货膨胀指一段时间里货物、劳务和生产要素的价格普遍上涨，通货膨胀率则指一定时期内的一般价格总水平的上涨幅度。上述三个指标都可以衡量通货膨胀率。国内生产总值（GDP）是指一个国家（或地区）所有常住单位在一定时期内生产活动的最终成果，常被公认为衡量国家经济状况的最佳指标。GDP是国民经济核算体系中一个重要的综合性统计指标，它反映了一国（或地区）的经济实力和市场规模，一般不能用来衡量通货膨胀率。

31. × 【解析】买方市场是指在商品供过于求的条件下，买方掌握着市场交易主动权的一种市场。卖方市场是买方市场的对称，是指供给小于需求，商品价格有上涨趋势，卖方在交易中处于有利地位的市场。阿胶企业利用有利的市场地位不断涨价，这是卖方市场的体现。

32. √ 【解析】政府对市场进行干预和调控，就是为了克服市场失灵，弥补市场机制的缺陷或不足。

33. √ 【解析】共享经济，一般是指以获得一定报酬为主要目的，基于陌生人且存在物品使用权暂时转移的一种新的经济模式。其本质是整合线下的闲散物品、劳动力、教育医疗资源等。

34. × 【解析】信用卡是由商业银行或信用卡公司对信用合格的消费者发行的信用证明，而非国家发放。

35. × 【解析】宏观调控的手段包括经济手段、法律手段和行政手段，经济手段是我国宏观调控的主要手段。

36. √ 【解析】宏观经济失衡主要指总供给和总需求的失衡，通常表现为需求不足，这是由市场运行中投资者的盲目性所决定的。可以表现为结构不平衡，或总量与结构都不平衡。

37. √ 【解析】宏观调控是现代市场经济的重要特征，是政府驾驭市场经济的重要手段，它既是矫正“市场失灵”的客观需要，又是实现政府意愿和反映政治意志的主要措施，所以说市场经济并不排斥国家对经济的宏观调控。故本题判断正确。

38. √ 【解析】市场经济发挥作用的基本形式为竞争，竞争的手段主要包括价格、质量、服务等。

39. × 【解析】紧缩性财政政策以增加财政收入、缩减财政支出为特点，目的在于抑制需求的增长。

40. × 【解析】物价稳定除了受货币发行量影响外，还受市场供求决定。因此要想保持物价稳定，必须从这两方面入手。

综合能力提升

一、单项选择题

1. D 【解析】本题考查资源配置。各类机器人被越来越多的行业使用，有利于提高资源配置效率，D项正确。A项和B项与题意无关。各类机器人被越来越多的行业使用可能提高机器人相关产业就业率，而非全社会就业率，C项错误。故选D。

2. A 【解析】本题考查货币政策目标。央行货币政策目标主要有经济增长、充分就业、物价稳定和国际收支平衡。货币政策各项目标之间，经济增长能够创造更多的就业机会，而就业的增加反过来也将推动经济增长，经济增长与充分就业呈一致性关系，故选A。

3. D 【解析】本题考查货币政策的影响。央行定向降低金融机构存款准备金率，一方面，将增加货币供应量，利率下降，有利于稳就业稳投资稳预期；另一方面，将降低社会融资成本，降低居民存款收益。货币供应量增加不会导致严重的通货膨胀。故选D。

4. B 【解析】本题考查通货膨胀的治理。恶性通货膨胀指流通中货币量的增长速度大大超过货币流通速度的增长，货币购买力急剧下降，物价水平加速上升，整体物价水平以极高速度快速上涨的现象。提高税收和减少政府支出有利于抑制恶性通货膨胀。

5. D 【解析】边际效用递减规律是指在一定时间内，在其他商品的消费数量保持不变的条件下，随着消费者对某种商品消费量的增加，消费者从该商品连续增加的每一消费单位中所得到的效用增量即边际效用是递减的。边际效用的大小，同消费者消费数量的多少负相关，即消费者消费数量越多，相应的边际效用则越小，A项说法错误。边际效用的大小，同消费者欲望的强弱正相关，B项说法错误。边际效用的大小与消费数量的多少反向变动，C项说法错误。边际效用是特定时间内的效用，边际效用具有时间性，这是由欲望再生性和反复性的特点所决定的，D项说法正确。

6. C 【解析】商品的价值量由生产该商品所耗费的社会必要劳动时间决定。对冰雪装备企业减税降费，无法扩大或缩短社会必要劳动时间，因此无法改变冰雪装备产品的价值，A项错误。冰雪营销产业的发展与冰雪旅游消费的需求弹性无关，B项错误。五大冰雪产业的作用有着严格的界限，在一般情况下无法相互替代，D项错误。冰雪赛事的发展会吸引更多的人加入冰雪运动中来，从而在一定程度上会增加冰雪运动培训产业的就业机会，C项正确。故选C。

7. C 【解析】无论是不同时段的机票差价，还是同一航班不同等级座位之间的差价，都不能改变供给机票的总数量，对航班飞行次数没有影响。C项错误，当选。

8. D 【解析】交易成本是指在完成一笔交易时，交易双方在买卖前后所产生的各种与此交易相关的成本，这一概念是由诺贝尔经济学奖得主科斯所提出的。

9. B 【解析】本题考查消费者行为理论。当消费者的收入没有改变，某种普通商品价格的上升时，相当于同样多的货币能买到东西变少了，会导致消费者降低对该商品的需求，消费者所能购买的最大商品组合也会受到影响，A、D项错误。消费者偏好是反映消费者对不同产品和服务的喜好程度的个性化偏好。对商品价格而言，可能会在一定程度上和一定时期内影响消费者的偏好，但一般不会改变消费者偏好，C项错误。总效用是指消费一定数量的某种物品得到的总的满足程度。总效用的大小取决于个人的消费水平，即消费的物品与劳动数量越多，总效用越大；消费的物品与劳动数量越少，总效用越小。本题中，消费者收入未变，商品价格上升，会导致消费者对该商品的需求量减少，总效用也会随之减少。B项正确。

10. B 【解析】本题考查消费对生产的反作用。材料强调的是消费对生产的反作用，不涉及生产决定消费的内容，A不合题意；许多企业根据市场需求变化，积极开发和研制新产品，取得了良好的经济效益，表明消费对生产有反作用，B符合题意；生产决定消费，因此消费结构决定生产结构的说法是错误的，C说法错误；生产决定消费，生产方式决定消费方式，D说法错误。故本题选B。

11. A 【解析】本题考查劣等品。劣等品是指需求量随收入变化而发生反方向变化，收入增加时其需求量反而减少的商品。在人们的收入提高之后，就减少许多低档生活必需品的消费，转而消费较高品质的物品，导致低档生活必需品需求减少，价格下降。可见，红薯、土豆属于劣等品。

12. B 【解析】本题考查帕累托改进。帕累托改进准则指的是，如果社会资源的重新配置至少使某一成员的境况变好，而其他成员的境况没有变坏，那么这种变化是一种经济状态的改进。增发货币会引起通货膨胀，从而引起物价上涨，会损害他人的利益，A项错误。增加国民收入，没有损害任何人的利益。此时，增加部分人员的工资相当于提高了这部分人的福利，符合帕累托改进准则，B项正确。增加税收会加重纳税人的负担，将损害纳税人的利益，C项错误。故选B。

13. C 【解析】①表述错误，实行竞争中性原则与国有企业是否是真正独立的市场经济主体无直接联系；④不符合题意，题干中只强调了规范市场秩序，营造良好环境，并没有涉及政府强化政策扶持以增强小微企业竞争优势。故答案选C。

14. B 【解析】价格机制的核心内容是价格形成机制，B项说法错误，当选。

15. C 【解析】按收入法计算GDP，利息净额指的是计入国民收入的利息，仅限于企业支付的利息。政府发行公债借入的钱，主要不是用于生产，因而不能视为生产性借贷，所以这种借贷所付利息不包括在国民收入之内，A项不计入。GDP包括现期生产的劳务和物品，不包括涉及过去生产的东西的交易。二手车是以前的生产，B项不计入。国内生产总值一般仅指市场活动导致的价值，在家从事家务劳动不是市场活动，D项不计入。故本题选C。

16. C 【解析】A选项错误，再贴现是央行对商业银行的货币政策。B选项错误，增加金融机构贷款管理费用只会增加中小微企业的融资成本。D选项错误，免征增值税单户授信额度的上限是指可以免征增值税的最大额，所以为了解决融资贵的问题应该是提高上限，而不是降低。C选项，对中小微企业贷款实施定向降准的意思是针对中小微企业的贷款可以降低相应的存款准备金率，从而使针对中小微企业的贷款量更大，解决融资难的问题，故选C。

17. C 【解析】在外部环境复杂严峻，经济面临下行压力的背景下，积极的财政政策要加力提效，实施更大规模的减税降费，增加地方政府专项债券规模，A错误；提高存款准备金率，加速货币回笼，属于紧缩性货币政策，适用于经济过热时期，B错误；央行可以通过逆回购（即向商业银行购买有价证券），增加市场货币流动性，助推经济增长，C正确；要降低企业负担，应提高增值税起征点，D错误。

18. D 【解析】企业依法破产清算并不是取消企业债务，①传导错误。推动兼并重组是去产能的做法，③不符合题意。②④正确且符合题意，故本题选D。

19. C 【解析】缓征土地增值税，可以减轻房地产开发企业的资金压力，也有利于平抑明显上涨的房价，A项做法正确；加快公租房建设，有利于增加住房供应，从而遏制房价异常上涨，B项做法正确；停止公积金个人住房贷款，影响了居民正常购房，不能实现遏制房价上涨的政策目标，C项做法错误；实行差别化住房信贷政策，可以有效减少投机性购房行为，D项做法正确。故答案选C。

20. B 【解析】①符合题意，该企业因违法生产、销售狂犬病疫苗而被强制退市，这表明任何企业都必须诚信合法经营；②

不符合题意，材料所述的对违规企业启动强制退市机制，属于行政手段而不是经济手段；③不符合题意，材料主旨不体现市场调节具有盲目性和滞后性，而是强调企业必须诚信合法经营；④符合题意，该企业的退市会给购买该企业股票的投资者带来损失，这表明股票是一种高风险的投资方式。故本题选B。

21. A 【解析】2017年相对于其前一年的通货膨胀率为(104－100)÷100=4%，2018年相对于其前一年的通货膨胀率为(106－104)÷104≈1.9%。

22. A 【解析】增加有效供给就是要从产品的供给方入手，进行改革。"大兴私人订制"，增加低收入人群收入，都是从消费者即需求者的角度来解决问题。故排除②④，答案选A。

23. C 【解析】替代效应是在商品的相对价格发生变化，而消费者的实际收入不变情况下商品需求量的变化。

24. B 【解析】推进价格改革的目的在于打破垄断，促进市场竞争，根据市场进行调节，引导社会资本投资方向，①④正确，答案选B。

25. C 【解析】过高的交易成本会降低交易者的交易利益，阻碍交易的正常进行，从而减少正常的交易量，还会弱化对市场主体主动寻求交易的激励，从而成为资源有效配置的障碍。

26. D 【解析】"三个和尚"吃水的故事说明，随着人口要素的增加反而效率降低，是因为他们没有合理分工，权责分开，不能合理配置资源，所以起到相反的效果。这启示我们在经济活动中应该合理配置资源，才能促进生产发展，D正确。

27. C 【解析】CPI是居民消费价格指数的简称，是反映居民家庭一般所购买的消费商品和服务价格水平变动情况的宏观经济指标。生产者物价指数，简称PPI，是衡量工业企业产品出厂价格变动趋势和变动程度的指数，是反映某一时期生产领域价格变动情况的重要经济指标。PPI对CPI有一定的影响，并非决定CPI水平，C项说法错误，当选。

28. B 【解析】我国多地出台新政策以抑制房价过快上涨，打击楼市投机行为，是国家采取措施进行的宏观调控，国家并未进行统一定价。故选B。

29. B 【解析】通货膨胀时期，把钱存进银行会使货币贬值，购买力下降，因而通货膨胀不利于居民储蓄。

30. C 【解析】隐蔽的通货膨胀并不会表现为物价的普遍上涨，A错；纸币的购买力取决于纸币的发行量和实际的货币需求量，因此纸币的购买力并不是不变的，B错；影响消费的因素很多，物价水平只是其中之一，消费者预期、消费者偏好等也是影响消费的因素，因此物价低并不一定说明生活水平高，D错。

31. A 【解析】机会成本是指为了得到某种东西而所要放弃另一些东西的最大价值，与"覆水难收"没有对应关系，A项说法错误。完全垄断是指整个行业中只有一个生产者的市场结构，符合"一山不容二虎"的描述，B项说法正确。边际效应是指每消费一个单位的物品所带来的效应的增加量，而边际效应递减是指在一定时间内，当一个人连续消费某种物品时，随着所消费的该物品的数量增加，物品的边际效应有递减的趋势。C项"久而不闻其香"符合此意，C项说法正确。负外部效应是指某些企业或个人因其他企业和个人的经济活动而受到不利影响，又不能从造成这些影响的企业和个人那里得到补偿的经济现象。"城门失火，殃及池鱼"与之吻合，故D项说法正确。

32. A 【解析】接近0.5的基尼系数可以说是一个比较高的水平，而我国近十几年一直处于偏高的水平上。

33. D 【解析】重大节假日期间，免收小型客车通行费，有利于刺激居民外出旅游，促进我国旅游业的发展，有利于扩大消费需求，促进经济增长。故本题答案选D。

34. C 【解析】去产能主要是指淘汰落后多余产能，主要依靠产业结构优化升级和淘汰多余产能来实现。故AB不选。D加强和改善宏观调控，强化市场准入规则，则可以限制过剩产能生产领域的新企业和低技术附加值的新企业加入，达到去产能的效果。C掌握市场需求信息，调整产品结构属于企业的行为，故本题答案为C。

35. D 【解析】收入是消费的基础和前提，实现城乡居民人均收入翻一番，增加居民收入，有利于提高居民消费水平；消费对生产具有反作用，消费增加有利于扩大生产，促进经济发展；经济发展水平是影响财政收入的根本性因素，经济发展有利于增加财政收入；财政具有调节资源配置的作用，财政收入增加，有利于优化资源配置。由此可见，正确的影响顺序是"增加居民消费—拉动经济增长—增加财政收入—增加民生支出"。

36. D 【解析】通货膨胀率为7%，说明该国的社会总需求大于社会总供给，A错误。通货膨胀的主要原因是纸币的发行量超过了流通中所需的货币量，与民间借贷无关，B错误。现期物价水平=基期物价水平/(1＋通货膨胀率)，即一年前10万元买到的商品现在需要10.7万元才能买到，而M先生收到的本息是10.5万元，所以在此借贷关系中，通货膨胀损害了M先生的利益。故C错误，D正确。

二、多项选择题

1. ABD 【解析】本题考查通货膨胀的衡量指标。通货膨胀的衡量主要通过物价指数来进行，物价指数是表明某些商品的价格从一个时期到下一个时期变动程度的指数。衡量通货膨胀率的价格指数一般有三种：消费者物价指数、生产者价格指数和国民生产总值价格折算指数。

2. CD 【解析】本题考查经济学名词。"三个和尚没水喝"体现了经济学中的"搭便车",即不承担任何成本而消费或使用公共物品的行为;"不入虎穴,焉得虎子"体现了经济学中的风险成本,即由于风险的存在和风险事故发生后人们所必须支出的费用而减少的预期经济利益;"棋错一着,满盘皆输""鱼与熊掌不可兼得"均体现了经济学中的机会成本。故选CD。

3. ABCD 【解析】在市场购销上,生产资料市场以批发贸易为主,购销关系比较稳定,购销形式和组织形式是多样化的,主要有直接购买、间接购买、相互购买和租赁等。

4. ABD 【解析】共享经济的主要特点是有一个由第三方创建的、以信息技术为基础的市场平台,因此共享经济牵扯到三大主体,即商品或服务的需求方、供给方和共享经济平台,A正确;共享经济是指以获得一定报酬为主要目的,基于陌生人且存在物品使用权暂时转移的一种商业模式,B正确;共享经济的五个要素分别是:闲置资源、使用权、连接、信息、流动性,C错误;"钱"的共享可以促进社会财富流动,提高社会财富的循环效率,扩大人们消费需求,满足更多人的利益,因此共享经济将激活金融业,D正确。故选ABD。

5. CD 【解析】A不符合题意,狂犬疫苗造假事件表明市场具有自发性;B错误,社会组织不以营利为经营目标;CD说法正确且符合题意。

6. BC 【解析】AD不符合题意,"出售了闲置机器设备""购买了新能源汽车",是商品买卖,是使用权、所有权的彻底转让,与分享经济强调的"使用而不占有"核心理念不符;BC符合题意,"通过众筹解决了资金匮乏问题""实现了在线短租房屋",与分享经济强调的两个核心理念"使用而不占有"和"不使用即浪费"相符。

7. ACD 【解析】通货膨胀指流通中的货币量超过经济所需要的数量而引起的货币贬值和价格水平全面、持续上涨的经济现象。当发生通货膨胀时,物价上涨,纸币贬值,存款所代表的实物数量减少,人们会相应减少存款数量。如果人们的实际收入没有增加,生活水平就会下降。

8. ABCD 【解析】市场是各方参与交换的多种系统、机构、程序、法律强化和基础设施之一。市场是商品交换关系的总和,其中广义的市场,不仅包括有形市场,还包括无形市场。市场不仅体现了物与物的关系,更重要的是还体现了商品的交换过程中人与人的关系。市场需求是有支付能力的需求,有支付能力的需求越大,市场就越大,相反,市场就越小。

9. ABC 【解析】政府干预外汇市场的手段可以分为直接干预与间接干预。直接干预是指政府自己直接入市买卖外汇、改变原有的外汇供求关系从而引起汇率变化的干预。间接干预是指政府不直接进入外汇市场而进行的干预,其做法有两种:(1)通过改变利率等国内金融变量的方法,使不同货币资产的收益率发生变化,从而达到改变外汇市场供求关系乃至汇率水平的目的;(2)通过公开宣告的方法影响外汇市场参与者的预期,进而影响汇率。

10. BD 【解析】充分就业并不是人人都有就业岗位。在充分就业状态下,仍然存在一定数量的结构性失业和摩擦性失业,即因技术进步、产业结构、劳动年龄和需求偏好变化而引起的职业转换过程中的暂时性失业。因而充分就业下的失业率并不为零。BD两项正确。

第三章 国际经济学

基础知识达标

一、单项选择题

1. D 【解析】随着我国复工复产的顺利推进,我国进出口稳步发展,进出口贸易总额不断增加,这得益于我国营商环境的优化、国际营销网络的完善以及"一带一路"建设中对新兴市场的开拓,ABC项都是促成这一增长的原因。题中未涉及利用外资,D项符合题意。

2. C 【解析】社会生产力是国际分工形成和发展的决定性因素,是因为:(1)国际分工是生产力发展的必然结果;(2)各国生产力水平决定其在世界分工中的地位;(3)生产力的发展对国际分工的形式、广度和深度起着决定性的作用;(4)生产力的发展决定了国际分工的产品内容。

3. C 【解析】本题考查货币互换。货币互换双方互换的是货币,它们之间各自的债权债务关系并没有改变。

4. D 【解析】本题考查科技创新。荷兰的先进光刻机受美国阻拦而无法顺利进入我国,这警示我们要自力更生,加强技术创新,掌握核心科技。

5. A 【解析】本题考查我国对外开放。粤港澳大湾区包括香港特别行政区、澳门特别行政区和广东省广州市、深圳市、珠海市、佛山市、惠州市、东莞市、中山市、江门市、肇庆市,是我国开放程度最高、经济活力最强的区域之一。粤港澳大湾区地处我国沿海开放前沿,以泛珠三角区域为广阔发展腹地,在"一带一路"建设中具有重要地位。打造粤港澳大湾区,有利于推进"一带一路"建设,通过区域双向开放,构筑丝绸之路经济带和21世纪海上丝绸之路对接融汇的重要支撑区。

6. A 【解析】本题考查经济全球化的主要表现。经济全球化是指世界经济活动超越国界,通过对外贸易、资本流动、技术

转移、提供服务、相互依存、相互联系而形成的全球范围的有机经济整体的过程。经济全球化的主要表现有三点:生产全球化,贸易全球化,资本全球化。本题为选非题,答案为A。

7. C 【解析】本题考查经济全球化的本质。经济全球化的本质是资源配置的国际化,故选C。

8. A 【解析】本题考查联合国。联合国总部设在美国纽约。

9. A 【解析】国际货币基金组织于1945年12月27日在华盛顿成立,其职责是监察货币汇率和各国贸易情况,提供技术和资金协助,确保全球金融制度运作正常。该组织是处于战后国际货币体系中心地位的国际组织。

10. C 【解析】亚洲基础设施投资银行是一个政府间性质的亚洲区域多边开发机构,是首个由中国倡议设立的多边金融机构,总部设在北京。亚洲基础设施投资银行简称为亚投行,由中国发起,旨在为“一带一路”有关沿线国家的基础设施建设提供资金支持,促进经济合作。

11. D 【解析】亚洲基础设施投资银行是一个政府间性质的亚洲区域多边开发机构,D正确。

12. D 【解析】G20机制已形成以领导人峰会为引领、协调人和财金渠道“双轨机制”为支撑、部长级会议和工作组为辅助的架构。G20主席采取轮换制。

13. B 【解析】博鳌亚洲论坛是在民政部登记的国际性社团,拥有29个发起国,于2001年2月27日在海南省博鳌镇召开大会,正式宣布成立。论坛是非官方、非营利性、定期、定址的国际组织;为政府、企业及专家学者等提供一个共商经济、社会、环境及其他相关问题的高层对话平台。海南博鳌为论坛总部的永久所在地。

14. B 【解析】针对美国发起的此轮贸易战,我们应该保持人民币汇率的稳定,而不是降低人民币汇率,A错误。“设置障碍”做法错误,C排除。要积极推动经济全球化朝着均衡、普惠、共赢的方向发展,D错误。

15. A 【解析】直接标价法又称应付标价法,这种标价法是以一定单位的外国货币为标准,折合若干单位的本国货币。间接标价法又称应收标价法,这种标价法是以一定单位的本国货币为标准,折合若干单位的外国货币。本题中采用1美元(外币)兑××人民币(本币)的方法,即直接标价法。美元与人民币的比价上涨,说明美元升值。故选A。

16. C 【解析】根据外汇牌价可知,一百美元可以兑换的人民币显然减少了,说明美元汇率下跌,人民币升值了。

17. A 【解析】人民币升值会导致更多的外国商品进入国内市场,其他国家将本国经济矛盾转移至我国。本题选A。

18. D 【解析】经济全球化是指世界经济活动超越国界,通过对外贸易、资本流动、技术转移、提供服务、相互依存、相互联系而形成的全球范围的有机经济整体。经济全球化从根源上说是生产力和国际分工的高度发展,要求进一步跨越民族和国家疆界的产物。

19. C 【解析】贸易保护主义阻碍经济全球化,经济全球化并不必然导致贸易保护主义,C项错误,当选。

20. B 【解析】中国于2001年12月11日正式成为世贸组织(WTO)成员。

21. B 【解析】解决中美之间的贸易失衡问题,需要双方加强合作,从而实现互利共赢。

22. B 【解析】期待双方协商,做到“相互尊重,平等相待”体现了中国秉持共商共建共享的治理理念,我国努力寻求同其他国家的利益交汇点。

23. C 【解析】经济全球化并不一定会带来贸易逆差,故本题选C。

24. B 【解析】经济全球化实质上是以发达资本主义国家为主导的经济运动,所以发达国家是经济全球化的最大受益者。

25. B 【解析】世界贸易组织是专门协调国际贸易关系的国际经济组织。

26. B 【解析】作为一个非官方、非营利、定期、定址、开放性的国际会议组织,博鳌亚洲论坛以平等、互惠、合作和共赢为主旨,立足亚洲,推动亚洲各国间的经济交流、协调与合作;同时又面向世界,增强亚洲与世界其他地区的对话与经济联系。

27. D 【解析】经济特区实行特殊的经济政策和经济管理体制,建设上以吸收利用外资为主,经济所有制实行以社会主义公有制为主导的多元化结构。

28. C 【解析】保税区是经国务院批准设立的、海关实施特殊监管的经济区域,有明显的界限和完善的隔离设施,是一种封闭性、综合性的对外开放区域。

29. B 【解析】“负面清单”管理是国际通行的做法,“形成了开放型经济发展的新优势”说法不符合实际,A错误。“负面清单”限定企业“不能做什么”,意味着没有禁止的即可做,同时将外商投资企业合同章程审批改为备案管理,都体现了政府放权的思路,有利于扩大企业投资的自由度,更好地吸引外资,B正确。经济全球化是以发达资本主义国家为主导的,发达国家左右着“游戏规则”,“主导”说法错误,C排除。材料反映的是我国吸引外资而不是对外投资,“推动本国资本国际化”的说法不符合题意,D排除。

30. D 【解析】一年后欧元升值,代表人民币贬值。所以70×5%=3.5元,所以小王需要比一年前多支付人民币3.5元。

二、多项选择题

1. ACD 【解析】本题考查国际货币基金组织。国际货币基金组织会员国的国际储备,一般可分为四种类型:货币性黄

金、外汇储备、在国际货币基金组织的储备头寸和特别提款权。故选ACD。

2. ABC 【解析】自由贸易并不会减少竞争，相反，会增加竞争。

3. ABCD 【解析】世界各国应积极参与经济全球化，趋利避害。虽然经济全球化带来一定的经济发展问题，单边主义、贸易保护主义在某些国家抬头，但是参与经济全球化符合历史发展潮流，贸易保护主义不符合全球化发展的方向。

4. AC 【解析】达沃斯论坛一般指世界经济论坛，是以研究和探讨世界经济领域存在的问题、促进国际经济合作与交流为宗旨的非官方国际性机构，总部设在瑞士日内瓦。世界经济论坛的经济支持来自其基金会会员。

5. ABD 【解析】中国国家主席习近平于2013年9月和10月分别提出建设"新丝绸之路经济带"和"21世纪海上丝绸之路"的合作倡议，简称"一带一路"。依靠中国与有关国家既有的双多边机制，借助既有的、行之有效的区域合作平台，一带一路旨在借用古代丝绸之路的历史符号，高举和平发展的旗帜，积极发展与沿线国家的经济合作伙伴关系，共同打造政治互信、经济融合、文化包容的利益共同体、命运共同体和责任共同体。"昆明—老街—河内—海防—广宁""南宁—谅山—河内—海防—广宁"经济走廊和环北部湾经济圈（简称"两廊一圈"），涉及中国广西、广东、云南、海南、香港和澳门及越南的10个沿海地带。欧亚经济联盟成立于2015年，成员国包括俄罗斯、哈萨克斯坦、白俄罗斯、吉尔吉斯斯坦和亚美尼亚，五国均是"一带一路"建设的重要合作伙伴。该平台的成员国是不包含中国的，C项排除。上海合作组织，简称上合组织，是中国、哈萨克斯坦、吉尔吉斯斯坦、俄罗斯、塔吉克斯坦、乌兹别克斯坦于2001年6月15日在中国上海宣布成立的永久性政府间国际组织。

6. AB 【解析】该企业收购国外汽车制造巨头，以期通过协同与分享来占领技术制高点，表明跨国公司是经济全球化的强有力载体，也表明企业并购是打造核心竞争力的重要途径，A、B两项正确且符合题意。材料并不能说明我国企业在国际竞争中居于主导地位，C项不符合题意；企业并购不能规避国际经营所带来的风险，D项错误。

7. ABCD 【解析】2013年9月至2020年9月，我国已有21个自贸试验区分六批获批建设，已初步形成"1+3+7+1+6+3"的格局。2013年9月，首个自贸区——上海自贸区挂牌；2015年4月，广东、天津、福建第二批自贸区获批；2017年3月，辽宁、浙江、河南、湖北、重庆、四川、陕西第三批自贸区获批；2018年10月，海南自贸区获批；2019年8月，江苏、河北、黑龙江、广西、山东、云南自贸试验区获批。2019年8月6日，国务院印发《中国（上海）自由贸易试验区临港新片区总体方案》，设立中国（上海）自由贸易试验区临港新片区。2020年6月1日，中共中央、国务院印发《海南自由贸易港建设总体方案》。2020年9月21日，国务院印发北京、湖南、安徽自由贸易试验区总体方案及浙江自由贸易试验区扩展区域方案。

8. ABCD 【解析】各国吸引外资的优惠政策一般有特殊行业优惠、税收优惠、开发费用回扣优惠、加速折旧优惠。

9. ABCD 【解析】政府对进出口贸易进行干预主要是为了保护国内产业免受国外竞争者的损害，维持本国的经济增长和国际收支平衡。政府对进口贸易的干预主要包括关税壁垒和非关税壁垒；政府干预出口贸易的主要措施是出口补贴，包括直接补贴和间接补贴（出口退税、出口信贷等）。故本题答案为ABCD。

10. AC 【解析】2017年6月，上合组织阿斯塔纳峰会正式给予印度、巴基斯坦上合成员国地位，这是上合组织首次扩员，成员国从6国扩大至8国。

三、判断题

1. √ 【解析】本题考查经济全球化。美国政府的行为，违背了最基本的公正原则，违背了贸易全球化的潮流。

2. √ 【解析】本题考查对外开放。推动全方位对外开放，要适应新形势、把握新特点，推动由商品和要素流动型开放向规则等制度型开放转变。要放宽市场准入，全面实施准入前国民待遇加负面清单管理制度，保护外商在华合法权益特别是知识产权，允许更多领域实行独资经营。要扩大进出口贸易，推动出口市场多元化，削减进口环节制度性成本。

3. √ 【解析】本题考查经济全球化的概念。经济全球化指资本、信息、技术、劳动力等生产要素在全球范围内的广泛流动，实现资源的优化配置的动态过程。经济全球化促进了生产要素在全球范围内的流动、国际分工水平的提高以及国际贸易的迅速发展，使世界各国的经济联系在一起。

4. × 【解析】本题考查国际性区域经济一体化的实质。国际性区域经济一体化的形成动机是避免彼此的伤害，共同排斥外来的竞争，是作为贸易保护的一种手段而产生的，它是激烈的垄断竞争的产物。

5. × 【解析】正确认识和坚持对外开放，要正确处理好"对外开放与独立自主、自力更生；对外开放与大胆吸收人类文明成果；对外开放与对内搞活"三大关系。

6. √ 【解析】大力发展对外经济关系，能使我们在现代化建设过程中充分利用国内国外两个市场、两种资源，更大限度地实现资源的优化配置，促进经济结构和产业结构的调整，促进技术进步和产业升级，提高劳动生产率，提高集约化生产与经营管理水平。

7. × 【解析】世界贸易组织的前身是关税与贸易总协定。

8. √ 【解析】中国对美国的部分农产品加征关税，这些农产品会提高售价，降低在中国市场的竞争力。

9. × 【解析】在现代国际贸易中，发达国家对发展中国家的经济剥削主要是通过不等价交换实现的。

10. × 【解析】该说法过于绝对。如果是进口先进技术和与之配套的机器设备，那么这样的进口不仅能满足国内市场的需求，而且能提高企业的生产能力，从而有利于民族工业的发展。

11. √ 【解析】如果一个经济体进口商品的价值超过了出口商品的价值，则净出口是负数。

12. × 【解析】经济全球化是以发达资本主义国家为主导的生产全球化、贸易全球化、资本全球化。

13. × 【解析】中美贸易关系的核心问题是贸易逆差问题，并不是反倾销问题。

14. √ 【解析】“负面清单管理模式”是指政府规定哪些经济领域不开放，除了清单上的禁区，其他行业、领域和经济活动都许可。凡是与外资的国民待遇、最惠国待遇不符的管理措施，或业绩要求、高管要求等方面的管理措施均以清单方式列明。

综合能力提升

一、单项选择题

1. D 【解析】本题考查世界银行。世界银行依靠高收入国家提供资金支持，基于这笔基金，向发展中国家提供低息贷款、无息信贷和赠款。

2. D 【解析】本题考查世贸组织。WTO部长会议休会期间，由全体成员代表组成的总理事会代行部长会议职权，D项错误。ABC表述正确，本题为选非题，故选D。

3. A 【解析】③错误，进博会的举办推动贸易和投资便利化，促进了中外贸易。④错误，进博会的举办激发进口潜力，充分利用国外市场满足人民日益增长的美好生活需要，而非“国内外市场”。①②正确，进博会的举办将对国内相关产业形成压力，倒逼国内产业优化升级，从而推动供给侧结构性改革，以满足居民对美好生活的需要；进博会的举办将丰富国内消费选择，引导境外消费回流。

4. A 【解析】在上海举行进口博览会以及颁布《中华人民共和国外商投资法》都涉及对外开放，能充分展示中国持续扩大开放的决心和信心，①②正确且符合题意。在上海证券交易所设立科创板，以及实施个人所得税专项附加扣除政策均涉及国内改革，与对外开放没有直接关系，③④不符合题意。故选A。

5. D 【解析】在自由外汇市场上买卖外汇的实际汇率称为市场汇率，故选D。

6. C 【解析】本国货币升值后，外国商品价格相对便宜，导致进口增加而出口缩减，即不利于本国出口。C项错误，当选。

7. C 【解析】本题考查汇率。当我国相同货币可以兑换更多美国货币时，意味着我国货币升值，美元贬值。人民币升值，意味着国外民众购买我国商品需支付更多的本国货币，国外民众对我国商品的需求降低。因此，不利于我国出口和扩大外需，AB项错误。人民币升值，表明其购买能力增强，相同货币量可买到更多的国外货物和商品，有利于我国进口，C项正确。人民币升值后，人民币债务国将面临更大的还债压力，不利于我国收回国债，D项错误。故答案选C。

8. D 【解析】本题考查贸易顺差的影响。贸易顺差，即在特定年度一国出口贸易总额大于进口贸易总额。贸易顺差意味着本国商品可以大量出口，有利于本国人民就业，本国失业率会降低，A项错误。长期巨额顺差意味着国内货物大量出口，这使得国内市场出现商品供不应求的情形，即通货膨胀。B项错误，D项正确。国内通货膨胀会导致货币贬值；而长期巨额顺差意味着外汇流入增多，即外汇供大于求，外币贬值，本币随之面临升值压力。因此，长期巨额顺差时，本币既可能贬值，又可能面临升值压力，结果并不确定，C项错误。故答案选D。

9. C 【解析】宽松的货币政策意味着货币供应量增加，会导致美元贬值。美元贬值后，人民币相对升值，对中国企业来说，有利于进口，不利于出口。故选C。

10. C 【解析】出口商品总收益=每件商品的利润额×出口量，虽然提高关税会导致出口量相对减少，但是每件商品的利润额并不确定，所以总收益是减少还是增加也是不确定的。

11. D 【解析】进口贸易大于出口贸易会导致贸易逆差，A选项错误。当一个国家出现贸易逆差时，其商品的国际竞争力削弱，该国在该时期内的对外贸易中处于不利地位，B选项错误。贸易赤字又叫贸易逆差，表明该国外汇储备减少，C错误。故答案选D。

12. C 【解析】美国对我国出口的商品加征关税，将导致我国出口美国的有关商品价格上涨，美国消费者对有关商品的购买力下降，D项正确，C项错误；相关商品的出口量减少，我国对美国的贸易顺差减少，我国有关商品的厂家利润也会有所下降，A、B项正确。本题为选非题，答案为C。

13. D 【解析】题干表明1美元兑换的人民币减少了，说明人民币升值了，因此用美元表示的出口商品价格提高，这样将不利于我国产品的出口。故选D项。

14. B 【解析】即期汇率和远期汇率是按照外汇交易过程中成交之后交割外汇时间来划分的。外汇交易在买卖双方成交后的当日或两个营业日内进行外汇交割所使用的汇率就是即期汇率；外汇交易双方达成买卖协议，约定在未来某一时间进行外汇实际交割所使用的汇率为远期汇率。

二、多项选择题

1. BCD 【解析】本题考查世界银行的宗旨。世界银行的宗旨是:通过对生产事业的投资,协助成员国经济的复兴与建设,鼓励不发达国家对资源的开发;通过担保或参加私人贷款及其他私人投资的方式,促进私人对外投资;鼓励国际投资,协助成员国提高生产能力,促进成员国国际贸易的平衡发展和国际收支状况的改善;在提供贷款保证时,应与其他方面的国际贷款配合。通过贷款帮助成员国调节国际收支平衡是国际货币基金组织的宗旨。

2. AD 【解析】本题考查国际金融。一国银根紧缩会使该国货币供给减少,在外币供给不变时,本币升值,A项正确;国际收支逆差会使外汇市场上的外币供给减少,在本币供给不变时,会使本币贬值,B项错误;降低利率有利于进口,抑制出口,从而使本币贬值,C项错误;一国通货膨胀率相对于他国下降时,本国货币购买力高于他国,因而本国货币升值,D项正确。故本题选AD。

3. AC 【解析】上海合作组织是2001年成立的,B项错误;上合组织现有8个成员国、4个观察员国、6个对话伙伴国,D项错误。

4. BCD 【解析】题干中指出我国倡议"一带一路"和"亚投行",说明我国积极推进合作,推动经济的发展;材料中提到众多国家积极响应,说明"一带一路"符合经济全球化的潮流;美国拒绝加入"亚投行"并阻挠某些国家加入,说明在和平崛起的道路上,我国还将受到考验和挑战。

5. ABC 【解析】加入SDR以后,人民币成为世界货币,可在国际市场上自由使用。这将促进国际结算中用人民币进行结算,带来交易便利化,降低交易成本,同时规避汇率波动风险。人民币汇率可以自由浮动,汇率自由化有助于降低国际风险对国内的传导。

第四章 财政学

一、单项选择题

1. C 【解析】本题考查财政的作用和财政赤字。财政的作用包括:促进社会公平,改善人民的物质生活;促进资源合理配置;促进国民经济发展。题干中举措的出台背景是疫情以来我国经济下行压力较大,因此,该举措是基于财政有促进国民经济平稳运行的作用,C项正确。题干中举措的出台与经济结构的优化升级无关,A项错误。财政赤字是指在某一财政年度,政府计划安排的总支出超过经常性收入并存在于决算中的差额。税收是财政收入最基本的形式,B项错误。促进资源合理配置的作用一般表现为财政促进某一行业或者某一地区的发展,材料并未体现,D项错误。故选C。

2. B 【解析】本题考查税的种类。混合销售行为中的安装,应当随同所销售货物征收增值税。2016年5月1日起,我国全面推开营改增试点,至此,营业税退出历史舞台。娱乐城收入在"营改增"之后按销售服务缴纳增值税。故选B。

3. C 【解析】本题考查影响经济增加值变动的因素。经济增加值=税前经营利润×(1-所得税税率)-加权平均资本成本×投资资本,由上式可知:税前经营利润与经济增加值正相关变动,所得税税率、加权平均资本成本和投资资本与经济增加值负相关变动。因此,税前经营利润增加,可能引起部门经济增加值增加。故选C。

4. D 【解析】财政从本质上说,是国家对社会财富的再分配。

5. A 【解析】财政收入主要受经济发展水平和分配政策的制约。其中,经济发展水平对财政收入的影响是基础性的。

6. B 【解析】政府的转移支付大都具有福利支出的性质,如社会保险、福利津贴、抚恤金、养老金、失业补助、财政转移支付、救济金以及各种补助等;农产品价格补贴也是政府的转移支付。ACD项属于一般的政府财政支出,B项退伍军人补助金有明显的福利色彩,属于政府的转移支付,故选B。

7. C 【解析】社会主义国民收入的再分配,主要通过下列途径和形式来进行:国家预算、劳务费用、价格杠杆、银行信贷。

8. D 【解析】税收与其他分配方式相比,具有强制性、无偿性和固定性的特征。

9. D 【解析】增值税只对增值额征税,这样可以避免对一个经营额重复征税,也可以防止前一生产经营环节企业的偷漏税行为,因此A项搭配错误。继续完善结构性减税政策,能调节企业生产,但可能会减少财政收入,因此B项搭配错误。个人所得税与社会分工没有直接关系,因此C项搭配错误。营业税改征增值税,有利于减轻相关企业税负,促进服务业发展,因此D项搭配正确。故本题选D。

10. A 【解析】税收不宜过高,否则会增加企业和个人的负担,不利于企业和个人积极性的发挥,最终不利于财政收入的持续增长,A错误。

11. A 【解析】行政经费支出属于购买性支出。BCD三项属于转移性支出。A正确。

12. B 【解析】国民收入的分配按用途分为积累和消费。积累部分用于扩大再生产、非生产性基本建设和社会物资储备。其中,扩大再生产资金用于建工厂、修铁路等;非生产性基本建设资金用于修建学校、公园、医院和博物馆等;而社会物资储备资金则用于战争、救灾等。故本题选B项。

13. A 【解析】公共财政配置资源范围的大小决定于政府职能范围的大小。

14. D 【解析】非竞争性和非排他性是公共产品的基本特征。

15. B 【解析】A选项是经济发展对税收收入的影响，与题意不符；C选项表述错误，且题目中不涉及税收的特点；D选项表述错误；一系列结构性减税政策的出台是一个重要因素，说明了分配政策是影响财政收入的重要因素，B正确。

16. C 【解析】推动取消高速公路省界收费站是国务院作出的重大决策部署，是促进区域协调发展的切实举措，是推进交通强国建设的必然要求，对深化交通运输领域供给侧结构性改革、促进物流业降本增效和节能减排、提升公路服务质量和效率，推进交通运输高质量发展具有重要意义。只有C项符合题意，故当选。

17. D 【解析】个税起征点的提高，使居民拥有更多的可支配收入，从而有利于消费水平的提高。

18. C 【解析】题干强调税收对于国家的重要性，说明了税收是国家存在和发展的物质保障。A、B、D不符合题意。

19. B 【解析】根据我国《预算法》第二十一条规定，县级以上地方各级人民代表大会常务委员会监督本级总预算的执行；审查和批准本级预算的调整方案；审查和批准本级决算；撤销本级政府和下一级人民代表大会及其常务委员会关于预算、决算的不适当的决定、命令和决议。故选B。

20. C 【解析】偷税是指纳税人以不缴或者少缴税款为目的，采取各种不公开的手段，隐瞒真实情况，欺骗税务机关的行为。消费者消费后，商家应无条件提供发票，该饭店的这种行为是为了偷税，故选C。

21. D 【解析】本题考查企业所得税。我国对个人独资企业和合伙企业征收个人所得税，而非企业所得税。本题为选非题，答案为D。

22. A 【解析】本题考查我国政府预算编制的原则。我国政府预算编制的原则主要有：合法性原则、真实性原则、完整性原则、科学性原则、稳妥性原则、重点性原则、透明性原则、绩效性原则等。政府预算资金从哪里筹集，筹集多少，分配到哪里去，每一项预算收支的安排，都要有其法律依据和政策制定依据，体现了我国政府预算编制的合法性原则。真实性原则指的是部门预算收支的预测必须以国家社会经济发展计划和履行部门职能的需要为依据，对每一收支项目的数字指标都应认真测算，力求各项收支数据真实准确。完整性原则指的是部门预算编制要体现综合预算的思想。各种预算外资金要严格执行"收支两条线"管理，应将所有收入和支出全部纳入部门预算，对单位的预算内、外各项财政资金和其他收入，统一管理，统筹安排，统一编制综合财政预算。科学性原则指的是预算收入的预测和安排预算支出的方向要科学、预算编制的程序设置要科学、预算编制的方法要科学、预算的核定要科学等。故答案选A。

23. B 【解析】财政赤字是财政支出大于财政收入而形成的差额。A项扩大减税范围使财政收入减少，C项减少收费项目减少了财政收入，D项扩大政府投资使政府支出增加，这三种措施都会导致财政赤字的增加。故选B。

24. B 【解析】增发国债属于财政收入，A错误；提高居民最低收入保障标准属于国家财政支出，B正确；私营企业用于技术改造的支出和个人及其家庭消费开支都与国家财政无关，排除CD。

25. D 【解析】财产税是对法人或自然人在某一时点占有或可支配财产课征的一类税收的统称。契税是指不动产（土地、房屋）产权发生转移变动时，就当事人所订契约按产价的一定比例向新业主（产权承受人）征收的一次性税收。因此，契税属于财产税。

26. B 【解析】从税收的地位看，税收收入是财政收入的主要来源；从我国税收的性质看，我国税收取之于民、用之于民；从我国税收的作用看，税收是国家实现职能的物质基础，有国必有税。从公民的权利与义务的关系看，每个公民在享受国家提供服务的同时，必须承担义务。"你如果偷税，暂时挺陶醉，一旦被查处，事业全报废。"此标语警示公民应该自觉履行依法纳税的义务，故选B。

27. D 【解析】税收是政府组织财政收入的基本形式，是政府偿还国债的主要资金来源。

二、多项选择题

1. BD 【解析】由材料可知，出口退税快审快退是速度的变化，不会减少政府的财政收入，A项错误。出口退税快审快退大幅压缩了审核时限，有利于提高出口企业资金周转速度，B项正确。出口退税快审快退未体现会加剧区域内企业的竞争，C不符合题意。材料中体现了政府通过出口退税快审快退政策来促进企业发展，为企业的生产经营提供支持，D项正确。故选BD。

2. AD 【解析】M市管好用好扶贫资金，对不同的地区采用不同的方式扶贫，说明政府财政具有促进资源合理配置的作用，A项正确。B项夸大了财政资金在精准扶贫和精准脱贫中的作用。题干中的扶贫政策没有体现国家运用财政政策调控国民经济运行，C项不符合题意。政府投入财政资金精准扶贫，体现了政府财政是促进社会公平的物质保障，D项正确。故本题选AD。

3. ACD 【解析】公共产品具有非排他性、非竞争性和非（低）盈利性。

4. ABC 【解析】公共消费支出主要包括:行政管理费、国防经费、文教、科学、卫生事业等支出。D项不属于公共消费支出。

5. AD 【解析】本题考查资产负债表。资产负债表是反映企业在某一特定日期全部资产、负债和所有者权益情况的会计报表,是企业经营活动的静态体现,根据"资产=负债+所有者权益"这一平衡公式,依照一定的分类标准和一定的次序,将某一特定日期的资产、负债、所有者权益的具体项目予以适当的排列编制而成,其最重要的功用在于表现企业的经营状况。资产负债表是会计定期核算时以货币形式总括地反映企业的资金运用及其来源的报表,A项正确。资产负债表主要反映资产、负债和所有者权益三方面的内容,并满足上述平衡式,B项错误。资产方表示资金的运用,负债方表示资金的来源,C项错误。从资产负债表上可以分析企业的财务情况和检查资金的使用情况,D项正确。

6. ABCD 【解析】本题考查税的种类。消费税是以消费品的流转额作为征税对象的各种税收的统称。现行消费税的征收范围主要包括:烟、酒、鞭炮、焰火、化妆品、成品油、贵重首饰及珠宝玉石、高尔夫球及球具、高档手表、游艇、木制一次性筷子、实木地板、摩托车、小汽车、电池、涂料等税目。故本题答案为ABCD。

7. ABD 【解析】家用轿车属于消费者私人所有,不属于公共产品。

8. ABC 【解析】按政府取得财政收入的形式进行分类,通常将财政收入分为税收收入、国有资产收益、国债收入和收费收入以及其他收入等。其中,收费收入是指国家政府机关或事业单位在提供公共服务、实施行政管理或提供特定公共设施的使用时,向受益人收取一定费用的收入形式。故选ABC。

9. AD 【解析】题干问的是个人所得税的作用,首先排除B项;征收增值税有利于促进生产专业化和体现公平竞争,C项错误。故本题选AD。

三、判断题

1. √ 【解析】从1992年开始,中国改革开放正式对农业体制进行改革,2006年废除了延续千年的农业税,标志着中国进入改革开放转型新时期。

2. √ 【解析】骗税是指纳税人用假报出口等虚构事实或隐瞒真相的方法,经过公开的合法的程序,利用国家税收优惠政策,骗取减免税或者出口退税的行为。邱某的行为是骗取国家的出口退税,属于骗税行为。

3. √ 【解析】当政府通过印发货币来筹集收入时,可以说是在征收一种通货膨胀税。但是这种税是一种向每个持有货币的人征收的税,而不是某一特定群体。通货膨胀税的重要性在不同国家和不同时期也是不尽相同的。

4. √ 【解析】通过国家预算收支规模的变动及其平衡状态可以有效地调节社会总供求的平衡关系,是政府预算的调控作用的主要体现之一。

5. × 【解析】本题考查财政赤字的作用。在经济增长滞缓时,适度的财政赤字就会刺激总需求增长,降低失业率,拉动经济增长。

6. × 【解析】个税起征点的上调有利于缩小收入差距,而非消除。

7. × 【解析】骗税,指纳税人用欺骗方法获得国家税收优惠的行为。例如,个别企业和个人通过虚列出口货物数量、虚报出口货物价格等手段骗取国家出口退税款;虚报自然灾害,骗取税收减免。海外代购人进行虚假的纳税申报,属于偷税行为。

8. × 【解析】降低个人税负使消费者可自由支配的资金增加,从而刺激消费、扩大内需。

第三部分　管理常识

第一章　管理与公共管理

一、单项选择题

1. B 【解析】本题考查决策分析方法。专家调查法也被称为德尔菲法,它是指在避免集体决策时存在的屈从于权威,或盲目服从多数的缺陷的一种定性预测方法。该方法为消除参与决策成员间的相互影响,要求参加决策分析的专家可以互不了解,并运用匿名方式,反复征询各位专家意见和进行背靠背的交流,最后汇总得出一个比较能反映群体意志的预测分析结果。故选B。

2. B 【解析】本题考查领导方式。按行政领导决策指挥方式不同,行政领导方式可分为强制式、说服式、激励式和示范式。其中说服式是指劝告、商量、建议等易于领导者和下属双向沟通的方式。该主管领导经常使用的领导方式是说服式。故选B。

3. C 【解析】本题考查授权的类型。根据指示内容的明晰程度与范围大小,可以将授权分为刚性授权、柔性授权、模糊授权和惰性授权。刚性授权,是指管理者在授权时,试图非常精确地划定授权的范围,授权者对被授权者的职务、责任及权力均

有十分明确的规定，下属必须严格遵守，不得渎职，这种授权方式限制了下属的主动性、创造性和个人发展。柔性授权，是指管理者对被授权者不指派具体工作，仅指示一个大纲或者轮廓，被授权者有很大的余地做因时因地因人的随机处理。模糊授权指具有明确的工作事项与职权范围，管理者在必须达到的使命和目标方向上有明确的要求，但对怎样实现目标并未作出要求，被授权者在实现目标的手段方面有很大自由发挥和创造余地。惰性授权是指管理者由于不愿意多管琐碎纷繁的事务，且自己也不知道如何处理，于是就交给部下处理。故选C。

4. D 【解析】本题考查公共政策实施偏差的表现形式。公共政策实施偏差是指政策实施者在实施政策的过程中，受主客观因素的影响，其行为效果偏离预定的政策目标导致不良的后果。A项，替代式实施偏差又称政策替换，即政策在实施过程中表面上与原政策一致，事实上背离原政策精神的内容，常用“挂羊头，卖狗肉”“上有政策、下有对策”来形容这种情况。B项，黏附式实施偏差即附加式实施偏差，又称政策扩大化，即政策在实施中附加了不恰当的内容，使政策的调控对象、范围、力度和目标超越了既定的要求，从而影响了原有政策目标的实现。C项，选择式实施偏差即一个完整的公共政策在实施时只有部分被贯彻落实。D项，象征式实施偏差又称政策表面化，即政策在实施过程中只宣传不实施，政策未得到具体落实，常用“阳奉阴违”“一纸空文”来形容这种情况。故选D。

5. A 【解析】本题考查公共危机管理的特征。公共危机管理的特征包括：主体的整合性，处置的时效性，过程的阶段性，手段的强制性和技术的专业性。本题为选非题，故选A。

6. B 【解析】管理具有两重性，即管理的自然属性和社会属性。

7. A 【解析】管理学中的“木桶原理”是指木桶能盛多少水，不是取决于桶壁上最长的木板而是取决于最短的木板。题干所述强调的是在管理工作中，要从全局出发，培养团队精神，注重团队协作的整体性。

8. A 【解析】行政领导班子由不同气质结构的人组成，进行协调合作、取长补短，就会形成一个功能完善、高效合理的群体结构。B、C、D项说法过于绝对化。A项，组织需要集中统一管理，不能“政出多门”，是从管理的角度对“一山难容二虎”的阐述。故A项符合题意。

9. A 【解析】泰勒认为科学管理的核心问题是提高劳动生产率。

10. D 【解析】相互性原则，也称报答性原则，是指在沟通、交际过程中，一方对另一方的看法与态度直接决定着另一方对这一方的看法与态度。

11. B 【解析】现代企业管理对象的变革：人由“劳动力”转变为“人力资源”，最终成为“人力资本”。

12. D 【解析】相对于选项里其他人，校长所从事的管理工作的量占全部工作量的比重是最高的。

13. B 【解析】非程序性决策通常要处理的是一些偶然发生的、无先例可循的、非常规性的问题。在这种情况下，决策者难以照章行事，需要有创造性思维。

14. D 【解析】可行性分析一般包括政治可行性和经济可行性、法律可行性和政治可行性、行政可行性和经济可行性，故本题选D。

15. A 【解析】“一票否决”是指决策群体所有成员必须意见完全一致才可最终选定某个备选方案，有任何人持不同意见，方案都不能通过。所以，“一票否决”也被称作“全体一致原则”。

16. C 【解析】一般来说，越是近期的目标，越要求明确具体，远期目标则允许带有一定的模糊性。

17. A 【解析】前馈控制指通过观察情况、收集整理信息、掌握规律、预测趋势，正确预计未来可能出现的问题，提前采取措施，将可能发生的偏差消除在萌芽状态中，为避免在未来不同发展阶段可能出现的问题而事先采取的措施。讲卫生是在患病之前就提前采取措施从而预防疾病的发生，所以应当是前馈控制。

18. D 【解析】题干所述活动都离不开领导者和下属之间的良好沟通。

19. C 【解析】如何留住人才、减少人才流失、发挥人才优势体现的是领导艺术中的用人艺术。故本题选C。

20. A 【解析】管理幅度、管理层次与组织规模存在着相互制约的关系：管理幅度×管理层次=组织规模。也就是说，当组织规模一定时，管理层次与管理幅度成反比。管理幅度越宽，层次越少，其管理组织结构的形式呈扁平型。相反，管理幅度越小，管理层次越多，其管理组织结构的形状呈高耸型。A项表述正确，CD两项表述错误。管理幅度是指一个主管能够直接有效地指挥下属成员的数目。管理幅度并不是越大越好，因为管理幅度大，上级主管需要协调的工作量就大。为了保证管理的有效性，管理幅度不能过大，应当在保证有效管理幅度的前提下寻求减少管理层次的途径。B项表述错误。

21. C 【解析】规章制度的建设要结合企业实际，并与企业的不同发展阶段相适应。根据题干中的描述可知，该单位的管理者应首先查找人们违背制度的原因，并结合单位的现有状况进行制度革新，故本题选C。

22. C 【解析】本题考查组织。“众”“寡”指组织形式，“治”“斗”则体现组织方法。孙子在这里讲的是组织问题，强调组织中的机构设置和指挥方法。其现代意义是指作为一个管理者，应该充分放权，充分发挥下属的主观能动性和工作积极性。这样，治理一个大型的企业或团队，只需管好极少的几个人就能达到管好整个企业或团队的目的。

23. D 【解析】本题考查目标管理。目标管理是一种以目标为主线的现代管理方法，它是由管理者与被管理者共同参与来确定目标、执行目标与评估目标成果的管理制度与方法。因此，目标管理的目标由实施单位与其上级来确定。

24. A 【解析】在组织的各项资源中，人力资源发挥着统领各项资源的主导作用，处于核心地位。

25. A 【解析】计划职能是管理活动的起点，是确定管理目标的第一个步骤；组织职能是管理活动得以顺利进行的必要环节；领导职能是管理过程的活的灵魂，是集中体现管理者素质和管理能力的活动，是实现管理效率和效果的关键；控制职能是管理过程的监视器和调节器，它对于管理过程的顺利进行具有重要的保证作用。

26. C 【解析】计划职能是指管理者制订计划、执行计划和检查计划执行情况的全过程。控制职能是与计划职能紧密相关的，它包括制定各种控制标准；检查工作是否按计划进行，是否符合既定的标准；若工作发生偏差要及时发出信号，然后分析偏差产生的原因，纠正偏差或制定新的计划，以确保实现组织目标。领导职能是指领导者运用组织赋予的权力，组织、指挥、协调和监督下属人员，完成领导任务的职责和功能，包括决策、选人用人、指挥协调、激励和思想政治工作等。组织职能是指按计划对企业的活动及其生产要素进行的分派和组合。题干中提到了影响和激励，属于领导职能的范畴。故本题正确答案为选项C。

27. D 【解析】本题考查管理职能。管理活动分为计划、组织、指挥、协调和控制五大管理职能。A计划职能：对未来活动进行的一种预先的谋划。内容：研究活动条件，编制计划。B组织职能：为实现组织目标，对每个组织成员规定在工作中形成的合理的分工协作关系。内容：设计组织结构，人员配备，组织运行，组织监督。C指挥职能：按决策的要求通过组织结构对过程进行控制与对人进行激励，率领下属共同为实现决策目标而努力的活动。D协调职能：组织领导者从实现组织的总体目标出发，依据正确的政策、原则和工作计划，运用恰当的方式方法，及时排除各种障碍，理顺各方面关系，促进组织机构正常运转和工作平衡发展的一种管理职能。故本题正确答案为D。

28. B 【解析】评价管理者的领导能力和影响能力，有关信息的获得来源于下属人员。故本题选B。

29. A 【解析】非正式组织运行的原则以情感的逻辑为重要标准，如：工作关系、兴趣爱好、血缘关系等。

30. A 【解析】整体性原则是指系统分析首先着眼于系统整体，要先分析整体，再分析部分；先看全局，后看局部；先看全过程，再看某一阶段；先看长远，再看当前。当地政府先考虑长远，再考虑当前，体现了整体性原则，A正确。

31. A 【解析】团队精神是大局意识、协作精神和服务精神的集中体现，其核心是协同合作。

32. A 【解析】决策角色包括：企业家角色、资源分配者角色、冲突管理者角色、谈判者角色。题目强调的是冲突和问题的解决，属于冲突管理者角色，故选A项。

33. B 【解析】重事式行政领导方式注重行政组织的目标、任务的完成和效率的提高，以事为中心进行行政领导活动。

34. D 【解析】公司老板、工厂、电视台均不属于行政机关，对它们的诉求不属于公共政策诉求。故本题答案为D。

二、多项选择题

1. AC 【解析】本题考查正式沟通中的链式沟通模式的特点。链式沟通模式又称为直线型沟通，是指若干沟通参与者，从最初的发信者到最终的受信者，环环衔接，形成信息沟通的链条。它的特点是机制比较简单、速度较快、有明确领导人、适合等级结构、满意度低、失真度高。AC项正确，当选。

2. ABC 【解析】本题考查非正式沟通中的小道消息。小道消息既有对组织有利的一面，也有给管理层带来麻烦的一面，A项说法错误。男性和女性对于传播小道消息有同等的爱好，B项说法错误。小道消息的积极功能包括：构建和缓解焦虑；使支离破碎的信息能说得通；把群体成员甚至局外人组成一个整体；表明信息发送者的地位和权力。我们应客观对待小道消息，需要改善人际关系，形成感情融洽、相互关心、彼此信任、协调一致的群体气氛和组织情境。C项所述不是小道消息的积极作用，说法错误。小道消息具有过滤和反馈双重机制，它使管理者认识到员工认为很重要的事情是哪些。从管理的角度出发，对小道消息进行分析并预测其流向是可行的。由于只有少部分人积极向其他人传递信息，因此通过了解某个联络人认为哪种信息十分重要，能够提高我们解释和预测小道消息传播模式的能力。管理者甚至可以利用非正式渠道来传递某些消息，使之起到正式渠道起不到的作用，D项说法正确。故选ABC。

3. ABCD 【解析】习近平总书记指出："治理和管理一字之差，体现的是系统治理、依法治理、源头治理、综合施策。"

4. ABCD 【解析】一般说来，像法律法规、规章制度、工作程序、人员训练和培养计划等，在管理活动中，都起着重要的预防控制的作用。

5. BCD 【解析】决策的基本特征有：主观性、选择性、预见性。

6. ABCD 【解析】现代公共行政自产生以来，在对社会公共事务的管理中履行四个功能：提供公共产品；实现社会公平；实施管制；宏观调控。

7. ABCD 【解析】管理过程中常见的传播方法有：新闻发布会、沟通性会议、公务谈判、游说策动、政务信息公开等。

8. ABCD 【解析】概念性技能包含着一系列的能力，包括能够提出新的想法和新的思想的能力，能够进行抽象思维的能

力，能够把一个组织看成一个整体的能力，以及能够识别在某一个领域的决策对其他领域将产生何种影响的能力。

9. ACD 【解析】管理幅度与管理层次之间应为反比例关系，A选项错误。时间性原则是公共危机管理的首要原则，C选项错误。行政协调是指调整行政系统内各机构之间、人员之间、行政运行各环节之间的关系，以及行政系统与行政环境之间的关系，以提高行政效能、实现行政目标的行为，D选项错误。

10. ABCD 【解析】行政领导者肩负着各级政府、各个部门领导管理工作的重任，事关国家、民族的兴衰成败和公民的安居乐业，因此必须具有良好的素质修养。行政领导者应具有以下基本素质：政治素质、知识素质、能力素质、心理素质。

三、判断题

1. × 【解析】本题考查管理幅度与管理层次的关系。管理幅度与管理层次是相互制约的，其中管理幅度起主导作用。管理幅度决定管理层次，管理层次的多少取决于管理幅度的大小。同时，管理层次对管理幅度也存在一定的制约作用。

2. × 【解析】本题考查激励的类型。内激励是指工作任务本身给工作者带来的激励，如对任务的好奇心、对任务的喜爱和全身心投入等。外激励是与工作任务无关的、由任务下达者提供的激励，如提高工资、增加奖金、提升职务等。题干中的“获得工作满足感”属于内激励。

3. √ 【解析】本题考查授权的权责对等原则。合理授权是贯彻权责对等原则的一个重要方面，必须根据管理者所承担的责任大小授予其相应权力。管理者完成任务的好坏，不仅取决于主观努力和其具有的素质，而且与上级的合理授权有密切的关系。

4. × 【解析】事后控制是在管理活动中出现最早、历史最久的控制类型。

5. √ 【解析】从管理学角度看，职责不清是导致“三个和尚没水吃”的最主要原因。职责分配不明确，人们互相扯皮，敷衍了事，最终无法达到“吃水”的目标。只有明确责任，落实责任制，才能使每个“和尚”都“有水吃”。

第二章　政府职能与行政管理

一、单项选择题

1. B 【解析】本题考查政府的职能。开展扫黑除恶专项斗争的目的是保障人民安居乐业、社会安定有序、国家长治久安，切实维护社会稳定，B项正确。A项“一切权益”说法错误。C项“专政职能”说法错误。开展扫黑除恶专项斗争的目的不是提高公民政治地位，D项错误。故选B。

2. A 【解析】本题考查政府的职能。慈利县持续加强乡村政务服务能力建设的一系列举措提高了公共服务效率，A项正确。政府的职权由法律赋予，不能随意扩大，B项错误。材料并未涉及政府的监管，C项错误。材料强调政府为人民服务，解决了人民的实际困难，并未增加基层工作的负担，D项错误。故选A。

3. A 【解析】本题考查政府职能。贷款类电信网络诈骗犯罪侵犯了人民群众的财产权，公安部部署开展“云剑-2020”打击贷款类电信网络诈骗犯罪集群战役体现出我国政府依法打击犯罪，保障人民利益，A项正确。

4. B 【解析】本题考查行政组织的特征。行政组织法制性的实质是依法行政。推进机构法定化，体现了行政组织的法制性与权威性。

5. C 【解析】本题考查政府机构构成。政府机构构成六要素包括机构设置、职能目标、行政经费、权责体系、运行规则和人员组合，其中行政经费是政府机构行使行政权力、履行行政职责的物质基础。故选C。

6. B 【解析】本题考查政府机关。职能机关是指各级政府分管专业行政事务的执行机关。职能机关是领导机关的组成部门，其主要任务是贯彻执行领导机关的方针、政策和指示、决定，领导或指导业务上相同的下级部门，相互配合，为实现组织的总目标而服务。故选B。

7. A 【解析】本题考查政府威信的树立。政府的威信是指政府在社会管理和公共服务过程中形成的，得到人民认同的威望和公信力。举办“政府开放日”，有利于树立我国政府的威信。BCD项均夸大了举办“政府开放日”的积极作用。

8. C 【解析】本题考查政府公共关系。A项，了解舆论指的是政府公关部门要了解舆论产生的全过程，把群众的意见、愿望和呼声集中，从中发现问题，作为决策依据。B项，引导舆论指的是对某些舆论成分加以疏导，分析产生的背景，消除成为隐患的原因，使舆论朝正确方向发展。C项，回应舆论是说政府形象受到损害时，应迅速查清原因，或针对公众的误解、人为的破坏给予及时准确的解释，以澄清事实真相；或针对内部不善因素，诚恳地向公众道歉，求得谅解，并尽快将改进措施公之于众，设法将消极影响减少到最低限度。D项，完善舆论是政府有了好形象和声誉后，注意完善自身行为，创立更高美誉度。故选C。

9. B 【解析】本题考查领导方式。激励式领导方式是一种最直接服务于提高领导效能的领导方式。它是行政领导者使用物质或精神的手段激发下属的工作积极性，以达到决策目标的推进型领导方式。“破釜沉舟”来源于《史记·项羽本纪》，讲的是项羽在全军渡河之后，带领全军采取了一系列果断的行动：把所有的船只凿沉，击破烧饭用的锅子，烧掉宿营的屋子，只携带三天干粮，以此表示决心死战。它体现了激励式领导方式，故选B。

10. A 【解析】本题考查行政协调。行政协调最终目的是促成各方主体达成共识，异中求同。

11. C 【解析】本题考查行政监督体系。纪委监委一般指纪律检查委员会和监察委员会。纪律检查委员会属于党的监督；监察委员会是国家监督，属于政治监督。二者均属于行政系统外部监督。故选C。

12. C 【解析】本题考查行政监督的类型。事前监督的特点是监督实施于相对方某一行为完成之前。从行政监督的实施时间来看，题干强调的是在行政活动中要做好事前监督工作。

13. C 【解析】履行公共管理职能的组织是以政府为核心的公共部门，自十八大以来，政府部门致力于“放管服”改革，即简政放权、放管结合、优化服务。归根结底是要提高政府效能和管理水平。

14. B 【解析】A项错误，政治职能是指政府为维护国家统治阶级的利益，对外保护国家安全，对内维持社会秩序的职能。B项社会公共服务职能是指除政治、经济、文化职能以外政府必须承担的其他职能，这类事务一般具有社会公共性，无法完全由市场解决，应当由政府从全社会的角度加以引导、调节和管理，题干中强调教育的公益性和教育公平，属于社会服务职能，说法正确。C项错误，经济职能是指政府为促进国家经济的发展，对社会经济生活进行管理的职能。其主要有宏观调控的职能、提供公共产品和服务的职能、市场监管的职能。D项金融职能是错误的。

15. B 【解析】政府职能的法定性是指政府的一切活动都要在宪法和法律的范围内进行，宪法和法律规定了一国政府职能的边界，使公共行政有法可循。

16. D 【解析】当前，我国基本公共服务的非均等化问题比较突出，并由此使地区之间、城乡之间、不同群体之间在基础教育、公共医疗、社会保障等基本公共服务方面的差距逐步拉大，并已成为社会公平、公正的焦点问题之一。题干中政府注重发展更加公平更有质量的教育，是推进基本公共服务均等化的表现。因此，①符合题意。题干中只体现了对教育方面的发展，没有体现出对公民各项民主权利的维护和经济建设的发展。因此，②③不符合题意，④符合题意。故本题选D。

17. D 【解析】本题考查政府职能。政府的社会职能的主要内容包括：调节社会分配和组织社会保障；保护生态环境和自然资源；促进社会化服务体系建立；提高人口质量，实行计划生育。这类事务一般具有社会公共性，无法完全由市场解决，应当由政府从全社会的角度加以引导、调节和管理。

18. B 【解析】本题考查行政管理名词。公地悲剧，又叫“公有资源的灾难”，是指公地作为一项资源或财产有许多拥有者，他们中的每一个人都有使用权，但没有权利阻止其他人使用，从而造成资源过度使用和枯竭。之所以叫悲剧，是因为每个当事人都知道资源将由于过度使用而枯竭，但每个人对阻止事态的继续恶化都感到无能为力。现实中有很多公地悲剧的例子，比如：草地属于公有产权，零成本使用，而排斥他人使用的成本很高，这样就导致牧民的过度放牧；过度砍伐森林；过度捕捞渔业资源等。故答案选B。

19. B 【解析】本题考查行政伦理的功能。行政伦理的功能大致可以归纳为中介、规范、约束、教育、激励、凝聚等。其中，行政伦理的规范和约束功能是指在行政系统的运行和行政行为的实施过程中，对符合其要求的情感、信念和行政行为予以激励和强化，对不符合其要求的情感、欲望和行为则予以纠正或弱化。故答案选B。

20. B 【解析】本题考查行政伦理。行政伦理的最低要求就是行政行为的正当性、合法性要求，也就是行政伦理的制度化、规范化要求。

21. C 【解析】本题考查行政管理体制改革和制度创新。公共行政职能的主体界定和机构设置是行政管理体制改革和制度创新首要的、核心的问题。

22. A 【解析】有效的政府组织应该认识到，公民是公共性的起点，公民的影响和参与对于有效的公共政策和公共项目来说是基础性的。

23. A 【解析】政府部门听取群众意见和建议，再根据这些意见和建议改进自身的工作，更好地服务群众，这属于从群众中来到群众中去的工作方法。

24. D 【解析】区别政府有无权威的标志是政府的管理和服务是否被人民认可和接受。

25. B 【解析】建立权力清单制度有利于促使政府进一步转变职能，推进简政放权，规范与制约政府行政权力，贯彻依法行政。

26. A 【解析】“最多跑一次”体现的是政府服务水平的提高，原来需要跑多次才能办成的事情，现在一次办成，说明政府服务的效率有很大提升。

27. C 【解析】题干中强调的是政府进行“放管服”改革，凡是通过市场机制能够很好解决的问题，政府就不必插手，从而增进市场的作用。故选C。

28. C 【解析】我国政府工作的基本原则为：对人民负责。其要求是：坚持为人民服务的工作态度、树立求真务实的工作作风、坚持从群众中来到群众中去的工作方法。国务院加强督查问责旨在推动政府改进作风，治理庸政怠政，提高行政效率。

故本题选C。

29. A 【解析】重大事故由事故发生地省级人民政府负责调查。

30. B 【解析】依法行政，是指国家各级行政机关及其工作人员依据宪法和法律赋予的职责权限，在法律规定的职权范围内，对国家的政治、经济、文化、教育、科技等各项社会事务，依法进行的有效管理活动。

31. D 【解析】依法行政的主体是政府及其工作人员，生态环境部属于政府部门，故选D。

32. B 【解析】责任政府原则是指行政机关和国家公务员违法行政必须承担法律责任的原则。职权法定原则是指行政机关的任何职权的取得和行使，都必须依据法律规定，否则不得行使。法律优先原则是指法律位阶高于行政法规、行政规章和行政命令，一切行政法规、行政规章和行政命令皆不得与法律相抵触。这三项原则均是依法行政原则的子原则。而合理行政原则，是指行政机关作出的行政行为内容要客观、适度、符合理性。它是与依法行政原则并列的行政基本原则，旨在控制自由裁量权的运用，故选B。

33. D 【解析】国家行政机关外部监督体系，主要由政党监督、国家权力机关监督、国家司法机关监督、社会团体监督、公民监督和新闻媒体监督等方面构成。D正确。

34. B 【解析】本题考查行政管理。有效制约和监督权力的关键是建立健全制约和监督机制，依靠法治可以从根本上防止权力的滥用。

35. B 【解析】政府注重保障和改善民生，免除农村贫困家庭学生普通高中学杂费，这表明政府履行的主要职能是加强社会建设，故B项入选。

36. A 【解析】政府计划职能包括：(1)制定组织的整体目标；(2)围绕目标，制定可供选择的方案；(3)对方案进行分析，最后选择可行的方案；(4)确定具体实施步骤。

37. C 【解析】社会保险在社会保障体系中居于核心地位，是实现社会保障的基本纲领。社会救助属于社会保障体系的最低层次。社会福利是社会保障体系的最高层次。社会优抚和安置是社会保障体系中的特殊构成部分。因此，答案选C项。

38. A 【解析】很多人只感受到、只知道扫码支付的便捷，而对其中潜伏的安全风险毫无所知，也相当漠然。政府秉持公共理性，在人们享受便捷的时候进行风险管控，是十分必要的。

39. C 【解析】行政决策是行政管理过程的首要环节和各项管理职能的基础。

40. C 【解析】国务院发展研究中心是从事综合性政策研究和决策咨询的国务院直属事业单位，是典型的行政决策咨询系统。

41. C 【解析】互联式沟通的特征是每个沟通点都可以和其他所有的点发生联系，各个信息点可以互相沟通，没有信息的中心。互联式沟通有利于行政工作的多元化和民主化，如政府举办听证会。聚联式沟通的特征是存在一个沟通中心，沟通中心可以和任何其他沟通点联系，而其他各点只能与沟通中心发生联系，彼此无相互的沟通渠道。单联式沟通的特征是各个信息沟通点的地位是平等的，每个成员只能和相邻的两点相互沟通，而与其他点不发生联系。非正式沟通是一种通过正式规章制度和正式组织程序以外的其他各种渠道进行的沟通。故选C。

42. A 【解析】外部监督是指行政机关以外的权力与非权力主体对行政机关及其工作人员实施的监督。其中，外部权力监督包括：国家权力机关的监督，即人民代表大会及其常务委员会的行政监督；国家司法机关的监督，即人民检察院和人民法院实施的行政监督；中国共产党组织作为执政党实施的行政监督。外部非权力监督包括：人民政协以及各民主党派的行政监督；社会群众及舆论监督，主要是指各人民团体、群众组织、企事业单位、公民个人以及新闻媒介对国家行政机关及其工作人员实施的监督。

43. A 【解析】国家机关的监督包括权力机关、司法机关和行政机关内部的监督。因此司法机关的监督既是国家机关监督，又是行政体系外部的监督。

44. D 【解析】信访举报制度即公民以给国家机关写信、打电话或向有关人员当面指出的方式，反映意见，提出批评建议。社情民意反映制度、社会听证制度是公民参与民主决策的方式，A、C错误；材料没有体现舆论监督的内容，B不符合题意。

45. B 【解析】浙江省政府颁布实施全国首个化学合成类制药大气污染物排放标准，为群众撑起同呼吸、共命运的保护伞，这说明政府在履行推进生态文明建设的职能。

46. B 【解析】社会主义市场经济体制的基本框架对政府职能的要求是：转变政府管理经济的职能，建立以间接手段为主的完善的宏观调控体系。

47. A 【解析】题干内容一直围绕教育公平的问题进行论述，这体现了政府重视我国当前的教育公平问题，积极承担促进社会和谐发展的责任，故选A。

48. D 【解析】政府购买公共服务是一种新型的政府提供公共服务的方式，是指政府将原来由政府直接承办的为社会发展和人民生活提供服务的事项，出资交给有资质的社会组织来完成，从而使公共服务更加专业化。政府对公共服务不再直接

提供和管理，而是转为购买和监管，政府部门的工作中心也将转移到制定发展规划、确定服务标准、加强监督管理、了解群众需求等方面。因而，政府购买公共服务，有助于真正转变政府职能，降低行政成本，提高服务效率。

49. B 【解析】公安部在全国启动居民身份证异地受理工作，体现了政府提供公共服务的职能，丰富了公共服务的内容，并没有体现健全基本公共服务体系的内容，A错误。居民身份证异地受理和户口登记清理整顿工作，体现了建设服务型政府，为人民提供更好的服务，有利于树立政府权威，B正确。我国基本的民主权利为选举权与被选举权，题中没有体现，C错误。题干中未体现政府进行机构改革，D错误。

50. C 【解析】行政系统的内部监督体系包括一般监督与专门监督。

51. D 【解析】内部监督是行政机关内部的自我监督，即在有隶属关系的行政机关内部上下级之间、领导与被领导之间互相实行的监督。外部监督是行政组织系统外部力量对行政组织的监督，如来自国家权力机关、党的组织、社会团体和人民群众的监督。ABC项都属于外部监督，排除。D项属于内部监督中的专门监督，当选。

二、多项选择题

1. BC 【解析】本题考查政府职能。学前教育具有公益性质，要解决“入园难”“入园贵”等问题，需要政府加大政策扶持，鼓励、引导社会力量开办普惠性幼儿园，同时要切实履行组织文化建设的职能，完善幼儿园教师培养体系，加强教师队伍建设，BC项正确。社会保障是以国家或政府为主体，依据法律，通过国民收入的再分配，对公民在暂时或永久丧失劳动能力以及由于各种原因而导致生活困难时给予物质帮助，以保障其基本生活的制度。我国的社会保障制度包括社会保险、社会救济、社会福利、社会优抚和社会互助。健全社会保障制度与题意不符，A项错误。目前社会上存在部分民办幼儿园过度逐利的问题，但也有合法存在的营利性幼儿园，政府不能因此直接遏制全部逐利行为，而是应规范发展民办幼儿园，遏制过度逐利行为，D项错误。故选BC。

2. ABCD 【解析】本题考查行政责任。行政主体承担行政责任的具体方式主要有：(1)通报批评；(2)赔礼道歉，承认错误；(3)恢复名誉，消除影响；(4)返还权益；(5)恢复原状；(6)停止违法行为；(7)继续履行职责；(8)撤销违法的行政行为；(9)纠正不适当的行政行为；(10)行政赔偿等。

3. BD 【解析】A项说法错误，脱贫攻坚体现了政府在履行社会公共服务职能。C项说法错误，共产党以科学的思想、制度和方法领导中国特色社会主义事业。BD正确且符合题意，故本题选BD。

4. AC 【解析】要进一步激发市场主体的活力，当好“店小二”，政府应该优化机构职能设置，全面提高效能，还要激发社会创新活力，理顺政商关系，AC项正确；政府职能不能市场化，B项表述错误；减少行政管理职权表述错误，D项不选。故本题选AC。

5. AC 【解析】B项说法错误，维护国家统一和民族团结是我国顺利进行社会主义现代化建设的根本保证。D项说法错误，全国人民代表大会及其常务委员会依法行使立法权。因此，不能说我国的法律法规由政府制定并实施。AC项说法正确且符合题意，故选AC。

6. ABCD 【解析】政府机关重新组织业务活动，构建统一的业务平台，让管理的幅度增加，管理层次减少。这样有利于形成清晰的权责关系，可以发挥部门的技术优势，易于实现组织间的协调管理。对管理者的能力要求也增加了，便于培养“多面手”式的管理人才。

7. BD 【解析】C项，审计部门和法制部门的监督属于行政监督体系中的内部监督；A项，全国政协和各级人民政协是爱国统一战线组织，不是国家机关，不符合题意。故本题选BD。

8. ABCD 【解析】本题考查维护行政领导权威的原则。维护行政领导的权威，首先决定于党中央、国务院的权威；必须加强组织纪律建设，形成下级服从上级、全党及地方政府服从中央的高效领导体制；在各层领导集体内加强团结、密切配合并形成坚强领导核心；维护行政领导的权威必须与维护国家法律的权威统一起来；建立科学有序的权力分配体系，做到合理放权。

9. ACD 【解析】政府可以通过减轻药品企业负担的措施使药品价格降低，如降低药品进口环节增值税税负，也可以通过取消流通环节不合理加价降低药品价格。政府还可以通过将急需的抗癌药纳入医保报销名录，在药品价格不变的情况下，让广大患者买得起药。B项，政府直接要求生产企业降低药品价格，违背了市场规律，不利于药品行业的健康发展。

10. BC 【解析】A项表述不正确，政府要依法行政，执政的主体是中国共产党；D项表述不正确，政府没有立法权。

11. CD 【解析】政府内部打破部门“信息孤岛”，提高为民服务的效率，表明政府部门是为人民服务的。A项说法错误，政府并没有包办一切；B项表述与题干无关，题干中并没有涉及决策的公众参与度。

12. ACD 【解析】国务院全面推进政务公开，要求各部门对政务舆情尽快发布权威信息，这一举措有利于保障公民的监督权，防止政府滥用权力，提高政府履职效率，A、C、D正确。政府公开政务信息，与“促使民众快速求助”无直接关联，B排除。

三、判断题

1. × 【解析】本题考查政府职能。我国坚持社会主义基本经济制度，充分发挥市场在资源配置中的决定性作用，更好发

挥政府作用。政府有组织经济建设的职能，但政府一般不可以直接干预经济活动，而是从供求方面进行宏观调控。

2. √ 【解析】本题考查政府职能的实现手段。实现政府职能的主要手段包括：行政手段、经济手段、法律手段等。法律手段具有严肃性、权威性、规范性的特点，使行政管理统一化和稳定化，但只能在有限范围内发挥作用，很多经济关系、社会关系需结合其他手段才能发挥作用。行政手段具有强制性、垂直性、无偿性、稳定性和具体性的特点，其优点是统一集中、迅速有效。但它易产生与"人治"相联系的一些弊病，影响横向联系及下级的积极性、创造性。经济手段具有间接性、有偿性、平等性和关联性的特点，最适于管理经济活动，但其只能调节经济利益关系，不能靠它解决所有问题。

3. × 【解析】本题考查行政监督。信访是指公民、法人或者其他组织采用书信、电子邮件、传真、电话、走访等形式，向各级人民政府、县级以上人民政府工作部门反映情况，提出建议、意见或者投诉请求，依法由有关行政机关处理的活动。信访是一种社会监督。在我国，立法监督是指各级人民代表大会及其常务委员会对国家行政机关及其工作人员的行政管理活动实施的监督。

4. √ 【解析】本题考查电子政务。实行电子政务，能简化行政环节和程序，提高行政效率，降低行政成本；有利于提高行政透明度，方便公众监督，有利于廉政、勤政建设；有利于政府管理模式从集权管理型向集散管理型转变；有利于整合政务信息资源，推动政府信息资源对社会开放，发挥其巨大的社会效益和经济效益。

5. × 【解析】我国政府职能的转变是由管理型政府向服务型政府的转变，但这并不意味着政府职能的弱化。

6. √ 【解析】本题考查政府职能。政府的政治职能又称统治职能，是政府最为核心的职能，具体来说包括军事保卫职能、外交职能、社会治安职能和民主政治建设职能。

7. × 【解析】本题考查行政文化。行政文化是行政体系中的成员在一定的社会文化背景下所形成的对行政活动的态度、情感、价值观和信仰的总和。任何一个行政体系的结构、过程、程序及行政主体的行为观念，都会直接或间接受到行政文化的影响。行政文化影响行政组织的价值定位和行政组织内部结构的特征。

8. × 【解析】我国行政管理活动的主体是国家各级行政机关。

9. √ 【解析】行政组织是行政管理活动的基础，是社会公共事务管理的主体。任何行政活动都要通过行政组织来完成，只有依靠科学的行政组织才能有效地行使国家行政管理的职能。

10. √ 【解析】办事速度是效率的外在表现。但是，就行政效率而言，并不一定是越快越好，而是指时间使用的合理性。这种合理的时间标准是指行政服务对象希望的"快"和可以接受的"慢"之间的结合。

11. √ 【解析】拓宽民意反映渠道是决策机关进行科学决策的重要前提。

12. √ 【解析】行政权力是政治权力的一种，它是国家行政机关依靠特定的强制手段，为有效执行国家意志而依据宪法原则对全社会进行管理的一种能力。行政管理的基础是国家行政权力。

13. √ 【解析】我国政府职能重心由政治统治转向公共管理，管理方式由以行政手段为主转向以经济手段和法律手段为主。

第四部分　法律常识

第一章　法理学

基础知识达标

一、单项选择题

1. A 【解析】本题考查行政法规。本题可以从制定和颁布者入手解题。行政法规是国务院为领导和管理国家各项行政工作，根据宪法和法律，并且按照《行政法规制定程序条例》的规定而制定的政治、经济、教育、科技、文化、外事等各类法规的总称。B属于部门规章，C属于地方性法规，D属于地方政府规章。故选A。

2. C 【解析】本题考查法律关系。法律关系是指由法律规范调整而形成的社会关系，恋爱关系、同事关系、同学关系均不受法律规范的调整，ABC项均不符合题意。借贷关系受民法调整，属于法律关系。故选C。

3. D 【解析】本题考查法律责任。根据违法行为所违反的法律的性质，可以把法律责任分为民事责任、行政责任、经济法责任、刑事责任、违宪责任和国家赔偿责任。党纪责任不属于法律责任，故选D。

4. D 【解析】本题考查民事法律关系的构成要素。民事法律关系的要素，是指构成民事法律关系的必要因素或条件。民事法律关系的构成要素包括：民事法律关系的主体、民事法律关系的内容和民事法律关系的客体。本题为选非题，故选D。

5. C 【解析】本题考查法律体系的定义。法律汇编是指按照一定标准（如颁布的时间、法律部门，或者一定的主题等）将规范性文件收入加以系统排列，汇编成册。法律编纂又称法典编纂，是指有立法权的国家机关在法律清理和汇编的基础上，对

现行法律体系中的某一部门法律或某一类法律进行审查、研究、整理、补充和修改,最终形成一部集中统一而且内部协调的系统的法律或法典的专门性立法活动。法律体系是指由法律部门组成的现行法律有机联系的统一整体。法律渊源是指法律的存在或表现形式。故选C。

6. D 【解析】本题考查习近平总书记关于执法司法监督工作的重要论断。习近平总书记指出,要坚持以公开促公正、以透明保廉洁。要增强主动公开、主动接受监督的意识,完善机制、创新方式、畅通渠道,依法及时公开执法司法依据、程序、流程、结果和裁判文书。对公众关注的案件,要提高透明度,让暗箱操作没有空间,让司法腐败无法藏身。故选D。

7. B 【解析】本题考查法律事件的定义。A项,法律解释是指一定的人或组织对法律规定含义的说明。B项,法律事件是指法律规范规定的、与当事人意志无关的,且能够引起法律关系产生、变更或消灭的客观事实。C项,法律行为是指与当事人意志有关的,能够引起法律关系产生、变更或消灭的作为和不作为。D项,法律机关是指制定、执行法律及监督法律执行的机构。故选B。

8. D 【解析】本题考查法的本质。马克思主义法学理论认为,法的本质是统治阶级意志的表现。

9. C 【解析】本题考查法律的特征。法的基本特征有:规范性和普遍性;统一性和权威性;权利和义务的一致性;国家强制性和程序性。其中,由国家强制力保证实施(即国家强制性)是法律最主要的特征,也是区别于其他行为规则的重要特点。

10. D 【解析】本题考查法律部门的划分依据。在法学上,一般认为划分法律部门的主要依据是法律规范所调整的社会关系,即调整的对象和方法。

11. A 【解析】本题考查司法解释的定义。司法解释是指国家最高司法机关在适用法律过程中对具体应用法律问题所作的解释,包括审判解释和检察解释。

12. B 【解析】本题可从制定者入手。法律是由全国人民代表大会及其常务委员会经一定立法程序制定颁布的规范性文件;宪法是全国人民代表大会制定的;行政法规是国务院制定的;行政规章由国务院各部委,省、自治区、直辖市人民政府,省、自治区、直辖市人民政府所在地和经国务院批准的较大的市的人民政府等制定。故本题选B。

13. B 【解析】非规范性法律文件通常指国家机关在适用法的过程中发布的具有法律效力的个别文件,例如裁定书、委任状、逮捕证、营业执照、结婚证等。

14. C 【解析】法律的指引作用包括规定人们应该这样行为或不应该这样行为,题干中“不得违反法律,不得违背公序良俗”是我国《民法总则》规定的民事主体从事民事活动不应该的行为。

15. A 【解析】法律的效力高于行政法规、地方性法规、规章等。《中华人民共和国渔业船舶检验条例》《中华人民共和国渔业行政执法船舶管理办法》《长江渔业资源管理规定》都是依据《中华人民共和国渔业法》制定的。因此,《中华人民共和国渔业法》的效力最高。

16. C 【解析】国务院及其领导的地方各级人民政府是我国的行政机关,其对法律的监督属于国家行政机关的监督。

17. C 【解析】法律义务是指法律所规定的法律关系主体所承担的必须做出的某种行为。故选C。

18. B 【解析】法律制裁是指特定的国家机关对责任主体依其所负的法律责任而实施的惩罚性或保护性强制措施。

19. B 【解析】法不是伴随人类社会的开始就有的,法是人类社会发展到一定阶段的产物。故选B。

20. C 【解析】在法律形式上,大陆法系国家一般不存在判例法,而对重要的部门法制定了法典,并辅之以单行法规,构成较为完整的成文法体系。

21. A 【解析】成文法主要是指国家机关根据法定程序制定发布的具体系统的法律文件。我国现行的教育法规基本上都属于制定法、成文法之列。

22. C 【解析】按照制定和实施法律的主体不同,法可划分为国际法和国内法。

23. C 【解析】从广义上看,立法就是国家专门机关遵循掌握国家政权的社会阶级的意志,根据一定的指导思想和基本原则,依照法定的权限和程序,使之上升为国家意志,从而创制、修改和废止法律的专门活动。法的汇编是指在不改变法律规范内容的情况下,按照一定的标准,对一定时期、一定范围的规范性法律文件予以排列、汇编成册的活动,不属于立法活动。故本题答案为C。

24. A 【解析】授权性规范是指教育法律关系主体有权做出或不做出某种行为。题干所述属于授权性规范。

25. B 【解析】法的适用,通常称为司法,是指国家司法机关依据法定职权和法定程序,具体应用法律处理案件的专门活动。

26. B 【解析】在法律运行过程中,守法是法律实施和实现的基本途径。

27. B 【解析】法律事件是指一种与人的意志无关的客观现象,如自然灾害、人的自然出生和死亡等。

二、多项选择题

1. BCD 【解析】2020年11月16日至17日,党的历史上首次召开的中央全面依法治国工作会议,将习近平法治思想明确

为全面依法治国的指导思想。这次会议的一个重要成果，就是首次提出习近平法治思想。会议强调，习近平法治思想内涵丰富、论述深刻、逻辑严密、系统完备，从历史和现实相贯通、国际和国内相关联、理论和实际相结合上深刻回答了新时代为什么实行全面依法治国、怎样实行全面依法治国等一系列重大问题。故选BCD。

2. CD 【解析】我国的司法机关指人民法院、人民检察院。

3. ABCD 【解析】从不同的标准、角度出发，可对法作不同的分类。常见分类包括：(1)根据法的创制方式和表达形式的不同，可以把法分为成文法和不成文法；(2)根据法的内容的不同，可以把法分为实体法和程序法；(3)根据法的地位、效力、内容和制定主体、程序不同，可以把法分为根本法和普通法；(4)根据法的适用范围的不同，可以把法分为一般法和特别法；(5)根据法的创制主体和适用主体的不同，可以把法分为国内法和国际法。故选ABCD。

4. ABCD 【解析】必须坚定不移走中国特色社会主义法治道路，加快建设中国特色社会主义法治体系，建设社会主义法治国家，推进科学立法、严格执法、公正司法、全民守法，加快建设法治经济和法治社会，把经济社会发展纳入法治轨道。

5. AC 【解析】凡属于法院审判工作中具体应用法律、法令的问题，由最高人民法院进行解释。凡属于检察院检察工作中具体应用法律、法令的问题，由最高人民检察院进行解释。最高人民法院和最高人民检察院的解释如果有原则性的分歧，报请全国人民代表大会常务委员会解释或决定。国务院及其主管部门和法学研究机构无权进行司法解释。

三、判断题

1. × 【解析】本题考查社会主义法治理念的指导思想。社会主义法治理念以马克思主义为根本指导思想。

2. √ 【解析】习近平指出，必须坚持依法治国和以德治国相结合。法律是成文的道德，道德是内心的法律，法律和道德都具有规范社会行为、维护社会秩序的作用。

3. × 【解析】行政法规的效力次于法律，高于部门规章和地方性法规。

4. × 【解析】党员违法犯罪受到法律追究，如果该行为同时违反党纪，将受到党纪处分；如果该行为不违反党纪，不受党纪处分。法律追究与党纪处分是两个不同的责任体系。

5. √ 【解析】作为一项无偿的法律保障制度，法律援助能让困难群众打得起官司，不至于因经济原因而导致合法权益无法得到保障。不过，要想让这一制度真正捍卫社会公平正义，还得进一步提高它在群众中的知晓率和信任度。

6. × 【解析】红色通缉令是由国际刑警组织发布的国际通报，其通缉对象是有关国家法律部门已发出逮捕令、要求成员国引渡的在逃犯。

7. √ 【解析】本题考查法律关系。法律关系是根据法律规范产生的、以主体之间的权利与义务关系的形式表现出来的特殊社会关系，即在法律规范调整社会关系的过程中所形成的人们之间的权利和义务关系。合法行为和违法行为都会引起法律关系的产生、变更和消灭。

8. × 【解析】本题考查违法行为的构成要件。违法行为是指违反法律的行为，包括犯罪行为和一般侵权行为。通常情况下，违法行为由以下五个要素构成：(1)违法行为以违反法律为前提；(2)违法行为必须是某种违反法律规定的行为；(3)违法行为必须是在不同程度上侵犯法律上所保护的社会关系的行为；(4)违法一般必须有行为人的故意或过失；(5)违法者必须具有法定责任能力或法定行为能力。但是，法律无效的行为不一定是违法行为。例如，6周岁的无民事行为能力人小王将压岁钱10000元借给他的叔叔用于股票投资。小王借钱给其叔叔的行为属于无效行为，但并不违法。

9. × 【解析】法是由国家制定或认可，以权利义务为主要内容，由国家强制力保证实施的社会行为规范及其相应的规范性文件的总称。

10. × 【解析】司法又称法的适用，通常是指国家司法机关及其司法人员依照法定职权和法定程序，具体运用法律处理案件的专门活动。执法，亦称法律执行，是指国家行政机关依照法定职权和法定程序，行使行政管理职权、履行职责、贯彻和实施法律的活动。

综合能力提升

一、单项选择题

1. A 【解析】本题考查社会主义民主与法治。社会主义民主与法治是相互依存、相互作用、紧密联系、不可分割的。社会主义民主是社会主义法治的前提和基础，社会主义法治是社会主义民主的保障。故选A。

2. B 【解析】本题考查社会主义法律的实现方式。我国的法律是人民意志的体现，社会主义法律的实现主要依靠广大人民群众的自觉守法。

3. D 【解析】本题考查法治与法制的关系。法制是法治的前提和条件，法治是法制的实现和保障，D项表述错误。ABC项说法正确，本题为选非题，故选D。

4. D 【解析】本题考查社会主义法治理念。公平正义是自古以来人类社会共同的、不懈的向往和追求，是社会主义法治

的价值追求，是构建社会主义和谐社会的重要任务，也是新时期广大人民群众的强烈愿望和殷切期待。故选D。

5. D 【解析】法律与政治都属于上层建筑，一般认为，政治在上层建筑中居于主导地位。故D项说法错误。

6. A 【解析】教育法律关系的发生以教育法律规范的存在为前提，只有适用教育法律规范调整的教育关系才能转化成教育法律关系。

7. C 【解析】法律是成文的道德，道德是内心的法律。法律和道德都具有规范社会行为、调节社会关系、维护社会秩序的作用，在国家治理中都有其地位和功能。法律是准绳，任何时候都必须遵循；道德是基石，任何时候都不可忽视。法治和德治不可分离、不可偏废，国家治理需要法律和道德协同发力。此题为选非题，因此答案选C。

8. D 【解析】本题考查法律关系。法律关系由法律关系主体、法律关系内容和法律关系客体构成。法律关系主体是法律关系的参加者，即在法律关系中，一定权利的享有者和一定义务的承担者；法律关系内容是指法律关系主体之间的法律权利和法律义务；法律关系客体是指法律关系主体之间的权利和义务所指向的对象，是一种利益的法律形式。本题中乙方将合同中的权利和义务转给丙方，法律关系的主体就由甲和乙变成了甲和丙，即发生了法律关系主体的变更。

9. C 【解析】本题考查社会主义法治理念的特征。社会主义法治理念具有政治性、人民性、科学性和开放性。社会主义法治理念以马克思主义法律思想为指导，坚持从现阶段国情出发，系统地回答了什么是社会主义法治，如何建设社会主义法治国家等一系列问题，是科学的、先进的理念。这体现出社会主义法治理念具有系统的科学性。

10. B 【解析】法是由特定物质生活条件所决定的统治阶级意志的体现，它是由国家制定或认可并由国家强制力保证实施的行为规范的总和。所以，法是国家意志的体现，但并非所有的国家意志都表现为法。

11. C 【解析】法律议案的表决是指立法机关对于经过审议的法律议案进行表决，正式表示同意或不同意的活动。在整个立法活动中，法律议案的表决是最具有决定意义的一个步骤和阶段。

12. D 【解析】ABC三项均体现出“法律不是万能的”，D项，“法律要能有效实施，还必须依靠其他条件”强调的是法的实施需要多种手段予以保证，并没有体现法律的局限性。

13. D 【解析】坚持以公开促公正。执法公开，是防止执法腐败、促进执法公正的一剂良药。

14. D 【解析】法律权利与义务观念，是社会主义法治国家的公民应当具备的基本法治观念。正确的法律权利与义务观念，包括正确理解法律权利与法律义务的性质，把握法律权利与法律义务的关系，懂得如何适当行使法律权利，正确履行法律义务。故选D。

15. D 【解析】法的社会作用是指法所具有的维护特定的社会关系和社会秩序的作用。

16. D 【解析】程序法是为实现实体权利义务而制定的关于程序方面的法律。刑事诉讼法、民事诉讼法等法律都属于程序法。（注：《中华人民共和国民法典》自2021年1月1日起施行。婚姻法、继承法、民法通则、收养法、担保法、合同法、物权法、侵权责任法、民法总则同时废止。）

17. C 【解析】根据我国《立法法》第九十五条的规定，部门规章之间、部门规章与地方政府规章之间对同一事项的规定不一致时，由国务院裁决。根据授权制定的法规与法律规定不一致，不能确定如何适用时，由全国人民代表大会常务委员会裁决。故本题选C。

18. C 【解析】在阶级社会中，统治阶级的思想道德与法律是同一上层建筑的组成部分，有同样的阶级性，是统治阶级意志的体现。但最本质的一致性在于二者都是统治阶级意志的体现，因而有着共同的任务和使命。

19. A 【解析】指引作用，是指法通过规定人们在法律上的权利、义务以及违反法的规定应承担的责任，而对于人们的行为产生的一种调整、指导和引领的作用。题干中小王根据法律的规定调整了自己的行为，故本题选择A项。

20. C 【解析】法典编纂是指在对某一部门法全部现行法律规范进行审查、整理、补充、修改的基础上，制定一部系统化新法典的活动。

21. D 【解析】法律不但由国家制定和认可，而且由国家保证实施。也就是说，法律具有国家强制性。

22. C 【解析】法律的权威源自人民的内心拥护和真诚信仰。

23. B 【解析】强调法律的形式化是“法制”的特点，而非“法治”的内涵。故选B。

二、多项选择题

1. AB 【解析】刑事责任是指行为人因其犯罪行为所必须承受的，由司法机关代表国家所确定的否定性法律后果，不能由行政机关代表国家来确定，C项错误。法律责任分为刑事法律责任、民事法律责任、行政法律责任、经济法律责任、违宪法律责任等，D项错误。

2. CD 【解析】法律义务具有以下四个特点：法律义务是历史的；法律义务源于现实需要；法律义务必须依法设定；法律义务可能发生变化。故选CD。

3. ABD 【解析】题干这句话出自《韩非子》，韩非子认为历史是不断发展进步的，主张改革和实行法治，而非主张顺其自然。

4. ABCD 【解析】资本主义法制原则一般有私有财产神圣不可侵犯、法律面前人人平等、主权在民、三权分立(分权与制衡)等。

5. BC 【解析】本题考查法律规范的分类。根据不同的分类依据,法律规范有几种不同的分类形式。(1)按规范效力的强弱,法律规范可分为强制性规范和任意性规范。强制性规范是指规定的权利、义务具有绝对肯定形式,不允许法律关系的参加者相互协议或任何一方任意予以伸缩或变异的法律规范。本题题干明确了不同违法情形下的罚款数额,属于强制性规范,C项正确。(2)按规范规定的行为规则的性质,法律规范可分为义务性规范和授权性规范。授权性规范也称权利性规范,是规定人们可以为一定行为或不为一定行为以及可以要求他人为一定行为或不为一定行为的法律规范。义务性规范是规定人们必须为一定行为或不为一定行为的法律规范,义务性规范不具有选择性。本题题干明确了禁止超载,属于义务性规范,B项正确,AD项错误。故选BC。

6. ABCD 【解析】本题考查法治国家的基本内容。法治国家是指依靠正义之法来治理国家和管理社会,从而使权力和权利得到合理配置的一种社会状态。法治国家最直接的标志是法律具有极大的权威性,A项正确。健全的法律运行机制是法治国家存在和发展的必要条件,B项正确。公民具有良好的法律意识是法治国家的文化基础,C项正确。权利保障和权力制约的统一是法治国家的保证,D项正确。

7. ABD 【解析】为解决食品安全问题,要坚持法治约束与道德教化相结合,尤其要强调法治约束的作用。故C项说法错误,故选ABD。

8. AC 【解析】法律是统治阶级意志的体现。在我国,法律的本质是人民意志和利益的体现,B项说法不严谨。依法治国的本质是崇尚宪法和法律在国家政治、经济和社会生活中的权威,D项错误。故选AC。

9. ABC 【解析】追究法律责任的原则包括:个人负责,不许株连原则;重在教育原则;依法追究法律责任原则。

10. BD 【解析】人民群众不行使立法权,A错误。通过关于法律的立、改、废的决定,体现人大行使立法权,而人大代表享有的权利包括:审议权、表决权、选举权等,C错误。故选BD。

11. ABC 【解析】该法条展示了家庭对老年人应尽的义务,但并未体现看望老人的次数以及法律后果,AB当选。积极义务是由命令性规则所规定的,人们必须或者应当作出某种行为的规则。消极义务又叫不作为义务,是禁止性规则所规定的,禁止人们作出一定的行为。该法条中,“家庭成员应当关心……应当经常看望……”规定了积极义务,“不得忽视、冷落老年人”规定了消极义务,C项正确。该法条与我国尊老孝亲的传统道德一致,D项错误。故选ABC。

12. BCD 【解析】道德的产生与人类社会的形成是同步的,法律是国家产生之后才出现的。故A项错误。BCD表述正确。

第二章　宪　法

基础知识达标

一、单项选择题

1. B 【解析】本题考查民主决策。公民参与民主决策的方式包括:(1)社情民意反映制度,即公民向决策机关反映意见、提出建议。(2)专家咨询制度,即专家学者利用自己掌握的专业知识、相关信息等,对专业性、技术性较强的重大事项进行分析论证。(3)重大事项社会公示制度,即决策机关将涉及公众利益的各项决策进行公示,公民在真正了解决策的有关内容后,发表意见,提出建议。(4)社会听证制度,即对同公众利益密切相关的重大事项进行听证。本题中,公民参与“两会”在线建言属于通过社情民意反映制度进行民主决策,B项正确,D项错误。AC项均属于民主监督,不符合题意。故选B。

2. D 【解析】本题考查基层群众自治。基层群众自治的基本管理形式是民主选举、民主决策、民主管理和民主监督。在听证会上发表意见提出建议属于民主决策,A项错误。作为志愿者参加小区疫情防控属于民主管理,B项错误。在网络论坛检举某公务员的违法行为属于民主监督,C项错误。参加市政府机关举行的民主评议活动属于民主监督,D正确。故选D。

3. C 【解析】本题考查公民的政治权利和自由。公民的政治权利和自由是公民依法参与国家政治生活、管理国家事务和社会事务、表达意愿的权利和自由。选举权与被选举权,言论、出版、集会、结社、游行、示威的自由都属于公民的政治权利和自由。ABD项不符合题意。劳动权是一种社会文化权利,不属于政治权利和自由,故选C。

4. D 【解析】本题考查我国行政区域的建置和划分权限。我国《宪法》规定,国务院有权批准省、自治区、直辖市的区域划分,批准自治州、县、自治县、市的建置和区域划分。故选D。

5. D 【解析】本题考查宪法的作用。宪法是国家的根本大法,是公民权利的保障书,是治国安邦的总章程,具有最高的法律效力,ABC项表述正确。宪法是一切组织和个人的根本活动准则,但不能为司法活动提供明确而直接的依据,D项表述错误。

6. D 【解析】本题考查平等权。法律面前一律平等是指任何公民都平等地享有权利、履行义务、适用法律。同等情况同等对待,不同情况差别对待。D项强调“某省籍犯罪分子”,体现了地域歧视,侵犯了宪法规定的平等权。故选D。

7. C 【解析】本题考查社会主义民主的特点。社会主义民主是最广泛的民主。这不仅表现在人民享有广泛的民主权利,而且表现在民主主体的广泛性上。“有党政军干部、工人、农民、农民工代表,也有少数民族代表和归国华侨代表”体现了我国民主主体的广泛性。故选C。

8. C 【解析】本题考查宪法的发展。《中华人民共和国宪法》是中华人民共和国的根本大法。现行宪法为1982年宪法,历经了1988年、1993年、1999年、2004年、2018年共五次修订。

9. A 【解析】本题考查国务院的职能和地位。国务院即中央人民政府,它的法律性质是最高国家权力机关的执行机关,是最高国家行政机关。

10. D 【解析】本题考查宪法中关于我国基本经济制度的规定。根据我国《宪法》第六条的规定,中华人民共和国的社会主义经济制度的基础是生产资料的社会主义公有制,即全民所有制和劳动群众集体所有制。A项正确。根据该法第七条的规定,国有经济,即社会主义全民所有制经济,是国民经济中的主导力量。B项正确。根据该法第八条的规定,城镇中的手工业、工业、建筑业、运输业、商业、服务业等行业的各种形式的合作经济,都是社会主义劳动群众集体所有制经济。C项正确。根据该法第十条的规定,城市的土地属于国家所有。农村和城市郊区的土地,除由法律规定属于国家所有的以外,属于集体所有;宅基地和自留地、自留山,也属于集体所有。D项错误。故选D。

11. A 【解析】本题考查中国共产党领导的多党合作和政治协商制度。中国共产党是执政党,各民主党派是参政党,中国共产党和各民主党派是亲密战友。二者在政治上是领导与被领导的关系,在组织上是相互独立的关系,在法律上是平等的关系。A项正确,B项错误。中国人民政治协商会议是中国共产党领导的多党合作和政治协商的重要机构,是中国人民爱国统一战线的组织,是我国政治生活中发扬社会主义民主的重要形式,不属于国家机关,C项错误。1949年9月21日至30日,中国人民政治协商会议第一届全体会议召开,D项错误。故选A。

12. C 【解析】本题考查国家机关。根据我国《宪法》的规定,在全国人大闭会期间,全国人大常委会有对下列国家重大事项的决定权:(1)对国民经济和社会发展计划以及国家预算部分调整方案的审批权;(2)决定批准或废除同外国缔结的条约和重要协定;(3)决定驻外全权代表的任免;(4)规定军人和外交人员的衔级制度和其他专门衔级制度,规定和决定授予国家勋章和荣誉称号;(5)决定特赦;(6)遇到国家遭受武装侵犯或者必须履行国家间共同防止侵略的条约的情况,有权决定宣布战争状态;(7)决定全国总动员或者局部动员;(8)决定全国或者个别省、自治区和直辖市进入紧急状态等。

13. B 【解析】最高人民法院是我国的最高审判机关。

14. B 【解析】本题考查宪法重要法条。我国《宪法》第二十四条规定:“国家通过普及理想教育、道德教育、文化教育、纪律和法制教育,通过在城乡不同范围的群众中制定和执行各种守则、公约,加强社会主义精神文明的建设。国家倡导社会主义核心价值观,提倡爱祖国、爱人民、爱劳动、爱科学、爱社会主义的公德,在人民中进行爱国主义、集体主义和国际主义、共产主义的教育,进行辩证唯物主义和历史唯物主义的教育,反对资本主义的、封建主义的和其他的腐朽思想。”故选B。

15. A 【解析】本题考查宪法重要法条。我国《宪法》第十条规定:“城市的土地属于国家所有。农村和城市郊区的土地,除由法律规定属于国家所有的以外,属于集体所有;宅基地和自留地、自留山,也属于集体所有。国家为了公共利益的需要,可以依照法律规定对土地实行征收或者征用并给予补偿。任何组织或者个人不得侵占、买卖或者以其他形式非法转让土地。土地的使用权可以依照法律的规定转让。一切使用土地的组织和个人必须合理地利用土地。”故选A。

16. A 【解析】本题考查宪法重要法条。我国《宪法》第二十七条第一款规定:“一切国家机关实行精简的原则,实行工作责任制,实行工作人员的培训和考核制度,不断提高工作质量和工作效率,反对官僚主义。”故选A。

17. B 【解析】本题考查宪法重要法条。我国《宪法》第九条第一款规定:“矿藏、水流、森林、山岭、草原、荒地、滩涂等自然资源,都属于国家所有,即全民所有;由法律规定属于集体所有的森林和山岭、草原、荒地、滩涂除外。”可见,自然资源中,只能属于国家所有的是矿藏和水流。故选B。

18. A 【解析】本题考查宪法的修改程序。我国《宪法》第六十四条第一款规定:“宪法的修改,由全国人民代表大会常务委员会或者五分之一以上的全国人民代表大会代表提议,并由全国人民代表大会以全体代表的三分之二以上的多数通过。”故选A。

19. B 【解析】本题考查公民的基本义务。我国《宪法》第五十五条规定:“保卫祖国、抵抗侵略是中华人民共和国每一个公民的神圣职责。依照法律服兵役和参加民兵组织是中华人民共和国公民的光荣义务。”故选B。

20. C 【解析】本题考查人民代表大会制度。我国的根本政治制度和政体是人民代表大会制度,C项正确。我国的根本制度是社会主义制度,A项错误。我国的基本国情是我国仍处于并将长期处于社会主义初级阶段,B项错误。按照宪法的规定,我国的法律有两类:一是基本法律;二是基本法律以外的其他法律,也称非基本法律。基本法律是由全国人民代表大会制定的调整国家和社会生活中带有普遍性、根本性、全面性的社会关系的规范性法律文件的统称。非基本法律是由全国人民代表大

会常务委员会制定的调整国家和社会生活中某种社会关系或其中某一方面内容的规范性法律文件。D项错误。故选C。

21. D　【解析】本题考查人民政协的性质。中国人民政治协商会议，简称人民政协，是中国人民爱国统一战线的组织，是中国共产党领导的多党合作和政治协商的重要机构，是中国政治生活中发扬社会主义民主的一种重要形式。政治协商、民主监督、参政议政是人民政协的主要职能。D项正确。人民代表大会是国家权力机关，A项错误。中国共产党领导的多党合作和政治协商制度是我国的一项基本政治制度，B项错误。民主座谈会是中国共产党同各民主党派进行政治协商所采取的主要形式之一，C项错误。故选D。

22. A　【解析】本题考查国旗法知识。我国《国旗法》第二十三条规定："在公共场合故意以焚烧、毁损、涂划、玷污、践踏等方式侮辱中华人民共和国国旗的，依法追究刑事责任；情节较轻的，由公安机关处以十五日以下拘留。"

23. B　【解析】本题考查我国的根本政治制度。人民代表大会制度是中国人民民主专政的政权组织形式，是中国的根本政治制度。社会主义制度是我国的根本制度，人民民主专政是我国的国体，我国的国家结构形式是单一制。

24. B　【解析】本题考查选举制度。我国《选举法》第九条第一款规定："全国人民代表大会常务委员会主持全国人民代表大会代表的选举。省、自治区、直辖市、设区的市、自治州的人民代表大会常务委员会主持本级人民代表大会代表的选举。"

25. B　【解析】本题考查村委会的性质。根据我国《宪法》第一百一十一条第一款的规定，城市和农村按居民居住地区设立的居民委员会或者村民委员会是基层群众性自治组织。

26. A　【解析】本题考查我国的国家机构。我国《宪法》第五十七条规定："中华人民共和国全国人民代表大会是最高国家权力机关。它的常设机关是全国人民代表大会常务委员会。"

27. B　【解析】党的领导是人民当家作主和依法治国的根本保证，人民当家作主是社会主义民主政治的本质特征，依法治国是党领导人民治理国家的基本方式。

28. D　【解析】根据我国《宪法》第三条的规定，全国人民代表大会和地方各级人民代表大会都由民主选举产生，对人民负责，受人民监督。

29. A　【解析】人民民主专政的本质是人民当家作主。

30. D　【解析】实行人民代表大会制度是中国社会主义民主政治最鲜明的特点。在我国，人民内部虽然还存在各种复杂的矛盾，但全国人民根本利益的一致性，决定了人民可以统一行使自己的国家权力。

31. D　【解析】我国《宪法》第三十四条规定："中华人民共和国年满十八周岁的公民，不分民族、种族、性别、职业、家庭出身、宗教信仰、教育程度、财产状况、居住期限，都有选举权和被选举权；但是依照法律被剥夺政治权利的人除外。"BC项错误，D项正确。根据我国《选举法》第二十七条的规定，精神病患者不能行使选举权利的，经选举委员会确认，不列入选民名单。排除A项。故选D。

32. D　【解析】我国《宪法》第四十六条规定："中华人民共和国公民有受教育的权利和义务。国家培养青年、少年、儿童在品德、智力、体质等方面全面发展。"本题答案为D项。

33. B　【解析】根据我国《宪法》的规定，依照法律规定决定省、自治区、直辖市的范围内部分地区进入紧急状态是国务院的职权之一，B项符合题意。

34. D　【解析】根据我国《宪法》的规定，全国人民代表大会常务委员会行使的职权之一是：解释宪法，监督宪法的实施。因此，D符合题意。ABC都属于全国人民代表大会行使的职权。

35. C　【解析】全国人大常委会的法律监督是指全国人大常委会有权撤销国务院制定的同宪法、法律相抵触的行政法规、决定和命令；撤销省、自治区、直辖市国家权力机关制定的同宪法、法律及行政法规相抵触的地方性法规和决议。因而，题干体现的是全国人大常委会的监督权。

36. C　【解析】我国《宪法》对中华人民共和国中央军事委员会主席、国家主席、国家副主席都没有作出"连续任职不得超过两届"的规定。中华人民共和国主席、副主席每届任期同全国人民代表大会每届任期相同。国务院每届任期同全国人民代表大会每届任期相同。总理、副总理、国务委员连续任职不得超过两届。中央军事委员会每届任期同全国人民代表大会每届任期相同。故选C。

37. C　【解析】在我国，基层民主管理的机构是城市的居民委员会和农村的村民委员会。

38. A　【解析】公民的监督权，是指公民有监督一切国家机关及国家工作人员的公务活动的权利。

39. C　【解析】我国《宪法》第八十条规定："中华人民共和国主席根据全国人民代表大会的决定和全国人民代表大会常务委员会的决定，公布法律，任免国务院总理、副总理、国务委员、各部部长、各委员会主任、审计长、秘书长，授予国家的勋章和荣誉称号，发布特赦令，宣布进入紧急状态，宣布战争状态，发布动员令。"

40. A　【解析】根据我国《宪法》第八十九条的规定，国务院行使的职权包括改变或者撤销各部、各委员会发布的不适当的命令、指示和规章。

41. B 【解析】我国《宪法》第一百三十四条规定:“中华人民共和国人民检察院是国家的法律监督机关。”

42. C 【解析】根据我国《宪法》第一百三十一条和第一百三十六条的规定,人民法院、人民检察院分别依照法律规定独立行使审判权与检察权,不受行政机关、社会团体和个人的干涉。

43. A 【解析】中华人民共和国国家监察委员会由全国人民代表大会产生,负责全国监察工作,对全国人民代表大会及其常务委员会负责,并接受监督。

44. B 【解析】我国《宪法》第二十七条规定:“一切国家机关实行精简的原则,实行工作责任制,实行工作人员的培训和考核制度,不断提高工作质量和工作效率,反对官僚主义。”

45. B 【解析】国务院对全国人民代表大会负责并报告工作;在全国人民代表大会闭会期间,对全国人民代表大会常务委员会负责并报告工作,A选项正确。地方各级人民代表大会是地方国家权力机关,县级以上的地方各级人民代表大会设立常务委员会,C选项正确。中央军事委员会实行主席负责制,D选项正确。最高人民法院是最高审判机关。最高人民法院监督地方各级人民法院和专门人民法院的审判工作,上级人民法院监督下级人民法院的审判工作。B选项错误。此题为选非题,故选B。

46. A 【解析】我国《宪法》序言中规定,本宪法以法律的形式确认了中国各族人民奋斗的成果,规定了国家的根本制度和根本任务,是国家的根本法,具有最高的法律效力。全国各族人民、一切国家机关和武装力量、各政党和各社会团体、各企业事业组织,都必须以宪法为根本的活动准则,并且负有维护宪法尊严、保证宪法实施的职责。

47. B 【解析】完善以宪法为核心的中国特色社会主义法律体系,是全面推进依法治国的重要内容。

48. A 【解析】根据我国《宪法》第六十二条的规定,全国人民代表大会有权修改宪法。故选A。

49. C 【解析】根据我国《宪法》第六十四条的规定,法律和其他议案由全国人民代表大会以全体代表的过半数通过。

50. B 【解析】各级人民代表大会及县级以上各级人民代表大会常务委员会选举或者决定任命的国家工作人员,以及各级人民政府、监察委员会、人民法院、人民检察院任命的国家工作人员,在就职时应当公开进行宪法宣誓。

51. A 【解析】具有中国公民资格的法定条件是具有中国国籍。法律规定,具有中华人民共和国国籍的人,就是中国公民。

52. D 【解析】2018年宪法修正案正式将“构建人类命运共同体”写入我国宪法。

53. D 【解析】推广全国通用的普通话、和平共处五项原则、男女同工同酬均已写入宪法。选项中,只有八荣八耻还没有写入宪法。

54. B 【解析】人民代表大会制度是我国的政体,即政权的组织形式。

55. A 【解析】我国是单一制国家,国家只有一部宪法,只有一个最高立法机关,一个中央政府,实行中央统一集权,地方政府的权力由中央政府授予。

56. A 【解析】投票是选民行使选举权的最后环节。在实行直接选举的地方,选区全体选民的过半数参加投票选举有效,代表候选人获得参加投票的选民过半数的选票即为当选,A正确。

57. D 【解析】中华人民共和国民族区域自治制度是在国家统一领导下,各少数民族聚居的地方实行区域自治,设立自治机关,行使自治权的制度。它是我国《宪法》规定的解决国内民族问题的基本政策和重要政治制度。

58. B 【解析】“长期共存、互相监督、肝胆相照、荣辱与共”是中国共产党与各民主党派合作的基本方针。

59. D 【解析】我国《宪法》第七十九条规定:“有选举权和被选举权的年满四十五周岁的中华人民共和国公民可以被选为中华人民共和国主席、副主席。”

60. B 【解析】人身权利是指公民的人身不受非法侵犯的权利,包括生命健康权、人身自由权、人格尊严权、住宅安全权、通信自由权等具体权利。人身权利是公民参加国家政治、经济与社会生活的基础,一切组织和个人都负有不侵害他人人身权利的义务。

61. A 【解析】人身自由不受侵犯,是公民最起码、最基本的权利,是公民参加各种社会活动和享受其他权利的先决条件。

62. B 【解析】监督权指公民对国家机关及其工作人员有批评、建议、申诉、控告、检举并依法取得赔偿的权利。

63. B 【解析】根据我国《宪法》第四十九条的规定,父母有抚养教育未成年子女的义务,成年子女有赡养扶助父母的义务。

64. D 【解析】根据我国《宪法》第四十九条的规定,父母有抚养教育未成年子女的义务,成年子女有赡养扶助父母的义务。

65. A 【解析】依法纳税是义务而不是权利,B错;中华人民共和国年满十八周岁的公民,都有选举权和被选举权,但是依照法律被剥夺政治权利的人除外,C错;中华人民共和国公民在年老、疾病或者丧失劳动能力的情况下,有从国家和社会获得

物质帮助的权利，并非遭受自然灾害时，D错。

66. A 【解析】有权决定特别行政区设立的国家机关是全国人民代表大会。故本题选A。

67. D 【解析】全国人大审议通过了法律草案，是全国人大行使立法权的表现。

68. C 【解析】全国人大表决通过政府工作报告，体现了对政府的监督权；通过了《中华人民共和国监察法》，体现了全国人大的立法权。

69. D 【解析】根据我国《宪法》的规定，全国人民代表大会根据中华人民共和国主席的提名，决定国务院总理的人选。

70. A 【解析】根据我国《宪法》的规定，国务院作为国家最高行政机关有权制定行政措施，制定行政法规，发布决定和命令。

71. A 【解析】中华人民共和国人民法院是国家的审判机关。只有人民法院有权依法判决。

72. C 【解析】监察委员会是国家的监察机关，是行使国家监察职能的专责机关。

73. B 【解析】国家主席是我国国家机构的重要组成部分，是一个相对独立的国家机关，对外代表国家。

74. A 【解析】中华人民共和国国歌是中华人民共和国的象征和标志。一切公民和组织都应当尊重国歌，维护国歌的尊严。尊重国歌是每个中国公民应尽的义务。

75. A 【解析】宪法是一个国家的根本大法，它规定了国家的根本制度和根本任务，是国家的根本法，具有最高的法律效力。全国各族人民、一切国家机关和武装力量、各政党和各社会团体、各企业事业组织，都必须以宪法为根本活动准则，并且负有维护宪法尊严、保证宪法实施的职责。

76. C 【解析】根据我国《宪法》第六十四条的规定，宪法的修改，由全国人民代表大会常务委员会或者五分之一以上的全国人民代表大会代表提议，并由全国人民代表大会以全体代表的三分之二以上的多数通过。

77. C 【解析】根据我国《宪法》第二条的规定，中华人民共和国的一切权力属于人民。

78. A 【解析】政体又称政权的组织形式。我国的政体是人民代表大会制度。

79. D 【解析】中国共产党领导的多党合作和政治协商制度是具有中国特色的社会主义政党制度。中国共产党与各民主党派合作的基本方针是“长期共存、互相监督、肝胆相照、荣辱与共”。故本题答案选D。

80. A 【解析】中国人民政治协商会议是中国人民爱国统一战线组织，是中国共产党领导的多党合作和政治协商的重要机构，是中国政治生活中发扬社会主义民主的一种重要形式。

81. A 【解析】全国人民代表大会和全国人民代表大会常务委员会行使国家立法权。

82. B 【解析】根据我国《宪法》《国务院组织法》《地方组织法》《立法法》的有关规定，国务院及其主管部门，省、自治区、直辖市和较大市人民政府可以进行行政立法。河南省人民政府可以进行行政立法，但河南省人民政府办公厅不可以进行行政立法。故选B项。

83. B 【解析】根据我国《宪法》的规定，全国人民代表大会常务委员会有权解释宪法，监督宪法的实施。

84. D 【解析】全国人民代表大会会议每年举行一次，由全国人民代表大会常务委员会召集。全国人民代表大会举行会议的时候，选举主席团主持会议。

85. B 【解析】根据我国《立法法》第九十五条规定，部门规章之间、部门规章与地方政府规章之间对同一事项的规定不一致时，由国务院裁决。

86. C 【解析】根据我国《宪法》第八十九条的规定，国务院有权改变或者撤销各部、各委员会发布的不适当的命令、指示和规章，改变或者撤销地方各级行政机关的不适当的决定、命令。

87. B 【解析】我国《地方各级人民代表大会和地方各级人民政府组织法》第七条规定：“省、自治区、直辖市的人民代表大会根据本行政区域的具体情况和实际需要，在不同宪法、法律、行政法规相抵触的前提下，可以制定和颁布地方性法规，报全国人民代表大会常务委员会和国务院备案。设区的市的人民代表大会根据本市的具体情况和实际需要，在不同宪法、法律、行政法规和本省、自治区的地方性法规相抵触的前提下，可以制定地方性法规，报省、自治区的人民代表大会常务委员会批准后施行，并由省、自治区的人民代表大会常务委员会报全国人民代表大会常务委员会和国务院备案。”重庆市是直辖市，故重庆市人民代表大会有权制定地方性法规，故选B。

88. B 【解析】根据我国《宪法》第六十二条和第六十七条的规定，全国人民代表大会及其常务委员会有监督宪法实施的职权。

二、多项选择题

1. CD 【解析】根据我国《宪法》规定，公民的合法的私有财产不受侵犯。A项错误。中华人民共和国公民对于任何国家机关和国家工作人员，有提出批评和建议的权利，B项错误。CD项均正确。

2. ACD 【解析】中华人民共和国国务院，即中央人民政府，是最高国家权力机关的执行机关，是最高国家行政机关。根据我国《宪法》规定，国务院由下列人员组成：总理，副总理若干人，国务委员若干人，各部部长，各委员会主任，审计长，秘书长。因此，AD两项正确。中国人民银行是国务院组成部门，央行行长是政府组成人员，C项正确。中华人民共和国主席，是中华人民共和国的国家代表，是我国国家机构的重要组成部分，是一个相对独立的国家机关，不属于政府组成人员，B项错误。故选ACD。

3. BC 【解析】全国人民代表大会是最高国家权力机关和立法机关，国务院是最高国家行政机关，A项错误。全国人民代表大会每届任期五年，可连选连任，B项正确。全国人民代表大会会议每年举行一次，由全国人民代表大会常务委员会召集，C项正确。1954年9月15日，我国第一届全国人民代表大会第一次会议在北京召开，D项错误。故选BC。

4. ACD 【解析】民族平等、民族团结、各民族共同繁荣三原则是处理我国民族关系的基本原则。

5. ABCD 【解析】广大人民在城乡居民群众自治组织依法直接行使民主选举、民主决策、民主管理、民主监督的权利，对所在基层组织的公共事务和公益事业实行民主自治，已经成为当代中国最直接、最广泛的民主实践。故选ABCD。

6. ABD 【解析】我国宪法的基本原则为党的领导原则、人民主权原则、尊重和保障人权原则、民主集中制原则、权力监督和制约原则、法治原则。分权制衡不是我国宪法的基本原则。

7. ABCD 【解析】国家标志又称国家象征，是指一般由宪法和法律规定的，代表国家的主权、独立和尊严的象征和标志。我国《宪法》中的国家标志包括国旗、国歌、国徽、首都。

8. AC 【解析】依据我国《宪法》规定，矿藏、水流、城市的土地属于国家所有。

9. BC 【解析】根据我国《宪法》第四十条规定，中华人民共和国公民的通信自由和通信秘密受法律的保护。除因国家安全或者追查刑事犯罪的需要，由公安机关或者检察机关依照法律规定的程序对通信进行检查外，任何组织或者个人不得以任何理由侵犯公民的通信自由和通信秘密。

10. AB 【解析】根据我国《宪法》第三十四条规定，中华人民共和国年满十八周岁的公民，不分民族、种族、性别、职业、家庭出身、宗教信仰、教育程度、财产状况、居住期限，都有选举权和被选举权；但是依照法律被剥夺政治权利的人除外。故选AB。

11. ABD 【解析】我国《宪法》第四十一条规定："中华人民共和国公民对于任何国家机关和国家工作人员，有提出批评和建议的权利；对于任何国家机关和国家工作人员的违法失职行为，有向有关国家机关提出申诉、控告或者检举的权利，但是不得捏造或者歪曲事实进行诬告陷害。对于公民的申诉、控告或者检举，有关国家机关必须查清事实，负责处理。任何人不得压制和打击报复。由于国家机关和国家工作人员侵犯公民权利而受到损失的人，有依照法律规定取得赔偿的权利。"C项说法错误，是"有关国家机关"，不是"任何国家机关"。故选ABD。

12. ABD 【解析】根据我国《立法法》第七十二条的规定，省、自治区、直辖市、设区的市、自治州的人民代表大会及其常务委员会，省、自治区的人民政府所在地的市，经济特区所在地的市和国务院已经批准的较大的市拥有地方立法权。

13. AD 【解析】根据我国《宪法》第五十八条规定，全国人民代表大会和全国人民代表大会常务委员会行使国家立法权。

14. ABC 【解析】国家主席、副主席、最高人民法院院长、最高人民检察院检察长由全国人大选举产生。

15. AC 【解析】地方各级监察委员会对本级人民代表大会及其常务委员会和上一级监察委员会负责，并接受其监督。

16. AB 【解析】A项，宪法最主要、最核心的价值在于，它是公民权利保障书，当选。B项，在不成文宪法国家，没有宪法典，但有一系列的宪法性法律，当选。C项，刚性宪法必然是成文的，而成文宪法可以是刚性宪法，也可以是柔性宪法，故刚性宪法与成文宪法不能完全划等号；柔性宪法可以是成文的，也可以是不成文的，而不成文宪法必然是柔性宪法。C项错误，排除。D项，我国的修宪主体是全国人民代表大会，排除。故选AB。

17. ABC 【解析】根据我国《宪法》第三十四条规定，中华人民共和国年满十八周岁的公民，不分民族、种族、性别、职业、家庭出身、宗教信仰、教育程度、财产状况、居住期限，都有选举权和被选举权；但是依照法律被剥夺政治权利的人除外。故选A、B、C三项。

18. ABC 【解析】人身自由是公民享受其他一切自由的基础和前提，也是公民生存的起码权利。人身自由权包含：人身自由不受侵犯、人格尊严不受侵犯、公民住宅不受侵犯、通信自由和通信秘密受法律保护。其中，人身自由不受侵犯指公民的人身不受非法的逮捕、拘禁、搜查以及不得非法剥夺和限制公民的人身自由。ABC项正确。D项所述为我国公民的政治自由。故选ABC。

19. ABCD 【解析】我国《宪法》第六十二条规定："全国人民代表大会行使下列职权：（一）修改宪法；（二）监督宪法的实施；（三）制定和修改刑事、民事、国家机构的和其他的基本法律；（四）选举中华人民共和国主席、副主席；（五）根据中华人民共和国主席的提名，决定国务院总理的人选；根据国务院总理的提名，决定国务院副总理、国务委员、各部部长、各委员会主任、审计长、秘书长的人选；（六）选举中央军事委员会主席；根据中央军事委员会主席的提名，决定中央军事委员会其他组成人员的人选；（七）选举国家监察委员会主任；（八）选举最高人民法院院长；（九）选举最高人民检察院检察长……"

20. ABCD 【解析】村民委员会是村民自我管理、自我教育、自我服务的基层群众性自治组织，实行民主选举、民主决策、民主管理、民主监督。

21. ABC 【解析】我国《国歌法》第八条规定："国歌不得用于或者变相用于商标、商业广告，不得在私人丧事活动等不适宜的场合使用，不得作为公共场所的背景音乐等。"

22. ABCD 【解析】中国共产党同民主党派合作的基本方针是"长期共存、互相监督、肝胆相照、荣辱与共"，简称十六字方针。故本题答案选ABCD。

23. ABD 【解析】根据我国《宪法》规定，中华人民共和国公民在法律面前一律平等。国家尊重和保障人权。中华人民共和国公民有宗教信仰自由。中华人民共和国公民有受教育的权利和义务。依照法律服兵役和参加民兵组织是中华人民共和国公民的光荣义务。故选ABD。

24. BCD 【解析】省、自治区、直辖市、设区的市、自治州的人民政府，省、自治区的人民政府所在地的市人民政府，经济特区所在地的市人民政府，国务院已经批准的较大的市的人民政府，可以根据法律、行政法规和本省、自治区、直辖市的地方性法规，制定规章。故选BCD项。

25. AB 【解析】"两会"是对自1959年以来历年召开的中华人民共和国全国人民代表大会和中国人民政治协商会议的统称。

三、判断题

1. √ 【解析】本题考查公民的政治自由。根据我国《宪法》规定，我国公民拥有政治权利和自由。"没有限制的自由就是暴力"，政治自由的行使必须在合理的界限内，否则就会构成违法。因此，散布网络谣言者被公安机关依法查处，表明公民的政治自由是相对的。

2. √ 【解析】本题考查国务院的地位。根据我国《宪法》规定，中华人民共和国国务院，即中央人民政府，是最高国家权力机关的执行机关，是最高国家行政机关。

3. √ 【解析】本题考查国家主席。我国《宪法》第八十四条规定："中华人民共和国主席缺位的时候，由副主席继任主席的职位。中华人民共和国副主席缺位的时候，由全国人民代表大会补选。中华人民共和国主席、副主席都缺位的时候，由全国人民代表大会补选；在补选以前，由全国人民代表大会常务委员会委员长暂时代理主席职位。"

4. × 【解析】本题考查宪法和法律的权威性。我国《宪法》第五条第五款规定："任何组织或者个人都不得有超越宪法和法律的特权。"

5. √ 【解析】本题考查宪法法条。我国《宪法》第十九条规定："国家发展社会主义的教育事业，提高全国人民的科学文化水平。国家举办各种学校，普及初等义务教育，发展中等教育、职业教育和高等教育，并且发展学前教育。国家发展各种教育设施，扫除文盲，对工人、农民、国家工作人员和其他劳动者进行政治、文化、科学、技术、业务的教育，鼓励自学成才。国家鼓励集体经济组织、国家企业事业组织和其他社会力量依照法律规定举办各种教育事业。国家推广全国通用的普通话。"

6. × 【解析】本题考查我国公民的人身自由权。我国《宪法》第四十条规定："中华人民共和国公民的通信自由和通信秘密受法律的保护。除因国家安全或者追查刑事犯罪的需要，由公安机关或者检察机关依照法律规定的程序对通信进行检查外，任何组织或者个人不得以任何理由侵犯公民的通信自由和通信秘密。"题干中是民事案件，且提出要求的机关为审判机关，故移动通讯公司的做法是正确的。

7. × 【解析】本题考查特别行政区的高度自治权相关知识。我国是单一制国家，中央对包括香港、澳门特别行政区在内的所有地方行政区域拥有全面管治权。香港、澳门两个特别行政区的高度自治权不是固有的，而是来源于中央授权。高度自治权不是完全自治，中央对高度自治权具有监督的权力，绝不允许以"高度自治"为名对抗中央的权力。

8. × 【解析】本题考查宪法宣誓制度。各级人民代表大会及县级以上各级人民代表大会常务委员会选举或者决定任命的国家工作人员，以及各级人民政府、人民法院、人民检察院任命的国家工作人员，在就职时应当公开进行宪法宣誓。

9. × 【解析】本题考查我国的国家机构。根据我国《宪法》第六十七条的规定，全国人民代表大会常务委员会有权解释宪法。

10. √ 【解析】本题考查中国共产党领导的多党合作和政治协商制度。中国共产党是执政党，各民主党派是参政党，二者是通力合作的亲密友党，互相监督。二者在政治上是领导与被领导的关系，在组织上是相互独立的关系，在法律上是平等的关系。

11. × 【解析】本题考查宪法的修改。我国《宪法》第六十四条第一款规定："宪法的修改，由全国人民代表大会常务委员会或者五分之一以上的全国人民代表大会代表提议，并由全国人民代表大会以全体代表的三分之二以上的多数通过。"可见，题干中的"出席会议代表"说法错误。

12. √ 【解析】本题考查宪法法条。我国《宪法》第十条第四款规定："任何组织或者个人不得侵占、买卖或者以其他形式非法转让土地。土地的使用权可以依照法律的规定转让。”

13. √ 【解析】本题考查公民的权利与义务。我国《宪法》第三十三条第四款规定:“任何公民享有宪法和法律规定的权利,同时必须履行宪法和法律规定的义务。”

14. × 【解析】本题考查选举权的普遍性原则。我国《宪法》第三十四条规定:“中华人民共和国年满十八周岁的公民,不分民族、种族、性别、职业、家庭出身、宗教信仰、教育程度、财产状况、居住期限,都有选举权和被选举权;但是依照法律被剥夺政治权利的人除外。”

15. √ 【解析】本题考查国务院的组成。根据我国《宪法》第八十六条的规定,国务院由总理、副总理、国务委员、各部部长、各委员会主任、审计长、秘书长组成。

16. √ 【解析】我国《宪法》第十二条规定:“社会主义的公共财产神圣不可侵犯。国家保护社会主义的公共财产。禁止任何组织或者个人用任何手段侵占或者破坏国家的和集体的财产。”

17. × 【解析】中华人民共和国是工人阶级领导的、以工农联盟为基础的人民民主专政的社会主义国家,这是我国的国体。

18. √ 【解析】我国《宪法》第九条第一款规定:“矿藏、水流、森林、山岭、草原、荒地、滩涂等自然资源,都属于国家所有,即全民所有;由法律规定属于集体所有的森林和山岭、草原、荒地、滩涂除外。”

19. √ 【解析】1954年颁布的《中华人民共和国宪法》,是我国第一部社会主义类型的宪法。

20. × 【解析】法律面前人人平等是法律确认和保护公民在享有权利和承担义务上处于平等的地位,不允许任何人有超越于法律之上的特权,但不意味着每个公民都有同样的权利。

21. √ 【解析】我国宪法和法律是在党的领导下充分发扬民主制定的,反映了党的路线和方针政策,反映了全国各族人民的意志和利益,是党的主张和人民意志的高度集中统一。遵守宪法和法律是公民根本的行为准则。

22. × 【解析】根据我国《宪法》第六十七条的规定,全国人民代表大会常务委员会有权决定特赦。

23. × 【解析】我国在各少数民族聚居的地方实行区域自治。民族自治地方的自治机关是自治区、自治州、自治县的人民代表大会和人民政府。

24. √ 【解析】解决我国民族问题的基本原则是坚持民族平等、民族团结和各民族共同繁荣。民族平等是民族团结、各民族共同繁荣的政治前提和基础;民族团结是维护国家统一、实现各民族共同发展的根本保证;各民族的共同繁荣是解决民族问题的根本出发点和归宿。

25. × 【解析】“平等”不等于“相同”。例如,选举权是公民的基本政治权利之一。根据我国《宪法》第三十四条规定,中华人民共和国年满十八周岁的公民,不分民族、种族、性别、职业、家庭出身、宗教信仰、教育程度、财产状况、居住期限,都有选举权和被选举权;但是依照法律被剥夺政治权利的人除外。可见,公民在法律面前一律平等,但是未满十八周岁的中国公民、依照法律被剥夺政治权利的人都不享有选举权和被选举权。对于这项权利,所有公民就无法相同。

26. × 【解析】(1)人权问题本质上属于一国范围内的事,一国人权状况的改善归根结底取决于该国政府和人民,取决于经济、社会、文化的发展。(2)一个国家如果失去主权,就难以改善人权状况。(3)“人权高于主权”论违背国际法基本准则,是对别国内政的粗暴干涉,其特点是以“人权高于主权”为标榜,以军事威胁与军事打击为手段,强调使用武力的必要性、合法性与有效性。

27. × 【解析】每年的12月4日是国家宪法日。2014年10月23日,党的十八届四中全会通过《中共中央关于全面推进依法治国若干重大问题的决定》,提出将每年的12月4日这一天定为国家宪法日。2014年11月1日,第十二届全国人民代表大会常务委员会第十一次会议表决通过《关于设立国家宪法日的决定》,以立法形式予以确定。

28. × 【解析】选举权的平等性原则是指每位选民在一次选举中只有一次登记权和投票权。

29. × 【解析】制定村民自治章程或村规民约是规范村民和村干部行为的有效途径,而非只针对村干部。

30. √ 【解析】习近平在2014年1月7日至8日召开的中央政法工作会议上强调,促进社会公平正义是政法工作的核心价值追求。从一定意义上说,公平正义是政法工作的生命线,司法机关是维护社会公平正义的最后一道防线。

31. × 【解析】《中共中央关于全面推进依法治国若干重大问题的决定》指出,法律制定和修改的重大问题由全国人大常委会党组向党中央报告。

32. × 【解析】根据我国《宪法》规定,中华人民共和国公民有劳动的权利和义务,但并未规定必须从事一定的义务劳动。

33. × 【解析】在我国,全国人民代表大会并非统一行使立法、行政、司法三权。行政权和司法权由相关机关部门具体行使。

34. × 【解析】根据我国《宪法》第六十四条第一款的规定,宪法的修改,由全国人民代表大会常务委员会或者五分之一

以上的全国人民代表大会代表提议，并由全国人民代表大会以全体代表的三分之二以上的多数通过。

35. √　【解析】根据我国《宪法》第三十三条第一款的规定，凡具有中华人民共和国国籍的人都是中华人民共和国公民。

36. √　【解析】公民指具有一个国家的国籍，根据该国的法律规范享有权利和承担义务的自然人。

37. ×　【解析】公民的人身自由权包括四项：人格尊严不受侵犯、住宅不受侵犯、人身自由不受侵犯、通信自由和通信秘密受法律保护。

38. ×　【解析】根据我国《宪法》第一百二十四条的规定，监察委员会主任每届任期同本级人民代表大会每届任期相同。国家监察委员会主任连续任职不得超过两届。

39. √　【解析】居民委员会是居民自我管理、自我教育、自我服务、自我监督的基层群众性自治组织，对城市社区建设发挥着重要的作用。

40. ×　【解析】根据我国《宪法》第一百三十条的规定，人民法院审理案件，除法律规定的特别情况外，一律公开进行。

41. ×　【解析】根据我国《宪法》第十条的规定，宅基地和自留地、自留山，属于集体所有。

42. ×　【解析】我国《宪法》规定："中华人民共和国年满十八周岁的公民，不分民族、种族、性别、职业、家庭出身、宗教信仰、教育程度、财产状况、居住期限，都有选举权和被选举权；但是依照法律被剥夺政治权利的人除外。"题干未提及国籍和依法被剥夺政治权利的情况。

43. ×　【解析】我国《宪法》规定："中华人民共和国年满十八周岁的公民，不分民族、种族、性别、职业、家庭出身、宗教信仰、教育程度、财产状况、居住期限，都有选举权和被选举权；但是依照法律被剥夺政治权利的人除外。"享有权利和行使权利应作区分。精神病患者享有选举权和被选举权，但因其行为能力不能行使选举权和被选举权。

44. √　【解析】宗教信仰自由是指公民依据内心的信念，自愿地信仰宗教的自由。其含义包括：公民有信教或者不信教的自由，有信仰这种宗教或者那种宗教的自由，有过去信教现在不信教或者过去不信教而现在信教的自由。

45. √　【解析】根据我国《宪法》第四十五条的规定，中华人民共和国公民在年老、疾病或者丧失劳动能力的情况下，有从国家和社会获得物质帮助的权利。

46. √　【解析】推进社会主义民主的制度化、规范化和程序化，保证人民当家作主。健全民主制度，丰富民主形式，扩大公民有序的政治参与，保证人民依法实行民主选举、民主决策、民主管理、民主监督。

47. √　【解析】根据我国《宪法》和《立法法》的规定，全国人民代表大会及其常务委员会通过的法律由国家主席签署主席令予以公布。

48. ×　【解析】根据我国《宪法》第六十二条规定，全国人民代表大会有下列职权：(1)选举中华人民共和国主席、副主席；(2)根据中华人民共和国主席的提名，决定国务院总理的人选；根据国务院总理的提名，决定国务院副总理、国务委员、各部部长、各委员会主任、审计长、秘书长的人选；(3)选举中央军事委员会主席；根据中央军事委员会主席的提名，决定中央军事委员会其他组成人员的人选；(4)选举最高人民法院院长；(5)选举最高人民检察院检察长。

49. ×　【解析】宪法是立法体制发展与完善的基础与依据。宪法规定的是国家生活中的根本性质和重大问题，具体的问题由普通法律进行调整。但宪法没有规定"完善的立法体制与具体规划"。

50. √　【解析】公海供所有国家平等、共同地使用，它不是任何国家领土的组成部分，因而不处于任何国家的主权之下；任何国家不得将公海的任何部分据为己有，不得对公海本身行使管辖权。

51. ×　【解析】我国实行共产党领导下的多党合作和政治协商制度。中国共产党是我国的执政党，民主党派不是在野党，而是参政党。

52. √　【解析】根据宪法和有关法律规定，人大代表主要享有审议权，表决权，提名权，选举权，提出议案权，质询权，提出罢免案权，提出建议、批评、意见权，提议权，言论表决免究权，人身特别保护权，执行代表职务保障权等。

53. √　【解析】依法执政是中国共产党执政的基本方式。支持人民代表大会依法履行职能，使党的主张通过法定程序上升为国家意志，是党依法执政的重要体现。

综合能力提升

一、单项选择题

1. C　【解析】本题考查公民的基本权利。我国《宪法》第四十三条规定："中华人民共和国劳动者有休息的权利。国家发展劳动者休息和休养的设施，规定职工的工作时间和休假制度。"A项中"任意休息"的说法错误。我国《宪法》第三十六条第一款规定："中华人民共和国公民有宗教信仰自由。"B项中"公开传教的自由"错误。根据我国《刑法》第五十四条的规定，剥夺政治权利是剥夺下列权利：选举权和被选举权；言论、出版、集会、结社、游行、示威自由的权利；担任国家机关职务的权利；担任国有公司、企业、事业单位和人民团体领导职务的权利。C项正确。我国《宪法》第四十五条第一款规定："中华人民共和国公民在年老、疾病或者丧失劳动能力的情况下,有从国家和社会获得物质帮助的权利。国家发展为公民享受这些权利所需要的社会保险、社会救济和医疗卫生事业。”D项中“遭受自然灾害”说法错误。故选C。

2. C 【解析】本题考查公民权利的行使。我国《宪法》第五十一条规定:“中华人民共和国公民在行使自由和权利的时候,不得损害国家的、社会的、集体的利益和其他公民的合法的自由和权利。”故选C。

3. C 【解析】本题考查公民的基本权利。监督权是指公民有监督一切国家机关及国家工作人员的公务活动的权利,包括批评权、建议权、申诉权、控告权、检举权。在互联网时代,公民随手拍下公权力不作为的现象,体现了公民行使监督权,C项正确。申诉权是指公民对本人及其亲属所受到的有关处罚或者处分不服,或者受到不公正的待遇,向有关国家机关陈述理由、提出要求的权利。控告权是指公民向有关国家机关指控或者告发某些国家机关及其工作人员各种违法失职行为的权利。获得赔偿权是指由于国家机关和国家工作人员侵犯公民权利而受到损失的人,有依照法律规定取得赔偿的权利。ABD项不符合题意。故选C。

4. C 【解析】本题考查我国国家机构。全国人民代表大会常务委员会对全国人民代表大会负责并报告工作。

5. B 【解析】本题考查我国基层群众自治的内容。从组织机构上说,我国的基层政权是指乡、镇、民族乡人民代表大会和人民政府以及市(不设区的市)、市辖区人民代表大会和人民政府。ACD说法正确,本题为选非题,故选B。

6. C 【解析】本题考查协商民主。社会主义协商民主是适应我国国情和现实需要的民主形式,是党的群众路线在政治领域的重要体现,具有与西式民主截然不同的特征和无可比拟的优越性。故选C。

7. D 【解析】本题考查我国的基本政治制度。我国民族自治区与特别行政区的共同点是:(1)都享有自治权。(2)都是中央人民政府管辖下的地方行政区域,是中央与地方的关系。不同点是:(1)设立的地区不同。特别行政区是在港、澳、台地区设立的,而民族自治区是在少数民族聚居区设立的。(2)自治程度不同。特别行政区享有“高度的自治权”,而民族自治区有“一定的自治权”。(3)社会制度不同。特别行政区实行资本主义制度,而民族自治区则坚持社会主义制度。(4)解决问题不同。特别行政区是为了解决历史遗留问题,实现祖国和平统一而设立的,民族自治区是为了解决民族问题,实现少数民族人民当家作主,管理本民族地区事务的愿望而设立的。故本题选D。

8. C 【解析】本题考查政治协商会议的职能。中国人民政治协商会议的主要职能是政治协商、民主监督、参政议政。政治协商是对国家和地方的大政方针以及政治、经济、文化和社会生活中的重要问题在决策之前进行协商和就决策执行过程中的重要问题进行协商。民主监督是对国家宪法、法律和法规的实施,重大方针政策的贯彻执行,国家机关及其工作人员的工作,通过建议和批评进行监督。参政议政是对政治、经济、文化和社会生活中的重要问题以及人民群众普遍关心的问题,开展调查研究,反映社情民意,进行协商讨论。通过调研报告、提案、建议案或其他形式,向中国共产党和国家机关提出意见和建议。根据题干材料可知,全国政协行使的职能是参政议政。

9. D 【解析】本题考查特别行政区制度。中华人民共和国全国人民代表大会授权香港、澳门特别行政区依照法律规定实行高度自治,享有行政管理权、立法权、独立的司法权和终审权,A项正确。香港、澳门特别行政区为单独的关税地区,可以以自己的名义与别国签订双边经济、贸易等协定,B项正确。香港、澳门特别行政区拥有自己单独的财税制度、货币发行体系和金融政策决定权,C项正确。香港、澳门特别行政区保持财政独立,其财政收入全部用于自身需要,自行支配,不上缴中央人民政府,中央人民政府不在香港、澳门特别行政区征税,D项错误。本题为选非题,故选D。

10. C 【解析】本题考查我国的国家机构。我国《宪法》第六十七条规定:“全国人民代表大会常务委员会行使下列职权:(一)解释宪法,监督宪法的实施……”故答案选C。

11. B 【解析】本题考查公民的基本权利。我国《宪法》第三十四条规定:“中华人民共和国年满十八周岁的公民,不分民族、种族、性别、职业、家庭出身、宗教信仰、教育程度、财产状况、居住期限,都有选举权和被选举权;但是依照法律被剥夺政治权利的人除外。”A项和D项,二人均未满十八周岁,排除。C项,被剥夺政治权利的人没有选举权和被选举权,排除。故选B。

12. A 【解析】本题考查全国人大常委会的职权。我国《宪法》第六十七条规定:“全国人民代表大会常务委员会行使下列职权:……(七)撤销国务院制定的同宪法、法律相抵触的行政法规、决定和命令……”

13. C 【解析】本题考查我国法律的界定。我国《宪法》第五十八条规定:“全国人民代表大会和全国人民代表大会常务委员会行使国家立法权。”题干中“法律”是指全国人大及其常委会制定的法律,C项正确,AB项错误。行政法规、地方性法规等也是具有法的一般特征的规范性文件,D项错误。

14. D 【解析】国家生活的根本问题主要有:国家性质;国家的根本制度、政治制度;国家的根本任务;公民的基本权利和义务;国家的基本经济制度;国家机构及国家标志等。

15. D 【解析】《宪法》作为我国的根本大法,与普通法律相比,二者规定的内容不同,宪法规定国家生活中最根本、最重要的问题;二者的法律效力不同,宪法具有最高的法律效力;二者制定与修改的程序不同。故ABC三项说法均正确,本题选D项。

16. C 【解析】我国人口众多，幅员辽阔，经济文化发展不平衡，这决定了我国现阶段的选举方式是直接选举与间接选举相结合。

17. C 【解析】根据我国《选举法》第十九条规定，有少数民族聚居的地方，每一聚居的少数民族都应有代表参加当地的人民代表大会。这是为了兼顾少数民族的利益，体现了代表分配平衡的原则。

18. C 【解析】人民民主具有真实性和广泛性，广泛性表现在民主的主体具有广泛性和人民享有广泛的民主权利；真实性表现在人民当家作主的权利有制度、法律和物质的保障以及人民利益得到日益充分的实现上。随着我国经济社会的发展，城乡居民医保补助标准和报销比例不断提升，表明人民当家作主的权利有物质的保障，人民利益得到日益充分的实现，这表明了人民民主具有真实性。

19. B 【解析】A项错误，题干能表明全国人大行使最高立法权，但表决权属于人大代表的职权。B项正确，人民代表大会实行民主集中制表现在：在人民代表大会的活动中，法律的制定和重大问题的决策，由人大代表充分讨论，实行少数服从多数原则，民主决定。题干中第十三届全国人大二次会议表决通过了关于政府工作报告的决议、《中华人民共和国外商投资法》，体现了民主集中制。C项说法错误，我国政府由人大产生，对人大负责，人大与政府是监督与被监督的关系，不是领导与被领导的关系。D项说法错误，人民代表大会制度是我国的根本政治制度。人民代表大会是我国的国家权力机关。

20. C 【解析】香港特别行政区和澳门特别行政区享有高度的自治权，除外交和国防事务属中央人民政府管理外，香港特别行政区、澳门特别行政区享有行政管理权、立法权、独立的司法权和终审权。

21. A 【解析】捍卫香港法治尊严，就是要维护中华人民共和国宪法的最高法律效力。捍卫香港法治尊严，就是要维护中央对特别行政区的全面管治权。

22. A 【解析】依据题意，西藏能够实现跨越式发展是因为中国共产党的领导提供了政治保证，A正确。民族区域自治制度是我国的一项基本政治制度，我国的根本制度是社会主义制度，B错误。C不是西藏跨越式发展的根本原因。民族间发展不平衡状况仍然存在，D错误。

23. A 【解析】某市把民族团结教育纳入国民教育、社会教育和职业教育，在民族节日期间举行多民族的联谊活动，把民俗、民情融入节目之中，效果显著，说明民族团结进步创建活动促进了各民族的和睦共处，增进了民族情感和文化认同，①②符合题意；材料中没有反映经济与文化的相互融合，③与题意无关；材料中没有反映该市是民族区域自治地方，④不符合题意。故选A。

24. C 【解析】人民政协是中国人民爱国统一战线的组织，是中国共产党领导的多党合作和政治协商的重要机构，是中国发扬社会主义民主的重要形式。人民政协不是国家机关，不能履行国家职能，C错误。

25. B 【解析】中国人民政治协商会议是中国共产党领导下，由中国共产党、8个民主党派、无党派民主人士、人民团体、各少数民族和各界的代表，台湾同胞、港澳同胞和归国侨胞的代表，以及特别邀请的人士组成，具有广泛的社会基础。各民主党派是人民政协的重要组成部分。但是，题干中民主党派向中共中央、国务院报送意见建议，没有指明是否通过人民政协。排除AC项。人民政协是中国人民爱国统一战线组织，D项错误。各民主党派积极为国家经济社会发展建言献策，向中共中央、国务院报送意见建议说明我国民主党派积极参政议政，致力于社会主义事业，故选B。

26. C 【解析】根据我国《宪法》第四十条规定，中华人民共和国公民的通信自由和通信秘密受法律的保护。除因国家安全或者追查刑事犯罪的需要，由公安机关或者检察机关依照法律规定的程序对通信进行检查外，任何组织或者个人不得以任何理由侵犯公民的通信自由和通信秘密。故AB项错误，C项正确。邮局信件收寄记录属于通信秘密，D项错误。

27. C 【解析】A项错误，中华人民共和国年满十八周岁的公民享有选举权和被选举权，但依法被剥夺政治权利的人除外。B项错误，县级以及县级以下的人大代表选举属于直接选举，而县级以上的人大代表的选举属于间接选举。D项错误，依法被判刑的人如果没有被剥夺政治权利，同样享有选举权与被选举权。

28. A 【解析】根据我国《宪法》第四十一条规定，中华人民共和国公民对于任何国家机关和国家工作人员，有提出批评和建议的权利；对于任何国家机关和国家工作人员的违法失职行为，有向有关国家机关提出申诉、控告或者检举的权利，但是不得捏造或者歪曲事实进行诬告陷害。对于公民的申诉、控告或者检举，有关国家机关必须查清事实，负责处理。任何人不得压制和打击报复。A项错误，没有“立即回复”的规定。本题为选非题，故选A。

29. D 【解析】“互联网+信访”模式是信访形式的创新，并未影响我国的政体和法律体系，公民的政治权利也并未扩大。

30. B 【解析】共产党员不能信仰宗教，工商局的工作人员只要不是党员就有宗教信仰自由的权利，A项错误；公民有信仰宗教的自由，也有不信仰宗教的自由，有信仰这种宗教的自由，也有信仰那种宗教的自由，C项错误；我国公民有结社的权利，加入行业协会是公民的自由，工作单位无权干涉，D项错误。

31. B 【解析】根据我国《宪法》第三十三条规定，任何公民享有宪法和法律规定的权利，同时必须履行宪法和法律规定的义务。第五十五条规定，依照法律服兵役和参加民兵组织是中华人民共和国公民的光荣义务。林某等4人拒绝服兵役被处罚

主要说明权利和义务相辅相成,不可分离。B项说法正确。

32. B 【解析】在中国,宪法确认公民享有言论自由。但同时规定,公民在行使言论自由权利时,不得破坏社会秩序,不得违背宪法和法律,不得损害国家的、社会的、集体的利益或其他公民的合法的自由和权利。这就需要我们坚持权利与义务相统一。

33. A 【解析】A项举报某企业污染环境的行为是在行使监督权;B项在网络论坛上发表诋毁他人的言论侵犯他人的人格尊严权;C项自愿放弃初中阶段的受教育权利没有履行受教育的义务;D项私自印刷宣扬封建迷信的报纸杂志不利于精神文明建设。

34. C 【解析】全国人大常委会进行执法检查属于履行对宪法法律实施的监督,是履行监督权的表现,不是履行立法权的表现,①混淆了立法权与监督权,不选;建立预算审查联系代表机制,提高了监督的科学性与专业性,可以增强监督的针对性和实效性,②入选;人大履行监督权,人大代表履行质询权,③混淆了人大与人大代表的权利,不选;三则材料都是人大创新工作方法、提高工作实效的具体措施,④入选。故本题答案为C。

35. B 【解析】全国人民代表大会宪法和法律委员会,是全国人大的专门委员会。宪法和法律委员会统一审议向全国人大或者全国人大常委会提出的法律案;其他专门委员会就有关的法律案进行审议,向宪法和法律委员会提出意见,并印发全国人民代表大会会议或者常委会会议。全国人民代表大会宪法和法律委员会的工作职责:推动宪法实施、开展宪法解释、推进合宪性审查、加强宪法监督、配合宪法宣传等。此题为选非题,因此答案选B。

36. B 【解析】根据我国《宪法》第一百条规定,省、直辖市的人民代表大会和它们的常务委员会,在不同宪法、法律、行政法规相抵触的前提下,可以制定地方性法规,报全国人民代表大会常务委员会备案。设区的市的人民代表大会和它们的常务委员会,在不同宪法、法律、行政法规和本省、自治区的地方性法规相抵触的前提下,可以依照法律规定制定地方性法规,报本省、自治区人民代表大会常务委员会批准后施行。故B正确。

37. B 【解析】人大代表享有的权利包括:审议权、表决权、提名权、选举权、质询权、罢免权、提议权、发言免责权和人身特别保护权。ACD项说法错误。人大代表进行联合视察的目的是听取和反映人民群众的意见与要求,B项符合题意。故选B。

38. B 【解析】国务院办公厅开通"国家政务服务投诉与建议"小程序,创新了公民参与监督的途径,有利于满足群众的诉求,B项正确。A项,"居民决策权"说法错误。C项,居民没有质询权。D项,题干做法并未扩大公民权利。故选B。

39. C 【解析】题干论述的主题是监察体制和监察机关。党是中国特色社会主义事业的领导核心,国家机构的设置要在党的领导下进行,要适应国家职能的需要,①③说法正确且符合题意。各级监察委员会是行使国家监察职能的专责机关,不属于政府对公职人员的监督,②说法错误。本题中不涉及党的政治建设,④不符合题意。故本题选C。

40. B 【解析】宪法的核心内容是民主制度的法律化。

41. B 【解析】维护国家统一和民族团结是我国顺利进行社会主义现代化建设的根本保证,也是实现公民的政治权利和其他权利的重要保证。

42. A 【解析】宪法的修改,由全国人民代表大会常务委员会或者五分之一以上的全国人民代表大会代表提议,并由全国人民代表大会以全体代表的三分之二以上的多数通过。这说明全国人大有立法权和修改宪法的职权。

43. C 【解析】根据我国《宪法》第九条规定,矿藏、水流、森林、山岭、草原、荒地、滩涂等自然资源,都属于国家所有,即全民所有;由法律规定属于集体所有的森林和山岭、草原、荒地、滩涂除外。因此,水流属于国家所有,政府有权根据需要合理调配河水的供应。

44. A 【解析】③说法错误,我国的政体是人民代表大会制度;④的说法错误,民族区域自治制度有助于巩固和谐民族关系。

45. B 【解析】②说法错误,我国人民民主专政的国家性质决定了我国实行人民代表大会制度;③说法错误,在我国,最高国家权力机关是全国人民代表大会。

46. C 【解析】根据我国《宪法》第三条规定,中华人民共和国的国家机构实行民主集中制的原则。

47. B 【解析】依据《全国人民代表大会和地方各级人民代表大会选举法》第四十五条规定,在选民直接选举人民代表大会代表时,选区全体选民的过半数参加投票,选举有效。代表候选人获得参加投票的选民过半数的选票时,始得当选。A项,参加投票的人数不到选区全体选民的半数,排除。C项,代表候选人未获得参加投票选民过半数的选票,排除。D项,参加投票的人数超出选区全体选民的人数,排除。B项符合法律规定,当选。

48. C 【解析】民族平等是民族团结、各民族共同繁荣的前提和基础;民族团结是民族平等的必然结果;各民族共同繁荣是解决民族问题的根本出发点和归宿,是促进各民族真正平等的保障。

49. A 【解析】实行民族区域自治是适合我国国情的必然选择,是由我国的历史特点和现实情况决定的。统一的多民族国家的历史传统,"大杂居、小聚居"的民族分布特点,以及各民族在长期奋斗中形成的相互依存的民族关系,使我国的民族区

域自治具有坚实的社会和政治基础。②中“小混居”表述错误，④中“基本政治权利”的“不同规定”表述错误，故选A。

50. D 【解析】国家机关是指从事国家管理和行使国家权力的机关，包括国家元首、权力机关、行政机关、监察机关、审判机关、检察机关和军事机关。政协是中国人民爱国统一战线的组织，不属于国家机关。

51. B 【解析】题干中的举措体现了国家对公民权利的尊重，是推动社会公平的重要体现，①③符合题意；题干的举措并没有扩大学生受教育的权利，②说法错误；选举权和被选举权是公民基本的民主权利，材料没有涉及，因此不选④。故选B。

52. D 【解析】生存权，是指人的生命得以延续的权利。对一个国家和民族来说，生存权是首要权利，没有生存权，其他一切人权均无从谈起。

53. B 【解析】“中国式旅游”的不文明行为损坏了中国形象，会对国家荣誉和尊严造成损害，故选B。

54. D 【解析】人们平等地享有法律规定的权利和承担法律义务，不允许任何人享有超越法律的特权，这是法律面前人人平等原则。

55. D 【解析】有一些人在行使监督权的过程中造谣诽谤，因此受到法律制裁，所以公民应该合法行使权利并坚持实事求是。

56. B 【解析】本题是对公民提出的要求。解决“邻避效应”，需要公民正确处理个人、集体、国家利益关系，要坚持个人利益与国家利益相结合。故本题选B。

57. A 【解析】选项B“全面阐释和吸收宗教教义教规”说法错误，我们党坚持的是马克思主义，是无神论者；选项C“保护一切宗教活动”说法太过绝对，比如邪教组织活动就应该禁止；选项D“要鼓励宗教信仰”，也是矫枉过正，共产党员就不得有宗教信仰。故本题答案为A。

58. A 【解析】人民代表大会的监督主要是通过其他国家机关向其报告工作的方式进行。

59. C 【解析】根据《中国共产党党内监督条例》第二十六条规定，党的各级纪律检查委员会是党内监督的专责机关。可以排除②。中华人民共和国国家监察委员会是最高监察机关，领导地方各级监察委员会的工作，行使国家监察职能，是国家机构的组成部分、实现党和国家自我监督的政治机关，依法监察公职人员行使公权力的情况，调查职务违法和职务犯罪。

60. B 【解析】A选项表述绝对；B选项正确，为深化监察体制改革，我国组建了各级监察委员会，加强对所有行使公权力的公职人员的监察，这样能制约和监督权力的行使；C选项错误，组建各级监察委员会，并不是为了保障公职人员权益；D选项错误，题干行为无法扩大公民拥有的监督权。故本题选B。

61. A 【解析】宪法修正案是全国人民代表大会对我国现行宪法作的部分修改，效力同宪法相同，B选项错误。我国《宪法》第五条规定：“中华人民共和国实行依法治国，建设社会主义法治国家。国家维护社会主义法制的统一和尊严。一切法律、行政法规和地方性法规都不得同宪法相抵触。一切国家机关和武装力量、各政党和各社会团体、各企业事业组织都必须遵守宪法和法律。一切违反宪法和法律的行为，必须予以追究。任何组织或者个人都不得有超越宪法和法律的特权。”C选项表述错误。D选项错误，只要是我国公民，即使定居在外国也适用我国宪法。A选项，宪法也是法，具有强制性，故本题选A。

62. D 【解析】宪法禁止的是不合理的差别对待，而非一切差别，合理的差别对待不违背宪法关于公平正义的要求。

63. D 【解析】生存权和发展权是首要的人权，也是享有其他人权的基础；没有生存权和发展权，其他一切人权均无从谈起。

64. D 【解析】刑法修正案的修改和完善体现了法律保障劳动者的合法权益，说明国家尊重和保障人权，人民真实地享有权利，D项正确。

65. C 【解析】资本主义国家选举的实质是协调统治阶级内部利益关系和矛盾的重要措施。

66. B 【解析】根据我国《选举法》规定，全国人民代表大会和地方各级人民代表大会的选举经费由国库开支。

67. B 【解析】中国长期以来就是一个集中统一的多民族国家，具有各民族集中在一个国家内共同生活的历史传统。

68. B 【解析】民主党派，指在中国境内，除执政党中国共产党以外的八个参政党的统称。它们是：中国国民党革命委员会、中国民主同盟、中国民主建国会、中国民主促进会、中国农工民主党、中国致公党、九三学社、台湾民主自治同盟。

69. B 【解析】实行农村村民自治和城市居民自治以扩大基层民主，是社会主义民主最为广泛而深刻的实践，也是发展社会主义民主政治的基础性工程，B正确。基层民主自治的自治权限于农村村民和城市居民自我管理、自我教育、自我服务，是非政权型的自治，故A、C错误。实行基层民主自治，是公民在行使民主管理的权利，D错误。

70. A 【解析】公民向决策机关反映意见、提出建议，这是通过社情民意反映制度参与民主决策。

71. B 【解析】公安机关保护公民的生命安全及各种合法权益，保护国家、企业和个人的合法财产不受侵犯，打击犯罪分子，这体现了政府在履行保障人民民主和维护国家长治久安的职能。

72. C 【解析】揭露黑幕，监督政府的行为，并向政府提出一些批评、改进意见属于公民行使监督权，是实行民主监督的

体现。

73. B 【解析】我国《选举法》第九条规定:“全国人民代表大会常务委员会主持全国人民代表大会代表的选举。省、自治区、直辖市、设区的市、自治州的人民代表大会常务委员会主持本级人民代表大会代表的选举。不设区的市、市辖区、县、自治县、乡、民族乡、镇设立选举委员会,主持本级人民代表大会代表的选举。不设区的市、市辖区、县、自治县的选举委员会受本级人民代表大会常务委员会的领导。乡、民族乡、镇的选举委员会受不设区的市、市辖区、县、自治县的人民代表大会常务委员会的领导。省、自治区、直辖市、设区的市、自治州的人民代表大会常务委员会指导本行政区域内县级以下人民代表大会代表的选举工作。”B选项永济市是运城市下辖的县级市,应当设立选举委员会,主持本级人民代表大会代表的选举。A选项太原市和D选项晋城市属于市级行政单位,C选项山西省属于省级行政单位,A、C、D项分别由太原市人大常委会、山西省人大常委会、晋城市人大常委会主持本级人民代表大会代表的选举。故本题选择B选项。

74. C 【解析】根据我国《集会游行示威法》第十二条规定,申请举行的集会、游行、示威,有下列情形之一的,不予许可:反对宪法所确定的基本原则的;危害国家统一、主权和领土完整的;煽动民族分裂的;有充分根据认定申请举行的集会、游行、示威将直接危害公共安全或者严重破坏社会秩序的。因此本题选择C选项。

75. D 【解析】全国人民代表大会的职权包括选举中华人民共和国主席、副主席。因而选举国家领导人不属于党的全国代表大会的职权。

二、多项选择题

1. BD 【解析】本题考查我国公民的基本权利。A项错误,我国《宪法》第四十三条规定:“中华人民共和国劳动者有休息的权利。国家发展劳动者休息和休养的设施,规定职工的工作时间和休假制度。”B项正确,我国《宪法》第十三条规定:“公民的合法的私有财产不受侵犯。国家依照法律规定保护公民的私有财产权和继承权。国家为了公共利益的需要,可以依照法律规定对公民的私有财产实行征收或者征用并给予补偿。”C项错误,我国《宪法》第三十四条规定:“中华人民共和国年满十八周岁的公民,不分民族、种族、性别、职业、家庭出身、宗教信仰、教育程度、财产状况、居住期限,都有选举权和被选举权;但是依照法律被剥夺政治权利的人除外。”D项正确,我国《宪法》第五十条规定:“中华人民共和国保护华侨的正当的权利和利益,保护归侨和侨眷的合法的权利和利益。”故选BD。

2. CD 【解析】本题考查公民的基本权利。A项,我国《宪法》第四十条规定:“中华人民共和国公民的通信自由和通信秘密受法律的保护。除因国家安全或者追查刑事犯罪的需要,由公安机关或者检察机关依照法律规定的程序对通信进行检查外,任何组织或者个人不得以任何理由侵犯公民的通信自由和通信秘密。”题目中甲并没有刑事犯罪,其手机信息不应当被检查,即乙、丙二人侵犯了甲的通信自由和通信秘密。B项,该法第十三条第一款规定:“公民的合法的私有财产不受侵犯。”题目中甲的手机被扣押,侵犯了他的财产权。C项,题目中未涉及言论自由。D项,甲超出经营范围买卖日化产品的行为本身就应当受到工商局的检查,因此并未侵犯其营业自由。本题为选非题,答案为CD。

3. ABC 【解析】本题考查协商民主。社会主义民主尊重人民的价值主体地位,即使是少数人甚至个别人的利益诉求,也应倾听并进行合理协商,D项错误。ABC说法正确,故选ABC。

4. ABC 【解析】宪法是国家的根本法,主要体现在以下三点:(1)宪法规定的是国家的根本制度和根本任务;(2)宪法具有最高法律效力;(3)宪法有严格的制定和修改程序。

5. CD 【解析】根据我国《立法法》第八条、第九条和第十条的规定,税种的设立、税率的确定和税收征收管理等税收基本制度只能制定法律。但是尚未制定法律的,全国人民代表大会及其常务委员会有权决定,授权国务院先制定行政法规,授权期限一般不超过五年。A项说法正确。该法第五十七条规定,法律应当明确规定施行日期。B项说法正确。该法第二十五条规定,全国人民代表大会通过的法律由国家主席签署主席令予以公布。C项说法错误。该法第八十七条规定,宪法具有最高的法律效力,一切法律、行政法规、地方性法规、自治条例和单行条例、规章都不得同宪法相抵触。该法第八十八条规定,法律的效力高于行政法规、地方性法规、规章。行政法规的效力高于地方性法规、规章。D项错误。本题为选非题,故选CD。

6. ABC 【解析】根据我国《宪法》第四十五条规定:中华人民共和国公民在年老、疾病或者丧失劳动能力的情况下,有从国家和社会获得物质帮助的权利。公民甲属于年老的情况,公民乙属于疾病的情况,公民丙属于丧失劳动能力的情况,故选ABC。

7. BD 【解析】A、C项说法错误,B、D项说法正确且符合题意。

8. ACD 【解析】在我国,人民与人民代表大会之间、人民代表大会与其他国家机关之间都存在着监督与被监督的关系,这种关系突出反映了我国一切权力属于人民,体现了民主集中制,有效印证了人民当家作主的地位。A、C、D三项正确且符合题意。国家性质是由占统治地位的阶级的性质决定的,我国人民民主专政的国家性质决定人民代表大会制度的政体,故B项说法错误。

9. BCD 【解析】赋予人民当家作主权利的是宪法,A项说法错误。BCD说法正确。

10. ABC 【解析】法律保护公民的合法权益，而非一切利益。D项说法错误。

11. AC 【解析】D项错误，题干强调的是公民通过12340反映社情民意的民主决策活动，而非民主监督。B项在题干中并没有体现，故不选。因此，本题选AC。

12. ABC 【解析】监督权属于公民基本政治权利，政务微博属于公民的民主监督。政务微博的兴起彰显了社会主义民主政治建设的进步，保障了公民基本政治权利的有效行使，增强了公民主人翁意识和社会责任感。D项错误，公民有知情权和监督权，但只有人大代表有质询权。ABC项说法正确且符合题意，故选ABC。

13. ABCD 【解析】题目是对违法犯罪分子进行打击活动，这体现了国家在行使专政职能。人民群众举报违法犯罪活动体现了人民群众在行使监督权，也体现了公民有维护国家利益和安全的义务。打击犯罪分子，依法惩处相关责任人体现了公民在法律面前一律平等。故本题选ABCD。

14. AB 【解析】C项错误，在我国，全国人民代表大会及其常务委员会依法行使立法权。D项错误，司法机关不是政府的组成部门或所辖机关，政府无权管理或干涉司法机关的工作。AB项正确且符合题意，故选AB。

15. BCD 【解析】2018年宪法修正案规定，宪法序言第十二自然段中“中国坚持独立自主的对外政策，坚持互相尊重主权和领土完整、互不侵犯、互不干涉内政、平等互利、和平共处的五项原则”后增加“坚持和平发展道路，坚持互利共赢开放战略”；“发展同各国的外交关系和经济、文化的交流”修改为“发展同各国的外交关系和经济、文化交流，推动构建人类命运共同体”。

16. ABD 【解析】新中国成立初期在民主政治建设方面取得的成就有人民代表大会制度、中国共产党领导的多党合作和政治协商制度、民族区域自治制度的确立。

17. AB 【解析】十九大报告强调坚持和完善一系列的政治制度，保障了我国人民民主，从而保证人民当家作主的地位。题干强调的是我国的政治发展道路，并未涉及我国法律和社会管理，故排除C和D。

18. CD 【解析】A项在题干中并没有体现；B项说法错误，民族区域自治制度的前提是国家统一。故选CD。

19. ABCD 【解析】实施西部大开发战略、修建青藏铁路、打击东突恐怖势力和尊重各民族的宗教信仰、风俗习惯和语言文字都符合我国处理民族关系的原则和政策。

20. ACD 【解析】B项错误，公民的合法利益受到保护，而非任何利益，故选ACD。

21. AC 【解析】题干并没有体现我国公民基本权利的扩展，B错；题干所述并非司法行为，D错。

22. ABD 【解析】《微博客信息服务管理规定》第一条提出，为促进微博客信息服务健康有序发展，保护公民、法人和其他组织的合法权益，维护国家安全和公共利益，根据《网络安全法》《国务院关于授权国家互联网信息办公室负责互联网信息内容管理工作的通知》，制定本规定。

23. BC 【解析】将9种行为入罪，并没有使我国公民犯罪的条件发生变化，也没有体现政府依法行政的权力的扩大。

24. AC 【解析】在商业纠纷中唱国歌是错误的做法，启示公民要履行尊重国歌、维护国歌尊严的义务，应该在法律规定的范围内行使权利，AC项正确。本题不涉及政治参与，B项错误。D项本身说法错误。故选AC。

25. ACD 【解析】公民权利和义务的平等性主要表现在三个方面：(1)公民平等地享有权利，平等地履行义务。(2)公民在法律面前一律平等，不允许任何组织和个人有超越宪法和法律的特权，一切违反宪法和法律的行为必须受到追究。(3)司法机关在适用法律上对公民的权利给予平等的保护。故选ACD。

26. AC 【解析】“与网民在线交流”“开通省市长电子邮箱”等有利于提高决策的科学性和公众的参与度，有利于公众对国家机关及其工作人员进行监督。AC项正确。BD项本身说法错误。

27. AD 【解析】精神病患者也享有选举权。能否行使选举权与是否拥有选举权不是一个概念，B项错误。我国宪法规定：“中华人民共和国年满十八周岁的公民，不分民族、种族、性别、职业、家庭出身、宗教信仰、教育程度、财产状况、居住期限，都有选举权和被选举权；但是依照法律被剥夺政治权利的人除外。”AD项正确。C项中受拘留处罚的人并没有被剥夺政治权利，因而享有选举权，C项错误。故选AD。

28. ABCD 【解析】患者享有生命权、身体权、健康权、平等的医疗权、疾病认知权、诉讼权、求偿权、知情同意权、隐私权、获得相关诊疗信息权、因病免除一定社会责任和义务的权利。

29. ACD 【解析】根据我国《宪法》第十三条规定，公民的合法的私有财产不受侵犯。国家依照法律规定保护公民的私有财产权和继承权。国家为了公共利益的需要，可以依照法律规定对公民的私有财产实行征收或者征用并给予补偿。

30. ABC 【解析】根据《中国人民政治协商会议章程》第三条规定，民主监督是对国家宪法、法律和法规的实施，重大方针政策、重大改革举措、重要决策部署的贯彻执行情况，涉及人民群众切身利益的实际问题解决落实情况，国家机关及其工作人员的工作等，通过提出意见、批评、建议的方式进行的协商式监督。

三、连线题

左	右
政治权利	表达权
人身权利	隐私权
财产权利	继承权
社会经济权利	休息权

第三章 民 法

基础知识达标

一、单项选择题

1. B 【解析】本题考查继承。继承开始后，按照法定继承办理；有遗嘱的，按照遗嘱继承或者遗赠办理；有遗赠扶养协议的，按照协议办理。本题中没有遗嘱，则按照法定继承办理。遗产继承第一顺序为配偶、子女、父母，第二顺序为兄弟姐妹、祖父母、外祖父母。继承开始后，由第一顺序继承人继承，第二顺序继承人不继承。故选B。

2. D 【解析】本题考查代理。依照法律规定、当事人约定或者民事法律行为的性质，应当由本人亲自实施的民事法律行为，不得代理。下列三类行为不适用代理：(1)意思表示具有严格的人身性质的行为，如立遗嘱、婚姻登记；(2)履行具有严格的人身性质的债务行为，如商业演出、约稿；(3)违法行为不得代理。故选D。

3. A 【解析】本题考查埋藏物的所有权归属。根据我国《民法典》规定，拾得遗失物，应当返还权利人。遗失物自发布招领公告之日起一年内无人认领的，归国家所有。拾得漂流物、发现埋藏物或者隐藏物的，参照适用拾得遗失物的有关规定。本题中，虽然埋藏物位于张某祖屋，但未说明张某能证明埋藏物是其祖辈所有的，所以属于权利人不明，应归国家所有，故选A。

4. D 【解析】本题考查民法的原则。根据我国《民法典》规定，民事主体从事民事活动，不得违反法律，不得违背公序良俗。公序良俗原则强调行为不能损害公共利益以及良好风俗。ABC项的约定均违背公序良俗。刘某拒绝同学赠与其电脑的行为没有违背公序良俗，D项符合题意。

5. D 【解析】本题考查自然人的民事行为能力。我国《民法典》第十九条规定："八周岁以上的未成年人为限制民事行为能力人，实施民事法律行为由其法定代理人代理或者经其法定代理人同意、追认；但是，可以独立实施纯获利益的民事法律行为或者与其年龄、智力相适应的民事法律行为。"小天属于限制民事行为能力人，A项错误。获赠小提琴属于纯获利益的民事法律行为，小天可以独立实施，不需要父母追认，BC项错误，D项正确。故选D。

6. D 【解析】本题考查离婚。根据我国《民法典》规定，夫妻一方要求离婚的，可以由有关组织进行调解或者直接向人民法院提起离婚诉讼。人民法院审理离婚案件，应当进行调解；如果感情确已破裂，调解无效的，应当准予离婚。据此规定，调解原则是我国离婚诉讼的基本原则。有关部门对离婚纠纷的调解又称诉讼外调解或诉讼前调解。有关部门的诉讼前调解不是诉讼离婚制度的必经程序，应由当事人选择，人民法院不得以未经诉讼前调解为由拒绝受理有关离婚案件。D项错误，符合题意，故选D。

7. D 【解析】本题考查不当得利。甲误将话费充至陌生人乙的手机里，且乙不返还，则甲的利益受损，乙获利没有法律依据，构成不当得利，D项正确。ABC项中，乙的行为并未使他人利益遭受损失，均不符合题意。故选D。

8. D 【解析】本题考查民法典。我国《民法典》被称为"社会生活的百科全书"，是新中国第一部以法典命名的法律，在法律体系中居于基础性地位，也是市场经济的基本法。《民法典》共7编、1260条，各编依次为总则、物权、合同、人格权、婚姻家庭、继承、侵权责任以及附则。2020年5月28日，十三届全国人大三次会议表决通过了《民法典》，自2021年1月1日起施行。D项表述错误，符合题意，故选D。

9. C 【解析】本题考查知识产权。张某绘制的图案属于受著作权法保护的美术作品，嘉阳公司未经许可使用张某作品，侵犯了张某的著作权，C正确。题干未体现张某将图案注册为商标、申请成专利，AB不符合题意。嘉阳公司并未侵犯张某的使用权，D错误。

10. A 【解析】本题考查我国《民法典》的地位。《中华人民共和国民法典》被称为"社会生活的百科全书"，是新中国第一部以法典命名的法律。

11. B 【解析】本题考查抵押权。我国《民法典》第三百九十五条规定："债务人或者第三人有权处分的下列财产可以抵押：(一)建筑物和其他土地附着物；(二)建设用地使用权；(三)海域使用权；(四)生产设备、原材料、半成品、产品；(五)正在建造的建筑物、船舶、航空器；(六)交通运输工具；(七)法律、行政法规未禁止抵押的其他财产。抵押人可以将前款所列财产一并抵押。"本法典第三百九十九条规定："下列财产不得抵押：(一)土地所有权；(二)宅基地、自留地、自留山等集体所有土地的使用权，但是法律规定可以抵押的除外；(三)学校、幼儿园、医疗机构等为公益目的成立的非营利法人的教育设施、医疗卫生设施

和其他公益设施;(四)所有权、使用权不明或者有争议的财产;(五)依法被查封、扣押、监管的财产;(六)法律、行政法规规定不得抵押的其他财产。”故选B。

12. B 【解析】本题考查民法的基本原则。民法的平等原则是指民事主体在民事活动中的法律地位一律平等。诚信原则是指民事主体从事民事活动,应当遵循诚信原则,秉持诚实,恪守承诺。公平原则是指民事主体从事民事活动,应当遵循公平原则,合理确定各方的权利和义务。自愿原则是指民事主体从事民事活动,应当遵循自愿原则,按照自己的意思设立、变更、终止民事法律关系。题干体现了诚信原则。故选B。

13. A 【解析】本题考查非营利法人。捐助人有权向捐助法人查询捐助财产的使用、管理情况,并提出意见和建议,捐助法人应当及时、如实答复。故选A。

14. A 【解析】本题考查民事行为能力。不满八周岁的未成年人为无民事行为能力人,由其法定代理人代理实施民事法律行为。故选A。

15. C 【解析】本题考查财产所有权的定义。财产经营权是指企业对国家授予其经营管理的财产享有占有、使用和依法处分的权利。债权是指在债的关系中权利主体具备的能够要求义务主体为一定行为或不为一定行为的权利。物权是指权利人依法对特定的物享有直接支配和排他的权利。财产所有权是指所有人依法对自己的财产享有占有、使用、收益和处分的权利。故选C。

16. C 【解析】本题考查不动产物权变动的生效时间。不动产物权的设立、变更、转让和消灭,经依法登记,发生效力。故选C。

17. C 【解析】本题考查著作权保护期限。我国《著作权法》规定:“自然人的作品,其发表权、本法第十条第一款第(五)项至第(十七)项规定的权利的保护期为作者终生及其死亡后五十年,截止于作者死亡后第五十年的12月31日;如果是合作作品,截止于最后死亡的作者死亡后第五十年的12月31日。”故选C。

18. D 【解析】本题考查家庭关系。父母与子女间的关系,不因父母离婚而消除。离婚后,子女无论由父或者母直接抚养,仍是父母双方的子女。故选D。

19. D 【解析】本题考查遗嘱。立有数份遗嘱,内容相抵触的,以最后的遗嘱为准。故选D。

20. D 【解析】本题考查民事责任的承担方式。根据我国相关法律的规定,侵占国家的、集体的或他人财产的,应当予以返还;不能返还或者没有必要返还的,应当折价补偿。故选D。

21. C 【解析】本题考查侵权责任的承担。教唆、帮助他人实施侵权行为的,应当与行为人承担连带责任。教唆、帮助无民事行为能力人、限制民事行为能力人实施侵权行为的,应当承担侵权责任;该无民事行为能力人、限制民事行为能力人的监护人未尽到监护职责的,应当承担相应的责任。故选C。

22. A 【解析】本题考查人格权。人格权是民事主体享有的生命权、身体权、健康权、姓名权、名称权、肖像权、名誉权、荣誉权、隐私权等权利。债权不属于人格权。

23. B 【解析】本题考查商标权的取得规则。我国《商标法》第三十一条规定:“两个或者两个以上的商标注册申请人,在同一种商品或者类似商品上,以相同或者近似的商标申请注册的,初步审定并公告申请在先的商标;同一天申请的,初步审定并公告使用在先的商标,驳回其他人的申请,不予公告。”故选B。

24. B 【解析】民事法律关系由主体、内容、客体三个要素组成。本题为选非题,故选B。

25. A 【解析】恶意串通,损害国家、集体或者第三人利益的合同无效。(注:我国《合同法》自《民法典》施行后废止。根据我国《民法典》第一百五十四条的规定,行为人与相对人恶意串通,损害他人合法权益的民事法律行为无效。)

26. A 【解析】自然人从出生时起到死亡时止,具有民事权利能力,依法享有民事权利,承担民事义务。

27. D 【解析】本题考查限制民事行为能力人申请认定的提出对象。不能辨认或者不能完全辨认自己行为的成年人,其利害关系人或者有关组织,可以向人民法院申请认定该成年人为无民事行为能力人或者限制民事行为能力人。

28. A 【解析】成年人为完全民事行为能力人,可以独立实施民事法律行为。十六周岁以上的未成年人,以自己的劳动收入为主要生活来源的,视为完全民事行为能力人。故A符合题意,B不符合题意。不能完全辨认自己行为的成年人为限制民事行为能力人,实施民事法律行为由其法定代理人代理或者经其法定代理人同意、追认,但是可以独立实施纯获利益的民事法律行为或者与其智力、精神健康状况相适应的民事法律行为。故C不符合题意。八周岁以上的未成年人为限制民事行为能力人,实施民事法律行为由其法定代理人代理或者经其法定代理人同意、追认,但是可以独立实施纯获利益的民事法律行为或者与其年龄、智力相适应的民事法律行为。故D不符合题意。

29. B 【解析】民事主体从事民事活动,不得违反法律,不得违背公序良俗。

30. D 【解析】因紧急避险造成损害的,由引起险情发生的人承担民事责任。危险由自然原因引起的,紧急避险人不承担民事责任,可以给予适当补偿。紧急避险采取措施不当或者超过必要的限度,造成不应有的损害的,紧急避险人应当承担适当

的民事责任。

31. D 【解析】人身权可分为人格权和身份权。身份权是指公民和法人依一定行为或基于相互之间关系所发生的一种人身权利，如荣誉权、亲权、亲属权和配偶权等。D项肖像权属于人格权，不属于身份权，故本题选D。

32. C 【解析】人格自由既是指人格的自由地位，也是指人格的自由权利，是民事主体自主参加社会活动、享有权利、行使权利的基本前提和基础。权利主体丧失人格自由，就无法行使任何权利，不能从事任何社会活动。人格自由是自然人、法人享有一切具体自由权的基础和根源。故选C。

33. C 【解析】以书面、口头等形式宣扬他人的隐私，或者捏造事实公然丑化他人人格，以及用侮辱诽谤等方式损害他人名誉，造成一定影响的，应当认定为侵害公民名誉权的行为。

34. A 【解析】发明，是指对产品、方法或者其改进所提出的新的技术方案。实用新型，是指对产品的形状、构造或者其结合所提出的适于实用的新的技术方案。外观设计，是指对产品的整体或者局部的形状、图案或者其结合以及色彩与形状、图案的结合所作出的富有美感并适于工业应用的新设计。甲公司的芯片材料的制作方法属于方法发明，可申请发明专利。

35. D 【解析】本题考查法定继承顺序。第一顺序的法定继承人为配偶、子女、父母。第二顺序的法定继承人是兄弟姐妹、祖父母、外祖父母。本题为选非题，答案为D。

36. D 【解析】继承财产应当清偿被继承人依法应当缴纳的税款和债务，缴纳税款和清偿债务以他的遗产实际价值为限。超过遗产实际价值部分，继承人自愿偿还的不在此限。继承人放弃继承的，对被继承人依法应当缴纳的税款和债务可以不负偿还责任。

37. A 【解析】直系血亲和三代以内的旁系血亲禁止结婚。故本题选A。

38. A 【解析】现役军人的配偶要求离婚，应当征得军人同意，但军人一方有重大过错的除外。A项忽略了军人一方有重大过错的例外情况，故选A。(注:《民法典》婚姻家庭编删除了原《婚姻法》中"患有医学上认为不应当结婚的疾病"的禁止结婚情形。)

39. B 【解析】完全民事行为能力人因醉酒、滥用麻醉药品或者精神药品对自己的行为暂时没有意识或者失去控制造成他人损害的，应当承担侵权责任。

40. B 【解析】本题考查租赁、借用机动车发生交通事故的责任承担。因租赁、借用等情形机动车所有人与使用人不是同一人时，发生交通事故造成损害，属于该机动车一方责任的，由机动车使用人承担赔偿责任；机动车所有人、管理人对损害的发生有过错的，承担相应的赔偿责任。本案中，机动车所有人甲对于损害的发生没有过错，所以丙的损害应由机动车使用人乙来赔偿。故选B。

41. A 【解析】民法调整平等主体的自然人、法人和非法人组织之间的人身关系和财产关系。

42. B 【解析】应当逮捕的犯罪嫌疑人如果在逃，公安机关可以发布通缉令，采取有效措施，追捕归案。在通缉令中使用犯罪嫌疑人的照片，不属于侵犯公民的肖像权。

43. C 【解析】成年人为完全民事行为能力人，可以独立实施民事法律行为。十六周岁以上的未成年人，以自己的劳动收入为主要生活来源的，视为完全民事行为能力人。

44. A 【解析】涉及遗产继承、接受赠与等胎儿利益保护的，胎儿视为具有民事权利能力。但是，胎儿娩出时为死体的，其民事权利能力自始不存在。

45. B 【解析】民事法律行为部分无效，不影响其他部分效力的，其他部分仍然有效。

46. B 【解析】民事主体因同一行为应当承担民事责任、行政责任和刑事责任的，承担行政责任或者刑事责任不影响承担民事责任；民事主体的财产不足以支付的，优先用于承担民事责任。

47. C 【解析】向人民法院请求保护民事权利的诉讼时效期间为三年。法律另有规定的，依照其规定。

48. C 【解析】受理申请宣告公民失踪或死亡的机关是人民法院，故选C。

49. B 【解析】被撤销死亡宣告的人有权请求依照民法典继承编取得其财产的民事主体返还财产。无法返还的，应当给予适当补偿。故B项正确。

50. A 【解析】不当得利，是指一方没有法律根据取得不当利益而使另一方财产受损的事实。小强取得利益且没有合法依据，而使小明的利益受损，因此属于不当得利。

51. C 【解析】抵押不转移对抵押物的占管形态，仍由抵押人负责抵押物的保管；质押改变了质押物的占管形态，由质权人负责对质押物进行保管。质权人是指占有财产，并在债务人不履行债务时以该财产折价或者以拍卖、变卖该财产的价款优先受偿的人。本合同关系中，张某将祖传古董交给李某，因而属于质押，李某是质权人。

52. A 【解析】要约邀请是希望他人向自己发出要约的意思表示。寄送的价目表、拍卖公告、招标公告、招股说明书、商业广告等为要约邀请。

53. B　【解析】定金数额由当事人约定,但不得超过主合同标的额的百分之二十。

54. A　【解析】我国《专利法》规定,两个以上的申请人分别就同样的发明创造申请专利的,专利权授予最先申请的人。A正确。

55. D　【解析】根据我国《专利法》规定,专利法的客体包括发明、实用新型和外观设计三种。

56. D　【解析】遗产按照下列顺序继承:(1)第一顺序:配偶、子女、父母。(2)第二顺序:兄弟姐妹、祖父母、外祖父母。继承开始后,由第一顺序继承人继承,第二顺序继承人不继承。没有第一顺序继承人继承的,由第二顺序继承人继承。A、C项正确。丧偶儿媳对公、婆,丧偶女婿对岳父母,尽了主要赡养义务的,作为第一顺序继承人。B项正确。同一顺序的继承人之间没有先后次序之分。D项错误。

57. A　【解析】夫妻一方的婚前财产,不因婚姻关系的存续而转化为夫妻共同财产。但当事人另有约定的除外。

58. C　【解析】夫妻应当互相忠实,互相尊重,互相关爱;家庭成员间应当敬老爱幼,互相帮助,维护平等、和睦、文明的婚姻家庭关系。

59. B　【解析】下列财产为夫妻一方的个人财产:(1)一方的婚前财产;(2)一方因受到人身损害获得的赔偿或者补偿;(3)遗嘱或者赠与合同中确定只归一方的财产;(4)一方专用的生活用品;(5)其他应当归一方的财产。可知,B项中残疾人生活补助费属于一方的财产,故选B。

60. B　【解析】婚姻关系存续期间,一方因受到人身损害获得的赔偿或者补偿属于夫妻一方的个人财产。

61. A　【解析】自然人的个人信息受法律保护。任何组织和个人需要获取他人个人信息的,应当依法取得并确保信息安全,不得非法收集、使用、加工、传输他人个人信息,不得非法买卖、提供或者公开他人个人信息。

62. A　【解析】物权就是指权利人依法对特定的物享有直接支配和排他的权利,包括所有权、用益物权和担保物权。

63. D　【解析】我国《专利法》第二十五条规定:"对下列各项,不授予专利权:(一)科学发现;(二)智力活动的规则和方法;(三)疾病的诊断和治疗方法;(四)动物和植物品种;(五)原子核变换方法以及用原子核变换方法获得的物质;(六)对平面印刷品的图案、色彩或者二者的结合作出的主要起标识作用的设计。对前款第(四)项所列产品的生产方法,可以依照本法规定授予专利权。"故本题选择D选项。

64. C　【解析】我国《婚姻法》规定:"有下列情形之一的,婚姻无效:(一)重婚的;(二)有禁止结婚的亲属关系的;(三)婚前患有医学上认为不应当结婚的疾病,婚后尚未治愈的;(四)未到法定婚龄的。"C项"婚后患上",当选。(注:《民法典》婚姻家庭编删除了原《婚姻法》中"婚前患有医学上认为不应当结婚的疾病,婚后尚未治愈"导致的婚姻无效情形。)

65. B　【解析】因租赁、借用等情形机动车所有人与使用人不是同一人时,发生交通事故造成损害,属于该机动车一方责任的,由机动车使用人承担赔偿责任;机动车所有人、管理人对损害的发生有过错的,承担相应的赔偿责任。故本题选择B选项。

66. C　【解析】保险单上注明该车为非营运车辆,故需在原商业险的基础上补交保险,才能要求保险公司在商业险额度内承担赔偿责任。

67. C　【解析】未经注册商标注册人的许可,在同一种商品上使用与其注册商标相同的商标的,属于侵犯注册商标专用权的行为。本题中,甲公司虽然长期生产销售"安康"牌保健品,但一直未注册商标。注册商标所有人为李某,故甲公司未经许可不得在其保健品上使用"安康"商标。

68. C　【解析】当事人因遭受家庭暴力或者面临家庭暴力的现实危险,向人民法院申请人身安全保护令的,人民法院应当受理。

二、多项选择题

1. ACD　【解析】本题考查不动产物权。根据我国《民法典》规定,不动产物权的设立、变更、转让和消灭,经依法登记,发生效力;未经登记,不发生效力,但是法律另有规定的除外。万某签订合同后办理了房屋产权证,说明已经进行了登记,不动产权属证书是权利人享有该不动产物权的证明,则万某取得该房屋的所有权,A项正确。根据我国《民法典》规定,当事人之间订立有关设立、变更、转让和消灭不动产物权的合同,除法律另有规定或者当事人另有约定外,自合同成立时生效;未办理物权登记的,不影响合同效力。可见,开发商与郭某的房屋买卖合同有效,B项错误。根据我国《民法典》规定,当事人一方不履行合同义务或者履行合同义务不符合约定,造成对方损失的,损失赔偿额应当相当于因违约所造成的损失,包括合同履行后可以获得的利益;但是,不得超过违约一方订立合同时预见到或者应当预见到的因违约可能造成的损失。房地产开发商不履行与郭某签订的合同,郭某已经向开发商支付的房款及利息就属于因违约所造成的损失。郭某有权要求开发商赔偿损失,可以要求开发商返还其已经支付的房款及利息,CD项正确。

2. ABC　【解析】本题考查可撤销婚姻。A项,赵某在婚前未把自己是同性恋的事实如实告知其配偶,但其婚姻不属于可撤销婚姻。A项说法错误。根据《民法典》的规定,直系血亲或者三代以内的旁系血亲禁止结婚。有下列情形之一的,婚姻无

效:重婚;有禁止结婚的亲属关系;未到法定婚龄。B项,刘与张的婚姻是无效婚姻,无效的婚姻自始没有法律约束力,当事人不具有夫妻的权利和义务,因此不需要被请求撤销。B项说法错误。根据《民法典》的规定,可撤销的婚姻有2种情形。第一种是因胁迫结婚的,受胁迫的一方可以向人民法院请求撤销婚姻。请求撤销婚姻的,应当自胁迫行为终止之日起一年内提出。C项"发生之日"说法错误。第二种是,一方患有重大疾病的,应当在结婚登记前如实告知另一方;不如实告知的,另一方可以向人民法院请求撤销婚姻。请求撤销婚姻的,应当自知道或者应当知道撤销事由之日起一年内提出。D项说法正确。故选ABC。

3. ABCD 【解析】本题考查个人信息权的保护。自然人的个人信息受法律保护。任何组织或者个人需要获取他人个人信息的,应当依法取得并确保信息安全,不得非法收集、使用、加工、传输他人个人信息,不得非法买卖、提供或者公开他人个人信息。故选ABCD。

4. ABCD 【解析】本题考查抵押权。我国《民法典》规定:"下列财产不得抵押:(一)土地所有权;(二)宅基地、自留地、自留山等集体所有土地的使用权,但是法律规定可以抵押的除外;(三)学校、幼儿园、医疗机构等为公益目的成立的非营利法人的教育设施、医疗卫生设施和其他公益设施;(四)所有权、使用权不明或者有争议的财产;(五)依法被查封、扣押、监管的财产;(六)法律、行政法规规定不得抵押的其他财产。"故选ABCD。

5. ACD 【解析】本题考查民事法律行为的有效要件。民事法律行为有效要件包括:(1)行为人具有相应的民事行为能力;(2)意思表示真实;(3)不违反法律、行政法规的强制性规定,不违背公序良俗。ACD项正确。民事法律行为可以采用书面形式、口头形式或者其他形式;法律、行政法规规定或者当事人约定采用特定形式的,应当采用特定形式。B项错误。故答案选ACD。

6. ABCD 【解析】本题考查民法的基本原则。民法的基本原则包括平等原则、自愿原则、公平原则、诚信原则、守法与公序良俗原则、绿色原则等。

7. BCD 【解析】无民事行为能力人包括不满八周岁的未成年人、不能辨认自己行为的成年人、八周岁以上不能辨认自己行为的未成年人。不能完全辨认自己行为的成年人为限制民事行为能力人。

8. ACD 【解析】民事主体可以通过代理人实施民事法律行为。依照法律规定、当事人约定或者民事法律行为的性质,应当由本人亲自实施的民事法律行为,不得代理。

9. ABCD 【解析】根据我国《著作权法》第二十四条规定,在下列情况下使用作品,可以不经著作权人许可,不向其支付报酬,但应当指明作者姓名或者名称、作品名称,并且不得影响该作品的正常使用,也不得不合理地损害著作权人的合法权益:(一)为个人学习、研究或者欣赏,使用他人已经发表的作品……(三)为报道新闻,在报纸、期刊、广播电台、电视台等媒体中不可避免地再现或者引用已经发表的作品……(六)为学校课堂教学或者科学研究,翻译、改编、汇编、播放或者少量复制已经发表的作品,供教学或者科研人员使用,但不得出版发行;(七)国家机关为执行公务在合理范围内使用已经发表的作品……综上,ABCD均符合题意。

10. ABC 【解析】民法调整平等主体的自然人、法人和非法人组织之间的人身关系和财产关系。

11. ABC 【解析】财产权既包括物权、债权、继承权,也包括知识产权中的财产权利。人格权属于人身权。

12. AB 【解析】未成年人的父母已经死亡或者没有监护能力的,由下列有监护能力的人按顺序担任监护人:(1)祖父母、外祖父母;(2)兄、姐;(3)其他愿意担任监护人的个人或者组织,但是须经未成年人住所地的居民委员会、村民委员会或者民政部门同意。

13. ABCD 【解析】自然人的个人信息受法律保护。任何组织和个人需要获取他人个人信息的,应当依法取得并确保信息安全,不得非法收集、使用、加工、传输他人个人信息,不得非法买卖、提供或者公开他人个人信息。

14. ACD 【解析】公民的合法的私有财产不受侵犯,我国法律保护的是公民的合法财产,故A和D错;国家为了公共利益的需要,可以依照法律规定对公民的私有财产实行征收或者征用并给予补偿,故C错。

15. ABD 【解析】遗产按照下列顺序继承:第一顺序是配偶、子女、父母。第二顺序是兄弟姐妹、祖父母、外祖父母。

三、判断题

1. √ 【解析】本题考查监护。根据我国《民法典》第三十五条的规定,监护人应当按照最有利于被监护人的原则履行监护职责。监护人除为维护被监护人利益外,不得处分被监护人的财产。

2. × 【解析】本题考查民法中合同的订立。合同是民事主体之间设立、变更、终止民事法律关系的协议。当事人订立合同,可以采用书面形式、口头形式或者其他形式。

3. √ 【解析】本题考查公民的肖像权。我国《民法典》规定:"任何组织或者个人不得以丑化、污损,或者利用信息技术手段伪造等方式侵害他人的肖像权。未经肖像权人同意,不得制作、使用、公开肖像权人的肖像,但是法律另有规定的除外。未经肖像权人同意,肖像作品权利人不得以发表、复制、发行、出租、展览等方式使用或者公开肖像权人的肖像。"

4. × 【解析】本题考查所有权取得的特别规定。拾得人在遗失物送交有关部门前，有关部门在遗失物被领取前，应当妥善保管遗失物。因故意或者重大过失致使遗失物毁损、灭失的，应当承担民事责任。

5. √ 【解析】本题考查合作作品的著作权归属。我国《著作权法》第十四条第一款规定："两人以上合作创作的作品，著作权由合作作者共同享有。没有参加创作的人，不能成为合作作者。"

6. √ 【解析】本题考查诉讼时效。向人民法院请求保护民事权利的诉讼时效期间为三年。

7. √ 【解析】本题考查民法典。2020年5月28日，十三届全国人大三次会议表决通过了《中华人民共和国民法典》。民法典是指在采用成文法的国家中，用以规范平等主体之间私法关系的法典。民法典以条文的方式，以抽象的规则来规范各式法律行为、身份行为。

8. √ 【解析】本题考查我国《民法典》的地位。《中华人民共和国民法典》被称为"社会生活的百科全书"，是新中国第一部以法典命名的法律。

9. × 【解析】本题考查债权关系。在债权关系中，债权人和债务人都可以是多个人。

10. × 【解析】本题考查遗嘱继承。遗嘱人可以撤销、变更自己所立的遗嘱。立有数份遗嘱，内容相抵触的，以最后的遗嘱为准。

11. × 【解析】自然人的民事权利能力一律平等，而法人则因其成立的目的、宗旨、活动范围等不同，民事权利能力也呈现出差异性。

12. × 【解析】国家、集体、私人的物权和其他权利人的物权受法律平等保护，任何组织或者个人不得侵犯。

13. √ 【解析】继承开始后，由第一顺序继承人继承，第二顺序继承人不继承。没有第一顺序继承人继承的，由第二顺序继承人继承。

14. × 【解析】未达到法定婚龄的婚姻属于无效婚姻，而非可撤销婚姻。

15. × 【解析】8周岁以上的未成年人和不能完全辨认自己行为的成年人是限制民事行为能力人。

16. √ 【解析】任何单位和个人不得侵占、买卖或者以其他形式非法转让土地。土地使用权可以依法转让。

17. × 【解析】建筑区划内，规划用于停放汽车的车位、车库的归属，由当事人通过出售、附赠或者出租等方式约定。占用业主共有的道路或者其他场地用于停放汽车的车位，属于业主共有。因此，建筑区域内规划用于停放汽车的车位，应由开发商与小区的购房业主通过签订合同出售、附赠或者出租等方式约定车位的归属。

18. × 【解析】在我国，商标要进行注册等程序才受法律保护，而非实行自动保护。

综合能力提升

一、单项选择题

1. B 【解析】本题考查保险法的基本原则。最大诚信原则，是民法中的诚信原则在保险法中的体现，要求保险活动当事人要向对方充分而准确地告知和保险相关的重要事实。保险利益原则是指投保人或被保险人基于对保险标的上的某种权益，而能享有的保险利益。近因原则是指保险人只有在造成损失的最直接、最有效原因为承保范围内的保险事故时才承担保险责任，对承保范围外的原因引起的损失，不负赔偿责任。

2. A 【解析】本题考查无因管理的归责方式。甲救助乙的行为属于无因管理，无因管理一经成立，管理人和受益人之间即发生债的关系。甲雇用计程车所支出的费用和帮乙支付的医药费均属于在管理或者服务活动中直接支出的费用，而甲的衣服因染有乙的血渍不能使用则属于管理或者服务活动中受到的实际损失，所以依法均应由受益人乙偿付。BCD说法正确。本题中，乙手表的遗失是甲在乙有生命危险的紧急情况下对其进行救助时出现的状况，甲对此并无故意或重大过失，不应负赔偿责任。故选A。

3. A 【解析】本题考查遗弃物的所有权归属。遗弃物又称"废弃物"或"抛弃物"，是指所有人基于自由意思，而明确表示放弃其所有权之财物。遗弃为物权丧失的方式之一。对于遗弃物，任何人可以随意占有、使用和处分。题干中乙对拾得的遗弃电风扇可依据先占取得所有权。故选A。

4. B 【解析】本题考查旁系血亲。旁系血亲是指和己身同源于祖父母、外祖父母的各代旁系血亲。我国现行法律关于亲属关系远近的区分采用传统的世代计算法，即以己身为一代，从己身往上数，父母为二代，祖父母、外祖父母为三代，依此类推。据此，可将三代以内旁系血亲的范围列举如下：(1)同源于父母的兄弟姐妹，包括同父同母的全血缘的兄弟姐妹，同父异母或同母异父的半血缘的兄弟姐妹；(2)同源于祖父母、外祖父母的上下辈旁系亲属；(3)同源于祖父母、外祖父母的平辈旁系亲属。故选B。

5. C 【解析】本题考查无因管理。无因管理是指无法定或者约定义务，为避免他人利益受损而为他人管理合法适当事务的行为。无因管理的构成要件包括管理他人事务、为他人谋利益的意思和无法律上的义务。A项甲清扫马路上的积雪不是管

理他人事务，不符合题意。B项承揽人保管定作人提供的原材料是法定的义务，不符合题意。C项乙跳入河中救起落水儿童，符合无因管理的构成要件。D项医生抢救病人，是医生的法定义务，不符合题意。故选C。

6. D 【解析】本题考查公民肖像权的合理使用。我国《民法典》规定："合理实施下列行为的，可以不经肖像权人同意：(一)为个人学习、艺术欣赏、课堂教学或者科学研究，在必要范围内使用肖像权人已经公开的肖像；(二)为实施新闻报道，不可避免地制作、使用、公开肖像权人的肖像；(三)为依法履行职责，国家机关在必要范围内制作、使用、公开肖像权人的肖像；(四)为展示特定公共环境，不可避免地制作、使用、公开肖像权人的肖像；(五)为维护公共利益或者肖像权人合法权益，制作、使用、公开肖像权人的肖像的其他行为。"D项不是对肖像权的合理使用。

7. D 【解析】本题考查代理。超越代理权限的代理行为，属于效力待定行为。但是如果该代理行为得到了被代理人的追认，那么该行为也可能转化为有效行为，其造成的后果也分不同情况由被代理人或代理人承受。故选D。

8. B 【解析】本题考查债权的实现及利息。对借款期限没有约定或者约定不明确，依照法律规定仍不能确定的，借款人可以随时返还；贷款人可以催告借款人在合理期限内返还。自然人之间的借款合同对支付利息没有约定的，视为没有利息。故选B。

9. D 【解析】本题考查合同。在本题中，贾某和王某之间成立的是无偿保管合同。在贾某没有对古书的保管作特定要求的情况下，王某将古书置于床下，这已经尽到了一般的注意义务。邻居家水管被冻裂，水流至王某家，导致贾某的古书严重受损，王某对此既无故意又无重大过失。根据法律规定，王某不应当对古书严重受损承担赔偿责任。故选D。

10. D 【解析】本题考查继承权。A项错误，第一顺序继承人为配偶、子女、父母。B项错误，继承人有法律规定的丧失继承权行为的，丧失继承权。C项错误，对被继承人尽了主要扶养义务或者与被继承人共同生活的继承人，分配遗产时，可以多分。D项正确，对继承人以外的依靠被继承人扶养的人，或者继承人以外的对被继承人扶养较多的人，可以分给适当的遗产。故选D。

11. D 【解析】本题考查侵权责任的承担。不满八周岁的未成年人为无民事行为能力人，八周岁以上的未成年人为限制民事行为能力人。无民事行为能力人、限制民事行为能力人造成他人损害的，由监护人承担侵权责任。无民事行为能力人在幼儿园、学校或者其他教育机构学习、生活期间受到人身损害的，幼儿园、学校或者其他教育机构应当承担侵权责任；但是，能够证明尽到教育、管理职责的，不承担侵权责任。限制民事行为能力人在学校或者其他教育机构学习、生活期间受到人身损害，学校或者其他教育机构未尽到教育、管理职责的，应当承担侵权责任。因此，李某的监护人应承担侵权责任。某小学班主任赵某接打电话，未能跟进照顾学生，某小学应承担相应的侵权责任。故选D。

12. C 【解析】本题考查侵权责任的归责方式。无民事行为能力人在幼儿园、学校或者其他教育机构学习、生活期间受到人身损害的，幼儿园、学校或者其他教育机构应当承担侵权责任；但是，能够证明尽到教育、管理职责的，不承担侵权责任。限制民事行为能力人在学校或者其他教育机构学习、生活期间受到人身损害，学校或者其他教育机构未尽到教育、管理职责的，应当承担侵权责任。可见，对无民事行为能力人的情况采用过错推定原则，对限制民事行为能力人的情况采用过错原则，A项错误。无民事行为能力人或者限制民事行为能力人在幼儿园、学校或者其他教育机构学习、生活期间，受到幼儿园、学校或者其他教育机构以外的第三人人身损害的，由第三人承担侵权责任；幼儿园、学校或者其他教育机构未尽到管理职责的，承担相应的补充责任。幼儿园、学校或者其他教育机构承担补充责任后，可以向第三人追偿。故B项错误。过错责任原则又称过失责任原则，它是以行为人主观上的过错为承担民事责任的基本条件的认定责任的准则。按过错责任原则，行为人仅在有过错的情况下，才承担民事责任。没有过错，就不承担民事责任，C项正确。不能在法律没有明确规定适用无过错责任原则的情况下，擅自适用该原则，D项错误。

13. B 【解析】收受定金的一方不履行约定的债务的，应当双倍返还定金。可见，甲依法有权要求乙给付的赔偿为6万元。

14. A 【解析】本题考查失踪人的财产代管人。失踪人的财产应当根据有利于保护失踪人财产的原则指定，一般由其配偶、父母、成年子女或者关系密切的其他亲属、朋友代管。目前，在司法实务中确定担任财产代管人的先后性，主要有两种排序标准：(1)根据与失踪人关系的密切程度排序；(2)根据代管人的管理能力排序。故A项正确，当选。

15. C 【解析】本题考查担保责任的归属。丁可向债务人甲和财产代管人庚追偿。(1)保证人承担保证责任后就取得了对债务人的追偿权，故丁可向甲追偿。(2)保证人承担保证责任后，就取得对其他担保人的应承担份额的追偿权。戊作为抵押担保人，其抵押物灭失，抵押权消灭。故戊丧失抵押担保人的身份，丁不能向戊追偿。丙已失踪，其财产由庚代管，财产代管人在诉讼中可作为诉讼当事人，故丁可向庚追偿。

16. D 【解析】本题考查担保责任的归属。保证人丙、丁不承担保证责任，但抵押人戊仍应承担担保责任。保证合同未约定保证期限的，为主债务履行届满之日起六个月，现甲、乙推迟还款期限两年，未取得保证人的书面同意，保证人只在原保证期限内承担保证责任。因超出了六个月的保证期限，故保证人不承担保证责任。而抵押权消灭的期间为主债务诉讼时效届满之日起两年。虽然甲、乙推迟还款期限两年，但仍未超出抵押权的消灭期间，故戊应承担抵押担保责任。

17. C 【解析】本题考查担保合同知识。甲、乙之间的行为属于违法资金拆借,合同无效。如果担保合同是主合同的从合同,主合同无效,则担保合同无效。因此戊与乙之间的抵押合同自始无效。本题为选非题,故选C。

18. D 【解析】本题考查动产物权变动的生效时间。动产物权的设立和转让,应当依照法律规定交付。甲已将小狗交付给丙,根据物权优先原则,丙对小狗的所有权优先于乙对甲的债权,乙不能请求丙交付小狗,而只能请求甲承担违约责任,C项说法错误,D项说法正确。甲乙、甲丙的买卖合同均不存在法律规定的无效情形,为有效合同,A、B不符合题意。故本题答案为D。

19. C 【解析】本题考查婚姻无效情形。婚姻无效的情形有三种:(1)重婚的;(2)有禁止结婚的亲属关系的;(3)未到法定婚龄的。无效婚姻,从结婚时起就无效,不具有法律效力,当事人之间始终就不是法律认可的夫妻关系,相互之间不享有夫妻的权利,不承担夫妻义务。C项说法正确,当选。

20. B 【解析】本题考查民事法律行为的效力。八周岁以上的未成年人为限制民事行为能力人。限制民事行为能力人实施的纯获利益的民事法律行为或者与其年龄、智力、精神健康状况相适应的民事法律行为有效;实施的其他民事法律行为经法定代理人同意或者追认后有效。本案中,张某是限制民事行为能力人,他购买零食和学习用品的行为与其年龄、智力、精神健康状况相适应,是有效的民事法律行为。张某的父亲作为其监护人,应当付款。

21. D 【解析】本题考查民法保护的主体权益。得利人没有法律根据取得不当利益的,受损失的人可以请求得利人返还取得的利益。故选D。

22. D 【解析】本题考查占有。占有是对物在事实上的占领、控制。根据法律规定,占有的不动产或者动产被侵占的,占有人有权请求返还原物;对妨害占有的行为,占有人有权请求排除妨害或者消除危险;因侵占或者妨害造成损害的,占有人有权请求损害赔偿。占有人返还原物的请求权,自侵占发生之日起一年内未行使的,该请求权消灭。甲对停车位没有所有权,且明知自己没有占有的权利时仍进行占有,所以是恶意、无权占有人,A项说法正确。甲与丙签订合同,在合同到期之前,丙对车位属于有权占有,甲不能对丙主张占有返还请求权,B项说法正确。根据法律规定,无权占有不动产或者动产的,权利人可以请求返还原物。因此,乙可以要求无权占有人甲返还原物;因为甲将车位出租而成为间接占有人,所以乙可以对甲请求让与其对丙的占有返还请求权,C项说法正确。乙作为所有权人,应该行使返还原物请求权,而非占有返还请求权,D项说法错误。本题为选非题,答案为D。

23. B 【解析】本题考查合同的效力。根据法律规定,有下列情形之一的,合同无效:(1)一方以欺诈、胁迫的手段订立合同,损害国家利益;(2)恶意串通,损害国家、集体或者第三人利益;(3)以合法形式掩盖非法目的;(4)损害社会公共利益;(5)违反法律、行政法规的强制性规定。A项违反法律、行政法规的强制性规定,C项属于胁迫行为,D项属于欺诈行为,均属于无效合同。限制民事行为能力人订立的合同,经法定代理人追认后,该合同有效,但纯获利益的合同或者与其年龄、智力、精神健康状况相适应而订立的合同,不必经法定代理人追认。B项,12周岁的小明是限制民事行为能力人,他签订的购买书包的合同是与其年龄、智力、精神健康状况相适应而订立的合同,属于有效合同。故答案选B。(注:《民法典》删掉了原《合同法》合同有效、无效、撤销等规定。凡是涉及合同的生效、合同的无效、合同的撤销、代理问题,直接适用总则编第六章第三节中关于民事法律行为效力的规定。)

24. A 【解析】本题考查著作权与所有权的区分。甲在完成该书法作品时即享有著作权,并不因为原件的损坏而丧失。作品原件被乙损坏,乙侵犯了甲的所有权,而非著作权。本题为选非题,故选A。

25. C 【解析】本题考查知识产权知识。根据法律规定,外国人、无国籍人的作品根据其作者所属国或者经常居住地国同中国签订的协议或者共同参加的国际条约享有的著作权,受中国相关法律保护。英国人大卫在中国首发作品,其著作权受保护,可以提起诉讼,A项说法错误。两人以上合作创作的作品,著作权由合作作者共同享有。合作作品的著作权由合作作者通过协商一致行使。合作作品可以分割使用的,作者对各自创作的部分可以单独享有著作权,但行使著作权时不得侵犯合作作品整体的著作权。甲乙对该畅销小说都拥有著作权,甲将书的改编权交给某影视公司需征得乙同意,B项说法错误。为报道新闻,在报纸、期刊、广播电台、电视台等媒体中不可避免地再现或者引用已经发表的作品的,可以不经著作权人许可,不向其支付报酬,但应当指明作者姓名或者名称、作品名称,并且不得影响该作品的正常使用,也不得不合理地损害著作权人的合法权益。某电视台在当日新闻报道中引用已发表的作品且指明作者身份,可以不向作者支付报酬,C项说法正确。公民的作品,其知识产权的保护期为作者终生及其死亡后五十年,截止于作者死亡后第五十年的12月31日;如果是合作作品,截止于最后死亡的作者死亡后第五十年的12月31日,D项说法错误。

26. D 【解析】本题考查民事侵权的举证责任。根据法律规定,特殊侵权行为的构成要件包括:违法行为、损害事实和因果关系。本案属于物件倒塌致人损害引起的特殊侵权诉讼,因此,乙叠放砖头倒塌的事实,即违法行为的存在应由受害人甲承担举证责任,A项说法正确。甲受损害的事实,由受害人甲承担举证责任,B项说法正确。甲所受损害是乙叠放砖头倒塌所致,即违法行为与损害事实具有因果关系,应由受害人甲承担举证责任,C项说法正确。甲的举证责任只有上述三方面,乙的主观过错问题不属于甲的举证范围,D项说法错误。本题为选非题,答案为D。

27. B 【解析】本题考查违约责任和侵权责任。根据法律规定,当事人一方因第三人的原因造成违约的,应当向对方承担违约责任。当事人一方和第三人之间的纠纷,依照法律规定或者按照约定解决。本案中,李某因第三人的原因导致违约,应当向张某承担违约责任,而非侵权责任。张某与李某约定"张某和李某分别享有6万元和4万元",该约定未违反意思自治原则,合法有效。因此,张某可请求李某返还6万元。

28. D 【解析】本题考查民事法律行为的效力。重大误解是指对行为的性质,对方当事人,标的物的品种、质量、规格和数量的错误认识,使行为的后果与自己的意思相悖,造成较大损失的意思表示。但依大陆法系的理论,重大误解不包括动机误解。本题中,林某的误解属于动机误解,不属于重大误解。因此,他购买地毯的行为是有效行为。

29. C 【解析】和自然人的民事行为能力相比,法人的民事行为能力主要具有以下特点:(1)法人的行为能力和权利能力在发生和消灭的时间上具有一致性。(2)法人民事行为能力的范围不一致。(3)法人民事行为能力由它的机关或工作人员来实现。

30. A 【解析】不满八周岁的未成年人为无民事行为能力人,由其法定代理人代理实施民事法律行为。故7岁的小辉属于无民事行为能力人。

31. A 【解析】八周岁以上的未成年人为限制民事行为能力人,实施民事法律行为由其法定代理人代理或者经其法定代理人同意、追认,但是可以独立实施纯获利益的民事法律行为或者与其年龄、智力相适应的民事法律行为。题干中的小楠9岁,属于限制民事行为能力人,A选项正确。小楠可以独立实施与其年龄、智力相适应的民事法律行为,但买手机的行为超出这个范围,其民事行为的效力待定,但并非无效,B选项错误。小楠购买手机的行为属于效力待定的行为,小楠的父母有权要求手机城退货,C选项错误。小楠接受奶奶的压岁钱属于可以独立实施的纯获利益的民事法律行为,因此可以不经过小楠父母的同意,D项说法错误。故本题答案选A。

32. D 【解析】我国《民法典》规定:"有下列情形之一的,法人解散:(一)法人章程规定的存续期间届满或者法人章程规定的其他解散事由出现;(二)法人的权力机构决议解散;(三)因法人合并或者分立需要解散;(四)法人依法被吊销营业执照、登记证书,被责令关闭或者被撤销;(五)法律规定的其他情形。"变更名称不会导致法人解散,因为法人变更名称后依然存在。故选D。

33. A 【解析】法律上的代理,后果应由被代理人承担。本题中,业务员和厂里形成代理关系,因此奖金归厂里所有。

34. B 【解析】排除妨碍是权利人行使其权利受到他人不法阻碍或妨害时,要求侵害人排除或请求人民法院强制排除,以保障权利正常行使的措施。停止侵害是指加害人正在实施侵害他人财产或人身的行为时,受害人可以依法请求其停止侵害行为,这实际上是要求侵害人停止实施某种侵害行为。恢复原状是指恢复权利被侵害前的原有状态。消除影响、恢复名誉是指违法行为人侵害公民、法人的人身权利,损害其名誉、荣誉时,受害人有权要求侵害人在影响所及范围内,以公开形式承认侵害过错、澄清事实、消除所造成的不良影响,以恢复未受损害时社会对其品行、才能或信用的良好评价的责任措施。题干中张三的鹦鹉每天对李四说侮辱性话语,对李四造成了伤害,故法院可以判决张三停止侵害。因此答案选B。

35. B 【解析】因正当防卫造成损害的,不承担民事责任。正当防卫超过必要的限度,造成不应有的损害的,正当防卫人应当承担适当的民事责任。因紧急避险造成损害的,由引起险情发生的人承担民事责任。危险由自然原因引起的,紧急避险人不承担民事责任,可以给予适当补偿。紧急避险采取措施不当或者超过必要的限度,造成不应有的损害的,紧急避险人应当承担适当的民事责任。因此正当防卫无需承担民事责任,A错误,B正确。因紧急避险造成损害的,由引起险情发生的人承担民事责任,而不是由避险人承担责任,C错误。危险由自然原因引起的,紧急避险人不承担民事责任,可以给予适当补偿,是"可以"不是"应当",D错误。

36. D 【解析】因自愿实施紧急救助行为造成受助人损害的,救助人不需要承担民事责任。这也体现了社会主义核心价值观的价值导向。D项说法不符合社会主义核心价值观,当选。

37. A 【解析】个体工商户的债务,个人经营的,以个人财产承担;家庭经营的,以家庭财产承担;无法区分的,以家庭财产承担。

38. C 【解析】人格尊严权具体表现为名誉权、肖像权、姓名权、隐私权、荣誉权。A项,小李的行为侵犯了小张的姓名权。B项,保安的行为侵犯了小王的隐私权。C项,通缉令上使用抢劫犯的照片是出于维护公共利益的目的,不属于侵犯他人的肖像权。D项,医院的行为侵犯了患者的隐私权。故选C。

39. D 【解析】自然人的个人信息受法律保护。任何组织和个人需要获取他人个人信息的,应当依法取得并确保信息安全,不得非法收集、使用、加工、传输他人个人信息,不得非法买卖、提供或者公开他人个人信息。ABC选项的行为都侵犯了自然人的个人信息。

40. C 【解析】这句话说明公民的合法的私有财产是受法律保护的,是不受侵犯的。

41. A 【解析】对于无主物，法律没有特别规定时，按先占原则取得所有权；在法律有特别规定时，从其规定。题干中的小石头为无主物且法律没有特别规定，因此甲可以先占取得该石头的所有权。

42. A 【解析】拾得漂流物、发现埋藏物或者隐藏物的，参照拾得遗失物的有关规定。所有权人或者其他权利人有权追回遗失物。该遗失物通过转让被他人占有的，权利人有权向无处分权人请求损害赔偿，或者自知道或者应当知道受让人之日起二年内向受让人请求返还原物，但受让人通过拍卖或者向具有经营资格的经营者购得该遗失物的，权利人请求返还原物时应当支付受让人所付的费用。权利人向受让人支付所付费用后，有权向无处分权人追偿。本案中，经过正常转让的是房屋，而不是瓷瓶，所以，瓷瓶的所有权还是归原物主甲所有。可见，甲是瓷瓶的所有权人，丙是无处分权人，丁是受让人。甲有权向丙请求损害赔偿。故A项正确，B项错误。丙是无处分权人，但丙与丁之间的买卖合同有效，故C项错误。发现埋藏物参照拾得遗失物的有关规定，不适用善意取得制度。甲可向丁请求返还原物，但需要支付丁购买瓷瓶所付的价款。因此，丁不能善意取得瓷瓶的所有权，D项错误。

43. A 【解析】天然孳息，由所有权人取得；既有所有权人又有用益物权人的，由用益物权人取得。当事人另有约定的，按照其约定。小牛仔属于天然孳息，归所有权人黄某所有。

44. B 【解析】虽未办理登记，但是甲乙已经就汽车的赠与达成口头合同，财产所有权已经发生转移。动产物权的设立和转让，自交付时发生效力，但是法律另有规定的除外。因此，此赠与合同有效，乙取得了汽车的所有权。

45. A 【解析】当事人约定由第三人向债权人履行债务，第三人不履行债务或者履行债务不符合约定，债务人应当向债权人承担违约责任。由此可知，甲应当向乙承担违约责任，即归还借款。

46. C 【解析】当事人既约定违约金，又约定定金的，一方违约时，对方可以选择适用违约金或定金条款。由此可见，违约金与定金条款不可并用。因此，若选择定金罚则，则乙应双倍返还定金，即10万元；若选择违约金罚则，则乙需支付约定的违约金8万元，同时由于是乙违约，所以必须返还定金5万元，这样甲共获得13万元。可见，选择违约金罚则能最大限度地保护甲的利益，又能得到法院支持。

47. B 【解析】乘人之危是指一方当事人乘对方处于危难之机，为牟取不正当利益，迫使对方作出不真实意思表示，严重损害对方利益；欺诈是指以使人发生错误认识为目的的故意行为；重大误解是指一方当事人因自己的过错导致对合同的内容等发生误解而订立了合同，误解直接影响到当事人所应享有的权利和承担的义务。在本案中卖房是林某的真实意思表示，且王某没有牟取不正当利益，因此王某的行为不构成乘人之危，该合同合法有效，B选项正确。

48. D 【解析】我国《著作权法》规定了著作权的合理使用的行为，其中包括：报纸、期刊、广播电台、电视台等媒体刊登或者播放其他报纸、期刊、广播电台、电视台等媒体已经发表的关于政治、经济、宗教问题的时事性文章，但著作人声明不许刊登、播放的除外。本题中某杂志社转载刘某发表的时事性文章，且刘某未声明不允许其他媒体刊登，所以某杂志社的行为属于著作权的合理使用。故选D。

49. C 【解析】我国《著作权法》第十三条规定，改编、翻译、注释、整理已有作品而产生的作品，其著作权由改编、翻译、注释、整理人享有，但行使著作权时不得侵犯原作品的著作权。该法第十六条规定，使用改编、翻译、注释、整理、汇编已有作品而产生的作品进行出版、演出和制作录音录像制品，应当取得该作品的著作权人和原作品的著作权人许可，并支付报酬。故选C。

50. C 【解析】根据我国《著作权法》第三十六条规定，图书出版者经作者许可，可以对作品修改、删节。报社、期刊社可以对作品作文字性修改、删节。对内容的修改，应当经作者许可。乙杂志社委托丙对甲的作品的修改和将丙署名到作品上并发表，均未得到甲的许可，因此乙和丙均侵犯了甲的著作权。故本题选C。

51. A 【解析】根据我国《专利法》第八条规定，两个以上单位或者个人合作完成的发明创造，一个单位或者个人接受其他单位或者个人委托所完成的发明创造，除另有协议的以外，申请专利的权利属于完成或者共同完成的单位或者个人。因此在小陈不同意申请专利的情况下，小张和小王是不能申请专利的，故A项正确。

52. B 【解析】遗产继承第一顺序为配偶、子女、父母，第二顺序为兄弟姐妹、祖父母、外祖父母。继承开始后，由第一顺序继承人继承，第二顺序继承人不继承。被继承人的子女先于被继承人死亡的，由被继承人的子女的晚辈直系血亲代位继承。代位继承人一般只能继承被代位继承人有权继承的遗产份额。根据题干，甲父的遗产由甲和弟弟丁继承。因为甲先于父亲去世，所以他的份额由儿子丙继承，即遗产由丙和丁继承，因此答案选B项。

53. D 【解析】继承的第一顺序为：配偶、子女、父母。

54. B 【解析】有下列情形之一的，婚姻无效：(1)重婚；(2)有禁止结婚的亲属关系；(3)未到法定婚龄。题目中甲乙是表兄妹关系，属于近亲结婚，该婚姻无效。婚姻无效更谈不上离婚。故正确答案是B。

55. A 【解析】亲生父母子女关系是基于父母与子女之间天然的血缘关系形成的。继父母子女关系和养父母子女关系都是通过实施一定的行为而形成的一种法律拟制身份关系，因而可以通过一定的法律程序予以解除。但亲生父母子女关系并非通过法律拟制产生，因此不能通过当事人双方协议或法院判决解除。亲子之间签订的解除亲子关系的协议是没有任何法律效力的，即使签订了类似协议，该尽的抚养义务或赡养义务还是要尽的。故正确答案是A。

56. C 【解析】具备下列条件的民事法律行为有效：(1)行为人具有相应的民事行为能力；(2)意思表示真实；(3)不违反法律、行政法规的强制性规定，不违背公序良俗。10岁儿童和患病期间的精神病人不具备相应的民事行为能力，不符合第(1)条，故排除A、B；某同学的自行车被强行买下，并非其自愿，不符合第(2)条，故排除D项。故选C。

57. C 【解析】被宣告死亡的人的婚姻关系，自死亡宣告之日起消灭。死亡宣告被撤销的，婚姻关系自撤销死亡宣告之日起自行恢复，但是其配偶再婚或者向婚姻登记机关书面声明不愿意恢复的除外。

58. B 【解析】甲不知乙的羊混入自己的羊群，甲的行为不构成有意识的“拾得”或“无因管理”，故排除A、C项。授权行为一般指授予代理权，由代理人为本人从事民事法律行为。而本题中显然不存在授权行为，排除D项。不当得利，是指没有合法根据而获得利益并使他人利益遭受损失的事实。本题中，甲没有合法根据而获取利益，使得乙受到损失，因此甲的行为构成不当得利，B项为正确答案。

59. D 【解析】城市的土地属于国家所有。农村和城市郊区的土地，除由法律规定属于国家所有的以外，属于集体所有。因此，我国房地产市场的土地交易的实质是土地使用权的交易。故本题答案选D。

60. A 【解析】“正在热销”的标示宣传，标示了价格，是开发商作出的意思表示，具备法律规定的要约构成要件，应视为要约。

61. B 【解析】要约以信件或者电报作出的，承诺期限自信件载明的日期或者电报交发之日开始计算。信件未载明日期的，自投寄该信件的邮戳日期开始计算。要约以电话、传真等快速通讯方式作出的，承诺期限自要约到达受要约人时开始计算。7月7日信件发至华宇公司，即7月7日要约到达，故选B项。

62. C 【解析】不安抗辩权，是指当事人互负债务，有先后履行顺序的，先履行的一方有确切证据表明另一方丧失履行债务能力时，在对方没有履行或者没有提供担保之前，有权中止合同履行的权利。规定不安抗辩权是为了切实保护当事人的合法权益，防止借合同进行欺诈，促使对方履行义务。甲得知乙已经债台高筑，表明乙丧失履行债务的能力，则甲可以行使不安抗辩权。

63. D 【解析】图书音像制品的所有权可以通过买卖、赠与等途径变化，A观点错误；B说法错误，除署名权、修改权和保护作品完整权外，著作权的其余权利是有保护期限的；著作权人可以将其物品转让他人，这是著作权的财产权转让，但是，标注着“版权所有”，就意味着不能转让，C不符合题意。故选D。

64. C 【解析】我国《著作权法》规定的著作权的合理使用情形中，包括为个人学习、研究或者欣赏，使用他人已经发表的作品。小王复制音乐作品后，只是放在车中自己欣赏，属于著作权的合理利用。故本题选C。

65. B 【解析】专利权可以转让、共有和赠与。

66. D 【解析】题干中老人赌博属于违法行为，子女无须支付其所欠赌债。

67. B 【解析】遗嘱人在危急情况下，可以立口头遗嘱。口头遗嘱应当有两个以上见证人在场见证。危急情况解除后，遗嘱人能够用书面或者录音形式立遗嘱的，所立的口头遗嘱无效。

68. C 【解析】“诚信”是千百年来人类社会的一项基本道德准则。这一道德准则已经被吸收到世界许多国家的法律之中。民事主体从事民事活动，应当遵循诚信原则，秉持诚实，恪守承诺。

69. A 【解析】八周岁以上的未成年人为限制民事行为能力人，实施民事法律行为由其法定代理人代理或者经其法定代理人同意、追认，但是可以独立实施纯获利益的民事法律行为或者与其年龄、智力相适应的民事法律行为。8岁小学生接受赠与属于纯获利行为，属于有效的民事法律行为，A项正确。10岁小学生独自到商场购买价值6000元的电脑的行为，与其年龄、智力不相适应，属于效力待定的民事法律行为，D项错误。B项买卖熊掌的合同违法，属于无效的民事法律行为。C项租赁合同有效期不得超过20年，超过部分法律不予保护。故选A。

70. D 【解析】无因管理，是指没有法定或者约定义务，为避免造成损失(损失既包括自己也包括他人，或者仅为他人)，主动管理他人事务或为他人提供服务的法律事实。D项中的王五为了避免邻居利益受损，主动帮忙送邻居进医院，属于无因管理。

71. D 【解析】根据相关法律规定，甲损坏旅馆物品，应依据合理价格做出相应的赔偿。而1000元与不超过200元的实际价格差别太大，违背公平原则，因此甲按实际价格赔付即可。故本题答案为D。

72. D 【解析】公司法定代表人变更不影响合同的效力，甲公司和乙公司是合同的双方当事人，故选D。

73. D 【解析】借款关系一旦形成，除非双方当事人协议变更，否则对双方当事人发生法律效力。根据“合同相对性”原则，此时的还款人仅能确定为订立合同时的借款人。本题中的借款人是朱某，而债务关系与朱某的儿子无关。

74. C 【解析】抵押是指债务人或者第三人不转移相关财产的占有，将该财产作为债权的担保。因此，甲与丙交易达成

后，牛的所有权属于丙；丙将牛抵押给丁，该牛的所有权仍然属于丙。

75. D 【解析】根据我国《著作权法》的规定，视听作品中的电影作品、电视剧作品的著作权由制片者享有，但编剧、导演、摄影、作词、作曲等作者享有署名权，并有权按照与制片者签订的合同获得报酬。视听作品中的剧本、音乐等可以单独使用的作品的作者有权单独行使其著作权。故本题选择D选项，由制片人享有著作权。

76. C 【解析】因胁迫结婚的，受胁迫的一方可以向婚姻登记机关或人民法院请求撤销该婚姻。离婚精神损害赔偿的范围：(1)实施家庭暴力；(2)虐待、遗弃家庭成员；(3)重婚；(4)有配偶者与他人同居。题干情形不属于我国婚姻法规定的情况，所以如甲与乙夫妻感情彻底破裂，法院可判决其离婚，不能支持离婚赔偿的诉讼请求。故本题答案为C。

77. C 【解析】夫妻一方个人财产在婚后产生的收益，除孳息和自然增值外，应认定为夫妻共同财产。题目中投资股票的原始资本为婚前财产；股票增值部分属于投资经营收入，应认定为夫妻共同财产，故本题选择C选项。

78. D 【解析】夫妻共同财产是指婚姻存续期间所得的财产。夫妻个人财产范围有：一方的婚前财产；一方因身体受到伤害获得的医疗费、残疾人生活补助费等费用；遗嘱或赠与合同中确定只归一方的财产；一方专用的生活用品；其他应当归一方的财产。但是，夫妻可以在平等自愿的基础上，通过约定决定夫妻财产的归属。因此D选项符合题意。

79. C 【解析】有下列情形之一的，为夫妻一方的财产：(1)一方的婚前财产；(2)一方因身体受到伤害获得的医疗费、残疾人生活补助费等费用；(3)遗嘱或赠与合同中确定只归夫或妻一方的财产；(4)一方专用的生活用品；(5)其他应当归一方的财产。房屋A为张某婚前所购买，属于一方的婚前财产。

二、多项选择题

1. ABD 【解析】本题考查监护人。父母是未成年子女的监护人。未成年人的父母已经死亡或者没有监护能力的，由下列有监护能力的人按顺序担任监护人：(1)祖父母、外祖父母；(2)兄、姐；(3)其他愿意担任监护人的个人或者组织，但是须经未成年人住所地的居民委员会、村民委员会或者民政部门同意。可见，可以做小明监护人的是他的爷爷、外婆和已经成年的姐姐。未成年兄、姐无监护能力，不可做监护人。故答案选ABD。

2. BCD 【解析】本题考查著作权的合理使用。我国《著作权法》规定："在下列情况下使用作品，可以不经著作权人许可，不向其支付报酬，但应当指明作者姓名或者名称、作品名称，并且不得影响该作品的正常使用，也不得不合理地损害著作权人的合法权益……(四)报纸、期刊、广播电台、电视台等媒体刊登或者播放其他报纸、期刊、广播电台、电视台等媒体已经发表的关于政治、经济、宗教问题的时事性文章，但著作权人声明不许刊登、播放的除外……(十一)将中国公民、法人或者非法人组织已经发表的以国家通用语言文字创作的作品翻译成少数民族语言文字作品在国内出版发行……"A项，甲的行为属于著作权的合理使用，不构成侵犯著作权。D项，甲是将该散文译成法文而不是少数民族语言文字作品，构成侵犯著作权。该法规定："有下列情形之一的职务作品，作者享有署名权，著作权的其他权利由法人或者非法人组织享有，法人或者非法人组织可以给予作者奖励：(一)主要是利用法人或者非法人组织的物质技术条件创作，并由法人或者非法人组织承担责任的工程设计图、产品设计图、地图、示意图、计算机软件等职务作品……(三)法律、行政法规规定或者合同约定著作权由法人或者非法人组织享有的职务作品。"B项，甲接受单位任务开发的软件属于职务作品，甲仅有署名权，其授权乙公司使用该软件的行为侵犯著作权。该法规定："被许可人复制、发行、通过信息网络向公众传播录音录像制品，应当同时取得著作权人、表演者许可，并支付报酬。"C项，甲将优酷上的电影用于其小型影院经营活动的行为，属于向公众传播录音录像制品，但其未取得著作权人、表演者许可，构成侵犯著作权。故选BCD。

3. ABC 【解析】本题考查民法典的调整范围。A项，适用《民法典》婚姻家庭编进行调整；B项，适用《民法典》侵权责任编进行调整；C项，适用《民法典》合同编进行调整；D项，适用行政法相关法律进行调整，排除。

4. ACD 【解析】小明是限制民事行为能力人，本案适用过错原则，受害人小明需要进行过错证明，而非学校。C项属于过错推定原则，适用于无民事行为能力人，CD项说法错误。无民事行为能力人或者限制民事行为能力人在幼儿园、学校或者其他教育机构学习、生活期间，受到幼儿园、学校或者其他教育机构以外的第三人人身损害的，由第三人承担侵权责任；幼儿园、学校或者其他教育机构未尽到管理职责的，承担相应的补充责任。幼儿园、学校或者其他教育机构承担补充责任后，可以向第三人追偿。由此可见，学校对第三人在教育机构造成人身损害的侵权责任适用过错责任原则并承担补充责任。只有B项说法正确。

5. ACD 【解析】本题考查人身权的保护方式。法律上保护人身权的方式包括民事制裁、行政制裁和刑事制裁。

6. ABCD 【解析】本题考查人格利益的内容。根据法律规定，自然人的人身自由、人格尊严受法律保护。一般人格权是指民事主体基于人格平等、人格独立、人格自由以及人格尊严等根本人格利益而享有的人格权。

7. BD 【解析】本题考查合同的效力。2019年，小飞是已满八周岁的未成年人，属于限制民事行为能力人。小飞用压岁钱自行买手机的行为属于超越其年龄、智力的民事法律行为，需由其法定代理人代理或者经其法定代理人同意、追认，该买卖合同属于效力待定合同，B项正确，AC项错误。小飞父母若不追认小飞用压岁钱自行买手机的行为，可以要求退还手机，但出于公平原则,他们应给予手机店适当补偿,D项正确。故选BD。

8. AD 【解析】向一台自动售货机投币购买饮料,是以行为承诺。正在工作的自动售货机,为现物(实物)要约。因为商品价格具体明确,所以不属于要约邀请。小强投币后,钱属于乐万家便利店,因此小强再次拿走属于盗窃的行为,乐万家便利店有权请求小强返还两元钱。

9. ACD 【解析】继承开始后,受遗赠人表示接受遗赠,并于遗产分割前死亡的,其接受遗赠的权利转移给他的继承人。并且,子女属于法定继承的第一顺位继承人。子女包括婚生子女、非婚生子女、养子女和有扶养关系的继子女。故该房产应由张女士的女儿和养子共同继承。本题为选非题,故选ACD。

10. CD 【解析】A项错误,根据我国《刑法》规定,对于年老、年幼、患病或者其他没有独立生活能力的人,负有扶养义务而拒绝扶养,情节恶劣的,构成遗弃罪。黄某长期不归的行为是否符合立案标准,题干无法体现。B项错误,一方因身体受到伤害获得的医疗费、残疾人生活补助费等费用为夫妻一方的财产。故张某享有这笔赔偿金的处理权。

11. AC 【解析】一般衡量公民有无行为能力的标志是看神志是否正常和是否达到一定年龄。故本题选AC。

12. ABD 【解析】该案件属于民事案件,不可以通过复议解决。

13. ABC 【解析】物权,是指权利人依法对特定的物享有直接支配和排他的权利。物权法的基本原则有:物权法定原则、公示公信原则、一物一权原则、物权平等保护原则、特别法优先原则等。

14. ACD 【解析】无因管理是指未受他人委托,也无法律上的义务,为避免他人利益受损失而自愿为他人管理事务或提供服务的事实行为。B项认错了牛,并非自愿为他人提供服务,排除。

15. CD 【解析】有下列情形之一的,保证人不承担民事责任:(1)主合同当事人双方串通,骗取保证人提供保证的;(2)主合同债权人采取欺诈、胁迫等手段,使保证人在违背真实意思的情况下提供保证的。故本题选CD。

16. CD 【解析】由于违约方给对方造成损失或者没有规定违约金或违约金不足以弥补损失的需要支付赔偿金。故本题选CD。

17. BD 【解析】根据我国《专利法》规定,不授予专利的情形有:科学发现,动物和植物品种(生产方法例外),智力活动的规则和方法,疾病的诊断和治疗方法,用原子核变换方法获得的物质。因此A项和C项不被授予专利,故选B、D。

18. ABCD 【解析】遗产分配有四个原则:(1)一般均等原则。也称平均分配原则,即同一顺序的继承人之间继承遗产的份额,一般应当均等。(2)适当照顾原则。同是一个顺序的继承人,生活质量可能差距很大,适用这一原则的条件为生活特殊困难和缺乏劳动能力。(3)权利义务相一致原则。这一遗产分配原则体现了继承人与被继承人之间的权利义务关系。(4)相互协商原则。指法定继承人在分配遗产时,要本着这一原则处理继承问题。

19. CD 【解析】A选项错误,因胁迫结婚的,受胁迫的一方可以向婚姻登记机关或人民法院请求撤销该婚姻,题干不涉及胁迫情形。B选项错误,未到法定婚龄的,婚姻无效。甲乙未达到法定婚龄,故婚姻不具有效力。C选项正确,根据法律规定,补办结婚登记的,婚姻关系的效力从双方均符合法律所规定的结婚的实质要件时算起,可知当甲乙达到法定婚龄时可以补办结婚登记。D选项正确,合法有效的婚姻才能离婚,甲乙未达法定结婚条件,婚姻无效,不存在离婚问题。

20. ACD 【解析】子女对父母有赡养扶助的义务,养父母和养子女间的权利和义务适用对父母子女关系的有关规定,故A项中乙没有自觉履行法定义务;我国《义务教育法》规定,适龄儿童、少年的父母或者其他法定监护人应当依法保证其按时入学接受并完成义务教育,故C项中乙没有自觉履行法定义务;离婚后,一方抚养的子女,另一方应负担必要的生活费和教育费的一部分或全部,故D项中乙没有自觉履行法定义务。

三、判断题

1. × 【解析】本题考查失踪人财产的代管。财产代管人应当妥善管理失踪人的财产,维护其财产权益。失踪人所欠税款、债务和应付的其他费用,由财产代管人从失踪人的财产中支付。题干中的说法错误,失踪人被宣告死亡,才能发生继承。

2. √ 【解析】本题考查无效婚姻情形及侵权责任归属。一方患有重大疾病的,应当在结婚登记前如实告知另一方;不如实告知的,另一方可以向人民法院请求撤销婚姻。婚姻无效或者被撤销的,无过错方有权请求损害赔偿。

3. × 【解析】本题考查合同利息。根据法律规定,贷款利息不得提前从本金之中扣除。提前从本金之中扣除利息的,应当返还贷款,并按照实际收到的贷款金额计算利息。

4. × 【解析】本题考查债权的转让。根据法律规定,除根据合同性质或法律规定不得转让或当事人约定不得转让的情形外,债权人可以将债权转让给他人,且无须经债务人同意。但是债权转让必须要通知债务人。未经通知的,对债务人不发生效力。

5. √ 【解析】本题考查自然人、法人的民事权利能力和民事行为能力。法人的民事权利能力和民事行为能力,从法人成立时产生,到法人终止时消灭。法人的民事行为能力和民事权利能力在时间上是具有一致性的,两者同时发生,同时消灭。而自然人的民事行为能力和民事权利能力可能分离,自然人自出生时起至死亡时止具有权利能力,终生不能被剥夺;但是行为能

力往往是伴随某种条件的成就而获得的，在某种条件消失后，行为能力可能被剥夺。

6. ×　【解析】不动产物权的设立、变更、转让和消灭，经依法登记，发生效力；未经登记，不发生效力，但法律另有规定的除外。王某与李某在房屋交易中并未进行登记，因此房屋所有权没有发生转移。

7. √　【解析】房屋租赁合同中的维修义务一般由出租者承担，但是也可以约定由承租人承担。

8. √　【解析】知识产权从本质上说是一种无形财产权，它的客体是智力成果或知识产品，是一种无形财产或者一种没有形体的精神财富，是创造性的智力劳动所创造的劳动成果。故本题说法正确。

9. ×　【解析】配偶、子女、父母是遗产继承的第一顺序继承人，其中，子女包括婚生子女、非婚生子女、养子女和有扶养关系的继子女。因此，张某即使是赵某的非婚生子女，也有权继承赵某的遗产。

10. √　【解析】动产物权设立和转让前，权利人已经依法占有该动产的，物权自法律行为生效时发生效力。故该说法正确。

11. √　【解析】代位继承人只限于被代位继承人的晚辈直系血亲，即只有被代位人的子女、孙子女、外孙子女等，才可以成为代位人，并不受辈分限制。

第四章　刑　法

基础知识达标

一、单项选择题

1. B　【解析】本题考查法定最低刑事责任年龄。2020年12月26日，十三届全国人大常委会第二十四次会议表决通过了《刑法修正案(十一)》。《刑法修正案(十一)》于2021年3月1日起施行。《刑法修正案(十一)》将法定最低刑事责任年龄下调至12周岁，即已满十二周岁不满十四周岁的人，犯故意杀人、故意伤害罪，致人死亡或者以特别残忍手段致人重伤造成严重残疾，情节恶劣，经最高人民检察院核准追诉的，应当负刑事责任。故选B。

2. A　【解析】本题考查刑罚种类。根据我国《刑法》规定，刑罚分为主刑和附加刑。主刑的种类如下：管制、拘役、有期徒刑、无期徒刑、死刑。附加刑的种类如下：罚金、剥夺政治权利、没收财产。故选A。

3. B　【解析】本题考查故意犯罪停止形态。犯罪未遂是指犯罪分子已经着手实行犯罪，由于其意志以外的原因而未得逞。题目中徐某已经着手实行犯罪，其中止盗窃且未能得逞的原因是意志以外的原因，属于犯罪未遂。故选B。

4. B　【解析】本题考查高空抛物罪。以危险方法危害公共安全罪，是指使用与放火、决水、爆炸、投放危险物质等危险性相当的其他危险方法，危害公共安全的行为。这显然不包括所有的高空抛物行为。而且，以危险方法危害公共安全罪的刑罚具有"起刑点高"的特点，在审理高空抛物案件中难免出现裁量轻重、判决不一的情况。同样情形的高空抛物行为，有的法院以危险方法危害公共安全罪定罪，予以重判；有的地方则认定为寻衅滋事罪，判处轻刑。我国《刑法修正案(十一)》将高空抛物罪单独入刑，妥善解决了这一问题。我国《刑法》第二百九十一条之二规定："从建筑物或者其他高空抛掷物品，情节严重的，处一年以下有期徒刑、拘役或者管制，并处或者单处罚金。有前款行为，同时构成其他犯罪的，依照处罚较重的规定定罪处罚。"故选B。

5. D　【解析】本题考查犯罪的主观方面。过于自信的过失犯罪是指行为人应当预见自己的行为可能发生危害社会的后果，并且也确实预见到了这种结果，但是，由于轻信能够避免这种结果，并在这种心理状态的推动下，实施了危害社会的行为，产生了危害社会的结果。刘某开车撞死老太太是因为觉得距离远、撞不到，而不是故意或者疏忽大意，故选D。

6. B　【解析】本题考查盗窃罪。诈骗罪是指以非法占有为目的，虚构事实、隐瞒真相骗取数额较大财物的行为。侵占罪指将代为保管的他人财物非法占为己有。信用卡诈骗罪，是指以非法占有为目的，利用信用卡，虚构事实、隐瞒真相，骗取公私财物数额较大的行为。ACD项均不符合题意。盗窃罪是指盗窃公私财物，数额较大或者多次盗窃、入户盗窃、携带凶器盗窃、扒窃的行为。本题中，林某用公交车上扒窃来的手机在超市消费近7000元的行为构成盗窃罪，故选B。

7. C　【解析】本题考查法律责任。根据我国《刑法》第一百三十三条之二的规定，对行驶中的公共交通工具的驾驶人员使用暴力或者抢控驾驶操纵装置，干扰公共交通工具正常行驶，危及公共安全的，处一年以下有期徒刑、拘役或者管制，并处或者单处罚金。本题中，陈某的行为妨碍公交车司机安全驾驶，危害公共安全，因此应承担的责任是刑事责任，故选C。

8. C　【解析】本题考查死刑。我国法律严格控制和慎重适用死刑，适用死刑必须严格遵守法定程序，确保死刑仅适用于极少数罪行极其严重的犯罪分子。犯罪的时候不满18周岁的人和审判的时候怀孕的妇女，不适用死刑。ABD项不符合题意。死缓不是独立的刑种，而是死刑的一种执行制度。故选C。

9. D　【解析】本题考查刑法分则。李某和宋某明知其驾驶客车追逐驾驶、超速和违规强行超车的行为会危害公共安全，即造成危害不特定的多数人的生命、健康或者公私财产安全的严重后果，仍然放任这种结果发生，构成以危险方法危害公共安全罪，D项正确。两人的行为并非出于杀人或伤害的故意，不构成故意杀人罪或故意伤害罪，A、C项错误。有下列寻衅滋事行为之一的，构成寻衅滋事罪：随意殴打他人，情节恶劣的；追逐、拦截、辱骂他人，情节恶劣的；强拿硬要或者任意损毁、占用公私财物，情节严重的；在公共场所起哄闹事，造成公共场所秩序严重混乱的。B项不符合题意，排除。故选D。

10. A 【解析】本题考查自首。自首是指犯罪后自动投案，如实供述自己的罪行的行为。案发后，李某在投案途中被公安机关抓获，视为自动投案；宋某"拨打电话报警并在案发现场等候"，所以，李某、宋某具有自首情节，A项正确，B项错误。教唆犯是指故意唆使他人犯罪的人，从犯是指共同犯罪中起次要或辅助作用的分子，C项不符合题意。我国《刑法》规定，对于自首的犯罪分子，可以从轻或减轻处罚。"可以"不同于"应当"，D项错误。故选A。

11. B 【解析】本题考查刑法的基本原则。罪刑法定原则即法无明文规定不为罪，法无明文规定不处罚。法律面前人人平等原则即对任何人犯罪，在适用法律上一律平等，不允许任何人有超越法律的特权。罪责刑相适应原则即刑罚的轻重应当与犯罪行为的危害程度、行为人的刑事责任相适应。根据题意，李某和宋某在案发后的不同行为导致最后的刑罚轻重有别，体现了罪责刑相适应原则，故选B。

12. A 【解析】本题考查刑罚的适用。我国《刑法》第四十九条规定："犯罪的时候不满十八周岁的人和审判的时候怀孕的妇女，不适用死刑。审判的时候已满七十五周岁的人，不适用死刑，但以特别残忍手段致人死亡的除外。"A项正确，CD两项错误。剥夺政治权利是指剥夺以下权利：(1)剥夺选举权和被选举权；(2)剥夺言论、出版、集会、结社、游行、示威自由的权利；(3)剥夺担任国家机关职务的权利；(4)剥夺担任国有公司、企业、事业单位和人民团体领导职务的权利。B项错误。故选A。

13. D 【解析】本题考查缓刑。根据我国《刑法》第七十二条的规定，对于被判处拘役、三年以下有期徒刑的犯罪分子，同时符合下列条件的，可以宣告缓刑，对其中不满十八周岁的人、怀孕的妇女和已满七十五周岁的人，应当宣告缓刑：犯罪情节较轻；有悔罪表现；没有再犯罪的危险；宣告缓刑对所居住社区没有重大不良影响。判处管制不能宣告缓刑，A项错误。根据该法第七十三条的规定，拘役的缓刑考验期限为原判刑期以上一年以下，但是不能少于二个月。B项错误。《刑法》没有规定数罪并罚后不能适用缓刑。但C项未体现秦某符合缓刑的条件，C项错误。根据该法第七十五条的规定，被宣告缓刑的犯罪分子，应当遵守下列规定：遵守法律、行政法规，服从监督；按照考察机关的规定报告自己的活动情况；遵守考察机关关于会客的规定；离开所居住的市、县或者迁居，应当报经考察机关批准。D项正确。

14. B 【解析】本题考查刑罚的特殊规定。我国《刑法》第十七条之一规定："已满七十五周岁的人故意犯罪的，可以从轻或者减轻处罚；过失犯罪的，应当从轻或者减轻处罚。"故选B。

15. C 【解析】本题考查刑事责任承担的特殊规定。我国《刑法》第十七条第五款规定："因不满十六周岁不予刑事处罚的，责令其父母或者其他监护人加以管教；在必要的时候，依法进行专门矫治教育。"故选C。

16. D 【解析】本题考查犯罪中止的处罚。我国《刑法》第二十四条规定："在犯罪过程中，自动放弃犯罪或者自动有效地防止犯罪结果发生的，是犯罪中止。对于中止犯，没有造成损害的，应当免除处罚；造成损害的，应当减轻处罚。"D项正确，当选。

17. A 【解析】本题考查从犯的定义。我国《刑法》第二十七条规定："在共同犯罪中起次要或者辅助作用的，是从犯。对于从犯，应当从轻、减轻处罚或者免除处罚。"故选A。

18. B 【解析】本题考查拘役的期限。我国《刑法》第四十二条规定："拘役的期限，为一个月以上六个月以下。"故选B。

19. D 【解析】本题考查正当防卫的合法条件。正当防卫的起因条件是必须有不法侵害正在进行。不法侵害的范围包括一般违法行为和犯罪行为；且不法侵害必须正在进行，A项错误。正当防卫的主观条件，是指防卫人主观上必须出于正当防卫的目的，即为了国家、公共利益、本人或者他人的人身、财产和其他权利免受不法侵害，B项错误。正当防卫的对象条件，是指正当防卫只能针对不法侵害者本人实行，C项中的"一般是"说法错误。正当防卫的限度条件，是指正当防卫不能明显超过必要限度造成重大损害，D项正确。

20. B 【解析】本题考查受贿罪。我国《刑法》第三百八十五条第一款规定："国家工作人员利用职务上的便利，索取他人财物的，或者非法收受他人财物，为他人谋取利益的，是受贿罪。"故选B。

21. A 【解析】本题考查交通肇事罪。根据我国《刑法》第一百三十三条的规定，违反交通运输管理法规，因而发生重大事故，致人重伤、死亡或者使公私财产遭受重大损失的，构成交通肇事罪。杨某的行为属于交通肇事罪。

22. B 【解析】犯罪中止是指在犯罪过程中，自动放弃犯罪或者自动有效地防止犯罪结果发生的行为。该犯罪分子第一枪没打中，之后便自动放弃犯罪，属于犯罪中止。

23. B 【解析】根据我国《刑法》第二十三条规定，已经着手实行犯罪，由于犯罪分子意志以外的原因而未得逞的，是犯罪未遂。题干中，王某因为没有撬开防盗门而放弃盗窃，符合犯罪未遂的定义。本题选B。

24. D 【解析】材料中甲已经实施了故意杀人行为，因此B、C两项错误。根据我国《刑法》第二十四条规定，在犯罪过程中，自动放弃犯罪或者自动有效地防止犯罪结果发生的，是犯罪中止。材料中说受害人最后死亡，因而甲的行为不是犯罪中

止，A选项错误。犯罪既遂的特征包括行为人主观方面必须是直接故意、必须已经着手实行犯罪、他的行为具备了某种犯罪的基本构成的全部要件，甲的行为符合犯罪既遂的特征，故本题选D。

25. D 【解析】在本题中，由于犯罪分子的行为，仓库保管员已丧失了意志自由，因而没有构成犯罪。胁从犯是指被胁迫参加共同犯罪的犯罪分子。被胁迫参加犯罪，即在他人暴力威胁等精神强制下，被迫参加犯罪。在这种情况下，行为人没有完全丧失意志自由，因此仍应对其犯罪行为承担刑事责任。

26. D 【解析】在公共场所或者公共交通工具上盗窃他人随身携带的财物的，应当认定为扒窃。甲盗窃的是金店柜台里的项链，乙的行为属于"入户盗窃"，丙盗窃的包不属于"随身携带"财物，都不是"扒窃"。丁在长途汽车（公共交通工具）上盗窃被害人随身钱包，属于盗窃"随身携带"的财物，属于"扒窃"行为。

27. B 【解析】根据我国《刑法》第三百一十二条"掩饰、隐瞒犯罪所得、犯罪所得收益罪"的规定，明知是犯罪所得及其产生的收益而予以窝藏、转移、收购、代为销售或者以其他方法掩饰、隐瞒的，处三年以下有期徒刑、拘役或者管制，并处或者单处罚金；情节严重的，处三年以上七年以下有期徒刑，并处罚金。洗钱罪虽然也涉及掩饰、隐瞒犯罪所得及其收益的来源和性质，但洗钱罪必须有法定的上游犯罪（即毒品犯罪、黑社会性质的组织犯罪、恐怖活动犯罪、走私犯罪、贪污贿赂犯罪、破坏金融管理秩序犯罪、金融诈骗犯罪）才能构成，不涉及上述几种上游犯罪的，不构成洗钱罪，而是以"掩饰、隐瞒犯罪所得、犯罪所得收益罪"定罪量刑。

28. A 【解析】根据我国《刑法》第三百零五条规定，在刑事诉讼中，证人、鉴定人、记录人、翻译人对与案件有重要关系的情节，故意作虚假证明、鉴定、记录、翻译，意图陷害他人或者隐匿罪证的，处三年以下有期徒刑或者拘役；情节严重的，处三年以上七年以下有期徒刑。该条描述的行为构成伪证罪。

29. B 【解析】根据我国《刑法》第二百六十七条第二款规定，携带凶器抢夺的，依照本法第二百六十三条的规定定罪处罚。而第二百六十三条规定的是抢劫罪。

30. A 【解析】故意伤害罪，是指故意非法损害他人身体健康的行为，侵犯的客体是他人的身体权。虐待罪，是指经常以打骂、禁闭、捆绑、冻饿、有病不给治疗、强迫过度体力劳动等方式，对共同生活的家庭成员进行肉体上、精神上的摧残、折磨，情节恶劣的行为。遗弃罪的行为人并不希望或者放任被害人死亡，只是对被害人生命、身体的危险持希望或者放任态度；而故意杀人罪的行为人则希望或者放任被害人死亡。题干中张某明知野地里无生还可能，将小女儿丢在野地里，构成故意杀人罪。因此答案选A。

31. A 【解析】徇私枉法罪是指司法工作人员徇私枉法、徇情枉法，对明知是无罪的人而使他受追诉，对明知是有罪的人而故意包庇不使他受追诉或者在刑事审判活动中故意违背事实和法律作枉法裁判的行为。

32. B 【解析】根据我国《刑法》第四百零六条规定，国家机关工作人员签订、履行合同失职罪是指国家机关工作人员在签订、履行合同过程中，因严重不负责任被诈骗，致使国家利益遭受重大损失的行为。如果对方出于非法占有的目的，采取虚构事实或隐瞒事实真相的手段实施了诈骗，且构成合同诈骗犯罪的情况下，国家机关工作人员签订、履行合同失职被骗罪才能构成，故本题选B。

33. C 【解析】根据我国《刑法》第九十三条规定，国有公司、企业、事业单位、人民团体中从事公务的人员和国家机关、国有公司、企业、事业单位委派到非国有公司、企业、事业单位、社会团体从事公务的人员，以及其他依照法律从事公务的人员，以国家工作人员论。

34. C 【解析】根据我国《刑法》第三百八十四条规定，挪用公款罪是指国家工作人员，利用职务上的便利，挪用公款归个人使用，进行非法活动的，或者挪用公款数额较大、进行营利活动的，或者挪用公款数额较大、超过3个月未还的行为。

35. C 【解析】本题中陈某以非法占有为目的，虚构事实，拨打电话骗取他人钱款，其行为构成诈骗罪。诈骗罪以侵犯公私财产为目的，招摇撞骗罪不以骗取某种利益为要件，侵犯的主要是国民对国家机关的公共信赖。故本题选C。

36. D 【解析】缓刑指对被判处一定刑罚的罪犯，在一定期限内附条件地不执行所判刑罚的制度。

37. B 【解析】我国《刑法》第五十八条规定，附加剥夺政治权利的刑期，从徒刑、拘役执行完毕之日或者从假释之日起计算。故选B。

38. D 【解析】对外国人需要依法适用限期出境、驱逐出境处罚的，由承办案件的公安机关逐级上报公安部或者公安部授权的省级人民政府公安机关决定，由承办案件的公安机关执行。

39. D 【解析】我国《刑法》第十二条规定，中华人民共和国成立以后本法施行以前的行为，如果当时的法律不认为是犯罪的，适用当时的法律；如果当时的法律认为是犯罪的，依照本法总则第四章第八节的规定应当追诉的，按照当时的法律追究刑事责任，但是如果本法不认为是犯罪或者处刑较轻的，适用本法。 本法施行以前，依照当时的法律已经作出的生效判决，继续有效。体现了刑法溯及力问题上的从旧兼从轻原则。

40. A 【解析】正当防卫必须具备以下要件：(1)起因条件。正当防卫的起因条件，是指存在着具有社会危害性和侵害紧迫性的不法侵害行为。(2)时间条件。正当防卫的时间条件，是指正当防卫只能在不法侵害正在进行之时实行，不能实行事前防卫和事后防卫。(3)对象条件。正当防卫的对象条件，是指正当防卫只能针对不法侵害者本人实行，不能及于第三者。(4)主观条件。正当防卫的主观条件，是指防卫人主观上必须出于正当防卫的目的，即为了国家、公共利益、本人或者他人的人身、财产和其他权利免受不法侵害。因此选A。

41. D 【解析】王某遭遇宋某持刀抢劫，王某夺刀并将宋某推倒使其昏迷，这属于正当防卫。王某对已昏迷的宋某实施杀害，则属于故意杀人，因为宋某实施侵害的行为已停止，且已昏迷的宋某已无能力再对王某实施侵害。

42. D 【解析】人民警察执行职务行为，是人民警察根据担任的职务，依法履行职责的行为。如预防、制止和侦查违法犯罪活动，维护社会治安秩序，管理交通、消防、户政、出入境事务，管理枪支弹药、危险物品以及警卫特定对象和重要设施等。依据题干描述可知，乙的行为属于依法履行。

43. B 【解析】在犯罪过程中，自动放弃犯罪或者自动有效地防止犯罪结果发生的，是犯罪中止。为了犯罪，准备工具、制造条件的，是犯罪预备。题干中张某的犯罪行为还未着手实施，是在准备阶段，且是由于意志以外的原因(腹痛难以忍受)才中止，故其行为属于犯罪预备。

44. D 【解析】犯罪没有得逞是犯罪未遂的特征之一，是指犯罪的直接故意内容没有完全实现，没有完成某一犯罪的全部构成要件。

45. A 【解析】抢劫罪，是以非法占有为目的，对财物的所有人、保管人当场使用暴力、胁迫或其他方法，强行将公私财物抢走的行为。甲用匕首刺乙，属于当场使用暴力，其目的是强行占有乙的财物。

46. A 【解析】强奸罪，是指违背妇女意志，使用暴力、胁迫或者其他手段，强行与妇女发生性交的行为。用酒灌醉或者药物麻醉的方法强奸妇女是一种常见的其他手段。

47. A 【解析】根据我国《刑法》第四十九条规定，犯罪的时候不满十八周岁的人和审判的时候怀孕的妇女，不适用死刑。

48. A 【解析】我国《刑法》第六十七条规定，被采取强制措施的犯罪嫌疑人、被告人和正在服刑的罪犯，如实供述司法机关还未掌握的本人其他罪行的，以自首论。

49. A 【解析】我国《刑法》第六十七条规定，犯罪嫌疑人虽不具有前两款规定的自首情节，但是如实供述自己罪行的，可以从轻处罚；因其如实供述自己罪行，避免特别严重后果发生的，可以减轻处罚。

50. A 【解析】教育和劳动是我国监狱改造罪犯的基本手段。

51. D 【解析】我国刑法的基本原则包括：罪刑法定原则，法律面前人人平等原则，罪责刑相适应原则。

52. C 【解析】我国《刑法》第六条规定，犯罪的行为或者结果有一项发生在中华人民共和国领域内的，就认为是在中华人民共和国领域内犯罪。

53. D 【解析】我国《刑法》第二十八条规定，对于被胁迫参加犯罪的，应当按照他的犯罪情节减轻处罚或者免除处罚。

54. A 【解析】我国《刑法》第二百三十八条规定，非法拘禁他人或者以其他方法非法剥夺他人人身自由的，处三年以下有期徒刑、拘役、管制或者剥夺政治权利。具有殴打、侮辱情节的，从重处罚。犯前款罪，致人重伤的，处三年以上十年以下有期徒刑；致人死亡的，处十年以上有期徒刑。使用暴力致人伤残、死亡的，依照本法第二百三十四条、第二百三十二条的规定定罪处罚。为索取债务非法扣押、拘禁他人的，依照前两款的规定处罚。故本题选择A。

55. B 【解析】绑架罪，是指勒索财物或者其他目的，使用暴力、胁迫或者其他方法，绑架他人的行为。甲的行为属于使用暴力绑架他人，构成犯罪。

56. C 【解析】题干中李某下载并储存了宣扬恐怖主义、极端主义的图片和视频，但并未到处宣扬，所以构成的是非法持有宣扬恐怖主义、极端主义物品罪。

57. D 【解析】根据我国《治安管理处罚法》第二条规定，扰乱公共秩序，妨害公共安全，侵犯人身权利、财产权利，妨害社会管理，具有社会危害性，依照《中华人民共和国刑法》的规定构成犯罪的，依法追究刑事责任；尚不够刑事处罚的，由公安机关依照本法给予治安管理处罚。我国《治安管理处罚法》第二十三条规定，有下列行为之一的，处警告或者二百元以下罚款；情节较重的，处五日以上十日以下拘留，可以并处五百元以下罚款：扰乱机关、团体、企业、事业单位秩序，致使工作、生产、营业、医疗、教学、科研不能正常进行，尚未造成严重损失的。我国《治安管理处罚法》第二十五条规定，有下列行为之一的，处五日以上十日以下拘留，可以并处五百元以下罚款；情节较轻的，处五日以下拘留或者五百元以下罚款：散布谣言，谎报险情、疫情、警情或者以其他方法故意扰乱公共秩序的……110报警服务电话是维护治安、服务社会、保障公民生命、财产安全的重要工具。恶意骚扰110是违法行为，对拨打110取乐、滋扰公安机关工作秩序或报假警等行为，公安机关将按照法律的有关规定，依法进行处罚和打击。故本题中王某的行为构成违法，但不构成犯罪。本题答案为D。

58. D 【解析】A选项挪用公款罪与C选项的贪污罪属于职务犯罪，犯罪主体要求具有国家工作人员的特殊身份，本题村民小组组长不属于国家工作人员，A、C选项错误。B选项挪用资金罪，是指公司、企业或者其他单位的工作人员利用职务上的

便利，挪用本单位资金归个人使用或者借贷给他人，侵犯的是单位资金的使用权。D选项职务侵占罪是指公司、企业或者其他单位的人员，利用职务上的便利，将本单位财物非法占为己有，数额较大的行为。侵犯的是单位财物的所有权，本题选择D选项。

59. A 【解析】商业贿赂的主要表现形式：(1)给予或收受回扣；(2)假借广告费、咨询费、赞助费等名义给付或者收受各种经济利益；(3)以报销各种费用、提供旅游、娱乐等方式进行商业贿赂；(4)违规附赠现金、物品行为；(5)支付非法佣金。故本题答案选A。

60. C 【解析】生命权，是以自然人的性命维持和安全利益为内容的人格权。生命权不能放弃，故意非法剥夺他人生命的行为就属于故意杀人行为，本题选择C选项。

61. A 【解析】编造、故意传播虚假恐怖信息罪是指编造爆炸威胁、生物威胁、放射威胁等恐怖信息，或者明知是编造的恐怖信息而故意传播，严重扰乱社会秩序的行为。本题选择A选项。

62. C 【解析】附加刑，指刑法规定，补充主刑适用的刑罚方法。其特点是既能独立适用，也能附加适用。罚金刑属于附加刑。

二、多项选择题

1. BCD 【解析】本题考查刑事责任年龄和刑事责任能力的认定。根据我国《刑法》规定，完全刑事责任年龄为16周岁，甲需要负刑事责任，A项错误。已满十二周岁不满十四周岁的人，犯故意杀人、故意伤害罪，致人死亡或者以特别残忍手段致人重伤造成严重残疾，情节恶劣，经最高人民检察院核准追诉的，应当负刑事责任。因此，乙应当负刑事责任，B项正确。间歇性的精神病人在精神正常的时候犯罪，应当负刑事责任。因此，丙在精神正常的时候故意杀人，应当负刑事责任，C项正确。醉酒的人犯罪，应当负刑事责任，D项正确。故选BCD。

2. CD 【解析】本题考查违法行为的内容。酗酒和游行本身不是违法行为，只有在酗酒和游行的时候触犯了相关法律规定，比如酒驾，携带武器、管制刀具游行等行为才是违法行为。卖淫和吸毒是违法行为。故选CD。

3. ABD 【解析】本题考查我国公民享有的政治权利。我国《刑法》第五十四条规定："剥夺政治权利是剥夺下列权利：(一)选举权和被选举权；(二)言论、出版、集会、结社、游行、示威自由的权利；(三)担任国家机关职务的权利；(四)担任国有公司、企业、事业单位和人民团体领导职务的权利。"故答案选ABD。

4. ABD 【解析】本题考查危险驾驶罪。对于危险驾驶罪，我国《刑法》第一百三十三条之一规定："在道路上驾驶机动车，有下列情形之一的，处拘役，并处罚金：(一)追逐竞驶，情节恶劣的；(二)醉酒驾驶机动车的；(三)从事校车业务或者旅客运输，严重超过额定乘员载客，或者严重超过规定时速行驶的；(四)违反危险化学品安全管理规定运输危险化学品，危及公共安全的。机动车所有人、管理人对前款第三项、第四项行为负有直接责任的，依照前款的规定处罚。有前两款行为，同时构成其他犯罪的，依照处罚较重的规定定罪处罚。"依据法律规定，吸毒后驾驶机动车上路的，不属于危险驾驶的行为，C错误。故选ABD。

5. ABCD 【解析】根据我国《刑法》的规定，组织、领导犯罪集团进行犯罪活动的或者在共同犯罪中起主要作用的，是主犯；在共同犯罪中起次要或者辅助作用的，是从犯；被胁迫参加犯罪的，是胁从犯；教唆他人犯罪的，是教唆犯。

6. BCD 【解析】犯罪集团，是指三人以上为共同实施犯罪而组成的较为固定的犯罪组织。构成犯罪集团须具备下列条件：(1)必须是三人以上，重要成员固定或基本固定，并有明显的首要分子；(2)有共同的目的、计划、分工和较固定的组织联系；(3)犯罪集团组成的目的，一般是进行一种或几种需要较多的人或较长的时间才能完成的重大犯罪活动。

7. ABD 【解析】危害公共安全罪是一个概括性的罪名，这类犯罪侵犯的客体是公共安全，客观表现为实施了各种危害公共安全的行为。我国《刑法》一百一十四条规定，放火、决水、爆炸以及投放毒害性、放射性、传染病病原体等物质或者以其他危险方法危害公共安全，尚未造成严重后果的，处三年以上十年以下有期徒刑。可见，以危险方法危害公共安全罪是指故意以放火、决水、爆炸以及投放毒害性、放射性、传染病病原体等物质之外并与之相当的危险方法，足以危害公共安全的行为。故C项，投放微生物或放射性物质进行破坏的行为构成投放危险物质罪，但不属于以危险方法危害公共安全罪。故选ABD。

8. ABCD 【解析】根据我国《刑法》第一百四十一条规定，构成生产假药罪不以"足以严重危害人体健康"为要件，故A项表述错误；根据该法第二百三十二条的规定，构成故意杀人罪并不以"造成严重后果"为要件，故B项表述错误；根据该法第二百三十四条之一的规定，组织他人出卖人体器官构成犯罪并不以"从中牟利"为要件，故C项表述错误；根据该法第二百三十四条的规定，构成故意伤害罪不以"造成严重后果"为要件，故D项表述错误。

9. ACD 【解析】我国《刑法》第四十八条规定，死刑只适用于罪行极其严重的犯罪分子。死刑除依法由最高人民法院判决的以外，都应当报请最高人民法院核准。死刑缓期执行的，可以由高级人民法院判决或者核准。故D选项说法错误，排除；第四十九条规定，犯罪的时候不满十八周岁的人和审判的时候怀孕的妇女，不适用死刑。审判的时候年满75周岁以上的人不适用死刑，但以特别残忍手段致人死亡的除外。根据此法条，AC选项说法错误，B选项说法正确，故此题选择ACD。

10. ABC 【解析】我国《刑法》规定了4种附加刑,即罚金、剥夺政治权利、没收财产和驱逐出境。

11. ACD 【解析】根据我国《刑法》的规定,对于中止犯,应当免除或者减轻处罚。ACD属于适用可以从轻或者减轻处罚的法定情节。

12. ABD 【解析】剥夺政治权利是剥夺犯罪分子参加国家管理与政治活动的刑罚方法,属于附加刑的一种。剥夺政治权利是剥夺下列权利:①选举权和被选举权;②言论、出版、集会、结社、游行、示威自由的权利;③担任国家机关职务的权利;④担任国有公司企业事业单位和人民团体领导职务的权利。

13. ABCD 【解析】剥夺政治权利包括剥夺以下四项权利:担任国家机关职务的权利;担任国有公司、企业、事业单位和人民团体领导职务的权利;选举权和被选举权;言论、出版、集会、结社、游行、示威自由的权利。申诉权、受教育权、继承权和劳动权都不属于政治权利,依然可以行使。

14. BCD 【解析】本题要区分拐卖儿童罪与拐骗儿童罪。拐卖儿童罪是指以出卖为目的的拐骗、绑架、收买、贩卖、接送、中转儿童的行为。而拐骗儿童罪是指用蒙骗、利诱或者其他方法使不满十四周岁的未成年人,脱离家庭或者监护人的行为。本案中李某以出卖为目的,"偷盗"一名男童,因此构成拐卖儿童罪。所以A正确,B错误,同时D也错误。根据拐卖儿童罪的定义可以看出,拐卖儿童罪是行为犯,只要实行了拐卖儿童的行为即构成犯罪既遂,所以C是错误的。故本题答案选B、C、D。

15. ABC 【解析】我国《刑法》第二百八十四条之一规定,代替他人或让他人代替自己参加法律规定的国家考试的行为,将受到法律的制裁。代替他人或者让他人代替自己参加法律规定的国家考试的,处拘役或者管制,并处或者单处罚金。代替考试罪是典型的对向犯,刑法同时处罚考生和"枪手"双方行为人,且定罪和法定刑都相同。

16. ACD 【解析】我国《刑法》规定刑罚分为主刑和附加刑。主刑,是对犯罪分子适用的主要刑罚,它只能独立适用,不能附加适用。主刑分为以下五种:管制、拘役、有期徒刑、无期徒刑和死刑。

三、判断题

1. √ 【解析】本题考查正当防卫。正当防卫是指为了使国家、公共利益、本人或者他人的人身、财产和其他权利免受正在进行的不法侵害,而对不法侵害者所实施的没有明显超过必要限度并且未造成重大损害的防卫行为。张三为了使本人或者他人的人身、财产或其他权利免受侵害,努力制止歹徒正在实施的抢劫行为,构成正当防卫。

2. √ 【解析】本题考查刑罚的特殊规定。我国《刑法》第四十九条第一款规定:"犯罪的时候不满十八周岁的人和审判的时候怀孕的妇女,不适用死刑。"死刑包括死缓,说法正确。

3. √ 【解析】本题考查罪刑法定原则。我国《刑法》第三条规定:"法律明文规定为犯罪行为的,依照法律定罪处刑;法律没有明文规定为犯罪行为的,不得定罪处刑。"

4. √ 【解析】本题考查刑罚的特殊规定。我国《刑法》第十九条规定:"又聋又哑的人或者盲人犯罪,可以从轻、减轻或者免除处罚。"

5. × 【解析】本题考查刑罚的特殊规定。无国籍人在中华人民共和国领域内进行刑事诉讼,一律适用我国法律,依照我国法律规定的诉讼程序进行;享有外交特权和豁免权的外国人的刑事责任问题,通过外交途径解决。

6. × 【解析】本题考查共同犯罪的定义。我国《刑法》第二十五条规定:"共同犯罪是指二人以上共同故意犯罪。二人以上共同过失犯罪,不以共同犯罪论处;应当负刑事责任的,按照他们所犯的罪分别处罚。"

7. × 【解析】本题考查侮辱国旗、国徽罪。我国《刑法》第二百九十九条第一款规定:"在公共场合,故意以焚烧、毁损、涂划、玷污、践踏等方式侮辱中华人民共和国国旗、国徽的,处三年以下有期徒刑、拘役、管制或者剥夺政治权利。"

8. × 【解析】本题考查犯罪中止与犯罪未遂。犯罪中止是指在故意犯罪过程中,自动放弃犯罪或者自动有效地防止犯罪结果的发生。犯罪未遂是指已经着手实行犯罪,由于犯罪分子意志以外的原因而未得逞。

9. √ 【解析】本题考查紧急避险的责任承担。紧急避险超过必要限度造成不应有的损害的,应当负刑事责任,但是应当减轻或者免除处罚。

10. × 【解析】我国《刑法》第六条规定,凡在中华人民共和国领域内犯罪的,除法律有特别规定的以外,都适用本法。

11. √ 【解析】不作为犯罪,是指行为人违反法律直接规定,负有法定义务而拒绝履行,情节严重或情节恶劣的行为。

12. × 【解析】我国《刑法》第十八条第四款规定,醉酒的人犯罪,应当负刑事责任。

13. × 【解析】根据我国《刑法》第二百七十六条之一规定,负有向劳动者支付劳动报酬义务的雇主和用人单位,以转移财产、逃匿等方法逃避支付劳动者的劳动报酬或者有能力支付而不支付劳动者的劳动报酬,数额较大,经政府有关部门责令支付仍不支付的,构成拒不支付劳动报酬罪。可见,拒不支付劳动报酬罪属于不作为犯罪。只有经政府有关部门责令支付仍拒不支付的行为,才构成犯罪。即使行为人转移财产、逃匿或者声称拒不支付劳动报酬,但在经政府有关部门责令支付后即支付劳动报酬的,不成立犯罪。

14. × 【解析】我国《刑法》第三百八十二条规定,国家工作人员利用职务上的便利,侵吞、窃取、骗取或者以其他手段非

法占有公共财物的，是贪污罪。受国家机关、国有公司、企业、事业单位、人民团体委托管理、经营国有财产的人员，利用职务上的便利，侵吞、窃取、骗取或者以其他手段非法占有国有财物的，以贪污论。可见，贪污罪的犯罪主体是国家工作人员，其范围大于"国家机关工作人员"。

15. × 【解析】拘役是指短期剥夺犯罪分子人身自由，就近强制实行劳动改造的刑罚方法。刑事诉讼中的拘留，是指公安机关在紧急情况下，对现行犯或重大嫌疑分子所采取的限制其人身自由的一种临时性强制方法。

16. √ 【解析】法无明文规定不定罪，这是罪刑法定原则。

17. √ 【解析】单位犯罪是指公司、企业、事业单位、机关、团体为单位谋取利益，经单位决策机构或者负责人决定实施的，法律规定应当负刑事责任的危害社会的行为。故本题说法正确。

18. × 【解析】共同犯罪是指二人以上共同故意犯罪。教唆他人实施犯罪行为的，属于教唆犯，应当按照他在共同犯罪中所起的作用处罚。教唆他人实施犯罪行为，如果被教唆的人没有犯被教唆的罪，不构成共同犯罪。

19. × 【解析】我国《刑法》规定的主刑包括管制、拘役、有期徒刑、无期徒刑、死刑五种。

20. √ 【解析】主刑是指审判机关对犯罪分子判处刑罚时，只能独立适用，不能附加适用的刑罚。一个罪行只能适用一个主刑，不能同时适用两个或两个以上主刑，也不能在附加刑独立适用时再适用主刑。故此题说法正确。

21. × 【解析】有期徒刑的期限，除我国《刑法》第五十条死缓变更和第六十九条数罪并罚的规定外，一般为6个月以上15年以下。

22. × 【解析】自首是指犯罪后自动投案，向公安、司法机关或其他有关机关如实供述自己罪行的行为。因此，题干表述并不完整，是错误的。

23. √ 【解析】根据我国《刑法》第二十一条规定，为了使国家、公共利益、本人或者他人的人身、财产和其他权利免受正在发生的危险，不得已采取的紧急避险行为，造成损害的，不负刑事责任。紧急避险超过必要限度造成不应有的损害的，应当负刑事责任，但是应当减轻或者免除处罚。

24. × 【解析】我国《刑法》第二百四十一条第六款规定："收买被拐卖的妇女、儿童，对被买儿童没有虐待行为，不阻碍对其进行解救的，可以从轻处罚；按照被买妇女的意愿，不阻碍其返回原居住地的，可以从轻或者减轻处罚。"

25. √ 【解析】我国《刑法》第二百八十条第三款规定，伪造、变造、买卖居民身份证、护照、社会保障卡、驾驶证等依法可以用于证明身份的证件的，处三年以下有期徒刑、拘役、管制或者剥夺政治权利，并处罚金；情节严重的，处三年以上七年以下有期徒刑，并处罚金。故本题说法正确。

综合能力提升

一、单项选择题

1. C 【解析】本题考查数罪并罚。对于强奸犯出于报复、灭口等动机，在实施强奸的过程中，杀死或者伤害被害妇女的，应分别定为强奸罪、故意杀人罪，按数罪并罚惩处。故选C。

2. A 【解析】本题考查犯罪的构成。A项符合题意，醉酒的人犯罪，应当负刑事责任。30岁的赵某，已达到完全刑事责任年龄，醉酒驾车撞死行人，构成交通肇事罪。B项不符合题意，10岁的郑某不具有刑事责任能力。C项不符合题意，范某的行为属于正当防卫。D项不符合题意，李某的行为属于紧急避险。故选A。

3. D 【解析】本题考查故意犯罪形态。在犯罪过程中，自动放弃犯罪或者自动有效地防止犯罪结果发生的，是犯罪中止。犯罪中止要求未能着手实施犯罪行为是因为行为人意志之内的原因。题干中甲某遇小区保安巡逻，深感害怕而放弃犯罪，这属于意志以内的原因，D项正确。故选D。

4. C 【解析】本题考查违法阻却事由。违法阻却事由是指客观上实施了不法行为，但这种行为基于实质判断并没有客观上的违法行为，反而是有利于社会的情形。A项属于职业行为，不符合题意。B项属于正当防卫，不符合题意。C项甲构成故意杀人罪，符合题意。D项属于紧急避险，不符合题意。故选C。

5. D 【解析】本题考查挪用公款罪。根据我国《刑法》第三百八十四条规定，国家工作人员利用职务上的便利，挪用公款归个人使用，进行非法活动的，或者挪用公款数额较大、进行营利活动的，或者挪用公款数额较大、超过三个月未还的，是挪用公款罪。可见，王某的行为属于挪用公款罪。

6. A 【解析】本题考查以危险方法危害公共安全罪的客体。根据《最高人民法院关于醉酒驾车犯罪法律适用问题的意见》的规定，行为人明知酒后驾车违法、醉酒驾车会危害公共安全，却无视法律醉酒驾车，特别是在肇事后继续驾车冲撞，造成重大伤亡，说明行为人主观上对持续发生的危害结果持放任态度，具有危害公共安全的故意。对此类醉酒驾车造成重大伤亡的，应依法以危险方法危害公共安全罪定罪。故选A。

7. C 【解析】本题考查刑罚的特殊规定。我国《刑法》第十八条前三款规定："精神病人在不能辨认或者不能控制自己行为的时候造成危害结果，经法定程序鉴定确认的，不负刑事责任，但是应当责令他的家属或者监护人严加看管和医疗；在必要的时候，由政府强制医疗。间歇性的精神病人在精神正常的时候犯罪，应当负刑事责任。尚未完全丧失辨认或者控制自己行为能力的精神病人犯罪的，应当负刑事责任，但是可以从轻或者减轻处罚。”AD项错误。该法第十九条规定：“又聋又哑的人或者盲人犯罪，可以从轻、减轻或者免除处罚。”C项正确。B项在我国《刑法》中没有明确规定。故本题选C。

8. A 【解析】共同犯罪是指二人以上共同故意犯罪。在实施同一个犯罪中，一人既遂，全部既遂。本题中，甲虽未击中丙，但乙击中了丙，则甲、乙共同构成故意杀人罪既遂。故选A。

9. A 【解析】本题考查故意犯罪形态。为了犯罪，准备工具、制造条件的，是犯罪预备。题干中，小王带着凶器准备行凶被警察截获，属于犯罪预备。犯罪中止是指在犯罪过程中，自动放弃犯罪或者自动有效地防止犯罪结果发生。小王还未着手实行犯罪，不符合“犯罪过程中”这一要件；小王是由于警察的截获而放弃，不符合“自动放弃”这一要件。犯罪未遂是指已经着手实行犯罪，由于犯罪分子意志以外的原因而未得逞。小王还未着手实行犯罪，不符合“已经着手实行犯罪”这一要件。故答案选A。

10. D 【解析】本题考查盗窃罪的主观方面。盗窃罪的主观方面表现为直接故意，且具有非法占有的目的。蒋某在主观上不存在盗窃的故意，不构成犯罪。故选D。

11. B 【解析】本题考查交通肇事罪。交通肇事罪，是指违反道路交通管理法规，发生重大交通事故，致人重伤、死亡或者使公私财产遭受重大损失，依法被追究刑事责任的犯罪行为。交通肇事罪侵犯的客体是交通运输安全，主观方面表现为过失。本案中，从“我要吓他一下，看他还敢超过我”可以看出卡车司机甲并没有伤害或者杀害吉普车司机的故意或破坏交通工具的故意。因此，本案中卡车司机甲的行为属于交通肇事罪。

12. A 【解析】A项，题干句子的意思是：刑罚的轻重，应当与犯罪分子所犯罪行和承担的刑事责任相适应。即罪责刑相适应原则。B项，我国《刑法》第三条规定，法律明文规定为犯罪行为的，依照法律定罪处刑；法律没有明文规定为犯罪行为的，不得定罪处刑。即罪刑法定原则。C项，我国《刑法》第四条规定，对任何人犯罪，在适用法律上一律平等。不允许任何人有超越法律的特权。即法律面前一律平等原则。D项，罪责自负原则的基本含义是：谁犯了罪，就应当由谁承担刑事责任；刑罚只及于犯罪者本人，而不能连累无辜。故选A。

13. C 【解析】本案中，被害学生为轻伤，涉案未成年人已满16周岁才会对轻伤负刑事责任，A错误；B错误，我国法律并未将校园欺凌规定为加重处罚情节；D错误，十四至十六周岁的未成年人只针对特定的8种行为承担刑事责任，故意伤害造成轻伤不在需要承担刑事责任的这8种行为中。C正确，已满十六周岁，即使是未成年人也需要承担完全的刑事责任。故选C。

14. C 【解析】我国《刑法》第二十条规定，为了使国家、公共利益、本人或者他人的人身、财产和其他权利免受正在进行的不法侵害，而采取的制止不法侵害的行为，对不法侵害人造成损害的，属于正当防卫，不负刑事责任。正当防卫明显超过必要限度造成重大损害的，应当负刑事责任，但是应当减轻或者免除处罚。对正在进行行凶、杀人、抢劫、强奸、绑架以及其他严重危及人身安全的暴力犯罪，采取防卫行为，造成不法侵害人伤亡的，不属于防卫过当，不负刑事责任。可见，本题中王某的行为构成正当防卫，且不负刑事责任。故选C。

15. D 【解析】正当防卫要求防卫时不法侵害正在进行，如果不法侵害已经结束，所进行的“防卫”就不是正当防卫，符合具体犯罪构成的，按犯罪处理。紧急避险必须针对正在发生的紧急危险，所采取的行为也应当是避免危险所必需的。本题中，王某已经停止追赶李某，转身欲离开，说明不法侵害已经结束。但此时李某仍然砍了王某一刀，致使王某死亡，其行为属于故意杀人。故本题答案选D。

16. A 【解析】根据我国《刑法》第二十五条规定，共同犯罪是指二人以上共同故意犯罪。本案中，甲与丙没有共同的故意，因而不构成共同犯罪，二人各自以其单独的行为承担刑事责任，即甲构成故意伤害罪，丙构成盗窃罪。

17. B 【解析】应当预见自己的行为可能发生危害社会的结果，因为疏忽大意而没有预见，或者已经预见而轻信能够避免，以致发生这种结果的，是过失犯罪。明知自己的行为会发生危害社会的结果，并且希望或者放任这种结果发生，因而构成犯罪的，是故意犯罪。其中，间接故意犯罪是指行为人明知自己的行为可能会发生危害社会的结果，并且放任这种结果发生的心理状态。本案中，甲为了杀妻而未制止其子丙吃下有毒的蛋糕，体现了一种放任的态度。因此，甲对其子丙的死持间接故意的心理态度。故选B。

18. B 【解析】犯罪预备是为犯罪准备工具、制造条件的行为。成立条件包括：行为人主观上具有犯罪的故意，行为人已经为实施犯罪进行了准备活动。A项中甲自动放弃犯罪，属于犯罪中止；B项中乙尾随并有抢劫的意愿，只不过没有机会付诸行动，符合犯罪预备的条件；C项中丙购买婴儿，已经具备拐卖儿童罪的要素，属于犯罪既遂；D项中丁已经实行犯罪，只不过是犯罪未遂。综上，本题选择B项。

19. A 【解析】甲欲杀乙，且实施了伤害行为，因此构成故意杀人罪。但乙并未因甲的行为死亡，即甲的犯罪未得逞，因而甲故意杀人但属于未遂。

20. A 【解析】盗窃行为既遂与未遂的区别在于，盗窃行为已经使被害人丧失了对财物的控制时，就是既遂。至于行为人是否最终达到了非法占有并任意处置该财物的目的，并不影响既遂的成立。在本案中，陈某在商店盗窃戒指时，已经将戒指“握在手中”；由于戒指体积很小，此时陈某已经使被害人丧失了对财物的控制，因此陈某的行为属于盗窃的既遂。既然陈某属于盗窃的既遂，就不可能再出现犯罪中止。陈某将戒指扔回柜台内，只是在盗窃既遂后返还财物的行为。故本题选A。

21. D 【解析】本题中，张某和李某争执结束后，回到自己的办公室晕倒，与李某没有法律上的因果关系，属于意外事件，所以李某不承担责任，故本题选D。

22. C 【解析】我国《刑法》第二十五条规定，共同犯罪是指二人以上共同故意犯罪。A项是由于两人共同的过失行为引发的火灾，不应认定为共同犯罪。B项中于某成立故意杀人罪，其父成立包庇罪，不是共同犯罪。C项中两人的盗窃行为是共同犯罪，但甲杀害富豪的行为超出了共同盗窃犯罪的故意，不构成共同故意杀人犯罪。D项两人没有共同犯罪的故意，不构成共同犯罪。故本题选C。

23. D 【解析】强奸完毕后为灭口杀人的，需数罪并罚。故题干中陈某的行为构成了故意杀人罪与强奸罪数罪。

24. C 【解析】招摇撞骗罪是指为谋取非法利益，假冒国家机关工作人员的身份或职称，进行诈骗，损害国家机关的威信及其正常活动的行为。题干中的行为不构成招摇撞骗罪。但由于虚假的宣传违反了法律规定，王大妈有权要求退货。故正确答案是C。

25. B 【解析】我国《刑法》第四十二条规定，拘役的期限，为一个月以上六个月以下。B项错误，十四个月已经超出合法的拘役期限。本题为选非题，故选B。

26. C 【解析】犯罪与违法二者关系密切，犯罪一定是违法行为，但违法行为不一定是犯罪，只有当违法行为达到刑法分则条文规定的严重情节和对社会严重的危害后果时才认定为犯罪。因此，二者是种属关系。

27. B 【解析】关于刑事责任年龄的计算要注意以下几点：(1)刑事责任年龄是指周岁，即实足年龄，而非指虚岁；(2)周岁一律按照公历的年、月、日计算；(3)应从生日的第二天起，才认为已满几周岁。

28. D 【解析】A项，甲出租车司机为了将心脏病突发的乘客尽快送到医院闯红灯，可以免责；B项，在紧急情况下医院有权在没有家属授权的情况下做出应急处置；C项，丙饭店老板对未支付用餐费用的顾客，扣押其行李，属于为了保证债的履行实行的措施，并未侵犯人身自由权，所以均是合法的。依据《中华人民共和国人民警察使用警械和武器条例》规定，追捕盗窃钱包的小偷不符合使用武器的规定。故本题选D。

29. C 【解析】不作为犯罪，是指行为人违反法律直接规定，负有法定义务而拒绝履行，情节严重或情节恶劣的行为。甲的见死不救行为是一种不作为，但甲对乙不负有法定义务，故不构成犯罪。

30. B 【解析】甲知道其配偶收受他人财物而不作相反表示，而且实际为他人谋取了利益，则可以认定行为人具有受贿的放任故意或概括故意，其行为应当构成受贿罪的既遂。

31. D 【解析】张三的行为构成盗窃罪。盗窃罪的既遂标准是失控说，即被害人失去对财物的控制即为既遂。本案中张三是控制了财物的，他将通讯器材扔出墙外时已经控制了财物。他只是没有最终获得财物，这并不妨碍他的盗窃罪既遂。李四将该通讯器材据为己有的行为构成侵占罪而不是盗窃罪，因为该通讯器材是张三扔出墙外的，并不是李四自己偷来的。侵占罪规范的就是这种合法获得他人财物，但非法据为己有的行为。

32. A 【解析】甲和乙两个人有共同杀人的故意，所以构成故意杀人罪，故正确答案为A。

33. D 【解析】管制的期限为3个月以上2年以下，数罪并罚时不得超过3年。

34. C 【解析】对于判处有期徒刑、拘役并不附加剥夺政治权利的人，在服刑期间是否剥夺政治权利的问题，我国刑法没有明文规定。但是，根据《全国人民代表大会常务委员会关于县级以下人民代表大会代表直接选举的若干规定》，下列人员准予行使选举权利：被判处有期徒刑、拘役、管制而没有附加剥夺政治权利的；被羁押，正在受侦查、起诉、审判，人民检察院或者人民法院没有决定停止行使选举权利的；正在取保候审或者被监视居住的；正在被劳动教养的；正在受拘留处罚的。以上所列人员参加选举，由选举委员会和执行监禁、羁押、拘留或劳动教养的机关共同决定，可以在流动票箱投票，或者委托有选举权的亲属或其他选民代为投票。被判处拘役、受拘留处罚或被劳动教养也可在选举日回原选区参加选举。

35. B 【解析】从轻处罚是指在法定处罚种类和幅度内对行为人适用较轻种类或者较小幅度的处罚；减轻处罚是指在法定的最轻处罚种类和最小处罚幅度以下给予处罚。有期徒刑一年的判处在“一至三年”的范围内，因此属于从轻处罚。

36. B 【解析】我国《刑法》第七十一条规定，判决宣告以后，刑罚执行完毕以前，被判刑的犯罪分子又犯罪的，应当对新犯的罪作出判决，把前罪没有执行的刑罚和后罪所判处的刑罚，依照本法第六十九条的规定，决定执行的刑罚。根据我国《刑法》第六十九条规定，判决宣告以前一人犯数罪的，除判处死刑和无期徒刑的以外，应当在总和刑期以下、数刑中最高刑期以上，酌情决定执行的刑期。本案的判决，应当为前罪剩余的2年刑期与后罪8年刑期的总和刑期即10年以下，且应当是最高刑期即8年以上。

37. D 【解析】我国《刑法》第十八条规定,间歇性的精神病人在精神正常的时候犯罪,应当负刑事责任。

38. D 【解析】犯罪预备是指为了实施犯罪,准备工具、制造条件的故意犯罪停止形态。在选项A、B、C中,行为人都只是实施了犯罪预备行为,未着手实施犯罪实行行为;而在选项D中,将毒药投入被害人饭碗中,意味着已经实施了犯罪实行行为,所以此时的行为性质已经不是犯罪预备行为,而是犯罪实行行为。所以,本题的正确答案是D。

39. B 【解析】共同犯罪在主观方面必须具有共同的犯罪故意,在客观方面各共同犯罪人必须具有共同的犯罪行为,共同犯罪成立的主体条件是两人以上。因此A、C说法错误。D项中单位犯罪主观方面可以是故意也可以是过失,因此也是错误的。故选B。

40. C 【解析】乙对甲的盗窃行为无"共同的故意",所以不是共犯,依据《刑法》第三百一十二条,乙独立构成掩饰、隐瞒犯罪所得、犯罪所得收益罪。

41. D 【解析】局长乙某交给甲某8000元钱,并没有受到精神强制。故甲某不成立敲诈勒索罪。包庇罪是向司法机关作假证明包庇罪犯,甲某不符合其行为特征。举报信不属于国家秘密,所以C选项错误。甲某的行为不构成敲诈勒索罪、包庇罪、非法获取国家秘密罪中的任何一种犯罪,根据罪刑法定的原则,甲无罪,所以D正确。

42. D 【解析】抢劫罪是以非法占有为目的,对财物的所有人、保管人当场使用暴力、胁迫或其他方法,强行将公私财物抢走的行为。抢劫罪的暴力,是指对被害人的身体施以打击或强制,借以排除被害人的反抗,从而劫取他人财物的行为。题目中甲一开始拦路抢劫的行为属于抢劫罪的行为方式,之后将乙逼落水中溺亡的行为,不属于为了劫取财物的行为,应当单独评价。甲将乙逼落水中应当对乙实施救助而不救助,构成不作为的故意杀人罪。故本题选择D选项。

二、多项选择题

1. AC 【解析】本题考查故意杀人罪。故意杀人罪是指故意非法剥夺他人生命的行为。过失致人死亡罪是行为人因疏忽大意没有预见到或者已经预见到而轻信能够避免造成他人死亡的剥夺他人生命权的行为。甲误将丙当作乙杀死,甲有非法剥夺他人生命的故意,虽然对象错误,但仍实施了杀人的行为,并造成丙死亡,甲构成对丙的故意杀人罪既遂,C项正确,D项错误。对象不能犯的未遂是指由于行为人的认识错误,使得犯罪行为所指向的犯罪对象在行为时不在犯罪行为的有效作用范围内,或者具有某种属性而使得犯罪不能既遂,只能未遂。由于认识错误,甲误将丙当作乙,使得对乙的故意杀人不能实现,故成立甲的故意杀人罪对象不能犯的未遂,A项正确,B项错误。故选AC。

2. BCD 【解析】本题考查单位犯罪。我国《刑法》第三十条规定:"公司、企业、事业单位、机关、团体实施的危害社会的行为,法律规定为单位犯罪的,应当负刑事责任。"A项说法错误。该法第三十一条规定:"单位犯罪的,对单位判处罚金,并对其直接负责的主管人员和其他直接责任人员判处刑罚。本法分则和其他法律另有规定的,依照规定。"B项说法正确。单位犯罪是公司、企业、事业单位、机关、团体为本单位谋取非法利益,经单位集体研究决定或者由有关负责人员决定实施的危害社会的行为。因此,单位犯罪的实质特征是为了单位的利益,C项说法正确。《最高人民法院关于审理单位犯罪案件具体应用法律有关问题的解释》第一条规定:"刑法第三十条规定的公司、企业、事业单位,既包括国有、集体所有的公司、企业、事业单位,也包括依法设立的合资经营、合作经营企业和具有法人资格的独资、私营等公司、企业、事业单位。"因此,没有法人资格的私营企业犯罪的,不以单位犯罪论处,以个人犯罪论处,D项说法正确。

3. CD 【解析】我国《刑法》第六条规定,凡在中华人民共和国领域内犯罪的,除法律有特别规定的以外,都适用本法。本题中外国游客A的行为发生在我国,所以适用我国刑法进行管辖。根据《刑法》第二百六十四条和《最高人民法院、最高人民检察院关于办理盗窃刑事案件适用法律若干问题的解释》的规定,本题中的外国游客A盗窃价值5000元的手机,已经触犯我国刑法中的盗窃罪,法院根据刑事诉讼法对其作出相应的刑罚处罚。故本题选CD。

4. ABCD 【解析】我国《刑法》第十五条规定,应当预见自己的行为可能发生危害社会的结果,因为疏忽大意而没有预见,或者已经预见而轻信能够避免,以致发生这种结果的,是过失犯罪。学生跳楼自杀与老师的行为没有刑法上的因果关系,故A项当选;行为人明知行为导致危害结果的可能性极高,又未采取有效的避免措施,应当认定为间接故意,修理工对其同事造成的伤害应构成故意犯罪,而非过失犯罪,故B项当选;路人追赶小偷,但没有实施严重危及其人身安全的行为,故而小偷跳河应当认定为小偷自己制造的风险,风险并非路人制造,不构成犯罪,故C项当选;邻居的行为降低了风险,而未升高或制造风险,不属于危害行为,不构成任何犯罪,故D项当选。

5. ABD 【解析】紧急避险的成立条件为:(1)为了保护公共利益、本人或者他人的合法权益免受危险的损害;(2)客观上具有正在发生的真实危险;(3)迫不得已而采取的行为;(4)不能超过必要的限度而造成不应有的危害。故C项属于紧急避险。根据我国《刑法》第二十一条规定,关于避免本人危险的规定,不适用于职务上、业务上负有特定责任的人。A、B、D项均是业务上负有特定责任的情况,不属于紧急避险。

6. ABD 【解析】根据我国《刑法》第三百八十二条规定,国家工作人员利用职务上的便利,侵吞、窃取、骗取或者以其他手段非法占有公共财物的,是贪污罪。受国家机关、国有公司、企业、事业单位、人民团体委托管理、经营国有财产的人员,利用职

务上的便利,侵吞、窃取、骗取或者以其他手段非法占有国有财物的,以贪污论。与前两款所列人员勾结,伙同贪污的,以共犯论处。综上,C项说法错误,本题选ABD。

7. ABCD 【解析】我国学理上以刑罚所剥夺或者限制犯罪分子的权利和利益的性质为标准,将刑罚方法分为生命刑、自由刑、财产刑、资格刑四类。

8. AD 【解析】A项,成文的罪刑法定要排斥习惯法,正确,当选。B项,事前的罪刑法定要禁止事后法,但是只禁止不利于行为人的事后法。C项,严格的罪行法定禁止类推解释,但是只禁止不利于行为人的类推解释。D项,确定的罪刑法定要求刑罚法规适当,正确,当选。

9. ABD 【解析】赵某的行为构成故意毁坏财物罪。故意毁坏公私财物,数额较大或有其他严重情节的才构成犯罪。所谓情节严重,是指毁坏重要物品损失严重的,毁坏手段特别恶劣的,或者毁坏急需物品引起严重后果的,或者动机卑鄙企图嫁祸于人的等。本案中,赵某将取款机拍打踢坏,致使公共财物受到损害,造成恶劣的影响,应该承担刑事责任,还要承担民事赔偿责任。我国《刑法》第二百七十五条规定,故意毁坏公私财物,数额较大或者有其他严重情节的,处三年以下有期徒刑、拘役或者罚金;数额巨大或者有其他特别严重情节的,处三年以上七年以下有期徒刑。

三、判断题

1. √ 【解析】本题考查挪用公款罪。我国《刑法》第三百八十四条规定:"国家工作人员利用职务上的便利,挪用公款归个人使用,进行非法活动的,或者挪用公款数额较大、进行营利活动的,或者挪用公款数额较大、超过三个月未还的,是挪用公款罪……挪用用于救灾、抢险、防汛、优抚、扶贫、移民、救济款物归个人使用的,从重处罚。"根据《最高人民法院、最高人民检察院关于办理贪污贿赂刑事案件适用法律若干问题的解释》第六条的规定,挪用公款归个人使用,进行营利活动或者超过三个月未还,数额在五万元以上的,应当认定为刑法第三百八十四条第一款规定的"数额较大"。

2. √ 【解析】本题考查假冒注册商标罪。假冒注册商标罪的法定构成条件包括:(1)该罪的犯罪主体为一般主体,即任何企业事业单位或者个人假冒他人注册商标,情节达到犯罪标准的即构成该罪。(2)该罪侵犯的客体为他人合法的注册商标专用权,以及国家商标管理秩序。(3)该罪主观方面为故意,且以营利为目的。过失不构成该罪。(4)该罪的客观方面为行为人实施了刑法所禁止的假冒商标行为,且情节严重。

3. × 【解析】本题考查刑法的保护管辖权。我国《刑法》第八条规定:"外国人在中华人民共和国领域外对中华人民共和国国家或者公民犯罪,而按本法规定的最低刑为三年以上有期徒刑的,可以适用本法,但是按照犯罪地的法律不受处罚的除外。"该法第一百零三条规定:"煽动分裂国家、破坏国家统一的,处五年以下有期徒刑、拘役、管制或者剥夺政治权利;首要分子或者罪行重大的,处五年以上有期徒刑。"因此,根据刑法的保护管辖权,该组织成员的煽动分裂国家、破坏国家统一的行为适用我国法律。

4. √ 【解析】本题考查故意犯罪。持有毒品,即行为人对毒品的事实上的支配,持有具体表现为占有、携带、藏有或者以其他方法持有支配毒品。只要行为人认识到它的存在,能够对之进行管理或者支配,就是持有。所以当行为人将毒品委托给第三人保管时,对于行为人来说属于间接持有,对于第三人来说是直接持有。

5. √ 【解析】根据我国《刑法》第三百九十九条规定,司法工作人员徇私枉法、徇情枉法,对明知是无罪的人而使他受追诉、对明知是有罪的人而故意包庇不使他受追诉,或者在刑事审判活动中故意违背事实和法律作枉法裁判的,同时构成受贿罪和徇私枉法罪,依照处罚较重的规定定罪处罚。

四、主观题

【参考答案】正当防卫是指为了使国家、公共利益、本人或者他人的人身、财产和其他权利免受正在进行的不法侵害,而采取的制止不法侵害的行为,对不法侵害人造成损害的,属于正当防卫,不负刑事责任。

根据我国《刑法》的规定,实施正当防卫必须同时符合以下四个条件:

(1)只有在国家、公共利益、本人或者他人的合法权利受到不法侵害时;

(2)必须是在不法侵害正在进行的时候;

(3)必须是对不法侵害者本人实施防卫,而不能对无关的第三者实施;

(4)正当防卫不能超过必要的限度(能阻止对方对自己的侵害)。

第五章　行政法

基础知识达标

一、单项选择题

1. C 【解析】本题考查行政处罚。许某因违法占用公交车道被交警处罚200元,是因为他违反了《道路交通安全法》的相关规定，交警开出的罚款属于行政处罚，因此属于行政制裁，故选C。

2. A 【解析】本题考查行政许可。行政许可，是指行政机关根据公民、法人或者其他组织的申请，经依法审查准许其从事特定活动的行为。公安机关交通管理部门为驾驶人颁发机动车驾驶证的行为属于行政许可，A项正确。行政指导是指国家行政机关在职权范围内，为实现所期待的行政状态，以建议、劝告等非强制措施要求有关当事人作为或不作为的活动。行政确认是指行政主体依法对行政相对人的法律地位、法律关系和法律事实进行甄别，使之获得法律效果的行政行为。行政裁决是指行政主体依法对平等主体之间的民事争议活动作出裁决的具体行政行为。故选A。

3. A 【解析】本题考查行政复议。根据我国《行政复议法》第十二条的规定，对县级以上地方各级人民政府工作部门的具体行政行为不服的，由申请人选择，可以向该部门的本级人民政府申请行政复议，也可以向上一级主管部门申请行政复议。本题中，孙某可以向县公安局的本级人民政府——县政府，或上一级主管部门——市公安局，申请行政复议。故选A。

4. D 【解析】本题考查行政许可。我国《行政许可法》第三十八条规定："申请人的申请符合法定条件、标准的，行政机关应当依法作出准予行政许可的书面决定。行政机关依法作出不予行政许可的书面决定的，应当说明理由，并告知申请人享有依法申请行政复议或者提起行政诉讼的权利。"故选D。

5. C 【解析】本题考查行政复议机关。我国《行政复议法》第十五条规定，对县级以上地方人民政府依法设立的派出机关的具体行政行为不服的，向设立该派出机关的人民政府申请行政复议。故选C。

6. B 【解析】本题考查国家赔偿的方式。我国《国家赔偿法》第三十二条规定："国家赔偿以支付赔偿金为主要方式。能够返还财产或者恢复原状的，予以返还财产或者恢复原状。"故选B。

7. C 【解析】本题考查居民身份证的取得年龄。我国《居民身份证法》第二条规定："居住在中华人民共和国境内的年满十六周岁的中国公民，应当依照本法的规定申请领取居民身份证；未满十六周岁的中国公民，可以依照本法的规定申请领取居民身份证。"故选C。

8. B 【解析】本题考查治安管理处罚的种类。我国《治安管理处罚法》第十条规定，治安管理处罚的种类分为：(1)警告；(2)罚款；(3)行政拘留；(4)吊销公安机关发放的许可证。对违反治安管理的外国人，可以附加适用限期出境或者驱逐出境。故选B。

9. A 【解析】本题考查应对突发事件的原则。我国《突发事件应对法》第五条规定："突发事件应对工作实行预防为主、预防与应急相结合的原则。国家建立重大突发事件风险评估体系，对可能发生的突发事件进行综合性评估，减少重大突发事件的发生，最大限度地减轻重大突发事件的影响。"

10. A 【解析】行政强制措施是指行政机关在行政管理过程中，为制止违法行为、防止证据损毁、避免危害发生、控制危险扩大等情形，依法对公民的人身自由实施暂时性限制或者对公民的财产实施暂时性控制的行为。一般是在尚未查清行为人的违法事实之前采取的一种程序上的处置，具有暂时性和强制性的特征。本题中国家市场监管总局责令召回汽车的行为属于行政强制措施，故本题选A。

11. B 【解析】根据我国《行政强制法》第九条规定，行政强制措施的种类包括：(1)限制公民人身自由；(2)查封场所、设施或者财物；(3)扣押财物；(4)冻结存款、汇款；(5)其他行政强制措施。题干中的处罚属于行政强制措施"冻结存款、汇款"，故本题答案为B。

12. B 【解析】根据我国《环境噪声污染防治法》第五十八条规定，从家庭室内发出严重干扰周围居民生活的环境噪声的，由公安机关给予警告，可以并处罚款。

13. A 【解析】根据我国《公务员法》第二十六条，下列人员不得录用为公务员：(1)因犯罪受过刑事处罚的；(2)被开除中国共产党党籍的；(3)被开除公职的；(4)被依法列为失信联合惩戒对象的；(5)有法律规定不得录用为公务员的其他情形的。故A选项正确。根据我国《公务员法》第三十八条，定期考核的结果分为优秀、称职、基本称职和不称职四个等次。故B选项错误。根据我国《公务员法》第四十条，公务员领导职务实行选任制、委任制和聘任制。故C选项错误。根据我国《公务员法》第十五条，参加培训为公务员所享有的权利，故D选项错误。故本题选A。

14. D 【解析】我国《监察法》第十五条规定，监察机关对下列公职人员和有关人员进行监察：(1)中国共产党机关、人民代表大会及其常务委员会机关、人民政府、监察委员会、人民法院、人民检察院、中国人民政治协商会议各级委员会机关、民主党派机关和工商业联合会机关的公务员，以及参照《中华人民共和国公务员法》管理的人员；(2)法律、法规授权或者受国家机关依法委托管理公共事务的组织中从事公务的人员；(3)国有企业管理人员；(4)公办的教育、科研、文化、医疗卫生、体育等单位中从事管理的人员；(5)基层群众性自治组织中从事管理的人员；(6)其他依法履行公职的人员。D项的国企普通员工不在监察范围内，故选D。

15. B 【解析】根据我国《监察法》第三十四条规定，被调查人既涉嫌严重职务违法或者职务犯罪，又涉嫌其他违法犯罪的，一般应当由监察机关为主调查，其他机关予以协助。

16. A 【解析】根据我国《监察法》第十三条规定，派驻或者派出的监察机构、监察专员根据授权，按照管理权限依法对公职人员进行监督，提出监察建议，依法对公职人员进行调查、处置。

17. A 【解析】我国《监察法》第二十五条规定，查封、扣押的财物、文件经查明与案件无关的，应当在查明后三日内解除查封、扣押，予以退还。

18. D 【解析】《中华人民共和国道路交通安全法实施条例》第八十条规定，机动车在高速公路上行驶，车速超过每小时100公里时，应当与同车道前车保持100米以上的距离，车速低于每小时100公里时，与同车道前车距离可以适当缩短，但最小距离不得少于50米。

19. D 【解析】各级地方人民政府和各种派出机关(包括省级人民政府派出的地区行政公署，县级人民政府派出的区公所及县级政府或市辖区人民政府派出的街道办事处)都具有行政主体的资格。故选D项。

20. B 【解析】行政许可，是指行政机关根据公民、法人或者其他组织的申请，经依法审查准予其从事特定活动的行为。行政许可的主体是行政机关，对象是公民、法人或者其他组织，内容是准予申请人从事特定活动。

21. C 【解析】行政裁决是指行政机关或法定授权的组织，依照法律授权，对当事人之间发生的、与行政管理活动密切相关的、与合同无关的民事纠纷进行审查，并作出裁决的具体行政行为。行政裁决又称为行政司法。

22. C 【解析】我国《行政处罚法》规定，实施行政处罚，纠正违法行为，应当坚持处罚与教育相结合，教育公民、法人或者其他组织自觉守法。

23. C 【解析】我国《治安管理处罚法》第九条规定，对于因民间纠纷引起的打架斗殴或者损毁他人财物等违反治安管理行为，情节较轻的，公安机关可以调解处理。经公安机关调解，当事人达成协议的，不予处罚。

24. A 【解析】我国《行政处罚法》规定，不满十四周岁的未成年人有违法行为的，不予行政处罚，责令监护人加以管教；已满十四周岁不满十八周岁的未成年人有违法行为的，应当从轻或者减轻行政处罚。

25. C 【解析】我国《行政处罚法》规定，行政处罚的种类：(1)警告、通报批评；(2)罚款、没收违法所得、没收非法财物；(3)暂扣许可证件、降低资质等级、吊销许可证件；(4)限制开展生产经营活动、责令停产停业、责令关闭、限制从业；(5)行政拘留；(6)法律、行政法规规定的其他行政处罚。

26. C 【解析】根据我国《行政复议法》第三十二条规定，被申请人不履行或者无正当理由拖延履行行政复议决定的，行政复议机关或者有关上级行政机关应当责令其限期履行。

27. C 【解析】我国《宪法》第四十一条规定，由于国家机关和国家工作人员侵犯公民权利而受到损失的人，有依照法律规定取得赔偿的权利。

28. D 【解析】行政赔偿是指行政主体违法实施行政行为，侵犯相对人合法权益造成损害时由国家承担的一种赔偿责任。只有行政行为，即行政主体行使行政权、执行公务的行为，才能构成行政赔偿。

29. D 【解析】行政赔偿义务机关为致害的行政机关，但由于行政机关及其工作人员是代表国家、以国家的名义实施行政管理的，因而无论是合法的行为还是违法的行为，其法律后果都归属于国家，违法侵权造成的损害要由国家承担赔偿责任。

30. A 【解析】行政强制执行，是指行政机关或行政机关申请人民法院，对不履行行政决定的公民、法人或者其他组织，依法强制履行义务的行为。故本题答案A。

31. D 【解析】我国《行政处罚法》规定，尚未制定法律、行政法规的，国务院部门规章对违反行政管理秩序的行为，可以设定警告、通报批评或者一定数额罚款的行政处罚。罚款的限额由国务院规定。

32. A 【解析】行政复议是指公民、法人或者其他组织不服行政主体作出的具体行政行为，认为行政主体的具体行政行为侵犯了其合法权益，依法向法定的行政复议机关提出复议申请，行政复议机关依法对该具体行政行为进行合法性、适当性审查，并作出行政复议决定的行政行为。只有A项中的处理决定属于行政主体作出的具体行政行为，故选A。

33. C 【解析】根据我国《公务员法》规定，下列人员不得录用为公务员：(1)因犯罪受过刑事处罚的；(2)被开除中国共产党党籍的；(3)被开除公职的；(4)被依法列为失信联合惩戒对象的；(5)有法律规定不得录用为公务员的其他情形的。故B选项受过刑事处罚，D选项曾开除公职的不能录用为公务员，而且公务员需要年满18周岁，故本题选择C选项。

34. B 【解析】我国《食品安全法》第五十四条规定，食品经营者应当按照保证食品安全的要求贮存食品，定期检查库存食品，及时清理变质或者超过保质期的食品。故选B。

二、多项选择题

1. BC 【解析】本题考查行政强制措施的种类。我国《行政强制法》第九条规定："行政强制措施的种类：(一)限制公民人身自由；(二)查封场所、设施或者财物；(三)扣押财物；(四)冻结存款、汇款；(五)其他行政强制措施。"责令停产停业和吊销营业执照属于行政处罚的种类。故选BC。

2. ABC 【解析】本题考查治安管理处罚的种类。我国《治安管理处罚法》第十条规定："治安管理处罚的种类分为：(一)警告;(二)罚款;(三)行政拘留;(四)吊销公安机关发放的许可证。违反治安管理的外国人,可以附加适用限期出境或者驱逐出境。”ABC项正确。我国《行政处罚法》规定:“行政处罚的种类:(一)警告、通报批评;(二)罚款、没收违法所得、没收非法财物;(三)暂扣许可证件、降低资质等级、吊销许可证件;(四)限制开展生产经营活动、责令停产停业、责令关闭、限制从业;(五)行政拘留;(六)法律、行政法规规定的其他行政处罚。”责令停业属于行政处罚,D项错误。故选ABC。

3. ABD 【解析】我国《道路交通安全法》第三十五条规定,机动车、非机动车实行右侧通行。故A项正确。该法第三十八条规定,车辆、行人应当按照交通信号通行;遇有交通警察现场指挥时,应当按照交通警察的指挥通行;在没有交通信号的道路上,应当在确保安全、畅通的原则下通行。故B项正确。根据该法第四十三条的规定,与对面来车有会车可能的,不得超车。故C项错误。该法第五十四条规定,洒水车、清扫车等机动车应当按照安全作业标准作业;在不影响其他车辆通行的情况下,可以不受车辆分道行驶的限制,但是不得逆向行驶。故D项正确。故选ABD。

4. ACD 【解析】我国《国家赔偿法》第九条第二款规定,赔偿请求人要求赔偿,应当先向赔偿义务机关提出,也可以在申请复议和提起行政诉讼时一并提出。因此行政赔偿的程序有两种,一种是单独要求行政赔偿的程序,一种是附带要求行政赔偿的程序。单独提出行政赔偿程序请求,应当先由行政机关解决。对行政机关处理不服,可以向人民法院提起诉讼。

5. ABCD 【解析】我国《居民身份证法》第三条规定,公民身份号码是每个公民唯一的、终身不变的身份代码,故A正确。我国《居民身份证法》第十五条规定,任何组织或者个人不得扣押居民身份证,但是,公安机关依照我国《刑事诉讼法》执行监视居住强制措施的情形除外,故B正确。居民身份证丢失的,本人可以携带户口簿到户籍所在地派出所补办,故C正确。我国《居民身份证法》第五条规定,未满十六周岁的公民,自愿申请领取居民身份证的,发给有效期五年的居民身份证,故D正确。

6. ABD 【解析】行为人有法定的义务而不履行,或者不该行为而从事该行为给相对人造成损失,行为人的行为与法定后果之间存在着因果关系,是行政违法行为必须具备的条件。行政违法的判定不注重行为人的主观状态。

三、判断题

1. √ 【解析】本题考查行政处罚的特殊规定。我国《行政处罚法》规定:“不满十四周岁的未成年人有违法行为的,不予行政处罚,责令监护人加以管教;已满十四周岁不满十八周岁的未成年人有违法行为的,应当从轻或者减轻行政处罚。”

2. √ 【解析】根据我国《治安管理处罚法》第七十一条规定,非法种植罂粟不满五百株或者其他少量毒品原植物的,处十日以上十五日以下拘留,可以并处三千元以下罚款;情节较轻的,处五日以下拘留或者五百元以下罚款。根据我国《刑法》第三百五十一条规定,非法种植罂粟、大麻等毒品原植物的,一律强制铲除。种植罂粟五百株以上不满三千株或者其他毒品原植物数量较大的,处五年以下有期徒刑、拘役或者管制,并处罚金。

3. √ 【解析】本题考查行政处罚的消灭。我国《行政处罚法》规定:“违法行为在二年内未被发现的,不再给予行政处罚;涉及公民生命健康安全、金融安全且有危害后果的,上述期限延长至五年。法律另有规定的除外。前款规定的期限,从违法行为发生之日起计算;违法行为有连续或者继续状态的,从行为终了之日起计算。”

4. √ 【解析】我国《检察官法》第三十九条规定,人民检察院设立检察官考评委员会,负责对本院检察官的考核工作。

5. √ 【解析】中共中央办公厅、国务院办公厅印发的《天然林保护修复制度方案》中提出,建立天然林休养生息制度。全面停止天然林商业性采伐。对纳入保护重点区域的天然林,除森林病虫害防治、森林防火等维护天然林生态系统健康的必要措施外,禁止其他一切生产经营活动。

6. × 【解析】行政处罚包括:(1)人身自由罚,包括行政拘留;(2)行为罚,主要形式有责令停产停业、吊销许可证、执照等;(3)财产罚,主要形式有罚款、没收财物(没收非法财物和违法所得);(4)声誉罚,主要形式有警告、责令悔过、通报批评等。所以行政拘留是人身自由罚。

7. √ 【解析】行政复议,是指公民、法人或者其他组织认为行政主体的具体行政行为违法或不当侵犯其合法权益,依法向主管行政机关提出复查该具体行政行为的申请,行政复议机关依照法定程序对被申请的具体行政行为进行合法性、适当性审查,并作出行政复议决定的一种法律制度。因此,行政复议以行政相对人为申请人,以行政主体为被申请人。

8. √ 【解析】国家机关和国家机关工作人员行使职权,侵犯公民、法人和其他组织合法权益,造成损害的,受害人有依法取得国家赔偿的权利。可见,国家赔偿的前提条件是国家机关及其工作人员行使职权时的行为违法。

9. √ 【解析】根据我国《监察法》第四条规定,监察委员会依照法律规定独立行使监察权,不受行政机关、社会团体和个人的干涉。

10. √ 【解析】根据我国《道路交通安全法》第一百零一条规定,造成交通事故后逃逸的,由公安机关交通管理部门吊销机动车驾驶证,且终生不得重新取得机动车驾驶证。

11. × 【解析】根据我国《行政处罚法》规定,行政机关不得因当事人陈述、申辩而给予更重的处罚。

12. √ 【解析】行政处罚的种类主要有:警告、通报批评;罚款、没收违法所得、没收非法财物;暂扣许可证件、降低资质等级、吊销许可证件;限制开展生产经营活动、责令停产停业、责令关闭、限制从业;行政拘留。其中,只有行政拘留属于限制人身

自由的行政处罚。

13. × 【解析】行政追偿是指行政赔偿义务机关代表国家向行政赔偿请求人支付赔偿费用后，依法责令有故意或重大过失的工作人员或者受委托的组织和个人承担部分或全部赔偿费用的法律制度。因此行政追偿的对象不包括一般过失引发该损害的工作人员。

14. √ 【解析】我国《治安管理处罚法》第一百零六条规定："人民警察当场收缴罚款的，应当向被处罚人出具省、自治区、直辖市人民政府财政部门统一制发的罚款收据；不出具统一制发的罚款收据的，被处罚人有权拒绝缴纳罚款。"

15. √ 【解析】行政主体指参加行政法律关系，依法拥有行政职权，能以自己名义独立行使职权并承担相应法律责任的组织。行政主体享有并行使国家行政权力(只拥有不行使不是行政主体)，这是行政主体与其他国家机关、组织的区别所在。

16. × 【解析】食品药品监督管理局责令厂商召回不合格产品属于行政强制措施，不属于行政处罚。

17. × 【解析】法律、法规授权的具有管理公共事务职能的组织可以在法定授权范围内实施行政处罚。因而，在我国有权行使行政处罚的机关并非只能是国家行政机关。

综合能力提升

一、单项选择题

1. B 【解析】本题考查行政处罚的基本原则。行政处罚的基本原则包括：处罚法定原则，公正公开原则，处罚与教育相结合原则，保障当事人程序权利原则。保障当事人程序权利原则的基本要求是正确处理惩罚与保护的相互关系，使无辜的人不受行政处罚，使违法行为人受到公正处理，使遭受违法处罚的人得到及时补救。故选B。

2. D 【解析】本题考查居民身份证法。我国《居民身份证法》第二条规定："居住在中华人民共和国境内的年满十六周岁的中国公民，应当依照本法的规定申请领取居民身份证；未满十六周岁的中国公民，可以依照本法的规定申请领取居民身份证。"①说法错误。该法第四条规定："居民身份证使用规范汉字和符合国家标准的数字符号填写。民族自治地方的自治机关根据本地区的实际情况，对居民身份证用汉字登记的内容，可以决定同时使用实行区域自治的民族的文字或者选用一种当地通用的文字。"②说法错误。该法第三条第二款规定："公民身份号码是每个公民唯一的、终身不变的身份代码，由公安机关按照公民身份号码国家标准编制。"④说法正确，可排除A、B、C三项。故答案选D项。

3. C 【解析】本题考查行政主体的概念。行政主体必须是能以自己的名义独立进行行政管理活动的组织，能否以自己的名义实施管理是判定一个行政机关是否是行政主体的标准，A项错误。行政主体不限于行政机关，法律、法规授权某种非行政机关社会组织行使某项行政职权，实施某种行政行为，该组织即取得行政主体地位，B项错误。行政主体是指依法取得行政职权，能以自己名义独立进行行政管理活动，作出影响相对人权利、义务的行政行为，并承担由此产生的法律后果的组织，C项正确。行政主体不等同于行政法律关系主体，行政主体是行政法律关系主体的一种，D项错误。故答案选C。

4. B 【解析】本题考查行政强制措施。我国《行政强制法》第二条规定："本法所称行政强制，包括行政强制措施和行政强制执行。行政强制措施，是指行政机关在行政管理过程中，为制止违法行为、防止证据损毁、避免危害发生、控制危险扩大等情形，依法对公民的人身自由实施暂时性限制，或者对公民、法人或者其他组织的财物实施暂时性控制的行为。行政强制执行，是指行政机关或者行政机关申请人民法院，对不履行行政决定的公民、法人或者其他组织，依法强制履行义务的行为。"该法第九条规定："行政强制措施的种类：(一)限制公民人身自由；(二)查封场所、设施或者财物；(三)扣押财物；(四)冻结存款、汇款；(五)其他行政强制措施。"本题中，某市市场监督管理部门扣押商品及厂房设备，查封厂房的行为属于行政强制措施，A项错误，B项正确。该法第十二条规定："行政强制执行的方式：(一)加处罚款或者滞纳金；(二)划拨存款、汇款；(三)拍卖或者依法处理查封、扣押的场所、设施或者财物；(四)排除妨碍、恢复原状；(五)代履行；(六)其他强制执行方式。"本题中，因孙某拒不缴纳罚款，市场监督管理部门将扣押的商品进行拍卖的行为属于行政强制执行，CD项错误。故答案选B。

5. A 【解析】行政行为是行政主体作出的能够产生行政法律效果的行为。医院不是行政主体。

6. A 【解析】根据我国《行政复议法》第十一条规定，申请人申请行政复议，可以书面申请，也可以口头申请；口头申请的，行政复议机关应当当场记录申请人的基本情况、行政复议请求、申请行政复议的主要事实、理由和时间。A正确。

7. D 【解析】行政处分是指国家机关、企事业单位对所属的国家工作人员尚不构成犯罪的违法失职行为，依据法律、法规所规定的权限而给予的一种惩戒。我国《公务员法》第六十二条规定，处分分为：警告、记过、记大过、降级、撤职、开除。故本题选D。

8. C 【解析】失信惩戒机制是由信用市场各授信主体共同参与，以企业和个人征信数据库记录为依据，通过信用记录和信用信息的公开，来降低市场交易中信息不对称程度，约束社会各经济主体信用行为的社会机制，是信用管理体系中的重要组成部分。它的作用就是经济手段和道德谴责手段并用，惩罚市场经济活动中失信者，将有严重经济失信行为的企业和个人从市场的主流中剔除出去。因此，就其本质而言，失信惩戒机制是一种社会机制，它具备对失信行为进行惩处的功能，综合运用经济手段和道德谴责手段，治理市场中的失信行为。执行主体不仅包括政府管理部门，也包括民间自发成立的机构，比如信用中介机构。由此可知，ABD项说法均片面，故错误，排除；C项，程序正当是法律上对行政活动提出的基本要求，具体包括行政公开、公众参与、回避原则。失信惩戒制度执行主体包括政府管理部门，应当遵循程序正当原则。故正确，当选。因此，选择C选项。

9. B 【解析】B项正确，根据我国《治安管理处罚法》第八十二条规定，公安机关应当将传唤的原因和依据告知被传唤人。A项错误，根据该法第八十三条规定，对违反治安管理行为人，公安机关传唤后应当及时询问查证，询问查证的时间不得超过八小时；情况复杂，依照本法规定可能适用行政拘留处罚的，询问查证的时间不得超过二十四小时。C项错误，根据我国《行政复议法》第十二条规定，对县级以上地方各级人民政府工作部门的具体行政行为不服的，由申请人选择，可以向该部门的本级人民政府申请行政复议，也可以向上一级主管部门申请行政复议。因此，郑某可以向市公安局或者区政府申请行政复议。D项错误，我国《治安管理处罚法》第一百零七条规定："被处罚人不服行政拘留处罚决定，申请行政复议、提起行政诉讼的，可以向公安机关提出暂缓执行行政拘留的申请。公安机关认为暂缓执行行政拘留不致发生社会危险的，由被处罚人或者其近亲属提出符合本法第一百零八条规定条件的担保人，或者按每日行政拘留二百元的标准交纳保证金，行政拘留的处罚决定暂缓执行。"可见，暂缓执行行政拘留的处罚决定不是普遍适用的，需要经公安机关认定为"暂缓执行不致发生社会危险"。故选B。

10. C 【解析】行政合同是指行政主体为了实现行政管理目标，与相对人之间经过协商一致所达成的协议。常用的行政合同有计划生育合同、公共工程建设合同、行政委托合同、公用征收合同、公务员聘用合同等。C项是行政主体以同等的民事主体身份与装修公司签订的民事合同。本题为选非题，故选C。

11. A 【解析】国家赔偿是指国家机关及其工作人员因行使职权给公民、法人及其他组织的人身权或财产权造成损害，依法应给予的赔偿。A项，某市公安局属于国家机关，违法拘留行为对公民人身权造成了损害，应由国家赔偿。B项的行为没有损害公民、法人及其他组织的人身权或财产权；C项中某市银行不属于国家机关；D项中的行为与职务无关。故排除BCD，答案为A。

12. C 【解析】具体行政行为是指行政机关行使行政权力，对特定的公民、法人和其他组织作出的有关其权利义务的单方行为。C项中对于违法排污企业，城西区环保局行使行政权力对其进行了处罚。这属于具体行政行为。

13. B 【解析】行政授权的主体是行政机关，其他法律法规授权的组织不能成为行政授权的主体。

14. C 【解析】我国《治安管理处罚法》第一百零二条规定："被处罚人对治安管理处罚决定不服的，可以依法申请行政复议或者提起行政诉讼。"

15. A 【解析】吊销企业法人营业执照，是工商行政管理局根据国家工商行政法规对违法的企业法人作出的一种行政处罚。因此被申请人应当是作出具体行政行为的该区工商局。

16. D 【解析】我国《赔偿法》第六条规定："受害的公民、法人和其他组织有权要求赔偿。受害的公民死亡，其继承人和其他有扶养关系的亲属有权要求赔偿。受害的法人或者其他组织终止的，其权利承受人有权要求赔偿。"因此，赔偿请求人是张某本人。受害公民为限制行为能力人或者无行为能力人的，其法定代理人可以代为行使行政赔偿请求权。

17. B 【解析】国家赔偿是指国家机关及其工作人员因行使职权给公民、法人及其他组织的人身权或财产权造成损害，依法应给予的赔偿。国家赔偿由侵权的国家机关履行赔偿义务。我国《国家赔偿法》第三条、第四条规定了行政赔偿的范围，其中包括：(1)违法拘留或者违法采取限制公民人身自由的行政强制措施的；(2)非法拘禁或者以其他方法非法剥夺公民人身自由的；(3)以殴打、虐待等行为或者唆使、放纵他人以殴打、虐待等行为造成公民身体伤害或者死亡的；(4)违法使用武器、警械造成公民身体伤害或者死亡的；(5)造成公民身体伤害或者死亡的其他违法行为；(6)违法实施罚款、吊销许可证和执照、责令停产停业、没收财物等行政处罚的；(7)违法对财产采取查封、扣押、冻结等行政强制措施的；(8)违法征收、征用财产的；(9)造成财产损害的其他违法行为。A项被前去上班的某公务员驾车撞伤手臂，是个人行为；B项属于以殴打、虐待等行为造成公民身体伤害；C项被执法机关依法查封不属于国家赔偿的范围；D项属于违约行为，可以要求单位赔偿但不属于国家赔偿。

18. A 【解析】行政机关作出影响行政相对人权益的行政行为，必须遵循正当法律程序，包括事先告知相对人，向相对人说明行为的根据、理由，听取相对人的陈述、申辩，事后为相对人提供相应的救济途径等。B选项公众参与，C选项公务回避，D选项听取陈述申辩，都属于行政相对人的程序权利，A选项，我国《治安管理处罚法》第二十一条规定："违反治安管理行为人有下列情形之一，依照本法应当给予行政拘留处罚的，不执行行政拘留处罚：(一)已满十四周岁不满十六周岁的；(二)已满十六周岁不满十八周岁，初次违反治安管理的；(三)七十周岁以上的；(四)怀孕或者哺乳自己不满一周岁婴儿的。"可知：已满十四周岁不满十六周岁，可以不执行拘留。这属于行政相对人的实体权利，而非程序权利，故本题选择A选项。

19. D 【解析】我国《行政许可法》第四十八条规定："听证按照下列程序进行：(一)行政机关应当于举行听证的七日前将举行听证的时间、地点通知申请人、利害关系人，必要时予以公告；(二)听证应当公开举行；(三)行政机关应当指定审查该行政许可申请的工作人员以外的人员为听证主持人，申请人、利害关系人认为主持人与该行政许可事项有直接利害关系的，有权申

请回避；（四）举行听证时，审查该行政许可申请的工作人员应当提供审查意见的证据、理由，申请人、利害关系人可以提出证据，并进行申辩和质证；（五）听证应当制作笔录，听证笔录应当交听证参加人确认无误后签字或者盖章。行政机关应当根据听证笔录，作出行政许可决定。"故本题选择D选项。

20. B 【解析】我国《行政诉讼法》第三十三条规定："证据包括：（一）书证；（二）物证；（三）视听资料；（四）电子数据；（五）证人证言；（六）当事人的陈述；（七）鉴定意见；（八）勘验笔录、现场笔录。以上证据经法庭审查属实，才能作为认定案件事实的根据。"本题中，被涂改的检疫证明不是以涂改后的思想内容来作为证据，而是以涂改的印迹来作为行政处罚的证据使用的，因此属于物证而非书证。

21. C 【解析】我国《行政处罚法》第三十条规定："不满十四周岁的未成年人有违法行为的，不予行政处罚，责令监护人加以管教；已满十四周岁不满十八周岁的未成年人有违法行为的，应当从轻或者减轻行政处罚。"第三十二条规定："当事人有下列情形之一，应当从轻或者减轻行政处罚：（一）主动消除或者减轻违法行为危害后果的；（二）受他人胁迫或者诱骗实施违法行为的；（三）主动供述行政机关尚未掌握的违法行为的；（四）配合行政机关查处违法行为有立功表现的；（五）法律、法规、规章规定其他应当从轻或者减轻行政处罚的。"

22. C 【解析】根据我国《国家赔偿法》第二条规定，国家机关和国家机关工作人员行使职权，有本法规定的侵犯公民、法人和其他组织合法权益的情形，造成损害的，受害人有依照本法取得国家赔偿的权利。第三条规定："行政机关及其工作人员在行使行政职权时有下列侵犯人身权情形之一的，受害人有取得赔偿的权利：（一）违法拘留或者违法采取限制公民人身自由的行政强制措施的；（二）非法拘禁或者以其他方法非法剥夺公民人身自由的；（三）以殴打、虐待等行为或者唆使、放纵他人以殴打、虐待等行为造成公民身体伤害或者死亡的；（四）违法使用武器、警械造成公民身体伤害或者死亡的；（五）造成公民身体伤害或者死亡的其他违法行为。"题目中民警甲的行为属于国家机关工作人员在行使职权的过程中对公民合法权益造成损害的情形，故应该由公安机关承担赔偿责任。而根据我国《国家赔偿法》第十六条规定："赔偿义务机关赔偿损失后，应当责令有故意或者重大过失的工作人员或者受委托的组织或者个人承担部分或者全部赔偿费用。对有故意或者重大过失的责任人员，有关机关应当依法给予处分；构成犯罪的，应当依法追究刑事责任。"公安局承担完赔偿责任后，可以向甲追偿赔偿费用，故本题选择C选项。

23. D 【解析】交警扣押陈某的车辆半年，且车辆损坏，是对陈某财产权的侵害，但没有造成名誉权的侵害。

二、多项选择题

1. ABC 【解析】我国《行政许可法》第六条规定："实施行政许可，应当遵循便民的原则，提高办事效率，提供优质服务。"第二十七条规定："行政机关实施行政许可，不得向申请人提出购买指定商品、接受有偿服务等不正当要求。行政机关工作人员办理行政许可，不得索取或者收受申请人的财物，不得谋取其他利益。"故选ABC。

2. ABC 【解析】我国《行政许可法》第十九条规定："起草法律草案、法规草案和省、自治区、直辖市人民政府规章草案，拟设定行政许可的，起草单位应当采取听证会、论证会等形式听取意见，并向制定机关说明设定该行政许可的必要性、对经济和社会可能产生的影响以及听取和采纳意见的情况。"

3. CD 【解析】特别行政法是指规范各专门行政职能部门如教育、民政、卫生、统计、邮政、财政、海关、人事、土地、交通等方面的行政管理活动的法律、法规。故选CD。

4. BD 【解析】行政给付一般是指行政主体依照有关法律、法规，向符合条件的申请人提供物质利益或者赋予其与物质利益有关的权益的具体行政行为。根据我国有关行政给付的法律、法规，我国的行政给付形式主要包括抚恤金、生活补助费、安置、救济、优待、社会福利。所以B、D项属于行政给付，A项属于征地补偿，不属于行政给付，C项属于社会慈善活动。

5. ABD 【解析】我国《治安管理处罚法》第九十一条规定："治安管理处罚由县级以上人民政府公安机关决定；其中警告、五百元以下的罚款可以由公安派出所决定。"故A错误。该法第一百条规定："违反治安管理行为事实清楚，证据确凿，处警告或者二百元以下罚款的，可以当场作出治安管理处罚决定。"派出所不得当场作出300元罚款的处罚决定，故B项错误。该法第九十七条规定："公安机关应当向被处罚人宣告治安管理处罚决定书，并当场交付被处罚人；无法当场向被处罚人宣告的，应当在二日内送达被处罚人。决定给予行政拘留处罚的，应当及时通知被处罚人的家属。有被侵害人的，公安机关应当将决定书副本抄送被侵害人。"故C项正确。该法第一百零二条规定："被处罚人对治安管理处罚决定不服的，可以依法申请行政复议或者提起行政诉讼。"故D项错误。

6. ABC 【解析】申请公开的政府信息中含有不应当公开的内容，但是能够作区分处理的，行政机关应当向申请人提供可以公开的信息内容。处理方法主要是删除或者遮盖不公开的信息内容后，将可以公开的信息内容提供给申请人。D项说法错误，ABC说法正确。

7. AB 【解析】根据我国《政府信息公开条例》第三十三条规定，行政机关收到政府信息公开申请，能够当场答复的，应当当场予以答复。行政机关不能当场答复的，应当自收到申请之日起20个工作日内予以答复；需延长答复期限的，应当经政府信息公开工作机构负责人同意并告知申请人,延长答复的期限最长不得超过20个工作日。本案中,被告对于2014年6月3日原告提交申请时的系统运行情况未能举证予以证明,应视为其已经收到了原告的申请。故判决确认M市交通局对刘某2014年6月3日提出政府信息公开申请逾期未予答复的行为违法。我国《行政诉讼法》第七十四条第二款规定:"行政行为有下列情形之一的,不需要撤销或者判决履行的,人民法院判决确认违法:(一)行政行为违法,但不具有可撤销内容的;(二)被告改变原违法行政行为,原告仍要求确认原行政行为违法的;(三)被告不履行或者拖延履行法定职责,判决履行没有意义的。"可见,法院应判决确认违法但不撤销行政行为。故选AB。

8. AC 【解析】我国《最高人民法院关于执行〈中华人民共和国行政诉讼法〉若干问题的解释》第二十七条规定:"原告对下列事项承担举证责任:(一)证明起诉符合法定条件,但被告认为原告起诉超过起诉期限的除外;(二)在起诉被告不作为的案件中,证明其提出申请的事实;(三)在一并提起的行政赔偿诉讼中,证明因受被诉行为侵害而造成损失的事实;(四)其他应当由原告承担举证责任的事项。"因此刘某对本案具有举证责任,B项错误。根据我国《政府信息公开条例》第二十九条规定,公民、法人或者其他组织申请获取政府信息的,应当向行政机关的政府信息公开工作机构提出,并采用包括信件、数据电文在内的书面形式;采用书面形式确有困难的,申请人可以口头提出,由受理该申请的政府信息公开工作机构代为填写政府信息公开申请。D项错误。故选AC。

第六章　社会法

基础知识达标

一、单项选择题

1. D 【解析】本题考查劳动法的适用主体。我国《劳动法》第二条规定:"在中华人民共和国境内的企业、个体经济组织(以下统称用人单位)和与之形成劳动关系的劳动者,适用本法。国家机关、事业组织、社会团体和与之建立劳动合同关系的劳动者,依照本法执行。"聘任制公务员受《劳动法》调整。A项并未明确该国家机关公务员是否为聘任制公务员,可排除。现役军人不适用劳动法,B项错误。家庭保姆与雇主之间是劳务关系,适用民法调整,不适用劳动法,C项错误。故选D。

2. D 【解析】本题考查带薪年休假。我国《劳动法》第四十五条规定:"国家实行带薪年休假制度。劳动者连续工作一年以上的,享受带薪年休假。具体办法由国务院规定。"故选D。

3. C 【解析】本题考查最低工资标准。我国《劳动合同法》第二十条规定:"劳动者在试用期的工资不得低于本单位相同岗位最低档工资或者劳动合同约定工资的百分之八十,并不得低于用人单位所在地的最低工资标准。"故选C。

4. B 【解析】本题考查安全生产法的立法目的。我国《安全生产法》第一条规定:"为了加强安全生产工作,防止和减少生产安全事故,保障人民群众生命和财产安全,促进经济社会持续健康发展,制定本法。"故选B。

5. C 【解析】本题考查社会保险法知识。我国《社会保险法》第十三条规定:"国有企业、事业单位职工参加基本养老保险前,视同缴费年限期间应当缴纳的基本养老保险费由政府承担。基本养老保险基金出现支付不足时,政府给予补贴。"故选C。

6. C 【解析】本题考查不得认定为工伤的情形。《工伤保险条例》规定了三种不得认定为工伤或者视同工伤的情况:(1)故意犯罪的;(2)醉酒或者吸毒的;(3)自残或者自杀的。故本题选C。

7. B 【解析】本题考查劳动合同的签订。我国《劳动合同法实施条例》第七条规定:"用人单位自用工之日起满一年未与劳动者订立书面劳动合同的,自用工之日起满一个月的次日至满一年的前一日应当依照劳动合同法第八十二条的规定向劳动者每月支付两倍的工资,并视为自用工之日起满一年的当日已经与劳动者订立无固定期限劳动合同,应当立即与劳动者补订书面劳动合同。"故本题选B。

8. D 【解析】根据我国《劳动法》第四十四条规定,法定休假日安排劳动者工作的,支付不低于工资的百分之三百的工资报酬。本题选D。

9. C 【解析】根据我国《劳动合同法》第十七条规定,劳动合同应当具备以下条款:(1)用人单位的名称、住所和法定代表人或者主要负责人;(2)劳动者的姓名、住址和居民身份证或者其他有效身份证件号码;(3)劳动合同期限;(4)工作内容和工作地点;(5)工作时间和休息休假;(6)劳动报酬;(7)社会保险;(8)劳动保护、劳动条件和职业危害防护;(9)法律、法规规定应当纳入劳动合同的其他事项。劳动合同除前款规定的必备条款外,用人单位与劳动者可以约定试用期、培训、保守秘密、补充保险和福利待遇等其他事项。故C项职业危害防护是必备条款。

10. D 【解析】A项错误,根据我国《劳动合同法》第六十九条规定,非全日制用工双方当事人可以订立口头协议。B项错误,该法第七十条规定:"非全日制用工双方当事人不得约定试用期。"C项错误,根据该法第七十二条规定,非全日制用工劳动报酬结算支付周期最长不得超过十五日。D项正确,该法第七十一条规定:"非全日制用工双方当事人任何一方都可以随时通知对方终止用工。终止用工,用人单位不向劳动者支付经济补偿。"故选D。

11. D 【解析】我国《劳动合同法》第三十八条第一款规定:"用人单位有下列情形之一的,劳动者可以解除劳动合同:(一)未按照劳动合同约定提供劳动保护或者劳动条件的;(二)未及时足额支付劳动报酬的;(三)未依法为劳动者缴纳社会保险费的;(四)用人单位的规章制度违反法律、法规的规定,损害劳动者权益的;(五)因本法第二十六条第一款规定的情形致使劳动合同无效的;(六)法律、行政法规规定劳动者可以解除劳动合同的其他情形。"

12. D 【解析】职工虽然受到伤害或死亡,但根据《工伤保险条例》第十六条,有下列情形之一的,不得认定为工伤或者视同工伤:(1)故意犯罪的;(2)醉酒或者吸毒的;(3)自残或者自杀的。D正确。

13. A 【解析】根据我国《就业促进法》第三条规定,劳动者依法享有平等就业和自主择业的权利。

14. A 【解析】根据我国《就业促进法》第六条规定,国务院建立全国促进就业工作协调机制,研究就业工作中的重大问题,协调推动全国的促进就业工作。国务院劳动行政部门具体负责全国的促进就业工作。

15. A 【解析】根据我国《妇女权益保障法》第十八条规定,除因疾病或者其他特殊情况经当地人民政府批准的以外,对不送适龄女性儿童少年入学的父母或者其他监护人,由当地人民政府予以批评教育,并采取有效措施,责令送适龄女性儿童少年入学。

16. A 【解析】我国《老年人权益保障法》第十二条规定:"每年农历九月初九为老年节。"

17. C 【解析】根据我国《劳动法》第七十五条规定,国家鼓励用人单位根据本单位实际情况为劳动者建立补充保险。

18. A 【解析】我国劳动者享有休息休假的权利。该企业未经劳动部门批准,要求职工每天加班工作,星期天也照常上班,侵犯了劳动者休息休假的权利。

19. B 【解析】根据我国《劳动法》第四十五条的规定,劳动者连续工作一年以上的,享受带薪年休假。具体办法由国务院规定。

20. B 【解析】根据我国《劳动合同法》,订立劳动合同,应当遵循合法、公平、平等自愿、协商一致、诚实信用的原则。劳动合同由用人单位与劳动者协商一致,并经用人单位与劳动者在劳动合同文本上签字或者盖章生效。

21. B 【解析】我国《劳动合同法》第十七条第一款规定,劳动合同应当具备以下条款:用人单位的名称、住所和法定代表人或者主要负责人;劳动者的姓名、住址和居民身份证或者其他有效身份证件号码;劳动合同期限;工作内容和工作地点;工作时间和休息休假;劳动报酬;社会保险;劳动保护、劳动条件和职业危害防护;法律、法规规定应当纳入劳动合同的其他事项。

22. C 【解析】根据我国《劳动合同法》第三十九条规定,劳动者有下列情形之一的,用人单位可以解除劳动合同:在试用期间被证明不符合录用条件的;严重违反用人单位的规章制度的……故本题选C。

23. B 【解析】根据我国《劳动争议调解仲裁法》第二十九条规定,劳动争议仲裁委员会收到仲裁申请之日起五日内,认为符合受理条件的,应当受理,并通知申请人。

24. B 【解析】根据我国《工伤保险条例》第十四条规定:"职工有下列情形之一的,应当认定为工伤:……(六)在上下班途中,受到非本人主要责任的交通事故或者城市轨道交通、客运轮渡、火车事故伤害的……"故选B。

25. C 【解析】根据我国《女职工劳动保护特别规定》第九条的规定,对哺乳未满1周岁婴儿的女职工,用人单位不得延长劳动时间或者安排夜班劳动。

26. D 【解析】我国《劳动法》第二十六条规定,有下列情形之一的,用人单位可以解除劳动合同,但是应当提前三十日以书面形式通知劳动者本人:(1)劳动者患病或者非因工负伤,医疗期满后,不能从事原工作也不能从事由用人单位另行安排的工作的;(2)劳动者不能胜任工作,经过培训或者调整工作岗位,仍不能胜任工作的;(3)劳动合同订立时所依据的客观情况发生重大变化,致使原劳动合同无法履行,经当事人协商不能就变更劳动合同达成协议的。故本题选择D项。

27. D 【解析】根据我国《劳动法》第七十七条规定,用人单位与劳动者发生劳动争议,当事人可以依法申请调解、仲裁、提起诉讼,也可以协商解决。根据第七十九条规定,对仲裁裁决不服的,可以向人民法院提起诉讼。因此,劳动争议案件一般都需要经过劳动仲裁才能进入诉讼程序。

28. D 【解析】根据我国《劳动合同法》第二十六条规定,用人单位免除自己的法定责任、排除劳动者的权利,属于禁止用人单位同劳动者约定的内容,此种劳动合同无效。

29. B 【解析】我国《劳动合同法》第四十二条规定,劳动者有下列情形之一的,用人单位不得依照本法第四十条、第四十一条的规定解除劳动合同:(1)从事接触职业病危害作业的劳动者未进行离岗前职业健康检查,或者疑似职业病病人在诊断或者医学观察期间的;(2)在本单位患职业病或者因工负伤并被确认丧失或者部分丧失劳动能力的;(3)患病或者非因工负伤,在规定的医疗期内的;(4)女职工在孕期、产期、哺乳期的;(5)在本单位连续工作满十五年,且距法定退休年龄不足五年的;(6)法律、行政法规规定的其他情形。

30. C 【解析】根据我国《社会保险法》第三十三条规定,职工应当参加工伤保险,由用人单位缴纳工伤保险费,职工不缴纳工伤保险费。本题选择C选项。

二、多项选择题

1. AD 【解析】本题考查劳动者承担违约金的情形。我国《劳动合同法》第二十五条规定:“除本法第二十二条和第二十三条规定的情形外,用人单位不得与劳动者约定由劳动者承担违约金。”该法第二十二条规定:“用人单位为劳动者提供专项培训费用,对其进行专业技术培训的,可以与该劳动者订立协议,约定服务期。劳动者违反服务期约定的,应当按照约定向用人单位支付违约金……”该法第二十三条规定:“用人单位与劳动者可以在劳动合同中约定保守用人单位的商业秘密和与知识产权相关的保密事项。对负有保密义务的劳动者,用人单位可以在劳动合同或者保密协议中与劳动者约定竞业限制条款,并约定在解除或者终止劳动合同后,在竞业限制期限内按月给予劳动者经济补偿。劳动者违反竞业限制约定的,应当按照约定向用人单位支付违约金。”故本题选AD。

2. AB 【解析】根据我国《劳动合同法》第十九条规定,劳动合同期限三个月以上不满一年的,试用期不得超过一个月;劳动合同期限一年以上不满三年的,试用期不得超过二个月;三年以上固定期限和无固定期限的劳动合同,试用期不得超过六个月。同一用人单位与同一劳动者只能约定一次试用期。

3. ABD 【解析】我国《仲裁法》第三条规定,下列纠纷不能仲裁:(1)婚姻、收养、监护、扶养、继承纠纷;(2)依法应当由行政机关处理的行政争议。故选A、B、D项。

4. BD 【解析】根据我国《社会保险法》第十条规定,职工应当参加基本养老保险,由用人单位和职工共同缴纳基本养老保险费。根据第二十三条规定,职工应当参加职工基本医疗保险,由用人单位和职工按照国家规定共同缴纳基本医疗保险费。第三十三条规定,职工应当参加工伤保险,由用人单位缴纳工伤保险费,职工不缴纳工伤保险费。第四十四条规定,职工应当参加失业保险,由用人单位和职工按照国家规定共同缴纳失业保险费。第五十三条规定,职工应当参加生育保险,由用人单位按照国家规定缴纳生育保险费,职工不缴纳生育保险费。

三、判断题

1. √ 【解析】根据我国《烈士褒扬条例》第十四条规定,烈士褒扬金由领取烈士证书的烈士遗属户口所在地县级人民政府退役军人事务部门发给烈士的父母或者抚养人、配偶、子女;没有父母或者抚养人、配偶、子女的,发给烈士未满18周岁的兄弟姐妹和已满18周岁但无生活来源且由烈士生前供养的兄弟姐妹。

2. √ 【解析】根据我国《烈士褒扬条例》第二十四条规定,男年满60周岁、女年满55周岁的孤老烈士遗属本人自愿的,可以在光荣院、敬老院集中供养。

3. × 【解析】根据我国《劳动争议调解仲裁法》第五条规定,发生劳动争议,当事人不愿协商、协商不成或者达成和解协议后不履行的,可以向调解组织申请调解;不愿调解、调解不成或者达成调解协议后不履行的,可以向劳动争议仲裁委员会申请仲裁;对仲裁裁决不服的,除本法另有规定的外,可以向人民法院提起诉讼。可见,在劳动争议案件中,仲裁是诉讼的必经前置程序。

4. √ 【解析】根据我国《就业促进法》第二十七条规定,用人单位录用女职工,不得在劳动合同中规定限制女职工结婚、生育的内容。

5. × 【解析】根据我国《劳动合同法》第十条规定,建立劳动关系,应当订立书面劳动合同。已建立劳动关系,未同时订立书面劳动合同的,应当自用工之日起一个月内订立书面劳动合同。

6. × 【解析】我国《劳动合同法》第三十条规定,用人单位应当按照劳动合同约定和国家规定,向劳动者及时足额支付劳动报酬。用人单位拖欠或者未足额支付劳动报酬的,劳动者可以依法向当地人民法院申请支付令,人民法院应当依法发出支付令。

7. × 【解析】根据我国《社会保险法》第四十六条规定,重新就业后,再次失业的,缴费时间重新计算,领取失业保险金的期限与前次失业应当领取而尚未领取的失业保险金的期限合并计算,最长不超过二十四个月。

8. √ 【解析】根据法律规定,仲裁裁决自作出之日起发生法律效力。任何一方当事人不履行仲裁裁决的,另一方当事人可以向人民法院申请强制执行,受申请的人民法院应当执行。

综合能力提升

单项选择题

1. A 【解析】本题考查集体合同。我国《劳动合同法》第五十一条规定:“企业职工一方与用人单位通过平等协商,可以就劳动报酬、工作时间、休息休假、劳动安全卫生、保险福利等事项订立集体合同。集体合同草案应当提交职工代表大会或者全体职工讨论通过。集体合同由工会代表企业职工一方与用人单位订立;尚未建立工会的用人单位,由上级工会指导劳动者推举的代表与用人单位订立。”A项说法正确。该法第五十四条第一款规定:“集体合同订立后,应当报送劳动行政部门;劳动行政部门自收到集体合同文本之日起十五日内未提出异议的,集体合同即行生效。”B项说法错误。该法第五十五条规定:“集体

合同中劳动报酬和劳动条件等标准不得低于当地人民政府规定的最低标准；用人单位与劳动者订立的劳动合同中劳动报酬和劳动条件等标准不得低于集体合同规定的标准。”C项说法错误。该法第五十四条第二款规定：“依法订立的集体合同对用人单位和劳动者具有约束力。行业性、区域性集体合同对当地本行业、本区域的用人单位和劳动者具有约束力。”D项说法错误。故答案选A。

2. B 【解析】本题考查工伤认定。我国《工伤保险条例》第十四条规定：“职工有下列情形之一的，应当认定为工伤：(一)在工作时间和工作场所内，因工作原因受到事故伤害的；(二)工作时间前后在工作场所内，从事与工作有关的预备性或者收尾性工作受到事故伤害的；(三)在工作时间和工作场所内，因履行工作职责受到暴力等意外伤害的；(四)患职业病的；(五)因工外出期间，由于工作原因受到伤害或者发生事故下落不明的；(六)在上下班途中，受到非本人主要责任的交通事故或者城市轨道交通、客运轮渡、火车事故伤害的；(七)法律、行政法规规定应当认定为工伤的其他情形。”王警官在工作时间因工作原因受到伤害，应当认定为工伤。小李出差期间是在工作时间内，但同学聚会不属于工作时间，在同学聚会上被人打伤不属于法律规定应当认定为工伤的情形。小吴在上班途中坐公交遇到交通事故受伤，应当认定为工伤。根据该条例第十五条的规定，职工在工作时间和工作岗位，突发疾病死亡或者在48小时之内经抢救无效死亡的，视同工伤。孙医生在做完几台手术后突发心脏病死亡应当认定为工伤。本题为选非题，故答案为B。

3. B 【解析】根据我国《劳动合同法》第十条规定，建立劳动关系，应当订立书面劳动合同。已建立劳动关系，未同时订立书面劳动合同的，应当自用工之日起一个月内订立书面劳动合同。用人单位与劳动者在用工前订立劳动合同的，劳动关系自用工之日起建立。

4. D 【解析】我国《劳动法》第八十三条规定，劳动争议当事人对仲裁裁决不服的，可以自收到仲裁裁决书之日起十五日内向人民法院提起诉讼。一方当事人在法定期限内不起诉又不履行仲裁裁决的，另一方当事人可以申请人民法院强制执行。可见劳动仲裁是劳动争议诉讼的前置程序。故D项正确。

5. D 【解析】根据我国《劳动争议调解仲裁法》第五十条规定，当事人对本法第四十七条规定以外的其他劳动争议案件的仲裁裁决不服的，可以自收到仲裁裁决书之日起十五日内向人民法院提起诉讼。

6. B 【解析】上调最低工资标准有利于维护劳动者获得劳动报酬的权利。

7. D 【解析】根据我国《食品安全法》第六十七条规定，专供婴幼儿和其他特定人群的主辅食品，其标签还应当标明主要营养成分及其含量。

8. D 【解析】根据我国《劳动合同法》第十条规定，已建立劳动关系，未同时订立书面劳动合同的，应当自用工之日起一个月内订立书面劳动合同。故A项不正确。聘书规定的内容相对简单，不能涵盖劳动合同的所有条款，所以不能用聘书来代替劳动合同，B选项不正确；根据我国《劳动合同法》第十六条规定，劳动合同由用人单位与劳动者协商一致，并经用人单位与劳动者在劳动合同文本上签字或者盖章生效，所以C选项也不正确。故选D。

9. A 【解析】劳动者应当了解《劳动法》和《劳动合同法》中关于自身权益的规定，以免因为法律意识淡薄而在权益受损时难以依法有效维权。B项错误，劳动者不能完善法律；C、D两项与题干无关。故选A。

10. C 【解析】根据我国《劳动合同法》第二十三条规定，劳动者违反竞业限制约定的，应当按照约定向用人单位支付违约金。

11. B 【解析】劳动关系，是指用人单位与劳动者之间，依法所确立的劳动过程中的权利义务关系。本题B选项小胡与丁企业之间建立了劳动法律关系。劳务关系是劳动者与用工者根据口头或书面约定，由劳动者向用工者提供一次性的或者是特定的劳动服务，用工者依约向劳动者支付劳务报酬的一种有偿服务的法律关系。A、C、D属于劳务法律关系。本题选择B选项。

12. D 【解析】“996工作制”是指每天早上9点上班，晚上9点下班，每周工作6天，且加班没有补贴的工作制，侵犯了劳动者休息休假的权利以及获取劳动报酬的权利，劳动者应该合法维权，D正确。A和B分别说的是竞争就业观、自主择业观，均与劳动者维权无关，故排除。创造良好的就业环境，采取措施的主体应该是国家，而题目问的是劳动者的做法，C不符合题意。

13. B 【解析】公司要求员工签署承诺书，而非员工自愿放弃，故B项错误。

14. B 【解析】我国《工伤保险条例》第十四条规定，职工有下列情形之一的，应当认定为工伤：(1)在工作时间和工作场所内，因工作原因受到事故伤害的；(2)工作时间前后在工作场所内，从事与工作有关的预备性或者收尾性工作受到事故伤害的；(3)在工作时间和工作场所内，因履行工作职责受到暴力等意外伤害的；(4)患职业病的；(5)因工外出期间，由于工作原因受到伤害或者发生事故下落不明的；(6)在上下班途中，受到非本人主要责任的交通事故或者城市轨道交通、客运轮渡、火车事故伤害的；(7)法律、行政法规规定应当认定为工伤的其他情形。根据第十五条规定，职工有下列情形之一的，视同工伤：(1)在工作时间和工作岗位，突发疾病死亡或者在48小时之内经抢救无效死亡的；(2)在抢险救灾等维护国家利益、公共利益活动中受到伤害的；(3)职工原在军队服役，因战、因公负伤致残，已取得革命伤残军人证，到用人单位后旧伤复发的。综上，本题应选B。

15. B 【解析】公司有权对员工的病假证明提出疑问，故A错误。公司应向员工支付病假工资。故C错误。员工应先申请劳动仲裁，之后才能提起诉讼。故D项错误。

第七章　商经法

基础知识达标

一、单项选择题

1. A 【解析】本题考查公司的类型。公司以其全部资产为限对公司的债务承担责任。有限责任公司的股东以其认缴的出资额为限对公司承担责任。股份有限公司的股东以其认购的股份为限对公司承担责任。有限合伙企业由普通合伙人和有限合伙人组成，普通合伙人对合伙企业债务承担无限连带责任，有限合伙人以其认缴的出资额为限对合伙企业债务承担责任。两合公司是由无限责任股东和有限责任股东所组成的公司。其中，无限责任股东对公司债务负连带无限的清偿责任，而有限责任股东则以其出资额为限对公司债务负有限清偿责任。故选A。

2. A 【解析】本题考查消费者权益保护法。根据《消费者权益保护法》规定，为保护消费者的合法权益，维护社会经济秩序，促进社会主义市场经济健康发展，制定本法。BCD项中的主体都是消费者。A项的主体是经营者，不适用消费者权益保护法，故选A。

3. B 【解析】本题考查个人所得税。2021年1月1日起，在纳税人累计收入不超过6万元的月份，暂不预扣预缴个人所得税；在其累计收入超过6万元的当月及年内后续月份，再预扣预缴个人所得税。故选B。

4. C 【解析】本题考查消费者权益保护法的保护对象。汽车生产线不属于供消费者消费的商品或服务，不受《消费者权益保护法》保护。本题为选非题，故选C。

5. C 【解析】本题考查合伙企业的债务承担。我国《合伙企业法》第二条第二款规定："普通合伙企业由普通合伙人组成，合伙人对合伙企业债务承担无限连带责任……"

6. D 【解析】本题考查土地使用权出让合同的签订。我国《城市房地产管理法》第十五条规定："土地使用权出让，应当签订书面出让合同。土地使用权出让合同由市、县人民政府土地管理部门与土地使用者签订。"

7. D 【解析】根据我国《公司法》第二十七条规定，股东可以用货币出资，也可以用实物、知识产权、土地使用权等可以用货币估价并可以依法转让的非货币财产作价出资；但是，法律、行政法规规定不得作为出资的财产除外。本题为选非题，故选D。

8. B 【解析】2018年10月1日起，我国个人所得税起征点由每月3500元提高至5000元。

9. A 【解析】根据我国《个人所得税法》第二条规定，偶然所得应当缴纳个人所得税。彩票中奖属于偶然所得，所以应该交个人所得税。

10. A 【解析】根据我国《消费者权益保护法》第十条规定，消费者享有公平交易的权利。消费者在购买商品或者接受服务时，有权获得质量保障、价格合理、计量正确等公平交易条件，有权拒绝经营者的强制交易行为。据此可知，服务者向消费者提供质低价高的服务，侵犯了消费者的公平交易权，故A项说法正确。

11. B 【解析】"三包"是零售商业企业对所售商品实行"包修、包换、包退"的简称，是指商品进入消费领域后，卖方对买方所购物品负责而采取的在一定限期内的一种信用保证办法。

12. C 【解析】根据我国《产品质量法》第四十五条规定，因产品存在缺陷造成损害要求赔偿的诉讼时效期间为二年，自当事人知道或者应当知道其权益受到损害时起计算。

13. A 【解析】《中华人民共和国反倾销条例》第十三条规定，国内产业或者代表国内产业的自然人、法人或者有关组织，可以依照本条例的规定向商务部提出反倾销调查的书面申请。

14. B 【解析】根据《中华人民共和国国有土地上房屋征收与补偿条例》第二十四条规定，市、县级人民政府作出房屋征收决定前，应当组织有关部门依法对征收范围内未经登记的建筑进行调查、认定和处理。对认定为合法建筑和未超过批准期限的临时建筑的，应当给予补偿；对认定为违法建筑和超过批准期限的临时建筑的，不予补偿。

15. C 【解析】股份有限公司和有限责任公司二者最主要的区别在于，前者可以公开发行股票募股集资，后者则不能。

16. A 【解析】我国《消费者权益保护法》第七条规定，消费者在购买、使用商品和接受服务时享有人身、财产安全不受损害的权利。消费者有权要求经营者提供的商品和服务，符合保障人身、财产安全的要求。故餐馆侵犯了消费者的安全保障权，属于侵权行为，不存在违约的情形。故本题选择A选项。

17. D 【解析】我国《消费者权益保护法》第七条规定，消费者在购买、使用商品和接受服务时享有人身、财产安全不受损害的权利。消费者有权要求经营者提供的商品和服务，符合保障人身、财产安全的要求。本题选择D选项。

18. B 【解析】根据我国《消费者权益保护法》第二十二条规定，经营者提供商品或者服务，应当按照国家有关规定或者商业惯例向消费者出具发票等购货凭证或者服务单据；消费者索要发票等购货凭证或者服务单据的，经营者必须出具。A选项违背法律规定。根据我国《消费者权益保护法》第二十四条规定，经营者提供的商品或者服务不符合质量要求的，消费者可以依照国家规定、当事人约定退货，或者要求经营者履行更换、修理等义务。没有国家规定和当事人约定的，消费者可以自收到商品之日起七日内退货；七日后符合法定解除合同条件的，消费者可以及时退货，不符合法定解除合同条件的，可以要求经营者履行更换、修理等义务。依照前款规定进行退货、更换、修理的，经营者应当承担运输等必要费用。C选项违背法律规定的经营者退货义务。根据我国《消费者权益保护法》第二十六条的规定，经营者在经营活动中使用格式条款的，应当以显著方式提请消费者注意商品或者服务的数量和质量、价款或者费用、履行期限和方式、安全注意事项和风险警示、售后服务、民事责任等与消费者有重大利害关系的内容，并按照消费者的要求予以说明。经营者不得以格式条款、通知、声明、店堂告示等方式，作出排除或者限制消费者权利、减轻或者免除经营者责任、加重消费者责任等对消费者不公平、不合理的规定，不得利用格式条款并借助技术手段强制交易。格式条款、通知、声明、店堂告示等含有前款所列内容的，其内容无效。D选项未成年人有权从事与其年龄、智力状况相适应的行为，经营者不得排除其权利，故D选项错误。价值决定价格，供求影响价格，B选项水果售价变化不属于侵犯消费者合法权益的行为。

19. B 【解析】我国《消费者权益保护法》第十三条规定，消费者享有获得有关消费和消费者权益保护方面的知识的权利。消费者应当努力掌握所需商品或者服务的知识和使用技能，正确使用商品，提高自我保护意识。故本题答案选B。

二、多项选择题

1. CD 【解析】本题考查不得成为普通合伙人的类型。根据我国《合伙企业法》第三条规定："国有独资公司、国有企业、上市公司以及公益性的事业单位、社会团体不得成为普通合伙人。"

2. ABCD 【解析】本题考查国家对消费者合法权益的保护方式。我国《消费者权益保护法》第三十三条第二款规定："有关行政部门发现并认定经营者提供的商品或者服务存在缺陷，有危及人身、财产安全危险的，应当立即责令经营者采取停止销售、警示、召回、无害化处理、销毁、停止生产或者服务等措施。"

3. ABD 【解析】根据我国《公司法》规定，公司法定代表人依照公司章程的规定，由董事长、执行董事或者经理担任，并依法登记。

4. ABC 【解析】根据我国《个人所得税法》规定，工资、薪金所得，劳动报酬所得，稿酬所得，经营所得等都属于个人所得税征税范围。国债和国家发行的金融债券利息，免征个人所得税。

5. ABC 【解析】消费者享有的权利有：安全权、知情权、自主选择权、公平交易权、求偿权、结社权、获知权、人格尊严受尊重权、监督权等。

6. ABCD 【解析】我国《消费者权益保护法》第四条规定，经营者与消费者进行交易，应当遵循自愿、平等、公平、诚实信用的原则。故选ABCD。

7. ACD 【解析】根据我国《农村土地承包法》第四十七条规定，受让方通过流转取得的土地经营权，经承包方书面同意并向发包方备案，可以向金融机构融资担保。故B项说法错误。

8. AB 【解析】营利性法人是以营利为目的的法人，即不仅从事营利性事业，而且还向其成员分配利益。故选AB。

9. BCD 【解析】BCD表述均有错误，消费者依法享有权利，但不能滥用。

10. ABCD 【解析】消费者和经营者发生消费者权益争议的，解决途径有：(1)与经营者协商和解；(2)请求消费者协会调解；(3)向有关行政部门申诉；(4)根据与经营者达成的仲裁协议提请仲裁机构仲裁；(5)向人民法院提起诉讼。

三、判断题

1. × 【解析】本题考查合伙人的债务承担。根据我国《合伙企业法》第三十八、三十九条规定，合伙企业对其债务，应先以其全部财产进行清偿。合伙企业不能清偿到期债务的，合伙人承担无限连带责任。题干中个人合伙人承担有限责任说法错误。

2. √ 【解析】本题考查分公司的法律地位和责任。我国《公司法》第十四条规定："公司可以设立分公司。设立分公司，应当向公司登记机关申请登记，领取营业执照。分公司不具有法人资格，其民事责任由公司承担。"

3. × 【解析】根据我国《公司法》第十三条规定，公司法定代表人依照公司章程的规定，由董事长、执行董事或者经理担任，并依法登记。可见，董事长张某不一定是公司的法人代表。

4. × 【解析】有限责任公司的股票不能上市流通，股东以其出资额为限对公司承担责任。

5. × 【解析】我国《反垄断法》第三十七条规定，行政机关不得滥用行政权力，制定含有排除、限制竞争内容的规定。

6. × 【解析】现代企业的法人产权与自然人企业的私人产权有着本质的区别：(1)法人企业享有的法定财产权是以"组织"名义行使的，不受自然人意志和行为左右；(2)法人企业具有永续存在的"生命"，不受自然人生命周期的限制；(3)法人企业取得了企业法律形态，以《中华人民共和国公司法》规范其组织形式、组织原则和商事权利、义务。

7. √ 【解析】非国有企业（特别是非公有制企业）的显著特征在于产权关系明确，因而它们是真正自主经营、自负盈亏、具有内在激励和约束机制的市场主体。

8. × 【解析】公司是依照公司法设立的，以营利为目的的企业法人，具备法人资格。

9. × 【解析】2008年10月8日，国家宣布次日开始取消利息税。但股息、红利所得仍需要缴纳个人所得税。

综合能力提升

一、单项选择题

1. B 【解析】本题考查消费者权益保护法知识。我国《消费者权益保护法》第二十六条规定："经营者在经营活动中使用格式条款的，应当以显著方式提请消费者注意商品或者服务的数量和质量、价款或者费用、履行期限和方式、安全注意事项和风险警示、售后服务、民事责任等与消费者有重大利害关系的内容，并按照消费者的要求予以说明。经营者不得以格式条款、通知、声明、店堂告示等方式，作出排除或者限制消费者权利、减轻或者免除经营者责任、加重消费者责任等对消费者不公平、不合理的规定，不得利用格式条款并借助技术手段强制交易。格式条款、通知、声明、店堂告示等含有前款所列内容的，其内容无效。"大型超市对顾客的财产安全作出告示，符合法律规定，B项正确。A项的"不予退换"，C项的"拒绝退货"，D项的"否则浴场不负责"均不符合法律规定。故选B。

2. D 【解析】本题考查公司股东享有的权利。股东不能申请或宣告破产，但可以申请解散公司，然后再清算。公司破产由人民法院宣告。

3. C 【解析】本题考查合伙企业与个人独资企业的关系。我国《个人独资企业法》第八条规定："设立个人独资企业应当具备下列条件：（一）投资人为一个自然人……"我国《合伙企业法》第二条第一款规定："本法所称合伙企业，是指自然人、法人和其他组织依照本法在中国境内设立的普通合伙企业和有限合伙企业。"可见，个人独资企业的投资人只能是一个自然人，而合伙企业的投资人可以是自然人、法人或其他组织，A项说法错误。我国《个人独资企业法》第二条规定："本法所称个人独资企业，是指依照本法在中国境内设立，由一个自然人投资，财产为投资人个人所有，投资人以其个人财产对企业债务承担无限责任的经营实体。"我国《合伙企业法》第二条第三款规定："有限合伙企业由普通合伙人和有限合伙人组成，普通合伙人对合伙企业债务承担无限连带责任，有限合伙人以其认缴的出资额为限对合伙企业债务承担责任。"可见，个人独资企业的投资人承担无限责任，而合伙企业中的有限合伙人承担有限责任，B项说法错误。若个人独资企业中增加一个投资人，则可以依法申请变更为普通合伙企业，C项说法正确。反之，合伙企业中只剩下一个普通合伙人时，其已经不满足合伙企业的条件，但是其可以申请将企业的性质变更为个人独资企业，D项说法错误。故答案选C。

4. C 【解析】本题考查七天无理由退货的情形。我国《消费者权益保护法》第二十五条第一款和第二款规定："经营者采用网络、电视、电话、邮购等方式销售商品，消费者有权自收到商品之日起七日内退货，且无需说明理由，但下列商品除外：（一）消费者定作的；（二）鲜活易腐的；（三）在线下载或者消费者拆封的音像制品、计算机软件等数字化商品；（四）交付的报纸、期刊。除前款所列商品外，其他根据商品性质并经消费者在购买时确认不宜退货的商品，不适用无理由退货。"C项，丙购买的海鲜属于鲜活易腐的商品，不享有七天无理由退货权利。故答案选C。

5. C 【解析】根据我国《公司法》规定，有下列情形之一的，不得担任公司的董事、监事、高级管理人员：(1)无民事行为能力或者限制民事行为能力；(2)因贪污、贿赂、侵占财产、挪用财产或者破坏社会主义市场经济秩序，被判处刑罚，执行期满未逾五年，或者因犯罪被剥夺政治权利，执行期满未逾五年；(3)担任破产清算的公司、企业的董事或者厂长、经理，对该公司、企业的破产负有个人责任的，自该公司、企业破产清算完结之日起未逾三年；(4)担任因违法被吊销营业执照、责令关闭的公司、企业的法定代表人，并负有个人责任的，自该公司、企业被吊销营业执照之日起未逾三年；(5)个人所负数额较大的债务到期未清偿。公司违反以上规定选举、委派董事、监事或者聘任高级管理人员的，该选举、委派或者聘任无效。董事、监事、高级管理人员在任职期间出现上述所列情形的，公司应当解除其职务。题目中丙有到期未偿还的银行贷款500万，符合公司法规定的情形，不得担任董事。故正确答案是C。

6. B 【解析】A项错误，根据我国《公司法》第五十七条规定，本法所称一人有限责任公司，是指只有一个自然人股东或者一个法人股东的有限责任公司。由此可知，国有企业可以设立一人公司。C项错误，我国现行《公司法》已取消对一人有限公司最低注册资本限制，取消一次性缴纳出资限制。D项错误，该法第五十八条规定，一个自然人只能投资设立一个一人有限责任公司。该一人有限责任公司不能投资设立新的一人有限责任公司。由此可见，一个自然人只能投资设立一个一人有限责任公司，但是没有限制一个法人也只能投资设立一个一人有限责任公司。B项正确，该法第六十三条规定，一人有限责任公司的股东不能证明公司财产独立于股东自己的财产的，应当对公司债务承担连带责任。故选B。

7. C 【解析】根据我国《消费者权益保护法》第五十五条规定，经营者提供商品或者服务有欺诈行为的，应当按照消费者

的要求增加赔偿其受到的损失，增加赔偿的金额为消费者购买商品的价款或者接受服务的费用的三倍；增加赔偿的金额不足五百元的，为五百元。法律另有规定的，依照其规定。故王某可以要求甲商场赔偿其购买洗衣粉的费用的三倍。

8. B 【解析】根据我国《消费者权益保护法》第五十五条规定，经营者提供商品或者服务有欺诈行为的，应当按照消费者的要求增加赔偿其受到的损失，增加赔偿的金额为消费者购买商品的价款或者接受服务的费用的三倍；增加赔偿的金额不足五百元的，为五百元。法律另有规定的，依照其规定。

9. B 【解析】根据我国《合同法》相关规定，合同具有相对性，即签订了合同的双方只能够互相向对方主张权利。也就是说，消费者王某只能够向该电商平台主张权利。该电商平台虽然按时发货了，但未能够履行将货物送到消费者张某手中的义务，属于违约。因此，需要赔偿消费者的损失。A选项符合法律规定。根据我国《网络交易管理办法》规定，网络商品经营者销售商品，消费者有权自收到商品之日起七日内退货，且无需说明理由，但下列商品除外：(一)消费者定作的；(二)鲜活易腐的……B项中王某购买的桌子为定制商品，不符合七天无理由退货的规定。我国《电子商务法》第四章第六十一条规定，消费者在电子商务平台购买商品或者接受服务，与平台内经营者发生争议时，电子商务平台经营者应当积极协助消费者维护合法权益。C项中王某购买的电视机为冒牌货，有权要求平台提供卖方的信息。C选项符合法律规定。根据我国《消费者权益保护法》第六章第四十四条规定，消费者通过网络交易平台购买商品或者接受服务，其合法权益受到损害的，可以向销售者或者服务者要求赔偿。王某因抽油烟机自身缺陷受伤，有权向商品的生产者或销售者请求赔偿。D选项符合法律规定。故答案选B项。

10. C 【解析】我国《外商投资法》取消了逐案审批制管理模式，对于禁止和限制外国投资者投资的领域，将以清单方式明确列出，清单之外充分开放，中外投资将享有同等待遇，而不涉及对外贸易问题，也与优化我国资源配置无关，AD不选。我国《外商投资法》规定中外投资将享有同等待遇，并没有以法律的形式提高外资经济在市场竞争中的地位，B错误。

11. D 【解析】我国《旅游法》第九十二条规定，旅游者与旅游经营者发生纠纷，可以通过下列途径解决：(1)双方协商；(2)向消费者协会、旅游投诉受理机构或者有关调解组织申请调解；(3)根据与旅游经营者达成的仲裁协议提请仲裁机构仲裁；(4)向人民法院提起诉讼。可见，在未与旅游经营者达成仲裁协议的情况下提请仲裁机构仲裁不能解决纠纷，D项错误。本题为选非题，故选D。

12. A 【解析】根据我国《土地管理法》第四十六条规定，征收下列土地的，由国务院批准：(1)永久基本农田；(2)永久基本农田以外的耕地超过三十五公顷的；(3)其他土地超过七十公顷的。因此答案选A。

13. C 【解析】有限责任公司的注册资本为在公司登记机关登记的全体股东认缴的出资额。法律、行政法规对有限责任公司注册资本的最低限额有较高规定的，从其规定。公司全体股东的首次出资额不得低于注册资本的20%，也不得低于法定的注册资本最低限额，其余部分由股东自公司成立之日起两年内缴足；其中，投资公司可以在5年内缴足。有限责任公司现在已经没有最低注册资本的限制。

14. A 【解析】有限责任公司的特征是股东以其认缴的出资额为限对公司承担责任(一人不能证明财产独立的，对公司债务承担连带责任)。故该有限责任公司不再偿还剩余的50万元债务。

二、主观题

【参考答案】(1)履行义务，不失职；(2)遵守权能和权限，不越权；(3)合理行使自由裁量权，不滥用职权；(4)注重证据，合理认定事实；(5)正确适用法律，避免适法错误；(6)遵守法定程序，防止程序违法；(7)遵循合理原则，避免行政不当。

第八章　诉讼法

基础知识达标

一、单项选择题

1. B 【解析】本题考查不动产纠纷的管辖权。因不动产纠纷提起的诉讼，由不动产所在地人民法院管辖，故选B。

2. C 【解析】本题考查刑事诉讼法。我国《刑事诉讼法》第十二条规定："未经人民法院依法判决，对任何人都不得确定有罪。"因此，我国的刑事诉讼法按照案件所处的阶段严格区分了对涉嫌犯罪的公民的称呼，在审判之前称其为"犯罪嫌疑人"，进入审判阶段则称其为"被告人"。故选C。

3. C 【解析】本题考查民事诉讼的公开审理。我国《民事诉讼法》第一百三十四条规定："人民法院审理民事案件，除涉及国家秘密、个人隐私或者法律另有规定的以外，应当公开进行。离婚案件，涉及商业秘密的案件，当事人申请不公开审理的，可以不公开审理。"C项的案件涉及个人隐私，不得公开审理，故选C。

4. B 【解析】本题考查特殊地域管辖。根据我国《民事诉讼法》第二十三条的规定，因合同纠纷提起的诉讼，由被告住所地或者合同履行地人民法院管辖，A项错误。根据该法第二十八条的规定，因侵权行为提起的诉讼，由侵权行为地或者被告住所地人民法院管辖,B项正确。根据该法第二十五条的规定,因票据纠纷提起的诉讼,由票据支付地或者被告住所地人民法院管辖,C项错误。根据该法第三十二条的规定,因共同海损提起的诉讼,由船舶最先到达地、共同海损理算地或者航程终止地的人民法院管辖,D项错误。故选B。

5. B 【解析】本题考查行政诉讼的举证责任。根据我国《行政诉讼法》第三十四条规定,被告对作出的行政行为负有举证责任,应当提供作出该行政行为的证据和所依据的规范性文件。故选B。

6. C 【解析】本题考查行政诉讼时不服一审裁定的上诉时间。我国《行政诉讼法》第八十五条规定:"当事人不服人民法院第一审判决的,有权在判决书送达之日起十五日内向上一级人民法院提起上诉。当事人不服人民法院第一审裁定的,有权在裁定书送达之日起十日内向上一级人民法院提起上诉。逾期不提起上诉的,人民法院的第一审判决或者裁定发生法律效力。"故选C。

7. B 【解析】本题考查通缉令的发布机关。我国《刑事诉讼法》第一百五十五条规定:"应当逮捕的犯罪嫌疑人如果在逃,公安机关可以发布通缉令,采取有效措施,追捕归案。各级公安机关在自己管辖的地区以内,可以直接发布通缉令;超出自己管辖的地区,应当报请有权决定的上级机关发布。"

8. D 【解析】本题考查行政诉讼的被告。我国《行政诉讼法》第二十六条第五款规定:"行政机关委托的组织所作的行政行为,委托的行政机关是被告。"

9. C 【解析】本题考查行政诉讼的受案范围。我国《行政诉讼法》第十三条规定:"人民法院不受理公民、法人或者其他组织对下列事项提起的诉讼:……(三)行政机关对行政机关工作人员的奖惩、任免等决定……"故本题选C。

10. C 【解析】本题考查免证事实。最高人民法院相关司法解释规定了六种免证事实:众所周知的事实、自然规律及定理、推定的事实、法院生效裁判所认定的事实、仲裁机关生效仲裁裁决所认定的事实、公证机关公证文书所认定的事实。本题为选非题,C项说法错误,当选。

11. C 【解析】本题考查民事诉讼时不服一审法院判决和裁定的上诉时限。我国《民事诉讼法》第一百六十四条规定:"当事人不服地方人民法院第一审判决的,有权在判决书送达之日起十五日内向上一级人民法院提起上诉。当事人不服地方人民法院第一审裁定的,有权在裁定书送达之日起十日内向上一级人民法院提起上诉。"

12. C 【解析】我国《民事诉讼法》第二十八条规定,因侵权行为提起的诉讼,由侵权行为地或者被告住所地人民法院管辖。

13. B 【解析】我国《民事诉讼法》第一百六十一条规定,人民法院适用简易程序审理案件,应当在立案之日起三个月内审结。

14. B 【解析】根据我国《民事诉讼法》第二百三十九条规定,申请执行的期间为二年。

15. B 【解析】行政诉讼的主管机关是指法律规定的行使行政审判权的主体,即人民法院。

16. A 【解析】根据我国《行政诉讼法》第二十条规定,因不动产提起的行政诉讼,由不动产所在地人民法院管辖。

17. C 【解析】根据我国《刑事诉讼法》第二十九条规定,审判人员、检察人员、侦查人员有下列情形之一的,应当自行回避,当事人及其法定代理人也有权要求他们回避:(1)是本案的当事人或者是当事人的近亲属的;(2)本人或者他的近亲属和本案有利害关系的;(3)担任过本案的证人、鉴定人、辩护人、诉讼代理人的;(4)与本案当事人有其他关系,可能影响公正处理案件的。根据第三十二条规定,本章关于回避的规定适用于书记员、翻译人员和鉴定人。辩护人、诉讼代理人可以依照本章的规定要求回避、申请复议。本题中赵某为人民陪审员,钱某为鉴定人,李某为书记员,都适用回避制度,孙某为证人,不适用回避,故本题选C。

18. A 【解析】自诉案件是指由被害人或者其法定代理人直接向人民法院指控被告人的犯罪行为,由人民法院直接受理的案件。自诉案件审理的特点包括:(1)对告诉才处理的案件和被害人有证据证明的轻微刑事案件,可以适用简易程序,由审判员一人独任审判。(2)对告诉才处理的案件和被害人有证据证明的轻微刑事案件,人民法院可以进行调解。(3)自诉案件在审理过程中、宣告判决前,自诉人可以同被告人自行和解,或者撤回自诉。(4)自诉案件的被告人在诉讼过程中可以对自诉人提起反诉。BCD正确,A错误,本题为选非题,故选A。

19. C 【解析】证人证言是指知道案件真相的当事人以外的第三人,向办案人员所作的有关案件部分或全部事实真相的陈述。

20. D 【解析】根据我国《民事诉讼法》第二百零五条规定,当事人申请再审,应当在判决、裁定发生法律效力后六个月内提出。

21. C 【解析】根据我国《行政诉讼法》的规定,教师不服教育行政复议决定的,可以向人民法院提起诉讼,其诉讼期限是15天。

22. C 【解析】证人具有不可替代性,当了证人,就不能充当辩护人。

23. B 【解析】根据我国《民事诉讼法》的规定，民事诉讼中在一般地域管辖上采用的是“原告就被告”原则，即公民提起的民事诉讼，由被告住所地人民法院管辖。

24. B 【解析】根据我国《民事诉讼法》第三十三条规定，因不动产纠纷提起的诉讼，由不动产所在地人民法院管辖。故本题选择B选项。

25. C 【解析】行政诉讼的主要审查对象是具体行政行为。

26. B 【解析】2000年我国《最高人民法院关于执行〈中华人民共和国行政诉讼法〉若干问题的解释》的第二十一条规定，行政机关在没有法律、法规或者规章规定的情况下，授权其内设机构、派出机构或者其他组织行使行政职权的，应当视为委托。当事人不服提起诉讼的，应当以该行政机关为被告。

27. D 【解析】根据我国《行政诉讼法》第二十六条第五款规定，行政机关委托的组织所作的具体行政行为，委托的行政机关是被告。题目中作出行政行为的组织与行政机关之间为委托关系，该委托的行政机关应为被告。故本题选D。

28. C 【解析】行政诉讼是指人民法院应公民、法人或者其他组织的请求，通过审查行政机关和行政机关工作人员的具体行政行为的合法性，来解决特定范围内行政争议的活动。

29. D 【解析】根据我国《行政诉讼法》第二条规定，公民、法人或者其他组织认为行政机关和行政机关工作人员的行政行为侵犯其合法权益，有权依照本法向人民法院提起诉讼。第十三条规定，人民法院不受理公民、法人或者其他组织对下列事项提起的诉讼：(1)国防、外交等国家行为；(2)行政法规、规章或者行政机关制定、发布的具有普遍约束力的决定、命令；(3)行政机关对行政机关工作人员的奖惩、任免等决定；(4)法律规定由行政机关最终裁决的行政行为。本题选择D选项。

30. B 【解析】海关行政案件的第一审由中级人民法院管辖。

31. D 【解析】根据我国《刑事诉讼法》第三条规定，对刑事案件的侦查、拘留、执行逮捕、预审，由公安机关负责。检察、批准逮捕、检察机关直接受理的案件的侦查、提起公诉，由人民检察院负责。审判由人民法院负责。除法律特别规定的以外，其他任何机关、团体和个人都无权行使这些权力。故本题答案选D。

32. D 【解析】“当事人”有权申请回避，享有复议权的仍然是“当事人”。以刑事诉讼为例，“当事人”是指被告人、刑事附带民事诉讼的原告及其法定代理人。当事人的辩护人、诉讼代理人不直接享有申请回避权，需要当事人的授权。当事人的近亲属无权申请复议，故本题选D。

二、多项选择题

1. ABCD 【解析】本题考查刑事诉讼的证据。我国《刑事诉讼法》第五十条规定：“可以用于证明案件事实的材料，都是证据。证据包括：(一)物证；(二)书证；(三)证人证言；(四)被害人陈述；(五)犯罪嫌疑人、被告人供述和辩解；(六)鉴定意见；(七)勘验、检查、辨认、侦查实验等笔录；(八)视听资料、电子数据。证据必须经过查证属实，才能作为定案的根据。”故选ABCD。

2. AC 【解析】本题考查民事诉讼中中级人民法院的管辖权。我国《民事诉讼法》第十八条规定，中级人民法院管辖下列第一审民事案件：(1)重大涉外案件；(2)在本辖区有重大影响的案件；(3)最高人民法院确定由中级人民法院管辖的案件。故选AC。

3. ABD 【解析】根据我国《行政诉讼法》第十三条和《最高人民法院关于适用〈中华人民共和国行政诉讼法〉的解释》的规定，不可诉讼的行政行为包括：①国家行为；②行政法规、规章或者行政机关制定、发布的具有普遍约束力的决定、命令；③行政机关对行政机关工作人员的奖惩、任免等决定；④法律规定由行政机关最终裁决的行政行为；⑤刑事司法行为；⑥调解行为以及法律规定的仲裁行为；⑦行政指导行为；⑧驳回当事人对行政行为提起申诉的重复处理行为；⑨不产生外部法律效力的行为；⑩过程性行为；⑪协助执行行为；⑫内部层级监督行为；⑬信访办理行为；⑭对公民、法人或者其他组织权利义务不产生实际影响的行为。可见，A、B、D三项分别对应①②③。故选ABD。

4. ABCD 【解析】本题考查民事诉讼法的相关知识。我国《民事诉讼法》第七十四条规定：“证人因履行出庭作证义务而支出的交通、住宿、就餐等必要费用以及误工损失，由败诉一方当事人负担。当事人申请证人作证的，由该当事人先行垫付；当事人没有申请，人民法院通知证人作证的，由人民法院先行垫付。”故本题答案为ABCD。

5. ABD 【解析】根据我国《刑事诉讼法》第二十一条规定，中级人民法院管辖下列第一审刑事案件：(1)危害国家安全、恐怖活动案件；(2)可能判处无期徒刑、死刑的案件。

6. ABD 【解析】刑事诉讼的基本制度包括刑事管辖制度、刑事回避制度、刑事辩护与代理制度、刑事法律援助制度。

7. ACD 【解析】我国《民事诉讼法》第四十八条规定，公民、法人和其他组织可以作为民事诉讼的当事人。法人由其法定代表人进行诉讼。其他组织由其主要负责人进行诉讼。其中，规定的其他组织是指合法成立、有一定的组织机构和财产，但又不具备法人资格的组织，包括依法登记领取营业执照的个人独资企业。B项中的私营独资企业尚未领取营业执照，因此不具有诉讼权利能力。

三、判断题

1. √ 【解析】本题考查诉讼制度。根据我国《刑事诉讼法》规定,人民法院审判案件,实行两审终审制。

2. × 【解析】本题考查解决纠纷的合法途径。解决纠纷的合法途径有和解、调解、仲裁、诉讼等方式。在法治社会,诉讼不是解决纠纷的唯一合法途径。

3. × 【解析】本题考查行政诉讼与国家赔偿的区分。行政诉讼是指公民、法人或其他组织认为国家行政机关及其工作人员的具体行政行为侵犯其合法权益时,依法向人民法院提起诉讼,并由人民法院对具体行政行为是否合法进行审查并作出裁判的活动和制度。执法车撞伤张立并不属于具体行政行为,而属于执行公务时,侵犯了张立的人身权。作为张立的法定代理人,其父母可以代他申请国家赔偿,而不是提出行政诉讼。

4. × 【解析】本题考查刑事诉讼案件的管辖。我国《刑事诉讼法》第二十二条规定:"高级人民法院管辖的第一审刑事案件,是全省(自治区、直辖市)性的重大刑事案件。"该法第二十一条规定:"中级人民法院管辖下列第一审刑事案件:(一)危害国家安全、恐怖活动案件……"

5. √ 【解析】本题考查刑事诉讼的公开宣判制度。根据我国《刑事诉讼法》第二百零二条第一款规定:"宣告判决,一律公开进行。"

6. √ 【解析】本题考查公示催告的申请主体。我国《民事诉讼法》第二百一十八条第一款规定:"按照规定可以背书转让的票据持有人,因票据被盗、遗失或者灭失,可以向票据支付地的基层人民法院申请公示催告。依照法律规定可以申请公示催告的其他事项,适用本章规定。"

7. √ 【解析】根据我国《民事诉讼法》第九十七条规定,调解书经双方当事人签收后,即具有法律效力。

8. √ 【解析】根据我国《行政诉讼法》第二条规定,公民、法人或者其他组织认为行政机关和行政机关工作人员的行政行为侵犯其合法权益,有权依照本法向人民法院提起诉讼。

9. √ 【解析】根据我国《行政诉讼法》第四十九条规定,提起诉讼应当符合下列条件:原告是符合本法第二十五条规定的公民、法人或者其他组织;有明确的被告;有具体的诉讼请求和事实根据;属于人民法院受案范围和受诉人民法院管辖。根据该法第五十三条规定,公民、法人或者其他组织认为行政行为所依据的国务院部门和地方人民政府及其部门制定的规范性文件不合法,在对行政行为提起诉讼时,可以一并请求对该规范性文件进行审查。可见,利害关系人不得就抽象行政行为单独提起行政诉讼。

10. √ 【解析】抽象行政行为不能成为行政诉讼的直接对象。如果相对方对抽象行政行为有异议,认为它们侵犯了自己的合法权益,向人民法院起诉的,人民法院不予受理。这是抽象行政行为的不可诉性。

11. √ 【解析】行政诉讼的原告只能是行政管理中的相对方,即公民、法人或者其他组织;行政诉讼的被告只能是行政管理中的管理方,即作为行政主体的行政机关和法律、法规授权的组织。

12. √ 【解析】我国《刑事诉讼法》第六十二条规定,凡是知道案件情况的人,都有作证的义务。生理上、精神上有缺陷或者年幼,不能辨别是非、不能正确表达的人,不能作证人。

13. × 【解析】在中国有三大诉讼法,分别是民事诉讼法、刑事诉讼法、行政诉讼法。

14. √ 【解析】诉讼代理人的特征:以被代理人的名义进行诉讼活动;诉讼代理人是有诉讼行为能力的人;在代理权限内实施诉讼行为;诉讼代理的法律后果由被代理人承担;在同一诉讼中,不能代理双方当事人。

15. × 【解析】根据我国《民事诉讼法》第一百四十八条规定,人民法院对公开审理或者不公开审理的案件,一律公开宣告判决。

16. × 【解析】根据我国《刑事诉讼法》第一百五十条的规定,公安机关在立案后,对于危害国家安全犯罪、恐怖活动犯罪、黑社会性质的组织犯罪、重大毒品犯罪或者其他严重危害社会的犯罪案件,根据侦查犯罪的需要,经过严格的批准手续,可以采取技术侦查措施。人民检察院在立案后,对于利用职权实施的严重侵犯公民人身权利的重大犯罪案件,根据侦查犯罪的需要,经过严格的批准手续,可以采取技术侦查措施,按照规定交有关机关执行。因此,题干中表述的应当是检察机关立案,而不是公安机关。

综合能力提升

一、单项选择题

1. A 【解析】本题考查诉前财产保全。我国《民事诉讼法》第一百零一条第一款规定:"利害关系人因情况紧急,不立即申请保全将会使其合法权益受到难以弥补的损害的,可以在提起诉讼或者申请仲裁前向被保全财产所在地、被申请人住所地或者对案件有管辖权的人民法院申请采取保全措施。申请人应当提供担保,不提供担保的,裁定驳回申请。"诉前财产保全属于应急性的保全措施,目的是保护利害关系人不致遭受无法弥补的损失。本题中,由于从债权人起诉到法院受理需要一段时间,

起诉方可以选择的最佳途径是申请诉前财产保全。故选A。

2. D 【解析】本题考查行政诉讼的管辖。我国《行政诉讼法》第十八条第一款规定:“行政案件由最初作出行政行为的行政机关所在地人民法院管辖。经复议的案件,也可以由复议机关所在地人民法院管辖。”最初作出行政行为的行政机关是D地公安局,张某应向D地人民法院提起行政诉讼。故选D。

3. B 【解析】本题考查证据。根据证据的表现形式不同,可以将证据分为言词证据和实物证据。凡是表现为人的陈述,即以言词作为表现形式的证据,就是言词证据,它包括被害人陈述,犯罪嫌疑人、被告人供述和辩解,证人证言等。证人证言是指证人就其所了解的案件情况向公安司法机关所作的陈述。证人证言一般是以笔录加以固定的口头陈述,但是经办案人员同意,由证人亲笔书写的书面证词也是证人证言。本题中,目击者刘某向公安机关提供了亲笔书写的书面证言,属于言词证据,B项正确。书证是指以其内容来证明待证事实的有关情况的文字材料,A项错误。根据证据是否能够证明犯罪事实的存在或者犯罪行为系犯罪嫌疑人、被告人所为,可以将证据分为有罪证据和无罪证据。凡是能够证明犯罪事实存在和犯罪行为系犯罪嫌疑人、被告人所为的证据,是有罪证据。凡是能够否定犯罪事实存在,或者能够证明犯罪嫌疑人、被告人未实施犯罪行为的证据,是无罪证据。本题中,目击者刘某的书面证言可能是有罪证据,也可能是无罪证据,C项错误。直接证据是指能够单独证明主要案件事实的证据,间接证据是指只有与其他证据相结合经过推理才能证明主要案件事实的证据。本题中,目击者刘某的书面证言可能是直接证据,也可能是间接证据,D项错误。故选B。

4. A 【解析】本题考查行政诉讼的受案范围。A项正确,我国《行政诉讼法》第十二条规定:“人民法院受理公民、法人或者其他组织提起的下列诉讼:(一)对行政拘留、暂扣或者吊销许可证和执照、责令停产停业、没收违法所得、没收非法财物、罚款、警告等行政处罚不服的……”BD项错误,《最高人民法院关于适用〈中华人民共和国行政诉讼法〉的解释》第一条规定:“公民、法人或者其他组织对行政机关及其工作人员的行政行为不服,依法提起诉讼的,属于人民法院行政诉讼的受案范围。下列行为不属于人民法院行政诉讼的受案范围……(二)调解行为以及法律规定的仲裁行为;(三)行政指导行为……”C项错误,县工商局在商场购买办公用品属于民事法律行为。故选A。

5. A 【解析】本题考查行政诉讼中二审人民法院合议庭的组成。我国《行政诉讼法》第六十八条规定:“人民法院审理行政案件,由审判员组成合议庭,或者由审判员、陪审员组成合议庭。合议庭的成员,应当是三人以上的单数。”《最高人民法院关于人民法院合议庭工作的若干规定》第一条第一款规定:“人民法院实行合议制审判第一审案件,由法官或者由法官和人民陪审员组成合议庭进行;人民法院实行合议制审判第二审案件和其他应当组成合议庭审判的案件,由法官组成合议庭进行。”因此,在行政诉讼中,二审人民法院合议庭成员必须由审判员组成,故选A。

6. D 【解析】本题考查刑事诉讼中的回避制度。我国《刑事诉讼法》第二十九条规定:“审判人员、检察人员、侦查人员有下列情形之一的,应当自行回避,当事人及其法定代理人也有权要求他们回避:(一)是本案的当事人或者是当事人的近亲属的;(二)本人或者他的近亲属和本案有利害关系的;(三)担任过本案的证人、鉴定人、辩护人、诉讼代理人的;(四)与本案当事人有其他关系,可能影响公正处理案件的。”该条规定的是自行回避和申请回避。《最高人民法院关于适用〈中华人民共和国刑事诉讼法〉的解释》第三十四条规定:“应当回避的审判人员没有自行回避,当事人及其法定代理人也没有申请其回避的,院长或者审判委员会应当决定其回避。”该条规定的是指令回避。故本题选D。

7. D 【解析】本题考查告诉才处理的情形。告诉才处理是指只有被害人向人民法院提出控告,要求对犯罪分子追究刑事责任时,司法机关才能管辖和受理,对犯罪分子追究刑事责任;如果有权进行告诉的人不告诉,司法机关则不能管辖和受理。我国刑法规定的告诉才处理犯罪包括:侮辱罪、暴力干涉婚姻自由罪、虐待家庭成员罪和侵占罪。本题为选非题,故选D。

8. D 【解析】本题考查行政诉讼与民事诉讼的区别。一般性原则是指宪法和法律规定的,在开展行政诉讼、民事诉讼和刑事诉讼中都必须遵守的共同性行为准则。行政诉讼与民事诉讼二者所贯彻的基本原则部分相同,D项说法错误。本题为选非题,答案为D。

9. B 【解析】公民之间、法人之间、其他组织之间以及他们相互之间因财产关系和人身关系发生纠纷,可以提起民事诉讼。A项适用行政诉讼程序;B项适用民事诉讼程序;C项适用刑事诉讼程序;D项纠纷不适用民事诉讼程序。

10. D 【解析】根据我国《民事诉讼法》第十二条规定,人民法院审理民事案件时,当事人有权进行辩论。据此可知,法院未经开庭审理即作出了判决,侵犯了当事人的辩论权,违反了辩论原则。故选择D选项。

11. D 【解析】根据我国《行政诉讼法》第十二条第一款规定,人民法院受理公民、法人或者其他组织提起的对行政拘留、暂扣或者吊销许可证和执照、责令停产停业、没收违法所得、没收非法财物、罚款、警告等行政处罚不服的诉讼。市场监管局对丁炒货店作出的罚款行为属于行政处罚,属于行政诉讼的受案范围,D项正确。该法第十三条规定:“人民法院不受理公民、法人或者其他组织对下列事项提起的诉讼:(一)国防、外交等国家行为;(二)行政法规、规章或者行政机关制定、发布的具有普遍约束力的决定、命令;(三)行政机关对行政机关工作人员的奖惩、任免等决定;(四)法律规定由行政机关最终裁决的行政行为。”A项属于上述情形(二),B项属于上述情形(三),排除。行政诉讼是指人民法院应公民、法人或者其他组织的请求,通过审查行政机关和行政机关工作人员的具体行政行为的合法性，来解决特定范围内行政争议的活动。C项是房屋征收部门起诉公民，不属于行政诉讼，排除。故选择D选项。

12. C 【解析】根据我国《行政诉讼法》第七十七条规定，行政处罚明显不当，或者其他行政行为涉及对款额的确定、认定确有错误的，人民法院可以判决变更。

13. C 【解析】根据《最高人民法院关于适用〈中华人民共和国行政诉讼法〉的解释》的第一百三十四条规定，复议机关决定维持原行政行为的，作出原行政行为的行政机关和复议机关是共同被告。复议机关作共同被告的案件，以作出原行政行为的行政机关确定案件的级别管辖。在本案中，被告应为县环保局和县人民政府，应当以县环保局来确定管辖法院的级别，所以县人民法院对本案有管辖权，故本题选C。

14. D 【解析】A、B项，我国《刑事诉讼法》规定，凡是知道案件情况的人，都有作证的义务。生理上、精神上有缺陷或者年幼，不能辨别是非、不能正确表达的人，不能作证人。A项中的甲虽然是聋哑人，但是并非不能辨别是非，故依然可以作为证人。B项中8岁的儿童，虽然年幼，但是同样并非不能辨别是非、不能正确表达，故同样可以作为证人。A、B项错误，排除。C项，我国《刑事诉讼法》规定，证人因履行作证义务而支出的交通、住宿、就餐等费用，应当给予补助。证人作证的补助列入司法机关业务经费，由同级政府财政予以保障。有工作单位的证人作证，所在单位不得克扣或者变相克扣其工资、奖金及其他福利待遇。故错误，排除。D项，我国《刑事诉讼法》规定，人民法院、人民检察院和公安机关应当保障证人及其近亲属的安全。对证人及其近亲属进行威胁、侮辱、殴打或者打击报复，构成犯罪的，依法追究刑事责任；尚不够刑事处罚的，依法给予治安管理处罚。D项正确，当选。

15. D 【解析】根据我国《刑事诉讼法》的规定，自行辩护贯穿于刑事诉讼的各个阶段，即在侦查阶段、审查起诉阶段、审判阶段，犯罪嫌疑人、被告人都有权进行自行辩护。A项错误。被开除公职和被吊销律师、公证员执业证书的人，不得担任辩护人，但系犯罪嫌疑人、被告人的监护人、近亲属的除外。B项错误。危害国家安全犯罪、恐怖活动犯罪案件，在侦查期间辩护律师会见在押的犯罪嫌疑人，应当经侦查机关许可。上述案件，侦查机关应当事先通知看守所。C项错误。辩护律师会见在押的犯罪嫌疑人、被告人，可以了解案件有关情况，提供法律咨询等；自案件移送审查起诉之日起，可以向犯罪嫌疑人、被告人核实有关证据。D项正确。

16. B 【解析】根据《最高人民法院关于适用〈中华人民共和国民事诉讼法〉的解释》第二百九十条规定，公益诉讼案件的原告在法庭辩论终结后申请撤诉的，人民法院不予准许。

17. D 【解析】根据我国《行政诉讼法》第二十六条规定，经复议的案件，复议机关决定维持原行政行为的，作出原行政行为的行政机关和复议机关是共同被告；复议机关改变原行政行为的，复议机关是被告。题干中复议机关东山市环保局维持了原处罚决定，因此，开瑞化工厂如提起行政诉讼，应以城郊区环保局和东山市环保局为被告。

18. D 【解析】向人民法院请求保护民事权利的诉讼时效期间为三年。A项不符合题意。造成环境污染危害的，有责任排除危害，并对直接受到损害的单位或者个人赔偿损失。赔偿责任和赔偿金额的纠纷，可以根据当事人的请求，由环境保护行政主管部门或者其他依照法律规定行使环境监督管理权的部门处理；当事人对处理决定不服的，可以向人民法院起诉。当事人也可以直接向人民法院起诉。结合本题情况，郝某可以请求环境保护行政主管部门处理，也可直接向人民法院起诉。BC项不符合题意，D项符合题意。故选D。

19. A 【解析】根据我国《刑事诉讼法》第二十一条的规定，中级人民法院管辖下列第一审刑事案件：(1)危害国家安全、恐怖活动案件；(2)可能判处无期徒刑、死刑的案件。因此A项说法错误。

20. A 【解析】根据我国《刑事诉讼法》第二十五条的规定，刑事案件由犯罪地的人民法院管辖。如果由被告人居住地的人民法院审判更为适宜的，可以由被告人居住地的人民法院管辖。可见，划分地域管辖的主要依据是犯罪地。

21. C 【解析】我国的调解制度包括人民调解、行政调解、司法调解等。(1)人民调解是诉讼外调解，是在人民调解委员会主持下，当事人协商解决民间纠纷的活动；(2)行政调解是国家行政机关依照法律规定，在其行政管理职权范围内，对特定的民事纠纷及轻微刑事案件进行的调解，也属于诉讼外调解；(3)司法调解是诉讼中调解，是指人民法院依照严格的诉讼程序，采取调解的方式促使双方当事人达成和解，解决民事权益争议的一种诉讼活动。

22. A 【解析】法律规定，如证人因年事已高，患有疾病，有可能即将死亡，应及时取证。

二、多项选择题

1. ABCD 【解析】本题考查可提起行政诉讼的行政处罚情形。我国《行政诉讼法》第十二条规定："人民法院受理公民、法人或者其他组织提起的下列诉讼：(一)对行政拘留、暂扣或者吊销许可证和执照、责令停产停业、没收违法所得、没收非法财物、罚款、警告等行政处罚不服的……"本题中驾照全称"机动车驾驶证"，是由机动车驾驶人向行政机关申请，然后由行政机关颁发的"许可证明"。故本题选ABCD。

2. BCD 【解析】本题考查法院应当为被告人指定辩护人的情形。《最高人民法院关于适用〈中华人民共和国刑事诉讼法〉

的解释》第四十七条规定："对下列没有委托辩护人的被告人，人民法院应当通知法律援助机构指派律师为其提供辩护：(一)盲、聋、哑人；(二)尚未完全丧失辨认或者控制自己行为能力的精神病人；(三)可能被判处无期徒刑、死刑的人。高级人民法院复核死刑案件，被告人没有委托辩护人的，应当通知法律援助机构指派律师为其提供辩护。死刑缓期执行期间故意犯罪的案件，适用前两款规定。"BC项正确。该解释第五百六十四条规定："审判时不满十八周岁的未成年被告人没有委托辩护人的，人民法院应当通知法律援助机构指派熟悉未成年人身心特点的律师为其提供辩护。"D项正确。故答案选BCD。

3. BD 【解析】根据我国《行政诉讼法》第十八条规定，行政案件由最初作出行政行为的行政机关所在地人民法院管辖。经复议的案件，也可以由复议机关所在地人民法院管辖。由此可知，城郊区人民法院和东山市中级人民法院都有管辖权。

4. ABD 【解析】根据我国《行政诉讼法》第四十一条规定，与本案有关的下列证据，原告或者第三人不能自行收集的，可以申请人民法院调取：(1)由国家机关保存而须由人民法院调取的证据；(2)涉及国家秘密、商业秘密和个人隐私的证据；(3)确因客观原因不能自行收集的其他证据。

第五部分　人文素养

第一章　历史素养

基础知识达标

一、单项选择题

1. B 【解析】本题考查仰韶文化。仰韶文化，是指黄河中游地区一种重要的新石器时代彩陶文化，其持续时间大约在公元前5000年至公元前3000年。

2. B 【解析】本题考查三星堆遗址。三星堆遗址群位于四川省广汉市西北，是迄今为止在西南地区发现的范围最大、延续时间最长、文化内涵最丰富的古城、古国、古蜀文化遗址，昭示了长江流域与黄河流域一样，同属中华文明的母体，被誉为"长江文明之源"。

3. D 【解析】本题考查历史常识。甘宁，字兴霸，巴郡临江(今重庆忠县)人，三国时期孙吴名将。张辽，字文远，雁门马邑(今山西省朔州市)人，三国时期曹魏名将。徐晃，字公明，河东郡杨县(今山西省洪洞县)人，三国时期曹魏名将。太史慈，字子义，东莱黄县(今山东龙口东黄城集)人，三国时期孙吴名将。故选D。

4. D 【解析】北宋前期，四川地区出现的"交子"，被认为是世界上最早的纸币。

5. B 【解析】本题考查党史。党对军队绝对领导的根本原则和制度，发端于南昌起义，奠基于三湾改编，定型于古田会议，是人民军队完全区别于一切旧军队的政治特质和根本优势。

6. A 【解析】本题考查重要战役。百团大战是在中国人民抗日战争的相持阶段，中国八路军与日军在中国华北地区发生的一次规模最大、持续时间最长的战役。淞沪会战，是中日双方在中国人民抗日战争中的第一场大型会战，也是整个中国人民抗日战争中进行的规模最大、战斗最惨烈的一场战役。平津战役是解放战争中的三大战役之一。武汉会战是中国人民抗日战争战略防御阶段发生的规模最大、时间最长、歼敌最多的一次战役。故选A。

7. B 【解析】秦始皇统一六国后，命李斯等人进行文字的整理、统一工作，制定出字形固定、笔画省略、书写方便的"小篆"作为标准文字，推行全国。从中国书法发展的角度看，小篆的制定是中国第一次有系统地将文字的书体标准化。

8. C 【解析】六部的职能分别为：吏部负责全国文职官员的任免、考核、升降、调动，验封封爵、世职、恩荫，为官员办理丁忧守制手续，为新科举子、进士分配官职，为退休官员办理退休手续等；户部则掌管全国户籍管理、土地测量、流民管理以及赋税、钱粮等财政事宜；礼部掌管礼仪、祭祀等事，并负责管理全国学校事务及科举考试，另外还要负责和藩属、外国往来之事；兵部掌管全国武官任免以及招兵、武器、后勤、发布军令等事宜；刑部负责全国司法机构的运转以及法令的颁布，并经常直接审理大案要案；工部则负责各项工程、工匠、屯田、水利、交通等事。故本题选C。

9. B 【解析】"投笔从戎"出自《后汉书·班超传》，讲的是班超不甘于为官府抄写文书而弃笔从军的故事。本题为选非题，故选B。

10. A 【解析】1927年8月1日，周恩来、贺龙等领导的南昌起义，打响了武装反抗国民党反动派的第一枪，揭开了中国共产党独立领导武装斗争和创建革命军队的序幕。

11. B 【解析】本题考查党的重大会议。遵义会议是中国共产党第一次独立自主地运用马克思列宁主义基本原理解决自己的路线、方针、政策方面问题的会议，在极端危险的时刻，挽救了党和红军。这次会议开始确立了以毛泽东为代表的马克思主义的正确路线在中共中央的领导地位，是中国共产党历史上一个生死攸关的转折点，标志着中国共产党从幼稚走向成熟。

12. D 【解析】长征是人类历史上的伟大奇迹，中央红军的行程约二万五千里，红一方面军于1935年10月到达陕北，与陕北红军胜利会师。1936年10月,红二、四方面军到达甘肃会宁地区,同红一方面军会师。红军三大主力会师,标志着万里长征的胜利结束。

13. D 【解析】洛克是英国思想家,洛克的思想是启蒙思想的重要思想来源。狄德罗、伏尔泰、卢梭均为法国启蒙思想家。

14. A 【解析】第一次工业革命是指18世纪60年代从英国发起的技术革命,是技术发展史上的一次巨大革命,它开创了以机器代替手工劳动的时代。

15. D 【解析】华盛顿带领美国赢得独立战争,是美国首任总统和美国开国元勋之一。南北战争是美国历史上一场最大规模的内战。故选D。

16. C 【解析】“稻、黍、稷、麦、菽”是我国古代“五谷”的说法之一,其中,“菽”是豆类的总称。

17. B 【解析】“纸上谈兵”指的是在纸面上谈论打仗,比喻空谈理论,不能解决实际问题。这个成语出自《史记·廉颇蔺相如列传》:战国时期的赵国名将赵奢之子赵括,年轻时学兵法,谈起兵事来父亲也难不倒他。后来他接替廉颇为赵将,在长平之战中,只知道根据兵书办事,不知道变通,结果被秦军打败。

18. C 【解析】当时法令已经完备,但没有公布,商鞅恐怕百姓不信任,于是在国都市场南门立下一根木杆,招募百姓有能够搬到北门的就赏给十镒黄金。百姓对此感到惊讶,没有人敢去搬木杆。他就又宣布:“有能够搬过去的就赏给五十镒黄金。”有一个人将木杆搬到北门,商鞅立即赏给他五十镒黄金,以表明没有欺诈。最终,商鞅制定的法令得以在秦国顺利施行。

19. A 【解析】郡县制是中国古代继宗法血缘分封制度之后出现的以郡统县的两级地方行政制度,是中央垂直管理下官员由中央直接任免的流官任期制,标志着官僚政治取代血缘政治。

20. B 【解析】小篆,是在秦始皇统一中国后(前221年),推行“书同文,车同轨”、统一度量衡的政策,由丞相李斯负责,在秦国原来使用的大篆的基础上,进行简化,取消其他六国的文字,创制的统一的汉字书写形式。

21. C 【解析】结合材料和所学可知,单一的学说难以适应复杂的统治需要,新道学适应了西汉初期休养生息、恢复生产、巩固政权的需要,而新儒学适应了汉武帝加强中央集权的需要,C选项符合题意。王国势力强大是董仲舒新儒学出现的因素之一,巩固统治才是主要因素,A选项排除。汉武帝采纳董仲舒“罢黜百家,独尊儒术”的建议,确立了儒学的独尊地位,本质上属于文化专制,并不能体现对百家争鸣局面的延续,B选项排除。董仲舒的新儒学具有强烈的排他性,无法体现兼收并蓄的文化政策,D选项排除。

22. C 【解析】天人问题是中国传统哲学的核心问题之一,汉代哲学思想就是围绕“究天人之际”的问题展开的。汉儒董仲舒以“天”为本,运用阴阳五行说使“天”与“人”之间建立起的同类相感、相应的“天人感应”学说,是在汉代封建“大一统”中央集权统治逐步趋于稳固、社会思想文化复兴与融合的历史背景下提出并逐步发展成熟的,是汉代天人问题的代表。

23. B 【解析】汉武帝采纳董仲舒的意见,不再奉行黄老政治,而是以儒家的纲常名教来维护统治,也就是“罢黜百家,独尊儒术”。故选B。

24. C 【解析】“金屋藏娇”出自魏晋志怪小说《汉武故事》,主要讲的是汉武帝四岁时为胶东王,说如果能娶到表姐陈阿娇做妻子,会造一个金屋子给她住的历史故事。

25. D 【解析】汉朝时,“丝绸之路”是以首都长安(今西安)为起点,经甘肃、新疆,到中亚、西亚,并连接地中海各国的陆上通道。

26. D 【解析】由于张骞等人的沟通,汉朝和西域的经济文化交流更加频繁。天马、汗血马等良种马传入,葡萄、核桃、苜蓿、石榴、胡萝卜等植物也传入内地,丰富了汉族的经济生活。汉族的铸铁、开渠、凿井等技术和丝织品、金属工具等传到了西域,促进了西域的经济发展。ABC排除。D项符合题意,中国是世界公认的大豆起源地,具有五千年的悠久种植历史。古语中称“稻、黍、稷、麦、菽”为“五谷”,其中的菽即大豆。本题为选非题,故正确答案为D。

27. A 【解析】桃园三结义发生在涿郡(今河北省涿州市)。

28. B 【解析】官渡之战奠定了曹操统一中国北方的基础。此战中,曹操以两万的兵力,出奇制胜,击破袁绍军十万。官渡之战也随之成为中国历史上以少胜多战役的典范。

29. C 【解析】唐太宗时期,政治清明,经济繁荣,国力强盛。因当时年号为“贞观”,故史称“贞观之治”。

30. C 【解析】唐朝时世界上最大的城市是唐朝都城长安。

31. C 【解析】中国传统思想文化流派中,佛儒道三家占主体,容易与儒墨道记混,需注意。

32. C 【解析】孛儿只斤·铁木真,蒙古帝国可汗,尊号“成吉思汗”,意为“拥有海洋四方的大酋长”。

33. C 【解析】元朝是我国设立和划分省级行政区域的起源。元世祖忽必烈为了加强国家的统治效能,实行行省制度。在中央设立中书省作为国家最高行政机构,在地方设立行中书省(简称行省)作为中书省的派出机构。

34. B 【解析】1405年到1433年,从刘家港出发,穿越马六甲海峡,横渡印度洋,郑和最远到达非洲东海岸和红海沿岸。其中,红海位于非洲东北部和阿拉伯半岛之间的狭长海域。故本题的正确答案为B。

35. D 【解析】虎门销烟是清政府委任钦差大臣林则徐在广东虎门集中销毁鸦片的历史事件。此事后来成为第一次鸦片战争的导火索。

36. D 【解析】近代中国遭遇苦难的原因在于受三座大山即帝国主义、封建主义和官僚资本主义的压迫。其中帝国主义的侵略是中国一切灾难的总根源，A项和C项不是根本原因，B项无产阶级的力量弱小，不是中国遭受苦难的原因。故本题的正确答案为D。

37. D 【解析】《海国图志》是一部介绍西方国家的科学技术和世界地理历史知识的综合性图书。全书详细叙述了世界各地各国历史政治、风土人情，主张学习西方国家的科学技术，提出“师夷长技以制夷”的中心思想，是一部具有划时代意义的巨著。

38. D 【解析】洋务运动虽然没有使中国富强起来，但引进了西方先进的科学技术，使中国出现了第一批近代企业。洋务运动为中国近代企业积累了生产经验，培养了技术力量，在客观上促进了中国民族资本主义的产生和发展，为中国近代化开辟了道路。

39. D 【解析】李鸿章是洋务派的代表人物之一，主张“师夷长技以制夷”。

40. C 【解析】洋务运动的领导者是地主阶级，他们开展洋务运动，学习西方的根本目的是维护清政府的封建统治，使封建统治不受列强侵扰更加稳固。

41. D 【解析】曾国藩、李鸿章和张之洞均为洋务运动的地方代表人物。黄兴，中国近代民主革命家，中华民国的创建者之一，孙中山先生的第一知交。黄兴是辛亥革命时期的先驱和领袖。本题为选非题，故选D。

42. D 【解析】福州船政学堂是中国第一所近代海军学校，它培养出了中国的第一批近代海军军官和第一批工程技术人才。从福州船政学堂毕业的学生成为中国近代海军和近代工业的骨干中坚。

43. C 【解析】《马关条约》是中国清朝政府和日本明治政府于1895年4月在日本马关签订的不平等条约。《马关条约》使中国的民族危机空前严重，半殖民地化程度大大加深。该条约适应了帝国主义列强对华资本输出的需要，随后列强掀起了瓜分中国的狂潮。

44. B 【解析】辛亥革命结束了中国两千多年的封建君主专制制度，但由于资产阶级在政治上的软弱性，辛亥革命没有完成反帝反封建的革命任务，未能改变中国半殖民地半封建社会的性质。

45. B 【解析】巴黎和会上中国外交失败的消息传到国内后，青年学生最先组织罢课，走上街头游行示威。

46. C 【解析】中国共产党第一次全国代表大会于1921年7月23日至31日在上海法租界和浙江嘉兴南湖召开。出席大会的各地代表共13人。

47. D 【解析】古田会议决议创造性地提出了思想建党、政治建军的一系列方针原则，回答了建党建军的根本性、方向性的重大问题。古田会议决议是马克思主义建党建军基本理论与中国革命具体实践相结合的科学产物。故选D。

48. B 【解析】遵义会议是中国共产党第一次独立自主地运用马克思列宁主义基本原理解决自己的路线、方针、政策问题的会议，在极端危险的时刻，挽救了党和红军。“雄关漫道真如铁，而今迈步从头越”的意思是不要说娄山关坚硬如铁难以逾越，而今让我们重振旗鼓向前。诗句隐约含蓄指出当时战略有误，要对长征计划从头再作部署，表现了对取得胜利的坚定不移的信心。故选B。

49. B 【解析】遵义会议结束了“左”倾错误在中央的统治，事实上确立了以毛泽东为核心的党中央的正确领导。这次会议挽救了党、挽救了红军、挽救了革命，是党的历史上生死攸关的转折点。从中国历史发展的进程来看，遵义会议形成了中国革命的正确领导力量，B项正确。使红军跳出敌人的包围圈的是红军长征中巧渡金沙江，A项错误。中国革命并不是一帆风顺的，遵义会议后经历了艰苦的抗日战争，C项错误。确立毛泽东思想为党的指导思想的是中共七大，D错误。故本题选B。

50. B 【解析】1934年10月，红军8万余人分别自瑞金、于都等地出发，开始长征。

51. D 【解析】1936年12月12日，张学良和杨虎城为了达到劝谏蒋介石改变“攘外必先安内”的既定国策，停止内战，一致抗日的目的，在西安发动“兵谏”。该事件称为西安事变，又称“双十二事变”。

52. C 【解析】1937年7月7日夜，日军在北平西南卢沟桥附近演习时，借口一名士兵“失踪”，要求进入宛平县城搜查，遭到中国守军第29军严词拒绝，日军遂向中国守军开枪射击，又炮轰宛平城，第29军奋起抗战。这就是震惊中外的七七事变，又称卢沟桥事变。七七事变是日本帝国主义全面侵华战争的开始，也是中华民族进行全面抗战的起点。

53. C 【解析】1937年9月25日，八路军在平型关附近集中较大兵力对日军进行了一次成功的伏击战。平型关战役是全国性抗战开始后中国军队的第一次重大胜利。

54. D 【解析】党中央在长征后到达陕甘宁边区，1937年9月，在陕甘宁根据地成立了陕甘宁边区政府；11月，在完成普选的基础上建立了边区各级人民民主政权。抗日战争时期，党中央一直在陕甘宁边区，从政治上领导全国人民进行抗战。陕甘宁革命根据地成了全国抗日的中心，是敌后抗日根据地的总后方。

55. C 【解析】1941年3月，八路军三五九旅在南泥湾开展了著名的大生产运动。南泥湾精神是延安精神的重要组成部分。

56. A 【解析】重庆谈判，是抗日战争胜利之际，中国共产党和中国国民党两党就中国未来的发展前途、建设大计在重庆进行的一次历史性会谈。从1945年8月29日至10月10日，经过43天谈判，国共双方签订了《双十协定》。

57. D 【解析】1948年1月12日，任弼时在西北野战军前线委员会扩大会议上谈到当时党对知识分子的政策时说："如果我们在政治上和思想上好好引导他们，给予适当的教育和改造，他们的知识和技能是可以为着新民主主义的中华人民共和国国家服务的。"故选D。

58. C 【解析】材料中体现了中国共产党与党外人士的合作，1949年第一届政治协商会议通过了《共同纲领》，①符合题意；政协的主要职能之一是政治协商，③符合题意；②④是国家政治民主，与题意无关，排除。故本题选C。

59. C 【解析】1949年9月，第一届中国人民政治协商会议在北平隆重举行，会议通过了《中国人民政治协商会议共同纲领》，选举产生了中华人民共和国中央人民政府委员会，选举毛泽东为中央人民政府主席。大会规定以五星红旗为国旗，以《义勇军进行曲》为代国歌，以北平为首都并改名为北京，采用公元纪年。

60. A 【解析】1971年4月，在日本名古屋参加第三十一届世界乒乓球锦标赛的美国乒乓球代表团，应中国乒乓球代表团的邀请访问我国，打开了隔绝22年的中美交往的大门，被国际舆论誉为"乒乓外交"。

61. D 【解析】和平共处五项原则提出后，获得了世界上越来越多国家的赞同，成为解决国与国之间关系的基本原则。和平共处五项原则的提出，是中国独立自主外交政策的完整体现，标志着中国外交政策的成熟。

62. B 【解析】党在过渡时期的总路线和总任务，是要在一个相当长的时期内，逐步实现国家的社会主义工业化，并逐步实现国家对农业、手工业和资本主义工商业的社会主义改造。故选B。

63. A 【解析】毛泽东在社会主义改造的过程中，不仅强调社会主义制度改造，同时也进行技术的革命，这种改造形式主张制度建设和技术改造同时并举，同时进行，故A项正确。B项"积极引导，逐步过渡"是对农业和手工业改造的方针。C项和D项"和平手段"是针对民族资本主义工商业的改造方式。故本题的正确答案为A。

64. D 【解析】1978年12月，中国共产党第十一届三中全会在北京召开。全会确定了解放思想、实事求是、团结一致向前看的方针，否定了"两个凡是"的错误理论，停止了"以阶级斗争为纲"的错误方针，作出把党和国家的工作重心转移到经济建设上来，实行改革开放的伟大决策。

65. D 【解析】真理标准问题的大讨论冲破了"两个凡是"和个人崇拜的长期禁锢，打破了思想僵化、教条主义的沉重枷锁，为重新确立党的解放思想、实事求是的思想路线和实现全党工作重心的转移奠定了理论基础，为十一届三中全会的召开做好了思想理论与舆论上的准备。

66. D 【解析】传统的丝绸之路，起自中国古代都城长安，经中亚国家、阿富汗、伊朗、伊拉克、叙利亚等到达地中海，以罗马为终点，全长约6440千米。这条路被认为是连接亚欧大陆的古代东西方文明的交汇之路，而丝绸则是最具代表性的货物。数千年来，游牧民族或部落、商人、教徒、外交家、士兵和学术考察者沿着丝绸之路四处活动。

67. C 【解析】苏格拉底和他的学生柏拉图、以及柏拉图的学生亚里士多德并称为"希腊三贤"。故选C。

68. C 【解析】在扑克牌中，梅花K代指亚历山大大帝，方块K代指恺撒大帝，红桃K代指查理大帝，黑桃K代指大卫王。

69. B 【解析】阿拉伯数字，是现今国际通用数字，最初由古印度人发明，后由阿拉伯人传向欧洲，之后再经欧洲人将其现代化。因为阿拉伯人的传播是该种数字最终被国际通用的关键节点，所以人们称其为"阿拉伯数字"。

70. B 【解析】新航路的开辟，打破了各民族、地区和国家间相互隔绝的状态，世界市场开始形成，殖民掠夺也随之而来。故选B。

71. B 【解析】葡萄牙航海家达·伽马是从欧洲绕好望角到印度的航海路线的开拓者。

72. A 【解析】意大利文艺复兴"三杰"指的是达·芬奇、米开朗琪罗、拉斐尔。

73. A 【解析】英国资产阶级革命揭开了欧洲和北美资产阶级革命运动的序幕，推动了世界历史发展的进程，是世界近代史的开端。

74. D 【解析】1848年《共产党宣言》的发表，标志着科学社会主义的诞生。

75. A 【解析】1947年美国总统杜鲁门在国会提出杜鲁门主义，成为冷战开始的标志，A正确。

76. B 【解析】元谋人距今约170万年，是我国境内目前已确认的最早的古人类。

77. C 【解析】秦朝建立的中央集权专制统治的政治制度具有很大的开创性，它奠定了中国两千多年封建政治制度的基本格局，为历代封建王朝所沿用，且不断加强与完善，极大地影响了中国历史的发展。

78. A 【解析】秦代修建的最伟大的工程是长城。

79. B 【解析】《十面埋伏》是中国十大古曲之一，其演奏形式为独奏，乐曲激烈，震撼人心，生动地表现出了垓下之战中项

羽被大军包围时走投无路的场景。

80. C 【解析】赤壁之战，是指东汉末年，孙权、刘备联军于建安十三年(208年)在长江赤壁一带大破曹军的战役。孙刘联军以火攻大破曹军，曹操北回，孙、刘各自夺去荆州的一部分，奠定了三国鼎立局面的基础。

81. C 【解析】九品中正制，又称九品官人法，是魏晋南北朝时期主要的选官制度。

82. B 【解析】科举制度是中国古代通过考试选拔官吏的制度。由于采用分科取士的办法，所以叫做科举。

83. A 【解析】中国古代历史上，规模最大的古城是唐长安城。

84. C 【解析】公元7世纪初，松赞干布统一吐蕃各部，在青藏高原上建立起统一而强大的吐蕃王国。

85. D 【解析】郑和下西洋是明朝时期。

86. A 【解析】1206年春，蒙古贵族们在斡难河源头召开大会，诸王和群臣为铁木真献上尊号“成吉思汗”。

87. C 【解析】元朝设置澎湖巡检司管理澎湖列岛和琉球(今台湾)，加强对台湾的管辖。

88. A 【解析】鸦片战争后，中国陷入内忧外患的黑暗境地，中国人民经历了战乱频仍、山河破碎、民不聊生的深重苦难。

89. A 【解析】中国无产阶级产生于十九世纪四五十年代，外国商人在中国通商口岸开办了一批船坞和工厂。这些外商企业，利用中国廉价的原料和劳动力，剥削中国广大劳动人民。这样，中国无产阶级就先于中国资产阶级在外商企业里诞生了。

90. B 【解析】题干语句主张师夷长技以制夷。1842年，魏源在《四洲志》的基础上，编撰出《海国图志》，这是当时介绍西方历史地理最详实的专著。魏源在该书的序言中，阐述了“师夷长技以制夷”的思想。

91. A 【解析】金田起义是太平天国领袖洪秀全领导的广西桂平县武装起义。洪秀全在金田起义后建国号“太平天国”，起义军称为“太平军”。

92. A 【解析】洋务运动引进了西方先进的科学技术，使中国出现了近代第一批工业企业，在客观上促进了中国民族资本主义的产生和发展，因而推动了近代中国“器物和经济的改变”。

93. B 【解析】江南机器制造总局成立于1865年的上海，由李鸿章实际负责，是李鸿章在上海创办的规模最大的洋务企业。

94. A 【解析】江南机器制造总局简称江南制造局或江南制造总局，是清朝洋务运动中成立的近代军事工业生产机构，是晚清中国最重要的军工厂，是清政府洋务派开设的规模最大的近代军事企业。

95. C 【解析】严复第一次把西方的古典经济学、政治学理论以及自然科学和哲学理论较为系统地引入中国，较为系统地介绍了西方资产阶级的社会政治学说和自然科学理论，为维新运动增添了思想武器。

96. C 【解析】公车上书是1895年康有为率梁启超等数千名举人联名上书光绪帝，反对在甲午战争中败于日本的清政府签订丧权辱国的《马关条约》的历史事件。

97. C 【解析】公车上书，是指1895年康有为率梁启超等数千名举人联名上书光绪帝，反对在甲午战争中败于日本的清政府签订丧权辱国的《马关条约》的事件。

98. B 【解析】社会制度的腐败是近代中国反侵略战争屡遭失败的根本原因。

99. A 【解析】以维新运动为起点，资产阶级新文化开始打破封建文化独占文化阵地的局面，对中国近代教育的发展起了积极的推动作用。

100. A 【解析】结合题干和历史知识可知，胡适是新文化运动的代表人物之一，新文化运动的主要目的是思想启蒙，以挽救民族危亡。故选A。

101. C 【解析】1921年7月23日，中共一大在上海秘密召开，因突遭法国巡捕搜查而被迫休会。7月底，中共一大代表毛泽东、董必武、陈潭秋、王尽美、邓恩铭、李达等从上海乘火车转移到嘉兴。在嘉兴南湖的游船上，中共一大通过了党的第一个纲领和决议，正式宣告中国共产党的庄严诞生。

102. B 【解析】1922年7月中共二大在上海召开，在中国近代历史上第一次明确提出了彻底的反帝反封建的民主革命任务，为中国各族人民的革命斗争指明了方向。

103. C 【解析】1923年6月中共三大在广州召开，决定共产党员以个人身份加入国民党，建立国共合作统一战线。

104. B 【解析】帝国主义、大地主、大买办为了扶植新代理人，极力支持蒋介石，从而使蒋介石敢于发动政变。

105. C 【解析】1935年1月，中共中央政治局在贵州遵义召开独立自主地解决中国革命问题的扩大会议。这次会议是中国共产党第一次独立自主地运用马克思列宁主义基本原理解决路线、方针、政策问题的会议。这次会议初步确立了以毛泽东为代表的马克思主义的正确路线在中共中央的领导地位，挽救了党，挽救了红军，挽救了中国革命，是中国共产党历史上一个生死攸关的转折点。

106. C 【解析】长征后，中国的革命中心地区从南方的江西和福建转移到北方的陕甘宁地区。

107. C 【解析】九一八事变是中国人民抗日战争的起点。

108. B 【解析】1937年8月，中国共产党在洛川召开中央政治局扩大会议。在会议上由毛泽东提议并通过的《抗日救国十大纲领》充分体现了中国共产党的人民战争路线。

109. B 【解析】又团结又斗争、以斗争求团结是党制定和执行抗日民族统一战线的基本原则。

110. B 【解析】中国人民抗日战争，是中华民族历史上最伟大的卫国战争，是中国人民反抗日本帝国主义侵略的正义战争，是世界反法西斯战争的重要组成部分，也是中国近代以来抗击外敌入侵第一次取得完全胜利的民族解放战争。

111. D 【解析】彭雪枫是中国工农红军和新四军的高级将领。

112. B 【解析】2014年2月27日，十二届全国人大常委会第七次会议决定将9月3日确定为中国人民抗日战争胜利纪念日。

113. D 【解析】"三大战役"中，平津战役是最后一个战役，于1948年11月29日发起。

114. D 【解析】1949年10月1日，中华人民共和国的成立，标志着中国新民主主义革命已经取得基本胜利。

115. B 【解析】从1949年10月新中国成立到1956年社会主义改造基本完成，中国社会的性质是新民主主义社会。新民主主义社会不是一个独立的社会形态，而是由新民主主义转变到社会主义的过渡性的社会性质。

116 C 【解析】苏联模式是苏维埃时期苏联共产党建设社会主义的一种组织体系和思想体系。五十年代初，中国社会主义建设选择苏联模式是由当时中国的国情决定的。

117. A 【解析】1953年12月，中国政府同印度政府就两国在西藏地区的关系问题进行谈判，周恩来总理在会见印度代表团时第一次提出和平共处五项原则，即"互相尊重主权和领土完整、互不侵犯、互不干涉内政、平等互利、和平共处"。

118. B 【解析】到1956年底，我国基本上完成了对农业、手工业和资本主义工商业的社会主义改造。社会主义改造的基本完成，标志着社会主义公有制形式在国民经济中占据主导地位。从此，社会主义制度在我国基本建立起来，我国开始进入社会主义初级阶段。

119. D 【解析】解放区的土改运动是在1947年，七届二中全会是在1949年3月，三大战役是在1948年9月到1949年1月，故排序应为③①②。

120. D 【解析】1974年2月22日，毛泽东在会见赞比亚总统卡翁达时，提出关于"三个世界"划分的战略思想。毛泽东说："我看美国、苏联是第一世界。中间派，日本、欧洲、加拿大，是第二世界……亚洲除了日本都是第三世界。整个非洲都是第三世界，拉丁美洲是第三世界。"

121. B 【解析】十二大以后，经济体制改革全面展开。农村的家庭联产承包责任制迅速推向全国，农业生产终于摆脱长期停滞的困境。农作物大幅度增产，农民收入大幅度增加，一些高档消费品开始进入普通农民家庭。

122. B 【解析】丝绸之路是中国与地中海地区之间重要的国际贸易路线，也是世界上最早最重要的东西方文明交流通道，有2000多年的历史。

123. B 【解析】"十字军"东征是一系列在教皇的准许下进行的宗教性军事行动，是由西欧的封建领主和骑士对地中海东岸的国家发动的战争。当时原属于罗马天主教圣地的耶路撒冷落入伊斯兰教手中，罗马天主教为了收复失地，便进行多次东征行动。

124. C 【解析】哥伦布的航海带来了欧洲与美洲的第一次接触，并且开辟了后来延续几个世纪的欧洲探险和殖民海外领地的大时代。

125. A 【解析】18世纪60年代，织布工詹姆士·哈格里夫斯发明了名为"珍妮机"的手摇纺纱机。

126. A 【解析】法国大革命时间为1789年，而《共产党宣言》发表于1848年。故选A。

127. A 【解析】罗斯福在20世纪30年代大危机的背景下实行国家干预，减轻了经济危机的危害，缓和了阶级矛盾，遏制了法西斯势力，巩固了资本主义的统治，开创了国家干预经济的新模式，在一定程度上挽救了现代资本主义国家。邓小平在极"左"思潮带来的动乱把中国经济推向崩溃边缘的情况下，把重心转移到经济建设上，实行改革开放，走上了一条中国特色的社会主义道路，在一定程度上挽救了现代社会主义国家。

128. B 【解析】大禹治水是中国古代的神话传说故事。三皇五帝时期，黄河泛滥，大禹受命于舜帝，负责治水。

129. A 【解析】三皇五帝时期华夏族生活于今天的黄河流域。当时黄河泛滥，大禹受命治理黄河。

130. C 【解析】"诸不在六艺之科孔子之术者，皆绝其道，勿使并进"是董仲舒建议汉武帝推行"罢黜百家，独尊儒术"，使文化的一统与政治的一统相一致。

131. B 【解析】赤壁古称蒲圻，是历史上有名的赤壁之战遗址。东汉末年，刘备与孙权联合，在此地大破曹军。

132. C 【解析】"士别三日，当刮目相待"出自《三国志·吴志·吕蒙传》，是吕蒙对鲁肃说的话。

133. B 【解析】公元229年，吴大帝孙权在此建都，此后东晋、南朝的刘宋、萧齐、萧梁、陈均相继在此建都，故南京有"六

朝古都”之称。

134. C 【解析】井田制是西周时期确立的；九品中正制是三国两晋南北朝时期的选官制度；科举制是隋朝确立的；郡县制是秦朝的制度，故选C。

135. C 【解析】隋唐时期科举制的创立是古代选官制度的一大进步，改变了魏晋以来选拔人才制度的弊端，是中国古代读书人参加国家人才选拔考试的制度，以知识水平为依据选拔人才。察举制、推选制是由下而上推选人才为官的制度；九品中正制下，世家大族的子弟依靠门第即可步入仕途。

136. B 【解析】科举制萌发于南北朝时期，正式诞生于隋炀帝时期。

137. A 【解析】安史之乱是唐由盛而衰的转折点。

138. B 【解析】宋、元时的戏曲及其他伎艺在城市中的主要演出场所被称为勾阑，又作勾栏。

139. C 【解析】秦汉以来，北京地区一直是中国北方的重镇，名称先后为蓟城、燕都、燕京、大都、北平、顺天府等。汴梁是元朝至明朝初期对开封的称呼。

140. C 【解析】四个选项中只有鸦片战争是1840年爆发的。

141. A 【解析】1842年8月29日，清政府与英国签订了中国近代史上的第一个不平等条约《南京条约》。

142. B 【解析】中日甲午战争结束后，帝国主义列强对华大规模输出资本，掀起瓜分狂潮，标志着列强侵华进入了一个新阶段，大大加深了中国的半殖民地化程度。

143. A 【解析】公车上书，是指清光绪二十一年(1895年)，康有为率梁启超等数千名举人联名上书光绪帝爱新觉罗·载湉，反对在甲午战争中败于日本的清政府签订丧权辱国的《马关条约》的事件，所以组织者应该是康有为，故本题选择A选项。

144. B 【解析】孙中山是中国近代民族民主主义革命的开拓者，中国民主革命的伟大先行者，中华民国和中国国民党的缔造者，三民主义的倡导者，创立了《五权宪法》。

145. D 【解析】“中国”一词所指范围，随着时代的推移而经历了一个由小到大的扩展过程。但真正以“中国”作为正式国名的简称，是从中华民国的建立开始的。

146. B 【解析】在五四运动中，中国工人阶级摆脱资产阶级、小资产阶级追随者的地位，作为独立的政治力量登上历史舞台，显示了强大的威力，发挥了主力军和领导阶级的作用，使斗争取得了伟大胜利。

147. B 【解析】李大钊是中国共产主义的先驱，是我国最早传播马克思主义的人。

148. C 【解析】南昌起义是中国共产党直接领导的带有全局意义的一次武装起义。它打响了武装反抗国民党反动统治的第一枪，宣告了中国共产党把中国革命进行到底的坚定立场，标志着中国共产党独立地创造革命军队和领导革命战争的开始，也是创建人民军队的开始。

149. A 【解析】1935年1月召开的遵义会议，是中国共产党历史上一个生死攸关的转折点。这次会议，确立了毛泽东同志在党和红军中的领导地位，结束了王明“左”倾教条主义在党内的统治，从而使党领导的民主革命和革命战争转危为安，转败为胜，大大加快了我国革命胜利的进程。

150. A 【解析】瓦窑堡会议制定了抗日民族统一战线的策略方针，故本题选择A选项。

151. D 【解析】九一八事变是1931年9月18日；何梅协定是1935年7月6日；七七事变是1937年7月7日；南京大屠杀是1937年12月，所以选择D选项。

152. B 【解析】抗日战争的时间从1931年9月18日“九一八”事变开始算起，至1945年结束，共十四年抗战。

153. C 【解析】资本主义列强对外经济侵略在19世纪70年代以前以商品输出为主，但也开始了早期的资本输出。19世纪晚期后，殖民主义剥削以资本输出为主，商品输出为辅。

154. B 【解析】1941年，抗日根据地政权机构在人员分配上实行“三三制”原则。“三三制”原则是共产党领导的抗日民族统一战线性质的制度，团结了各抗日阶级、阶层，争取了中间力量，孤立了顽固势力，巩固和发展了抗日民族统一战线。

155. C 【解析】中国人民抗日战争胜利纪念日为9月3日。故本题答案为C。

156. B 【解析】党的七届二中全会，是在中国新民主主义革命即将取得全国性胜利的历史转折关头的一次重要会议，为党的工作重心从农村转向城市，从战争转向生产建设，将中国由农业国转变为工业国，由新民主主义社会逐渐转变为社会主义社会，做了政治、思想、理论和方针政策等多方面的充分准备，描绘了建设新中国的宏伟蓝图，使全党在新的形势下，达到高度的团结统一，具有划时代的重大意义。

157. B 【解析】1949年2月，毛泽东在西柏坡接见苏联共产党中央政治局委员，谈到将建立的新中国外交政策时，毛泽东提出了“打扫干净屋子再请客”“另起炉灶”的方针。

158. D 【解析】中共七届三中全会确定了当时全党和全国人民的中心任务是要在三年左右的时间内，争取国家财政经济状况的基本好转。会议制订了党在新中国成立初期的战略策略方针，就是不要四面出击。四面出击，树敌太多，造成全国紧

张，而应该集中力量向国民党残余势力、封建地主阶级和帝国主义进攻，故答案选D项。选项ABC皆为毛泽东著作《论十大关系》中的内容。

159. B 【解析】中国农业社会主义改造经历了一个从低级到高级的发展阶段。其中，土地等生产资料属于农民个体所有的互助组具有社会主义萌芽性质；以土地入股和统一经营为特点的初级社具有半社会主义性质；土地等生产资料归集体所有的高级社具有完全社会主义的性质。

160. D 【解析】社会主义三大改造，即中华人民共和国建立后，由中国共产党领导的对农业、手工业和资本主义工商业三个行业的社会主义改造。我国对农业、手工业和资本主义工商业生产资料私有制的社会主义改造，极大地促进了工、农、商业的社会变革和整个国民经济的发展，实现了把生产资料私有制转变为社会主义公有制的任务。我国从此进入了社会主义初级阶段。

161. D 【解析】在社会主义制度确立后，正确处理人民内部矛盾成为国家政治生活的主题。

162. C 【解析】中共八大提出，生产资料所有制的社会主义改造基本完成以后，国内的主要矛盾不再是和资产阶级之间的矛盾，而是人民对于建立先进的工业国的要求同落后的农业国的现实之间的矛盾，是人民对于经济文化迅速发展的需要同当前经济文化不能满足人民需要的状况之间的矛盾。解决这个矛盾就需要发展社会生产力，进行大规模的经济建设。故本题选C。

163. D 【解析】中共十一届三中全会完成了党的思想路线、政治路线和组织路线的拨乱反正，标志着中国进入了改革开放和社会主义现代化建设的新时期。

164. A 【解析】邓小平提出了“冷静观察、稳住阵脚、沉着应付、决不当头”的十六字方针，在此基础上，我们党始终强调要反对霸权主义，本着相互尊重、求同存异的精神来处理国际事务。

165. C 【解析】丝绸之路路线：长安—河西走廊—今新疆境内—安息(古波斯)—西亚—大秦(古罗马)。

二、多项选择题

1. AB 【解析】本题考查中国近代史。1895年4月，李鸿章等与伊藤博文等在日本马关谈判，签订了《马关条约》，掀起了帝国主义瓜分中国的狂潮，A项正确。1901年9月，李鸿章代表清政府与英、法、德、美、日、俄、意、奥、荷、比、西等11国签订丧权辱国的《辛丑条约》，从此中国完全陷入半殖民地半封建社会的深渊，B项正确。《南京条约》是中国近代史上第一个不平等条约，由耆英、伊里布等人代表清政府与英国签订，C项错误。《黄埔条约》是在鸦片战争后，由耆英与法国代表签订的，D项错误。故选AB。

2. AD 【解析】本题考查党的一大。上海的李达、李汉俊，北京的张国焘、刘仁静，武汉的董必武、陈潭秋，长沙的毛泽东、何叔衡，广州的陈公博，济南的王尽美、邓恩铭，旅日的周佛海，以及由陈独秀指定的代表包惠僧出席了党的一大。共产国际代表马林和尼克尔斯基也出席了大会。

3. BD 【解析】本题考查平津战役。平津战役是解放战争“三大战役”之一。在辽沈战役胜利结束、淮海战役鏖战正酣之际，人民解放军又发起了战略决战的第三大战役——平津战役，全歼华北傅作义集团。参加这个战役的军队有东北野战军、华北野战军(两个兵团)，连同地方武装，共约100万人。故选BD。

4. ABCD 【解析】新文化运动的基本内容是“四提倡、四反对”。所谓的“四提倡、四反对”是指：提倡民主，反对专制；提倡科学，反对迷信；提倡新道德，反对旧道德；提倡新文学，反对旧文学。

5. ABD 【解析】五四运动，以彻底反帝反封建的革命性、追求救国强国真理的进步性、各族各界群众积极参与的广泛性，推动了中国社会的进步，促进了马克思主义在中国的传播，促进了马克思主义同中国工人运动的结合，为中国共产党的成立做了思想上干部上的准备，为新的革命力量、革命文化、革命斗争登上历史舞台创造了条件，是中国旧民主主义革命走向新民主主义革命的转折点，在近代以来中华民族追求民族独立和发展进步的历史进程中具有里程碑意义。

6. BCD 【解析】第五次反“围剿”是指从1933年9月25日开始的，中国工农红军第一方面军在江西南部、福建西部反对国民党军第五次“围剿”的战役，发生于国共十年对峙时期，排除。

7. ACD 【解析】党的十一届三中全会以后，中国在社会主义建设过程中实现的若干转变有：从僵化保守到改革开放；从“以阶级斗争为纲”到“以经济建设为中心”；从照搬苏联模式到开创中国特色社会主义道路；从“两个凡是”到实事求是的党的基本路线。

8. ACD 【解析】三权分立是西方一种关于国家政权架构和权力资源配置的政治学说，主张立法、行政和司法三种国家权力分别由不同机关掌握，各自独立行使、相互制约制衡。

9. AC 【解析】电话机是美国人贝尔于1876年发明的；柴油内燃机于1897年研制成功；1886年被称为汽车元年；1893年尼古拉·特斯拉首次公开展示了无线电通信，1901年马可尼进行了横跨大西洋的无线电通讯。由此可知，1889年出现了电话和汽车，故选AC。

10. BCE 【解析】俄国十月革命的历史意义:(1)俄国十月革命是人类历史上一次最深刻最伟大的社会革命,它从根本上推翻了人剥削人的制度,建立了世界上第一个无产阶级专政的国家。(2)十月革命的胜利,冲破了世界帝国主义战线,打击了帝国主义的统治,为各国无产阶级树立了光辉的榜样,大大鼓舞和增强了他们的斗争勇气和争取胜利的信心。从此,开始了无产阶级世界革命的新纪元。(3)十月革命的胜利,也动摇了帝国主义的后方,鼓舞了殖民地半殖民地人民反对帝国主义侵略压迫的斗争,开辟了无产阶级领导的被压迫民族解放斗争的新时代。

11. AB 【解析】联合国的宗旨是:维护国际和平与安全;发展国际间友好关系;促进国际和平与合作与发展;协调各国行动。故本题选AB。

12. BCD 【解析】“战国七雄”分别为秦国、齐国、楚国、韩国、赵国、魏国、燕国。

13. ACD 【解析】五四运动的口号有:“誓死力争,还我青岛”“收回山东权利”“拒绝在巴黎和约上签字”“废除二十一条”“抵制日货”“宁肯玉碎,勿为瓦全”“外争主权,内除国贼”等。

14. ABCD 【解析】历史上以少胜多的著名战役有:巨鹿之战、牧野之战、官渡之战、赤壁之战、淝水之战、淮海之战等。

15. BC 【解析】遵义会议和十一届三中全会是中国共产党历史上两个伟大的转折点。

16. ABD 【解析】人民公社化运动后期出现了急于向共产主义过渡的情况,刮起了“一平二调三收款”的“共产风”,严重挫伤了农民的生产积极性。

17. AB 【解析】遵义会议集中纠正了博古等人在军事和组织上的“左”倾错误;肯定了毛泽东的正确军事主张;选举毛泽东为中央政治局常委;取消博古、李德的军事最高指挥权。由此可见,这次会议要解决的主要问题是组织问题和军事问题,而非政治路线、思想路线和党的作风问题。

18. ABCD 【解析】确立“十四年抗战”的意义是:有利于完整还原抗日战争历史过程,有利于客观反映中国共产党的中流砥柱作用,有利于正确认识中国抗日战争在世界反法西斯战争中的重要地位和作用,有利于坚持伟大的抗战精神。

19. CD 【解析】上甘岭战役、长津湖战役是朝鲜战争中的两场战役。谅山战役发生在越南战争期间。鸭绿江战役发生在日俄战争期间。

20. ACD 【解析】台湾问题是中国内战遗留下来的问题,而不是“二战”遗留下来的问题。故B项错误。ACD说法正确。

21. BCD 【解析】题干描述的是文艺复兴运动,但丁、达·芬奇、莎士比亚均为文艺复兴运动的代表人物。

三、判断题

1. √ 【解析】本题考查中国近代史。北洋军阀是民国军阀势力之一,由袁世凯掌权后的北洋新军主要将领组成。

2. × 【解析】唐太宗李世民统治时期开创的政治清明、经济繁荣的国家强盛局面,被称为“贞观之治”。开元盛世是指唐朝在唐玄宗治理下出现的盛世。

3. × 【解析】在中国历史上,康有为首次倡导了政治体制上的中西结合,最早在中国提出了立宪政体。

4. × 【解析】新中国建立后,我国进入从新民主主义向社会主义过渡的新时期。在这一时期,党的中心任务是恢复和发展国民经济。

5. √ 【解析】抗美援朝是新中国成立后中国人民同世界上最强大的敌人进行军事较量并取得胜利的一次保家卫国战争,大大提高了新中国的国际地位。

6. √ 【解析】太平洋上的珍珠港是交通的主要枢纽,具有重要的战略地位。偷袭珍珠港是指二战时期由日本政府策划的一起偷袭美国太平洋海军舰队基地——珍珠港的军事事件,它成为第二次世界大战中太平洋战争爆发的导火索。

7. √ 【解析】甲骨文是我国的一种古老文字,它是汉字的早期形式,是商朝时期的一种成熟文字,最早出土于河南安阳的殷墟。

8. × 【解析】“文景之治”是指西汉汉文帝、汉景帝统治时期出现的治世局面,而非唐朝。

9. × 【解析】“樯橹灰飞烟灭”出自苏轼的《念奴娇·赤壁怀古》,描述的是赤壁之战,而非官渡之战。

10. × 【解析】均田制是由北魏至唐朝前期实行的一种按人口分配土地的制度,部分土地在耕作一定年限后归其所有,男女均可领种土地。

11. √ 【解析】五四运动是中国近代史上具有划时代意义的事件,它标志着中国新民主主义革命的开端。

12. × 【解析】1931年9月18日,日本侵略者发动“九·一八”事变。1945年,日本在投降书上签字。因此,我国抗日战争历时十四年。

13. √ 【解析】古巴比伦王国是世界四大文明古国之一。它发源于两河流域,约在公元前3000年开始出现城邦;苏美尔文明是最初的源头;楔形文字是字母文字的源头;公元前18世纪中叶,古巴比伦国王汉谟拉比统一两河流域,建立了中央集权专制制度和等级制度;《汉谟拉比法典》是人类历史上第一部比较完备的成文法典。

14. × 【解析】达·伽马是葡萄牙航海家,是从欧洲绕过好望角到达印度航海路线的开拓者。

15. × 【解析】在德意志统一的过程中,其首相是俾斯麦;在意大利统一的过程中,其首相是加富尔。

16. × 【解析】日本皇家海军的飞机和微型潜艇于1941年12月7日清晨偷袭珍珠港,太平洋战争爆发,这次袭击最终将美国卷入第二次世界大战。

17. × 【解析】官渡之战为曹操统一北方奠定了基础,而非赤壁之战。

18. √ 【解析】海上丝绸之路形成于秦汉时期,发展于三国至隋朝时期,繁荣于唐宋时期,转变于明清时期,是已知的最为古老的海上航线。故本题说法正确。

19. √ 【解析】井冈山革命根据地是土地革命战争时期,中国共产党在湖南、江西两省边界罗霄山脉中段创建的第一个农村革命根据地。

20. × 【解析】1934年10月,第五次反围剿失败后,中央主力红军为摆脱国民党军队的包围追击,被迫实行战略性转移,退出中央根据地,开始长征。

21. √ 【解析】九一八事变是中国抗日战争的起点,七七事变是全国性抗战的起点。

22. √ 【解析】十月革命后,李大钊相继发表了《法俄革命之比较观》《庶民的胜利》《布尔什维主义的胜利》《我的马克思主义观》等大量宣传十月革命和马克思列宁主义的著名文章和演说,成为中国共产主义的先驱、我国最早传播马克思主义的人。

23. √ 【解析】新航路的开辟结束了世界各地相对孤立的状态,世界逐渐联系为一个整体。

24. × 【解析】瓦特的贡献是改良了蒸汽机,"铁路机车之父"是史蒂芬森。

25. × 【解析】文景之治是指西汉汉文帝、汉景帝统治时期出现的盛世。

26. × 【解析】在陕西出土的西周青铜器"何尊"的铭文中,第一次出现了"中国"一词,但真正以"中国"作为正式国名简称,是从辛亥革命以后中华民国的建立开始的。

27. √ 【解析】中国共产党七届二中全会于1949年3月在河北省平山县西柏坡举行。全会着重讨论了党的工作重心的战略转移,即工作重心由乡村转移到城市的问题。

28. √ 【解析】我国对农业、手工业和资本主义工商业生产资料私有制的社会主义改造实现了把生产资料私有制转变为社会主义公有制的目标。政治上,社会主义的基本制度在我国初步建立;经济上,社会主义计划经济在我国基本确立,为我国的社会主义工业化开辟了道路,我国从此进入社会主义初级阶段。

29. × 【解析】1956年底,对农业、手工业、资本主义工商业的社会主义改造的基本完成,标志着社会主义基本制度在我国初步确立。

综合能力提升

一、单项选择题

1. D 【解析】春秋争霸是各大国争夺霸权的政治斗争,是大国靠武力胁迫小国承认其领导地位的强权政治,其实质是奴隶主之间的掠夺战争。故选D。

2. A 【解析】陈胜吴广起义发生在秦朝末年,①错误。"等贵贱,均田免粮"是明朝末年李自成起义的口号,③错误。"吾疾贫富不均,今为汝等均之"是宋朝王小波、李顺起义的口号,④错误。②⑤对应正确,故选A。

3. D 【解析】严复翻译出版的《天演论》所宣传的主要思想是"物竞天择,适者生存"。"师夷长技以制夷"的思想源自魏源的《海国图志》。

4. A 【解析】安源路矿工人大罢工是中国共产党成立初期组织的一场大型的罢工运动,是中国共产党第一次独立领导并取得完全胜利的工人斗争,A项正确。1922年1月12日,在第三次向资方提出增加工资的要求被无理拒绝后,香港中国海员在海员工会联合总会的组织领导下,举行了香港海员大罢工。香港海员罢工是中国工人阶级第一次直接同帝国主义势力进行的有组织的较量,香港海员不属于"工农群众",B项错误。京汉铁路工人大罢工发生于1923年,是中国共产党领导的第一次工人运动高潮的顶点,罢工最终以失败告终,但它进一步显示了中国工人阶级的力量,扩大了党在全国人民心中的影响,C项错误。1922年10月23日开始的开滦五矿工人大罢工虽未能完全取得胜利,但给英国资本家和封建反动势力以沉重打击,D项错误。

5. B 【解析】今天所指的长城多指明代修建的长城,故A项错误。秦灭六国统一天下后,秦始皇连接和修缮战国长城,才有万里长城之称。故C项错误。长城修筑的历史可上溯到西周时期,故D项错误。陕西省是中国长城资源最为丰富的省份,故B项正确。故本题选B。

6. D 【解析】题干的诗句出自曹操的《龟虽寿》。"挟天子以令诸侯"的故事说的是东汉末年,汉室日益衰弱,董卓废汉少帝刘辩立献帝刘协。曹操将献帝迎至许昌,并以皇帝的名义号令诸侯。①正确。官渡之战,是东汉末年"三大战役"之一,也是中

国历史上著名的以弱胜强的战役之一。建安五年(公元200年),曹操军与袁绍军相持于官渡(今河南中牟东北),在此展开战略决战。曹操奇袭袁军在乌巢的粮仓(今河南封丘西),继而击溃袁军主力。②正确。208年,孙权、刘备于赤壁以少胜多战胜曹操,史称"赤壁之战"。③正确。八王之乱是西晋年间司马氏同姓王之间为争夺中央政权而爆发的混战,与曹操无关,④错误。故选D。

7. C 【解析】材料强调政府官员反对人民从事种茶等商业活动,并非官府垄断茶业利润,故A项错误;材料中种茶卖出、市场买菜的现象反映出农副产品商品化、货币流通在该地区较为普遍,故B项错误;材料说明了地方政府官员强迫人民从事耕织,以保障农业生产,不鼓励从事商业活动,故C项正确;材料论述主体是政府官员与人民,未涉及商人地位变化,故D项错误。

8. B 【解析】①三国鼎立,指东汉末年三国时期,魏、蜀、吴三国三分天下,形成对峙局面。②五胡乱华,指西晋时期北边众多游牧民族趁八王之乱西晋衰弱之际,陆续建立非汉族国家,而造成的与南方汉人政权对峙的时期。③文景之治,指西汉汉文帝、汉景帝统治时期出现的治世,是中华文明迈入帝国时代后的第一个盛世。④光武中兴,指东汉光武帝刘秀统治时期出现的治世。因此,按照时间先后顺序排列应为③④①②,答案选B。

9. B 【解析】明代调整了监察机构的设置,改御史台为都察院,又罢谏院,设六科给事中,地方设13道监察御史和各省提刑按察司,同时设督抚,形成地方三重监察网络。清沿明制,设都察院纠察百官,所属15道分掌各省刑名,并以六科给事中并入都察院,加强对中央部门和各省官员的监察。可见,明清两代最高的监察、弹劾及建议机关是都察院。

10. C 【解析】A项正确,明朝时期,正式确立御史巡按制度。巡按御史的职责是代天子出巡,"大事奏裁,小事立断"。巡按御史代表皇帝巡视地方,又叫"巡方御史",俗称"八府巡按",专门负责监察,一般不理其他事务,权力极大。他们代表皇帝行使监察权,能够"以小监大""以卑督尊"。B项正确,清初曾设巡察,巡视地方。巡察为临时差遣,不专设,事毕解职。康熙十九年,刑部尚书魏象枢担任巡察,奉命出巡京师周围,惩治强横狡诈、不守法纪之人。C项错误,谏官是中国古代官职之一,是对君主的过失直言规劝并使其改正的官吏。D项正确,刺史,又称刺使,职官。"刺"是检核问事的意思,即监察之职。"史"为"御史"之意。刺史制度在西汉中后期得到进一步发展,对维护皇权、澄清吏治、促使昭宣中兴局面的形成起着积极的作用。本题为选非题,故本题的正确答案为C。

11. A 【解析】"忠义"是儒家思想的内涵之一,而且儒家思想正是汉代以后的统治思想,因此,儒家思想影响了关公形象的塑造。

12. B 【解析】甲骨文是商朝的一种成熟文字;小篆是秦朝推行的一种文字;隶书是小篆简化改进后的字体;楷书是由隶书发展而来的;行书是在楷书的基础上发展起源的。故选B。

13. A 【解析】我国七大古都是:北京、西安、洛阳、开封、南京、杭州、安阳。其中,洛阳、开封、安阳都位于河南省。

14. A 【解析】据材料:1878年开滦唐山煤矿、1880年北洋水师大沽船坞可知,这是洋务运动时期的企业,1902年和1908年的北洋银元局、京师自来水公司都是民族资本主义企业。上述企业主要分布在唐山、天津、北京地区,而且只有京师自来水公司是在北京,故A项正确,B项错误;据所学可知,洋务运动在1895年甲午战败后破产,和1902年与1908年建立的北洋银元局、京师自来水公司不符,C项错误;材料反映的是1878～1908年间的几个企业,不能代表整个近代民族企业的状况,D项以偏概全。

15. B 【解析】B项正确,"实际行动上,已经对于中国近代革命历史做了惩前毖后与承先启后的表示"说明作为中国进入新民主主义革命的标志,五四运动与旧民主主义革命缺乏群众基础不同,重视人民群众的力量,是划时代的人民群众救国运动。A项错误,"还没有能够从批判旧世界中找出新世界"说明五四运动不是空前的人民思想觉醒运动。C、D项不符合材料表达的主旨,排除。

16. B 【解析】南昌起义是创建人民军队的开端,三湾改编是中国共产党建设新型人民军队最早的一次成功探索和实践。故B项说法错误。

17. D 【解析】半殖民地半封建社会是一个马克思主义的概念,指在形式上保留有封建社会国家机关及主权所有,同时在经济、政治、文化上受到外国资本主义国家控制与压迫的社会。列宁用"半封建""半殖民地"两词来形容中国近代社会的性质,D选项符合题意。A选项说法过于绝对,排除。材料未涉及官僚资本在中国的膨胀问题,B选项排除。"稍稍留心中国经济问题的人"并不能代表所有的民众,C选项说法过于绝对,排除。

18. D 【解析】A项错误,材料未体现国家定价比重大幅度下降的原因是改革开放深入内地。B项错误,材料未体现市场的主导作用。C项错误,材料中,经济体制改革后,国家定价逐步下降,但并未消失。

19. C 【解析】习近平总书记指出,我们党领导人民进行社会主义建设,有改革开放前和改革开放后两个历史时期,这是两个相互联系又有重大区别的时期,但本质上都是我们党领导人民进行社会主义建设的探索实践。这一精辟论断,如实反映和高度概括了两个历史时期探索的同一主题、主线:我们党领导人民进行社会主义建设的探索实践。

20. C 【解析】君主立宪制分为议会君主制和二元君主制两种类型。

21. B 【解析】15世纪末，哥伦布发现美洲之后把辣椒带回欧洲，并由此传播到世界其他地方。

22. C 【解析】从生产力角度来看，三次工业革命分别使人类进入"蒸汽时代"、"电气时代"和"信息时代"。其中，第二次工业革命以电力和内燃机的使用为主要标志。这一时期的突出成果主要表现在四个方面，即发电机和电力的广泛应用、内燃机和新交通工具的创制、新通讯手段的发明以及化学工业的建立。汽车、飞机、电话、有线电报、无线电报都诞生于此时期。手机发明于第三次工业革命。故选C。

23. A 【解析】罗斯福第一次"炉边谈话"主要讲的是如何挽救金融危局。罗斯福耐心地解释了银行暂停营业的举措，并以通俗的比喻来劝大家把钱存进银行。

24. D 【解析】A项错误，存在主义是20世纪流行于西方的哲学思潮。B项错误，玛雅文化在5000年前出现在墨西哥和中美洲危地马拉的太平洋海岸，以秘鲁为中心的是印加文明。C项错误，第一次工业革命的主要标志是蒸汽机的广泛应用，第二次工业革命的主要标志是电力和内燃机的应用。

25. B 【解析】"有志者事竟成，破釜沉舟，百二秦关终属楚"说的是秦朝末年项羽率领起义军在巨鹿破釜沉舟大败秦军的典故。"苦心人天不负，卧薪尝胆，三千越甲可吞吴"说的是春秋时期越王勾践卧薪尝胆、忍辱负重，最终战胜吴国的典故。

26. C 【解析】张骞奉汉武帝之命出使西域，打通了汉朝通往西域的道路，即"丝绸之路"。

27. B 【解析】公元前202年刘邦建立汉朝，定都长安，史称西汉。长安位于今天的西安。汉光武帝刘秀称帝后，延续汉高祖"汉"的国号，定都洛阳，史称东汉。

28. B 【解析】A项指的是诸葛亮，B项指的是项羽，C项指的是曹操，D项指的是关羽。诸葛亮、曹操、关羽均属于三国时期（上承东汉下启西晋）的历史人物，项羽是秦末楚汉之际的历史人物。

29. C 【解析】两宋时期，北方战乱频繁。北宋灭亡以后，南宋政权偏安于东南一隅，使南方经济进一步发展，当时太湖流域流传着"苏湖熟，天下足"的谚语，表明江南的农业生产已经超过北方，完全取代了北方经济重心的地位，经济重心从黄河流域转移到长江流域，C正确。

30. D 【解析】A的正确顺序是：平王东迁→楚王问鼎→三家分晋；B的正确顺序是：文景之治→张骞通西域→光武中兴；C的正确顺序是：玄奘西行→开元盛世→安史之乱。

31. C 【解析】黄巾起义始于184年，赤壁之战发生于208年，安史之乱发生于唐朝，澶渊之盟发生于北宋时期。

32. B 【解析】秦朝的起止时间是公元前221—公元前207年，西晋的起止时间是266—316年，隋朝的起止时间是581—618或619年，元朝的起止时间是1271—1368年。

33. C 【解析】铜奔马是东汉青铜器；四羊方尊是商朝青铜器；开元通宝铜钱是唐代货币；成化斗彩鸡缸杯是明代瓷器。

34. A 【解析】宗法制的特点是按血缘亲疏确定财产继承和权力分配。

35. A 【解析】中国正统的法的观念的核心理念是"德主刑辅""礼法结合""王霸并用"，三者合言之便是"礼主法辅"式的结合。

36. B 【解析】诗句原文为"北大红楼两巨人，纷传北李与南陈；孤松独秀如椽笔，日月双星照古今。"根据诗中的"北李与南陈"可知答案为B。

37. C 【解析】题干中的诗句出自毛泽东的《渔家傲·反第一次大"围剿"》。首先，由诗词中的"霜天"可知描写的事件发生在寒冷有霜的时节，秋收起义发生在1927年9月，八一起义发生在1927年8月1日，不符合题意，排除A、B。其次，由诗词中的"龙冈"和"捉了张辉瓒"可知，诗词描写的是红军第一次反"围剿"的胜利。在1930年的岁尾，蒋介石调集约十万大军向中央革命根据地，发动第一次大"围剿"，毛主席亲自指挥战斗，于1930年最后一天在龙冈作伏击战，一举击溃敌军并活捉张辉瓒及敌部九千人。排除D，故选C。

38. D 【解析】古田会议和八七会议召开于长征以前，排除A、C。遵义会议纠正了"左倾"错误路线，但并未体现民族矛盾加剧对中国共产党方针政策的影响。故选D。

39. B 【解析】①为巨鹿之战，发生在秦末；②为靖康之乱，发生在北宋末年；③为勾践破吴，发生在春秋时期；④为渡江战役，发生在解放战争时期。故选B。

40. C 【解析】1949年10月新中国成立，我国由半殖民地半封建社会转变为新民主主义社会，直到1956年社会主义改造基本完成，我国才转入社会主义社会，A错误；1980年，全国人大常委会批准深圳、珠海、汕头和厦门设立经济特区，这是我国设立最早的4个经济特区，B错误；1977年9月，中国教育部在北京召开全国高等学校招生工作会议，决定恢复已经停止了10年的全国高等院校招生考试，C正确；1979年1月1日《中美建交公报》正式生效，中美正式建交，D错误。故选C。

41. D 【解析】诺曼底登陆开始于1944年6月；德国进攻波兰发生于1939年9月；慕尼黑阴谋发生于1938年9月；日本偷

袭珍珠港发生于1941年12月。因此，按事件发生的先后顺序排列正确的选项为D项。

42. A 【解析】秦灭六国大致是按照先易后难和先北后南的顺序开始的。韩国的灭亡，是秦国统一六国的开始。齐国最后灭亡。故答案为A。

43. B 【解析】郡县制下，秦朝的主要官员都由皇帝直接任免，地方主要官员包括郡守和县令，B项说法错误。

44. C 【解析】A项纸上谈兵说的是战国时期赵括，而城濮之战说的是春秋时期晋国和楚国的战争。故而选项A错误。B项卧薪尝胆指的是春秋时期越王勾践和吴王夫差的事情，而楚汉争霸指的是秦末项羽和刘邦的战争，故而选项B错误。C项正确，淝水之战衍生出的成语故事有：投鞭断流、草木皆兵和风声鹤唳。D项错误，退避三舍是城濮之战；巨鹿之战所出的成语故事是破釜沉舟。

45. D 【解析】A选项百家争鸣、百花齐放主要指春秋战国时期；B选项焚书坑儒指秦朝；C选项罢黜百家、独尊儒术是说西汉时期。故本题选择D。

46. B 【解析】清朝皇帝的顺序为：努尔哈赤、皇太极、顺治、康熙、雍正、乾隆、嘉庆、道光、咸丰、同治、光绪、宣统。

47. A 【解析】54门礼炮象征着参加中国人民政治协商会议第一届全体会议的54个民族。28响标志着中国共产党领导人民英勇奋斗的28年。

48. C 【解析】A选项错误，《南京条约》是第一次鸦片战争后，中国同英国签订的，它的签订标志着中国的社会性质开始由封建社会沦为半殖民地半封建社会。B选项错误，辛亥革命的胜利果实被袁世凯窃取，所以它没有改变中国的社会性质，改变社会性质的是1949年新中国的成立。D选项错误，中华人民共和国的成立标志着中国新民主主义革命的胜利，使得中国的社会性质变为新民主主义社会，而跨入社会主义社会是在1956年底三大改造完成。C选项正确。

49. B 【解析】1967年6月17日，我国第一颗氢弹爆炸成功，这是继1964年我国成功爆炸第一颗原子弹之后，在核工业领域取得的又一个震惊世界的成就。

50. B 【解析】凡尔赛合约中德国的海外殖民地被英法澳日等国以委任统治的名义瓜分，没有美国。

二、多项选择题

1. BD 【解析】管仲改革和商鞅变法发生在春秋战国时期，其实质是推动国家由奴隶制向封建制过渡，而非封建社会内部的调整。

2. CD 【解析】儒家所谓的四端，即：恻隐之心，仁之端也；羞恶之心，义之端也；辞让之心，礼之端也；是非之心，智之端也。

3. ABC 【解析】D项卧薪尝胆的主人公是越王勾践。

4. ABCD 【解析】袁绍，汝南汝阳（今河南省周口市商水县）人，东汉末年军阀，汉末群雄之一。司马昭，河内温县（今属河南）人，三国时期曹魏权臣，西晋王朝的奠基人之一。赵匡义，又名赵光义，即宋太宗，宋朝的第二位皇帝，生于浚仪（今河南开封）。商鞅，战国时期政治家，法家代表人物，又名公孙鞅、卫鞅，卫国（今河南濮阳）人。

5. ACD 【解析】八七会议在中国共产党历史上是一个转折点。它给正处在思想混乱和组织涣散中的中国共产党指明了新的出路，为挽救党和革命作出了巨大贡献。这是由大革命失败到土地革命战争兴起的历史性转变。A正确。中共十一届三中全会做出了把全党的工作中心转移到社会主义现代化建设上来的决策，是新中国建立以来党的历史转折点，C正确。遵义会议是中国共产党历史上开始独立自主地解决中国革命和革命战争的重大问题的会议，实际确立了毛泽东在中共中央和红军的领导地位，在极端危急的关头挽救了党，挽救了红军，挽救了中国革命，是党的历史上一个生死攸关的转折点，D正确。

6. ABD 【解析】乐不思蜀的主人公是三国时期蜀汉第二位皇帝刘禅，C错误。与曹操有关的典故有望梅止渴、坚壁清野、味如鸡肋、割须弃袍、割发代首、老骥伏枥、分香卖履等。

7. BD 【解析】李渊为唐朝开国皇帝，三国的建国顺序是魏蜀吴。

8. ABD 【解析】自从联合国产生之日起，联合国改革就在不断进行。因此C项说法错误。ABD说法正确。

9. ABC 【解析】王莽篡汉导致西汉灭亡，故A说法错误。牧野之战又称“武王伐纣”，是周武王联军与商朝军队在牧野进行的决战。由于商纣王先征西北的黎，后平东南夷，虽取得胜利，但穷兵黩武，加剧了社会和阶级矛盾，最后兵败自焚，商朝灭亡，所以B说法错误。淝水之战是东晋时期北方的统一政权前秦向南方东晋发起的侵略吞并的一系列战役中的决定性战役，结果东晋胜利，前秦失败，北方各民族纷纷脱离了前秦的统治，先后建立了十余个小国，C说法错误。本题选择ABC选项。

三、连线题

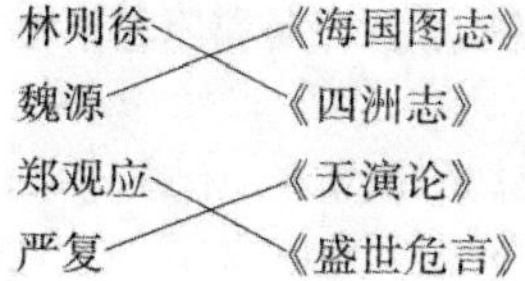

第二章　文学素养

基础知识达标

一、单项选择题

1. B 【解析】本题考查唐宋八大家。韩愈是唐代杰出的文学家、思想家、哲学家，是古文运动的倡导者，被称为“唐宋八大家之首”。故选B。

2. A 【解析】本题考查四大名著。大观园是一座再现中国古典文学名著《红楼梦》中“大观园”景观的仿古园林。故选A。

3. C 【解析】本题考查诗句中的修辞手法。A项中，“暖风”使用了双关的修辞手法，在诗歌中，既指自然界的春风，又指社会上的淫靡之风。在诗人看来，正是这股“暖风”把“游人”的头脑吹得如醉如痴，忘记了自己的国家正处于危难之中。B项，这两句使用了比喻的修辞手法，表明只有依靠一场急风惊雷，才能打破在清朝统治下，到处呈现着的一片死气沉沉的局面。“风雷”，比喻革命风暴。“万马齐喑”，比喻在清朝统治下，人们不敢讲话，到处是一种令人窒息的沉闷气氛。D项，这两句自问自答，运用了设问的修辞手法。ABD项均对应错误。C项，最后一句“露似珍珠月似弓”的意思是：露水像珍珠一样晶莹光亮，弯弯的月亮像弓一样，连用两个新颖贴切的比喻，描绘出深秋月夜的迷人景象。故选C。

4. C 【解析】本题考查对诗文的积累。C项，“湖光秋月两相和，潭面无风镜未磨”出自刘禹锡的《望洞庭》，描写了洞庭湖的优美景色，洞庭湖位于湖南省，当选。A项，“湖上春来似画图，乱峰围绕水平铺”出自白居易的《春题湖上》，描写了三面群山环抱的西湖春景。B项，“孤山寺北贾亭西，水面初平云脚低”出自白居易的《钱塘湖春行》，钱塘湖即西湖。D项，“水光潋滟晴方好，山色空蒙雨亦奇”出自苏轼的《饮湖上初晴后雨》，描绘了西湖晴天和雨天的不同美景。故选C。

5. C 【解析】本题考查世界文学常识。世界文学中的“四大吝啬鬼”指《威尼斯商人》中的夏洛克、《悭吝人》中的阿巴贡、《死魂灵》中的泼留希金、《欧也妮·葛朗台》中的葛朗台。

6. A 【解析】陶渊明的诗分为饮酒诗、咏怀诗和田园诗三大类，其中田园诗是其主要成就。

7. C 【解析】诗歌按题材可分为：怀古诗、田园诗、山水诗、送别诗、咏物诗、战争诗等。“海内存知己，天涯若比邻”的意思是四海之内有知心朋友，即使远在天边也如近在比邻。这首送别诗表现了诗人乐观宽广的胸襟和对友人的真挚情谊，也道出了诚挚的友谊可以超越时空界限的哲理，给人以莫大的安慰和鼓舞。故选C。

8. B 【解析】题干中的诗为苏轼的《赵昌寒菊》，可以根据“金蕊”“百草摧”“始起花”推断出诗中描写的是菊花。

9. A 【解析】“感时花溅泪，恨别鸟惊心”出自杜甫的《春望》，A项对应错误，当选。

10. C 【解析】诗句出自唐代张继的《枫桥夜泊》，唐朝安史之乱后，张继途经寒山寺时写下这首羁旅诗。此诗精确而细腻地描述了一个客船夜泊者对江南深秋夜景的观察和感受，勾画了月落乌啼、霜天寒夜、江枫渔火、孤舟客子等景象，有景有情有声有色。其中“愁”指思乡之苦。故选C。

11. D 【解析】“先天下之忧而忧，后天下之乐而乐”出自宋代范仲淹的《岳阳楼记》。“落霞与孤鹜齐飞，秋水共长天一色”出自唐代王勃的《滕王阁序》。“世事洞明皆学问，人情练达即文章”出自《红楼梦》。“匹夫而为百世师，一言而为天下法”出自宋代苏轼的《潮州韩文公庙碑》。故选D。

12. C 【解析】A项，《狂人日记》是鲁迅创作的第一个短篇白话日记体小说，小说通过被迫害者“狂人”的形象以及“狂人”的自述式的描写，揭示了封建礼教的“吃人”本质，表现了作者对以封建礼教为主体内涵的中国封建文化的反抗。B项，《阿Q正传》是鲁迅创作的中篇小说，后收入小说集《呐喊》。该小说批判了当时中国社会的封建、保守、庸俗、腐败等特点，有力地揭示了旧中国人民的生活场景和其处在水深火热之中的病态。C项，《朝花夕拾》原名《旧事重提》，是鲁迅的散文集，多侧面地反映了作者鲁迅童年和青少年时期的生活，收录了《从百草园到三味书屋》《藤野先生》等。D项，《野草》是鲁迅创作的一部散文诗集，真实地记述了作者在新文化统一战线分化以后，继续战斗，却又感到孤独、寂寞，在彷徨中探索前进的思想感情。故选C。

13. C 【解析】《追求》是茅盾创作的中篇小说，收录在中篇小说集《蚀》中。《家》是巴金创作的“激流三部曲”中的第一部。《平凡的世界》是路遥创作的一部全景式地表现中国当代城乡社会生活的百万字长篇小说。《朝花夕拾》原名《旧事重提》，是现代文学家鲁迅的散文集。故答案选C项。

14. C 【解析】虎妞是老舍的长篇小说《骆驼祥子》中祥子的妻子。故选C。

15. D 【解析】《诗经》是我国第一部诗歌总集，开创了我国古代诗歌现实主义创作的优秀传统。《楚辞》是屈原创作的一种新诗体，也是我国文学史上第一部浪漫主义诗歌总集。故选D。

16. D 【解析】屈原是中国历史上第一位伟大的爱国诗人，中国浪漫主义文学的奠基人，“楚辞”的创立者和代表作家。

17. D 【解析】四书是指《论语》《孟子》《大学》《中庸》。

18. C 【解析】“己所不欲,勿施于人”出自《论语》。

19. A 【解析】“子钓而不纲,弋不射宿”的意思是:孔子用鱼竿钓鱼而不用渔网捕鱼;孔子用弋射的方式获取猎物,但是从来不射取归巢栖息的鸟兽。这句话出自《论语·述而》,其中的“子”指的是孔子。

20. B 【解析】《道德经》文本以哲学意义之“道德”为纲宗,论述修身、治国、用兵、养生之道,而多以政治为旨归,乃所谓“内圣外王”之学,文意深奥,包涵广博,被誉为万经之王。

21. C 【解析】这个观点是荀子提出的,体现了荀子哲学观中尊重自然规律的思想。

22. A 【解析】“孺子牛”是《左传·哀公六年》中记载的一个典故,原意表示父母对子女的过分疼爱。

23. D 【解析】《吕氏春秋》是在秦国丞相吕不韦主持下,集合门客们编撰的一部黄老道家名著。它是中国历史上第一部有组织、按计划编写的文集,成书于秦始皇统一中国前夕。而秦朝治国的指导思想是法家思想。故选D。

24. C 【解析】“大鹏之动,非一羽之轻也;骐骥之速,非一足之力也”出自汉代王符的《潜夫论·释难》。意思是说,大鹏冲天飞翔,不是靠一根羽毛的轻盈;骏马急速奔跑,不是靠一只脚的力量。

25. B 【解析】注释《春秋》的书,主要有左氏、公羊、谷梁三家,因此《左传》《公羊传》《谷梁传》被称为“春秋三传”。

26. A 【解析】成语“卧薪尝胆”出自《史记·越王勾践世家》。原文为:“越王勾践返国,乃苦身焦思,置胆于坐,坐卧即仰胆,饮食亦尝胆也。”说的是春秋时期越王勾践被吴王夫差打败后,力图雪耻,为激励自己,在屋内悬一苦胆,出入、坐卧都要尝尝,使不忘受辱之苦。经过多年的磨砺,终于使越国强盛起来,打败了吴国,取得了成功。

27. B 【解析】《汉书》,又称《前汉书》,是中国第一部纪传体断代史史书,由东汉史学家班固编撰。

28. B 【解析】汉乐府诗《孔雀东南飞》和北朝民歌《木兰诗》合称为“乐府双璧”。这两首诗歌都是叙事长诗,以其深刻的社会思想意义和极高的艺术成就,为历代文人所推崇。

29. B 【解析】《孔雀东南飞》是我国文学史上第一部长篇叙事诗,描述了焦仲卿、刘兰芝夫妇的爱情悲剧,是汉乐府诗发展史上的高峰之作,与《木兰诗》并称为“乐府双璧”。

30. C 【解析】“初唐四杰”是中国唐代初期四位文学家王勃、杨炯、卢照邻、骆宾王的合称,简称“王杨卢骆”。

31. A 【解析】“落霞与孤鹜齐飞,秋水共长天一色”出自唐代诗人王勃的《滕王阁序》,以落霞、孤鹜、秋水和长天四个景象勾勒出一幅宁静致远的画面,故选A。

32. C 【解析】温庭筠的词多写女子闺情,风格浓艳精巧,清新明快,被称为花间鼻祖。

33. A 【解析】中国最早的文言志怪小说是《搜神记》。《搜神记》是一部记录古代民间传说中神奇怪异故事的小说集,作者是东晋史学家干宝。

34. C 【解析】“茕茕孑立,形影相吊”意为孤身一人,只有和自己的身影相互慰问。形容无依无靠,非常孤单。出自晋李密《陈情表》:“外无期功强近之亲,内无应门五尺之僮,茕茕孑立,形影相吊。”

35. C 【解析】《兰亭集序》是东晋穆帝永和九年(公元353年)三月三日,王羲之与谢安、孙绰等四十一位军政高官在山阴(今浙江绍兴)兰亭“修禊”,会上各人作诗,王羲之为他们的诗写的序文手稿。

36. A 【解析】李白创作的五言古诗《侠客行》的前四句是:赵客缦胡缨,吴钩霜雪明。银鞍照白马,飒沓如流星。

37. B 【解析】“尔曹身与名俱灭,不废江河万古流”出自杜甫《戏为六绝句》。

38. B 【解析】“旗亭画壁”是一则故事,记载于唐代文人薛用弱的《集异记》中。唐玄宗开元年间,诗风日盛,不分朝野,无论官民,都喜欢吟诗唱曲。开元二十五年,著名诗人王之涣、王昌龄、高适都在东都洛阳游学,这个故事发生在三人小聚唱和的时候。

39. A 【解析】“春风得意”形容人处境顺利、做事如意、事业有成。该成语出自孟郊《登科后》中的“春风得意马蹄疾”。

40. B 【解析】唐代诗人王维,字摩诘。这句话的意思是:品味王维的诗,诗中的意象构成一幅美丽的图画;观赏王维的画,画面中处处充溢着浓郁的诗情。这是苏轼在《书摩诘蓝田烟雨图》一文中,对王维的诗画风格和艺术效果的经典评论。

41. C 【解析】苏轼曾说:“味摩诘之诗,诗中有画;观摩诘之画,画中有诗。”王维,字摩诘,号摩诘居士。故选C。

42. D 【解析】《虞美人·春花秋月何时了》是李煜在被毒死前夕所作的词,堪称绝命词。李商隐,晚唐著名诗人,和杜牧合称“小李杜”,代表作有《夜雨寄北》《锦瑟》等。

43. D 【解析】D项出自张若虚的《春江花月夜》,用流霜比喻月光皎洁,描写的是春天的夜景。其他三项描写的都是雪景,故选D。

44. C 【解析】李商隐是晚唐著名诗人,有“七律圣手”之称,和杜牧合称“小李杜”。

45. B 【解析】李煜的《虞美人·春花秋月何时了》最后一句是“恰似一江春水向东流”。

46. A 【解析】晏殊的《浣溪沙》:“一曲新词酒一杯,去年天气旧亭台。夕阳西下几时回? 无可奈何花落去,似曾相识燕归来。小园香径独徘徊。”

47. C 【解析】“大江东去，浪淘尽，千古风流人物”出自苏轼的《念奴娇·赤壁怀古》。

48. B 【解析】《永遇乐·京口北固亭怀古》中的词牌是“永遇乐”。

49. B 【解析】书院即中国古代的民间教育机构。开始只是地方教育组织，最早出现在唐朝，正式的教育制度则是由朱熹创立，发展于宋代。

50. C 【解析】这首五言诗是元代吴师道所作的《莲藕花叶图》，是一首题画诗。诗中借着对莲藕花叶的吟咏，写出了作者对生活的体验，富有哲理意味。故选C项。

51. D 【解析】题干名句出自元代王实甫的《西厢记·长亭送别》。

52. D 【解析】《窦娥冤》的作者是关汉卿。

53. A 【解析】在两宋词坛上，柳永是创用词调最多的词人。

54. D 【解析】醉打蒋门神出自《水浒传》。

55. B 【解析】孙悟空大闹天宫的故事，比较集中而突出地表现了孙悟空敢作敢当、机智乐观、大胆反抗天威神权的无畏精神和斗争性格。故选B。

56. D 【解析】这首诗是王士祯所作的七言绝句《初春济南作》，描写的是泉城济南雪后乍晴的迷人景色。

57. C 【解析】《四库全书》全称《钦定四库全书》，是清代乾隆时期编修的大型丛书。分经、史、子、集四部，故名“四库”。“金、木、水、火”属于中国的五行学说。“礼、乐、诗、书”指儒家典籍《礼记》《乐经》《诗经》《尚书》。风、雅、颂是指我国第一部诗歌总集《诗经》的三个部分。故选C。

58. B 【解析】比拟是把人当物写或把物当人来写的一种修辞方法，前者称之为拟物，后者称之为拟人。“做人既不可翘尾巴，也不可夹着尾巴”把人当作物来写，运用的手法是拟物。

59. B 【解析】中国现代文学史上第一篇白话小说是鲁迅的《狂人日记》。

60. A 【解析】《女神》是中国现代文学史上的第一部新诗集。《女神》在诗歌形式上，突破了旧格套的束缚，创造了雄浑奔放的自由诗体，为“五四”以后自由诗的发展开拓了新的天地，成为中国新诗的奠基之作。《野草》写于“五四”后期，是鲁迅唯一的一本散文诗集，反映了鲁迅彷徨、思索、坚韧战斗的心路历程。《尝试集》是中国现代文学史上第一部白话诗集，开新文学运动之风气，是胡适里程碑式的著作。《尝试集》中主要是表现个性解放、人道主义和民主自由的诗，具有反封建的时代色彩和积极意义。《红烛》是闻一多的诗集，该诗集题材广泛，内容丰富，或抒发诗人的爱国之情，或批判封建统治下的黑暗，或反映劳动人民的苦难，或描绘自然的美景。

61. C 【解析】“黑夜给了我黑色的眼睛，我却用它来寻找光明”出自顾城的《一代人》。

62. B 【解析】《回答》是诗人北岛1976年创作的一首朦胧诗，它标志着朦胧诗时代的开始。

63. A 【解析】《再别康桥》中的康桥，今通译为剑桥，是英格兰的一个城市，著名的康河从小城蜿蜒流过，河边散落着著名的剑桥大学的三十多所学院。

64. B 【解析】《致橡树》的作者是舒婷；《雨巷》的作者是戴望舒；《死水》的作者是闻一多；《落叶》的作者是徐志摩。

65. D 【解析】诗句出自《沁园春·长沙》，是毛泽东于1925年晚秋，离开故乡韶山，去广州主持农民运动讲习所，途经长沙，重游橘子洲时所作。

66. D 【解析】“世上无难事，只要肯登攀”出自毛泽东的《水调歌头·重上井冈山》。

67. B 【解析】《大江歌罢掉头东》是周恩来创作的一首七言绝句。

68. C 【解析】“面壁十年图破壁”出自周恩来创作的《大江歌罢掉头东》。

69. D 【解析】老舍是现代小说家、著名作家，杰出的语言大师、人民艺术家，新中国第一位获得“人民艺术家”称号的作家。

70. C 【解析】《活着》是余华的作品，《人生》的作者是路遥，《白鹿原》是陈忠实的代表作。

71. C 【解析】但丁，13世纪末意大利诗人，现代意大利语的奠基者，欧洲文艺复兴时代的开拓人物之一，以长诗《神曲》而闻名。

72. A 【解析】《巨人传》的作者是拉伯雷。

73. B 【解析】莎士比亚的四大悲剧包括《哈姆雷特》《奥赛罗》《李尔王》《麦克白》。

74. C 【解析】《堂吉诃德》的作者是塞万提斯。

75. B 【解析】《昆虫记》是法国昆虫学家法布尔创作的长篇生物学著作，共十卷。该作品是一部概括昆虫的种类、特征、习性的昆虫生物学著作。

76. A 【解析】《双城记》由英国作家查尔斯·狄更斯所著，《欧也妮·葛朗台》由法国小说家巴尔扎克所著，《呼啸山庄》由英国女作家艾米莉·勃朗特所著。

77. A 【解析】《了不起的盖茨比》是美国作家菲茨杰拉德的作品。

78. C 【解析】“黑色幽默”是20世纪60年代美国重要的文学流派。

79. A 【解析】《诗经》是中国最早的一部诗歌总集，开创了中国文学的“风雅”传统。

80. D 【解析】风骚是《诗经·国风》和《楚辞·离骚》的并称。因此“风”指的是国风。

81. A 【解析】“夸父逐日”的故事出自《山海经·海外北经》。

82. A 【解析】在我国最古老的诗集《诗经》的作品中，常常采用重章叠句的形式，即重复的几章间，意义和字面都只有少量改变，造成一唱三叹的效果。

83. A 【解析】孟母三迁，即孟轲（孟子）的母亲为选择良好的环境教育孩子，多次迁居的故事。故选A。

84. C 【解析】“四书”是《大学》《中庸》《论语》《孟子》的合称，“五经”是《诗》《书》《礼》《易》《春秋》的合称。

85. D 【解析】孔子是春秋时期伟大的教育家，儒家学派的创始人；据郭沫若考证，《学记》的作者为孟子的学生乐正克。

86. D 【解析】孔子诞辰日指纪念孔子诞辰的节日，为阳历9月28日。

87. B 【解析】由题干中“不知《春秋》，不能涉世”可知，儒家思想的特点是注重研究社会现实。A项在材料中看不出，C项是道家研究的范畴，D项属佛家思想。

88. D 【解析】“有教无类”意思是不管什么人都可以受到教育，不因为贫富、贵贱、智愚、善恶等原因把一些人排除在教育对象之外，体现了平等的思想。

89. C 【解析】“绝圣弃智，民利百倍”出自老子的《道德经》。

90. B 【解析】“人法地，地法天，天法道，道法自然”出自《老子》。“天行健，君子以自强不息；地势坤，君子以厚德载物”出自《周易》。“君子有大道，必忠信以得之，骄泰以失之”出自《大学》。“老吾老，以及人之老；幼吾幼，以及人之幼”出自《孟子·梁惠王上》。B正确。

91. A 【解析】《蒿里行》是汉末文学家曹操的诗作。此诗是借乐府旧题写时事，记述了汉末军阀混战的现实，真实、深刻地揭示了人民的苦难，堪称“汉末实录”的“诗史”。

92. A 【解析】《文心雕龙》是中国南朝文学理论家刘勰创作的一部理论系统、结构严密、论述细致的文学理论专著。它是中国文学理论批评史上第一部有严密体系的、“体大而虑周”的文学理论专著。

93. A 【解析】传奇小说是古代中国文言短篇小说的一种，流行于唐代，又称唐传奇。传奇小说是一种传录奇闻的文体，实际上是已具规模的小说。唐代传奇不仅数量很多，而且内容精彩，故事动人，文辞华丽，有些作品确实具有高度的文学价值。

94. A 【解析】李白初到长安造访贺知章，以《蜀道难》示之，贺知章看后赞叹不已，称李白为“谪仙人”。

95. B 【解析】“会当凌绝顶，一览众山小”出自杜甫的名篇《望岳》，作者通过描绘泰山雄伟磅礴的气象，热情赞美了泰山高大巍峨的气势和神奇秀丽的景色，流露出对祖国山河的热爱之情。

96. C 【解析】“忽如一夜春风来，千树万树梨花开”出自岑参的《白雪歌送武判官归京》，描写的是冬季。

97. A 【解析】“大珠小珠落玉盘”出自白居易的《琵琶行》。本义是指大小雨点落在荷叶上的声音，在白居易的《琵琶行》中形象化地描述为琵琶弹奏出的动人琴声。

98. C 【解析】“司马青衫”出自白居易《琵琶行》中的“座中泣下谁最多？江州司马青衫湿”一句。

99. B 【解析】该诗句出自唐朝诗人孟郊写的七言绝句《登科后》。公元796年，年届46岁的孟郊奉母命第三次赴京科考，终于登上了进士第。放榜之日，孟郊喜不自胜，写下了生平第一首快诗《登科后》。“春风得意马蹄疾，一日看尽长安花”真切地描绘出了诗人考中后的得意之情。

100. B 【解析】《枫桥夜泊》是唐代诗人张继的作品。唐朝安史之乱后，张继途经寒山寺时写下这首羁旅诗。此诗精确而细腻地描述了一个客船夜泊者对江南深秋夜景的观察和感受，勾画了月落乌啼、霜天寒夜、江枫渔火、孤舟客子等景象，有景有情有声有色。此外，这首诗也将作者羁旅之思、家国之忧，以及身处乱世尚无归宿的顾虑充分地表现出来，是写愁的代表作。

101. B 【解析】这句诗出自晚唐诗人李商隐的《无题·昨夜星辰昨夜风》。

102. D 【解析】蒋防的《霍小玉传》描写了霍小玉悲剧的一生，被称为中唐传奇的压卷之作。

103. B 【解析】“接天莲叶无穷碧”出自《晓出净慈寺送林子方》。全文为：毕竟西湖六月中，风光不与四时同。接天莲叶无穷碧，映日荷花别样红。可见是夏季。

104. C 【解析】“横看成岭侧成峰，远近高低各不同”出自苏轼游览庐山所作的《题西林壁》。

105. D 【解析】“先天下之忧而忧，后天下之乐而乐”出自范仲淹的《岳阳楼记》。

106. D 【解析】《资治通鉴·唐太宗贞观二年》：“上（唐太宗）问魏徵曰：‘人主何为而明，何为而暗？’对曰：‘兼听则明，偏信则暗。’”

107. A 【解析】《资治通鉴》是我国历史上第一部编年体通史，由北宋名臣、史学家司马光负责编纂，历时十九年，全书共

294卷，目的是通过对事关国家盛衰、民族兴亡的统治阶级政策的描述，警示后人。

108. D 【解析】《墙头马上》是元代著名戏曲家白朴的作品。《倩女离魂》，全名为《迷青琐倩女离魂》，取材自唐朝陈玄祐所作传奇《离魂记》，是元曲作家郑光祖创作的杂剧。《汉宫秋》是元代著名杂剧家马致远的代表作。《窦娥冤》是元代著名杂剧家关汉卿的代表作。

109. C 【解析】王实甫，元代著名戏曲作家，杂剧《西厢记》的作者。《西厢记》全名《崔莺莺待月西厢记》，书中的男女主角是张生和崔莺莺。

110. C 【解析】《康熙字典》成书于康熙五十五年(1716年)，共收录汉字47035个，是中国收录汉字最多的古代字典。

111. B 【解析】"良辰美景奈何天，赏心乐事谁家院"，曾经在《红楼梦》中林黛玉的口中出现。字面意思是：良辰美景又怎样呢，无法排解我的愁思。赏心乐事是有的，但是不知道是在谁家的院子里。故本题答案选B。

112. B 【解析】岳麓书院是中国四大书院之一，坐落于中国湖南长沙湘江西岸的岳麓山脚下。故选B。

113. B 【解析】寓言是用比喻性的故事来寄托意味深长的道理，给人以启示的文学体裁。而大禹治水是我国古代的神话传说，不属于寓言故事。

114. A 【解析】"要画出这样沉默的国民的魂灵来"这句话出自鲁迅先生的《俄文译本〈阿Q正传〉序》。

115. A 【解析】1935年，萧红在鲁迅的支持下，发表成名作《生死场》。

116. A 【解析】老舍于1951年被北京市人民政府授予荣誉称号——"人民艺术家"；叶圣陶被称为"优秀的语言艺术家"；林语堂曾被称为"幽默大师"；曹禺曾被称为"戏剧大师"。

117. D 【解析】《荷马史诗》是欧洲文学史上最早的优秀文学巨著，它反映了古希腊史前时代的生活面貌，是研究希腊早期社会的重要文献。它那独特精湛的艺术特色，对后世欧洲文学和世界文学的发展具有深远的影响。

118. C 【解析】《茶花女》的作者是法国著名作家小仲马。

119. A 【解析】《忏悔录》是法国启蒙思想家、哲学家、教育家、文学家卢梭在其晚年写成的自传，记载了卢梭50多年的生活经历。

120. A 【解析】对联是中国的传统文化之一，又称楹联或对子，是写在纸、布上或刻在竹子、木头、柱子上的对偶语句。对联对仗工整，平仄协调，是一字一音的中文语言独特的艺术形式。

121. C 【解析】"天行健，君子以自强不息"语出《周易》。这句话的意思是：宇宙不停运转，人应效法天地，永远不断地前进。

122. C 【解析】"天下为公"出自《礼记·礼运》，是儒家的观点。

123. A 【解析】看到"中庸"字眼，判断属于儒家思想，故本题选择A选项。

124. C 【解析】道家主张"绝学"和"愚民"，认为"绝学无忧"。根据"道法自然"的哲学理念，道家主张遵循自然原则，一切任其自然，便是好的教育。故选C项。

125. A 【解析】《史记》是西汉著名史学家司马迁撰写的一部纪传体史书，是中国历史上第一部纪传体通史，记载了上至上古传说中的黄帝时代，下至汉武帝太初四年间共3000多年的历史。

126. D 【解析】"八斗"是南朝诗人谢灵运称颂三国诗人曹植时用的比喻。他说："天下有才一石，曹子建(曹植)独占八斗，我得一斗，天下共分一斗。"后来人们使用"才高八斗"比喻文才高超的人。

127. D 【解析】A项选自南朝齐谢朓的《宣城郡内登望诗》，描写了深秋之景。B项选自南朝梁范云的《别诗》，描写了西北寒秋之景。C项选自唐岑参的《至大梁却寄匡城主人》，描写深秋原野的景象。D项出自盛唐诗人孟浩然的《过故人庄》，诗中"待到"和"还来"表示将在秋高气爽的重阳节再来观赏菊花，而非描写秋景。故选D。

128. B 【解析】诗仙是李白，诗圣是杜甫，诗鬼是李贺。

129. B 【解析】王维的《使至塞上》是开元二十五年夏，诗人出使河西节度府，至凉州时所作。凉州即今天的甘肃武威。诗句里的"长河"指的是黄河。

130. A 【解析】此句出自新乐府运动倡导者白居易。

131. A 【解析】"小李杜"是晚唐时期著名诗人李商隐和杜牧的合称。

132. C 【解析】丝竹指音乐，故本题选择C选项。

133. B 【解析】"双鬓多年作雪，寸心至死如丹"出自南宋诗人陆游的《感事六言》，大意是：我的头发早在多年以前就白了，但我的心却至死都是赤诚的。这两句诗表达了作者至死为国的忠诚。

134. C 【解析】"洛阳花"指牡丹，牡丹是洛阳的市花，极其著名。故本题答案为C。

135. D 【解析】《学记》是古代中国典章制度专著《礼记》(《小戴礼记》)中的一篇，写作于战国晚期。相传为西汉戴圣编撰。据郭沫若考证，《学记》作者为孟子的学生乐正克。

136. C 【解析】C项出自唐代诗人李商隐的《登乐游原》。表达的是傍晚时分，诗人郁郁不乐地登上长安的乐游原，只见一轮红日西斜，显得无限美丽，于是情不自禁地唱出了："夕阳无限好，只是近黄昏。"意谓夕阳纵好，可惜也维持不了多长时间。其中寓有诗人既赞赏而又惋惜的感情，未表达出"不服老"的含义。故本题答案为C。

137. A 【解析】《临江仙·滚滚长江东逝水》是明代文学家杨慎所作的《廿一史弹词》中的第三段《说秦汉》的开场词，后毛宗岗父子评刻《三国演义》时将其放在卷首。老版电视剧《三国演义》将其作为主题歌歌词。故选A。

138. A 【解析】《诗经》约成书于春秋中期，是我国第一部诗歌总集。楚辞是战国时代的伟大诗人屈原创造的一种诗体。乐府本是秦汉时期设置的管理音乐的机构，后来发展为一种诗体。词在隋唐时期兴起，宋朝时达到全盛。曲出现于南宋和金代，盛行于元代。

139. D 【解析】新月派因徐志摩主编的《新月》杂志而得名，是20世纪20年代末期一个影响较大的文学社团。徐志摩是新月派的代表人物。故本题选择D选项。

140. B 【解析】这个词源自古希腊传说，讲的是狄奥尼修斯国王请他的朋友达摩克利斯赴宴，命其坐在用一根马鬃悬挂的一把寒光闪闪的利剑下。这个外国典故意指令人处于一种危机状态，"临绝地而不衰"或者随时有危机意识，心中敲起警钟等。因此"达摩克利斯"是大臣的名字。故本题答案为B。

141. B 【解析】巴尔扎克在《人间喜剧》中以清醒的现实主义笔触，给人们提供了一部法国社会，特别是巴黎上流社会的卓越的现实主义历史。

142. C 【解析】《包法利夫人》是法国作家福楼拜的作品；《装在套子里的人》是俄国作家契诃夫的作品；《麦琪的礼物》是美国短篇小说家欧·亨利的作品，故本题选择C选项。

143. B 【解析】《老人与海》是美国作家海明威在古巴写的一篇中篇小说。该作围绕一位老年古巴渔夫，与一条巨大的马林鱼在离岸很远的湾流中搏斗而展开故事的讲述，塑造了一个经典的硬汉形象。"一个人并不是生来要被打败的，你尽可以把他消灭，可就是打不败他"就出自该小说。

二、多项选择题

1. ACD 【解析】杜甫，字子美，自号少陵野老，是唐代伟大的现实主义诗人。他的"三吏三别"是指《新安吏》《石壕吏》《潼关吏》《新婚别》《无家别》《垂老别》。

2. AC 【解析】初唐四杰，是中国唐朝初年文学家王勃、杨炯、卢照邻、骆宾王的合称。

3. BCD 【解析】"宁可枝头抱香死，何曾吹落北风中"出自宋代郑思肖的《寒菊》，A项错误。"忽然一夜清香发，散作乾坤万里春"出自元代王冕的《白梅》，B项正确。"雪满山中高士卧，月明林下美人来"出自明初高启的《咏梅九首》，C项正确。"疏影横斜水清浅，暗香浮动月黄昏"出自宋代林逋的《山园小梅二首》，D项正确。故选BCD。

4. AB 【解析】李贺的诗作想象极为丰富，多引用神话传说，托古寓今，后人誉为"诗鬼"。贺知章的诗作豪放旷达，人称"诗狂"。CD项对应错误，AB项对应正确。

5. ABD 【解析】《四世同堂》是老舍的著作。

6. ABCD 【解析】路遥的主要作品有《人生》《平凡的世界》《惊心动魄的一幕》《在困难的日子里》《黄叶在秋风中飘落》《你怎么也想不到》等。

7. ABC 【解析】"四大悲剧"是《哈姆雷特》《麦克白》《李尔王》《奥赛罗》这四部著作的总称。

8. AB 【解析】韩非子和李斯都是法家代表人物。荀子是儒家代表人物。庄周是道家代表人物。

9. BC 【解析】墨家思想主要体现为兼爱、非攻、尚贤、尚同、非命、天志、明鬼、节用、节葬、非乐等方面，反映了下层劳动者的利益和要求，也代表了当时小生产者阶层的社会政治理想。"致良知"是中国明代王守仁的心学主旨，"道法自然"是道家老子的哲学思想，都不属于墨家思想，故BC错误，当选。

10. ACD 【解析】B项中的《三十六计》或称三十六策，是指中国古代三十六个兵法策略，成书于明清。

11. CD 【解析】汉赋四大家是指司马相如、扬雄、班固、张衡四人。

12. ABD 【解析】杜甫的代表作有"三吏""三别"，其中"三别"指的是《新婚别》《无家别》《垂老别》。《别董大》《燕歌行》是唐代诗人高适的作品。

13. ABD 【解析】"三顾茅庐"是长篇历史小说《三国演义》中的一个经典情节。"倒拔垂杨柳""景阳冈打虎"均出自长篇小说《水浒传》。"流水葬花"是长篇小说《红楼梦》的情节。

14. AB 【解析】林冲是《水浒传》中的人物；贾宝玉是《红楼梦》中的人物。

15. BD 【解析】《三国演义》的作者为罗贯中，它是中国第一部长篇章回体历史演义小说，是历史演义小说的经典之作。清代学者章学诚评价《三国演义》具有"七分事实，三分虚构"的特点。《水浒传》是中国历史上最早用白话文写成的章回小说之一。因此，正确的有B、D两项。

16. ABCD 【解析】《茶馆》是老舍的作品。

17. CD 【解析】莫言是我国首位诺贝尔文学奖的获得者，他的代表作有《红高粱》《檀香刑》《丰乳肥臀》《生死疲劳》《蛙》《酒国》等。《白鹿原》是陈忠实的代表作，《平凡的世界》的作者是路遥。故本题选CD。

18. ABCD 【解析】《红高粱家族》由《红高粱》《高粱酒》《高粱殡》《狗道》《奇死》五部组成。

19. AC 【解析】雨果的代表作有长篇小说《巴黎圣母院》《九三年》《悲惨世界》等。《茶花女》是法国作家小仲马的代表作。《三个火枪手》是法国作家大仲马的代表作。故排除BD，选AC。

20. ABE 【解析】《小酒店》《娜娜》是法国著名小说家爱弥尔·左拉的作品。

21. BD 【解析】列夫·托尔斯泰的代表作有《战争与和平》《安娜·卡列尼娜》《复活》等。《罪与罚》《白痴》是陀思妥耶夫斯基的作品。

22. CDE 【解析】高尔基的自传体小说包括《童年》《在人间》《我的大学》。

23. ABCD 【解析】诸子百家中，流传最为广泛的是法家、道家、墨家、儒家、阴阳家、名家、杂家、农家、小说家、纵横家、兵家、医家。

24. ABD 【解析】我国古代"六艺"是指礼、乐、射、御、书、数。

25. ABC 【解析】"晚清四大谴责小说"分别为李宝嘉的《官场现形记》、吴沃尧的《二十年目睹之怪现状》、刘鹗的《老残游记》以及曾朴的《孽海花》。

26. BD 【解析】唐宋八大家是唐代的韩愈、柳宗元和宋代的苏洵、苏轼、苏辙、王安石、曾巩、欧阳修八位散文家的合称。

27. ABCD 【解析】"一寸丹心图报国，两行清泪为思亲"是明代抗击瓦剌的英雄于谦的名句；"烈士之爱国也如家"意思是有抱负、有作为的人热爱国家就像热爱自己的家一样；"匈奴未灭，何以家为"是汉代抗击匈奴的英雄霍去病的名言；"天下之本在国，国之本在家，家之本在身"意思是：天下的基础是国，国的基础是家，家的基础是每一个人。这四句话都包含了家国情怀，故选ABCD。

28. ACD 【解析】茅盾的"农村三部曲"包括《春蚕》《秋收》《残冬》。

29. ABC 【解析】D项"问君能有几多愁？恰似一江春水向东流"写的是李煜的亡国之痛，而非忧国忧民的情怀。

30. BCD 【解析】"四书"是《大学》《中庸》《论语》《孟子》的合称。

31. ABD 【解析】"五经"指的是《诗经》《尚书》《礼记》《易经》《春秋》。

32. ABD 【解析】列子是道家学派的杰出代表人物。

33. AB 【解析】杜甫的《闻官军收河南河北》中有"即从巴峡穿巫峡"。巫峡是长江三峡之一。李白的《早发白帝城》描写的正是作者从白帝城顺江而下，穿越三峡的行程。

三、判断题

1. × 【解析】"从天而颂之，孰与制天命而用之"出自荀子的《荀子·天论》，意思是顺从天而赞美它，哪里比得上掌握自然的变化规律而利用它。荀子认为自然有自己的规律，主张"制天命而用之"，即掌握并利用自然的变化规律，造福人类。

2. × 【解析】我国第一部诗歌总集是《诗经》。

3. √ 【解析】《史记》是西汉史学家司马迁撰写的纪传体史书，是中国历史上第一部纪传体通史，被鲁迅誉为"史家之绝唱，无韵之离骚"。

4. × 【解析】《孙子兵法》又称《孙武兵法》，是由孙武编写的；孙膑编写的是《孙膑兵法》。

5. × 【解析】"咬定青山不放松，立根原在破岩中"出自清代郑燮的《竹石》，赞颂了竹子的刚毅。

6. √ 【解析】老舍原名舒庆春，字舍予，中国现代著名小说家、文学家、剧作家，是新中国第一位获得"人民艺术家"称号的作家。

7. × 【解析】《双城记》是英国作家查尔斯·狄更斯所著的一部以法国大革命为背景的长篇历史小说。

8. √ 【解析】"说"是古代一种议论文体裁。例如，《马说》这篇文章以马为喻，谈的是人才问题。

9. × 【解析】诗经现存305篇诗歌，古人取其整数，常说"诗三百"。

10. √ 【解析】《史记》是由司马迁撰写的中国第一部纪传体通史。

11. √ 【解析】《出师表》以恳切的言辞，针对当时的局势，反复劝勉刘禅要继承先主刘备的遗志，开张圣听，赏罚严明，亲贤远佞，以完成"兴复汉室"的大业，表现了诸葛亮"北定中原"的坚强意志和对蜀汉忠贞不二的品格。

12. √ 【解析】《七步诗》是三国时期魏国诗人曹植的一首诗。

13. √ 【解析】陶渊明是中国第一位田园诗人，被称为"古今隐逸诗人之宗"。

14. √ 【解析】李清照号易安居士，宋代女词人，婉约词派代表，有"千古第一才女"之称。《声声慢》《醉花阴》是其代表作品。

15. × 【解析】《水浒传》又名《忠义水浒传》作于元末明初,是中国四大名著之一,一般认为作者是施耐庵。

16. √ 【解析】《红楼梦》代表了明清小说的最高成就,其艺术成就达到了中国古典小说的最高峰,并由此产生了一门新的学问——"红学"。著名的红学专家有高鹗、胡适、蔡元培、俞平伯、冯其庸、周汝昌、李希凡等。

17. √ 【解析】巴金是我国著名的小说家、散文家,其代表作品有《家》《寒夜》《随想录》等。

18. × 【解析】《蚀》是茅盾的作品。

19. × 【解析】《女神》的作者是郭沫若。

20. √ 【解析】茅盾的《蚀》三部曲,包括三个略带连续性的中篇:《幻灭》《动摇》《追求》。

21. × 【解析】《小团圆》《雷峰塔》《易经》是张爱玲以自我人生经历为题材创作的自传小说,在张爱玲的创作生涯中占据着重要的位置。三本小说突破以往对自我经历进行事实性描述的简单书写,以小说创作的角度,对自我人生经历进行加工、创作,描绘出父亲、母亲、弟弟、胡兰成等人的生活、思想状态。《金锁记》主要描写一个小商人家庭出身的女子曹七巧的心灵变迁历程,并不是张爱玲以自我人生经历为题材创作的自传小说。

22. × 【解析】《我的叔叔于勒》是法国作家莫泊桑创作的短篇小说。

23. √ 【解析】汉赋是汉代出现的一种新的文学形式,它是一种诗化的散文。

24. × 【解析】《史记》是西汉史学家司马迁撰写的纪传体史书,是中国历史上第一部纪传体通史。《左传》是我国第一部叙事详细、完整的编年体史书。

25. × 【解析】《史记》被誉为"史家之绝唱,无韵之离骚"。

26. × 【解析】《滕王阁序》是初唐诗人王勃的作品。王勃和骆宾王、杨炯、卢照邻合称"初唐四杰"。

27. × 【解析】"春花秋月何时了,往事知多少"出自南唐后主李煜的代表作《虞美人》。

28. × 【解析】我国第一部大百科全书是成书于明朝永乐年间的《永乐大典》,早于清朝乾隆年间的《四库全书》。

29. √ 【解析】张洁的《沉重的翅膀》获得第二届茅盾文学奖,《无字》获得第六届茅盾文学奖。至此,张洁成为中国第一位两次获得茅盾文学奖的作家,也是迄今为止全国唯一获得两次茅盾文学奖的作者。

30. √ 【解析】科幻作品《三体》是我国当代科幻作家刘慈欣的代表作。

31. × 【解析】《关雎》的句子应该是"关关雎鸠,在河之洲。窈窕淑女,君子好逑"。

综合能力提升

一、单项选择题

1. C 【解析】"终古高云簇此城,秋风吹散马蹄声"出自谭嗣同的《潼关》,描述的是潼关景色。所以②不选。

2. C 【解析】《长恨歌》是唐代诗人白居易的一首长篇叙事诗。《石壕吏》是唐代诗人杜甫的一首诗,为"三吏三别"之一。《长生殿》是清初剧作家洪昇戏曲创作的代表作,取白居易《长恨歌》中的诗句"七月七日长生殿"作为剧本题目。综上,选项中与《马嵬》中提到作品无关的作家是关汉卿,故选C。

3. D 【解析】《红与黑》是法国作家司汤达创作的长篇小说,①错误。《名利场》是英国批判现实主义作家威廉·梅克比斯·萨克雷创作的长篇小说,②错误。巴尔扎克是法国小说家,⑤错误。③④对应正确,故选D。

4. B 【解析】养虎遗患,意指纵容坏人坏事,留下后患,也比喻放过敌人后给自己造成损害。胯下之辱是指从胯下爬过的耻辱,意指有才能的人未显达时被人鄙视、遭受侮辱。卧薪尝胆,意思是形容一个人忍辱负重,发愤图强,最终苦尽甘来。暮夜却金,指的是杨震公正廉洁,不谋私利。他任荆州刺史时发现王密才华出众,便向朝廷举荐王密为昌邑县令。后王密给杨震送金子,杨震以天知,神知,我知,你知为由拒绝收礼的典故。故正确答案为B。

5. B 【解析】田园生活是陶渊明诗歌的主要题材,而非咏史诗。本题为选非题,答案为B。

6. B 【解析】B项,出自刘禹锡的《竞渡曲》,记叙的是一次赛龙舟活动,当选。

7. C 【解析】"谁言寸草心,报得三春晖"出自孟郊《游子吟》。故选C。

8. A 【解析】"忽如一夜春风来,千树万树梨花开"出自唐代诗人岑参的《白雪歌送武判官归京》,以梨花喻冬雪,写的是冬季的景色。故选A。

9. B 【解析】①项错误,唐代诗人崔颢在《黄鹤楼》一诗中写道"芳草萋萋鹦鹉洲";祢衡是东汉末年名士,曾作《鹦鹉赋》,死后葬于鹦鹉洲,因此结合"祢衡"和"崔颢"可推断其对应的名楼为黄鹤楼。②项错误,唐代诗人王之涣在《登鹳雀楼》一诗中写道"黄河入海流""欲穷千里目",因此由"千里目"和"黄河入海"可联想到鹳雀楼。③项正确,洞庭湖古称"云梦",有神仙洞府之意,岳阳楼紧邻洞庭湖,因此由"云梦"和"仙人"可知为岳阳楼。④项正确,唐代诗人王勃在《滕王阁序》中写道"落霞与孤鹜齐飞,秋水共长天一色",因此由"水天一色"可知为滕王阁。

10. A 【解析】"千载琵琶作胡语,分明怨恨曲中论"说的是西汉时期的王昭君;"江东子弟多才俊,卷土重来未可知"说的

是秦朝末年的项羽；“三分割据纡筹策，万古云霄一羽毛”说的三国时期的诸葛亮；“一骑红尘妃子笑，无人知是荔枝来”说的是唐朝的杨贵妃。因此，以上历史人物出现的顺序是②①③④。

11. D 【解析】令、引、近、慢是唐宋词的四种体制。令为令曲，即小令，每片四拍。“引”和“近”每片六拍，如有需要可增辅拍，辅拍通称为“艳拍”或“花拍”。慢即慢曲，每片八拍，也可用“艳拍”。“引”“近”“慢”的拍子，有缓有急；不论节拍缓急，一字一声，不加重叠，字数也无定规。由于拍子多少不同，令词一般短小，引、近接近中调，慢词较长。但它们之间的区别，并不在字数多少，而在于音乐上的节奏不同。

12. D 【解析】“秦时明月汉时关”采用了互文的表现手法，A、B、C三项中也采用了这种手法，故选D。

13. C 【解析】C项出自苏轼的《蝶恋花·春景》。

14. D 【解析】①出自元曲作家马致远的《天净沙·秋思》，描写秋季；②出自唐代诗人岑参的《白雪歌送武判官归京》，描写冬季；③出自唐代诗人高骈的《山亭夏日》，描写夏季；④出自唐代诗人孟浩然的《春晓》，描写春季。按春夏秋冬排序为④③①②，故选D。

15. A 【解析】《西厢记》的故事梗概是：书生张生和相国小姐崔莺莺在普救寺里一见钟情，他们不顾封建势力的阻挠，在侍女红娘费尽心力的帮助下，私自结合。崔母发觉后，经红娘的据理力争，只好承认婚事，但要求张生立刻上京考试。于是两人又被迫分离，直到张生中举归来，才和莺莺团聚。

16. C 【解析】A项出自龚自珍《己亥杂诗》，意为我奉劝天帝（这里是指朝廷）能重新振作精神，要降下更多的人才。作者采取将天公拟人化的方法，用“劝”与天公对话，强烈表达出作者忧国忧民的情怀和希望有救国救民的人才出现的希冀，故A选项错误。B项出自郑燮（郑板桥）《竹石》，意为经历无数磨难和打击身骨仍坚劲，任凭你刮酷暑的东南风，还是严冬的西北风。表面写竹，其实是写人，诗中的劲竹象征了诗人面对种种艰难困苦，宁折不弯，决不向任何恶势力屈服的品格，和不肯与黑暗社会同流合污的铮铮傲骨。这首诗常被用来形容革命者在斗争中的坚定立场和受到敌人打击决不动摇的品格，故B选项错误。C项出自郑燮（郑板桥）《潍县署中画竹呈年伯包大中丞括》，意为我们虽然只是州县里的小官吏，但百姓的每一件小事都在牵动着我们的感情，体现诗人关心百姓疾苦，故C选项正确。D项出自诸葛亮《诫子书》，意为不追求名利，生活简单朴素，才能显示出自己的志趣；不追求热闹，心境安宁清静，才能达到远大目标。没有体现诗人关心百姓疾苦，故D选项错误。故本题正确答案为C。

17. D 【解析】“元曲四大家”指关汉卿、白朴、郑光祖、马致远四位元代杂剧作家。汤显祖是明代剧作家，代表作有《牡丹亭》《紫钗记》《南柯记》《邯郸记》等。

18. A 【解析】B项，“三打祝家庄”是《水浒传》中的情节；C项，《狂人日记》收录在鲁迅小说集《呐喊》中；D项，《父与子》是长篇小说。故答案选A。

19. C 【解析】《暴风骤雨》是现代作家周立波所创作的一部长篇小说，描写了东北地区一个名叫元茂屯的村子从1946年到1947年土地改革的全过程。C项中对其社会时期的定位有误。本题为选非题，故选C。

20. A 【解析】B项错误，《骆驼祥子》是长篇小说，《寒夜》的作者是巴金。C项错误，《平凡的世界》的作者是路遥。D项错误，《子夜》《林家铺子》《农村三部曲》的作者是茅盾。

21. A 【解析】《基督山伯爵》是法国著名作家大仲马所作的长篇小说。

22. C 【解析】“天行有常，不以尧存，不以桀亡”出自《荀子》。

23. B 【解析】题干中的诗句出自白居易的《钱塘湖春行》，描写的是西湖的美景。

24. A 【解析】①中句子，根据鸣蝉可知描写的是夏季；②出自唐朝诗人宋之问的《苑中遇雪应制》，描写的是冬季雪景；③中句子，根据“翠叶残”和“西风”可知描写的是秋季；④中诗句描述的是春分。

25. C 【解析】“樯橹灰飞烟灭”出自苏轼的《念奴娇·赤壁怀古》，说的是赤壁之战。

26. C 【解析】《国语》长于记言，《左传》长于记事，A项错误；《论语》主要记述孔子的言行，B项错误；《木兰诗》是一首北朝民歌，收录于郭茂倩的《乐府诗集》，D项错误。故选C。

27. B 【解析】《窦娥冤》的作者是元代戏曲家关汉卿。咏物寄情散文《海燕》的作者郑振铎是现代作家，而非当代作家。《孙权劝学》的作者司马光是宋代政治家、史学家。

28. A 【解析】莎士比亚的“四大悲剧”指的是《哈姆雷特》《奥赛罗》《李尔王》和《麦克白》。

29. B 【解析】《朝花夕拾》是鲁迅先生的散文集；《子夜》是茅盾的长篇小说；《激流》三部曲指巴金的三部长篇小说《家》《春》《秋》；《白洋淀纪事》是孙犁第一部比较完整的小说。

30. C 【解析】莫里哀是法国人，代表作有《无病呻吟》《伪君子》《悭吝人》等。《李尔王》的作者是莎士比亚。

31. C 【解析】《等待戈多》是荒诞派文学的代表作，其作者贝克特出生于爱尔兰，后移居法国。

二、多项选择题

1. AC 【解析】"西出阳关无故人"出自唐代王维的《送元二使安西》,"阳关"位于现在的甘肃,B项错误。"大漠孤烟直,长河落日圆"出自唐代王维的《使至塞上》,D项错误。AC项说法正确。

2. AC 【解析】"老骥伏枥,志在千里;烈士暮年,壮心不已"体现了梦想精神,A项正确。"犯我中华者,虽远必诛"体现了爱国主义精神,B项错误。"春夏耕耘,冬秋收藏,昏晨力作,夜以继日"体现了奋斗精神,C项正确。"千磨万击还坚劲,任尔东西南北风"体现了奋斗精神,D项错误。故选AC。

3. ACD 【解析】A项,"出师未捷身先死,长使英雄泪满襟"出自杜甫的《蜀相》,抒发了诗人对诸葛亮功业未遂的感慨,"蜀相"就是诸葛亮。B项,"羽扇纶巾,谈笑间,樯橹灰飞烟灭"出自苏轼的《念奴娇·赤壁怀古》,描写的是赤壁之战中打败曹操大军的周瑜,"羽扇纶巾"在三国之时是儒将的装束。C项,"出师一表真名世,千载谁堪伯仲间"出自陆游的《书愤五首·其一》,《出师表》是诸葛亮在决定北上伐魏、夺取长安之前给后主刘禅上书的表文,从"出师一表"可以推断描写的是诸葛亮。D项,"当其南阳时,陇亩躬自耕"出自李白的《读诸葛武侯传书怀赠长安崔少府叔封昆季》,意思是:(诸葛亮)在南阳之时,亲自躬耕于陇亩之中。故选ACD。

4. BD 【解析】A项错误,1913年,印度杰出作家泰戈尔凭借《吉檀迦利》,成为第一位获得诺贝尔文学奖的亚洲人。B项正确,白居易,字乐天,号香山居士,又号醉吟先生,代表作有《长恨歌》《卖炭翁》《琵琶行》等。C项错误,杜甫,字子美,自号少陵野老,唐代伟大的现实主义诗人,杜甫被世人尊为"诗圣",其诗被称为"诗史"。"同是天涯沦落人,相逢何必曾相识"出自白居易的《琵琶行》,作者并非杜甫。D项正确,朱自清,原名自华,号秋实,后改名自清,字佩弦,现代散文家、诗人、作家、学者、民主战士,其散文有《背影》《荷塘月色》《匆匆》等。

5. ACD 【解析】B项,陶渊明是中国第一位田园诗人,开创了中国山水田园诗派,被称为"古今隐逸诗人之宗",著有《陶渊明集》。《古诗十九首》由南朝萧统从传世无名氏古诗中选录十九首编入《文选》而成,是东汉末年文人五言诗的选辑,被刘勰称为"五言之冠冕",钟嵘赞它"天衣无缝,一字千金"。《古诗十九首》也不是我国古代五言诗的开始。故B项说法错误。ACD项说法无误。故本题选ACD。

6. ABCD 【解析】王阳明是明代著名的思想家、文学家、哲学家和军事家,陆王心学之集大成者,精通儒家、道家、佛家,A错误。"令爱"多用于称呼对方的女儿,B错误。"机关算尽太聪明,反误了卿卿性命"是用来暗示王熙凤的命运的,C错误。"闻一言以贯万物,谓之知道"译为听到一句话就可以用来贯通万物的,叫作懂得道。这里的"道"与现代企业经营管理中的"道"意思不一样,D错误。

7. AC 【解析】《诗经》分为风、雅、颂三部分,其中《风》是《诗经》的精粹,反映了社会下层劳动群众的生活。故B项说法错误。《西游记》属于浪漫主义长篇神魔小说,不是历史演义小说,故D项说法错误。

8. ABC 【解析】A正确,《永乐大典》是永乐年间解缙主编,《不列颠百科全书》称其是"世界有史以来最大的百科全书"。B正确,《四库全书》由乾隆皇帝主持,纪昀参与编撰,分为经(儒家经典)、史(史书)、子(诸子百家)、集(文集)四部。C正确,司马光编写了《资治通鉴》。D错误,《说文解字》的作者是许慎。

9. AB 【解析】新中国第一位获得"人民艺术家"称号的作家是老舍;巴金的长篇小说《激流三部曲》包括《家》《春》《秋》。

10. ACD 【解析】"五经"是指《诗》《书》《礼》《易》《春秋》。

三、连线题

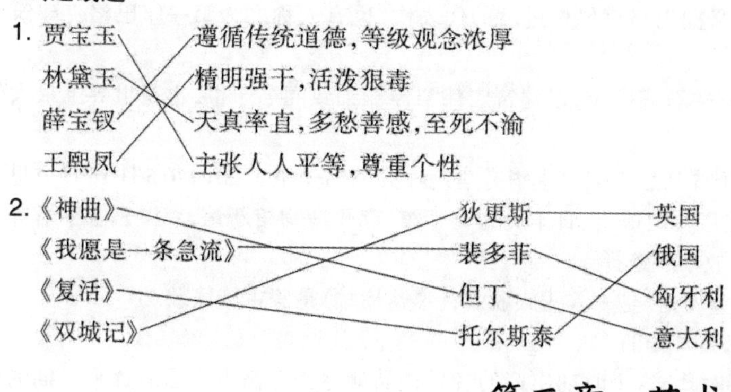

第三章　艺术素养

一、单项选择题

1. A 【解析】楷书四大家,是对书法史上以楷书著称的四位书法家的合称。他们分别是:欧阳询、颜真卿、柳公权、赵孟頫。

2. B 【解析】瘦金体是宋徽宗赵佶所创的一种字体,是书法史上极具个性的一种书体,代表作有《楷书千字文》等。

3. C 【解析】“琴棋书画”分别指：弹琴（多指古琴）、弈棋（多指围棋）、书法和绘画。故选C。

4. B 【解析】花旦，多为年轻活泼的小家碧玉或丫鬟；正旦，又叫青衣，多为端庄稳重的中青年妇女；彩旦是戏曲中扮演女性的丑角；刀马旦，多为女将或女元帅。

5. C 【解析】《百鸟朝凤》是一首被称为“鼓吹乐”或“鼓乐”的民间吹打乐合奏曲，主要流行于河南、山东、河北、安徽等地。本题为选非题，答案为C。

6. D 【解析】聂耳，原名聂守信，是中华人民共和国国歌《义勇军进行曲》的曲作者。《游击队歌》是贺绿汀作词作曲的歌曲。《松花江上》是张寒晖创作的抗日歌曲。《在太行山上》由桂涛声作词，冼星海作曲。故选D。

7. D 【解析】“北宋四大家”指的是苏轼、黄庭坚、米芾和蔡襄，他们是北宋时期书法艺术领域中最出众的四位代表人物，风格迥异，各有特色。李白是唐朝诗人，本题为选非题，答案为D。

8. B 【解析】《富春山居图》以浙江富春江为背景，画面用墨淡雅，山和水的布置疏密得当，墨色浓淡干湿并用，极富于变化。前半卷现藏于浙江省博物馆，后半卷现藏于台北故宫博物院。

9. D 【解析】曾侯乙编钟一般指战国曾侯乙编钟。战国曾侯乙编钟是战国早期曾国国君的一套大型礼乐重器，国家一级文物，1978年在湖北随县（今随州）擂鼓墩曾侯乙墓出土，现藏于湖北省博物馆，为该馆“镇馆之宝”。

10. B 【解析】《高山》和《流水》是两首著名的古琴曲。

11. A 【解析】箜篌是中国古代传统弹弦乐器（又称拨弦乐器）。在古代有卧箜篌、竖箜篌、凤首箜篌三种形制。

12. B 【解析】《梁山伯与祝英台》是越剧的代表曲目。

13. B 【解析】在京剧中，红色脸谱一般代表正面的人物形象，它象征着忠勇、正义。

14. A 【解析】变脸是川剧表演的特技之一，用于揭示剧中人物的内心及思想感情的变化，即把不可见、不可感的抽象的情绪和心理状态变成可见、可感的具体形象——脸谱。

15. A 【解析】A项，花儿剧主要流行于宁夏回族自治区的西海固地区和银川市地区，是一种集歌、舞、剧为一体的综合性舞台戏剧。本题为选非题，故选A。

16. D 【解析】工笔画，亦称“细笔画”，属中国国画技法类别的一种。

17. B 【解析】《兰亭集序》是中国晋代书圣王羲之在浙江绍兴兰渚山下以文会友，写出的“天下第一行书”，也称《兰亭序》《临河序》等。

18. A 【解析】使用盔顶造型的现象在中国古建筑中实不多见，现存最大、最出名的盔顶建筑，要数江南三大名楼之一的岳阳楼。

19. A 【解析】五线谱最早的发源地是希腊，它的历史要比数字形式的简谱早得多。

20. D 【解析】文艺复兴时期的画坛三杰包括：达·芬奇、米开朗琪罗和拉斐尔。因此，答案选D项。

21. B 【解析】《呐喊》是挪威画家爱德华·蒙克1893年创作的绘画作品。

22. C 【解析】比萨斜塔塔体出现倾斜的主要原因是土层强度差，塔基的基础深度不够，再加上用大理石砌筑的塔身非常重，造成塔身不均衡下沉。

23. C 【解析】巴洛克建筑是17、18世纪在意大利文艺复兴建筑基础上发展起来的一种建筑和装饰风格。它的特点是外形自由、追求动态、喜好富丽的装饰和雕刻强烈的色彩，常用穿插的曲面和椭圆形空间。意大利文艺复兴晚期著名建筑师和建筑理论家维尼奥拉设计的罗马耶稣会教堂是由手法主义向巴洛克风格过渡的代表作，也有人称之为第一座巴洛克建筑。故选C。

24. C 【解析】吴哥窟位于柬埔寨，是一座保存完好的石窟庙宇，以建筑宏伟与浮雕细致闻名于世，也是世界上最大的庙宇。吴哥窟是高棉古典建筑艺术的高峰。

25. A 【解析】“现代主义建筑的最后大师”、1983年普利兹克奖得主华裔建筑师贝聿铭先生于2019年5月16日去世。他的代表作品有：东海大学路思义教堂、香港中银大厦、北京香山饭店、日本美秀美术馆、苏州博物馆新馆、卢浮宫金字塔等。因此不包括悉尼歌剧院（由丹麦建筑师约恩·伍重设计）。故本题选择A。

26. D 【解析】《兰花花》是一首陕北民歌；《北京的金山上》是一首藏族歌曲；《嘎达梅林》是蒙古族民歌。

27. B 【解析】《中华人民共和国国歌》由田汉作词，聂耳作曲。

28. B 【解析】巴洛克时期是西方艺术史上的一个时代，这个时期出产的音乐作品就称为巴洛克音乐。这个时期的代表人物有：巴赫、维瓦尔第和亨德尔。其中，巴赫是“音乐之父”。

29. D 【解析】昆曲是我国最古老的剧种，被誉为“中国戏曲之母”。

30. B 【解析】经过长期的发展演变，中国的戏曲逐步形成了以“京剧、越剧、黄梅戏、评剧、豫剧”五大戏曲剧种为核心的中华戏曲百花苑。

31. C 【解析】“梅派”指梅兰芳先生创立的“梅派”艺术，是京剧旦行中首先形成的、影响极其深远的京剧流派。梅派唱腔的创始人就是梅兰芳先生，C正确。戏班、剧团一般被称为“梨园”，A错误；“净”俗称花脸，扮演男性角色，B错误；《梁山伯与祝英台》是越剧经典曲目之一，D错误。

32. C 【解析】宋元时期，南戏的出现标志着我国戏剧进入成熟阶段。

33. C 【解析】我国古代绘画常用朱红色、青色，故称画为“丹青”，C正确。“墨宝”指宝贵的字画，也用来尊称别人写的字或画。“丝竹”泛指各种乐器。“金石”是指古文字。

34. A 【解析】《富春山居图》是元代画家黄公望的代表作。

35. B 【解析】《兰亭集序》是书圣王羲之的代表作，被誉为“天下第一行书”。

36. C 【解析】王羲之的《兰亭集序》被称为“天下第一行书”。

37. D 【解析】西安碑林始建于北宋元祐二年(1087年)。

38. B 【解析】旦角是指戏曲中的女性形象，可分为青衣、花旦、刀马旦、武旦、老旦、花衫等类别。

39. D 【解析】京剧中的黑色脸谱表现人物刚烈、正直、勇猛甚至鲁莽，如“包公戏”里的包拯、“三国戏”里的张飞和“水浒戏”里的李逵。

40. C 【解析】《寒食帖》又名《黄州寒食诗帖》或《黄州寒食帖》，是苏轼行书的代表作，被称为“天下第三行书”。“天下第一行书”是指王羲之的《兰亭序》，“天下第二行书”是指颜真卿的《祭侄文稿》。

二、多项选择题

1. ACD 【解析】赵孟頫，字子昂，号松雪道人，南宋晚期至元朝初期书法家、画家、诗人，B项错误。欧阳询、颜真卿、柳公权，都是唐朝书法家，故选ACD。

2. ACD 【解析】“宫、商、角、徵、羽”是我国五声音阶中五个不同音的名称，类似现在简谱中的1、2、3、5、6。

3. BD 【解析】富春山居图是黄公望为师弟郑樗(无用师)所绘，几经易手，并因“焚画殉葬”而身首两段，前半卷剩山图现收藏于浙江省博物馆，后半卷无用师卷现藏台北故宫博物院。

4. CD 【解析】红色、黄色是故宫的主色调。

5. BCD 【解析】金刚山的大部分山峰位于朝鲜境内，素有朝鲜第一山之称。金字塔、狮身人面像和帝王谷都是埃及的名胜古迹。

三、判断题

1. × 【解析】中国画讲究形式美，要求作品有“形神兼备”“气韵生动”的艺术效果，同时还十分重视用笔、用墨，构图不受时间、空间的限制，也不受焦点透视的束缚，画面空白的运用独具特色。

2. × 【解析】龙门石窟与莫高窟、云冈石窟、麦积山石窟并称中国四大石窟。龙门石窟位于河南省洛阳市。云冈石窟位于山西省大同市。莫高窟位于甘肃省敦煌市。麦积山石窟位于甘肃省天水市。

3. √ 【解析】“梅派”艺术，是影响极其深远的京剧流派。“梅派”主要是综合了青衣、花旦和刀马旦的表演方式，唱腔醇厚、表演雍容华贵，深受观众喜爱。梅派的代表作品有《霸王别姬》《贵妃醉酒》《嫦娥奔月》等。

4. × 【解析】《义勇军进行曲》由田汉作词，聂耳作曲。

5. × 【解析】约翰·施特劳斯父子都是奥地利著名作曲家，老约翰·施特劳斯被人们称之为“圆舞曲之父”，其作品中影响最大、流行最广的是《拉德斯基进行曲》。小约翰·施特劳斯与其父同名，被誉为“圆舞曲之王”，其作品包括《蓝色多瑙河》《维也纳森林的故事》等。

6. × 【解析】武当山古建筑群严格按照真武修仙的故事统一布局，采用皇家建筑规制，体现了道教“天人合一”的思想，堪称中国古代建筑史上的奇观，被誉为“中国古代建筑成就的博物馆”和“挂在悬崖峭壁上的故宫”。

7. √ 【解析】在造型艺术中，雕塑与绘画、摄影、书法最大的区别就在于雕塑是在三度空间里用物质材料创造出的实体形象。

8. × 【解析】我国现存皇家园林中保存最完整的一座古典园林是颐和园。

9. × 【解析】花旦大多扮演青年女性，人物性格大都活泼开朗，动作敏捷伶俐。刀马旦大都扮演擅长武艺的青壮年妇女。

10. × 【解析】李春是隋朝著名造桥匠师。

第四章　传统文化素养

一、单项选择题

1. A 【解析】惊蛰，又名“启蛰”，是二十四节气中的第三个节气，标志着仲春时节的开始。每年3月5日或6日太阳到达黄经345°时为惊蛰。从惊蛰起,春耕正式开始。广大农民以农谚为依据,从事各种农事活动。故选A。

2. B 【解析】A项中的“癸丑”、D项中的“辛亥”都属于直接使用了干支纪年。C项中的“淳熙丙申”指的是宋孝宗淳熙三年,兼用了年号和干支纪年法。B项中的“四月辛巳”指农历四月十三日,使用了干支纪日法,而非干支纪年。故选B。

3. B 【解析】旧时将从黄昏到拂晓的一夜间分为五更。每一更等于现在的两小时。一更即19至21点,二更即21至23点,三更即23至次日凌晨1点,四更即1至3点,五更即3至5点。故选B。

4. B 【解析】①表现的是中秋节(农历八月十五)望月怀人的习俗;②表现的是重阳节(农历九月初九)登高的习俗;③表现的是端午节(农历五月初五)纪念屈原;④表现的是春节(农历正月初一)放爆竹的习俗。所以正确的排序是④③①②,故选B。

5. B 【解析】孟、仲、叔、季,是指兄弟长幼的次序。兄弟排行的次序,长兄为孟,次为仲,又次为叔,最幼为季。

6. B 【解析】《周礼·春官宗伯·乐师》中记载:“乐师掌国学之政,以教国子小舞”,这是“国学”作为名词最早期的相关记录。这里的“国学”指的是古代国家级别的学校。故选B。

7. C 【解析】二十四节气始于立春,终于大寒。

8. D 【解析】处暑,是炎热离开的意思。处暑的到来,标志着炎热天气到了尾声,暑气渐渐消退,由炎热向凉爽过渡。立秋是秋季的第一个节气,但立秋并不代表酷热天气就此结束,初秋期间天气仍然很热。大小暑节气是一年中最热的时期。故选D。

9. D 【解析】春分和秋分当天,太阳直射赤道,全球各地昼夜等长。春分过后,太阳直射点开始由赤道进入北半球,北半球开始昼长夜短。秋分过后,太阳直射点开始由赤道进入南半球,北半球开始昼短夜长。

10. B 【解析】根据诗句描述可知,A项是描写春节的诗句,B项是描写重阳节的诗句,C项是描写元宵节的诗句,D项是描写中秋节的诗句。因此,答案选B项。

11. A 【解析】古时儿童不束发,头发下垂,故以垂髫指儿童;八九岁到十三四岁的少年称为“总角”;男子十五岁称为“束发”;少女十三四岁称为“豆蔻”。故选A。

12. C 【解析】“不惑”是40岁的代称。“弱冠”是20岁的代称,“而立”是30岁的代称,“知天命”是50岁的代称。故C为正确答案。

13. B 【解析】韶华的意思是美好的年华,指青年时期。

14. D 【解析】“期颐”用来代指一百岁。七十岁用“古稀”来代指,六十岁用“耳顺”“花甲”来代指,九十岁用“耄耋”来代指。

15. B 【解析】梅、兰、竹、菊被称为“四君子”,其品质分别是傲、幽、坚、淡。梅:探波傲雪,剪雪裁冰,一身傲骨,是为高洁志士。兰:空谷幽放,孤芳自赏,香雅怡情,是为世上贤达。竹:筛风弄月,潇洒一生,清雅淡泊,是为谦谦君子。菊:凌霜飘逸,特立独行,不趋炎附势,是为世外隐士。

16. D 【解析】铁观音,中国传统名茶,属于青茶类,是中国十大名茶之一,原产于福建泉州市安溪县西坪镇,故选D。

17. A 【解析】自春秋战国起,私学教育诞生。其中,孔子的私学规模最大、影响最深远。孔子是创办私学最为杰出的代表。

18. B 【解析】南宋“东南三贤”之一的理学家吕祖谦在《白鹿洞书院记》中提出,应天书院(今河南商丘睢阳南湖畔)、岳麓书院(今湖南长沙岳麓山)、白鹿洞书院(今江西九江庐山)、嵩阳书院(今河南郑州登封嵩山)当属“天下四大书院”。故选B。

19. D 【解析】院试是清代由各省学政主持的考试。院试录取后称生员,即秀才,A项错误。乡试是由南、北直隶和各布政使司举行的地方考试。乡试考中的称举人,第一名称解元,B项错误。会试是由礼部主持的全国考试,又称礼闱。考中的称贡士,第一名称会元,C项错误。殿试在会试后当年举行,应试者为贡士。贡士在殿试中均不落榜,只是由皇帝重新安排名次。殿试由皇帝亲自主持。录取分三甲:一甲三名,赐进士及第,第一名称状元,第二名称榜眼,第三名称探花,合称“三鼎甲”。二甲赐进士出身,三甲赐同进士出身。一、二、三甲统称进士,D项正确。

20. D 【解析】端午节的习俗有悬挂菖蒲、艾草,佩香囊,赛龙舟,荡秋千,饮雄黄酒、菖蒲酒,吃粽子等。

21. A 【解析】夜半对应子时,时间是从前一日23时至次日1时。

22. C 【解析】诗中“烛影深”“长河渐落”“晓星沉”表明时间已到将晓未晓之际,故选C。

23. B 【解析】“二十四节气”歌谣:春雨惊春清谷天,夏满芒夏暑相连。秋处露秋寒霜降,冬雪雪冬小大寒。它们分别对应:立春、雨水、惊蛰、春分、清明、谷雨;立夏、小满、芒种、夏至、小暑、大暑;立秋、处暑、白露、秋分、寒露、霜降;立冬、小雪、大雪、冬至、小寒、大寒。

24. B 【解析】“冬九九”又称“数九”,是我国冬季一种民间节气,反映了中国冬季气温变化的大概情况。“冬九九”一般从冬至那天开始,到惊蛰结束,每九天算成一段,一直到九九八十一天结束。

25. D 【解析】《礼记·月令》解释立夏曰:“蝼蝈鸣,蚯蚓出,王瓜生,苦菜秀。”

26. A 【解析】垂髫:古时汉族儿童不束发,头发下垂,因此以“垂髫”指三四岁至八九岁的儿童。襁褓:不满周岁。孩提:两至三岁。始龀:七八岁小童。及笄:女子十五岁。“笄”是古代妇女束发用的簪子,束发贯之以笄,表示已经成年。故选A。

27. B 【解析】孔子说:“吾十有五而志于学,三十而立,四十而不惑,五十而知天命,六十而耳顺,七十而从心所欲,不逾矩。”因此“不惑”是指四十岁。

28. D 【解析】莫逆之交:“莫逆”即没有抵触,感情融洽;“交”是指交往、友谊。指非常要好的朋友。竹马之交:“竹马”是小孩当马骑的竹竿。指童年时代就要好的朋友。贫贱之交:指贫困时结交的知心朋友。金兰之交:像金石般坚固的交情。A、B、C三项均对应错误,故选D。

29. A 【解析】“令郎”指的是对方的儿子,属于敬辞。

30. A 【解析】兄弟排行的次第,伯是老大,仲是老二,叔是第三,季是最小的。

31. A 【解析】汉武帝原名刘彻,是西汉的第七位皇帝,其中,汉武帝是他死后的谥号,他的庙号为世宗。

32. D 【解析】我国古代四大美女中,沉鱼代指西施,落雁代指王昭君,闭月代指貂蝉,羞花代指杨玉环。

33. A 【解析】中国古代四大美女,即西施、王昭君、貂蝉、杨玉环,四人享有“沉鱼落雁之容,闭月羞花之貌”的美誉。“云想衣裳花想容”是李白为杨贵妃所作的诗句,形容杨玉环衣饰和容貌之美,A项正确;“羞花”讲的是杨贵妃的故事,B项错误;生活在崇尚“以肥为美”的时代的是“羞花”杨贵妃,C项错误;“沉鱼”对应西施,“落雁”对应王昭君,D项错误。

34. B 【解析】“岁寒三友”指松、竹、梅三种植物。

35. C 【解析】梅、兰、竹、菊号称四君子。其中,梅,探波傲雪,剪雪裁冰,一身傲骨,是为高洁志士;兰,空谷幽放,孤芳自赏,香雅怡情,是为世上贤达;竹,筛风弄月,潇洒一生,清雅淡泊,是为谦谦君子;菊,凌霜飘逸,特立独行,不趋炎附势,是为世外隐士。故此题选C。

36. B 【解析】掩耳盗铃、胸有成竹与科举考试无关,名落孙山意味着榜上无名、科考失利,金榜题名与蟾宫折桂都有科考顺利之意。

37. C 【解析】A项,白居易在27岁时一举中第,按捺不住喜悦的心情,在大雁塔下写下了“慈恩寺下题名处,十七人中最少年”的诗句。B项,唐代诗人赵嘏所写,“长策”指科举制度。C项,出自唐代诗人颜真卿的《劝学诗》,主要是劝勉青少年要珍惜少壮年华,珍惜时光,与科举制度无关。D项,出自唐代诗人孟郊的《登科后》,是诗人四十六岁参加科举考试,进士及第后所写的一首诗。本题为选非题,答案为C。

38. A 【解析】不夜侯是茶的雅号;仙芽是对茶的美称;雀舌是对茶的喻称。

39. A 【解析】孔子和孟子分别被后世尊称为“圣人”和“亚圣”。孔子享年七十三岁,孟子享年八十四岁。民间说法认为,既然圣人们都不能过去这两道坎,那常人就更不行了,因此常常会避讳这两个岁数。

40. B 【解析】服除,意为守丧期满。

41. C 【解析】赏花灯、闹年鼓、迎厕神、猜灯谜是元宵节的传统活动。

42. D 【解析】太阳的直射点在南北回归线之间来回运动,当太阳直射北回归线,北半球正值夏至日,时间为6月22日前后。

43. C 【解析】由于历史上中国的主要政治、经济、文化、农业活动中心多集中在黄河流域的中原地区,二十四节气也就是以这一带的气候、物候为依据建立起来的。

44. B 【解析】子时指夜半十一时至翌晨一时,又称子夜。

45. C 【解析】如今用的毛笔,相传是秦朝监督修筑万里长城的将军蒙恬首创。

46. D 【解析】怀、悼、哀、闵、思、殇等谥号包含同情的意味。

47. B 【解析】中国传统民居一般坐北朝南。因此,人站在院外,面对大院门口,左手边是西方。

48. D 【解析】龙井茶是产于浙江杭州西湖一带的绿茶,以色翠、形美、香郁、味醇冠绝天下。

49. D 【解析】“岁寒三友”是指松、竹、梅。“四君子”是指梅、兰、竹、菊。故选D。

50. B 【解析】唐朝诗人杜牧的《赠别》中有“娉娉袅袅十三余,豆蔻梢头二月初”,他用早春二月枝头含苞待放的豆蔻花来比拟体态轻盈、芳龄十三的少女,这一千古妙喻一直流传至今。

51. D 【解析】语出《汉·曹操·对酒歌》:“人耄耋,皆得以寿终。恩泽广及草木昆虫。”一般用来指年纪约八九十岁。

52. D 【解析】我国古代的科举制创立于隋朝,唐朝得到完善,明朝时期则发展为八股取士,成为历史发展的障碍。

53. A 【解析】誉满中外的中国京剧、中国画、中国医学,被世人称为“中国的三大国粹”。

54. C 【解析】户部主管全国土地、户籍、赋税、财政等事务;礼部主管礼仪、祭祀、科举、学校等事务。

55. A 【解析】介子推对晋国公子重耳有恩,重耳成为晋文公之后,想要请介子推出山做官,介子推不愿,就躲入山中,重耳为了逼他出山,遂放火烧山,结果介子推宁愿被烧死,也未出山。重耳后悔不已,后来为了纪念他,就把这天定为"寒食节",即要禁火、吃冷食的意思。

56. B 【解析】2016年11月30日,在埃塞俄比亚首都亚的斯亚贝巴举行的联合国教科文组织保护非物质文化遗产政府间委员会第十一届常会通过审议,批准中国申报的"二十四节气"列入联合国教科文组织人类非物质文化遗产代表作名录。

57. D 【解析】二十四节气依次为:立春、雨水、惊蛰、春分、清明、谷雨、立夏、小满、芒种、夏至、小暑、大暑、立秋、处暑、白露、秋分、寒露、霜降、立冬、小雪、大雪、冬至、小寒、大寒。故本题选D。

58. A 【解析】农历五月,石榴红似火,所以农历五月又称榴月。

59. C 【解析】我国古代的地支纪时是将一天分为十二个时辰,每个时辰为现在的两个小时。子时是指晚上11点至凌晨1点。

60. B 【解析】"扑朔迷离"出自《木兰诗》中的"雄兔脚扑朔,雌兔眼迷离;双兔傍地走,安能辨我是雄雌",形容的是兔子。故选B。

61. A 【解析】所谓润笔钱,就是请人作诗文书画所给的报酬。故本题答案为A。

62. C 【解析】刎颈之交比喻可以同生死、共患难的朋友。

63. B 【解析】中华传统民俗大多包含祭祀祖先的活动,体现了敬祖和孝亲观念。

64. B 【解析】牡丹是中国特有的木本名贵花卉。牡丹花大而香,故又有"国色天香"之称。

65. C 【解析】品茗、焚香、插花、挂画,被宋人合称为生活四艺(亦有称"四事"者),是当时文人雅士追求雅致生活的一部分。此四艺者,透过嗅觉、味觉、触觉与视觉品味日常生活,将日常生活提升至艺术境界,并充实内在涵养与修为。

二、多项选择题

1. AB 【解析】晦朔望是指月亮从亏到盈再到亏期间的三种状态和对应的日期。望是指阴历每月十五,既望是指小月农历十六日、大月农历十七日,朔是指农历每个月的初一,而晦则是指农历每个月的最后一天。故选AB。

2. CD 【解析】襁褓意思为包裹婴儿的被子和带子,用来代指一周岁以下的婴儿,A项错误。始龀指七八岁的儿童,B项错误。不惑为四十岁的代称,C项正确。耄耋是指八九十岁的老人,D项正确。故答案为CD。

3. AC 【解析】夫子是旧时对学者的尊称,如孔门尊称孔子为夫子,后世亦称老师为夫子,A项正确。司徒是西周开始设置的中央官吏名,掌管全国土地和人民,后世用作户部尚书的别称,B项错误。先生是对知识分子和有一定身份的成年人的尊称,也是对教师的称谓,C项正确。大夫指古代官职,位于卿之下,士之上,D项错误。故选AC。

4. BC 【解析】在中国古代的历法中,子、丑、寅、卯、辰、巳、午、未、申、酉、戌、亥叫作"十二地支";鼠、牛、虎、兔、龙、蛇、马、羊、猴、鸡、狗、猪叫作"十二生肖"。两者按固定的顺序互相配合,组成子鼠、丑牛、寅虎、卯兔、辰龙、巳蛇、午马、未羊、申猴、酉鸡、戌狗、亥猪,用于记时。本题为选非题,答案为BC。

5. ABCD 【解析】端午节,又称端阳节、龙舟节、重午节、龙节、正阳节、天中节等,源自天象崇拜,由上古时代祭龙演变而来。

6. BC 【解析】两三岁的幼儿称为"孩提",垂髫指三四岁至七八岁的儿童,A项错误。耳顺是指六十岁,D项错误。

7. BCD 【解析】在我国,农历七月初七是人们俗称的"七夕",又称"双七节"。相传,在每年的这个夜晚,是天上织女与牛郎在鹊桥相会之时。因为织女是一个美丽聪明、心灵手巧的仙女,凡间的女子便在这一天晚上向她乞求智慧和巧艺,也少不了向她求赐美满姻缘,所以七月初七也被称为"乞巧节""七巧节"。故选BCD。

8. ABD 【解析】科举考试中,称乡试、会试、殿试的第一名为解元、会元、状元,合称"三元"。接连在乡试、会试、殿试中考中了第一名,称"连中三元"。

9. ABC 【解析】清明是二十四节气之一,在仲春与暮春之交。清明节气在时间和天气物候特点上为清明节俗的形成提供了重要条件,被看作清明节的源流之一。ABC均与节气无关。

10. ABCD 【解析】清明节有踏青郊游、扫墓祭祖等习俗。端午节有赛龙舟、食粽、挂艾草和菖蒲等习俗。重阳节有登高远眺、观赏菊花、遍插茱萸、拜神祭祖等习俗。中秋节有祭月、赏月、吃月饼等习俗。故选ABCD。

11. ACD 【解析】立春、立夏、立秋、立冬是用来表明季节变化的节气,春分、秋分、夏至、冬至则反映了太阳高度的变化。因此,B项说法有误。

12. ABC 【解析】"榜首"即第一;"问鼎"的直接意思是指图谋夺取政权,也指夺取某些体育运动的顶尖成绩;"夺魁"指得到冠军,即第一;"伯仲"形容才能相当,并不指第一。

三、判断题

1. × 【解析】古代所说的"三更"是指子时,即当天的二十三点到次日凌晨一点。二十一点到二十三点指的是亥时。故题干说法错误。

2. × 【解析】梅花、兰花、翠竹、菊花被称为“国画四君子”，其品质分别是傲、幽、坚、淡。

3. √ 【解析】“九”与“久”同音，有长寿长久的意思，寄托着人们渴望健康长寿的希望。

4. × 【解析】在我国古代，“总角”借指幼年，“豆蔻年华”专指女孩子十三四岁时。因此，二者的用法不同。

5. × 【解析】按照古代年龄称谓，六十岁被称为“花甲之年”，七十岁被称为“古稀之年”。

6. √ 【解析】长揖是古时不分尊卑的相见礼，拱手高举，自上而下。故本题说法正确。

7. × 【解析】耄耋是指八九十岁，一百岁被称为期颐。

8. √ 【解析】折柳惜别是古人离别时的风俗。相传晋文公在祭拜介子推时将柳枝插在头上，从此清明插柳成为一种民间习俗。

9. √ 【解析】“伯仲叔季”是古代兄弟间排行的次序，“伯”是老大，“仲”是第二，“叔”是第三，“季”是最小的。故题干说法正确。

10. × 【解析】国子监的掌管人员为祭酒、司业，教学人员为博士、助教。

11. √ 【解析】“东风夜放花千树。更吹落，星如雨”出自辛弃疾的《青玉案》，描写了正月十五元宵节的热闹景象。

12. × 【解析】寒食节的设立是为了纪念介子推。

第六部分　科技常识

第一章　科技成就与高新科技

基础知识达标

一、单项选择题

1. C 【解析】2020年12月10日4时14分，我国在西昌卫星发射中心用长征十一号运载火箭，以“一箭双星”方式将引力波暴高能电磁对应体全天监测器卫星(GECAM)送入预定轨道，发射获得圆满成功。为利于科学传播，GECAM昵称为“极目”。两颗卫星“小极”和“小目”分布于地球两侧，形成两“极”之势，犹如二“目”，将对黑洞、中子星等极端天体的剧烈爆发现象进行观测，快速下传并发布观测警报，引导国内外科学家利用各类望远镜进行后随观测。

2. D 【解析】本题考查外国科技著作。《大爆炸探秘》由约翰·格里宾编著；《自然的终结》的作者是比尔·麦克基本；《物理世界奇遇记》的作者是乔治·伽莫夫和罗素·斯坦纳德。《时间简史——从大爆炸到黑洞》是英国物理学家斯蒂芬·威廉·霍金创作的科普著作，论述了人类对宇宙认识和探索的历史，将现代物理学的两大理论——量子理论和广义相对论结合起来，提出了关于时间、空间、大爆炸和黑洞的具有创新性的认识，为探索完整的统一理论迈出了坚实的一步。故选D。

3. A 【解析】本题考查光电效应的发现者。光电效应由德国物理学家赫兹于1887年发现。

4. B 【解析】本题考查科技常识。在服务构建方面，云存储是通过分布式、虚拟化、智能配置等技术，实现海量、可弹性扩展、低成本、低能耗的共享存储资源。

5. D 【解析】本题考查能源的分类。一次能源是指直接取自自然界没有经过加工转换的各种能量和资源，它包括原煤、原油、天然气、油页岩、核能、太阳能、水力、风力、海洋能、地热、生物质能和海洋温差能等。由一次能源经过加工转换以后得到的能源产品，称为二次能源，例如：电力、蒸汽、煤气、汽油、柴油、液化石油气等。

6. D 【解析】本题考查我国古代医学成就。明朝医药学家李时珍编著的《本草纲目》，分类科学严密，包含药物数目众多，文笔流畅生动，被誉为“东方医药巨典”。唐朝孙思邈所著的《千金方》被誉为“中国最早的临床百科全书”。《神农本草经》大约成书于汉代，是已知最早的中药学著作。《伤寒杂病论》是东汉末年张仲景所著的一部以论述传染病与内科杂病为主要内容的医学典籍。故选D。

7. B 【解析】本题考查我国古代手工业成就。《天工开物》是世界上第一部关于农业和手工业生产的综合性著作，是中国古代一部综合性的科学技术著作，作者是明朝的宋应星。外国学者称它为“中国17世纪的工艺百科全书”。贾思勰是北魏农学家，著有综合性农书《齐民要术》。张景岳是明代医学家。徐光启是明代科学家，著有《农政全书》。故选B。

8. B 【解析】本题考查我国古代科技成就。《齐民要术》由北魏贾思勰所著，是中国现存最早的一部完整的农书，B项符合题意。西汉时期编定的《黄帝内经》是我国现存较早的重要医学文献，被称为“医之始祖”。东汉时期的《神农本草经》是中国第一部完整的药物学著作，是中医药药物学理论发展的源头。明朝李时珍编著的《本草纲目》是一部具有总结性质的药物学巨著，全面总结了16世纪以前中国的医药学，被译为多国文字，被誉为“东方药物巨典”。故选B。

9. D 【解析】本题考查我国古代数学成就。南朝数学家祖冲之，在世界上首次将圆周率精确到小数点后第七位。毕达哥拉斯是古希腊思想家、哲学家、数学家、科学家，是第一个注重“数”的人，发现了毕达哥拉斯定理(勾股定理)，证明了正多面体的个数。亚里士多德是世界古代史上伟大的哲学家、科学家和教育家,是百科全书式的科学家。牛顿是英国著名的物理学家,百科全书式的“全才”,著有《自然哲学的数学原理》《光学》。故选D。

10. B 【解析】本题考查现代科技成就。1969年7月20日,美国“阿波罗11号”宇宙飞船安全着陆月球。几个小时后,宇航员阿姆斯特朗登上月球,在月球上首次留下人类的足迹。故选B。

11. C 【解析】本题考查我国古代地理学成就。中国旅游日(5月19日)源自《徐霞客游记》的首篇《游天台山记》开篇之日(公元1613年5月19日)。《徐霞客游记》是明代地理学家徐霞客创作的一部散文游记。沈括是北宋科学家,著有被称为“中国科学史上的里程碑”的《梦溪笔谈》。周达观是元代地理学家,他写成了现存唯一一本详细记录吴哥王朝风土人情的著作《真腊风土记》。裴秀是魏晋时期地图学家,开创中国古代地图绘制学。

12. C 【解析】本题考查物理学成就。普朗克是德国著名物理学家,主要成就是创立量子力学;相对论是由爱因斯坦提出的,依其研究对象的不同可分为狭义相对论和广义相对论。C项对应错误,当选。

13. C 【解析】本题考查我国现代科技成就。2020年6月23日,北斗三号最后一颗全球组网卫星在西昌卫星发射中心点火升空,发射成功。至此,北斗三号全球卫星导航系统星座部署比原计划提前半年全面完成。

14. D 【解析】本题考查我国现代科技成就。2019年12月17日,经中央军委批准,中国第一艘国产航母命名为“中国人民解放军海军山东舰”,舷号为“17”。D项正确。A项,辽宁舰是我国的第一艘航空母舰。故选D。

15. B 【解析】本题考查现代科技成就。世界上最早的地铁是英国伦敦的大都会地铁,于1863年1月10日全线通车。故本题选B。

16. B 【解析】本题考查我国现代科技成就。2019年是5G元年,5G为产业赋能最直接的体现是手机终端。至少未来5到10年内,手机依然是个人智能终端的代表。

17. B 【解析】在魏晋南北朝时期,纸张质量提高,逐渐取代简牍,成为最主要的书写工具。

18. B 【解析】《九章算术》是我国东汉时期编订的一部数学经典著作。

19. D 【解析】李治,金元时期的数学家。李治在数学上的主要贡献是天元术(设未知数并列方程的方法),用以研究直角三角形内切圆和旁切圆的性质。李治与杨辉、秦九韶、朱世杰并称为“宋元数学四大家”。

20. D 【解析】我国现存的第一部完整的农学著作是北魏农学家贾思勰所著的《齐民要术》。

21. B 【解析】张仲景是东汉末年著名医学家,不是唐朝人。

22. B 【解析】A项正确,张衡改进了浑天仪。B项错误,徐光启毕生致力于数学、天文、历法、水利等方面的研究,勤奋著述,尤精晓农学,译有《几何原本》《泰西水法》《农政全书》等著书。《梦溪笔谈》由北宋科学家、政治家沈括撰写,是一部涉及古代中国自然科学、工艺技术及社会历史现象的综合性笔记体著作。C项正确,东汉时期,蔡伦改进民间造纸方法,用树皮、麻头、敝布、渔网等原料造纸,人称“蔡侯纸”。D项正确,宋应星最杰出的作品《天工开物》被誉为“中国17世纪的工艺百科全书”。故本题的正确答案为B。

23. B 【解析】华佗编创五禽戏“虎鹿熊猿鸟”,没有蛇。故本题的正确答案为B。

24. B 【解析】2019年8月17日12时11分,酒泉卫星发射中心,北京国电高科科技有限公司(以下简称“国电高科”)研制的天启·沧州号(又名“忻中一号”)卫星,由首次发射的捷龙一号商业火箭成功送入太空。

25. B 【解析】2019年7月19日,天宫二号空间实验室受控离轨并再入大气层,少量残骸落入南太平洋预定安全海域。

26. C 【解析】昆仑站、中山站、泰山站是我国在南极地区的科考站,黄河站是我国在北极地区的科考站。

27. C 【解析】2019年1月3日,“嫦娥四号”探测器成功着陆在月球背面的预选着陆区,并通过“鹊桥”中继星传回了世界第一张近距离拍摄的月背影像图,揭开了古老月背的神秘面纱。

28. A 【解析】成功建立地月数据中继通信的是“鹊桥”号中继星。故选A。

29. B 【解析】“东方红一号”卫星,是中国发射的第一颗人造地球卫星,于1970年4月24日在酒泉卫星发射中心成功发射。

30. B 【解析】2019年3月30日,我国首个行政区域5G网络在上海建成并开始试用。

31. B 【解析】国家最高科学技术奖报请国家主席签署并颁发证书和奖金。奖金数额由国务院规定。

32. A 【解析】中国南极长城站是中国在南极建立的第一个科学考察站,是中国为对南极地区进行科学考察而在南极洲设立的常年性科学考察站。

33. C 【解析】黄金分割是指事物各部分间一定的数学比例关系,即将整体一分为二,较大部分与较小部分之比等于整体与较大部分之比,其比例为1:0.618,即长段为全段的0.618。0.618被公认为是最具有审美意义的比例数字。

34. A 【解析】《天体运行论》是波兰天文学家哥白尼所著的一本讲述天文学说的著作。

35. C 【解析】1609年,伽利略创制了天文望远镜(后被称为伽利略望远镜),并用来观测天体。

36. D 【解析】历史上所有发明家中，美国发明家托马斯·阿尔瓦·爱迪生所持有的专利是最多的。

37. D 【解析】1969年7月，阿波罗11号宇宙飞船登月成功。

38. C 【解析】太阳系中的八大行星，按照距离太阳由近及远的顺序，依次是水星、金星、地球、火星、木星、土星、天王星、海王星。故选C。

39. C 【解析】在太阳系的八大行星中，水星距离太阳最近，受到太阳的引力也最大，因此水星在运行轨道上比任何行星都跑得快，轨道速度为每秒约48千米，被称为飞毛腿。

40. A 【解析】微电子技术是建立在以集成电路为核心的各种半导体器件基础上的高新电子技术。微电子技术是现代信息技术的基石。

41. C 【解析】IT的英文是Information Technology，即信息技术的意思。

42. B 【解析】"互联网+"的六大特征是：跨界融合、创新驱动、重塑结构、尊重人性、开放生态、连接一切。本题为选非题，故选B。

43. C 【解析】联合国开发计划署把新能源分为以下三大类：大中型水电；新可再生能源，包括小水电、太阳能、风能、现代生物质能、地热能、海洋能；传统生物质能。

44. B 【解析】侏罗纪界于三叠纪与白垩纪之间，是中生代的第二个纪。

45. C 【解析】宣纸"始于唐代、产于泾县"，因唐代泾县隶属宣州府管辖，故因产地得名宣纸。

46. A 【解析】《伤寒杂病论》对中医学治疗急慢性传染病、流行病以及内科杂病等理论和技术的发展，曾产生过极其深远的影响，奠定了中医治疗学的基础，A项正确。

47. B 【解析】郭守敬是元朝著名的天文学家、数学家、水利工程专家。孙思邈是唐代医药学家，被后人尊称为"药王"。沈括是北宋政治家、科学家。朱世杰是元代数学家、教育家。

48. B 【解析】一行是中国唐代著名的天文学家和佛学家，最主要的成就是编制《大衍历》。他在制造天文仪器、观测天象和主持天文大地测量方面也有颇多贡献。

49. C 【解析】明朝科学家宋应星的《天工开物》是一部总结农业和手工业生产技术的著作，国外学者称它为"中国17世纪的工艺百科全书"，强调人类要和自然相协调，人力要与自然力相配合。

50. B 【解析】《天工开物》是世界上第一部关于农业和手工业生产的综合性著作，作者是明朝科学家宋应星。外国学者称它为"中国17世纪的工艺百科全书"。

51. C 【解析】计量长短用的器具称为度，计算容积的器皿称为量，测量物体轻重的工具称为衡。

52. B 【解析】2017年9月29日，世界首条量子保密通信干线——"京沪干线"正式开通。当日，结合"京沪干线"与"墨子号"的天地链路，我国科学家成功实现了洲际量子保密通信。

53. C 【解析】"悟空号"是目前世界上观测能段范围最宽、能量分辨率最优的暗物质粒子探测卫星。它的任务是在太空中开展高能电子及高能伽马射线探测任务，探寻暗物质存在的证据，研究暗物质特性与空间分布规律。

54. B 【解析】2016年8月16日，我国成功发射世界首颗量子科学实验卫星——"墨子号"。将它命名为"墨子号"，是为了纪念我国古代科学家墨子。

55. D 【解析】南仁东是"中国天眼"工程的发起者和奠基人，首席科学家兼总工程师，人称"中国天眼之父"。

56. A 【解析】中国建造的500米口径球面射电望远镜(简称FAST)位于贵州省平塘县。

57. C 【解析】2003年10月15日，杨利伟乘由长征二号F火箭运载的神舟五号飞船首次进入太空，成为中国进入太空的第一人。

58. B 【解析】国家最高科学技术奖每年评选一次，每次授予不超过两名，由国家主席亲自签署、颁发荣誉证书、奖章和奖金。

59. B 【解析】《相对论》是爱因斯坦的著作；《量子力学原理》的作者是英国物理学家狄拉克；《自然哲学的数学原理》是牛顿的著作。

60. D 【解析】地球是一个两极稍扁、赤道略鼓的不规则球体。

61. C 【解析】计算机信息处理技术是当代科学技术发展的主导领域，信息处理技术的巨大进步是当代科学革命的核心过程，它已广泛渗透于各种科学技术领域。

62. C 【解析】"互联网+"代表着一种新的经济形态，它指的是依托互联网信息技术实现互联网与传统产业的联合，以优化生产要素、更新业务体系、重构商业模式等途径来完成经济转型和升级。

63. C 【解析】2018年5月16日至18日，第二届世界智能大会在天津梅江会展中心举行，以"智能时代：新进展、新趋势、新举措"为主题。

64. B 【解析】都江堰位于四川省成都市都江堰市城西，坐落在成都平原西部的岷江上，是全世界迄今为止，年代最久、唯一留存、仍在一直使用、以无坝引水为特征的宏大水利工程。

65. A 【解析】2016年8月16日01时40分，中国在酒泉卫星发射中心用长征二号丁运载火箭成功将全球首颗量子科学实验卫星（简称量子卫星）发射升空。

66. D 【解析】东风系列导弹，是中华人民共和国一系列近程、中远程和洲际弹道导弹。

67. A 【解析】“全国创新争先奖”是国家科技奖励体系的重要组成部分和补充，是国家科技奖项与重大人才计划的有机衔接，是仅次于国家最高科技奖的科技人才大奖。

68. D 【解析】诺贝尔是瑞典化学家、工程师、发明家、军工装备制造商和炸药的发明者。

69. C 【解析】太阳系目前已知的八大行星距日由近及远依次为：水星、金星、地球、火星、木星、土星、天王星、海王星。

70. D 【解析】智慧城市的智慧来自大数据。大数据是智慧城市的基础之一。

71. A 【解析】云计算是基于互联网的相关服务的增加、使用和交付模式，通常涉及通过互联网来提供动态易扩展且经常是虚拟化的资源。

72. D 【解析】微电子技术是信息社会的基石。微电子技术的发展使得计算机运算速度大大加快，并使计算机日益小型化，极大地推动了个人电脑的普及。

73. B 【解析】石墨烯电池是利用锂离子在石墨烯表面和电极之间快速大量穿梭运动的特性而开发出的一种新能源电池。石墨烯电池实现产业化后，将带来电池产业的变革，也将促使新能源汽车产业的革新。

二、多项选择题

1. BD 【解析】健康码能够灵活地进行颜色变换，需要多方面的技术支持：(1)大数据技术。数据的采集、储存、分析以及整合，都离不开大数据技术。(2)定位技术。一方面是卫星定位，GPS、北斗导航系统等定位系统，都会对我们的手机进行定位；另一方面，正常情况下手机会被多个无线基站的信号覆盖，并对这些来自不同基站的信号进行收集，从而计算出基站与手机之间的距离，定位手机所在位置。(3)健康码是一个二维码，是基于给定的数据通过信息技术的处理而生成的。故选BD。

2. BCD 【解析】高层楼宇灭火系统，是通过发射灭火弹的方式来消灭高层建筑火灾的特种消防装备。它利用了航天发射技术、控制技术和信息处理技术，能够精确、快速、高效地扑灭高层楼宇火灾。

3. ABCD 【解析】本题考查可再生能源。可再生能源是指在自然界中可以不断再生、永续利用、取之不尽、用之不竭的资源，它对环境无害或危害极小，而且分布广泛，适宜就地开发利用。太阳能、地热能、风能、生物质能、海洋能、潮汐能等都属于可再生能源。

4. ACD 【解析】我国古代“四大发明”是造纸术、指南针、火药、印刷术。

5. AC 【解析】嫦娥一号是我国首颗绕月人造卫星，A选项正确。我国首颗望远镜卫星为“慧眼号”，B选项错误。2019年1月3日10时26分，嫦娥四号探测器自主着陆在月球背面，实现人类探测器首次月背软着陆，C选项正确。我国手机导航系统应用的是“北斗”卫星技术，D选项错误。故选AC。

6. ABC 【解析】按开发利用状况，可将能源分为常规能源和新能源。已经被广泛利用的煤炭、石油、天然气等能源，称为常规能源。而核能、地热能、海洋能、太阳能、氢能等属于新能源。故选ABC。

7. BCD 【解析】19世纪自然科学的三大发现是细胞学说，能量守恒定律，达尔文生物进化论。

8. ABCD 【解析】海洋能包括潮汐能、温差能、盐差能、海流能和波浪能等。

9. ACD 【解析】一次能源可分为可再生能源(水能、风能及生物质能等)和不可再生能源(煤炭、石油、天然气、油页岩等)。电能属于二次能源。

10. BCD 【解析】天然气属于不可再生能源。

11. ACD 【解析】马克思在《机器、自然力和科学的应用》中指出，火药、指南针、印刷术——这是预告资产阶级到来的三大发明。火药把骑士阶层炸得粉碎，指南针打开了世界市场并建立了殖民地，而印刷术则变成新教的工具，总的来说变成科学复兴的手段，变成对精神发展创造必要前提的最大的杠杆。

三、判断题

1. √ 【解析】2021年4月29日11时23分，我国在文昌航天发射场用长征五号B遥二运载火箭成功发射中国空间站首舱“天和核心舱”。

2. × 【解析】GSM也是数字蜂窝网络。因此，5G移动网络与早期的2G、3G和4G移动网络一样，都是数字蜂窝网络。

3. × 【解析】热导率又称导热系数，反映物质的热传导能力。一般情况下，金属的热导率最大，液体较小，气体最小。

4. √ 【解析】本题考查人工智能。人工智能是对人的意识、思维的信息过程的模拟。人工智能不是人的智能，但能像人那样思考。

5. × 【解析】本题考查太阳能。太阳能是一种清洁能源，是由太阳内部氢原子发生氢氦聚变释放出巨大核能而产生的能量。

6. √ 【解析】本题考查核能与科技。核能是安全、洁净、廉价的能源，属于不可再生能源和清洁能源。这一技术能够造福人类，但是如果处理不当也会产生严重的污染，一旦发生核泄漏会对人和其他生物造成伤害，这说明科技革命是一把“双刃剑”。

7. √ 【解析】本题考查我国古代科技成就。日晷的原理是根据日影的位置来确定当时的时辰或刻数，是我国古代较为普遍使用的计时仪器。

8. √ 【解析】在上传图片时，由于APP的服务器流量限制，很多图片会被压缩到较低的分辨率，打开大图后容易失真而且清晰度低。选择“原图”发送，虽然会耗费较多的时间和流量，但是可以保持图片清晰。

9. √ 【解析】河南有“大众创业、万众创新”的深厚历史基因。一部河南史，半部中国史。中国古代四大发明中的指南针、造纸术、火药三大技术均发明于河南。

10. √ 【解析】本题考查我国现代科技成就。2019年是我国5G商用元年。我国企业华为在5G技术上已经达到世界领先水平。

11. × 【解析】一次能源，是指直接取自自然界没有经过加工转换的各种能量和资源。二次能源，是由一次能源经过加工或转换得到的其他种类和形式的能源。电能在自然界很少独立存在，大多是由一次能源转换而来，故属于二次能源。

12. √ 【解析】中国最早在南极建立的科学考察站是长城站。目前中国南极科考站包括中国南极长城站、中国南极中山站、中国南极昆仑站和中国南极泰山站。在建的第五个科考站是中国南极罗斯海新站。

13. √ 【解析】狭义相对论的“狭义”表示它只适用于惯性参考系。这个理论的出发点是两条基本假设：狭义相对性原理和光速不变原理。

14. √ 【解析】生物质能是自然界中有生命的植物提供的能量。这些植物以生物质作为媒介储存太阳能。生物质能属于可再生能源，是唯一一种可再生的碳源。

15. √ 【解析】利用算盘可以进行乘方和开平方运算。珠算开平方一般有半九九开平方法、积差开平方法、公式开平方法、增乘开平方法。

16. × 【解析】“医圣”张仲景的代表著作是《伤寒杂病论》，《千金方》是唐代医学家“药王”孙思邈的著作。

17. × 【解析】《本草纲目》的作者是明朝的李时珍。

18. × 【解析】“GPS”的中文全称是“全球定位系统”。

19. × 【解析】隐形飞机并不是肉眼看不到的飞机，而是通过运用多种隐形技术降低飞机的信号特征，使敌方雷达难以发现、识别、跟踪和攻击，以实现反雷达、反红外线、反电子、反声波探测目的，从而达到隐身效果的作战飞机。

20. √ 【解析】天舟一号货运飞船是由中国空间技术研究院研制的一款货运飞船，也是中国首个货运飞船。天舟一号为全密封货运飞船，采用两舱构型，由货物舱和推进舱组成。

21. √ 【解析】清洁能源包括核能和可再生能源。可再生能源是指原材料可以再生的能源，如水能、风能、太阳能、生物能、地热能、海潮能等。

综合能力提升

一、单项选择题

1. D 【解析】本题考查自然科学发现。细胞学说、能量守恒与转化定律、达尔文进化论并称为19世纪自然科学三大发现，①②③排除。故选D。

2. B 【解析】本题考查AR技术。AR(增强现实技术)是一种将虚拟信息与真实世界巧妙融合的技术，广泛运用了多媒体、三维建模、实时跟踪及注册、智能交互、传感等多种技术手段，将计算机生成的文字、图像、三维模型、音乐、视频等虚拟信息模拟仿真后，应用到真实世界中，两种信息互为补充，从而实现对真实世界的“增强”。VR(虚拟现实技术)的基本实现方式是计算机模拟虚拟环境从而给人以环境沉浸感。B项所述是VR技术，而非AR技术。本题为选非题，故选B。

3. A 【解析】本题考查4D打印技术。4D打印技术是指由3D技术打印出来的结构能够在外界刺激下发生形状或者结构的改变，直接将材料与结构的变形设计内置到物料当中，简化了从设计理念到实物的造物过程，让物体能自动组装构型，实现了产品设计、制造和装配的一体化融合。4D打印的第四维是指物体在制造出来以后，其形状或性能可以自我变换，也就是多了时间维度。

4. D 【解析】本题考查人工智能技术。人工智能是研究、开发用于模拟、延伸和扩展人的智能的理论、方法、技术及应用系统的一门新的技术科学。模式识别是通过抽取被识别对象的特征，与存放在计算机内的已知对象的特征进行比较及判别，

从而得出结论的一种人工智能技术。该门禁系统主要使用的是指纹识别,是模式识别的一种,故选D。

5. D 【解析】本题考查3D打印技术。相较于传统的加工制造方法,3D打印具有快速性的优点。从CAD设计到零件制成,3D打印一般只需几个小时至几十个小时,大幅度缩短了零件制造周期,尤其适合于新产品的开发、小批量零件或复杂形状零件的制造、外形设计与检验、装配检验等。故选D。

6. B 【解析】本题考查能源的分类。(1)按转换传递过程分类,可将能源分为一次能源和二次能源。从自然界直接获取的能源叫一次能源。无法从自然界直接获取,必须通过一次能源的消耗才能得到的能源叫二次能源。(2)按一次能源是否可再生分类,可将能源分为可再生能源和非可再生能源。(3)清洁能源,即绿色能源,是指不排放污染物、能够直接用于生产生活的能源。综上,电能是二次能源,B项说法符合题意。

7. D 【解析】本题考查高新技术。高新技术包括六大技术领域:信息技术、生物技术、新材料技术、新能源技术、空间技术和海洋技术。其中,新材料主要是指最近发展或正在发展之中的具有比传统材料更优异性能的一类材料。新材料技术是高新技术的物质基础。

8. B 【解析】本题考查现代信息技术。现代信息技术,是借助以微电子学为基础的计算机技术和电信技术的结合而形成的手段,对声音的、图像的、文字的、数字的和各种传感信号的信息进行获取、加工、处理、储存、传播和使用的技术。它包括微电子技术、光电子技术、计算机技术、通信技术、网络技术、感测技术、控制技术、显示技术等。故本题选B。

9. B 【解析】本题考查4K与5G的知识。4K与5G技术的融合,将极大促进媒体行业创新节目形态、丰富分发手段和优化用户体验,但无法实现"控制舆论导向"。本题为选非题,答案为B。

10. A 【解析】本题考查O2O模式。O2O模式下,商家通过免费开网店将商家信息、商品信息等展现给消费者,消费者在线上进行筛选服务,并在线支付,再到线下进行消费验证和消费体验。可见,O2O营销模式的核心是在线支付。故本题选A。

11. D 【解析】元朝杰出天文学家郭守敬主持编定《授时历》,不属于两汉时期的天文学成就。故选D。

12. B 【解析】北宋沈括的《梦溪笔谈》是以笔记体裁形式写成的科学典籍,《梦溪笔谈》在磁学方面研究成果尤为卓著,最早记载了人工磁化的一种简便方法,即"以磁石磨针锋"造指南针。

13. B 【解析】要实现飞船和空间站对接,需飞船和空间站处于同一轨道的相同方向,实现相对的静止才能对接成功。故正确答案为B。

14. A 【解析】2019年6月5日,我国在黄海海域成功发射长征十一号运载火箭,标志着中国航天首次海上发射技术试验圆满成功。

15. D 【解析】D项中的华为5G不是航天技术。5G,即第五代移动通信技术。故选D。

16. B 【解析】爱因斯坦的广义相对论预言了黑洞的存在。

17. C 【解析】亚当·斯密的经济学代表作是《国富论》,《就业、利息和货币通论》是凯恩斯的代表作。

18. A 【解析】在地球上看,太阳系八大行星中,金星是夜空中最亮的一颗。

19. B 【解析】月球实际上是绕自己的轴相对地球旋转,自转的方向为自西向东。同时月球绕着地球公转。B项符合题意。

20. B 【解析】包围着地球的大气层有较多物质:烟雾、尘埃,还有水蒸气的波动,甚至是大城市晚上的灯光,它们会照亮空气中的微粒,使天空带有亮光,这会对天文望远镜捕捉星光造成不小的影响。而越高的地方空气越稀薄,那些会干扰天文观测的物质就越少。因此,天文台大多设在山上。

21. D 【解析】A项错误,高温超导体的超导临界温度并不是大多数人认为的几百几千度的高温,只是相对原来超导所需的超低温高许多的温度,不过也有零下200摄氏度左右。B项错误,当物质达到纳米尺度以后,物质的性能就会发生突变,出现特殊性能。C项错误,杂交水稻确实是基因重组,但是不会改变水稻的基因。故选D。

22. D 【解析】人工智能是计算机科学的一个分支,它企图了解智能的实质,并生产出一种新的能以人类智能相似的方式做出反应的智能机器,该领域的研究包括机器人、语言识别、图像识别、自然语言处理和专家系统等。A项语音识别技术目标是将人类的语音中的词汇内容转换为计算机可读的输入,例如按键、二进制编码或者字符序列。与说话人识别及说话人确认不同,后者尝试识别或确认发出语音的说话人而非其中所包含的词汇内容。语音识别技术所涉及的领域包括:信号处理、模式识别、概率论和信息论、发声机理和听觉机理、人工智能等等。所以语音识别属于人工智能领域研究,故A项不符合题意。B项从逻辑运算来说,无人驾驶汽车属于人工智能的一种,比较有代表性的是google的无人驾驶技术,从感知,操作,应急等方面几乎和人的反应是一样的,无人驾驶技术是人工智能研究的方向之一,而人工智能将服务于无人驾驶技术。故B项不符合题意。C项图像识别是人工智能的一个重要领域。它是指对图像进行对象识别,以识别各种不同模式的目标和对象的技术。故C项不符合题意。D项移动支付也称为手机支付,就是允许用户使用其移动终端(通常是手机)对所消费的商品或服务进行账务支付的一种服务方式。不属于人工智能领域研究。故本题的正确答案为D。

23. C 【解析】5G网络所指的就是在移动通信网络发展中的第五代网络，与之前的四代移动网络相比较而言，5G网络在实际应用过程中表现出更加强化的功能。5G的峰值传输速率达到10Gbit/s，比现在的4G网络要快百倍。5G网络通信最显著的一个特点及优势就是兼容性强大，能在网络通信的应用及发展中满足不同设备的正常使用，同时有效融合类型不同、阶段不同的网络。C选项说法绝对，不正确。故正确答案为C。

24. D 【解析】VR（Virtual Reality，虚拟现实）可以让用户沉浸于由计算机生成的三维虚拟环境，并与现实环境相隔绝。AR（Augmented Reality，增强现实）是在真实环境中增添或者移除由计算机实时生成的可以交互的虚拟物体或信息。

25. D 【解析】无线充电技术含量高，操作方便，现在大功率无线充电的传输距离可达数米。

26. C 【解析】军用微电子技术被称为武器装备的“心脏”，是现代军事技术的核心和基础，其广泛应用于雷达、计算机、通信设备、导航设备、火控系统、制导设备和电子对抗设备等各类军用设备上。

27. A 【解析】《春秋》中记载了公元前613年出现的彗星——“秋七月，有星孛入于北斗”。这是世界上第一次关于哈雷彗星的确切记录。

28. D 【解析】进入新世纪以后，我国大力实施创新驱动发展战略，创新型国家建设成果丰硕，其中包括“天宫”、“天眼”、量子卫星、C919大飞机等。

29. C 【解析】2018年5月28日，袁隆平海水稻团队在青岛启动“中华拓荒人计划”，在我国五大主要盐碱地类型和延安南泥湾次生盐碱与退化耕地共六地，同时进行水稻插秧“拓荒”，建立稻作改良试验示范基地，开展耐盐碱水稻品种审定区域种植试验和盐碱地稻作改良技术产业应用示范。

30. C 【解析】牛顿的经典力学体系的建立，是人类认识自然及历史的第一次大飞跃和理论的大综合，它开辟了一个新时代，并对科学发展的进程及人类生产生活和思维方式产生了深刻的影响，标志着近代自然科学的开端。

31. A 【解析】地球不是一个平面而是球体。我们看到的航线图大多数都是曲线，只有很近距离的飞行才会看到比较像直线的航线图。但其并不是直线，只是因为距离短才近似直线。

32. C 【解析】智能手机人脸识别需要先采集人脸图像，再对人脸图像预处理，然后再进行人脸图像特征值的匹配，最后控制手机屏幕锁开启。

33. C 【解析】虚拟现实技术又称灵境技术，是以沉浸性、交互性和构想性为基本特征的计算机高级人机界面。

34. A 【解析】服务机器人同时具有感知、分析、推理、决策、控制功能。

35. D 【解析】“智慧产业化”，就是瞄准世界科技前沿，聚焦大数据、云计算、人工智能、集成电路、高端软件、物联网、车联网、空天海洋、生命科学、量子技术、虚拟现实等领域，加速知识、技术、创意向现实生产力转化，打造一批战略性新兴产业发展策源地、集聚区和特色产业集群，推动“筑巢引新凤”“无中生有”。

36. A 【解析】A项中的电能属于二级能源，它主要来自其他形式能量的转换。

37. C 【解析】“东方红一号”成功发射是在1970年，“神舟五号”载人飞船成功发射是在2003年，“嫦娥一号”成功发射是在2007年，“天宫一号”成功发射是在2011年。故本题答案为C。

38. D 【解析】人造卫星运行时能到达南北极区上空指的是极地轨道，即卫星能飞经全球范围的上空。需要在全球范围内进行观测和应用的气象卫星、导航卫星、地球资源卫星等都采用这种轨道，故选D。

39. A 【解析】日食是月球运动到太阳和地球中间，如果三者正好处在一条直线时，月球就会挡住太阳射向地球的光，月球身后的黑影正好落到地球上，这时发生日食现象。月食是指当月球运行至地球的阴影部分时，在月球和地球之间的地区会因为太阳光被地球所遮蔽，就看到月球缺了一块。此时的太阳、地球、月球恰好（或几乎）在同一条直线上。日食是由于地球与月球公转引起的。

40. A 【解析】当月球运动到太阳和地球中间，三者正好处在一条直线时，月球就会挡住太阳射向地球的光，月球身后的黑影正好落到地球上，这时发生日食现象。

二、多项选择题

1. ABD 【解析】成书于七、八世纪的唐代道教作品《真元妙道要略》中记载着“以硫磺、雄黄合硝石，并密烧之”“焰起，烧手面及屋宇”，这里的“密”应是蜜的误写，因为蜜在加热状态下会发生碳化反应。根据以上记载，我们可以看到火药配方的是硫黄、硝石和木炭。在历史上，雄黄也曾经被用作制作火药的原料。A项正确。BD项说法均正确。C项，火药在唐朝末年开始运用于军事，到宋代才出现突火枪、火箭、火炮等军事武器，C项说法错误。故选ABD。

2. ABC 【解析】目前，5G网络的理论下行速度为10Gbit/s，比现在的4G网络要快百倍。故D项说法错误。

3. BCD 【解析】人工智能不是人的智能，是能像人那样思考，也可能超过人的智能，A项错误。BCD说法正确。

4. ABD 【解析】价值密度的高低与数据总量的大小成反比。大数据价值密度低，C项错误。ABD项均对应正确。故选ABD。

5. ABD 【解析】GPS全球定位系统运用当前先进的计算机技术、网络技术，借助通信运营商的有线、无线传输网络，融合远程车载移动视频监控、GPS定位、行车记录等功能，实现GPS全球定位系统功能。答案为ABD。

第二章 生活常识

基础知识达标

一、单项选择题

1. B 【解析】本题考查遗传。性别决定是指细胞内遗传物质对性别的决定作用。受精卵的染色体组成是性别决定的物质基础，决定人类性别的自然因素是遗传因素。故选B。

2. B 【解析】本题考查疫苗。大多数宫颈癌是由HPV感染所致，注射HPV疫苗主要是为了预防宫颈癌。故选B。

3. C 【解析】本题考查微量元素。缺铁性贫血是由于体内储存铁被用尽，导致血红蛋白合成减少而引起的贫血。饮食上，缺铁性贫血的人群，应当适量多摄取富铁食物，如动物肝脏及血制品、瘦肉等。故选C。

4. C 【解析】落月的关键在于平稳二字。据中国航天科技集团五院专家介绍，离开了发动机的反推，嫦娥五号是以自由落体形式着陆的。这就需要着陆缓冲系统发挥作用，吸收着陆时的冲击载荷，同时保证探测器“不翻倒”“不陷落”。着陆缓冲机构，就是嫦娥五号的“腿”。

5. B 【解析】作为低纬度滨海发射基地，文昌航天发射场不仅可用于满足中国航天发展的新需要，还能借助接近赤道的较大线速度，以及惯性带来的离心现象，使火箭燃料消耗大大减少，亦可通过海运解决巨型火箭运输难题并提升残骸坠落的安全性。

6. B 【解析】本题考查臭氧。臭氧(O3)又称为超氧，是氧气(O2)的同素异形体。臭氧是氧气吸收了太阳的波长小于185nm的紫外线后形成的。在常温下，它是一种有特殊臭味的淡蓝色气体。故选B。

7. C 【解析】本题考查急救常识。扭伤的现场紧急处理办法为立即冷敷患处。让受伤的人正面坐下或仰卧着，同时用背包等物品将足部垫高，以利于静脉血回流。同时，尽快用冰袋或冷毛巾在受伤部位冷敷，以使毛细血管收缩，减少出血及渗出，从而减轻肿胀和疼痛。故选C。

8. B 【解析】本题考查光学常识。晕是由于悬浮在大气中的冰晶折射或反射太阳光或月光而形成的光学现象。

9. B 【解析】本题考查摩擦力。增大摩擦力的办法有：增大压力，增大接触面的粗糙程度等。AD项能够通过增加汽车轮胎与地面之间接触面的粗糙程度来增大摩擦力，C项能够通过增大压力来增大摩擦力。向地面泼水会减少汽车轮胎与地面之间的摩擦力，故选B。

10. D 【解析】本题考查气压知识。海拔越高的地方，气压越低。在气压低于标准大气压情况下烧水，水的沸点会降低。故选D。

11. D 【解析】本题考查浮力知识。曹冲称象利用了漂浮在水面上的物体的重力等于水对物体的浮力这一物理原理，即浮力原理。

12. D 【解析】本题考查物理变化与化学变化的区分。酒精挥发、矿石粉碎和冰雪融化都属于物理变化。白磷自燃生成新的磷化物，属于化学变化。故选D。

13. D 【解析】本题考查物态变化。汽化是指物质从液态变为气态的过程，蒸发和沸腾是物质汽化的两种形式。液化是指物质由气态转变为液态的过程，会对外界放热。升华是指物质从固态不经过液态直接变成气态的过程。凝华是指物质跳过液态直接从气态变为固态的过程。冰晶指的是水汽在冰核上凝华增长而形成的固态水合物，题干所述是由气体直接变成固体的物态变化，属于凝华。

14. B 【解析】本题考查微波知识。微波炉是一种用微波加热食品的现代化烹调灶具，微波是一种电磁波。

15. B 【解析】本题考查硅的用途。工业上将硅作为半导体运用在电子产业中。很多电脑芯片、电子设备的零件都由硅制成，所以从事半导体—电子工业生产的密集地区也被人们称为“硅谷”。

16. C 【解析】本题考查吸烟成瘾的主要物质。导致吸烟成瘾的主要物质是尼古丁，它会以极快的速度随血液进入大脑，引起大脑额叶皮质的先兴奋后抑制，使吸烟者开始感到很舒适、愉快。但是尼古丁在人体内代谢很快，一旦血液中尼古丁含量下降，就会感觉心烦、疲乏、思维迟钝、注意力不能集中。随着吸烟的增加，大脑中与尼古丁结合的乙酰胆碱受体对尼古丁的敏感性下降，体内代偿性产生更多受体，为获得与以前同样的感觉，就需要更多的尼古丁与之结合，因此形成恶性循环，吸烟者的烟量越来越大。此外，尼古丁会刺激多巴胺系统神经元，促使多巴胺释放，使吸烟者感到舒适、兴奋，从而对烟产生心理渴求，终致成瘾。

17. C 【解析】本题考查扩散现象。不同物质彼此进入对方的现象，我们称为扩散现象，它是由分子的无规则运动产生

的。离心现象是指做圆周运动的物体，在所受向心力突然消失，或者不足以提供圆周运动所需的向心力的情况下，产生的逐渐远离圆心移动的物理现象。丁达尔现象是指当一束光线透过胶体，从垂直入射光方向可以观察到胶体里出现的一条光亮的“通路”。布朗运动是指悬浮在液体或气体中的微粒所做的永不停息的无规则运动。

18. B 【解析】本题考查音色。音色指声音的感觉特性，是声音的个性、特色，由声波振动的形式决定。人声的识别靠的是音色。

19. B 【解析】中国科学院金属研究所材料疲劳与断裂实验室刘增乾博士带领研究团队首次发现了大熊猫的牙齿能够实现自修复。

20. A 【解析】红薯的根在地面以下，它属于直根系，因为它的主根很明显。人们用来食用的部分，是红薯的块根，是用来存储营养物质的。故本题选A。

21. A 【解析】腐竹含丰富的蛋白质而含水量少，且含有类似黄豆的营养成分，如黄豆蛋白还有膳食纤维及碳水化合物等。故本题的正确答案为A。

22. B 【解析】碘是合成甲状腺激素的主要元素，缺碘会患甲状腺肿大，故选B。

23. B 【解析】雷达生命探测仪是一种综合了微功率超宽带雷达技术与生物医学工程技术研制而成的高科技救生设备。它的工作原理是基于人体运动在雷达回波上产生的时域多普勒效应来进行分析判断废墟内有无生命体存在以及生命体的具体位置信息。仅仅对运动的肢体、心肺等活动目标进行检测显示，从而实现救援的目的。故本题答案为B项。

24. C 【解析】加碘盐一般指在食盐中加入碘酸钾。绿色食品是指产自优良生态环境、按照绿色食品标准生产、实行全程质量控制并获得绿色食品标志使用权的安全、优质食用农产品及相关产品。白色污染是对废塑料污染环境现象的一种形象称谓。有机食品是指来自有机农业生产体系，在生产、加工、贮存、运输过程中无污染，并经有关部门认证的优质安全保健食品。

25. A 【解析】血型一般常分A、B、AB和O四种。AB型可以接受任何血型的血液输入，因此被称作万能受血者。O型可以输出给任何血型的人体内，因此被称作万能输血者。故选A。

26. B 【解析】衣橱中的樟脑丸时间长了体积会缩小，这是部分樟脑丸由固体直接变成气体，这种变化属于升华。

27. C 【解析】冰雪消融是由固态冰变为液态水，发生的是熔化现象，A错误。草叶上出现露水是空气中水蒸气遇冷液化形成的，是液化现象，B错误。积雪减少是升华现象，D错误。

28. B 【解析】所有温度高于绝对零度的物质都可以产生红外线。自动感应门就是利用红外线反射原理，靠探测人体发射的红外线而进行工作的。故选B。

29. B 【解析】过强的光线，如在阳光下看书写字，或者在靠得太近的台灯下看书写字，极易造成眼疲劳，导致近视。

30. D 【解析】紫外线能够使荧光物质发光，具有杀菌作用；红外线具有热效应等特点。验钞机发出的是紫外线，电视遥控器发出的是红外线。

31. D 【解析】定滑轮的实质是等臂杠杆，使用它不能省力，A选项说法错误；一般情况下使用动滑轮能省一半的力，但是如果动滑轮的重力大于物体的重力，则使用它反而费力，B选项说法错误；使用滑轮组可以省力，但不能省距离，所以C项错误、D项正确。

32. D 【解析】在汽车轮胎上做花纹是通过增大汽车与路面接触面的粗糙程度来增大摩擦力，防止汽车在行驶过程中打滑。

33. A 【解析】拔河时脚要穿鞋底有花纹的鞋，这是在压力一定时，通过增大接触面的粗糙程度来增大摩擦力。

34. C 【解析】啤酒里面有溶解的二氧化碳。开启啤酒瓶时，二氧化碳由于瓶内的气压降低而释放出来。而强烈摇晃啤酒瓶会形成更多的气泡，二氧化碳的释放就更加剧烈。因此摇过的啤酒可以喷出与压强相关。故选C。

35. C 【解析】三孔插座的三个孔分别是：上面的孔为接地线，左边为零线，右边为火线。

36. A 【解析】白炽灯通常用钨丝作为灯丝，这主要是因为钨的熔点高。故选A。

37. C 【解析】激光干涉引力波天文台(LIGO)首次发现了黑洞合并产生引力波的证据，这被视为是对爱因斯坦广义相对论的一次有力证明。

38. C 【解析】屠呦呦翻阅了大量历代文献资料，并向许多中医请教，不断探索。她和团队在此基础上筛选了几百种药物，在反复实验后，提取出了青蒿素。这个发现并非意外，而是在科学方法指引下刻苦钻研的结果。

39. A 【解析】在呼吸过程中，人体吸入空气，其中的氧气与体内的物质反应生成二氧化碳和水，有新物质生成，所以人的呼吸是化学变化。

40. D 【解析】碳酸氢钠俗称小苏打。氢氧化钠也称苛性钠、烧碱、固碱、火碱、苛性苏打。碳酸钠又叫纯碱，又名苏打或碱灰。氧化钠是食盐的主要成分。故选D。

41. A 【解析】B项，药品产生毒副作用无法完全避免，关键是在治病与害人之间进行孰轻孰重的取舍。C项，针对不同的症状有不同的治疗方案，不能自行减少药量。D项，保健品是介于食品和药品中间的一类产品，有些成分是药食同源的中草药，可能会具有一定的治疗功效，但是保健品的主要用处应该在于补充、调理、预防，而不是治疗。故本题选A。

42. A 【解析】复印机在工作时，由于高压静电和紫外线作用而产生臭氧。臭氧强烈刺激人的呼吸道，会引发支气管炎、肺炎等，并对人体皮肤中的维生素E起到破坏作用。

43. C 【解析】二氧化碳的排放主要会导致温室效应，使全球气候变暖，故C项正确。

44. C 【解析】生化武器是指以细菌、病毒、毒素等使人、动物、植物致病或死亡的物质材料制成的武器。作为一种大规模杀伤性武器，至今仍然对人类构成重大威胁。A项不属于生化武器。B项，特务机关把微型窃听器安置在苍蝇的体内。苍蝇本身就喜欢往室内钻，于是就把这些苍蝇释放在敌国的重要部门进行窃听，不属于生化武器。C项，落叶剂是一种工业合成的化学品，作用是杀死植物或使其叶子快速脱落。与化学除草剂不同的是，落叶剂对植物可杀死的种类几乎是不受限制的。落叶剂含有大量的有毒化学物质，能通过食物链在自然界循环，有高度致癌性，能改变生育和遗传基因，严重威胁到人类健康，属于生化武器。D项原子弹是核武器之一，是利用核反应的光热辐射、冲击波和感生放射性造成杀伤和破坏作用，以及造成大面积放射性污染，阻止对方军事行动以达到战略目的的大杀伤力武器。故本题正确答案为C。

45. A 【解析】火场逃生有要领，一蹲、二捂、三匍匐。

46. B 【解析】用湿毛巾捂住口鼻可以防止有害气体和粉尘进入呼吸道，所以逃生时应该用湿毛巾捂住口鼻，蹲下靠近地面或沿墙壁跑离着火区域。

47. D 【解析】地震发生时，大地剧烈晃动，人往往无法稳定行走，而且家具、门窗玻璃、天花板、吊灯、吊柜等可能掉落砸伤人，此时若盲目行动，受伤概率很大。地震来临时，应先就近避险，保护好头部，如把靠垫举在头顶，蹲到坚固的桌子下面，待晃动停止、确认安全后再撤离到安全地带。地震发生时不要使用电梯；如果地震时刚好在电梯里，需赶紧按下所有楼层按钮使电梯停下，尽快离开。

48. C 【解析】强烈地震发生时，在家中的人可躲在较坚实的家具如床、桌下面，或躲在跨度小、刚度强的小开间的室内暂避，如厨房、卫生间等处；主震后应迅速撤离户外，撤离时要注意保护头部，可用枕头等软物将头部护住；要注意关闭煤气，切断电源；住在高层建筑里的人不能使用电梯，也不要跑到阳台上，尤其是不能跳楼；人员还应该远离石化、化学、煤气等易燃有毒的工厂或设施，如遇到引起火灾或有毒气体污染时，应迅速向上风方向撤离。故C项说法错误。

49. B 【解析】雷电交加时，如果插头还插在插座上，仍能形成物理通路，还是存在被雷电袭击的风险，正确的做法是把电器插头拔掉，切断电源。故A项错误，B项正确。雷雨天气应注意关闭门窗，以防侧击雷和球雷侵入，C项错误。雷雨天气打手机给亲友，如果亲友是在野外的环境中，接打手机就会增加被雷击的概率，D项错误。

50. C 【解析】使用香水、化妆品、香皂等带花香味的物品后，被蚊子叮咬的概率反而会上升，A项错误。蚊子对湿度、温度、汗液都很敏感，所以它们爱叮爱出汗又不洗澡的人，B项错误，C项正确。蚊子喜爱弱光，所以在户外穿黑色的衣服容易吸引蚊子，D项错误。故本题选C。

51. D 【解析】中国政府的态度是禁止生殖性克隆人，原则是不赞成、不允许、不支持、不接受任何生殖性克隆人的实验，但不反对治疗性克隆。

52. C 【解析】青蛙属于两栖动物，主要用肺呼吸，兼用皮肤呼吸。冬眠期间的青蛙主要靠皮肤进行呼吸。

53. C 【解析】青蒿素可以有效降低疟疾患者的死亡率，挽救了全球特别是发展中国家数百万人的生命。

54. A 【解析】鸡蛋表面布满了人眼看不见的小孔，这些小孔被一层胶一样的物质封住，一般的细菌不能进入，蛋内的水分也不易蒸发，起了保护鸡蛋的作用。如果用水洗，蛋壳上的胶皮被破坏而溶解在水中，蛋壳上的小孔全部暴露，细菌便可从小孔乘虚而入。

55. A 【解析】长期大量饮酒会引起慢性酒精中毒，对人体各个器官系统均有损害，尤其对肝、脑损害最大。对肝，可引起脂肪肝、肝炎，甚至酒精性肝硬化，诱发肝癌。

56. B 【解析】冬天，户外呼出的“白气”是水蒸气降低温度液化形成的小水滴悬浮在空气中形成的。

57. C 【解析】用棉球在小孩儿的额头擦些酒精退烧，主要是因为酒精挥发时要吸收热量。故选C。

58. C 【解析】天空呈蔚蓝色是太阳辐射光波中蓝色光波被散射的缘故，云为白色是太阳光被反射的缘故。C正确。

59. B 【解析】“群峰倒影山浮水”的意思是群山叠立在水中，水中有群山的倒影，是光的反射现象。

60. C 【解析】海市蜃楼是晴朗、无风或微风条件下，光在折射率不均匀的空气中连续折射和全反射而产生的一种光学现象。所以海市蜃楼现象包含了光的折射与反射两种光学原理，故本题选C。

61. D 【解析】月亮是环绕地球运行的一颗卫星，也是离地球最近的天体。月亮本身并不发光，我们看到的月光都是月亮反射的太阳光。而太阳是一颗会发光的恒星。所以，月光较为柔和、暗淡。

62. C 【解析】汽车的后视镜通常都是凸面镜，镜面呈球面状，用于扩大司机的视野。

63. A 【解析】一般汽车的挡风玻璃是斜着安装的,这样做除了考虑空气动力学的原因外,还考虑到一个安全因素:如果小轿车的挡风玻璃竖着安装,那么车内的乘客就会在挡风玻璃上成一个虚像,虚像会干扰司机的视线,分不清乘客和行人,可能会导致交通事故。倾斜安装后,车内乘客在挡风玻璃上所成的虚像的位置在车顶方向,司机能很清楚地区分车内乘客的虚像和路上的行人,尽可能地避免因视线干扰出现的交通事故。

64. D 【解析】响度又称音量,是人耳感受到的声音强弱。响度的大小决定于声音接收处的波幅,就同一声源来说,波幅传播的愈远,响度愈小。因此对于老师发出的口令而言,远处同学听到的声音响度就小。

65. B 【解析】在体积相同的情况下,道具密度越小,质量就越轻,越不会对演员造成伤害,故选B项。

66. C 【解析】二氧化硫与水经过化学反应生成亚硫酸,亚硫酸经过氧化生成硫酸,从而形成酸雨。

67. A 【解析】铅笔铅芯的硬度标志,一般用"H"表示硬质铅笔,"B"表示软质铅笔,"HB"表示软硬适中的铅笔,"F"表示硬度在HB和H之间的铅笔。

68. C 【解析】发生雷电时,不能在高大的建筑物下或树下躲避,容易遭到雷击,A项错误;坐在行驶的汽车前排的人要系上安全带,是为了避免刹车时由于人的惯性而继续向前运动从而被甩出车外或遇到强烈撞击带来的伤害,惯性不能减小,B项错误;发生电火灾时要先切断电源,再打开消防栓用水灭火,如果先用水灭火会发生触电事故,D项错误。

69. C 【解析】蜜蜂的毒液为酸性,肥皂水为碱性,二者可以中和。因此,被蜜蜂蜇伤后症状较轻的,可用肥皂水冲洗叮咬处。

70. A 【解析】生物技术是应用生物学、化学和工程学的基本原理,利用生物体(包括微生物、动物细胞和植物细胞)或其组成部分(细胞器和酶)来生产有用物质,或为人类提供某种服务的技术。基因工程是现代生物工程的核心及其标志性技术之一。

71. C 【解析】引起流感和艾滋病的微生物是病毒,本题选择C选项。

72. B 【解析】在一个标准大气压下,沸水的温度为100℃。由于水的沸点和气压成正比,且压力锅内的压强大于一个标准大气压,所以水的沸点相应升高,即压力锅内的开水温度高于100℃。

73. A 【解析】冬天往岩缝里灌水,水结冰后体积变大膨胀使岩石裂开,不属于热胀冷缩。

74. B 【解析】本题考察基础物理学牛顿运动三定律中的惯性定律。惯性定律是指在不受外力的作用下,物体会保持静止状态或匀速不变的运动状态,可进一步引申,在受外力作用下,物体会趋向于保持原有的运动状态不变,质量越大,惯性越大。题干中描述的急刹车时坐在车内的人身体前倾,就是受到了惯性的影响。A选项中皮球的反弹和D选项中气球飞走是受到了作用力和反作用力的影响,C选项是由于救生圈中气体的密度小于水的密度,所以人会上浮,这是浮力定律的体现。故本题答案为B。

75. A 【解析】红外线通信是一种利用红外线传输信息的通信方式。电视遥控器、摄像机的自动对焦和汽车的远程锁定等都利用了红外线进行近距离通信。故选A。

76. B 【解析】电池是将化学能转化为电能,照相是将光能转化为化学能,蒸汽机是把内能转化为机械能,自行车是人体自身的能量转换为机械能,故本题选择B选项。

77. A 【解析】加氯消毒是目前最普遍使用的自来水消毒方式。

78. B 【解析】天然气和原油的主要化学元素是碳氢。从天然气或原油中获取的燃料气体,可称为碳氢化合物,故本题选择B选项。

二、多项选择题

1. CD 【解析】本题考查碳水化合物。食物中含有糖类、脂类、蛋白质、水、无机盐和维生素六类营养物质。糖类,又称碳水化合物,由碳、氢和氧三种元素组成。碳水化合物的主要食物来源有:糖类、谷物、水果、干果类、干豆类、根茎蔬菜类等。故选CD。

2. AB 【解析】本题考查垃圾分类。厨余垃圾是指居民日常生活及食品加工、饮食服务、单位供餐等活动中产生的垃圾,包括丢弃不用的菜叶、剩菜、剩饭、果皮、蛋壳、茶渣、骨头等,其主要来源为家庭厨房、餐厅、饭店、食堂、市场及其他与食品加工有关的行业。变质的香肠、槟榔渣都是厨余垃圾,打碎的瓷碗属于其他垃圾,废电池属于有害垃圾。

3. ABC 【解析】本题考查交通规则与惯性的关系。A项正确,系安全带是为了防止车辆急停时人由于惯性向前冲造成的伤害。B项正确,保持车距是为了防止车距过小时,由于惯性造成车辆追尾事故。C项正确,限速行驶是为了防止因车速过快而增大刹车距离造成交通事故。D项错误,靠右行驶与惯性无关。故选ABC。

4. ABD 【解析】本题考查光的折射。光从一种透明介质斜射入另一种透明介质时,传播方向发生偏折,这种现象叫光的折射。ABD项所述现象都反映了光的折射。用一个带有小孔的板遮挡在屏幕与物之间,屏幕上就会形成物的倒像,我们把这样的现象叫小孔成像。前后移动中间的板,像的大小也会随之发生变化。这种现象反映了光沿直线传播的性质,C项排除。

故选ABD。

5. ABC 【解析】本题考查献血之后的注意事项。献血之后应该注意的事项包括:(1)禁止饮酒。体内被抽取血液之后,人容易发冷,体温会比之前有所下降。喝酒会使寒气更胜,肝解毒能力更加虚弱。(2)禁止过量运动。献血后当天不要从事高空作业、高温作业、长途驾驶车辆等活动。(3)避免熬夜。故选ABC。

6. ABD 【解析】本题考查灭火器的使用。灭火器一经开启后即使喷出不多,也必须按规定要求再充装,充装后应作密封试验并牢固铅封。C项说法错误,ABD说法正确。

7. BCD 【解析】本题考查哺乳动物。海马不是哺乳动物,而是卵生动物,A项错误。BCD项均属于哺乳动物。

8. AC 【解析】动物的骨头中含有磷酸钙,难溶于水;食醋的主要成分是醋酸,加入食醋后,磷酸钙与醋酸发生反应,生成可溶性的钙盐,有利于人体对钙的吸收,A项正确。米醋和白醋都是醋,杀菌靠两者中醋酸的挥发,所以从理论上讲两者效果是一样的,只是两者用来杀菌要达到相同的效果,米醋的用量要比白醋多,B项错误。刚从开水里取出的熟鸡蛋,表面还沾着水,水分的蒸发会使蛋壳表面的温度降低,因此短时间内不会感到烫手,C项正确。土豆含有大量膳食纤维,它易使人产生饱腹感,自然减少进食,有利于控制体重,D项错误。

9. BC 【解析】A项,用湿抹布擦拭正在使用的电器时,可能会因为湿抹布导电造成触电事故。D项,湿衣物是导体,一旦电线漏电,人接触衣服就会发生触电事故。BC项均符合安全用电原则,故选BC。

10. ABD 【解析】雷电灾害时降低身体重心可以降低身体间的电压,以免成为雷电的袭击对象,A选项正确。雷电是可以通过导体来传播的,比如网线、电话线甚至防盗窗都可能导致雷击,所以雷雨天不要使用座机,应拔掉电话线插头,B选项正确。人作为一个导电体,冒雨骑自行车回家,容易发生触电情况,导致触电危险,C选项错误。雷雨天气关闭家中门窗可以有效隔绝雷电,防止触电危险发生,D选项正确。因此选择ABD。

11. ACD 【解析】三种不同颜色的单色,按不同的比例混合后,可以组合出自然界绝大部分的彩色,这三种不同颜色的单色即是三基色。彩色电视中使用红、绿、蓝为三基色。

12. BD 【解析】有的野生蘑菇是有毒的,所以不能直接食用,A错误;发生火灾时,电源有可能被切断,所以发生火灾时不能乘坐电梯逃生,C错误。本题选择BD选项。

13. BCD 【解析】煤气中毒的预防措施最主要的是做好通风防护。用湿煤封火或放一盆水则更可能引起煤气中毒。这是因为一氧化碳极难溶于水,而且水分和煤在高温下会发生化学反应,生成水煤气这一混合气体。水煤气含有大量一氧化碳,且比重大,更易在室内弥存,增加中毒危险性。

三、判断题

1. √ 【解析】本题考查病毒的发现者。病菌和病毒的发现者是巴斯德。

2. × 【解析】本题考查中国医学成就。中国生物医学界第一个获得诺贝尔奖的是屠呦呦。

3. √ 【解析】现本题考查现代物理学的两大基本支柱。相对论由爱因斯坦创立,分为狭义相对论和广义相对论。量子力学是研究物质世界微观粒子运动规律的物理学分支,主要研究原子、分子、凝聚态物质,以及原子核和基本粒子的结构、性质的基础理论。量子力学与相对论一起构成现代物理学的理论基础。

4. × 【解析】本题考查安全常识。遇到洪水或城市内涝,穿上长筒雨靴在积水中行走非常危险。一旦长筒雨靴进水,就很难在积水中大步前进。遇到洪水或城市内涝需要紧急避难转移的时候,建议穿有鞋带的运动鞋,扎紧鞋带。

5. × 【解析】本题考查一般灭火器的灭火原理。一般灭火器的灭火原理是隔绝氧气。比如常见的干粉灭火器,就是靠干粉的粉末落在可燃物表面外,发生化学反应,并在高温作用下形成一层玻璃状覆盖层,从而隔绝氧气灭火。

6. √ 【解析】本题考查生物常识。人体的体细胞染色体数目为23对,其中22对为男女所共有,称为常染色体;另外一对为决定性别的染色体,男女不同,称为性染色体。鉴定亲子关系用得最多的是DNA分型鉴定,其准确率近乎100%。

7. × 【解析】本题考查物理常识。蝙蝠是雷达的仿生学原型。蝙蝠会释放出一种超声波,这种声波遇见物体时就会反弹回来,而人类听不见。雷达就是根据蝙蝠的这种特性发明出来的。

8. √ 【解析】本题考查物理常识。高海拔地区空气稀薄,对于一般人来说,供氧能力下降,易出现高原反应。但是因为空气稀薄,运动员在训练的时候心肺功能却能得到更多的锻炼。

9. × 【解析】杂交水稻是使用优良品种的特性进行杂交,不能与转基因混为一谈。

10. × 【解析】氯是人体必不可少的一项元素之一,过少摄入还会引起人体水、电解质的紊乱等问题。氯元素确实会致癌,但必须考虑“量”的概念。自来水中的氯大多来自水厂使用的漂白剂,水中含有次氯酸等,由于含量极少,经过加热,会分解产生氯气。其中的氯离子和盐(氯化钠)里的氯离子是一样的,对人无害。

11. × 【解析】本题考查声音的传播。声音是由于物体振动产生的,传播要靠介质。而真空中没有介质,不能进行传播。声音在物体中传播速度的排序由高到低依次是固体、液体、气体。

12. × 【解析】本题考查光年的定义。光年指光在真空中一年时间走的距离，是天文学中常用的距离单位。题干中缺少真空这一条件。

13. × 【解析】本题考查遗传的物质基础。遗传的物质基础是脱氧核苷酸(DNA)。细胞是生物体基本的结构和功能单位。

14. √ 【解析】本题考查鱼鳍的功能。鱼类的附肢为鳍，起着推进、平衡及导向的作用，是鱼类游泳和维持身体平衡的运动器官。

15. √ 【解析】本题考查红外线感应技术。感应玻璃门通过感应器感应到行人或活动物体，将此信号转换成信号传输给自动门控制器，从而实现自动开启。

16. √ 【解析】本题考查避雷知识。在野外如遭遇雷电，应撤离到有避雷设施的房子或钢筋混凝土建筑物中，远离高烟囱、大树、铁塔、电线杆等物体。如果来不及撤离，千万不要乱跑。因为打雷时大地可能形成电位差，如果快步走或者跑动，"跨步电压"相应也大，人更容易被击伤。因此，人可选择低洼处蹲下，双脚并拢，双臂抱膝，头部下俯，以减少人体暴露面积和接触电位差。

17. × 【解析】近亲是指三代的直系、旁系亲属。

18. √ 【解析】缺少维生素B_2会出现口腔炎症、眼部干涩疲劳、身体毛发枯燥等系列问题。

19. × 【解析】饮酒过多或经常饮酒，对人体伤害最大的部位是肝。

20. × 【解析】引起煤气中毒的物质是一氧化碳。

21. √ 【解析】碳酸氢钠，化学式$NaHCO_3$，俗称小苏打。它是白色细小晶体，在水中的溶解度小于碳酸钠。

22. √ 【解析】乘过客车的人如果有留心观察，就会发现，客车侧窗玻璃一般贴有紧急砸碎的标识或图标，还配备用来敲碎窗户紧急逃生的小锤子。

23. √ 【解析】能和酒精进行颜色反应的物质，通常是含有CrO_3的硅胶，氧化反应程度不同，颜色不同。

24. √ 【解析】花露水中酒精浓度为70%～75%，这种配比使其易渗入细菌内部，使原生质和细胞核中的蛋白质变性而失去活力性，从而完成消毒杀菌。

25. √ 【解析】在水汽充足、微风及大气稳定的情况下，相对湿度达到100%时，空气中的水汽便会凝结成细微的水滴悬浮于空中，使地面水平的能见度下降，这种天气现象称为雾。

26. × 【解析】紫外线波长比可见光短；红外线波长比可见光长。

27. √ 【解析】正常的空气成分按体积分数计算是：氮气约占78%，氧气约占21%，稀有气体约占0.94%，二氧化碳约占0.03%，还有其他气体和杂质约占0.03%。

28. √ 【解析】一般的汽车尾气含有氮的氧化物，可以形成光化学烟雾，而新能源汽车的推广和使用可以减少这种现象的产生。

29. × 【解析】不同的药物有不同的服用时间。一般来说没有特殊规定的药物空腹吃较好，因为食物可能延缓药物吸收。但是对胃有刺激性的药不宜空腹吃，防止药物对胃产生副作用。因此题干说法过于绝对，是错误的。

30. √ 【解析】病毒是没有细胞结构、只能在活细胞中增殖的微生物。病毒可以利用宿主的细胞系统进行自我复制，但无法独立生长和复制。

综合能力提升

一、单项选择题

1. B 【解析】本题考查生物常识。蜻蜓翅膀末端的边缘有一块深色的角质加厚区——翼眼，或称翅痣。它能调整翅膀的震动，使蜻蜓在高速飞行中能避免发生折断翅膀的"颤振"现象。

2. C 【解析】本题考查电磁波的传播。电磁波传播不需要介质，而声音传播需要介质。外太空是真空环境，声音无法传播。"嫦娥四号"探测器所获得的科学数据与信息是通过电磁波传播到地球接收站的。故选C。

3. B 【解析】本题考查输血常识。RH阴性者不能接受RH阳性者的血液，因为RH阳性血液中的抗原将刺激RH阴性人体产生RH抗体。如果再次输入RH阳性血液，可能导致溶血性输血反应。但是，RH阳性者可以接受RH阴性者的血液。本题为选非题，答案为B。

4. A 【解析】本题考查压强。龙卷风内部空气流速快、外部空气流速慢，造成龙卷风内部的压强远小于外部的压强，从而出现地面上的物体或人畜被"吸"起卷入空中的现象。

5. C 【解析】本题考查安全常识。汽车在怠速时汽油燃烧不完全，容易产生和排放一氧化碳。长时间紧闭车窗怠速开空调，容易导致车内一氧化碳浓度过高，所以李强可能是一氧化碳中毒身亡。故选C。

6. A 【解析】本题考查生活常识。A项说法错误，饮用水中含有微量元素或化合物，饮用水过于纯净可能造成饮用人某些矿物质的缺乏。B项说法正确，手摇爆米花机的端盖采用可压缩的铅密封，铅被加热后会渗透到爆米花中导致铅中毒。C项说法正确，低盐饮食有利于预防高血压。D项说法正确，空腹饮茶易使胃液发生异常分泌现象，从而使消化功能降低，造成消化道黏膜收缩或引起胃痛。故选A。

7. A 【解析】本题考查突发事件应对常识。人触电时不能直接用手去拉，这样做也会触电，B项做法错误。煤气泄漏时不应开关电器，否则会有电火花引燃煤气，C项做法错误。发生森林火灾时，随着烟气上升，火势向山顶方向扩散较快，所以不能往山顶躲跑，D项错误。胸腹受伤后，为了避免二次伤害及保证伤者呼吸顺畅，应使其平躺，故选A。

8. A 【解析】本题考查生活常识。A项错误，吃了辣的东西，往嘴里放上少许盐，含一下，吐掉，就不辣了。这是因为盐可以在短时间内使舌头味蕾的敏感度阈值升高很多，所以舌头对辣的味道就不那么敏感了。BCD项说法均正确，本题为选非题，故选A。

9. A 【解析】本题考查垃圾分类。可回收物是指适宜回收、可循环利用的生活废弃物，主要包括纸张、塑料、玻璃、金属和布料五大类；有害垃圾是指对人体健康或者自然环境造成直接或者潜在危害的生活废弃物，主要包括废电池、灯管、过期药品、过期化妆品、油漆及其容器等；厨余垃圾即湿垃圾，主要包括食材废料、剩菜剩饭、过期食品、瓜皮果核、花卉绿植、中药药渣等易腐的生活废弃物；干垃圾即其他垃圾，是指除可回收物、有害垃圾、湿垃圾以外的其他生活废弃物。故本题选A。

10. B 【解析】本题考查生物常识。植物的生长需要多种无机盐，无机盐必须溶解在水中，植物才能吸收利用。植物需求量最大的无机盐是含氮、含磷、含钾的无机盐。故本题选B。

11. B 【解析】本题考查热胀冷缩。冬天往玻璃杯里面倒热水，很厚的玻璃杯更容易爆破。这是因为玻璃导热比较慢，用厚玻璃杯倒热水的时候杯内壁已经受热膨胀，而外壁还处于较低的温度而膨胀较少。这样，杯的内壁对外壁产生压力，如果玻璃的质量不是很好的话，就容易碎裂。而薄壁杯子可以使玻璃均匀受热膨胀，因而就不容易碎。

12. B 【解析】本题考查热辐射。热辐射是指物体由于具有温度而辐射电磁波的现象，是热量传递的三种方式之一。一切温度高于绝对零度的物体都能产生热辐射，温度越高，辐射出的总能量就越大，短波成分也越多。由于电磁波的传播无需任何介质，所以热辐射是在真空中唯一的传热方式。

13. D 【解析】本题考查急救常识。在进行急救时，若患者意识昏迷，需注意确保患者呼吸道畅通，谨防呕吐物引起的窒息死亡。为确保呼吸畅通需让患者平躺，若有撞击到头部的也要水平躺下。若有脸色发青者，需稍抬高其脚部；若有脸色发红者，需稍抬高其头部；有呕吐感者，需让其侧卧或俯卧为宜。本题为选非题，答案为D。

14. C 【解析】本题考查生活常识。根据国家《车辆驾驶人员血液、呼气酒精含量阈值与检验》规定，100毫升血液中酒精含量达到20~80毫克的驾驶行为是饮酒驾车，80毫克以上认定为醉酒驾车。故选C。

15. C 【解析】本题考查有氧运动。有氧运动和无氧运动，是按照运动时肌肉收缩的能量来自有氧代谢还是无氧代谢而划分的。有氧运动的特点是：强度低、有节奏、持续时间较长。常见的有氧运动项目有：步行、慢跑、滑冰、游泳、骑自行车、打羽毛球、打太极拳、跳健身舞、做韵律操等。无氧运动是指肌肉在“缺氧”的状态下高速剧烈运动，如赛跑、举重、投掷、跳高、跳远、拔河、肌力训练等。故选C。

16. B 【解析】2008年11月，由北京军区总医院陶然主持制订的《网络成瘾临床诊断标准》通过专家论证，首次将网络成瘾纳入精神病范畴，确定了网络成瘾的“6小时”标准。故本题的正确答案为B。

17. B 【解析】鳄鱼肾脏的排泄功能很不完善，体内多余的盐分要靠一种特殊的盐腺来排泄，而鳄鱼的盐腺正好位于眼睛附近。

18. B 【解析】A项由大脑以下的神经中枢，如脑干与脊髓形成，故错误。B项饥饿感属于非条件反射，是人或其他动物生来就具有的比较简单的反射活动，也叫无条件反射，故正确。C项饥饿感的形成与神经调节有关，故错误。D项饥饿感通过神经来调节，故错误。故本题选B。

19. B 【解析】A项细胞的衰老是正常现象；B项细胞衰老是指细胞在执行生命活动过程中，随着时间的推移，细胞增殖与分化能力和生理功能逐渐发生衰退的变化过程。细胞的生命历程都要经过未分化、分化、生长、成熟、衰老和死亡几个阶段。衰老死亡的细胞被机体的免疫系统清除，同时新生的细胞也不断从相应的组织器官生成，以弥补衰老死亡的细胞。细胞衰老死亡与新生细胞生长的动态平衡是维持机体正常生命活动的基础，正确。C项细胞凋亡是细胞的编程性死亡，与凋亡相关的基因是机体固有的，细胞凋亡对于多细胞生物体完成正常发育起着非常关键的作用，细胞坏死是由外界环境因素引起的非正常性死亡，C错误。D项大多细胞生物的生长和发育都要经历细胞分裂、生长、分化、衰老和凋亡等生命历程，但癌细胞可以无限分裂，D项错误。故本题选B。

20. C 【解析】胡萝卜别称红萝卜，公元10世纪从伊朗引入欧洲大陆，约在13世纪，胡萝卜从伊朗引入中国，发展成中国生态型，15世纪见于英国，发展成欧洲生态型，16世纪传入美国，于16世纪从中国传入日本。

21. C 【解析】半发酵茶，别名乌龙茶，既有不发酵茶(如绿茶)的特性，又有全发酵茶的特性。乌龙茶有许多种类，如铁观音、大红袍、冻顶乌龙等。

22. B 【解析】石油烃类化合物可以被烃类微生物(细菌、真菌等)氧化成为低分子化合物或完全分解为二氧化碳和水，其中降解石油烃的微生物主要是细菌，B项说法错误。植物净化是植物通过代谢作用使进入环境中的污染物质无害化，该净化过程主要通过叶片实现，A项说法正确。在淡水生态系统的生物净化中，起主导作用的是细菌，C项说法正确。生物净化能力是有限度的，D项说法正确。

23. B 【解析】如果把馒头放笼屉上蒸，应该是最上边笼屉里的先熟。因为水开了以后，变成热的水蒸气，水蒸气比空气轻，就会往最上面流动，馒头就是靠这些热的蒸气蒸熟的。最上一层笼屉的馒头最早接触水蒸气且时间最长，所以上边笼屉的馒头先熟。故B说法有误。

24. B 【解析】现在的汽车隔热膜的隔热效果和膜的颜色深浅没有必然的关系。优质的隔热膜不但能够高效隔热，还能同时保证高的透光度，保障行车安全。

25. B 【解析】凡作用于液体表面，使液体表面积缩小的力，称为液体表面张力。它产生的原因是液体跟气体接触的表面存在一个薄层，叫作表面层，表面层里的分子比液体内部稀疏，分子间的距离比液体内部大一些，分子间的相互作用表现为引力。就像你要把弹簧拉开些，弹簧反而表现具有收缩的趋势。正是因为这种张力的存在，有些小昆虫才能无拘无束地在水面上行走自如。液体表面张力的作用是使液体表面收缩。故本题的正确答案为B。

26. A 【解析】短笛是由吹入的空气在笛管内振动发出声音，而非笛子本身震动。

27. A 【解析】超导体是指在某一温度下，电阻为零的导体。

28. C 【解析】地震预警系统是利用了纵波比横波传播速度快、电磁波又远比地震波快的原理，抢在地震波尚未到达之前成功预警。故选C。

29. C 【解析】荧光灯由灯管内表面的荧光物质吸收紫外光后释放出可见光，不同的荧光物质会发出不同的可见光。一般紫外光转换为可见光的效率约为40%。因此日光灯的效率约为60%×40%=24%，大约为相同功率钨丝电灯的两倍。故正确答案为C。

30. D 【解析】A项错误，原子弹爆炸是核裂变的反应过程。B项错误，甲醛容易导致室内环境污染。C项错误，钛比铝重。D项正确，手机在刚接通时，信号传输系统还不稳定，此时电子辐射最强。故选D。

31. A 【解析】石墨烯是一种由碳原子构成的单层片状结构的新材料，电导率高，可用于制作新型电池。故A正确。光纤内芯比外套折射率大，在内芯与外套的界面上发生全反射。故B错误。中国是世界上最大的稀土生产及出口国，有相当一部分稀土出售给了美国。故C错误。风是相对于地表面的空气运动。形成风的直接原因是气压在水平方向分布的不均匀。另外，风还受地球自转、地形、水域等不同因素的综合影响。因此，形成风的原因不包括地表摩擦力。由此可知D项错误。

32. D 【解析】不锈钢是不锈耐酸钢的简称，耐空气、蒸汽、水等弱腐蚀介质或具有不锈性的钢种称为不锈钢，对不锈钢的性能与组织影响最大的元素是铁、铬、镍。

33. C 【解析】A项错误，二氧化氯具有氧化性，可用于自来水的杀菌消毒。B项错误，二氧化硫可用于漂白纸浆是利用了二氧化硫的漂白性，不是氧化性。D项错误，硅是重要的半导体材料，而制造光导纤维的是二氧化硅。

34. D 【解析】A项，食用油添加一定数量的碱在一定条件下可以水解为肥皂，蔗糖水解可以生成葡萄糖和果糖。B项，可用灼烧法鉴别纺织材料是纯毛成分还是化纤材料。C项，充有钠蒸汽的高压钠灯发出的黄色光射程远，透雾能力强，常用于道路和广场的照明。D项，纯银和空气中硫化氢反应生成黑色的硫化银，所以发生化学腐蚀，而非电化学腐蚀，D说法错误。故本题选D。

35. A 【解析】A项正确，遇到泥石流避险的路径：要与泥石流呈垂直方向的两边的山坡上面爬，爬得越高越好，跑得越快越好，绝对不能往泥石流的下游走。B项错误，遇到泥石流时不要往地势空旷，树木生长稀疏的地方逃生，可以就近选择树木生长密集的地带逃生，这样密集的树木可以阻挡泥石流的前进。C项错误，遇到泥石流的时候要立即丢弃身上背着的沉重的旅行装备及行李等选择安全路径逃生，但是通信工具不能丢弃，以便与外界联系求助。D项错误，如果沿山谷走时遇到泥石流，要迅速转移到安全的高地，不要在谷底过多停留。故本题的正确答案为A。

36. D 【解析】急性扭伤后，会引起毛细血管的破裂和周围软组织挫伤，如果立即按摩，只能加重毛细血管出血和挫伤，出血量多了，会形成血肿并加重疼痛。故本题选D。

37. D 【解析】泡菜主要是靠乳酸菌的发酵生成大量乳酸制作而成的。

38. C 【解析】咸鸭蛋蛋黄里的"油"是蛋中原来就有的。鸭蛋中脂肪约含有16%，主要是在蛋黄里，蛋黄中的脂肪含量高达30%，也就是说，蛋黄的三分之一由脂肪组成。在鲜鸭蛋的蛋黄中，蛋白质与脂肪能均匀地混合成乳状液，脂肪分散成很小的油滴，并且每个小油滴外面由蛋白质和水膜包裹着，这样就看不到油，也尝不出来了。一旦经过腌制，蛋白质发生盐析现象，缓慢地变性凝固，脂肪就从中释放出来，由小油滴聚集为油液，再经煮熟后，就能看到蛋黄出油了。

39. C 【解析】啤酒都是经过发酵的，扎啤是不经过传统高温杀菌的啤酒，但也经过发酵。

40. C 【解析】液体是否容易沸腾与气压有很大关系，A错；液态金属一般是指在常温下呈现液态的金属物质，如汞，B错；炎热的夏天由于空气难以饱和，更难形成水蒸气，D错。故选C。

41. B 【解析】天然气水合物在自然界广泛分布在大陆永久冻土、岛屿的斜坡地带、活动和被动大陆边缘的隆起处、极地大陆架以及海洋和一些内陆湖的深水环境，故A错；可燃冰是混合物，故C错；可燃冰是非常规能源、不可再生能源，故D错。

42. B 【解析】人体的造血器官主要是骨髓和淋巴，故本题选择B选项。

43. D 【解析】生物农业是利用自然条件，采用多种农作物轮作肥田、天然杀虫、生物多样化等科学方法种植农作物，不施化肥，不喷杀虫剂，生产出接近天然植物的农产品。

44. D 【解析】黄金熔点为1064.4℃，一般火焰达不到金的熔点，故本题选择D选项。

45. D 【解析】霞，是由于日出和日落前后，阳光通过厚厚的大气层，被大量的空气分子散射的结果。当空中的尘埃、水汽等杂质愈多时，其色彩愈显著。如果有云层，云块也会染上橙红艳丽的颜色。霞分为朝霞和晚霞。早晨和傍晚，在日出和日落前后的天边，时常会出现五彩缤纷的彩霞。朝霞和晚霞的形成都是由于空气对光线的散射作用。当太阳光射入大气层后，遇到大气分子和悬浮在大气中的微粒，就会发生散射。这些大气分子和微粒本身是不会发光的，但由于它们散射了太阳光，使每一个大气分子都形成了一个散射光源。根据瑞利散射定律，太阳光谱中的波长较短的紫、蓝、青等颜色的光最容易散射出来，而波长较长的红、橙、黄等颜色的光透射能力很强。因此，我们看到晴朗的天空总是呈蔚蓝色，而地平线上空的光线只剩波长较长的黄、橙、红光。这些光线经空气分子和水汽等杂质的散射后，那里的天空就带上了绚丽的色彩。①②③④都正确，故本题答案为D。

46. C 【解析】石棉具有高度耐火性、电绝缘性和绝热性，是重要的防火、绝缘和保温材料。C项说法错误，故选C。

47. D 【解析】结晶可以通过蒸发来实现，蒸发溶剂，使溶液由不饱和变为饱和，继续蒸发，过剩的溶质就会呈晶体析出。故本题选择D选项。

二、多项选择题

1. ABC 【解析】本题考查灭火常识。泡沫灭火器的灭火原理是灭火时能喷射出大量二氧化碳及泡沫，它们能黏附在可燃物上，使可燃物与空气隔绝，达到灭火的目的。泡沫灭火器可用于扑救A类火灾，如木材、棉花、织物、纸张等引起的火灾，也可用于扑救B类火灾，如汽油、煤油、植物油等引起的火灾，但不能扑救B类火灾中的水溶性可燃、易燃液体的火灾，如醇、酯、醚、酮等物质火灾。E类火灾即带电物体和精密仪器等物质的火灾，一般使用不导电的干粉灭火器或者二氧化碳灭火器。故选ABC。

2. ABC 【解析】本题考查生物常识。D项错误，运动系统由骨、骨连结和骨骼肌三种器官组成。骨以不同形式联结在一起，构成骨骼，形成了人体的基本形态，并为肌肉提供附着；在神经支配下，肌肉收缩，牵拉其所附着的骨，以可动的骨连结为枢纽，产生杠杆运动。ABC项说法正确，故选ABC。

3. ACD 【解析】本题考查物理知识。RGB色彩模式是工业界的一种颜色标准，是通过对红(R)、绿(G)、蓝(B)三个颜色通道的变化以及它们相互之间的叠加来得到各式各样的颜色。RGB代表红、绿、蓝三个通道的颜色。

4. ABCD 【解析】本题考查安全常识。个人防控新型冠状病毒肺炎的主要措施包括：(1)外出佩戴口罩。前往公共场所、就医和乘坐公共交通工具时，佩戴医用外科口罩或N95口罩。(2)保持手部卫生。减少接触公共场所的公用物品和部位；从公共场所返回、咳嗽手捂之后、饭前便后，用洗手液或肥皂流水洗手，或者使用含酒精成分的免洗洗手液；不确定手是否清洁时，避免用手接触口、鼻、眼；打喷嚏或咳嗽时，用手肘衣服遮住口、鼻。(3)主动做好个人的健康监测。若出现新型冠状病毒感染可疑症状，应根据病情，及时到医疗机构就诊。尽量避免乘坐地铁、公共汽车等交通工具，避免前往人员密集的场所。就诊时应主动告诉医生自己的相关疾病流行地区的旅行居住史，以及发病后接触过什么人，配合医生开展相关调查。(4)保持良好的卫生和健康习惯。不要接触、购买和食用野生动物；尽量避免前往售卖活体动物(禽类、海产品、野生动物等)的市场。

5. ABC 【解析】本题考查化学常识。碳酸钙和盐酸反应生成氯化钙、二氧化碳和水，A项正确。高温煅烧石灰石可生成生石灰和二氧化碳，B项正确。甲烷在空气中完全燃烧生成二氧化碳和水，C项正确。氢氧化钙加碳酸钾反应生成碳酸钙和氢氧化钾，D项错误。

6. BC 【解析】本题考查化学常识。溶液是指两种或两种以上的不同物质以分子、原子或离子形式组成的均匀、稳定的混合物。香油不溶于水，不能和水形成均一、稳定的混合物，即不能够形成溶液。煤粉与水混合形成悬浊液，不能形成溶液。蔗糖和小苏打都可以与水混合，形成溶液。

7. AC 【解析】本题考查生物常识。环境中影响生物生长的各种因素叫环境因素，环境因素分为非生物因素和生物因素，非生物因素包括：光、温度、水、空气、土壤等。A项体现了温度对植物生长的影响；B项是修辞手法，未涉及植物生长；C项体现

了光照对植物生长的影响;D项说的是扦插的繁殖方式,与环境无关。故答案选AC。

8. BC 【解析】酒精在人体内的分解代谢主要靠两种酶:一种是乙醇脱氢酶,另一种是乙醛脱氢酶。

9. ACD 【解析】抗生素类药物属于处方药,B项说法错误。ACD正确。

10. ABD 【解析】C项错误,培育太空椒属于诱变育种。A项正确,利用组织培养技术可在短时间大批量地培育出所需要的植物新个体。B项正确,转基因技术是指利用DNA重组、转化等技术将特定的外源目的基因转移到受体生物中,并使之产生可预期的、定向的遗传改变。转基因技术可培育产生人胰岛素的大肠杆菌。D项正确,制醋要用到醋酸菌,制泡菜要用到乳酸菌,二者在加工生产中利用了同一类微生物——细菌。

11. AD 【解析】根据是否溶解于水,可将膳食纤维分为两大类:可溶性膳食纤维、不可溶性膳食纤维。可溶性膳食纤维来源于果胶、藻胶、魔芋等。不可溶性膳食纤维来源于全谷类粮食,其中包括豆类、蔬菜和水果等。故本题选择AD。

12. ACD 【解析】碳纳米管具有良好的传热性能,是优良的热传导材料,故B错。

第三章 地理常识

基础知识达标

一、单项选择题

1. C 【解析】2020年12月8日,习近平同尼泊尔总统班达里互致信函,共同宣布珠穆朗玛峰最新高程为8848.86米。

2. C 【解析】我国牧区和农耕区的分界线大体接近400毫米等降水量线,与季风区与非季风区的分界线大致相吻合,它大致经过大兴安岭、张家口、兰州、拉萨、喜马拉雅山脉东部。此分界线以东为农区,种植水稻、小麦、玉米、大豆、高粱等作物;此分界线以西为牧区,放养牛、羊、马等牲畜。故选C。

3. C 【解析】中国是世界上最大的棉花消费国、纺织品出口国,第二大棉花生产国,AB项错误。目前,新疆是我国最大、世界重要的棉花产区,C项正确。得益于独特的光热条件,新疆是我国唯一的长绒棉产区,D项错误。

4. D 【解析】本题考查我国特有的珍稀动物。扬子鳄是中国特有的一种鳄鱼,是世界上最小的鳄鱼品种之一。它既是古老的,又是现存数量非常稀少、世界上濒临灭绝的爬行动物。因其生活在长江流域,故称"扬子鳄"。在扬子鳄身上,至今还可以找到早先恐龙类爬行动物的许多特征。所以,人们称扬子鳄为"活化石"。故选D。

5. C 【解析】本题考查世界文化遗产。北京故宫、敦煌莫高窟和西藏布达拉宫是世界文化遗产。云南三江并流是世界自然遗产。故选C。

6. A 【解析】本题考查绿色化学。绿色化学倡导用化学的技术和方法减少或停止那些对人类健康、社区安全、生态环境有害的原料、催化剂、溶剂和试剂、产物、副产物等的使用与产生。就地焚烧秸秆会产生大气污染物,不符合"绿色化学"的理念,故选A。

7. C 【解析】本题考查海拔对温度的影响。青藏高原海拔高,空气稀薄,大气对地面的保温作用弱,地面温度低,近地面气温也低。因此,青藏地区夏季的气温比同纬度地区长江中下游平原低得多。故选C。

8. A 【解析】本题考查太阳高度。冬至这天,阳光几乎直射南回归线,是北半球一年中白昼最短的一天。此时,太阳在北半球的太阳高度角最小,所以直立的竹竿在正午时影子最长。

9. B 【解析】本题考查都江堰。都江堰位于四川省成都市都江堰市城西,坐落在成都平原西部的岷江上。它是全世界迄今为止,年代最久、唯一留存、仍在一直使用、以无坝引水为特征的宏大水利工程。故本题选B。

10. B 【解析】本题考查我国国土面积。我国国土面积仅次于俄罗斯和加拿大,居世界第三位。

11. A 【解析】本题考查我国的邻国。与我国陆上接壤的国家有俄罗斯、哈萨克斯坦、吉尔吉斯斯坦、塔吉克斯坦、蒙古、朝鲜、越南、老挝、缅甸、印度、不丹、尼泊尔、巴基斯坦、阿富汗。其中,只有阿富汗是西亚国家。

12. B 【解析】本题考查我国地理环境。"大漠孤烟直,长河落日圆。"描绘了一幅浩瀚沙漠中孤烟直上,黄河边上落日浑圆的景象。长江中下游是平原地区,没有沙漠,A项错误。塔里木河下游流经荒漠,B项符合题意。雅鲁藏布江流经地区峡谷分布,没有沙漠,C项错误。山东丘陵地区没有沙漠,D项错误。故选B。

13. B 【解析】云贵高原的贵州一带,年平均阴雨日数在200天以上,有"天无三日晴"之说;又因山脉绵延,河谷深切,地形崎岖,交通不便,有"地无三尺平"之说。

14. A 【解析】秦岭—淮河线是我国北方和南方的地理分界线。我国的粮食作物,在秦岭—淮河以南以水稻为主,在秦岭—淮河以北以小麦为主。我国古代的交通运输方式是南方以船为主,北方以马为主。

15. C 【解析】黄河流经青海、四川、甘肃、宁夏、内蒙古、陕西、山西、河南、山东等九个省(自治区),其中省会城市有兰州、银川、郑州、济南。因此,黄河流经的省会城市不包括太原,故选C。

16. C 【解析】黄河发源于青海省，自西向东分别流经青海、四川、甘肃、宁夏、内蒙古、陕西、山西、河南及山东9个省(自治区)，最后在山东省东营市流入渤海。

17. A 【解析】温带季风气候主要分布在北半球中纬度大陆东岸，年平均气温不低于0℃。温带季风气候的主要特点是夏季高温多雨，冬季寒冷干燥，季风性显著，夏秋常会受到热带气旋影响。

18. D 【解析】中国土地资源有四个基本特点：绝对数量大，人均占有少；类型复杂多样，耕地比重小；利用情况复杂，生产力地区差异明显；地区分布不均，保护和开发问题突出。

19. A 【解析】拉萨与上海的纬度相当，拉萨比上海的海拔高三千六百多米，就两地而言，重量随着海拔高度的增大而减少。

20. A 【解析】热带雨林气候位于各洲的赤道两侧，向南、北延伸5°～10°左右，如南美洲的亚马孙平原，非洲的刚果盆地和几内亚湾沿岸，亚洲东南部的一些群岛等。

21. B 【解析】比雷埃夫斯港位于希腊东南部，是希腊最大港口。

22. C 【解析】"绿野草铺茵，空山雪积银"是明代官员陈诚出使中亚后写下的诗句。

23. A 【解析】塞纳河流经法国首都巴黎，故A项组合正确；流经匈牙利首都布达佩斯的是多瑙河，易北河流经捷克、波兰和德国，故B项组合错误；流经德国汉堡的是易北河，故C项组合错误；流经埃及首都开罗的是尼罗河，尼日尔河是西非的主要河流，故D项组合错误。

24. D 【解析】西伯利亚大部分地区属于温带大陆性气候，降水并不丰富。D项表述错误，故选D。

25. A 【解析】红旗渠干渠的坡度设计的很小，干渠水流量因此会变缓，输水流量变少。这样的设计操作，会减弱流水下蚀作用，减轻干渠下的区堤受到的渠水冲刷，一定程度上是为了保护区堤，A选项正确。

26. D 【解析】罗马和洛杉矶都位于北半球，都是地中海气候，而地中海气候的特点是夏季炎热干燥，冬季温和多雨。因此，7月份的罗马和洛杉矶干燥少雨，在这两个城市举办大型室外活动可以避免降雨影响。

27. B 【解析】鹳雀楼位于山西省永济市蒲州古城西面的黄河东岸，不在长江之南。

28. B 【解析】四大石窟指的是以中国佛教文化为特色的巨型石窟艺术景观，包括：莫高窟(甘肃敦煌)、云冈石窟(山西大同)、龙门石窟(河南洛阳)、麦积山石窟(甘肃天水)，是中国古代传统文化艺术的历史瑰宝。

29. B 【解析】太阳直射点所在纬度正午太阳高度为90°，距离太阳直射点所在纬度越近，正午太阳高度角越大，越远则正午太阳高度角越小。北半球夏至日，太阳直射北回归线，因此正午太阳高度角由北回归线向南北两侧递减。故选B。

30. D 【解析】亚洲，其英文名为Asia，全称是亚细亚洲，意思是"太阳升起的地方"。

31. A 【解析】罗马是有着辉煌历史的欧洲文明古城，由于它建在7座山丘之上并有悠久的历史，故被称为"七丘城"和"永恒之城"。

32. B 【解析】丘陵为世界五大陆地基本地形之一，是指地球岩石圈表面形态起伏和缓，绝对高度在500米以内，相对高度不超过200米，由各种岩类组成的坡面组合体，起伏不大，坡度较缓，地面崎岖不平，由连绵不断的低矮山丘组成的地形。

33. B 【解析】近年来，我国农业产业的对外依存度迅速提升，谷物进口量有所增长。因此，粮食自给率达到100%的说法错误。

34. D 【解析】A项，我国是全球能源第一大消费国。B项，煤在我国的化石能源中占主导地位。C项，我国人均能源拥有量较低。

35. A 【解析】"丝绸之路"是以长安(今西安)为起点，经甘肃、新疆，到中亚、西亚，并联结地中海各国的陆上通道。"莫高窟"位于甘肃敦煌，是"丝绸之路"上的著名古迹。云冈石窟在山西大同，龙门石窟在河南洛阳，平遥古城在山西晋中，均不在"丝绸之路"上。故A项正确。

36. A 【解析】中国世界自然遗产包括：四川九寨沟风景名胜区、四川黄龙风景名胜区、湖南武陵源风景名胜区、四川大熊猫栖息地、中国南方喀斯特、江西三清山国家公园、中国丹霞、中国云南澄江化石遗址、云南三江并流保护区、新疆天山、湖北神农架、青海可可西里、贵州梵净山、中国黄(渤)海候鸟栖息地。

37. C 【解析】三沙市是中国最南端的地级行政区，同时也是全国总面积最大、陆地面积最小、人口最少、纬度最低的城市。

38. A 【解析】测定台风等级的依据不是台风眼内的风力，而是台风中心附近的风力，B错误。火山不仅分布在陆地上，大洋底部也有许多火山，C错误。影响地震烈度的因素很多，通常，距离震源近，破坏就大，烈度就高；距离震源远，破坏就小，烈度就低，D错误。故选A。

39. D 【解析】生态危机是指生态环境被严重破坏，使人类的生存与发展受到威胁的现象。因此，生态危机也是重要的环

境问题。

40. A 【解析】空气新鲜与否，取决于空气污染的轻重。空气污染的来源主要有烟尘、各种机动车辆排放的废气、居民炉灶的烟气和绿色植物夜间代谢排出的二氧化碳气体等。上午、中午和下午空气污染很轻，所以空气比较新鲜清洁，其中上午10时许和下午3～4时空气最新鲜；早晨、傍晚和晚上空气污染较严重，其中晚上7时和早晨7时许为污染高峰时间。

41. D 【解析】城市绿地面积和水域面积相对于农村来说较小，所以D说法错误。

42. C 【解析】冬至日正午太阳高度角为45度，根据等腰直角三角形边长特征判断，建筑物影长与楼高相等。

43. C 【解析】同一条等高线上的各点，海拔高度都相等，故A、B项错误；等高线越密，坡度越陡，越稀疏，坡度越缓，故C项正确，D项错误。

44. C 【解析】海上行驶的轮船发出的六声短笛是轮船遇险的呼救信号，C项说法错误，故选C。

45. C 【解析】世界最大的平原是亚马孙平原。

46. A 【解析】湿地不仅为人类提供大量食物、原料和水资源，而且在维持生态平衡、保持生物多样性、涵养水源、蓄洪防旱、降解污染、调节气候、补充地下水以及控制土壤侵蚀等方面均起到重要作用，因此湿地被称为“地球之肾”。

47. C 【解析】老龄化社会是指老年人口占总人口达到或超过一定的比例的人口结构模型。按照联合国的标准，一个地区65岁以上人口占总人口的7%，该地区即视为进入老龄化社会。

48. A 【解析】二氧化碳具有保温的作用，使地面吸收的太阳光的热量不易散失，从而使全球变暖，这种现象叫温室效应。

49. C 【解析】“12315”是消费者投诉举报专线电话。“12369”是环保举报热线，是中国生态环境部环保举报电话。“148”是司法行政机关设立和开通的一个法律服务专线电话号码，目前，电话号码“148”已经停止使用，并改为“12348”。

50. D 【解析】月球发生圆缺变化的现象，其实是月球绕地球运转时，在地球上看到月球光亮部分的多少而已。月球每个月都要绕地球公转一周，所以，在地球上每个月都能看到月球受光部分的面积有时大，有时小。故选D。

51. B 【解析】赤道周长约为4万千米，因此毛泽东曾写道：“坐地日行八万里，巡天遥看一千河。”

52. B 【解析】福建简称闽，江苏简称苏，皖是安徽的简称，河北简称冀，鄂是湖北的简称。故本题答案为B。

53. D 【解析】老龄化社会是指60岁以上的老年人口占总人口的10%，或者65岁以上的老年人口占总人口的7%以上的国家和地区。截至2005年，我国60岁以上的老年人已达1.44亿，进入老龄化社会。

54. C 【解析】江苏省的简称是苏，晋是山西省的简称。

55. D 【解析】秦岭—淮河线是中国(特别是东部)南方和北方的地理分界线，此线的南面和北面，无论是自然条件、农业生产方式，还是地理风貌或是人民的生活习俗，都有明显的不同。

56. B 【解析】“三江源”是指长江、黄河、澜沧江的发源地，素有“中华水塔”之称，是中国面积最大的天然湿地分布区。

57. B 【解析】“日照香炉生紫烟，遥看瀑布挂前川”出自李白的诗《望庐山瀑布》，庐山瀑布位于江西省九江市。

58. B 【解析】“那达慕”大会是蒙古族历史悠久的传统节日，在蒙古族人民的生活中占有重要地位。B选项不正确。

59. D 【解析】剪纸是一种用剪刀或刻刀在纸上剪刻花纹，用于装点生活或配合其他民俗活动的民间艺术。在中国，剪纸具有广泛的群众基础，交融于各族人民的社会生活，是各种民俗活动的重要组成部分。

二、多项选择题

1. ABD 【解析】本题考查环境保护。在我国，骆驼刺主要分布于内蒙古、甘肃、青海和新疆。骆驼刺生长在荒漠地区的沙地、河岸、农田边，它耐旱、耐盐碱、抗涝、适应力很强，是重要的防风固沙植物。

2. ABC 【解析】本题考查防治雾霾的措施。秸秆在不充分燃烧时会产生烟尘和一氧化碳等，所以禁止焚烧秸秆能减少雾霾天气的发生，A项正确。森林具有吸收二氧化碳、释放氧气、除尘、防止风沙、调节气候等作用，所以增加绿化面积能减少雾霾天气的发生，B项正确。汽车尾气中含有燃料不充分燃烧产生的烟尘等，会产生直径小于或等于2.5微米的颗粒物，能引起大气中$PM_{2.5}$含量的增加，所以提高尾气排放标准能减少雾霾天气的发生，C项正确。扩大城市面积并不能改善空气质量和减少雾霾天气的发生，D项错误。故选ABC。

3. ABCD 【解析】本题考查我国世界文化景观。截至2019年7月10日，中国已有55项世界遗产列入《世界遗产名录》。其中，世界文化景观5项，分别是：庐山、五台山、杭州西湖文化景观、红河哈尼梯田文化景观、左江花山岩画文化景观。

4. BD 【解析】本题考查我国的内海。琼州海峡和渤海是我国的两大内海。

5. AB 【解析】在震级相同的情况下，震源深度越深，对地面的影响就越小，造成的危害就越小，故C错误。地震发生在夜间比发生在白天的危害更大，故D错误。

6. ABC 【解析】D项说法不符合题意，四季更替由地球公转造成。ABC项说法符合题意。

7. ABCD 【解析】亚洲分为东亚、西亚、中亚、北亚、南亚、东南亚。

8. AD 【解析】阿拉伯国家包括阿尔及利亚、巴林、科摩罗、吉布提、埃及、伊拉克、约旦、科威特、黎巴嫩、利比亚、毛里塔尼亚、摩洛哥、阿曼、巴勒斯坦、卡塔尔、沙特阿拉伯、索马里、苏丹、突尼斯、阿联酋、也门、叙利亚。

9. ABD 【解析】东面与我国隔海相望的国家有韩国和日本,南面与我国隔海相望的国家有菲律宾、马来西亚、文莱和印度尼西亚。

10. BCD 【解析】世界四大湾区指的是纽约湾区、东京湾区、旧金山湾区和粤港澳大湾区。

11. ABCD 【解析】我国是一个海陆兼备的国家,东临太平洋,有漫长的海岸线;我国领土面积位居世界第三,仅次于俄罗斯和加拿大;我国水资源地区分布极不平衡,表现为东多西少、南多北少;中国是世界上人口最多的国家。

12. ACD 【解析】黑潮是太平洋暖流的一支,为全球第二大暖流,黑潮因水色深蓝似黑色而得名,B错误。

13. ACD 【解析】习惯上以大兴安岭—阴山—贺兰山为界,把我国划分为季风区和非季风区,B项说法错误。ACD项说法正确。

14. BCD 【解析】五岳即东岳泰山、西岳华山、南岳衡山、北岳恒山和中岳嵩山。

15. BCD 【解析】我国各少数民族都保留着自己的传统节日,如傣族的泼水节、蒙古族的那达慕大会、彝族的火把节、壮族的歌圩节、回族的开斋节等。

16. AB 【解析】中国幅员广大,地质条件多样,矿产资源丰富。钨、锑、稀土、钼、钒和钛等的探明储量居世界首位。

三、判断题

1. × 【解析】首先,由诗句中对“南下”“北行”的不同描述,可知诗句所描写的山脉将南北分隔,初步推断此山脉为东西走向。其次,由“蜀客秦人各断肠”可知诗句中描写的山脉分隔蜀国和秦国,由此定位到秦岭。秦岭是东西走向,是关中通往西南地区的咽喉,自古为兵家必争之地。秦岭—淮河一线,是我国南北方的地理分界线。

2. √ 【解析】本题考查全球变暖的危害。全球气候变暖最明显的后果是海平面上升。海平面上升是因冰川融化和海水热膨胀引起的海水上涨现象,它是长期缓慢进行的。海平面的上升会改变海岸线,给沿海地区带来巨大影响,海拔较低的沿海地区将面临被淹没的危险。

3. × 【解析】本题考查我国南北地理分界线。秦岭—淮河一线是我国南北地理分界线。黄河是我国第二长的河流。

4. √ 【解析】本题考查平遥古城与泰山。平遥古城位于山西中部,始建于西周宣王时期,距今已有2700多年的历史,迄今较为完好地保留着明清时期县城的基本风貌,是中国汉民族地区现存最为完整的古城。泰山既是五岳之首,也是世界文化、自然和地质三重遗产。

5. √ 【解析】本题考查温室气体增加的原因。温室气体增加的原因主要是,人类燃烧燃料产生大量二氧化碳,但森林植被遭到破坏降低了植物吸收二氧化碳能力。

6. √ 【解析】在我国三大平原中,华北平原面积小于东北平原,大于长江中下游平原,居第二位。华北平原地形平坦,土壤肥沃,夏季雨热同期,所以也是一个重要的粮棉产区。

7. × 【解析】本题考查大气对太阳辐射削弱作用的主要表现。反射、散射和吸收都是大气对太阳辐射的削弱作用的主要表现。传播并不是大气削弱作用的表现。

8. × 【解析】本题考查我国的内海。黄海是我国与韩国之间的海域,不属于我国的内海。

9. √ 【解析】该诗句形象地反映了气温随海拔增高而递减,即山区气候的垂直差异。

10. × 【解析】关中平原是我国第四大平原,而非成都平原。

11. √ 【解析】我国的四大高原是:青藏高原、内蒙古高原、黄土高原和云贵高原。

12. √ 【解析】我国地势西高东低,大致呈阶梯状分布。

13. × 【解析】中国煤炭储量居世界第三位,主要分布在华北、西北地区,以山西、陕西、内蒙古等省区的储量最为丰富。

14. × 【解析】我国解决民族问题的基本原则是坚持民族平等、民族团结和各民族共同繁荣。各民族共同繁荣是解决民族问题的根本出发点和归宿。

15. × 【解析】在水循环的三种类型中,海上内循环参与的水量最多,陆地内循环参与的水量最少。环节最多的是海陆间大循环。

16. √ 【解析】次生盐碱化是指由于不合理的耕作灌溉而引起的土壤盐碱化过程,主要发生在干旱或半干旱地区地下水位较高、地下径流不畅、地下水中含有较多可溶性盐的冲积平原。华北平原是我国土壤次生盐碱化的典型地区,不合理的灌溉可能会导致华北地区土壤的次生盐碱化更严重。

17. √ 【解析】安第斯山脉位于南美洲的西岸,从北到南全长8900余千米,是世界上最长的山脉,素有“南美洲脊梁”之称。

综合能力提升

一、单项选择题

1. C 【解析】本题考查气象常识。①应为“乌头风，白头雨”。“乌头”与“白头”是指两种云的云顶颜色。“乌头”是浓积云的一种，“白头”是积雨云的一种。这两种云常在夏天出现。“乌头”云，云底平，顶部隆起，主要是由水滴组成，云中小水滴吸收和散射了部分太阳光，使云底和云顶显得浓黑。“白头”云顶部凸起，由于空气对流旺盛，垂直发展很快，云越来越伸高，云顶扩散，发展非常旺盛，不久就占据了大部分天空，云顶是冰晶结构，所以呈白色。这两种云比较，“乌头”云不如“白头”云发展旺盛，因此一般下雨不大或不下雨，只刮一阵风，所以叫“乌头风”。但如果“乌头”云发展旺盛，逐渐变成“白头”云，便造成较强烈的雷雨，所以叫“白头雨”。排除①，故选C。

2. D 【解析】本题考查菠萝蜜的生长环境。菠萝蜜的生长需要高温、潮湿、无霜的气候。丹东位于我国东北地区，气候条件无法种植菠萝蜜。本题为选非题，答案为D。

3. D 【解析】本题考查常见的自然环境问题。低温效应即人体代谢产生的热量与低温环境之间交换不平衡而引起的生理心理反应，低温会对人体产生急性效应，造成皮肤冻痛、冻僵和冻伤。低温效应与太阳热量、冰川大小无直接关系，本题为选非题，答案为D。

4. A 【解析】本题考查我国民族特色。火把节是彝族地区的传统节日；《江格尔》是蒙古族英雄史诗，深刻地反映了蒙古族人民的生活理想和美学追求；手鼓舞是维吾尔族民间舞蹈；唐卡是藏族文化中一种独具特色的绘画艺术形式，题材内容涉及藏族的历史、政治、文化和社会生活等诸多领域。

5. A 【解析】本题考查影响潮汐的因素。潮汐是在月球和太阳引力作用下形成的海水周期性涨落现象。月亮在潮汐现象中起主导作用。

6. B 【解析】本题考查含磷污水的危害。大量含磷污水进入河湖后，会引起藻类及其他浮游生物迅速繁殖，水体溶解氧量下降。水生物因缺氧大量死亡，水体变臭。

7. C 【解析】本题考查我国自然资源。我国耕地数量居世界第四位，A项错误；我国人均水资源占有量约为世界人均水平的1/4，B项错误；我国矿产资源中，煤的储量和产量均居世界第一位，C项正确；我国四大渔场中最大的渔场是舟山渔场，D项错误。故答案选C。

8. D 【解析】本题考查雄安新区。设立雄安新区是由于其区位优势明显，交通便捷通畅，生态环境优良，资源环境承载能力较强，现有开发程度较低，发展空间充裕，具备高起点高标准开发建设的基本条件，A项说法错误。雄安新区规划范围涉及河北省雄县、容城、安新3县及周边部分区域，B项说法错误。雄安新区的首要功能是疏解北京非首都功能，C项说法错误。雄安新区地处北京、天津、保定腹地，便于承接大城市的产业转移，D项说法正确。

9. D 【解析】本题考查我国名山。“谁将倚天剑，削出倚天峰”出自唐代诗人张乔的《华山》，形象地描绘了华山的挺拔如削，故选D。

10. C 【解析】本题考查非洲矿产资源。非洲地域辽阔，物产丰富多样，被誉为“富饶大陆”。非洲矿产资源种类多，储量大，黄金、金刚石的储量和产量居世界首位。

11. B 【解析】本题考查我国河流。我国很多河流的上游流经地势第一、二级阶梯，支流众多，水量丰富，落差很大，多峡谷急流，蕴藏丰富的水能资源。其中，水能资源最丰富的两条河流是长江和雅鲁藏布江。

12. B 【解析】云贵高原地面高低不平，其中地势比较平坦的山间小盆地，被当地人称之为“坝子”。

13. A 【解析】沿海水域是指中华人民共和国沿海的港口、内水和领海以及国家管辖的一切其他海域。

14. C 【解析】颗粒物对人体的危害表现包括：(1)颗粒物对呼吸系统的影响：对呼吸道的刺激和腐蚀作用，呼吸道防御功能受到损害，发生支气管炎、肺气肿和支气管哮喘等呼吸道疾病；(2)颗粒物对心血管系统的影响：心律不齐，诱发血栓；(3)颗粒物的致癌作用：致突变性；(4)颗粒物对人群死亡率的影响：人群死亡率升高。颗粒物不会导致体内蛋白质和酶代谢发生紊乱，C项错误。

15. D 【解析】酸雨是指pH值小于5.6的雨雪或其他形式的降水。雨、雪等在形成和降落过程中，吸收并溶解了空气中的二氧化硫、氮氧化物等物质，形成了pH值低于5.6的酸性降水。

16. B 【解析】京杭大运河是世界上里程最长、工程最大的古代运河，由北至南沟通了海河、黄河、淮河、长江、钱塘江五大水系。

17. A 【解析】我国土地资源的特点是“一多三少”，即总量多，人均耕地少，高质量的耕地少，可开发后备资源少。

18. D 【解析】我国现代人口转型不是伴随着一个经济发展的自然过程，而是强制性的社会变迁，并以政府计划生育政策为主导强有力地推动人口转变。

19. B 【解析】我国有56个民族,少数民族是55个,A错;我国民族分布特征是大杂居,小聚居,交错杂居,B对;很久以来我国民族成分最多的是云南省,但根据第六次全国人口普查数据(截至2010年11月1日零时),很多地区如北京、四川均已聚齐56个民族,C项叙述不确切;我国少数民族中人口最多的是壮族,D错。

20. D 【解析】雪山连绵是青藏高原的景观,A项错误。内蒙古高原地面平坦,B项错误。水土流失非常严重的是黄土高原,C项错误。故选D。

21. B 【解析】中国科学院国家授时中心授时部位于陕西省渭南市蒲城县,负责发布北京时间(中国标准时间)。

22. D 【解析】雄安新区位于中国河北省保定市境内,地处北京、天津、保定腹地,规划范围涵盖河北省雄县、容城、安新等3个小县及周边部分区域。

二、多项选择题

1. BCD 【解析】本题考查繁体字使用地区。现在仍然使用繁体字的是我国香港、澳门和台湾地区。

2. ABCD 【解析】本题考查冲积平原。冲积平原是由河流沉积作用形成的平原地貌。著名的冲积平原有亚马孙平原、湄公河三角洲、尼罗河中下游地区、华北平原、长江中下游平原、成都平原等。故本题选ABCD。

3. ABCD 【解析】本题考查我国人口素质不断提高的表现。1949年以来,我国人口的身体素质不断提高,主要表现在:婴儿死亡率下降;儿童青少年发育成长水平提高,平均身高和体重增长迅速;人口患病和病死率下降;人口平均预期寿命延长。

4. AD 【解析】A正确,岩溶地貌也称为喀斯特地貌。B错误,魔鬼城(位于新疆)是风力侵蚀形成的。C错误,云南石林是喀斯特地貌,雅丹地貌(风蚀地貌的一种典型特征)主要分布在西北地区。D正确,武夷山在我国东南地区,属于丹霞地貌。

5. ABC 【解析】本题考查$PM_{2.5}$的来源。$PM_{2.5}$一般指细颗粒物。氢气燃烧的产物是水,无污染,不会产生可吸入颗粒物。汽车尾气排放、农作物燃烧、二手烟均可能产生可吸入颗粒物。

6. CD 【解析】雾霾的主要组成包括二氧化硫、氮氧化物以及可吸入颗粒物,A项错。较低的湿度与雾霾的发生没有必然关系,B项错。故选CD。

7. BCD 【解析】西部大开发包括的区域有重庆、四川、云南、贵州、陕西、宁夏、甘肃、青海、内蒙古、广西、新疆和西藏。江南丘陵位于我国东南部,长白山在我国东北,太行山分布在山西省与华北平原之间,都不属于西部大开发的区域,BCD错误。

8. CD 【解析】毛竹要求温暖湿润的气候条件。椰子为热带喜光作物,在高温、多雨、阳光充足和海风吹拂的条件下生长发育良好。因此可以排除A、B两项。

9. AC 【解析】"天门一长啸,万里清风来"出自李白的《游泰山六首》之二;"横看成岭侧成峰,远近高低各不同"描写的是庐山;"会当凌绝顶,一览众山小"出自杜甫的《望岳》,描写的是泰山;"奇峰出奇云,秀木含秀气"出自李白的《江上望皖公山》,描写的是皖公山即今天的天柱山。

第四章　计算机知识

基础知识达标

一、单项选择题

1. B 【解析】本题考查Excel中的绝对引用。在Excel 2010中,单元格地址的绝对引用,是在列标和行号前加 $ 符号。故选B。

2. C 【解析】本题考查排练计时。排练计时是通过记录模拟彩排的播放过程,将每张幻灯片放映的停留时间以及幻灯片中的动画效果的播放时间记录下来,在放映时实现自动播放。因此,要使幻灯片在放映时能够自动播放,需要为其设置排练计时。

3. A 【解析】本题考查幻灯片中文本插入方法。在PowerPoint中,向幻灯片中添加文本时,可以选择"插入"菜单中的文本框命令。故选A。

4. B 【解析】显示器是输出设备,是将一定的电子文件通过特定的传输设备显示到屏幕上再反射到人眼的显示工具。扫描仪是输入设备,是利用光电技术和数字处理技术,以扫描方式将图形或图像信息转换为数字信号的装置。绘图仪是输出设备,能按照人们的要求自动绘制图形,将计算机的输出信息以图形的形式输出。音箱是输出设备,是可将音频信号变换为声音的一种设备。

5. A 【解析】资源管理器是采用树形目录实现目录管理的。

6. A 【解析】只读表示文件只能读取,不能修改也不能储存。

7. D 【解析】Ctrl+Alt+Del键在不同的操作系统有不同的功能,但其目的都一样,即"为了立即终结电脑的异常状态"。

8. C 【解析】搜索引擎是指根据一定的策略、运用特定的计算机程序从互联网上采集信息,在对信息进行组织和处理后,

为用户提供检索服务，将检索的相关信息展示给用户的系统。百度、谷歌、搜狗都属于搜索引擎，故选C。

9. D 【解析】计算机的内存容量通常是指随机存储器(RAM)的容量。按照计算机的二进制方式，1GB=1024MB。因此，网吧电脑内存储器容量(8GB)是谭某电脑内存储器容量(512MB)的16倍。

10. B 【解析】在计算机网络中，表征数据传输有效性的指标是传输速率，表征数据传输可靠性的指标是误码率。B正确。

11. B 【解析】扫描仪、摄像机、照相机、录音笔等工具都可以作为人的感觉器官的扩充，记录下图形、影像、声音等信息，它们都属于信息采集工具。

12. C 【解析】计算机病毒是编制者在计算机程序中插入的破坏计算机功能或者数据的代码，能影响计算机使用，能自我复制的一组计算机指令或者程序代码。故选C。

13. D 【解析】在Word中，选择“绘图”—“叠放次序”可以使下层的图片移至上层。

14. D 【解析】在Word表格的单元格中既可以输入文本，又可以输入图片和符号。

15. A 【解析】Ctrl+S是保存功能，Ctrl+V是粘贴功能，Ctrl+X是剪切功能，Ctrl+W是关闭功能。

16. C 【解析】Word编辑不了，显示“不允许修改，因为所选内容已被锁定”，是因为启用了保护限制编辑，关闭文档保护即可自由编辑。

17. A 【解析】在PowerPoint中，运用母版功能可以实现为所有幻灯片设置统一的、特有的外观风格。

18. C 【解析】在PowerPoint的空白幻灯片中，可以直接插入图片、图表、文本框、页眉和页脚、艺术字、影片、声音等。若要插入字符，需要先点击文本框，然后进行相应操作。

19. A 【解析】软件系统包括系统软件和应用软件，系统软件包含操作系统、其他服务性程序以及数据库。

20. C 【解析】一般来讲软件被划分为系统软件、应用软件。Windows 7、Windows XP、Linux都是系统软件，Internet Explorer是应用软件。

21. D 【解析】Windows系统中一般以Ctrl+shift组合键切换输入法。

22. D 【解析】Windows中用于中文输入法和英文输入法之间切换的快捷键是“Shift”按键，或者“Ctrl+Space”按键。

23. B 【解析】Ctrl+Z表示撤销上一步的操作。

24. D 【解析】在水平标尺上，有四个段落缩进滑块：首行缩进、悬挂缩进、左缩进以及右缩进。

25. C 【解析】PDF是一种文件格式，Word文档可另存为该格式的文档。

26. B 【解析】在Excel中，输入公式前必须先输入“=”。

27. C 【解析】Excel属于电子表格处理软件。

28. D 【解析】通常在PowerPoint幻灯片中插入的表格是不能进行运算和排序操作的。

29. C 【解析】rar是压缩文件的扩展名，故选C。

二、多项选择题

1. ABCD 【解析】为了解决各种网络间的通信，Internet使用了自己的一种“网际通用语言”，即ICP/IP协议，它由四部分组成，即：应用层、传输层、网际层和网络接口层。

2. BCD 【解析】用户不可以创建连接到某个网络位置的快捷方式，B说法错误；用户可以为快捷方式指定快捷键，C说法错误；删除快捷方式对源程序或文档不产生影响，D说法错误。

3. BC 【解析】在Word的编辑状态下，执行“编辑”菜单中的“全选”命令或快捷键Ctrl+A，可以选中整个文档内容。

4. BC 【解析】计算机除尘属于硬件维护；计算机病毒是有破坏性的一种程序，切断电源不能杀死病毒，需要用专门的杀毒软件才可以，A、D两项错误，B项正确。磁盘格式化是在物理驱动器(磁盘)的所有数据区上写零的操作过程，是清除病毒的途径之一，C项正确。

三、判断题

1. √ 【解析】本题考查局域网。局域网是一种在小范围内实现的计算机网络，是一种私有网络，一般在一个建筑物内或建筑物附近，比如家庭、办公室或工厂。

2. × 【解析】本题考查表格信息的加工方式。表格信息的加工既可以通过电子表格Excel软件实现，也可以通过文字处理软件Word等软件实现。

3. × 【解析】在Word中，按Delete键可删除插入点后面的一个字符。

4. √ 【解析】电脑上存储的文件名由主文件名和扩展名组成，它们之间用“.”隔开，一般扩展名是无法显示的。

5. × 【解析】在Excel工作表中A3、B3单元格中的数据分别是20、30，公式“=A3&B3”的计算结果是2030。

6. √ 【解析】数据有效性是对单元格或单元格区域输入的数据从内容到数量上的限制。对于符合条件的数据，允许输入；对于不符合条件的数据，则禁止输入。

7. √　【解析】计算机病毒具有潜伏性,计算机病毒可能会长时间潜伏在合法的程序中,即计算机感染上病毒后,并不一定立即出现异常,只有当条件满足(定时、随机或打开该文件)时,才开始传染或激活其破坏机制并进行破坏活动。

8. ×　【解析】Windows是一种操作系统,属于系统软件,而非应用软件。

9. √　【解析】可以设置任意的网站作为启用Internet Explorer时的主页。

10. ×　【解析】"Alt"键说法错误,应当先按住"Ctrl"键。

综合能力提升

一、单项选择题

1. B　【解析】本题考查Excel筛选功能。Excel中,筛选条件之间是"和"的关系,筛选结果要同时满足所有条件。因此,利用条件"数学>70"与"总分>350"对考生成绩数据表进行筛选后,显示的结果是所有数学>70并且总分>350的记录。

2. C　【解析】本题考查信息交流工具。超级旋风是下载工具,ABD项都是信息交流工具。故选C。

3. B　【解析】本题考查计算机内存。计算机断电后RAM(随机读写存储器)的信息会丢失,ROM(只读存储器)的信息不会丢失,B项说法错误,符合题意。

4. C　【解析】键盘、鼠标和触摸屏都属于输入设备。

5. B　【解析】CPU由运算器和控制器组成,故C错。CPU只能直接访问存储在内存中的数据,故A错。CPU能执行算术运算和逻辑运算,故D错。

6. B　【解析】在计算机中存储一个汉字占用两个英文字符。

7. B　【解析】TTF是最常用的一种字体文件表示方式。

8. D　【解析】插入页码时,选择"插入—页码"可统一设置,无须每一页都输入页码。

9. A　【解析】A项说法错误,一个Excel工作簿中最多可以有255个工作表。故选A。

10. B　【解析】对记事本文档进行文本编辑,不能设置文字颜色。

11. C　【解析】1981年,IBM推出世界上第一台个人电脑。1946年2月14日,世界上第一台计算机在美国宾夕法尼亚大学诞生。

12. A　【解析】通常电子邮件地址的格式为:user@mail. server. name,其中user是收件人的用户名。

13. A　【解析】计算机病毒主要通过移动存储介质(如U盘、移动硬盘)和计算机网络两大途径进行传播。

二、多项选择题

1. ABD　【解析】所谓防火墙,指的是一个由软件和硬件设备组合而成、在内部网和外部网之间、专用网与公共网之间的界面上构造的保护屏障,C项说法错误。ABD项说法正确。

2. ABC　【解析】计算机病毒不是天然存在的,是某些人利用计算机软件和硬件所固有的脆弱性编制的一组指令集或程序代码,D项排除,故选ABC。

3. ACD　【解析】汇编语言虽然也是一种低级语言,但是汇编语言需要用编译器将其编译为机器码,由计算机最终执行,B项说法错误。ACD项说法正确。

第七部分　公文写作

第一章　公文基础知识

基础知识达标

一、单项选择题

1. C　【解析】本题考查发文字号。根据《党政机关公文格式》规定,发文字号编排在发文机关标志下空二行位置,居中排布。年份、发文顺序号用阿拉伯数字标注;年份应标全称,用六角括号"〔〕"括入;发文顺序号不加"第"字,不编虚位(即1不编为01),在阿拉伯数字后加"号"字。因此,石政发〔2020〕3号是正确的,故选C。

2. A　【解析】本题考查公文的标题。根据《党政机关公文处理工作条例》的规定,公文标题由发文机关名称、事由和文种组成。令的标题可采用"发文机关+文种"的构成方式,A项正确。决定的标题一般要写明发文机关、事由与文种,B项错误。C项中的"请示""报告"属于重复使用,排除。D项中的"申请"不属于法定公文文种,属于日常应用文,此处应该用报告,排除。故选A。

3. C　【解析】本题考查公文成文日期。成文日期是公文的生效时间,署会议通过或者发文机关负责人签发的日期。成文日期用阿拉伯数字将年、月、日标全,A项正确;会议通过的文件,以会议通过之日为准,B项正确;常规行文以单位负责人签发

之日为准，D项正确；联合行文，以最后签发机关负责人的签发日期为准，C项错误，符合题意。

4. D 【解析】本题考查上行文。上行文指下级机关或业务部门向所属上级领导机关或业务主管部门的一种行文，如请示、报告等。命令、决定、批复均属于下行文，ABC项不符合题意。故选D。

5. B 【解析】本题考查规章制度的定义。规章制度是党政机关、社会团体、企事业单位制定并公布，要求有关部门和人员共同遵守的一种具有法规性和约束力的文书。

6. B 【解析】本题考查公文词语。公文词语大部分为规范化的书面词语，杜绝一般的口语词、方言词，尤其是生造的词语等。故选B。

7. C 【解析】本题考查公文基础知识。C项错误，公文复印件作为正式公文使用时，应当加盖复印机关证明章。ABD项说法正确，本题为选非题，故选C。

8. C 【解析】本题考查发文字号写法。《党政机关公文格式》规定，发文字号编排在发文机关标志下空二行位置，居中排布。年份、发文顺序号用阿拉伯数字标注；年份应标全称，用六角括号“〔〕”括入；发文顺序号不加“第”字，不编虚位(即1不编为01)，在阿拉伯数字后加“号”字。冀财规〔2019〕5号属于公文的发文字号。

9. D 【解析】本题考查发文字号位置。发文字号应编排在眉首，红色分隔线以上、发文机关标志下空二行位置，居中排布。故选D。

10. C 【解析】本题考查成文日期。《党政机关公文格式》规定，成文日期中的数字用阿拉伯数字将年、月、日标全，年份应标全称，月、日不编虚位(即1不编为01)。故选C。

11. D 【解析】本题考查公文主体要素构成。《党政机关公文格式》将版心内的公文格式各要素划分为版头、主体、版记三部分。公文的主体是公文最主要的部分，主要包括标题、主送机关、正文、附件说明、发文机关署名、成文日期、印章、附注和附件。抄送机关是版记中的内容。本题为选非题，故选D。

12. D 【解析】本题考查公文格式。《党政机关公文格式》将版心内的公文格式各要素划分为版头、主体、版记三部分。版记主要包括抄送机关、印发机关和印发日期。故选D。

13. C 【解析】本题考查公文格式。公文正文结构层次序数依次可以用“一、”“(一)”“1.”“(1)”标注；一般第一层用黑体字、第二层用楷体字、第三层和第四层用仿宋体字标注。故选C。

14. B 【解析】本题考查行文规则。根据《党政机关公文处理工作条例》第十六条的规定，涉及多个部门职权范围内的事务，部门之间未协商一致的，不得向下行文；擅自行文的，上级机关应当责令其纠正或者撤销。

15. A 【解析】本题考查公文的格式。根据《党政机关公文处理工作条例》的规定，抄送机关是指除主送机关外需要执行或者知晓公文内容的其他机关。

16. B 【解析】本题考查公文的格式。公文标题通常由发文机关名称、发文事由和文种组成。

17. B 【解析】本题考查公文版头部分要素。公文版头6要素分别是：份号、密级和保密期限、紧急程度、发文机关标志、发文字号、签发人。故本题选B。

18. B 【解析】本题考查公文的行文方向。平行文是相互没有隶属关系的同级机关或者不属于同一系统的机关之间的行文。

19. A 【解析】本题考查规范性文件的定义。国家制定或认可，并由国家强制力推行的用以规定行为规范的法规、规章属于规范性文件。领导指导性文件是指领导机关制发的用于颁布方针政策、法规规章，指导、布置工作，阐明领导指导原则的文件。呈请性文件是指向上级领导机关反映情况，汇报工作，提出意见和建议，请求指示或批准的文件，如报告、请示、意见等。证明性文件是指用以对某组织或个人的使命、身份、经历或某事件提供证据和对有关各方面权利、义务、责任作出规定的文件。故选A。

20. B 【解析】公文有如下特点：第一，公文具有法定的权威性，其制发必须是法定的作者。公文的法定作者是指依据法律法规成立的，能以自己名义行使其法定权利和担负义务的机关、组织或相应的法定代表人。第二，公文具有特定效力，用于处理公务，公文具有行政机关赋予的特定的效能和影响力。第三，公文具有规范的结构和格式。题干所述说明公文具有特定效力。

21. B 【解析】题干所述充分说明公文具有实用性。

22. C 【解析】《党政机关公文处理工作条例》第三条规定，党政机关公文是党政机关实施领导、履行职能、处理公务的具有特定效力和规范体式的文书，是传达贯彻党和国家的方针政策，公布法规和规章，指导、布置和商洽工作，请示和答复问题，报告、通报和交流情况等的重要工具。

23. C 【解析】国家秘密的密级分为“绝密”“机密”“秘密”三级。“绝密”是最重要的国家秘密，泄露会使国家的安全和利益遭受特别严重的损害；“机密”是重要的国家秘密，泄露会使国家的安全和利益遭受严重的损害；“秘密”是一般的国家秘密，泄

露会使国家的安全和利益遭受损害。C正确。

24. A 【解析】公文按来源可划分为：(1)发文，指本机关(单位)制作并发出的公文；(2)收文，指本机关(单位)收到的来自上级、下级、平级和不相隶属机关(单位)的公文。

25. A 【解析】公文的各构成要素按照《党政机关公文格式》的规定划分为版头、主体、版记三个部分。公文首页红色分隔线以上的部分称为版头；公文首页红色分隔线(不含)以下、公文末页首条分隔线(不含)以上的部分称为主体。

26. A 【解析】函的结尾落款应写明成文时间年、月、日，并加盖公章。故选A。

27. A 【解析】根据《党政机关公文格式》对"成文日期中的数字"的规定，日期要用阿拉伯数字将年、月、日标全，年份应标全称，月、日不编虚位(即1不编为01)。故本题选A。

28. A 【解析】发文字号由"发文机关代字""年份"和"发文顺序号"三个部分组成。"年份"要用全称，不可简化。年份应用六角括号"〔〕"括起。年份、序号用阿拉伯数字标识。序号不编虚位(即1不编为001)，不加"第"字。故答案选A。

29. B 【解析】发文顺序号不加"第"字，不编虚位(即1不编为01)。

30. D 【解析】版记的主要部分是：抄送机关、印发机关和印发日期。

31. B 【解析】党政机关公文正文一般每面排22行，每行排28个字，并撑满版心。

32. C 【解析】公文中，正文字体要求为仿宋，三号字。

33. A 【解析】公文中，结构层次序数依次可以用"一、""(一)""1.""(1)"标注。

34. A 【解析】《党政机关公文处理工作条例》规定，公文中有发文机关署名的，应当加盖发文机关印章，并与署名机关相符。有特定发文机关标志的普发性公文和电报可以不加盖印章。

35. C 【解析】公文如有附件，且附件不止一份，则用阿拉伯数字编列序号，上下排布，后接附件名称。

36. B 【解析】公文的主送机关又称主送单位或行文对象，指公文的主要受理机关。

37. D 【解析】公文中有多个主送机关时，首先是按照"先外后内"的原则，即把同是下一级的各地方政府放在前，本机关的职能部门放在后；其次是依"党政军群"的先后顺序排列，故本题答案为D。

38. A 【解析】联合行文，是公文行文的一种重要方式，是指两个或两个以上的机关、部门联合在一起行文。联合行文的基本原则是同级。A正确。

39. A 【解析】联合行文时，应当先编排主办机关署名，其余发文机关署名依次向下编排。

40. B 【解析】多级行文是指将公文同时发送给上几级或下几级机关，甚至直达基层与人民群众直接见面。此种方式多用于为加快文件传递的上行文或部分不容许做任何变通和发挥的下行文。题干属于需要加快文件传递的上行文，故选B。

41. B 【解析】维护文件的高度严密性是指公文语言结构的严密。

42. A 【解析】公文语言要求准确、简明、朴实、庄重。其中，准确是公文语言基本特点和第一要求。

43. A 【解析】公文语言的主要特点是：庄重、准确、朴实、精练、严谨、规范。故选A。

44. A 【解析】公文语言的主要特点是：庄重、准确、朴实、精练、严谨、规范。含义确切是对公文词语的要求，故选A。

45. D 【解析】规范性公文在效用方面一般均实行"不溯及既往"和"后法推翻前法"的原则，即公文效力所及只针对正式成文(生效)之后发生的有关事物。新公文形成之后，与其规定不一致的旧公文即行废止，以新公文为准。D正确。

46. D 【解析】会议纪要可以不加印章，如需盖章的，可由主办单位代章。

47. D 【解析】公文具有法定的权威性。公文一经发布施行，就具有明显的法定效力，是党和国家权力与意志的体现，具有行政领导、行政指挥的权威和行政上的约束力。

48. D 【解析】公文具有法定的权威性，其制发必须是法定的作者。公文的法定作者是指依据法律法规成立的，能以自己名义行使其法定权利和担负义务的机关、组织或相应的法定代表人。D正确。

49. A 【解析】新修订的《党政机关公文处理工作条例》中新增公报和决议。

50. A 【解析】《党政机关公文格式》规定，如需标注密级和保密期限，一般用3号黑体字，顶格编排在版心左上角第二行。

51. C 【解析】发文字号的正确写法为：发文机关标识下空2行，用3号仿宋体字，居中排布；年份、序号用阿拉伯数码标识；年份应标全称，用六角括号"〔〕"括入；序号不编虚位(即1不编为001)，不加"第"字。

52. D 【解析】根据《党政机关公文格式》的规定，题干中该公文由河北省人民政府办公厅发出，代字应为冀政办发；年份由六角括号括入；序号不加第字，不标虚位。故选D。

53. D 【解析】发文顺序号不加"第"字，不编虚位(即1不编为01)，在阿拉伯数字后加"号"字。

54. A 【解析】公文中正文字体要用仿宋，三号字。

55. C 【解析】法定机关印章具有法定性、权威性和效用性。公文盖上印章，是表示发文机关对文件正式生效和确认无误的一种凭证。

56. B 【解析】上行文是下级机关或业务部门向所属上级领导机关或业务主管部门的一种行文，如请示、报告。

57. A 【解析】《党政机关公文处理工作条例》第九条规定，上行文应当标注签发人姓名。

58. A 【解析】平行文适用于同级之间或不相隶属部门之间。因此，非同一系统的任何机关相互行文都使用平行文。

59. C 【解析】为了维护政令一致，凡下行公文的内容涉及其他机关的职权范围时，行文前必须就有关问题与这些机关协商一致，否则一律不得各自按照自己的意见向下行文。

60. A 【解析】为了维护正常的领导关系，具有隶属关系或业务上有指导关系的机关之间应基本采取逐级行文的方式，即按层级逐级上报、下发公文，或只对直属的上一级机关或所属下一级机关制发公文。

61. D 【解析】多级行文是指将公文同时发送给上几级或下几级机关，甚至直达基层与人民群众直接见面。此种方式多用于为加快文件的传递的上行文或部分不容许做任何变通和发挥的下行文。

62. A 【解析】在公文写作中，为使行文简洁，经常使用无主句这种特殊句型。

63. A 【解析】公文应双面印刷，并在左侧装订。

64. B 【解析】《党政机关公文处理工作条例》第九条规定，涉密公文应当根据涉密程度分别标注“绝密”“机密”“秘密”和保密期限。故本题答案选B。

65. B 【解析】《党政机关公文格式》规定，如无特殊说明，公文格式各要素一般用3号仿宋体字。特定情况可以作适当调整。

66. D 【解析】版头部分包括份号、密级和保密期限、紧急程度、发文机关标志、发文字号、签发人。

67. B 【解析】眉首部分即版头，又称为文头，是公文首页红色分隔线以上的部分，包括份号、密级和保密期限、紧急程度、发文机关标识、发文字号、签发人、版头中的分隔线。故选B。

68. D 【解析】发文字号又称发文编号、文号，它是发文机关在某一年度内所发各种不同文件总数的顺序编号。发文字号按顺序应当包括机关代字、年份、序号。

69. B 【解析】公文标题中最重要的中心词是文种，其他都属于修饰限定词语，故本题选择B选项。

70. C 【解析】根据《党政机关公文格式》的规定，公文首页必须显示正文，一般用3号仿宋体字，编排于主送机关名称下一行，每个自然段左空二字，回行顶格。

71. B 【解析】首先公文语言需要客观，所以不能使用夸张的手法，排除A、D项。双关修辞手法是指在一定的语言环境中，利用词的多义或同音的条件，有意使语句具有双重意义，言在此而意在彼，而公文的态度必须明确，所以不能使用双关的修辞手法，排除C项。故本题选择B选项。

72. A 【解析】行文关系根据隶属关系和职权范围确定。一般不得越级行文，特殊情况需要越级行文的，如：由于发生特殊紧急的情况，发生战争或严重自然灾害，逐级上报将会延误时机、造成损失的问题；经多次请示直接上级机关，长期没有得到解决的问题；上级机关交办的并指定越级直接上报的问题；向直接上级机关进行检举、控制的问题；直接上下级机关或领导之间有争议而无法解决的问题；询问与联系极个别的、必要的具体问题等。应当同时抄送被越过的直属上级机关。故本题答案选A。

73. D 【解析】平行文是指同级机关，或者不相隶属的，没有领导与指导关系的机关、部门、单位之间的一种行文。省教育厅与市（地）教育局之间是上下级关系，不应使用平行文。

74. D 【解析】公文中使用“要”字句，是为了使行文具有坚定性和原则性，本题选择D选项。

75. C 【解析】公文结尾应简洁明晰，表述发文机关对文件办理的要求，或请求批复，或要求执行，或提出希望，首尾呼应，结束全文。

二、多项选择题

1. ABD 【解析】本题考查公文格式。发文字号应当包括发文机关代字、年份、发文顺序号。

2. ACD 【解析】本题考查公文的组成部分。公文的基本组成部分有：发文机关、发文字号、标题、正文、成文日期、印发机关和印发日期、页码。故选ACD。

3. ABC 【解析】本题考查公文格式。《党政机关公文格式》将版心内的公文格式各要素划分为版头、主体、版记三部分。故选ABC。

4. BC 【解析】要使受文者不折不扣执行文件，应写作“按照执行”或“遵照执行”。参照执行有一定的灵活性，可以根据实际情况有所变通。

5. CD 【解析】收文承办时，一般可以将公文分为阅知性公文和批办性公文。

6. BC 【解析】涉密公文应当标注份号。涉密公文应当根据涉密程度分别标注“绝密”“机密”“秘密”和保密期限，并按照相应涉密等级严格管理。

7. ABCD 【解析】根据规定,公文标题回行时要做到词意完整、排列对称、长短适宜、标题排列为菱形或梯形。

8. ABCD 【解析】附件是指附属于正文的文字材料,不是每份公文都有,而是根据需要作为正文的补充说明或参考材料。如有2个以上附件,用阿拉伯数字依次标注序号。"附件"二字后标全角冒号和附件名称,但附件名称后不加标点符号。附件置于主件之后,另起一页开始排印,与主件装订在一起。附件的序号和名称前后标识应一致。

9. ABCD 【解析】公文是具有法定效用与规范格式的文件材料,是办理公务的重要工具之一。其特点是:(1)由法定作者制发;(2)具有法定的现实执行效用;(3)具有规范的体式;(4)履行法定的程序;(5)突出政治性;(6)注重保密性。

10. BC 【解析】根据紧急程度,紧急公文应当分别标注"特急""加急",电报应当分别标注"特提""特急""加急""平急"。

11. CD 【解析】发文机关标志和发文字号都居中排布,不位于版心左上角。

12. ABD 【解析】公文页码一般用4号半角宋体阿拉伯数字,编排在公文版心下边缘之下,数字左右各放一条一字线;一字线上距版心下边缘7mm。单页码居右空一字,双页码居左空一字。公文的附件与正文一起装订时,页码应当连续编排。公文的版记页前有空白页的,空白页和版记页均不编排页码。因此,C项错误。

13. ABD 【解析】下级机关的请示事项,如需以本机关名义向上级机关请示,应提出倾向性意见后上报,不得原文转报上级机关,因此C项说法错误。ABD说法正确。

14. BC 【解析】单一作者的公文可以省略发文机关;两个或两个以上的机关联合制发的公文,不得省略,主办机关必须列于首位,其他协办单位按本级机关领导人签发该文的时间顺序排列,必须使用机关全称或规范化简称、统称,B项错误。联合上报的公文,由主办机关加盖印章,联合下发的公文,发文机关都应当加盖印章,C项错误。

15. ACD 【解析】公文语言的主要特点是:庄重、准确、朴实、精练、严谨、规范。ACD表述正确。

16. ABD 【解析】纪要一般内部使用,不加盖印章,函、意见和命令需加盖印章。故本题选择ABD。

17. ACD 【解析】主送机关常见的标注形式有三种:(1)全称。只要主送机关名称不是很长,都可以采用这种形式,但普发性文件除外。(2)规范化简称。这种形式可以浓缩那些常用但是较长的机关名称,使之简练上口。(3)统称。统称就是同级或者同类型机关概括性的总称,一般用于下行文。统称具体又分为两种:一种为"泛称主送";另一种为"递降称主送"。

18. ACD 【解析】"请示"应当一文一事;一般只写一个主送机关,需要同时送其他机关的,应当用抄送形式,但不得抄送其下级机关;一般不直接送领导个人。

19. ABCD 【解析】行文规则是国家有关部门为了确保公文迅速而准确地传递,避免行文紊乱,防止公文"旅行"而制定的控制行文数量及行文方向、行文方式的有关规定。通过这一定义可知本题的正确答案为ABCD。

三、判断题

1. × 【解析】本题考查请示的主送机关。向上级请示问题,其主送机关只能有一个,防止由于多头主送造成相互推诿。

2. × 【解析】本题考查公文的效力。经批准公开发布的公文,同发文机关正式印发的公文具有同等效力。

3. √ 【解析】本题考查公文格式。公文中有发文机关署名的,应当加盖发文机关印章,并与署名机关相一致。

4. √ 【解析】本题考查公文主体的要素。《党政机关公文格式》规定,公文的主体部分包括:标题、主送机关、正文、附件说明、发文机关署名、成文日期、印章、附注和附件等。

5. × 【解析】本题考查公文格式。不是每份公文都有附件。

6. × 【解析】本题考查公文份号。不是所有的公文都需要标注份号,涉密公文应当标注份号。

7. × 【解析】本题考查公文的结束语。公文的结束语并非没有实际意义,它体现了公文语言的规范性。

8. √ 【解析】本题考查公文格式。《党政机关公文格式》规定,公文首页必须显示正文。

9. √ 【解析】本题考查公文的时效性。公文具有时效性,包括时代性,及时性和效用的期限性三方面内涵。其中,效用的期限性是指公文一经正式发布,即产生法定效用,但这种效用只在一定时期内存在。

10. √ 【解析】本题考查公文格式。附注是公文印发传达范围等需要说明的事项。根据《党政机关公文格式》规定,如有附注,居左空二字加圆括号编排在成文日期下一行。

11. √ 【解析】本题考查公文主送机关的编排。《党政机关公文格式》规定:主送机关编排于标题下空一行位置,居左顶格,回行时仍顶格,最后一个机关名称后标全角冒号。如主送机关名称过多导致公文首页不能显示正文时,应当将主送机关名称移至版记。

12. × 【解析】本题考查公文的行文规则。下级机关的请示事项,如需以本机关名义向上级机关请示,应当提出倾向性意见后上报,不得原文转报上级机关。

13. × 【解析】本题考查公文的格式。紧急程度是指公文送达和办理的时限要求。如需标注紧急程度,一般用3号黑体字,顶格编排在版心左上角。

14. × 【解析】本题考查公文的行文规范。主送机关，即公文的主要受理机关，应当使用机关全称、规范化简称或者同类机关统称。如主送机关名称过多导致公文首页不能显示正文时，应当将主送机关名称移至版记，而不是统一采用主送机关的规范化简称。

15. √ 【解析】公文具有法定作者、法定效力和特定体式三大主要特点。其中，法定作者是指依法成立并能以自己的名义行使权力、承担义务的组织或个人。各级党政机关、社会团体和企事业单位，凡是依法建立并合法存在的，均可依据自己的职能和权限范围制发文件，它们都是公文的法定作者。

16. × 【解析】根据紧急程度，紧急公文应当分别标注“特急”“加急”，电报应当分别标注“特提”“特急”“加急”“平急”。

17. × 【解析】版记的基本要素：抄送机关、印发机关和印发日期。版记中如有其他要素，应当将其与印发机关和印发日期用一条细分隔线隔开。

18. × 【解析】本题说法绝对。《党政机关公文格式》规定，主送机关应编排于标题下空一行位置，居左顶格，回行时仍顶格，最后一个机关名称后标全角冒号。如主送机关名称过多导致公文首页不能显示正文时，应当将主送机关名称移至版记。

19. × 【解析】主送机关常见的标注形式有三种：一是全称，只要主送机关名称不是很长，都可以采用这种形式，但普发性文件除外；二是规范化简称，这种形式可以浓缩那些常用但是较长的机关名称，使之简练上口；三是统称，就是同级或者同类型机关概括性的总称，一般用于下行文。

20. × 【解析】当公文排版后所剩空白处不能容下印章位置时，应当采用调整行距、字距的方式处理，必须使印章与正文同处一页；不得标识“此页无正文”。

21. × 【解析】联合发文时，主办机关名称排列在前，“文件”二字置于发文机关名称右侧，以联署发文机关名称为准上下居中排布。

22. × 【解析】公文中的数字使用总的原则：凡是可以使用阿拉伯数字而且又很得体的地方，特别是当所表示的数目比较精确时，均应使用阿拉伯数字。遇特殊情形，可以灵活变通，但应力求保持相对统一。

23. √ 【解析】公文的发文日期要求年、月、日三者俱全。

24. × 【解析】如有附件，在正文下空一行左空二字编排“附件”二字，后标全角冒号和附件名称。如有多个附件，使用阿拉伯数字标注附件顺序号(如“附件：1. ××××”)；附件名称后不加标点符号。附件名称较长需回行时，应当与上一行附件名称的首字对齐。

25. √ 【解析】《党政机关公文格式》规定，公文中成文日期用阿拉伯数字将年、月、日标全，年份应标全称，月、日不编虚位。

26. × 【解析】公文的紧急程度应当标注在公文首页的左上角。如需同时标明密级的公文，密级应当标注在紧急程度的上面。

27. × 【解析】联合上行文，发文机关只署名主办机关时，可以只加盖主办机关印章。联合下行文时，所有联署机关均须加盖印章。联合行文时，应将各发文机关署名按发文机关顺序整齐排列在相应位置，并使印章加盖其上，最后一个印章端正、居中下压发文机关署名和成文日期，印章之间排列整齐、互不相交相切，每排印章两端不得超出版心，每排最多放三个印章。

28. × 【解析】上级机关向受双重领导的下级机关行文，必要时应当抄送该下级机关的另一个上级机关。

29. √ 【解析】向下级机关行文时，主送受理机关，根据需要抄送相关机关。

30. √ 【解析】具有法定的权威性和行政约束力是公文的特点之一。

31. × 【解析】公文标题由发文机关、发文事由、公文种类三部分组成，称为公文标题“三要素”。

32. × 【解析】根据《党政机关公文处理工作条例》第九条规定，公文中有发文机关署名的，应当加盖发文机关印章，并与署名机关相符。有特定发文机关标志的普发性公文和电报可以不加盖印章。

33. × 【解析】附注是指公文印发传达范围等需要说明的事项。附件是指公文正文的说明、补充或者参考资料。

34. √ 【解析】公文语言要求以书面语体为主，表述准确，文字精练。可以适当采用浅近文言用语，典型的如请示中的“以上请示可否(当否、妥否)，请批示(批复)”。

35. × 【解析】不同系统的机关也可以联合行文。

综合能力提升

一、单项选择题

1. D 【解析】本题考查公文标题。公文标题由发文机关名称、事由和文种组成。公文标题一般编排于红色分隔线下空二行位置，分一行或多行居中排布；回行时，要做到词意完整，排列对称，长短适宜，间距恰当，标题排列应当使用梯形或菱形。

2. C 【解析】本题考查公文的语言。题干中的公文语序不当。正确语序为：要逐项编制、完善办事指南，明确受理单位、办理渠道、申请条件、申请材料、办理程序、办理时限、收费依据及标准、评价渠道等要素，推进同一事项无差别受理、同标准办理。

3. A 【解析】本题考查公文行文规则。一般行文均应采取逐级行文的方式，只有在特殊情况下才可以越级行文。这种方式只能在下列特殊情况下采用：(1)由于发生特殊紧急情况，如严重自然灾害等，逐级上报会延误时机，造成更大损失的问题；(2)向具有隶属关系的上一级机关请示多次，长期未能得到解决的问题；(3)属下级机关与上级机关之间有争议而无法解决的问题；(4)上级机关交办的，并指定越级上报的事项；(5)对上一级机关进行检举、揭发的问题；(6)询问与请示极个别的、必要的具体问题等。BCD项均可采用越级行文。处于同等地位的两个或两个以上机关共同发布公文指的是联合行文，A项符合题意。

4. C 【解析】本题考查具备法定效力的公文稿本。A项不符合题意，正本副本与正本在外形上基本上没有区别，这种副本只在送达对象和使用目的上与正本有所不同，正本送达主送机关，供对方直接办理，副本送抄送机关了解内容或由本机关留存备查、归档等。这种副本具备正式公文的法定效用。B项不符合题意，暂行本是规范性公文正本的一种特殊形式，即暂时推行本，在规定的暂行期间具有正式公文的法定效用。C项符合题意，草稿也称为未定稿，指拟成而未最后定稿的历次文稿。草稿内容未正式确定，不具备正式公文的效用。D项不符合题意，试行本是规范性公文正本的一种特殊形式，即试验推行本，在规定的试验推行期间具有正式公文的法定效用。故选C。

5. D 【解析】本题考查公文的特点。公文是指党政机关、社会团体和企事业单位在行政管理活动或处理公务活动中产生的，按照严格的、法定的生效程序和规范的格式制定的具有传递信息和记录事务作用的载体。公文区别于其他信息记录的特点是具有法定权威与现行效用。故选D。

6. B 【解析】本题考查公文的分类。根据公文的性质和作用不同，可将公文划分为规范性文件、领导指导性文件、公布性文件、陈述呈请性文件、商洽性文件等。规范性文件是指具有法定效力和规范体式的文书。这类公文在颁发程序、执行落实上比较规范，约束力强，下级机关必须贯彻执行。条例、规定、办法、决定属于公文中的规范性文件。领导指导性文件主要包括决议、决定、批复等。公布性文件主要包括公告和通告。商洽性文件主要指的是函。故选B。

7. B 【解析】本题考查公文生效的条件。签发是指由机关领导人或被授以专门权限的部门负责人对文稿终审核准之后，批注正式定稿和发出意见并签注姓名、日期的活动。除一些规范性及部分重要公文须经有关会议讨论通过，或再由负责人签署方可生效外，其他文稿，一经履行签发手续即为定稿。因此，签发是绝大多数公文生效的必备条件。故选B。

8. C 【解析】本题考查行文方式。逐级行文是指发文机关向直接上一级机关或直接下一级机关行文。越级行文是指发文机关越过自己的直接上级机关或直接下级机关，向更高层次的上级机关或更低层次的下级机关行文。直达行文是指领导机关直接将文件发至基层组织或直接传达给人民群众。多级行文是指发文机关同时向上一级机关及更高层的上级机关行文，或者同时向多层下级机关行文。党中央国务院通过媒体发布文件，让重大决策直接与广大群众见面，这种行文方式属于直达行文。故选C。

9. D 【解析】本题考查公文格式。抄送机关是指除主送机关外需要执行或知晓公文的其他机关，应当使用机关全称、规范化简称或者同类型机关统称。抄送机关可以是相关上级机关、平级机关、下级机关或者不相隶属的机关。如有抄送机关，一般用四号仿宋字体，在印发机关和印发日期之上一行、左右各空一字编排。ABC项说法正确。抄送机关属于版记部分。D项说法错误。

10. D 【解析】本题考查下行文。报告属于上行文，函、议案属于平行文，排除ABC。下行文主要有：命令、决议、决定、通报、批复等，故选D。

11. B 【解析】本题考查行文关系。平行文是相互没有隶属关系的同级机关或者不属同一系统的机关之间的行文。B项，人社部与省人社厅属于上下级关系，不能使用平行文。

12. D 【解析】本题考查公文格式。公文标题由发文机关名称、事由和文种组成。在某些情况下，发文机关可以省略。请示，适用于向上级机关请求指示、批准。材料中的公文文种应使用“请示”，AC项错误。B项事由表述不完整，故答案选D。

13. D 【解析】公文是公府所作之文，是公事所用之文。A正确。公文是一种古老的文体，我国历史上称之为“官文书”。刘勰在《文心雕龙·书记》中称其为“政事之先务”。B正确。在机关工作中文书、文件和公文这三个概念，基本含义是一致的，都是指国家机关及其他社会组织在工作活动中形成和处理的收来文件、发出文件以及机关内部所使用的文件材料及公务文书，根据不同情况、不同场合分别使用这三个概念，也就是说“文书”“文件”和“公文”三者是可以互为通用的。C正确。企业在其管理活动中所形成和使用的文书是公文。故本题选D。

14. C 【解析】公文的作用主要有：颁布法规、指挥管理、交流信息、宣传教育、商洽协调、凭证依据等。其中，依据和凭证是最基本的作用。

15. D 【解析】公文文种一般可以表明公文的性质、适用范围、作者职能权限及制发公文目的。公文文种取决于行文目

的、发文者的职权范围和行文关系。本题为选非题，故本题答案为D。

16. B 【解析】函是一种平行文。故选B。

17. A 【解析】密级公文应标注份号，并用6位阿拉伯数字顶格编排标注在公文首页版心左上角第一行，A项错误；版记中的分隔线与版心等宽，首条分隔线和末条分隔线用粗线，中间的分隔线用细线，B项正确；印发机关和印发日期一般用4号仿宋体字，印发日期后加“印发”二字，右空一字，用阿拉伯数字将年月日标全，C项正确；页码一般用4号半角宋体阿拉伯数字，编排在公文版心下边缘之下，数字左右各放一条一字线，D项正确。故本题答案为A。

18. C 【解析】A项，命令的制发机关多为行政机关，大学无权发布命令，排除；B项，通报多用于传达重要事项和重要精神，却不需要执行，而B项的事由明显需要执行，排除；D项当中出现“印发”二字，应使用通知。故选C。

19. B 【解析】《公文处理办法》由国务院发布，故应该用“印发”。

20. C 【解析】根据《党政机关公文处理工作条例》的规定，公文标题由发文机关名称、事由和文种组成。标准格式为“发文机关+关于+事由+的+文种”。A项缺少介词“关于”，应改为《××市人民政府关于授予王某等十名同志“优秀教师”荣誉称号的通报》；B项中“关于”和“对”搭配不当，应改为《国务院关于××城市总体规划的批复》；D项文种错误，应使用请示。故选C。

21. A 【解析】当公文排版后所剩空白处不能容下印章或签发人签名章、成文日期时，应采取调整行距、字距的措施加以解决。故本题答案为A。

22. B 【解析】B项错误，混淆了通告与公告。通告适用于在一定范围内公布应当遵守或者周知的事项。公告适用于向国内外宣布重要事项或者法定事项。本题为选非题，故选B。

23. D 【解析】根据《党政机关公文处理工作条例》第九条的规定，附注是公文印发传达范围等需要说明的事项，附件是公文正文的说明、补充或者参考资料。

24. A 【解析】公文“以文辅政”是指需要在符合客观实际的情况下才能进行接下来的公文写作，因此答案选A。

25. C 【解析】对于直接向社会公众发布的周知性文件，例如公告、通告、公报等都可以省略主送机关，故本题答案为C。

26. D 【解析】根据《党政机关公文处理工作条例》第十四条规定，一般不得越级行文，特殊情况需要越级行文的，应当同时抄送被越过的机关，B错误。第十五条规定，向上级机关行文，应当遵循以下规则：(1)原则上主送一个上级机关，根据需要同时抄送相关上级机关和同级机关，不抄送下级机关。(2)党委、政府的部门向上级主管部门请示、报告重大事项，应当经本级党委、政府同意或者授权；属于部门职权范围内的事项应当直接报送上级主管部门。(3)下级机关的请示事项，如需以本机关名义向上级机关请示，应当提出倾向性意见后上报，不得原文转报上级机关。(4)请示应当一文一事。不得在报告等非请示性公文中夹带请示事项。(5)除上级机关负责人直接交办事项外，不得以本机关名义向上级机关负责人报送公文，不得以本机关负责人名义向上级机关报送公文。(6)受双重领导的机关向一个上级机关行文，必要时抄送另一个上级机关。故AC错，D正确。

27. A 【解析】公文的法定作者，指依法成立并能以自己的名义行使职权和承担义务的国家机构与其他社会组织。公文必须以这些机关的名义或其法定代表人的名义制发。A项，省人民政府是省级行政机关，是公文的法定作者。故选A。

28. C 【解析】公文标题通常由发文机关名称、事由和文种组成。

29. A 【解析】发文字号由发文机关代字、年份、发文顺序号三个部分组成。年份要用全称，不可简化。年份应用六角括号“〔〕”括起。年份、发文顺序号用阿拉伯数字标识。发文顺序号不编虚位(即1不编为001)，不加“第”字。

30. B 【解析】这篇公文是通报，属于下行文。

31. D 【解析】通报除了可以用以表彰先进外，还可用以传达重要精神、批评错误。

32. B 【解析】上行公文指下级机关、组织向其所属的上级机关、组织行文，也可以是向有业务指导关系的上级部门行文。报告属于陈述性的上行公文。故选B。

33. D 【解析】公文一般由份号、密级和保密期限、紧急程度、发文机关标志、发文字号、签发人、标题、主送机关、正文、附件说明、发文机关署名、成文日期、印章、附注、附件、抄送机关、印发机关和印发日期、页码等18个格式要素组成。

34. D 【解析】引用公文应当先引标题，后引发文字号。引用外文应当注明中文含义。日期应当写具体的年、月、日。

35. B 【解析】通报和决定是两个文种，不能杂糅使用。

36. D 【解析】专用章是机关单位为从事某项特定的职能而专门使用的印章。

37. C 【解析】公文主要有叙述、说明、议论三种表达方式。叙述的表达方式主要用于反映情况、交流思想、说明主题，多用于请示、报告、通报等文种。

38. B 【解析】公文急件是指内容重要并紧急，需打破工作常规迅速传递处理的文件。

39. B 【解析】县教育局和县土地局属于不相隶属的机关，应该用函，故本题选择B选项。

40. C 【解析】A项错误，应改为《××市关于城市轨道发展规划的意见》，排除。B项错误，标题事由表述不清，排除。D项错误，应改为《××省农业厅关于加强农业农村污染防治工作方案的意见》，排除。故本题选择C。

二、多项选择题

1. ABD 【解析】本题考查公文的行文规则。可以越级行文的情形有:(1)遇有特殊重大紧急情况,如战争、自然灾害等,如逐级上报,可能会延误时机,造成重大损失时;(2)经多次请示直接上级,长期未得到解决的重大问题;(3)上级领导或领导机关交办,并指定越级直接上报的事项;(4)对直接上级机关或领导进行检举、控告;(5)直接上下级机关有争议,而无法解决的重大问题;(6)询问、联系不需要经过直接上级机关的一些工作问题等。ABD项符合越级行文的情况,故本题选ABD。

2. AD 【解析】本题考查行文规则。禁止在主送的同时抄送给下级机关的文件有:主送给上级机关的请求批准的请示,主送给上级机关的请求指示的请示。故选AD。

3. BC 【解析】本题考查公文词语特点。公文词语方面的特点包括:(1)公文词语大部分为规范化的书面词语,杜绝使用一般的口语词、方言词和土俗俚语;(2)词语需有确切的含义,一般不得使用含义不准确的词语;(3)在音节方面,公文词语以双音节词为主,单音节词、多音节词的使用频率比其他文章稍高;(4)有一部分词形确定、含义精确特定的公文专用词语;(5)介宾词组、联合词组、"的"字词组的使用频率较高;(6)多用全称,慎用简称,可以使用规范化简称。故AD项错误,BC项正确。

4. ABCD 【解析】本题考查公文格式。当公文排版后所剩空白处不能容下印章或签发人签名章、成文日期时,可以采取调整行距、字距的措施解决。A项正确。如有附注,居左空二字加圆括号编排在成文日期下一行。B项正确。附件应当另面编排,并在版记之前,与公文正文一起装订。"附件"二字及附件顺序号用3号黑体字顶格编排在版心左上角第一行。C项正确。如附件与正文不能一起装订,应当在附件左上角第一行顶格编排公文的发文字号并在其后标注"附件"二字及附件顺序号。D项正确。

5. ABCD 【解析】对文稿进行修改需要斟酌主旨是否准确,调整结构看结构是否合理,不合理需要进行调整,以及对于材料的选择是否恰当,还要对文字进行推敲,如有不准确不明确的文字,一定要加以修改,以确保公文内容表述的准确性。故选ABCD。

6. ABD 【解析】党政机关可以超出各自的系统内部发布文件,A项说法错误;作为党领导的国家行政机关不能直接向党的组织发布指令性文件,B项说法错误;行政机关可以直接向党的组织汇报工作,C项说法正确;党政机关可以联合发文,并非尽可能联合发文,D项说法错误。

7. ABD 【解析】"附件"字样后用冒号。如只有一份附件,在冒号后写上附件名称即可,附件名称不加书名号,C错误。

8. ABD 【解析】同级党政机关、党政机关与其他同级机关必要时可以联合行文。属于党委、政府各自职权范围内的工作,不得联合行文。A项正确。联合行文的行文方向既可以是下行文,也可以是上行文和不相隶属机关之间的行文。C项错误。上级政府部门与下级政府可以联合发文。D项正确。联合发文由所有联署机关的负责人会签。B项正确。

9. CD 【解析】公文开头重在实务,这一点与文学作品的区别十分明显。公文开头既不描写环境,也不渲染气氛,更不抒发感情,而是采用开门见山的写法,说明发文的缘由。常见的方式有:(1)以发生的事情或存在的问题为发文的根据;(2)以某种法律、法令、决议和上级指示为发文根据;(3)以下级反映的情况为发文根据;(4)引据对方来文来电作为发文根据;(5)直接写明发文目的,以目的意义为发文根据;(6)以领导机关或领导人的意见或建议为发文理由;(7)以概括全文中心内容的导语为开头。

10. CD 【解析】A选项"近98%左右"语义重复,B选项中"高科技的加快"搭配有误,故选CD。

三、判断题

1. × 【解析】本题考查公文的修辞。公文的修辞手法以消极修辞手法为主,以积极修辞手法为辅。消极修辞以内容上明确、通顺,形式上平匀、稳密为标准。

2. √ 【解析】本题考查具备法定效力的公文稿本。副本是指再现公文正本内容及全部或部分外形特征的公文复制本或正本的复份。副本多供存查之用。副本是否有法定效力,应视具体情况而定:作为正本复份(与正本同时印刷)的公文副本有法定效力;作为复制件的公文副本(如抄本、复印本等)不具有正式公文的效力,不能再现公文的全部特征(只有复制的印章或签署),公文的真实性无切实保障,只能供参考、备查。定稿、试行本和暂行本都是具备法定效力的公文稿本。

3. × 【解析】本题考查公文格式。在印制本上,文头位于公文的首页上端,作者位于尾页右下方。

4. √ 【解析】本题考查泛行文。泛行文是既向发文机关的上级单位、下级单位、平行单位行文,也向不相隶属的单位行文,行文面广泛,方向不定。在常用公文中,泛行文的文种数量比较少,最典型的是意见。

5. × 【解析】本题考查公文的作用。公文的行为规范作用又称法规约束作用。

6. √ 【解析】本题考查公文行文规范。《党政机关公文处理工作条例》第十五条规定,除上级机关负责人直接交办事项外,不得以本机关名义向上级机关负责人报送公文,不得以本机关负责人名义向上级机关报送公文。可见,在处理上级机关负责人直接交办事项时,公文的发文者和收文者可以是某个领导者个人。

7. √ 【解析】档案主要是从公文转化而来的,今天的档案是昨天的公文。

8. √ 【解析】公文写作必须讲究格式,这也是公文写作规范性强的主要体现。

第二章 公文处理

基础知识达标

一、单项选择题

1. C 【解析】本题考查公文的成文日期。根据《党政机关公文处理工作条例》的规定,成文日期署会议通过或者发文机关负责人签发的日期。联合行文时,署最后签发机关负责人签发的日期。故选C。

2. B 【解析】本题考查发文办理的程序。我国《党政机关公文处理工作条例》第二十五条规定:"发文办理主要程序是:(一)复核。已经发文机关负责人签批的公文,印发前应当对公文的审批手续、内容、文种、格式等进行复核;需作实质性修改的,应当报原签批人复审……"故选B。

3. A 【解析】本题考查公文的签发。《党政机关公文处理工作条例》第二十二条规定:"公文应当经本机关负责人审批签发。重要公文和上行文由机关主要负责人签发。党委、政府的办公厅(室)根据党委、政府授权制发的公文,由受权机关主要负责人签发或者按照有关规定签发。签发人签发公文,应当签署意见、姓名和完整日期;圈阅或者签名的,视为同意。联合发文由所有联署机关的负责人会签。"故选A。

4. B 【解析】本题考查公文发文办理。公文发文办理的主要程序是:复核、登记、印制和核发。核发指的是公文印制完毕,应当对公文的文字、格式和印刷质量进行检查后分发。核发是公文发文处理的最后一个环节,也是杜绝差错、规范印制格式、确保公文质量的重要环节。

5. B 【解析】本题考查公文的拟制要求。在公文拟制过程中,用词要准确,用字要规范。在使用简称时,应先用全称,并加以注明。故选B。

6. A 【解析】本题考查公文处理。公文收文办理主要程序是:签收、登记、初审、承办、传阅、催办和答复。公文发文办理主要程序是:复核、登记、印制和核发。收文和发文都要经历的程序是登记。故选A。

7. D 【解析】本题考查公文的拟制。《党政机关公文处理工作条例》第十九条规定:"公文起草应当做到:(一)符合党的理论路线方针政策和国家法律法规,完整准确体现发文机关意图,并同现行有关公文相衔接。(二)一切从实际出发,分析问题实事求是,所提政策措施和办法切实可行。(三)内容简洁,主题突出,观点鲜明,结构严谨,表述准确,文字精练。(四)文种正确,格式规范。(五)深入调查研究,充分进行论证,广泛听取意见。(六)公文涉及其他地区或者部门职权范围内的事项,起草单位必须征求相关地区或者部门意见,力求达成一致。(七)机关负责人应当主持、指导重要公文起草工作。"故D项错误,符合题意。

8. B 【解析】本题考查公文的拟制。《党政机关公文处理工作条例》第二十二条规定,公文应当经本机关负责人审批签发。

9. A 【解析】本题考查公文的收文办理程序。公文的批办是指机关(部门)负责人对公文办理提出处理意见的决策性活动。初审是指对收到的公文进行登记之后所做的初步审核。承办是指通过对公文的阅读、贯彻执行与办理(或回复),而使公文内容所针对的事务与问题得以处理和解决的活动。催办是指及时了解掌握公文的办理进展情况,督促承办部门按期办结。故选A。

10. D 【解析】《党政机关公文处理工作条例》明确规定,公文处理工作应当坚持实事求是、准确规范、精简高效、安全保密的原则。

11. D 【解析】《党政机关公文处理工作条例》第三十一条规定,涉密公文公开发布前应当履行解密程序。公开发布的时间、形式和渠道,由发文机关确定。

12. B 【解析】公文文稿签发前,应当由发文机关办公厅(室)进行审核。

13. C 【解析】收文办理的一般程序为签收、登记、初审、承办、传阅、催办、答复。

14. B 【解析】拟办是指文秘人员对收文应如何办理所提出的初步意见,以供领导批办时参考。批办是指领导人对应办的来文由谁或哪一部门办理及如何办理写出的指示性意见。催办是指及时了解掌握公文的办理进展情况,督促承办部门按期办结。审核属于公文拟制环节的程序,不属于收文处理环节。故选B。

15. B 【解析】不具备归档和存查价值的公文,应由文书部门对公文进行鉴定;确认应销毁后,逐文逐件核定造册;呈请本机关或上级机关有关领导审定批准;获准后再行销毁。任何个人不得私自销毁公文。

16. D 【解析】主送机关对公文负有主办和答复的责任。

17. A 【解析】拟办是宣传机关秘书部门对有关工作的请示报告提出的初步处理意见,供领导参考。

18. B 【解析】《党政机关公文处理工作条例》第二十四条规定,登记要求对公文的主要信息和办理情况应当详细记载。

19. B 【解析】公文收文办理主要程序有:签收、登记、初审、承办、传阅、催办和答复。复核是发文办理的程序之一。

20. D 【解析】根据《党政机关公文处理工作条例》规定，对收到的公文应当进行初审。初审的重点是：是否应当由本机关办理，是否符合行文规则，文种、格式是否符合要求，涉及其他地区或者部门职权范围内的事项是否已经协商、会签，是否符合公文起草的其他要求。经初审不符合规定的公文，应当及时退回来文单位并说明理由。D项不属于初审的重点。

21. D 【解析】承办公文应注意：(1)吃透有关法规、方针政策；(2)加强调查研究；(3)努力协调各方关系；(4)有效运用各种承办方式；(5)分清主次缓急；(6)各级领导也应积极参与承办工作；(7)对承办结果注意检查和监督。

22. B 【解析】拟办是由有关人员对文件进行阅读分析，提出处理意见和建议，提供可供选择的方案，供领导审核定夺的活动。批办是指有关负责人对公文办理提出处理意见的决策性活动。承办是指通过对公文的阅读、贯彻执行与办理(或回复)，而使公文内容所针对的事务与问题得以处理和解决的活动。查办是由公文处理管理机构或其他专门组织对重要公文实际执行情况所进行的核查协办工作。

23. D 【解析】签发是指对公文审核完毕之后由机关领导人或被授以专门权限的部门负责人批注正式定稿和发出意见并签注姓名、日期。

24. A 【解析】根据规定，已经领导人审批过的文稿，在印发之前应再作校核。经校核如需作涉及内容的实质性修改，须报原审批领导人复审。

25. A 【解析】发文办理主要程序是复核、登记、印制、核发。

26. D 【解析】公文办理完毕后应整理归档保存，整理归档所形成的文书档案具有查考作用。

27. A 【解析】公文办理包括收文办理、发文办理和整理归档。

28. D 【解析】公文收文办理主要程序是：签收、登记、初审、承办、传阅、催办、答复。

29. A 【解析】公文的催办是指那些必须办理答复的文件，根据承办时限的要求，及时地对文件承办的情况进行督促和检查。

30. A 【解析】发文办理的程序主要有：复核、印制、登记、核发。

31. A 【解析】起草公文时，必须遵循公文行文的适用范围，是指要在规定的范围内选择行文文种，避免发生使用的文种不是公文文种的问题。

32. A 【解析】根据《党政机关公文处理工作条例》第三十条规定，公文确定密级前，应当按照拟定的密级先行采取保密措施。确定密级后，应当按照所定密级严格管理。绝密级公文应当由专人管理。公文的密级需要变更或者解除的，由原确定密级的机关或者其上级机关决定。A项不符合涉密文件管理要求，当选。

二、多项选择题

1. ABC 【解析】本题考查公文拟制。公文拟制程序包括公文的起草、审核和签发。故选ABC。

2. AD 【解析】本题考查公文处理。根据《党政机关公文处理工作条例》第二十二条规定，公文应当经本机关负责人审批签发。重要公文和上行文由机关主要负责人签发。

3. ABCD 【解析】本题考查公文退文情形。公文文稿签发前，应当由发文机关办公厅(室)进行审核。对于内容出现明显差错、文种使用错误、报告夹带请示、报送形式不规范等经审核不宜发文的公文文稿，应当退回起草单位并说明理由。

4. BD 【解析】本题考查公文处理的原则。公文处理工作应当坚持实事求是、准确规范、精简高效、安全保密的原则。

5. BCD 【解析】公文的撤销和废止，由发文机关、上级机关或者权力机关根据职权范围和有关法律法规决定。

6. AC 【解析】成文日期署会议通过或者发文机关负责人签发的日期。联合行文时，署最后签发机关负责人签发的日期。

7. ABCD 【解析】对收文进行认真阅读是收文办理的重要环节之一，在此环节主要需要弄清办理要求、主办部门、保密要求以及主送、抄送部门等。

8. ABC 【解析】根据《党政机关公文处理工作条例》第五条规定，公文处理工作应当坚持实事求是、准确规范、精简高效、安全保密的原则。

9. ABCD 【解析】《党政机关公文处理工作条例》第十九条规定："公文起草应当做到：(一)符合党的理论路线方针政策和国家法律法规，完整准确体现发文机关意图，并同现行有关公文相衔接。(二)一切从实际出发，分析问题实事求是，所提政策措施和办法切实可行。(三)内容简洁，主题突出，观点鲜明，结构严谨，表述准确，文字精练。(四)文种正确，格式规范。(五)深入调查研究，充分进行论证，广泛听取意见。(六)公文涉及其他地区或者部门职权范围内的事项，起草单位必须征求相关地区或者部门意见，力求达成一致。(七)机关负责人应当主持、指导重要公文起草工作。"

三、判断题

1. × 【解析】本题考查公文的翻印。上级机关的公文，除绝密级和注明不准翻印的以外，下级机关经负责人或者办公厅(室)、秘书科负责人批准，可以翻印。翻印时，应当注明翻印的机关、日期、份数和印发范围。

2. × 【解析】本题考查公文修改的要求。已经由发文机关负责人签批的公文，印发前应当对公文的审批手续、内容、文

种、格式等进行复核;需作实质性修改的,应当报原签批人复审。

3. √ 【解析】本题考查公文的清退。根据《党政机关公文处理工作条例》的规定,不具备归档和保存价值的公文,经批准后可以销毁。

4. × 【解析】本题考查公文归档的特殊规定。《党政机关公文处理工作条例》第二十七条规定:“需要归档的公文及有关材料,应当根据有关档案法律法规以及机关档案管理规定,及时收集齐全、整理归档。两个以上机关联合办理的公文,原件由主办机关归档,相关机关保存复制件。机关负责人兼任其他机关职务的,在履行所兼职务过程中形成的公文,由其兼职机关归档。”

5. × 【解析】本题考查公文的处理。《党政机关公文处理工作条例》第六条规定:“各级党政机关应当高度重视公文处理工作,加强组织领导,强化队伍建设,设立文秘部门或者由专人负责公文处理工作。”该条例第二十四条规定:“收文办理主要程序是:(一)签收。对收到的公文应当逐件清点,核对无误后签字或者盖章,并注明签收时间……”因此机关应设置专门的工作人员负责公文签收。

6. √ 【解析】公文文种的选用是公文写作活动的第一个重要环节。文种选用不当,内容的表达就必然受到制约。

7. × 【解析】批复内容若涉及其他部门,起草时应同有关部门协商或会签,取得一致意见后方可答复,不能相互推诿或推卸责任。

8. √ 【解析】我国《党政机关公文处理工作条例》第十八条规定,公文拟制包括公文的起草、审核、签发等程序。

9. √ 【解析】《党政机关公文处理工作条例》规定,经批准公开发布的公文,同发文机关正式印发的公文具有同等效力。

10. × 【解析】属于党委、政府各自职权范围内的工作,不得联合行文。

11. × 【解析】批复是答复下级机关的请示事项时使用的文种。若无请示,则不必批复。

12. √ 【解析】承办是指通过对公文的阅读、贯彻执行与办理(或回复)。收文办理包括签收、登记、审核、拟办、批办、承办、催办等程序,签收登记是否完整,审核是否合格,拟办方案是否可行,批办意见是否科学,只有通过承办,才能得到充分体现。

13. √ 【解析】公文的登记是收文办理的重要程序,也是公文处理工作的基础。

14. × 【解析】《党政机关公文处理工作条例》第十九条规定,机关负责人应当主持、指导重要公文起草工作。

15. √ 【解析】公文办完后,必须集中立卷归档,任何人不得私自保存或销毁公文。

综合能力提升

一、单项选择题

1. C 【解析】本题考查公文处理。发文办理主要程序是:复核、登记、印制和核发,A项正确。两个以上机关联合办理的公文,原件由主办机关归档,相关机关保存复制件,B项正确。不具备归档和保存价值的公文,经批准后可以销毁,D项正确。根据规定,各级行政机关的办公厅(室)应当设立文秘部门或者配备专职人员负责公文处理工作,C项符合题意。

2. D 【解析】办公物品的申请表需要有领取人、批准人、发放人签字才有效,故D选项正确。

3. B 【解析】该单位若将文件转发扩大至其下级机关,应向发文机关(即省委)提出扩大知悉范围的申请。

4. B 【解析】重要的紧急的公文需要机关文书部门送给领导人批办。

5. C 【解析】在对归档的会议文件进行排列时,应排在前面的是工作报告。

6. C 【解析】《党政机关公文处理工作条例》第三十一条规定,公文的印发传达范围应当按照发文机关的要求执行;需要变更的,应当经发文机关批准。涉密公文公开发布前应当履行解密程序。公开发布的时间、形式和渠道,由发文机关确定。经批准公开发布的公文,同发文机关正式印发的公文具有同等效力。

7. C 【解析】公文必须“先核后签”。需审核的公文必须审核完毕后再签发,而不得先签发再审核,以提高工作效率,确保公文有效。

二、多项选择题

1. ABD 【解析】本题考查公文传阅。公文在传阅过程中需要注意的事项主要有:(1)注意随时掌握公文传阅去向和进度;(2)控制公文传阅周期;(3)严格控制公文传阅范围;(4)分轻重缓急及时处理。

2. ABD 【解析】本题考查文种选用。选定公文种类的主要原则方法包括:考虑行文的具体需要,考虑本单位的权限,考虑行文走向。故选ABD。

3. BD 【解析】本题考查公文管理。A项说法错误,不具备归档和保存价值的公文,经批准后可以销毁。B项说法正确,销毁涉密公文必须严格按照有关规定履行审批登记手续,确保不丢失、不漏销。C项说法错误,个人不得私自销毁、留存涉密公文。D项说法正确,工作人员离职时,所在机关应督促其将暂存、借用的公文按照规定移交、清退。

4. ABCD 【解析】《党政机关公文处理工作条例》第二十条规定:“公文文稿签发前,应当由发文机关办公厅(室)进行审核。审核的重点是:(一)行文理由是否充分,行文依据是否准确。(二)内容是否符合党的理论路线方针政策和国家法律法规;是否完整准确体现发文机关意图;是否同现行有关公文相衔接;所提政策措施和办法是否切实可行。(三)涉及有关地区或者部门职权范围内的事项是否经过充分协商并达成一致意见。(四)文种是否正确,格式是否规范;人名、地名、时间、数字、段落顺序、引文等是否准确;文字、数字、计量单位和标点符号等用法是否规范。(五)其他内容是否符合公文起草的有关要求。”

5. ABCD 【解析】公文的主旨就是一篇公文所表达的中心思想或基本观点。它是公文作者在传达政策、发布命令、周知事项、汇报工作、总结经验或反映情况时,通过全文所表达出来的基本意图或主要目的。公文主旨的特点是:主旨正确、主旨鲜明、主旨集中、主旨深刻。

三、判断题

1. × 【解析】本题考查公文的签发。以党委或政府名义发出的公文,经党委或政府会议讨论通过的发文稿,由党委或政府的主管负责人签发,有些发文稿也可由秘书长或办公厅(室)主任签发;属于事务性的发文稿一般由秘书长或办公厅(室)主任签发。

2. √ 【解析】归档文件整理分为装订、分类、排列、编号、编目、装盒六个步骤进行。

3. × 【解析】联合行文时,一般只标明主办机关的发文字号。

4. √ 【解析】材料是公文写作的基础,在明确行文目的、选好文种之后,就应进行调查研究。调查研究可以综合运用会议调查、访问调查、统计调查、文献调查等方式。

5. × 【解析】《党政机关公文处理工作条例》第十九条规定,公文中涉及其他地区或者部门职权范围内的事项,起草单位必须征求相关地区或者部门意见,力求达成一致。

第三章　公文写作规范

基础知识达标

一、单项选择题

1. C 【解析】本题考查法定公文的文种。法定公文有15种,分别是决议、决定、命令(令)、公报、公告、通告、意见、通知、通报、报告、请示、批复、议案、函、纪要。公示不属于法定公文的文种,故选C。

2. A 【解析】本题考查公文文种。决议适用于会议讨论通过的重大决策事项。公告适用于向国内外宣布重要事项或者法定事项。决定适用于对重要事项作出决策和部署、奖惩有关单位和人员、变更或者撤销下级机关不适当的决定事项。通告适用于在一定范围内公布应当遵守或者周知的事项。市人大常委会会议讨论通过的重大事项,应使用决议。

3. B 【解析】本题考查函。函是指不相隶属机关之间商洽工作、询问和答复问题、请求批准和答复审批事项时所使用的公文。函是一种平行文,其适用的范围相当广泛。警示函是监管措施的一种,一般适用于违法情节轻微的情形,故选B。

4. A 【解析】本题考查请示与报告的区别和联系。请示、报告都是下级机关向上级机关的行文,都属于上行文,A项正确。请示的内容要求一文一事,报告的内容可一文一事也可一文数事,B项错误。请示常用“妥否,请批示”“请批准”“请批复”之类的结尾语;报告因为不需要批复,一般用“专此报告”“特此报告”等结尾语,C项错误。报告的内容可以是综合性的,也可以是专题性的,内容范围较广,相对来说篇幅较长;请示应当一文一事,一般篇幅较短,D项错误。故选A。

5. A 【解析】本题考查纪要。纪要的特点主要是内容的纪实性,表达的提要性和称谓的特殊性。A项不属于纪要的特点,符合题意。

6. C 【解析】本题考查报告。题干中需要“向上级反映本机关的某项工作,让上级对此项工作有所了解”,即需要向上级汇报某一专项工作,而非汇报例行工作或者提供调查研究结果,排除AD项。综合报告是向上级机关汇报某一时期全面工作情况的公文。专题报告是向上级机关报告某一专项工作、某一工作侧面或某一具体问题、具体事件情况的陈述性公文。可见,在此宜采用专题报告,故选C。

7. C 【解析】本题考查公告。公告适用于向国内外宣布重要事项或者法定事项。通告适用于在一定范围内公布应当遵守或者周知的事项。通知适用于发布、传达要求下级机关执行和有关单位周知或者执行的事项,批转、转发公文。布告不是我国法定的公文文种。故选C。

8. C 【解析】本题考查请示。请示适用于向上级机关请求指示、批准。某高校信息技术学院向学校申请经费,应使用请示。

9. D 【解析】本题考查通知。通知适用于发布、传达要求下级机关执行和有关单位周知或者执行的事项,批转、转发公文。石家庄市城区防汛指挥部办公室要求各成员单位发扬连续作战的工作作风,坚守岗位,全力以赴做好防汛工作,应使用

通知。

10. B 【解析】本题考查通知。通知适用于发布、传达要求下级机关执行和有关单位周知或者执行的事项，批转、转发公文。任免和聘用干部应用通知。故选B。

11. A 【解析】本题考查报告。报告，适用于向上级机关汇报工作、反映情况，回复上级机关的询问。报告不要求批复。故选A。

12. B 【解析】本题考查通报。通报适用于表彰先进、批评错误、传达重要精神和告知重要情况。学校发文表彰，应使用通报。

13. C 【解析】本题考查通报。通报适用于表彰先进、批评错误、传达重要精神和告知重要情况。学校对王某的替考行为进行处理，使用通报可以起到批评错误，教育本人，警示他人的作用。故选C。

14. B 【解析】本题考查报告的写作要求。《党政机关公文处理工作条例》规定，请示应当一文一事。不得在报告等非请示性公文中夹带请示事项。故选B。

15. D 【解析】本题考查批复。批复是下行文，适用于答复下级机关请示事项。

16. A 【解析】本题考查公文的文种及其适用范围。通报适用于表彰先进、批评错误、传达重要精神和告知重要情况，机关公布先进名单应使用通报。故选A。

17. C 【解析】本题考查公文文种及其适用范围。命令、决定和通报都有奖励有关单位及人员的功能，但它们的规格和层次是不同的。通常命令层次最高，决定低于命令，但高于通报。命令只用于奖，不用于惩。嘉奖令通常用于表彰单个的集体或个人，在用途上则用于授予荣誉称号等；决定多用于表彰混合的集体和个人，在用途上多用于授予模范称号、记功等。因此，用于授予荣誉称号的国家级别的表彰一般采用命令。故本题答案为C。

18. D 【解析】本题考查报告。报告适用于向上级机关汇报工作、反映情况、回复上级机关的询问。某县环保局向上级机关做专题汇报，应采用的公文文种是报告。函适用于不相隶属机关之间商洽工作、询问和答复问题、请求批准和答复审批事项。请示适用于向上级机关请求指示、批准。通报适用于表彰先进、批评错误、传达重要精神和告知重要情况。故答案选D。

19. B 【解析】本题考查函的写作要求。"特此函复"是复函的结语，不宜写在请求批准的公函的结尾。

20. C 【解析】本题考查批复的写作要求。批复意见不能含糊其词、模棱两可，以免下级无所适从，这要求写作批复时需做到明确态度。C项正确。批复要慎重及时指的是批复机关收到请示后，要及时进行周密的调查了解，掌握有关情况，根据现行政策法令及办事准则，经认真研究后，及时给予答复。针对请示答复指的是，请示要求一文一事，批复也应有针对性地一文一批复，请示要求解决什么问题，批复就答复什么问题，上下行文互相对应。ABD项错误。故答案选C。

21. C 【解析】意见，适用于对重要问题提出见解和处理办法。

22. A 【解析】公告适用于向国内外宣布重要事项或者法定事项。

23. A 【解析】通报适用于表彰先进、批评错误、传达重要精神和告知重要情况。

24. D 【解析】决定适用于对重要事项作出决策和部署、奖惩有关单位和人员、变更或者撤销下级机关不适当的决定事项。

25. C 【解析】函是指不相隶属机关之间商洽工作、询问和答复问题，请求批准和答复审批事项时所使用的公文。函是一种平行文。

26. D 【解析】根据《党政机关公文处理工作条例》的相关规定，函适用于不相隶属机关之间商洽工作、询问和答复问题、请求批准和答复审批事项。人社局和学校没有直接隶属关系，用函最合适。

27. C 【解析】批复适用于答复下级机关请示事项。

28. A 【解析】直接向社会公众发布的周知性文件，如公告、通告、公报等，不需要标注主送机关。

29. D 【解析】述职报告的特点：(1)内容必须真实具体；(2)内容必须全面又有所侧重；(3)认识必须深刻；(4)语言必须朴实。由此可知，指导性不属于述职报告的特点。

30. A 【解析】简报的主体一般由标题和正文组成。

31. A 【解析】纪要标题一般由会议名称和文种构成。

32. A 【解析】时限用语指公文中表示时限或时间的用词。如"迅即、即、立即、迅予、火速、当即、及时、届时、届期、按时"等。

33. D 【解析】任何请示都必须在末尾明确提出请求，通常使用"特此请示，请批复""妥否，请批示""可否，请予审核批准"等惯用语。本题为选非题，故选D。

34. B 【解析】请示正文的写作顺序一般是先原因，再事项要求，最后结语。

35. C 【解析】发文机关署名下方的日期是成文日期。成文日期署会议通过或者发文机关负责人签发的日期。联合行文时，署最后签发机关负责人签发的日期。故选C。

36. B 【解析】函是指不相隶属机关之间商洽工作、询问和答复问题，请求批准和答复审批事项时所使用的公文。市教育局与市财政局是不相隶属的机关，因此应用的文种是函。

37. B 【解析】根据《党政机关公文处理工作条例》的规定，决定适用于对重要事项作出决策和部署、奖惩有关单位和人员、变更或者撤销下级机关不适当的决定事项。

38. D 【解析】请示是向上级机关请求指示、批准的公文。

39. C 【解析】通知适用于发布、传达要求下级机关执行和有关单位周知或者执行的事项，批转、转发公文。通告适用于在一定范围内公布应当遵守或者周知的事项。通报适用于表彰先进、批评错误、传达重要精神和告知重要情况。情况报告即反映情况的报告，主要用于汇报工作中发生或发现的新情况、新问题、新动态等。可见，通报情况一般使用通报。故选C。

40. D 【解析】通报适用于表彰先进、批评错误、传达重要精神和告知重要情况。题干中某企业发生重大安全事故，上级机关下发做出的处理应选用的文种是通报。

41. B 【解析】通告适用于在一定范围内公布应当遵守或者周知的事项。

42. B 【解析】总结是事后对某一阶段的工作或某项工作的完成情况，包括取得的成绩、存在的问题及得到的经验和教训加以回顾和分析，为今后的工作提供帮助和借鉴的一种书面材料。总结具有回顾性的特点。

43. C 【解析】纪要适用于记载会议主要情况和议定事项。

44. A 【解析】命令适用于公布行政法规和规章、宣布施行重大强制性措施、批准授予和晋升衔级、嘉奖有关单位和人员等，A正确；公文标题可以使用标点符号，如常见的引号、括号、顿号等，B错误；函对受文者的行为有强制性影响，C错误；公文的密级需要变更或者解除的，由原确定密级的机关或者其上级机关决定，D错误。

45. A 【解析】批复是指答复下级机关的请示事项时使用的公文。批复正文的开头部分首先应当写出批复的引语。批复引语要点出批复对象，一般称收到某文，或某文收悉。

46. C 【解析】请示类公文特点是：一文一事、请批对应、事前行文。

47. C 【解析】"请示"常用结语：当否，请批示；妥否，请批复；以上请示，请予审批；特此请示，请予批复等。

48. A 【解析】通报是用来表彰先进，批评错误，传达重要指示精神或情况时使用的公务文书，其主要表达方式是叙述。

49. A 【解析】通告一般由标题、正文、发文机关名称和成文日期组成，无主送机关；通知一般由标题、主送机关、正文、发文机关名称和发文日期组成，知照性通知可以不写主送机关。批复和请示都有主送机关这一部分。

50. A 【解析】报告适用于向上级机关汇报工作、反映情况，回复上级机关的询问。

51. B 【解析】《党政机关公文处理工作条例》规定，决定适用于对重要事项作出决策和部署、奖惩有关单位和人员、变更或者撤销下级机关不适当的决定事项。通告适用于在一定范围内公布应当遵守或者周知的事项。公告适用于向国内外宣布重要事项或者法定事项。通报适用于表彰先进、批评错误、传达重要精神和告知重要情况。交通管理局向社会公布公交路线调整情况，属于在一定范围内公布应当周知的事项，故本题选B。

52. C 【解析】通知适用于发布、传达要求下级机关执行和有关单位周知或者执行的事项，批转、转发公文。政府办公厅要求各级各部门领导干部深入基层、走进群众开展春节慰问活动，是要求下级机关执行的事项。故本题选择C。

53. D 【解析】议案是指适用于各级人民政府按照法律程序向同级人民代表大会或人民代表大会常务委员会提请审议事项的一种公文形式。根据题干的描述，使用的公文文种是议案。

54. B 【解析】省林业厅向省政府请示，省政府回复应当用批复，故本题选择B选项。

55. D 【解析】决议适用于经过会议讨论通过的重大决策事项，D项正确。报告适用于向上级机关汇报工作、反映情况，回复上级机关的询问。意见适用于对重要问题提出见解和处理办法。A项错误。请示适用于向上级机关请求指示、批准。B项错误。报告适用于向上级机关汇报工作、反映情况，回复上级机关的询问。C项错误。故选D。

56. B 【解析】联合公报属于国家之间通过会议谈判达成一致后发布的一种文件，故本题选B。

57. C 【解析】函是指不相隶属机关之间商洽工作、询问和答复问题，请求批准和答复审批事项时所使用的公文。某国有大型企业与某市属高校是不相隶属的两个单位。

58. D 【解析】会议记录是指在会议过程中，由记录人员把会议的组织情况和基本内容记录下来的事务文书。

59. B 【解析】述职报告的写作要求是：标准要清楚，内容要客观，重点要突出，个性要鲜明，语言要庄重。

60. B 【解析】承蒙关照不属于公文用语，本题选择B选项。

二、多项选择题

1. ACD 【解析】本题考查通知。通知适用于发布、传达要求下级机关执行和有关单位周知或者执行的事项，批转、转发公文。上级机关对下级机关可以用通知；平行机关之间有时也可以用通知。公布社会各有关方面应当遵守或者周知的事项也

应使用通知,AC项正确。"实行秋季作息时间"是要求下级机关执行的事项,D项正确。通告适用于在一定范围内公布应当遵守或者周知的事项,实行交通管制适宜用通告行文,B项错误。

2. AD 【解析】本题考查公文文种及其适用范围。根据《党政机关公文处理工作条例》规定,报告适用于向上级机关汇报工作、反映情况,回复上级机关的询问。AD项正确。B项,"各级机关"说法错误。C项不属于报告的主要功能。故选AD。

3. ABCD 【解析】通知适用于发布、传达要求下级机关执行和有关单位周知或者执行的事项,批转、转发公文。按所处理公务的性质和作用分,通知可分为批转性通知、转发性通知、发布性通知、规定性通知、周知性通知、任免性通知六种类型。其中,批转性通知用于批转下级机关、单位的公文。转发性通知用于转发上级和不相隶属的机关、单位的公文。规定性通知用于要求下级机关、单位办理有关事项,布置工作,传达指示。周知性通知用于向有关单位传达需要周知或者共同执行的事项,分下行和平行两种。故选ABCD。

4. CD 【解析】A项错误,公布社会各有关方面应当遵守或者周知的事项应使用"通知"。B项错误,变更或者撤销下级机关不适当的决定事项应使用"决定"。

5. AB 【解析】通知适用于发布、传达要求下级机关执行和有关单位周知或者执行的事项,批转、转发公文。指示用于对下级机关布置工作,提出开展工作的原则和要求。故选AB。

6. AC 【解析】通报适用于表彰先进、批评错误、传达重要精神和告知重要情况。通报具有典型性、时效性、教育性和说理性四大特点。故A、C项正确。

7. ABC 【解析】请示的正文,其结构一般由开头、主体、结语构成。开头主要交代请示的理由;主体主要说明请示事项;结语另起一段,其习惯用语有"当否,请批示""妥否,请批复"等。ABC三项当选。

8. ABD 【解析】在撰写纪要时,对于关键性的观点、数据,一定要记原话原意,不能弄错,C项说法错误。ABD说法正确。

9. BD 【解析】任何请示都必须在末尾明确提出请求,通常使用"特此请示,请批复""妥否,请批示""特此请示,望批准为盼"等惯用语。"请遵照执行"一般适用于通知。"特此函复"一般适用于函。故选BD。

10. ABC 【解析】请示适用于向上级机关请求指示、批准,因此语气分寸要得当。

11. AC 【解析】命令适用于公布行政法规和规章、宣布施行重大强制性措施、批准授予和晋升衔级、嘉奖有关单位和人员。通知适用于发布、传达要求下级机关执行和有关单位周知或者执行的事项,批转、转发公文。二者都可以用来发布规章。

12. ABCD 【解析】下行文是上级机关对所属下级组织的行文。可以用于下行文的文种包括:决定、决议、命令(令)、意见、通知、通报、纪要、批复等。

13. CD 【解析】请示属于上行文。对平行机关和不相隶属机关行文,不适用请示。故选CD。

14. BD 【解析】报告中不应有请示的事项,如需请示应另外行文,B项错误;下级机关的请示,如需以本机关名义向上级机关请示,应当提出倾向性意见后上报,不得原文转报上级机关,D项错误。

15. ACD 【解析】函适用于不相隶属机关之间商洽工作、询问和答复问题、请求批准和答复审批事项。

三、判断题

1. × 【解析】本题考查报告和命令。报告适用于向上级机关汇报工作、反映情况,回复上级机关的询问。在下行公文中,最具有权威性和强制性的是命令。

2. × 【解析】本题考查通报与其他文种的区别。通报适用于表彰先进、批评错误、传达重要精神和告知重要情况。财政部作为国务院的组成部门,向国务院提出建议的公文属于上行文,可以用报告、请示,不能用通报。

3. √ 【解析】本题考查统计公报。统计公报用于发布国民经济和社会发展各方面情况的统计数字。统计公报以发布各种数据为主,其内容一定要科学、准确。

4. × 【解析】本题考查通报的分类。通报适用于表彰先进、批评错误、传达重要精神和告知重要情况。情况通报用于将全局或某一方面的信息、动向或其他情况传达给下级机关,旨在引起重视,采取相应措施,以掌握工作的主动权。批评通报用于在一定范围内批评不良的人和事,归纳教训,引以为戒。表彰通报用于在一定范围内表扬好人好事,表彰先进典型或经验。

5. √ 【解析】本题考查公文的用语。在公文中可以使用约定俗成的缩略语。所谓约定俗成是指某种事物的名称或社会习惯是由广大群众通过长期实践而认定或形成的。如"十一届三中全会""建设四化"等约定俗成的缩略语可在公文中直接使用。

6. √ 【解析】本题考查批复。批复适用于答复下级机关请示事项,具有指示性,必须在行文中表明同意或不同意的态度,有时还要提出处理问题的意见和办法。上级机关的这些态度、意见和办法,具有明确的指示性,接受批复的下级机关必须遵照执行。

7. × 【解析】本题考查公文文种及其适用范围。向主管部门请求批准时,使用的公文文种应视情况而定。如果行文单位与主管部门之间是相隶属的关系,则用请示;如果不相隶属,则应用函。

8. × 【解析】本题考查文种规范。纪要不标注主送机关,也不加盖印章。

9. √ 【解析】本题考查公文的约束力。业务主管部门的建议性意见一经上级机关批转,对受文单位都有行政约束力。

10. √ 【解析】本题考查嘉奖。根据《党政机关公文处理工作条例》的规定,命令(令)适用于公布行政法规和规章、宣布施行重大强制性措施、批准授予和晋升衔级、嘉奖有关单位和人员。

11. √ 【解析】本题考查报告。报告,适用于向上级机关反映工作中的基本情况、工作中取得的经验教训、存在的问题以及今后工作的设想等,以取得上级领导部门的指导。

12. √ 【解析】工作计划是行政活动中使用范围很广的重要公文。机关、团体、企事业单位的各级机构,对一定时期的工作预先作出安排和打算时,一般会用到"工作计划"这种公文。

13. × 【解析】简报是传递某方面信息的简短的内部小报。常见的简报有三种:一是会议简报,主要反映会议交流、进展情况;二是情况简报,反映人们关注的问题,供机关领导参考;三是工作简报,报告重大问题的处理情况以及工作动态、经验或问题等。通知适用于发布、传达要求下级机关执行和有关单位周知或者执行的事项。

14. × 【解析】述职报告是任职者陈述自己任职情况,评议自己任职能力,接受上级领导考核和群众监督的一种应用文,具有汇报性、总结性和理论性的特点。因而,述职报告不具有指导性。

15. × 【解析】会议纪要用于记载会议的主要情况和议定事项,一般用第三人称作叙述。

16. × 【解析】报告适用于向上级机关汇报工作、反映情况,回复上级机关的询问。报告行文以事后行文为特点。

17. √ 【解析】批复类公文的正文结构一般包括批复引语、批复意见和尾语三部分。其中,对批复引语的写作要求是:开头引述来文标题并于其后括注文号,然后用"悉""收悉"表示已收文阅知。引语要清楚明白,不能笼统称"来文收悉"。

18. √ 【解析】一般公告、通告的标题中是可以酌情省略"事由"的。

19. √ 【解析】请求的内容若涉及其他部门或地区时,在正常情况下应事先进行协商,必要时还可联合行文,如有关方面意见不一致,应如实在请示中反映出来;请示如需有关上级单位知道,可用抄送形式。

20. √ 【解析】命令(令)适用于公布行政法规和规章、宣布施行重大强制性措施、批准授予和晋升衔级、嘉奖有关单位和人员。

21. √ 【解析】通知适用于发布、传达要求下级机关执行和有关单位周知或者执行的事项,批转、转发公文。通报适用于表彰先进、批评错误、传达重要精神和告知重要情况。

22. √ 【解析】公告适用于向国内外宣布重要事项或者法定事项。通告适用于在一定范围内公布应当遵守或者周知的事项。

23. × 【解析】报告、请示、通报等文种在表达方式上侧重于叙述。

24. × 【解析】用于答复下级机关请示事项的公文是批复。

25. × 【解析】上级机关对下级机关可以用通知;平行机关之间有时也可以用通知。但是,通知不具备上传的功能。

26. √ 【解析】决定适用于对重要事项作出决策和部署、奖惩有关单位和人员或者撤销下级机关不适当的决定事项,只能用于下行文。

27. × 【解析】在公文中使用率最高的是通知。

28. √ 【解析】批复是用于答复下级机关请示事项的公文,具有被动性的特点。

29. × 【解析】"请示"是向上级机关请求指示、批准的公文;"函"是不相隶属机构之间商洽工作,询问和答复问题,请求批准和答复审批事项的公文。题干中的某企业和某大学是不相隶属的机构,该企业应向大学发出"函"来租用该校运动场。因此该企业使用的文种是错误的。

30. × 【解析】如果上级机关不同意下级机关的请示,也必须进行批复。

综合能力提升

一、单项选择题

1. A 【解析】本题考查倡议书。专用书信是为某种特殊需要而使用的信件,每一种专用书信都有它的专门用途。常用的专用书信有证明信、慰问信、感谢信、申请书、倡议书等。在专用书信的写法中,标题一般直接写出文种的名称,正文一般不写问候语,也可不用结束语。本题为选非题,故选A。

2. A 【解析】本题考查批复的类型。审批性批复是针对请示机关提出的问题经审核后所作出的批示性答复,《国务院关于同意存款保险制度实施方案的批复》符合审批性批复特点。指示性批复不只是对请示机关提出请示事项的答复,而且批复的内容带有指示性,在其管辖范围内,具有普遍的指导和规范作用。另外,授权政府职能部门发布或修改行政法规和规章的批复,也属于指示性批复。故选A。

3. C 【解析】本题考查意见。规定性意见主要用于对所属机关,组织和人员提出一些规范性的要求和措施。指导性意见用于上级机关对下级机关进行工作指导。规划性意见是对某一时期的某一方面的工作提出的大体构想。具体工作意见是指对如何做好某项工作提出意见,所涉及的内容比较具体,有时还会有一些可操作性的办法、措施等。

4. A 【解析】本题考查公告。根据《党政机关公文处理工作条例》规定,公告适用于向国内外宣布重要事项或者法定事项。因此,公告的发文权力被限制在高层行政机关及其职能部门的范围之内。具体说,最高国家权力机关(全国人大及其常委会),最高国家行政机关(国务院)及其所属部门,各省市、自治区、直辖市行政领导机关,某些法定机关,如税务局、海关、铁路局、人民银行、检察院、法院等,有制发公告的权力。其他地方行政机关,一般不能发布公告。党团组织、社会团体、企事业单位,不能发布公告。

5. B 【解析】本题考查意见。通知是用来发布法规、规章,转发上级机关、同级机关和不相隶属机关的公文,是批转下级机关的公文,是要求下级机关办理某项事务等的文体,A项错误。意见是指导性文件,是上级领导机关对下级机关部署工作,指导下级机关工作活动的原则、步骤和方法的一种文体,B项正确。指示不是我国法定公文文种,C项错误。函适用于不相隶属机关之间商洽工作、询问和答复问题、请求批准和答复审批事项,D项错误。故本题选B。

6. B 【解析】本题考查请示的写法要求。请示缘由,即请示问题的依据,也就是为什么要请示。在实践中,写好请示的缘由部分,往往是得到上级机关给予理想批复的关键。

7. D 【解析】A、B两项都是需要转发或批转文件为主的通知类型,可以直接排除。C项指示性通知是上级机关对下级机关的工作进行部署、指示与指导的一种公文,其内容较为重要、丰富,一般要求说明工作背景、工作内容与工作要求,与题干不符。D项发布性通知所发布的大多为法规文书,具有传达作用,也有领导作用。因此答案选D。

8. C 【解析】联系类公文是各机关或各部门之间用来联系工作的公文。"函"是典型的联系类公文。故选C。

9. B 【解析】通知适用于发布、传达要求下级机关执行和有关单位周知或者执行的事项,批转、转发公文。题干中的中学转发政府公文的目的是通知学校人员周知此事,故选B。

10. A 【解析】综合报告是指全面汇报本机关工作情况,可以和总结工作、计划安排结合起来。要有分析,有综合,有新意,有重点。《政府工作报告》属于综合报告。

11. A 【解析】纪要的性质取决于会议的内容性质与印发会议纪要的目的要求,因此它具有知照性、规定性、协议性、指导性等多种性质,在机关工作中发挥着汇报、交流会议信息、介绍经验、指导工作以及约束执行的效用。会议纪要具有纪实性的特点,撰写会议纪要时,必须坚持实事求是的原则,忠实于会议的实际内容,不能离开会议实际搞再创造。B、C、D项说法不准确,故选A。

12. C 【解析】申请书是个人或集体向组织、机关、企事业单位或社会团体表述愿望、提出请求时使用的一种文书。需顶格写明接受申请书的单位、组织或有关领导。

13. D 【解析】报告的种类从内容上可分为:汇报性报告、答复性报告、呈报性报告和例行工作报告。A项,汇报性报告主要是下级机关向上级机关、执行机关向权力机关汇报工作、反映情况的报告。B项,答复性报告是针对上级领导部门或业务管理部门所提出的问题或某些要求而写出的报告。C项,呈报性报告主要用于下级向上级报送文件、物件随文呈报的一种报告。D项,例行工作报告是下级机关或企事业单位,因工作需要定期向上级领导机关或业务主管部门所写的报告,如财务部门定期向业务主管部门和财政、税收、银行等业务指导机关所呈送的财务报表,包括日报、周报、旬报、月报、季报等。故选D。

14. C 【解析】请示行文的目的是向上级请求指示或批准,给予明确答复,具有强制回复的特点。

15. B 【解析】总结具有理论性、回顾性和指导性等特点,故选B。

16. A 【解析】公告、通告都属于法定公文,事务文书是机关、团体、企事业单位处理日常事务所使用的非正式文件的统称,如计划、总结、简报、报表、记录、调查报告等。故选A。

17. D 【解析】调查报告与工作总结都需要用材料证明观点。

18. C 【解析】决定适用于对重要事项作出决策和部署、奖惩有关单位和人员、变更或者撤销下级机关不适当的决定事项。决议适用于会议讨论通过的重大决策事项。二者都属于下行的指挥性公文,主要区别在于产生程序不同。决定是由领导机构直接作出的决策和部署,决议是经由一定的会议讨论决定的事项。

19. B 【解析】决议常以第三人称来写,一般用"会议听取(讨论、审议)了""会议决定""会议指出(认为)""会议号召(要求、希望)"等作为过渡起始语,A项正确。决议都是由会议通过而发布的,因而都在标题下加括号签注通过决议的会议名称及通过日期,正文后不另标落款,B项错误。决议的正文由决议缘由、决议事项和结语三部分构成。决议缘由一般要简要说明有关会议审议决议涉及事项的情况;决议事项写明会议通过的议决事项;结语一般紧扣决议事项有针对性地提出希望,号召和执行要求,C项正确。决议适用于会议讨论通过的重大决策事项。D项正确。故本题答案为B。

20. D 【解析】A选项,多个抄送机关应用逗号分隔开,排除;B选项,书名号之间不需要再加任何标点符号,排除;C选项

的第一个问号应改为逗号。故选D。

21. B 【解析】A项要求式指的是上级机关行文对下级机关有所指示，或对某人某事提出表扬或批评时，在结尾处总要提一些希望和要求，排除。B项展望式结尾是对所反映的事物的发展趋势作出某种展望和评价时，题目中的结尾属于展望式，B项当选。C项警告式多用于为了能使公文规定事宜得以顺利实施，对有可能违反文件规定的人事先提出告诫，排除。D项指令式结尾多用“此令”“请即遵照执行”“希照此办理”“请认真贯彻执行”等，此类多用于命令、指示和指示性通知等下行文，排除。因此答案选B。

22. B 【解析】A项“估计”不符合题意，排除；C项“可能”不符合题意，排除；D项“据悉”使得出的结论没有可靠依据，排除；故本题答案为B。

23. B 【解析】一文一事是请示的特点之一，突发其他重大事件需上报应当另行起草公文及时上报。

24. D 【解析】批复文件要求内容篇幅简短，涉及实质内容，一般应言简意赅。题干中的公文语言啰唆，故D选项正确。

25. C 【解析】公文中不能使用不确定的时间概念，如有时间概念，应明确。

26. A 【解析】会议通知的正文一般由召开会议的背景（目的、意义）和会议注意事项两部分构成。会议注意事项是指会议的时间、地点、与会人员、日程安排、报到日期，有时还具体地提出准备的材料及与会者赴会所乘车、船、飞机班次等。本题为选非题，故选A。

27. D 【解析】对于教育部下发的文件，山西省教育厅为落实该文件精神而将文件下发各市教育局，这属于公文中的转发，批转与转发公文只能用通知，故本题选择D选项。

28. A 【解析】法定公文中没有告示这个文种，故B不选；C、D属于文种杂糅现象，本题选A。

29. B 【解析】通报适用于表彰先进、批评错误、传达重要精神和告知重要情况。通知适用于发布、传达要求下级机关执行和有关单位周知或者执行的事项，批转、转发公文。B选项应该用通知。

30. D 【解析】一般行政公文，最后签署的都是发文机关的名称；而议案有所不同，要由政府首长签署。国务院提交给全国人大的议案，要由国务院总理签署；各省、市、自治区提交给同级人民代表大会的议案，要由省长、市长或自治区主席签署。

二、多项选择题

1. AB 【解析】本题考查通报的写作要求。通报适用于表彰先进、批评错误、传达重要精神和告知重要情况。撰写通报要求：内容具有典型性，事例具有代表性；通报材料必须深入调查和反复核实；使用说明与叙述的表达方式。故选AB。

2. ABCD 【解析】本题考查会议讲话稿的写作特点。讲话稿是各级领导在各种会议上发表带有宣传、指示、总结性质讲话的文稿。讲话稿撰写的要求包括主旨集中，观点明确；适于宣读，语义清晰；语言平实，表达得体；讲求实效，内容充实。

3. AB 【解析】细则是对某项法规、条例、政策、规定或其部分条文进行解释或说明的一种法规文书，细则的正文采用章条式写法或条款式写法。

4. BCD 【解析】知照性公文是指各级党政机关或企事业单位之间向一定范围通知事项、通报情况、联系工作、公布要求时所使用的公文，一般包括通知、通报、公报、公告、通告等。

5. ABD 【解析】按照内容性质划分，通报可分为表彰性通报、批评性通报和情况通报。

6. BCD 【解析】请示的结尾语应独占一行，A项错误。BCD项说法正确。

7. ACD 【解析】通知适用于批转下级机关的公文，转发上级机关和不相隶属机关的公文，发布规章，传达要求下级机关办理和有关单位需要周知或共同执行的事项，任免和聘用干部。而B项中的处分属于奖惩行为，不适用通知。

8. AB 【解析】公告适用于向国内外宣布重要事项或者法定事项。C、D两项都不是国家层面的行为，故排除。

9. ABCD 【解析】通告是适用于在一定范围内公布应当遵守或者周知事项的周知性公文。通告的使用面比较广泛，党政机关、社会团体、企事业单位甚至临时性机构都可使用。

10. ABCD 【解析】会议记录与纪要是有区别的，表现为：(1)性质上，纪要是法定的行政公文；记录是机关单位内部用来记录会议内容和情况的事务文书，属于记载性的文字资料。(2)内容上，纪要是经整理加工的在会议上达成的一致认识，是会议内容的要点；记录是会议发言的原始记录，有言必录。(3)纪要有比较统一、固定的公文格式；会议记录没有统一、固定的格式。(4)发布形式上，纪要按发文程序发；会议记录仅作为内部资料保存，不公开发布。

三、判断题

1. √ 【解析】本题考查通知的落款。任免干部的通知，用于向干部和群众传达任免事项，以履行规定的任免程序，并利于取得干部群众的监督与支持及方便工作联系。撰写这种通知，要求以简要的文字分条列项写明：任免干部的机关（会议）名称、日期与被任免人员的姓名与职务。这种通知的落款处由任免机关的领导人亲笔签署（或代以签名章）。

2. √ 【解析】本题考查函。公函的内容比较重要，行文郑重，有完整的公文格式。便函大多适用于一般性的事务性工作，没有完整的公文格式。事实上，公函与便函只是内容重要程度以及公文格式上的区别，写法实质上几乎没有差异。

3. √ 【解析】本题考查请示。请示一般不直接送交领导个人，而是由单位的秘书相关部门等统一办理，送交办公厅(室)，除非是领导直接交办的事项。

4. × 【解析】命令(令)适用于公布行政法规和规章、宣布施行重大强制性措施、批准授予和晋升衔级、嘉奖有关单位和人员。根据我国《宪法》的规定，只有中华人民共和国主席、国务院总理、国务院各部部长、各委员会主任以及县以上各级地方人民政府才能发布命令。其他任何单位和个人均不得发布命令。

5. × 【解析】本题考查报告。报告要求内容集中单一，是指报告要突出重点，抓住事物本质，而不是说一篇文章只能涉及一个问题、一件事情、一个道理。

6. × 【解析】本题考查相对应的机关文书。报告是适用于向上级机关汇报工作、反映情况，回复上级机关的询问的公文文书。总结是机关、单位或个人对过去一段时间内所做的工作进行系统的分析、研究和评价，从中找出成绩、问题、经验和教训，作出有指导性结论的一种事务文书。"总结"不属于《党政机关公文处理工作条例》规定的公文种类。批复与请示是正式行政公文中唯一一对相互对应的文种。

7. √ 【解析】本题考查慰问信的行文规范。慰问信正文一般包括四方面内容：(1)简要叙述因何事向对方写慰问信；(2)较详细叙述对方的业绩或所遭受的困难；(3)结合当前形势，提出希望、号召或对慰问对象予以鼓励；(4)写结束语，一般是祝愿或鼓励的话。

8. √ 【解析】通报是用来表彰先进、批评错误、传达重要指示精神或情况时使用的公务文书，一般采用先叙后议的形式。

9. × 【解析】报告适用于向上级机关汇报工作、反映情况，回复上级机关的询问，属于法定公文文种。调查报告是根据调查研究成果所撰写的反映客观事物面貌、本质与规律的应用文书。二者没有隶属关系。

10. × 【解析】函适用于不相隶属机关之间商洽工作，询问和答复问题，请求批准和答复审批事项。小张和小王各自所在的税务局属于不相隶属机关，可用函跟对方机关联系。

第八部分　事业单位概况与思想道德建设

第一章　事业单位概况

基础知识达标

一、单项选择题

1. A 【解析】本题考查《事业单位人事管理条例》对竞聘上岗的规定。《事业单位人事管理条例》规定，事业单位内部产生岗位人选，需要竞聘上岗的，按照下列程序进行：(1)制定竞聘上岗方案；(2)在本单位公布竞聘岗位、资格条件、聘期等信息；(3)审查竞聘人员资格条件；(4)考评；(5)在本单位公示拟聘人员名单；(6)办理聘任手续。而"向社会公开招聘信息"属于事业单位公开招聘工作人员的流程之一。故选A。

2. D 【解析】本题考查《事业单位人事管理条例》对处分的规定。处分分为警告、记过、降低岗位等级或者撤职、开除。受处分的期间为：警告，6个月；记过，12个月；降低岗位等级或者撤职，24个月。

3. C 【解析】本题考查《事业单位工作人员奖励规定》。根据《事业单位工作人员奖励规定》，在奖励决定单位管辖范围内对拟奖励名单进行公示，公示期不少于5个工作日。因涉及国家秘密不宜公开的，可以不予公示。

4. B 【解析】本题考查事业单位解除聘用单位情形。《事业单位人事管理条例》第十五条规定："事业单位工作人员连续旷工超过15个工作日，或者1年内累计旷工超过30个工作日的，事业单位可以解除聘用合同。"故选B。

5. B 【解析】本题考查事业单位考核重点。《事业单位人事管理条例》第二十条规定："事业单位应当根据聘用合同规定的岗位职责任务，全面考核工作人员的表现，重点考核工作绩效。考核应当听取服务对象的意见和评价。"故选B。

6. B 【解析】本题考查事业单位处分的规定。根据《事业单位工作人员处分暂行规定》第二十三条规定，警告、记过、降低岗位等级或者撤职处分，按照干部人事管理权限，由事业单位或者事业单位主管部门决定。

7. B 【解析】本题考查事业单位拟聘用人员公示期。根据《事业单位公开招聘人员暂行规定》，事业单位对拟聘人员应在适当范围进行公示，公示期一般为7至15日。

8. D 【解析】本题考查事业单位处分的应用。根据《事业单位工作人员处分暂行规定》第五条规定，处分的种类为：警告；记过；降低岗位等级或者撤职；开除。其中，撤职处分适用于行政机关任命的事业单位工作人员。故本题答案为D。

9. D 【解析】本题考查事业单位处分解除的程序。根据《事业单位工作人员处分暂行规定》第三十二条规定，事业单位工作人员受开除以外的处分，在受处分期间有悔改表现，并且没有再出现违法违纪情形的，处分期满，经原处分决定单位批准后解除处分。

10. D 【解析】本题考查事业单位考试违规违纪的记录期限。《事业单位公开招聘违纪违规行为处理规定》第八条规定："应聘人员有下列特别严重违纪违规行为之一的，给予其当次全部科目考试成绩无效的处理，并将其违纪违规行为记入事业单位公开招聘应聘人员诚信档案库，长期记录：(一)串通作弊或者参与有组织作弊的；(二)代替他人或者让他人代替自己参加考试的；(三)其他应当给予当次全部科目考试成绩无效处理并记入事业单位公开招聘应聘人员诚信档案库的特别严重的违纪违规行为。"

11. C 【解析】《事业单位岗位设置管理试行办法》规定，事业单位岗位分为管理岗位、专业技术岗位、工勤技能岗位三种类别。因此，行政岗位不属于事业单位岗位。本题为选非题，故选C。

12. D 【解析】事业单位与职工应当按照国家有关法律、政策和《关于加快推进事业单位人事制度改革的意见》的要求，在平等自愿、协商一致的基础上，通过签订聘用合同，明确聘用单位和受聘人员与工作有关的权利和义务。聘用合同由聘用单位的法定代表人或者其所委托的人与受聘人员以书面形式订立。故D正确。

13. D 【解析】按照财政资金的供给方式及管理办法，通常可将事业单位分为全额预算管理单位、差额预算管理单位和自收自支预算管理单位。

14. B 【解析】我国《事业单位人事管理条例》第二条规定，事业单位人事管理，坚持党管干部、党管人才原则，全面准确贯彻民主、公开、竞争、择优方针。国家对事业单位工作人员实行分级分类管理。

15. A 【解析】依据《机关事业单位工作人员养老保险制度改革的决定》，机关事业单位在参加基本养老保险的基础上，应当为其工作人员建立职业年金。单位按本单位工资总额的8%缴费，个人按本人缴费工资的4%缴费。

16. C 【解析】《事业单位人事管理条例》第八条规定，事业单位新聘用工作人员，应当面向社会公开招聘。但是，国家政策性安置、按照人事管理权限由上级任命、涉密岗位等人员除外。

17. B 【解析】事业单位与员工订立聘用合同时，针对流动性强、技术含量低的岗位一般签订3年以下的短期合同。

18. D 【解析】事业单位与工作人员订立的聘用合同，期限一般不低于3年。事业单位工作人员在本单位连续工作满10年且距法定退休年龄不足10年，提出订立聘用至退休的合同的，事业单位应当与其订立聘用至退休的合同。

19. C 【解析】根据《事业单位人事管理条例》第九条规定，事业单位公开招聘工作人员按照下列程序进行：(1)制定公开招聘方案；(2)公布招聘岗位、资格条件等招聘信息；(3)审查应聘人员资格条件；(4)考试、考察；(5)体检；(6)公示拟聘人员名单；(7)订立聘用合同，办理聘用手续。

20. D 【解析】根据我国《事业单位人事管理条例》第十三条规定，初次就业的工作人员与事业单位订立的聘用合同期限3年以上的，试用期为12个月。

二、多项选择题

1. ABC 【解析】本题考查事业单位竞聘上岗的原则。竞聘上岗与公开招聘一样，需要坚持公开、公平、公正原则。

2. ACD 【解析】本题考查事业单位的考核。根据《事业单位工作人员处分暂行规定》第七条规定，事业单位工作人员受到降低岗位等级处分的，自处分决定生效之日起降低一个以上岗位等级聘用，按照事业单位收入分配有关规定确定其工资待遇；在受处分期间，不得聘用到高于受处分后所聘岗位等级的岗位，年度考核不得确定为基本合格及以上等次。年度考核结果分为优秀、合格、基本合格和不合格等档次，因此甲只能评定为不合格。

3. ABCD 【解析】本题考查事业单位的处分规定。《事业单位公开招聘违纪违规行为处理规定》第十六条规定："招聘工作人员有下列行为之一的，由相关部门给予处分，并停止其继续参加当年及下一年度招聘工作：(一)擅自提前考试开始时间、推迟考试结束时间及缩短考试时间的；(二)擅自为应聘人员调换考场或者座位的；(三)未准确记录考场情况及违纪违规行为，并造成一定影响的；(四)未执行回避制度的；(五)其他一般违纪违规行为。"

4. ABCD 【解析】《事业单位人事管理条例》规定，考核分为平时考核、年度考核和聘期考核。年度考核的结果可以分为优秀、合格、基本合格和不合格等档次。

5. ABD 【解析】我国社会组织，主要包括社会团体、社会服务机构、基金会等，以非营利为特征，以公益性或互益性为活动方式，是独立于党政体系、企业之外的正式组织。

6. ACD 【解析】事业单位岗位分为管理岗位、专业技术岗位和工勤技能岗位三种类别。

7. BD 【解析】《事业单位人事管理条例》第二十一条规定，考核分为平时考核、年度考核和聘期考核。年度考核的结果可以分为优秀、合格、基本合格和不合格等档次，聘期考核的结果可以分为合格和不合格等档次。

8. ACD 【解析】《事业单位人事管理条例》第二十九条规定，处分分为警告、记过、降低岗位等级或者撤职、开除。

9. ABCD 【解析】事业单位是指国家为了社会公益目的，由国家机关举办或者其他组织利用国有资产举办的，从事教育、科技、文化、卫生等活动的社会服务组织。

10. BD 【解析】我国《事业单位人事管理条例》第二条规定，事业单位人事管理，坚持党管干部、党管人才原则。

三、判断题

1. √　【解析】本题考查《事业单位工作人员奖励规定》。《事业单位工作人员奖励规定》规定："对获得嘉奖、记功、记大功的事业单位工作人员给予一次性奖金。获奖人员所在地区或者单位经批准可以追加其他物质奖励。经批准的奖励所需经费，通过相关单位现有经费渠道解决，不计入工作人员所在单位绩效工资总额。"

2. √　【解析】本题考查事业单位工作人员的处分规定。《事业单位工作人员处分暂行规定》第二十五条第二款规定，被调查的事业单位工作人员在违法违纪案件立案调查期间，不得解除聘用合同、出国(境)或者办理退休手续。

3. ×　【解析】本题考查事业单位的考核。考核结果作为调整事业单位工作人员岗位、工资以及续订聘用合同的依据。

4. ×　【解析】本题考查事业单位的试用期。《事业单位人事管理条例》第十二条规定："事业单位与工作人员订立的聘用合同，期限一般不低于3年。"该条例第十三条规定："初次就业的工作人员与事业单位订立的聘用合同期限3年以上的，试用期为12个月。"

5. √　【解析】事业单位人员聘用合同是聘用单位与聘用人员确立具有人事关系性质的聘用关系，明确双方权利与义务的协议。

6. ×　【解析】本题考查事业团体的特点。事业团体是指国家事业单位和社会群众团体两类性质的组织。事业团体的目标是实现自己的社会责任，以追求社会效益为根本宗旨，以公益性或互益性为自己的主要手段。因此与企业相比，事业团体的突出特点是非营利性，与政府机关相比，事业团体的主要特点是非权威性。

7. ×　【解析】事业单位招聘工作人员，应当坚持德才兼备的用人标准，按照公开、平等、竞争、择优的原则，采取考试、考核的方法进行。对于应聘工勤岗位的人员，可根据需要重点进行实际操作能力测试。

8. √　【解析】根据《事业单位工作人员处分暂行规定》第二十二条规定，事业单位工作人员被依法判处刑罚的，给予降低岗位等级或者撤职以上处分。其中，被依法判处有期徒刑以上刑罚的，给予开除处分。

综合能力提升

一、单项选择题

1. D　【解析】本题考查《事业单位人事管理条例》对聘用合同的规定。《事业单位人事管理条例》规定，事业单位工作人员连续旷工超过15个工作日，或者1年内累计旷工超过30个工作日的，事业单位可以解除聘用合同。A项，田某1年内累计旷工未超过30个工作日，排除。D项，钱某连续旷工超过15个工作日，当选。《事业单位人事管理条例》规定，事业单位工作人员年度考核不合格且不同意调整工作岗位，或者连续两年年度考核不合格的，事业单位提前30日书面通知，可以解除聘用合同。B项，胡某年度考核不合格且不同意调整工作岗位，事业单位提前30日书面通知，可以解除聘用合同，排除。C项，王某连续两年年度考核不合格，事业单位提前30日书面通知，可以解除聘用合同，排除。故选D。

2. C　【解析】本题考查事业单位工作人员的处分规定。《事业单位工作人员处分暂行规定》规定，有下列行为之一的，给予警告或者记过处分；情节较重的，给予降低岗位等级或者撤职处分；情节严重的，给予开除处分：(1)违反国家财政收入上缴有关规定的；(2)违反规定使用、骗取财政资金或者社会保险基金的；(3)擅自设定收费项目或者擅自改变收费项目的范围、标准和对象的；(4)挥霍、浪费国家资财或者造成国有资产流失的；(5)违反国有资产管理规定，擅自占有、使用、处置国有资产的；(6)在招标投标和物资采购工作中违反有关规定，造成不良影响或者损失的；(7)其他违反财经纪律的行为。本题中，该工作人员的行为属于"在招标投标和物资采购工作中违反有关规定，造成不良影响或者损失"且情节严重，应给予开除处分，故选C。

3. C　【解析】本题考查事业单位工作人员的奖励。《事业单位人事管理条例》第二十五条规定，事业单位工作人员或者集体有下列情形之一的，给予奖励：(1)长期服务基层，爱岗敬业，表现突出的；(2)在执行国家重要任务、应对重大突发事件中表现突出的；(3)在工作中有重大发明创造、技术革新的；(4)在培养人才、传播先进文化中作出突出贡献的；(5)有其他突出贡献的。A项对应情形(2)，B项对应情形(1)，D项对应情形(3)，C项无对应。本题为选非题，故选C。

4. D　【解析】本题考查事业单位的用人原则。所谓适才适用就是根据每个工作人员的才能、知识、兴趣、品德、资格、身体等条件，安排相应的职位，使之大才大用，小才小用，高才高用，低才低用。只有这样，才能达到人与事的最佳配合，真正做到人事相合，职能相称，人尽其才，才尽其用。

5. C　【解析】根据《最高人民法院关于人民法院审理事业单位人事争议案件若干问题的规定》，人事争议的审理适用我国《劳动法》的规定处理。因此，事业单位人事争议诉讼属于民事诉讼。故本题选C。

二、多项选择题

1. ABC　【解析】本题考查事业单位工作人员的语言要求。对机关事业单位职工的语言文明的基本要求包括：言之有理、言之有礼、言之有物、言之有情。

2. ABC　【解析】根据《事业单位工作人员处分暂行规定》第十二条规定，有下列情形之一的，应当从轻处分：主动交代违法违纪行为的;主动采取措施,有效避免或者挽回损失的;检举他人重大违法违纪行为,情况属实的。

3. ABCD 【解析】事业单位受聘人员有下列情形之一的,聘用单位可以随时单方面解除聘用合同:(1)连续旷工超过15个工作日或者1年内累计旷工超过30个工作日的;(2)未经聘用单位同意,擅自出国或者出国逾期不归的;(3)违反工作规定或者操作规定,发生责任事故,或者失职、渎职,造成严重后果的;(4)严重扰乱工作秩序,致使聘用单位、其他单位工作不能正常进行的;(5)被判处有期徒刑以上刑罚收监执行的,或者被劳动教养的。对在试用期内被证明不符合本岗位要求又不同意单位调整其工作岗位的,聘用单位也可以随时单方面解除聘用合同。

第二章 思想道德建设

基础知识达标

一、单项选择题

1. D 【解析】《新时代爱国主义教育实施纲要》提出,坚持把实现中华民族伟大复兴的中国梦作为鲜明主题。

2. A 【解析】本题考查抗疫精神。"捐躯赴国难,视死忽如归"赞颂了英雄捐躯为国、视死如归的崇高精神境界,A项与题干要求相符,正确。"居高声自远,非是藉秋风"写蝉声远传,表现出品格高洁的人,并不需要某种外在的依靠,自能声名远播,B项不符合题意。"荷尽已无擎雨盖,菊残犹有傲霜枝"两句写景,突出菊花傲霜斗寒的形象,C项不符合题意。"醉卧沙场君莫笑,古来征战几人回"极言边陲战争的激烈残酷,用戏谑的口吻表达报国豪情,D项不符合题意。

3. D 【解析】本题考查工匠精神的培育。培育工匠精神需要进一步营造劳动光荣的社会风尚和精益求精的敬业风气,让劳模精神、劳动精神、创新精神、工匠精神成为全社会共同的精神追求,而非"全社会最高的价值追求",A项错误。工匠精神不是单纯的坚持,跳槽也不是职业道德的缺失,B项错误。C项与题意无关。培育工匠精神必须加强劳动者职业道德建设,提升劳动者职业技能水平,D项正确。故选D。

4. D 【解析】本题考查道德的性质。道德是人类在改造自然和社会的实践中,以善恶为标准,依靠内心信念、社会舆论和传统习惯来评价人们的行为,调整人与人、人与自然环境,以及个人与社会之间关系的行为准则和规范的总和。道德是由一定的社会经济基础所决定,并为其服务的上层建筑。

5. A 【解析】本题考查道德实践活动的要求。各种道德实践活动源于基层、扎根群众,反映了人民群众对美好生活的向往和追求,有着强大的生命力。要因势利导,发挥基层组织和群众团体的骨干作用、先进典型和先进单位的带动作用、广大群众的主体作用,坚持从具体事情做起、从群众最关心的事情抓起,使道德实践活动与各项业务工作紧密结合,贴近基层、贴近群众、贴近生活,防止和克服形式主义,促进公民道德建设稳步向前发展。故选A。

6. B 【解析】本题考查新时代公民道德建设的总体要求。《新时代公民道德建设实施纲要》提出,全面推进社会公德、职业道德、家庭美德、个人品德建设,持续强化教育引导、实践养成、制度保障,不断提升公民道德素质,促进人的全面发展,培养和造就担当民族复兴大任的时代新人。

7. C 【解析】本题考查我国公民道德建设的基本要求。《新时代公民道德建设实施纲要》指出:新时代加强公民道德建设,要坚持马克思主义道德观、社会主义道德观,倡导共产主义道德,以为人民服务为核心,以集体主义为原则,以爱祖国、爱人民、爱劳动、爱科学、爱社会主义为基本要求,始终保持公民道德建设的社会主义方向。故选C。

8. B 【解析】本题考查社会主义道德的核心内容和集中体现。进入社会主义阶段后,为人民服务的思想更为广大人民群众普遍接受,成为社会主义道德的核心内容和集中体现。

9. D 【解析】本题考查社会主义道德建设的着力点。社会主义道德建设要坚持以为人民服务为核心,以社会公德、职业道德、家庭美德、个人品德为着力点。

10. A 【解析】本题考查公民基本道德规范的内容。公民基本道德规范包括:爱国守法,明礼诚信,团结友善,勤俭自强,敬业奉献。故本题选A。

11. B 【解析】本题考查敬业精神。各类机关、企事业单位应当从自己的实际出发,有计划、有重点地抓好道德教育。要把道德特别是职业道德作为岗前和岗位培训的重要内容,帮助从业人员熟悉和了解与本职工作相关的道德规范,培养敬业精神。故答案选B。

12. B 【解析】本题考查培养良好道德品质。使人们自觉遵循和践行道德原则规范的有效途径是培养良好的道德品质。

13. B 【解析】本题考查社会公德的基本要求。社会公德是全体公民在社会交往和公共生活中应该遵循的行为准则,要大力倡导以文明礼貌、助人为乐、爱护公物、保护环境、遵纪守法为主要内容的社会公德,鼓励人们在社会上做一个好公民。遵纪守法是社会公德最基本的要求。

14. D 【解析】第一,集体主义强调国家利益、社会整体利益和个人利益的辩证统一。第二,集体主义强调国家利益、社会

整体利益高于个人利益。第三，集体主义重视和保障个人的正当利益。本题是选非题，故答案选D。

15. D 【解析】任何社会或社会中的任何阶级，其道德建设核心总是同其道德的根本出发点和根本目的联系在一起，总是同为什么人服务联系在一起。D正确。

16. A 【解析】公民道德建设的过程，是教育和实践相结合的过程。以活动为载体，吸引群众普遍参与，是新形势下加强公民道德建设的重要途径。

17. B 【解析】敬业主要是规范公民与职业的道德关系。奉献主要是规范公民与社会的道德关系及对待他人的道德责任。

18. D 【解析】奉献社会是社会主义职业道德中最高层次的要求。

19. B 【解析】2001年颁布实施的《公民道德建设实施纲要》提出的职业道德的基本规范包括：爱岗敬业、诚实守信、办事公道、服务群众、奉献社会。（注：2019年10月印发的《新时代公民道德建设实施纲要》在职业道德领域强调：爱岗敬业、诚实守信、办事公道、热情服务、奉献社会。）

20. A 【解析】爱岗敬业是对各行各业工作人员最普遍、最基本的要求，是做好本职工作的重要前提和可靠保障。

21. D 【解析】D项，小赵冒着被开除的风险将工作中的错误主动上报体现了他遵守爱岗敬业的职业道德规范。ABC项均不符合社会主义职业道德规范。故选D。

22. B 【解析】爱岗敬业是忠于职守的事业精神，是职业道德的基础，是对人们工作态度的一种普遍要求，不会遏制人们的创造热情。本题为选非题，故答案选B。

23. D 【解析】"繁霜尽是心头血，洒向千峰秋叶丹"借景抒情，形象地展现了作者忠君爱国的精神境界。习近平总书记在讲到我国科学家的爱国主义情怀时曾引用过这一诗句。

24. D 【解析】①说法错误，教育是培育爱国主义精神的基本途径。②说法错误，一个国家的文化软实力，从根本上说，取决于其核心价值观的生命力、凝聚力、感召力。③④说法正确且符合题意，故本题选D。

25. A 【解析】"五常"即仁、义、礼、智、信，是指"人"作为社会中的独立个体，为了自身的发展和社会的进步，而应该拥有的五种最基本的品格和德行。

26. B 【解析】邻里团结是社会主义社会新型道德关系的一个重要标志。

27. C 【解析】为了更好地发挥专业技术水平，更好地为人民服务，专业技术人员要有良好以至优秀的职业道德修养。

28. B 【解析】职业技能是指从业人员从事职业劳动和完成岗位工作应具有的业务素质，包括职业知识、职业技术和职业能力。

29. A 【解析】集体主义是我国社会主义道德建设的原则。

30. D 【解析】"诚信"是人与人之间交往关系中最基本的道德。它是公民道德人格中的基本要素之一，也被称为大学生进入社会的"通行证"。

31. C 【解析】办事公道的具体要求是：坚持真理，公私分明，公平公正，光明磊落。坚持真理就是坚持实事求是的原则，就是办事情、处理问题要合乎公理，合乎正义。公私分明是指不能凭借自己手中的职权谋取个人私利，损害社会集体利益和他人利益。公平公正是指按照原则办事，处理事情合情合理，不徇私情。光明磊落是指做人做事没有私心，胸怀坦荡，行为正派。

32. C 【解析】作为人立身处世的美德，诚实守信就是表里如一，言行一致，既不自欺也不欺人。作为从事职业活动人员的职业道德，诚实守信就是对待国家社会、对待他人、对待事情都要讲忠诚信义。诚实守信是做人之本、立事之基、为政之根。践行诚实守信应是无条件的。

33. D 【解析】"不想当将军的士兵不是好士兵"的意思是说人一定要有理想，一定要有上进心，要追求卓越。

二、多项选择题

1. BCD 【解析】红船精神是红色革命精神之一，指的是开天辟地、敢为人先的首创精神，坚定理想、百折不挠的奋斗精神，立党为公、忠诚为民的奉献精神。"红船精神"是中国革命精神之源。红船正是走在时代前列的象征，"红船精神"充分体现了走在时代前列的精神，这也就集中体现了党的先进性，是党的先进性之源。故选BCD。

2. AD 【解析】2020年是中国人民志愿军抗美援朝出国作战70周年。抗美援朝精神的内涵包括：(1)祖国和人民的利益高于一切、为了祖国和民族的尊严而奋不顾身的爱国主义精神。(2)英勇顽强、舍生忘死的革命英雄主义精神。(3)不畏艰难困苦、始终保持高昂士气的革命乐观主义精神。(4)为完成祖国和人民赋予的使命、慷慨奉献自己一切的革命忠诚精神。(5)为了人类和平与正义事业而奋斗的国际主义精神。

3. BC 【解析】在斗争中凝聚升华的伟大抗疫精神，是我们不畏艰险战"疫"到底的强大动力，更是我们无惧风浪、砥砺前行的坚实支撑。精神力量可以在实践中转化为物质力量，但精神力量本身对抗疫斗争的胜利不起决定作用，A项错误。伟大抗疫精神，不是凭空产生的，而是中国人民在弘扬中华民族精神的基础上，在中国共产党领导下，用打赢疫情防控的人民战、总

体战、阻击战的艰苦拼搏谱写出来的。这说明优秀文化源自社会实践,中华民族精神火炬越烧越旺,BC项正确。人民群众是文化创造的主体,D项错误。故选BC。

4. ABD 【解析】本题考查职业活动的约束力。家庭美德主要调节家庭关系和邻里关系。岗位责任、规章制度、职业道德均与工作约束有关。故选ABD。

5. ABC 【解析】本题考查社会主义道德建设的着力点。社会主义道德建设坚持以为人民服务为核心,以集体主义为原则,以爱祖国、爱人民、爱劳动、爱科学、爱社会主义为基本要求,以社会公德、职业道德、家庭美德为着力点。

6. ABCD 【解析】加强道德修养,应借鉴历史上思想家们所提出的各种积极有效的道德修养方法,结合当今社会发展的需要和当代人道德修养的实践经验,采取一些行之有效的方法进行道德修养,主要有学思并重的方法、省察克治的方法、慎独自律的方法、积善成德的方法、知行统一的方法。按照这些方法进行道德修养,并长期坚持下去,就能使人不断进步、不断完善,从而达到较高的道德境界,成为品德高尚的人。

7. BCD 【解析】职业纪律的内容有规章制度、操作规范、岗位责任、组织纪律等。

8. AD 【解析】雷锋的"螺丝钉精神"彰显了爱岗敬业和奉献社会的高尚道德品质。

9. ABCD 【解析】职业道德主要体现在职业理想、职业态度、职业义务、职业纪律、职业良心、职业荣誉、职业作风和职业技能等方面。

10. AC 【解析】尊老爱幼、赡养老人是中华民族的传统美德。家庭美德的内容主要包括尊老爱幼、男女平等、家庭和睦、勤俭持家、邻里互助等。杨某的行为违背了传统美德和家庭美德。

三、判断题

1. √ 【解析】本题考查职业道德的特征。每一个行业及从业人员都有自己的职业道德规范,医生应当救死扶伤;教师应当热爱学生,教书育人,为人师表;司法人员应当秉公断案,不徇私情,执法如山;商人应当公平买卖,童叟无欺。对不同职业人员的不同道德要求,反映了职业道德的多样性和具体性。

2. √ 【解析】本题考查服务群众。"我为人人,人人为我"是人生存和发展的基础。服务群众是职业行为的本质,是每个职业劳动者的责任和义务。只有每个人都树立起为众人服务的职业思想和观念,本职业才能在社会中立住脚跟并发展起来,个人也才能在职业活动中更好地发展自己的聪明才智,发展个性和爱好。

3. √ 【解析】本题考查爱国主义。在新冠肺炎疫情严控期间,"宅家就是作贡献"要求我们将爱国主义转化为务实的行动。

4. × 【解析】本题考查中华传统美德。《新时代公民道德建设实施纲要》指出,要传承中华传统美德。中华传统美德是中华文化精髓,是道德建设的不竭源泉。可见,中华传统美德是中华传统道德中的精华,题干中"大力弘扬中华传统道德"的说法不准确。

5. √ 【解析】本题考查公民道德建设的核心。为人民服务是公民道德建设的核心,是社会主义道德区别和优越于其他社会形态道德的显著标志。

6. × 【解析】本题考查职业道德的根本。诚实守信是职业道德的根本。

7. × 【解析】本题考查道德与法律的辩证关系。法律与道德的交叉与渗透,有两个重要表现:一是法律意识与道德观念具有同一属性而相互联系,二是法律规范与道德规范的调控范围有所重叠而相互包容。一般来说,凡是法律所禁止和制裁的行为,也是道德所禁止和谴责的行为;凡是法律所要求和鼓励的行为,也是道德所培养和倡导的行为。但是,凡是道德所允许的,不一定都为法律所允许。

8. √ 【解析】本题考查职业道德教育和职业道德修养。一般地说,职业道德教育是客观的社会的职业道德活动,而职业道德修养则是个人的主观的道德活动。

9. × 【解析】题干的表述体现了道德的共同性。马克思主义认为,道德具有阶级性。

10. × 【解析】职业道德基本规范的基础和核心是爱岗敬业。

综合能力提升

一、单项选择题

1. C 【解析】本题考查道德的阶级性。在阶级社会中,道德具有鲜明的阶级性,由一定社会和集团的阶级利益所决定,又为一定的阶级利益服务。恩格斯指出,每一个阶级,甚至每一个行业,都各有各的道德,而一切剥削阶级所提倡的道德都是维护和巩固其统治的工具。

2. A 【解析】本题考查道德认识。道德认识是指对道德上的是与非、善与恶的行为准则及其意义的认识。道德信念是指人们发自内心地对某种道德义务的真诚信仰和强烈的责任感。道德行为是指个体在一定的道德意识支配下表现出来的有利

或有害于他人的社会行为。道德意志是指个体在履行道德义务的过程中,通过自觉地确定目的、支配行动、克服困难等表现出来的能动的实践精神。故选A。

3. B 【解析】本题考查集体主义。集体主义是社会主义道德的原则。我国现阶段,集体主义原则所维护的集体利益,是以无产阶级为核心的全体劳动人民的共同利益。作为一种道德原则,集体主义包含以下内容:集体利益与个人利益是矛盾的统一体;集体利益高于个人利益;集体主义原则尊重劳动者正当的个人利益,尊重劳动者个人才能的充分发挥。故选B。

4. D 【解析】本题考查爱岗敬业。爱岗敬业是社会主义职业道德的一条重要规范,是中华传统美德和现代企业精神的重要内容。它对职业选择以及经济社会的发展都具有极其重要的意义。本题为选非题,故选D。

5. A 【解析】本题考查道德的作用。道德是以善恶为评价标准,依靠社会舆论、传统习惯和内心信念的力量来调整人与人、人与社会以及人与自然之间相互关系的行为规范的总和。故选A。

6. D 【解析】本题考查道德的特征。道德是靠社会舆论、传统习惯和人们的内心信念来维系的,具有自律性和自觉性。

7. A 【解析】本题考查爱国主义。爱国主义体现了每一个中华儿女对祖国的责任,这种责任是社会发展的客观要求,也是每个人自身发展的客观需要。一个人能够成为什么人,应该成为什么人,在很大程度上要依赖于社会,依赖于生于斯、长于斯的祖国。祖国给个人的成长发展创造条件,对个人的奋斗成果做出评价,为个人实现人生价值的征程指明方向。因此,爱国主义是个人实现人生价值的力量源泉。故选A。

8. C 【解析】本题考查社会主义思想道德建设。社会主义精神文明建设包括思想道德建设和教育科学文化建设两个方面。思想道德建设要解决的是整个民族的精神支柱和精神动力问题,思想道德建设决定精神文明建设的性质。

9. D 【解析】本题考查职业道德修养。职业道德修养不具有强制性,A项错误。B项夸大了职业道德修养的作用。加强职业道德修养,有助于从业人员的全面发展,C项错误。D项说法正确。

10. B 【解析】本题考查为人民服务的内涵。为人民服务作为公民道德建设的核心,是社会主义道德区别和优越于其他社会形态道德的显著标志。“为人民服务”体现了社会主义道德不同层次的要求。“为人民服务”的最高要求是全心全意为人民服务。在全心全意为人民服务这一最高要求中,一心为公、大公无私、毫不利己、专门利人等都是它的体现。“为人民服务”的低层次要求,就是在人与人的相互关系中,要尽量做到替别人着想,自己的言行要有利于他人、有利于社会,以便给他人和社会带来有益的结果。

11. C 【解析】本题考查爱国主义精神的落脚点和归宿。爱国主义包含着情感、思想和行为三个基本方面。其中,情感是基础,思想是灵魂,行为是体现。爱国情感是人们对祖国的一种直接感受和情绪体验;爱国思想是人们对祖国的理性认识;爱国行为是指人们身体力行、报效祖国的实际行动,是爱国主义精神的落脚点和归宿。只有做到爱国的情感、思想和行为一致的人,才是真正的爱国者。

12. A 【解析】“吾日三省吾身”与“省察克治”都有反省、反思的意思,故选A。

13. B 【解析】职业道德对职业技能具有统领作用、支撑作用和促进作用。B项正确,ACD项错误。故选B。

14. D 【解析】职业道德的构成要素主要包括:(1)意识性要素。它包括职业理想、职业态度、职业良心、职业荣誉等方面,反映了一定职业和从业者的一种价值目标、劳动态度、道德责任感和自尊感。(2)规范性要素。它包括职业责任、职业行为准则、职业纪律等方面,是职业活动中的道德要求的直接表达。(3)行为性要素。它包括职业行为方式和生活方式、职业作风、职业技能等,是从业人员特殊性的价值取向,包括情操作风、兴趣爱好、行为方式和品质的反映和体现。D正确。

15. D 【解析】职业道德修养是指从业人员在职业活动实践中,按照职业道德基本原则和规范,在职业道德品质方面的“自我锻炼”和“自我改造”,借以形成高尚的职业道德品质和达到较高的境界。

16. C 【解析】在道德的功能系统中,最主要的功能是调节功能。道德的调节功能是指道德通过评价等方式,指导和纠正人们的行为和实践活动,协调人们之间关系的功效与能力。此外,道德还有导向功能、激励功能、辩护功能、沟通功能等其他功能。C正确。

17. D 【解析】社会公德不同于职业道德的一个显著特点在于,所有社会成员不分阶级、阶层、职业,不管年龄、性别、文化水平,只要是在公共场所,都要遵守社会公德规范。

18. A 【解析】敬业作为一种职业精神,是职业活动的灵魂,也是从业人员的安身立命之本。在职业活动中,敬业是人们对从业人员提出的最根本的、最核心的要求。

19. A 【解析】“人无信不立”的意思是人没有信用就没有立足之地,可见诚信的重要性。故本题选A。

20. D 【解析】在我国,“道”“德”二字的合用,始见于战国后期的著名思想家荀子。

21. B 【解析】爱国主义、集体主义、社会主义思想日益深入人心,为人民服务精神不断发扬光大,崇尚先进、学习先进蔚然成风,追求科学、文明、健康的生活方式已成为人民群众的自觉行动,社会道德风尚发生了可喜变化,中华民族的传统美德与体现时代要求的新的道德观念相融合,成为我国公民道德建设发展的主流。

22. D 【解析】职业道德与职业技能的关系是:职业道德对职业技能具有统率作用;职业道德对职业技能的发挥具有支撑作用;职业道德对职业职能的提高具有促进作用。D项正确,ABC项错误。故选D。

23. C 【解析】职业合作的特征有:社会性(广泛的社会存在)、互利性、平等性(双方具有平等的地位,是在自愿、互利的基础上实行的不同方式的联合)。

二、多项选择题

1. ABC 【解析】本题考查道德的本质。马克思主义伦理学认为,道德是一种社会意识形态。道德既是一种善恶评价,表现为心理和意识现象;又是一种行为规范,表现为行为和活动现象。道德作为一种特定的社会意识形态,属于上层建筑范畴,最终是由经济基础决定的。

2. ABCD 【解析】本题考查社会公德的特征。社会公德是全体公民在社会交往和公共生活中应该遵循的、简单易行的基本行为规范、道德准则。它的特征包括全民性(广泛性)、基础性、简明性、相对稳定性、民族的传统性和一定的强制性等特征。故本题答案为ABCD。

3. BC 【解析】题干观点说明思想道德修养有制约科学文化知识的作用,思想道德修养与科学文化修养相互促进。

4. ABCD 【解析】共产主义道德的标志是热爱社会主义祖国,全心全意为人民服务,热爱中国共产党,热爱马列主义、毛泽东思想。

5. AD 【解析】解决共享单车的相关问题需要我们加强社会公德、个人品德教育,C与题意无关;B说法错误,应是弘扬中华传统美德。

6. ABCD 【解析】A项正确,职业道德的规范,往往采取自定章程的形式,这样职业道德才有了一定的强制性;B项正确,职业道德一旦形成,就很难改变,这样职业道德才有了稳定性;C项正确,职业道德随着生产力发展而不断丰富和发展,因此说职业的发展催生了新的职业道德;D项正确,不同的职业道德规范,包含着职业行为共有的基本道德要求,这些基本道德要求有爱岗敬业、诚实守信等。

7. ABCD 【解析】职业道德是职业技能有效发挥的重要条件;职业道德对职业技能的运用起着激励和规范作用,职业道德对职业技能的提高有促进作用;对于一个人来说,有才无德往往比有德无才对社会的危害更大。

三、主观题

1.【参考答案】社会主义职业道德的基本内容包括:爱岗敬业,诚实守信,办事公道,热情服务,奉献社会。

2.【参考答案】(1)必须站在理想信念这个制高点上,弘扬主旋律,唱响正气歌。(2)要深入实施公民道德建设工程,推进社会公德、职业道德、家庭美德、个人品德建设,激励人们向上向善、孝老爱亲、忠于祖国、忠于人民。(3)要加强和改进思想政治工作,深化群众性精神文明创建活动。(4)要弘扬科学精神,普及科学知识,开展移风易俗、弘扬时代新风行动,抵制腐朽落后文化侵蚀。(5)要推进诚信建设和志愿服务制度化,强化社会责任意识、规则意识、奉献意识。(6)必须脚踏实地、不尚空谈、重在行动,从我做起、从现在做起、从点滴小事做起。

3.【参考答案】(1)学思并重。通过学习和思考,辨别善恶,涵养良好的德行。(2)省察克治。通过反省检验来发现自己思想与行为中的不良倾向、不良念头,并及时抑制和克服。(3)慎独自律。在无人知晓、没有外在监督的情况下,坚守自己的道德信念,自觉按道德要求行事,不因无人监督而肆意妄为。(4)积善成德。通过积累善行或美德,使之巩固强化,逐渐凝结成优良品德。(5)知行统一。把提高道德认识与躬行道德实践统一起来,促进道德要求内化为个人的道德品质,外化成实际的道德行为。

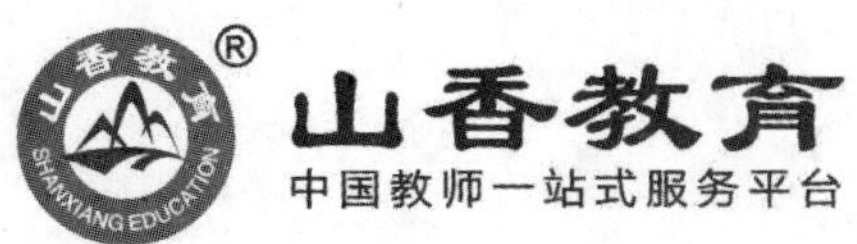

真题精选4200题

公共基础知识

山香教育 主编

扫码免费领取:
①精选20套教育理论历年真题(带答案解析)
②山香独家内部讲义
③考试资讯第一时间获悉,从容准备,不错失每一次机会
④备考交流群,山香专业老师互动答疑,打卡督促学习

免费领取方式:
①扫码关注公众号
②回复备考省份

图书在版编目(CIP)数据

真题精选．公共基础知识 / 山香教育主编．-- 北京：首都师范大学出版社，2020.5(2021.7重印)

ISBN 978-7-5656-5795-5

Ⅰ．①真… Ⅱ．①山… Ⅲ．①教育学－教师－聘用－资格考试－习题集 Ⅳ．①G40-44

中国版本图书馆CIP数据核字(2020)第065047号

真题精选·公共基础知识

山香教育　主编

策划编辑　张文强

责任编辑　曹亮亮　　　　封面设计　山香教育

首都师范大学出版社出版发行

地　　址　北京市西三环北路105号

邮　　编　100048

咨询电话　010-68418523(总编室)　　010-68982468(发行部)

网　　址　http://cnupn.cnu.edu.cn

印　　刷　河南黎阳印务有限公司

经　　销　全国新华书店

版　　次　2020年5月第1版

印　　次　2021年7月第4次印刷

开　　本　889mm×1194mm　1/16

印　　张　38

字　　数　1218千

定　　价　68.00元

前　言

通过考试的基本策略是夯实基础、逐步强化，基本手段是依据考点进行强化练习，较好的练习素材是历年考题。鉴于此，山香教育特组织专家和编辑，精心选择2017～2021年近5年典型试题，并依据考生在复习过程中的实际需要，编写了这本《真题精选·公共基础知识》。本书具有以下特点：

1. 本书精选近5年真题，考题分类强化，练得精准。真题最能体现命题人的思想。本书精选近5年典型试题，并对重点章节区分出基础知识达标和综合能力提升，通过对相同考点、不同命题角度的真题的强化集训，更容易把握命题脉络，使备考更精准。

2. 涵盖题型全面，试题答案分册，练得高效。本书涵盖近5年公共基础知识考试涉及的各种常考题型，并充分考虑考生使用时的实际情况，将试题和解析册分开，帮助考生在答题时排除答案的干扰，答题后方便核对答案，从而使备考更加高效。

3. 解析详尽规范，注重知识发散，练有所得。本书中每一个答案均由山香教育专家精心编写，答案尽量详细规范。同时注重关联知识的发散，不仅使考生掌握本题涉及考点，还应注意关联知识的辨析，从而使备考练有所得。

本书难免存在一些不足之处，殷切期待广大读者给我们提出宝贵意见，促使我们更快成长，让图书更好地帮助更多的人。

编　者

目 录

第一部分 政治常识

第二部分 经济常识

第三部分 管理常识

第四部分 法律常识

第五部分 人文素养

第六部分　科技常识

第七部分　公文写作

第八部分　事业单位概况与思想道德建设

第一部分　政治常识

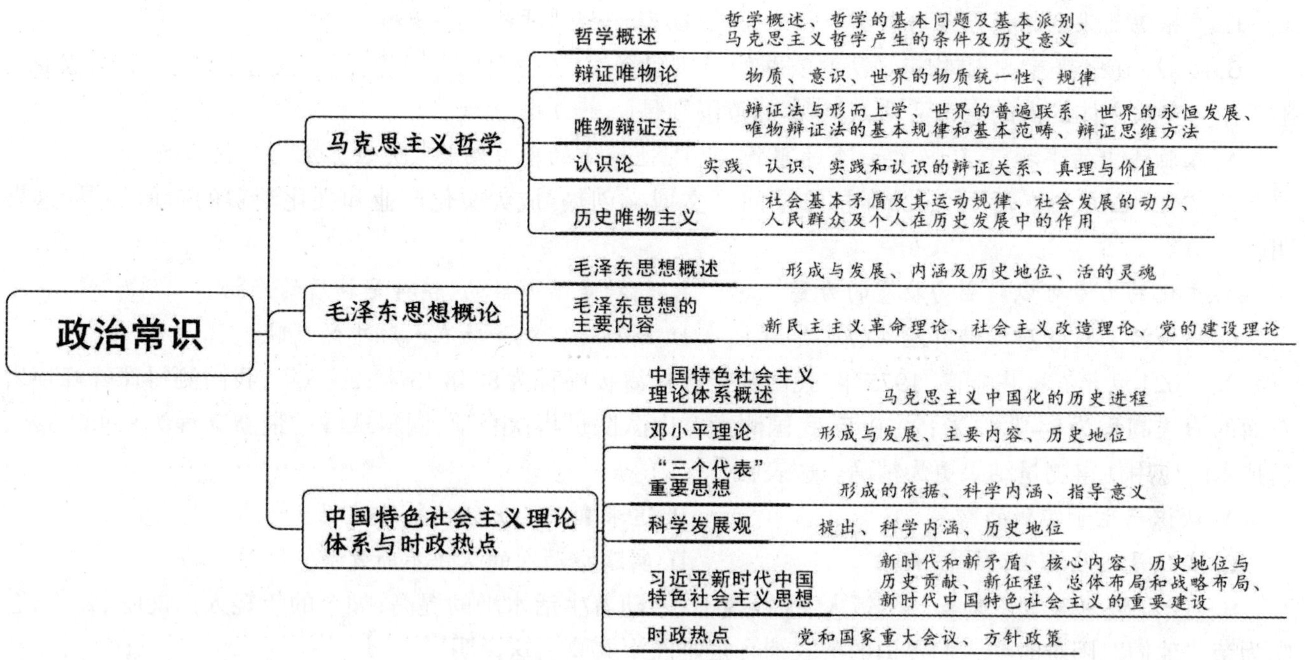

第一章　马克思主义哲学

基础知识达标

一、单项选择题(下列每小题列出的四个选项中只有一项是正确的。)

1. [2021河北石家庄市属]只要“锦鲤附身”,人生便可“躺赢”。这种观点在哲学上属于(　　)

A. 客观唯心主义　　B. 主观唯心主义　　C. 朴素唯物主义　　D. 机械唯物主义

2. [2021河北石家庄市属]在阿尔法围棋人工智能战胜世界冠军之后,人工智能没有被围棋界视作洪水猛兽。相反,很多职业棋手都采用人工智能作为训练工具,参考人工智能下法,新定式、新算法源源不断地产生。从哲学上看,这说明(　　)

A. 人工智能始终领先于人类“智能”　　B. 创新推动社会生产力的发展

C. 矛盾是事物发展的源泉和动力　　D. 辩证否定是事物发展的基本状态

3. [2021河北石家庄市属]近年来,我国数字经济特别是平台经济发展迅速,新业态、新模式层出不穷,对推动经济发展发挥了重要作用。与此同时,有关平台经济涉嫌垄断的反映和举报日益增加。垄断破坏了市场公平竞争的环境,也损害了消费者的合法权益。这要求我们(　　)

A. 看问题抓矛盾的主要方面　　B. 根据自己的愿望建立新的具体的联系

C. 分清主流和支流,但不忽视支流　　D. 对数字经济的未来充满信心

4. [2021河北石家庄市属]北斗人面对西方的技术垄断和封锁,一路披荆斩棘,不懈奋斗,使中国成为世界上第三个独立拥有全球卫星导航系统的国家。这说明(　　)

A. 人的实践活动是历史的、发展的

B. 意识对人们认识世界和改造世界具有指导作用

C. 把握矛盾的普遍性是正确认识事物的基础

D. 发展的总趋势是前进性和反复性的统一

5. [2021 山东济南历下]“前事不忘，后事之师”出自刘向《战国策·赵策一》，体现的哲学道理是(　　)

A. 遵循客观规律，发挥主观能动性　　B. 规律是客观的，不以人的意志为转移

C. 要根据因果联系总结经验教训　　D. 认识规律才能利用规律

6. [2021 辽宁葫芦岛]唯物辩证法对实践的经典解释就是“主观见之于客观”。在这里，“主观”的范围只限于作为实践主体的人的意识活动，“客观”的范围则是(　　)

A. 人脑海中的事物　B. 人类社会的事物　C. 地球上的所有动物　D. 世界上的任何事物

7. [2021 山东济南历下]2020 年抗疫期间，“文博文创热”成为文化产业和文化消费的新增长点，这表明(　　)

A. 文化的力量可以转变为物质的力量　　B. 精神是第一性的，精神是物质的产物

C. 精神活动对物质活动有能动的反作用　　D. 精神是客观事物在人脑中的反映

8. [2021 河北石家庄市属]1975 年，我国测得珠峰海拔高程为 8848.13 米；2005 年，我国测得珠峰峰顶岩石面的海拔高程为 8448.43 米；2020 年，我国测量登山队队员再次登顶，测得珠峰的最新高程为 8848.86 米，新技术的应用使得测量结果更为精确。这表明(　　)

A. 认识产生于实践的需要　　B. 追求真理是循环往复的过程

C. 实践是检验真理的唯一标准　　D. 实践推动人的认识不断发展

9. [2021 河北石家庄市属]“干饭人、干饭魂……”随着生活水平的提高，如今的年轻人以能吃、爱吃、会吃为荣。他们对困难时期人们提倡的节衣缩食很难产生共鸣。这说明(　　)

①社会存在决定社会意识　　②经济基础决定上层建筑

③价值判断和价值选择往往会因人而异　　④价值判断和价值选择具有社会历史性

A. ②④　B. ①④　C. ②③　D. ①③

10. [2021 辽宁葫芦岛]下列诗句中体现了矛盾特殊性原理的是(　　)

A. 白梅懒赋赋红梅，逞艳先迎醉眼开　　B. 挥毫落纸墨痕新，几点梅花最可人

C. 有梅无雪不精神，有雪无诗俗了人　　D. 不知花气清相逼，但觉山深春尚寒

11. [2020 河南信阳市属]《礼记》有言：“大道之行也，天下为公。”马克思主义的根本价值追求是(　　)，这就是马克思主义的大道。

A. 人类解放　B. 公平正义　C. 科技进步　D. 社会体制改革

12. [2020 山西太原晋源]下列属于客观唯心主义观点的是(　　)

A. “理在事先”　　B. “意识是万物的本原”

C. “物是观念的集合”　　D. “存在即被感知”

13. [2020 河南信阳市属]近年来，人们开始越来越多地关注大自然，如何正确处理好人与自然的关系成为热议的主题。围绕这一主题，下列相关说法正确的是(　　)

(1)世界的真正统一性就在于它的物质性

(2)自然生态与人类发展的矛盾不可协调

(3)人存在于自然系统之中并给予其重大影响

A. 仅(1)　B. (1)(2)(3)　C. 仅(3)　D. 仅(1)(3)

14. [2020 河北邢台隆尧]春风不识兴亡意，草色年年满故城。这句话所体现的哲学道理是(　　)

A. 物质是运动的，物质的运动具有客观性

B. 内因是变化的根源，外因是变化的条件，外因通过内因起作用

C. 世界上的所有事物都处在运动变化中

D. 必然性产生于事物内部的根本矛盾和本质性原因

15. [2020河北石家庄市属]教育部下发通知，要求切实减轻中小学生过重课外负担，严肃查处超标超前培训行为。从哲学上看，这一规定是基于(　　)

A. 发挥主观能动性就能利用规律　　B. 人能根据规律作用的条件改造规律

C. 规律具有普遍性和客观性　　D. 人可以改变规律起作用的前提条件

16. [2020河北石家庄市属]"政绩广告"多是华而不实、投机取巧、沽名钓誉之词，这种"政绩广告"(　　)

A. 夸大了物质的决定作用　　B. 忽视了意识对改造客观世界具有的指导作用

C. 违背了一切从实际出发、实事求是的要求　　D. 否认了意识活动具有的主动创造性

17. [2020河北邢台隆尧]《联合国气候变化框架公约》的核心内容是"共同但有区别的责任"原则。这一原则要求每个国家都要承担起应对气候变化的义务。但发达国家要对其历史排放和当前的高人均排放负责，它们也拥有应对气候变化的资金和技术，而发展中国家以"经济和社会发展及消除贫困为首要和压倒一切的优先事项"而承担相对较少的义务。这一原则蕴含的哲学道理是(　　)

A. 意识是物质的产物，人脑的机能　　B. 人的意识可以决定客观对象

C. 坚持一切从实际出发，实事求是　　D. 运动是绝对的

18. [2020河南信阳市属]在新冠肺炎疫情防控的关键阶段，党中央要求各级党委政府在抓好疫情防控的基础上，不误农时，抓好春耕备耕。对我国绝大多数地区的农民来说，一旦错过了春耕，就很难有好的收成了。这给我们的启示是(　　)

A. 在工作中，具体问题要具体分析　　B. 要用全面的、一分为二的观点看问题

C. 尊重客观规律是发挥主观能动性的前提　　D. 要善于把握机遇，不失时机促成事物的质变

19. [2020河南信阳市属]城市设计需要从整体平面和立体空间上统筹城市建筑布局，协调城市景观风貌，体现城市地域特征、民族特色和时代风貌，防止片面追求建筑外观形象。这带给我们的启示是(　　)

A. 在实践中要坚持检验真理

B. 要正确认识和处理整体与部分的辩证关系

C. 联系是事物本身所固有的，不以人的意志为转移

D. 要正确处理矛盾的主要方面和次要方面的关系

20. [2020河北邢台隆尧]对立统一规律揭示了(　　)

A. 事物发展变化的程度和趋势　　B. 事物发展变化的动力和源泉

C. 事物发展变化的状态和形式　　D. 事物发展变化的方向和道路

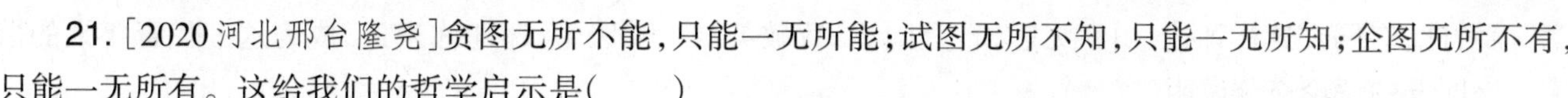

21. [2020河北邢台隆尧]贪图无所不能，只能一无所能；试图无所不知，只能一无所知；企图无所不有，只能一无所有。这给我们的哲学启示是(　　)

①要坚持两点论和重点论的统一　　②事物的性质主要由矛盾的主要方面决定

③要抓住时机促成事物质的飞跃　　④矛盾双方在一定条件下可以相互转化

A. ①②　　B. ①④　　C. ②③　　D. ③④

22. [2020河南信阳市属]"千仓万箱，非一耕所得；干天之木，非旬日所长"所反映的哲学原理与下列选项中的(　　)相似。

A. 牵一发而动全身　　B. 忍一时风平浪静，退一步海阔天空

C. 寄言持重者，微物莫全轻　　D. 欲穷千里目，更上一层楼

23. [2020河北邢台隆尧]近年来，黄河每年都有断流现象，据有关部门的调查分析，黄河断流和供水不

足给黄河下游造成了巨大的工业经济损失，这说明的哲学道理是（　　）

A. 事物之间存在因果联系　　B. 任何事物的质变都是由量变引起的

C. 矛盾的主要方面规定着事物的性质　　D. 事物的变化发展是内外因共同起作用的结果

24. [2020河北邢台隆尧]偶然性对事物发展的作用是（　　）

A. 决定事物发展的根本方向　　B. 可有可无的

C. 促进或延缓事物的发展进程　　D. 加速新事物的产生和旧事物的灭亡

25. [2020河北邢台隆尧]从哲学角度看，成语故事“守株待兔”中农夫的错误在于（　　）

A. 把偶然当必然　　B. 把现象当本质

C. 把可能当现实　　D. 把原因当结果

26. [2020山西大同平城]在发现黑天鹅之前，人们认为天鹅总是白的。但随着17世纪黑天鹅的发现，这个不可动摇的信念崩塌了。黑天鹅的存在寓意着不可预测的重大稀有事件，它在意料之外，却又是客观事实。这给我们的哲学启示是（　　）

A. 要坚信人类已有的认识　　B. 要深刻认识事物的相对稳定性

C. 新事物代替旧事物是必然规律　　D. 任何偶然事物背后都存在必然

27. [2020山西太原晋源]“故不登高山，不知天之高也；不临深溪，不知地之厚也”强调（　　）

A. 先知后行，重在知　　B. 没有知就没有行

C. 先行后知，重在行　　D. 知对行具有指导作用

28. [2020河北石家庄市属]为了赢得2020年的大选，推卸防控疫情不力的责任，以特朗普为首的美国政客们用“撒谎、欺骗、偷窃”炮制出一系列针对中国、世卫组织和其他实体的谎言。但谎言就是谎言，谎言重复千遍还是谎言，因为（　　）

A. 错误的思想意识是无法反映客观存在的　　B. 谎言根本不可能经得起社会实践的检验

C. 真理是具体的有条件的，与谬误相伴而行　　D. 认识具有反复性，追求真理是一个过程

29. [2020河北石家庄市属]近一段时期以来，“韭菜与小麦不分，把小马驹叫大狗”“不识稼穑”“不辨菽麦”的现象在孩子们中间愈来愈普遍。加强劳动教育迫在眉睫，这是因为（　　）

A. 实践具有社会历史性　　B. 意识是对物质的正确反映

C. 意识具有直接现实性　　D. 社会实践是认识的基础

30. [2020山西大同平城]人类认识世界的过程，是（　　）的过程，呈现出辩证发展的显著特点。

A. 实践—认识—实践　　B. 感觉—知觉—表象

C. 概念—判断—推理　　D. 理论—实践—理论

31. [2020河北石家庄市属]2020年五一前夕，“吹哨人”李文亮医生被追授第24届“中国青年五四奖章”。对此，有网友这样评论：山河无恙，日月同泣，致敬英雄。李医生，谢谢你来过，成为这一代青年人的楷模。该网友的评论充分说明（　　）

A. 要在劳动和奉献中创造人生价值　　B. 人生价值就在于获得社会的认可

C. 人生价值的评价标准因人而异　　D. 价值判断是人们头脑中反映的产物

32. [2020河北石家庄市属]教育改革要坚持以增强人民群众获得感为根本标准，确保改革改有所进、改有所成。其哲学依据是（　　）

A. 客观性是真理的基本属性　　B. 认识是实践的目的

C. 人民群众是历史的创造者　　D. 世界观与方法论是统一的

33. [2020河南信阳市属]在庆祝中华人民共和国成立70周年招待会上的讲话中，习近平总书记强调，70年来，中国人民发愤图强、艰苦创业，创造了“当惊世界殊”的发展成就，千百年来困扰中华民族的绝对贫

困问题即将历史性地划上句号。下列选项中有关说法错误的是(　　)

A. 人民群众是推动事业发展的力量源泉

B. 人民群众是推动社会变革的基础性力量

C. 人民群众在创造历史的过程中起决定作用

D. 人民是决定党和国家前途命运的根本力量

34. [2019河北唐山芦台]马克思主义之所以能够永葆其美妙之春,不断探索时代发展提出的新课题,回应人类社会面临的新挑战,主要是因为(　　)

A. 马克思主义是实践的理论,指引着人民改造世界的行动

B. 马克思主义是不断发展的开放的理论,始终站在时代前沿

C. 马克思主义是科学的理论,创造性地揭示了人类社会发展规律

D. 马克思主义是人民的理论,第一次创立了人民实现自身解放的思想体系

35. [2019河北廊坊三河]唯物主义一元论同唯心主义一元论对立的根本点在于(　　)

A. 世界发展动力问题　B. 意识本质问题　C. 世界本原问题　D. 实践本质问题

36. [2019山东统考]儒家音乐理论专著《乐记》,开篇就阐明了音乐产生的根源:“音之起,由人心生也。人心之动,物使之然也。感于物而动,故形于声。”这是一种(　　)

A. 主观唯心主义观点　B. 客观唯心主义观点

C. 朴素唯物主义观点　D. 感觉对知觉的能动反映

37. [2019山东济南南部山区]“道之大,原出于天。天不变,道亦不变。”体现的哲学思想是(　　)

A. 朴素唯物主义　B. 形而上学唯物主义

C. 辩证唯物主义　D. 客观唯心主义

38. [2019山西太原杏花岭]“道生一,一生二,二生三,三生万物”“有是理,后生是气”的观点属于(　　)

A. 主观唯心主义　B. 客观唯心主义　C. 机械唯物主义　D. 辩证唯物主义

39. [2019山东德州]毛泽东同志说,人是要有一点精神的。一个人是这样,一个民族是这样,一个国家、一个政党也是这样。“两弹一星”精神不仅促进了国防事业的发展,也带动了科技事业的发展,这表明(　　)

A. 精神是第一性的,物质是第二性的　B. 精神力量可以改变物质力量

C. 精神力量可以转化为物质力量　D. 先有精神,后有物质

40. [2019河北廊坊三河]近些年来,每当遇到流行性疾病发生,医学专家都会表示可防、可控、可治,不必过于惊慌,这是因为(　　)

A. 人类能够认识和改造世界　B. 追求真理是认识活动的归宿

C. 人的主观能动性受客观规律的制约　D. 人类可以认识和改变规律造福自身

41. [2019河北邢台经开]一百多年前,艺术家把自己对未来生活的畅想画在了纸上,展示了人们对邮寄方式的幻想。随着科技的进步,当时异想天开的想法,如今成为了生活中的现实。这说明(　　)

A. 科学幻想是推动科技创新的基础

B. 意识具有直接现实性,可以把幻想变为现实

C. 意识具有能动性,人们可以在想象中创造出现实世界

D. 通过实践,观念的东西可以变成现实的东西

42. [2019河北邢台桥西]习近平总书记反复强调,要发扬钉钉子精神,不折腾,不反复,切实把工作落到实处,做出经得起实践、人民、历史检验的实绩。钉钉子精神体现的哲学道理是(　　)

A. 事物之间可以根据情况建立新的具体联系

B. 事物发生质变后才能为新的量变开辟道路

C. 树立全局观念是实现整体的最优目标的条件

D. 发挥主观能动性有利于推动事物的进一步发展

43. [2019 山东统考]“盛年不重来，一日难再晨。及时当勉励，岁月不待人。”陶渊明的诗句深刻揭示了时间的(　　)

A. 相对性　　B. 绝对性　　C. 一维性　　D. 无限性

44. [2019 河北石家庄市属]《流浪地球》这部科幻电影在引发“宇宙级乡愁”的同时，更撬动了人们对中国科幻作品的未来的期待。科幻电影(　　)

A. 是客观存在的如实反映　　B. 是主观符合客观的哲学范畴

C. 源于创作者的丰富想象　　D. 体现意识活动的主动创造性

45. [2019 河北石家庄裕华]2019 年 1 月 15 日，重庆大学牵头的生物科普试验载荷项目团队发布消息称，通过在地面控制中心发送指令，成功让登陆月球背面的棉花种子发芽。这表明(　　)

A. 客观与主观是具体的历史的统一　　B. 人们可以根据需要创造出新的联系

C. 人们可以认识和利用客观规律　　D. 发挥主观能动性是做事成功的前提

46. [2019 山西长治潞州]成语“揠苗助长”出自《孟子·公孙丑上》：“天下之不助苗长者寡矣。以为无益而舍之者，不耘苗者也；助之长者，揠苗者也。非徒无益，而又害之。”这个成语体现的主要哲理是(　　)

A. 事物是普遍联系的　　B. 矛盾双方相互依存

C. 主观能动性的发挥不受客观条件的制约　　D. 发挥主观能动性必须尊重客观规律

47. [2019 山西太原杏花岭]近百年来，人类关于储存介质的发明，经历了从录音带到软盘、光盘、U 盘等的过程。随着科技的进步，存储能力更强的介质还将不断出现。这说明(　　)

A. 事物发展是系统内部结构变化引起的　　B. 要发挥整体的统率作用，带动部分发展

C. 事物发展的方向是前进的和上升的　　D. 要善于抓住主要矛盾，推动事物发展

48. [2019 山西吕梁]唯物辩证法的三大规律是：对立统一规律、质量互变规律和(　　)

A. 主要矛盾与次要矛盾规律　　B. 矛盾具有普遍性和特殊性规律

C. 否定之否定规律　　D. 能量守恒规律

49. [2019 河北石家庄裕华]通信从 2G 发展到 3G 到 4G，再到大家耳熟能详的 5G，给人们带来了越来越好的网络体验。这表明(　　)

A. 发展的实质是事物的前进和上升　　B. 事物的运动都是相对的

C. 事物发展是前进性与曲折性的统一　　D. 量变是质变的必然结果

50. [2019 河北石家庄市属]我们在认识与改造世界的过程中，既要认识事物的有利条件，又要重视事物的不利条件。其哲学依据是(　　)

A. 发展的普遍性　　B. 联系的客观性　　C. 联系的多样性　　D. 矛盾的斗争性

51. [2019 河北石家庄市属]在青年人中，流行着这样的一句话：“要做一个 nice 的人，也要做一个耐撕的人。”做一个“耐撕”的人，应当具备的辩证法思想有(　　)

A. 坚持发展的前进性和曲折性统一　　B. 发挥主观能动性与尊重规律相结合

C. 量的积累必然会引起质变的发生　　D. 实践和创造是成就梦想的根本途径

52. [2019 山东烟台芝罘]揭示事物发展前进性与曲折性相统一的规律是(　　)

A. 对立统一规律　　B. 否定之否定规律

C. 质量互变规律　　D. 生产关系一定要适合生产力发展状况规律

53. [2019 山东德州乐陵]全面深化改革有很多难啃的硬骨头，比如思想观念束缚、利益固化藩篱、体制机制障碍等。但是，全面深化改革是发展所需、基层所盼、民心所向，改革举措得人心，利当前，更利长远，虽

会经历荆棘和挫折，但终将取得成功。这启示我们(　　)

A. 物质世界是绝对运动与相对静止的统一

B. 事物的发展是前进性和曲折性的统一

C. 事物之间的相互联系构成事物的变化和发展

D. 新事物总是符合历史发展必然趋势

54. [2019山东]在推动我国经济社会发展的过程中，必须推进收入分配制度的改革，正确处理好效率与公平的关系。这体现了(　　)

A. 实现目标需要充分把握机遇　　B. 解决问题需要重视事物之间的联系

C. 分析问题需要改进理论指导　　D. 办好事情需要重视过程

55. [2019河北邢台经开]习近平总书记在其所著的《之江新语·小事小节是一面镜子》中提到"堤溃蚁孔，气泄针芒"，这句话所蕴含的哲学道理是(　　)

A. 量变和质变的辩证关系　　B. 联系具有普遍性

C. 规律具有客观性　　D. 事物对立统一

56. [2019河北邢台市属]在改革开放的新征程上，不管乱云飞渡、风吹浪打，我们都要以坚如磐石的信心、只争朝夕的劲头、坚韧不拔的毅力，一步一个脚印把前无古人的伟大事业推向前进。该观点体现的辩证法原理是(　　)

A. 实践是联系主观和客观的桥梁　　B. 矛盾同一性和斗争性是统一的

C. 联系是事物发展的源泉和动力　　D. 事物发展是量变与质变的统一

57. [2019河南平顶山]辩证法和形而上学的根本分歧在于(　　)

A. 是否承认矛盾，是否承认矛盾是事物发展的动力和源泉

B. 物质与意识何者是世界的本原

C. 运动与静止是否是对立统一的

D. 社会存在与社会意识何者为先

58. [2019河南平顶山]"激湍之下，必有深潭；高丘之下，必有浚谷"蕴含的哲理是(　　)

A. 对立和统一的关系　　B. 质量互变的关系

C. 肯定和否定的关系　　D. 矛盾中普遍与特殊的关系

59. [2019河北石家庄市属]俗话说"退一步海阔天空"，可俗话又说"往前一步是幸福，退后一步是孤独"。这给我们的哲学启示是(　　)

A. 要用发展的观点看问题　　B. 矛盾双方在一定条件下相互转化

C. 要坚持具体问题具体分析　　D. 两点论和重点论是统一的

60. [2019河北邢台市属]2019年1月，习近平总书记在京津冀考察调研时指出："京津冀如同一朵花上的花瓣，瓣瓣不同，却瓣瓣同心。"这一论断蕴含的哲理是(　　)

A. 矛盾的普遍性和特殊性是统一的　　B. 关键部分的功能状态对整体起决定作用

C. 辩证的否定是联系和发展的环节　　D. 要运用系统优化的方法认识事物

61. [2019河北石家庄市属]"京、津、冀三地要打破'一亩三分地'的传统格局，协同发展。"这是因为(　　)

A. 整体功能大于部分功能之和

B. 立足关键部分有利于实现整体的最优目标

C. 整体居于主导地位，具有部分所不具有的功能

D. 关键的部分有时甚至起决定作用

62. [2019 河北石家庄市属]“张氏风筝”的传人张天伟将机件传动装置与竹扎纸糊的传统手艺巧妙结合，让风筝会“说话”。这种巧妙结合体现了(　　)

A. 创新是对既往的否定和对现实的肯定　　B. 解放思想，实事求是，破除一切传统观念

C. 寻找新思路、新方法，树立创新意识　　D. 辩证思维是在绝对不相容的对立中思维

63. [2019 山东]在各项创新中处于先导地位的是(　　)

A. 科技创新　　B. 制度创新　　C. 文化创新　　D. 理论创新

64. [2019 山东德州乐陵]习近平总书记多次在多个场合强调：“打铁还需自身硬。”从根本上说，坚持党要管党，从严治党，切实解决自身存在的突出问题，切实改进工作作风，密切联系群众，使我们党始终成为中国特色社会主义事业的坚强领导核心。从哲学上看，这句话是要着重强调(　　)

A. 内因是事物变化发展的根据　　B. 外因的决定性作用

C. 事物的联系是客观的　　D. 要善于把握事物的内在联系

65. [2019 河北石家庄市属]幸福都是奋斗出来的。把蓝图变为现实，将改革进行到底，无不呼唤不驰于空想、不骛于虚声的奋斗精神，无不需要一步一个脚印踏踏实实干好工作。这主要表明实践具有(　　)

A. 直接现实性　　B. 社会历史性　　C. 客观物质性　　D. 主观能动性

66. [2019 贵州省属]《水流众生》是某歌手在西藏看到冰凉清澈的冰川水从地下涌出，所到之处无一不是绿草如茵、牛羊壮美，感受高原反应所带来的身体考验和面对天地山水的精神探索时所写的歌。这说明(　　)

A. 艺术家的个人实践是一种直接现实性活动

B. 艺术作品是艺术家个人风格的反映

C. 艺术作品的发展取决于创作方法的创新

D. 艺术作品的源泉是现实的生活实践

67. [2019 山西太原杏花岭]京剧的每一行当都有不同的脸谱造型，这些脸谱是对社会生活中形形色色人物形象进行抽象概括后的艺术加工。这蕴含的哲学原理是(　　)

A. 艺术是对客观现实能动的反映　　B. 艺术是对社会意识的正确反映

C. 人脑是产生意识的物质器官　　D. 艺术与意识同时产生

68. [2019 山东烟台莱州]“人的思维是否具有真理性，这并不是一个理论的问题，而是一个实践的问题，人应该在实践中证明自己思维的真理性，即自己思维的现实性和力量，亦即自己思维的此岸性。”这一论断说明了(　　)

A. 实践是认识的来源和动力　　B. 实践是检验认识是否具有真理性的唯一标准

C. 实践检验真理不需要理论指导　　D. 认识活动与实践活动具有同样的作用和力量

69. [2019 河南平顶山]实践对认识的决定作用不包括(　　)

A. 实践是认识的来源　　B. 实践是认识发展的动力

C. 实践是认识的目的　　D. 实践是获得认识的唯一途径

70. [2019 河北邢台桥西]“神威·太湖之光”是国内第一台全部采用国产处理器构建的超级计算机，其峰值计算速度达每秒12.54亿亿次，是世界上首台峰值计算速度超过十亿亿次的超级计算机。依托“神威·太湖之光”，我国在天气气候、航空航天、海洋科学等重要领域取得了一大批应用成果，这表明(　　)

A. 人们在实践中不断检验和发展真理

B. 人们的实践能力依赖认识工具的发展

C. 人们认识世界的能力随着工具的发展而发展

D. 认识工具的发展是人类获得真理性认识的关键

71. [2019河北保定唐县]1958年,我们认为麻雀吃粮食,于是把它列为“四害”之一,加以消灭。后来我们认识到麻雀在消灭害虫方面贡献很大,便把它从“四害”中解放出来,并列为保护动物。1958年,我们消灭麻雀的错误,从哲学上看是没有做到(　　)

A. 用全面的观点看问题　　B. 用发展的观点看问题

C. 用实践的观点看问题　　D. 用量变质变的观点看问题

72. [2019河北唐山芦台]在谈到中国近代以来的落后背景时,习近平总书记总结道:“只有既从现实又从历史两个方面更好地了解外部世界,才能把我们的各项工作包括对外工作做得更好。”观察和认识中国,历史和现实都要看,内部和外部也都要看。上述材料体现的内容不包括(　　)

A. 时空的客观性　　B. 内外因的辩证统一

C. 因果关系　　D. 偶然性与必然性的统一

73. [2019辽宁大连瓦房店]有儿童认为早晨的太阳离人近,因为早晨的太阳比中午的大,近大远小。儿童的认知给我们最直接的启示是(　　)

A. 感性认识是理性认识的来源　　B. 感性认识有待于发展到理性认识

C. 理性认识必须回到实践中去　　D. 认识事物必须发挥主观能动性

74. [2019河北廊坊三河]“真理在一定条件下可以转化为谬误。”这说明真理具有(　　)

A. 条件性　　B. 反复性　　C. 客观性　　D. 绝对性

75. [2019河北唐山芦台]“一切都会过去的,唯有真理长存”是俄国著名文学家陀思妥耶夫斯基的名言。以下对这句话的分析中,正确的是(　　)

A. 真理是永恒不变的　　B. 真理具有客观性,不以人的意志为转移

C. 事物是永恒存在的　　D. 真理的形式和内容都是客观的

76. [2019辽宁大连瓦房店]真理和谬误互相贯通的含义是指(　　)

A. 真理中包含着谬误　　B. 真理和谬误在一定条件下可以相互转化

C. 真理和谬误没有明显界限　　D. 真理和谬误密不可分

77. [2019山西省属]南宋张栻曾说:“行之力则知愈进,知之深则行愈达。”这句话与马克思主义哲学中(　　)的基本原理异曲同工。

A. 物质第一性,意识第二性　　B. 事物是普遍联系的

C. 认识具有前进性和上升性　　D. 世界是对立统一的

78. [2019山东烟台莱州]网络流行语大多数都是作为一个梗,慢慢地就变成了口头禅,其背后都有一种社会现象或一类新闻事件。“锦鲤”“硬核”“直播答题”“政治站位”“贸易摩擦”等成为近期的一些网络流行语。从历史唯物主义角度看,这说明了(　　)

A. 社会意识对社会发展具有能动作用　　B. 社会意识具有相对独立性

C. 社会意识是对社会存在的反映　　D. 社会意识的内容是主观的

79. [2019山东统考]关于经济基础和上层建筑关系的论述,下列说法不正确的是(　　)

A. 经济基础的需要决定上层建筑的产生

B. 经济基础的性质决定上层建筑的性质

C. 上层建筑适应经济基础的需要就能推动社会的进步和发展

D. 上层建筑通过法律、政治制度等手段的调控来为经济基础服务

80. [2019河北邢台市属]下列关于社会基本矛盾的说法错误的是(　　)

A. 任何社会的基本矛盾都是生产力和生产关系、经济基础和上层建筑的矛盾

B. 社会主义社会的基本矛盾是非对抗性的矛盾

C. 当上层建筑适合经济基础时,就能够推动社会的发展,否则就会阻碍社会发展

D. 社会历史的发展是在社会基本矛盾的不断解决中实现的

81. [2019河南平顶山]唯物史观和唯心史观在历史创造者问题上的根本对立在于是否承认(　　)

A. 个人在历史发展中的作用　　B. 思想动机在社会发展中的作用

C. 人民群众是推动历史发展的决定力量　　D. 剥削阶级代表人物在历史发展中的作用

82. [2019山东统考]2018年秋分时节,我们迎来了首个中国农民丰收节。亿万农民用辛勤与汗水,浇灌出丰硕的果实,为国家的繁荣富强作出了巨大贡献。设立中国农民丰收节,就是要用节日的形式为农民呐喊、为农民加油、为农民点赞。从唯物史观看,设立中国农民丰收节体现了(　　)

A. 劳动者的生产活动是社会存在和发展的基础

B. 劳动者就是从事物质资料生产的劳动群众

C. 劳动者的精神面貌决定着社会的性质和面貌

D. 劳动者的实践活动是认识的来源和发展动力

83. [2019山西省属]"历史车轮滚滚向前,时代洪流浩浩荡荡。"当前,我国社会主要矛盾已经转化为人民日益增长的美好生活需要与不平衡不充分的发展之间的矛盾。这一变化体现的历史唯物主义道理是(　　)

A. 物质运动是有规律的　　B. 内因是事物变化发展的根据

C. 事物的发展总是从量变开始的　　D. 人类社会是在矛盾运动中不断向前发展的

84. [2019河北邢台桥西]到2020年实现农村贫困人口脱贫的既定目标,时间十分紧迫,任务相当繁重,要采取产业精准扶贫一批,移民搬迁安置一批,低保兜底脱贫一批,医疗救助扶贫一批等措施,坚决打赢这场攻坚战。下列说法正确的是(　　)

A. 脱贫的手段各异,印证了事物的联系具有多样性和条件性

B. 致贫的原因多样,说明了同一事物在不同阶段的矛盾相同

C. 脱贫的任务艰巨,要求坚持个人主体地位,激发内在动力

D. 脱贫的时间紧迫,必须超越历史条件,创新扶贫开发路径

85. [2019河北邢台市属]锦鲤是风靡当今世界的一种高档观赏鱼,有"水中活宝石""会游艺术品"的美称,现泛指在小概率事件中运气极佳的人,是好运的象征。我们与其热衷于抽中各位商家的"锦鲤",倒不如向中国文明网《好人365》入选的人们学习。他们日复一日、年复一年地践行社会主义核心价值观,在平凡的岗位上默默地奉献着,似乎与"富贵锦鲤"毫不沾边,但却靠自己的美德和努力,赢得了属于自己的"锦鲤"。这说明(　　)

A. 充分发挥主观能动性是拥有幸福人生的根本途径

B. 人的价值就在于默默奉献

C. 实现人生价值需要全面提高个人素质

D. 价值观对人们认识世界和改造世界具有重要导向作用

86. [2019河北石家庄市属]两院院士刘永坦及其团队研制的"新体制雷达"使中国对海岸线和领空的掌控力上升了一个台阶。为了表彰他,2019年1月8日,国家将2018年度国家最高科学技术奖和完全由个人支配的800万人民币奖金颁给了他。这告诉我们(　　)

A. 要在个人的自我奋斗中实现人生价值　　B. 人既是价值的创造者又是价值的享受者

C. 掌握专业技能是实现人生价值的前提　　D. 价值观对人生道路的选择具有决定作用

87. [2019山东德州]人生观是人们在实践中形成的对于人生目的和意义的根本看法和态度,主要包括人生目的、人生态度、人生价值等方面。一个人满怀希望和激情,热爱生活、珍视生命,勇敢坚强地战胜困难并不断开拓人生新境界。这体现了人生观的(　　)

A. 人生目的　　B. 人生态度　　C. 人生价值　　D. 人生精神

88. [2019河南安阳龙安]国家最高科学技术奖得主王泽山说:“专业无所谓冷热,任何专业只要肯钻研都会大有作为。国家需要就是我研究的方向,火炸药是有国家战略意义的领域。”这启示我们,实现人生价值要(　　)

①充分发挥主观能动性 ②善于利用社会客观条件 ③促进自身的全面发展 ④坚持个人与社会的统一

A. ①③　　B. ②③　　C. ①④　　D. ②④

89. [2018河北邢台桥东]人总是按照自己对周围世界和人生的理解来做事做人,有人热爱自然、热爱社会、热爱生活,具有崇高理想和远大志向,积极进取,乐于奉献;有人自以为看破红尘,完全以自我为中心,对社会对他人冷漠无情、毫无爱心。这表明(　　)

A. 哲学来源于人们对生活的实践　　B. 一般人的世界观是零散的不自觉的

C. 物质决定意识,意识反作用于物质　　D. 世界观决定方法论,方法论体现着世界观

90. [2018河北石家庄市属]随着人工智能的发展,“人工智能是否会统治人类”等问题也出现在了人类的面前,促使人类从哲学层面去思考和回答。这表明(　　)

A. 具体科学的进步推动着哲学的发展　　B. 哲学为具体科学的研究提供了指导

C. 具体科学在人类实践中逐步发展　　D. 哲学揭示了人工智能的基本规律

91. [2018河北石家庄]爱因斯坦说:“哲学可以被认为是全部科学之母。”这说明(　　)

A. 哲学是“科学之科学”　　B. 哲学对自然科学的研究有指导意义

C. 哲学是自然科学的基础　　D. 哲学是自然科学的概括

92. [2018河北雄安]哲学的基本问题是(　　)

A. 思维和存在的关系问题　　B. 意识和物质的辩证关系

C. 物质决定意识,意识对物质具有能动作用　　D. 思维决定存在,还是存在决定思维

93. [2018河北雄安]在实际生活中,学生要面对和处理自己的学习计划与学习实际之间的关系,教师要面对和处理自己的教学计划和教学实际之间的关系。下列理解中,最切合题意的是(　　)

A. 思维和存在的关系问题,贯穿于哲学发展的始终

B. 思维和存在的关系问题,是一切哲学都不能回避、必须回答的问题

C. 思维和存在的关系问题是哲学的基本问题

D. 思维和存在的关系问题,首先是人们在生活和实践活动中遇到的无法回避的基本问题

94. [2018河北石家庄]把可直接感知的某种具体实物看作是世界的本原,这种观点属于(　　)

A. 朴素唯物主义　　B. 形而上学唯物主义

C. 辩证唯物主义　　D. 庸俗唯物主义

95. [2018河北雄安]“生死有命,富贵在天。”这属于(　　)

A. 机械唯物主义观点　　B. 客观唯心主义观点

C. 主观唯心主义观点　　D. 朴素唯物主义观点

96. [2018河北石家庄]“心诚则灵,心不诚则不灵”的说法是(　　)

A. 主张物质和意识具有统一性的辩证唯物主义观点

B. 主张思想就是物质的庸俗唯物主义观点

C. 认为世界是绝对精神外化的客观唯心主义观点

D. 夸大了意识能动作用的唯心主义观点

97. [2018河北石家庄]“只要知道自然界一切组成部分的相对位置和全部作用,一亿年以前的情况和一亿年以后的状况,都可以精确无误地演算出来,因为未来的一切早就在宇宙诞生时便已完全被确定了。”这

是(　　)

A. 唯心主义决定论的观点　　B. 辩证唯物主义决定论的观点

C. 非决定论的观点　　D. 机械决定论的观点

98. [2018山东枣庄峄城]马克思主义哲学的革命性表现在(　　)

A. 它能转化为人民群众变革现存世界的武器

B. 它大量吸收了历史上的优秀成果,从而适用于任何时期的任何问题

C. 它是最高最好的思想体系

D. 它经受了实践的检验,从而永远是正确的

99. [2018河北辛集]学习马克思主义的根本方法是(　　)

A. 理论联系实际　　B. 把握基本原理　　C. 精读马列原著　　D. 深入调查研究

100. [2018山东统考]马克思主义从产生到发展,表现出了强大的生命力。马克思主义最根本的世界观和方法论是(　　)

A. 矛盾观点和运动观点　　B. 联系观点和发展观点

C. 辩证唯物主义和历史唯物主义　　D. 乌托邦主义和实用主义

101. [2018河北衡水冀州]马克思有句名言:"哲学家们只是用不同的方式解释世界,而问题在于改变世界。"这说明马克思主义哲学具有(　　)

A. 科学的社会性　　B. 鲜明的实践性　　C. 科学的真理性　　D. 鲜明的阶级性

102. [2018河北石家庄]物质和意识的对立只有在非常有限的范围内才有绝对的意义,超过这个范围便是相对的,这个范围是(　　)

A. 物质和意识何者为第一性　　B. 物质和意识是否具有同一性

C. 物质和意识何者更为重要　　D. 物质和意识何者与社会生活的关系更密切

103. [2018山东统考]孔子主张:"知之为知之,不知为不知,是知也。"这属于(　　)的做法。

A. 实事求是　　B. 教条主义　　C. 不可知论　　D. 倡导无为

104. [2018内蒙古通辽]不少农民跟风种地,结果事与愿违,从哲学上看,是因为他们没有(　　)

A. 从变化发展着的实际出发　　B. 抓住事物的主要矛盾

C. 坚持一分为二的原则　　D. 坚持普遍联系的原则

105. [2018河南漯河]"运动是物质的根本属性"是指(　　)

A. 不存在静止　　B. 运动是物质的存在方式

C. 运动就是物质　　D. 物质就是运动

106. [2018河北石家庄]时间和空间是(　　)

A. 物质的唯一特性　　B. 物质的根本属性

C. 物质运动的存在方式　　D. 物质运动的根本原因

107. [2018河南商丘]社会规律和自然规律的区别在于(　　)

A. 是否具有客观性　　B. 是否具有强制性

C. 是否具有稳定性　　D. 是否能够离开人的实践活动而存在

108. [2018山东聊城东昌府]人与自然是生命共同体,人类必须尊重自然、顺应自然、保护自然。人类只有遵循自然规律才能有效防止在开发利用自然上走弯路。人类对大自然的伤害最终会伤及人类自身,这是无法抗拒的规律。下列关于规律的说法错误的是(　　)

A. 规律是事物内在的必然联系　　B. 规律决定着事物的发展方向

C. 规律可以随人们的意志而变化　　D. 任何规律都是事物运动过程中本身所固有的联系

109. [2018山东枣庄市中]“北大荒”成为“北大仓”后，却再次成为“北大荒”。这种现象说明了( )

A. 人在自然界面前总是处于被支配的地位

B. 人们改造自然的一切行为都会遭到“自然界的报复”

C. 人们应合理地调节人与自然之间的物质变换

D. 人与自然的和谐最终以恢复原始生态为归宿

110. [2018山东枣庄市中]国际社会日益成为“你中有我、我中有你”“一荣俱荣、一损俱损”的“命运共同体”。“命运共同体”体现的主要哲学思想是( )

A. 事物都处在永恒的运动变化发展之中　　B. 整个世界是万事万物相互联系的统一整体

C. 事物之间的联系是绝对的、无条件的　　D. 追求利益是人类一切社会活动的动因

111. [2018河北石家庄市属]通信方式的演变史是人类科技文明发展的缩影，5000年前飞鸽传书为远方的人们带去消息；1876年贝尔发明了电话，人类进入语音时代；如今视频时代已经到来。随着时代的发展，新的通信方式还将不断出现。这说明( )

A. 事物发展的道路是迂回的、曲折的　　B. 事物总处在渐进的和不显著的变化中

C. 有序的系统内部结构促进事物发展　　D. 事物发展的总趋势是前进的、上升的

112. [2018河北石家庄市属]2017年诺贝尔生理学或医学奖的研究结果表明：当我们的生活方式总和我们身体内部的“计时器”作对时，患上各类疾病的风险就可能会增大。这启示我们( )

A. 事物的运动是绝对的、无条件的　　B. 要尊重规律，按客观规律办事

C. 规律能被认识和创造，但不能被消灭　　D. 人们可以根据需要建立新的联系

113. [2018山东统考]荀子强调，处理人、社会、自然的关系都必须顺时而为，“故养长时则六畜育，杀生时则草木殖，政令时则百姓一，贤良服”，顺“时”而为体现了( )

A. 实践要把握整体与部分的关系　　B. 意识对物质具有能动的反作用

C. 实践能否成功取决于主观能动性的发挥　　D. 尊重客观规律是发挥主观能动性的前提

114. [2018河北石家庄]“改革不是一首田园诗，它伴随着眼泪和痛苦。”“从一个较长的历史时期来说，改革会使人人受益。”这两句话所包含的哲学道理是( )

A. 矛盾双方在一定条件下相互转化　　B. 事物的发展是前进性和曲折性的统一

C. 矛盾的主要方面规定事物的性质　　D. 质变是量变的必然结果

115. [2018山东统考]辩证唯物主义认为，新事物必须代替旧事物，新事物和旧事物相互区别的根本标志在于( )

A. 形式上和现象上是否新奇　　B. 出现时间的先后顺序

C. 是否同历史发展的必然趋势相符合　　D. 人们的主观判断

116. [2018内蒙古通辽]在工作中防止“过”或“不及”的关键在于( )

A. 抓住事物的主要矛盾　　B. 认识事物的量

C. 确定事物的质　　D. 把握事物的度

117. [2018河北衡水冀州]全面从严治党永远在路上，制度创新是永恒的课题。修订党规党纪不能贪大求全，也不可能毕其功于一役，要遵循正确方向，一步一步向前迈进。这说明事物的发展是( )

A. 运动和静止的统一　　B. 整体和部分的统一

C. 量变和质变的统一　　D. 肯定和否定的统一

118. [2018河北石家庄市属]人生是场漫长的旅行，不是一次短跑竞赛，仅仅“赢在起跑线上”并没有太大意义，因为赢了开头不代表能笑到最后。从哲学上讲，要“笑到最后”，就需要( )

A. 发挥主观能动性　B. 促进矛盾双方转化　C. 重视量的积累　D. 坚持漫长的旅行

119. [2018山西长治襄垣]"防微杜渐"体现的哲学道理是(　　)

A. 对立统一规律　　B. 质量互变规律

C. 否定之否定规律　　D. 矛盾的统一性和斗争性规律

120. [2018山东聊城]在玩游戏中,剪刀胜布,石头胜剪刀,布胜石头,若两人所出手势相同则为平局,人们制定这个游戏规则遵循了(　　)

A. 社会联系发展的客观性　　B. 矛盾斗争性的决定性

C. 自在事物联系的客观性　　D. 矛盾的对立和统一性

121. [2018山东统考]老子说:"有无相生,难易相成,长短相形,高下相倾,音声相和,前后相随。"这里蕴含的哲理是(　　)

A. 矛盾的同一性　　B. 矛盾的斗争性　　C. 矛盾的普遍性　　D. 矛盾的特殊性

122. [2018河北石家庄]"马者所以命形也,白者所以命色也。命色者非命形也,故曰白马非马。"从唯物辩证法的观点看,"白马非马"这一命题的错误在于(　　)

A. 颠倒了事物形态和功能之间的关系　　B. 割裂了事物共性和个性之间的联系

C. 混淆了事物内容和形式之间的区别　　D. 模糊了事物本质和现象之间的联系

123. [2018河北衡水冀州]在反对腐败的过程中"既要打老虎,也要打苍蝇"。这里所蕴含的哲理是(　　)

A. 要坚持矛盾普遍性与特殊性的统一

B. 既要抓住主要矛盾又不能忽视次要矛盾

C. 既要抓住矛盾主要方面又不能忽视次要方面

D. 要既肯定又否定,既克服又保留,坚持辩证否定观

124. [2018河南信阳浉河]针对中美贸易战,外交部发言人强调,解决的正确思路是扩大彼此市场的开放,做大合作的蛋糕,强调合作的重要性。这是因为(　　)

A. 合作优于竞争　　B. 共享是合作的基础

C. 合作可以实现共赢　　D. 合作是共享的必然结果

125. [2018河南商丘]老子说:"治大国如烹小鲜。"也就是说要注意火候。这说明(　　)

A. 要不失时机地促成飞跃　　B. 要重视内因的作用

C. 要重视量的积累　　D. 要坚持适度原则

126. [2018河北石家庄]否定之否定规律是在自然、社会和人类思维领域普遍起作用的规律,它在(　　)

A. 事物完成一个发展周期后表现出来　　B. 事物经过一次辩证的否定后表现出来

C. 事物发展的任何阶段上都表现出来　　D. 事物经过量变向质变转化后表现出来

127. [2018山东德州]"万事如意"从哲学上违背了(　　)

A. 世界的物质性　　B. 矛盾的普遍性　　C. 矛盾的特殊性　　D. 运动的绝对性

128. [2018河北石家庄]党的独立自主、自力更生为主和争取外援为辅的方针的哲学依据是(　　)的辩证关系原理。

A. 矛盾普遍性和特殊性　　B. 主要矛盾和次要矛盾

C. 同一性和斗争性　　D. 内因和外因

129. [2018河北保定市属]当前中国面临的贸易摩擦不但源于产业结构、贸易政策等经济因素,也与中国国际地位的上升息息相关。这反映了(　　)

A. 事物的发展是前进性和曲折性的统一　　B. 事物之间的因果联系是复杂多样的

C. 事物的性质是由矛盾的主要方面决定的　　D. 结构变化会引起事物性质的变化

130.［2018河南漯河］辩证唯物主义认识论的首要的基本观点是(　　)

A. 群众观点　　B. 阶级斗争观点　　C. 生产力观点　　D. 实践观点

131.［2018河北石家庄］马克思说:“搬运夫和哲学家之间的原始差别要比家犬和猎犬之间的差别小得多。他们之间的鸿沟是分工掘成的。”这表明人的才能(　　)

A. 与人的先天生理素质没有关联　　B. 主要来源于后天的实践

C. 取决于人的主观努力的程度　　D. 是由人的社会政治地位决定的

132.［2018河北石家庄］随着科学技术的发展,人类已经制造出诸如醋酸纤维、聚苯乙烯、合成橡胶等自然界原本不存在的化合物,其数量已达数百万种。这一情况说明(　　)

A. 物质世界是人类创造的　　B. 人类通过实践将“自在之物”转化为“为我之物”

C. 物质世界依赖于人的意识而存在　　D. 人造物质可以脱离天然物质而存在

133.［2018山东统考］古人说:“操千曲而后晓声,观千剑而后识器。”从哲学上来看,这里主要强调的是(　　)

A. 事物是普遍联系的　　B. 物质决定意识

C. 规律是客观的　　D. 实践出真知

134.［2018河北石家庄］1978年关于真理标准的大讨论是一场新的思想解放运动。实践之所以成为检验真理的唯一标准是由(　　)

A. 真理的主观性和实践的客观性所要求的　　B. 真理的相对性和实践的决定性所预设的

C. 真理的属性和实践的功能所规定的　　D. 真理的本性和实践的特点所决定的

135.［2018河北石家庄市属］干事创业要勤勉尽责,各级政府及其工作人员要真抓实干、埋头苦干,不能简单以会议贯彻会议、以文件落实文件,不能纸上谈兵、光说不练。这是由于(　　)

A. 实践是认识的唯一来源　　B. 实践是认识发展的动力

C. 实践是检验真理的唯一标准　　D. 实践是认识的目的和归宿

136.［2018山东德州］“不登高山,不知天之高也;不临深溪,不知地之厚也。”这句话说明(　　)

A. 人的意识具有创造性　　B. 人的认识是独立于实践之外的

C. 实践在认识过程中具有决定作用　　D. 人的一切知识都是从直接经验中获得的

137.［2018重庆大渡口］“熟能生巧”这个成语能够体现的哲学原理是(　　)

A. 理性认识是认识的高级阶段　　B. 事物是普遍联系、永恒发展的

C. 实践是认识发展的动力　　D. 认识的本质是主体对客体的能动反映

138.［2018重庆沙坪坝］通过书本和大众传媒等途径获得的知识称为(　　)

A. 感性知识　　B. 理性知识　　C. 直接知识　　D. 间接知识

139.［2018河北衡水冀州］从“发展是硬道理”到“科学发展观”的提出,再到提倡“包容性增长”,建设“美丽中国”,人们对发展观、公平观的认识达到了一个新的高度。这表明(　　)

A. 真理会随着时间地点的变化而不断变化

B. 真理以实践为基础并随着实践的发展而发展

C. 人们对同一确定对象的认识,真理不止一个

D. 真理与谬误的界限是相对的

140.［2018河北石家庄］唯物史观认为,人类的第一个历史活动是(　　)

A. 吃喝穿住　　B. 物质生活资料的生产

C. 人的自觉意识活动　　D. 结成社会关系

141.［2018河北石家庄］地理环境对社会发展的作用主要通过(　　)

A. 对人的生理结构的影响来实现　　B. 对民族气质的影响来实现

C. 对人的心理素质的影响来实现　　D. 对生产过程的影响来实现

142.［2018河北石家庄］按照马克思的历史唯物主义的基本观点，下列关于道德本质的说法中正确的是(　　)

A. 道德是一种特殊的社会意识形态，是上层建筑的构成部分

B. 道德不是神的启示，对社会经济关系起着决定作用

C. 道德是一定社会经济关系的产物，故而仅受经济关系制约

D. 道德不是先天固有的“善良意志”，而是人性的自然表现

143.［2018河北石家庄市属］经济贫困背后往往隐藏着文化的贫困，贫困地区落后的生产、生活方式和行为方式，形成了“贫困文化”，这种“贫困文化”又成为人们摆脱困境的桎梏。这说明(　　)

A. 经济发展是文化发展的基础　　B. 文化与经济相互影响、相互制约

C. 文化发展与经济发展并不完全同步　　D. 一定的文化反作用于一定的经济

144.［2018河北保定市属］法律对社会发展能否起进步作用，决定于(　　)

A. 是否适应一切经济基础的需求

B. 是否能积极地为自己的经济基础服务

C. 法律所服务的经济基础是否适应生产力的需求

D. 是否适应国家的需求

145.［2018河南漯河］生产方式是(　　)

A. 生产关系的结合　　B. 人的因素与物的因素的总和

C. 经济基础和上层建筑的统一　　D. 生产力与生产关系的统一

146.［2018河南商丘］任何经济规律都是在一定的客观经济基础上产生和发挥作用，并随着客观经济条件的变化而变化。这里的客观经济条件主要是指(　　)

A. 一定的社会生产力的发展水平　　B. 一定的社会生产关系

C. 阶级力量对比的状况　　D. 一定的社会生产力与生产关系的状况

147.［2018河北雄安］人民群众是社会主义道德建设的主体。这表明，人民群众(　　)

A. 是推动历史进步的人们　　B. 是社会物质财富的创造者

C. 是社会精神财富的创造者　　D. 是社会变革的决定性力量

148.［2018河北邢台桥东］“不忘初心、继续前进”体现了一个负责任的大国执政党所具有的危机感、使命感和责任感。坚持“不忘初心、继续前进”，就要坚信党的根基在人民、党的力量在人民，这是因为(　　)

A. 人民群众推动了社会历史向前发展　　B. 人民群众是社会发展和历史前进的唯一力量

C. 人民群众是社会历史发展的根本动力　　D. 党要坚持群众观点和群众路线

149.［2018河北张家口桥西］“中国制造2025”上升为国家战略。建设制造强国，既需要领军型人才，也需要大批技能高超的技工队伍。这主要是基于(　　)

A. 劳动者素质是先进生产力的主要标志

B. 在生产力发展中发挥着主导作用的是劳动者

C. 以领军型人才为主，多种人才并存的人才结构

D. 保障劳动者合法权益是构建和谐劳动关系的需要

150.［2018河北石家庄］“人性自私”观点的错误在于(　　)

A. 不符合“人之初，性本善”的看法

B. 违背人有追求自由、平等、幸福的天性

C. 把人的自然属性当作人的根本属性

D. 违背了“人的本质在其现实性上是一切社会关系的总和”的科学论断

151. [2018河北石家庄]历史唯物主义认为人的价值在于(　　)

A. 个人的自我创造和自我实现　　B. 个人的自我选择和自由发展

C. 个人主体性的增强和摆脱社会的制约　　D. 个人对社会的贡献和社会对个人的尊重

152. [2018河北石家庄]人生价值之所以是社会价值和自我价值的统一,是由于人的存在具有两重性,这两重性是指(　　)

A. 人既具有自然性又具有社会性

B. 人既是作为个体而存在又作为社会成员而存在

C. 人既存在正当的个人利益又存在自私观念

D. 人既有社会性又有阶级性

153. [2018河北衡水冀州]孔子云:“德之不厚,行之不远。”“厚德”作为精神品质,其主要内涵是注重日常道德修养,拥有高远博大胸怀。在当前社会转型时期提倡“厚德”,因为(　　)

A. 价值观是正确的社会意识　　B. 正确的价值观对人具有积极的导向作用

C. 社会发展的规律是客观的　　D. 社会存在的变化决定社会意识的变化

154. [2018河北保定市属]当前,一些地方“为了金山银山,毁了绿水青山”的情况屡见不鲜,着手解决环境问题刻不容缓。从哲学上看,解决上述问题的关键是(　　)

A. 承认规律的客观性,以积极的心态去面对　　B. 要透过现象看本质,找出问题产生的原因

C. 要树立科学发展观,坚持正确的价值取向　　D. 要坚持走群众路线,发挥人民群众的作用

155. [2018河北石家庄市属]2017年9月“中国好人榜”候选人名单揭晓,漳州农民游玉棋荣登榜单。17年来,他长期资助5户贫困家庭,自掏腰包修建4公里村道,捐赠的公益款项已达260多万元。游玉棋的事迹表明(　　)

A. 实现人生价值离不开社会客观条件　　B. 要在劳动与奉献中实现人生价值

C. 要在自己的岗位上实现人生价值　　D. 有价值的人生是不能考虑个人利益的

156. [2018河北保定市属]“风在吼,马在叫,黄河在咆哮”,光未然、冼星海创作的《黄河大合唱》表达了抗日战争时期中国人民坚持抗战的心声,激发了全民族的抗战热情。他们在艺术创作上取得的成功带给我们的启示是(　　)

A. 人生价值的实现取决于人们的价值选择　　B. 优秀的艺术作品可以主导社会关系的变革

C. 要在个人与社会的统一中实现人生价值　　D. 任何事物的发展都是量变和质变的统一

157. [2018河北保定]我们应当确立的正确的人生目的是(　　)

A. 享乐主义的人生目的　　B. 金钱拜物教的人生目的

C. 为人民、为社会服务的人生目的　　D. 为个人和全家求温饱的人生目的

158. [2018山西长治襄垣]钱学森说:“我作为一名中国的科技工作者,活着的目的就是为人民服务,如果人民最后对我的一生所作的工作表示满意的话,那才是最高的奖赏。”这说明评价人生价值的根本尺度是(　　)

A. 个体对科技所作贡献的大小

B. 个体在社会中的影响

C. 个体对社会和他人的生存和发展所作的贡献

D. 个体从社会获得的满意程度

159. [2018河南商丘]德国著名诗人歌德曾说:“你若要喜爱你自己的价值,你就得给世界创造价值。”这句话表明人生价值的基本内容是(　　)

A. 个体的实践活动对社会所具有的价值　　B. 个体的实践活动对自己发展所具有的价值

C. 对自身精神需求的满足程度　　D. 每个人只有达到自己的目的才能实现应有的价值

160. [2018河北张家口桥西]黄大年生前是吉林大学的教授。曾经,他心怀科技强国的理想,出国留学、工作,成了国际著名的航空地球物理学家。当得知国家的召唤后,他毅然放弃国外的优厚条件,回国带领科研团队寻求技术突破,直到生命的最后一刻。黄大年的先进事迹给我们的人生启示是(　　)

①个人素质的提高是实现人生价值的前提　　②正确的价值判断应基于正确的价值选择

③要不忘初心,坚持正确的价值观　　④把个人理想与民族命运结合在一起

A. ①②　　B. ①③　　C. ②④　　D. ③④

161. [2017河南许昌]习近平总书记指出,要把哲学思维作为我们实现中华民族伟大复兴中国梦、做好各项工作的看家本领。这种说法是因为哲学(　　)

A. 是能够使人聪明、给人智慧的一门科学　　B. 是哲学家对自己实践活动的科学总结

C. 能够指导人们正确认识世界和改造世界　　D. 是对自然界中生物运动规律的概括总结

162. [2017河南平顶山新华]列宁说:“没有革命的理论,就不会有革命的运动。”这句话的哲学含义是(　　)

A. 哲学对经济、政治有着决定性的作用　　B. 哲学是社会变革的先导

C. 哲学指引人们追求美好的未来　　D. 哲学反映了时代的任务和要求

163. [2017山东德州]马克思主义,从广义上说(　　)

A. 不仅指马克思和恩格斯创立的基本理论、基本观点和学说体系,也包括继承者对它的发展

B. 是无产阶级争取自身解放和整个人类解放的学说体系

C. 是关于无产阶级斗争的性质、目的和解放条件的学说

D. 是由马克思和恩格斯创立的基本理论、基本观点和基本方法构成的科学体系

164. [2017河南平顶山新华]思维与存在的关系不仅是哲学的基本问题,也是(　　)

A. 一切科学的基本问题　　B. 关于人的本质理论的基本问题

C. 辩证法中的基本问题　　D. 人们在实际活动中的基本问题

165. [2017山西大同]对世界本原的认识不同,可以区分出(　　)

A. 唯物主义和唯心主义　　B. 可知论和不可知论

C. 辩证法和形而上学　　D. 唯物史观和唯心史观

166. [2017山东德州]观念不外乎是移入人的头脑,并在人的头脑中改造过的物质的东西而已。这是(　　)

A. 庸俗唯物主义观点　　B. 辩证唯物主义观点

C. 客观唯心主义观点　　D. 形而上学唯物主义观点

167. [2017吉林]坚持和运用辩证唯物主义世界观和方法论,不断接受马克思主义哲学智慧的滋养,是实现中华民族伟大复兴的理论保证,这是因为马克思主义哲学是(　　)

A. 科学的世界观和方法论　　B. 科学发展的根本推动力

C. 绝对的真理和科学理论　　D. 人类社会历史发展的动因和规律

168. [2017河南平顶山新华]马克思主义哲学的核心内容是(　　)

A. 实践观点　　B. 辩证唯物主义与历史唯物主义

C. 世界观和方法论　　D. 思维和存在的关系问题

169.［2017河南平顶山新华］世界的统一性在于(　　)

A. 物质性　B. 可知性　C. 无限性　D. 唯一性

170.［2017山西大同］马克思主义指出，物质的唯一特性是(　　)

A. 不可知性　B. 客观实在性　C. 时空特性　D. 矛盾性

171.［2017贵州贵阳］近代思想家龚自珍说："自古及今，法无不改，势无不积，事例无不变迁，风气无不移易。"其反映的观点是(　　)

A. 世界上存在无物质的运动

B. 物质的唯一特性是客观实在性

C. 运动是物质发展变化的根本属性

D. 物质发展变化是运动的内在动力

172.［2017吉林］有人觉得"度日如年"，总嫌时间过得太慢了；有人觉得"光阴似箭"，感觉时间过得太快了。事实却是地球自转一周，只能是24小时，不能多也不能少。这表明(　　)

A. 时间具有客观性

B. 时间具有三维性

C. 时间具有间断性

D. 时间具有重复性

173.［2017吉林］汉文化里很多事物因为谐音而被人们赋予了美好寓意，例如，"鸡"和"吉"谐音，寓意"吉祥"；"鱼"与"余"谐音，寓意"富富有余"。这表明(　　)

A. 人的意识具有主动创造性

B. 人的意识具有客观物质性

C. 没有被反映的对象也具有意识内容

D. 意识内容并不仅仅根源于社会实践

174.［2017山西省属］"画饼不能充饥"，从物质和精神的关系来看，这是因为(　　)

A. 物质决定精神

B. 精神对物质具有反作用

C. 精神不能转化为物质

D. 观念的东西不能代替物质的东西

175.［2017河南许昌］近年来，我国最大的沙漠淡水湖红碱淖面临着严重的生存危机，上游地表补给河流被大坝截流，下游湖区则被开发成为旅游景区，湖水面积较鼎盛时期缩小近半，水量减少造成湖中17种野生鱼相继绝迹，也影响了周围人们的生活用水及农业灌溉。这启示我们(　　)

A. 人的活动与自然生态之间存在着不可调和的矛盾

B. 发挥主观能动性才能改造自然生态的规律

C. 人应该尊重自然生态规律，与自然和谐相处

D. 只有自在事物之间的联系才是客观的

176.［2017河南许昌］2016年度上海市初中学业质量绿色指标综合评价报告显示，补课越多，高层次思维能力越低；课业负担越重，并非成绩越好。睡眠时间在7～8小时的学生，其学业成绩高于睡眠时间在6～7小时的学生，而睡眠时间在6～7小时的学生，其学业成绩高于睡眠时间不足6小时的学生。这启示我们(　　)

A. 要增强量的积累，不失时机促进事物质的飞跃

B. 规律可以被创造、改变、消灭和废除

C. 要尊重客观规律，按规律办事

D. 发挥主观能动性是做好事情的基础和前提

177.［2017山东德州］正确发挥意识能动作用的客观前提是(　　)

A. 要有旺盛的革命热情

B. 正确反映并尊重客观规律

C. 发挥集体主义精神

D. 把世界的万物之源归结为主观精神

178.［2017山西省属］习近平总书记深刻指出，(　　)是马克思主义的根本观点，是中国共产党人认识世界、改造世界的根本要求，是我们党的基本思想方法、工作方法、领导方法。

A. 实事求是　B. 群众路线　C. 批评与自我批评　D. 统一战线

179. [2017山西省属]水葫芦原产于南美,是极具危害的外来生物之一。我国在20世纪30年代将其作为畜禽饲料引入,其繁殖速度快,生命力旺盛,具有极强的环境适应能力。它的入侵严重破坏当地水生生态系统的结构和功能,造成严重的生物污染。这启示我们(   )

A. 要把握事物前后相继的历史联系,防患于未然

B. 要充分发挥主观能动性,改变事物固有的联系

C. 要遵循人为事物的联系,减少自在事物的联系

D. 要遵循自在事物的联系,减少人为事物的联系

180. [2017山西大同]俗话说:“花在树则生,离枝则死;鸟在林则乐,离群则悲。”这句话的哲学寓意是(   )

A. 整体包含在部分之中　　B. 局部性质和意义的体现离不开群体

C. 既要统观全局,又要照顾局部　　D. 事物的存在和发展不以人的意志为转移

181. [2017河南许昌]网约车出现以来,一直过着名不正言不顺的日子,但它方便快捷的属性满足了广大消费者的需求。交通运输部公布了《网络预约出租汽车经营服务管理暂行办法》,这意味着满足条件的私家车也能按照程序成为合法运营车辆。这一变化体现了政府(   )

A. 坚持联系的观点,根据消费者的主观愿望制定相关政策

B. 坚持一切从实际出发,根据客观实际的需要制定相关政策

C. 发挥主观能动性改变事物固有联系,使政策得到不断完善

D. 坚持发展的观点,转变管理理念,实现了传统出租车行业的转型升级

182. [2017河北涿州]“君处北海,寡人处南海,唯是风马牛不相及也,不虞君之涉吾地也,何故?”这个典故告诉我们(   )

A. 不与其他事物联系的事物是客观存在的　　B. 事物的联系具有客观性,不能主观臆造虚假联系

C. 联系是事物存在的前提条件　　D. 世界上任何两个事物都可以联系起来

183. [2017吉林]俗话说:“大鱼吃小鱼,小鱼吃虾米。”但是,在广阔的大海中,大鱼可以生存,小鱼也可以生存,小虾也可以生存。从中我们得到的哲理启示是(   )

A. 事物都是可以孤立存在的　　B. 事物之间都不是相互排斥的

C. 事物之间都是可以相互转化的　　D. 事物之间都是相互联系,并有条件存在的

184. [2017河北涿州]近日,八达岭野生动物园老虎咬死咬伤游人的事件再一次唤起了人们对“规则意识”的重视和讨论。“道私者乱,道法者治”,尊重规则、崇尚法度,是社会进步和发展的基石。我们每个人都应自觉养成并身体力行。下列能体现“规则意识”的是(   )

A. 谋事在人,成事在天　　B. 不破不立,不止不行

C. 不以规矩,不成方圆　　D. 我为人人,人人为我

185. [2017河北保定顺平]联系是指一切现象、事物(   )

A. 都有共同点　　B. 都没有确定的界限

C. 都是不以人的意志为转移的　　D. 都互相作用、互相影响和互相制约

186. [2017河北保定]歌曲《国家》中唱道:“一玉口中国/一瓦顶成家/都说国很大/其实一个家/一心装满国/一手撑起家/家是最小国/国是千万家/在世界的国/在天地的家/有了强的国/才有富的家。”下列名言和歌词体现的哲理相一致的是(   )

A. 君子和而不同,小人同而不和　　B. 天下兴亡,匹夫有责

C. 勿以恶小而为之,勿以善小而不为　　D. 皮之不存,毛将焉附

187. [2017 河北涿州]2016年7月,备受关注的出租车改革方案正式出台,网约车的合法身份终于得到确定,作为"互联网+"时代的新生事物,网约车取得合法身份只是万里长征的第一步。从哲学上看,这是因为(　　)

A. 内因是事物发展到何种程度的决定因素　B. 新事物的发展和壮大从来都不是一帆风顺的

C. 规律是客观的,人们在规律面前无能为力　D. 新事物的发展道路虽然曲折,但前途是光明的

188. [2017 山东德州]有这样一道数学题:"90%×90%×90%×90%×90%=?"其答案是约59%。90分看似是一个非常不错的成绩,然而,在一项环环相扣的连续不断的工作中,如果每个环节都打点折扣,最终得出的成绩就是不及格,这里蕴含的辩证法原理是(　　)

A. 肯定中包含否定　B. 量变引起质变

C. 必然性通过偶然性开辟道路　D. 可能和现实是相互转化的

189. [2017 山西省属]假如原有的学习水平为"1",在这个基础上多努力1%,获得的就是"1+1%"。一年365天,如果每天坚持这样做,就是"1+1%"的365次方,一年下来就是原来"1"的37.7834倍。这则励志公式告诉我们(　　)

A. 质变是量变的必然结果　B. 量变是质变的前提和必要准备

C. 矛盾的同一性和斗争性相互转化　D. 辩证的否定是事物发展和联系的环节

190. [2017 河南许昌]2016年里约奥运会和残奥会的吉祥物分别代表了巴西的动物和植物。历届奥运会吉祥物在设计时都遵循了"越是民族的,越是世界的"的理念,将最耀眼的本土文化呈现给世人。从哲学上看,这是因为(　　)

A. 整个世界是一个相互联系的统一整体　B. 整体由部分组成,整体离不开部分

C. 事物发展是量变和质变的统一　D. 矛盾的特殊性是一事物区别于其他事物的特殊本质

191. [2017 山东德州]"善泳者溺,善骑者堕,各以其所好反自为祸。"古人这句话对我们的哲学启示是(　　)

A. 事物在一定条件下是可以相互转化的　B. 要透过现象认识事物的本质

C. 人可以得于长处,也可以失于短处　D. 矛盾的主要方面决定事物的性质

192. [2017 河南平顶山新华]"没有哪一次巨大的历史灾难,不是以历史的进步为补偿的。"恩格斯这句话蕴含的哲理是(　　)

A. 矛盾双方相互排斥　B. 矛盾双方相互渗透

C. 矛盾双方在一定条件下相互依存　D. 矛盾双方在一定条件下相互转化

193. [2017 河南许昌]从儿童时期开始,我们接受的教育大多是"非黑即白":只有标准答案是对的,其他答案则不被允许和接受。长此以往,使得我们只求被动接受"标准答案",不敢尝试新事物。这给我们的反思是(　　)

A. 应善于寻找新思路,适度否定现存一切事物

B. 要以创新思维指导我们认识世界和改造世界

C. 推动教育的发展应创造思维活动的客观规律

D. 需在实践中推翻真理,实现真理的自我超越

194. [2017 河南平顶山新华]实践高于理论的认识是因为实践具有(　　)

A. 普遍性　B. 客观实在性　C. 直接现实性　D. 社会历史性

195. [2017 山东德州]"纸上得来终觉浅,绝知此事要躬行。"陆游这一名句强调的是(　　)

A. 实践是认识的来源　B. 实践是推动认识发展的动力

C. 实践是认识的目的　D. 间接经验毫无用处

196. [2017 山西省属]工匠精神是指工匠对自己的产品精雕细琢、精益求精的精神。富有工匠精神的工匠对细节有很高的追求，且追求完美和极致，对精品有着执着的坚持和追求，把品质从99%提高到99.99%，其利虽微，却造福了人们。从哲学上看，这种工匠精神强调的是(　　)

A. 用联系的观点看问题，要“墨守成规”，不要“吐故纳新”

B. 用对立统一的观点看问题，要“执两用中”，不要“标新立异”

C. 用发展的观点看问题，要“追求卓越”，不要“因循守旧”

D. 用实践的观点看问题，要“不拘一格”，不要“按图索骥”

197. [2017 山西大同]在马克思主义看来，实践是(　　)

A. 人们社会生活的一切活动　　B. 人们能动地认识世界的精神活动

C. 人们适应外部世界的本能反应　　D. 人们能动地改造世界的客观物质性活动

198. [2017 山东德州]从“两个一百年”奋斗目标到提出“中国梦”，从把握经济发展新常态到牢固树立五大发展理念，蕴藏鲜明时代内涵的治国理政总体方略与时俱进、不断发展，治国理政的总体方略的发展所体现的哲理是(　　)

A. 人类社会是一个不断发展变化的过程　　B. 真理反映的对象是客观事物及其规律

C. 真理性的认识随着实践的发展而发展　　D. 真理是否正确一定要经过实践的检验

199. [2017 山东德州]“知识就是力量”，对这一命题理解正确的是(　　)

A. 真理和价值是统一的　　B. 知识是社会发展的根本动力

C. 知识精英是历史的创造者　　D. 知识决定社会形态的更替

200. [2017 河北保定徐水]认识的主体性原则是指(　　)

A. 主观性原则　　B. 主体决定客体的原则

C. 主体的能动性原则　　D. 客体依赖主体的原则

201. [2017 山东济宁]饥饿的年代里，理想是温饱；温饱的年代里，理想是文明；战乱的年代里，理想是安定；安定的年代里，理想是繁荣。这体现的哲学道理是(　　)

A. 人的认识具有特殊性　　B. 人的认识受实践水平的限制

C. 人的认识是一种直接现实性活动　　D. 人的认识都是对未来的反映

202. [2017 山西大同]一个正确的认识需要多次反复才能完成，并且认识是永无止境的发展过程，这说明人类的认识是(　　)

A. 感性和理性的统一　　B. 理论和实践的统一

C. 正确和错误的统一　　D. 有限和无限的统一

203. [2017 山西大同]从哲学角度讲，形式主义和官僚主义的共同点是(　　)

A. 主观认识脱离客观实际　　B. 否认正确思想意识的指导作用

C. 违背党的原则和宗旨　　D. 以书本上的论断为出发点

204. [2017 吉林]网红经济和网红现象一方面受到热捧，另一方面受到非议和质疑。这表明(　　)

A. 文化作为一种精神力量能直接转化为生产力

B. 价值判断和价值选择没有客观标准

C. 人们对同一事物的认识具有差异性

D. 尽管事物之间是有联系的，但要分别对待

205. [2017 河南许昌]从今年开始，我国正式采用十四年抗战的说法。虽然海峡两岸此前都习惯称之为八年抗战，但从学术界根据史实的研究成果来看，十四年抗战的说法更科学，“九一八”后中国就开始了抗日战争。这说明(　　)

A. 社会意识随社会存在的变化而变化

B. 对同一个确定的对象总会存在多种不同的结论

C. 随着实践的发展,认识最终会从错误走向正确

D. 意识对物质的反映具有越来越全面、准确、深刻的总趋势

206. [2017山西省属]十八大以来,以习近平同志为核心的党中央,制定了一系列正确的路线、方针、政策,进一步促进了我国经济社会的发展。这说明(　　)

A. 经济基础的发展是由上层建筑决定的　B. 上层建筑的发展决定经济基础的发展方向

C. 上层建筑对经济基础有积极的能动作用　D. 我国发展不受经济基础决定上层建筑规律的制约

207. [2017河南许昌]我国机关事业单位工作人员养老保险制度进行改革,机关事业单位实行社会统筹与个人账户相结合的基本养老保险制度,由单位和个人共同缴费,这标志着存在了近20年的养老金“双轨制”的终结。这一改革的哲学依据是(　　)

A. 只有改革才能解决对抗性的社会矛盾　B. 生产关系一定要与生产力状况相适应的规律

C. 改革是社会主义发展的动力　D. 上层建筑一定要与经济基础状况相适应的规律

208. [2017山西大同]在生产关系体系中,起决定作用的是(　　)

A. 生产资料所有制形式　B. 产品的分配方式

C. 人们在生产中的生产工具　D. 人们之间的生产关系

209. [2017山西大同]先进生产力的集中体现和主要标志是(　　)

A. 劳动者　B. 劳动成果　C. 管理方式　D. 科学技术

210. [2017山东德州]我国当前改革的性质是(　　)

A. 一个阶级推翻另一个阶级的革命　B. 社会主义制度的自我完善和发展

C. 社会主义市场经济体制的自我完善和发展　D. 社会主义政治制度的自我完善和发展

211. [2017河南平顶山新华]科学技术革命作为社会劳动体系中的一种劳动,它是(　　)

A. 社会发展的直接动力　B. 社会发展的根本动力

C. 社会发展的一般动力　D. 社会发展的有力杠杆

212. [2017河南平顶山新华]经济基础是指(　　)

A. 生产力和生产关系的有机统一

B. 同生产力的一定发展阶段相适应的生产关系的总和

C. 同生产力的一定发展阶段相适应的占统治地位的各种社会关系的总和

D. 同生产力的一定发展阶段相适应的占统治地位的生产关系各方面的总和

213. [2017山东德州]群众路线的理论基础是(　　)

A. 社会基本矛盾原理　B. 经济基础决定上层建筑的原理

C. 人民群众是历史创造者的原理　D. 生产力决定生产关系的原理

214. [2017河南许昌]青年处在价值观形成和确立的时期,抓好这一时期的价值观养成十分重要。这就像穿衣服扣扣子一样,如果第一粒扣子扣错了,剩余的扣子都会扣错。从哲学上看,这里强调青年要扣好人生的“第一粒扣子”,是因为(　　)

A. 一切工作都应该从正确的价值观出发　B. 价值判断是在价值选择的基础上作出的

C. 价值观对人生实践具有重要的导向作用　D. 社会提供的客观条件是实现人生价值的前提

215. [2017湖北特岗]2016年9月,李克强总理在联合国总部主持“可持续发展目标:共同努力改造我们的世界——中国主张”座谈会。用“中国主张”助推世界可持续发展,这反映出(　　)

A. 必须坚持集体主义价值观　B. 价值观是社会存在的正确反映

C. 价值观能够指导人们采取正确的行动　D. 人类活动都是在一定的价值观指导下进行的

二、多项选择题(下列每小题列出的四个选项中至少有两项是正确的。)

1.[2021辽宁葫芦岛]“在全面深化改革中,我们要坚持以经济体制改革为主轴,努力在重要领域和关键环节改革上取得新突破,以此牵引和带动其他领域改革。”此观点体现了(　　)

A.两点论和重点论相统一　　B.主要矛盾与次要矛盾关系原理

C.内部矛盾与外部矛盾相互转化原理　　D.矛盾的普遍性与特殊性相统一的原理

2.[2021辽宁葫芦岛]习近平总书记强调,我们要在全社会大力弘扬伟大抗疫精神,使之转化为全面建设社会主义现代化国家、实现中华民族伟大复兴的强大力量。关于这一重要讲话,以下理解中正确的有(　　)

A.伟大抗疫精神是一种积极的社会意识　　B.伟大抗疫精神是一种强大的精神力量

C.伟大抗疫精神可以直接转化为物质力量　　D.伟大抗疫精神形成于中国人民抗疫实践

3.[2020河北邢台任泽]属于主观唯心主义观点的是(　　)

A.存在就是被感知　　B.物是观念的集合

C.心外无事,心外无理　　D.万物在我心中

4.[2020山东青岛]下列属于唯物主义的代表人物的有(　　)

A.罗素　　B.黑格尔　　C.墨子　　D.王守仁

5.[2020山东青岛]封建社会女性地位低,随着社会的发展,两性平等越来越受到重视,女性在社会各个领域都发挥着重要作用,这说明(　　)

A.社会存在决定社会意识　　B.社会意识随着社会存在的变化而变化

C.社会意识的内容有时可以决定社会存在　　D.社会意识的发展始终与社会存在保持一致

6.[2019河北邢台]马克思主义的根本特性是(　　)

A.阶级性　　B.实践性　　C.客观性　　D.人民性

7.[2019山西长治潞州]习近平总书记告诫广大青年要牢记“空谈误国、实干兴邦”,立足本职、埋头苦干,从自身做起,从点滴做起,用勤劳的双手、一流的业绩成就属于自己的人生精彩。习近平总书记的话包含的哲学道理包括(　　)

A.要重视实践的作用　　B.要一切从实际出发

C.要充分发挥主观能动性　　D.要重视发挥外因的作用

8.[2019河南信阳浉河]为积极推进生态文明建设,实现中华民族永续发展,我们必须树立和践行“绿水青山就是金山银山”的理念,坚持节约资源和保护环境的基本国策,像对待生命一样对待生态环境,其中蕴含的哲学道理有(　　)

A.运动是物质固有的根本属性　　B.生态环境的变化发展有它固有的规律

C.认识自然规律是改造自然规律的前提　　D.按规律办事才能实现人类的价值追求

9.[2019河北邢台]我国古代哲学家王夫之认为:“动静者,乃阴阳之动静也。”“皆本物之固然。”“静者静动,非不动也。”“静即含动,动不含静。”“动、静,皆动也。”这在哲学上表达了(　　)

A.运动和静止都是物质的固有属性　　B.静止是运动的特殊状态,是缓慢不显著的运动

C.静止是相对的,运动是绝对的　　D.运动是静止的总和

10.[2019河南平顶山]下列选项中,表述量变是质变的基础的有(　　)

A.不积小流,无以成江海　　B.不积跬步,无以至千里

C.不入虎穴,焉得虎子　　D.千里之堤,溃于蚁穴

11.[2019湖北特岗]矛盾是事物发展的源泉和动力,它具有普遍性和特殊性,矛盾的特殊性是指(　　)

A.不同的事物有不同的矛盾

B.矛盾双方相互排斥、对立

C. 同一事物在发展的不同过程和不同阶段上有不同的矛盾

D. 同一事物中的不同矛盾，同一矛盾的两个不同方面各有其特殊性

12. [2019山东济南]随着智能手机的普及以及二维码市场的发展壮大，第三方移动支付的交易规模空前盛大，扫码及刷脸支付给消费者带来便利的同时也带来了许多弊端，如被盗、客户隐私泄露等安全问题，这给我们的启示是(　　)

A. 任何事物都是矛盾的统一体　　B. 新事物的成长要经历曲折的发展过程

C. 必然为偶然开辟道路　　D. 矛盾的斗争性始终处于主要的方面

13. [2019山东德州乐陵]虽然不断升级的电脑病毒和无孔不入的不良手机短信使人们防不胜防，但是互联网的迅速发展和广泛使用，以及手机的技术升级和普及，还是给人们的日常生活带来了极大的便利，这说明(　　)

A. 任何事物都包含着对立统一的两个方面　　B. 矛盾双方的统一是主要的，对立是次要的

C. 矛盾双方的统一是绝对的，对立是相对的　　D. 矛盾双方相对应而存在，相斗争而发展

14. [2019河北石家庄市属]春节本质上是一种文化需求，集中体现在各种年俗活动中。以往，“吃顿好的”“走走亲戚”“拜拜年”，如今，人们过年的方式呈现多样化，有人“北上赏雪”，有人“南下避寒”，有人过“健身年”……新年俗的出现折射出(　　)

A. 传统春节文化的根本性质发生了变化　　B. 年俗的变化呈现出阶段性的特点

C. 事物的现象是多变的，本质是稳定的　　D. 事物的现象与其本质都是直接统一的

15. [2019山东德州]马克思曾在《关于费尔巴哈的提纲》中指出“全部社会生活在本质上是实践的”，强调哲学的重要使命在于指导实践、改造世界。实践的基本特征包括(　　)

A. 客观物质性　　B. 统一性　　C. 自觉能动性　　D. 社会历史性

16. [2019山东烟台芝罘]下列关于真理问题的说法正确的是(　　)

A. 真理是对客观事物本质和规律的正确认识

B. 真理是绝对性和相对性的统一

C. 真理是一元性和多元性的统一

D. 真理是标志主观与客观相符合的哲学范畴

17. [2019河南平顶山]真理具有客观性，真理的客观性是指(　　)

A. 真理是不依赖于意识的客观存在　　B. 真理是不以人的意志为转移的客观规律

C. 真理中包含着不依赖于人的客观内容　　D. 真理的检验标准是客观的社会实践

18. [2019河南平顶山]人类生存对地理环境的依赖性主要表现在(　　)

A. 地理环境是人类生存的场所　　B. 地理环境决定经济政治制度

C. 地理环境决定文化和意识形态　　D. 地理环境为人类提供生活资料和生产建设的资源

19. [2019山东德州]生产力是人类在生产实践中形成的改造和影响自然以使其适合社会需要的物质力量。生产力具有复杂的系统结构，其基本要素包括(　　)

A. 劳动资料　　B. 劳动对象　　C. 劳动者　　D. 劳动关系

20. [2019山东]2018年是我国实行改革开放40周年。习总书记多次强调，要坚持全面深化改革，只有改革开放才能发展中国。我国之所以高度重视改革，是因为改革能(　　)

A. 推动经济基础与上层建筑相适应　　B. 推动生产关系与生产力相适应

C. 进一步解放和发展生产力　　D. 从根本上改变政治经济体制和社会基本制度

21. [2019山东德州乐陵]党的十九大报告要求深化国家监察体制改革，组建国家、省、市、县监察委员会

同党的纪律检查机关合署办公,实现对所有行使公权力的公职人员监察全覆盖,这一要求( )

A. 通过调整生产关系以促进生产力发展 B. 通过完善上层建筑以巩固经济基础

C. 体现了以人民为中心的价值导向 D. 表明生产方式的变革决定社会形态的更替

22. [2019河南信阳浉河]习近平总书记指出,将改革进行到底,要勇于突破利益固化藩篱,坚决清除妨碍生产力发展的体制机制障碍。这表明( )

A. 改革中面对的社会基本矛盾是对抗性的 B. 改革是社会主义制度的自我完善和发展

C. 改革决定了社会的性质和总体面貌 D. 改革必须坚持以人民为中心的发展思想

23. [2019河北秦皇岛市属]政之所兴在顺民心,政之所废在逆民心。中央强调,老百姓关心什么、期盼什么,改革就要抓住什么、推进什么,通过改革给人民群众带来更多获得感。从唯物史观看,重视民心( )

A. 是衡量社会发展道路正确与否的根本标准

B. 可以对经济社会发展起积极的推动作用

C. 是贯彻党的群众观点和群众路线的重要保证

D. 体现了历史的创造者是人民

24. [2019辽宁大连瓦房店]蒲松龄在创作《聊斋志异》时,在路边设立茶楼,通过听群众讲故事来搜集素材。这说明( )

A. 人民群众是社会物质财富的创造者

B. 人民群众的生活和实践是一切精神财富形成和发展的源泉

C. 人民群众的实践为精神财富的创造提供了必要的物质条件

D. 人民群众是社会精神财富的创造者和传播者

25. [2018河北保定]造大楼得先设计图纸,然后造楼。这说明( )

A. 意识决定物质 B. 意识对物质有能动作用

C. 意识活动具有目的性、计划性 D. 意识可以创造物质

26. [2018内蒙古通辽]意识的作用在于它能够能动地( )世界。

A. 认识 B. 改造 C. 创造 D. 消灭

27. [2018内蒙古通辽]运动和静止的关系表现为( )

A. 运动就是静止,静止就是运动 B. 绝对和相对的关系

C. 静止中包含运动 D. 运动时有静止的存在

28. [2018重庆大渡口]下列属于马克思主义哲学唯物辩证法规律的有( )

A. 对立统一规律 B. 否定之否定规律

C. 科技是第一生产力规律 D. 量变质变规律

29. [2018山东聊城]毛泽东同志曾说过:"人对社会的实践,不限于生产活动一种形式,还有很多其他的形式,阶级斗争、政治生活、科学和艺术的活动。"从内容上看,实践可以划分的类型包括( )

A. 物质生产实践 B. 社会政治实践 C. 审美想象实践 D. 科学文化实践

30. [2018河南禹州]深刻把握我国社会主要矛盾发生变化的新特点,对决胜全面建成小康社会、全面建设社会主义现代化强国,具有十分重要的意义。这一观点表明( )

A. 从实际出发才能有效地认识和改造世界 B. 认识的不断完善决定着实践的不断深化

C. 客观事物暴露和展现本质会有一个过程 D. 认识世界的最终目的在于指导实践活动

31. [2018河南信阳浉河]安全生产是生产发展的底线,缺乏安全意识是最大的安全隐患,麻痹大意往往导致生产事故频发。从哲学上看,安全意识之所以成为安全生产的关键,是因为( )

A. 人的意识决定了实践发展的方向和进程

B. 人的意识影响实践发展的趋势和结果

C. 人的意识是促成实践中的矛盾转化的重要条件

D. 人的意识不同,实践结果的性质就会不同

32. [2018河南信阳浉河]国企改革是个“摸着石头过河”的试错过程。几十年来,我们在国有企业改革的历程中积累了丰富的经验。当前我国的国有企业改革将通过顶层设计,加速改革进程。材料体现的认识论的观点是(　　)

A. 实践具有能动性　　B. 认识是实践的目的

C. 实践是认识的来源　　D. 真理面前人人平等

33. [2018内蒙古通辽]下列选项中,关于真理的解释正确的有(　　)

A. 学术权威即真理　　B. 顺应民意即真理

C. 主观意识与客观规律相一致即真理　　D. 对客观事物及其规律的正确认识即真理

34. [2018山东滨州]下列说法错误的有(　　)

A. 意识是客观存在的主观映象　　B. 马克思主义是真理,因此它也是检验真理的标准

C. 真理是客观的,客观事物就是真理　　D. 鬼神观念和错误的认识也是客观世界的反映

35. [2018山东聊城东昌府]世界每时每刻都在发生变化,中国也每时每刻都在发生变化,我们必须在理论上跟上时代,不断认识规律,不断推进理论创新、实践创新、制度创新、文化创新以及其他各方面创新。之所以要注重创新是因为(　　)

A. 事物是不断变化发展的　　B. 认识具有反复性、无限性和上升性

C. 实践是认识的来源和动力　　D. 发展是前进性和曲折性的统一

36. [2018山东统考]东汉末年,王朝分崩离析,群雄逐鹿,“一时多少豪杰”,然而统一天下的既不是挟天子以令诸侯,占据天时的曹操,也不是有卧龙、凤雏、五虎上将辅助,笼络人心,占据人和的刘备,更不是凭长江之险,占据地利的孙权,而是司马氏。这说明了(　　)

A. 历史发展的总趋势不以任何人的意志为转移

B. 历史结果总是在许多单个意志相互冲突形成的“历史合力”中产生出来

C. 历史发展是神秘的,不可测知的

D. 历史人物的产生是必然性和偶然性的统一

37. [2018河南信阳浉河]全面建成小康社会,根本上靠劳动、靠劳动者创造,无论时代条件如何变化,我们始终都要崇尚劳动、尊重劳动者。从唯物史观看,这是因为(　　)

A. 劳动是创造美好生活、促进人的自由全面发展的重要手段

B. 劳动是人的存在方式,劳动群众的生产活动是社会存在和发展的基础

C. 正确的价值观念不会随条件的改变而改变

D. 尊崇劳动的信念对社会的发展进步具有决定性意义

38. [2018河南禹州]李克强总理在2018年《政府工作报告》中指出:“倾情倾力做好托底工作,不因事难而推诿,不因善小而不为,要让每一个身处困境者都能得到社会的关爱和温暖。”我国政府“倾情倾力做好托底工作”,是因为(　　)

A. 人民群众的根本利益与社会发展规律是统一的

B. 社会底层的群众没有自己解放自己的能力

C. 党和政府把人民群众的利益作为最高的价值标准

D. 群众观点和群众路线是马克思主义哲学的基本观点

39. [2018河北保定市属]某地对于干部作风建设有一个形象的比喻,说的是当干部要有“三盆水”:一盆水洗头,更新观念,与时俱进;一盆水洗手,干净干事,勤政廉洁;一盆水洗脚,深入群众,调查研究。强调干部要“洗脚”,是因为(　　)

A. 人民群众是实践的主体　　B. 一切真知来源于社会实践

C. 人民群众中蕴藏着无穷的智慧　　D. 改造客观世界和改造主观世界是统一的

40. [2017河北保定徐水]马克思主义哲学物质观的意义是(　　)

A. 指出物质的唯一特性是客观实在性,批判了唯心论和二元论

B. 坚持了物质世界的可知性,体现了本体论和认识论的统一

C. 坚持了世界的多样性物质统一,克服了旧唯物主义物质观的缺陷,体现了唯物论和辩证法的统一

D. 坚持了自然界和人类社会的物质统一性,体现了自然观和历史观的统一

41. [2017河北保定]下列说明意识的本质的有(　　)

A. 意识是人脑的机能　　B. 意识是社会劳动的产物

C. 意识是对物质的反映　　D. 意识是客观存在的主观映象

42. [2017河南许昌]杭州对大数据的分析和应用成为治堵新发力点。在路网规划、精确治堵、科学调配资源等方面,都能看到“城市大脑”和大数据发挥的“智慧”作用。为治堵点赞的唯物论依据是(　　)

A. 根据不断变化的情况决定治堵措施　　B. 把城市治堵作为工作的重中之重

C. 善于在具体的城市发展中掌握和利用规律　　D. 发挥大数据在城市管理中的决定作用

43. [2017山东济宁]“事情只要有可能出错,就一定会出错”,这就是被称为二十世纪西方文化三大发明之一的墨菲定律,它给我们的忠告是(　　)

A. 要容忍各种错误　　B. 努力从偶然中把握必然

C. 要避免盲目乐观　　D. 具体分析事物的各种联系

44. [2017吉林]下列说法中体现正确对待矛盾特殊性原理的有(　　)

A. 物极必反,相反相成　　B. 绳锯木断,水滴石穿

C. 因时制宜,因地制宜　　D. 对症下药,量体裁衣

45. [2017山西省属]在社会主义市场经济建设中,我们强调要实现竞争双方或多方的“合作共赢”,其哲学理论依据有(　　)

A. 矛盾双方或多方在相互竞争中获得共同发展

B. 矛盾的一方克服矛盾的另一方而使自身获得发展

C. 矛盾的一方的存在和发展以另一方的存在和发展为条件

D. 矛盾双方或多方相互吸引有利于自身的因素,促进自身发展

46. [2017湖北特岗]现象包括真相和假象,下列关于假象的说法正确的是(　　)

A. 是本质的否定现象　　B. 是主观的

C. 容易使人产生错觉　　D. 是客观的

47. [2017河北涿州]鲁迅曾说过:“单是说不行,要紧的是做。”他不喜欢那些一味唱高调、挂招牌却不去踏实做事、拿不出具体作品的空头文学家。他还说:“巨大的建筑,总是由一木一石叠起来的,我们何妨做做这一木一石呢?我时常做些零碎事,就是为此。”鲁迅并不长寿,但他一生所做的工作很让人震撼。这表明了(　　)

A. 要重视量的积累　　B. 要积极促进事物的质变

C. 要重视实践,一切从实际出发　　D. 量的大小决定事物的性质

48.［2017河北张家口］下列古诗句汇总中，包含了“新事物是符合事物发展规律，具有强大生命力和远大发展前途的，新事物必然战胜旧事物”的哲学原理的有（ ）

A. 沉舟侧畔千帆过，病树前头万木春 B. 芳林新叶催陈叶，流水前波让后波

C. 历尽天华成此景，人间万事出艰辛 D. 冬青树上挂凌霄，岁晏花凋树不凋

49.［2017山东统考］我国从1981年开始征收个人所得税，当时个人所得税的起征点是800元，2006年提高到1600元，2008年提高到2000元，2011年提高到3500元，近期一些专家学者提出，应进一步上调个人所得税起征点。个人所得税起征点的不断调整，说明（ ）

A. 社会存在决定社会意识 B. 社会意识随着社会存在的变化而变化

C. 社会意识的内容有时可以决定社会存在 D. 社会意识的发展始终与社会存在保持一致

50.［2017山东德州］“感动中国”十大人物评选，已经超出了感动的意义，更催人行动。这件事说明价值评价是（ ）

A. 实践活动的精神驱动力 B. 实践活动发展的导向

C. 实践活动发展的规范因素 D. 实践活动发展的决定力量

51.［2017河北涿州］下列关于人的价值的观点中，正确的是（ ）

A. 人的价值具有目的性和工具性的二重性

B. 个人价值的问题实质是人和社会的关系问题

C. 人的价值是一种能够创造价值的价值，是一切价值中最高的价值

D. 人的价值就是人对自身的意义，就在于人能够创造价值以满足自身的需要

52.［2017山东德州］汉字激光照排系统的发明人、两院院士王选教授曾说过：“一个献身科学的人注定要比常人多吃苦，他必然会失掉常人所享受的许多乐趣，但他也能得到常人所享受不到的许多快乐。”他的话表明（ ）

A. 从事科研工作更能实现人生价值 B. 人生的价值不在于人的自然本性的满足

C. 献身科学的人更能实现苦乐转化 D. 人生的价值不应以个人的得失作为标准

三、判断题（判断下列每小题的正误，正确的打“√”，错误的打“×”。）

1.［2021河北石家庄市属］成语“千里之堤，溃于蚁穴”体现了量变达到一定程度必然引起质变。（ ）

2.［2021河北石家庄市属］谎言是成不了真理的，因为真理最基本的属性是客观性。（ ）

3.［2021辽宁葫芦岛］“万物莫不有对，一阴一阳，一善一恶”说明矛盾是普遍存在的。（ ）

4.［2020河南信阳市属］马克思主义强调的人民，不是抽象的、超阶级的“人”，而是以工人阶级为主的包括广大人民群众的具体的人。（ ）

5.［2020山西大同平城］人在心情愉快时会感到“光阴似箭”，心情抑郁时则觉得“度日如年”。其实时间的速度是相对稳定的，变化的是“人心”“感觉”和人的时间观念。（ ）

6.［2020山西大同平城］“思路决定出路”是许多改革成功者的经验之谈。这从哲学角度看，反映了“意识具有能动作用”的哲学原理。（ ）

7.［2020河南信阳市属］“参天之木，必有其根；怀山之水，必有其源”属于形而上学的观点。（ ）

8.［2020山西大同平城］俗话说：“花在树则生，离枝则死；鸟在林则乐，离群则悲。”这句话的哲学寓意是：局部性质和意义的体现离不开整体。（ ）

9.［2020河北石家庄市属］存储能力更强的介质不断涌现，说明事物发展的方向是前进的、上升的。（ ）

10.［2020河北石家庄市属］84岁的钟南山院士满腔责任为国为民，奔波在战疫第一线，说明实现人生价值需要正确价值观的指引。（ ）

11. [2020 河南信阳市属]文化作为一种精神现象,从根本上说,源于社会生活,尤其源于一定社会的物质生产活动,文化是社会生活、社会存在的反映。 ( )

12. [2020 河北石家庄市属]由于市民健康意识不足,导致分餐制的落实面临诸多掣肘,表明社会意识具有相对独立性。 ( )

13. [2019 山东烟台开发区]世界的物质统一性原理是辩证唯物主义最基本、最核心的观点,是马克思主义哲学的基石。 ( )

14. [2019 内蒙古包头东河]马克思主义哲学的精髓是:解放思想,实事求是,与时俱进。 ( )

15. [2019 河北石家庄市属]“改革永远在路上”是运动与静止辩证统一的生动写照。 ( )

16. [2019 河北石家庄市属]港珠澳大桥的贯通,说明人们有时可以根据需要建立新的具体联系。 ( )

17. [2019 重庆南川]唯物辩证法是关于普遍联系和永恒发展的科学,因此联系和发展的观点是唯物辩证法的总特征。 ( )

18. [2019 重庆奉节]“蝴蝶效应”表明任何事物之间都是互相联系的。 ( )

19. [2019 河北石家庄新乐]事物之间的联系是普遍的、客观的、无条件的。 ( )

20. [2019 重庆南川]“金无足赤,人无完人”说明人的优点和缺点各占一半。 ( )

21. [2019 河北石家庄市属]实践、认识、再实践、再认识,这表明认识是一种圆圈式的循环运动。( )

22. [2019 河北石家庄新乐]上层建筑的核心是政治、法律思想。 ( )

23. [2019 山西吕梁]意识形态话语权主要是指在社会思潮中,引导民心、决定社会舆论走向等方面的能力。它事关国家兴亡盛衰,忽视不得。因此,不同的社会制度都在这一点上认识趋同并紧抓不放。 ( )

24. [2019 河北石家庄市属]党和国家事业发展的一切成就都归功于人民,因为人民是历史的创造者。 ( )

25. [2019 山东德州乐陵]人民群众是历史的缔造者,是真正的英雄,也是社会发展的根本动力。( )

26. [2019 内蒙古包头东河]我国改革的性质是社会主义制度的自我完善和发展。 ( )

27. [2018 河北石家庄]唯物辩证法和形而上学斗争的焦点集中于是否承认事物的内部矛盾。 ( )

28. [2018 内蒙古通辽]辩证法认为,世界是互相联系、变化发展的,事物的内部矛盾是发展的根本动力。 ( )

29. [2018 河北石家庄]辩证法既可以和唯物主义结合,也可以和唯心主义同流。 ( )

30. [2018 河北石家庄]“仁者见仁,智者见智”说明意识受主体状态的影响。 ( )

31. [2018 河北石家庄]马克思主义哲学认为,自由是正确地认识规律并按规律办事。 ( )

32. [2018 山西长治襄垣]马克思主义的辩证唯物主义和历史唯物主义,是科学的世界观和方法论。 ( )

33. [2018 山西长治襄垣]人们可以通过自己的努力“梦想成真”,这说明意识活动是具有直接现实性的。 ( )

34. [2018 河北石家庄]发展就是变化,不仅包括新事物的产生和旧事物的灭亡,也包括事物数量的增长和场所的变更。 ( )

35. [2018 重庆大渡口]马克思主义唯物史观承认英雄人物或个别事件有时会决定历史发展的基本趋势。 ( )

36. [2018 内蒙古通辽]生产力高低是衡量社会进步的根本尺度,也是唯一尺度。 ( )

37. [2018 河北石家庄市属]人民群众的生活和实践,是一切精神财富形成和发展的源泉。 ( )

38. [2018 河北石家庄市属]价值观对人生道路的选择,具有积极的导向作用。 ( )

39. [2017河南许昌]“稳中求进”的原则体现了绝对运动和相对静止的辩证关系。 ( )

40. [2017河南许昌]世界上没有不变的规则,只有不变的规律。 ( )

41. [2017河北保定顺平]充分发挥主观能动性,人们就能突破历史条件所许可的范围,开拓新的局面。 ( )

42. [2017河南许昌]“一带一路”连接了沿线国家,这种联系虽具有“人化”的特点,但仍然是客观的。 ( )

43. [2017河北保定顺平]否定之否定规律揭示了事物发展的方向和道路。 ( )

44. [2017河北保定]“面子”一词有着浓厚的东方文化色彩,囊括了人的地位、财富、尊严、人格等内涵,是人们进行社交活动的外观表征,代表着他人、社会对个人的综合评价。尽管时代发生了很大的变化,但人们重“面子”的观念依旧存在。这说明社会意识具有相对独立性。 ( )

综合能力提升

一、单项选择题(下列每小题列出的四个选项中只有一项是正确的。)

1. [2020湖北特岗]下列选项与“天行有常,不为尧存,不为桀亡”所表达的哲学道理,最为相近的是( )

A. 天不言而四时行,地不语而百物生 B. 黑发不知勤学早,白首方悔读书迟

C. 卧看满天云不动,不知云与我俱东 D. 不识庐山真面目,只缘身在此山中

2. [2020河北邢台任泽]杜甫诗云“江碧鸟逾白,山青花欲燃”,下列与该诗句体现的哲学道理相同的是( )

A. 人间四月芳菲尽,山寺桃花始盛开 B. 蝉噪林逾静,鸟鸣山更幽

C. 挽弓当挽强,用箭当用长 D. 年年岁岁花相似,岁岁年年人不同

3. [2020河北石家庄市属]习近平总书记指出:“制度自信不是自视清高、自我满足,更不是裹足不前、固步自封,而是要把坚定制度自信和不断改革创新统一起来,在坚持根本政治制度的基础上,不断推进制度体系完善和发展。”这说明( )

A. 坚持和发展是对立统一的 B. 规律是在社会实践中创造的

C. 社会意识决定社会存在 D. 整体与部分相互支配

4. [2020山西大同平城]随着生产和生活垃圾的急剧增加,垃圾处理已成为一个重要的社会和经济问题。而有关专家却说“垃圾是放错了地方的资源”。将垃圾看成“放错了地方的资源”,从哲学角度看,这是( )

A. 坚持了联系的观点,认为世界上一切事物都是内在联系的

B. 肯定了矛盾主次之分,看到了矛盾主要方面决定事物性质

C. 坚持了矛盾分析法,看到矛盾双方在一定条件下可以相互转化

D. 遵循了矛盾普遍性和特殊性辩证关系原理,看到了矛盾的普遍性

5. [2020河南信阳市属]成功的背后永远是艰辛努力。大事全是由小事积累起来的,要把小事当作大事干,一步一个脚印往前走,滴水可以穿石,只要坚韧不拔、百折不挠,就一定能够成功。其中体现的哲学关系不包括( )

A. 原因和结果 B. 量变和质变 C. 个性和共性 D. 物质和意识

6. [2020山西太原晋源]下列不符合否定之否定规律的是( )

A. 团结—批评—团结 B. 麦粒—麦株—麦粒

C. 地心说—日心说—三维空间 D. 白天—黑夜—白天

7. [2020山西太原晋源]下列与“自古逢秋悲寂寥,我言秋日胜春朝”蕴含相同哲理的是( )

A. 横看成岭侧成峰,远近高低各不同 B. 少小离家老大回,乡音无改鬓毛衰

C. 七十二溪成一瀑,合流飞落玉渊长 D. 东边日出西边雨,道是无晴却有晴

8. [2019山东烟台莱州]在马克思看来，作为认识和改造世界的独特方式，真正的哲学必然要以自己的方式“浸进同时代人的灵魂”，在与时代的现实交互中变为文明之精粹。这说明真正的哲学(　　)

①把握了时代的脉搏，是自己时代精神的精华

②是最新的哲学成果，是支配时代发展的物质力量

③是对社会生活的总结和升华，可以决定社会的前进方向

④正确反映了时代的任务和要求，是认识和改造世界的有力工具

A. ①②　　B. ①④　　C. ②③　　D. ③④

9. [2019山东德州乐陵]思维和存在的关系问题是哲学的基本问题，二者谁为第一性是划分唯物主义和唯心主义的根本标准，下列理念或观点中属于唯物主义哲学范畴的是(　　)

A. 心外无物　　B. 眼开则花明，眼闭则花寂

C. 理在气先　　D. 天行有常，不为尧存，不为桀亡

10. [2019河北邢台]人工智能的出现对马克思主义哲学意识论的意义是(　　)

A. 否定了物质对意识的决定作用　　B. 改变了人类意识活动的规律性

C. 肯定了人工智能可以代替意识的能动活动　　D. 丰富了物质和意识相互关系的内容

11. [2019河北邢台市属]“心晴的时候，雨也是晴；心雨的时候，晴也是雨。”这是汪国真散文集中的经典名句。下列选项与这句话蕴含的哲理相一致的是(　　)

A. 春风得意马蹄疾，一日看尽长安花　　B. 天若有情天亦老，人间正道是沧桑

C. 试玉要烧三日满，辨材须待七年期　　D. 自古逢秋悲寂寥，我言秋日胜春朝

12. [2019河南安阳龙安]坚持推动构建人类命运共同体，是新时代中国特色社会主义基本方略，对于统筹国内国际两个大局，始终不渝走和平发展道路、奉行互利共赢的开放战略，坚持正确义利观，始终做世界和平的建设者、全球发展的贡献者、国际秩序的维护者，具有十分重要的指导意义。材料表明(　　)

①事物之间的联系具有普遍性，也具有客观性

②人为事物的联系因人的参与而丧失客观性

③人们可以根据自己的主观愿望创造事物之间的联系

④根据事物固有联系建立新的联系能够造福人类

A. ①②　　B. ①④　　C. ②③　　D. ③④

13. [2019重庆南川]下列选项中体现出了同一哲学道理，除了(　　)

A. 对症下药　　B. 与时偕行　　C. 见风使舵　　D. 入乡随俗

14. [2019河北保定唐县]“蓬生麻中，不扶而直；白沙在涅，与之俱黑”，下列典故和成语体现的道理与之一致的是(　　)

①孟母三迁　②耳濡目染　③万物尽秋气，一室难为春　④近朱者赤，近墨者黑

A. ①②④　　B. ①②③　　C. ①③④　　D. ②③④

15. [2019河北邢台市属]近年中美贸易战硝烟弥漫，祸起美国的贸易保护主义。中国商务部发言人曾经说过：“在国际经贸领域，我们不赞成把经贸关系简单地看作此消彼长的竞争，或是你输我赢的零和游戏。”美国将中国定位为“竞争对手”，中国将美国视为“合作者”，从哲学上看(　　)

A. “竞争”注重同一性，“合作”更加强调斗争性

B. 中美间的“斗争”是暂时的，“同一”是相对的

C. 中美间的“斗争”以中美间的“同一”为前提

D. 中美间既“同一”又“斗争”，推动中美关系的发展

16. [2019山东统考]“一个时代有一个时代的主题，一代人有一代人的使命。中国特色社会主义进入新时代，新的历史方位、新的社会主要矛盾、新的现代化时间表……新征程上，向高处登攀、向远方前行，还有

一道道山梁需要翻越，一个个险滩必须跋涉。”上述材料蕴含的哲理是( )

A. 矛盾无处不在无时不有　　B. 发展的方向和道路是曲折的

C. 同一事物在不同阶段有不同的矛盾　　D. 不同的事物有不同的矛盾

17. [2019山东烟台开发区]习近平总书记指出，世界面临百年未有之大变局，变局中危和机同生并存，这给中华民族伟大复兴带来了重大机遇。要善于化危为机、转危为安，紧扣重要战略机遇新内涵，变压力为加快推动经济高质量发展的动力。这一论断反映的辩证法原理有( )

①矛盾的同一性寓于斗争性之中　　②“两点论”和“重点论”相结合

③主要矛盾对事物发展起决定作用　　④矛盾双方在一定条件下相互转化

A. ①③　　B. ②③　　C. ①④　　D. ②④

18. [2019河南安阳龙安]“枫桥经验”的核心内容，就是通过发动和依靠群众，做到矛盾不上交，就地解决。实现了捕人少、治安好。推动“枫桥经验”从地方精致的“盆景”上升为全国精彩的“风景”，需要各地积极探索社会治理新思路新举措，从治安领域扩展到经济、政治、文化、社会、生态等领域。学习“枫桥经验”应该( )

①坚持客观与主观的具体的历史的统一，把“枫桥经验”与当地实际结合起来

②以“枫桥经验”为指导，坚持“普遍—特殊—普遍”的工作方法

③在辩证否定中不断发展“枫桥经验”，创新社会治理方式

④坚持真理的具体性、条件性，一切以时间地点条件为转移

A. ①②　　B. ①③　　C. ②④　　D. ③④

19. [2019河北石家庄市属]推动我国经济实现高质量发展，需要大力推进科技创新与市场应用紧密结合，提升科研成果转化效率，坚持以科技创新为引擎，增添经济发展新动能。这表明( )

A. 创新推动人类思维方式的变革　　B. 创新是社会发展和变革的先导

C. 创新永无止境，实践就永无止境　　D. 创新推动社会生产力的发展

20. [2019河南平顶山]“山近月远觉月小，便道此山大于月；若人有眼大如天，还见山小月更阔。”与此句哲理相近的是( )

A. 不识庐山真面目，只缘身在此山中　　B. 若言声在指头上，何不于君指上听

C. 问渠那得清如许，为有源头活水来　　D. 纸上得来终觉浅，绝知此事要躬行

21. [2019山东统考]1952年，柳青辞去了陕西省长安县县委副书记职务，到当地的皇甫村生活14年，集中精力创作《创业史》。因为他对陕西关中农民的生活有深入了解，所以笔下的人物栩栩如生，《创业史》因此成为中国农村题材的代表作，被誉为“经典性的史诗之作”。《创业史》的创作成功说明了( )

A. 服务于人民群众的生活、实践活动是文学创作的目的

B. 文学创作要对人民群众的生活、实践活动作直观反映

C. 直接经验比间接经验更可靠，文学创作要体验生活

D. 文学创作的源泉是人民群众的生活、实践活动

22. [2019山西吕梁]下列选项中，不能体现客观实践决定认识的是( )

A. 春江水暖鸭先知　　B. 不入虎穴，焉得虎子

C. 近水知鱼性，近山识鸟音　　D. 学习的敌人是自己的满足

23. [2019山西大同平城]最近，科学家设计和制造出一种小蛋白，这种小蛋白能自我组装成螺旋状的蛋白长丝。该研究有助于更好地了解天然蛋白丝，进而研制出自然界没有的全新材料，如超过蜘蛛丝强度的人造纤维等。这表明( )

①人类能够基于事物固有的联系建立新的联系

②实践可以把自在事物的联系转化为人为事物的联系

③人为事物的联系比自在事物的联系更高级、更复杂

④人为事物的联系以人的意志为转移，具有“人化”的特点

A. ①②　　B. ①④　　C. ②③　　D. ③④

24. [2019河南安阳龙安]2019年1月3日，嫦娥四号探测器成功自主着陆在月球背面。1月11日，嫦娥四号着陆器与玉兔二号巡视器在“鹊桥”中继星支持下顺利完成互拍，地面接收图像清晰完好。从嫦娥一号到嫦娥四号，中国航天人大胆创新、努力探索，使中国航天逐梦之旅越来越辉煌。材料体现了(　　)

①人类实践的社会历史性推动着科学技术日益进步

②科学态度和革命热情是人类实践成功的必要条件

③事物从量变到质变离不开人的主观能动性的发挥

④人们建立恰当的具体联系方式能够推动事物发展

A. ①③　　B. ①④　　C. ②③　　D. ②④

25. [2019山西大同平城]习近平在纪念五四运动100周年大会上发表重要讲话指出，当今时代，知识更新不断加快，社会分工日益细化，新技术新模式新业态层出不穷。青年都要珍惜韶华、不负青春，努力学习掌握科学知识，提高内在素质，锤炼过硬本领，使自己的思维视野、思想观念、认识水平跟上越来越快的时代发展。这一论述蕴含的认识论道理是(　　)

①源于直接经验的认识是真理性认识

②以实践为基础的认识具有直接现实性

③时代和实践为认识的发展提供了条件和需要

④实现认识与实践的统一，需要不断提升主体素质

A. ①②　　B. ①③　　C. ②④　　D. ③④

26. [2019河北邢台]“从个别到一般，从一般到个别”的思维方法是(　　)

A. 归纳与演绎　　B. 分析与综合　　C. 抽象到具体　　D. 实践到认识

27. [2019山东济南历城]实践是人类生存和发展的最基本的活动，是人类社会生活的本质，是人的认识产生和发展的基础，也是真理与价值统一的基础。人类实践活动的基本要素不包括(　　)

A. 实践结果　　B. 实践客体　　C. 实践中介　　D. 实践主体

28. [2019河南安阳龙安]习近平总书记在《告台湾同胞书》发表40周年纪念会上指出，70年来，我们顺应两岸同胞共同愿望，推动打破两岸隔绝状态，实现全面直接双向“三通”，开启两岸同胞大交流大交往大合作局面，两岸交流合作日益广泛，相互往来日益密切，彼此心灵日益契合。台湾同胞为祖国大陆的改革开放作出了重大贡献，也分享了大陆发展机遇。这段话蕴含的哲学道理有(　　)

①矛盾同一性寓于斗争性之中，为斗争性所制约

②人类社会历史发展的总趋势是前进的、上升的

③人民群众是社会历史的主体，是历史的创造者

④实行两岸交流交往合作是两岸人民的共同愿望

A. ①②　　B. ①④　　C. ③④　　D. ②③

29. [2019河北保定唐县]幸福感是人们对生活满意度的一种心理体验，它以一定的物质财富为基础，但在现实生活中幸福感的提升与物质财富的增加并不一定同步，这说明(　　)

①社会存在决定社会意识　　②社会意识具有相对独立性

③社会意识对社会存在具有促进作用　　④社会意识的变化独立于社会存在的变化

A. ③④　　B. ①④　　C. ②③　　D. ①②

30. [2019河南安阳龙安]为中国人民谋幸福，为中华民族谋复兴，是中国共产党人的初心和使命，也是改革开放的初心和使命。中国共产党坚持这样的初心和使命是因为(　　)

①人民是社会存在和发展的基础　②人民是决定党和国家前途命运的根本力量

③人民群众是社会历史的创造者　④人民群众是推动社会历史发展的根本动力

A. ①②　B. ①④　C. ②③　D. ③④

31. [2019河北邢台市属]习近平总书记曾引用中国古语"治国有常，而利民为本"来说明当前我国要着力实现共享发展、绿色发展、增进人民福祉的必要性。下列与此古语蕴含的哲理相一致的是(　　)

A. 君者仪也，民者景也，仪正而景正　B. 道之以政，齐之以刑

C. 志不立，天下无可成之事　D. 天下之治乱，不在一姓之兴亡，而在万民之忧乐

32. [2018河北雄安]"正是有了我和我的意识，才有了地球""没有地球哪有我们的意识呢"这两种观点(　　)

①是对哲学基本问题的讨论　②第一种属于客观唯心主义思想

③第二种属于辩证唯物主义思想　④是唯物主义与唯心主义的对立

A. ①②③④　B. ①②④　C. ①④　D. ②③

33. [2018河北石家庄]旧唯物主义之所以是半截子的唯物主义，是因为(　　)

A. 唯物论和辩证法相脱离

B. 形而上学的唯物主义

C. 自然观上的唯物主义，历史观上的唯心主义

D. 在物质和意识的关系问题上，不承认意识的能动性

34. [2018河北石家庄]马克思主义政党是科学社会主义与工人运动相结合的产物，是工人阶级的先锋队。这表明(　　)

A. 马克思主义政党即工人阶级本身

B. 马克思主义政党以工人阶级为基础

C. 马克思主义政党的先进性决定了工人阶级的先进性

D. 马克思主义政党的阶级性是其先进性的根本前提

35. [2018山西长治襄垣]人们观察事物的立足点、立场不同，得到的结论也不同，体现这一哲学原理的诗句是(　　)

A. 山重水复疑无路，柳暗花明又一村　B. 海日生残夜，江春入旧年

C. 横看成岭侧成峰，远近高低各不同　D. 落红不是无情物，化作春泥更护花

36. [2018山东淄博]古希腊流传着这样一个故事，一个人出门忘记带钱，便向他的邻居借，过了一段时间，这个人不还钱，邻居便向他讨债，这个人赖账不还，还坦然地说："一切皆变，一切皆流，现在的我，已不是当初借钱的我。"从哲学上讲，故事里借钱不还的人的错误是(　　)

A. 承认联系的客观性和普遍性，认为事物都是孤立存在的

B. 否认矛盾具有同一性，用简单化的办法处理矛盾

C. 借口事物都是变化发展的，从而否认了事物的相对静止的状态

D. 借口矛盾存在特殊性，否认了矛盾的普遍性

37. [2018山西长治襄垣]下列说法与"坐地日行八万里，巡天遥看一千河"所蕴含的哲理寓意相一致的是(　　)

A. 细雨鱼儿出，微风燕子斜　B. 人生代代无穷已，江月年年只相似

C. 江山易改，本性难移　D. 此情可待成追忆，只是当时已惘然

38. [2018河北保定市属]下列判断中体现唯物论和辩证法相统一的是(　　)

A. 近朱者赤,近墨者黑　　B. 动中有静,静中有动

C. 要命令自然就得服从自然　　D. 日有所思,夜有所梦

39. [2018湖北特岗]"故审堂下之阴,而知日月之行,阴阳之变;见瓶水之冰,而知天下之寒,鱼鳖之藏也。"下列选项与古文蕴含的哲理相似的是(　　)

A. 见微以知萌,见端以知末　　B. 凡益之道,与时偕行

C. 兵强则灭,木强则折　　D. 只见树木,不见森林

40. [2018河北石家庄市属]目前,在生物识别领域,除指纹识别外,人脸识别和虹膜识别也都是较为成熟的生物识别技术,其识别速度快捷、流畅,且应用广泛。从哲学上看,生物识别技术被广泛应用是基于(　　)

A. 矛盾的事物各有其特点　　B. 主次矛盾在一定条件下相互贯通

C. 事事有矛盾,时时有矛盾　　D. 矛盾的特殊性是正确认识事物的关键

41. [2018山东枣庄市中]为了跑出项目审批新速度,J市为企业定制"清单式""个性化""集成式"审批服务。根据项目的投资性质、工艺流程等不同特点,系统设计项目的最优审批路径,编制审批流程图,倒排项目审批时间节点表,推动复杂项目审批高效办理。以上材料主要体现的哲学观点是(　　)

A. 社会意识是社会存在的客观反映

B. 矛盾具有特殊性,要具体问题具体分析

C. 部分的功能及其变化会影响整体的功能,要搞好局部

D. 事物的性质是由主要矛盾的主要方面决定的,一定要一分为二地看问题

42. [2018山东聊城]下列古文中没有体现矛盾普遍性的是(　　)

A. 天地不仁,以万物为刍狗　　B. 天地万物之理,无独必有对

C. 万物皆有两端,独中又自有对　　D. 万物皆各有耦,耦中又自有耦

43. [2018河北保定]唯物辩证法要求我们坚持两点论与重点论相统一的方法,下列说法体现这一方法的是(　　)

A. 空谈误国,实干兴邦　　B. 为官发财,应当两道

C. 四面出击,全面突破　　D. 反腐要"老虎""苍蝇"一起打

44. [2018河北张家口桥西]矛盾的同一性是指矛盾双方相互吸引、相互联结的属性和趋势。下列能直观地体现这种趋势的是(　　)

A. 蝉噪林逾静,鸟鸣山更幽　　B. 竹外桃花三两枝,春江水暖鸭先知

C. 射人先射马,擒贼先擒王　　D. 江山代有才人出,各领风骚数百年

45. [2018山东统考]张首晟等科学家领衔的科研团队找到了正反同体的"天使粒子"——马约拉纳费米子,物理学上这一里程碑式的重大发现,验证了由意大利理论物理学家在80年前提出的预测——存在一类没有反粒子的粒子。上述材料说明(　　)

A. 真理的相对性寓于真理的绝对性之中　　B. 真理是绝对的,无条件的

C. 实践是检验真理的唯一标准　　D. 真理的绝对性和相对性在一定条件下相互转化

46. [2018河北石家庄]必然王国和自由王国是社会发展的(　　)

A. 两个不同的阶段　B. 两条不同的道路　C. 两种不同的结果　D. 两种不同的状态

47. [2018河北石家庄]社会存在决定社会意识,社会意识是社会存在的反映,社会意识具有相对独立性,即它在反映社会存在的同时,还有自己特有的发展形式和规律,社会意识相对独立性最突出的表现是(　　)

A. 社会意识与社会存在发展的不完全同步性

B. 社会意识内部各种形式之间的相互作用和影响

C. 社会意识对社会存在具有能动的反作用

D. 社会意识各种形式具有其各自的历史继承性

48. [2018山东枣庄台儿庄]人的本质并不是单个人所固有的抽象物,在其现实性上,它是一切社会关系的总和。这一关于人的本质的科学概括,出自马克思的经典著作( )

A.《1844年经济学哲学手稿》　　B.《关于费尔巴哈的提纲》

C.《资本论》　　D.《家庭、私有制和国家的起源》

49. [2018河北保定市属]"有为才有位,有位更有为",这一观点的启示是( )

A. 实践决定认识,认识对发展具有推动作用

B. 实现人生价值必须先实现人的自我价值

C. 人生真正价值在于社会价值与自我价值的统一

D. 要发挥主观能动性,不断积累自我价值

50. [2017河南平顶山新华]马克思列宁主义揭示了( ),世界发展史和社会实践都证明了它的基本原理是完全正确的。

A. 人类改造客观世界的规律　　B. 社会主义和共产主义运动规律

C. 人类社会历史发展的规律　　D. 人类改造自然界的规律

51. [2017山西大同]科学社会主义的目标取向是( )

A. 每个人的自由全面发展　　B. 提高人的素质和能力

C. 人的全面发展程度不断提高,永无止境　　D. 经济社会发展和人的全面发展的统一

52. [2017山东济宁]传说有一个土财主,买了这样一副春联贴门口:"一支粉笔,连绵化雨滋桃李;三尺讲台,摇曳春风拂栋梁",四邻看了无不笑话,与这一故事蕴含相同哲理的是( )

A. 邯郸学步　　B. 守株待兔　　C. 刻舟求剑　　D. 掩耳盗铃

53. [2017河南平顶山新华]下列命题中,不包含辩证法思想的是( )

A."穷则变,变则通,通则久"　　B."塞翁失马,焉知非福"

C."天不变,道亦不变"　　D."城门失火,殃及池鱼"

54. [2017河南许昌]马云就"双11"促销抛出了"狮羊论"。以电子商务为代表的新商业生态系统对于传统商业生态系统将会开展一次革命性的颠覆,"就像狮子吃掉森林里的羊,这是生态的规律。新经济模式已经有点狮子的味道"。下列诗句中与"狮羊论"蕴含哲理相同的是( )

A. 宝剑锋从磨砺出,梅花香自苦寒来　　B. 芳林新叶催陈叶,流水前波让后波

C. 历尽天华成此景,人间万事出艰辛　　D. 新竹高于旧竹枝,全凭老干为扶持

55. [2017山东统考]近年来,全国各地掀起学习传统文化的热潮,对社会主义核心价值观的培育和践行发挥了积极作用,但也出现了人们盲目崇拜和机械挪用传统文化的现象。这体现的哲学观点是( )

A. 矛盾是对立统一的　　B. 矛盾是普遍存在的

C. 矛盾的普遍性和特殊性的辩证关系　　D. 矛盾双方在一定条件下相互转化

56. [2017河北张家口]"人无远虑,必有近忧"出自《论语·卫灵公》。下列与其体现了相同的哲理的是( )

A. 一叶障目,不见泰山　　B. 只见树木,不见森林

C. 前事不忘,后事之师　　D. 雨露滋润禾苗壮,万物生长靠太阳

57. [2017山西省属]"物有甘苦,尝之者识。"下列名言警句中与之哲理相近的是( )

A. 为学之实,固在践履　　B. 学如不及,犹恐失之

C. 为学患无疑,疑则有进　　D. 学而不思则罔,思而不学则殆

58.［2017河南平顶山新华］唯物辩证法认为(　　)

A. 必然性意义重大,偶然性可以忽略不计

B. 必然性是可以预见的,偶然性是无法认识的

C. 必然性是不可选择的,偶然性是可以选择的

D. 必然的东西是偶然的,偶然的东西是必然的

59.［2017吉林］下列诗句中,蕴含着理性认识的是(　　)

A. 会当凌绝顶,一览众山小

B. 不闻爷娘唤女声,但闻黄河流水鸣溅溅

C. 蜂蝶纷纷过墙去,疑是春色在邻家

D. 沾衣欲湿杏花雨,吹面不寒杨柳风

60.［2017吉林］经济基础与上层建筑之间的矛盾运动规律是人类社会的一个基本规律。下列不属于上层建筑范畴的是(　　)

A. 英国保守党

B. 中国人民解放军火箭军

C. 卫星定位技术

D. 电视纪录片《大国崛起》

61.［2017河北涿州］马克思根据人的发展状况把人类历史划分为依次更替的三种社会形态,分别是(　　)

A. 自然经济社会、商品经济社会、产品经济社会

B. 人对人的依赖性社会、人对物的依赖性社会、个人全面发展的社会

C. 原始公有制社会、私有制社会、共产主义公有制社会

D. 农业社会、工业社会、信息社会

二、多项选择题(下列每小题列出的四个选项中至少有两项是正确的。)

1.［2020山东济南］下列俗语与所反映的哲学道理对应正确的是(　　)

A. 堤溃蚁孔,气泄针芒—反映了矛盾的同一性和斗争性的关系

B. 望梅止渴,心灵手巧—意识对物质具有能动作用

C. 因地制宜,因材施教—坚持一切从实际出发

D. 和实生物,同则不继—说明了量变达到一定程度会引发质变

2.［2020河北石家庄市属］为响应教育部“停课不停学”号召,各地纷纷开启“云课堂”。在线教学在展现其资源丰富、高效便捷的优点的同时,也暴露出缺乏学习氛围、眼睛容易疲劳、学习效率打折扣等一系列问题。对此认识正确的是(　　)

A. 承认在线教学存在问题是正确解决问题的关键

B. 分析在线教学存在的问题要坚持“两分法”和“两点论”

C. 主要矛盾决定事物的性质,在线教学瑕不掩瑜

D. 在线教学作为新事物,其发展和完善总要经历一个过程

3.［2020河南信阳市属］随着现代信息技术的发展,许多以往在现实世界中难以进行的实验都可以在虚拟空间中进行。通过虚拟军事对抗过程,既不会对现实中的军队造成伤害,又可以得到关键的实验数据,大大拓展了实践活动的可能性空间。以下相关说法中正确的有(　　)

A. 虚拟实践的主体与现实中实践活动的主体相同

B. 虚拟实践活动突出地表明了人类实践活动的创造性

C. 虚拟实践不具有直接现实性,是一种完全独立于社会物质实践的新的实践形式

D. 虚拟实践的客体与现实中实践活动的客体不同

4.［2019山东济南钢城］2018年12月8日,“嫦娥四号”探测器在西昌卫星发射中心成功发射,我国月球探测开始了新的旅程。从中国嫦娥奔月的古老传说到今天“嫦娥四号”落月的实现,背后折射的哲学道理有(　　)

A. 充分发挥人类主观能动性,就没有做不到的事情

B. 从实际出发，充分发挥人类的主观能动性

C. 科学技术的进步使信息传达方式发生了革命性变革

D. 充分尊重客观规律是正确发挥人类主观能动性的前提

5. [2019辽宁大连瓦房店]唯物辩证法与现代系统论的关系是(　　)

A. 现代系统论不断丰富唯物辩证法

B. 现代系统论不断深化唯物辩证法

C. 现代系统论的基本思想蕴含于唯物辩证法之中

D. 唯物辩证法高于现代系统论

6. [2019河北唐山芦台]大自然是一个相互依存、相互影响的系统。比如，山水林田湖是一个生命共同体，人的命脉在田，田的命脉在水，水的命脉在山，山的命脉在土，土的命脉在树。如果种树的只管种树，治水的只管治水，护田的单纯护田，很容易顾此失彼，最终造成生态的系统性破坏。这体现的哲理有(　　)

A. 部分对整体起支配、决定作用　　B. 整体是各个部分的简单相加

C. 整体和部分相互依存　　D. 联系具有普遍性，要用联系的观点看问题

7. [2019贵州省属]有一种儿童教育理念叫"静待花开"，意思是说：每一个孩子都是一朵花，只是花期不同而已，我们要做的就是"静待花开"。从哲学的原理分析，这种教育理念说明(　　)

A. 应该尊重规律，因为规律是客观的，不以人的意志为转移

B. 坚持适度原则，因为量变是质变的前提，量变必然引起质变

C. 应注意教育方法，因为具体问题具体分析是解决问题的关键

D. 应避免刺激，因为意识对人体生理活动具有调节和控制作用

8. [2019山东]"一带一路"建设是一项宏大系统工程，要突出重点、远近结合、有序推进。要坚持共商、共建、共享原则，积极与沿线国家的发展战略相互对接。这段话所蕴含的哲学原理有(　　)

A. 事物是普遍联系的　　B. 矛盾是事物发展的根本动力

C. "两点论"与"重点论"的统一　　D. 事物发展是质变和量变的统一

9. [2019山东统考]"宋人有耕田者。田中有株，兔走触株，折颈而死。因释其耒而守株，冀复得兔。兔不可复得，而身为宋国笑。"从哲学上看，这个宋国人犯下的错误有(　　)

A. 不尊重事物发展的客观规律　　B. 把个人的狭隘经验当成了普遍真理

C. 认为偶然性背后一定隐藏着必然性　　D. 把事物之间的偶然联系当成了必然联系

10. [2019河南安阳龙安]秋在中国文人心中有着独特的内涵。"自古逢秋悲寂寥"，在秋的文化意识中，悲秋也可以算得上是普遍的意识了。"何处合成愁，离人心上秋"，秋成了一种凄凉、伤感、悲苦的象征。但是，秋的描写也总有些欢快的调子，如刘禹锡的"我言秋日胜春朝"。这表明(　　)

A. 意识是客观存在的主观映象

B. 意识是带有主体差异性的

C. 意识是按照创作者的意图改造客观世界的观念活动

D. 意识具有自觉选择性和主动创造性

11. [2019山东统考]《百喻经》中有一则寓言：一位长者，想吃庵婆罗果，便派人去买，吩咐说："很甜美的，就买来。"买果人来到果园，果园主说："我这树上的果都很好，你尝一个，就知道了。"买果人说："我要一一尝之，若只尝一个，怎知好坏呢？"随即每个尝了一下，拿回家来。长者见了，觉得厌恶，便都扔了。这则寓言给我们的启示有(　　)

A. 归纳和演绎是认识世界的重要推理形式　　B. 要善于从事物的个性中发现共性

C. 事事都必须亲身经历后才能得到真知　　D. 丰富的感性认识就是理性认识

12. [2019 山东枣庄滕州]德国哲学家尼采认为"超人"是历史的主宰者,没有"超人"就没有历史,而人民群众则是"奴隶"和"畜群",是"超人"用以实现其意志的工具。这是一种典型的英雄史观,与之相对的唯物史观则认为(　　)

A. 人民群众是社会变革的决定力量

B. 只有代表先进性的杰出人物才能够改变历史发展的基本方向

C. 人人创造历史

D. 任何历史人物的出现都体现了必然性与偶然性的统一

13. [2018 山东统考]《刘宾客嘉话录》记载,古代洛阳一个寺庙僧房中有一个磬,经常自鸣,僧人因此忧患成疾,他的朋友得知后,用锉刀将磬锉了数处,磬就不再自鸣了。原来是因为磬与寺钟的频率暗合,所以寺里击钟,磬便自鸣。上述材料蕴含的哲理是(　　)

A. 因果联系具有客观性　　B. 思维和存在具有同一性

C. 本质是现象存在的根据　　D. 形式对内容具有反作用

14. [2018 内蒙古通辽]下列选项中,属于奴隶制国家、封建制国家、资本主义国家共同点的是(　　)

A. 它们都体现全体社会成员的意志　　B. 它们都是剥削阶级统治被剥削阶级的工具

C. 它们都是以生产资料私有制为基础的　　D. 这些国家的劳动者都没有人身自由

15. [2017 山东德州]马克思主义认为,人的自由而全面的发展(　　)

A. 是社会发展的根本目标

B. 是社会进步的重要内容

C. 既是社会发展的结果,又是社会发展的原因

D. 与社会政治、经济、文化的发展互为前提

16. [2017 吉林]与自然规律相比,经济规律的特点是(　　)

A. 经济规律同人的活动紧密相连

B. 经济规律是自然界存在的规律

C. 人们对经济规律的利用受到认识能力和利益关系的限制

D. 大多数经济规律随经济条件的消失而消失

17. [2017 山东德州]下列命题中属于揭示事物本质的有(　　)

A. 水往低处流　　B. 日出于东落于西

C. 人的本质是社会关系的总和　　D. 意识是人脑对客观世界的反映

18. [2017 吉林]风吹草动,熟能生巧,世界上的任何现象都有其产生的原因。任何原因都必然引起一定的结果。事物和现象之间这种引起和被引起、决定和被决定的关系,就是因果关系。下列选项中属于因果关系的是(　　)

A. 摩擦生热,热胀冷缩　　B. 冬去春来,寒来暑往

C. 静即含动,动不舍静　　D. 种瓜得瓜,种豆得豆

第二章 毛泽东思想概论

一、单项选择题(下列每小题列出的四个选项中只有一项是正确的。)

1. [2021山东济南历下]毛泽东在1927年8月中共中央紧急会议上的讲话中提出的著名论断是( )

A. 使马克思主义中国化
B. 加强调查研究是转变作风的基础
C. 须知政权是由枪杆子中取得的
D. 统一战线是三大法宝之一

2. [2020河北沧州河间]毛泽东指出:“我们共产党人好比种子,人民好比土地,我们到了一个地方,就要同那里的人民结合起来,在人民中间生根、开花。”这段话强调中国共产党要( )

A. 善于运用统一战线
B. 紧紧依靠人民群众
C. 发挥人民首创精神
D. 自觉接受人民监督

3. [2020山西太原晋源]我们党的根本组织原则和领导制度是( ),它是马克思主义政党区别于其他政党的重要标志。

A. 个人独裁制 B. 领导负责制 C. 民主集中制 D. 集中负责制

4. [2019河北邢台市属]毛泽东关于“工农武装割据”思想的内容,相对于“八七”会议决议体现出创新性的是( )

A. 根据地建设 B. 武装斗争 C. 土地革命 D. 共产党的领导

5. [2019山西太原杏花岭]区别旧民主主义革命与新民主主义革命的根本标志是( )不同。

A. 革命的指导思想
B. 革命的手段
C. 革命的形势
D. 革命的领导阶级

6. [2019重庆市属]中国共产党在过渡时期的总路线被形象描述为:“好比一只鸟,他要有一个主体,又要有一双翅膀。”其中“主体”是指( )

A. 发展社会主义工业
B. 发展社会主义农业
C. 发展社会主义手工业
D. 发展社会主义工商业

7. [2019重庆永川]“群众利益无小事。凡是涉及群众的切身利益和实际困难的事,再小也要竭尽全力去办。党只有一心为公,立党才能立得牢;只有一心为民,执政才能执得好。”这段话说明( )

A. 中国共产党是我国的唯一执政党
B. 人民群众是社会历史的创造者
C. 党要满足人民群众的一切利益要求
D. 立党为公、执政为民的着力点在为民

8. [2019重庆南川]延安整风运动是中国共产党思想建设史上的重要事件。延安整风运动的中心任务是( )

A. 反对宗派主义以整顿党风
B. 反对主观主义以整顿学风
C. 反对党八股以整顿作风
D. 反对官僚主义以整顿作风

9. [2019河北邢台经开]关于党的建设,毛泽东针对历史上党内斗争中存在过的“残酷斗争、无情打击”的“左”倾错误,提出( )的正确方针,强调在党内斗争中要达到既弄清思想又团结同志的目的。

A. “惩前毖后,治病救人”
B. “批评与自我批评”
C. “理论与实践相结合”
D. “争取多数、反对少数”

10. [2019山西省属]毛泽东同志在( )一文中,提出了对于共产党与民主党派的关系应实行坚持在社会主义道路和共产党领导的前提下“长期共存,互相监督”的方针。

A.《论十大关系》
B.《论人民民主专政》
C.《人的正确思想是从哪里来的》
D.《关于正确处理人民内部矛盾的问题》

11.［2019河南信阳浉河］中国共产党始终是中国工人阶级的先锋队，同时是(　　)的先锋队，是中国特色社会主义事业的领导核心。

A. 广大农民和各阶层群众　　B. 劳动人民和各族人民

C. 广大劳动者和全体工商业者　　D. 中国人民和中华民族

12.［2019山东德州乐陵］毛泽东思想关于党的建设理论中，为保持自身的创造力、凝聚力和战斗力，始终放在党的建设首位的是(　　)

A. 加强党的政治建设　　B. 加强党的思想建设

C. 加强党的作风建设　　D. 加强党的组织建设

13.［2019山西长治潞州］毛泽东同志曾指出，理论和实践相结合的作风，和人民群众紧密地联系在一起的作风以及(　　)的作风，是中国共产党区别于其他任何政党的显著标志。

A. 自我批评　　B. 克己奉公　　C. 务实清廉　　D. 艰苦奋斗

14.［2019重庆沙坪坝］"一切从实际出发，理论联系实际，实事求是，在实践中检验真理和发展真理"是我们党的(　　)

A. 政治路线　　B. 组织路线　　C. 思想路线　　D. 工作作风

15.［2018内蒙古通辽］马克思主义和中国实际相结合的第一次飞跃是指(　　)

A. 中国共产党的成立　　B. 毛泽东思想的产生

C. 新中国的成立　　D. 邓小平理论的产生

16.［2018河北邢台桥东］在党内首次使用和提出"毛泽东同志的思想"这一概念的是(　　)

A. 张如心、王稼祥　　B. 朱德、周恩来

C. 朱德、刘少奇　　D. 刘少奇、周恩来

17.［2018山东枣庄峄城］毛泽东系统阐述中国革命三大法宝的文章是(　　)

A.《〈共产党人〉发刊词》　　B.《中国革命和中国共产党》

C.《新民主主义论》　　D.《论联合政府》

18.［2018河北辛集］在中国共产党第七次全国代表大会预备会议上，第一次提出"毛泽东思想"这一概念时，毛泽东同志说："决议案上把好事都挂在我的账上，所以我对此要发表点意见。写成代表，那还可以，如果只有我一个人，那就不成其为党了。"最符合以上题意的表述是(　　)

A. 中共七大标志着"毛泽东思想"的成熟　　B. "毛泽东思想"已成为全党的指导思想

C. 毛泽东同志谦虚谨慎、虚怀若谷　　D. "毛泽东思想"是全党集体智慧的结晶

19.［2018陕西西安］标志着毛泽东思想初步形成的著作是(　　)

A.《湖南农民运动考察报告》　　B.《星星之火，可以燎原》

C.《论联合政府》　　D.《中国社会各阶级的分析》

20.［2018河南商丘］新民主主义革命时期，中国革命的基本问题是(　　)

A. 农民问题　　B. 武装斗争　　C. 统一战线问题　　D. 无产阶级领导权问题

21.［2018河南漯河］新民主主义革命理论的核心问题是(　　)

A. 分清敌友　　B. 农民问题　　C. 无产阶级领导权　　D. 土地问题

22.［2018陕西西安］在新民主主义阶段，中国革命的主要形式是(　　)

A. 与时俱进　　B. 实事求是　　C. 武装斗争　　D. 解放思想

23.［2018陕西西安］毛泽东完整提出新民主主义革命总路线和总政策的著作是(　　)

A.《新民主主义论》　　B.《论联合政府》

C.《在晋绥干部会议上的讲话》　　D.《论人民民主专政》

24.［2018重庆大渡口］毛泽东在下列哪部著作中对实事求是的科学内涵作了马克思主义的界定(　　)

A.《反对本本主义》　　B.《实践论》

C.《改造我们的学习》　　D.《矛盾论》

25.［2018重庆沙坪坝］1941年5月，毛泽东同志在延安高级干部会议上作了(　　)的报告，标志着整风运动的开始。

A.《反对本本主义》　　B.《反对主观主义和宗派主义》

C.《改造我们的学习》　　D.《关于整顿三风》

26.［2018河南商丘］毛泽东在《论十大关系》中指出，我国社会主义建设必须围绕的基本方针是(　　)

A. 正确区分和处理两类不同性质的矛盾

B. 把国内外一切积极因素调动起来，为社会主义事业服务

C. 中国共产党和民主党派“长期共存、互相监督”

D. 调整、巩固、充实、提高

27.［2018重庆大渡口］我国在社会主义初级阶段国内主要矛盾的论断是在党的(　　)上提出的。

A. 七大　　B. 八大　　C. 十一届三中全会　　D. 十二届六中全会

28.［2018河北雄安］毛泽东思想活的灵魂主要包含(　　)

A. 理论联系实际、密切联系群众、批评与自我批评

B. 统一战线、武装斗争、党的建设

C. 土地革命、武装斗争、农村根据地建设

D. 实事求是、群众路线、独立自主

29.［2018陕西西安］毛泽东思想的精髓是(　　)

A. 群众路线　　B. 实事求是　　C. 解放思想　　D. 求真务实

30.［2018山西长治襄垣］中国共产党在长期执政条件下，保持先进性和增强创造力的决定性因素是(　　)

A. 坚持改革开放

B. 开展批评与自我批评

C. 坚持解放思想、实事求是的思想路线，弘扬与时俱进的精神

D. 真正做到“三个代表”

31.［2018河北辛集］我们党的最大政治优势是(　　)

A. 民主集中制　　B. 人民民主专政

C. 密切联系群众　　D. 理论联系实际

32.［2018河南商丘］毛泽东提出，我们同国民党的根本区别是有无(　　)

A. 群众观点　　B. 群众路线　　C. 群众纪律　　D. 深入群众的风格

33.［2018陕西西安］中国共产党的根本工作路线是(　　)

A. 实事求是　　B. 群众路线　　C. 独立自主　　D. 统一战线

34.［2018内蒙古通辽］我们党和政府的根本宗旨是(　　)

A. 加强中国共产党的领导　　B. 全心全意为人民服务

C. 建设有中国特色的社会主义　　D. 解放全人类、实现共产主义

35.［2017山西省属］革命是达成目标的方法，新民主主义革命最终要实现(　　)

A. 资产阶级专政　　B. 无产阶级专政

C. 革命阶级的联合专政　　D. 资产阶级和无产阶级联合专政

36.［2017山东德州］关于民主革命和社会主义革命的关系，表述不正确的是（　　）

A. 二者是中国革命进程必经的两个阶段

B. 民主革命是社会主义革命的必要准备，社会主义革命是民主革命的必然趋势

C. 二者可以同时进行，“毕其功于一役”

D. 二者体现了党的最低纲领和最高纲领的辩证统一

37.［2017山东德州］毛泽东思想被确立为党的指导思想是在（　　）上。

A. 遵义会议　　B. 中共六届六中全会

C. 中共七大　　D. 中共八大

38.［2017山东德州］毛泽东明确指出“两个务必”，即有关执政党建设的问题是在（　　）

A. 党的七届二中全会　　B. 党的七大

C. 党的八大　　D. 党的七届四中全会

39.［2017重庆大渡口］中国共产党在民主革命中战胜敌人的三大法宝是（　　）

A. 武装斗争、土地革命、统一战线　　B. 土地革命、武装斗争、党的建设

C. 统一战线、武装斗争、党的建设　　D. 土地革命、党的建设、统一战线

40.［2017山西省属］（　　），是中国共产党比较系统地探索中国自己的建设社会主义道路的开始。

A. 毛泽东《为争取国家财政经济状况的基本好转而斗争》的发表

B. 毛泽东《关于正确处理人民内部矛盾的问题》的发表

C. 毛泽东《1957年夏季的形势》的发表

D. 毛泽东《论十大关系》的发表

41.［2017山东德州］在1957年的整风运动中，（　　）是重中之重。

A. 反官僚主义　　B. 反宗派主义　　C. 反主观主义　　D. 反客观主义

42.［2017山西大同］中国共产党的最高目标是（　　）

A. 实现中华民族伟大复兴　　B. 最终实现中国梦

C. 实现共产主义　　D. 建成社会主义现代化强国

43.［2017山西省属］习近平总书记指出：我们党作为马克思主义执政党，不但要有强大的真理力量，而且要有强大的人格力量。真理力量集中体现为我们党的正确理论，人格力量集中体现为我们党的（　　）

A. 组织过硬　　B. 优良作风　　C. 政治合格　　D. 立场坚定

44.［2017山东德州］党的地方各级委员会全体会议，每年至少召开（　　）次。

A. 一　　B. 二　　C. 三　　D. 四

二、多项选择题（下列每小题列出的四个选项中至少有两项是正确的。）

1.［2020山西太原晋源］下列属于毛泽东思想的有（　　）

A. 枪杆子里出政权　　B. 星星之火，可以燎原

C. 一切反动派都是纸老虎　　D. 改革是中国发展生产力的必由之路

2.［2019山西太原杏花岭］下列属于毛泽东思想的有（　　）

A. 星星之火，可以燎原　　B. 枪杆子里出政权

C. 一个国家，两种制度　　D. 科学技术是第一生产力

3.［2019重庆市属］新民主主义革命的动力主要包括（　　）

A. 无产阶级　　B. 农民阶级

C. 城市小资产阶级　　D. 民族资产阶级

4.［2019山东烟台芝罘］党的建设包括(　　)

A. 政治建设　B. 思想建设　C. 组织建设　D. 作风建设和纪律建设

5.［2018山东聊城］从新民主主义向社会主义过渡的“三大改造”主要针对(　　)

A. 重工业　B. 个体农业　C. 手工业　D. 资本主义工商业

6.［2018重庆彭水］毛泽东关于党的建设的主要著作有(　　)

A.《反对自由主义》　B.《中国共产党在民族战争中的地位》

C.《论持久战》　D.《论十大关系》

7.［2018河南信阳浉河］党的十九大提出以党的政治建设为统领,全面推进党的政治建设、思想建设、组织建设、作风建设、纪律建设,把制度建设贯穿其中,并特别强调把党的政治建设摆在首位。之所以要把党的政治建设摆在首位,是因为(　　)

A. 坚定政治立场是党的根本宗旨

B. 政治属性是政党的第一属性

C. 政治建设是党的根本性建设,决定党的建设方向和效果

D. 旗帜鲜明讲政治是我们党作为马克思主义政党的根本要求

8.［2017山东德州］毛泽东思想的理论来源主要有(　　)

A. 马克思列宁主义　B. 中国传统文化中的精华

C. 孙中山的三民主义思想　D. 近代资产阶级思想在中国的传播

9.［2017山东德州］新民主主义革命时期,党领导的统一战线包括(　　)

A. 工农民主统一战线　B. 人民民主统一战线

C. 第一次国共合作统一战线　D. 抗日民族统一战线

10.［2017重庆市属］集中体现毛泽东的社会主义革命和社会主义建设理论的著作有(　　)

A.《论十大关系》　B.《论联合政府》

C.《论人民民主专政》　D.《关于正确处理人民内部矛盾的问题》

三、判断题(判断下列每小题的正误,正确的打“√”,错误的打“×”。)

1.［2020山西大同市属］新中国成立是中国历史上最深刻最伟大的社会改革。(　　)

2.［2019重庆南川］中国革命的首要对象是帝国主义。(　　)

3.［2019河北石家庄新乐］毛泽东思想既体现了马克思列宁主义的基本原理,又包含了中华民族的优秀思想和中国共产党人的实践经验,是中国化的马克思主义。(　　)

4.［2019重庆沙坪坝］毛泽东思想是马克思主义中国化的第一个重大理论成果,是被实践证明了的关于中国革命和改革的正确理论原则和经验总结。(　　)

5.［2019山东烟台开发区］“农村包围城市,武装夺取政权”的革命道路理论的提出,是毛泽东思想形成的一个重要标志。(　　)

6.［2019重庆沙坪坝］新民主主义革命是无产阶级领导的,所以从性质上讲也是社会主义革命。(　　)

7.［2019重庆南岸］人民内部矛盾是在人民利益根本一致的基础上的矛盾,因而是非对抗性的矛盾。(　　)

8.［2019重庆沙坪坝］中国共产党是中国工人阶级的先锋队,同时是中国人民和中华民族的先锋队。(　　)

9.［2018重庆彭水］毛泽东思想是中国共产党集体智慧的结晶。(　　)

10.［2018重庆彭水］党政军民学,东西南北中,党是领导一切的。(　　)

第三章　中国特色社会主义理论体系与时政热点

基础知识达标

一、单项选择题(下列每小题列出的四个选项中只有一项是正确的。)

1.[2021河北石家庄市属]2021年2月25日,习近平总书记在全国脱贫攻坚总结表彰大会上指出,事实充分证明,(　　)是打赢脱贫攻坚战的制胜法宝,(　　)是中国特色减贫道路的鲜明特征。

A.普惠扶贫　开发式扶贫方针　　B.精准扶贫　开发式扶贫方针

C.普惠扶贫　救济式扶贫方针　　D.精准扶贫　救济式扶贫方针

2.[2021河北石家庄市属]2021年中央一号文件指出,脱贫攻坚目标任务完成后,对摆脱贫困的县,从脱贫之日起设立(　　)过渡期,做到扶上马送一程。

A.1年　　B.2年　　C.3年　　D.5年

3.[2021河北石家庄市属]2021年2月4日,在北京2022年冬奥会开幕倒计时一周年之际,北京冬奥会、冬残奥会火炬——"(　　)"正式问世。

A.冬梦　　B.祥云　　C.飞扬　　D.飞跃

4.[2021河北石家庄市属]国家主席习近平在博鳌亚洲论坛2021年年会开幕式上指出,本届年会是在特殊背景下召开的,年会以(　　)为主题,恰逢其时,具有重要现实意义。

A."应对世界变局,携手共创未来"

B."共同命运、共同行动、共同发展"

C."开放创新的亚洲,繁荣发展的世界"

D."世界大变局:共襄全球治理盛举,合奏'一带一路'强音"

5.[2021河北石家庄市属]全面小康,重在"全面",难在"全面"。这个"全面",既要城市繁荣,也不要让农村凋敝;既要东部率先,也要西部开发、中部崛起、东北振兴;既要物质丰裕,也要精神丰富。这表明国家坚持(　　)

A.协调发展　　B.绿色发展　　C.创新发展　　D.开放发展

6.[2021河北石家庄市属]在扶贫过程中,我们集中精锐力量投向脱贫攻坚主战场,全国累计选派25.5万个驻村工作队、300多万名第一书记和驻村干部,同近200万名乡镇干部和数百万村干部一道奋战在扶贫一线。党员干部奋战脱贫攻坚主战场(　　)

A.体现了中国共产党人为人民谋幸福的初心

B.完善了打赢脱贫攻坚战实现共同富裕的行政体制

C.旨在推进乡村治理体系的完善和治理能力现代化

D.表明国家加快了实现城乡同步富裕的步伐

7.[2021河北石家庄市属]2021年,我们将迎来中国共产党成立100周年。在一百年波澜壮阔的历史进程中,中国共产党团结和带领中国人民夺取革命、建设、改革、开放的一个又一个伟大胜利,创造了人类社会发展史上惊天动地的奇迹。下列选项中,对党的认识错误的是(　　)

A.坚持以马克思的经典著作为指导,走在时代前列

B.不忘初心,牢记使命,恪守和践行为人民服务的宗旨

C.加强和改进党的建设,坚持解放思想,保持先进性

D.党的领导是中国特色社会主义制度的最大优势

8.［2021河北石家庄市属］2021年3月5日，习近平总书记在参加十三届全国人大四次会议内蒙古代表团审议时强调，要在各族干部群众中深入开展中华民族共同体意识教育，增强各族群众对伟大祖国、中华民族、中华文化、中国共产党、中国特色社会主义的认识。开展中华民族共同体意识教育，有利于（　　）

A. 促进边疆地区经济繁荣　　B. 建设各民族共有的精神家园

C. 完善民族区域自治　　D. 保障少数民族人民的自治权

9.［2021河北石家庄市属］1938年10月，（　　）在党的六届六中全会上，最先提出了“马克思主义中国化”的命题。

A. 李大钊　　B. 陈独秀　　C. 张闻天　　D. 毛泽东

10.［2021河北石家庄市属］（　　）将邓小平理论、“三个代表”重要思想、科学发展观等重大战略思想统称为“中国特色社会主义理论体系”。

A. 党的十五大　　B. 党的十六大　　C. 党的十七大　　D. 党的十八大

11.［2021河北石家庄市属］党的十八大以来，党中央提出并形成了“全面建成小康社会、全面深化改革、全面依法治国、全面从严治党”的战略布局。其中，党的十八届四中全会提出全面推进（　　）的总目标和重大任务。

A. 依法治国　　B. 深化改革　　C. 建成小康社会　　D. 从严治党

12.［2021河北石家庄市属］习近平新时代中国特色社会主义思想是党和人民实践经验和集体智慧的结晶，是全党全国人民为实现中华民族伟大复兴而奋斗的行动指南，必须长期坚持并不断发展。可见，习近平新时代中国特色社会主义思想（　　）

A. 为我们提供了解决各类问题的具体方法

B. 是关于中国革命和建设的正确的理论原则

C. 为提高文化软实力凝魂聚气、强基固本

D. 具有鲜明的时代意义，是发展着的马克思主义

13.［2021辽宁葫芦岛］《中共中央关于制定国民经济和社会发展第十四个五年规划和二〇三五年远景目标的建议》提出，要构建以国内大循环为主体、国内国际双循环相互促进的新发展格局，并把（　　）作为首要任务。

A. 科教兴国　　B. 改革开放　　C. 科技创新　　D. 经济建设

14.［2021辽宁葫芦岛］中华民族历来秉持“亲仁善邻”的理念。作为负责任的大国，中国坚守和平、发展、公平、正义、民主、自由的全人类共同价值，坚持（　　）的全球治理观，坚定不移走和平发展、开放发展、合作发展、共同发展道路。

A. 平等绿色和谐　　B. 共商共建共享　　C. 开放合作共治　　D. 创新协调共赢

15.［2021辽宁葫芦岛］习近平总书记在中国共产党第十九届中央纪律检查委员会第四次全体会议上强调，要强化（　　）保障制度执行，增强“两个维护”的政治自觉。

A. 舆论监督　　B. 司法监督　　C. 群众监督　　D. 政治监督

16.［2021山东济南历下］中共中央办公厅印发通知，对庆祝建党100周年群众性主题宣传教育活动作出部署，该次宣传教育活动的主题为（　　）

A. 永远跟党走　　B. 感党恩、听党话、跟党走

C. 新时代、新作为、新担当　　D. 不忘初心，牢记使命

17.［2021山东青岛市北］2020年12月12日，中共中央政治局举行第二十六次集体学习。习近平强调，要坚持（　　），构建大安全格局。

A. 平台思维　　B. 辩证思维　　C. 系统思维　　D. 结构思维

18.［2020河北唐山路北］中共十二大中，邓小平提出了(　　)新思想。

A. 建设有中国特色的社会主义　　B. 四个全面

C. 丝绸之路经济带　　D. 人类命运共同体

19.［2020河北邢台隆尧］社会主义初级阶段是指(　　)

A. 发展中国家进入社会主义都要经历的起始阶段

B. 发达国家进入社会主义都要经历的起始阶段

C. 任何国家进入社会主义都要经历的起始阶段

D. 我国在生产力落后、商品经济不发达的条件下建设社会主义所要经历的特定阶段

20.［2020山西太原晋源］下列关于科学发展观的说法，错误的是(　　)

A. 第一要务是绿色　　B. 核心是以人为本

C. 根本方法是统筹兼顾　　D. 基本要求是全面协调可持续

21.［2020广东广州花都］坚持群众路线，核心的问题是(　　)

A. 党要始终保持同人民群众的血肉联系，一刻也不脱离群众

B. 一切依靠群众

C. 把党的正确主张变为群众的自觉行动

D. 一切为了群众

22.［2020河北唐山路北］习近平总书记提出，(　　)是党一切行动的根本出发点和落脚点，是我们党区别于其他一切政党的根本标志。

A. 稳定压倒一切　　B. 全心全意为人民服务

C. 立党为公，执政为民　　D. 坚持新发展理念

23.［2020河北石家庄市属］2020年7月16日出版的第14期《求是》杂志发表中共中央总书记、国家主席、中央军委主席习近平的重要文章《中国共产党领导是中国特色社会主义最本质的特征》。文章指出，坚持党的领导，首先是坚持(　　)，这是党的领导的最高原则。

A. 党对军队的绝对领导　　B. 党的全面领导和从严治党

C. 党中央权威和集中统一领导　　D. 党对国家全局工作的政治领导

24.［2020河北邢台隆尧］中央和国家机关首先是政治机关，必须旗帜鲜明讲政治，坚定不移加强党的(　　)，坚持不懈推进党的政治建设。

A. 政治领导　　B. 组织领导　　C. 一切领导　　D. 全面领导

25.［2020山东济南历城］政治建设是政党建设的内在要求。只有加强党的政治建设，才能保证党的政治方向对头、政治原则坚定、政治路线正确，才能统一全党意志、凝聚全党力量。党的政治建设的首要任务是(　　)

A. 坚持马克思列宁主义　　B. 全面增强党的执政本领

C. 坚决做到“两个维护”　　D. 统揽“四个伟大”

26.［2020河北邢台襄都］高度重视和不断加强党的自身建设，是中国共产党从小到大、由弱变强，从挫折中奋起，在战胜困难中不断成熟的一大法宝。党领导的伟大事业不断取得胜利的根本保证是(　　)

A. 全面加强党的执政本领　　B. 坚持党要管党、全面从严治党

C. 坚持解放思想、改革创新　　D. 全面推进党的政治建设

27.［2020河南信阳市属］习近平总书记强调，生命重于泰山，各级党委和政府务必把安全生产摆到重要位置，树立安全发展理念，绝不能只重发展，不顾安全，更不能将其视作无关痛痒的事，搞形式主义、官僚主

义。这一论述,充分体现了(　　)

A. 以效益为中心的发展思想　　B. 以人民为中心的发展思想

C. 以生产为中心的发展思想　　D. 以安全为中心的发展思想

28. [2020山西大同市属]中国共产党人的精神支柱和政治灵魂是(　　)

A. 共产主义远大理想和中国特色社会主义共同理想

B. 马列主义

C. 共产主义远大理想

D. 中国特色社会主义共同理想

29. [2020广东广州花都]十九大报告指出,中国共产党一经成立,就把实现(　　)作为党的最高理想和最终目标,团结带领人民进行了艰苦卓绝的斗争,谱写了气吞山河的壮丽史诗。

A. 共产主义　　B. 中华民族伟大复兴

C. 大同社会　　D. 世界和平

30. [2020河北廊坊三河]中国特色社会主义的本质属性是(　　)

A. 实现现代化　　B. 解放和发展生产力

C. 社会和谐　　D. 坚持中国共产党的领导

31. [2020河北邢台任泽]新时代中国特色社会主义思想,明确了中国特色社会主义最本质的特征是(　　)

A. "五位一体"总体布局　　B. 建设中国特色社会主义法治体系

C. 以人民利益为根本出发点　　D. 中国共产党的领导

32. [2020山西太原晋源]中国特色社会主义制度的最大优势是(　　)

A. 依法治国　　B. 以德治国　　C. 人民当家作主　　D. 中国共产党的领导

33. [2020山西太原晋源]要实现全体人民共同富裕的宏伟目标,最终要靠(　　)

A. 改革　　B. 发展　　C. 创新　　D. 技术

34. [2020山西太原晋源]中国共产党坚持独立自主的和平外交政策,坚持和平发展道路,坚持(　　)的开放战略。

A. 互利共赢　　B. 互信互利　　C. 包容互信　　D. 包容共赢

35. [2020河北沧州河间]中国特色社会主义理论体系的构成层次不包括(　　)

A. 基本理论　　B. 基本路线　　C. 基本纲领　　D. 基本方法

36. [2020河北廊坊三河]富强、民主、文明、和谐是国家层面的价值目标,自由、平等、公正、法治是社会层面的价值取向,爱国、敬业、诚信、友善是公民个人层面的价值准则。积极培育和践行社会主义核心价值观,有助于(　　)

A. 满足人民群众不断增长的精神文化需求

B. 推动公民个人利益在经济生活领域服从国家利益

C. 应对世界范围内思想文化交流、交融、交锋形势下的价值观较量

D. 在思想意识多元、多样、多变背景下消除公民精神境界的差异

37. [2020河北石家庄市属]培养担当民族复兴大任的时代新人,坚持以社会主义核心价值观为引领,将国家、社会、个人层面的价值要求贯穿到道德建设各个方面。下列属于公民个人层面的价值准则是(　　)

A. 民主　　B. 自由　　C. 平等　　D. 爱国

38. [2020山西大同市属]实现中华民族伟大复兴的中国梦,必须弘扬以(　　)为核心的时代精神。

A. 解放思想　　B. 实事求是　　C. 爱国主义　　D. 改革创新

39.［2020河北邢台隆尧］习近平总书记曾提到“四个自信”，其中更基础、更广泛、更深厚的自信是指(　　)

A. 道路自信　　B. 理论自信　　C. 制度自信　　D. 文化自信

40.［2020河北廊坊三河］伟大斗争、伟大工程、伟大事业、伟大梦想紧密联系、相互作用，其中起决定性作用的是(　　)

A. 中国特色社会主义伟大事业　　B. 中华民族伟大复兴梦想

C. 具有许多新的历史特点的伟大斗争　　D. 党的建设新的伟大工程

41.［2020广东广州花都］习近平总书记指出：(　　)是决定当代中国命运的关键一招，也是决定实现“两个一百年”奋斗目标、实现中华民族伟大复兴的关键一招。

A. 创新创业　　B. 发展经济　　C. 改革开放　　D. 军民融合

42.［2020河北邢台隆尧］综合分析国际国内形势和我国发展条件，从2020年到本世纪中叶可以分两个阶段来安排。第一个阶段，(　　)，在全面建成小康社会的基础上再奋斗十五年，基本实现社会主义现代化。

A. 从二〇二〇到二〇三五年　　B. 从二〇二〇到二〇三〇年

C. 从二〇三五年到本世纪中叶　　D. 从二〇三〇年到本世纪中叶

43.［2020河北廊坊三河］贯彻新发展理念，建设现代化经济体系，必须坚持质量第一、效益优先，以(　　)为主线。

A. 转变发展方式　　B. 优化经济结构

C. 供给侧结构性改革　　D. 转换增长动力

44.［2020河北廊坊三河］经济建设是全党的中心工作，坚持以经济建设为中心不动摇，就必须坚持以经济体制改革为重点不动摇。当前，我国深化经济体制改革的重点是(　　)

A. 加快培育国际经济合作和竞争新优势　　B. 完善产权制度和要素市场化配置

C. 建设更加有效的区域协调发展新机制　　D. 扩大优质增量供给，实现供需动态平衡

45.［2020广东梅州］党的十九大报告指出，(　　)是中国特色社会主义的本质要求和重要保障。

A. 以人民为中心　　B. 人民当家作主

C. 全面依法治国　　D. 社会主义核心价值体系

46.［2020广东梅州］党的十九大报告指出，必须坚持国家利益至上，以人民安全为宗旨，以(　　)为根本，加强国家安全能力建设，坚决维护国家主权、安全、发展利益。

A. 文化安全　　B. 政治安全　　C. 经济安全　　D. 军事安全

47.［2020河北邢台襄都］近日，经党中央审批，国务院批复，自2021年起，将每年(　　)设为“中国人民警察节”。

A. 1月10日　　B. 5月12日　　C. 8月9日　　D. 11月8日

48.［2020河北邢台任泽］根据《中华人民共和国国家安全法》规定，每年(　　)为全民国家安全教育日。

A. 12月4日　　B. 4月5日　　C. 4月15日　　D. 5月15日

49.［2020河北邢台任泽］2022年北京冬奥会的会徽为(　　)

A. 冬梦　　B. 飞翔　　C. 巨人　　D. 中国匠人

50.［2020山东济南历城］2022年北京冬奥会吉祥物“冰墩墩”、冬残奥会吉祥物“雪容融”把中华文化元素、现代国际风格、冰雪运动特征和主办城市特色有机融为一体，象征着冬奥会运动员强壮有力的身体、坚韧不拔的意志和鼓舞人心的奥林匹克精神，其中“冰墩墩”设计的原型是(　　)

A. 熊猫　　B. 灯笼　　C. 和平鸽　　D. 牛

51. [2020山东济南钢城]2022年2月4日至2022年2月20日,第二十四届冬季奥运会将在中华人民共和国北京市和(　　)联合举行。

A. 张家口市　　B. 长春市　　C. 上海市　　D. 哈尔滨市

52. [2020河北廊坊三河]我国确定要建设国家(　　)系统,以促进政府监管规范化、精准化、智能化。

A. 大数据监管　　B. "大数据+监管"　　C. "互联网+监管"　　D. 互联网监管

53. [2020河北邢台襄都]国务院办公厅日前印发《关于推进医疗保障基金监管制度体系改革的指导意见》,明确到2025年,基本建成医保基金监管制度体系和执法体系,形成以法治为保障,(　　)为基础,多形式检查、大数据监管为依托的全方位监管格局。

A. 行业自律　　B. 政府监管　　C. 信用管理　　D. 社会监督

54. [2020河北廊坊三河]"一带一路"构想是对古代丝绸之路、海上丝绸之路的(　　)

A. 开拓和创新　　B. 复兴和开拓　　C. 继承和发展　　D. 传承和延续

55. [2020河北邢台隆尧]"一带一路"倡议是构建中国外交新布局的体现,下列说法正确的是(　　)

A. "一带一路"的提出是中国外交思想的重大创新,它将充分依靠中国与相关国家既有的双多边机制及区域合作平台,并在此基础上为之注入新的内涵和活力

B. "一带一路"沿线国家只涉及周边国家,与域外大国关系不大,因此发展一带一路只需与周边国家搞好关系即可

C. "一带一路"倡议有利于中国与周边国家结盟从而更好地发展

D. "一带一路"只是中国对外大国形象的体现而已

56. [2020河北邢台任泽]"一带一路"建设植根于丝绸之路的历史土壤,重点面向(　　),同时向所有朋友开放。

A. 亚欧非大陆　　B. 中亚国家　　C. 亚欧大陆　　D. 亚洲国家

57. [2020河北邢台隆尧]十九大报告指出,优先发展教育事业要全面贯彻党的教育方针,落实(　　)根本任务,发展素质教育,推进教育公平,培养德智体美全面发展的社会主义建设者和接班人。

A. 立德树人　　B. 素质教育　　C. 教书育人　　D. 教育公平

58. [2020河南信阳市属]习近平总书记曾表示,如果第一粒扣子扣错了,剩余的扣子都会扣错,人生的扣子从一开始就要扣好。习近平总书记所说的"扣子",指的是(　　)

A. 青少年家庭教育的重要性　　B. 青少年培养政治立场的重要性

C. 青少年价值观和价值观教育的重要性　　D. 青少年在国家发展中的重要地位

59. [2020河北廊坊三河]近期,教育部会同市场监管总局、公安部、国家卫生健康委联合印发(　　),部署开展2020年至2022年校园食品安全监管工作。行动方案要求各地全面落实校外供餐单位食品安全主体责任和学校食品安全校长(园长)负责制,切实强化监管,治理突出问题,加强校园食品安全社会共治。

A.《校园食品安全整治行动方案(2020—2022年)》

B.《校园食品安全治理方案(2020—2022年)》

C.《校园安全守护行动方案(2020—2022年)》

D.《校园食品安全守护行动方案(2020—2022年)》

60. [2020河北石家庄市属]《大中小学劳动教育指导纲要(试行)》指出,在大中小学设立劳动教育必修课程。中小学劳动教育课平均每周不少于________课时;职业院校开设劳动专题教育必修课,不少于________学时。(　　)

A. 1;15　　B. 2;15　　C. 1;16　　D. 2;16

61. [2019内蒙古包头东河]马克思主义中国化是指(　　)

①马克思主义在中国传播和发展的过程

②马克思主义被翻译成中国文字的过程

③毛泽东思想、中国特色社会主义理论体系形成的过程

④马克思主义指导中国革命和社会主义建设的过程

A. ①②③　　B. ①②④　　C. ①③④　　D. ②③④

62. [2019重庆南岸]把马克思主义的基本原理同中国的具体实际相结合,即马克思主义的中国化,一直是以毛泽东为代表的中国共产党人所努力追求的目标。第一次明确提出“马克思主义的中国化”这个命题是在(　　)上。

A. 六届三中全会　　B. 六届六中全会　　C. 中共七大　　D. 七届二中全会

63. [2019山西太原杏花岭]“推进马克思主义中国化,从而更好地指导中国革命”成为全党的共识是在(　　)

A. 延安整风运动以后　　B. 遵义会议上

C. 中共一大上　　D. 中共十一届三中全会上

64. [2019山西太原杏花岭]毛泽东思想和中国特色社会主义理论体系是马克思主义中国化的两大理论成果。贯穿这两大理论成果始终,并体现在两大成果各个基本观点中的世界观和方法论的基础是(　　)

A. 群众路线　　B. 实事求是　　C. 与时俱进　　D. 实干担当

65. [2019重庆市属]第一次比较系统地初步回答了在中国这样的经济文化比较落后的国家如何建设社会主义,如何巩固和发展社会主义的理论是(　　)

A. 毛泽东思想　　B. 邓小平理论

C. “三个代表”重要思想　　D. 科学发展观

66. [2019河北邢台经开]邓小平指出“贫穷不是社会主义,社会主义要消灭贫穷”的论断(　　)

A. 体现了社会主义的本质要求　　B. 概括了社会主义的建设目标

C. 指出了社会主义的根本任务　　D. 明确了社会主义的发展方向

67. [2019河北邢台市属]邓小平之所以再三提出一定要把“什么是社会主义、怎样建设社会主义”问题搞清楚,是为了(　　)

A. 发展生产力　　B. 实现共同富裕

C. 正确处理改革、发展和稳定的关系　　D. 进一步认清社会主义本质,把社会主义推向前进

68. [2019河北邢台经开]邓小平同志对党的思想路线的贡献在于(　　)

A. 提出实事求是　　B. 强调解放思想

C. 提出理论联系实际　　D. 提出实践是检验真理的唯一标准

69. [2019内蒙古包头东河]改革、发展、稳定是社会主义建设的三个重要支点,其中改革是(　　)

A. 前提　　B. 动力　　C. 目的　　D. 条件

70. [2019河南安阳龙安]中国已经走上改革开放道路40年,经济持续快速健康发展,科技教育快速发展,国际地位不断提高,人民生活水平不断提高……我们每个中国人都切实感受到了改革开放带来的好处。可见,改革开放是(　　)

A. 富民之路,是建设中国特色社会主义的总任务

B. 党和国家的生命线,是解决我国所有问题的关键

C. 强国之路,是我国社会主义事业发展的强大动力

D. 立国之本,是中国特色社会主义事业发展的政治保证

71. [2019 重庆南川]改革开放以来我们党全部理论和实践的鲜明主题是( )

A. 解放和发展中国特色社会主义社会生产力

B. 坚持和发展中国特色社会主义

C. 实现中华民族伟大复兴的中国梦

D. 推动和发展改革开放和社会主义市场经济

72. [2019 重庆渝中]从邓小平同志关于社会主义本质的新概括来看,实现社会主义的关键是( )

A. 必须抓住经济建设这个中心　　B. 要发展生产力,就必须坚持改革开放

C. 必须坚持人民当家作主　　D. 坚持共同富裕,防止两极分化

73. [2019 重庆永川]解放思想、实事求是的思想路线在拨乱反正中被重新确立,它推动了建设中国特色社会主义道路的探索,也为( )的形成奠定了科学的方法论基础。

A. 科学发展观　　B. 毛泽东思想

C. "三个代表"重要思想　　D. 邓小平理论

74. [2019 重庆南川]作为一名中共党员,能最早拥有一部印有"中国共产党以马克思列宁主义、毛泽东思想、邓小平理论作为自己的行动指南"内容的中国共产党章应该是在( )

A. 中共十二大后　　B. 中共十三大后　　C. 中共十四大后　　D. 中共十五大后

75. [2019 重庆酉阳]邓小平同志指出:"贫穷不是社会主义,社会主义要消灭贫穷。"这句话意在强调( )

A. 解放和发展生产力的重要性　　B. 改革开放的重要性

C. 制造业社会主义改造　　D. 资本主义工商业社会主义改造

76. [2019 河北石家庄新乐]下列关于改革开放历史地位的表述正确的是( )

①是决定当代中国命运的关键一招

②是党和人民大踏步赶上时代的重要法宝

③是坚持和发展中国特色社会主义的必由之路

④是决定实现"两个一百年"奋斗目标,实现中华民族伟大复兴的关键一招

A. ①②③　　B. ①③④　　C. ②③④　　D. ①②③④

77. [2019 山西太原杏花岭]明确把科学发展观确立为党的指导思想是在( )

A. 中共十五大　　B. 中共十六大　　C. 中共十七大　　D. 中共十八大

78. [2019 重庆市属]解放思想、实事求是、与时俱进、求真务实,是科学发展观最鲜明的( )

A. 理论品质　　B. 时代主题　　C. 精神实质　　D. 本质特征

79. [2019 重庆奉节]关于科学发展观,下列说法正确的是( )

A. 推动经济社会发展是科学发展观的第一要义

B. 以人为本是科学发展观的首要立场

C. 根本方法是全面协调可持续

D. 基本要求是统筹兼顾

80. [2019 河北廊坊三河]科学发展观是马克思关于发展的( )的集中体现。

A. 战略方针　　B. 基本策略　　C. 体制机制　　D. 世界观和方法论

81. [2019 山东烟台芝罘]( )是改革开放以来党的全部理论和实践的主题,是党和人民历尽千辛万苦、付出巨大代价取得的根本成就。

A. 中国特色社会主义　　B. 邓小平理论

C. 科学发展观　　D. 习近平新时代中国特色社会主义思想

82. [2019内蒙古包头东河]中国特色社会主义理论体系，坚持和发展了马克思列宁主义、毛泽东思想，凝结了几代中国共产党人带领人民不懈探索实践的智慧和心血，是马克思主义中国化日渐发展的成果。上述论断说明，中国特色社会主义理论体系(　　)

①是对马克思列宁主义、毛泽东思想的丰富和发展

②是不断发展的开放的理论体系

③是中国发展着的马克思主义

④是哲学思想发展的巅峰

A. ①②③　　B. ①③④　　C. ②③④　　D. ①②④

83. [2019山东淄博]中国特色社会主义的根本原则是(　　)

A. 以经济建设为中心　B. 依法治国　C. 共同富裕　D. 以人民为中心

84. [2019山东淄博]改革、发展、稳定是我国社会主义现代化建设的三个重要支点。正确处理三者关系的结合点在于(　　)

A. 全面深化改革　B. 提高发展质量　C. 保持社会稳定　D. 改善人民生活

85. [2019河北邢台经开]习近平新时代中国特色社会主义思想的核心要义是(　　)

A. 推进马克思主义中国化、时代化、大众化　B. 坚持以经济建设为中心

C. 坚持和发展中国特色社会主义　D. 建设社会主义现代化

86. [2019河北石家庄新乐]中国梦提出的时代背景是(　　)

A. 中国特色社会主义道路、理论、制度的创新

B. 新世纪、新阶段的社会主义初级阶段的总特征

C. 中国特色社会主义初级阶段的总的基本国情

D. 党的建设在全球化时代面临的新形势、新任务

87. [2019河北石家庄新乐]中国特色社会主义进入新时代，意味着近代以来久经磨难的中华民族迎来了从站起来、富起来到强起来的伟大飞跃，迎来了实现中华民族伟大复兴的光明前景；意味着(　　)在二十一世纪的中国焕发出强大生机活力，在世界上高高举起了中国特色社会主义伟大旗帜。

A. 科学社会主义　B. 社会主义道路　C. 社会主义思想　D. 马列主义

88. [2019河北邢台桥西]从党的十九大到二十大，是“两个一百年”奋斗目标的历史交汇期。我们既要全面建成小康社会、实现第一个百年奋斗目标，又要乘势而上开启全面建设社会主义现代化国家新征程。开启全面建设社会主义现代化国家新征程，这说明(　　)

A. 中国特色社会主义进入了新时代　B. 我国已全面建成小康社会

C. 我国已基本实现现代化　D. 我国已成为社会主义现代化强国

89. [2019河北邢台桥西]中国特色社会主义进入新时代，对新时代的“新”理解不正确的是(　　)

A. 新时代，是在新的历史条件下继续夺取中国特色社会主义伟大胜利的时代

B. 新时代，是全体中华儿女勠力同心、奋力实现中华民族伟大复兴中国梦的时代

C. 新时代，是决胜全面建成小康社会、进而全面建设社会主义现代化强国的时代

D. 新时代，是全国各族人民团结奋斗、不断创造美好生活、逐步实现全体人民同步富裕的时代

90. [2019山西长治潞州]习近平总书记曾指出，这个新时代是承前启后、继往开来、在新的历史条件下继续夺取中国特色社会主义伟大胜利的时代。新时代中国共产党的历史使命就是实现(　　)

A. 中华民族伟大复兴　B. 中国走进世界舞台中央的梦想

C. 不断创造美好生活的理念　D. 人民思想文化创新建设

91. [2019山东烟台芝罘]党的十九大明确提出，中国特色社会主义进入新时代，标志着我国社会主要矛

盾已经转化为人民日益增长的美好生活需要和(　　)之间的矛盾。

A. 不平衡不充分的增长　　B. 不平衡不充分的发展

C. 不平衡不充分的收入　　D. 不平衡不充分的分配

92. [2019河南平顶山]十九大报告指出,当前,国内外形势正在发生深刻复杂变化,我国发展仍处于重要(　　),前景十分光明,挑战也十分严峻。

A. 战略发展期　　B. 战略机遇期　　C. 战略调整期　　D. 战略规则期

93. [2019山西吕梁]到建党一百周年时,要实现全面建成小康社会的战略目标,为此,要全方位实施七大战略,即:科教兴国战略、人才强国战略、(　　)、乡村振兴战略、区域协调发展战略、可持续发展战略和军民融合发展战略。

A. 创新驱动发展战略　　B. 统筹兼顾发展战略

C. 全面协调发展战略　　D. 稳增长发展战略

94. [2019湖北特岗]习近平总书记指出:脱贫攻坚的标准就是稳定实现贫困人口“两不愁三保障”。“两不愁”是指不愁吃、不愁穿,“三保障”是指(　　)有保障。

A. 教育、医疗、交通　　B. 义务教育、基本医疗、住房安全

C. 生活、生产、消费　　D. 职业教育、大病统筹、财产安全

95. [2019山西大同市属]习近平总书记指出,深度贫困的特征可概括为(　　)

A. 两高、两低、一差、三重　　B. 两高、一低、一差、三重

C. 一高、一低、一差、三重　　D. 一高、两低、一差、三重

96. [2019河南安阳龙安]党的十九大提出实施乡村振兴战略,是以习近平同志为核心的党中央着眼党和国家事业全局,深刻把握现代化建设规律和城乡关系变化特征,顺应亿万农民对美好生活的向往,对“三农”工作作出的重大决策部署,是新时代做好“三农”工作的总抓手。实施乡村振兴战略的根本目的是(　　)

A. 转移农村剩余劳动力　　B. 推进城乡一体化发展

C. 确保精准脱贫　　D. 推进农业农村现代化

97. [2019山西省属]“小康不小康,关键看老乡。”党的十八大以来,以习近平同志为核心的党中央对精准扶贫、精准脱贫工作进行了精心部署,实施了“开方子、拔穷根”的一批脱贫工程,其中,排在第一位的是(　　)

A. 发展教育脱贫一批　　B. 发展生产脱贫一批

C. 生态补偿脱贫一批　　D. 社会保障兜底一批

98. [2019河北石家庄新乐]下列对城镇化的理解,正确的是(　　)

①城镇化的核心是人的城镇化　　②城镇化是就业较为充分的城镇化

③城镇化要与信息化发展同步　　④城镇化有别于城市化

A. ①②③　　B. ①③④　　C. ①②④　　D. ①②③④

99. [2019河北石家庄新乐]十九大报告中提出乡村振兴战略,把解决“三农”问题摆在了党工作的重中之重,要坚持农业农村优先发展,要按照(　　)、生态宜居、乡风文明、治理有效、生活富裕的总要求,建立健全城乡融合发展体制机制和政策体系,加快推进农业农村现代化。

A. 生产发展　　B. 生态良好　　C. 产业兴旺　　D. 产业兴盛

100. [2019河北廊坊三河]中国特色社会主义进入了新时代,我国经济发展也进入了新时代,基本特征就是我国经济已由高速增长阶段转向(　　)阶段。

A. 持续增长　　B. 中高速增长　　C. 高质量发展　　D. 持续健康发展

101. [2019山东枣庄市中]2019年5月,中共中央政治局会议审议《长江三角洲区域一体化发展规划纲要》。会议强调,把长三角一体化发展上升为国家战略是党中央作出的重大决策部署。长三角一体化发展

具有极大的区域带动和示范作用，要紧扣“一体化”和“高质量”两个关键，带动整个长江经济带和华东地区发展。此区域不包括（　　）

A. 上海　　B. 江西　　C. 安徽　　D. 浙江

102. [2019山东烟台芝罘]全面深化改革的总目标是完善和发展中国特色社会主义制度，推进（　　）

A. 国家治理体系现代化　　B. 国家治理能力现代化

C. 国家治理现代化　　D. 国家治理体系和治理能力现代化

103. [2019山东]（　　）是推进国家治理体系和治理能力现代化的一场深刻变革。

A. 深化党和国家机构改革　　B. 建设人民满意的新型政府

C. 建设现代化经济体系　　D. 坚持贯彻新发展理念

104. [2019山东]党的十九届三中全会强调，深化党和国家机构改革要以（　　）为统领。

A. 加强全面依法　　B. 加强以人民为中心

C. 加强党的全面领导　　D. 国家治理体系和治理能力现代化

105. [2019山西省属]“牵一发而动全身”，关系到改革大局；“一子落而满盘活”，关系到改革成效。这两句话形象地说明了在全面深化改革中应处理好（　　）

A. 解放思想与实事求是的关系　　B. 改革、发展与稳定的关系

C. 整体推进与重点突破的关系　　D. 顶层设计与摸着石头过河的关系

106. [2019河北石家庄裕华]习近平总书记在十九届中央纪委三次全会上指出，要继续推进全面从严治党，继续推进党风廉政建设和反腐败斗争。这是因为中国共产党（　　）

A. 是我国的爱国统一战线组织　　B. 是我国最高政治领导力量

C. 代表人民具体行使国家权力　　D. 履行政治协商的职能

107. [2019重庆南岸]共产党人都要有远大的共产主义理想，这一理想在当下的体现就是（　　）

A. 为实现中国特色社会主义而奋斗　　B. 为实现社会主义而奋斗

C. 为实现共产主义而奋斗　　D. 为解放全人类而奋斗

108. [2019河南郑州二七]中国特色社会主义进入新时代，党的建设的指导方针是（　　）

A. 全面加强党的执政本领　　B. 坚持党要管党、全面从严治党

C. 坚持解放思想、改革创新　　D. 全面推进党的政治建设

109. [2019河北石家庄市属]《中共中央关于加强党的政治建设的意见》指出，（　　）是我们党作为马克思主义政党的根本要求。

A. 党的建设方向和效果　　B. 全心全意为人民服务

C. 坚定理想信念　　D. 旗帜鲜明讲政治

110. [2019河北邢台市属]习近平总书记告诫党员，不忘初心，牢记使命，就不要忘记我们是共产党人，我们是革命者，不要丧失了革命精神。时代是出卷人，我们是答卷人，人民是阅卷人。作为新时代的“答卷人”，就必须（　　）

A. 把党的政治建设放在首位，落实全面从严治党

B. 放管结合，优化服务，提高行政管理水平和能力

C. 推进国家治理体系和治理能力现代化

D. 始终坚持以人民为中心，坚持全面依法治国

111. [2019河北邢台经开]党内监督的任务是确保党章党规党纪在全党有效执行、维护党的团结统一，重点解决党的领导弱化、建设缺失、全面从严治党不力等问题。由此可见，加强党内监督有利于（　　）

A. 中国共产党坚持依法行政，科学民主决策

B. 各级政府及其工作人员清正廉洁，从根本上杜绝腐败行为

C. 党发挥领导核心作用，保持党的先进性和纯洁性

D. 增强党内信任，发挥民主集中制作用

112. [2019山西大同市属]新时代党的建设总体布局中，(　　)是最重要的，是统领，是核心。

A. 思想建设　　B. 政治建设　　C. 纪律建设　　D. 作风建设

113. [2019河北保定唐县]党员队伍中的四大危险是指精神懈怠、能力不足、消极腐败和(　　)

A. 贪污腐败　　B. 思想堕落　　C. 尸位素餐　　D. 脱离群众

114. [2019河北石家庄新乐]十九大指出，坚持反腐败无禁区、全覆盖、零容忍，坚定不移"打虎""拍蝇""猎狐"，________的目标初步实现，________的笼子越扎越牢，________的堤坝正在构筑，反腐败斗争压倒性态势已经形成并巩固发展。(　　)

A. 不敢腐；不能腐；不想腐　　B. 不能腐；不想腐；不敢腐

C. 不想腐；不敢腐；不能腐　　D. 不敢腐；不想腐；不能腐

115. [2019河北石家庄新乐]邓小平同志曾指出："党是整个社会的表率，党的各级领导同志又是全党的表率。"习近平同志近来也表示："打铁还须自身硬，绣花要得手绵巧。"上述观点表明(　　)

①党要把民主执政作为基本执政方式　　②党员干部要发挥先锋模范作用

③党要与时俱进地提高执政能力　　④党要把发展作为执政兴国的第一要务

A. ①③　　B. ①④　　C. ②③　　D. ②④

116. [2019河南安阳龙安]习近平在十九大报告中说："有事好商量，众人的事情由众人商量，是人民民主的真谛。"这反映在民主政治建设方面是指，要(　　)

A. 积极推进全民民主　　B. 全面推进基层的全民参与的基层民主政治

C. 积极推进协商民主制度　　D. 倡导代议制民主

117. [2019河南安阳龙安]对我国而言，确保粮食安全始终是国家经济发展的底线。在城市化和工业化不断深化的背景下，我国的粮食供需矛盾日益凸显。2018年全国粮食总产量65789万吨，比2017年减产371万吨，下降0.6%。为了解决粮食供需矛盾，确保国家粮食安全，需要(　　)

①推进农村土地"三权分置"改革，发展规模化农业

②创新土地资源调控手段，确保耕地红线不动摇

③积极拓展国际市场，取消粮食进出口关税

④优化农业种植结构，扩大经济作物种植面积

A. ①②　　B. ①④　　C. ②③　　D. ③④

118. [2019山西吕梁]保障和改善民生，要实现"七有"目标，即：幼有所育、学有所教、劳有所得、病有所医、老有所养、住有所居和(　　)

A. 行有所侍　　B. 弱有所扶　　C. 民有所呼　　D. 党有所应

119. [2019河北石家庄市属]经党中央批准、国务院批复，自2018年起，我国将每年农历"秋分"设立为"中国农民丰收节"。该节日的设立(　　)

A. 彰显了"三农"工作的重要地位　　B. 有利于促进农民素质全面提升

C. 能够显著增强农村经济质量优势　　D. 必将保障农民休息休假的权利

120. [2019重庆沙坪坝]改革开放以来新出现的社会阶层是(　　)

A. 新的中产阶级　　B. 中国先进生产力的代表者

C. 社会主义事业的领导者　　D. 中国特色社会主义事业的建设者

121. [2019山东]在庆祝改革开放40周年之际,中国向阿兰·梅里埃等十名国际友人颁发(　　)奖章。

A. 中国改革贡献　　B. 中国改革友谊　　C. 中国改革进步　　D. 中国改革先锋

122. [2019河南郑州经开]习近平总书记的"我们都在努力奔跑,我们都是追梦人"这句话十分鼓舞人心,这句话出自(　　)

A. 2019年4月30日纪念五四运动100周年大会上的讲话

B. 2019年新年贺词中的讲话

C. 2018年5月2日在北京大学考察时的讲话

D. 2019年1月16日调研京津冀时的讲话

123. [2019河南开封市属]国家主席习近平在纪念五四运动100周年大会上发表重要讲话时指出,五四运动孕育了以(　　)为主要内容的伟大五四精神,其核心是爱国主义。

A. 爱国、平等、公正、和谐　　B. 爱国、担当、忠诚、奋斗

C. 爱国、进步、民主、科学　　D. 爱国、团结、创新、自强

124. [2019山东烟台莱州]习近平在纪念五四运动100周年大会上强调,新时代中国青年运动的主题,新时代中国青年运动的方向,新时代中国青年的使命,就是坚持(　　),同人民一道,为实现"两个一百年"奋斗目标,实现中华民族伟大复兴的中国梦而奋斗。

A. 中国共产党领导　　B. 多党合作和政治协商制度

C. 社会主义制度　　D. 民主集中制

125. [2019河北邢台市属]2019年5月13日中共中央政治局召开会议,决定从今年6月开始,在全党自上而下分两批开展(　　)主题教育。

A. 不忘初心,中华复兴　　B. 不忘初心,牢记使命

C. 不忘初心,砥砺前行　　D. 牢记初心,勇担使命

126. [2019河南信阳平桥]当地时间2019年6月4日,在法国巴黎举行的2019年亚足联特别代表大会上,经全体会议代表一致鼓掌通过,中国获得了(　　)亚洲杯主办权。

A. 2020年　　B. 2021年　　C. 2023年　　D. 2024年

127. [2019山东德州]人民日报写出"世上本无(　　)",指出美国一部分人战略迷误的危险(一个新崛起的大国,必然要挑战现存大国,而现存大国,也必然会回应这种威胁,这样战争变得不可避免)。

A. 修昔底德陷阱　　B. 菲利普斯陷阱　　C. 中等收入　　D. 极端化

128. [2019河北石家庄市属]2019年全国工业和信息化工作会议指出,加快5G商用部署,扎实做好标准、研发、试验和安全配套工作,加速产业链成熟,加快应用创新,扎实推进网络强国建设。加快5G商用部署的根本目的在于(　　)

A. 满足人们美好生活的需要　　B. 健全基本的公共服务体系

C. 推动生产关系的根本变革　　D. 满足日益变化的市场需求

129. [2019河北邢台市属]在当代中国,引领中国共产党和全国各族人民团结奋斗的共同思想基础是(　　)

A. 科学发展观　　B. 中国特色社会主义理论体系

C. 爱国主义　　D. 社会主义核心价值体系

130. [2019山东德州]党的十八大提出,倡导富强、民主、文明、和谐、自由、平等、公正、法治、爱国、敬业、诚信、友善的社会主义核心价值观。其中,自由、平等、公正、法治属于(　　)

A. 社会层面价值取向　　B. 个人社会层面取向

C. 个人层面价值标准　　D. 国家层面价值取向

131. [2019 河北邢台桥西]中国的改革开放之所以能够顺利推进并取得历史性成就，根本原因在于始终坚持正确的改革方向和改革立场，既不走封闭僵化的老路，也不走改旗易帜的邪路。坚持改革的正确方向，最核心的是(　　)

A. 坚持社会主义市场经济

B. 坚持改革与开放相结合

C. 坚持和完善中国共产党领导的多党合作和政治协商制度

D. 坚持和完善党的领导，坚持和完善中国特色社会主义制度

132. [2019 重庆沙坪坝]经济建设、政治建设、文化建设、社会建设、生态文明建设“五位一体”总布局的“新提法”是党的(　　)报告提出的。

A. 十七大　　B. 十八大　　C. 十八届三中全会　　D. 十七届六中全会

133. [2019 山西长治潞州]习近平总书记曾指出，(　　)是一个民族进步的灵魂，是一个国家兴旺发达的不竭源泉，也是中华民族最鲜明的民族禀赋。

A. 创新　　B. 自强　　C. 自立　　D. 道德

134. [2019 重庆江北]我国科技事业面向未来的重大战略选择是(　　)

A. 建设现代社会　　B. 建设创新型国家　　C. 建设和谐社会　　D. 建设学习型国家

135. [2019 山东烟台招远]创新是引领发展的第一动力，是建设现代化经济体系的(　　)

A. 重要手段　　B. 基本模式　　C. 战略支撑　　D. 根本途径

136. [2019 河北石家庄新乐]实现创新型国家目标的根本途径是(　　)

A. 转变经济发展模式　　B. 增强自主创新能力

C. 解放和发展生产力　　D. 深化科技体制改革

137. [2019 山东济南南部山区]国家强，经济体系必须强，建设现代经济体系是我国发展的战略目标，下列不属于我国现代化经济体系建设的是(　　)

A. 产业体系　　B. 城乡治理体系　　C. 分配体系　　D. 绿色发展体系

138. [2019 山东]发展是解决我国一切问题的基础和关键，发展必须是科学发展，必须坚定不移贯彻(　　)的发展理念。

A. 创新、协调、绿色、开放、共享　　B. 创造、协调、生态、开放、共享

C. 创新、统筹、绿色、开放、共享　　D. 创造、统筹、生态、开放、共享

139. [2019 河北邢台市属]精准扶贫战略基于的发展理念是(　　)

A. 创新　　B. 协调　　C. 共享　　D. 绿色

140. [2019 河南开封市属]2019年第10期《求是》杂志刊发了习近平主席的重要文章《深入理解新发展理念》。文章指出，(　　)理念实质就是坚持以人民为中心的发展思想，体现的是逐步实现共同富裕的要求。

A. 共享　　B. 协调　　C. 绿色　　D. 互助

141. [2019 山东淄博]习近平总书记提出了“绿水青山就是金山银山”的重要理念。正确处理“金山银山”和“绿水青山”的关系，归根到底就是正确处理(　　)

A. 金钱与环境的关系　　B. 经济发展和生态环境的关系

C. 发展和民生的关系　　D. 人类改造和自然条件的关系

142. [2019 河北石家庄市属]在“既要金山银山，又要绿水青山，绿水青山就是金山银山”的理念引导下，绿色发展已成为当下各级政府和全国人民的广泛共识。这是因为绿色发展(　　)

A. 注重的是解决发展动力问题　　B. 注重的是解决人与自然和谐共生问题

C. 是我国财富创造的根本源泉　　D. 是始终关系着国计民生的根本性问题

143.［2019山东烟台招远］生态文明的核心是（　　）

A. 坚持低碳生活　　B. 坚持绿色发展　　C. 坚持节约第一　　D. 坚持人与自然和谐共生

144.［2019山东］从井冈山精神到改革开放精神的发展历程表明（　　）

A. 民族精神的核心随时代的发展而不同　　B. 民族精神的基本内涵随时代的变化而变化

C. 民族精神具有与时俱进的品质　　D. 民族精神的发展是一个批判继承的过程

145.［2019江苏南通通州］2019年1月2日，国家主席习近平在《告台湾同胞书》发表40周年纪念会上指出，要坚持“九二共识”，共同追求和平统一的光明前景，“九二共识”的核心是（　　）

A.“一个中国”原则　　B.“一国两制”方针

C.“和平统一”方式　　D.“民族复兴”目标

146.［2019辽宁大连瓦房店］以下关于中美贸易战的观点，正确的是（　　）

A. 贸易战是为了解决贸易不公平问题

B. 贸易战是美国为了遏制中国发展采取的经济霸凌行径

C. 贸易战的发生是因为美国在经济上没有占到便宜

D. 贸易战是解决各国经济纠纷的有效手段

147.［2019河北石家庄新乐］我国外交工作的基本立足点是（　　）

A. 争取建立国际政治、经济新秩序　　B. 与广大发展中国家站在一起

C. 反对霸权主义和强权政治　　D. 维护世界和平

148.［2019辽宁大连瓦房店］下列选项中对“一带一路”倡议的理解，错误的是（　　）

A. 只适用于周边内陆国家　　B. 符合沿线各国的共同利益

C. 加速了边境地区的互联互通　　D. 深化和扩大了我国对外开放程度

149.［2019重庆渝中］在中华人民共和国成立70周年之际，国家授予42人国家勋章、国家荣誉称号，获得“一国两制”杰出贡献者国家荣誉称号的是（　　）

A. 何厚铧　　B. 梁振英　　C. 董建华　　D. 林郑月娥

150.［2019山东烟台开发区］2019年9月17日，国家主席习近平签署主席令，在庆祝中华人民共和国成立70周年之际，授予42人（　　）称号。

A. 国家勋章和国家元老　　B. 国家功勋和国家荣誉

C. 国家元老和国家功勋　　D. 国家勋章和国家荣誉

151.［2019山东烟台招远］“人类命运共同体”是指在追求本国利益时兼顾他国合理关切，在谋求本国发展中促进各国共同发展。首次明确提出要倡导“人类命运共同体”意识的是党的（　　）

A. 十六大　　B. 十七大　　C. 十八大　　D. 十九大

152.［2019山西省属］国家主席习近平在亚洲文明对话大会开幕式上的主旨演讲中指出，中华文明是亚洲文明的重要组成部分，是在同其他文明不断交流互鉴中形成的开放体系，（　　）是中华文明一贯的处世之道。

A. 惠民利民，安民富民　　B. 亲仁善邻，协和万邦

C. 革故鼎新，与时俱进　　D. 道法自然，天人合一

153.［2019山西省属］“要促进和而不同、兼收并蓄的文化环境，在竞争比较中取长补短、在交流互鉴中共同发展”，体现了习近平构建人类命运共同体思想中关于（　　）的理念。

A. 开放包容　　B. 共同繁荣　　C. 持久和平　　D. 普遍安全

154.［2019山西省属］2019年6月7日，国家主席习近平在第二十三届圣彼得堡国际经济论坛全会上发

言指出,和平与发展仍是当今时代的主题,( )是破解目前全球性问题的金钥匙,同构建人类命运共同体目标相近、理念相通,都将造福全人类、惠及全世界。

A. 可持续发展　B. 合作与互通　C. 经济全球化　D. 经济共同体

155. [2019重庆市属]和平发展是中国特色社会主义的( )

A. 必然选择　B. 内在要求　C. 本质属性　D. 根本手段

156. [2019山西省属]习近平总书记指出,中国梦需要和平,只有和平才能实现梦想。中国走和平发展道路的自信和自觉来源于( ),来源于对实现中国发展目标条件的认知,来源于对世界发展大势的把握。

A. 改革开放的伟大成就　B. 大国崛起的权宜之计
C. 中华文明的深厚渊源　D. 国强必霸的历史反思

157. [2019河北邢台经开]建设中国特色社会主义的根本目的是( )

A. 充分发挥社会主义优越性　B. 为实现共产主义创造条件
C. 实现中华民族伟大复兴　D. 实现好、维护好、发展好最广大人民的根本利益

158. [2019河北石家庄市属]2018年9月中非合作论坛峰会在北京举行,共商中非友好合作大计,规划新时代中非合作的宏伟蓝图,出台引领中非合作发展的重大举措。这表明( )

A. 中非双方的根本利益是一致的　B. 国际竞争的实质是经济实力的较量
C. 共同的国家利益是合作的基础　D. 我国以维护中非利益为出发点

159. [2018重庆沙坪坝]1979年3月,邓小平在党的理论工作务虚会上首次明确提出( )

A. 必须坚持"两个凡是"　B. 必须坚持"以经济建设为中心"
C. 必须坚持"四项基本原则"　D. 必须坚持"改革开放"

160. [2018陕西西安]"建设有中国特色的社会主义"是在党的( )上提出的。

A. 十一届三中全会　B. 十二大
C. 十三大　D. 十二届一中全会

161. [2018重庆大渡口]1992年初,邓小平在南方谈话中对社会主义本质的科学内涵作出了理论概括,下列不属于这一理论概括的内容的是( )

A. 解放生产力,发展生产力　B. 坚持社会主义市场经济制度
C. 消灭剥削,消除两极分化　D. 最终达到共同富裕

162. [2018重庆彭水]社会主义的根本任务是( )

A. 发展经济　B. 发展生产　C. 共同富裕　D. 解放和发展生产力

163. [2018陕西西安]在1997年召开的党的十五大,把( )写进党章,确立为党的指导思想。

A. 邓小平理论　B. "三个代表"
C. 科学发展观　D. 社会主义初级阶段理论

164. [2018河北石家庄]邓小平理论的精髓和活的灵魂是( )

A. 社会主义市场经济理论　B. 解放思想、实事求是的思想路线
C. 改革开放　D. 坚持四项基本原则

165. [2018陕西西安]社会主义的最终目标是( )

A. 解放和发展生产力　B. 消灭剥削
C. 消除两极分化　D. 实现共同富裕

166. [2018陕西西安]党的十三大正式提出的党在社会主义初级阶段的路线,简要概括为( )

A. "一化三改"　B. 坚持四项基本原则
C. 改革开放　D. "一个中心,两个基本点"

167. [2018山西长治襄垣]邓小平围绕(　　)这个首要的基本理论问题,为我们党制定了在社会主义初级阶段的基本路线。

A. 解放思想,实事求是　　B. 解放生产力,发展生产力

C. 白猫黑猫论　　D. 什么是社会主义,怎么建设社会主义

168. [2018河南信阳浉河]国家主席习近平出席博鳌亚洲论坛2018年年会时说:"中国开放的大门不会关闭,只会越开越大。"因为改革开放是我国的(　　)

A. 立国之本　　B. 强国之路　　C. 根本任务　　D. 最终目标

169. [2018陕西西安](　　),中国政府正式恢复了对香港行使主权,标志着"一国两制"构想的成功。

A. 1997年7月1日　　B. 1996年10月1日

C. 1997年8月1日　　D. 1997年10月1日

170. [2018河北雄安]构建社会主义和谐社会的重要保证是(　　)

A. 必须坚持民主法治　　B. 必须坚持科学发展

C. 必须坚持改革开放　　D. 必须坚持在党的领导下全社会共同建设

171. [2018陕西西安]"科学发展观"是在党的(　　)上提出的。

A. 十六大　　B. 十六届一中　　C. 十六届二中　　D. 十六届三中

172. [2018重庆彭水]科学发展观,第一要义是(　　)

A. 科学　　B. 发展　　C. 以人为本　　D. 全面协调可持续

173. [2018重庆沙坪坝]"努力实现以人为本、全面协调可持续的科学发展"这句话是科学发展观关于(　　)的科学回答。

A. 可持续发展　　B. 实现什么样的发展

C. 解放和发展生产力　　D. 以人为本

174. [2018河北石家庄市属]雾霾天气严重制约了人们对美好生活的追求。近年来,党和政府从人民利益出发,加强雾霾的治理。科学治理雾霾,需要(　　)

A. 大幅降低发展速度,提升发展质量　　B. 抑制居民生活消费,倡导环保出行

C. 全面加大投资力度,推动生产发展　　D. 推动发展方式转变,实现科学发展

175. [2018山西长治襄垣]十九大报告指出,要用(　　)武装全党。

A. 毛泽东思想　　B. 邓小平理论

C. 新时代中国特色社会主义思想　　D. "三个代表"重要思想

176. [2018山东统考]系统回答新时代坚持和发展什么样的中国特色社会主义,怎样坚持和发展中国特色社会主义这一重大时代课题,我们党形成的重大理论创新成果是(　　)

A. 邓小平理论　　B. "三个代表"重要思想

C. 科学发展观　　D. 习近平新时代中国特色社会主义思想

177. [2018河北保定市属]新时代中国特色社会主义思想明确中国特色社会主义最本质的特征是(　　)

A. 实现中国梦　　B. 建设中国特色社会主义法治体系

C. 以人民利益为根本出发点　　D. 中国共产党领导

178. [2018河北衡水冀州]党的十九大报告指出,(　　)是指导党和人民实现中华民族伟大复兴的正确理论。

A. 中国特色社会主义道路　　B. 中国特色社会主义理论体系

C. 中国特色社会主义制度　　D. 中国特色社会主义文化

179. [2018河南汝州](　　)是实现社会主义现代化、创造人民美好生活的必由之路。

A. 中国特色社会主义道路　　B. 中国特色社会主义理论体系

C. 中国特色社会主义制度　　D. 中国特色社会主义文化

180. [2018河南汝州]十九大的主题是:不忘初心,(　　),高举中国特色社会主义伟大旗帜,决胜全面建成小康社会,夺取新时代中国特色社会主义伟大胜利,为实现中华民族伟大复兴的中国梦不懈奋斗。

A. 继续前进　　B. 牢记使命　　C. 方得始终　　D. 砥砺前行

181. [2018陕西西安]党的十九大是在中国特色社会主义进入(　　)的关键时期召开的一次十分重要的大会。

A. 新时期　　B. 新阶段　　C. 新征程　　D. 新时代

182. [2018河南汝州]经过长期努力,中国特色社会主义进入了新时代,这是我国发展新的(　　)

A. 未来方向　　B. 未来方位　　C. 历史方向　　D. 历史方位

183. [2018河北保定]我党提出的"两个一百年"奋斗目标中,第二个一百年奋斗目标是指(　　)

A. 全面建成小康社会　　B. 建成富强民主文明和谐美丽的社会主义现代化强国

C. 基本实现社会主义现代化　　D. 打赢脱贫攻坚战

184. [2018河南郑州二七]从十九大到二十大,是"两个一百年"奋斗目标的历史交汇期。在实现第一个一百年奋斗目标后,从________年到本世纪中叶,在基本实现________的基础上,把我国建成富强民主文明和谐美丽的社会主义现代化强国。(　　)

A. 2020　现代化　　B. 2035　信息化　　C. 2020　信息化　　D. 2035　现代化

185. [2018山西长治襄垣]新时代中国特色社会主义思想,明确坚持和发展中国特色社会主义,总任务是实现社会主义现代化和中华民族伟大复兴,在全面建成小康社会的基础上,分(　　)在本世纪中叶建成富强民主文明和谐美丽的社会主义现代化强国。

A. 两步走　　B. 三步走　　C. 四步走　　D. 五步走

186. [2018山西长治襄垣]全党同志一定要永远与人民同呼吸、共命运、心连心,永远把(　　)作为奋斗目标,以永不懈怠的精神状态和一往无前的奋斗姿态,继续朝着实现中华民族伟大复兴的宏伟目标奋勇前进。

A. 人民对美好生活的向往　　B. 人民对幸福生活的向往

C. 人民对美好生活的追求　　D. 人民对幸福生活的追求

187. [2018河北雄安]党的十九大报告指出,必须把维护中央对香港、澳门特别行政区________和保障特别行政区________有机结合起来,确保"一国两制"方针不会变、不动摇,确保"一国两制"实践不变形、不走样。(　　)

A. 全面管理权　高度自决权　　B. 全面管理权　高度自治权

C. 全面管治权　高度自决权　　D. 全面管治权　高度自治权

188. [2018河北保定市属]习近平总书记强调全党要坚定道路自信、理论自信、制度自信、文化自信。这里的"道路"是指(　　)

A. 中华民族的复兴之路　　B. 中国特色社会主义道路

C. 中国和平崛起之路　　D. 共产主义道路

189. [2018河南商丘]我们讲一切从实际出发,现阶段中国最大的实际是(　　)

A. 生产力水平低,商品经济不发达　　B. 人口多,劳动者素质不高

C. 自然条件差,资源相对短缺　　D. 正处于并将长期处于社会主义初级阶段

190.［2018山东聊城东昌府］全面深化改革的时期，要解决体制机制的矛盾，要培育新动能，提高供给效益，要提高全要素生产率就必须以(　　)为主线。

A. 推动经济转型升级　　B. 深化供给侧结构性改革

C. 转变经济发展方式　　D. 建立现代化经济体系

191.［2018山东聊城东昌府］健全学生资助制度，使绝大多数城乡新增劳动力接受(　　)教育、更多接受高等教育。

A. 高中阶段　　B. 义务阶段　　C. 职业阶段　　D. 大学阶段

192.［2018山东统考］党在新时代的强军目标是(　　)

A. 为党的执政地位提供重要力量保证，为国家利益提供有力战略支撑，为世界和平发展发挥重要作用

B. 实现人民军队政治生态重塑、组织形态重塑、力量体系重塑、作风形象重塑

C. 建立一支召之即来、来之能战、战之能胜的现代化人民军队

D. 建设一支听党指挥、能打胜仗、作风优良的人民军队，把人民军队建设成为世界一流军队

193.［2018山东滨州］建设一支听党指挥、能打胜仗、作风优良的人民军队，是党在新形势下的强军目标。其中的核心是(　　)

A. 听党指挥　　B. 能打胜仗　　C. 作风优良　　D. 人民军队

194.［2018河北雄安］适应世界新军事革命发展趋势和国家安全需求，提高建设质量和效益，确保到二〇二〇年基本实现________，________建设取得重大进展，________有大的提升。(　　)

A. 现代化　信息化　战斗能力　　B. 机械化　信息化　战斗能力

C. 机械化　信息化　战略能力　　D. 现代化　信息化　战略能力

195.［2018山东统考］加强社会治理制度建设，完善党委领导、政府负责、社会协同、公众参与、法治保障的社会治理体制，提高社会治理社会化、法治化、(　　)、专业化水平。

A. 民主化　　B. 多元化　　C. 信息化　　D. 智能化

196.［2018山东淄博］当前，我国发展不平衡不充分问题在(　　)最为突出。

A. 大中城市　　B. 西部地区　　C. 城镇　　D. 乡村

197.［2018河南信阳浉河］实施(　　)战略，是党的十九大作出的重大决策部署，是新时代做好“三农”工作的总抓手。

A. 乡村发展　　B. 乡村脱贫　　C. 乡村振兴　　D. 城乡一体发展

198.［2018河北石家庄市属］中国特色社会主义进入了新时代，我国经济发展也进入了新时代，基本特征就是我国经济已由________阶段转向________发展阶段。(　　)

A. 高水平增长；高质量　　B. 高速增长；高水平

C. 高质量；高速增长　　D. 高速增长；高质量

199.［2018山东淄博］党的十九大报告指出，完善城镇基本养老保险和城乡居民基本养老保险制度，尽快实现(　　)

A. 社会保险全国统筹　　B. 社会保险区域统筹

C. 养老保险全国统筹　　D. 养老保险区域统筹

200.［2018河北保定市属］中国特色社会主义的本质要求和重要保障是(　　)

A. 全面依法治国　　B. 全面从严治党　　C. 全面发展经济　　D. 全面可持续发展

201.［2018河南禹州］党的十九大报告指出，全面依法治国是国家治理的一场深刻革命。依法治国的主体和力量源泉是(　　)

A. 人民　　B. 政府　　C. 国家　　D. 法院

202.［2018陕西西安］新时代中国共产党的历史使命是(　　)

A. 实现中华民族的伟大复兴　　B. 全面建成小康社会

C. 民族独立、国家富强和人民幸福　　D. 建立社会主义现代化国家

203.［2018河北石家庄市属］中国共产党第十九次全国代表大会是在中国特色社会主义进入新时代的关键时期召开的一次十分重要的大会，事关中国特色社会主义前途命运，事关最广大人民根本利益。这充分体现了党对国家的(　　)

A. 政治领导　　B. 组织领导　　C. 思想领导　　D. 作风领导

204.［2018河北雄安］增强党自我净化能力，根本靠强化________和________。(　　)

A. 党的自我监督　舆论监督　　B. 党的自我监督　群众监督

C. 党的自我监督　司法监督　　D. 党的自我监督　民主监督

205.［2018河南禹州］党的十九大报告提出了新时代中国特色社会主义思想，明确中国特色社会主义最本质的特征是(　　)

A. 发展中国特色社会主义文化　　B. “四个全面”战略布局

C. 以人民为中心的发展思想　　D. 中国共产党领导

206.［2018河北辛集］党的十九大报告指出，伟大斗争，伟大工程，伟大事业，伟大梦想，紧密联系、相互贯通、相互作用，其中起决定性作用的是(　　)

A. 维护祖国统一伟大斗争　　B. 党的建设新的伟大工程

C. 实现民族复兴伟大梦想　　D. 实现民族解放伟大事业

207.［2018河北张家口桥西］党的作风建设与党的思想建设、组织建设相互联系、相互促进。抓住作风建设，就抓住了新形势下推进党的建设的一个十分重要的环节。这是因为(　　)

A. 党的作风是党的性质、宗旨、纲领、路线的具体化

B. 党的作风建设在党的建设中处于支配地位，起决定作用

C. 党的作风是党的创造力、战斗力和凝聚力的重要内容

D. 党的作风关系到党的形象、人心向背、党和国家的生死存亡

208.［2018河南漯河］党执政兴国的第一要务是(　　)

A. 改革　　B. 创新　　C. 发展　　D. 为民

209.［2018河南信阳浉河］党的十九大报告3万多字中，有200多次提到“人民”一词，字里行间贯穿“以人民为中心”的发展思想，这表明中国共产党坚持(　　)

A. 以人为本、执政为民的理念　　B. 努力实现全体人民共同富裕

C. 始终代表全体人民行使国家权力　　D. 大力发展社会主义先进文化

210.［2018河北保定市属］我国全面深化改革的总目标是：完善和发展中国特色社会主义制度，推进国家(　　)的现代化。

A. 2025工业制造　　B. 治理体系和治理能力

C. 农村经济和城市经济　　D. 物质文明和精神文明

211.［2018河北保定］十九大报告指出：建设现代化经济体系，必须把发展经济的着力点放在(　　)上。

A. 实体经济　　B. 互联网经济　　C. 私有经济　　D. 国有经济

212.［2018河北邢台桥东］中国将高举和平、发展、合作、共赢的旗帜，恪守维护世界和平、促进共同发展的外交政策宗旨，坚定不移在和平共处五项原则基础上发展同各国的友好合作，推动建设(　　)的新型国际关系。

A. 相互尊重、公平正义、互利共赢　　B. 相互信任、公平公正、互利共赢

C. 相互尊重、公平正义、合作共赢　　D. 相互信任、公平公正、合作共赢

213. [2018山东统考]获得第24届冬季奥林匹克运动会举办权的国家是(　　)

A. 俄罗斯　　B. 韩国　　C. 中国　　D. 挪威

214. [2018山东聊城]2022年北京冬奥会会徽和冬残奥会会徽分别为(　　)

A. "冬跃""飞梦"　　B. "冬苏""飞跃"　　C. "冬梦""飞跃"　　D. "冬苏""飞梦"

215. [2018河北保定]党的十八大报告对社会主义核心价值观分别从国家、社会、个人三个层面进行了概括,其中从个人层面概括的是(　　)

A. 倡导富强、民主、文明、和谐　　B. 倡导爱国、敬业、诚信、友善

C. 倡导自由、平等、公正、法治　　D. 倡导团结、友爱、互帮、互学

216. [2018河南新乡]十九大报告指出,中华民族伟大复兴的基础工程是建设(　　)

A. 经济强国　　B. 政治强国　　C. 教育强国　　D. 文化强国

217. [2018山东枣庄峄城]党的十九大报告指出,推动城乡义务教育(　　)发展,高度重视农村义务教育。

A. 一体化　　B. 均衡　　C. 一元化　　D. 全面

218. [2018山东枣庄峄城]党的十九大报告强调,深入挖掘中华优秀传统文化蕴含的思想观念、(　　)、道德规范,结合时代要求继承创新,让中华文化展现出永久魅力和时代风采。

A. 文化内涵　　B. 时代特色　　C. 荣辱精神　　D. 人文精神

219. [2018河南禹州]党的十九大报告指出:文化兴国运兴,文化强民族强。没有高度的文化自信,没有文化的繁荣兴盛,就没有中华民族的伟大复兴。要坚持中国特色社会主义文化发展道路。文化兴国运兴,文化强民族强是因为(　　)

①文化与经济、政治相互影响、相互交融　　②文化能够促进人的全面发展

③文化越来越成为综合国力竞争的重要因素　　④文化是一种潜在的物质力量

A. ①③　　B. ②④　　C. ①④　　D. ②③

220. [2018河北保定市属]首次出现"以习近平同志为核心的党中央"这一提法是在(　　)上。

A. 十八届三中全会　　B. 十八届四中全会　　C. 十八届五中全会　　D. 十八届六中全会

221. [2018山东德州]2017年12月31日,国家主席习近平发表的2018年新年贺词引用的"不驰于空想,不骛于虚声"是(　　)的名言。

A. 毛泽东　　B. 陈独秀　　C. 李大钊　　D. 瞿秋白

222. [2018河北衡水冀州]使市场在资源配置中起(　　)和更好地发挥政府作用,是十八届三中全会决定提出的一个重大理论观点。

A. 基础性作用　　B. 辅助性作用　　C. 决定性作用　　D. 指导性作用

223. [2018河南南阳卧龙]中华人民共和国(　　)于6月8日首次颁发,授予为我国社会主义现代化建设和促进中外交流合作、维护世界和平作出杰出贡献的外国人,为国家最高荣誉。

A. "自由勋章"　　B. "解放勋章"　　C. "友谊勋章"　　D. "紫荆勋章"

224. [2018河北保定市属]十九大报告呼吁,各国人民同心协力,构建(　　),建设持久和平、普遍安全、共同繁荣、开放包容、清洁美丽的世界。

A. 世界经济共同体　　B. 人类命运共同体

C. 人类大同共同体　　D. 东南亚共同体

225. [2018河北保定市属]习近平指出,我们携手推进(　　)建设国际合作,让古老的丝绸之路重新焕发勃勃生机。

A. 雄安新区　　B. 海上丝绸之路　　C. 一带一路　　D. 京津冀协同发展

226. [2018重庆彭水]( )是发展我国对外政策的根本原则。

A. 独立自主
B. 和平共处五项原则
C. 反对霸权主义
D. 决不当头

227. [2018内蒙古通辽]中国坚持独立自主的外交政策,坚持互相尊重( )、互不侵犯、互不干涉内政、平等互利、和平共处五项原则。

A. 主权
B. 领土
C. 主权和领空
D. 主权和领土完整

228. [2018河南周口中心城区]"丝路精神"即"丝绸之路精神"的简称,下列哪一个不属于"丝路精神"的内涵( )

A. 和平合作
B. 开放包容
C. 互学互鉴
D. 自力更生

229. [2018山西大同市属]提高中国共产党的执政能力,首先要提高党( )的能力。

A. 拒腐防变
B. 抵御风险
C. 领导发展
D. 应对危机

230. [2017重庆市属]从党的十一届三中全会到党的十一届六中全会,中国共产党在总结了1956年以来的社会主义建设正反两个方面经验的基础上,提出了( )的概念,并对其做了初步的理论概括。

A. "中国式的现代化道路"
B. "建设有中国特色的社会主义"
C. "什么是社会主义,怎样建设社会主义"
D. 中国特色社会主义道路

231. [2017山西大同]马克思主义中国化的理论精髓是( )

A. 解放思想
B. 与时俱进
C. 实事求是
D. 以人为本

232. [2017重庆大渡口]邓小平理论首要的基本理论问题是( )

A. 发展是党执政兴国的第一要务
B. 发展才是硬道理
C. 解放生产力,发展生产力
D. 什么是社会主义,怎样建设社会主义

233. [2017重庆南岸]从邓小平同志关于社会主义本质的新概括来看,实现社会主义的关键是( )

A. 要发展生产力,就必须坚持改革开放
B. 坚持共同富裕,防止两极分化
C. 必须坚持公有制和按劳分配
D. 必须抓住经济建设这个中心

234. [2017山东德州]我国的兴国之要是( )

A. 改革开放
B. 四项基本原则
C. 以经济建设为中心
D. 坚持党的领导

235. [2017山东统考]邓小平关于社会主义本质的概括,既包括了社会主义社会的生产力问题,又包括了以社会主义生产关系为基础的社会关系问题,是一个有机的整体。下列不属于社会主义本质内容的是( )

A. 解放和发展生产力
B. 消灭贫困
C. 消除两极分化
D. 最终达到共同富裕

236. [2017山西省属]邓小平提出"两手抓,两手都要硬"指的是( )

A. 经济和国防
B. 精神文明和物质文明
C. 经济与安全
D. 国防与外交

237. [2017河北保定]建设( )是我国现代化建设保持正确方向的必然要求。

A. 社会主义核心价值体系
B. 社会主义精神文明
C. 社会主义物质文明
D. 社会主义经济建设

238. [2017重庆市属]中国共产党的( )第一次提出社会主义初级阶段的概念。

A. 十一届三中全会
B. 十一届六中全会
C. 十二大
D. 十三大

239.［2017 山东德州］我国社会主义初级阶段的时间跨度是指（　　）

A. 社会主义改造基本完成到基本实现社会主义现代化

B. 社会主义改造基本完成到我国达到发达国家水平

C. 中华人民共和国成立到社会主义改造基本完成

D. 中华人民共和国成立到基本实现社会主义现代化

240.［2017 山西大同］社会主义初级阶段的社会性质是（　　）

A. 社会主义　　B. 共产主义　　C. 新民主主义　　D. 过渡时期

241.［2017 吉林］社会主义初级阶段基本路线的主体和核心是（　　）

A. 以经济建设为中心　　B. 一个中心，两个基本点

C. 一国两制　　D. 改革开放

242.［2017 河北涿州］习近平主席曾指出，牢牢坚持“一国两制”基本国策，是实现香港、澳门长期繁荣稳定的必然要求，也是实现中华民族伟大复兴中国梦的重要组成部分。对“一国两制”的理解，下列说法中错误的是（　　）

A.“一国两制”构想最初提出来是为了解决香港回归问题

B.“一国两制”政策以一个中国为原则，并强调中华人民共和国是代表中国的唯一合法政府

C.“一国两制”指的是在中华人民共和国境内，国家的主体实行社会主义，香港、澳门、台湾实行资本主义

D.“一国两制”符合国家和民族根本利益，符合香港、澳门整体长远利益，也符合外来投资者的利益

243.［2017 重庆大渡口］坚持党的基本路线不动摇，关键是坚持（　　）

A. 人民民主专政不动摇　　B. 群众路线不动摇

C. 以经济建设为中心不动摇　　D. 实事求是不动摇

244.［2017 山西大同］我国提出“三步走”战略，全面建设小康社会，都是以发展经济为中心，发展经济的根本目的是（　　）

A. 解放和发展生产力　　B. 体现社会主义优越性

C. 消灭剥削，消除两极分化　　D. 实现共同富裕，提高全国人民的生活水平和质量

245.［2017 山东德州］构建社会主义和谐社会的根本出发点和落脚点是（　　）

A. 必须坚持以人为本　　B. 必须坚持科学发展

C. 必须坚持改革开放　　D. 必须坚持民主法治

246.［2017 重庆南岸］科学发展观提出的根本依据是（　　）

A. 马克思主义科学理论　　B. 我国社会主义实践的探索

C. 社会主义初级阶段的基本国情　　D. 当前世界发展的总趋势

247.［2017 山西大同］我国经济与社会发展的根本出发点是（　　）

A. 建立区域霸权　　B. 提高人民生活水平

C. 维护世界和平　　D. 巩固社会主义制度

248.［2017 河北张家口］未来理想社会是社会生产力高度发达和人的精神生活高度发展的社会，是人与人和谐相处、人与自然和谐共生的社会。因此，深入贯彻落实科学发展观，要坚持（　　）的基本要求。

A. 保护环境　　B. 节约资源

C. 物质文明与精神文明　　D. 全面协调可持续发展

249.［2017 河南许昌］我国立党立国的根本指导思想是（　　）

A. 马克思主义　　B. 毛泽东思想　　C. 邓小平理论　　D. 科学发展观

250. [2017山西大同]坚持四项基本原则的核心是( )

A. 坚持社会主义道路　　B. 坚持人民民主专政

C. 坚持中国共产党的领导　　D. 坚持马克思列宁主义

二、多项选择题(下列每小题列出的四个选项中至少有两项是正确的。)

1. [2021河北石家庄市属]2021年2月20日,习近平总书记在党史学习教育动员大会上作出重要讲话,要求全党同志做到( ),学党史、悟思想、办实事、开新局。

A. 学史明理　　B. 学史增信　　C. 学史崇德　　D. 学史力行

2. [2021河北石家庄市属]近日,中共中央宣传部公开发布中国共产党成立100周年庆祝活动标识。活动标识由( )组成,生动展现中国共产党团结带领中国人民不忘初心、牢记使命、艰苦奋斗的百年光辉历程。

A. 党徽　　B. 数字“100”“1921”“2021”

C. 光芒线　　D. 五角星

3. [2021辽宁葫芦岛]习近平总书记讲过一句意味深长的话:“国家好,民族好,大家才会好。”这句话中的“大家”包括( )

A. 全体社会主义劳动者　　B. 社会主义事业的建设者

C. 拥护社会主义的爱国者　　D. 全世界无产阶级者

4. [2020河北邢台任泽]我们坚持倡导的社会主义核心价值观包括( )

A. 富强、民主、文明、和谐　　B. 自由、平等、博爱、法治

C. 爱国、敬业、诚信、友善　　D. 自由、平等、公正、法治

5. [2020河北邢台任泽]中国特色社会主义包含道路、理论、制度、文化不可或缺的内容,以下说法正确的是( )

A. 中国特色社会主义道路是行动指南　　B. 中国特色社会主义制度是根本保障

C. 中国特色社会主义理论体系是实现途径　　D. 中国特色社会主义文化是精神力量

6. [2020河北邢台任泽]我们强调坚持“四个自信”,就是要坚持( )

A. 道路自信　　B. 理论自信　　C. 制度自信　　D. 文化自信

7. [2020河南信阳市属]中国共产党紧密结合新的时代条件和实践要求,进行理论探索,取得重大理论创新成果,形成了新时代中国特色社会主义思想。新时代中国特色社会主义思想,明确坚持和发展中国特色社会主义,总任务是实现( )

A. 全国人民同步富裕　　B. 社会主义现代化

C. 生产力的解放　　D. 中华民族伟大复兴

8. [2020河北邢台任泽]习近平总书记提出,构建人类命运共同体就是要建设持久和平( )的世界。

A. 普遍安全　　B. 共同繁荣　　C. 开放包容　　D. 清洁美丽

9. [2020河北邢台隆尧]习近平主席于2020年8月11日签署主席令,授予( )“人民英雄”国家荣誉称号。

A. 钟南山　　B. 陈薇　　C. 张伯礼　　D. 张定宇

10. [2020山东济南]2020年6月1日,中共中央、国务院印发了《海南自由贸易港建设总体方案》,推动海南自由贸易港建设加快发展、创新发展,把海南建设成为中国新时代全面深化改革开放的新标杆。该方案要求把海南着力打造成为中国的( )

A. 全面深化改革开放试验区　　B. 国家生态文明试验区

C. 国际旅游消费中心　　D. 国家重大战略服务保障区

11. [2020山东济南]十九届四中全会强调社会治理是国家治理的重要方面,必须加强和创新社会治理,完善社会治理体系,建设社会治理共同体,确保人民安居乐业。社会治理共同体的建设原则是(　　)

A. 人人平等　　B. 人人有责　　C. 人人尽责　　D. 人人享有

12. [2020山东济南历城]党的十九届四中全会提出,坚持和完善中国特色社会主义制度、推进国家治理体系和治理能力现代化的总体目标是(　　)

A. 到我们党成立100年时,在各方面制度更加成熟更加定型上取得明显成效

B. 到2035年,各方面制度更加完善,基本实现国家治理体系和治理能力现代化

C. 到改革开放100年时,全面实现国家治理体系和治理能力现代化

D. 到新中国成立100年时,基本实现国家治理体系和治理能力现代化

13. [2020山东济南历城]社会治理制度是国家治理体系的重要组成部分。推进社会治理现代化,需要坚持以解决实际问题为导向,遵循(　　)的原则。

A. 共建　　B. 共治　　C. 共商　　D. 共享

14. [2020河南信阳市属]近年来,中国在全球治理中不断贡献中国智慧和中国方案,为全球治理不断提供引领性的新理念和新思想,这些新理念和新思想包括(　　)

A. "善、和、惠、容"的周边外交理念　　B. 面向未来的人类命运共同体思想

C. 结盟而不结伴的国家间伙伴关系　　D. 以义为先的正确义利观

15. [2019重庆永川]下列属于邓小平理论主要内容的有(　　)

A. 解放思想、实事求是的思想路线　　B. 社会主义初级阶段理论

C. 党的基本路线　　D. "三步走"战略

16. [2019重庆永川]社会主义的根本目的包括(　　)

A. 共同富裕　　B. 消灭剥削　　C. 消除两极分化　　D. 解放和发展生产力

17. [2019重庆渝中]消除贫困,逐步实现共同富裕是(　　)

A. 社会主义的根本原则和本质特征　　B. 社会主义制度优越性的体现

C. 体现社会主义的本质要求　　D. 社会主义生产目的的要求

18. [2019山西太原杏花岭]科学发展观的具体内容包括(　　)

A. 以人为本的发展观　　B. 全面发展观

C. 协调发展观　　D. 可持续发展观

19. [2019河南安阳龙安]党的十九大报告把十八大以来党的理论创新成果概括为习近平新时代中国特色社会主义思想,实现了党的指导思想的又一次与时俱进。关于习近平新时代中国特色社会主义思想,下列表述正确的有(　　)

A. 是马克思主义中国化的最新成果

B. 是全党全国人民为实现中华民族伟大复兴而奋斗的行动指南

C. 是中国特色社会主义理论体系的重要组成部分

D. 是党和人民的实践经验和集体智慧的结晶

20. [2019山西太原杏花岭]下列属于习近平新时代中国特色社会主义思想的基本方略的有(　　)

A. 坚持新发展理念　　B. 坚持全面深化改革

C. 坚持全面从严治党　　D. 坚持总体国家安全观

21. [2019河南周口川汇]以下哪些选项属于"十四个坚持"的内容(　　)

A. 坚持党对一切工作的领导　　B. 坚持以人民为中心

C. 坚持全面深化改革　　D. 坚持全面以德治国

22. [2019山东济宁邹城]《习近平新时代中国特色社会主义思想学习纲要》指出,(　　)是深刻理解和全面把握习近平新时代中国特色社会主义思想的金钥匙。

A. 为人民谋幸福　　B. 为民族谋复兴

C. 为世界谋大同　　D. 为国家谋富强

23. [2019山西省属]今天,我们党面对着十分复杂的国内外环境,肩负着繁重的执政使命,因此必须提高(　　)、创新思维、法治思维、底线思维能力。

A. 战略思维　　B. 历史思维　　C. 辩证思维　　D. 科学思维

24. [2019山东枣庄市中]2019年4月15日是第四个全民国家安全教育日。下列属于国家安全内容的是(　　)

A. 文化安全　　B. 科技安全　　C. 生态安全　　D. 信息安全

25. [2019重庆市属]习近平总书记指出,文化自信是中华民族独特的精神标识,主要包括(　　)

A. 中华优秀传统文化　　B. 在党和人民伟大斗争中孕育的革命文化

C. 社会主义先进文化　　D. 民族精神和时代精神

26. [2019河南信阳浉河]在习近平新时代中国特色社会主义思想指导下,中国共产党领导全国各族人民,统揽(　　),推动中国特色社会主义进入了新时代。

A. 伟大斗争　　B. 伟大工程　　C. 伟大事业　　D. 伟大梦想

27. [2019河南信阳浉河]习近平强调,我们要坚持党的基本路线,把以经济建设为中心同(　　)这两个基本点统一于新时代中国特色社会主义伟大实践,长期坚持,决不动摇。

A. 坚持四项基本原则　　B. 坚持改革开放

C. 坚持中国共产党的领导　　D. 坚持人民民主专政

28. [2019河南信阳平桥]党的十九大提出的乡村振兴战略,是党中央顺应亿万农民对美好生活的向往,对新时代"三农"工作作出的重大战略决策。这一战略决策体现了中国共产党(　　)

A. 始终不渝的奋斗目标　　B. 践行立党为公、执政为民的执政理念

C. 坚持把维护人民利益作为指导思想　　D. 坚持把中华民族伟大复兴作为最终目标

29. [2019河南信阳浉河]习近平强调,要围绕农民群众最关心最直接最现实的利益问题,加快补齐农村发展和民生短板,让亿万农民有更多实实在在的(　　)

A. 获得感　　B. 幸福感　　C. 公平感　　D. 安全感

30. [2019河南平顶山]党的十九大报告指出,全党要充分认识这场伟大斗争的(　　),发扬斗争精神,提高斗争本领,不断夺取伟大斗争新胜利。

A. 长期性　　B. 反复性　　C. 复杂性　　D. 艰巨性

31. [2019山东]习近平指出,青年兴则国家兴,青年强则国家强。青年一代(　　),国家就有前途、民族就有希望。

A. 有理想　　B. 有担当　　C. 有本领　　D. 有希望

32. [2019河南信阳浉河]中国特色社会主义进入新时代,社会主要矛盾已经转化,这是关系全局的历史性变化,对党和国家工作提出了许多新要求。但我们也必须认识到,没有改变的是(　　)

A. 我们对我国社会主义所处历史阶段的判断

B. 中华民族的面貌

C. 我国仍处于并将长期处于社会主义初级阶段的基本国情

D. 我国是世界最大发展中国家的国际地位

33. [2019河南郑州二七]中国特色社会主义进入新时代,在中华人民共和国发展史上、中华民族发展史上具有重大意义,(　　)也具有重大意义。

A. 在中国共产党发展史上　　B. 在中国人民发展史上

C. 在世界社会主义发展史上　　D. 在人类社会发展史上

34. [2019重庆永川]中国特色社会主义建设的总布局是经济建设、政治建设、(　　)五位一体。

A. 社会建设　　B. 制度建设　　C. 文化建设　　D. 生态文明建设

35. [2019河北秦皇岛市属]党要适应改革开放和社会主义现代化建设的要求,坚持科学执政、依法执政,加强和改善党的领导。党必须按照(　　)的原则,在同级各种组织中发挥领导核心作用。

A. 民主集中　　B. 总揽全局　　C. 协调各方　　D. 实事求是

36. [2019重庆市属]要加强农村基层基础工作,健全(　　)相结合的乡村治理体系。

A. 自治　　B. 文治　　C. 法治　　D. 德治

37. [2019山东济宁邹城]为了实现全面推进依法治国总目标,必须(　　)

A. 坚持中国共产党领导　　B. 坚持人民主体地位

C. 坚持法律面前人人平等　　D. 坚持依法治国和以德治国相结合

38. [2019河南平顶山]十八届四中全会提出,全面推进依法治国的总目标是(　　)

A. 建设中国特色社会主义法治体系　　B. 建设社会主义法治国家

C. 有法可依、执法必严、违法必究　　D. 科学立法、严格执法、公正司法、全民学法

39. [2019河南郑州二七]党的十八大提出"道路自信、理论自信、制度自信"后,习近平总书记又在多个场合提到"文化自信"的命题。下列对"文化自信"命题解释正确的有(　　)

A. 文化是民族生存和发展的重要力量,文化的兴盛是实现中国梦的重要保证

B. 文化思想是一个政党的精神旗帜

C. 中国特色社会主义植根于中华文化的沃土

D. 中国优秀传统文化是中华民族的"根"与"魂"

40. [2019河南郑州新郑]2019年6月16日,《求是》杂志发表中共中央总书记、国家主席、中央军委主席习近平的重要文章《坚定文化自信,建设社会主义文化强国》。文章指出,文化自信,是(　　)

A. 更基础、更广泛、更深厚的自信　　B. 更基本、更深沉、更持久的力量

C. 一个国家、一个民族的灵魂所在　　D. 孵化力、聚合力、感染力

41. [2019河南信阳浉河]习近平指出,(　　)是五四运动以来我国发生的三大历史性事件,是近代以来实现中华民族伟大复兴的三大里程碑。

A. 进行土地革命　　B. 成立中华人民共和国

C. 建立中国共产党　　D. 推进改革开放和中国特色社会主义事业

42. [2019山东统考]习近平总书记在庆祝改革开放40周年大会上发表重要讲话时强调,我们党作出实行改革开放的历史性决策是基于(　　)

A. 对党和国家前途命运的深刻把握　　B. 对社会主义革命和建设实践的深刻总结

C. 对时代潮流的深刻洞察　　D. 对人民群众期盼和需要的深刻体悟

43. [2019重庆奉节]推动建设(　　)的新型国际关系,是党中央立足时代发展潮流和我国根本利益作出的战略选择。

A. 相互尊重　　B. 互不干涉　　C. 公平正义　　D. 合作共赢

44. [2019山东德州]我国构建的伙伴关系基本特征是(　　)

A. 平等性　　B. 同一性　　C. 和平性　　D. 包容性

45.［2019河南信阳浉河］中国一直以来用实际行动推动经济全球化进程，反对保护主义，将继续推动全面开放，推动构建人类命运共同体。这体现了我国（　　）

A. 是一个重合作、负责任的国家　　B. 坚持对外开放的基本国策

C. 是维护世界和平与稳定的重要力量　　D. 在国际事务中起着决定性作用

46.［2019河南平顶山］"一带一路"建设秉承的原则是（　　）

A. 共商　　B. 共建　　C. 共享　　D. 共进

47.［2019山东烟台招远］人与自然是生命共同体，人类必须尊重自然、顺应自然、保护自然。因此，我国必须坚持（　　）的方针，形成节约资源和保护环境的空间格局、产业结构、生产方式、生活方式，还自然以宁静、和谐、美丽。

A. 节约优先　　B. 保护优先　　C. 自然恢复为主　　D. 开发与防治并行

48.［2019重庆沙坪坝］党的十九大报告指出，构建市场导向的绿色技术创新体系，发展绿色金融，壮大（　　）

A. 节能环保产业　　B. 清洁生产产业　　C. 绿色科技产业　　D. 清洁能源产业

49.［2018重庆彭水］中国特色社会主义理论体系的基本特性有（　　）

A. 时代性　　B. 民族性　　C. 实践性　　D. 开放性

50.［2018重庆大渡口］下列属于十九大会议主题内容的有（　　）

A. 不忘初心，牢记使命，高举中国特色社会主义伟大旗帜

B. 决胜全面建成小康社会

C. 夺取新时代中国特色社会主义伟大胜利

D. 为实现中华民族伟大复兴的中国梦不懈奋斗

51.［2018河南漯河］经过长期努力，中国特色社会主义进入了新时代，这是我国发展新的历史方位。中国特色社会主义进入了新时代，这一判断基于（　　）

A. 我国发展站到新的历史起点上　　B. 我国社会主要矛盾发生了新变化

C. 党的奋斗目标有了新要求　　D. 我国面临的国际环境发生了新变化

52.［2018重庆沙坪坝］党在新世纪新阶段的任务包括（　　）

A. 继续推进现代化建设

B. 完成祖国统一

C. 维护世界和平与促进共同发展

D. 加强和改进党的建设，推进我国社会主义自我完善和发展

53.［2018河北石家庄］习近平总书记指出，推动城乡义务教育一体化发展，高度重视农村义务教育，办好（　　）

A. 学前教育　　B. 特殊教育　　C. 网络教育　　D. 终身教育

54.［2018山东滨州］十九大提出要加强社会保障体系建设。坚持房子是用来住的，不是用来炒的定位，加快建立（　　）的住房制度，让全体人民住有所居。

A. 租赁并购　　B. 多渠道保障　　C. 多主体供给　　D. 政府主导

55.［2018山东聊城］十九大报告提出，我国要推动建设（　　）的新型国家关系。

A. 合作共赢　　B. 相互尊重　　C. 公平正义　　D. 和谐共建

56.［2018重庆彭水］全面从严治党成效卓著。全面加强党的领导和党的建设，坚决改变管党治党宽松软状况。推动全党尊崇党章，增强（　　），坚决维护党中央权威和集中统一领导，严明党的政治纪律和政治规矩，层层落实管党治党政治责任。

A. 政治意识　　B. 大局意识　　C. 核心意识　　D. 看齐意识

57.［2018山东统考］不忘初心，方得始终。初心和使命是激励中国共产党人不断前进的根本动力。中国共产党人的初心和使命是(　　)

A. 为中国人民谋幸福　　B. 为中华民族谋复兴

C. 为世界发展谋和平　　D. 为人类解放谋未来

58.［2018河北保定］十九大报告明确指出："党政军民学，东西南北中，党是领导一切的。"党的领导主要体现在哪些方面(　　)

A. 思想领导　　B. 政治领导　　C. 组织领导　　D. 经济领导

59.［2018河南漯河］实现中国梦必须坚持中国道路，弘扬中国精神，凝聚中国力量。其中，中国精神是指(　　)

A. 中国特色社会主义道路　　B. 以爱国主义为核心的民族精神

C. 全国各民族大团结　　D. 以改革创新为核心的时代精神

三、判断题(判断下列每小题的正误，正确的打"√"，错误的打"×"。)

1.［2021河北石家庄市属］在疫情防控中展现出来的中国速度、中国力量，是社会主义制度集中力量办大事的结果，反映出了社会主义制度的优越性。(　　)

2.［2021河北石家庄市属］把社会主义核心价值观的培育融入国民教育、精神文明创建活动的全过程，贯穿于社会生活的方方面面，有利于提高国家文化软实力。(　　)

3.［2020山西大同平城］中国革命和建设的基本立足点是实事求是和独立自主。(　　)

4.［2020河北沧州河间］社会主义核心价值观是社会主义核心价值体系的精髓，是其精神内核及其遵循的根本原则。(　　)

5.［2020河北石家庄市属］中共十八大把习近平新时代中国特色社会主义思想确立为中国共产党必须长期坚持的指导思想并写入党章。(　　)

6.［2020山西大同市属］习近平新时代中国特色社会主义思想是当代中国的马克思主义。(　　)

7.［2020广东广州花都］就业是最大的民生工程、民心工程、根基工程。要把扩大就业摆在突出位置，实施就业优先政策，实现更高质量和更充分就业。(　　)

8.［2020广东梅州］开拓国际市场是新时代坚持和发展中国特色社会主义的根本动力。(　　)

9.［2020河北邢台任泽］十九大报告指出，提拔重用牢固树立"四个意识"和"四个自信"、坚决维护党中央权威、全面贯彻执行党的理论和路线方针政策、忠诚干净担当的干部。(　　)

10.［2020河北廊坊三河］被习近平总书记喻为"鸟之两翼，车之两轮"的是改革和法治。(　　)

11.［2020河北邢台任泽］在五大新发展理念中，最能体现坚持以人民为中心的发展思想的是创新理念。(　　)

12.［2020河北廊坊三河］加快转变经济增长方式的根本出发点和落脚点是保障和改善民生。(　　)

13.［2020河南信阳市属］我国高度重视制造业发展，坚持创新驱动发展战略，把推动制造业高效率发展作为构建现代化经济体系的重要一环。(　　)

14.［2020广东广州花都］十九大报告指出，发展必须是科学发展，必须坚定不移贯彻创新、协调、绿色、开放、共享的发展理念。(　　)

15.［2020山西大同市属］创新是中国特色社会主义的本质特征。(　　)

16.［2020山西大同市属］党的十九大首次把党的政治建设纳入党的建设总体布局。(　　)

17.［2020河北廊坊三河］党的政治建设是党的根本性建设，决定党的建设方向和效果。(　　)

18.［2020广东梅州］十九大报告指出，统一战线是党的事业取得胜利的重要法宝，必须长期坚持。(　　)

19.［2020广东梅州］习近平总书记指出，人民健康是民族昌盛和国家富强的重要标志。（　）

20.［2020河北邢台任泽］曾参与1954年宪法起草，全程参与1982年宪法修改，参加1988年、1993年、1999年、2004年四次宪法修改及众多重要法律的制定修改工作，是新中国宪法学奠基人之一，他是陈景润。（　）

21.［2020河北廊坊三河］改革开放的一项重大历史任务就是推动中国特色社会主义制度更加成熟、更加定型。（　）

22.［2020河北邢台任泽］第二轮土地承包到期后再延长二十年。（　）

23.［2020河北邢台任泽］国家卫生健康委员会、文化和旅游部属于十九届三中全会之后新组建的国务院机构。（　）

24.［2020河北邢台任泽］治贫先治愚，扶贫先扶智。教育是阻断贫困代际传递的治本之策。（　）

25.［2020河北石家庄市属］推进国家治理体系和治理能力现代化，可以在人权、选举制度、法治等重大问题上向西方制度模式看齐，但绝不能照搬。（　）

26.［2020河南信阳市属］党的十九届四中全会提出，要鼓励勤劳致富，保护合法收入，增加低收入者收入，缩小中等收入群体，调节过高收入，清理规范隐性收入，取缔非法收入。（　）

27.［2019河北邢台柏乡］社会主义初级阶段是一个普遍的概念，泛指任何国家进入社会主义阶段都要经历的起始阶段。（　）

28.［2019重庆永川］历史说明，社会主义和资本主义谁胜谁负，最终取决于国家领导者能力水平的高低。（　）

29.［2019重庆市属］邓小平理论实现了马克思主义中国化的第一次理论飞跃。（　）

30.［2019重庆永川］“什么是社会主义，怎样建设社会主义”是邓小平反复思考的首要基本理论问题。（　）

31.［2019重庆奉节］要全面落实科学技术是第一生产力的思想就是要走新型工业化道路。（　）

32.［2019河北石家庄新乐］中国特色社会主义共同理想是兴国之魂，是社会主义先进文化的精髓，决定着中国特色社会主义发展方向。（　）

33.［2019河北廊坊三河］中国特色社会主义理论体系，就是包括毛泽东思想、邓小平理论、科学发展观在内的科学理论体系，是对马克思列宁主义的坚持和发展。（　）

34.［2019河北石家庄新乐］习近平新时代中国特色社会主义思想回答的时代课题是什么是社会主义，怎样建设社会主义。（　）

35.［2019重庆奉节］人民日益增长的美好生活需要和不平衡不充分的发展之间的矛盾是新时代中国特色社会主义的基本矛盾。（　）

36.［2019河北唐山芦台］从基本实现现代化到全面建成小康社会，再到全面建成社会主义现代化强国，是新时代中国特色社会主义发展的战略安排。（　）

37.［2019河南信阳平桥］消除贫困、改善民生、逐步实现共同富裕，是我们党的重要使命。（　）

38.［2019重庆市属］中国共产党面临着“四大考验”和“四大危险”，其中“四大危险”是指精神懈怠危险、能力不足危险、脱离群众危险、消极腐败危险。（　）

39.［2019河南周口川汇］实现伟大梦想，必须进行伟大斗争，必须建设伟大工程，必须推进伟大事业。（　）

40.［2019山东烟台招远］进入新时代，实现伟大梦想，必须进行伟大斗争，建设伟大工程，推进伟大事业，“四个伟大”协调统一，其中起决定性作用的是推进党的建设新的伟大工程。（　）

41.［2019山东烟台开发区］十九大报告指出，制定国家监察法，依法赋予监察委员会职责权限和调查手

段，用留置取代“两规”措施。（ ）

42. [2019河南周口川汇]党的十九大报告中指出，党的思想建设是党的根本性建设。（ ）

43. [2019重庆江北]“四个全面”是指全面建成小康社会、全面深化改革、全面依法治国、全面从严执政。（ ）

44. [2019重庆南岸]我国正处于并将长期处于社会主义初级阶段，这是当代中国的最大国情。（ ）

45. [2019重庆市属]“发展才是硬道理”“发展是党执政兴国的第一要务”“发展是解决一切问题的总钥匙”的论断中贯穿了我们党建设和发展中国特色社会主义总依据的思想。（ ）

46. [2019山东济宁邹城]共建“一带一路”的倡议源于中国，所以机会和成果应该属于中国。（ ）

47. [2019重庆市属]共享理念实质就是坚持以人民为中心的发展思想，体现的是逐步实现共同富裕的要求。（ ）

48. [2019重庆市属]人民立场是中国共产党的根本政治立场，是马克思主义政党区别于其他政党的显著标志。（ ）

49. [2019山东烟台开发区]预备党员转为正式党员、延长预备期或取消预备党员资格，都应经支部大会讨论通过和上级党组织批准。（ ）

50. [2019河北石家庄市属]实体经济是财富创造的根本源泉，是我国发展的战略目标。（ ）

51. [2019河北石家庄市属]改革是发展中国特色社会主义的强大动力。（ ）

52. [2019山东济宁邹城]党的政治建设决定党的建设方向和效果。（ ）

53. [2019山东济宁邹城]习近平总书记为党中央的核心、全党的核心，是在实践中形成的。服从核心、维护核心就是服从大局、维护大局，就是最大的政治。（ ）

54. [2019河北秦皇岛市属]我们党始终把思想建设放在党的建设第一位，强调“革命理想高于天”，就是精神变物质、物质变精神的辩证法。（ ）

55. [2019河北石家庄新乐]中国共产党的基本领导方法是群众路线。（ ）

56. [2019河北石家庄新乐]党的最高理想和最终目标是建设中国特色社会主义。（ ）

57. [2019河北石家庄新乐]“两不愁三保障”是衡量贫困户退出的重要指标，其中“两不愁”是指不愁吃不愁穿，“三保障”是指义务教育、基本医疗和住房安全有保障。（ ）

58. [2018山西长治襄垣]必须鼓励一部分地区和个人先富起来，通过先富带动后富，最终达到共同富裕、同步富裕。（ ）

59. [2018重庆大渡口]邓小平同志“和平统一、一国两制”构想最初是为解决香港问题提出的。（ ）

60. [2018山东聊城东昌府]必须把改革开放同四项基本原则统一起来，全面落实党的基本路线，反对一切“左”的和右的错误倾向，要警惕右，但主要是防止“左”。（ ）

61. [2018山西长治襄垣]农业产业化经营，是继家庭联产承包责任制和乡镇企业之后，我国农民的又一伟大创造。（ ）

62. [2018山西长治襄垣]中国特色社会主义最本质的特征是人民民主专政。（ ）

63. [2018山东德州]党的十九大报告提出，新时代中国特色社会主义思想是全党全国人民为实现中华民族伟大复兴而奋斗的行动指南。（ ）

64. [2018重庆沙坪坝]深化改革仍然是一种改革，但是是一种新的改革，是对原有改革的否定。（ ）

65. [2018山东聊城东昌府]中国共产党领导是中国特色社会主义最本质的特征，是中国特色社会主义制度最大的优势，必须坚持和加强党对一切工作的领导。（ ）

66. [2018河北石家庄市属]中国特色社会主义道路是实现社会主义现代化，创造人民美好生活的必由之路。（ ）

67.［2018重庆沙坪坝］“两个一百年”奋斗目标就是到新中国成立100年时全面建成小康社会，到中国共产党成立100年时建成富强民主文明和谐的社会主义现代化国家。（ ）

68.［2018河南郑州荥阳］我国社会的主要矛盾是人民日益增长的美好生活需要和不平衡不充分的发展之间的矛盾。（ ）

69.［2018山西长治襄垣］目前我国社会主要矛盾的变化，改变了我们对我国社会主义所处历史阶段的判断。（ ）

70.［2018山西长治襄垣］十九大报告明确了坚持和发展中国特色社会主义，总任务是建设一支听党指挥、能打胜仗、作风优良的人民军队，把人民军队建设成为世界一流军队。（ ）

71.［2018河北保定市属］十九大报告指出，我国经济保持中高速增长，在世界主要国家中名列前茅，我国国内生产总值从54万亿元增长到80万亿元，稳居世界第二，对世界经济增长贡献率超过40%。（ ）

72.［2018河北石家庄市属］党的十九大报告指出，保持土地承包关系稳定持久，并且长久不变，第二轮土地承包到期后，要延长20年。（ ）

73.［2018河南禹州］把我国建设成为富强、民主、文明、和谐、美丽的社会主义现代化国家，是我国各族人民为之奋斗的共同目标。（ ）

74.［2018河北保定市属］生态文明观的核心是从“人统治自然”过渡到“人与自然协调发展”。（ ）

75.［2018河北保定市属］建设中国特色社会主义，总依据是社会主义初级阶段，总布局是五位一体，总任务是实现社会主义现代化和中华民族伟大复兴。（ ）

76.［2018河北石家庄市属］当前国际竞争的实质是以文化和军事实力为基础的综合国力的较量。（ ）

77.［2018重庆彭水］世界正处于大发展大变革大调整时期，和平与发展不再是时代主题。（ ）

78.［2018河北保定市属］十九大报告强调，我们坚决维护国家主权和领土完整，绝不容忍国家分裂的历史悲剧重演。一切分裂祖国的活动都必将遭到全体中国人坚决反对。（ ）

79.［2018河南郑州郑东］党的十九大报告指出，中华优秀传统文化是当代中国精神的集中体现，凝结着全体人民共同的价值追求。（ ）

80.［2018重庆大渡口］党的十八届五中全会提出的五大发展理念中，开放是引领发展的第一动力。（ ）

81.［2018重庆大渡口］我国外交工作布局是：坚持大国是关键、周边是首要、发展中国家是基础、多边是重要舞台。（ ）

82.［2018重庆沙坪坝］和平共处五项原则是我国对外政策的根本原则。（ ）

83.［2018重庆沙坪坝］反腐败是为了加强党的建设，“老虎”“苍蝇”一起打表明了中国共产党反腐倡廉、加强党的建设的决心。（ ）

综合能力提升

一、单项选择题（下列每小题列出的四个选项中只有一项是正确的。）

1.［2020山西太原晋源］“三个代表”重要思想在党的建设方面作出了一系列新的理论贡献。其中不包括（ ）

A. 提出“两个先锋队”的思想

B. 提出解决“两大历史性课题”的思想

C. 提出党的建设必须按照党的政治路线来进行的理论

D. 提出中国共产党是中国特色社会主义事业的领导核心

2. [2020 河北石家庄市属]《习近平谈治国理政》第三卷收入了自(　　)期间习近平总书记的重要著作92篇,生动记录了这一时期习近平领导和推进党和国家各项事业取得新的重大进展的伟大实践中发表的一系列重要论述,集中展示了马克思主义中国化的最新成果。

A. 党的十八大至2020年1月13日　　B. 党的十九大至2020年1月13日

C. 党的十八大至2020年6月13日　　D. 党的十九大至2020年6月13日

3. [2020 山东济南历城]党的十九大报告明确指出,中国特色社会主义进入新时代,社会主要矛盾已经转化为人民日益增长的美好生活需要和不平衡不充分的发展之间的矛盾。领域发展的不平衡主要体现在(　　)发展较快。

A. 政治领域　　B. 经济领域　　C. 文化领域　　D. 社会领域

4. [2020 河北廊坊三河]加快建设创新型国家,要瞄准世界科技前沿,强化基础研究,实现(　　)、引领性原创成果重大突破。

A. 前瞻性基础研究　　B. 引领性基础研究　　C. 支撑性基础研究　　D. 创新性基础研究

5. [2020 河北石家庄市属]2020年6月,教育部会同市场监管总局等联合印发《校园食品安全守护行动方案(2020—2022年)》,要求各地全面落实________供餐单位食品安全主体责任和学校食品安全________负责制,切实强化监管,治理突出问题,加强校园食品安全社会共治。(　　)

A. 校外;校长(园长)　　B. 校内;校长(园长)

C. 校外;食堂经营人　　D. 校内;食堂经营人

6. [2020 河北廊坊三河]反腐倡廉是党和国家始终高度重视的最为重大的任务,也是(　　)

A. 有一定完成期限的重大任务　　B. 没有完成期限的长期任务

C. 当前需要完成的一个艰巨任务　　D. 今后相当长一段时间内要完成的任务

7. [2020 河南许昌市直]《抗击新冠肺炎疫情的中国行动》白皮书指出,中国始终秉持______理念,肩负大国担当,同其他国家并肩作战、共克时艰。(　　)

A. 人类命运共同体　　B. 人的生命高于一切

C. 集中力量办大事　　D. 团结合作共同抗疫

8. [2019 山西省属]党的十三大把邓小平提出的“三步走”发展战略确定下来,其中不包括(　　)

A. 到1990年实现国民生产总值翻一番,解决人民的温饱问题

B. 到20世纪末实现国民生产总值翻一番,达到小康水平

C. 到2020年国民生产总值再翻一番,全面建成小康社会

D. 到21世纪中叶国民生产总值再翻两番,达到中等发展国家水平

9. [2019 山西省属]“各种风险我们都要防控,但重点要防控那些可能迟滞或中断中华民族伟大复兴进程的全局性风险。”这是习近平总书记强调的(　　)的根本所在。

A. 战略思维　　B. 创新思维　　C. 底线思维　　D. 辩证思维

10. [2019 河北邢台桥西]党的十九大提出我国“两个一百年”奋斗目标的实现,分二〇二〇年到二〇三五年、二〇三五年到本世纪中叶两个阶段来安排,下列属于二〇二〇年到二〇三五年这一阶段要实现的奋斗目标是(　　)

A. 全体人民共同富裕基本实现　　B. 实现国家治理体系和治理能力现代化

C. 成为综合国力和国际影响力领先的国家　　D. 法治国家、法治政府、法治社会基本建成

11. [2019 山东淄博]从二〇三五年到本世纪中叶,我们的奋斗目标是基本实现(　　)

A. 基本公共服务均等化　　B. 全体人民共同富裕

C. 美丽中国目标　　D. 跻身创新型国家前列

12.［2019河南安阳龙安］经过长期努力，中国特色社会主义进入了新时代，新时代我国社会主要矛盾已经转化为人民日益增长的美好生活需要和不平衡不充分的发展之间的矛盾。下列有利于解决这个主要矛盾的是（　　）

①发展战略性新兴产业，全面替代传统产业

②实现经济发展模式从依靠劳动生产率提高向依靠生产要素投入转变

③坚持创新、协调、绿色、开放、共享的新发展理念

④推进生态文明建设，建设美丽中国

A. ①②　　B. ①③　　C. ②④　　D. ③④

13.［2019河北唐山芦台］党的十九大报告对我们国家社会主要矛盾作了全新的概括，即我国社会主要矛盾已经转化为人民日益增长的美好生活需要和不平衡不充分的发展之间的矛盾。对此，下列理解中不正确的是（　　）

A. 标志着中国特色社会主义并未取得预想的历史性成就

B. 说明我们的发展潜力、潜能还没有得到充分释放

C. 证明我们应继续把科学社会主义基本原则同中国发展实际相结合

D. 说明我们的发展质量、发展规模、发展效益同人民对美好生活的需要不适应

14.［2019河北石家庄新乐］统筹党群机构改革不是简单地党政分开或党政合一，而是要在改革和完善党的领导方式与执政方式上下功夫，其基本原则不包括（　　）

A. 坚持党的领导、人民当家作主和依法治国有机统一

B. 以理顺部门职责为核心，将党委和政府部门在职能上进行合并

C. 形成以党领导决策、人大立法和监督、政府管理和执行的格局体系

D. 优化整合党委部门内设机构设置，提高编制运行效能

15.［2019河北石家庄新乐］关于生态文明建设，下列说法正确的是（　　）

A. 蓝天保卫战是全面建成小康社会的三大攻坚战之一

B. 加快构建生态文明体系是解决污染问题的根本之策

C. 生态环境安全是经济社会持续健康发展的重要保障

D. 地方政府主要领导是本行政区域生态环境保护第一责任人

16.［2019河北邢台经开］实施乡村振兴战略，要坚持党管农村工作，坚持农业农村优先发展，坚持农民主体地位，坚持乡村全面振兴，坚持城乡融合发展，坚持人与自然和谐共生，坚持因地制宜、循序渐进。对此理解正确的是（　　）

A. 坚持党对一切工作的领导，保证发展方向

B. 村委会要因地制宜，履行生态文明建设职能

C. 乡村振兴就是要为实现全面小康提供保障

D. 城乡融合发展是人民当家作主的有效途径

17.［2019山西大同平城］2019年2月，中共中央、国务院印发《粤港澳大湾区发展规划纲要》，对推动粤港澳大湾区发展，建设世界级城市群作出重大战略部署。粤港澳大湾区位于“一带一路”的交汇点，具有“一个国家、两种制度、三个关区”的特点。从产业结构看，港澳地区以金融、信息技术等现代服务业为主，广东九个城市以生产制造为主。关于打造粤港澳大湾区的重大意义，下列判断中不恰当的是（　　）

A. 促进产业转型升级，实现中国东中西区域协调发展

B. 丰富“一国两制”实践内涵，进一步密切内地与港澳交流合作

C. 推进供给侧结构性改革，加快培育发展新动能、实现创新驱动发展

D. 建立与国际接轨的开放型经济新体制，建设高水平参与国际经济合作新平台

18. [2019河南安阳龙安]党的第十九次全国代表大会通过了关于《中国共产党章程(修正案)》的决议，把推进国家治理体系和治理能力现代化，更加注重改革的系统性、整体性、协同性等内容写入党章。下列表述符合推进国家治理体系和治理能力现代化的是(　　)

A. 政府依法执政、规范管理和服务　　B. 党领导人民坚持依法治国和以德治国相结合

C. 支持人民依法直接行使国家权力　　D. 民主党派积极参与执政、激发社会活力

19. [2019河北邢台经开]习近平总书记在中央政治局集体学习时曾引用“善除害者察其本，善理疾者绝其源”。据此，对于新时期、新形势下的党风廉政建设和反腐败斗争，关键要(　　)

A. 人民群众主动参与监督　　B. 将反腐纳入法治的轨道

C. 我党巨大的政治优势　　D. 从严治党，以德治党

20. [2019山西大同平城]十九大报告指出，全党要更加自觉地坚定党性原则，勇于直面问题，敢于刮骨疗毒，消除一切损害党的先进性和纯洁性的因素，清除一切侵蚀党的健康肌体的病毒，不断增强党的政治领导力、思想引领力、群众组织力、社会号召力，这一要求(　　)

①有利于党依法行政，带头守法　　②是保持党的先进性的必然要求

③能够加强党的领导能力和执政能力　　④能够强化党对民主党派的组织领导

A. ①②　　B. ②③　　C. ②④　　D. ③④

21. [2019河南安阳龙安]改革开放40年来，我们始终坚持加强和改善党的领导，积极应对在长期执政和改革开放条件下党面临的各种风险考验，我们党以巨大的政治勇气，锐意推进经济、政治、文化、社会、生态文明体制和党的建设体制改革，不断扩大开放，成就举世瞩目。这说明(　　)

①中国共产党的执政地位是法律赋予的　　②经济改革是中国特色社会主义的根本保障

③中国共产党具有与时俱进的执政能力　　④改革开放是中国发展的根本之策

A. ①④　　B. ①②　　C. ②③　　D. ③④

22. [2019河北邢台市属]100年前爆发的五四运动，是一场以先进青年知识分子为先锋、广大人民群众参加的彻底反帝反封建的伟大爱国革命运动。五四运动孕育了爱国、进步、民主、科学的伟大精神。当前，发扬五四精神的时代价值在于(　　)

A. 不忘初心，牢记使命，为建设中国特色社会主义强国而奋斗

B. 传承红色文化基因，决定人类社会的发展方向

C. 激发人们的爱国情感，激励中国人民奋勇前进

D. 摒弃传统思想束缚，创造中华民族文化新辉煌

23. [2019河南郑州经开]下列说法错误的是(　　)

A. 2016年里约热内卢举办了第31届夏季奥林匹克运动会

B. 河北张家口具有2022年第24届冬季奥运会主办资格

C. 动漫人物铁臂阿童木出任东京申奥特殊大使开创了先河

D. 北京是目前唯一获得夏季奥运会和冬季奥运会举办权的城市

24. [2019重庆南岸]《中国制造2025》提出通过“三步走”实现制造强国的战略目标：第一步，到2025年迈入制造强国行列；第二步，到2035年中国制造业整体达到世界制造强国阵营中等水平；第三步，到新中国成立一百年时(　　)

A. 步入中等发达水平国家行列　　B. 综合实力进入世界制造强国前列

C. 制造业成为国民经济重要支柱　　D. 实现制造业强国的中国梦

25. [2019山东德州乐陵]从2016年至2018年，“工匠精神”四个字三度写入政府工作报告。2018年政府工作报告中提出“全面开展质量提升行动，推进与国际先进水平对标达标，弘扬工匠精神，来一场中国制

造的品质革命。”没有工匠精神，中国制造就少了赶超的内在动力；缺失工匠精神，产业工人队伍就缺少了主心骨。下列关于“工匠精神”的说法中，错误的是(　　)

A. 实现由产品数量向产品质量的转变　　B. 实现由制造能力向创造能力的转变

C. 实现由中国品牌向中国品种的转变　　D. 实现由制造大国到精致大国的转变

26. [2019河北邢台经开]人类命运共同体理念经过不断发展完善，逐渐成为经济全球化时代中国向世界提供的核心理念。面对一些西方国家逆全球化浪潮兴起与全球治理危机，这一理念在全球得到了越来越多的认同。我国倡导打造人类命运共同体(　　)

A. 有助于促进世界各国在政治经济方面的一体化发展

B. 表明中国是维护世界和平促进世界发展的主导力量

C. 有利于建立以共同发展为基础的国际政治经济新秩序

D. 说明维护各国共同利益是对外活动的出发点和落脚点

27. [2019河北邢台市属]意大利著名作家莫拉维亚写道：“友谊不是偶然的选择，而是志同道合的结果。”习近平主席近期对意大利进行了国事访问，为中意关系发展规划新蓝图，为务实合作带来新机遇，为传统友好注入新活力。这说明(　　)

A. 共同利益是合作的基础，中意两国根本利益是一致的

B. 我国坚定地维护自己的国家利益，坚持国家利益至上

C. 中意共同致力于构建人类命运共同体，结成政治联盟

D. 我国奉行互利共赢的开放战略，积极发展两国间关系

28. [2018河南郑州经开]我国全面建设社会主义现代化国家的进程分为两个阶段，2035年的目标是基本实现社会主义现代化，2050年的目标是建成富强民主文明和谐美丽的社会主义现代化强国。关于这两个阶段目标的特点，下列理解正确的是(　　)

①紧扣我国社会主要矛盾的变化　　②突出了以人民为中心的现代化

③设定了增长的数量指标和质量指标　　④突出了“四个全面”战略布局的目标要求

A. ①②③　　B. ①③④　　C. ①②④　　D. ①②③④

29. [2018河南商丘]习近平总书记在纪念马克思诞辰200周年大会上的讲话中指出，为了改变人民受剥削、受压迫的命运，马克思义无反顾投身轰轰烈烈的工人运动，始终站在革命斗争最前沿。他领导创建了世界上第一个无产阶级政党——________，领导了世界上第一个国际工人组织——________，热情支持世界上第一次工人阶级夺取政权的革命——巴黎公社革命，满腔热情、百折不挠推动各国工人运动发展。(　　)

A. 共产国际；国际无产者联合会　　B. 共产主义者同盟；国际工人协会

C. 共产党联盟；国际工人团结协会　　D. 无产者联盟；国际劳工协会

30. [2018山东聊城东昌府]党的十九大报告指出，深化国家监察体制改革，将试点工作在全国推开，组建国家、省、市、县监察委员会。同时明确，推进反腐败国家立法，用留置取代“两规”措施。关于用留置取代“两规”措施，下列说法不正确的是(　　)

A. 留置的审批权力是特定的　　B. 留置的期限是确定的

C. 留置的措施适用所有人　　D. 留置的条件是明晰的

31. [2018河南信阳浉河]党的十九大报告提出，将优先发展教育事业作为保障和改善民生的重大举措，这是因为(　　)

A. 教育是民族振兴和社会进步的基石

B. 保障和改善民生是建设中国特色社会主义的总依据

C. 发展教育事业是社会主义精神文明建设的根本保障

D. 中国未来的发展关键靠保障和改善民生

32. [2018河南郑州经开]下列关于我国“乡村振兴战略”的表述，不正确的一项是(　　)

A. 这是习近平总书记提出的促进农业农村优先发展的新战略

B. 2020年实现乡村振兴取得重要进展，制度框架和政策体系基本形成

C. 2035年实现乡村振兴取得决定性进展，农业农村现代化基本实现

D. 2060年实现乡村全面振兴，达到农业强、农村美、农民富

33. [2018河南禹州]习近平在党的十九大报告中指出，确保到2020年我国现行标准下农村贫困人口实现脱贫，贫困县全部摘帽，解决区域性整体贫困，做到脱真贫、真脱贫。为此必须(　　)

①坚持精准扶贫，分析致贫的具体原因

②精神脱贫先行，激发群众的内生动力

③创新脱贫思路，发挥创新观念改造贫困地区的作用

④因地制宜，找到脱贫的一般方法

A. ①②　　B. ①③　　C. ②④　　D. ③④

34. [2018河南禹州]全面建成小康社会，实现中华民族伟大复兴的中国梦，关键在党。这是因为(　　)

①中国共产党是中国人民和中华民族的先锋队

②中国共产党是中国特色社会主义事业的领导核心

③中国共产党是我国的最高国家权力机关

④中国共产党坚持依法执政的基本执政方式

A. ①②　　B. ③④　　C. ①④　　D. ②④

35. [2018河北保定]以下有关全面从严治党的名词搭配错误的是(　　)

A. “四风”——形式主义、官僚主义、享乐主义、奢靡之风

B. “三实”——谋事要实、学习要实、做人要实

C. “两学”——学党章党规、学系列讲话

D. “三严”——严以修身、严以用权、严以律己

36. [2018河北保定]下列关于“一带一路”的说法正确的是(　　)

A. 丝路精神是“和平合作、开放包容、互学互鉴”

B. 第一届“一带一路”国际合作高峰论坛于2016年举行

C. 每年的12月16日为“一带一路”国际日

D. 哈萨克斯坦不属于“一带一路”沿线国家

37. [2018山东枣庄市中]为进一步解决党员队伍在思想、组织、作风、纪律等方面存在的问题，保持发展党的先进性和纯洁性，党中央决定，在全体党员中开展“两学一做”学习教育。下列不属于“两学一做”总体要求的是(　　)

A. 向集中性教育延伸　　B. 以习近平讲话武装全党

C. 加强看齐意识教育　　D. 落实党员教育管理制度

38. [2017河南许昌]改革开放以来的历史经验归结到一点就是(　　)

A. 必须坚持马克思主义的基本原理同中国具体实际相结合

B. 必须始终紧紧依靠人民群众

C. 要始终代表中国先进生产力的发展要求

D. 要始终坚持独立自主、自力更生的方针

39. [2017河南平顶山新华]“我们党领导人民进行社会主义建设，有改革开放前和改革开放后两个历史

时期,这是两个相互联系又有重大区别的时期。”对这句话理解不正确的是(　　)

A. 这是两个截然不同的历史时期

B. 不能用前一个时期否定后一个时期

C. 不能用后一个时期否定前一个时期

D. 在本质上都是党领导人民进行社会主义建设的实践探索

二、多项选择题(下列每小题列出的四个选项中至少有两项是正确的。)

1. [2020广东梅州]全面深化改革的内在要求主要包括(　　)

A. 注重一致性　　B. 注重系统性　　C. 注重整体性　　D. 注重协同性

2. [2020河北石家庄市属]“新基建”的全称是新型基础设施建设,它是以新发展理念为引领,以技术创新为驱动,以信息网络为基础,面向高质量发展需要,提供数字转型、智能升级、融合创新等服务的基础设施体系。大力发展新基建有利于(　　)

A. 为产业发展注入数字动力,不断释放经济增长潜力

B. 增加企业筹资融资渠道,促进中小型企业发展

C. 促进信息产品消费,从根本上促进国内消费升级

D. 培育新技术产业,为实体经济高质量发展提供新动能

3. [2020河北廊坊三河]要抓紧时机,加快发展,实施(　　),充分发挥科学技术作为第一生产力的作用,依靠科技进步,提高劳动者素质,促进国民经济更高质量、更有效率、更加公平、更可持续发展。

A. 可持续发展战略　　B. 经济发展优先战略

C. 人才强国战略　　D. 科教兴国战略

4. [2020山东济南]中国特色社会主义制度是党和人民在长期实践探索中形成的科学制度体系,具有鲜明的本质特征和无比巨大的优势,是我们坚定道路自信、理论自信、制度自信、文化自信的基本依据。全面完整的中国特色社会主义制度体系包括(　　)

A. 根本制度　　B. 基本制度　　C. 特色制度　　D. 重要制度

5. [2019山东烟台芝罘]2019年9月3日,习近平总书记在中央党校(国家行政学院)中青年干部培训班开班式上强调,斗争是一门艺术,要善于斗争。在各种重大斗争中,我们要(　　)

A. 坚持增强忧患意识和保持战略定力相统一　B. 坚持战略判断和战术决断相统一

C. 坚持斗争过程和斗争实效相统一　　D. 坚持底线思维和战略思维相统一

6. [2019山东济南历城]2019年6月,习近平总书记在中共中央政治局第十五次集体学习时指出,牢记初心和使命,推进党的自我革命,要坚持(　　)

A. 加强党的集中统一领导和解决党内问题相统一

B. 守正和创新相统一

C. 严管和厚爱相统一

D. 组织推动和个人主动相统一

7. [2019山东济南历城]党支部是党的基础组织,是党组织开展工作的基本单元,是党在社会基层组织中的战斗堡垒,是党的全部工作和战斗力的基础,担负着教育党员、管理党员、监督党员和组织群众、宣传群众、凝聚群众、服务群众的职责。下列关于党支部的表述,正确的是(　　)

A. 党支部设置一般以单位、区域为主,以单独组建为主要方式

B. 联合党支部覆盖单位一般不超过5个

C. 为期6个月以上的工程、工作项目等,符合条件的,应当成立党支部

D. 临时党支部也担负着收缴党费和选举党代表大会代表的职责

8. [2019山东统考]在庆祝改革开放40周年大会上，党中央、国务院决定，授予100名同志改革先锋称号，颁授改革先锋奖章。下列受奖人员系山东籍或在山东工作的有(　　)

A. “863”计划的主要倡导者王大珩　　B. “一带一路”卫生领域合作推动者陈冯富珍

C. 注重企业管理创新的优秀企业家张瑞敏　　D. 党员领导干部的楷模孔繁森

9. [2019山西省属]习近平总书记的《在庆祝改革开放四十周年大会上的讲话》中，引用“事者，生于虑，成于务，失于傲”一语，意在强调投身革命事业应(　　)

A. 未雨绸缪　　B. 真抓实干　　C. 开拓创新　　D. 头脑清醒

10. [2019山东统考]2018年5月，习近平总书记在纪念马克思诞辰200周年大会上的讲话中指出，学习马克思，就要学习和实践马克思主义关于(　　)

A. 人类社会发展规律的思想、坚守人民立场的思想

B. 生产力和生产关系的思想、人民民主的思想

C. 人与自然关系的思想、世界历史的思想、马克思主义政党建设的思想

D. 文化建设的思想、社会建设的思想

11. [2019山东统考]当前，精神卫生(或心理健康)问题已严重影响到人们的正常生活，心理障碍成为全球性问题，影响着不同年龄、不同文化、不同社会经济地位的人群。为了引起人们对精神卫生(或心理健康)问题的关注，全球范围内都设立了精神卫生日或心理健康日。下列选项中正确的有(　　)

A. 每年的5月5日为中国大学生心理健康日　B. 每年的5月25日为中国大学生心理健康日

C. 每年的8月8日为世界精神卫生日　　D. 每年的10月10日为世界精神卫生日

12. [2018河北石家庄市属]中国特色社会主义进入了新时代，但我国仍处于并将长期处于社会主义初级阶段的基本国情没有变。下列对新时代中国特色社会主义与社会主义初级阶段关系的理解，正确的是(　　)

A. “新时代”与“初级阶段”双方既对立又统一

B. “新时代”仍然具有“初级阶段”的基本特征

C. “新时代”是继“初级阶段”之后的新的阶段

D. “新时代”与“初级阶段”是个性与共性的关系

13. [2018山东枣庄市中]加强基层组织建设，这是党的十九大报告提出的为不断提高党的执政能力和领导水平的重要举措。其中要求做到(　　)

A. 以提升组织力为重点，突出政治功能

B. 扩大党内基层民主，推进党务公开

C. 加强党内激励关怀帮扶，增强党员教育管理针对性和有效性

D. 坚持“三会一课”制度，推进党的基层组织设置和活动方式创新

14. [2018河北保定]下列被中宣部授予“时代楷模”荣誉称号的先进集体或个人中，属于河北省的是(　　)

A. 李保国　　B. 吕建江　　C. 南仁东　　D. 塞罕坝林场建设者

三、连线题

[2020山西大同市属]请连线关于党的路线的概述。

政治路线	党制定的关于组织工作总的原则和方针
思想路线	党的一切工作的根本出发点和归宿
组织路线	党制定各项具体方针政策的根本指南
群众路线	党所遵循的最根本的指导原则和思想基础

四、主观题

1.［2020山西大同市属简答］如何理解“人民是我们党执政的最大底气，是我们共和国的坚实根基，是我们强党兴国的根本所在”。

2.［2019山西大同市属简答］简述习近平新时代中国特色社会主义思想的历史贡献。

3.［2019河南安阳龙安材料分析］阅读材料，完成下面问题。

材料：2019年是中华人民共和国成立70周年。70年来的风雨历程见证了“中国共产党的领导是中国特色社会主义制度的最大优势”。中国能用几十年时间走过西方国家上百年甚至数百年的发展之路，创造出世所罕见的发展奇迹，重要原因就在于中国制度能够集中力量办大事。集中力量办大事要有核心，这个核心就是中国共产党。党带领全国人民把方向、谋大局、定政策、促改革，这是中国特色社会主义制度能够保证自身优势的根本保障。

问题：结合材料，分析说明“中国共产党的领导是中国特色社会主义制度的最大优势”这一观点的正确性。

4.［2019河南安阳龙安材料分析］阅读材料，完成下面问题。

材料：习近平总书记在十九大报告中指出，中国特色社会主义文化，源自于中华民族五千多年文明历史所孕育的中华优秀传统文化，熔铸于党领导人民在革命、建设、改革中创造的革命文化和社会主义先进文化，植根于中国特色社会主义伟大实践。发展中国特色社会主义文化，就是以马克思主义为指导，坚守中华文化立场，立足当代中国现实，结合当今时代条件，发展面向现代化、面向世界、面向未来的，民族的科学的大众的社会主义文化，推动社会主义精神文明和物质文明协调发展。要坚持为人民服务、为社会主义服务，坚持百花齐放、百家争鸣，坚持创造性转化、创新性发展，不断铸就中华文化新辉煌。要坚定文化自信，推动社会主义文化繁荣兴盛。没有高度的文化自信，没有文化的繁荣兴盛，就没有中华民族伟大复兴。要坚持中国特色社会主义文化发展道路，激发全民族文化创新创造活力，建设社会主义文化强国。

问题：结合材料，分析说明我们“坚定文化自信，推动社会主义文化繁荣兴盛”的原因。

5.［2019河南开封材料分析］在出席全国教育大会并发表重要讲话时，习近平总书记强调，全党全社会要弘扬尊师重教的社会风尚，努力提高教师政治地位、社会地位、职业地位，让广大教师享有应有的社会声望，在教书育人岗位上为党和人民事业作出新的更大的贡献。

教育强则国家强，教育兴则民族兴。提高教师的三“位”——政治地位、社会地位、职业地位，对全党全社会尊师重教提出了新的更高要求。

教师的政治地位，反映了教育在党和国家各项事业发展中的地位。习近平总书记在讲话中强调，要坚持把优先发展教育事业作为推动党和国家各项事业发展的重要先手棋，不断使教育同党和国家事业发展要求相适应、同人民群众期待相契合、同我国综合国力和国际地位相匹配。只有政治地位提高了，广大教师才能够心无旁骛，执着于教书育人。

教师的社会地位，反映了社会对教师的重视程度。中国历来有尊师重道的传统，但目前社会上对教师职业存在一些误解，教师队伍中也存在一些不良现象。提升教师的社会地位，让教师成为受尊重的职业，尤其重要。要让教育投入更多向教师倾斜，不断提高教师待遇，让广大教师安心从教、热心从教。教师自身也要爱惜这份职业，严格要求自己，不断完善自己。

教师的职业地位，反映了教师职业的成就感与吸引力。目前存在的优秀人才不愿意从事教师职业、男女教师比例严重不合理等现象，对教师队伍的长期发展存在严重伤害。要通过完善吸引优秀人才从事教育的体制机制，扭转不科学的教育评价导向，充分激发教师的创新创造活力，让教师专注于立德树人、培养德智体美劳全面发展的社会主义建设者和接班人。

“百年大计，教育为本。教育大计，教师为本。”让尊师重教蔚然成风，让人民教师有“位”更有“为”，我们就能汇聚起教育事业改革发展的磅礴力量，培养出一代又一代拥护中国共产党领导和我国社会主义制度、立志为中国特色社会主义奋斗终身的有用人才。

问题：请结合材料，对习近平总书记提出的教师的三个地位进行分析。

6.［2019山西大同市属论述］联系实际，试述新时代推进生态文明建设应该坚持哪些原则？

7.［2018山西大同市属简答］简述整体与部分的辩证关系。

8.［2018山西大同市属简答］简述我国社会主义核心价值观的基本内容。

第二部分　经济常识

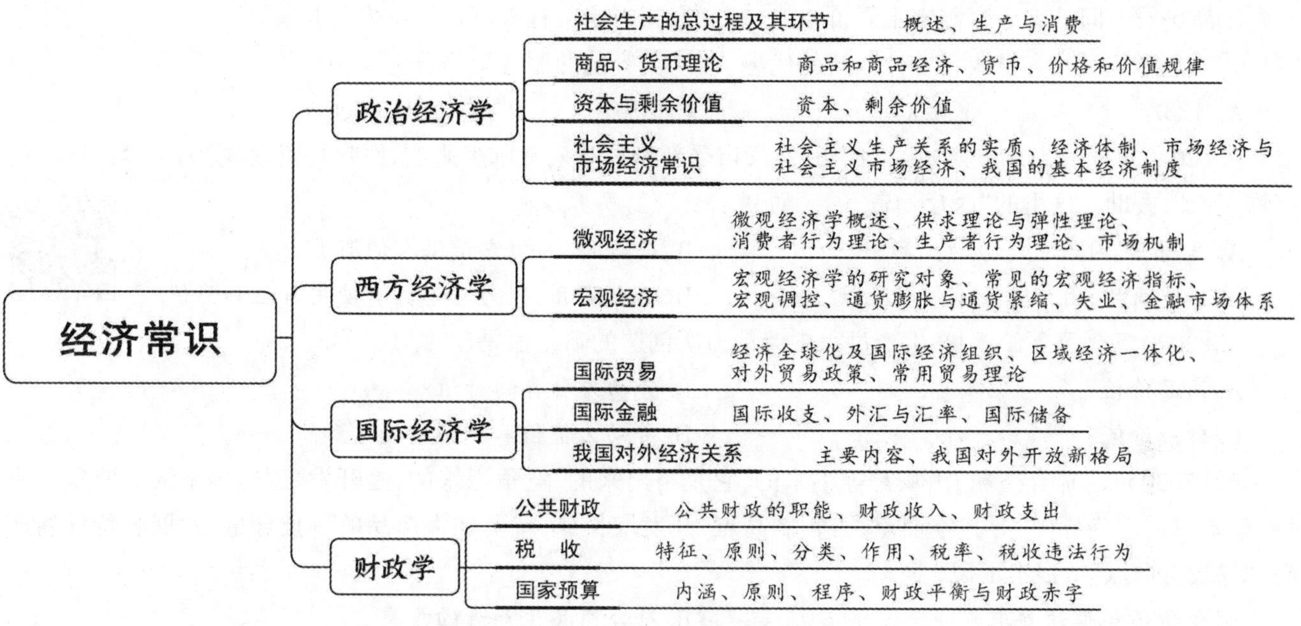

第一章　政治经济学

基础知识达标

一、单项选择题(下列每小题列出的四个选项中只有一项是正确的。)

1.［2021河北石家庄市属］新冠疫情出现以来,淘宝、天猫、京东为人们网上购物提供了平台,支付宝、微信为人们移动支付提供了便捷。这些线上交易活动体现了货币的(　　)职能。

A. 贮藏手段　　B. 支付手段　　C. 价值尺度　　D. 流通手段

2.［2021河北石家庄市属］"十三五"期间,我国经济发展进入新常态——速度换挡、结构优化、动力转换,大力推动经济进入创新驱动、内生增长的发展轨道,这样做有利于(　　)

A. 推动高质量发展　　B. 坚持开放发展　　C. 加快经济增长　　D. 完善基本经济制度

3.［2021河北石家庄市属］国务院出台了不少好政策:绩效工资向一线医务人员倾斜;进一步提高基本养老金水平,使1亿多人受益;失业保险金标准上调……这一系列措施(　　)

A. 有利于实现居民收入增长与经济发展同步　B. 有利于缩小行业之间、区域之间的收入差距

C. 旨在通过初次分配,促进效率的提高　　D. 旨在通过分配政策调整,促进社会公平

4.［2021河北石家庄市属］竞争中性原则强调国有企业和其他类型企业间的平等的市场竞争地位,通过公平的市场竞争机制消除国有企业在资源配置上的扭曲状态,实现市场配置资源。坚持这一原则(　　)

A. 会持续干扰国有企业的活力和发展

B. 有利于建立统一开放、竞争有序的现代市场体系

C. 有利于发挥宏观调控在资源配置中的基础性作用

D. 是现代市场经济正常运行必不可少的条件

5. [2021 辽宁葫芦岛]算法时代，“大数据杀熟”这一词汇逐渐进入人们的视野，有人将其定义为互联网厂商利用自己所拥有的用户数据，对老用户实行价格歧视的行为。大数据技术本身无罪，但经过网络传播后，这种几乎无处不在的价格歧视已令“大数据杀熟”成为争议的焦点。下列情况属于价格歧视的一组是(　　)

①商场对不同品牌牙膏制定不同价格　　②超市为某种啤酒设置批发折扣价

③某电影院对其会员实行票价八折的优惠　　④美容院的服务价格分为高中低档

A. ①③　　B. ②③　　C. ②④　　D. ③④

6. [2020 河北石家庄市属]2020年初，武汉市受新型冠状病毒肺炎影响，医疗物资紧缺，国家紧急调动医疗物资予以援助。这里的“医疗物资”(　　)

A. 是商品，因为它是劳动产品　　B. 是商品，因为它是供人们消费的

C. 不是商品，因为它没有用于交换　　D. 不是商品，因为它不具有使用价值和价值

7. [2020 河北邢台任泽]在生产过程中劳动力所创造的新价值是(　　)

A. 商品价值　　B. 劳动力自身的价值

C. 剩余价值　　D. 劳动力价值和剩余价值之和

8. [2020 河北邢台隆尧]市场是等不来的，它是挤出来的，竞争得来的，是开发、创造出来的。要争取市场，就要以需求为导向，寻找空白点，占领制高点，开发增长点；就要加大产品的科技含量，发展名特优新产品。“寻找空白点”从根本上说(　　)

A. 是价值规律的要求　　B. 符合商品生产者的意愿

C. 是因为买方市场导致供大于求　　D. 是因为只有市场的空白点才能赚钱

9. [2020 河北邢台任泽]纸币的发行量取决于(　　)

A. 市场购买力　　B. 流通中所需要的金属货币量

C. 商品价格总额　　D. 商品的供求状况

10. [2020 河北沧州河间]在发展社会主义市场经济过程中，要增强微观主体的活力，这里的微观主体是指(　　)

A. 政府　　B. 市场　　C. 企业　　D. 个人

11. [2020 河北沧州河间]市场经济条件下，政府在市场中扮演的主要角色是(　　)

A. 主导者　　B. 投资者　　C. 参与者　　D. 监管者

12. [2020 河北沧州河间]建立现代企业制度，是国有企业的改革方向，其关键是(　　)

A. 产权清晰　　B. 权责明确　　C. 政企分开　　D. 管理科学

13. [2020 河南信阳市属]据报道，马克龙总统于2020年3月3日宣布法国国家当局征用“法国所有库存的防护口罩和口罩生产单位”，以便把口罩分配给医疗人员和确诊感染新型冠状病毒的人。疫情期间，国家征用口罩体现了资源配置方式中的(　　)

A. 市场配置方式　　B. 计划配置方式　　C. 间接配置方式　　D. 直接配置方式

14. [2020 河北石家庄市属]处于新型冠状病毒疫情中心的武汉市，用10天建造了一座拥有1000张病床的火神山医院。外国人感慨说：“上帝花了7天时间造就了天地万物，我觉得上帝应该是中国人。”火神山医院的建造，再次向世人展示了社会主义市场经济(　　)

A. 坚持公有制的主体地位　　B. 能够实行科学的宏观调控

C. 以共同富裕为基本标志　　D. 能够有效地克服市场弊端

15.［2020河北石家庄市属］随着新冠肺炎病毒在全球的爆炸性蔓延，各国对抗疫物资的需求急剧增加，口罩、呼吸机等物资的价格大涨。虽然各国都加大了生产规模，但很多国家仍然“一罩”难求。从材料可知，市场调节资源具有（　　）

A. 自发性　　B. 盲目性　　C. 滞后性　　D. 强制性

16.［2020河北邢台隆尧］下列不属于非公有制经济的是（　　）

A. 个体经济　　B. 私营经济　　C. 外资经济　　D. 股份制经济

17.［2020河北廊坊三河］我国社会保障制度的基本目标是（　　）

A. 保证人们最基本的生活需要　　B. 使劳动者生活水平不断提高

C. 保证劳动者充分就业　　D. 实现共同富裕

18.［2020河北邢台隆尧］用于满足消费者的个人生活消费需要以及社会消费需要的市场是（　　）

A. 商品市场　　B. 消费品市场　　C. 生产资料市场　　D. 资本市场

19.［2020河北沧州河间］国民收入分配包括初次分配，再分配和第三次分配，下列选项属于再分配的是（　　）

A. 个人所得税　　B. 民间捐赠　　C. 慈善捐助　　D. 社会救助

20.［2020河北石家庄市属］从2020年1月1日起，北海市大幅提高困难残疾人生活补贴和重度残疾人护理补贴标准，全市约有3.2万名残疾人受益。这一举措（　　）

A. 落实平均主义，实现共同富裕　　B. 是通过初次分配提高经济效率

C. 消除了城乡收入差距　　D. 是运用再分配手段促进社会公平

21.［2020河北石家庄市属］扩大内需是我国经济发展的长期战略方针和基本立足点，也是促进经济均衡发展的根本途径和内在要求。坚持扩大内需的原因在于（　　）

A. 生产决定消费　　B. 消费能拉动经济的增长

C. 消费是生产的目的　　D. 我国人民的消费结构发生了重大变化

22.［2020河北石家庄市属］爱回收网是电子产品回收及环保处理平台，主要业务涵盖电子产品回收及环保处理。目前，各大手机厂商纷纷与爱回收网合作开展以旧换新活动，既使旧手机重新有了用武之地，又减轻了对环境的污染。这体现了（　　）

A. 量入为出，适度消费　　B. 避免盲从，理性消费

C. 保护环境，绿色消费　　D. 勤俭节约，艰苦奋斗

23.［2020河北石家庄市属］“我和我的祖国，一刻也不能分割。”新中国成立70周年大阅兵在全国上下掀起新一波爱国热潮，高涨的爱国热情带动了红色旅游的发展。这表明（　　）

A. 思想观念影响消费行为　　B. 收入是消费的前提和基础

C. 商品价格影响消费行为　　D. 经济发展水平影响消费

24.［2020河北石家庄市属］垃圾分类“新时尚”席卷网络，垃圾分类成为了更多人的生活日常。分类垃圾桶卖断货，网约代收垃圾平台悄然出现。这一“互联网+回收”的模式（　　）

A. 说明重视市场需求，是企业经营的重要策略

B. 说明重视诚信经营，能够树立良好的信誉和企业形象

C. 决定消费方式，提升消费的质量和水平

D. 创造消费动力，引导产业结构不断升级

25.［2019重庆沙坪坝］市场中的商品包括有形商品和无形商品，下列商品属于无形商品的是（　　）

A. 钢材　　B. 管理才能　　C. 衣服　　D. 汽车

26.［2019山东烟台莱州］社会必要劳动时间是在现有的社会正常生产条件下，在社会平均劳动熟练程度和劳动强度下制造某种使用价值所需要的劳动时间，它是以（　　）

A. 具体劳动为尺度的　　B. 简单劳动为尺度的

C. 复杂劳动为尺度的　　D. 个别劳动为尺度的

27.［2019河北廊坊三河］形成商品价值的劳动是（　　）

A. 抽象劳动　　B. 具体劳动　　C. 脑力劳动　　D. 体力劳动

28.［2019河北石家庄新乐］人们常说："产品卖出去才是硬道理。"这主要是因为（　　）

A. 产品的使用价值就是价值　　B. 使用价值和价值不可分

C. 滞销的商品没有价值　　D. 商品只有实现使用价值才能实现价值

29.［2019河北廊坊三河］价值量的多少是由（　　）

A. 商品的供求状况决定的　　B. 生产商品的劳动时间决定的

C. 商品生产者的个别劳动时间决定的　　D. 生产商品的社会必要劳动时间决定的

30.［2019重庆永川］（　　）是被用来支付商品购买过程中的贷款或用来支付债务、租金、利息、工资等款项的职能。

A. 支付手段　　B. 价值尺度　　C. 流通手段　　D. 贮藏手段

31.［2019河北保定唐县］在下列经济行为中，属于货币执行流通手段职能的是（　　）

A. 顾客用10元钱可购买5斤苹果　　B. 顾客购买5斤苹果，一周后付款10元

C. 顾客用10元钱购买了5斤苹果　　D. 顾客向水果店以每斤2元的价格预订5斤苹果

32.［2019河北保定唐县］网上团购作为一种新型的网络购物模式，受到消费者的热捧。网上团购的盛行（　　）

A. 使货币职能发生了本质性的变化　　B. 使商品交换的本质发生了改变

C. 使商品交换的方式发生了变化　　D. 表明纸币已经被电子货币取代

33.［2019重庆永川］我国的人民币制度属于（　　）

A. 不兑现的纸币本位制度　　B. 金本位制

C. 银本位制　　D. 金银本位制

34.［2019辽宁大连瓦房店］影响商品经济运动最直接的规律有（　　）

A. 竞争规律　　B. 供求规律　　C. 盈亏规律　　D. 货币流通规律

35.［2019河北石家庄市属］扬州人过年少不了年蒸包子。由于员工工资、食材、冷链物流费用和包装材料价格上涨，2019年春节扬州包子礼盒价格水涨船高。这表明（　　）

A. 供求决定价格　　B. 价值决定价格　　C. 供求影响价格　　D. 使用价值决定价格

36.［2019河北邢台］在市场上经常发生价格的上涨下跌，但价格的涨与跌不会距离价值太远，不可能无限制地上涨，也不可能无限制地下跌，其根本原因是（　　）

A. 人们购买力有限，价格涨得太高会失去市场

B. 价格和供求之间存在着一种互相制约的关系

C. 无限制地上涨或无限制地下跌，是违背价值规律的

D. 少数强大企业的操纵结果

37.［2019山东济宁邹城］相对剩余价值产生的条件是（　　）

A. 个别资本家提高劳动生产率　　B. 个别部门劳动生产率提高

C. 整个社会劳动生产率的提高　　D. 劳动日长度的延长

38.［2019河北邢台经开］市场经济最基本的功能是(　　)

A. 优化资源配置　B. 提高经济效率

C. 促进技术创新　D. 促进社会全体进步

39.［2019河北邢台经开］市场体系是相互联系的各类市场的有机统一体，(　　)是市场体系的最基本内容，是市场体制的三大支柱。

A. 生产资料市场、劳动力市场、消费品市场　B. 商品市场、资本市场、劳动力市场

C. 商品市场、生产资料市场、技术信息市场　D. 资本市场、劳动力市场、房地产市场

40.［2019山东枣庄市中］习近平总书记多次强调，要推动我国经济社会持续健康发展，要协调好“看不见的手”和“看得见的手”的关系，使二者有机统一、相互补充、相互协调、相互促进。这两只手指的是(　　)

A. 市场和政府　B. 市场和企业　C. 企业和工人　D. 市场和管理

41.［2019河北石家庄裕华］大数据时代，企业可以通过对大数据的搜集与分析全面了解市场供求变化的信息，这有助于减少市场调节的(　　)

A. 自发性　B. 盲目性　C. 滞后性　D. 不平衡性

42.［2019河北秦皇岛市属］社会主义经济制度的基础是(　　)

A. 公有资产在社会总资产中占优势　B. 以公有制为基础的制度

C. 生产资料公有制　D. 多种所有制共同发展的制度

43.［2019河北保定唐县］草根经济以小型企业、城乡个体工商户、创业者和农民为主体，是社会经济最具活力的部分。发展草根经济有利于(　　)

①巩固公有制主体地位　②扩大就业　③提高人民生活水平　④拉动国内需求

A. ①②③　B. ①③④　C. ②③④　D. ①②④

44.［2019河北保定唐县］个体经济在性质上不同于私营经济，是因为(　　)

A. 投资规模较小　B. 经营方式单一

C. 主要依靠自己劳动和经营　D. 不是法人企业

45.［2019河北石家庄市属］改革开放以来，公有制经济和非公有制经济、国有企业和民营企业已经形成优势互补、互相支撑的格局。公有制和非公有制经济(　　)

A. 都是社会主义经济制度的基础　B. 都是社会主义经济制度的根基

C. 在国民经济中具有同等的地位　D. 都是我国经济社会发展的重要基础

46.［2019重庆市属］(　　)是混合所有制经济形成、发展的企业制度前提，更是混合所有制经济借以实现的组织制度形式。

A. 合作制经济　B. 股份制经济　C. 共享制经济　D. 公司制经济

47.［2019重庆南岸］《中共中央、国务院关于深化国有企业改革的指导意见》指出，商业类国有企业按照市场化要求实行商业化运作，主业处于充分竞争行业和领域的商业类国有企业，原则上都要实行(　　)

A. 公司制股份制改革　B. 混合所有制改革

C. 现代企业制度改革　D. 多元化改革

48.［2019重庆沙坪坝］现代企业制度的制度要素主要有(　　)

A. 法人产权制度、法人治理制度、有限责任制度和管理层级制度等

B. 法人产权制度、法人管理制度、无限责任制度和管理层级制度等

C. 法人产权制度、法人治理制度、有限责任制度和用人制度

D. 法人治理制度、有限责任制度、产权制度、分配制度等

49. [2019重庆市属]公司的法人治理结构包括(　　)

A. 公司内部治理机制、公司外部治理市场、公司管理制度等

B. 公司内部治理机制、公司外部治理市场、有关公司治理的法律法规

C. 公司内部治理机制、有关公司治理的法律法规和人事制度

D. 公司治理的法律法规、公司内部管理制度、公司外部市场拓展制度等

50. [2019山东]合伙制是厂商经常采用的一种组织形式,相较于个人企业而言,合伙制企业的特点不包括(　　)

A. 资金较少　　B. 规模较大

C. 多人所有和参与管理　　D. 分工和专业化较强

51. [2019重庆江北]以马克思的逻辑来看,资本主义的古典危机与当代危机本质上都是生产过剩危机。古典危机生产过剩直接表现为商品卖不出去,最终引发金融动荡,股市崩溃;当代危机的生产过剩直接表现为(　　)

A. 有效需求旺盛　　B. 有效需求不足　　C. 有效供给不足　　D. 债台高筑

52. [2019重庆江北]社会主义高于并优于资本主义的最终体现是(　　)

A. 创造比资本主义更高的劳动生产力　　B. 完善和发展生产关系

C. 推进两个文明建设　　D. 提高人民生活水平

53. [2019河北石家庄裕华]刷一下脸就能取钱或住酒店、扫一下码就能付费……各种各样的高科技产品正在改变着我们的生活。这说明(　　)

A. 生产为消费创造动力　　B. 消费对生产具有反作用

C. 生产决定消费的方式　　D. 消费是生产的最终目的

54. [2019河北石家庄市属]数字经济的发展让年夜饭有了更多可能。许多餐饮企业和网络平台推出成品及半成品年夜饭外卖、厨师上门制作年夜饭等服务,满足了80后、90后“一键订餐”的需求。这表明(　　)

A. 生产决定消费的方式和质量　　B. 生产为消费创造了动力

C. 消费需求对生产有决定作用　　D. 消费是生产的最终目的

55. [2019河北石家庄市属]随着垃圾分类工作的深入推进,将有更多的小区安装智能垃圾分类设备。一条涵盖智能垃圾分类设备研发、生产、销售、安装、维修等领域的全新产业链正在形成。这说明(　　)

A. 生产决定消费的对象和方式　　B. 新的消费需要能促进生产的调整和升级

C. 生产决定消费的质量和水平　　D. 新的消费热点能带动新产业的出现和成长

56. [2019河北石家庄市属]在生活中,明星广告潜移默化地影响着广大消费者的选择,这主要抓住了消费者的(　　)

A. 攀比心理　　B. 从众心理　　C. 求异心理　　D. 求实心理

57. [2019河北邢台市属]赵刚为了参加2019年某市组织的事业单位考试,使用自己的信用卡透支128元购买了相关的考试用书。按消费目的划分,这笔消费属于(　　)

A. 生存资料消费　　B. 发展资料消费

C. 享受资料消费　　D. 贷款消费

58. [2019河北石家庄市属]“不去景点去田头,不去公园去庄园。”现代农业示范园旅游逐渐成为人们休闲消费的新热点。这一热点的出现(　　)

A. 有利于推动农业供给侧改革　　B. 说明消费决定生产的对象

C. 是乡村振兴战略的核心举措　　D. 提升了农村社会保障水平

59. [2019河北唐山芦台]政府作为宏观经济的调控者,肩负着兼顾社会效率和公平的责任。通常,政府可以采用国民收入再分配政策来缩小居民贫富差距,下列选项中,不属于国民收入再分配途径的是( )

A. 个人所得税分级　　B. 最低工资保障
C. 灾区财政拨款　　D. 向企业或个人发放贷款

60. [2019河北廊坊三河]在社会生产过程中起决定作用的环节是( )

A. 生产　　B. 交换　　C. 分配　　D. 消费

61. [2019河北保定唐县]假如其他因素不变,消费资料的数量不断增加,而货币工资水平不提高,则会出现( )

A. 消费品供过于求,物价上涨　　B. 竞争加剧,产品质量下降
C. 生产资料价格上涨,影响经济增长　　D. 消费品积压,企业再生产受到影响

62. [2019河北石家庄新乐]近年来,随着我国经济从卖方市场转向买方市场,许多企业根据市场需求变化,积极开发和研制新产品,取得了良好的经济效益。但也有一些企业因商品滞销而减产甚至停产。这说明( )

A. 生产水平决定消费水平　　B. 消费对生产具有反作用
C. 消费结构决定生产结构　　D. 消费方式决定生产方式

63. [2019重庆奉节]用尽洪荒之力的游泳运动员傅园慧无疑是2016年里约奥运会最火的运动员之一,据悉里约奥运会后傅园慧的广告身价在800万元以上。商家找体育明星代言利用的是消费者的( )

A. 从众心理　　B. 求异心理　　C. 攀比心理　　D. 求实心理

64. [2019重庆奉节]随着我国城乡居民人均可支配收入的增加,一直被视为高档耐用消费品的轿车正悄然走进寻常百姓家。这说明( )

A. 收入是消费的基础和前提　　B. 消费拉动经济增长
C. 物价水平影响人们的购买力　　D. 生产与消费相互影响

65. [2019河北廊坊三河]下列生活方式不符合低碳经济要求的是( )

A. 建筑中使用中空玻璃　　B. 电冰箱中保持较多的霜
C. 步行或骑行自行车上班　　D. 使用太阳能热水器

66. [2019河北廊坊三河]践行低碳生活,倡导绿色消费是经济社会发展的必然趋势。绿色消费的核心是( )

A. 限制消费　　B. 节俭消费　　C. 超前消费　　D. 可持续消费

67. [2018河北邢台桥东]“我们不可能从对小麦的品尝当中,来判定它是由封建社会的农民生产的,还是由资本主义制度下的雇佣劳动者生产的。”这句话表明( )

A. 使用价值是商品的自然属性,它本身不反映人们的社会生产关系
B. 使用价值是商品的物质属性和自然属性
C. 小麦是使用价值和价值的统一体
D. 有使用价值的东西一定有价值

68. [2018河北石家庄]《资本论》(德文版)第一卷于1867年9月在汉堡出版,其影响力历经150年风雨而不衰,至今对我们分析、理解现实经济问题依然具有很强的指导意义。马克思主义政治经济学的理论十分丰富,其中“理解政治经济学的枢纽”的理论是( )

A. 剩余价值理论　　B. 价值规律理论
C. 劳动二重性理论　　D. 商品二因素理论

69. [2018山东统考]根据马克思的劳动价值理论,生产商品的劳动具有二重性。其中,抽象劳动形成商品的(　　)

A. 使用价值　　B. 交换价值　　C. 价值　　D. 生产价格

70. [2018河北辛集]劳动力商品使用价值的特殊性是(　　)

A. 能生产出具有使用价值的物品　　B. 能生产出具有价值的物品

C. 仅能生产出自身价值　　D. 能生产出大于自身价值的价值

71. [2018河北保定]商品经济产生和存在的基本条件是(　　)

A. 社会化大生产和资本主义私有制

B. 社会分工和生产资料及产品属于不同的所有者

C. 社会化大生产和社会主义公有制

D. 自然经济的存在和发展

72. [2018内蒙古通辽]商品经济的基本规律是(　　)

A. 价值规律　　B. 剩余价值规律　　C. 货币流通规律　　D. 竞争规律

73. [2018山东滨州]商品经济和自然经济是社会经济的两种基本形态,最大区别在于,商品经济(　　)

A. 以使用价值为生产目的　　B. 以交换为生产目的

C. 以公有制为基础　　D. 以私有制为基础

74. [2018山东淄博]商品价格涨跌的根本原因是(　　)

A. 国家宏观调控　　B. 货币发行量　　C. 商品价值的变化　　D. 供求关系

75. [2018河北保定]商品价值量的多少是由(　　)

A. 商品的供求状况决定的　　B. 生产商品的劳动时间决定的

C. 商品生产者的个别劳动时间决定的　　D. 生产商品的社会必要劳动时间决定的

76. [2018贵州联考]一张门票炒到6万元人民币,这里影响价格的主要因素是(　　)

A. 供求关系　　B. 门票的价值　　C. 人们的心理　　D. 国家的政策

77. [2018重庆大渡口]市场经济中生产和需求的平衡,是通过(　　)的相互作用来实现的。

A. 供求和价格　　B. 供求和资本　　C. 价格和资本　　D. 资本和劳动力

78. [2018重庆沙坪坝]劳动力需求的特点是(　　)

A. 直接需求　　B. 派生需求　　C. 消费需求　　D. 劳务需求

79. [2018江苏南通崇川]市场上某商品标价为1200元。这1200元发挥了货币的(　　)职能。

A. 价值尺度　　B. 流通手段　　C. 支付手段　　D. 购买

80. [2018河北邢台桥东]高铁、支付宝、共享单车、网购被称作中国"新四大发明",成为了外国人最想带回家的生活方式。网购、支付宝改变了民众的消费模式和支付习惯,为中国经济带来了新的增长点。在其他条件不变的情况下,网购和支付宝在我国的普及(　　)

A. 可以减少流通中的现金使用量,节约社会成本

B. 全面发挥了货币的基本职能

C. 改善了我们的生活方式和生活质量

D. 改变了消费者的支出预期

81. [2018河南漯河]剩余价值产生的唯一源泉是(　　)

A. 雇佣劳动者的剩余劳动　　B. 雇佣劳动者的必要劳动

C. 雇佣劳动者的具体劳动　　D. 雇佣劳动者的抽象劳动

82. [2018重庆大渡口]资本的有机构成通常用(　　)来表示。

A. C:V　　B. C:M　　C. M:V　　D. V:C

83. [2018河北保定]资本积累和资本集中的区别在于资本积累的结果会使(　　)

A. 社会资本总额增大　　B. 个别资本规模扩大

C. 剩余价值数量增加　　D. 资本有机构成提高

84. [2018山东淄博]社会主义经济制度的基础是(　　)

A. 按劳分配　　B. 共同富裕　　C. 生产资料公有制　　D. 国有经济

85. [2018山东滨州]我国当前的基本经济制度是由我国的(　　)决定的。

A. 收入分配制度　　B. 社会主义性质和初级阶段国情

C. 所有制结构　　D. 政治制度

86. [2018河北石家庄市属]党的十九大报告指出,要构建"亲""清"新型政商关系,促进非公有制经济健康发展和非公有制经济人士健康成长。这样做的依据是(　　)

A. 非公有制经济在国民经济中居于主体地位

B. 我国鼓励、支持、引导非公有制经济的发展

C. 非公有制经济发展有利于促进创新、扩大就业

D. 非公有制经济的质量影响我国经济发展的性质

87. [2018河北衡水冀州]经济学中的蛛网模型解释了某些生产周期较长的商品的产量和价格波动的情况。该模型认为,造成产量和价格波动的主要原因是:生产者总是根据上一期的价格来决定下一期的产量,这常常会导致实际的产量过剩或不足。这反映出(　　)

A. 市场调节具有自发性　　B. 市场调节具有滞后性

C. 市场调节的资源配置效率通常不高　　D. 市场规律在生产周期较长的商品领域不灵

88. [2018山东德州]政策分配和调整利益关系主要采取的形式是(　　)

A. 直接对社会利益进行分配和调整　　B. 间接对社会利益进行分配和调整

C. 直接和间接对社会利益进行分配和调整　　D. 纵向和横向对社会利益进行分配和调整

89. [2018河北邢台桥东]完善我国社会主义初级阶段个人收入分配制度的重要政策举措是:初次分配和再分配都要注重公平,再分配更加注重公平。下列体现再分配更加注重公平的措施是(　　)

A. 提高企业职工的福利待遇　　B. 调整银行存贷款利率

C. 提高最低工资标准　　D. 提高退休人员的养老金

90. [2018山东德州]关于收入分配不平等的个人原因,下列不正确的是(　　)

A. 人的能力　　B. 人的勤奋程度　　C. 人的机遇　　D. 人的户籍

91. [2018河南禹州]近年来,面对经济下行压力,我国紧紧围绕供给侧结构性改革,着眼促进企业降成本,出台减税降费、降低"五险一金"缴费比例、下调用电价格等举措,降低企业税费负担,有力地支持了实体经济发展,这一举措的依据是(　　)

A. 合理的分配政策能够促进经济发展　　B. 当前经济下行主要受制于需求不足

C. 财政是国家治理的基础和重要支柱　　D. 我国存在着过多过重的不合理收费

92. [2018山东滨州]作为全面深化改革的重点,经济体制改革的核心问题是处理好(　　)

A. 眼前利益和长远利益的关系　　B. 效率和公平的关系

C. 中央和地方的关系　　D. 政府和市场的关系

93.［2018重庆沙坪坝］社会主义制度下存在竞争，因为竞争是(　　)

A. 社会主义经济的产物　　B. 私有制的产物

C. 商品经济的产物　　D. 混合经济的产物

94.［2018河南禹州］在互联网信息技术的催化融合下，新产业、新业态、新产品不断涌现，云计算、物联网、互联网金融等蓬勃发展，对经济增长的支撑作用日益增强。这告诉我们(　　)

A. 创新已经成为驱动经济发展的新方式

B. 要把创新作为转变经济发展的主攻方向

C. 提高自主创新能力是企业成功经营的重要因素

D. 信息技术发展决定信息消费质量和水平

95.［2018山东滨州］C919大飞机首飞成功、可燃冰实现稳定开采、世界首台光量子计算机在我国问世、"复兴号"中国标准动车组首发等事件深刻表明，(　　)正成为我国经济增长的重要引擎。

A. 投资　　B. 出口　　C. 创新　　D. 消费

96.［2018河北石家庄市属］高铁、网购、移动支付、共享单车被称为中国的"新四大发明"，科技正在改变着人们的生活。这表明(　　)

A. 生产对消费起着决定作用　　B. 科技是人类赖以存在和发展的基础

C. 消费能够拉动经济的发展　　D. 消费对生产的升级具有导向作用

97.［2017吉林］长白山里的矿泉水本不是商品，但恒大集团在长白山建立工厂后，把新鲜的矿泉水装在瓶子里进行出售，这时矿泉水就成为了商品，其根本原因是(　　)

①人们不能随便获得长白山里的矿泉水　　②恒大工厂把矿泉水装进瓶子里消耗了人们的劳动

③矿泉水对人们有用　　④把矿泉水装进瓶子里是为了交换

A. ①②　　B. ①③　　C. ②④　　D. ③④

98.［2017山东德州］商品内在的使用价值与价值的矛盾，其完备的外在表现是(　　)

A. 商品与商品之间的对立　　B. 私人劳动与社会劳动之间的对立

C. 商品与货币之间的对立　　D. 资本与雇佣劳动之间的对立

99.［2017山西大同］在正常的市场经济秩序中，决定商品价格浮动的根本因素是(　　)

A. 商品的使用价值　　B. 供求关系

C. 商品的价值　　D. 商品出售者的意愿

100.［2017吉林］学生小刘在超市的经济行为中，属于货币执行流通手段职能的是(　　)

A. 用78元可以购买一箱牛奶　　B. 购买一箱牛奶，一周后付款78元

C. 用78元购买了一箱牛奶　　D. 以每箱78元的价格预订了一箱牛奶

101.［2017重庆市属］商品经济是(　　)

A. 与市场经济相对应的经济形态　　B. 资源配置的一种方式

C. 与计划经济相结合的经济形式　　D. 直接以交换为目的的经济形式

102.［2017重庆大渡口］市场经济是商品经济的(　　)

A. 一般形式　　B. 发达形式　　C. 特殊形式　　D. 普遍形式

103.［2017河北涿州］下列不属于市场经济共同特征的是(　　)

A. 市场经济是一种自主经济　　B. 市场经济是平等的经济

C. 市场经济是竞争经济　　D. 市场经济是限制性经济

104.［2017河南许昌］"供给侧改革"就是从供给、生产端入手，扩大有效和中高端供给，增强供给结构对

需求变化的适应性和灵活性，提高全要素。这一改革的经济学依据是(　　)

A. 生产决定消费　　B. 消费拉动经济增长

C. 生产决定分配　　D. 消费为生产创造劳动力

105.［2017河北保定徐水］商业利润来源于(　　)

A. 商业销售人员创造的剩余价值　　B. 商品销售价格的差额

C. 资本在流通领域的增殖　　D. 产业工人所创造的剩余价值

106.［2017山东德州］社会主义必须实行按劳分配的所有制基础是(　　)

A. 社会主义公有制　　B. 社会生产力发展水平

C. 建立社会主义市场经济体制的需要　　D. 初级阶段的国情

107.［2017河北涿州］实现公有制与市场经济相结合的有效途径是(　　)

A. 实行股份合作制　　B. 实行股份制

C. 建立现代企业制度　　D. 实现国有企业和私有企业的联合

108.［2017重庆市属］社会主义市场经济中维持市场秩序不可或缺的手段是(　　)

A. 市场规则　　B. 经济合同　　C. 企业社会责任　　D. 法律

109.［2017山东德州］在我国现阶段的所有制结构中，国有经济对经济发展所起的主导作用体现在(　　)

A. 在社会总资产中占量的优势　　B. 在所有制结构中占主体地位

C. 对国民经济发展的控制力上　　D. 是下岗人员再就业的主渠道

110.［2017重庆市属］社会主义市场经济条件下的经济总量平衡主要是指(　　)

A. 货币供给与货币需求的平衡　　B. 积累与消费的平衡

C. 生产资料和消费资料生产的平衡　　D. 总供给与总需求的平衡

111.［2017河北保定徐水］在市场经济条件下，调节(　　)的供应量和需求量的平衡，是调节社会总需求与总供给平衡的关键。

A. 货币　　B. 资本　　C. 商品　　D. 纸币

112.［2017山东统考］党的十八届三中全会指出，经济体制改革是全面深化改革的重点，核心问题是处理好政府和市场的关系，使(　　)

A. 政府在资源配置中起决定性作用和更好发挥市场作用

B. 市场在资源配置中起决定性作用和更好发挥政府作用

C. 市场在资源配置中起基础性作用和更好发挥政府作用

D. 政府和市场共同在资源配置中起基础性和决定性作用

113.［2017吉林］2016年，长春到延吉的高铁开通，大大地方便了人们的出行，更带动了延吉、珲春等地的旅游、购物等一系列的消费。坐高铁到延吉等地旅游、吃美食已经成了不少长春人假日休闲的内容。这表明(　　)

A. 生产力水平决定消费的质量、方式　　B. 消费是社会生产的目的

C. 市场对消费具有理性调节作用　　D. 消费为生产创造动力

114.［2017山东济宁］2017年是我国供给侧结构性改革的深化之年，深入推进“三去一降一补”任务，可以说牵住了传统模式之“牛鼻子”，牵动其走向创新驱动的新发展模式。“三去一降一补”除了“去杠杆”外，其他“去、降、补”的内容依次是(　　)

A. 短板、产能、库存、成本　　B. 成本、库存、产能、短板

C. 产能、库存、成本、短板　　D. 成本、短板、产能、库存

二、多项选择题(下列每小题列出的四个选项中至少有两项是正确的。)

1. [2020山东济南]现代企业制度是企业产权制度、企业组织形式和经营管理制度的总和。从企业发展的历史来看,具有代表性的企业制度有( )

A. 租赁制　　B. 业主制　　C. 合伙制　　D. 公司制

2. [2019重庆江北]商品经济存在的基本前提有( )

A. 生产资料和产品为不同的所有者拥有　　B. 资源和要素配置市场化

C. 生产力发展水平较高　　D. 社会分工

3. [2019山东济南历城]货币是商品交换的媒介,货币的出现大大消解了商品交换的困难,促进了商品经济的发展,货币的基本职能包括( )

A. 购买手段　　B. 价值尺度　　C. 贮藏手段　　D. 虚拟支付

4. [2019山东济南]马克思在《资本论》中把虚拟资本概括为独立于现实资本运动之外,以有价证券的形式存在,能给持有者按期带来一定收入的资本。马克思所论述的虚拟资本范围主要包括以下哪几种形式( )

A. 汇票　　B. 银行券　　C. 债券　　D. 股票

5. [2019河北秦皇岛市属]影响资本周转速度的因素有( )

A. 资本周转时间的长短　　B. 固定资本和流动资本各自的周转速度

C. 生产资本的构成　　D. 剩余价值量的多少

6. [2019重庆南岸]属于市场主体的是( )

A. 有形商品　　B. 无形商品　　C. 商品经营者　　D. 商品消费者

7. [2019重庆南岸]市场经济的基本特征有( )

A. 企业行为主体化　　B. 企业产权商品化

C. 市场管理法制化　　D. 市场体系完备化

8. [2019重庆江北]市场经济具有的缺陷包括( )

A. 对宏观经济活动调节的盲目性　　B. 市场机制作用的局限性

C. 容易造成资源的浪费　　D. 容易产生生产过剩

9. [2019重庆市属]社会公平以经济公平为基础,经济公平包括( )

A. 起点公平　　B. 财产公平　　C. 消费公平　　D. 收入公平

10. [2019重庆市属]影响收入分配格局变化的因素主要包括( )

A. 经济转型方面的因素　　B. 经济发展方面的因素

C. 经济和社会政策方面的因素　　D. 人口和家庭结构变化方面的因素

11. [2018河北辛集]构建社会主义和谐社会,是马克思主义政党的不懈追求。构建社会主义和谐社会,在分配上就应该坚持( )

A. 同步富裕,共同富裕　　B. 注重效率,维护公平

C. 按劳分配为主体,多种分配方式并存　　D. 平均分配,消除差距

12. [2018河北石家庄]目前,贫富差距大是我国的现状,缩小收入差距有助于解决我国的贫富差距问题。下列举措中有助于缩小差距的有( )

A. 提高低收入者的收入水平　　B. 扩大高收入者比重,缩小中等收入者的比重

C. 坚决取缔非法收入　　D. 保障困难群众的基本生活

13. [2017山东济宁]当前很多食品包装上都贴有二维码,用智能手机扫一扫,生产厂家、生产日期、保质时间等信息就会一目了然。此二维码技术的广泛应用,有利于(　　)

A. 维护消费者的权益　　B. 降低商品的销售价格

C. 完善社会信用体系　　D. 树立企业良好形象

14. [2017重庆南岸]社会主义市场经济具有的基本特征包括(　　)

A. 所有制结构上以公有制为主体

B. 分配制度上以按劳分配为主

C. 能够更好地把宏观调控与发挥市场作用结合起来

D. 不会出现经济周期性波动

15. [2017河北涿州]长江三角洲某中央企业向A省某钢铁公司注资人民币30亿元,控股69.61%,这是国内钢铁企业重组收购的一次重大举措,该并购事件体现了(　　)

A. 市场经济可以合理而有效地配置资源　　B. 竞争是市场经济的基本特征

C. 市场经济必须加强宏观调控　　D. 市场经济具有能够客观地进行价值评估的功能

三、判断题(判断下列每小题的正误,正确的打"√",错误的打"×"。)

1. [2021河北石家庄市属]发行数字人民币,可以降低纸币的发行成本,但不会改变货币的本质。(　　)

2. [2021河北石家庄市属]带烘干功能的洗衣机往往要比普通洗衣机的售价高出许多,可见商品价值决定价格。(　　)

3. [2021辽宁葫芦岛]基本经济制度决定分配制度,分配制度是经济制度的重要组成部分。(　　)

4. [2020河北石家庄市属]企业之间"共享员工",这一新型的合作模式改变了现阶段劳动的性质和特点。(　　)

5. [2020河北石家庄市属]发展、壮大国有经济,对我国来说既是经济问题,也是政治问题。(　　)

6. [2020山西大同平城]建立社会主义市场经济体制,就是要使市场在国家宏观调控下对社会资源的配置起到决定性作用。(　　)

7. [2020山西大同市属]公有制经济仅包括国有经济和集体经济。(　　)

8. [2019河北石家庄新乐]商品经济的基本经济规律是价格。(　　)

9. [2019河北石家庄新乐]在单位时间生产的商品价值总量不变的前提下,单位商品的价值量同生产该商品的劳动生产率成反比,而与体现在商品中的社会必要劳动时间成正比。(　　)

10. [2019重庆江北]商品价值的大小是由商品生产者的个别劳动时间决定的。(　　)

11. [2019重庆市属]市场经济是指市场机制在资源配置中起基础作用的经济运行形式,在这种形式中,资源配置是由市场导向决定的。市场经济是商品经济充分发展的产物。(　　)

12. [2019山东烟台招远]发展社会主义市场经济,就要让市场在资源配置中起决定性作用。(　　)

13. [2019河北秦皇岛市属]市场经济在本质上是一种垄断型经济。(　　)

14. [2019重庆市属]社会主义市场经济是同社会主义基本社会制度结合在一起的市场经济,体现社会主义的根本性质,是使市场在社会主义国家宏观调控下对资源配置起决定性作用的经济体制。(　　)

15. [2019河北石家庄新乐]我国社会主义市场经济与资本主义市场经济的根本区别在于国家在经济发展中的作用不同。(　　)

16. [2019重庆酉阳]在市场经济的特征中,法制是平等和竞争充分展开的前提。(　　)

17. [2019重庆渝中]资源合理配置是社会再生产顺利进行的必要条件，也是提高宏观经济效益的辅助因素。（ ）

18. [2019河北唐山芦台]以现代信息技术等高科技为物质基础，信息产业起主导作用的，基于信息、知识、智力的新型经济称为信息经济。（ ）

19. [2019重庆市属]基尼系数用以衡量一个国家或地区居民收入差距，越接近1表明收入分配越趋向平等。（ ）

20. [2019重庆市属]按劳分配是社会主义的分配原则，它体现着个人消费品分配领域中社会主义性质的分配关系。（ ）

21. [2019重庆奉节]财政通过国民收入的初次分配，促进社会公平并改善人民生活。（ ）

22. [2019重庆沙坪坝]按劳分配是指按照劳动者提供的劳动数量进行分配，等量劳动领取等量报酬。（ ）

23. [2019重庆南岸]国民收入经初次分配形成的各经济主体的原始收入包括政府收入、企业收入和个人收入。（ ）

24. [2019重庆沙坪坝]社会保险是一种特殊性质的个人消费品的再分配形式。（ ）

25. [2018山西长治襄垣]有使用价值的东西一定有价值，有价值的东西必然有使用价值。（ ）

26. [2018重庆沙坪坝]当人们通过生产和交换增加了自己的财富时，他们也增加了其他人的财富。（ ）

27. [2018河北石家庄市属]市场决定资源配置，是市场经济的一般规律。（ ）

28. [2018重庆沙坪坝]社会主义经济制度与以往一切以私有制为基础的社会经济制度的根本区别在于，它要发展社会主义市场经济。（ ）

29. [2018河北石家庄市属]社会主义公有制经济包括国有经济、集体经济和混合所有制经济。（ ）

30. [2018河北辛集]国有资本、集体资本、非公有资本等交叉持股、相互融合的混合所有制经济，是社会主义初级阶段基本经济制度的重要实现形式。（ ）

31. [2018重庆沙坪坝]社会主义国民收入的初次分配是在公有制经济范围内进行的。（ ）

32. [2018河北石家庄市属]社会保障制度越完善，社会就越稳定，所以社会保障水平越高越好。（ ）

33. [2018河北石家庄市属]养老保险是国家和社会通过相应的制度安排，为劳动者解除养老后顾之忧的一种社会保险。（ ）

34. [2017重庆南岸]资本是货币的最初表现形式。（ ）

35. [2017重庆市属]供求规律说明价值规律在某些情况下是不起作用的。（ ）

36. [2017山东济宁]在经济学范畴中，超额利润是一种机会成本。（ ）

37. [2017重庆市属]市场经济与计划经济相对应，都属于资源配置方式的范畴。（ ）

38. [2017河南许昌]在社会主义市场经济条件下，各种所有制经济都可以公平地参与市场竞争。（ ）

39. [2017重庆市属]经济增长方式就是经济发展方式。（ ）

40. [2017重庆市属]公司治理结构的实质是解决企业利益分配问题。（ ）

41. [2017重庆市属]在社会主义市场经济条件下，按劳分配是指按照劳动时间分配。（ ）

42. [2017重庆南岸]社会保障具有分配功能，它的分配功能主要体现在国民经济收入再分配中。（ ）

综合能力提升

一、单项选择题(下列每小题列出的四个选项中只有一项是正确的。)

1.[2020河北邢台隆尧]下列各项中不属于商品的是(　　)

A.春节期间用于招待亲戚的自酿米酒　　B.集市上出售的布料

C.旧货市场的儿童读物　　D.早点铺上的油条

2.[2020河北邢台襄都]投入某种物质商品生产过程中的劳动量不变,如果劳动生产率提高,在单位劳动时间内生产的商品数量和单位商品的价值量的变化表现为(　　)

A.商品数量增加,价值量不变　　B.商品数量不变,价值量增大

C.商品数量增加,价值量减少　　D.商品数量增加,价值量增大

3.[2020河北沧州河间]除了特殊情况,一般不采取生产配额,因为配额造成的结果是(　　)

A.损害了消费者的利益　　B.形成了不公平竞争

C.限制了他人消费　　D.提高了产品价格

4.[2020河北石家庄市属]2020年3月,习近平总书记在浙江考察期间指出,党中央已经出台了一套政策组合拳,帮助民营企业渡过难关,不让这些企业受到根本性、伤元气的影响,并能尽快恢复到好的状态且有新的发展。党中央帮助民营企业渡过难关说明(　　)

A.民营企业是我国国民经济的主体

B.非公有制经济是我国经济社会发展的重要基础

C.民营资产在社会总资产中占优势

D.非公有制经济是我国社会主义经济的重要组成部分

5.[2019河北石家庄市属]消费者总是希望“质优价廉”,而经营者则强调“优质优价”,两者都强调了(　　)

A.商品是用于交换的劳动产品　　B.商品是使用价值与价值的统一体

C.商品消耗了无差别的人类劳动　　D.商品只有通过交换才有使用价值

6.[2019山西大同市属]以下关于价值与使用价值两个因素相互关系的讨论,不正确的是(　　)

A.价值是商品的自然属性,使用价值是商品的社会属性

B.价值是商品的社会属性,使用价值是商品的自然属性

C.使用价值是商品价值的物质承担者

D.价值与使用价值相互依存,共同构成商品

7.[2019河北石家庄新乐]商品是使用价值和价值的统一体,因此(　　)

A.有价值的东西必定有使用价值

B.有使用价值的东西必定有价值

C.价值是使用价值的物质载体

D.使用价值是商品的社会属性,价值是商品的自然属性

8.[2019河北秦皇岛市属]2017年菲律宾产的Real香蕉的价值用货币表示为10元。假设2018年该商品的劳动生产率提高25%,与此同时,该国的通货膨胀率为24%,在其它条件不变的情况下,2018年这款Real香蕉商品的价值为(　　)

A.10元　　B.9.6元　　C.9.92元　　D.6.4元

9.[2019重庆奉节]某国去年的商品价格总额为20万亿,流通中所需要的货币量为4万亿元。假如货币流

通速度不变,今年商品价格总额为30万亿元,不考虑其他因素,理论上今年流通中所需要的货币量为(　　)

A. 5万亿元　　B. 6万亿元　　C. 7.5万亿元　　D. 10万亿元

10. [2019山东潍坊滨海]A国与B国合作完成一批衣服和电子产品的生产,假设A国投入1个劳动力,能生产5件衣服或者10件电子产品,而B国同样投入1个劳动力,能生产3件衣服或者5件电子产品。最后决定A国生产电子产品,B国生产衣服,这主要运用了(　　)

A. 比较优势原理　　B. 绝对优势原理　　C. 要素禀赋原理　　D. 生产周期原理

11. [2019河南安阳龙安]李克强总理强调,要更多运用市场化手段促进企业创新,要使市场在资源配置中起决定性作用。下列属于市场优势的是(　　)

①市场能够通过利益引导促进共同富裕　　②市场经济是我国社会主义经济制度的基础

③市场对资源的配置及时、准确、有效　　④市场能够灵敏地反映供求关系变化

A. ②③　　B. ①④　　C. ①②　　D. ③④

12. [2019重庆奉节]个人收入主要包括两部分:一是劳动者报酬;二是非劳动收入。下列属于劳动者报酬范畴的是(　　)

A. 股票利益　　B. 房地产收入　　C. 知识产权所得　　D. 单位支付的五险一金

13. [2019重庆南岸]产品生产成本下降,则消费者剩余将(　　)

A. 先降后升　　B. 下降　　C. 不变　　D. 上升

14. [2019山西大同平城]2018年,全国居民人均消费支出19853元,同比增长6.2%;全国社会消费品零售总额同比增长9.0%;最终消费支出对国内生产总值增长的贡献率为76.2%,比上年提高17.4个百分点;基本必需品消费支出占比下降,通讯器材类和化妆品类的消费支出分别同比增长11.7%和13.5%。上述信息表明(　　)

①消费成为拉动经济增长的首要因素　　②居民消费结构改善,恩格尔系数下降

③消费品供给丰富,产业结构日趋优化　　④高档品消费增加,居民消费趋于理性

A. ①②　　B. ①④　　C. ②③　　D. ③④

15. [2019山东烟台莱州]"供给侧改革"是当下中国经济领域的一个热词,所谓"供给侧"就是侧重供给,强调要从供给侧入手,解放生产力、提高竞争力,促进宏观经济的发展。下列举措符合这一调控新思路的是(　　)

A. 降低银行的存款准备金率0.5个百分点

B. 改善消费预期,发挥需求对生产的调节作用

C. 增发100亿元的政府债券,扩大财政赤字的规模

D. 对中小高新技术企业实行企业所得税减免的优惠政策

16. [2019河南安阳龙安]深化供给侧结构性改革,建设现代化经济体系,必须把发展经济的着力点放在实体经济上,把提高供给体系质量作为主攻方向。下列措施符合这一要求的有(　　)

①刺激消费,扩大内需　　②推动互联网、大数据与实体经济的融合

③去库存,淘汰落后产能　　④限制传统产业的发展,加快发展现代服务业

A. ①②　　B. ①④　　C. ②③　　D. ③④

17. [2019河北邢台市属]习近平总书记在讲话中多次强调要"加强供给侧结构性改革"。供给侧结构性改革是一种寻求经济新增长新动力的思路,主要强调通过生产要素的配置优化、提高使用效率来提升经济增长的质量和数量。下列做法符合供给侧结构性改革思路的是(　　)

A. 大力实施"中国制造2025",打造中国产品优质名片

B. 积极推动个税改革，增加税前抵扣项目，减轻居民税负

C. 转变外贸出口方式，提高出口产品的质量和数量

D. 加大改革力度，继续扩大对外开放

18. [2018贵州联考]近两年，国家对各一线和二线城市的房价进行多次调控，但是成都、武汉、郑州和贵阳等省会城市的房价仍继续快速上涨，上涨趋势并没有逆转。以下不能解释这一情况的是(　　)

A. 上述城市房价启动晚，与北上广深房价相比差距大

B. 上述城市未来发展潜力比较大

C. 上述城市最近几年人口流入比较多，住房需求旺盛

D. 上述城市新房供应量仍在不断增加

19. [2018河北邢台桥东]2017年11月11日的光棍节变成了全民狂欢的购物节。据统计，天猫"双十一"销售额突破1682亿元人民币。由此可见，电子商务模式与传统商务模式相比，对居民消费产生了越来越大的影响。下列关于电子商务模式的影响传递路径分析正确的是(　　)

A. 居民收入增加→消费观念转变→流通环节减少→促进居民消费

B. 流通环节减少→商品价格下降→商品流通成本降低→促进居民消费

C. 消费观念转变→商品价格下降→流通环节减少→促进居民消费

D. 流通环节减少→商品流通成本降低→商品价格下降→促进居民消费

20. [2018河北邢台桥东]小李顺利通过驾照考试后，看中了一辆标价16万元的汽车，小李首付支付现金9万元，然后在三年内付清银行贷款7万元并支付利息2万元。在这一购车过程中，标价16万元、首付9万元、利息2万元分别体现了货币的(　　)职能。

A. 贮藏手段、支付手段、流通手段　　B. 价值尺度、支付手段、流通手段

C. 贮藏手段、流通手段、支付手段　　D. 价值尺度、流通手段、支付手段

21. [2018山东滨州]社会主义市场经济体制是社会主义基本制度与市场经济的结合，与资本主义市场经济体制相比，具有其自身的特点。下列不属于社会主义市场经济体制基本特点的是(　　)

A. 以公有制为主体，多种所有制经济共同发展的所有制结构

B. 以按劳分配为主体，多种分配方式并存的分配制度

C. 以实现最广大人民的利益为出发点和归宿的宏观调控

D. 政府不直接干预企业的生产和经营活动

22. [2018河北衡水冀州]工业4.0是德国政府在《德国2020高技术战略》中提出的十大未来项目之一。德国工业4.0对生产企业提出的要求中最关键的一点，莫过于建立弹性生产线。所谓"弹性生产线"，是指一条生产线不需要更换设备，就可以根据用户的不同需求，随时更换各环节的关键参数，生产出有差异性的产品。建立弹性生产线的主要依据是(　　)

A. 消费引导生产，对生产方向起决定作用　　B. 生产决定消费的对象，为消费创造动力

C. 生产决定消费，决定消费的方式和水平　　D. 需求能够引导生产，对生产有调节作用

23. [2017河南平顶山新华]货币最早是以足值的金属货币形式出现的。随着商品生产和商品交换的发展，商品流通中产生了作为价值符号的纸币，并逐渐取代了金属货币。纸币之所以能取代金属货币，原因是(　　)

①纸币容易产生，且同样具有充当贮藏手段的职能

②纸币的使用范围更广

③使用纸币能够有效降低货币制作成本

④纸币同样能执行价值尺度和流通手段的职能

A. ①③　　B. ②③　　C. ②④　　D. ③④

24. [2017河南许昌]中国改革成功靠的是“两条腿走路”，一条腿是国有企业，通过股份制改革形成有效的市场竞争格局，国企做大、做强、做优；另一条腿就是非国有经济。对此认识正确的是(　　)

A. 我国公有制和非公有制经济地位平等、公平竞争

B. 股份制改革是所有企业做大、做强、做优的必经之路

C. 我国坚持公有制为主体、多种所有制经济共同发展的基本经济制度

D. 我国要毫不动摇地鼓励、支持和引导公有制经济，毫不动摇地巩固和发展非公有制经济

25. [2017山东济宁]下列属于按劳分配收入的是(　　)

A. 小王是一家民营企业的职工，每月工资3500元

B. 小李和妻子在自家小区内经营一家馒头房，每月收入8000元

C. 小张是一家国有企业的职工，每月工资5000元

D. 小范是一家股份合作制企业的职工，每月工资4800元

26. [2017河北保定徐水]所谓供给侧改革，就是从供给、生产端入手，通过增加有效供给，刺激消费者的购买欲望，从而促进经济发展。以下供给侧改革发挥作用的传导途径，正确的是(　　)

A. 生产为消费创造动力—刺激消费需求—拉动经济增长

B. 生产决定消费的水平—发挥供给单向拉动作用—促进生产发展

C. 生产决定消费的对象—提高消费水平—实现同步富裕

D. 消费是生产的动力—调整产业结构—转变经济发展方式

27. [2017山东济宁]2016年12月14日，“供给侧”一词选入《咬文嚼字》杂志社发布的“2016年十大流行语”，下列关于“供给侧”的描述不正确的是(　　)

A. 供给侧相对于需求侧，是指供给方面

B. 供给侧有劳动力、资本、投资和出口四大要素

C. 当前我国国内消费不振，矛盾的主要方面不在需求侧，而在供给侧

D. 供给侧改革是用改革的办法推进结构调整，减少无效和低端供给，扩大有效和中高端供给

二、多项选择题(下列每小题列出的四个选项中至少有两项是正确的。)

1. [2021山东济南历下]“氓之蚩蚩，抱布贸丝。”这是《诗经·卫风·氓》中的名句，关于“抱布贸丝”的理解正确的有(　　)

A. 是一种物物交换的方式　　B. 是一种商品流通方式

C. 这种交换常常是不等价的　　D. 这里的“布”和“丝”都是商品

2. [2019河北秦皇岛市属]以下关于商品需求量的说法正确的是(　　)

A. 一般情况下，商品价格升高，则该商品需求量降低

B. 消费者收入水平越高，对正常商品的需求量越高

C. 商品的价格升高，则它的替代品需求量降低

D. 商品的价格升高，它的互补品需求量也随之减少

3. [2019山东济南南部山区]关于马克思主义政治经济学中的利润率，下列解释正确的是(　　)

A. 剩余价值与全部预付资本的比率　　B. 反映资本家对工人的剥削程度

C. 剩余价值率的转化形式　　D. 反映资本增殖及资本家盈利的程度

4. [2019河南安阳龙安]党的十九大强调要“推动互联网、大数据、人工智能和实体经济的深度融合，在

中高端消费、创新引领、绿色低碳、共享经济、现代供应链、人力资本服务等领域培育新增长点，形成新动能”。下列做法符合上述要求的有(　　)

A. 完善促进消费的体制机制

B. 增强消费对生产发展的基础性作用

C. 建立绿色生产和消费的法律制度和政策导向

D. 引导发展适度的奢侈消费和超前消费

5. [2018 河南禹州]经济体制改革必须以完善产权制度和要素市场化配置为重点，实现产权有效激励、要素自由流动、价格反应灵活、竞争公平有序、企业优胜劣汰。下列符合这一要求的做法是(　　)

A. 以公平为核心原则，依法保护各种所有制经济产权和合法利益

B. 实行以增加知识价值为导向的再分配政策，发挥知识产权对科技创新的激励作用

C. 深化劳动力市场改革，依法保障高校毕业生优先就业

D. 完善市场准入和退出机制，实现商品和各种要素的自由流动和充分竞争

6. [2017 山东统考]下列有关资本主义生产过程的说法，正确的是(　　)

A. 雇佣劳动制度是资本主义生产方式的本质特征

B. 劳动力成为商品是货币转化为资本的前提

C. 资本主义生产的实质是剩余价值的生产

D. 不变资本的价值在生产过程中会发生增殖

第二章　西方经济学

基础知识达标

一、单项选择题(下列每小题列出的四个选项中只有一项是正确的。)

1. [2021 河北石家庄市属]近几年来，平板电脑的销量持续下跌，逐渐被大屏手机所替代。这是因为(　　)

A. 功用提升的商品一定供不应求　　B. 商品的功用会影响消费者选购

C. 功用不同的商品可以相互替代　　D. 商品的功用会因替代品的出现而变化

2. [2021 河北石家庄市属]垃圾分类在我国已提倡多年，但客观上推进效果并不理想。国家积极推进城镇生活垃圾处理收费方式改革，对居民用户实行垃圾计量收费和差别化收费(分类投放垃圾的，适当降低收费标准)。这一举措属于国家宏观调控的(　　)

A. 市场手段　　B. 行政手段　　C. 经济手段　　D. 法律手段

3. [2021 河北石家庄市属]2021 年的房地产市场很热闹。先是北上广深渝等大城市房价猛涨，接着是调控措施不断升级。以下调控措施属于货币政策的是(　　)

A. 提高房屋交易印花税税率　　B. 提高银行的房贷利率

C. 政府增加保障房建设投资　　D. 限制商品房购买套数

4. [2021 辽宁葫芦岛]完全竞争市场是指一个行业中有非常多的生产销售企业，它们都以同样的方式向市场提供同类的、标准化的产品的市场。下列选项中，(　　)接近于完全竞争市场。

A. 农产品市场　　B. 日用工业品市场

C. 汽车行业　　D. 石油行业

5.［2021山东青岛市北］下列关于通货膨胀的影响，说法错误的是（　　）

A.对长期贷款带来不良影响

B.即使工人的名义工资不变或略有增长，但实际工资下降

C.刺激雇主进一步投资

D.此后税收减少

6.［2020河南信阳市属］有句谚语说:“不要为打翻的牛奶哭泣。”从经济学角度看，这启示我们当前决策应该忽略（　　）

A.边际成本　　B.边际收益　　C.沉没成本　　D.规模经济

7.［2020湖北特岗］有机蔬菜光鲜亮丽，农药化肥等残留少，谁看着都喜欢，更想购买，但较高的价格却让很多普通消费者望而却步。对消费者这种矛盾心理产生的原因，以下分析正确的是（　　）

A.未来收入预期影响人们当前的消费　　B.商品的高品质决定了商品的高价格

C.供求关系对商品的价格有直接影响　　D.消费者的收入是消费的基础和前提

8.［2020山西大同平城］甲、乙两地居民的恩格尔系数分别是28%和30%，这可能表明（　　）

A.从生活水平看，甲地居民略高于乙地居民　　B.从生活水平看，乙地居民略高于甲地居民

C.从收入水平看，甲地居民略高于乙地居民　　D.从收入水平看，乙地居民略高于甲地居民

9.［2020河北唐山路北］（　　）用于显示居民贫富差距，防止居民贫富差距过大。

A.基尼系数　　B.恩格尔系数　　C.幸福指数　　D.居民消费指数

10.［2020河北邢台襄都］宏观经济政策的首要目标是（　　）

A.物价稳定　　B.经济增长　　C.充分就业　　D.国际收支平衡

11.［2020河北石家庄市属］南昌市市场监管局对某公司开具处罚告知书，对囤积口罩等防护用品、哄抬物价等违法行为顶格罚款300万元。对于这一事件，认识正确的是（　　）

A.说明市场调节具有盲目性　　B.体现了政府运用行政手段进行宏观调控

C.形成行业规范是治本之策　　D.哄抬物价的做法违反了市场准入规则

12.［2020山西大同平城］疫情当前，全球经济低迷，宜采取连续降低利率、降低存款准备金率的手段促进经济增长，这种手段属于（　　）

A.紧缩性货币政策　　B.紧缩性财政政策　　C.扩张性货币政策　　D.扩张性财政政策

13.［2020河北邢台襄都］再贴现率是（　　）

A.美国联邦储备银行向商业银行提供贷款时使用的利息率

B.中央银行向美国财政部提供贷款时使用的利息率

C.长期政府债券的利息收益率

D.商业银行向公众提供贷款时使用的利息率

14.［2019山东枣庄滕州］经济学中常用“看不见的手”来形容市场对资源配置的作用，“看不见的手”这一说法最早由哪位经济学家提出（　　）

A.亚当·斯密　　B.凯恩斯　　C.大卫·李嘉图　　D.马歇尔

15.［2019重庆南岸］经济学家认为人们的行为源自（　　）

A.法律　　B.激励　　C.恐惧　　D.引导

16.［2019河北廊坊三河］“物以稀为贵”应理解为（　　）

A.商品稀少价值就大　　B.价值决定使用价值

C.使用价值决定价值　　D.供求关系影响商品价格

17. [2019重庆市属]人们常说的“多多益善”,从经济学的角度来说,是指随着所消费的商品数量的增多,( )

A. 总效用递增　B. 边际效用递增　C. 总效用递减　D. 边际效用递减

18. [2019重庆市属]假设企业追求利润最大化,那么某企业以最小生产成本生产出既定的产量时,则( )

A. 总收益为零　B. 一定可以获得最大利润

C. 可以获得最大收益　D. 无法确定是否获得最大利润

19. [2019重庆渝中]对消费者需求量影响最大的是( )

A. 商品价格　B. 消费者的偏好

C. 消费者的经济收入　D. 替代商品的价格和数量

20. [2019重庆市属]无论是完全竞争还是不完全竞争,当企业利润最大化时,总能满足的条件是( )

A. 价格等于长期平均成本的最低点　B. 价格等于边际成本

C. 边际成本等于边际收益　D. 价格等于平均成本

21. [2019重庆市属]需求量对价格变化不敏感,则称需求为( )

A. 单位弹性　B. 有弹性　C. 缺乏弹性　D. 完全无弹性

22. [2019山东济宁邹城]下列四种商品中,需求价格弹性最小的是( )

A. 小汽车　B. 衣服　C. 化妆品　D. 食盐

23. [2019山东潍坊滨海]S牌滤水器的价格虽低于T牌滤水器,但其滤芯价格持续上涨,导致更多消费者转向购买T牌滤水器。本案例中S牌滤水器与其滤芯属于( )

A. 替代品　B. 互补品　C. 劣等品　D. 低档物品

24. [2019重庆南岸]在市场经济理论中( )

A. 供给决定需求　B. 需求决定供给　C. 产量决定价格　D. 价格决定产量

25. [2019山东烟台芝罘]边际分析是通过对( )变化的分析,来确定生产要素配置的合理边界或当事人行为的合理边界。

A. 欠量　B. 存量　C. 增量　D. 减量

26. [2019河南平顶山]一般来说,恩格尔系数达到( )以上属于贫困的家庭。

A. 30%　B. 39%　C. 49%　D. 59%

27. [2019河南平顶山]第二次世界大战后,新发展起来的国际垄断组织的形式是( )

A. 国际托拉斯　B. 国际卡特尔　C. 国际辛迪加　D. 跨国公司

28. [2019河北邢台市属]计划与政府调控是市场充分发挥作用的辅助条件,市场机制作用充分发挥的前提是需要( )

A. 政府放弃宏观调控　B. 完备、统一的市场体系

C. 政府加强宏观调控　D. 计划与市场相结合

29. [2019山东烟台芝罘]( )是评价资源配置效率、或者说确定资源配置最优化状态的一种经济学标准。

A. 边际替代率　B. 帕累托最优　C. 利润最大化　D. 基尼系数

30. [2019山东烟台芝罘]主要反映消费者支付商品和劳务的价格变化,也是各国度量通货膨胀水平的主要工具的是( )

A. 生产者价格指数　B. 消费者价格指数　C. 零售价格指数　D. GDP缩减指数

31. [2019河北邢台桥西]绿色GDP是指一个国家或地区在考虑了自然资源与环境因素影响之后经济活动的最终成果,即将经济活动中所付出的资源耗减成本和环境降级成本从GDP中扣除。引入“绿色GDP”概念的主要目标是(　　)

A. 不能把GDP的增长作为唯一的指标　B. 促进产业结构调整,发展能耗低、污染少的第三产业

C. 建立新的、更加科学的国民经济核算体系　D. 实现经济、社会、环境的可持续发展

32. [2019重庆市属]社会主义市场经济条件下,宏观调控的主要方式是(　　)

A. 间接调控为主　B. 直接与间接调控平行结合

C. 行政干预　D. 直接调控为主

33. [2019重庆南岸]在社会主义市场经济条件下,我国宏观经济调控的主要手段是(　　)

A. 计划手段　B. 行政手段　C. 经济手段　D. 法律手段

34. [2019河北邢台经开]某一时间段内,某国连续四次降低利率,连续三次降低存款准备金率,以促进其经济增长,该国所使用的手段属于(　　)

A. 扩张性货币政策　B. 紧缩性财政政策　C. 紧缩性货币政策　D. 扩张性财政政策

35. [2019河南平顶山]我国货币政策的首要目标是(　　)

A. 充分就业　B. 国际收支平衡

C. 稳定币值,并以此促进经济增长　D. 经济增长

36. [2019重庆市属]广告作用最大的市场结构是(　　)

A. 完全竞争市场　B. 垄断竞争市场　C. 寡头竞争市场　D. 完全垄断市场

37. [2019重庆酉阳]寡头垄断市场的特征是(　　)

A. 厂商数量多　B. 进入相对容易

C. 厂商之间相互依存　D. 短期像完全垄断,长期像完全竞争

38. [2019河北石家庄新乐]社会主义宏观经济调控的基本目标是(　　)

A. 保持社会总供给和社会总需求的平衡　B. 保持物价稳定,抑制通货膨胀

C. 实现充分就业　D. 实现公正的收入分配

39. [2019河北石家庄新乐]扩张性财政政策对经济的影响是(　　)

A. 缓和了经济萧条但增加了政府债务　B. 缓和了经济萧条也减少了政府债务

C. 加剧了通货膨胀但减少了政府债务　D. 缓和了通货膨胀但增加了政府债务

40. [2019河北石家庄新乐]紧缩性货币政策的主要功能是(　　)

A. 抑制社会总供给　B. 缩小贸易顺差

C. 抑制社会总需求　D. 刺激社会总需求

41. [2019重庆酉阳]下列不属于中央银行货币政策一般性工具的是(　　)

A. 存款准备金　B. 再贴现　C. 公开市场业务　D. 外汇平准基金

42. [2019重庆永川]甲公司由于资金周转困难,于是向乙公司借款100万元,乙公司同意甲公司以分期付款的方式偿还所有贷款。这种信用属于(　　)

A. 国家信用　B. 银行信用　C. 直接信用　D. 消费信用

43. [2019河北石家庄市属]国务院在《打赢蓝天保卫战三年行动计划》中指出,要优化产业布局,严控“两高”行业产能,强化“散乱污”企业综合整治。“严控”“强化”体现了(　　)

A. 市场决定着资源合理配置　B. 宏观调控决定着资源配置

C. 国家进行科学的宏观调控　D. 中国主导世界市场的发展

44. [2019河北石家庄市属]交通运输部、公安部等10部门组成的联合检查组于2018年11月28日对某网约车平台合规经营、信息安全、公共安全及市场竞争等方面提出了27项整改要求。上述要求( )

A. 是国家经济手段调控的重要模式　　B. 有利于形成良好的网约车市场秩序

C. 反映出市场固有缺陷难以调节　　D. 发挥了市场对资源配置的决定作用

45. [2019河北石家庄市属] 2018年12月19日至21日,中央经济工作会议在北京举行。会议指出,面对经济下行压力,2019年将实施更大规模的减税降费,社保费率和增值税率将显著下调,大幅降低企业税费成本。上述举措体现了宏观调控的( )

A. 经济手段　　B. 货币手段　　C. 行政手段　　D. 法律手段

46. [2019河北邢台经开]我国金融机构体系的核心是( )

A. 中国人民银行　　B. 中国银行

C. 中国证券业监管委员会　　D. 中国保险业监管委员会

47. [2019山东济宁邹城]下列哪一项不是中央银行的职能( )

A. 发行货币　　B. 向银行提供贷款

C. 向企业提供贷款　　D. 主持全国各银行的清算

48. [2019山东烟台芝罘]国债是指( )以债务人的身份,采取信用方式,通过在国内外发行债券所形成的债务。

A. 企业　　B. 团体　　C. 政府　　D. 个人

49. [2019河北邢台经开]普惠金融是指立足机会平等要求和商业可持续原则,以可负担的成本为有金融服务需求的社会各阶层和群体提供适当、有效的金融服务。我国政府大力支持普惠金融的发展( )

A. 有利于消除贫困、实现社会公平　　B. 是实现全面小康社会的必然要求

C. 是以人为本、执政为民的根本要求　　D. 能够确保弱势群体政治经济权利的实现

50. [2019河北石家庄裕华]2019年2月18日,国家市场监督管理总局、国家标准化管理委员会批准发布646项国家标准,涉及道路交通、海洋探索和养老服务等多个领域。建立健全国家标准( )

A. 是规范市场秩序、促进公平竞争的治本之策

B. 是政府运用行政手段调控市场主体行为的体现

C. 表明政府运用经济手段规范市场秩序

D. 表明政府在资源配置中发挥决定性作用

51. [2019重庆南岸]某个经济体的商品整体价格上升是由于( )

A. 经济增长　　B. 货币政策　　C. 通货膨胀　　D. 供给冲击

52. [2019河北邢台市属]通货膨胀一般指因货币供给大于货币实际需求而引起的一段时间内物价总水平持续上涨的现象,其实质是( )

A. 社会总需求大于社会总供给　　B. 物价很快地上涨,使货币失去价值

C. 货币供给量大于需求量　　D. 社会总需求小于社会总供给

53. [2019重庆南川]通货膨胀是个复杂的经济现象,其成因也多种多样。下列不属于通货膨胀深层原因的是( )

A. 货币供应量过多　　B. 需求拉动　　C. 成本推动　　D. 结构失调

54. [2019河南安阳龙安]就业是民生之本、财富之源。当前,总量压力大、结构性矛盾突出依然是我国就业问题的基本面。为此,2018年中央经济工作会议把稳就业摆在了“六稳”的首位,2019年政府工作报告

首次将就业优先政策置于宏观政策层面。党和国家的这一重要安排(　　)

①旨在强化全社会重视就业、支持就业的导向

②有利于增强消费对经济发展的基础性作用

③是有效解决我国就业问题的根本途径

④是劳动者实现就业的内在要求和前提

A. ①②　　B. ①③　　C. ②④　　D. ③④

55. [2019山西省属]实现充分就业是国家宏观经济调控的主要目标之一,关于“失业”,下列说法正确的一项是(　　)

A. 机器人大量投入使用可能会造成结构性失业

B. 通过调控可实现充分就业目标即失业率为零

C. 经济萧条时期因供给不足会造成周期性失业

D. 采取宏观调控手段可以完全避免季节性失业

56. [2018河北辛集]在1776年撰写了《国富论》的学者是(　　)

A. 亚当·斯密　　B. 凯恩斯　　C. 胡德　　D. 施蒂文·科恩

57. [2018重庆沙坪坝]大卫·李嘉图最为有名的是(　　)

A. 提出比较利益原理　　B. 主张绝对利益原理

C. 倡导世界贸易组织(WTO)　　D. 提出经济人假设

58. [2018河北保定]需求法则是指商品需求量随其价格上升而下降,随其价格下降而上升的一般规律。但生活中有时东西越贵越有人买,如天降大雨,小贩趁机提价推销雨伞,雨伞却卖得很不错。这表明此时(　　)

A. 需求法则不起作用　　B. 处于卖方市场　　C. 处于买方市场　　D. 雨伞供过于求

59. [2018山东淄博]出现“物以稀为贵”的现象时,在市场交易中处于有利地位的是(　　)

A. 买方　　B. 卖方　　C. 公民　　D. 国家

60. [2018山西长治襄垣]当汽车油价急剧上涨时,对汽车的需求将(　　)

A. 减少　　B. 保持不变　　C. 增加　　D. 以上都有可能

61. [2018河北保定市属]恩格尔系数是食品支出总额占个人消费支出总额的比重。假定其他量为常数,当人们收入提高时,恩格尔系数将(　　)

A. 大大增加　　B. 稍有增加　　C. 下降　　D. 不变

62. [2018河北石家庄市属]近年来人们的休闲方式不断“升级”,昔日的某些“贵族运动”,如出国旅游、健身运动等,如今已进入“寻常百姓家”,人们休闲方式不断“升级”的根本原因是(　　)

A. 居民收入水平提高　　B. 社会经济不断发展

C. 社会商品、服务价格水平下降　　D. 消费观念的变化

63. [2018河北石家庄市属]为解决农忙时“农民找机难,农机找地难”的状况,某地农机部门发布“嘀嘀农机”手机软件,推出农机作业“网上打的”业务。这样做有助于(　　)

A. 促进农业生产资料优化配置　　B. 工业反哺农业

C. 培养高素质的新型职业农民　　D. 城市支持农村

64. [2018河北保定]循环经济是符合可持续发展理念的经济增长模式,其核心是(　　)

A. 提高产品技术含量　　B. 减少污染排放

C. 集约化生产　　D. 提高资源利用效率

65. [2018重庆彭水]市场需求是有(　　)能力的需求。

A. 支付　　B. 使用　　C. 交换　　D. 消费

66. [2018重庆彭水]各市场主体在市场上进行交易活动所必须遵守的行为准则与规范是(　　)规则。

A. 市场进出　　B. 市场竞争　　C. 市场交易　　D. 市场仲裁

67. [2018重庆彭水]在市场经济条件下,生产要素贡献的大小是由(　　)决定的。

A. 市场价值　　B. 市场价格　　C. 物品价值　　D. 物品价格

68. [2018河北邢台桥东]按市场客体的性质,社会主义市场体系主要包括(　　)

A. 产品市场和服务市场　　B. 商品市场和土地市场

C. 产品市场和要素市场　　D. 劳动力市场和金融市场

69. [2018河北石家庄市属]市场实现资源配置主要通过(　　)实现。

A. 科技和经营管理的进步　　B. 经济立法和执法

C. 价格、供求、竞争机制　　D. 维护市场秩序

70. [2018河北石家庄]在市场经济中,企业经营的直接目的是(　　)

A. 追求利润最大化　　B. 发展生产

C. 提高职工待遇　　D. 增强产品竞争力

71. [2018河北石家庄市属]面对频发的食品安全问题,最高人民法院等部门联合发出通知,要求依法严惩危害食品安全的犯罪活动。罪当判处死刑的,要坚决依法判处死刑,与危害食品安全相关的职务犯罪分子一般不得适用缓刑。这告诫经营者要(　　)

A. 承担社会责任,不应以营利为目的　　B. 以市场为导向,不断调整经济结构

C. 坚持诚信经营,严格遵守法律法规　　D. 转变发展方式,努力降低生产成本

72. [2018河北保定]市场机制是指市场诸要素之间相互联系和作用的制约关系及其调节功能,其核心机制是(　　)

A. 价格机制　　B. 竞争机制　　C. 供求机制　　D. 风险机制

73. [2018河北辛集]从经济学角度看,建设全国统一市场是(　　)

A. 市场经济开放性的客观要求　　B. 体现了社会主义本质的根本需求

C. 体现了市场经济的法制性特征　　D. 是生产力决定生产关系的客观规律的必然要求

74. [2018山东德州]我国要建立的宏观调控模式应该是(　　)

A. 直接调控模式　　B. 以直接调控为主的调控模式

C. 以间接调控为主的调控模式　　D. 直接与间接调控平行结合的模式

75. [2018河北保定市属]在新世纪新阶段,维护和实现社会公平的根本途径是(　　)

A. 发展社会主义民主　　B. 加强思想道德建设

C. 发展经济,最大限度地提高物质生活水平　　D. 增强全社会的创造活力

76. [2018河北保定市属]在市场经济条件下,(　　)成为社会经济正常运行的安全网和减震器。

A. 现代企业制度　　B. 社会保障制度

C. 国家宏观调控　　D. 金融风险的防范

77. [2018山东聊城]经济学家所推崇的“橄榄型”收入分配结构,是指低收入和高收入相对较少,中等收入占绝大多数的分配结构。我国正采取措施,实施“提低、扩中、调高、打非、保困”的方针,使收入分配朝着“橄榄型”方向发展,这主要是为了促进(　　)

A. 生产的发展　　B. 效率的提高　　C. 社会的公平　　D. 内需的扩大

78. [2018山东聊城]国际上用来综合考察居民间收入分配差异状况的一个重要分析指标是(　　)

A. 恩格尔系数　　B. 基尼系数　　C. 道·琼斯指数　　D. 纳斯达克指数

79. [2018河北衡水冀州]能反映收入分配的不平等程度的是下列哪个曲线(　　)

A. 库兹涅茨曲线　　B. 拉弗曲线　　C. 洛伦兹曲线　　D. 菲利普斯曲线

80. [2018河北衡水冀州]CPI数据是反映社会经济生活状况的“晴雨表”。下列关于CPI的表述中，错误的是(　　)

A. CPI反映居民所购生活消费品的价值和服务项目价格的变动趋势

B. CPI是市场经济活动与政府货币政策的重要参考指标

C. 按年度计算的CPI变动率不能反映通货紧缩的程度

D. CPI可以用来分析消费品非零售价对居民生活费用支出的影响程度

81. [2018河北石家庄市属]中央经济工作会议指出，2018年我国将坚持稳中求进的工作总基调，保持积极的财政政策取向不变。积极的财政政策属于(　　)

A. 行政手段　　B. 法律手段　　C. 经济手段　　D. 价格手段

82. [2018山东滨州]在经济衰退时期，有利于扩大内需的政策措施是(　　)

A. 降低税率　　B. 提高存款准备金率

C. 提高税率　　D. 缩减财政支出

83. [2018河北石家庄]货币政策按其在宏观调控中的不同作用，可分为扩张性货币政策和紧缩性货币政策。下列选项都是货币政策，其中，不同于其他项货币政策的是(　　)

A. 降低利率　　B. 降低再贴现率　　C. 卖出政府债券　　D. 降低法定准备金率

84. [2018重庆沙坪坝]我国实施货币政策的部门是(　　)

A. 国家发展与改革委员会　　B. 中国人民银行

C. 中国工商银行　　D. 国务院

85. [2018河北石家庄市属]沈爷爷有一笔20万元的资金准备用于投资，从安全性的角度考虑，最不适合沈爷爷的投资理财产品是(　　)

A. 财政部发行的三年期国债　　B. 某股份有限公司发行的股票

C. 某国家控股银行的三年期储蓄存款　　D. 某大型国企发行的三年期债券

86. [2018河北保定市属]通货膨胀一般指因货币供给大于货币实际需求而引起的一段时间内物价持续而普遍上涨的现象。通货膨胀的实质是(　　)

A. 社会总需求大于社会总供给　　B. 物价很快地上涨，使货币失去价值

C. 货币供给量大于需求量　　D. 社会总需求小于社会总供给

87. [2017湖北特岗]在丰收的年份，农民的收入却反而减少了的现象被称为“谷贱伤民”，该现象可以用以下哪种理论解释(　　)

A. 经济增长　　B. 通货膨胀　　C. 供需理论　　D. 竞争理论

88. [2017山东济宁]从2006~2016年统计数据看，我国城市居民的恩格尔系数要低于乡村居民的恩格尔系数，原因是(　　)

A. 城市居民消费水平有所下降　　B. 贷款消费进入了人们的日常生活

C. 城市居民的收入和消费水平高　　D. 消费品的质量有了明显提高

89. [2017重庆大渡口]扩大内需，加快发展，最主要的就是增加(　　)

A. 家庭消费　　B. 企业消费　　C. 个人投资　　D. 政府消费

90. [2017重庆市属]企业为生产额外一单位产量而发生的成本被称为(　　)

A. 平均成本　　B. 总成本　　C. 边际成本　　D. 机会成本

91. [2017山东济宁]2016年的一场大雪,加上严冬的恶劣天气,造成山东新蒜大幅减产,使大蒜价格又一次暴涨,比去年同期上涨89.28%,但依然销路很好,这说明(　　)

A. 供应量减少会引起商品价格上升　　B. 生产条件恶化必然会引起商品价格上升

C. 消费量的波动必然引起商品价格上升　　D. 劳动生产率提高会引起商品价格上升

92. [2017重庆市属]市场竞争的核心要素是(　　)

A. 资源　　B. 生产者　　C. 消费者　　D. 价格

93. [2017河北保定顺平]十八届三中全会通过的《中共中央关于全面深化改革若干重大问题的决定》提出,使市场在资源配置中起决定性作用的基础是(　　)

A. 健全宏观调控体系　　B. 深化行政体制改革

C. 建设法制政府和服务型政府　　D. 建设统一开放、竞争有序的市场体系

94. [2017河南许昌]在市场竞争中,必然会出现优胜劣汰。为了鼓励先进,鞭策落后,保护债权人的合法权益,我国已经制定了《企业破产法》,实行了企业破产制度。可见,市场经济的作用是通过(　　)实现的。

A. 供求、竞争和价格机制的交互作用　　B. 企业的经营管理

C. 国家的宏观调控　　D. 产品的质量、价格、品种、服务

95. [2017河南许昌]2016年我国综合运用多种货币政策工具,保持适度流动性,实现货币信贷和社会融资规模的合理增长。这体现了国家对经济进行宏观调控的(　　)

A. 经济手段　　B. 财政手段　　C. 行政手段　　D. 法律手段

96. [2017重庆市属]货币政策和财政政策的调节对象是(　　)

A. 社会总供给　　B. 社会总需求　　C. 行业总供给　　D. 行业总需求

97. [2017重庆市属]下列选项中,属于货币市场信用工具的是(　　)

A. 商业票据　　B. 长期债券　　C. 股票　　D. 可抵押保单

98. [2017河南许昌]"放线菌素D"是价格低廉的肿瘤化疗药物,主要用于治疗儿童的恶性实体瘤,疗效显著。但最近这种廉价抗癌救命药却因销量少且原料成本过高而全国断供,而国外替代药价格高达6000元一支。为解决这一问题,国家主要采取的措施是(　　)

A. 加大研发力度以降低药物的生产成本

B. 运用行政手段规定企业继续保障低价药物供应

C. 以财政补贴等政策对生产此类药物企业提供支持

D. 必须充分放权,发挥市场对资源配置的决定作用

99. [2017河南许昌]社会主义市场经济能够实行科学的宏观调控,根本原因是社会主义市场经济(　　)

A. 坚持公有制的主体地位　　B. 弥补了市场的不足

C. 充分发挥了计划的长处　　D. 克服了市场的弊端

100. [2017河南许昌]在社会主义市场经济条件下,市场机制和宏观调控的关系是(　　)

A. 宏观调控为主,市场机制作补充

B. 市场机制和宏观调控都对资源配置起决定性作用

C. 宏观调控和市场机制谁主谁次,由具体经济形势而定

D. 市场机制在宏观调控下对资源配置起决定性作用

101.［2017重庆市属］在市场经济下，要使企业的微观行为符合宏观经济的整体目标，政府应当（　　）

A. 以直接管理为主　B. 以间接管理为主　C. 以微观管理为主　D. 以宏观管理为主

102.［2017河南许昌］“黑名单”制度和联合惩戒措施的实施使失信企业名誉扫地，经常受阻。这说明（　　）

A. 企业只要讲求诚信就能拥有广阔的市场

B. 良好信誉与形象关系到企业经营的成败

C. 诚信经营的企业都能获得较好的经济效益

D. 诚信缺失会破坏市场经济运行的正常秩序

103.［2017河南许昌］办网站的不能一味追求点击率，开网店的要防范假冒伪劣，做平台的不能成为谣言扩散器，做搜索的不能仅以给钱的多少作为排位的标准。为促进网络健康发展，网络公司应（　　）

A. 完善法律、加强监管　B. 规避风险、明确网民责任

C. 加强自律、守法经营　D. 完善技术、提高经济效益

104.［2017河南许昌］2016年李克强总理在《政府工作报告》中强调培育精益求精的工匠精神。“工匠精神”是指工匠对自己的产品精雕细琢、精益求精的精神理念。一个历史悠久的企业，必须有“工匠精神”作为支持。这对企业经营者的启示是（　　）

A. 采用新技术成果，提高社会劳动生产率

B. 制订互联网+战略，让网络助推企业发展

C. 提高劳动者素质，确保提升产品和服务质量

D. 注重树立品牌形象，提升品牌知名度和价值

105.［2017河北保定徐水］一个人的行为对旁观者福利的影响，称为（　　）

A. 外部性　B. 内部性　C. 排他性　D. 非排他性

106.［2017重庆市属］失业率是失业人口比（　　）

A. 总人口　B. 就业人口　C. 总劳动力人口　D. 18岁以上总人口

107.［2017河北保定徐水］“微创业”是一个新的就业模式，是指通过网络平台进行新项目开发的创业活动。因为成本低、门槛低、可批量、见效快而日益受到年轻人的欢迎。可见微创业（　　）

A. 对创业者的文化素质要求很低　B. 使个人创业成为就业的主渠道

C. 促使就业问题摆脱了政策影响　D. 提供的就业模式更加注重实际

108.［2017河南许昌］近日，人社部、财政部、国务院扶贫办三部门联合发文，提出要通过开发岗位、技能培训等就业措施，带动千万人口脱贫。通过就业带动脱贫，这是因为（　　）

A. 就业可以使劳动者获得生活来源　B. 增加就业岗位是宏观调控的目标之一

C. 政府的就业政策是扶贫的关键　D. 劳动者只有掌握一技之长才能脱贫

109.［2017河南许昌］受“二孩政策”放开的刺激和民间对生肖猴的喜爱，2016年的月嫂市场格外火爆，护理专业90后女孩小张大学毕业后就干起了月嫂工作，她用科学的育婴技术赢得年轻妈妈的信任，同时获得了丰厚的报酬。材料表明（　　）

A. 工资水平决定大学生的职业选择　B. 对月嫂的需求源于人们收入水平的提高

C. 月嫂的高报酬符合按劳分配原则　D. 应根据个人特长与社会需要灵活就业

二、多项选择题（下列每小题列出的四个选项中至少有两项是正确的。）

1.［2021河北石家庄市属］2020年12月22日，国家市场监管总局联合商务部组织召开规范社区团购秩序行政指导会，阿里巴巴、腾讯、京东等6家互联网平台企业参加。会议强调要把低价倾销、哄抬价格、大数

据“杀熟”等行为作为监管重点。这表明( )

A. 企业应当利用数据优势获取自身最大利益 B. 严格规范市场秩序,营造公平竞争的市场环境

C. 确保民生得到有效保障和改善 D. 科学宏观调控,消除市场调节缺陷

2. [2020河北唐山路北]我国的第三产业包括( )

A. 种植业 B. 金融业 C. 畜牧业 D. 服务业

3. [2019山东淄博]市场规则包括( )

A. 市场准入规则 B. 市场竞争规则 C. 市场退出规则 D. 市场交易规则

4. [2019重庆沙坪坝]收入分配制度改革与政策调整的具体措施有( )

A. 严格控制某些行业工资过快增长 B. 严格限制非正常收入

C. 加强税收调节 D. 建立和健全社会保障体系

5. [2019重庆市属]下列哪些项目构成了GDP( )

A. 消费 B. 投资 C. 净出口 D. 政府采购

6. [2019山东济宁邹城]下列哪项需计入GDP( )

A. 政府转移支付 B. 消费者购入一辆新汽车

C. 企业购买新机器 D. 政府支付公务员工资

7. [2019重庆南岸]法律对市场经济的作用主要表现在( )

A. 制定竞争法则 B. 保护供求规律

C. 保护价值规律 D. 提供宏观调控手段

8. [2019河北邢台]以下属于货币政策手段的是( )

A. 税率 B. 存款准备金率 C. 利率 D. 汇率

9. [2019山东济宁邹城]货币基数的大小与多个变量有关,它们是( )

A. 法定准备金率 B. 现金存款比率 C. 超额准备金率 D. 市场利率

10. [2019山东烟台芝罘]实行市场经济的国家,其政府经常运用的货币政策工具或手段主要有( )

A. 公开市场业务 B. 调整法定准备金率

C. 调整再贴现率 D. 调整税率

11. [2019重庆南岸]货币紧缩政策对经济的影响是多方面的,主要包括( )

A. 影响货币供应量、物价水平,使经济增长率发生变化,使物价水平持续上涨

B. 对经济运行产生重要影响,激发各种经济社会矛盾

C. 对收入分配产生影响,改变收入分配格局,带来收入再分配的效应

D. 对行业产生影响,加重债务人的负担,加大银行坏账风险

12. [2019山东烟台招远]政府着力减税降费,承诺确保所有行业税负只减不增,给全社会带来的影响是( )

A. 大国企受益显著,民企仍然困难 B. 企业负担轻了,创新发展后劲更足

C. 缓解了企业融资难、融资贵问题 D. 有效支持了实体经济

13. [2019河北石家庄裕华] 2019年中央经济工作会议提出,要继续实施积极的财政政策和稳健的货币政策,适时预调微调,稳定总需求,以下属于积极的财政政策的有( )

A. 政府实施了较大规模的减税

B. 商业银行扩大信贷规模

C. 政府增加对“三农”、结构调整、科技创新等领域的投入

D. 央行下调金融机构存款准备金率

14. [2019山东济宁邹城]利息率的高低取决于(　　)

A. 平均利润率的高低　　B. 资本有机构成的高低

C. 劳动生产率的高低　　D. 借贷资本的供求状况

15. [2018重庆沙坪坝]下列属于生产要素市场的有(　　)

A. 金融市场　　B. 劳动力市场　　C. 土地市场　　D. 产权市场

16. [2018河北保定]以下要素属于供给侧改革内容的有(　　)

A. 投资　　B. 消费　　C. 劳动力　　D. 制度创新

17. [2018河南信阳浉河]供给侧结构性改革是引领中国经济适应新常态的重大举措。在此过程中，绝不能将供给侧改革与扩大需求分离开来，没有需求，供给就无从实现，新的需求可以催生新的供给。没有供给，需求就无法满足，新的供给可以创造新的需求。这表明(　　)

A. 供给与需求是相互依赖的　　B. 供给与需求是相互排斥的

C. 供给与需求是相互贯通的　　D. 供给与需求是相互独立的

18. [2018内蒙古通辽]需求和供给的关系表现为(　　)

A. 需求大于供给，价格就趋于上升　　B. 需求小于供给，价格就趋于上升

C. 需求大于供给，价格就趋于下降　　D. 需求小于供给，价格就趋于下降

19. [2018山东枣庄峄城]市场决定资源配置的优势在于(　　)

A. 通过市场竞争形成激励先进、鞭策落后的优胜劣汰机制

B. 通过市场交换形成分工和协作的机制

C. 通过市场变化准确预测供求趋势

D. 通过市场价格自动调节生产和需求

20. [2018河北张家口桥西]竞争是商品经济的必然产物，是市场经济的特征，是商品交换得以进行的前提，是市场经济有效运行的必要条件。其作用主要表现在(　　)

A. 促进生产经营者自觉遵守公平竞争原则　　B. 为生产者和经营者形成外在压力

C. 促进资源优化配置　　D. 为生产者创造公平的竞争环境

21. [2018河北石家庄]在市场经济中，有三种机制交互作用，犹如一只“看不见的手”自发调节着资源的配置，推动着社会经济活动的有效运行，这三种机制分别是指(　　)

A. 价格机制　　B. 管理机制　　C. 供求机制　　D. 竞争机制

22. [2018山西长治襄垣]共享单车模式可以(　　)

A. 完善消费结构，提高居民消费水平　　B. 整合社会资源，提供优质公共服务

C. 发挥财政作用，促进经济平稳运行　　D. 引导绿色出行，建设环境友好型社会

23. [2018河南信阳浉河]分享经济是指资源所有者适应需求变化，通过社会化平台有偿分享闲置资源的一种全新商业模式。业内预计未来五年我国分享经济年均增长将在百分之四十左右。发展分享经济(　　)

A. 是公有制的有效实现形式　　B. 有助于缩小我国收入分配差距

C. 有利于实现资源优化配置　　D. 能为经济发展提供新的增长点

24. [2018河南信阳浉河]小规模、零散经营在我国农业经济中所占比重大，发展水平低，这是农村经济发展中存在的问题。某村将农户组成农业合作社，利用从外国引进的优良品种和先进技术发展绿色产业，农户收入普遍大幅度提高。这说明了(　　)可以带动农村经济发展。

A. 通过产业发展带动共同富裕　　B. 引进外资与引进技术相结合

C. 通过区域分工实现生产专业化　　D. 高效农业与生态农业相结合

25. [2018河北辛集]对国家宏观调控认识错误的是( )

A. 市场调节必然排斥国家宏观调控　　B. 国家宏观调控是市场经济发挥作用的基础

C. 资本主义国家也有宏观调控　　D. 完善的宏观调控体系有利于发挥市场经济的作用

26. [2018重庆大渡口]下列属于财政政策的有( )

A. 提高银行同业拆借利率　　B. 发行铁路建设国债

C. 实施玉米保护价收购　　D. 实施"营改增"

27. [2018山东淄博]下列属于紧缩性财政政策的是( )

A. 减少财政支出　　B. 减少税收　　C. 降低失业率　　D. 消减政府预算

28. [2018重庆沙坪坝]当社会总需求大于社会总供给时,经济的主要表现有( )

A. 企业竞争不足　　B. 通货紧缩

C. 投资基金和消费基金双膨胀　　D. 经济增长过快

29. [2018山东淄博]保持人民币币值基本稳定,对内保持物价总水平稳定,对外保持人民币汇率稳定,其意义是( )

A. 有利于人民生活安定　　B. 有利于国民经济又快又好发展

C. 有利于世界金融稳定　　D. 有利于世界经济的发展

30. [2017重庆南岸]市场调节的缺陷有( )

A. 对宏观经济活动调节的盲目性　　B. 市场机制作用的局限性

C. 容易造成资源的浪费　　D. 市场经济具有分化性

31. [2017河南许昌]从2017年1月1日起,国家放开所有盐产品的价格,由企业根据生产经营成本、盐产品品质和市场供求状况自主定价。在市场充分竞争的条件下,这一变化会进一步( )

A. 增加消费者对盐产品的需求量　　B. 推动产盐企业不断提高劳动生产率

C. 发挥市场在盐业资源配置中的决定性作用　D. 提高以盐为原材料的企业的生产成本

32. [2017重庆市属]衡量经济社会发展的指标可以是( )

A. 基尼系数　　B. 预期寿命　　C. 人类发展指数　　D. 恩格尔系数

33. [2017山东济宁]当前中国经济形有波动,势仍平稳,继续向好。我们要适度扩大总需求。以下所列措施有利于扩大总需求的有( )

A. 减少经济建设支出　　B. 提高准备金率

C. 扩大财政赤字规模　　D. 降低存贷款利率

34. [2017山东德州]低碳经济模式的基础是( )

A. 低能耗　　B. 低需求　　C. 低污染　　D. 低排放

35. [2017山东济宁]在近年来物价不断上涨的情况下,网上曾流传一句话"你可以跑不过刘翔,但你一定要跑过CPI"。下面关于CPI的说法,正确的是( )

A. CPI是居民消费价格指数的简称

B. CPI是反映居民家庭一般所购买的消费价格水平变动情况的宏观经济指标

C. 当CPI的增幅>3%时,就是通货膨胀

D. CPI上涨,股价上涨

36. [2017重庆南岸]衡量国家经济实力的大小,通常是以( )

A. 主要产品产量及其在世界的位次　　B. 国民收入和国民生产总值

C. 国家财政收入和银行资金　　D. 扩大再生产投资

E. 进出口总量

37. [2017湖北特岗]我国政府对宏观经济实行调控,其主要目的是( )

A. 促进经济增长　B. 增加就业　C. 稳定物价　D. 保持国际收支平衡

三、判断题(判断下列每小题的正误,正确的打"√",错误的打"×"。)

1. [2020山西大同市属]对消费者需求量影响最大的是价格因素。( )

2. [2020河北石家庄市属]国债以中央政府的信誉为担保,因而成为居民最佳投资理财产品。( )

3. [2020山西大同市属]国有经济的"三驾马车"是投资、消费、进口,它们是拉动经济增长的最主要力量。( )

4. [2020河南信阳市属]虚拟经济是市场经济高度发达的产物,其特征主要表现为高度流动性、高度稳定性、低风险性、低投机性四个方面。( )

5. [2020河南信阳市属]泡沫经济发展到一定的程度,通常会由于支撑投机活动的市场预期或者神话的破灭,而导致资产价值迅速下跌,这在经济学上被称为泡沫破裂。( )

6. [2020河北石家庄市属]教育部要求教育APP不得向学生及家长收取任何费用,是运用经济手段对教育市场进行调控。( )

7. [2019河北廊坊三河]恩格尔系数越大,说明一个家庭越富裕。( )

8. [2019河北石家庄新乐]完全竞争市场是指竞争充分而不受任何阻碍和干扰的市场,在现实生活前提条件下很难成立。( )

9. [2019山东济宁邹城]地摊货物属于低档商品,降价并不能带来需求量的增加。( )

10. [2019重庆市属]在现代社会中,资本、土地、技术、信息和管理都属于生产要素。( )

11. [2019河北石家庄市属]反垄断调查能消除市场调节自发性的弊端。( )

12. [2019重庆南岸]国外净要素收入是本国居民在外国的要素收入,减掉外国居民在本国的要素收入,其数值为正。( )

13. [2019重庆南岸]社会主义市场经济同资本主义市场经济的根本区别在于有没有国家的宏观调控。( )

14. [2019重庆江北]宏观调控不能矫正市场的偏差。( )

15. [2019重庆南岸]在社会主义市场经济体制下,政府对企业不实行直接管理,而是通过市场引导企业,使企业的微观行为符合宏观经济的整体目标。( )

16. [2019重庆市属]货币政策是政府通过商业银行,为实现宏观调控目标而制定的各种管理和调节货币供应量及其结构的原则和措施。( )

17. [2019山东烟台开发区]保障种粮农民持续增收,让粮食收购价格回归政府指导价,是我国农业供给侧结构性改革的方向。( )

18. [2019河北石家庄市属]种粮农民直接补贴、良种补贴等政策的实行有助于缩小收入差距,实现城乡居民同步富裕。( )

19. [2019河北石家庄市属]中国邮政储蓄银行跻身国有大型商业银行,意味着贷款业务将成为其基础业务。( )

20. [2019河北石家庄市属]商业保险是规避风险的有效途径。( )

21. [2019山东济宁邹城]债券价格和利率是正方向变动关系。( )

22. [2019山东济宁邹城]只有不存在任何失业时,经济才实现了充分的就业。( )

23. [2019山东烟台开发区]所谓"僵尸企业",是指还具有自我发展能力,但必须依赖非市场因素即政府补贴或银行续贷来维持生存的企业。( )

24. [2019山东潍坊滨海]利用机会成本概念进行经济分析的前提条件之一是资源并未得到充分利用。（　　）

25. [2019河北石家庄新乐]行政手段以权威和服从为前提。（　　）

26. [2019河北邢台柏乡]在经济膨胀时期,中央银行卖出政府债券,使货币回笼,这是国家调控经济的货币措施。（　　）

27. [2019重庆市属]经济杠杆指由政府利用经济利益来引导各经济主体的经济行为,使之符合国民经济运行目标的调节工具。（　　）

28. [2019重庆市属]国家宏观调控中的货币政策,其作用主要是通过财政收入和支出两个方面来体现的。（　　）

29. [2019河北石家庄新乐]一般来说,通货膨胀对债权人有利。（　　）

30. [2019河北秦皇岛市属]衡量通货膨胀率的价格指数有PPI、CPI、WPI和GDP。（　　）

31. [2018重庆大渡口]近年来,在原材料成本较为平稳的情况下,由于市场需求旺盛,阿胶企业利用有利的市场地位不断涨价。这是买方市场的体现。（　　）

32. [2018重庆彭水]政府干预和调控是纠正和弥补市场缺陷的必要手段。（　　）

33. [2018河北辛集]共享经济,一般是指以获得一定报酬为主要目的,基于陌生人且存在物品使用权暂时转移的一种新的经济模式。（　　）

34. [2018河南禹州]信用卡是国家发给高收入者的一种信用凭证。（　　）

35. [2018河北石家庄]在社会主义市场经济条件下,我国宏观经济调控的主要手段是行政手段。（　　）

36. [2018重庆沙坪坝]宏观经济失衡可以是社会总供给与总需求总量不平衡,或结构不平衡,或总量与结构都不平衡。（　　）

37. [2018内蒙古通辽]市场经济以市场作为资源配置的基础性手段,但它并不排斥国家对经济的宏观调控。（　　）

38. [2017重庆大渡口]市场经济发挥作用的基本形式为竞争。（　　）

39. [2017重庆大渡口]紧缩性财政政策通过减少财政收入,扩大财政支出,目的在于抑制需求的增长。（　　）

40. [2017河北保定顺平]要想保持物价稳定,只要控制或减少货币发行量就可以了。（　　）

综合能力提升

一、单项选择题(下列每小题列出的四个选项中只有一项是正确的。)

1. [2020河北石家庄市属]近两年来,“人工智能”成为人们关注的热词。人工智能为新时代经济发展提供了新能量,缔造了一种新的“虚拟劳动力”,各类机器人被越来越多的行业使用。这有助于提高（　　）

A. 劳动报酬比重　　B. 社会消费水平　　C. 全社会就业率　　D. 资源配置效率

2. [2020河北邢台隆尧]货币政策诸目标之间呈一致性关系的是（　　）

A. 经济增长与充分就业　　B. 充分就业与国际收支平衡

C. 物价稳定与经济增长　　D. 物价稳定与充分就业

3. [2020河北石家庄市属]为应对新冠肺炎疫情影响,把支持实体经济的恢复发展放到更加突出的位置,央行将择机定向降低金融机构存款准备金率。实行这一措施（　　）

A. 将增加社会融资成本　　B. 能够增加居民存款收益

C. 将导致严重的通货膨胀　　D. 有利于稳就业稳投资稳预期

4. [2020 河北邢台襄都]为了制止恶性通货膨胀,政府除了停止货币增长之外,还必须(　　)

A. 降低税收和提高政府支出　　B. 提高税收和减少政府支出

C. 发行一种新的货币替代原来的货币　　D. 提议进行新的大选

5. [2019 湖北特岗]下列选项关于边际效用递减规律表述正确的是(　　)

A. 消费数量少,边际效用低

B. 边际效用的大小,与欲望的强弱负相关

C. 边际效用的大小,与消费数量的多少正向变动

D. 边际效用是特定时间内的效用,具有时间性

6. [2019 河北邢台经开] 2022年北京将举办冬奥会,这给冰雪产业带来了新的发展机会。冰雪产业主要包括冰雪装备、冰雪旅游、冰雪赛事、冰雪运动培训、冰雪营销五大板块。下列选项正确的是(　　)

A. 对冰雪装备企业减税降费,会提高冰雪装备产品的价值

B. 冰雪营销产业的发展会增加冰雪旅游消费的需求弹性

C. 冰雪赛事发展会增加冰雪运动培训产业的就业机会

D. 冰雪产业链的延伸使五大冰雪产业的替代性增强

7. [2019 河北邢台经开]如果我们买过机票就会发现,无论是同一航班的不同等级座位,还是不同时段的航班,机票价格都存在一定的差价。对此,下列说法错误的是(　　)

A. 实行机票差价的做法符合供给侧结构性改革的精神

B. 实行机票差价的做法可满足乘客个性化的需求

C. 实行机票差价的做法能增加航班飞行次数

D. 实行机票差价的做法反映了定价机制逐步适应市场

8. [2019 重庆市属]交易成本指达成一笔交易所需要花费的成本,也指买卖过程中所花费的全部时间和货币成本,这一概念是诺贝尔经济学奖获得者(　　)首先提出的。

A. 诺斯　　B. 威廉姆森　　C. 克鲁格曼　　D. 科斯

9. [2019 重庆市属]当消费者收入没有改变时,某种普通商品价格的上升会(　　)

A. 使消费者对该商品的需求量增加　　B. 减少该消费者的总效用

C. 改变该消费者的偏好　　D. 对消费者所能购买的最大商品组合没有影响

10. [2019 山东烟台栖霞]近年来,随着我国经济从卖方市场转向买方市场,许多企业根据市场需求变化,积极开发和研制新产品,取得了良好的经济效益。但也有一些企业因商品滞销而减产甚至停产。这说明(　　)

A. 生产水平决定消费水平　　B. 消费对生产具有反作用

C. 消费结构决定生产结构　　D. 消费方式决定生产方式

11. [2019 河北唐山芦台]老一辈人常说,在过去贫困的年代,人们连米饭都吃不起,只能用红薯、土豆代替。如今,人们的收入水平都大大提升了,几乎也不存在用红薯、土豆代替米饭充饥的事件了。在经济学中,红薯、土豆这类需求量与收入成反向变动关系的商品被叫作(　　)

A. 劣等品　　B. 正常品　　C. 必需品　　D. 奢侈品

12. [2019 重庆市属]下列选项中,符合帕累托改进准则的是(　　)

A. 通过增发货币来增加部分人员工资　　B. 在增加国民总收入的基础上增加部分人员工资

C. 用增加的税收增发部分人员工资　　D. 以上情况都不是

13. [2019 山西大同平城] 2019年《政府工作报告》指出,按照竞争中性原则,在要素获取、准入许可、经

营运行、政府采购和招投标等方面，对各类所有制企业平等对待。实行竞争中性原则( )

①表明国有企业已真正成为独立的市场经济主体

②旨在营造各类所有制企业公平竞争的市场秩序

③有利于更好地发挥市场在资源配置中的决定性作用

④意味着政府强化政策扶持以增强小微企业竞争优势

A. ①③ B. ①④ C. ②③ D. ③④

14. [2019河北邢台经开]下列有关经济学常识的表述中，不正确的是( )

A. 市场经济通常由市场主体、市场体系和市场机制三个基本要素构成

B. 价格调节机制是价格机制的核心内容

C. WTO的非歧视原则要求各成员国之间相互给予最惠国待遇和国民待遇

D. 减少政府支出和增加税收属于紧缩性财政政策

15. [2019河北邢台经开]下列产品或者劳务应该计入当年GDP的是( )

A. 张某持有国债的利息收入 B. 王某购买的一辆二手车

C. 某企业当年生产的库存品 D. 李某在家从事家务劳动

16. [2019山东统考]截至2017年末，我国中小微企业(含个体工商户)占全部市场主体的比重超过90%，贡献了全国80%以上的就业、70%以上的发明专利、60%以上的GDP和50%以上的税收。但融资难、融资贵仍是困扰和制约中小微企业发展的瓶颈。下列选项中，有助于解决中小微企业融资难、融资贵的措施是( )

A. 减少央行对中小微企业的再贴现额度 B. 增加金融机构贷款管理费用

C. 对中小微企业贷款实施定向降准 D. 降低免征增值税单户授信额度的上限

17. [2019河北邢台市属]当前，我国经济运行稳中有变、变中有忧，外部环境复杂严峻，经济面临下行压力。在这种背景下，国家可能采取的宏观政策有( )

A. 加大减税降费力度，适度减少政府债券 B. 提高存款准备金率，加速货币回笼速度

C. 开展逆回购操作，增加市场货币流动性 D. 下调增值税起征点，优化增值税税率结构

18. [2019河南安阳龙安] 2019年政府工作报告提出，防范化解重大风险要强化底线思维，坚持结构性去杠杆。杠杆化是指通过借债进行投资运营，以较少的本金获取高收益。适度的杠杆对经济有益，但如果杠杆率过高，债务增长过快反而会拖累经济发展。去杠杆政策是防范化解金融风险的一个重要的途径。下列有助于“去杠杆”的传导措施是( )

①实施企业破产清算—取消企业债务—降低资产负债率—企业依法破产

②债权转为股权—减轻企业债务负担—降低企业经营成本—提高经济效益

③推动兼并重组—扩大优势企业规模—提高资源利用率—有效化解过剩产能

④发展股权融资—完善股权资本市场—拓宽融资渠道—引导储蓄转为股本投资

A. ①③ B. ①④ C. ②③ D. ②④

19. [2019河南平顶山]“房子是用来住的，不是用来炒的”，我国多个城市出台楼市限购政策，遏制房产价格异常上涨。下列做法无法实现该政策目标的是( )

A. 缓征土地增值税 B. 加快公租房建设

C. 停止公积金个人住房贷款 D. 实行差别化住房信贷政策

20. [2019山西大同平城] 2018年11月16日深交所宣布，因某企业违法生产、销售狂犬病疫苗，对其正式启动强制退市机制。该企业成为退市规则修订后首家因危害公共健康安全而退市的上市公司。材料表

明(　　)

①任何企业都必须诚信合法经营　②政府主要以经济手段调控股票市场

③市场调节具有盲目性和滞后性　④股票投资是一种高风险的投资方式

A. ①②　B. ①④　C. ②③　D. ③④

21. [2019山东济宁邹城]若某一经济体的价格水平2016年为100,2017年为104,2018年为106,则2017年和2018年相对于其前一年的通货膨胀率分别是(　　)

A. 4.0%　1.9%　B. 3.5%　6.0%　C. 4.0%　6.0%　D. 4.8%　2.6%

22. [2018河北衡水冀州]2017年是供给侧改革深化之年,在全面建成小康社会进入倒计时的当下,我国居民消费需求整体进入追求品质的个性化阶段,但也有部分低收入人群的消费仍处于基本需要阶段。由此可见,我国当下供给侧改革,要增加有效供给,应致力于(　　)

①升级国内制造业,促进产业结构升级　②依托互联网,大兴"私人定制"

③创新制度,强化市场导向功能　④开展扶贫攻坚,增加低收入人群收入

A. ①③　B. ①④　C. ③④　D. ②④

23. [2018河北保定]经济学中的替代效应是(　　)引起的消费变化。

A. 商品的绝对价值的变动　B. 商品的相对价值的变动

C. 商品的相对价格的变动　D. 商品的绝对价格的变动

24. [2018河南禹州]为贯彻落实党的十九大精神,进一步推进《中共中央国务院关于推进价格机制改革的若干意见》落地见效,国家发改委出台了《关于全面深化价格机制改革的意见》。加快推进价格改革旨在(　　)

①破除垄断,促进市场良性竞争　②扩大生产规模,增加产量

③降低商品价格,增加商品销售量　④以市场价格为信号、引导社会资本投资方向

A. ①②　B. ①④　C. ②③　D. ③④

25. [2018重庆沙坪坝]过高的交易成本会导致(　　)

A. 基于比较利益原则的专业化更容易出现　B. 市场经济中交换创造的价值增加

C. 互利交易的发生次数减少　D. 人们产生的分歧更多

26. [2018河北衡水冀州]"三个和尚"叙述了"一个和尚挑水吃,两个和尚抬水吃,三个和尚没水吃"的故事,这说明的经济道理是(　　)

A. 劳动力要素的增加反而不利于生产发展　B. 分散经营比集中经营更能提高效率

C. 随着人口增加人们的消费水平会降低　D. 合理的资源配置能推动生产发展

27. [2018重庆大渡口]关于消费者物价指数(CPI)和生产者物价指数(PPI),下列说法错误的是(　　)

A. CPI反映消费环节价格水平,PPI反映生产环节价格水平

B. 居民住房消费不纳入CPI统计范围

C. 根据价格传导规律,PPI决定CPI水平

D. 二者都是判断通货膨胀水平的重要指标

28. [2018河北石家庄市属]2017年以来,我国多地出台抑制房价过快上涨的新政策。下列对房产新政理解正确的是(　　)

A. 加剧楼市投机乱象,加重金融风险　B. 市场调节存在弊端,需要国家宏观调控

C. 导致市场对商品房的刚性需求减少　D. 强化政府定价权,实行政府统一定价政策

29. [2018河北石家庄市属]通货膨胀是指经济运行中出现的物价总水平持续上涨的现象。当一国的通

货膨胀率持续以两位数的水平变化时，有可能出现的情况是(　　)

A. 居民的生活质量提升　　B. 百姓的储蓄意愿明显降低

C. 生产者投资欲望减弱　　D. 工薪阶层处于有利的地位

30. [2018山东淄博]下列说法正确的是(　　)

A. 只要存在通货膨胀，一定存在物价上涨现象

B. 纸币的实际购买力是不变的

C. 高档耐用品价格的大幅下降，会导致消费者对其需求量的迅速增加

D. 物价越低，生活水平越高

31. [2017河北涿州]下列俗语描述的现象与经济学名词对应错误的是(　　)

A. 覆水难收—机会成本

B. 一山不容二虎—完全垄断

C. 入芝兰之室，久而不闻其香—边际效应递减

D. 城门失火，殃及池鱼—负外部效应

32. [2017湖北特岗]根据国家统计局公布的数据，我国居民收入的基尼系数2003年为0.479，2008年达到最高点0.491，这之后逐年下降，2014年基尼系数是0.469。而在20世纪80年代初，我国基尼系数是0.3左右，专家认为："接近0.5的基尼系数可以说是一个比较高的水平，世界上超过0.5的国家只有10%左右。主要发达国家的基尼系数一般在0.24到0.636之间。"下列观点与之相符的是(　　)

A. 我国基尼系数偏高　　B. 国家越是发达，基尼系数越低

C. 我国基尼系数会逐年下降　　D. 基尼系数越低越好

33. [2017吉林]节假日高速公路七座及以下小型客车免费通行这一举措，有利于(　　)

A. 克服生产过剩，促进经济发展　　B. 增加车辆出行，保护自然环境

C. 减少税费收入，促进收支平衡　　D. 降低出行成本，刺激消费需求

34. [2017河北涿州]"去产能"被列为我国五大供给侧结构性改革的任务之首，下列关于"去产能"的建议不属于政府行为的是(　　)

A. 发挥市场配置资源的决定性作用，淘汰落后产能

B. 贯彻落实科学发展观，推动产业结构优化升级

C. 掌握市场需求信息，调整产品结构

D. 加强和改善宏观调控，强化市场准入规则

35. [2017河北保定徐水]"十三五"规划指出，要实现城乡居民人均收入2020年比2010年翻一番。这一目标实现产生的影响的合理传导途径是(　　)

A. 增加居民消费—增加民生支出—增加财政收入—拉动经济增长

B. 增加民生支出—增加财政收入—拉动经济增长—增加居民消费

C. 拉动经济增长—增加财政收入—增加居民消费—增加民生支出

D. 增加居民消费—拉动经济增长—增加财政收入—增加民生支出

36. [2017河南许昌] 2017年1月1日，M先生收到L先生偿还的为期一年的借款本金10万元与利息5000元，同期二人所在的国家通货膨胀率为7%，这意味着(　　)

A. 该国的社会总需求小于社会总供给

B. 民间借贷是造成通货膨胀的原因之一

C. 在此借贷关系中，通货膨胀使双方利益同时受益

D. 在此借贷关系中，通货膨胀损害了M先生的利益

二、多项选择题(下列每小题列出的四个选项中至少有两项是正确的。)

1. [2020山东青岛]通货膨胀是指在货币流通条件下,因货币发行量超过了流通中实际需要的量,现实购买力大于产出供给,导致货币贬值,而引起的一段时间内物价持续而普遍上涨的现象。通货膨胀的衡量指标包括(   )

A. 消费者物价指数　　B. 生产者价格指数

C. 商品价格指数　　D. 国民生产总值价格折算指数

2. [2020河南信阳市属]机会成本是指为了得到某种东西而所要放弃的一些东西的最大价值。下列谚语描述的现象涉及机会成本的有(   )

A. 三个和尚没水喝　　B. 不入虎穴,焉得虎子

C. 棋错一着,满盘皆输　　D. 鱼与熊掌不可兼得

3. [2019重庆沙坪坝]生产资料市场以批发贸易为主,购销形式主要有(   )

A. 直接购买　　B. 间接购买　　C. 相互购买　　D. 租赁

4. [2019山东]时下全球共享经济处于高速发展期,参与共享经济的人口不断增多,下列关于共享经济的说法正确的有(   )

A. 共享经济涉及商品或服务的需求方、供给方和共享经济平台三大主体

B. 共享经济是基于陌生人且存在物品使用权暂时转移的一种商业模式

C. 共享经济需要具有闲置资源、使用权、连接、信息四个要素

D. "钱"的共享能够提高社会财富的循环效率,因此,共享经济将激活金融业

5. [2019河北石家庄市属]2018年10月16日,因狂犬疫苗造假事件,吉林省食品药品监督管理局依法对长春长生生物科技有限责任公司罚没款共计91亿元,4名当事人终身市场禁入,涉嫌犯罪的,由司法机关依法追究刑事责任。该案说明(   )

A. 市场调节具有盲目性和滞后性　　B. 企业和社会组织均以营利为经营目标

C. 法律是解决市场失灵问题的有效手段　　D. 维护公平公正的市场秩序需要发挥政府的作用

6. [2018河南禹州]分享经济是指将社会海量、分散、闲置的资源,平台化、协同化地集聚、复用与供需匹配,从而实现闲置资源的经济与社会价值的新形态。分享经济强调两个核心理念:"使用而不占有"和"不使用即浪费"。下列选项符合分享经济核心理念的是(   )

A. 通过网络发布信息,出售了闲置机器设备　　B. 通过众筹解决了资金匮乏问题

C. 通过网络沟通信息,实现了在线短租房屋　　D. 通过网络信息比较,购买了新能源汽车

7. [2018内蒙古通辽]发生通货膨胀时,可能发生的现象有(   )

A. 物价上涨,纸币贬值　　B. 人们存款数量增加

C. 人们生活水平会下降　　D. 存款所代表的实物数量减少

8. [2017重庆市属]下列关于市场含义的说法,正确的有(   )

A. 市场是商品交换关系的总和

B. 广义的市场,不仅包括有形市场,还包括无形市场

C. 市场不仅体现了物与物的关系,更重要的是还体现了商品的交换过程中人与人的关系

D. 有支付能力的需求越大,市场就越大,相反,市场就越小。市场需求是有支付能力的需求

9. [2017重庆南岸]政府干预外汇市场的主要手段和方式有(   )

A. 政府直接入市买卖外汇,改变外汇供求关系以影响汇率

B. 改变国内利率等金融变量，使不同货币资金的收益率发生变化，从而改变外汇供求关系，进而影响汇率

C. 通过公开宣告的方法影响外汇市场参与者的预期，进而影响汇率

D. 政府直接规定和限制外汇汇率变动方向和变动幅度

E. 提高本币发行量

10. [2017 湖北特岗]充分就业是各国政府追求的目标，以下表述中与充分就业吻合的是(　　)

A. 充分就业下失业率为零

B. 充分就业与一定的失业率并存

C. 充分就业就是所有的人都就业

D. 在充分就业情况下，仍然会存在摩擦性失业和自愿失业

第三章　国际经济学

基础知识达标

一、单项选择题(下列每小题列出的四个选项中只有一项是正确的。)

1. [2021 河北石家庄市属]2020 年中国外贸逆势增长，货物贸易进出口总额 32.16 万亿元，同比增长 1.9%，稳居全球货物贸易总额第一位。(　　)不可能是促成这一增长的原因。

A. 优化营商环境，增强外贸主体活力

B. 完善国际营销网络，大力发展货物贸易

C. 以“一带一路”建设为重点，鼓励企业开拓新兴市场

D. 扩大利用外资的规模和效益

2. [2021 辽宁葫芦岛]国际分工的发生和发展主要取决于社会经济条件和自然条件，其中，(　　)是国际分工形成与发展的决定因素。

A. 生产关系　　B. 气候状况　　C. 生产力水平　　D. 国土面积的大小

3. [2020 河北邢台襄都]货币互换双方互换的是货币，它们之间各自的债权债务关系(　　)

A. 发生改变　　B. 转移　　C. 没有改变　　D. 灭失

4. [2020 河北石家庄市属]芯片设计的研发离不开光刻机，因美国的阻挠，荷兰阿斯麦公司的先进光刻机无法顺利进入我国，这意味着在未来的芯片竞争中我们将落后于对手。这警示我们在全球化中需要(　　)

A. 认清形势，防范经济风险　　B. 趋利避害，发挥比较优势

C. 细化分工，深化国际合作　　D. 自力更生，加强技术创新

5. [2020 山东青岛]为扩大“一带一路”在中国东南沿海的影响力和辐射力，我国着力打造的新区是(　　)

A. 粤港澳大湾区　　B. 珠三角发展区　　C. 雄安新区　　D. 三沙新区

6. [2019 河北秦皇岛市属]以下不属于经济全球化主要表现的是(　　)

A. 商品全球化　　B. 贸易全球化　　C. 资本全球化　　D. 生产全球化

7. [2019 辽宁大连瓦房店]经济全球化本质上是(　　)

A. 生产的国际化　　B. 资本全球化　　C. 资源配置国际化　　D. 贸易全球化

8. [2019 河北廊坊三河]联合国是当今世界最大的国际组织，它的总部设在(　　)

A. 纽约　　B. 华盛顿　　C. 海牙　　D. 日内瓦

9. [2019山东烟台芝罘]处于战后国际货币体系中心地位的国际组织是(　　)

A. 国际货币基金组织　　B. 世界银行

C. 国际复兴开发银行　　D. 国际金融公司

10. [2019山东烟台芝罘]为了实施共建"一带一路"倡议,我国发起创办了(　　)

A. 亚洲投资银行　　B. 亚洲进出口贸易银行

C. 亚洲基础设施投资银行　　D. 亚洲合作银行

11. [2019河北邢台市属]亚投行的成立能够有效弥补亚洲地区基础设施建设的资金缺口,推进亚洲区域经济一体化建设。亚投行是(　　)

A. 世界性、非政府间的国际组织　　B. 世界性、政府间的国际组织

C. 区域性、非政府间的国际组织　　D. 区域性、政府间的国际组织

12. [2019山东枣庄市中]二十国集团领导人(G20)第十四次峰会于2019年6月28日在日本大阪举行。G20主席的任用机制是(　　)

A. 选任制　　B. 常任制　　C. 选拔制　　D. 轮换制

13. [2019重庆江北]博鳌亚洲论坛会址位于(　　)

A. 中国广东省　　B. 中国海南省　　C. 菲律宾吕宋岛　　D. 日本横滨

14. [2019河北邢台市属]针对美国发起的此轮贸易战,我们应该(　　)

A. 降低人民币汇率,提高产品的国际竞争力

B. 充分利用世贸规则,公平、客观地解决贸易摩擦

C. 针对其他国家的产品及服务设置障碍,以保护我国企业

D. 积极推动经济全球化朝有利于我国经济的方向发展

15. [2019河北邢台经开]假定某日,人民币兑美元的汇率从1美元兑6.91元变成1美元兑7.15元,则该标价法及其升贬值情况是(　　)

A. 直接标价法,美元升值　　B. 直接标价法,美元贬值

C. 间接标价法,美元贬值　　D. 间接标价法,美元升值

16. [2019河北石家庄市属]中国人民银行外汇牌价显示:2019年1月18日,100美元=677.35元人民币;2019年2月14日,100美元=675.83元人民币。这一变化表明(　　)

A. 人民币汇率跌落,美元贬值　　B. 人民币汇率升高,美元升值

C. 美元汇率跌落,人民币升值　　D. 美元汇率升高,人民币贬值

17. [2019河北邢台]一些国家频频向我国施加压力,要求人民币升值,其根本原因是(　　)

A. 转移国内经济矛盾,刺激自身经济复苏　　B. 引导本国商品物价下跌,促进消费

C. 化解国际金融风险,保持国际收支平衡　　D. 增强外汇储备,抑制通货膨胀

18. [2018山东德州]经济全球化发展的客观基础是(　　)

A. 社会分工　　B. 科学技术革命

C. 国际互联网　　D. 生产和资本国际化

19. [2018山东滨州]习近平总书记指出:"有一种观点把世界乱象归咎于经济全球化。经济全球化曾经被人们视为阿里巴巴的山洞,现在又被不少人看作潘多拉的盒子。"下列对中国在经济全球化问题上的态度理解错误的是(　　)

A. 经济全球化是一把双刃剑　　B. 经济全球化是生产力发展和科技进步的必然结果

C. 经济全球化必然导致贸易保护主义　　D. 我国应坚定不移引领经济全球化进程

20. [2018重庆彭水]我国于( )正式成为WTO的成员。

A. 2000年　　B. 2001年　　C. 2002年　　D. 2003年

21. [2018河北石家庄市属]相关数据表明,中国对美国的贸易顺差虽然在持续扩大,但由于中国出口产品附加值非常低,利益顺差却在美国。解决中美之间的贸易失衡问题需要双方( )

A. 推进贸易保护主义政策　　B. 加强合作,实现互利共赢

C. 积极实施"走出去"战略　　D. 自力更生,立足自身发展

22. [2018河北邢台桥东]针对不断升级的贸易摩擦,我国外交部明确表示将严阵以待,坚定维护中方合法权益。与此同时,中方谈判的大门始终是敞开的,期待双方协商,做到相互尊重、平等相待,维护世界多边贸易体制和规则。由此可见( )

A. 贸易摩擦没有赢家,坐下来谈判才是唯一的正确选择

B. 中国秉持共商共建共享的治理理念

C. 国际贸易间充满了很多不确定性因素

D. 世界多极化、经济全球化的道路是坎坷曲折的,未来是光明的

23. [2017山东德州]经济全球化带给发达国家的好处很多,但不包括( )

A. 从世界各地获得大量的利润　　B. 降低其生产成本

C. 扩大了贸易逆差　　D. 加强对国际金融市场的控制

24. [2017山西大同]经济全球化的实质决定了它的主要受益者是( )

A. 所有国家　　B. 发达资本主义国家

C. 广大发展中国家　　D. 社会主义国家

25. [2017河北张家口]世界贸易组织是当代最重要的国际经济组织之一,是( )

A. 保护国际贸易的政治组织　　B. 专门协调国际贸易关系的国际组织

C. 协调国际各种关系的政治组织　　D. 协调发展中国家贸易关系的经济组织

26. [2017重庆南岸]博鳌亚洲论坛是( )

A. 亚太经合组织主导的非政府组织　　B. 立足亚洲面向世界的全球论坛

C. 立足海南面向亚洲的区域性论坛　　D. 区域性的政府间国际组织

27. [2017山西大同]我国经济特区实行特殊的( )

A. 政治制度　　B. 社会制度

C. 经济制度　　D. 经济政策和经济管理体制

28. [2017重庆市属]具有封闭性、综合性特征的对外开放区域是( )

A. 沿海经济开放区　　B. 经济技术开发区

C. 保税区　　D. 综合配套改革试验区

29. [2017河南许昌]以往我国针对外商投资实行"正面清单"管理,仅限定企业"只能做什么"。如今,上海自贸区实行国际通行的"负面清单"管理,仅限定"不能做什么",同时对负面清单之外的领域,将外商投资企业合同章程审批改为备案管理。这说明我国( )

A. 形成了开放型经济发展的新优势　　B. 政府放权支持市场,提升投资自由度

C. 开始主导国际经济的"游戏规则"　　D. 改善软环境,推动本国资本国际化

30. [2017吉林]小王看中一支标价为10欧元的钢笔,当时的汇率是1欧元合7元人民币。一年后,欧元升值了5%,此时,用人民币购买这支钢笔,小王需要比一年前( )

A. 多支付人民币5元　　B. 少支付人民币5元

C. 少支付人民币3.5元　　D. 多支付人民币3.5元

二、多项选择题(下列每小题列出的四个选项中至少有两项是正确的。)

1. [2020山西大同市属]下列经济事项中,属于国际货币基金组织会员国国际储备的构成内容的是(　　)

A. 货币性黄金　　B. 直接投资收益

C. 外汇储备　　D. 在国际货币基金组织的储备头寸

2. [2019重庆市属]自由贸易的好处包括(　　)

A. 增加商品种类　　B. 降低经济成本　　C. 增进创意交流　　D. 减少竞争

3. [2019山东枣庄市中]习近平总书记在多种场合针对世界经济发展出现的问题强调指出:"世界经济的大海,你要还是不要,都在那儿,是回避不了的。""搞保护主义如同把自己关进黑屋子,看似躲过了风吹雨打,但也隔绝了阳光和空气。打贸易战的结果只能是两败俱伤。"这说明(　　)

A. 参与经济全球化符合历史发展潮流

B. 困扰世界经济发展的很多问题是经济全球化带来的

C. 单边主义、贸易保护主义在某些国家抬头

D. 贸易保护主义不符合全球化发展的方向

4. [2019山东枣庄市中]2019年7月1日至3日,在大连国际会议中心举办了第十三届夏季达沃斯论坛。下列有关达沃斯论坛说法正确的有(　　)

A. 达沃斯论坛一般指世界经济论坛　　B. 其总部设在瑞士达沃斯

C. 是非官方的国际性机构　　D. 世界经济论坛的经济支持来自联合国

5. [2019山西省属]下列交流合作平台中我国直接参与建设的有(　　)

A. 一带一路　　B. 两廊一圈　　C. 欧亚经济联盟　　D. 上海合作组织

6. [2019河北石家庄裕华]面对全球汽车行业的巨大创新机遇和挑战,国内某企业以90亿美元收购一家国外汽车制造巨头,成为该家企业的最大股东,以期通过协同与分享来占领技术制高点。材料表明(　　)

A. 跨国公司是经济全球化的强有力载体　　B. 企业并购是打造核心竞争力的重要途径

C. 我国企业在国际竞争中居于主导地位　　D. 企业并购是规避国际经营风险的重要手段

7. [2019山东]中国自由贸易区是指在国境内关外设立的,以优惠税收和海关特殊监管政策为主要手段,以贸易自由化便利化为主要目的的多功能经济性特区。下列属于我国自由贸易试验区的有(　　)

A. 河北　　B. 山东　　C. 天津　　D. 广东

8. [2019重庆江北]各国通常采用优惠政策吸引外资,主要形式包括(　　)

A. 特殊行业优惠　　B. 税收优惠

C. 开发费用回扣优惠　　D. 加速折旧优惠

9. [2019河北邢台]政府对进出口贸易进行干预的手段包括(　　)

A. 出口补贴　　B. 关税壁垒　　C. 非关税壁垒　　D. 出口退税

10. [2018山东聊城东昌府]2018年6月9日至10日,上海合作组织成员国元首理事会第十八次会议在青岛举行,青岛峰会是上合组织扩员后举行的首次元首峰会。其中,属于2017年首次扩员的是(　　)

A. 印度　　B. 乌兹别克斯坦　　C. 巴基斯坦　　D. 俄罗斯

三、判断题(判断下列每小题的正误,正确的打"√",错误的打"×"。)

1. [2021河北石家庄市属]美国政府要求相关企业停止向华为供应芯片,违背了贸易全球化的潮流。(　　)

2. [2020河北沧州河间]要适应新形势、把握新特点,推动由商品和要素流动型开放向规则等制度型开放转变。(　　)

3. [2019重庆市属]经济全球化是指跨国商品与服务贸易及资本流动规模和形式的增加,以及技术的广泛迅速传播使世界各国经济的相互依赖性增强。 ( )

4. [2019河北石家庄新乐]国际性区域经济一体化是自由贸易的产物。

5. [2019重庆市属]我国对外开放必须处理好三大关系,它们是经济全球化与民族经济利益之间的关系、对外开放与自力更生之间的关系、对外开放与经济发展之间的关系。 ( )

6. [2019重庆南岸]发展对外经济关系有利于我国充分利用国外和国内两个市场、两种资源,能够促进资源的优化配置。 ( )

7. [2019重庆江北]世界贸易组织是关税与贸易总协定的前身。 ( )

8. [2019重庆江北]中国对自美国进口的部分农产品加征关税,会降低美国农产品在中国市场的竞争力。 ( )

9. [2018山西长治襄垣]在现代国际贸易中,发达国家对发展中国家的经济剥削,主要通过殖民扩张进行。 ( )

10. [2018山西长治襄垣]进口越多,越不利于民族工业发展。 ( )

11. [2018重庆沙坪坝]如果一个经济体进口商品的价值超过了出口商品的价值,则净出口是负数。 ( )

12. [2017重庆市属]经济全球化的实质是信息的全球化。 ( )

13. [2017河北保定顺平]反倾销问题已成为中美贸易关系中的核心问题。 ( )

14. [2017重庆市属]“负面清单管理模式”是指政府规定哪些经济领域不开放,除了清单上的禁区,其他行业、领域和经济活动都许可。 ( )

综合能力提升

一、单项选择题(下列每小题列出的四个选项中只有一项是正确的。)

1. [2020山东青岛]依靠高收入国家提供资金支持,向发展中国家提供低息贷款、无息信贷和赠款的世界经济组织是( )

A. 国际货币基金组织　　B. 国际贸易银行

C. 世界贸易组织　　D. 世界银行

2. [2020山西大同平城]以下有关世贸组织(WTO)的表述中,不正确的是( )

A. WTO前身是关贸总协定,WTO于1995年1月1日成立

B. 2001年12月11日,中国以新成员身份正式加入WTO

C. 部长会议是WTO的最高权力机构和决策机构

D. WTO总干事在部长会议休息期间,行使部长会议的职权

3. [2019河南安阳龙安]2018年11月5日至10日,首届中国国际进口博览会在国家会展中心(上海)举办。172个国家和地区及有关国际组织的代表应邀与会,3600多家企业参展,累计意向成交578.3亿美元。进博会的举办( )

①将使国内相关产业面临挑战,推动供给侧结构性改革

②丰富国内消费选择,引导境外消费回流

③推动贸易和投资便利化,维护多边自由贸易

④激发进口潜力,立足国内外市场满足人民日益增长的美好生活需要

A. ①②　　B. ①③　　C. ②④　　D. ③④

4.［2019山西大同平城］改革开放40年的发展历程证明，开放深刻改变了中国，也深刻影响了世界。下列选项能充分展示中国持续扩大开放决心和信心的是(　　)

①中国国际进口博览会在上海举行　　②颁布《中华人民共和国外商投资法》

③在上海证券交易所设立科创板　　④实施个人所得税专项附加扣除政策

A. ①②　　B. ①④　　C. ②③　　D. ③④

5.［2019河北邢台市属］下列关于汇率的叙述，不正确的是(　　)

A. 汇率是两种不同货币之间的兑换价格

B. 汇率实际上是把一种货币单位表示的价格“翻译”成用另一种货币表示的价格

C. 国际上，各国一般都用美元当作制定汇率的主要货币

D. 在自由外汇市场上买卖外汇的实际汇率称为股东汇率

6.［2019河北邢台经开］关于一个国家货币的贬值或升值，下列表述错误的是(　　)

A. 本国货币贬值有利于本国外汇的增收节支

B. 本国货币贬值有利于本国不断扩大出口

C. 本国货币升值有利于本国出口

D. 某国货币升值对持有该国币种债务的国家不利

7.［2019河北秦皇岛市属］当我国相同货币可以兑换更多美国货币时，下列说法正确的是(　　)

A. 有利于我国扩大外需　　B. 有利于我国出口

C. 有利于我国进口　　D. 有利于我国收回国债

8.［2019河北秦皇岛市属］某国动辄以别的国家在国际贸易中存在较大顺差为由发动贸易战。但长期巨额的顺差不一定是好事情，因为长期巨额国际收支顺差，会导致或加剧(　　)

A. 失业率上升　　B. 国内通货紧缩　　C. 本币贬值　　D. 国内通货膨胀

9.［2019河北邢台经开］下列哪些企业会因美联储量化宽松的货币政策而受益(　　)

A. 考察中国市场的美国电子产品出口商　　B. 向美国出口电子产品的中国出口商

C. 进口美国电子产品的中国进口商　　D. 从中国进口电子元器件的美国进口商

10.［2019山东统考］2018年7月，美国开始对340亿美元的中国产品加征25%关税，发动了经济史上最大规模的贸易战。关于关税，下列说法不正确的是(　　)

A. 是海关根据本国法律规定，对通过其关境的进出口货物课征的一种税收

B. 对于对外贸易发达的国家而言，关税是国家税收乃至国家财政的主要收入之一

C. 提高关税会减少所有出口商品的收益

D. 关税会提高进口国相应商品的价格

11.［2019山西省属］对外贸易往来是一国国际收支平衡的主要来源。下列关于对外贸易政策表述正确的是(　　)

A. 进口贸易大于出口贸易会造成贸易顺差

B. 贸易逆差会造成一国商品国际竞争力增强

C. 一国的贸易赤字表明该国外汇储备增加

D. 提高本国关税是希望减少外国商品进入

12.［2018湖北特岗］2018年4月4日，美国政府发布了加征关税的商品清单，将对我国出口美国的1333项商品加征25%的关税。下列关于美国加征关税的说法，错误的是(　　)

A. 将导致我国有关商品厂家的利润有所下降

B. 不利于我国进一步扩大对美国的贸易顺差

C. 美国消费者对有关商品的购买力有所上升

D. 将导致我国出口美国的有关商品价格上涨

13. [2018河北衡水冀州]2018年1月9日,人民币对美元中间价为1:6.4968,而2017年3月20日为1:6.9000。不考虑其他因素,下列对人民币币值变动趋势相关的推导过程,合理的是(　　)

A. 人民币贬值—美元可以兑换的人民币增加—中国对美国市场的投资增加

B. 人民币升值—以美元计价的商品价格降低—我国服装出口到美国的数量增加

C. 人民币贬值—美国人来华旅游、购物费用降低—有利于促进我国旅游产业的发展

D. 人民币升值—用美元表示的出口商品价格提高—我国产品出口到美国的数量减少

14. [2018河北保定]外汇成交后,在未来约定的某一天进行交割所采用的汇率是(　　)

A. 浮动汇率　　B. 远期汇率　　C. 市场汇率　　D. 买入汇率

二、多项选择题(下列每小题列出的四个选项中至少有两项是正确的。)

1. [2019重庆渝中]世界银行的宗旨是(　　)

A. 贷款帮助成员国调节国际收支平衡

B. 为发展中国家经济发展提供贷款

C. 鼓励发展中国家开发资源,促进私人投资

D. 对用于生产目的的投资提供便利

2. [2019重庆南川]导致一国货币贬值升值的因素是多方面的,在其他因素不变的情况下,下列会导致货币升值的有(　　)

A. 紧缩银根　　B. 国际收支逆差　　C. 降低利率　　D. 通货膨胀率下降

3. [2018河北辛集]上海合作组织成员国领导人于2018年6月10日在中国青岛举行第十八次元首理事会会议,并发表《青岛宣言》。中国国家主席习近平发表讲话,强调要进一步弘扬上海精神,构建上海合作组织命运共同体。关于上合组织,以下表述正确的是(　　)

A. "上海精神"的内涵是"互信、互利、平等、协商、尊重多样文明、谋求共同发展"

B. 上合组织,是中国、俄罗斯、哈萨克斯坦、吉尔吉斯斯坦、塔吉克斯坦五国于1996年在中国上海宣布成立的永久性政府间国际组织

C. 2017年6月9日,印度和巴基斯坦正式成为上海合作组织成员,这也是上合组织首次扩员

D. 上合组织目前共有8个成员国、4个观察员国、8个对话伙伴国

4. [2017河北涿州]中国倡导的"一带一路",得到了众多国家的积极响应。之后,中国倡议成立"亚洲基础设施投资银行"(简称"亚投行"),包括发达国家在内的许多国家纷纷加入,但美国拒绝加入并阻挠某些国家加入。这表明(　　)

A. 中国倡议成立"亚投行",其根本目的是提升国际形象

B. "一带一路"的合作,符合经济全球化时代潮流

C. 中国在和平崛起的道路上,还将受到考验和挑战

D. 中国积极推进合作,推动世界经济的发展

5. [2017山东济宁]国际货币基金组织IMF执行董事会决定从2016年10月1日将人民币正式纳入特别提款权货币篮子,这标志着人民币国际化又迈过一个新的里程碑。从此,人民币(　　)

A. 可以在世界各国自由流通　　B. 具有世界货币职能

C. 可用于国际间的结算　　D. 保持不断升值状态

第四章　财政学

一、单项选择题(下列每小题列出的四个选项中只有一项是正确的。)

1.［2020河北石家庄市属］2020年国务院政府工作报告提出，“今年赤字率拟按3.6%以上安排，财政赤字规模比去年增加1万亿元，同时发行1万亿元抗疫特别国债”。该举措是基于(　　)

A. 财政有促进经济结构优化升级的作用　　B. 财政赤字是提高财政收入的基本形式

C. 财政有促进国民经济平稳运行的作用　　D. 财政赤字有促进资源合理配置的作用

2.［2020河北邢台襄都］某商场销售空调并提供安装服务，本年该商场新经营了一个娱乐城(单独收费核算)。则该商场计征流转税的具体方法是(　　)

A. 全部收入均缴纳营业税

B. 全部收入均缴纳增值税

C. 销售空调业务缴纳增值税；安装费、娱乐城收入缴纳营业税

D. 销售空调并提供安装服务缴纳增值税；娱乐城收入应缴纳营业税

3.［2020河北邢台襄都］在其他条件不变的情况下，下列情形中，可能引起部门经济增加值增加的是(　　)

A. 投资资本增加　　B. 所得税税率提高

C. 税前经营利润增加　　D. 加权平均资本成本提高

4.［2019重庆江北］财政的本质是一种分配关系，其主体是(　　)

A. 政府机关　　B. 财政部门　　C. 企事业单位　　D. 国家

5.［2019山东淄博］(　　)对财政收入的影响是基础性的。

A. 经济发展水平　　B. 分配政策　　C. 国有企业利润　　D. 税收政策

6.［2019河北邢台经开］下列属于政府转移支付的是(　　)

A. 政府支付公务员的工资　　B. 退伍军人补助金

C. 政府投资新建基础设施　　D. 政府更换公务用车

7.［2019重庆南岸］在社会主义市场经济条件下，国民收入再分配主要通过哪些途径来进行(　　)

A. 银行信贷、劳务费用、价格杠杆、福利支出、行政管理等

B. 国家预算、银行信贷、劳务开支、价格杠杆、卫生教育等

C. 国家预算、银行信贷、劳务费用、价格杠杆

D. 国家预算、银行信贷、福利支出、价格杠杆

8.［2019重庆沙坪坝］税收是国家凭借政治权力，用法律手段参与社会产品分配以取得财政收入的一种形式，其具有哪几大特征(　　)

A. 强制性、包容性、无偿性、联动性四大特征

B. 强制性、协调性、无偿性、共享性四大特征

C. 强制性、沟通性、互动性、无偿性、共享性五大特征

D. 强制性、无偿性和固定性三大特征

9.［2019河南安阳龙安］为保证国民经济平稳运行，近年来国家进行了一系列税制改革。下列关于税制改革及其作用对应正确的是(　　)

A. 资源税改革——避免重复征税，防止相关经营环节偷漏税行为

B. 继续完善结构性减税政策——能调节企业生产，增加财政收入

C. 个人所得税起征点提高——减轻纳税人负担，促进社会分工

D. 营业税改征增值税——有利于减轻相关企业税负，促进服务业发展

10. [2019河北邢台市属]税收是国家公共财政最主要的收入形式和来源，但过高的税收会影响经济的发展，制约财政收入的增长。对税收与财政收入，下列认识不正确的是(　　)

A. 高水平的税收更有利于财政收入的持续增长

B. 财政收入影响经济发展，经济发展水平也影响到财政收入

C. 增加财政收入，要以税收不损害经济活力为限

D. 充足的税收才能保证财政支撑经济持续发展

11. [2019河北邢台市属]下列各项财政支出中，属于购买性支出的是(　　)

A. 行政经费支出　B. 社会保障支出　C. 救济支出　D. 补贴支出

12. [2019重庆江北]从经济学的视角，政府对受灾农民的补偿资金属于(　　)

A. 扩大再生产资金　B. 社会物资储备资金

C. 非生产性基本建设资金　D. 社会保障资金

13. [2019河北邢台市属]公共财政配置资源范围的大小决定于(　　)的大小。

A. 政府职能范围　B. 财政活动范围

C. 市场失灵范围　D. 社会公共需要范围

14. [2019河南周口川汇]与私人产品相比较，公共产品的基本特征是(　　)

A. 竞争性和排他性　B. 竞争性和非排他性

C. 排他性和非竞争性　D. 非竞争性和非排他性

15. [2019河北石家庄市属]近年来，我国财政收入增速明显放缓，其中一系列结构性减税政策的出台是一个重要因素。这说明(　　)

A. 经济越发展，财政收入就越多　B. 分配政策是影响财政收入的重要因素

C. 税收具有强制性，绝对不能增减　D. 财政收入增幅放缓必然不利于经济发展

16. [2019河北石家庄市属]由于高速公路是各省自己筹资、分段建设、自行保养，在省界收费站往往会出现大堵车现象。2018年12月28日，苏鲁川渝等四省(市)取消了两两之间所有高速公路省界收费站。这项措施有利于(　　)

A. 充分发挥消费者对经济发展的基础性作用

B. 增加高速公路利用效率，提高财政收入

C. 降低实体经济的物流成本，提高物流效率

D. 调整高速公路收费标准，降低旅游成本

17. [2019河北石家庄市属]从2018年10月起，个人所得税起征点从3500元/月提升到5000元/月。这一调整(　　)

A. 是发挥市场作用的重要举措　B. 是规避风险的有效措施

C. 可以大幅度增加国家的财政收入　D. 有利于提高居民的消费水平

18. [2019河北石家庄市属]一则宣传语说道："国是篱笆税是桩，拆了桩子篱散光。你添饭来我加桩，国富民强世代昌。""国是篱笆税是桩，拆了桩子篱散光"说明(　　)

A. 税法是税收的法律依据和保障　B. 税收具有固定性的特点

C. 税收是国家存在和发展的物质保障　D. 我国税收取之于民，用之于民

19. [2019河北邢台经开]国家预算调整是指经过批准的各级预算,在执行中因情况变化需要增加支出或减少收入,使总支出超过总收入或使原举借债务的数额增加的部分改变。县级以上地方各级政府预算的调整方案必须经过(　　)的审查和批准。

A. 本级人民代表大会　　B. 本级人民代表大会常务委员会

C. 本级人民政府　　D. 市级人民政府

20. [2019山东济南南部山区]"您要发票吗?如果不要发票,我们可以免费提供饮料。"王老师和朋友在一家饭店吃饭时,服务员提出了这样的建议。该饭店的行为(　　)

A. 涉嫌骗税　　B. 尊重了消费者的选择权

C. 涉嫌偷税　　D. 反映了市场调节具有盲目性

21. [2019河北石家庄新乐]下列不属于企业所得税纳税人的是(　　)

A. 国有企业　　B. 集体企业

C. 私营企业　　D. 个人独资企业和合伙企业

22. [2019河北唐山芦台]我国政府预算的编制必须遵循一定的原则,政府预算资金从哪里筹集,筹集多少,分配到哪里去,每一项预算收支的安排,都要有其法律依据和政策制定依据。这体现了我国政府预算编制的(　　)

A. 合法性原则　　B. 真实性原则　　C. 完整性原则　　D. 科学性原则

23. [2018河北辛集]下列政策,不会导致财政赤字增加的是(　　)

A. 扩大结构性减税适用范围　　B. 盘活政府部门资金存量,提高财政资金周转效率

C. 减少和取消多项行政事业性收费项目　　D. 加大对能源、交通等建设领域的政府投资力度

24. [2018河北保定]大幅度增加政府支出,这是扩大内需最主动、最直接、最有效的措施。下列属于国家财政支出范畴的是(　　)

A. 财政部增发1500亿元国债　　B. 提高居民最低收入保障标准

C. 私营企业用于技术改造的支出　　D. 个人及其家庭消费开支

25. [2018山东淄博]根据房屋买卖的契约征收的契税属于(　　)

A. 流转税　　B. 行为税　　C. 资源税　　D. 财产税

26. [2018河北石家庄市属]"你如果偷税,暂时挺陶醉,一旦被查处,事业全报废。"此标语警示(　　)

A. 税收是实现国家职能的物质保证　　B. 公民应该自觉履行依法纳税的义务

C. 公民应加强对税收征管的监督意识　　D. 税收具有调节居民收入分配的作用

27. [2017山东济宁]发行国债是政府筹集资金的重要方式,这些债务最终是要偿还的。政府偿还国债的主要资金来源是(　　)

A. 新国债的发行收入　　B. 国有企业上缴的利润

C. 国债的投资收益　　D. 国家税收收入

二、多项选择题(下列每小题列出的四个选项中至少有两项是正确的。)

1. [2021河北石家庄市属]河北省税务局开通出口退税"绿色通道",为受疫情影响较大的出口企业和生产疫情急需物资、积极捐款捐物且管理类别较高的企业提供极速服务,有285户出口企业通过"绿色通道"当日申报、当日收到退税款共计53.92亿元。从材料可以看出(　　)

A. 该政策会减少政府的财政收入　　B. 该政策可以加速企业的资金周转

C. 该政策会加剧区域内企业的竞争　　D. 政府可以通过经济政策为企业经营提供支持

2. [2019山东济南南部山区]为实现精准扶贫和精准脱贫，M市管好用好扶贫资金：对有劳动能力的支持发展特色产业和转移就业，对“一方水土养不起一方人”的实施扶贫搬迁，对丧失劳动能力的贫困人口则实施兜底性保障政策，取得了良好的扶贫效果。由此可见，( )

A. 政府财政具有促进资源合理配置的作用　B. 政府财政资金是实现精准扶贫和精准脱贫的关键

C. 政府运用财政政策调控国民经济运行　D. 政府财政是促进社会公平的物质保障

3. [2019重庆沙坪坝]社会公共产品的特征有( )

A. 非排他性　B. 非独占性　C. 非竞争性　D. 低盈利性

4. [2019山西长治潞州]公共消费支出是指财政为满足公共需要，用于公共消费性商品和劳务的支出，主要包括( )

A. 行政管理费　B. 国防经费

C. 文教、科学、卫生事业支出　D. 行政事业单位人员个人的日常生活消费

5. [2019河北秦皇岛市属]下列有关资产负债表的表述中，正确的有( )

A. 它是会计定期核算时以货币形式总括地反映企业的资金运用及其来源的报表

B. 资产负债表采用资产和负债两方的平衡式

C. 资产方表示资金的来源，负债方表示资金的运用

D. 从此表可以分析企业的财务情况和检查资金的使用情况

6. [2019重庆永川]下列哪些商品按照我国相关规定要征收消费税( )

A. 鞭炮　B. 小汽车　C. 高尔夫球　D. 酒

7. [2018内蒙古通辽]下列属于公共产品的有( )

A. 环境卫生　B. 天气预报　C. 家用轿车　D. 铁路

8. [2018重庆沙坪坝]政府财政收入的来源有( )

A. 税收　B. 政府公债　C. 基础设施收费　D. 企业盈余

9. [2018湖北特岗]近年来，为促进经济发展和社会公平，我国不时对个人所得税进行调整，以充分发挥个人所得税在调节经济等方面的作用。下列对于个人所得税作用的理解，正确的是( )

A. 个人所得税是国家财政收入的重要来源

B. 个人所得税是国家对个人所得征收的一种税

C. 征收个人所得税有利于促进生产专业化和体现公平竞争

D. 个人所得税是调节个人收入分配、实现社会公平的有效手段

三、判断题(判断下列每小题的正误，正确的打“√”，错误的打“×”。)

1. [2019重庆江北]21世纪以来，为减轻农民负担，促进农村经济发展，我国逐步取消了农业税。( )

2. [2019河北石家庄市属]邱某伪造单据，获得国家3万元出口退税，属于骗税行为。( )

3. [2019重庆南岸]当政府通过印发货币来筹集收入时，可以说是在征收一种通货膨胀税。( )

4. [2019重庆市属]通过国家预算收支规模的变动及其平衡状态可以有效地调节社会总供给与总需求的平衡关系。( )

5. [2019重庆奉节]经济增长滞缓时，适度的财政赤字就会增加社会总供给，推动经济发展。( )

6. [2018河南禹州]个税起征点的上调有利于调节过高收入，消除收入差距。( )

7. [2017河南许昌]有些海外代购人抱着侥幸心理不主动申报关税，这属于骗税行为。( )

8. [2017重庆市属]降低个人税负可以起到抵制个人消费的作用。( )

第三部分　管理常识

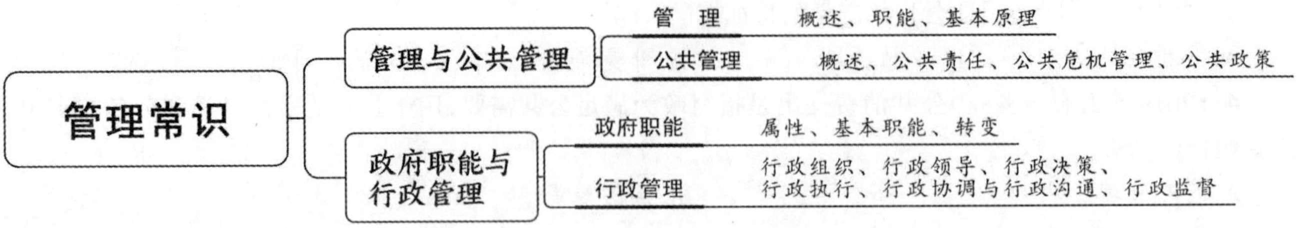

- 管理常识
  - 管理与公共管理
    - 管　理：概述、职能、基本原理
    - 公共管理：概述、公共责任、公共危机管理、公共政策
  - 政府职能与行政管理
    - 政府职能：属性、基本职能、转变
    - 行政管理：行政组织、行政领导、行政决策、行政执行、行政协调与行政沟通、行政监督

第一章　管理与公共管理

一、单项选择题(下列每小题列出的四个选项中只有一项是正确的。)

1. [2020河南信阳市属]某单位拟对一项目进行预测,他们采用背对背的通信方式征询多位专家的预测意见。经过几轮征询后,该单位最终作出了符合市场未来趋势的预测结论。该单位采取的决策分析方法是(　　)

A. 可行性分析　　B. 德尔菲法　　C. 投入产出分析　　D. 主观概率法

2. [2020河北沧州河间]单位某部门的主管领导陈某平时经常采用劝告、商量、建议等易于和下属双向沟通的方式,使自己的领导意志得以贯彻落实。陈某的领导方式类型是(　　)

A. 强制式　　B. 说服式　　C. 激励式　　D. 示范式

3. [2020河南信阳市属]上级领导者将自己不愿意处理的烦琐事务交给下属处理,其中也可能包括领导者本身也弄不清楚如何处理的事务。这种授权被称为(　　)

A. 刚性授权　　B. 柔性授权　　C. 惰性授权　　D. 模糊授权

4. [2020河南信阳市属]公共政策实施偏差的表现形式多种多样,阳奉阴违,前紧后松,敷衍塞责属于(　　)的表现。

A. 替代式实施偏差　　B. 黏附式实施偏差

C. 选择式实施偏差　　D. 象征式实施偏差

5. [2020河南信阳市属]公共危机管理是为了解决政府对外交往和对内管理中处于危险和困难境地的问题而直接采取的对策及管理活动,其特征不包括(　　)

A. 手段的自发性　　B. 过程的阶段性

C. 处置的时效性　　D. 主体的整合性

6. [2019河北邢台市属]管理的两重性是指(　　)

A. 管理的目标性和阶段性　　B. 管理的自然属性和社会属性

C. 管理的先进性和可行性　　D. 管理的组织性和行为性

7. [2019山东烟台招远]管理学中的木桶原理给人最大的启发是在管理工作中要注重(　　)

A. 团队协作的整体性　　B. 扬长避短的优越性

C. 机动灵活的程序性　　D. 严密完整的制度性

8. [2019河南平顶山]俗话说“一山不容二虎”。从管理的角度来看,对这句话最合适的解释是(　　)

A. 组织需要集中统一管理,不能“政出多门”

B. 组织中的领导个性不一致,必将导致不团结

C. 组织中的能人太多,必然造成困扰

D. 组织目标需要达成共识,不能有不同的意见

9. [2019河南信阳浉河]科学管理的核心问题是(　　)

A. 提高劳动效率　　B. 实行职能工长制

C. 科学地选择和培训工人　　D. 实行有差别的计件工资制

10. [2019河南信阳浉河]在沟通、交际过程中,一方对另一方的看法与态度直接决定着另一方对这一方的看法与态度。此原则属于(　　)

A. 相近性原则　　B. 相似性原则　　C. 互补性原则　　D. 相互性原则

11. [2019山东烟台芝罘]当今管理的新趋势,人由劳动力转变为人力资源,进而转变成(　　)

A. 人力价值　　B. 人力资本　　C. 人力优势　　D. 人力潜能

12. [2019河南信阳浉河]下列人员中,其所从事的管理工作的量占全部工作量的比重最高的是(　　)

A. 教员　　B. 教研组长　　C. 系主任　　D. 校长

13. [2019河南信阳平桥]创造性思维适合于(　　)

A. 程序性决策　　B. 非程序性决策　　C. 追踪决策　　D. 开关式决策

14. [2019河南信阳平桥]可行性分析包括(　　)

A. 政治可行性和经济可行性　　B. 法律可行性和政治可行性

C. 行政可行性和经济可行性　　D. 以上均是

15. [2019河南信阳平桥]“一票否决”这一择案规则又称为(　　)

A. 全体一致原则　　B. 赞成投票制　　C. 多数原则　　D. 少数服从多数

16. [2019河南信阳平桥]下列对于决策目标确定要求的说法有误的是(　　)

A. 目标的确定要具体,不能含混不清

B. 目标的确定要力求恰当,防止目标偏高或偏低

C. 越是近期的目标,越要求明确具体,远期目标也不能带有模糊性

D. 目标的确定应该具有可检验性

17. [2019山东烟台芝罘]“治病不如防病,防病不如讲卫生。”根据这一说法,最适合的控制方式是(　　)

A. 前馈控制　　B. 实时控制　　C. 反馈控制　　D. 现场控制

18. [2019河南信阳平桥]现代许多领导者认为,领导者必须善于梦想、提出远景、确定目标、制定战略、动员群众,而梦想和远景来自领导者和下属的心声。因此优秀的领导者必须富有(　　)

A. 想象能力　　B. 激励能力　　C. 宣传能力　　D. 沟通能力

19. [2019山东烟台芝罘]如何留住人才、减少人才流失、发挥人才优势体现的是领导艺术中的(　　)

A. 授权艺术　　B. 决策艺术　　C. 用人艺术　　D. 创新艺术

20. [2019山东烟台芝罘]下列关于管理幅度与管理层次的描述正确的是(　　)

A. 管理幅度与管理层次共同决定组织规模

B. 为了保证管理效果,管理幅度越大越好

C. 当组织规模一定时,管理幅度与管理层次成正比关系

D. 管理幅度越窄,管理层次就越多,组织结构就呈扁平型

21. [2019 山西大同平城]某单位制定了非常完善的规章制度，并在相当长的时间内发挥了重大作用。但是最近，违背制度的现象时有发生，而且呈现出越来越多的趋势。针对这种情况，管理者应该采取(　　)措施。

A. 增加制度检查的次数，并赋予制度检查人员更大的权利

B. 加大对违背制度人员的处罚，使人们遵守制度

C. 检查违背制度的原因，适当修改制度

D. 开展思想教育工作，加强制度重要性的宣传

22. [2019 河北唐山芦台]《孙子兵法》中说道："凡治众如治寡，分数是也；斗众如斗寡，形名是也。"这句话的意思是治理千军万马就如同治理小部队一样，有严密的组织安排；指挥大军作战就像指挥小部队作战一样，因为有着有效的号令指挥。孙子意在强调(　　)的重要性。

A. 协调　　B. 计划　　C. 组织　　D. 控制

23. [2019 河北石家庄新乐]目标管理中的目标是由谁确定的(　　)

A. 实施单位的上级　　B. 实施单位的下级

C. 实施单位自己　　D. 实施单位与其上级

24. [2018 河北衡水冀州]在组织的各项资源中，(　　)处于核心的地位。

A. 人力资源　　B. 金融资源　　C. 物质资源　　D. 信息资源

25. [2018 河北衡水冀州]按照管理职能在管理活动过程中的顺序来排列，下列排序正确的是(　　)

A. 计划—组织—领导—控制　　B. 组织—计划—领导—控制

C. 计划—领导—组织—控制　　D. 领导—计划—组织—控制

26. [2018 河北保定]在政府部门担任领导职务的人员，为有效完成组织目标，对下属人员所采取的各种影响和激励的过程，是(　　)职能。

A. 计划　　B. 控制　　C. 领导　　D. 组织

27. [2018 山东枣庄市中](　　)职能是指组织领导者从实现组织的总体目标出发，依据正确的政策、原则和工作计划，运用恰当的方式方法，及时排除各种障碍，理顺各方面关系，促进组织机构正常运转和平衡发展的一种管理职能。

A. 计划　　B. 组织　　C. 指挥　　D. 协调

28. [2018 河南信阳浉河]评价管理者的领导能力和影响能力，有关信息的获得来源于(　　)

A. 上级人员　　B. 下属人员　　C. 高层领导　　D. 协作部门

29. [2018 河南信阳浉河]在组织中存在着正式组织和非正式组织，正式组织和非正式组织存在重大区别，非正式组织以(　　)为重要标准。

A. 情感的逻辑　　B. 正规的程序　　C. 效率的逻辑　　D. 高度的责任心

30. [2018 河北石家庄]煤在给我国经济发展提供动力的同时，也造成了土地塌陷、农民可利用耕地面积减少和耕地质量下降等问题。某地发现了一大型煤矿，且易开采，当地政府综合考虑了多位专家的意见，先考虑长远再考虑当前，决定近期内不予开采。当地政府不予开采是运用了系统分析的(　　)

A. 整体性原则　　B. 科学性原则　　C. 综合性原则　　D. 长期性原则

31. [2018 河北保定市属]社会学实践表明，两个人以团队的方式相互协作、优势互补，其工作绩效明显优于两个人单干时的总和。团队精神的核心是(　　)

A. 协同合作　　B. 奉献精神　　C. 目标一致　　D. 团结一致

32. [2017 河北涿州]在组织的运行过程中，遇到冲突或问题时，管理者必须善于处理冲突和解决问题。

这时管理者扮演的角色是(　　)

A. 决策角色　　B. 信息角色　　C. 人际角色　　D. 联络角色

33. [2017河北张家口](　　)行政领导方式注重行政组织的目标、任务的完成和效率的提高。

A. 重人式　　B. 重事式　　C. 强制式　　D. 激励式

34. [2017河北保定徐水]下列行为属于公共政策诉求的是(　　)

A. 员工要求公司老板发放交通费　　B. 工人要求工厂增加工资

C. 群众要求电视台报道生态环境恶化现象　　D. 农民要求政府减轻负担

二、多项选择题(下列每小题列出的四个选项中至少有两项是正确的。)

1. [2020河南信阳市属]选择合理的沟通模式,有利于有效沟通的实现。链式沟通模式是信息链条似的逐级传递模式,这种沟通的特点有(　　)

A. 速度快　　B. 准确性高　　C. 有明确领导人　　D. 十分复杂

2. [2020河北沧州河间]下列关于小道消息的说法错误的有(　　)

A. 小道消息都是有影响力的,它主要起消极作用,必须禁止

B. 组织成员中,男性和女性对于传播小道消息有不同的爱好,女性很容易成为联络员

C. 小道消息有助于改善人际关系,形成感情融洽、相互关心、彼此信任、协调一致的群体气氛和组织情境

D. 小道消息具有过滤和反馈双重机制,领导应该对它进行分析并预测其流向

3. [2019河南平顶山]习近平总书记指出,治理和管理一字之差,体现的是(　　)

A. 系统治理　　B. 依法治理　　C. 源头治理　　D. 综合施策

4. [2019山东烟台芝罘]在管理活动中,一般说来起重要预防控制作用的有(　　)

A. 法律法规　　B. 规章制度　　C. 工作程序　　D. 人员训练

5. [2019河南信阳平桥]以下属于决策基本特征的有(　　)

A. 客观性　　B. 主观性　　C. 选择性　　D. 预见性

6. [2019河南信阳平桥]现代公共行政在对社会公共事务的管理中履行的功能主要包括(　　)

A. 提供公共产品　　B. 实现社会公平

C. 实施管制　　D. 宏观调控

7. [2019河北石家庄新乐]传播方法在管理中运用的常见形式有(　　)

A. 新闻发布会　　B. 公务谈判　　C. 游说策动　　D. 政务信息公开

8. [2018山东枣庄市中]对于组织管理者而言,具备技术、人际、概念方面的管理技能是十分重要的。下列属于管理者概念技能所包含的能力的有(　　)

A. 能够把一个组织看成是一个整体的能力

B. 能够识别某一领域的决策会对其他领域产生何种影响的能力

C. 能够提出新想法和新思想的能力

D. 能够进行抽象思维的能力

9. [2017河北保定徐水]下列关于管理学常识的表述不正确的是(　　)

A. 管理幅度与管理层次之间存在正比例关系

B. "审时度势,相机权变"是权变原理的实质

C. 效率性原则是公共危机管理的首要原则

D. 行政协调是指行政机关运用各种媒介传递或交流行政信息的过程

10.［2017河北涿州］领导者素质的基本内容包括（　　）

A.政治素质　　B.知识素质　　C.能力素质　　D.心理素质

三、判断题（判断下列每小题的正误，正确的打"√"，错误的打"×"。）

1.［2020河南信阳市属］管理幅度与管理层次之间存在相互制约的关系，其中起主导作用的是管理层次。（　　）

2.［2020河南信阳市属］外激励是与工作本身和完成工作任务无内在联系的各种外在奖酬所引起的激励作用之和，如提高工资、增加奖金、获得工作满足感等。（　　）

3.［2019河北唐山芦台］合理授权是权责对等原则的一个重要方面，必须根据管理者所承担的责任大小授予其相应权力。（　　）

4.［2019河南信阳平桥］过程控制是在管理活动中出现最早、历史最久的控制类型。（　　）

5.［2018内蒙古通辽］"三个和尚没水吃"的原因用管理学来解释是因为职责不清。（　　）

第二章　政府职能与行政管理

一、单项选择题（下列每小题列出的四个选项中只有一项是正确的。）

1.［2021河北石家庄市属］利剑扫黑，扫出清风正气；铁拳除恶，守护平安中国。为期3年的全国扫黑除恶专项斗争自2018年1月开始，至2020年底结束。开展扫黑除恶专项斗争旨在（　　）

A.保障公民的一切权益　　B.保障人民安居乐业和国家长治久安

C.强化专政职能，提高政府公信力　　D.维护人民权益，提高公民政治地位

2.［2021河北石家庄市属］今年以来，慈利县持续加强乡村政务服务能力建设。大力推进简政放权，下放权责事项99项，77项事可在村（社区）实现帮代办。迭代升级网上政务服务，推动政务服务一体化平台县、乡、村全覆盖，最大限度地方便人民群众，这一举措（　　）

A.提高了公共服务效率　　B.扩大了基层政府职权

C.创新了政府监管方式　　D.增加了基层工作负担

3.［2020河北石家庄市属］2020年5月，全国公安机关"云剑-2020"打击贷款类电信网络诈骗犯罪集群战役正式打响。这体现了我国政府（　　）

A.依法打击犯罪，保障人民利益　　B.加强宏观调控，净化市场环境

C.加强社会建设，推进精神文明　　D.坚持便民利民，践行服务理念

4.［2020河南信阳市属］人民日报发文指出，完善行政组织和行政程序法律法规，推进机构、职能、权限、程序、责任法定化，是依法全面履行政府职能的坚实制度支撑和有力法治保障。推进机构法定化，体现了行政组织的（　　）

A.政治性与社会性　　B.法制性与权威性

C.系统性与动态性　　D.规范性与稳定性

5.［2020河北沧州河间］政府机构构成六要素中，属于政府机构行使行政权力、履行行政职责的物质基础是（　　）

A.机构设置　　B.人员组合　　C.行政经费　　D.职能目标

6.［2020河北沧州河间］分管政府某一方面行政业务的部门即（　　）

A.领导机关　　B.职能机关　　C.辅助机关　　D.派出机关

7. [2020河北石家庄市属]2020年4月15日,宁夏回族自治区政府办公厅依据国务院的有关文件精神提出,宁夏将全面推广全区统一的政府开放日制度,倾听民意、增强互动、理性分析,将为民利民落到实处,改进工作,提供精准服务。举办“政府开放日”( )

A. 有利于树立我国政府的威信　　B. 可以保证政府工作高效清廉

C. 有利于消除群众间的矛盾　　D. 拓展了政府的基本职能

8. [2020河南信阳市属]把握公众舆论、为政府决策提供依据是政府公共关系的任务,其中当政府政策和行为受到质疑、形象受到损害时,迅速查清原因是( )的具体要求。

A. 了解舆论　　B. 引导舆论　　C. 回应舆论　　D. 完善舆论

9. [2020河南信阳市属]中国古代成语故事中包含了丰富的管理学道理。下列各成语故事中,揭示了激励式领导方式的是( )

A. 焚书坑儒　　B. 破釜沉舟　　C. 卧薪尝胆　　D. 七擒七纵

10. [2020河南信阳市属]行政协调是对行政管理工作加以调节,引导各行政组织之间、人员之间互相协作、互相配合,以便齐心协力共同实现行政决策目标的活动,其目标是达到( )的效果。

A. 异中求同　　B. 完全一致　　C. 消除矛盾　　D. 回避隔阂

11. [2020河北石家庄市属]艺人仝卓直播时自曝曾伪造应届生身份参加高考,引发关注。山西省临汾市纪委监委依规依法进行了调查并对涉事官员进行了严肃处理。在行政监督体系中,纪委监委属于( )

A. 行政系统内部监督　　B. 国家权力机关的监督

C. 行政系统外部监督　　D. 国家司法机关的监督

12. [2020河南信阳市属]在行政监督过程中,监管机构应避免做“马后炮”,即所谓“聪明的人解决问题,有智慧的人避免问题”。从行政监督的实施时间来看,这强调的是在行政活动中要做好( )工作。

A. 事后监督　　B. 事中监督　　C. 事前监督　　D. 过程监督

13. [2019河北邢台桥西]在公共管理中,履行公共管理职能的组织的工作重点是( )

A. 履行管理职能　　B. 改善工作作风　　C. 提高管理水平　　D. 提升管理效率

14. [2019河北邢台桥西]坚持教育的社会公益性,建立公共教育管理与服务体系,保证公民接受义务教育权利的公平,是政府履行( )的要求。

A. 政治职能　　B. 社会公共服务职能

C. 经济职能　　D. 金融职能

15. [2019山东潍坊滨海]政府的一切活动都要在宪法和法律的范围内进行,宪法和法律规定了一国政府职能的边界,使公共行政有法可依。这体现了政府职能的( )特点。

A. 公共性　　B. 法定性　　C. 强制性　　D. 动态性

16. [2019河南安阳龙安]2019年政府工作报告提出,发展更加公平更有质量的教育。推进城乡义务教育一体化发展,加快改善乡村学校办学条件,抓紧解决城镇学校“大班额”问题,保障进城务工人员随迁子女教育,发展“互联网+教育”,促进优质资源共享。多渠道扩大学前教育供给,无论是公办还是民办幼儿园,只要符合安全标准、收费合理、家长放心,政府都要支持。上述要求表明,我国政府( )

①加强社会建设,推进基本公共服务均等化　　②保障人民民主,维护公民的各项民主权利

③组织经济建设,大幅度提高人民生活水平　　④发展教育事业,保障公民平等享受教育权利

A. ①③　　B. ②③　　C. ③④　　D. ①④

17. [2019河北唐山芦台]《中共中央关于构建社会主义和谐社会若干重大问题的决定》指出,各级政府要以发展社会主义和解决民生问题为重点,优化公共资源配置,注重向农村、基层、欠发达地区倾斜,逐步形

成惠及全民的基本公共服务体系。这主要体现了政府积极履行(　　)

A. 经济职能　　B. 政治职能　　C. 文化职能　　D. 社会职能

18. [2019河北唐山芦台]在缺乏产权界定的公共资源利用过程中，哈丁认为，任何时候，只要许多人共同使用一种稀缺资源，便会发生环境的退化现象，如牧场的退化、渔场的枯竭等，这反映的是行政管理中的(　　)现象。

A. 搭便车　　B. 公地悲剧　　C. 囚徒困境　　D. 机会主义

19. [2019河北唐山芦台]在行政组织的活动中，行政伦理能对组织中的人员符合要求的行为予以激励，当组织中的人员出现错误的认识，行政伦理能进行矫正，这体现的是行政伦理的(　　)

A. 中介功能　　B. 规范和约束功能

C. 教育与塑造功能　　D. 保证与激励功能

20. [2019河北石家庄新乐]行政伦理的最低要求是(　　)

A. 一切从人民的根本利益出发　　B. 行政行为的合法性

C. 不损害集体利益　　D. 成为道德高尚的模范

21. [2019河北石家庄新乐]行政管理体制改革和制度创新首要的、核心的问题，是公共行政职能的(　　)

A. 机构设置和人员配备　　B. 科学定位和主体界定

C. 主体界定和机构设置　　D. 科学定位和合理配置

22. [2019河南周口川汇]有效的政府组织应该认识到，公共性的起点是(　　)

A. 公民　　B. 政府　　C. 企业　　D. 政党

23. [2019河北石家庄市属]政府相关部门认真对待群众的来信来访，积极利用各种群众组织和社会团体广泛收集意见和建议。这表明政府在坚持(　　)的工作方法。

A. 从群众中来到群众中去　　B. 依法行政

C. 为人民服务　　D. 求真务实

24. [2019河南信阳平桥]区别政府有无权威的标志是(　　)

A. 政府是否维护公民的一切利益　　B. 政府是否做到了依法执政

C. 政府的权力是否关进制度的笼子里　　D. 政府的管理和服务是否被人民认可和接受

25. [2019河北石家庄市属]国务院总理李克强在政府工作报告中指出，要深入推进行政体制改革，进一步简政放权，这是政府的自我革命。确需设置的行政审批事项，要建立权力清单制度，一律向社会公开。清单之外的，一律不得实施审批。建立权力清单制度有利于(　　)

A. 推进依法执政　　B. 贯彻依法行政　　C. 促进司法公正　　D. 实现立党为公

26. [2019河北石家庄市属]浙江省“最多跑一次”改革实施两年多来，人民的获得感不断增强，这是由于政府的(　　)

A. 服务水平不断提高　　B. 权利被关进了笼子

C. 管理范围有所缩小　　D. 决策能力明显增强

27. [2019河北邢台经开]全面实行清单管理制度，制定政府权力和责任清单，扩大市场准入负面清单试点，压缩负面清单事项，减少政府的自由裁量权，增加市场的自主选择权，让企业和群众更多感受到“放管服”改革成就。这说明我国政府(　　)

A. 实行政务公开，防止行政权力缺失　　B. 提高公民参与决策的热情和信心

C. 积极转变政府职能，约束行政权力　　D. 坚持依法行政，树立政府权威

28. [2019河北石家庄市属]国务院督查组(第三批)针对保障性安居工程建设进度慢、公租房分配迟缓和重点民生项目拖期等问题,对1148名责任人依法依纪进行了问责,并给予党纪政纪处分。国务院加强督查问责旨在( )

A. 发挥权力机关作用,推进依法治国　　B. 加强群众监督,提高政府权威

C. 推动政府改进作风,治理庸政怠政　　D. 强化预防腐败机制,确保政府廉洁自律

29. [2019山东淄博]2019年,一些地方接连发生的安全事故为人们一再敲响警钟。一些重大安全事故,往往带有突发性、意外性、复杂性的特点,看似防不胜防、难以避免,实则萌生于日常被忽视的隐患。下列对重大安全事故相关内容的分析,不正确的是( )

A. 重大安全事故由县级人民政府负责调查

B. 涉嫌重大责任事故罪的责任人,构成犯罪的,应承担刑事责任

C. 造成10人以上30人以下死亡的事故为重大事故

D. 人为疏忽与安全思想麻痹是造成事故发生最大的隐患

30. [2019河南信阳平桥]在我国,政府依法行政就是依据( )行使权力。

A. 民主和法制的要求　　B. 宪法和法律的规定

C. 国家和公民的意志　　D. 权力和责任的大小

31. [2019河北石家庄市属]政府及其工作人员的权力由法律授予,行使行政权力必须严格遵守宪法和法律的规定,这就是依法行政。下列选项体现依法行政要求的是( )

A. 人民检察院按照诉讼程序对犯罪嫌疑人提起公诉

B. 中共中央加快构建依规治党的法规制度体系

C. 全国人大常务委员会通过关于修改《社会保险法》的决定

D. 生态环境部依法继续开展重点区域强化监督工作

32. [2019河北邢台市属]依法行政原则是行政法的一项基本原则。下列各项中,不属于依法行政原则所涵盖的具体原则的是( )

A. 责任政府原则　　B. 合理行政原则　　C. 法律优先原则　　D. 职权法定原则

33. [2019河北邢台市属]共产党作为我国执政党,有权力对我国行政机关工作依法进行监督,此监督类型属于( )

A. 内部监督　　B. 一般监督　　C. 专门监督　　D. 外部监督

34. [2019重庆江北]有效制约和监督权力的关键是( )

A. 限制政府权力,规范政府行为　　B. 建立健全制约和监督机制

C. 发扬民主,提高公民参政意识　　D. 规范政府权力运作,打造阳光政府

35. [2018河南禹州]我国政府注重保障和改善民生,免除农村贫困家庭学生普通高中学杂费。这表明政府履行的主要职能是( )

A. 组织社会主义经济建设　　B. 加强社会建设

C. 组织社会主义文化建设　　D. 保障人民民主和国家长治久安

36. [2018山东德州]围绕组织目标,制定实施方案,在政府管理运行中所处的阶段为( )

A. 计划职能　　B. 组织职能　　C. 领导职能　　D. 控制职能

37. [2018重庆沙坪坝]社会保障体系中最高层次的保障举措是( )

A. 社会救助　　B. 社会保险　　C. 社会福利　　D. 优抚安置

38. [2018山东聊城东昌府]近年来,条码支付业务已成大众常用的移动支付方式之一。2017年12月27

日，中国人民银行在其官网发布“关于印发《条码支付业务规范（试行）》的通知”，对支付环节进行资质规范、设定单日支付限额。从政府的责任视角看，其中蕴含的意图是（　）

A. 秉持公共理性，进行风险管控　　B. 提升手机支付的安全性，维护消费者利益

C. 把条码支付纳入当前的金融管理体系　　D. 提升市场主体的自律性

39.［2018河北衡水冀州］在行政权力的行使和运用过程中，最基本的、首要的环节是（　）

A. 行政执行　　B. 行政沟通　　C. 行政决策　　D. 行政监督

40.［2018河北保定］国务院发展研究中心属于典型的（　）

A. 行政决策中枢系统　　B. 行政决策信息系统

C. 行政决策咨询系统　　D. 行政决策执行系统

41.［2018山东德州］在行政信息的沟通过程中，政府经常举办一些听证会，这一沟通模式属于（　）

A. 聚联式沟通　　B. 单联式沟通　　C. 互联式沟通　　D. 非正式沟通

42.［2018河北保定］下列属于我国行政外部监督体系组成部分的是（　）

A. 人大监督　　B. 审计监督　　C. 监察部门的监督　　D. 上级监督

43.［2018河北石家庄市属］下列属于我国行政监督体系中行政系统外部且是国家机关监督的是（　）

A. 司法机关的监督　　B. 人民政协的监督

C. 中国共产党的监督　　D. 审计部门的监督

44.［2018河北张家口桥西］某地市民发现当地有关行政部门的个别工作人员没有切实履行医疗卫生安全监管职责，于是打电话向有关部门反映问题并提出建议。该市民行使监督权的方式为（　）

A. 社情民意反映制度　　B. 舆论监督制度

C. 社会听证制度　　D. 信访举报制度

45.［2017河南许昌］2016年底，浙江省政府颁布实施全国首个化学合成类制药大气污染物排放标准，以最严“技术红线”保卫浙江蓝天，为群众撑起同呼吸、共命运的保护伞。这说明政府在履行（　）

A. 组织文化建设的职能　　B. 推进生态文明建设的职能

C. 加强社会建设的职能　　D. 维护国家长治久安的职能

46.［2017重庆市属］社会主义市场经济体制的基本框架对政府职能的要求是：转变政府管理经济的职能，（　）

A. 促进资源的优化配置　　B. 建立完善的宏观调控体系

C. 建立适应市场经济的现代企业制度　　D. 建立起以按劳分配为主体的收入分配制度

47.［2017吉林］近日，教育部下发通知，要求重点高校今年继续增加农村和贫困地区学生的招生人数。据此，2017年“国家专项计划”定向招收贫困地区学生6.3万人，较2016年增加3000个名额。这主要体现了我国政府（　）

A. 重视教育公平，促进社会发展　　B. 加强社会建设，不断改善民生

C. 积极转变职能，维护社会公正　　D. 关注弱势群体，实现共同富裕

48.［2017河南许昌］在一些地区，政府购买公共服务已经成为一种趋势。政府通过竞标并支付一定服务费用，将部分特定公共服务事项委托给具有资质的专门社会组织来完成。政府购买服务（　）

A. 能提高社会机构管理国家事务的能力　　B. 是创新社会组织管理方式的重要举措

C. 主要目的是促进经济健康可持续发展　　D. 有利于降低行政成本并提高行政效率

49.［2017河南许昌］在公安部召开的深入推进户口登记管理清理整顿工作第四次电视电话会议上明确规定，2016年7月开始，全国大中城市和有条件的县（市）将启动居民身份证异地受理工作，减少烦琐程序，努

力把更多的便利"递"到群众手里,把更好的服务送到群众身边。该规定( )

A. 表明了政府加快健全基本公共服务体系

B. 有利于建设服务型政府,树立政府权威

C. 保障了我国公民依法享有基本的民主权利

D. 体现政府进行机构改革和转变职能的决心

50. [2017河北保定顺平]我国行政内部监督体系包括一般监督和( )

A. 职能监督　　B. 主管监督　　C. 专门监督　　D. 法制监督

51. [2017河南许昌]目前,我国已经依据宪法和法律初步建立起全面的行政监督体系。下列部门中,既能够监督淮南市教育局,又属于行政系统内部监督的是( )

A. 中共淮南委员会　　B. 淮南市人民政协

C. 淮南市人民代表大会　　D. 淮南市审计局

二、多项选择题(下列每小题列出的四个选项中至少有两项是正确的。)

1. [2020河北石家庄市属]目前,学前教育仍是整个教育系统的短板,"入园难""入园贵"依然是困扰老百姓的烦心事之一。所以,各级政府需要在学前教育规划、投入、教师队伍建设、监管等方面落实责任,牢牢把握公益普惠基本方向,坚持公办民办并举。这就需要政府( )

A. 健全社会保障制度,完善学前教育公共服务体系

B. 加大政策扶持,引导社会力量开办普惠性幼儿园

C. 履行组织文化建设的职能,完善幼儿园教师培养体系

D. 严格依法监管,遏制民办幼儿园的市场逐利行为

2. [2020河南信阳市属]行政责任是一种不能以其他法律责任或纪律责任替代的独立的责任。行政主体承担行政责任的具体方式包括( )等。

A. 通报批评　　B. 赔礼道歉,承认错误

C. 恢复名誉,消除影响　　D. 返还权益

3. [2019河南安阳龙安]2019年,脱贫攻坚仍是三农工作重中之重的硬任务,要切实重点解决好实现"两不愁三保障"面临的突出问题,加大"三区三州"等深度贫困地区和特殊贫困群体脱贫攻坚力度。在不折不扣完成脱贫攻坚任务的同时,脱贫的质量也同样需要保障,如何防止脱贫之后再返贫,同样是要解决的硬任务。脱贫攻坚体现了政府( )

A. 在履行组织社会主义经济建设职能

B. 是人民意志的执行者和人民利益的捍卫者

C. 以科学的思想、制度和方法领导中国特色社会主义事业

D. 坚持对人民负责的原则

4. [2019河南信阳平桥]从国家顶层设计到地方务实举措,各级政府的"放管服"改革措施初见成效,在一定程度上激发了市场主体的活力。政府为简政便民、放权兴国,甘当"店小二",应进一步( )

A. 优化机构职能设置,全面提高效能　　B. 增强公共服务能力,推进职能市场化

C. 激发社会创新活力,理顺政商关系　　D. 减少行政管理职权,提高行政效率

5. [2019河南信阳平桥]纵观习近平治国理政思想,可谓立意高远、博大精深、有效管用。他强调国家治理要强调一个"法"字,要"依法治国、依法执政、依法行政"。之所以要依法行政,是因为( )

A. 依法行政体现了政府对人民负责的原则

B. 依法行政是我国顺利进行社会主义现代化建设的根本保证

C. 依法行政是贯彻依法治国方略的要求

D. 我国的法律法规是由政府制定并实施的

6. [2019 山西大同平城]某政府机关实施“流程再造”改革,根据工作流程重新组织业务活动,并构建了统一的业务平台,极大地提高了工作效率和公众满意度。下列关于“流程再造”作用的说法,正确的有( )

A. 有利于形成清晰的权责关系 B. 便于培养“多面手”式的管理人才

C. 可以发挥部门的技术优势 D. 易于实现组织间的协调管理

7. [2019 河南信阳平桥]加强依法行政和制度建设,离不开对行政权力的监督。在国家机关中,对行政权力具有外部监督功能的国家机关有( )

A. 全国政协和各级人民政协 B. 人民代表大会及其常委会

C. 审计部门和法制部门 D. 各级人民法院和人民检察院

8. [2019 河北唐山芦台]党的十九大报告强调,保证全党服从中央,坚持党中央权威和集中统一领导,是党的政治建设的首要任务。维护行政领导权威的原则包括( )

A. 加强组织纪律建设,形成下级服从上级、全党及地方政府服从中央的高效领导体制

B. 在各层领导集体内加强团结,密切配合并形成坚强领导核心

C. 维护行政领导的权威必须与维护国家法律的权威统一起来

D. 建立科学有序的权力分配体系,做到合理放权

9. [2018 河北辛集]在影片《我不是药神》讲述癌症患病群体用药难题,引发舆论广泛关注讨论后,李克强总理亲自批示有关部门,要“急群众所急”,推动相关措施加快落到实处。为解决这一问题,政府可以采取以下哪些有效措施( )

A. 取消流通环节各种不合理加价 B. 要求药品生产企业必须降低药品价格

C. 将急需的抗癌药及时纳入医保报销目录 D. 较大幅度降低药品进口环节增值税税负

10. [2018 河南禹州]“绿水青山就是金山银山”,保护环境理念已成为全社会的共识,各级政府纷纷采取行动,坚决打赢“蓝天保卫战”。对于我国政府在打赢“蓝天保卫战”中应发挥的作用,认识正确的是( )

A. 要转变执政理念,树立正确的政绩观,树立抓好环保就是促发展的新理念

B. 要以人为本,加强环保执法,保护环境,为人民创造良好的生产生活条件

C. 要切实履行政府生态文明建设职能,坚持节约资源和保护环境的基本国策

D. 要转变政府职能,行使好立法权,为环保提供科学的法律依据

11. [2018 河北石家庄市属]某市政府打破部门“信息孤岛”,利用一站式政务服务系统,打通为民服务的“最后一米”。这反映出该市政府( )

A. 包办一切,积极服务群众 B. 不断增强决策的公众参与度

C. 坚持为人民服务的态度 D. 努力提高工作效率和水平

12. [2017 河南许昌]近日,国务院对全面推进政务公开作出具体部署,要求各部门对重大突发事件的政务舆情最迟在5小时内发布权威信息,24小时内举行新闻发布会,这一举措有利于( )

A. 保障公民的监督权 B. 促使民众快速求助

C. 提高政府履职效率 D. 防止政府滥用权力

三、判断题(判断下列每小题的正误,正确的打“√”,错误的打“×”。)

1. [2020 河北石家庄市属]政府有组织经济建设的职能,所以政府可以直接干预经济活动。 ( )

2. [2020 河南信阳市属]实现政府职能的主要手段中,法律手段具有严肃性、权威性、规范性的特点,使行政管理统一化和稳定化,但其只能在有限范围内发生作用。 ( )

3. [2020河北沧州河间]信访指人民群众致函或走访有关部门,反映情况,提出问题的活动,是一种立法监督。 ( )

4. [2020河南信阳市属]电子政务有利于整合政务信息资源,推动政府信息资源对社会开放,发挥其巨大的社会效益和经济效益。 ( )

5. [2019河北石家庄市属]转变政府职能意味着弱化政府职能。 ( )

6. [2019河北石家庄新乐]政府的职能包括民主政治建设职能。 ( )

7. [2019河北唐山芦台]行政文化影响行政组织的价值定位,但对行政组织内部结构的特征没有影响。 ( )

8. [2019山东德州乐陵]行政管理是运用国家权力对社会事务进行管理的一种管理活动,我国行政管理活动的主体是国家各级权力机关。 ( )

9. [2019山东潍坊滨海]任何行政活动都要通过行政组织来完成,只有依靠科学的行政组织,才能有效地行使国家行政管理的职能。 ( )

10. [2019山西大同平城]办事速度是效率的外在表现。但是,就行政效率而言,并不一定是越快越好,而是指时间使用的合理性。 ( )

11. [2018河北石家庄市属]拓宽民意反映渠道,是决策机关进行科学决策的重要前提。 ( )

12. [2017河北保定顺平]行政管理的基础是国家行政权力。 ( )

13. [2017河北保定徐水]政府在公共管理中要更多地发挥法律手段和经济手段的作用。 ( )

第四部分　法律常识

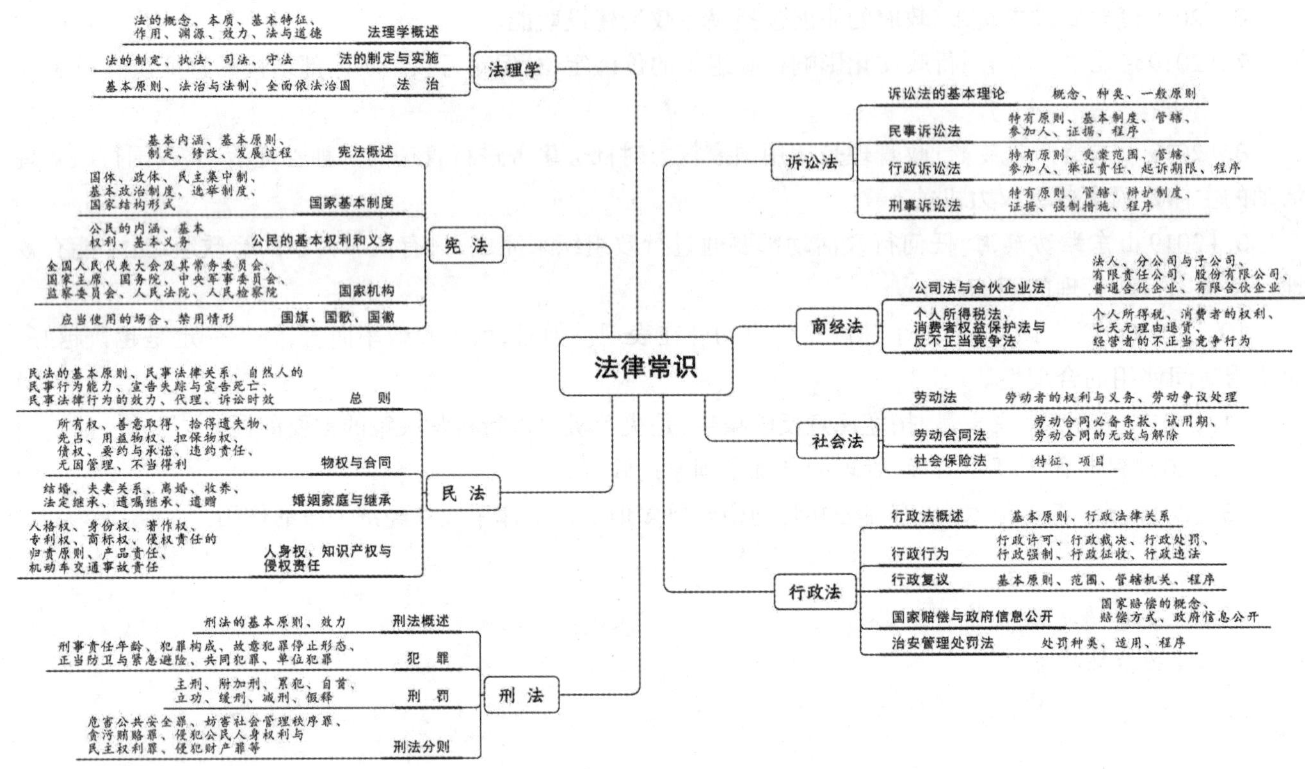

第一章　法理学

基础知识达标

一、单项选择题(下列每小题列出的四个选项中只有一项是正确的。)

1.［2021 河北石家庄市属］下列规范性法律文件中，属于行政法规的是(　　)

A. 国务院颁布的《中华人民共和国个人所得税法实施条例》

B. 商务部颁布的《商务部规范性文件制定和管理办法》

C. 河北省人大常委会颁布的《河北省信息化条例》

D. 上海市人民政府颁布的《上海市社会保障卡管理办法》

2.［2021 河北石家庄市属］法律关系是指由法律规范调整而形成的社会关系，下列属于法律关系的是(　　)

A. 甲与乙相恋而形成的恋爱关系

B. 甲与乙在同一单位工作而形成的同事关系

C. 甲向乙借款而形成的借贷关系

D. 甲与乙考进同一所大学而形成的同学关系

3.［2021河北石家庄市属］下列选项中，不属于法律责任的是（　　）

A. 刑事责任　　B. 民事责任　　C. 行政责任　　D. 党纪责任

4.［2020河北邢台隆尧］下列哪项不属于民事法律关系的要素（　　）

A. 主体　　B. 客体　　C. 内容　　D. 形式

5.［2020河北邢台隆尧］一个国家的全部法律规范可以按照一定标准分类组合为不同的法律部门，在此基础上构成的有机联系的统一整体，称为（　　）

A. 法律汇编　　B. 法律编纂　　C. 法律体系　　D. 法律渊源

6.［2020河北廊坊三河］对公众关注的案件要提高（　　），让暗箱操作没有空间，让司法腐败无法藏身。

A. 公平性　　B. 公开度　　C. 公开性　　D. 透明度

7.［2019辽宁大连瓦房店］法律规定的不以当事人的主观意志为转移的，能引起法律关系的产生、变更和消亡的，属于（　　）

A. 法律解释　　B. 法律事件　　C. 法律行为　　D. 法律机关

8.［2019重庆市属］按照马克思主义法学的观点，法的本质是（　　）

A. 人类理性　　B. 民族精神　　C. 行为规范　　D. 统治阶级的意志

9.［2019重庆渝中］法律是国家的统治工具，是一种特殊的行为规则，其最主要的特征是（　　）

A. 由国家制定或认可　　B. 对全体社会成员具有普遍约束力

C. 靠国家强制力保证实施　　D. 以权利和义务为内容

10.［2019重庆渝中］一般认为，划分法律部门的主要依据是（　　）

A. 法律调整的效率　　B. 法律调整的后果

C. 法律规范的性质　　D. 法律调整的对象和方法

11.［2019重庆渝中］司法解释是（　　）

A. 最高司法机关在适用法律过程中对具体应用法律问题所作的解释

B. 司法机关在适用法律时对法律所作的解释

C. 各级人民法院在审理案件中对法律的解释

D. 各级人民代表大会对法律所作的解释

12.［2019山东烟台芝罘］由全国人民代表大会及其常务委员会制定颁布，调整国家、社会和公民生活中基本社会关系的是（　　）

A. 宪法　　B. 法律　　C. 行政法规　　D. 行政规章

13.［2019重庆江北］逮捕证、营业执照都属于（　　）

A. 规范性法律文件　　B. 非规范性法律文件

C. 司法机关公文　　D. 特定国家机关公文

14.［2018重庆沙坪坝］我国《民法总则》第八条规定："民事主体从事民事活动，不得违反法律，不得违背公序良俗。"该条规定体现了法律的（　　）

A. 教育作用　　B. 预测作用　　C. 指引作用　　D. 评价作用

15.［2018重庆沙坪坝］从效力层级看，下列法律中效力最高的是（　　）

A.《中华人民共和国渔业法》

B.《中华人民共和国渔业船舶检验条例》

C.《中华人民共和国渔业行政执法船舶管理办法》

D.《长江渔业资源管理规定》

16.［2018河北保定］在我国的法律监督体系中，从国务院到地方各级人民政府的法律监督是（　　）

A. 社会性的监督　　B. 国家权力机关的监督

C. 国家行政机关的监督　　D. 国家司法机关的监督

17.［2018山东德州］法律义务是指法律关系主体（　　）

A. 可以自己做出一定的行为　　B. 可以要求他人做出一定的行为

C. 必须做出一定的行为　　D. 可以要求他人不做出一定的行为

18.［2018山东德州］法律制裁是（　　）对违法者追究法律责任所采取的惩罚措施。

A. 公检法机关　　B. 国家机关　　C. 政府　　D. 工商行政机关

19.［2017吉林］下列关于法的表述错误的是（　　）

A. 由国家制定或认可　　B. 有了人类社会就有了法

C. 具有强制性　　D. 以权利和义务为主要内容

20.［2017重庆南岸］大陆法系在法的形式上主要采用（　　）

A. 判例法　　B. 习惯法　　C. 法典　　D. 不成文法

21.［2017湖北特岗］国家的教育法规是指由国家制定的关于教育的（　　）

A. 成文法　　B. 判例法　　C. 惯例法　　D. 习惯法

22.［2017山西大同］按照制定和实施法律的主体不同，可以把法律划分为（　　）

A. 根本法和普通法　　B. 一般法和特别法

C. 国内法和国际法　　D. 实体法和程序法

23.［2017吉林］全国人民代表大会及其常务委员会行使国家立法权。下列行为不属于立法活动的是（　　）

A. 法的修改　　B. 法的制定　　C. 法的汇编　　D. 法的废除

24.［2017山西大同］《中华人民共和国宪法》规定，中华人民共和国劳动者有休息的权利。此规定属于法律规范中的（　　）

A. 授权性法律规范　　B. 命令性法律规范　　C. 禁止性法律规范　　D. 委托性法律规范

25.［2017河北保定顺平］国家机关及其工作人员依职权和法定程序，将法律规范用于具体事件或案件的活动，称为（　　）

A. 法的遵守　　B. 法的适用　　C. 法的解释　　D. 法的宣传

26.［2017山东德州］在法律运行过程中，法律实施和实现的基本途径是（　　）

A. 立法　　B. 守法　　C. 执法　　D. 司法

27.［2017重庆大渡口］人的死亡是能够引起一系列民事法律关系产生、变更和消灭的（　　）

A. 法律行为　　B. 法律事件　　C. 法律后果　　D. 法律前提

二、多项选择题（下列每小题列出的四个选项中至少有两项是正确的。）

1.［2021山东青岛市北］中央全面依法治国工作会议于2020年11月16日至17日在北京召开。会议强调，习近平法治思想内涵丰富、论述深刻、逻辑严密、系统完备，从（　　）上深刻回答了新时代为什么实行全面依法治国、怎样实行全面依法治国等一系列重大问题。

A. 民主和法治相结合　　B. 历史和现实相贯通

C. 国际和国内相关联　　D. 理论和实际相结合

2.［2019山东淄博］当前我国的司法机关包括（　　）

A. 各级监察委员会　　B. 公安机关　　C. 人民法院　　D. 人民检察院

3.[2019河南信阳平桥]关于法的分类,下列说法正确的有( )

A.根据法的创制方式和表达形式的不同,可以把法分为成文法和不成文法

B.根据法的内容的不同,可以把法分为实体法和程序法

C.根据法的地位、效力、内容和制定主体、程序不同,可以把法分为根本法和普通法

D.根据法的适用范围的不同,可以把法分为一般法和特别法

4.[2018山东聊城]建设社会主义法治国家,推进( ),加快建设法治经济和法治社会,把经济社会发展纳入法治轨道。

A.科学立法 B.严格执法 C.公正司法 D.全民守法

5.[2018河北保定]对司法工作中具体应用法律问题有权进行解释的有( )

A.最高人民法院 B.国务院及其主管部门

C.最高人民检察院 D.法学研究机构

三、判断题(判断下列每小题的正误,正确的打"√",错误的打"×"。)

1.[2020河北廊坊三河]社会主义法治理念是以四项基本原则为根本指导思想的。 ( )

2.[2019山东济宁邹城]法律是成文的道德,道德是内心的法律。 ( )

3.[2019河北石家庄市属]行政法规和地方性法规具有同等效力。 ( )

4.[2019重庆江北]党员违法犯罪后受到法律追究,可不再受党纪追究。 ( )

5.[2019山东烟台招远]作为一项无偿的法律保障制度,法律援助能让困难群众打得起官司,不至于因经济原因而导致合法权益无法得到保障。 ( )

6.[2019山东烟台招远]"红色通缉令"是由联合国国际法院发布的国际通报,其通缉对象是有关国家法律部门已发出逮捕令,要求成员国引渡的在逃犯。 ( )

7.[2019重庆永川]合法行为和违法行为都可以引起法律关系的产生、变更和消灭。 ( )

8.[2019河北秦皇岛市属]法律上无效的行为必然是违法行为。 ( )

9.[2018山西大同市属]法是以社会关系为内容的行为规范。 ( )

10.[2017重庆市属]在我国的法律适用中,通常把司法机关适用法律的活动称为"司法",把行政机关适用法律的活动称为"守法"。 ( )

综合能力提升

一、单项选择题(下列每小题列出的四个选项中只有一项是正确的。)

1.[2020河北廊坊三河]社会主义法治是社会主义民主的( )

A.保障 B.基础 C.核心 D.前提

2.[2020河北邢台隆尧]社会主义法律得以实现的主要方式是( )

A.依靠法律监督机关的有效监督 B.依靠人民群众的自觉守法

C.依靠执法机关的严格执法 D.依靠司法机关的强制

3.[2020河北邢台隆尧]下列关于"法治"与"法制"原则的表述,错误的是( )

A.法制是相对于非法律性质的社会规范而言的,法治则是相对于人治而言的

B.法治往往与民主、人权相关联,而法制既可与民主、人权也可与专制、特权相联系

C.法制主要解决有法可依的问题,法治则主要解决法制在治理国家中的地位和作用问题

D.法治是法制的前提和条件,法制是法治的实现和保障

4.［2020河北廊坊三河］我国社会主义法治理念的价值追求是（　　）

A. 依法治国　　B. 执法为民　　C. 服务大局　　D. 公平正义

5.［2019河南信阳平桥］关于法律与政治的一般关系，下列说法错误的是（　　）

A. 法律与政治都受制约和反作用于一定的经济关系

B. 政治对法律具有影响和制约作用

C. 法律对政治具有确认、调整和影响作用

D. 在政治和法律的关系中，法律处于主导地位

6.［2019重庆江北］教育法律关系产生的前提是（　　）

A. 教育法律规范的存在　　B. 教育法律对象的存在

C. 教育法律制度的存在　　D. 教育法律意识的存在

7.［2019山西省属］关于法律和道德的关系，下列表述错误的是（　　）

A. 法律是成文的道德，道德是内心的法律

B. 法治和德治不可分离，不可偏废，国家治理需要法律和道德协同发力

C. 法律是基石，任何时候都不可忽视；道德是准绳，任何时候都必须遵循

D. 法律和道德都具有规范社会行为、调节社会关系、维护社会秩序的作用

8.［2019河北石家庄新乐］甲、乙双方签订了货物买卖合同，由甲方向乙方提供货物，后经甲方同意，乙方将合同中的权利、义务转让给丙方。这样，法律关系发生了变更的是（　　）

A. 主体、客体　　B. 内容　　C. 客体　　D. 主体

9.［2019河北唐山芦台］社会主义法治理念以马克思主义法律思想为指导，坚持从现阶段国情出发，系统地回答了什么是社会主义法治，如何建设社会主义法治国家等一系列问题。这体现出社会主义法治理念具有（　　）

A. 高度的跨越性　　B. 彻底的斗争性

C. 系统的科学性　　D. 充分的开放性

10.［2018山东聊城］下列说法错误的是（　　）

A. 法是国家意志的体现，因此具有统一性和权威性

B. 法是国家意志的体现，所有的国家意志都表现为法

C. 所有的“国法”意义上的法都是国家意志的体现

D. 法是一种特殊的社会规范，这种特殊在于它具有国家意志性

11.［2018河北邢台桥东］在全部立法程序中，具有决定意义的是（　　）

A. 法律议案的提出　　B. 法律议案的审议

C. 法律议案的表决通过　　D. 法律的公布

12.［2018山东聊城］下列哪项表述未能体现“法律不是万能的”（　　）

A. 某些社会生活领域，不适合由法律来调整　　B. 出现新的社会关系，法律往往来不及调整

C. 法律在生效后适用，在生效之前不能适用　　D. 法律要能有效实施，还必须依靠其他条件

13.［2018河北石家庄市属］（　　）是防止执法腐败、促进执法公正的一剂良药。

A. 秉公执法　　B. 一切依靠人民　　C. 程序公正　　D. 执法公开

14.［2018山东德州］社会主义法治国家的公民应当具备的最基本的法治观念是（　　）

A. 法律上的自由平等观念　　B. 法律上的公平正义观念

C. 社会主义民主法治观念　　D. 法律权利与义务观念

15.［2018山东德州］我国社会主义法律在维护公平正义、协调人与自然的关系、推动社会主义和谐社会建设方面的作用可归属于（　　）

A.法在政治建设方面的作用　　B.法在经济建设方面的作用

C.法在文化建设方面的作用　　D.法在社会建设方面的作用

16.［2018山东统考］程序法是为促进实体法内容的实现对诉讼程序或其他程序加以规定的法律。下列属于程序法的是（　　）

A.《中华人民共和国民法总则》　　B.《中华人民共和国合同法》

C.《中华人民共和国物权法》　　D.《中华人民共和国民事诉讼法》

17.［2018山东聊城］A省某区人民法院在处理一起行政案件中发现，财政部的规章与A省人民政府之后制定的规章就同一问题作出了相互冲突的规定，则A省某区法院应该（　　）

A.交由全国人大常委会裁决　　B.适用A省人民政府规章，因为新法优于旧法

C.交由国务院裁决　　D.适用财政部规章，因为上位法优于下位法

18.［2017重庆南岸］法与统治阶级道德的一致性，主要体现在（　　）

A.相互渗透　　B.相辅相成

C.都是统治阶级意志的体现　　D.都是上层建筑的组成部分

19.［2017山西省属］根据国家有关法律规定，本科学历才有资格参加国家司法考试。小王想参加国家司法考试，法学专业专科毕业后又继续读本科。这体现了法的（　　）

A.指引作用　　B.教育作用　　C.评价作用　　D.强制作用

20.［2017重庆南岸］法典编纂（　　）

A.是对原有全部规范性文件进行整理

B.是在不改变原有规范性文件内容的前提下进行加工

C.是对属于某一法律部门的规范性文件进行整理加工，编制成新的系统化的法律文件，因而是一种立法活动

D.不是一种立法活动

21.［2017山西大同］“法律不但由国家制定或认可，而且由国家保证实施”，这句话说明法律具有（　　）

A.阶级性　　B.反映统治阶级意志的特点

C.上层建筑的特点　　D.国家强制性

22.［2017河北保定徐水］法律的权威源自（　　）

A.依宪执政　　B.科学立法

C.人民的内心拥护和真诚信仰　　D.司法公正

23.［2017山东统考］中共十八届四中全会通过了《中共中央关于全面推进依法治国若干重大问题的决定》，习近平总书记发表了一系列有关法治和依法治国为主要内容的专题讲话，阐述了关于法治、法治建设、法治改革的重要观点，下面关于法治内涵的分析，不正确的是（　　）

A.相对稳定地依法管理　　B.一种法律形式上的制度

C.与“人治”相对　　D.一种状态和社会意识

二、多项选择题（下列每小题列出的四个选项中至少有两项是正确的。）

1.［2019山东济宁邹城］以下关于违反法律规定应当承担法律责任的表述正确的是（　　）

A.民事责任主要是财产责任，也可以是人身、行为、人格等为责任承担内容的非财产责任

B.行政责任是指因违反行政法或因行政法规定而应承担的责任。对行政违法者的制裁包括行政处罚和行政处分

C. 刑事责任是指行为人因其犯罪行为所必须承受的,由国家行政机关或司法机关代表国家所确定的否定性法律后果

D. 具体的法律责任主要包括民事法律责任、行政法律责任和刑事法律责任

2. [2019 山东济南]十三届全国人大常委会第五次会议审议通过,个税起征点由每月3500元提升至每月5000元(每年6万元),首次增加子女教育支出、继续教育支出、大病医疗支出、住房贷款利息和住房租金等专项附加扣除。这体现了法律义务具有的特点是( )

A. 法律义务具有稳定性　　B. 法律义务具有多样性

C. 法律义务要符合现实需要　　D. 法律义务是历史的

3. [2019 重庆南岸]“国无常强,无常弱。奉法者强则国强,奉法者弱则国弱。”下列对这句话的理解,正确的是( )

A. 国家需要不断完善法律体系　　B. 严格依法办事是国家治理的基本法则

C. 国家的强弱是动态变化的,顺其自然就好　　D. 遵循法治是国家强盛的必由之路

4. [2019 河北邢台]资本主义法制的基本原则有( )

A. 私有制原则　　B. “主权在民”原则　　C. 人权原则　　D. 三权分立原则

5. [2019 重庆市属]“公路客运车辆载客超过额定乘员的,处二百元以上五百元以下罚款;超过额定乘员百分之二十或者违反规定载货的,处五百元以上二千元以下罚款。”该法律规范属于( )

A. 授权性规范　　B. 义务性规范　　C. 强制性规范　　D. 权利性规范

6. [2019 河北秦皇岛市属]法治国家的基本内容包括( )

A. 法律具有极大的权威性　　B. 具有健全的法律运行机制

C. 公民具有良好的法律意识　　D. 权利保障与权力制约相统一

7. [2018 山东枣庄峄城]当前食品安全形势依然严峻,主要体现在食品加工环境差,食品生产经营者守法经营意识弱、诚信缺失等方面。为解决这些问题,下列做法正确的是( )

A. 人民政府应加强食品安全的宣传教育,普及相关知识

B. 新闻媒体应开展食品安全法律法规的公益宣传,加强舆论监督

C. 坚持法治约束与道德教化相结合,尤其要强调道德教化的作用

D. 健全完善食品安全标准,着力构建食品安全社会共治格局

8. [2018 河南禹州]下列表述正确的是( )

A. 市场经济本质上是法治经济

B. 法律的本质是人民意志和利益的体现

C. 社会和谐是中国特色社会主义的本质属性

D. 依法治国的本质是保证人民当家作主的权利,维护人民当家作主的地位

9. [2018 河南信阳浉河]在我国,追究法律责任应当坚持以下哪些原则( )

A. 个人负责,不许株连原则　　B. 目的在于教育原则

C. 依法追究法律责任原则　　D. 调查研究原则

10. [2018 山西长治襄垣]2017年3月15日,《中华人民共和国民法总则》获十二届全国人大五次会议表决通过,自2017年10月1日起开始施行。中国民事法律制度从此开启“民法典时代”,民法总则编纂过程,3次修改……这体现了( )

A. 人民群众发挥主体作用,参与行使立法权

B. 人民的意志通过法定程序上升为国家意志

C. 全国人大行使表决权，贯彻民主集中制原则

D. 全国人大立法过程充分体现民主原则、科学原则

11. [2017河北保定徐水]我国《老年人权益保障法》第十八条规定，家庭成员应当关心老年人的精神需求，不得忽视、冷落老年人；与老年人分开居住的家庭成员，应当经常看望或问候老年人。下述说法正确的有（　　）

A. 该法条对看望老人次数没有明确规定，实践中可由法官自由裁量

B. 该法条没有规定法律后果

C. 该法条中规定了积极义务和消极义务

D. 该法条与我国传统道德相悖

12. [2017重庆市属]下列选项中，关于法律与道德关系的表述，正确的有（　　）

A. 两者产生于人类社会史大致相同的时间　B. 两者作为行为规范都是维护社会秩序的

C. 两者都是上层建筑，都以一定经济为基础　D. 法律是有意识的产物，道德是自发形成的

第二章　宪　法

基础知识达标

一、单项选择题（下列每小题列出的四个选项中只有一项是正确的。）

1. [2021河北石家庄市属]2021年"两会"期间，人民网通过在线调查请网友投票建言。网友可从社会保障、乡村振兴、依法治国、全民健康、新发展格局等20个候选热词中选择最关心的话题参与投票。从民主决策的方式看，公民参与"两会"在线建言属于（　　）

A. 信访举报制度　B. 社情民意反映制度

C. 舆论监督制度　D. 重大事项社会公示制度

2. [2021河北石家庄市属]公民甲以不同的方式参与政治生活，下列对其参与的政治生活归类正确的是（　　）

A. 民主管理——在听证会上发表意见提出建议

B. 民主决策——作为志愿者参加小区疫情防控

C. 民主管理——在网络论坛检举某公务员的违法行为

D. 民主监督——参加市政府机关举行的民主评议活动

3. [2021河北石家庄市属]根据宪法规定，下列不属于我国公民政治权利和自由的是（　　）

A. 选举权　B. 言论自由　C. 劳动权　D. 出版自由

4. [2021河北石家庄市属]石家庄市下辖县的新设、撤销或合并，应当由（　　）批准。

A. 石家庄市人民政府　B. 河北省人民政府

C. 河北省人民代表大会　D. 国务院

5. [2021河北石家庄市属]对宪法作用的认识，下列表述中错误的是（　　）

A. 宪法具有最高的法律效力

B. 宪法是公民权利的保障书

C. 宪法是国家的根本大法，是治国安邦的总章程

D. 宪法能够为司法活动提供明确而直接的依据

6.［2021河北石家庄市属］我国宪法规定，中华人民共和国公民在法律面前一律平等。下列选项中，侵犯宪法规定的平等权的是（　　）

A. 某私营企业的员工招聘中，要求男士身高175厘米以上

B. 某教育部直属大学在教师招考公告中设定“具有硕士研究生以上学历”的标准

C. 某县政府制定的规范性文件中，对女性劳动者给予特别劳动保护

D. 某公安局在辖区内贴出标语“严厉打击某省籍犯罪分子，保护人民群众财产安全”

7.［2021河北石家庄市属］2021年3月5日，近3000名全国人大代表出席了第十三届全国人民代表大会第四次会议。参加此次会议的全国人大代表，有党政军干部、工人、农民、农民工代表，也有少数民族代表和归国华侨代表，这表明我国（　　）

A. 民主权利具有真实性　　B. 民主权利具有广泛性

C. 民主主体具有广泛性　　D. 人民民主是全民的民主

8.［2021辽宁葫芦岛］习近平总书记指出：“回顾我国宪法制度发展历程，我们愈加感到，我国宪法同党和人民进行的艰苦奋斗和创造的辉煌成就紧密相连，同党和人民开辟的前进道路和积累的宝贵经验紧密相连。”我国现行的宪法为1982年宪法，迄今为止共历经了（　　）次修订。

A. 三　　B. 四　　C. 五　　D. 六

9.［2021辽宁葫芦岛］行政机关是指依法行使国家权力、执行国家行政职能的机关，其中（　　）可以代表国家处理外交、国防事务，领导全国各级各类行政机关和全国性行政工作，是最高国家权力机关的执行机关。

A. 国务院　　B. 外交部　　C. 司法部　　D. 国防部

10.［2021山东青岛市北］根据《宪法》的规定，下列关于我国基本经济制度的表述，错误的是（　　）

A. 我国的社会主义经济制度的基础是生产资料的社会主义公有制，也就是全民所有制和劳动群众集体所有制

B. 国有经济就是社会主义全民所有制经济

C. 城镇中的手工业、工业、建筑业、运输业、商业、服务业等行业的各种形式的合作经济，都是社会主义劳动群众集体所有制经济

D. 城市的土地属于国有，农村和城市郊区的土地属于集体所有

11.［2021山东青岛市北］中国的政党制度是共产党领导下的多党合作和政治协商制度。以下关于这项制度的说法，正确的是（　　）

A. 民主党派以民主协商制度的形式与共产党联合，排除了政党之间的竞争

B. 民主党派与共产党都拥有政治上的领导地位，都属于执政党

C. 中国人民政治协商会议是民主党派参政议政的主要国家机关

D. 中国人民政治协商会议起源于新中国成立后

12.［2021山东青岛市北］特赦是一项宪法制度。我国《宪法》规定，宪法特赦是（　　）的一项职权。

A. 国家主席　　B. 中央军委主席　　C. 全国人大常委会　　D. 中共中央

13.［2020山西太原晋源］最高人民法院是国家的（　　）

A. 专门审判机关　　B. 最高审判机关

C. 最高司法机关　　D. 专门行政机关

14.［2020河北石家庄市属］国家倡导（　　），提倡爱祖国、爱人民、爱劳动、爱科学、爱社会主义的公德，在人民中进行爱国主义、集体主义和国际主义、共产主义的教育，进行辩证唯物主义和历史唯物主义的教

育,反对资本主义的、封建主义的和其他的腐朽思想。

A. 公民道德规范　　B. 社会主义核心价值观

C. 社会主义文化　　D. 社会主义职业道德

15. [2020河北石家庄市属]国家为了(　　)的需要,可以依照法律规定对土地实行征收或者征用并给予补偿。

A. 公共利益　　B. 公民利益　　C. 村民利益　　D. 集体利益

16. [2020河北石家庄市属]一切国家机关实行(　　)的原则,实行工作责任制,实行工作人员的培训和考核制度,不断提高工作质量和工作效率,反对官僚主义。

A. 精简　　B. 高效　　C. 平等　　D. 为人民服务

17. [2020河北邢台襄都]根据我国《宪法》的规定,下列自然资源中,只能属于国家所有的是(　　)

A. 山岭　　B. 矿藏　　C. 森林　　D. 草原

18. [2020河北石家庄市属]宪法的修改,由全国人民代表大会常务委员会或者(　　)以上的全国人民代表大会代表提议,并由全国人民代表大会以全体代表的三分之二以上的多数通过。

A. 五分之一　　B. 四分之一　　C. 三分之一　　D. 二分之一

19. [2020河北廊坊三河]依法服兵役和参加民兵组织是我国公民的(　　)

A. 神圣权利　　B. 光荣义务　　C. 权利和义务　　D. 神圣职责

20. [2020河北邢台襄都]人民代表大会制度是中国的(　　)

A. 根本制度　　B. 基本国情　　C. 根本政治制度　　D. 基本法律

21. [2020河北廊坊三河]我国爱国统一战线的组织形式是(　　)

A. 人民代表大会　　B. 中国共产党领导的多党合作和政治协商制度

C. 民主座谈会　　D. 中国人民政治协商会议

22. [2020河北邢台隆尧]我国《国旗法》规定,在公共场合故意以焚烧、毁损、涂划、玷污、践踏等方式侮辱中华人民共和国国旗的,依法追究(　　)

A. 刑事责任　　B. 行政责任　　C. 民事责任　　D. 经济法责任

23. [2019重庆市属]中华人民共和国的根本政治制度是(　　)

A. 人民民主专政　　B. 人民代表大会制度

C. 单一制　　D. 社会主义制度

24. [2019重庆南川]全国人民代表大会代表的选举由(　　)主持。

A. 全国人民代表大会　　B. 全国人民代表大会常务委员会

C. 国务院　　D. 党中央

25. [2019河北石家庄新乐]《中共中央国务院关于推进社会主义新农村建设的若干意见》中指出,要加强农村民主政治建设。农村村民委员会是我国现行政治体制中的(　　)

A. 基层政权组织　　B. 基层自治组织　　C. 基层社会团体　　D. 基层经济组织

26. [2019河北石家庄新乐]我国最高国家权力机关是(　　)

A. 全国人民代表大会　　B. 中央军事委员会

C. 中国共产党中央委员会　　D. 国务院

27. [2019重庆沙坪坝]社会主义民主政治的本质特征是(　　)

A. 党的领导　　B. 人民当家作主　　C. 依法治国　　D. 民主集中制

28. [2019河南信阳浉河]全国人民代表大会和地方各级人民代表大会都由(　　)产生,对人民负责,受人民监督。

A. 直接选举　B. 间接选举　C. 等额选举　D. 民主选举

29. [2019河南信阳平桥]人民民主专政是我国的国体。人民民主专政的本质是(　　)

A. 人民当家作主　B. 对极少数敌对分子实行专政

C. 以工农联盟为基础　D. 坚持四项基本原则

30. [2019河南平顶山]中国特色社会主义民主政治最鲜明的特点是实行(　　)

A. 民族区域自治制度　B. 中国共产党领导的多党合作和政治协商制度

C. 社会主义制度　D. 人民代表大会制度

31. [2019重庆沙坪坝]下列可以享有并行使选举权的是(　　)

A. 李某,30岁,精神病患者　B. 王某,15岁,正在接受收容教养

C. 张某,45岁,美籍华人　D. 周某,67岁,文盲

32. [2019河北石家庄裕华]《宪法》规定,中华人民共和国公民有受教育的权利和义务。国家培养青年、少年、儿童在(　　)等方面全面发展。

A. 品德、体质、劳动　B. 智力、体质、劳动　C. 品德、智力、劳动　D. 品德、智力、体质

33. [2019山东枣庄滕州]全国人民代表大会是最高国家权力机关,下列不属于全国人民代表大会职权的是(　　)

A. 选举中华人民共和国主席和副主席

B. 依照法律规定决定省、自治区、直辖市的范围内部分地区进入紧急状态

C. 审查和批准国民经济和社会发展计划和计划执行情况的报告

D. 制定和修改刑事、民事、国家机构的和其他的基本法律

34. [2019河南平顶山]下列由全国人民代表大会常务委员会行使的职权有(　　)

A. 修改宪法

B. 选举中华人民共和国主席、副主席

C. 制定和修改刑事、民事、国家机构的和其他的基本法律

D. 解释宪法,监督宪法的实施

35. [2019河北石家庄市属]近年来,部分有关著名商标的地方性法规因违反我国商标法的立法宗旨,有违市场公平竞争,全国人大常委会要求予以全面清理。这里体现出的全国人大常委会行使的职权是(　　)

A. 立法权　B. 决定权　C. 监督权　D. 审议权

36. [2019河北邢台市属]根据《宪法》规定,以下选项连续任职不得超过两届的是(　　)

A. 国家主席　B. 国家副主席

C. 国务院总理　D. 中央军委主席

37. [2019河北石家庄市属]某市社区发起"温暖元宵节,和谐社区情"的元宵节特色主题活动,推动了社区的和谐建设。构建和谐社区的重要民主管理机构是(　　)

A. 业主自治委员会　B. 街道办事处　C. 城市居民委员会　D. 物业管理委员会

38. [2019山东淄博]我国公民行使监督权的对象是(　　)

A. 任何国家机关和国家工作人员

B. 任何单位和人员

C. 任何危害公共利益和个人利益的单位和人员

D. 与自己利益密切相关的单位和人员

39. [2019山东烟台开发]有权根据全国人民代表大会的决定和全国人大常委会的决定，宣布战争状态的是(　　)

A. 中央军委主席　　B. 国务院总理　　C. 国家主席　　D. 全国人大常委会

40. [2019重庆市属]在一起行政诉讼案件中，对被告进行处罚的依据是国务院某部制定的一个行政规章，原告认为该规章违反了有关法律。根据我国宪法规定，下列哪一机关有权改变或者撤销不适当的部门规章(　　)

A. 国务院　　B. 全国人民代表大会

C. 全国人民代表大会常务委员会　　D. 最高人民法院

41. [2019河北邢台]人民检察院是国家的(　　)

A. 监察机关　　B. 法律监督机关　　C. 纪律检查机关　　D. 行政机关

42. [2019河南信阳浉河]司法机关依法独立行使职权，该原则的含义是：人民法院、人民检察院依法独立行使自己的职权，不受(　　)

A. 权力机关的干涉　　B. 上级司法机关的干涉

C. 行政机关、社会团体和个人的干涉　　D. 政党、社会团体和个人的干涉

43. [2019重庆南岸]国家监察委员会是最高监察机关，其对(　　)负责。

A. 全国人民代表大会和全国人民代表大会常务委员会

B. 全国人民代表大会或全国人民代表大会常务委员会

C. 全国人民代表大会

D. 全国人民代表大会常务委员会

44. [2019山东烟台莱州]我国一切国家机关实行(　　)原则，实行工作责任制，实行工作人员的培训和考核制度，不断提高工作质量和工作效率。

A. 效能　　B. 精简　　C. 高效　　D. 选优

45. [2019山西省属]根据《中华人民共和国宪法》，下列关于我国国家机关表述错误的是(　　)

A. 国务院对全国人民代表大会负责并报告工作，在全国人民代表大会闭会期间，对全国人民代表大会常务委员会负责并报告工作

B. 最高人民法院领导地方各级人民法院和专门人民法院的审判工作，上级人民法院领导下级人民法院的审判工作

C. 地方各级人民代表大会是地方国家权力机关，县级以上的地方各级人民代表大会设立常务委员会

D. 中央军事委员会实行主席负责制

46. [2018山东聊城]规定我国的根本制度和根本任务的法律是(　　)

A.《宪法》　　B.《民法》　　C.《刑法》　　D.《婚姻法》

47. [2018山东统考]坚持全面依法治国，必须把党的领导贯彻落实到依法治国全过程和各方面，坚定不移走中国特色社会主义法治道路，完善中国特色社会主义法律体系。中国特色社会主义法律体系的核心是(　　)

A. 党的领导　　B. 宪法　　C. 刑法　　D. 全面依法治国

48. [2018山东统考]宪法的稳定性具有重要意义，同时，宪法内容也必须根据社会政治、经济的发展适时修改。根据《宪法》规定，下列有权修改宪法的主体是(　　)

A. 全国人民代表大会　　B. 全国人民代表大会常务委员会

C. 全国人民代表大会法制工作委员会　　D. 国务院法制办公室

49. [2018河北石家庄市属]全国人大要制定一部有关环境保护的法律,根据我国宪法规定,须(　　)的通过。

A. 全体代表的三分之二以上的多数　　B. 出席代表的三分之二以上的多数

C. 全体代表的过半数　　D. 出席代表的过半数

50. [2018河北石家庄市属]下列国家工作人员就职时应该进行宪法宣誓的是(　　)

A. 某高校的老师　　B. 某市市长

C. 某国有企业董事长　　D. 某村村委会主任

51. [2018河北石家庄市属]具有中国公民资格的法定条件是(　　)

A. 具有中国国籍　　B. 出生在中国

C. 年满18周岁　　D. 没有被依法剥夺政治权利

52. [2018河南周口中心城区]将"构建人类命运共同体"写入我国宪法的是(　　)

A. 1993年宪法修正案　　B. 1999年宪法修正案

C. 2004年宪法修正案　　D. 2018年宪法修正案

53. [2018河北保定]下列内容没有被写入《中华人民共和国宪法》的是(　　)

A. 推广全国通用的普通话　　B. 和平共处五项原则

C. 男女同工同酬　　D. 八荣八耻

54. [2018山东聊城]人民代表大会制度是我国人民民主专政的(　　)

A. 执法组织形式　　B. 政权组织形式　　C. 行政组织形式　　D. 司法组织形式

55. [2018重庆彭水]我国的国家结构形式是(　　)

A. 单一制　　B. 一体制　　C. 邦联制　　D. 联邦制

56. [2018河北保定]根据我国宪法和法律的规定,在直接选举的地方(　　)

A. 全体选民过半数投票选举有效　　B. 全体选民的2/3投票选举有效

C. 全体选民投票选举有效　　D. 全体选民的3/5投票选举有效

57. [2018河北石家庄市属](　　)是解决我国民族问题的基本政策,是符合我国国情的一项基本政治制度。

A. 民族自治制度　　B. 区域自治制度　　C. 民族平等制度　　D. 民族区域自治制度

58. [2018山东枣庄峄城]我国多党合作的基本方针是"长期共存、互相监督、肝胆相照、(　　)"。

A. 互惠互利　　B. 荣辱与共　　C. 团结有爱　　D. 参政议政

59. [2018重庆彭水]有选举权和被选举权的年满(　　)周岁的中华人民共和国公民,可以被选为中华人民共和国主席、副主席。

A. 18　　B. 28　　C. 35　　D. 45

60. [2018山东滨州]我国宪法和法律规定了公民的权利和义务。其中,公民参加国家政治、经济和社会生活的基础是(　　)

A. 财产权利　　B. 人身权利　　C. 社会经济权利　　D. 言论自由权利

61. [2018山西长治襄垣]享有(　　)是公民享有其他各项权利的前提。

A. 人身自由权　　B. 生命权

C. 人格尊严权　　D. 住宅安全权、通信自由权等

62. [2018河南信阳浉河]《中华人民共和国宪法》规定,公民对国家工作人员的违法失职行为有权向国家机关提出申诉、控告或检举。这属于公民权利中的(　　)

A. 政治权利　　B. 监督权利　　C. 社会经济权利　　D. 人身自由权利

63.［2018陕西西安］依据我国宪法，父母有（　　）教育未成年子女的义务，成年子女有赡养扶助父母的义务。

A. 扶养　　B. 抚养　　C. 监护　　D. 监管

64.［2018河北石家庄市属］宪法规定，父母有抚养教育（　　）的义务。

A. 未成年子女的非婚配偶　　B. 子女

C. 孙子、孙女　　D. 未成年子女

65.［2018河南禹州］根据现行宪法，下列说法正确的是（　　）

A. 在宪法所保障的基本权利中，最基本的权利是人身自由权

B. 劳动、受教育、依法纳税既是公民的基本权利也是基本义务

C. 年满18周岁的中国公民都有选举权和被选举权

D. 我国公民在遭受自然灾害时有获得物质帮助的权利

66.［2018山西长治襄垣］有权决定特别行政区设立的国家机关是（　　）

A. 全国人民代表大会　　B. 国务院

C. 全国人大常委会　　D. 国家主席

67.［2018河北石家庄市属］2017年3月15日，第十二届全国人民代表大会第五次会议审议通过了《中华人民共和国民法总则（草案）》。这表明全国人大行使（　　）

A. 审议权　　B. 表决权　　C. 决定权　　D. 立法权

68.［2018河南禹州］2018年3月20日上午，十三届人大一次会议举行全体会议，表决通过了政府工作报告、《中华人民共和国监察法》，这体现了全国人大拥有（　　）

A. 任免权　监督权　　B. 监督权　表决权　　C. 监督权　立法权　　D. 决定权　立法权

69.［2018陕西西安］依据我国宪法，全国人民代表大会根据中华人民共和国主席的提名，决定（　　）的人选。

A. 最高人民法院院长　　B. 最高人民检察院检察长

C. 中华人民共和国副主席　　D. 国务院总理

70.［2018河南汝州］根据我国《宪法》的规定，国务院有权制定和发布的是（　　）

A. 教育行政法规　　B. 教育法律　　C. 教育政府规章　　D. 教育单行条例

71.［2018山东统考］未经（　　）依法判决，对任何人都不得确定有罪。

A. 人民法院　　B. 人民检察院　　C. 公安机关　　D. 人民调解委员会

72.［2018贵州贵阳］第十三届全国人民代表大会第一次会议表决通过的《中华人民共和国宪法修正案》中规定的宪法第三章国家机构中，新增的监察委员会是我国的（　　）

A. 审判机关　　B. 检察机关　　C. 监察机关　　D. 行政机关

73.［2018重庆彭水］（　　）是我国国家机构的重要组成部分，是一个相对独立的国家机关。

A. 全国人民代表大会　　B. 国家主席

C. 国务院　　D. 中央军事委员会

74.［2018河北邢台桥东］《中华人民共和国国歌法》规定：中华人民共和国国歌是中华人民共和国的象征和标志，一切公民和组织都应当尊重国歌，维护国歌的尊严。这告诉我们（　　）

A. 尊重国歌是每个中国公民应尽的义务

B. 中国公民应坚持权利与义务的统一

C. 维护国歌尊严是建设社会主义现代化的政治保证

D. 维护国歌尊严是公民的根本行为准则

75.[2017河南许昌]一切国家机关和武装力量、各政党和各社会团体、各企业事业组织,都必须以(　　)为根本的活动准则。

A.宪法　　B.党章　　C.章程　　D.法规

76.[2017重庆市属]宪法的修改必须由全国人民代表大会常务委员会或者________以上全国人民代表大会代表提议,并由全国人民代表大会以全体代表的________以上的多数通过。横线处填写正确的是(　　)

A.1/3　1/2　　B.1/4　2/3　　C.1/5　2/3　　D.1/2　2/3

77.[2017山东德州]中华人民共和国的一切权力属于(　　)

A.全国人民代表大会　　B.工人阶级

C.人民　　D.公民

78.[2017重庆市属]我国的政体是(　　)

A.人民代表大会制度　　B.共和制

C.民主集中制　　D.复合制

79.[2017吉林]我国现行的政党制度是(　　)

A.一党制　　B.多党制

C.两党制　　D.共产党领导的多党合作制

80.[2017山东济宁](　　)是我国具有广泛代表性的统一战线组织。

A.中国人民政治协商会议　　B.各民主党派

C.工农联盟　　D.中华全国总工会

81.[2017重庆大渡口]我国行使立法权的机关是(　　)

A.全国人大及其常委会　　B.国务院

C.全国政协　　D.最高人民法院

82.[2017山东德州]下列不是行政立法机关的有(　　)

A.中国商务部　　B.河南省人民政府办公厅

C.深圳市人民政府　　D.国家税务总局

83.[2017重庆南岸]根据《中华人民共和国宪法》的规定,我国行使宪法解释权的机关是(　　)

A.全国人民代表大会　　B.全国人大常委会

C.全国人大法律委员会　　D.全国人大法工委

84.[2017山东德州]全国人大举行会议时,主持会议的是(　　)

A.全国人大常委会　　B.委员会　　C.委员长会议　　D.选举产生的大会主席团

85.[2017重庆市属]部门规章之间、部门规章与地方政府规章之间对同一事项规定不一致时,由(　　)裁决。

A.全国人大　　B.国务院

C.全国人大常委会　　D.最高人民法院

86.[2017河南许昌]按照我国宪法的规定,国务院对各部、各委员会发布的不适当的命令、指示和规章有权(　　)

A.改变　　B.变更或撤销　　C.改变或者撤销　　D.重新发布

87.[2017重庆大渡口]根据《中华人民共和国宪法》和《中华人民共和国地方各级人民代表大会和地方各级人民政府组织法》的规定,下列有权制定地方性法规的机关是(　　)

A.重庆市南岸区人民代表大会　　B.重庆市人民代表大会

C.中共重庆市委　　D.重庆市人民政府

88.[2017山西大同]我国行使监督宪法实施职权的机关是(　　)

A. 最高人民法院　　B. 全国人民代表大会及其常务委员会

C. 最高人民检察院　　D. 地方各级人民代表大会及其常务委员会

二、多项选择题(下列每小题列出的四个选项中至少有两项是正确的。)

1.[2021河北石家庄市属]根据我国宪法的规定,下列选项中正确的有(　　)

A. 公民的私有财产不受侵犯

B. 公民享有监督权,有对其他公民提出批评建议的权利

C. 为追查刑事犯罪需要,公安机关依照法定程序可对公民通信进行检查

D. 公民的人身自由不受侵犯,禁止非法搜查公民的身体

2.[2021山东济南历下]根据我国宪法的规定,下列属于政府组成人员的有(　　)

A. 国务院总理　　B. 国家主席

C. 中国人民银行行长　　D. 国务委员

3.[2021山东济南历下]关于全国人民代表大会,下列说法中正确的有(　　)

A. 全国人民代表大会是最高行政机关

B. 全国人民代表大会代表每届任期五年

C. 全国人民代表大会会议每年举行一次

D. 我国第一届全国人民代表大会第一次会议于1949年在北京召开

4.[2020山西太原晋源]我国处理民族关系的基本原则包括(　　)

A. 团结　　B. 互助　　C. 共同繁荣　　D. 平等

5.[2020山西大同市属]广大人民在城乡居民群众自治组织依法直接行使(　　)的权利,对所在基层组织的公共事务和公益事业实行民主自治,已经成为当代中国最直接、最广泛的民主实践。

A. 民主选举　　B. 民主决策　　C. 民主管理　　D. 民主监督

6.[2019山东德州]宪法的基本原则是党的领导原则、民主集中制原则、(　　)

A. 人民主权原则　　B. 保障人权原则　　C. 分权制衡原则　　D. 权力监督和制约原则

7.[2019重庆市属]《中华人民共和国宪法》规定,我国的国家标志包括(　　)

A. 国旗　　B. 国徽　　C. 国歌　　D. 首都

8.[2019河南平顶山]根据我国法律规定,下列所有权只能属于国家所有的有(　　)

A. 城市的土地　　B. 郊区的土地　　C. 矿藏、水流　　D. 森林、山岭

9.[2019山东烟台招远]除因国家安全或者追查刑事犯罪的需要,由(　　)依照法律规定的程序对通信进行检查外,任何组织或者个人不得以任何理由侵犯公民的通信自由和通信秘密。

A. 通信主管部门　　B. 公安机关　　C. 检察机关　　D. 电信运营商

10.[2019山东德州乐陵]在我国不享有选举权和被选举权的是(　　)

A. 18周岁以下的公民　　B. 依照法律被剥夺政治权利的人

C. 没有固定财产收入的人　　D. 正接受行政处罚的人

11.[2019河北邢台]下列有关我国公民权利的表述,哪些符合宪法的规定(　　)

A. 公民对于任何国家机关和国家工作人员,有提出批评和建议的权利

B. 公民对于任何国家机关和国家工作人员的违法失职行为,有提出申诉、控告或者检举的权利

C. 任何国家机关在接到公民提出的申诉、控告或者检举后,都必须查清事实,负责处理

D. 国家机关和国家工作人员侵犯公民权利造成损失的,受害人有依法请求赔偿的权利

12. [2019山东烟台招远]根据我国宪法和法律的规定，下列拥有地方立法权的有(　　)

A. 省会　　B. 设区的市　　C. 县级市　　D. 民族自治州

13. [2019河南周口川汇]根据宪法规定，行使国家立法权的机关是(　　)

A. 全国人民代表大会　　B. 最高人民法院和最高人民检察院

C. 国务院　　D. 全国人民代表大会常务委员会

14. [2019河南平顶山]下列人员哪些是由全国人大直接选举产生的(　　)

A. 中华人民共和国主席　　B. 最高人民法院院长

C. 最高人民检察院检察长　　D. 国务院总理

15. [2019河北石家庄市属]地方各级监察委员会对以下哪些组织负责(　　)

A. 产生它的国家权力机关　　B. 本级人民法院

C. 上一级监察委员会　　D. 国家监察委员会

16. [2018山东滨州]下列关于宪法的叙述，正确的有(　　)

A. 宪法的核心价值是保障公民权利

B. 不成文宪法国家无宪法典，但有一系列宪法性法律

C. 刚性宪法就是成文宪法，柔性宪法就是不成文宪法

D. 我国修宪主体是全国人大和国务院

17. [2018内蒙古通辽]我国《宪法》规定，享有选举权的基本条件有(　　)

A. 具有中国国籍　　B. 年满18周岁　　C. 享有政治权利　　D. 有固定职业

18. [2018河北保定]公民的人身自由包括(　　)

A. 人身不受非法拘禁、逮捕、限制、搜查、侵害　B. 人格尊严不受侵犯

C. 通信自由　　D. 言论、出版、集会、结社、游行、示威自由

19. [2018河南禹州]下列应由全国人民代表大会选举产生的有(　　)

A. 国家主席　　B. 最高人民法院院长

C. 最高人民检察院检察长　　D. 国家监察委员会主任

20. [2018山东聊城东昌府]实施乡村振兴战略离不开村民委员会作用的发挥，根据《中华人民共和国村民委员会组织法》的规定，村民委员会是村民自我管理、自我教育、自我服务的基层群众性自治组织。其基本的管理形式是(　　)

A. 民主选举　　B. 民主决策　　C. 民主管理　　D. 民主监督

21. [2018山东统考]根据《国歌法》的规定，下列说法正确的是(　　)

A. 宪法宣誓仪式上应当奏唱国歌　　B. 升国旗仪式上应当奏唱国歌

C. 奏唱国歌时在场人员应当肃立，举止庄重　D. 国歌可以作为公共场所的背景音乐

22. [2017吉林]中国共产党和民主党派合作的基本方针有(　　)

A. 长期共存　　B. 互相监督　　C. 肝胆相照　　D. 荣辱与共

23. [2017重庆市属]下列选项中，属于我国公民的基本权利的有(　　)

A. 平等权　　B. 宗教信仰自由　　C. 服兵役　　D. 受教育权

24. [2017重庆南岸]我国地方政府规章的制定主体是(　　)

A. 国务院各部委　　B. 省、自治区、直辖市人民政府

C. 省、自治区人民政府所在地的市人民政府　D. 经济特区所在地的市人民政府

E. 直辖市所在区人民政府

25. [2017重庆南岸]“两会”是指自1959年以来历年召开的( )

A. 中华人民共和国全国人民代表大会

B. 中国人民政治协商会议

C. 中国共产党全国代表大会

D. 中华全国工会代表大会

E. 中央纪律检查委员会全会

三、判断题(判断下列每小题的正误,正确的打“√”,错误的打“×”。)

1. [2021河北石家庄市属]散布网络谣言者被公安机关依法查处,表明公民的政治自由是相对的。 ( )

2. [2021河北石家庄市属]国务院是最高国家权力机关的执行机关,是最高国家行政机关。 ( )

3. [2020山西大同市属]我国宪法规定了国家主席替补制度,主席缺位则由副主席继任。 ( )

4. [2020河北石家庄市属]特殊人群可以享有超越宪法和法律的特权。 ( )

5. [2020河北石家庄市属]国家鼓励集体经济组织、国家企业事业组织和其他社会力量依照法律规定举办各种教育事业。 ( )

6. [2020山西大同平城]某县人民法院在审理一民事案件过程中,要求县移动通信营业部提供某通讯用户的电话详单,结果遭拒。依据我国宪法的规定,该县移动通讯公司的做法是错误的。 ( )

7. [2020广东广州花都]香港、澳门两个特别行政区的高度自治权是自摆脱殖民者统治时就固有的。 ( )

8. [2020河北廊坊三河]建立宪法宣誓制度,所有国家工作人员正式就职时公开向宪法宣誓。 ( )

9. [2020河北沧州河间]我国有权解释宪法的机构是最高人民法院。 ( )

10. [2020河北沧州河间]中国共产党和各民主党派在政治上是领导与被领导的关系,组织上是相互独立的,法律上是平等的。 ( )

11. [2019重庆市属]宪法的修改,由全国人民代表大会出席会议代表的2/3以上多数通过。 ( )

12. [2019重庆永川]在我国,土地的使用权可以依法转让。 ( )

13. [2019重庆市属]公民的权利和义务具有一致性和统一性。作为公民,既享有宪法和法律规定的权利,也必须履行宪法和法律规定的义务。 ( )

14. [2019重庆永川]凡具有中华人民共和国国籍的人都有选举权和被选举权,但是依照法律被剥夺政治权利的人除外。 ( )

15. [2019重庆奉节]国务院由总理、副总理、国务委员、各部部长、各委员会主任、审计长和秘书长组成。 ( )

16. [2019重庆南岸]《中华人民共和国宪法》明确规定,社会主义的公共财产神圣不可侵犯。 ( )

17. [2019重庆南岸]我国的国体是以民主集中制为组织原则和活动原则的人民代表大会制度。( )

18. [2019河北石家庄市属]森林和山岭、草原、荒地、滩涂等自然资源可以是国家所有,也可以是集体所有。 ( )

19. [2019河南平顶山]我国第一部社会主义类型的宪法是1954年颁布的。 ( )

20. [2019河北石家庄市属]公民在法律面前一律平等意味着公民有相同的权利。 ( )

21. [2019河北石家庄市属]宪法和法律是党的主张和人民意志相统一的体现,是公民根本的行为准则。 ( )

22. [2019山东烟台招远]特赦是一项宪法制度,我国现行宪法第六十七条规定,决定特赦是国家主席的一项特权。 ( )

23. [2019河南信阳平桥]我国在各少数民族居住的地方实行区域自治,以人民代表大会和人民法院为自治机关。 ( )

24. [2019内蒙古包头东河]我国解决民族问题的根本出发点和归宿是各民族共同繁荣。 ( )

25. [2019河南信阳平桥]公民在法律面前一律平等,所以对于享受宪法权利,承担宪法义务,所有公民都是相同的。 ( )

26. [2019河南平顶山]人权问题无国界,人权高于主权。 ( )

27. [2019山东烟台招远]每年的12月4日为国家宪法日,这是在2014年10月党的十八届四中全会上确立的。 ( )

28. [2019山西吕梁]选举权的平等性原则是指每位选民在一次选举中只有一次登记权、投票权和被选举权。 ( )

29. [2019河南信阳平桥]制定村民自治章程或村规民约旨在规范村干部的行为。 ( )

30. [2019重庆南岸]从一定意义上说,公平正义是政法工作的生命线,司法机关是维护社会公平正义的最后一道防线。 ( )

31. [2019重庆南岸]《中共中央关于全面推进依法治国若干重大问题的决定》指出,法律制定和修改的重大问题由全国人大党组向党中央报告。 ( )

32. [2018河北石家庄市属]劳动是一切有劳动能力公民的光荣职责,因此,每一个有劳动能力的公民每年必须从事一定时间的义务劳动。 ( )

33. [2018内蒙古通辽]在我国,不能照搬西方的三权分立制度,立法、行政、司法三权应由全国人民代表大会统一行使。 ( )

34. [2018重庆沙坪坝]宪法的修改,由全国人民代表大会常务委员会以全体代表的2/3以上的多数通过。 ( )

35. [2018内蒙古通辽]凡具有中华人民共和国国籍的人都是中华人民共和国公民。 ( )

36. [2018重庆彭水]公民是指具有一国国籍的自然人。 ( )

37. [2018江苏南通崇川]公民的人身自由权包括公民的人身自由不受侵犯、公民的住宅不受侵犯、公民的通信自由和通信秘密受法律保护。 ( )

38. [2018河南郑州郑东]地方监察委员会主任每届任期同本级人民代表大会每届任期相同,连续任职不得超过两届。 ( )

39. [2018河北石家庄市属]社区居委会是社区居民依法实行自我管理、自我教育、自我服务、自我监督的群众自治组织。 ( )

40. [2018内蒙古通辽]人民法院审理案件一律公开进行。 ( )

41. [2017河南许昌]宅基地、自留地、自留山属于公民个人所有。 ( )

42. [2017重庆大渡口]年满十八周岁的公民拥有选举权。 ( )

43. [2017重庆市属]精神病患者失去行为能力,所以也就不再享有选举权和被选举权。 ( )

44. [2017河北张家口]我国公民有选择是否信仰宗教的权利。 ( )

45. [2017河北保定徐水]公民在年老、疾病或者丧失劳动能力的情况下,有从国家和社会获得物质帮助的权利。 ( )

46. [2017山东济宁]我国公民参与政治生活的途径有民主监督、民主决策、民主管理和民主选举。 ( )

47. [2017重庆市属]我国制定法律的机关是全国人民代表大会及其常务委员会,按照法定程序公布法律的是国家主席。 ( )

48. [2017重庆大渡口]在我国,中央国家机关的领导人都由全国人民代表大会选举产生。 ( )

49. [2017吉林]宪法确立了法律体系的基本目标,规定了完善的立法体制与具体规划。 ( )

50. [2017吉林]公海不属于任何国家的领土,国家不得主张对公海本身行使管辖权。 ( )

51. [2017河北保定徐水]我国的民主党派属于在野党。 ( )

52. [2017山东济宁]人大代表的产生,要经过严格的法律程序且肩负着相应的法定职责。人大代表的职权有审议权、表决权、提案权、质询权。 ( )

53. [2017河南许昌]支持人民代表大会依法履行职能,使党的主张通过法定程序上升为国家意志,是依法执政的重要体现。 ( )

综合能力提升

一、单项选择题(下列每小题列出的四个选项中只有一项是正确的。)

1. [2020河北廊坊三河]根据《宪法》中关于公民基本权利的规定,下列说法正确的是( )

A. 我国公民有任意休息的权利

B. 我国公民有信仰宗教与公开传教的自由

C. 我国公民被剥夺政治权利的,其出版自由也被剥夺

D. 我国公民在年老、疾病或者遭受自然灾害时有获得物质帮助的权利

2. [2020河北石家庄市属]疫情防控期间,李某上公交车时拒绝戴口罩,还说:“戴不戴口罩是我的自由,你们管不着!”他不配合公交车司机,甚至辱骂司机。据此理解正确的是( )

A. 只要不损害公众利益,自由权利可以任意行使

B. 公民李某有言论自由,任何人不得侵犯

C. 公民李某行使权利不得损害国家的、社会的、集体的和其他公民的合法的自由和权利

D. 公民李某的合法权利受法律保护

3. [2020河南信阳市属]互联网时代,人人都有麦克风,见到公权力不作为现象就可以随手拍下,形成舆论,从而促进公权力的合法行使。这是公民在行使自己的( )

A. 申诉权　　B. 控告权　　C. 监督权　　D. 获得赔偿权

4. [2020河北邢台隆尧]依据《宪法》,下列哪个领导人或机关、组织必须向全国人民代表大会负责并报告工作( )

A. 中华人民共和国主席　　B. 中央军委主席

C. 全国人大常委会　　D. 中国人民政治协商会议

5. [2020河北石家庄市属]新冠肺炎疫情暴发以来,河北省战斗在抗疫最前线的广大社区(村)工作人员在平凡的岗位上,为保一方平安作出了不平凡的贡献。他们的奉献,值得大家点赞。下列关于村民自治和居民自治的认识,不正确的是( )

A. 是我国基层群众性自治组织　　B. 是我国的基层政权

C. 是人民当家作主的有效途径　　D. 是社会主义民主最为广泛而深刻的实践

6. [2020河北廊坊三河]( )是我国社会主义民主政治的特有形式和独特优势,是党的群众路线在政治领域的重要体现。

A. 党内民主　　B. 人民民主　　C. 协商民主　　D. 基层民主

7. [2020河北廊坊三河]我国民族自治区与我国特别行政区的共同特点主要表现在( )

A. 都实行一种特殊的政治制度,享有特殊的政策

B. 都是根据民族分布的复杂性和经济发展不平衡性设计的

C. 都在中国共产党领导下走社会主义道路

D. 都是我国的地方行政区域，并享有自治权

8.［2020 山东青岛］在防疫特殊时期，全国政协提案委员会建立政协提案工作“快速通道”，围绕抓好疫情防控和经济社会发展提交了一批提案，并在第一时间以参阅件的形式发给承办单位参考。全国政协在上述行动中行使的职能是（　　）

A. 政治协商　　B. 民主监督　　C. 参政议政　　D. 民主管理

9.［2020 湖北特岗］关于我国特别行政区享有的自治权，下列说法错误的是（　　）

A. 享有行政管理权、立法权、独立的司法权以及终审权

B. 可以以自己的名义与别国签订双边经济、贸易等协定

C. 有单独的财税制度、货币发行体系和金融政策决定权

D. 其财务收入先扣除自用部分，只将余额上缴中央政府

10.［2019 河北石家庄新乐］现行《宪法》规定，行使宪法解释权的机关是（　　）

A. 全国人大　　B. 全国人大法律委员会

C. 全国人大常委会　　D. 全国人大主席团

11.［2019 河北保定唐县］下列我国公民中，依法享有选举权和被选举权的是（　　）

A. 刘婷，16 岁，高一学生，学习成绩优异　　B. 王明，22 岁，个体户，曾因打架斗殴被拘留

C. 邓亮，46 岁，因犯罪被剥夺政治权利终身　　D. 陈康来，17 岁，少数民族，信仰伊斯兰教

12.［2019 河北秦皇岛市属］现行宪法规定，全国人大常委会对国务院制定的同宪法、法律相抵触的行政法规、决定和命令有权（　　）

A. 撤销　　B. 改变　　C. 改变或撤销　　D. 发回重议

13.［2019 山东淄博］根据我国宪法规定，任何组织或者个人都不得有超越宪法和法律的特权。对于前述“法律”的理解，正确的是（　　）

A. 是指全国人大制定的基本法律　　B. 是指全国人大常委会制定的法律

C. 是指全国人大及其常委会制定的法律　　D. 是指具有法的一般特征的规范性文件

14.［2019 河北石家庄市属］宪法所规定的是国家生活中带有全局性、根本性的问题。下列属于国家生活中带有全局性、根本性的问题的是（　　）

A. 婚姻、家庭关系问题　　B. 未成年人的保护问题

C. 犯罪和刑罚问题　　D. 我国的国家性质、根本制度等

15.［2019 河北邢台桥西］与其他普通法律相比，《中华人民共和国宪法》具有鲜明特征，以下不能体现其特征的是（　　）

A. 内容规定不同　　B. 法律效力不同

C. 制定和修改的程序不同　　D. 处罚的方式不同

16.［2019 河南信阳平桥］我国人口众多，幅员辽阔，经济文化发展不平衡，这决定了我国现阶段的选举方式是（　　）

A. 领导提名，公民选举　　B. 普遍的差额、间接选举

C. 直接选举与间接选举相结合　　D. 普遍的差额、直接选举

17.［2019 重庆南岸］我国的《选举法》规定，有少数民族聚居的地方，每一聚居的少数民族都应有代表参加当地的人民代表大会，该规定体现了（　　）

A. 保护少数原则　　B. 选举的民主原则

C. 代表分配平衡原则　　D. 法治原则

18.［2019河南信阳平桥］随着我国经济社会的发展，2019年城乡居民医保人均财政补助标准新增30元，达到每人每年不低于520元，报销比例不断提升。这表明，人民民主具有（　　）

A. 广泛性　　B. 全民性　　C. 真实性　　D. 平等性

19.［2019河南信阳平桥］2019年3月15日，第十三届全国人大二次会议表决通过了关于政府工作报告的决议、《中华人民共和国外商投资法》等。这表明（　　）

A. 全国人大行使最高立法权、表决权　　B. 人民代表大会制度实行民主集中制

C. 我国政府接受全国人大的统一领导　　D. 人民代表大会是我国的根本政治制度

20.［2019贵州省属］2019年12月20日，是中国政府对澳门恢复行使主权20周年。澳门特别行政区的高度自治权是（　　）

A. 特别行政区本身固有的权力

B. 中央授权及授权之外的剩余权力

C. 行政管理权、立法权、独立的司法权和终审权

D. 特别行政区的完全自治权

21.［2019山东烟台莱州］近期，香港一些激进分子接连制造暴力事件，严重践踏香港法治，更公然挑战中央政府权威，触碰“一国两制”原则底线，包括香港市民在内的全体中国人民都深感愤慨。捍卫香港法治尊严，我们要（　　）

①维护中华人民共和国宪法的最高法律效力

②坚持中央对特别行政区的全面管治权

③通过立法机关依法限制公民政治自由

④行使遵守国家法律，维护国家统一的权利

A. ①②　　B. ②③　　C. ①④　　D. ③④

22.［2019河北邢台市属］2019年是西藏民主改革60周年。在中国共产党的坚强领导下，西藏废除了黑暗的封建农奴制，建立起全新的社会制度，在短短60年里，实现了由贫穷落后向文明进步的伟大跨越。西藏能够实现跨越式发展是因为（　　）

A. 中国共产党的领导提供了政治保证

B. 民族区域自治制度提供了根本制度保证

C. 西藏人民充分利用其自身的优势和劳动人民的智慧

D. 民族间发展不平衡状况已经消除

23.［2019山西大同平城］某市在民族团结进步创建活动中，把民族团结教育纳入国民教育、社会教育和职业教育的全过程，在颁金节、古尔邦节等民族节日期间举行多民族的联谊活动，把少数民族风俗、民情等融入舞蹈、声乐剧目之中，创建活动取得显著成效。上述做法（　　）

①促进了各民族的和睦共处　　②有利于增强中华民族的共同体意识

③开创了经济文化融合发展的新局面　　④是民族自治地方自主管理教育文化事业的体现

A. ①②　　B. ①③　　C. ②④　　D. ③④

24.［2019河北邢台市属］中国人民政治协商会议第十三届全国委员会第二次会议于2019年3月3日至13日在北京召开。关于中国人民政治协商会议，说法错误的是（　　）

A. 中国共产党领导的多党合作和政治协商制度将长期存在和发展

B. 中国人民政治协商会议是具有广泛代表性的统一战线组织

C. 中国人民政治协商会议是重要的国家机关

D. 中国共产党领导的爱国统一战线将继续巩固和发展

25. [2019 河北邢台经开]5年来,各民主党派中央结合自身特色和优势,围绕大力推进供给侧结构性改革、深入推进新型城镇化、"一带一路"建设、大力振兴和提升实体经济等重大问题,组织专家学者深入调研,共向中共中央、国务院报送意见建议496件。这表明(　　)

A. 人民政协履行了参政议政的职能　　B. 民主党派致力于社会主义事业

C. 人民政协是协商民主的重要渠道　　D. 民主党派是爱国统一战线组织

26. [2019 山东潍坊滨海]因追查刑事犯罪的需要,A县公安局要求当地邮局提供某犯罪嫌疑人的信件收寄记录。根据我国《宪法》关于公民基本权利的规定,下列说法正确的是(　　)

A. 公安机关无论何时都有权检查任何人的信件收寄记录

B. 邮局在任何情况下都应保护公民的通信秘密

C. 该公安局有权要求该邮局提供相关信息

D. 邮局信件收寄记录不属于通信秘密

27. [2019 河南安阳龙安]下列对选举权和被选举权的认识中,正确的是(　　)

A. 中华人民共和国年满18周岁的公民都是选民

B. 我国各级人大代表都由直接选举产生

C. 选举权和被选举权是公民的基本民主权利

D. 依法被判刑的人不享有选举权和被选举权

28. [2019 河北邢台经开]根据我国《宪法》的相关规定,关于公民的申诉、控告或者检举的说法错误的一项是(　　)

A. 对于公民的申诉、控告或者检举,有关国家机关必须立即回复

B. 任何人不得压制和打击报复提出申诉、控告或者检举的公民

C. 对于任何国家机关和国家工作人员的违法失职行为,公民有向有关国家机关提出申诉、控告或者检举的权利

D. 公民申诉、控告或者检举,不得捏造或者歪曲事实进行诬告陷害

29. [2019 河北石家庄市属]近年来,"互联网+"在信访领域得到了广泛的运用,让人民群众看得见、听得到、用得好,实现了党群干部关系的良好互动。"互联网+信访"模式(　　)

A. 创新了我国政体形式　　B. 完善了我国法律体系

C. 扩大了公民政治权利　　D. 拓宽了公民诉求渠道

30. [2019 河北石家庄市属]关于国家机关工作人员的行为规范,下列说法正确的是(　　)

A. 工商局应禁止其工作人员信仰宗教

B. 工商局工作人员也可依法参加集会、游行、示威

C. 少数民族自治地方的工作人员必须信仰当地宗教

D. 未经所在单位领导批准,工商局工作人员不得加入书协、作协等行业协会

31. [2019 河北石家庄裕华]林某等4人以不适应部队生活为由拒绝服兵役,分别被处以人民币5万元罚款,且升学、求职、出境等都将受到影响。这主要说明在我国(　　)

A. 国家利益和公民个人利益是一致的　　B. 权利和义务相辅相成,不可分离

C. 公民依法享有服兵役的政治权利　　D. 任何公民都必须服兵役

32. [2019 河北石家庄市属]在微时代、微空间里,既可以微言大义,也可能危言耸听。这需要我们坚持(　　)

A. 主动行使监督权　　B. 权利与义务相统一

C. 积极行使选举权　　D. 法律面前一律平等

33. [2019河北石家庄市属]作为公民,我们每个人都要学习宪法,增强宪法意识。下列选项中,符合这一要求的是(　　)

A. 举报某企业污染环境的行为　　B. 在网络论坛上发表诋毁他人的言论

C. 自愿放弃初中阶段的受教育权利　　D. 私自印刷宣扬封建迷信的报纸杂志

34. [2019山西大同平城]“新举措·新变化·新气象”,某校学生在全国人大相关内容的学习中搜集到以下资料。

◎全国人大常委会在执法检查中引入专业机构作为第三方进行评估,推动人大监督提质增效,增强科学性,使监督更有力度、更有权威性。

◎全国人大建立预算审查联系代表机制,选取具有财政预算、会计、税收等专业背景,或者有机关、企业、农村等领域工作经历的代表,参加预算编制通报会、预算草案初审会。

◎全国人大常委会在听取和审议最高人民法院、最高人民检察院专项工作报告之外,首次对“两高”工作开展专题询问。

对这些新举措理解正确的是(　　)

①引入第三方评估,使人大立法工作更好地反映民意、集中民智

②建立预算审查联系代表机制,可以增强监督的针对性、实效性

③人大行使质询权开展专题询问,有利于加大人大监督工作力度

④人大创新工作机制,不断提高监督的能力和水平

A. ①②　　B. ①③　　C. ②④　　D. ③④

35. [2019山西省属]2018年3月通过的《中华人民共和国宪法修正案》,将《中华人民共和国宪法》第七十条第一款中的“法律委员会”修改为“宪法和法律委员会”。关于宪法和法律委员会,下列说法错误的是(　　)

A. 是全国人民代表大会的专门委员会

B. 是全国人民代表大会和全国人民代表大会常务委员会的专门委员会

C. 负有统一审议向全国人民代表大会或全国人民代表大会常务委员会提出的法律案的职责

D. 负有推动宪法实施,开展宪法解释,推进合宪性审查,加强宪法监督,配合宪法宣传的职责

36. [2019河北邢台市属]下列关于我国地方性法规的表述,正确的是(　　)

A. 县级以上地方各级人大有权制定地方性法规

B. 部分地方性法规可由设区的市的人民代表大会及其常务委员会制定

C. 有权制定地方性法规的机关也有权制定自治条例

D. 地方性法规必要时报全国人民代表大会常务委员会和国务院备案

37. [2019河北石家庄市属]为了在2019年全国“两会”上提出更有分量的建议,长三角区域全国人大代表就“太湖流域水环境治理”展开无锡、苏州、嘉兴、湖州等地实地联合视察。可见,人大代表(　　)

A. 要充分行使提案权、监督权　　B. 必须听取和反映人民群众的意见和要求

C. 要积极行使决定权、质询权　　D. 通过广泛地联系人民群众进行民主决策

38. [2019河北石家庄裕华]2018年9月20日起,国务院办公厅开通“国家政务服务投诉与建议”小程序,广泛接收社会各界对政务服务的问题线索和意见建议。这(　　)

A. 激发了群众活力,保障居民决策权有效行使

B. 创新了公民参与监督的途径,有利于满足群众的诉求

C. 提供了交流平台,保证居民有效行使质询权

D. 扩大了公民权利,利于意见表达和集中民智

39. [2019河南安阳龙安]十三届全国人大一次会议表决通过了《中华人民共和国监察法》。该法在总则部分开宗明义规定,坚持中国共产党对国家监察工作的领导,构建集中统一、权威高效的中国特色国家监察体制。各级监察委员会是行使国家监察职能的专责机关,是反腐败工作机构。这表明(　　)

①国家机构的设置要适应国家职能需要　　②政府对公职人员的监督具有威慑作用

③党是中国特色社会主义事业领导核心　　④党的政治建设要摆在党的建设首位

A. ①②　　B. ②④　　C. ①③　　D. ③④

40. [2018河北辛集]宪法的核心内容是(　　)

A. 法律至上的法治精神　　B. 民主制度的法律化

C. 统治阶级意志的集中表现　　D. 权力分立和制衡原则

41. [2018山东淄博](　　)是我国顺利进行现代化建设的根本保证。

A. 维护国家安全、荣誉和利益　　B. 维护国家统一、民族团结

C. 人民当家作主　　D. 人民民主专政

42. [2018河北邢台桥东]我国《宪法》明确规定,宪法的修改,由全国人民代表大会常务委员会或者五分之一以上的全国人民代表大会代表提议,并由全国人民代表大会以全体代表的三分之二以上的多数通过。这表明(　　)

A. 全国人大有立法权和修改宪法的职权　　B. 全国人大代表是由选民直接选举产生的

C. 国家的一切权力由人民代表行使　　D. 宪法规定国家生活中的根本问题

43. [2018河北雄安]张家村与李家村毗邻,李家村的用水取自流经张家村的小河,多年来两村常因用水问题发生冲突。2001年春,为根本解决问题,县政府决定将这条河的水流交给乡水管站统一调配。张家村人认为:小河历史上就属于张家村所有,县政府无权将这条小河的水流交乡水管站统一调配,遂将县政府告上法院。请问:根据现行宪法和法律,下列哪一说法是正确的(　　)

A. 张家村告得有理,因为水流属于村民集体所有,政府无权收归国有

B. 张家村告得有理,因为这条小河的河床属于张家村集体所有,这条小河里的水流当然属于村民集体支配

C. 县政府的决定合法,因为水流属于国家所有,政府当然有权调配河水的供应

D. 县政府的决定合法,因为水流虽然属于张家村所有,但李家村的人也应享有喝水用水的权利,为解决李家村用水问题,政府可以将水流供应统一调配

44. [2018河南禹州]中国特色社会主义集道路、理论、制度于一体,并统一于中国特色社会主义伟大实践中。我们要坚持道路自信、理论自信、制度自信。我们的自信来自(　　)

①中国特色社会主义道路适合国情,可提升综合国力

②中国特色社会主义理论与时俱进,可提高党的执政能力

③中国特色政党制度作为我国的政体,适应国体,造福于民

④基层群众自治制度可调动积极因素,巩固和谐民族关系

A. ①②　　B. ①③　　C. ②③　　D. ②④

45. [2018河南禹州]中央提出"要把权力关进制度的笼子里",这个"笼子"是什么?我国的根本政治制度是人民代表大会制度,这是根本的笼子。人民代表大会制度是个好制度,要好好坚持和运用这个制度。这是因为(　　)

①人民代表大会制度是以人民当家作主为宗旨的

②人民代表大会制度决定了我国人民民主专政的国家性质

③人民代表大会处于我国最高国家权力机关的地位

④以人大为基石,人民代表大会制度能发挥监督约束公共权力的作用

A. ①② B. ①④ C. ②③ D. ③④

46. [2018内蒙古通辽]中华人民共和国的国家机构实行( )制的原则。

A. 单一 B. 议会 C. 民主集中 D. 领导负责

47. [2018贵州联考]某选区共有选民28000人,李先生是数名候选人之一。根据现行的宪法和选举法律,在下列哪种情形下,李先生可以当选( )

A. 参加投票的人数为13990人,李获得选票13980张

B. 参加投票的人数为16400人,李获得选票9000张

C. 参加投票的人数为27200人,李获得选票13000张

D. 参加投票的人数为29000人,李获得选票26000张

48. [2018河北保定]我国解决民族问题的根本出发点和归宿是( )

A. 各民族区域自治 B. 各民族一律平等 C. 各民族共同繁荣 D. 各民族相互团结

49. [2018河南禹州]实行民族区域自治是适合我国国情的必然选择,是由我国历史特点和现实情况决定的。下列论据中,正确支撑这一论断的是( )

①我国统一多民族国家的历史传统

②我国“大杂居、小混居”的民族分布特点

③我国各民族在长期奋斗中形成的相互依存的民族关系

④我国法律法规对各民族成员基本政治权利的不同规定

A. ①③ B. ②④ C. ①④ D. ②③

50. [2018山东滨州]下列关于多党合作和政治协商制度的说法,错误的是( )

A. 我国民主党派是参政议政党

B. 政治协商制度的政治基础是坚持四项基本原则

C.《中华人民共和国宪法》是我国多党合作的根本活动准则

D. 政协是由中国共产党领导的重要国家机关

51. [2018河南禹州]十九大报告提出,推动城乡义务教育一体化发展,高度重视农村义务教育,办好学前教育、特殊教育和网络教育,普及高中阶段教育,努力让每个孩子都能享有公平而有质量的教育。上述举措( )

①是推动社会公平的重要体现 ②有利于扩大学生受教育的权利

③体现国家对公民权利的尊重 ④有利于保护公民基本的民主权利

A. ①② B. ①③ C. ②④ D. ③④

52. [2018内蒙古通辽]对一个国家和民族来说,( )是首要权利。

A. 发展权 B. 独立权 C. 自由权 D. 生存权

53. [2018河北石家庄市属]近年来,中国游客破坏文物古迹、自拍不分场合、乱扔垃圾、不尊重当地风俗习惯等行为屡屡曝光,被戏称为“中国式旅游”。不文明行为损坏了中国形象,这警示我们要( )

A. 珍惜自己的政治权利和自由 B. 自觉维护国家安全、荣誉和利益

C. 尊重他人的政治权利和自由 D. 自觉维护国家统一、民族团结

54. [2018河北石家庄市属]不论什么人,不论其职务多高,只要触犯了法律,都要受到追究。任何组织

和个人都不得有超越宪法和法律的特权。这启示公民参与政治生活应(　　)

A. 坚持中国共产党的领导　　B. 坚持权利与义务相统一的原则

C. 坚持个人利益与国家利益相结合　　D. 坚持公民在法律面前一律平等的原则

55. [2018河北石家庄市属]从“面对面”到“键对键”,“网络问政”提升了公民行使监督权的热情与能力。但有一些人却在此过程中造谣诽谤,受到了法律的制裁。由此可见,公民在行使监督权时应(　　)

A. 敢于同邪恶势力进行斗争　　B. 勇于使用宪法和法律规定的监督权

C. 不能干扰公务活动　　D. 采取合法方式,坚持实事求是的原则

56. [2018河北石家庄市属]“垃圾处置很重要,但不能修在我家旁边。”“邻避效应”让不少环保和公益项目陷入“一建就反对、一反对就叫停”的困境,既影响政府的公信力,也影响经济社会发展。解决“邻避困局”,需要公民(　　)

A. 提高政治素养,理性行使监督权利　　B. 坚持个人利益与国家利益相结合

C. 提高参与环保和公益项目的管理能力　　D. 通过社情民意反映制度参与民主决策

57. [2018山西长治襄垣]“中国梦”的实现需要包括广大宗教界人士和信教群众在内的全体中华儿女共同奋斗。宗教文化中“天人合一”“尊重生命”等内容,能为“中国梦”的实现增添正能量,因此(　　)

A. 要积极引导宗教与社会主义社会相适应　　B. 要全面阐释和吸收宗教教义教规

C. 要尊重信教群众,保护一切宗教活动　　D. 要鼓励宗教信仰,团结各界力量

58. [2018山东淄博]人民代表大会的监督主要是通过(　　)的方式进行。

A. 其他国家机关向其报告工作　　B. 建议和批评

C. 立法监督　　D. 全国人大代表监督

59. [2018山东聊城]2018年3月23日,中华人民共和国国家监察委员会在北京揭牌。下列对国家监察委员会的认识正确的是(　　)

①行使国家监察职能的专责机关　　②行使共产党党内监督的专责机关

③实现党和国家自我监督的政治机关　　④调查职务违法和职务犯罪的国家机关

A. ①②③　　B. ①②④　　C. ①③④　　D. ②③④

60. [2018河北石家庄市属]为深化监察体制改革,我国组建了各级监察委员会,加强对所有行使公权力的公职人员的监察。这样做能够更好地(　　)

A. 杜绝腐败行为发生　　B. 制约和监督权力的行使

C. 保障公职人员权益　　D. 扩大公民拥有的监督权

61. [2017山西省属]关于宪法效力的说法,下列选项中正确的是(　　)

A. 宪法效力具有强制性

B. 宪法修正案的效力低于宪法

C. 宪法效力主要表现在对公民的行为约束上

D. 我国宪法不适用于定居在国外的中国公民

62. [2017河北涿州]公平正义是社会主义法治的价值追求。关于我国宪法与公平正义的关系,下列说法哪项不正确(　　)

A. 树立与强化宪法权威,必然要求坚定地坚持和维护公平正义

B. 法律面前人人平等原则是公平正义在宪法中的重要体现

C. 宪法对妇女、老人、儿童等特殊主体权利的特别保护是实现公平正义的需要

D. 禁止一切差别是宪法和公平正义的要求

63.［2017 山东德州］中国共产党和中国政府始终尊重和保障人权，认为首要的人权是（ ）

A. 选举权和被选举权 B. 自由权和平等权

C. 参政权和议政权 D. 生存权和发展权

64.［2017 河南许昌］为了保护劳动者获得劳动报酬的权利，全国人大常委会审议通过的《刑法修正案（八）》将“恶意欠薪”正式入罪。这充分说明了（ ）

A. 在我国，民主与专政是辩证统一的

B. 我国政府是人民的政府，坚持对人民负责的原则

C. 生存权和发展权是公民最基本的政治权利

D. 国家尊重和保障人权，人民真实地享有权利

65.［2017 山西大同］资本主义国家选举的实质是（ ）

A. 资产阶级和无产阶级分享权力

B. 每个公民自由表达愿望的机会

C. 协调统治阶级内部利益关系和矛盾的措施

D. 人民当家作主的渠道

66.［2017 重庆市属］全国人民代表大会和地方各级人民代表大会选举经费由（ ）开支。

A. 国务院 B. 国库

C. 中国人民银行 D. 国务院和地方各级人民政府

67.［2017 山西大同］我国实行民族区域自治制度的历史依据是（ ）

A. 各民族聚居发展的不平衡性

B. 统一的多民族国家的长期存在和发展

C. 各民族大杂居、小聚居的人口分布格局

D. 近代以来各民族在共同反抗外来侵略斗争中形成的爱国主义精神

68.［2017 重庆市属］中国现有民主党派（ ）

A. 7 个 B. 8 个 C. 9 个 D. 10 个

69.［2017 河南许昌］“基层民主自治体系”被称为我国最直接、最广泛的民主实践。下列对“基层民主自治体系”认识正确的是（ ）

A. 这一体系便于公民参与权力机关的重大决策

B. 这一体系是中国特色社会主义民主制度的重要内容

C. 这一体系方便公民更广泛地参与国家事务的管理

D. 这一体系实现了公民的决策权和监督权的有机统一

70.［2017 河南许昌］近年来，一些专家和社会人士多次向政府相关部门呼吁取消居民机动车定期年检的相关规定。这一做法属于公民通过（ ）参与民主决策。

A. 社情民意反映制度 B. 信访制度

C. 人大代表联系群众制度 D. 社会听证制度

71.［2017 河南许昌］全国公安机关深入推进“打四黑除四害”，切实维护人民群众的生命财产安全。这说明（ ）

A. 人民享有广泛的民主权利 B. 国家履行专政职能，保护人民的合法权益

C. 我国公民的民主权利有切实的物质保障 D. 我国社会主义民主的形式不断丰富和完善

72.［2017 河南许昌］最近，网络“晒客”中的“晒黑族”异军突起。他们热衷于揭露政治、经济生活中的黑

幕，监督政府的行为，并向政府提出一些改进意见，成为“晒客”中最抱团、发展最快的人群之一。“晒黑族”的行为是我国公民（　　）

A. 行使选举权和被选举权的表现　　B. 直接参与对国家事务管理的表现

C. 享有监督权、言论自由的表现　　D. 享有集会、结社自由的表现

73. [2017山西省属]根据宪法和法律的规定，下列选项中应当设立选举委员会主持选举的是（　　）

A. 太原市人民代表大会代表的选举　　B. 永济市人民代表大会代表的选举

C. 山西省人民代表大会代表的选举　　D. 晋城市人民代表大会代表的选举

74. [2017河南许昌]公民行使集会、游行、示威权利时应向主管机关提出申请并获得许可，下列哪些属于依法许可的情形（　　）

A. 反对宪法确认的基本原则　　B. 危害国家的主权和领土完整

C. 对社会环境不满意　　D. 危害国家的统一

75. [2017山西大同]以下不属于党的全国代表大会的职权的是（　　）

A. 讨论并决定党的重大问题　　B. 修改党的章程

C. 听取和审查中央委员会的报告　　D. 选举国家领导人

二、多项选择题（下列每小题列出的四个选项中至少有两项是正确的。）

1. [2020河北廊坊三河]根据我国《宪法》的规定，下列有关公民基本权利的宪法保护的表述，正确的有（　　）

A. 宪法对建立劳动者休息和休养的设施未加以规定

B. 国家依照法律规定保护公民的私有财产权和继承权

C. 年满18周岁的所有公民都有选举权和被选举权

D. 宪法规定了对华侨、归侨的正当权益的保护，同时也规定了对侨眷的合法权益的保护

2. [2019重庆永川]某工商局接到举报，称其辖区内，甲在其餐饮店提供微信订餐服务的同时，还超出经营范围买卖日化产品。于是，该工商局工作人员乙、丙到甲的餐饮店进行调查，要求调阅其手机中微信交易信息。甲拒绝配合。因遭拒绝，二人扣押了甲的手机，暴力破解之后，调阅微信全部信息。乙、丙二人的行为没有侵害甲的哪些权利（　　）

A. 通信自由和通信秘密　　B. 财产权

C. 言论自由　　D. 营业自由

3. [2019山东淄博]在中国社会主义制度下，有事好商量，众人的事情由众人商量，找到全社会意愿和要求的最大公约数，是人民民主的真谛。这段话说明协商民主是人民民主的重要形式。下列关于协商民主的认识，正确的是（　　）

A. 协商民主是实现党的领导的重要方式

B. 协商民主是我国社会主义民主政治的特有形式和独特优势

C. 协商民主与选举民主相互补充、相得益彰，都是为了实现人民当家作主

D. 多数人的利益诉求需要协商，但少数人或者是个别人的利益诉求不需要协商

4. [2019山东烟台招远]宪法之所以在国家的法律体系中居于根本法地位，取决于（　　）

A. 宪法规定的是国家的根本制度和根本任务

B. 宪法具有最高的法律效力

C. 宪法有严格的制定和修改程序

D. 宪法是各种政治力量对比关系的集中体现

5. [2019山东济南历城]《中华人民共和国立法法》为我国立法工作提供了制度遵循，极大提高了立法的科学性，对于推进国家治理体系和治理能力现代化具有重要意义。根据该法，下列说法不正确的是(　　)

A. 国务院可以就税种的设立、税率的确定制定行政法规

B. 法律应当明确规定施行日期

C. 人民代表大会通过的法律由最高人民法院予以公布

D. 宪法具有最高的法律效力，行政法规和地方性法规、自治条例效力相同

6. [2019重庆南岸]在下列哪些情况下，中华人民共和国公民享有从国家和社会获得物质帮助的权利(　　)

A. 公民甲已经年满70周岁　　B. 公民乙患了严重疾病

C. 公民丙在交通事故中丧失了劳动能力　　D. 公民丁在炒股中亏了血本

7. [2019河南安阳龙安]民主改革60年来，西藏各项事业取得辉煌成就。翻身解放、当家作主的西藏人民，在世界屋脊上谱写了革命、建设、改革的壮美篇章，创造了跨越千年的人间奇迹。60年来，西藏之所以发生翻天覆地的历史巨变，主要原因是(　　)

A. 我国实现了各民族的共同繁荣

B. 西藏抓住了西部大开发战略实施的新机遇

C. 我国消除了各民族之间的差异

D. 党的民族区域自治为西藏经济社会的繁荣发展提供了保障

8. [2019河南安阳龙安]在我国，人民与人民代表大会之间、人民代表大会与其他国家机关之间都存在着监督与被监督的关系，这种关系(　　)

A. 突出反映了我国一切权力属于人民　　B. 决定了我国的国家性质

C. 体现了民主集中制　　D. 有效印证了人民当家作主的地位

9. [2019河北石家庄裕华]河北某村为打造美丽乡村积极调动村民参与乡村建设。村里的每一个项目建设都在阳光下进行，如乡村土地流转、乡村科技示范园建设等问题，都经过全体党员、村民代表联席会议充分讨论，最后达成了一致意见。这些做法(　　)

A. 赋予了该村全体村民当家作主的权利　　B. 是党组织社会建设的职能

C. 有利于村民参与村务决策和村务监督　　D. 有利于扩大基层民主，调动村民的积极性

10. [2019河南安阳龙安]下列选项符合权利和义务相统一的观点的有(　　)

A. 坚持尊重个人合法权益与承担社会责任相统一

B. 有权利就有义务

C. 公民应养成依法积极行使权利和履行义务的习惯

D. 公民应履行法定义务，法律应保障公民的一切利益

11. [2019河南安阳龙安]“12340”是国家统计局为强化民情民意调查的公益性和公信度而申请的全国统一号码。当您看到12340的来电，请不要拒绝。因为公民的每一个回答，都是党和政府决策的重要信息来源。为此(　　)

A. 公民应提高参与政治生活的素养和能力　　B. 政府应不断增强决策的科学化、民主化

C. 应完善决策信息系统，保障公民参与权　　D. 应积极探索民主监督的新形式、新途径

12. [2019河南信阳平桥]越来越多的政府部门开设“官方微博”。微博正以其“秒互动”的传播优势，开启“人人都是参政者”的新阶段，成为政府部门政务公开、反腐倡廉、倾听呼声、化解矛盾的新阵地。“政务微

博”的方兴未艾( )

A. 彰显了社会主义民主政治建设的进步　　B. 保障了公民基本政治权利的有效行使

C. 增强了公民主人翁意识和社会责任感　　D. 维护了公民知情权、质询权和监督权

13. [2019山西大同平城]诚实守信是中华民族的传统美德。在现实生活中,经常发生违背“诚实守信”的现象,如制假售假、坑蒙拐骗、走私骗汇等。对此,国家有关部门加大了打击力度,根据人民群众的举报,查出了一大批社会影响较大的案件,依法惩处了相关责任人,为国家挽回了重大损失。这体现了( )

A. 国家在行使专政职能　　B. 人民群众在行使监督权

C. 公民在法律面前一律平等　　D. 公民有维护国家利益的义务

14. [2019河南信阳平桥]中央环保督察是中央加强生态文明建设的一项重大举措,也是一项重要的制度性安排。但媒体发现在一些地方,督察组前脚刚走,这些地方的污染企业马上就死灰复燃,继续肆意违法排污,气焰嚣张。下列有助于解决这一问题的举措有( )

A. 构建中央环境保护专项和督察“回头看”相结合的督察工作体系

B. 地方政府求真务实,依法履职,加大对环境保护工作的监管力度

C. 地方立法机关依法行使国家立法权,完善环境保护相关法律法规

D. 地方政府加强对司法机关执法工作的监督,避免环境污染企业死灰复燃

15. [2018山西长治襄垣]在处理中国与国际社会关系的问题上,我国宪法新增内容有( )

A. 中国坚持独立自主的对外政策　　B. 坚持和平发展道路

C. 坚持互利共赢的战略　　D. 推动构造人类命运共同体

16. [2018河北雄安]新中国成立初期,我国民主政治建设的重大成就有( )

A. 人民代表大会制度　　B. 中国共产党领导的多党合作和政治协商制度

C. 一国两制,和平统一　　D. 民族区域自治制度

17. [2018河南禹州]党的十九大报告强调,必须坚持中国特色社会主义政治发展道路,坚持和完善人民代表大会制度、中国共产党领导的多党合作和政治协商制度、民族区域自治制度、基层群众自治制度。这样强调( )

A. 目的在于保证人民当家作主的地位　　B. 彰显出我国人民民主有制度保障

C. 彰显出我国人民民主有法律保障　　D. 有利于维护社会秩序、促进社会和谐

18. [2018山西长治襄垣]习近平总书记在党的十九大报告中强调:“全面贯彻党的民族政策,深化民族团结进步教育,铸牢中华民族共同体意识,加强各民族交往交流交融,促进各民族像石榴籽一样紧紧抱在一起,共同团结奋斗、共同繁荣发展。”这说明( )

A. 民族区域自治地方自主管理本地区内部事务

B. 民族地区的稳定是民族区域自治制度的前提

C. 中华民族伟大复兴离不开少数民族地区繁荣发展

D. 搞好民族团结是我国解决民族问题的重要措施

19. [2018河南禹州]下列措施和行为中,符合我国处理民族关系的原则和政策的有( )

A. 实施西部大开发战略　　B. 修建青藏铁路

C. 打击东突恐怖势力　　D. 尊重各民族的宗教信仰、风俗习惯和语言文字

20. [2018河北辛集]2018年1月,中共中央、国务院发出《关于开展扫黑除恶专项斗争的通知》。该通知指出,为保障人民安居乐业、社会安定有序、国家长治久安,进一步巩固党的执政基础,决定在全国开展扫黑除恶专项斗争。开展扫黑除恶专项行动( )

A. 体现了人民民主专政具有专政职能

B. 体现了公民的任何利益都受到保护

C. 能够调动广大人民群众管理社会事务的积极性

D. 有利于营造良好的社会治安环境

21. [2018河南禹州]为了深化国家监察体制改革，加强对所有行使公权力的公职人员的监督，实现国家监察全面覆盖，深入开展反腐败工作，推进国家治理体系和治理能力现代化，国家制定了《中华人民共和国监察法》。该法规定，经监察机关依法审批，可以将被调查人留置在特定场所。同时还规定，监察机关应当保障被留置人员的饮食、休息和安全，提供医疗服务。询问被留置人员应当合理安排询问时间和时长，询问笔录由被询问人阅看后签名。这表明(　　)

A. "尊重和保障人权"的宪法原则得到贯彻

B. 我国公民的基本权利随着法制的完善而不断扩展

C. 对留置措施的细化规定有利于反腐败工作规范化、法制化

D. 坚持公正司法是建设法治国家的必然要求

22. [2018山东聊城东昌府]国家互联网信息办公室于2018年2月2日公布《微博客信息服务管理规定》。规定公布实施的根本意义在于(　　)

A. 促进微博客信息服务健康有序发展　　B. 保护公民、法人和其他组织的合法权益

C. 确保公民通信自由　　D. 维护国家安全和公共利益

23. [2018河南禹州]《中华人民共和国刑法修正案(九)》将过去人们见怪不怪的9种行为入罪。网络发布假消息、国家考试中找人替考、虐待老幼病残等被列入刑事处罚范围。此修正案(　　)

A. 表明公民犯罪的条件发生变化　　B. 体现了权利与义务统一的原则

C. 为公民维权提供了法律依据　　D. 扩大了政府依法行政的权力

24. [2018河南禹州] 2018年1月，在一周之内，发生了三起中国游客在国外机场因天气原因航班延误问题引发的事件，多名游客高喊"中国"、齐唱中国国歌以示抗议。当事者表示这是为了鼓舞士气，协力维权；而有人则认为在商业纠纷中唱国歌是在绑架祖国。下列对此认识正确的是(　　)

A. 公民应该在法律规定的范围内行使权利

B. 公民要理性、有序地进行政治参与

C. 公民要履行尊重国歌、维护国歌尊严的义务

D. 中国公民都有自由演唱国歌的权利

25. [2018河北雄安]下列各选项中，关于公民权利和义务平等性特点的理解，正确的是(　　)

A. 守法平等　　B. 立法平等

C. 司法平等　　D. 享有权利和应尽义务平等

26. [2018河北石家庄]随着网络的日益普及，"与网民在线交流""开通省市长电子邮箱"等新风正在各地党政系统蔚然兴起，越来越多的政府官员主动开通微博等，这有利于(　　)

A. 公民的政治参与　　B. 公民直接管理国家

C. 拓宽公民参与民主监督的渠道　　D. 确保国家机关及其工作人员依法工作

27. [2017河南许昌]关于我国公民的选举权，下列叙述正确的有(　　)

A. 依照法律规定，被剥夺政治权利的人没有选举权

B. 精神病患者因为无政治行为能力而自始无选举权

C. 正在受拘留处罚的人因为无人身自由而不享有选举权

D. 正在取保候审的人准予行使选举权

28. [2017 山东济宁]当前建立和谐的医患关系应当依靠双方齐心协力，确保其权利和义务的统一。其中病人享有的权利包括(　　)

A. 知情同意权　　B. 隐私权

C. 获得相关诊疗信息权　　D. 因病免除一定社会责任和义务的权利

29. [2017 河南漯河]根据我国《宪法》关于公民私有财产的规定，下列表述正确的是(　　)

A. 公民的合法私有财产不受侵犯

B. 国家机关不得没收任何公民的私有财产

C. 公民的私有财产权和继承权受法律保护

D. 国家为了公共利益的需要，可以依照法律规定对公民的私有财产实行征收或征用并给予补偿

30. [2017 山东德州]政治协商会议的民主监督职能，是指对以下哪种情况进行监督(　　)

A. 国家宪法和法律法规实施情况　　B. 国家重大方针政策贯彻执行情况

C. 国家机关及其工作人员履行职责的情况　　D. 国家机关具有监督、弹劾的权力

三、连线题

[2020 山西大同市属]请连线我国公民对应的基本权利。

政治权利　　隐私权

人身权利　　休息权

财产权利　　继承权

社会经济权利　　表达权

第三章　民　法

基础知识达标

一、单项选择题(下列每小题列出的四个选项中只有一项是正确的。)

1. [2021 河北石家庄市属]李某意外去世未留下遗嘱，无权继承李某遗产的是(　　)

A. 已经出嫁的女儿　　B. 被人收养的孙子

C. 卧病在床的妻子　　D. 监狱服刑的儿子

2. [2021 河北石家庄市属]现代法律制度中，代理适用范围很广。下列选项中，必须由本人实施，不可以由他人代理的行为是(　　)

A. 签订民事合同　　B. 进行民事诉讼　　C. 申请专利　　D. 订立遗嘱

3. [2021 河北石家庄市属]张某翻修祖屋，请施工队来盖房时在屋底发现了一坛银子。关于该埋藏物的所有权归属，下列选项中正确的是(　　)

A. 归国家所有　　B. 归施工队所有　　C. 归张某所有　　D. 归集体所有

4. [2021 河北石家庄市属]下列选项中，没有违背公序良俗原则的是(　　)

A. 甲男与乙女在离婚协议中约定，再婚不得生育子女

B. 某企业与职工签订工伤概不负责的协议

C. 唐某父子感情不和，签订“断绝父子关系协议书”

D. 刘某拒绝同学赠与其电脑的行为

5. [2021 河北石家庄市属]小天很有音乐天赋，在他9岁时，父亲好友肖某赠与小天一把价值2万元的名

贵小提琴。对小天行为能力和受赠效力的判断，根据《民法典》的相关规定，下列选项中正确的是（　　）

A. 小天属于无民事行为能力人

B. 赠与行为须经小天父母追认才能有效

C. 受赠行为无效，因与小天的年龄智力不相当

D. 受赠行为因纯获利而有效

6. [2021河北石家庄市属]离婚制度是婚姻家庭制度中的重要组成部分。关于离婚制度的说法，下列选项中错误的是（　　）

A. 离婚自由是法律赋予婚姻当事人依法解除婚姻关系的权利

B. 行使离婚权利要受到法定离婚条件和离婚程序的限制

C. 离婚冷静期的规定只适用于登记离婚

D. 当事人要求诉讼离婚必须经过诉前调解

7. [2021河北石家庄市属]没有合法根据自己取得利益而使他人利益受损，构成不当得利。下列选项中，乙构成不当得利的是（　　）

A. 甲渔港建有灯塔，渔民乙经常利用灯塔去夜航捕鱼

B. 甲投资兴建一座大型商场，乙的房屋因临近商场而价值巨增

C. 甲后院有一棵巨大榕树，乙常爬上去观看附近球场举办的中超足球联赛

D. 甲误将话费充至陌生人乙的手机里，乙拒绝返还

8. [2021山东济南历下]下列关于我国《民法典》的说法中，不正确的是（　　）

A.《民法典》被称为“社会生活的百科全书”

B. 我国第一部《民法典》共7编，1260条

C. 我国《民法典》自2021年1月1日起实施

D.《民法典》是由国务院制定的

9. [2021河北石家庄市属]张某绘制了具有新颖性的云朵图案，嘉阳公司未经张某许可将该图案印在书包上，该批书包因图案新颖而热卖。下列说法正确的是（　　）

A. 嘉阳公司侵犯了张某的商标权　　B. 嘉阳公司侵犯了张某的专利权

C. 嘉阳公司侵犯了张某的著作权　　D. 嘉阳公司侵犯了张某的使用权

10. [2020山东青岛]被称为“社会生活的百科全书”，也是中国第一部以法典命名的法律是（　　）

A.《中华人民共和国民法典》　　B.《中华人民共和国宪法典》

C.《中华人民共和国刑法典》　　D.《中华人民共和国行政法典》

11. [2020山西大同市属]根据我国民法典的规定，下列财产可以抵押的是（　　）

A. 土地所有权　　B. 海域使用权

C. 依法被监管的财产　　D. 公益幼儿园的教育设施

12. [2020河北石家庄市属]合同的权利义务终止后，当事人根据交易习惯，履行通知、协助、保密等义务，其依据是（　　）

A. 平等原则　　B. 诚信原则　　C. 公平原则　　D. 自愿原则

13. [2020河北石家庄市属]依照法律规定，捐助人有权向捐助法人查询（　　），并提出意见和建议，捐助法人应当及时、如实答复。

A. 捐助财产的使用、管理情况　　B. 捐助法人的运营情况

C. 其他捐助人的情况　　D. 捐助款的来源

14. [2020河北石家庄市属]依照法律规定，不满(　　)的未成年人为无民事行为能力人，由其法定代理人代理实施民事法律行为。

A. 八周岁　　B. 十周岁　　C. 十二周岁　　D. 十四周岁

15. [2020河北邢台隆尧]公民对财产的使用、买卖、处置的权利是(　　)

A. 财产经营权　　B. 债权　　C. 财产所有权　　D. 物权

16. [2020河北沧州河间]王某将位于闹市区的一套自有商品房卖给张某，张某(　　)取得房屋的所有权。

A. 自房屋交付张某时起　　B. 自该房屋交易经过公证时起

C. 自该房屋交易经过有关部门登记时起　　D. 自双方签订买卖合同时起

17. [2020河北沧州河间]公民著作权的保护期限为(　　)

A. 50年　　B. 作者一生

C. 作者一生及死后50年　　D. 100年

18. [2020河北石家庄市属]依照法律规定，下列有关家庭关系的说法错误的是(　　)

A. 夫妻在婚姻家庭中地位平等

B. 夫妻双方平等享有对未成年子女抚养、教育和保护的权利

C. 父母有教育、保护未成年子女的权利和义务

D. 父母与子女间的关系，因父母离婚而消除

19. [2020河北石家庄市属]依据《民法典》规定，立有数份遗嘱，内容相抵触的，以(　　)为准。

A. 口头遗嘱　　B. 书面遗嘱　　C. 公证遗嘱　　D. 最后的遗嘱

20. [2020河北廊坊三河]我国法律规定，侵占国家的、集体的或他人财产的，首先应当承担的民事责任是(　　)

A. 恢复原状　　B. 赔偿损失　　C. 折价赔偿　　D. 返还财产

21. [2020河北石家庄市属]依照法律规定，教唆、帮助无民事行为能力人、限制民事行为能力人实施侵权行为的，应当(　　)

A. 不承担相应责任　　B. 承担部分责任

C. 承担侵权责任　　D. 与行为人承担连带责任

22. [2020山东青岛]下列不属于人格权的是(　　)

A. 债权　　B. 姓名权　　C. 隐私权　　D. 身体权

23. [2020河北廊坊三河]两个或两个以上的申请人在同一种商品上以相同或相似的商标在同一天申请注册的，商标局应当依照我国商标法的规定，公告(　　)的商标。

A. 申请在先　　B. 使用在先

C. 申请在先并且使用在先　　D. 设计在先

24. [2020山西太原晋源]下列不属于民事法律关系构成要素的是(　　)

A. 主体　　B. 行为　　C. 内容　　D. 客体

25. [2020山西太原晋源]根据我国《合同法》的规定，恶意串通，损害国家、集体或者第三人利益的合同(　　)

A. 无效　　B. 可更改　　C. 可撤销　　D. 效力待定

26. [2019河北邢台]我国公民的民事权利能力始于(　　)

A. 出生　　B. 10周岁　　C. 16周岁　　D. 18周岁

27.[2019山东淄博]不能辨认或者不能完全辨认自己行为的成年人,其(　　)或者有关组织,可以向人民法院申请认定该成年人为无民事行为能力人或者限制民事行为能力人。

A. 朋友　　B. 邻居　　C. 同事　　D. 利害关系人

28.[2019河北邢台市属]下列不属于限制民事行为能力人的是(　　)

A. 张某20岁,但没有任何收入

B. 王某15岁,能以自己的劳动收入作为主要生活来源

C. 李某18岁,不能完全辨认自己的行为

D. 赵某8岁,能够完全辨认自己的行为

29.[2019河北石家庄市属]《民法总则》规定,民事主体从事民事活动,不得违反法律,不得违背(　　)

A. 合法合理原则　　B. 公序良俗

C. 社会主义核心价值观　　D. 相关行政法规

30.[2019河北石家庄市属]根据《民法总则》的规定,因紧急避险造成损害的,由(　　)承担民事责任。

A. 紧急避险人　　B. 造成财产损失的人

C. 相关监管单位　　D. 引起险情发生的人

31.[2019河南信阳平桥]下列不属于身份权的是(　　)

A. 亲属权　　B. 配偶权　　C. 荣誉权　　D. 肖像权

32.[2019山东](　　)是权利主体自主参加社会生活和民事活动,享有权利、行使权利的前提和基础。

A. 人格完整　　B. 名誉权　　C. 人格自由　　D. 隐私权

33.[2019河北石家庄市属]按照现行法律规定,以书面、口头形式宣扬他人隐私的,属于侵害公民(　　)的行为。

A. 肖像权　　B. 荣誉权　　C. 名誉权　　D. 姓名权

34.[2019河北石家庄市属]甲公司欲将一种芯片材料的制造方法申请专利,其可以申请(　　)

A. 发明专利　　B. 实用新型专利

C. 外观设计专利　　D. 任何类型的专利

35.[2019重庆市属]不属于第一顺序法定继承人的是(　　)

A. 配偶　　B. 子女　　C. 父母　　D. 兄弟姐妹

36.[2019河北邢台市属]我国继承法规定,继承人对于被继承人生前的合法债务(　　)

A. 应当负责全额偿还　　B. 可以负责全额偿还

C. 可以不负责偿还　　D. 应当在遗产的实际价值范围内负责清偿

37.[2019河北石家庄裕华]在我国,属于婚姻法禁止结婚的是(　　)

A. 直系血亲　　B. 五代以外的旁系血亲

C. 聋哑人或盲人　　D. 传染病患者

38.[2019山西吕梁]按照《中华人民共和国婚姻法》的规定,下列说法有误的是(　　)

A. 现役军人的配偶要求离婚,必须征得当事军人的同意,否则,一律不得判离

B. 结婚年龄规定,男不得早于22周岁,女不得早于20周岁

C. 夫妻有相互继承遗产的权利

D. 患有医学上认为不应当结婚的疾病,禁止结婚

39.[2019山东烟台芝罘]完全民事行为能力人因醉酒、滥用麻醉药品或者精神药品对自己的行为暂时没有意识或者失去控制造成他人损害的,应当承担(　　)

A. 行政责任　　B. 侵权责任　　C. 违约责任　　D. 刑事责任

40.[2019河北邢台经开]甲将自己的汽车借给乙使用。某日,乙酒后驾驶汽车撞伤丙,丙的损害应由(　　)

A.甲全部赔偿　　B.乙全部赔偿　　C.甲、乙连带赔偿　　D.甲、乙按份赔偿

41.[2018内蒙古通辽]我国民法调整的对象是(　　)

A.财产关系和人身关系　　B.人际关系

C.思想关系　　D.国家与人民的关系

42.[2018河北保定市属]下列选项中不属于侵犯公民肖像权的是(　　)

A.倩倩意外地发现影楼将她的巨幅艺术照摆在了橱窗里

B.警方发布通缉令,使用犯罪嫌疑人的照片

C.将他人的照片作为投飞镖的靶子

D.某网站举办评选歌坛十大丑星活动,私自将某歌星列为候选人,并刊登了其照片

43.[2018山西长治襄垣]《民法总则》第十八条规定,十六周岁以上的未成年人,以自己的劳动收入为主要的生活来源的视为(　　)

A.限制民事行为能力人　　B.无民事行为能力人

C.完全民事行为能力人　　D.完全刑事责任能力人

44.[2018河北石家庄市属]胎儿不是法律意义上的人,但是涉及遗产继承、接受赠与等胎儿利益保护的,胎儿视为(　　)

A.具有民事权利能力　　B.具有民事行为能力

C.未成年人　　D.成年人

45.[2018河北辛集]民事行为被人民法院或仲裁机关认定部分无效后,其他部分(　　)

A.当然无效　　B.仍然有效

C.另签协议后有效　　D.修改补充后有效

46.[2018山东淄博]民事主体因同一行为应当承担民事责任、行政责任和刑事责任的,承担行政责任和刑事责任不影响承担民事责任,民事主体的财产不足以支付的,(　　)

A.优先用于承担刑事责任　　B.优先用于承担民事责任

C.优先用于承担行政责任　　D.根据受害人意思表示确定

47.[2018山东淄博]向人民法院请求保护民事权利的诉讼时效期间为(　　)

A.一年　　B.两年　　C.三年　　D.五年

48.[2018山东聊城]受理申请宣告公民失踪或死亡的机关是(　　)

A.民政机关　　B.司法行政机关　　C.人民法院　　D.公证机关

49.[2018河北邢台桥东]关于宣告死亡,下列选项正确的是(　　)

A.宣告死亡的公告期为一年

B.被撤销死亡宣告的人有权请求依《继承法》取得其财产者返还原物或给予适当补偿

C.被宣告死亡的人与其子女的父母子女关系因撤销死亡宣告而自然恢复

D.有民事行为能力的人在被宣告死亡期间实施的民事行为有效

50.[2018陕西西安]小明通过微信给好朋友发红包,结果不小心错发给小强。这种情形小强属于(　　)

A.不当得利　　B.无因管理　　C.善意取得　　D.不劳而获

51.[2018陕西西安]张某将自己祖传古董交给李某,向李某借款5万元。双方约定,张某不能按时归还

借款时,李某有权将古董变卖,所得价款优先偿还张某所欠借款,在这个合同关系中,李某是(　　)

A. 抵押权人　B. 抵押人　C. 质权人　D. 出质人

52. [2018河北保定市属]拍卖公告属于(　　)

A. 要约邀请　B. 要约　C. 承诺　D. 合同

53. [2018重庆彭水]定金数额由当事人自行约定,但不得超过主合同标的额的(　　)

A. 10%　B. 20%　C. 30%　D. 40%

54. [2018河北保定]甲和乙分别就一项相同的发明创造向专利局申请专利。请问专利局应按什么原则处理此类事项(　　)

A. 申请在先　B. 完成在先　C. 使用在先　D. 一体对待

55. [2018河北石家庄市属]下列不属于专利的是(　　)

A. 发明　B. 实用新型　C. 外观设计　D. 名称专利

56. [2018河北张家口桥西]下列有关我国法定继承人的顺序,说法错误的是(　　)

A. 第一顺序是配偶、子女、父母

B. 丧偶儿媳对公婆,丧偶女婿对岳父母,尽了主要的赡养义务的作为第一顺位人

C. 第二顺序是兄弟姐妹、祖父母、外祖父母

D. 前一顺序排斥后一顺序,同一顺序的继承人之间也有先后次序之分

57. [2018河北石家庄市属]夫妻婚前的财产应(　　)

A. 归各自所有　B. 男方的归夫妻共有

C. 女方的归夫妻共有　D. 夫妻共有

58. [2018山西长治襄垣]我国《婚姻法》第四条规定,夫妻应该互相忠实、(　　)

A. 互相帮助　B. 互敬互爱　C. 互相尊重　D. 维护平等

59. [2018重庆大渡口]下列在夫妻关系存续期间所得的财产中,不属于夫妻共同财产的是(　　)

A. 一方写书所得的稿费　B. 一方被车撞后所得的残疾人生活补助费

C. 一方单独经营杂货店所得收益　D. 一方利用同事内幕信息所得的炒股收益

60. [2018山东统考]李某与王某结婚多年,现因感情破裂,李某准备起诉离婚。下列不属于夫妻共同财产的是(　　)

A. 婚姻关系存续期间李某所得的工资　B. 婚姻关系存续期间李某因身体受伤所得的医疗费

C. 婚姻关系存续期间王某所得的经营收益　D. 婚姻关系存续期间王某所得的知识产权收益

61. [2018河北石家庄市属]个人信息属于隐私的范畴,任何组织和个人需要获取他人个人信息的,应当依法取得并(　　)

A. 确保信息安全　B. 确保真实有效　C. 确保合理使用　D. 确保个人隐私

62. [2017重庆大渡口]物权是指权利人对物的(　　)

A. 直接占有和支配　B. 直接占有、间接支配

C. 间接处分和支配　D. 直接支配、间接处分

63. [2017山西省属]下列可以授予专利权的是(　　)

A. 伪造人民币的设备　B. 促进种子发芽的红外光

C. 快速记忆德语动词规则的方法　D. 新品种"金枝玉叶"丝棉木的生产方法

64. [2017山东济宁]根据我国婚姻法规定,以下不属于婚姻无效情形的是(　　)

A. 重婚　B. 有禁止结婚的亲属关系

C. 婚后患上医学上认为不应当结婚的疾病　D. 未到法定婚龄

65. [2017山西省属]张某与马某参加完同学聚会返回时,因张某喝了酒,便让未喝酒的马某代为开车。不料,马某在路上撞伤了行人刘某,后交警认定马某存在重大过失,应当承担全部责任。刘某的人身损害应由( )

A. 张某独自承担法律责任　　B. 马某独自承担法律责任

C. 张某与马某承担按份责任　　D. 张某与马某承担连带责任

66. [2017吉林]网约车司机李某接到订单驾车赶往目的地时发生事故,致车辆受损,李某负事故全部责任。此前,李某在保险公司投保了机动车商业险,保险单上注明该车为非营运车辆。下列说法错误的是( )

A. 李某从事网约车服务,改变了事故车辆的非营运性质

B. 李某未将营运车辆性质通知保险公司,客观上造成保险标的危险程度的增加

C. 李某有权要求保险公司在商业险额度内承担赔偿责任

D. 李某有权要求保险公司在交强险额度内承担赔偿责任

67. [2017河南许昌]甲公司长期生产销售"安康"牌保健品,但一直未注册商标。李某向国家商标局申请并获得"安康"这一注册商标,开始组织生产"安康"牌保健品。对此甲公司( )

A. 应以李某侵犯其商标权为由向法院提起诉讼

B. 可以对国家商标局的行为提起行政诉讼

C. 未经许可不得在其保健品上使用"安康"商标

D. 可以在其保健品上使用与"安康"近似的商标

68. [2017河南许昌]家庭暴力受害人如果需要申请人身安全保护令,应该向( )提出申请。

A. 公安机关　　B. 妇女联合会

C. 人民法院　　D. 当地街道办事处或乡镇

二、多项选择题(下列每小题列出的四个选项中至少有两项是正确的。)

1. [2021河北石家庄市属]某房地产开发商与郭某签订买卖合同,将某商品房卖给郭某后,又与万某签订该房的买卖合同,万某办理了房屋产权证,引发与郭某的纠纷。按照民法典的相关规定,下列选项中正确的有( )

A. 万某取得该房屋的所有权

B. 开发商与郭某的房屋买卖合同无效

C. 郭某有权要求开发商赔偿损失

D. 郭某可以要求开发商返还其已经支付的房款及利息

2. [2021山东青岛市北]根据民法典,下列关于可撤销婚姻的说法错误的有( )

A. 赵某系同性恋,配偶婚后了解事实后可请求法院撤销婚姻

B. 刘与张结婚,刘的父亲与张的母亲是堂兄妹关系,此二人的婚姻可以被请求撤销

C. 周胁迫吴结婚,如吴想撤销婚姻,其应当自胁迫行为发生之日起一年内提出

D. 郑患有重大疾病,在与王结婚登记后也没有如实告知,王可以请求法院撤销婚姻

3. [2020河北石家庄市属]自然人的个人信息受法律保护。任何组织和个人需要获取他人个人信息的,应当依法取得并确保信息安全,不得( )

A. 非法收集他人个人信息　　B. 非法买卖他人个人信息

C. 非法提供他人个人信息　　D. 非法公开他人个人信息

4. [2020河北石家庄市属]依据法律规定，下列哪些财产不得抵押( )

A. 土地所有权　　B. 宅基地的使用权

C. 公益学校的教育设施　　D. 依法被查封的财产

5. [2019重庆渝中]民事法律行为的实质要件包括( )

A. 行为人具有相应的民事行为能力

B. 必须是书面形式

C. 不违反法律、行政法规的强制性规定，不违背公序良俗

D. 意思表示真实

6. [2019重庆市属]民事主体从事民事活动时应当遵守的原则包括( )

A. 平等原则　　B. 公平原则　　C. 自愿原则　　D. 遵守法律和政策原则

7. [2019河北石家庄裕华]根据《民法总则》的规定，下列哪些属于无民事行为能力人( )

A. 不能完全辨认自己行为的成年人　　B. 不满八周岁的未成年人

C. 不能辨认自己行为的成年人　　D. 八周岁以上的未成年人不能辨认自己行为的

8. [2019河北石家庄市属]根据《民法总则》的规定，依照( )，应当由本人亲自实施的民事法律行为，不得代理。

A. 法律规定　　B. 交易习惯

C. 民事法律行为的性质　　D. 当事人约定

9. [2019河北邢台]我国著作权法规定的合理使用包括( )

A. 个人学习使用　　B. 广播电视大学远程教学使用

C. 新闻报道使用　　D. 公务使用

10. [2018河北石家庄市属]民事法律关系，是由民法调整的平等主体间的财产关系和人身关系。这里的平等主体包括( )

A. 自然人　　B. 法人　　C. 非法人组织　　D. 国家

11. [2018山东枣庄峄城]根据民事权利是否以财产利益为内容，民事权利可分为财产权和人身权。下列属于财产权的有( )

A. 物权　　B. 债权　　C. 继承权　　D. 人格权

12. [2018河北保定]未成年人的父母已经死亡或者没有监护能力的，由( )担任第一顺序监护人。

A. 祖父母　　B. 外祖父母　　C. 兄　　D. 姐

13. [2018山西长治襄垣]根据《民法总则》规定，关于自然人民事权利规定，任何组织和个人需要获取他人个人信息的，应当依法取得并确保信息安全，不得非法( )他人个人信息，不得非法买卖、提供或者公开他人个人信息。

A. 收集　　B. 使用　　C. 加工　　D. 传输

14. [2018河南禹州]下列关于我国公民私有财产权的表述，不正确的有( )

A. 公民的私有财产神圣不可侵犯

B. 国家依照法律规定保护公民的私有财产权和继承权

C. 国家为了商业利益的需要，可以对公民私有财产实行征收并给予补偿

D. 任何人不得剥夺公民的私有财产

15. [2018山东枣庄峄城]根据《中华人民共和国继承法》的规定，第一顺序继承人有( )

A. 父母　　B. 子女　　C. 祖父母　　D. 配偶

三、判断题（判断下列每小题的正误，正确的打"√"，错误的打"×"。）

1.［2021河北石家庄市属］监护人除为维护被监护人利益外，不得处分被监护人的财产。（ ）

2.［2021辽宁葫芦岛］小李欲与小邓就开发某产品订立合同，则该合同只能以书面形式进行，不得采取口头形式。（ ）

3.［2020河北石家庄市属］任何组织或者个人不得以丑化、污损，或者利用信息技术手段伪造等方式侵害他人的肖像权。（ ）

4.［2020河北石家庄市属］拾得人在遗失物送交有关部门前，应当妥善保管遗失物。因重大过失致使遗失物毁损的，不应当承担民事责任。（ ）

5.［2020河北石家庄市属］两人以上合作创作的作品，著作权由合作作者共同享有。（ ）

6.［2020河北石家庄市属］向人民法院请求保护民事权利的诉讼时效期间为三年。（ ）

7.［2020山西大同平城］2020年5月28日，十三届全国人大三次会议表决通过了《中华人民共和国民法典》。民法典是指在采用成文法的国家中，用以规范平等主体之间私法关系的法典。它以条文方式、抽象的规则来规范各式法律行为、身份行为。（ ）

8.［2020河南特岗］《中华人民共和国民法典》是新中国第一部以法典命名的法律。（ ）

9.［2019重庆永川］在债权关系中，债权人和债务人都只能是一个人，不可以是多个人。（ ）

10.［2019河北秦皇岛市属］遗嘱人先后立有数份遗嘱，内容有抵触的，以公证遗嘱为准。（ ）

11.［2019重庆南岸］法人的民事权利能力一律相同。（ ）

12.［2019重庆市属］根据《中华人民共和国物权法》的规定，国家、集体的物权优先于个人的物权受法律保护，任何单位和个人不得侵犯。（ ）

13.［2019河北石家庄市属］第二顺序继承人只有在没有第一顺序继承人时才能参加继承。（ ）

14.［2019河北石家庄市属］未达到法定婚龄的婚姻是可撤销的婚姻。（ ）

15.［2018重庆大渡口］《民法总则》规定的限制民事行为能力人的年龄区间是已满8周岁，不满16周岁。（ ）

16.［2018河北石家庄市属］在我国，土地的使用权是可以依法转让的。（ ）

17.［2018重庆大渡口］根据《物权法》，某小区的车位应当归全体业主按份共有。（ ）

18.［2018河北石家庄市属］我国商标保护实行自动保护原则。（ ）

综合能力提升

一、单项选择题（下列每小题列出的四个选项中只有一项是正确的。）

1.［2020河南信阳市属］张某在保险公司为自己购买健康险时，根据合同约定，将自己近两年所患的疾病如实告诉保险公司。张某的做法体现了（ ）

A. 保险利益原则　　B. 最大诚信原则

C. 近因原则　　D. 无因原则

2.［2020山西大同平城］乙遭车祸昏迷在路上，甲途经发现后雇计程车将乙送往医院，并帮助其支付医药费。在救助过程中，甲的名牌衣服因染有乙的血渍而不能使用，同时乙的贵重手表遗落在事故地点，甲因疏忽而未能发现。下列说法不正确的是（ ）

A. 甲应赔偿手表遗落的损失　　B. 乙应偿付甲雇用计程车的费用

C. 乙应偿付甲帮其支付的医药费　　D. 乙应赔偿甲衣服不能使用的损失

3.［2020河南信阳市属］甲将家中一台七成新的电风扇丢弃后被乙捡到，乙遂带回家中继续使用，后电

风扇出现较大损坏。下列说法正确的是(　　)

A. 乙享有电风扇的所有权　　B. 乙对电风扇的占有为不当得利

C. 甲享有电风扇的所有权　　D. 甲可以向乙请求赔偿

4. [2020河南信阳市属]直系血亲和三代以内的旁系血亲禁止结婚，下列属于旁系血亲的是(　　)

A. 父母与子女　　B. 同父异母的兄弟姐妹

C. 祖父母与孙子女　　D. 外祖父母与外孙子女

5. [2020河北沧州河间]下列属于无因管理的是(　　)

A. 甲清扫马路上的积雪　　B. 承揽人保管定作人提供的原材料

C. 乙跳入河中救起落水儿童　　D. 医生抢救病人

6. [2020河北石家庄市属]下列情形中，属于不合理使用肖像的是(　　)

A. 新闻报道中使用领导人的肖像

B. 公安机关为缉拿犯罪分子在报刊上使用犯罪分子的肖像

C. 寻人启事上使用失踪者的肖像

D. 对街头人物作特写摄影，并将摄影照片用于电视广告

7. [2020河北邢台隆尧]超越代理权的代理行为产生的法律后果由(　　)承受。

A. 被代理人　　B. 代理人

C. 被代理人与代理人　　D. 被代理人或代理人

8. [2020河北廊坊三河]张强买房首付不够，向好友刘雷借了三万元。由于关系非常好，双方没有约定还款期限和利息。依照法律规定(　　)

A. 刘雷无权要求支付利息，但可以要求立即还款

B. 刘雷无权要求支付利息，但可以要求适时还款

C. 刘雷有权要求按银行同期存款利率支付利息

D. 刘雷有权要求按银行同期贷款利率支付利息

9. [2020河北邢台襄都]贾某因装修房屋，把一批古书交给朋友王某代为保管，王某将古书置于床下。一日，王某楼上一邻居家水管被冻裂，水流至王某家，致贾某的古书严重受损。下列各选项中说法正确的是(　　)

A. 王某具有过失，应负全部赔偿责任

B. 王某具有过失，应给予适当赔偿

C. 此事对王某而言属于不可抗力，王某不应赔偿

D. 王某系无偿保管且无重大过失，不应赔偿

10. [2020河北廊坊三河]下列关于继承权的说法，正确的是(　　)

A. 第一顺序继承人为配偶、子女和兄弟姐妹

B. 公民的继承权受法律保护，不能被剥夺

C. 对被继承人尽了主要扶养义务的继承人可以继承全部遗产

D. 继承人以外的，对被继承人扶养较多的人可以分给适当的遗产

11. [2020河北石家庄市属]某小学组织外出活动，队伍行进过程中某班班主任赵某接打电话，未能跟进照顾本班学生。此时该班学生李某和王某发生争执，李某将王某打伤。对王某的人身损害，下列说法中正确的是(　　)

A. 某小学应承担赔偿责任

B. 赵某应承担赔偿责任

C. 赵某应当与李某的监护人承担连带责任

D. 李某的监护人应承担侵权责任,某小学应承担相应的侵权责任

12. [2020 山东青岛]关于侵权责任的归责方式,下列选项中正确的是(　　)

A. 所有未成年学生在学校发生的侵权纠纷均适用无过错原则

B. 所有未成年学生在学校外发生的侵权纠纷均适用过错原则

C. 过错原则要求行为人在行为存在过错时,行为人才承担责任

D. 法律没有明确规定适用无过错原则时,也可酌情适用无过错原则

13. [2020 山西太原晋源]甲、乙签订购销合同,甲按约给乙付三万元定金后,乙违约,则甲依法有权要求乙给付(　　)赔偿。

A. 3万元　　B. 6万元

C. 9万元　　D. 12万元

14. [2019 重庆永川]李某被宣告失踪以后,李某的妻子、父亲、儿子及妹妹均提出要成为李某财产的代管人。若排除代管人对失踪人的财产管理不利的因素,法院应将李某的(　　)作为其财产的第一代管人。

A. 妻子　　B. 父亲　　C. 儿子　　D. 妹妹

根据有关法律规定,请回答15～17题。

甲向乙借100万元,约定五年后归还。为此,甲让丙、丁进行保证担保,如甲到期不能还款,丙、丁承担保证责任。甲也让戊进行了抵押担保,担保物为一幅字画(价值30万元),未约定担保范围。

15. [2019 重庆奉节]若五年到期后,甲不能偿还100万元,戊的字画因不可抗力灭失,丙被宣告失踪,其财产已由庚代管。丁代甲偿还了乙的全部债权,丁可向(　　)追偿。

A. 甲　　B. 庚　　C. 甲和庚　　D. 甲、庚和戊

16. [2019 重庆奉节]甲与乙决定推迟还款期限2年,并将推迟还款协议内容通知了丙、丁、戊,丙、丁、戊是否承担担保责任(　　)

A. 丙、丁、戊均承担担保责任　　B. 丙、丁、戊均不承担担保责任

C. 丙、丁承担担保责任　　D. 戊承担担保责任

17. [2019 重庆奉节]若甲、乙均为生产性企业,下列说法错误的是(　　)

A. 甲、乙之间的借款合同无效

B. 丙、丁、戊均不承担担保责任

C. 戊与乙之间的抵押合同有效,因为该抵押合同办理了抵押登记,具有公信效力

D. 如甲不能如期还款,丙、丁、戊有过错,仍应对乙承担相应的过错责任

18. [2019 重庆奉节]甲家的狗生了一只小狗,乙、丙都想购买。甲先与乙达成协议,以50元价格出售,双方约定,次日把小狗领走并付款。丙知悉后,当晚到甲家里,欲以60元价格购买小狗。甲欣然应允,并当即将小狗卖给了丙。对此,下列表述正确的是(　　)

A. 甲与丙之前的买卖合同无效　　B. 甲与乙之间的买卖合同无效

C. 乙可请求丙交付该小狗　　D. 乙可请求甲承担违约责任

19. [2019 重庆永川]2017年,小亮19岁,为和16岁的女友小美结婚,两人伪造了身份证谎称自己已经25岁,并到当地婚姻登记机关登记结婚。2019年,当地婚姻登记机关发现小亮和小美的身份证是伪造的,则两人的婚姻(　　)

A. 有待商榷　　B. 自始有效

C. 自始无效　　D. 待两人达到法定结婚年龄后方为有效

20.［2019河北保定唐县］张某是11周岁的小学五年级学生，经常在其学校门口的一家小卖部买零食和一些学习用品，部分赊账，年终时共欠小卖部340元。小卖部老板拿着账单要求张某父亲付款，遭到张某父亲拒绝。下列说法正确的是（　　）

A. 张某购买零食和学习用品的行为是无效的民事行为，其父亲作为监护人，无需赔偿

B. 张某购买零食和学习用品的行为是合法有效的民事行为，其父亲作为监护人，应当付款

C. 张某购买零食和学习用品的行为是无效的民事行为，其父亲作为监护人，应当赔偿

D. 张某购买零食和学习用品的行为是合法有效的民事行为，应当由自己付款，不应当由其父亲付款

21.［2019河北保定唐县］下列主体的权益中，民法不保护的有（　　）

A. 公民的合法权益　　B. 私人的合法权益

C. 外国人的合法权益　　D. 不当得利

22.［2019河北石家庄新乐］甲、乙是邻居。乙出国2年，甲将乙的停车位占为己用。期间，甲将该停车位出租给丙，租期1年。期满后丙表示不再续租，但仍继续使用该停车位。下列哪项表述是错误的（　　）

A. 甲将乙的停车位占为己用，甲属于恶意、无权占有人

B. 丙的租期届满前，甲不能对丙主张占有返还请求权

C. 乙可以请求甲返还原物。在甲为间接占有人时，乙可以对甲请求让与其对丙的占有返还请求权

D. 无论丙是善意或恶意的占有人，乙都可以对其行使占有返还请求权

23.［2019河北唐山芦台］根据我国现行法律，下列合同属于有效合同的是（　　）

A. 李四与赵五签订的关于采购野生穿山甲的合同

B. 赵四与12周岁的小明签订的30元购买书包的合同

C. 王五胁迫张三签订低价转让品牌手机的合同

D. 王二在签订重疾保险合同时隐瞒自己患乳腺癌的病情

24.［2019河北唐山芦台］甲向乙展示自己创作的某书法作品，乙在观赏过程中不小心撕坏了这幅作品。对此，下列说法不正确的是（　　）

A. 乙侵犯了甲的著作权

B. 乙侵犯了甲的所有权

C. 甲若将该书法作品原件卖给乙，则乙取得该作品原件的展览权

D. 甲若将该书法作品原件卖给乙，甲仍有权对这一作品进行复制

25.［2019河北秦皇岛市属］以下关于知识产权的说法中，正确的是（　　）

A. 英国人大卫在中国首发了他的侦探小说，后遭到抄袭，他不能向中国相关机构提起诉讼

B. 甲乙合作出版了一本畅销小说，甲将书的改编权交给某影视公司不用征得乙同意

C. 某电视台在当日新闻报道中引用已发表的作品且指明作者身份，可以不向作者支付报酬

D. 李先生生前著作颇丰，他的知识产权保护期限为他死亡后的第三十年的12月31日

26.［2019河北石家庄新乐］甲路过乙家门口时被乙叠放在门口的砖头砸伤，甲起诉，要求乙进行赔偿。关于本案的证明责任分配，下列哪一说法是错误的（　　）

A. 乙叠放砖头倒塌的事实，由原告甲承担证明责任

B. 甲受损害的事实，由原告甲承担证明责任

C. 甲所受损害是由于乙叠放砖头倒塌砸伤的事实，由原告甲承担证明责任

D. 乙有主观过错的事实，由原告甲承担证明责任

27.［2019河北石家庄新乐］张某与李某共有一台机器，各占50%份额。双方共同将机器转卖获得10万

元，约定张某和李某分别享有6万元和4万元，同时约定该10万元暂存李某账户，由其在3个月后返还给张某6万元。后该账户全部款项均被李某债权人王某申请法院查封并执行，致使李某不能按期返还张某款项。下列哪一表述是正确的(　　)

A. 李某构成违约，张某可请求李某返还5万元

B. 李某构成违约，张某可请求李某返还6万元

C. 李某构成侵权，张某可请求李某返还5万元

D. 李某构成侵权，张某可请求李某返还6万元

28. [2019河北石家庄新乐]林某的单位今年又盖了一批房屋，林某估计自己可以分到一套三居室，于是先按房屋面积买了一些纯毛地毯，准备搬进新居时铺上，但林某最后未能分到三居室。林某购买地毯的行为(　　)

A. 是无效行为，因为林某购买地毯的目的没有实现，其意思表示是不真实的

B. 是可撤销行为，因为林某购买地毯的目的存在重大误解

C. 是有效行为，因为该行为虽有误解但不是重大的

D. 是有效行为，该行为的效力与单位分房之间没有内在联系

29. [2019山东烟台招远]民事主体的行为能力和权利能力同时发生，同时消灭，在时间上具有一致性的是(　　)

A. 自然人　　B. 公民　　C. 法人　　D. 所有主体

30. [2019山西长治潞州]小辉今年7岁，由于擅长画漫画，其漫画作品被收集、出版、发行，小辉因此获得了一定的费用。那么小辉(　　)

A. 属于无民事行为能力人　　B. 属于限制民事行为能力人

C. 属于完全民事行为能力人　　D. 视为完全民事行为能力人

31. [2019山西省属]奶奶给9岁的小楠5000元压岁钱，小楠拿着5000元独自到手机城买了一部新手机，对此，下列表述正确的是(　　)

A. 小楠是限制民事行为能力人

B. 小楠买手机的行为是无效民事行为

C. 手机没有质量问题，小楠或其父母无权要求手机城退货

D. 小楠是否接受奶奶给的5000元压岁钱，应当经过小楠父母同意

32. [2019河北邢台经开]下列情形中，不属于法人解散原因的是(　　)

A. 被吊销营业执照　　B. 被吊销登记证书

C. 章程规定的存续期间届满　　D. 变更名称

33. [2019河北石家庄市属]某厂业务员被派去某商场买原料，得奖券5张，其中一张中了5000元，此奖属于(　　)

A. 某厂所有　　B. 业务员所有

C. 某厂给业务员的奖励　　D. 两者共有

34. [2019山西省属]张三和李四是对门邻居。从4月下旬开始，张三饲养的鹦鹉每天大喊“李四傻瓜”。李四多次找张三交涉无果，李四遂诉至法院。法院可以判令张三(　　)

A. 排除妨碍　　B. 停止侵害　　C. 恢复原状　　D. 恢复名誉

35. [2019河北邢台市属]根据我国法律的相关规定，下列关于正当防卫和紧急避险所要承担的责任，说法正确的是(　　)

A. 因正当防卫造成损害的，不承担刑事责任，但是需要承担民事责任

B. 因正当防卫造成损害的，不承担刑事责任，也无需承担民事责任

C. 因紧急避险造成损害的，由紧急避险人承担民事责任

D. 危险由自然原因引起的，紧急避险人不承担民事责任，但是应当给予适当补偿

36. [2019山东统考]《民法总则》第一条指出，本法的核心目的之一是“弘扬社会主义核心价值观”。下列选项中，没有体现社会主义核心价值观的是（　　）

A. 民事主体在民事活动中的法律地位一律平等

B. 民事主体从事民事活动，应当遵循诚信原则，秉持诚实，恪守承诺

C. 民事主体的财产权利受法律平等保护

D. 因自愿实施紧急救助行为造成受助人损害的，救助人应当承担民事责任

37. [2019河北石家庄市属]根据《民法总则》的有关规定，个体工商户的债务，个人经营的，以个人财产承担；家庭经营的，以家庭财产承担；无法区分的，以（　　）承担。

A. 家庭财产　　B. 集体财产　　C. 个人财产　　D. 部分成员财产

38. [2019河南安阳龙安]下列不属于侵犯他人人格尊严权的是（　　）

A. 小李故意给小张起不雅的绰号　　B. 商场保安强行检查小王的背包

C. 抢劫犯的照片被印在通缉令上　　D. 医院未经患者同意将其姓名和病情发布在报纸上

39. [2019重庆南岸]下列哪一行为不属于侵害自然人的个人信息（　　）

A. 某电商将所有曾购物的消费者的手机号码收集，针对性地发送产品推荐信息

B. 某监察机关办案中获取被调查人个人隐私信息，并未对信息进行保密

C. 某中学将在校生信息无偿转给校外的培训机构

D. 某法院将拒不履行生效判决的当事人信息公布在市中心的广场大屏幕上

40. [2019河北石家庄市属]西方谚语：“风能进，雨能进，国王不请不能进。”就是说我的房子虽破，国王也不能擅自闯入。这句谚语强调的是（　　）

A. 国家必须严格执法　　B. 私有财产不能流动和买卖

C. 合法的私有财产不受侵犯　　D. 房产是私有财产的重要组成部分

41. [2019山西太原迎泽]甲路过G市的A河畔，发现一块漂亮的小石头，于是捡起带回家中赏玩。对此，下列说法正确的是（　　）

A. 该石头是无主物，甲可以先占取该石头的所有权

B. 该石头归国家所有，甲侵犯了国家对石头的所有权

C. 该石头归A河流管理机关所有

D. 该石头属于G市市民所有

42. [2019河南安阳龙安]甲将一套房屋转让给乙，乙再转让给丙，相继办理了房屋过户登记。丙翻建房屋时在地底下挖出一瓷瓶，经查为甲的祖父埋藏，甲是其唯一继承人。丙将该瓷瓶以市场价卖给不知情的丁，双方钱物交割完毕。现甲、乙均向丙和丁主张权利。下列选项正确的是（　　）

A. 甲有权向丙请求损害赔偿　　B. 乙有权向丙请求损害赔偿

C. 甲、乙有权主张丙、丁买卖无效　　D. 丁善意取得瓷瓶的所有权

43. [2019山西长治潞州]黄某走失母牛一头，刘某发现母牛后将母牛牵回家，两个月后母牛产下小牛仔一头。下列关于小牛仔的所有权说法正确的是（　　）

A. 归黄某所有，黄某是母牛的所有人，小牛仔属于母牛的孳息，理应归黄某所有

B. 归刘某所有，小牛仔是在刘某照顾母牛期间生产的，所以归刘某所有

C. 由黄某和刘某共有，母牛是黄某所有，但是小牛仔是刘某照顾母牛期间生产的，所以小牛仔归黄某和刘某共有

D. 小牛仔是无主物，生下来后归刘某所有

44. [2019重庆南岸]甲将其汽车赠给乙，并约定乙在三年内不得转让，否则甲有权收回汽车。之后，甲将汽车交付给了乙，但未办理登记。下列说法正确的是(　　)

A. 甲与乙之间的赠与合同有效，乙未取得汽车的所有权

B. 甲与乙之间的赠与合同有效，乙取得了汽车的所有权

C. 甲与乙之间的赠与合同无效，乙取得了汽车的所有权

D. 甲与乙之间的赠与合同无效，乙未取得汽车的所有权

45. [2019重庆沙坪坝]甲与乙约定，由丙代甲向乙归还借款，后丙未代甲向乙归还借款。下列表述正确的是(　　)

A. 甲仍然应当向乙归还借款　　B. 乙只能向丙要求归还借款

C. 乙可以要求甲或丙归还借款　　D. 甲可依据其与乙的约定由丙代其向乙归还借款而免责

46. [2019河南信阳平桥]甲与乙签了一项买卖合同，约定甲向乙支付定金5万元，如果任何一方不履行合同应支付违约金8万元。后来乙违约，甲打算向法院提起诉讼。下列哪种诉讼请求既能最大限度地保护甲的利益，又能获得法院的支持(　　)

A. 请求乙支付违约金8万元

B. 请求乙双倍返还定金10万元

C. 请求乙支付违约金8万元，同时请求返还定金5万元

D. 请求乙双倍返还定金10万元，同时请求支付违约金8万元

47. [2019山西大同平城]林某的妻子病重，为救治妻子，林某决定将自己家的房屋卖掉。林某对王某说："我妻子病重，没有办法，这个房屋的市场价值是80万元，现在60万卖给你吧。"王某欣然同意，双方签订了房屋买卖的协议，并且完成了房屋产权变更手续，但之后林某反悔，诉至法院。下列说法正确的是(　　)

A. 王某的行为属于乘人之危，该合同属于可撤销合同

B. 王某的行为不构成乘人之危，该合同合法有效

C. 王某的行为构成欺诈，该合同属于可撤销合同

D. 王某的行为构成重大误解，该合同属于可撤销合同

48. [2019河北邢台经开]刘某在报纸上发表了一篇时事性文章，未声明不允许其他媒体刊登。某杂志社未经刘某同意予以转载且未支付报酬。该杂志社的行为不构成侵权的法律依据是(　　)

A. 许可使用　　B. 法定许可　　C. 强制许可　　D. 合理使用

49. [2019河南平顶山]张华经李丽同意，将李丽的作品翻译成英文。关于该译文，以下表述正确的是(　　)

A. 李丽有著作权

B. 李丽和张华共同享有著作权

C. 出版社出版该译文需要张华和李丽的同意

D. 出版社出版该译文需要张华的同意

50. [2019山西大同平城]甲将其作品投递给乙杂志社。未经甲的许可，乙便委托丙对甲的该作品进行修改。然后乙杂志社将署名为丙、甲的作品发表在其刊物上。则(　　)

A. 乙侵犯了甲的著作权，丙未侵权　　B. 乙未侵犯甲的著作权，丙侵权

C. 乙和丙均侵犯了甲的著作权　　D. 乙和丙均未侵犯甲的著作权

51.［2019河北邢台］小张、小王、小陈共同完成一项发明创造，但是在合作协议中未约定权属问题。小张、小王要求申请专利，小陈不同意。那么，下列说法正确的是（　　）

A. 小张、小王不能申请专利

B. 小陈应该把专利申请权转让给小张、小王

C. 小张、小王可以申请专利，被授予专利权后，归小张、小王共有

D. 小张、小王可以申请专利，被授予专利权后，归小张、小王、小陈三人共有

52.［2019河北邢台桥西］甲见义勇为不幸牺牲。早年丧妻的甲父得知消息后悲痛欲绝，引发心脏病不治身亡。甲有妻子乙、儿子丙、弟弟丁。据此，甲父遗产的继承人应为（　　）

A. 丁　　B. 丙、丁　　C. 乙、丙、丁　　D. 甲、乙、丙、丁

53.［2019河北石家庄市属］我国《婚姻法》和《继承法》规定（　　）

A. 子女有继承父母遗产的权利，父母没有继承子女遗产的权利

B. 父母有继承子女遗产的权利，子女没有继承父母遗产的权利

C. 父母和子女有相互继承遗产的权利，但父母是第一顺序继承人

D. 父母和子女有相互继承遗产的权利，且互为第一顺序法定继承人

54.［2019山西省属］甲男与乙女是表兄妹，到了结婚年龄在民政部门进行了结婚登记。婚后不久，两人感情破裂，乙女向法院起诉离婚。对于此案，法院应当（　　）

A. 判决撤销该婚姻

B. 判决宣告该婚姻无效

C. 法院是否判决离婚取决于双方感情是否破裂

D. 劝和不劝离，法院应首先对双方进行劝导调解

55.［2019山西省属］父母与18岁的苏某订立断绝父母子女关系的协议，主要内容是父母不负担苏某上大学以后的任何费用，将来父母年老也不需要苏某养老送终。关于此协议，下列说法正确的是（　　）

A. 协议的内容违反法律规定

B. 协议体现了双方权利义务的平等，合法有效

C. 断绝父母子女关系需要经过法院判决才能生效

D. 苏某父母的做法虽然有些不近人情但却是合法的

56.［2018河南信阳浉河］下列选项属于有效民事行为的是（　　）

A. 某青年以一块糖果换得某10岁儿童的一块手表

B. 某精神病人在患病期间将家里的摄像机送给邻居

C. 某单位两职工就家具转让达成一致，并签订协议

D. 五个中学生强行以5元人民币买下某同学的自行车

57.［2018山东聊城］甲被宣告死亡后，其妻乙改嫁于丙，其后丙死亡。1年后乙确知甲仍然在世，遂向法院申请撤销对甲的死亡宣告。依我国法律，该死亡宣告撤销后，甲与乙原有的婚姻关系（　　）

A. 自行恢复　　B. 经乙同意后恢复

C. 不得自行恢复　　D. 经甲同意后恢复

58.［2018河北石家庄市属］甲、乙二人同在山坡上放羊，乙的羊混入甲的羊群，甲不知，赶羊回家入圈。甲的行为属于（　　）

A. 拾得遗失物　　B. 不当得利　　C. 无因管理　　D. 授权行为

59. [2018河北保定市属]我国房地产市场的土地转让是指( )

A. 土地所有权的转让　　B. 土地收益权的转让

C. 土地占有权的转让　　D. 土地使用权的转让

60. [2018河北石家庄市属]某楼盘的户外广告上标明房屋每平方米的价格、正在热销、入住时间等词。这里的“正在热销”的标示应视为( )

A. 要约　　B. 承诺　　C. 要约承诺　　D. 既是要约又是承诺

61. [2018河北邢台桥东]华宇公司向大鹏公司发出采购100台电脑的要约，大鹏公司于2018年7月1日发出承诺信件，表示完全同意要约内容。7月7日信件发至华宇公司。7月8日华宇公司知悉了该信件内容，遂于7月10日电传告知大鹏公司收到承诺信件。在该合同的订立过程中，承诺通知的生效时间是( )

A. 7月1日　　B. 7月7日　　C. 7月8日　　D. 7月10日

62. [2018重庆大渡口]甲乙二人于2018年2月1日订立了一份设备买卖合同，约定甲于2月10日向乙出售一套机械设备，乙在2月13日前向甲支付10万元。在交付设备之前，甲从朋友那里得知乙已经债台高筑。此时，甲可以行使的抗辩权是( )

A. 同时履行抗辩权　　B. 先履行抗辩权　　C. 不安抗辩权　　D. 先诉抗辩权

63. [2018河北石家庄市属]我们在生活中看到许多书籍、影视剧或者电脑软件的上面都标注着“版权所有”。标注“版权所有”意味着( )

A. 图书音像制品的所有权归属不可变更　　B. 图书音像制品的著作权有保护期限

C. 著作权人可以将其物品转让给他人　　D. 这些图书音像制品正受着著作权的保护

64. [2018重庆大渡口]小王是歌手李洁轮的歌迷，李洁轮自出道以来发行了2张专辑，小王购买了专辑，同时，小王还复制一套，放在车中欣赏，小王的行为属于( )

A. 侵犯著作权　　B. 著作权的法定许可使用

C. 著作权的合理使用　　D. 著作权的强制许可使用

65. [2018河北石家庄市属]下列关于专利权的说法，错误的是( )

A. 可以转让　　B. 不能转让　　C. 可以共有　　D. 可以赠与

66. [2018内蒙古通辽]甲已年过花甲，但却赌博成瘾。甲欠下2万元赌债，便要求子女增加赡养费来偿还赌债。下列说法正确的是( )

A. 子女必须支付，因为子女有赡养父母的义务

B. 子女必须支付，因为子女有父债子偿的义务

C. 子女无须支付，因为子女已履行赡养的义务

D. 子女无须支付，因为甲的赌债违反法律规定

67. [2018河北保定市属]一年半之前，孙某病危时曾当着2个儿子和4位医护人员的面说：“我死后家里的一切财产都留给老大。”后经抢救治疗，孙某病愈出院。一年半后，孙某旧病复发死亡。孙某大儿子把孙某的全部财产据为己有。一年半前孙某病危时所立的口头遗嘱( )

A. 有效　　B. 无效

C. 由大儿子告知其他亲属后有效　　D. 经医护人员证明后有效

68. [2017山西大同]下列选项中，既是道德规范，又是法律原则的是( )

A. 爱岗敬业　　B. 助人为乐　　C. 诚实守信　　D. 勤俭持家

69. [2017山西省属]下列属于有效的民事法律行为的是( )

A. 8岁小学生接受长辈赠与的手表

B. 甲乙签订买卖四只黑熊熊掌的合同

C. 丙丁之间签订房屋租赁合同，约定租期为25年

D. 10岁小学生独自到商场购买了一台价值6000元的电脑

70. [2017重庆市属]下列各项行为中属于无因管理的是（ ）

A. 赵六受人委托帮他人修缮房屋

B. 张三拾得他人遗失的1万元钱

C. 李四作为委托代理人参与诉讼活动

D. 王五将突发心脏病的邻居送至医院，并垫付了交通费和住院费

71. [2017吉林]甲在旅行期间租住家庭旅馆，不慎摔坏房间内的热水壶。退房时，房东乙要求甲按“损害物品照价赔偿价目表”上列明的价格赔偿1000元，该壶实际市场价格不超过200元。下列说法正确的是（ ）

A. 价目表虽系乙单方制定，但是具有当然的法律效力

B. 入住房间即视为甲对价目表上价格的认可

C. 乙的行为涉嫌敲诈勒索罪

D. 价目表上价格与实际价格差别大，应按实际价格赔偿

72. [2017山西省属]马某为甲公司的法定代表人，代表甲公司与乙公司签订了一份购买货物合同。不料马某次日因职务侵占罪被逮捕，甲公司法定代表人更换为刘某。下列关于购买货物合同的效力说法正确的是（ ）

A. 合同可以撤销，因为马某因职务侵占罪被逮捕

B. 合同无效，因为甲公司的法定代表人已更换为刘某

C. 合同效力待定，因为需要甲公司新法定代表人刘某追认

D. 合同有效，因为法定代表人变更不影响甲公司对外效力

73. [2017河南许昌]在西藏旅游的朱某因钱包遗失向旅伴张某借了4000元钱，后来朱某去新疆旅游途中失踪，于是张某拿着朱某的欠条向其儿子讨债。对此纠纷，以下说法正确的是（ ）

A. 如果朱某儿子年满十八周岁，就必须替父亲偿还债务

B. 如果朱某儿子未满十六周岁，就无需替父亲偿还债务

C. 朱某儿子具备完全行为能力后，必须承担连带责任

D. 这是张某和朱某的债务关系，与朱某儿子没有关系

74. [2017河南许昌]甲将一头耕牛以1万元卖给乙，乙付了定金，约定5日后完成交易。丙在不知情的情况下表示愿以1.2万元购买，甲当即答应并一手交钱一手交牛。3日后丙因资金周转困难，将该牛抵押给丁一周。此时，该牛的所有权属于（ ）

A. 甲　　B. 乙　　C. 丙　　D. 丁

75. [2017山西省属]电视剧《夏至未至》的导演是甲，主要演员有乙和丙，剧本作者是丁，制片人是戊，则该电视剧的著作权人应该是（ ）

A. 甲　　B. 乙和丙　　C. 丁　　D. 戊

76. [2017吉林]甲隐瞒自己曾因犯罪被判过刑的事实，与乙登记结婚，婚后乙得知甲的犯罪前科，诉至法院要求撤销与甲的婚姻关系，并赔偿其精神损失。下列说法正确的是（ ）

A. 甲与乙结婚的意思表示不真实，婚姻关系可撤销

B. 甲在婚前有故意欺骗乙的行为，婚姻关系可撤销

C. 如甲与乙夫妻感情彻底破裂，法院可判决其离婚

D. 法院应支持乙精神损害赔偿的诉讼请求

77. [2017山西省属]甲男和乙女是夫妻，甲男在婚前有10万元存款，婚后他将此钱用来购买股票，经过多次买进卖出，现股票升值到30万元。关于这30万元，下列说法正确的是(　　)

A. 30万元是甲乙共同财产

B. 30万元是甲男个人财产

C. 10万元是甲男个人财产，20万元是甲乙共同财产

D. 10万元是甲乙共同财产，20万元是甲男个人财产

78. [2017河南许昌]叶某和冯某系夫妻关系，冯某婚前个人名下拥有一套房子。婚后该房子(　　)

A. 不能转化为夫妻共同财产，因为是冯某的婚前个人财产

B. 自动转化为夫妻共同财产，因为叶某和冯某系夫妻关系

C. 婚姻存续期间为共同财产，但婚姻破裂则为冯某个人财产

D. 可转为夫妻共同财产，但须双方去相关部门办理产权登记

79. [2017河北张家口]张某与李某于2000年7月1日结婚，2017年2月1日离婚，房屋A由张某婚前所购买，登记在张某名下，婚后由两人共同经营出租；房屋B是2016年5月20日由李某和张某共同出资购买，登记在张某与李某两人名下；另外婚姻存续期间，张某和李某的工资收入共计50万元。下列不属于夫妻共同财产的是(　　)

A. 两人共同经营出租房屋A所得收入　　B. 房屋B

C. 房屋A　　D. 50万元的工资收入

二、多项选择题(下列每小题列出的四个选项中至少有两项是正确的。)

1. [2020河北唐山路北]小明今年12岁，父亲因车祸去世，母亲患有精神病，那么可以做他监护人的是(　　)

A. 爷爷　　B. 外婆　　C. 14岁的哥哥　　D. 20岁的姐姐

2. [2020河北石家庄市属]下列行为中，构成侵犯著作权的是(　　)

A. 甲未经原著作权人同意，在某综合网站上转载了一则有关刚刚发生的校园暴力事件的新闻报道

B. 甲接受单位下达的任务，开发了一套财务管理软件，甲将该软件授权乙公司使用

C. 甲购买优酷会员，将优酷上的电影用于其小型影院经营活动

D. 甲阅读报刊发现乙写的一篇散文不错，甲于是将该散文译成法文在国内出版，未经乙的同意，也未支付报酬给乙

3. [2020山东青岛]下列法律纠纷可用《中华人民共和国民法典》规定的法律规范直接调整的是(　　)

A. 甲乙结婚后，甲常常夜不归宿，乙要求离婚，甲坚决不同意

B. 甲骑车不慎将正常行走的乙撞伤，甲拒绝向乙支付由此产生的医药费

C. 甲与乙签订木材买卖合同，甲支付价款后，乙迟迟未按合同约定向甲交付木材

D. 某工商局以甲违法经营为由对甲进行行政处罚，甲认为自己的经营行为是合法的

4. [2020山东青岛]2020年6月，小明于16岁生日当天与同学偷偷溜出校外庆生，不幸遭遇车祸死亡。对小明死亡的责任认定，下列选项中不正确的是(　　)

A. 肇事车主与学校共同承担连带责任

B. 学校即使承担责任，也只承担补充责任

C. 学校对学生有安全保障义务，无法证明自己无过错时，应对小明的死亡承担责任

D. 学校对学生有安全保障义务，不论学校是否有过错，都应对小明的死亡承担责任

5.［2019 重庆渝中］法律上保护人身权的方式有（　　）

A. 民事制裁　　B. 经济制裁　　C. 行政制裁　　D. 刑事制裁

6.［2019 重庆永川］一般人格权是指民事主体基于根本人格利益而享有的人格权，这里的根本人格利益是指（　　）

A. 人格平等　　B. 人格独立　　C. 人格自由　　D. 人格尊严

7.［2019 重庆市属］小飞出生于2008年9月，现为某中学在校学生。2019年1月，小飞用存下的压岁钱自行到某知名品牌手机店购买了一部手机，购买后悄悄把手机带到学校。同日，小飞上课期间玩手机时被老师发现并告知小飞的父母。小飞的父母得知后，第二天带着小飞到手机店，要求退还这部手机。下列说法正确的是（　　）

A. 本买卖合同为有效合同，手机店可以拒绝退货

B. 本买卖合同属于效力待定合同，并不必然无效

C. 本买卖合同为无效合同，手机店应无条件退货

D. 小飞的父母可以要求退还手机，但应给予手机店适当补偿

8.［2019 山西省属］乐万家便利店在门口摆放了一台自动售货机，深夜回家途中的小强路过时，投入两枚一元硬币买一瓶矿泉水，矿泉水跳出来后，两枚硬币也自动跳了出来，小强看四下无人便拿着一瓶矿泉水和两枚硬币离开了，关于本案下列说法正确的是（　　）

A. 乐万家便利店有权请求小强返还两元钱

B. 乐万家便利店无权请求小强返还两元钱

C. 乐万家便利店摆放自动售货机构成要约邀请

D. 小强投入两枚一元硬币买一瓶矿泉水构成承诺

9.［2019 山西长治潞州］张女士的丈夫生前曾立下遗嘱，将一处房产赠给张女士。不久后其丈夫因突发心脏病死亡，张女士按照死者生前遗嘱要接受遗赠。但在遗产分割前，张女士不幸因车祸死亡，据查明张女士无父无母，只有一女儿和收养的一儿子。对于该房产继承的说法，错误的有（　　）

A. 由张女士的女儿继承，收养的儿子无继承权

B. 由张女士的女儿养子共同继承

C. 必须将该房产出售，价款由张女士的女儿优先继承

D. 只有张女士的女儿同意，张女士的养子才可继承部分遗产

10.［2019 河南安阳龙安］张某因车祸瘫痪在床，其妻黄某领到10万元伤残赔偿金后抛弃张某和年幼的儿子，长期不归。张某和儿子生活十分困难，张某将黄某告上法庭，本案中（　　）

A. 黄某的遗弃行为要承担相应的刑事责任　　B. 张某和黄某对10万元所得有平等的处理权

C. 黄某应支付一定数额的抚养费　　D. 黄某未尽抚养和教育子女这一重要义务

11.［2018 河北保定市属］衡量公民有无行为能力的标志是（　　）

A. 是否达到一定年龄　　B. 是否具有本国国籍

C. 神志是否正常　　D. 是否具有权利能力

12.［2018 山东统考］林某的汽车被邻居李某损坏。根据相关法律规定，林某为了维护自己的权利（　　）

A. 可以与李某协商解决　　B. 可以通过诉讼解决

C. 可以通过复议解决　　D. 可以请他人居中调解

13. [2018重庆彭水]物权法的基本原则有(　　)

A. 一物一权原则　　B. 物权公示原则　　C. 物权法定原则　　D. 物权全面支配原则

14. [2018河北辛集]下列行为中,构成无因管理的是(　　)

A. 路遇别人的汽车着火,用自己车上的灭火器参与扑救

B. 错把别人家的牛,当成了自己家的牛来饲养

C. 租车送晕倒的同班同学去医院救治

D. 门前的马路上有一个坑,自购水泥将坑填补好

15. [2018河北辛集]下列情况下,保证人不承担民事责任的有(　　)

A. 保证人为亲属提供保证的

B. 保证人受他人之托,为陌生人提供保证的

C. 主合同当事人双方串通,骗取保证人提供担保的

D. 主合同债权人采取欺诈手段,使保证人在违背真实意愿的情况下提供担保的

16. [2017重庆南岸]支付赔偿金的条件是(　　)

A. 有违约事实　　B. 违约方有过错

C. 违约方给对方造成损失　　D. 没有规定违约金或违约金不足以弥补损失

E. 违约方有赔偿能力

17. [2017河南许昌]范某的有关骨科病预防与治疗方面的研究成果中,哪些可以在我国申请专利(　　)

A. 发现了导致骨癌的特殊遗传基因　　B. 发明了一套帮助骨折病人尽快康复的理疗器械

C. 发明了如何精确诊断股骨头坏死的方法　　D. 发明了一种高效治疗软骨病的中药制品

18. [2017重庆南岸]遗产的分配原则是(　　)

A. 照顾原则　　B. 权利义务一致原则

C. 协商原则　　D. 一般平均原则

E. 公平原则

19. [2017山西省属]甲男(18岁)和乙女(14岁)按照当地农村的习俗举行了结婚典礼,根据我国《婚姻法》的规定,下列说法正确的有(　　)

A. 甲与乙的婚姻关系是一种可撤销婚姻

B. 甲与乙的婚姻关系有效,相互具有夫妻间的权利义务

C. 甲与乙达到法定婚龄后,可以到婚姻登记机关补办结婚登记

D. 如甲与乙在达到法定婚龄前起诉解除关系,法院将不予受理

20. [2017河北张家口]下列选项对话中,体现出乙没有自觉履行法定义务的有(　　)

A. 甲:“听说你的母亲病重,无人照顾?”乙:“与我无关,我是被收养的。”

B. 甲:“今年征兵工作开始了。”乙:“是的,我符合条件,明天就去报名。”

C. 甲:“妈,初中催缴学杂费了。”乙:“你自己挣钱去交学杂费,没钱就退学吧。”

D. 甲:“爸,小学催缴生活费了。”乙:“我与你妈离婚了,找她要去。”

三、判断题(判断下列每小题的正误,正确的打“√”,错误的打“×”。)

1. [2020山西大同市属]失踪人所欠税款、债务和应付法人其他费用,由继承人从失踪人的财产中支付。(　　)

2. [2020山西大同平城]甲的丈夫在婚前隐瞒自己的精神病史,自然会导致离婚时无过错女方甲的损害赔偿要求。(　　)

3.［2019重庆奉节］小明向小张借款10万元，约定借款利息为2000元，为了双方的利益，小张可以只给小明9.8万元，剩余2000元按照利息扣除。（　　）

4.［2019河北石家庄新乐］债权人转让债权应当经债务人同意。（　　）

5.［2019河北石家庄新乐］自然人的行为能力与权利能力可能分离，而法人的行为能力与权利能力是同时存在的。（　　）

6.［2019重庆南岸］王某为购买李某的房屋，与李某签订了房屋购买协议，王某支付了对价后，李某将其房屋交付给王某占有和使用，则王某取得了李某的房屋所有权。（　　）

7.［2019重庆市属］房屋租赁合同中的维修义务可以约定由承租人承担。（　　）

8.［2019山东烟台开发区］知识产权从本质上说是一种无形财产权，它的客体是智力成果或知识产品，是一种无形财产或者一种没有形体的精神财富，是创造性的智力劳动所创造的劳动成果。（　　）

9.［2019重庆市属］张某是赵某的非婚生子女，因此张某无权继承赵某的遗产。（　　）

10.［2018河北石家庄市属］甲借用乙的电视，其后，甲、乙约定将该电视机卖给甲，该电视机的所有权自买卖合同生效时发生转移。（　　）

11.［2018河北辛集］代位继承的继承人必须是原继承人的晚辈直系血亲。（　　）

第四章　刑　法

基础知识达标

一、单项选择题（下列每小题列出的四个选项中只有一项是正确的。）

1.［2021河北石家庄市属］2020年12月26日，十三届全国人大常委会第二十四次会议表决通过了《刑法修正案（十一）》，新增条文13条，修改条文34条，包括将法定最低刑事责任年龄下调至（　　）

A. 10周岁　　B. 12周岁　　C. 14周岁　　D. 16周岁

2.［2021河北石家庄市属］下列选项中，属于我国刑法规定的刑罚种类的是（　　）

A. 拘役　　B. 罚款　　C. 训诫　　D. 没收违法所得

3.［2021河北石家庄市属］徐某盗窃电动车时，突然听到警笛声大作，因害怕被警察抓住而仓皇逃走，盗窃行为未得逞。徐某的行为属于（　　）

A. 犯罪预备　　B. 犯罪未遂　　C. 犯罪中止　　D. 犯罪既遂

4.［2021河北石家庄市属］王某饮酒后为发泄情绪，将家里的衣柜门板、椅子等物品从21层窗口向小区道路抛掷，危害过往人员及车辆的安全。王某的行为构成（　　）

A. 故意毁坏财物罪　　B. 高空抛物罪

C. 以危险方法危害公共安全罪　　D. 寻衅滋事罪

5.［2021河北石家庄市属］刘某开车时，看到前方有老太太横穿人行道，因觉得距离远、撞不到，他就没有减速，结果把老太太撞死了。刘某的心态属于（　　）

A. 直接故意　　B. 疏忽大意的过失

C. 间接故意　　D. 过于自信的过失

6.［2021河北石家庄市属］林某用公交车上扒窃来的手机，在某市多家超市刷支付宝购物，消费金额共计人民币近7000元。林某的行为构成（　　）

A. 诈骗罪　　B. 盗窃罪　　C. 侵占罪　　D. 信用卡诈骗罪

7.［2021河北石家庄市属］陈某因上车问题与公交车司机王某产生冲突，不顾车上乘客安危，用拳头击打王某头部，妨碍王某安全驾驶，危害公共安全。陈某应承担（　　）

A. 民事责任　B. 行政责任　C. 刑事责任　D. 道德责任

8.［2021河北石家庄市属］死刑是剥夺犯罪分子生命的刑罚。关于死刑，下列认识错误的是（　　）

A. 死刑只适用于罪行极其严重的犯罪分子

B. 犯罪时不满18周岁的人和审判时怀孕的妇女不适用死刑

C. 我国设置了死缓制度，作为轻于死刑的一个独立刑种

D. 适用死刑必须严格遵守法定程序

根据案例，回答9～11题。

李某与宋某驾驶小客车斗气追逐驾驶，行驶到车站时，李某超速且违规强行超车并线，导致两车冲向公交车站，造成5名路人身亡。案发后，李某弃车离开现场，于案发当日在投案途中被公安机关抓获归案；宋某拨打电话报警并在案发现场等候，于案发当日被带至公安机关。在法院审理期间，李某和宋某的家人分别交纳了10万元和20万元。宋某的家人分别与几名被害人的亲属达成调解协议，共赔偿了130万元，被害人家属对宋某的行为给予谅解。

9.［2021辽宁葫芦岛］案例中，李某、宋某的行为构成（　　）

A. 故意伤害罪　B. 寻衅滋事罪

C. 故意杀人罪　D. 以危险方法危害公共安全罪

10.［2021辽宁葫芦岛］下列有关该案件的说法中正确的是（　　）

A. 李某、宋某具有自首情节　B. 李某不具有自首情节、宋某具有自首情节

C. 李某是教唆犯，宋某是从犯　D. 应当对宋某从轻处罚

11.［2021辽宁葫芦岛］经审判，法院判处驾驶人李某有期徒刑15年，驾驶人宋某有期徒刑8年。这体现了我国刑法的（　　）

A. 罪刑法定原则　B. 罪责刑相适应原则

C. 适用法律一律公开原则　D. 法律面前人人平等原则

12.［2021山东济南历下］下列说法中正确的是（　　）

A. 犯罪时不满18周岁的人不适用死刑

B. 被剥夺政治权利的人在被剥夺权利期间仍享有选举权

C. 审判时已满75周岁的人不适用死刑

D. 犯罪时怀孕的妇女不适用死刑

13.［2021山东青岛市北］根据《刑法》的规定，下列关于缓刑的说法正确的是（　　）

A. 付某侮辱救火英雄犯寻衅滋事罪被判处管制8个月，之后可以宣告缓刑

B. 高某酒后驾车犯危险驾驶罪处拘役一个月，宣告缓刑，缓刑考验期一个半月

C. 秦某犯诽谤和寻衅滋事罪，数罪并罚后也能适用缓刑

D. 被宣告缓刑的犯罪分子在离开其所居住的市、县或者迁居时，应报经考察机关批准

14.［2020河北石家庄市属］根据《刑法》规定，已满（　　）周岁的人故意犯罪的，可以从轻或者减轻处罚。

A. 八十　B. 七十五　C. 六十　D. 五十五

15.［2020河北石家庄市属］因不满十六周岁不予刑事处罚的，责令他的（　　）加以管教。

A. 学校　B. 家长或者老师　C. 家长或者监护人　D. 家长或者所在社区

16. [2020河北邢台襄都]我国《刑法》规定，对于中止犯的处罚原则是(　　)

A. 可以从轻、减轻或者免除处罚　　B. 可以减轻或者免除处罚

C. 应当减轻　　D. 如果没有造成损害的，应当免除处罚

17. [2020河北廊坊三河]根据我国《刑法》的规定，在共同犯罪中起次要或者辅助作用的是(　　)

A. 从犯　　B. 帮助犯　　C. 共犯　　D. 胁从犯

18. [2020河北石家庄市属]拘役的期限为一个月以上(　　)以下。

A. 三个月　　B. 六个月　　C. 九个月　　D. 十二个月

19. [2020河北邢台任泽]下列条件中，属于正当防卫成立的合法条件之一的是(　　)

A. 必须有违法行为发生

B. 防卫行为必须是为使自己的合法权益免受不法侵害而实施

C. 防卫行为一般是针对不法分子本人实施

D. 防卫行为不能明显超过必要限度造成重大损害

20. [2020河北石家庄市属]国家工作人员利用职务上的便利，非法收受他人财物，为他人谋取利益的，构成(　　)

A. 贪污罪　　B. 受贿罪　　C. 行贿罪　　D. 职务侵占罪

21. [2020河北唐山路北]杨某开车逆行，为逃避检查，撞坏围栏关卡，造成重大交通事故，致人重伤。杨某的行为属于(　　)

A. 交通肇事罪　　B. 妨害公共安全罪　　C. 抗税罪　　D. 故意伤害罪

22. [2019河北石家庄市属]犯罪分子开枪杀人时，第一枪没打中，仍然可以继续射击而自动不再继续射击的，属于(　　)

A. 犯罪预备　　B. 犯罪中止　　C. 犯罪未遂　　D. 犯罪既遂

23. [2019河北邢台]王某在实施盗窃时，因未撬开防盗门而最终放弃，王某的行为属于(　　)

A. 犯罪预备　　B. 犯罪未遂　　C. 犯罪中止　　D. 犯罪既遂

24. [2019山西大同平城]甲实施了故意杀人行为之后，因为害怕而后悔，就将重伤的受害人送往医院，受害人经医院抢救无效后死亡。甲的行为是(　　)

A. 犯罪中止　　B. 犯罪未遂　　C. 犯罪预备　　D. 犯罪既遂

25. [2019山西大同平城]某仓库保管员甲被两名犯罪分子绑在门柱上不能动弹，只得任凭两名犯罪分子从仓库取走价值两万元的货物。甲的行为属于(　　)

A. 不作为犯罪　　B. 胁从犯　　C. 过失犯罪　　D. 不构成犯罪

26. [2019河北邢台市属]根据我国《刑法》规定，下列选项中的行为属于“扒窃”的是(　　)

A. 甲在某金店内趁售货员不注意偷走柜台里价值5000元的项链一条

B. 乙翻窗进入被害人家里，偷走抽屉内现金3000元

C. 被害人去菜市场买菜，将挎包落在电动车上，丙乘机拿走该包，包内有现金1200元

D. 丁在长途汽车上偷走被害人随身钱包1个，内有现金4000元和价值800元手机一部

27. [2019山东烟台招远]明知是抢劫犯罪行为所得及其产生的收益，而以各种方法掩饰、隐藏其来源的行为，构成(　　)

A. 窝藏罪　　B. 掩饰、隐瞒犯罪所得罪

C. 洗钱罪　　D. 包庇罪

28. [2019山西大同平城]在一起放火案件的侦查过程中，证人陆某为了还清犯罪嫌疑人对他的恩情，于

是对与案件有重要关系的情节，故意作虚假证明，则陆某的行为构成（　　）

A. 伪证罪　　B. 徇私舞弊罪　　C. 包庇罪　　D. 帮助伪造证据罪

29. [2019河北石家庄市属]根据《刑法》第二百六十七条第二款的规定，对于携带凶器抢夺的行为（　　）

A. 应以抢夺罪定罪处罚　　B. 应以抢劫罪定罪处罚

C. 应以抢夺罪加重处罚　　D. 应以抢劫罪从重处罚

30. [2019山西省属]张某已有3个女儿，一直盼着生个儿子，但新生的第四个孩子又是女儿，且患有先天性消化道畸形。在带着女儿去城里看病的路上，张某临时起意趁夜把女儿丢在野地里，几天后被人发现时孩子早已死亡。张某的行为构成（　　）

A. 杀人罪　　B. 伤害罪　　C. 遗弃罪　　D. 虐待罪

31. [2019河北石家庄市属]根据我国《刑法》的规定，徇私枉法罪的主体是（　　）

A. 司法工作人员　　B. 法官　　C. 执法人员　　D. 行政执法人员

32. [2019山西大同平城]某地区高新技术产业开发区办公室主任王某，急于引进外资，对于前来投资的“外商”甲某等人盲目轻信，未认真审查其主体资格、资信状况，就签订引资合作协议，由高新技术产业开发区先期打入对方账户400万元，结果该笔资金被悉数骗走，给国家造成了重大损失。王某的行为构成了（　　）

A. 玩忽职守罪　　B. 国家工作人员签订、履行合同失职被骗罪

C. 滥用职权罪　　D. 尚未构成犯罪

33. [2019河北石家庄市属]根据《刑法》第九十三条的规定，下列人员中不属于国家工作人员的是（　　）

A. 在人民团体中从事公务的人员　　B. 在国有公司、企业中从事公务的人员

C. 村民小组的工作人员　　D. 在事业单位中从事公务的人员

34. [2019重庆南岸]国家工作人员挪用公款数额较大、超过（　　）未还的，构成挪用公款罪。

A. 一个月　　B. 两个月　　C. 三个月　　D. 六个月

35. [2019山西省属]陈某冒充教育局工作人员，以发放贫困学生补助金为名，骗走徐某上大学的费用9900元。徐某伤心欲绝，郁结于心，最终导致心脏骤停，经医院全力抢救无效死亡，陈某的行为构成（　　）

A. 滥用职权罪　　B. 造谣撞骗罪　　C. 诈骗罪　　D. 杀人罪

36. [2019河北石家庄裕华]对原判刑罚附条件地不予执行的制度在刑法上称为（　　）

A. 免除处罚　　B. 减刑　　C. 假释　　D. 缓刑

37. [2019河北邢台经开]判处有期徒刑、拘役，附加剥夺政治权利的，剥夺政治权利的刑期，从（　　）计算。

A. 判决执行之日　　B. 主刑执行完毕之日或者假释之日

C. 判决确定之日　　D. 判决生效之日

38. [2019山东烟台开发区]限期出境、驱逐出境的决定机关应当为（　　）

A. 县级公安机关　　B. 县级人民政府公安机关

C. 地市级人民政府公安机关　　D. 公安部

39. [2018河北保定]我国刑法关于溯及力问题采取的原则是（　　）

A. 从新兼从重原则　　B. 从旧兼从重原则

C. 从新兼从轻原则　　D. 从旧兼从轻原则

40. [2018河北石家庄市属]对正在进行中的下列哪种行为可以进行正当防卫（　　）

A. 殴打行为　　B. 诽谤行为　　C. 诬告陷害行为　　D. 贪污行为

41.［2018河北保定市属］宋某持三角刮刀抢劫王某财物，王某夺下宋某的三角刮刀，并将宋某推倒在水泥地上，宋某头部着地，当即昏迷。王某随后持三角刮刀将宋某杀死。关于王某行为的性质，下列哪一项是正确的（　　）

A. 根据刑法第二十条第三款，王某将抢劫犯杀死，属于正当防卫

B. 王某的行为属于防卫过当

C. 王某前面的行为是正当防卫，后面的行为是防卫过当

D. 王某前面的行为是正当防卫，后面的行为是故意杀人

42.［2018山东聊城东昌府］甲开一辆偷来的油罐车向一列行驶中的火车冲去，警察乙见状用手枪将甲击毙。油罐车翻下路边在沟中爆炸烧毁。乙的行为属于（　　）

A. 正当防卫　　B. 紧急避险　　C. 防卫过当　　D. 依法履行

43.［2018河北张家口桥西］王某与马某有仇，遂寻机报复。一天王某得知马某一人在家，便身带匕首向马某家走去，途中突然腹痛，便返回家中。王某的行为属于（　　）

A. 犯罪中止　　B. 犯罪预备　　C. 犯意表示　　D. 不构成犯罪

44.［2018河北保定市属］犯罪未遂中的“犯罪未得逞”是指（　　）

A. 犯罪结果没有发生　　B. 犯罪行为没有实施完毕

C. 犯罪目的没有达到　　D. 行为没有具备某种犯罪构成的全部要件

45.［2018陕西西安］甲偷窃乙的钱包，乙发现后追赶，甲抽出随身携带的匕首向乙乱刺，甲的行为构成（　　）

A. 抢劫罪　　B. 抢夺罪　　C. 盗窃罪　　D. 盗窃罪，抢夺罪

46.［2018陕西西安］周某将醉酒状态的女性张某带到宾馆，发生了性关系，周某的行为构成（　　）

A. 强奸罪　　B. 非法拘禁罪　　C. 绑架罪　　D. 非法拘禁罪，强奸罪

47.［2018河北石家庄市属］（　　）不满18周岁的人，不适用死刑。

A. 犯罪的时候　　B. 侦查的时候　　C. 起诉的时候　　D. 审判的时候

48.［2018河南信阳浉河］甲因盗窃被公安机关逮捕，在审讯期间主动交代曾实施抢劫犯罪。甲交代抢劫犯罪的行为属于（　　）

A. 自首　　B. 坦白　　C. 立功　　D. 悔过

49.［2018河北石家庄市属］犯罪嫌疑人因其如实供述自己罪行，避免特别严重后果发生的可以（　　）

A. 减轻处罚　　B. 从轻处罚　　C. 不予处罚　　D. 免除处罚

50.［2018河北保定市属］属于我国监狱改造罪犯基本手段的是（　　）

A. 教育　　B. 惩罚　　C. 学习　　D. 管理

51.［2017河南郑州经开］我国刑法的基本原则之一是（　　）

A. 法无明文规定不为罪　　B. 法无明文规定不处罚

C. 改造与教育相结合　　D. 罪刑法定

52.［2017河北保定徐水］我国刑法规定在我国领域内的犯罪是指（　　）

A. 受害人居住地在我国领域内

B. 犯罪人居住地在我国领域内

C. 犯罪行为或者结果有一项发生在我国领域内

D. 受害人与犯罪人均居住在我国领域内

53. [2017 河南许昌]根据我国刑法规定，对于胁从犯( )

A. 可以从轻处罚　　B. 应当减轻处罚

C. 可以从轻或者减轻处罚　　D. 应当减轻或者免除处罚

54. [2017 河南许昌]为索取债务非法扣押、拘禁他人的，构成( )

A. 非法拘禁罪　　B. 绑架罪　　C. 敲诈勒索罪　　D. 抢劫罪

55. [2017 山东济宁]甲为索取赌债，将乙关进自己的仓库，并以暴力相威胁，要求乙让其母来送钱赎人，甲的行为构成了( )

A. 非法拘禁罪　　B. 绑架罪　　C. 抢劫罪　　D. 故意伤害罪

56. [2017 山东统考]2016年12月，大学生李某出于好奇，在某论坛下载并存储了宣扬恐怖主义、极端主义的图片和视频资料数十份。2017年初，上述图片和视频资料被网络警察发现。关于李某的行为下列表述正确的是( )

A. 构成宣扬恐怖主义、极端主义，煽动实施恐怖活动罪

B. 构成利用极端主义破坏法律实施罪

C. 构成非法持有宣扬恐怖主义、极端主义物品罪

D. 不构成犯罪

57. [2017 吉林]网络主播王某为博取收视率，在某直播网络平台直播了其恶意骚扰110报警中心的全过程，长达5分钟，占用公共资源，影响了公安机关的正常工作。甲的行为( )

A. 涉嫌妨害公务罪　　B. 涉嫌寻衅滋事罪

C. 涉嫌扰乱国家机关工作秩序罪　　D. 属于一般违法行为，不构成犯罪

58. [2017 山西省属]某村民小组组长甲某，利用职务上的便利，将村民小组的集体财产非法占为己有，数额较大。甲某的行为构成( )

A. 挪用公款罪　　B. 挪用资金罪　　C. 贪污罪　　D. 职务侵占罪

59. [2017 吉林]商业贿赂的主要形式是( )

A. 回扣　　B. 折扣　　C. 佣金　　D. 酬金

60. [2017 山西省属]遭遇车祸而高位截瘫的甲对生活丧失信心，便通过互联网找到乙，出资5万元要求乙杀死自己。乙按照甲的要求，向甲捅了数刀后离开。十分钟后，甲后悔，便大呼救命获救。乙的行为( )

A. 属于助人为乐　　B. 违反治安管理处罚法

C. 构成故意杀人罪　　D. 构成故意伤害罪

61. [2017 山西省属]甲背着装有砖块和汽车遥控干扰器的背包来到一家银行，声称有炸弹要炸毁银行，引起银行秩序大乱，后甲被赶来的警察抓获。甲的行为构成( )

A. 编造、故意传播虚假恐怖信息罪　　B. 扰乱国家机关工作秩序罪

C. 投放虚假危险物质罪　　D. 准备实施恐怖活动罪

62. [2017 重庆南岸]罚金刑的适用方式是( )

A. 只能独立适用　　B. 只能附加适用

C. 既可以独立适用也可以附加适用　　D. 只能并科适用

二、多项选择题(下列每小题列出的四个选项中至少有两项是正确的。)

1. [2021 河北石家庄市属]关于刑事责任年龄和刑事责任能力的认定，下列选项中正确的有( )

A. 甲在16周岁时投放危险物质致多人伤亡，甲对此不负刑事责任

B. 乙在13周岁时故意杀人，情节恶劣，经最高人民检察院核准追诉，应负刑事责任

C. 丙在故意杀人时受鲜血刺激突发精神病，应负刑事责任

D. 丁为给自己杀人壮胆而喝酒，大醉后杀害他人，应负刑事责任

2. [2020河北廊坊三河]在我国，(　　)属于违法行为。

A. 酗酒　　B. 游行　　C. 卖淫　　D. 吸毒

3. [2020河北唐山路北]对于某些犯罪分子，我国《刑法》规定要剥夺其政治权利，那么该犯罪分子被剥夺的权利包括(　　)

A. 选举权和被选举权　　B. 担任事业单位领导职务的权利

C. 接受教育的权利　　D. 结社和游行的权利

4. [2020河北邢台任泽]涉嫌构成危险驾驶罪的行为是(　　)

A. 追逐竞驶，情节恶劣的　　B. 醉酒驾驶机动车的

C. 吸毒后驾驶的　　D. 从事校车业务严重超过额定乘员载客的

5. [2019重庆南岸]根据共同犯罪人在共同犯罪中的地位和作用的不同，我国刑法将共同犯罪人分为(　　)

A. 主犯　　B. 从犯　　C. 胁从犯　　D. 教唆犯

6. [2019山西太原迎泽]根据我国法律规定，构成犯罪集团须具备的条件有(　　)

A. 主体为两人以上　　B. 具有明确的犯罪目的

C. 犯罪活动具有组织性　　D. 犯罪成员具有稳定性

7. [2019河南安阳龙安]下列情形中构成以危险方法危害公共安全罪的有(　　)

A. 私自架设电网致他人死亡的　　B. 抢夺公交车方向盘的

C. 投放微生物或放射性物质进行破坏的　　D. 驾车撞人致使多人死亡的

8. [2019河南信阳平桥]下列有关犯罪认定的表述错误的有(　　)

A. 生产假药，足以严重危害人体健康的才构成犯罪

B. 故意杀人，造成严重后果的才构成犯罪

C. 组织他人出卖人体器官，从中牟利的，才构成犯罪

D. 故意伤害他人身体，造成严重后果的才构成犯罪

9. [2019山西省属]下列关于死刑的说法错误的有(　　)

A. 甲，犯罪时不满18岁，不能判处死刑，但由于其犯罪手段极其残忍、犯罪后果极其严重，可以判处死刑缓期二年执行

B. 乙，女，审判时怀孕，不能对其判处死刑

C. 丙，81岁，不论犯罪手段多么残忍或危害后果多么严重，都不能对其判处死刑

D. 为了贯彻“慎杀”原则，死刑应当报最高人民法院和最高人民检察院共同核准

10. [2019重庆沙坪坝]我国《刑法》规定的附加刑包括(　　)

A. 罚金　　B. 剥夺政治权利　　C. 没收财产　　D. 警告

11. [2019河北石家庄市属]根据《刑法》规定，适用可以从轻或者减轻处罚的法定情节有(　　)

A. 犯罪分子有立功表现的　　B. 中止犯

C. 教唆未遂的教唆犯　　D. 犯罪以后自首的

12. [2018河北保定]剥夺政治权利作为一种附加刑主要包括(　　)

A. 剥夺选举权和被选举权

B. 剥夺担任国家机关职务的权利

C. 剥夺对国家机关及其工作人员提出批评和建议的权利

D. 剥夺言论、出版、集会、结社、游行、示威自由的权利

13. [2018河南信阳浉河]依照法律被剥夺政治权利的人,可以行使的权利和自由是( )

A. 申诉权　　B. 受教育权　　C. 继承权　　D. 劳动权

14. [2017吉林]李某以出卖为目的从某农户家偷窃一名刚出生不久的男婴,得手后因一时未找到买主,于是决定自己收养。在抚养过程中,男婴日夜啼哭,李某即偷偷将男婴送回该农户家中。关于李某行为的性质表述错误的有( )

A. 构成拐卖儿童罪　　B. 构成拐骗儿童罪

C. 属于拐卖儿童罪未遂　　D. 属于拐骗儿童罪中止

15. [2017河南许昌]在法律规定的国家考试中,代替他人考试的行为( )

A. 构成代替考试罪　　B. 可单处罚金

C. 可被判处拘役　　D. 构成组织考试作弊罪

16. [2017重庆市属]下列选项中,属于我国刑罚体系中的主刑的有( )

A. 管制　　B. 拘留　　C. 有期徒刑　　D. 死刑

三、判断题(判断下列每小题的正误,正确的打"√",错误的打"×"。)

1. [2021河北石家庄市属]张三碰到歹徒持刀抢劫,与歹徒发生激斗,将歹徒制服。张三的行为构成正当防卫。 ( )

2. [2020山西大同平城]根据我国刑法的规定,犯罪时不满18周岁的人和审判时怀孕的妇女,不管其罪行多么严重,均不适用死刑和死缓。 ( )

3. [2020河北廊坊三河]法律明文规定为犯罪行为的,才能依照法律定罪处刑。 ( )

4. [2020河北廊坊三河]聋哑人赵某犯诈骗罪,对赵某可从轻、减轻或免除处罚。 ( )

5. [2020河北廊坊三河]在中国领域内的外国人和无国籍人,一般情况下,其适用法律问题通过外交途径解决。 ( )

6. [2020河北石家庄市属]共同犯罪是指三人以上共同故意犯罪。 ( )

7. [2020河北石家庄市属]在公共场合,故意以涂划、践踏方式侮辱中华人民共和国国旗、国徽的,处两年以下有期徒刑、拘役、管制或者剥夺政治权利。 ( )

8. [2019重庆奉节]犯罪未遂是指在犯罪过程中自动放弃犯罪或者自动有效地防止犯罪结果发生的行为。 ( )

9. [2019重庆渝中]紧急避险过当,应当减轻或免除处罚。 ( )

10. [2019河北石家庄市属]凡在我国领域内犯罪的人,一律适用我国《刑法》。 ( )

11. [2019河北石家庄市属]不作为犯罪是以负有特定义务为前提而构成的犯罪。 ( )

12. [2019山东德州乐陵]酗酒的人由于不能控制自己的行为能力导致的犯罪,不负刑事责任。 ( )

13. [2019山东潍坊滨海]行为人转移财产、逃匿或者不支付或者声称拒不支付劳动报酬但经政府有关部门责令支付后即支付劳动报酬的,仍成立拒不支付劳动报酬罪。 ( )

14. [2019重庆沙坪坝]根据我国《刑法》规定,贪污罪的犯罪主体是国家机关工作人员。 ( )

15. [2019河南信阳平桥]对犯罪分子短期剥夺自由,就近实行劳动改造的刑罚方法是刑事拘留。 ( )

16. [2018河南禹州]法无明文规定不定罪。 ( )

17.［2018重庆彭水］单位犯罪是指公司、企业、事业单位、机关、团体为本单位谋取非法利益，经单位集体决定或者由负责人员决定实施的犯罪。（　　）

18.［2018重庆沙坪坝］教唆他人实施犯罪行为的，均构成共同犯罪。（　　）

19.［2018河北辛集］我国《刑法》规定的主刑有四种：有期徒刑、无期徒刑、死刑缓期执行、死刑。（　　）

20.［2018重庆彭水］一个罪行只能适用一个主刑，不能同时适用两个或两个以上主刑，也不能在附加刑独立适用时再适用主刑。（　　）

21.［2018重庆彭水］有期徒刑的期限一般为6个月以上20年以下。（　　）

22.［2018河南禹州］犯罪以后自动投案是自首。（　　）

23.［2017重庆南岸］紧急避险过当，应当减轻或者免除处罚。（　　）

24.［2017河南许昌］收买被拐卖的妇女、儿童，对被买儿童没有虐待行为，不阻碍对其进行解救的，可以不追究刑事责任。（　　）

25.［2017河南许昌］伪造驾驶证的行为构成伪造身份证件罪。（　　）

综合能力提升

一、单项选择题（下列每小题列出的四个选项中只有一项是正确的。）

1.［2020河南信阳市属］甲强奸乙后担心乙事后报警或者报复，便将乙杀害，则甲以（　　）

A. 强奸罪一罪论处　　B. 故意杀人罪一罪论处

C. 强奸罪和故意杀人罪数罪并罚　　D. 强奸罪和故意杀人罪择一处罚

2.［2020河北廊坊三河］下列行为中，构成犯罪的是（　　）

A. 赵某，30岁，醉酒驾车撞死行人

B. 郑某，10岁，盗窃价值人民币5万元的财物

C. 范某，22岁，遇人抢劫奋起反击，将对方打成重伤

D. 李某，35岁，为了躲避仇人追杀，抢了路人的摩托车逃跑

3.［2020河北石家庄市属］甲某一天携带匕首前往乙某家，准备杀乙某泄愤，途中遇小区保安巡逻，甲某深感害怕，于是折返家中。甲某的行为属于（　　）

A. 犯罪预备　　B. 不构成犯罪　　C. 犯罪未遂　　D. 犯罪中止

4.［2020河北沧州河间］下列行为中，不属于违法阻却事由的是（　　）

A. 甲医生为患者截肢

B. 甲把飞车抢夺者打成重伤

C. 甲应癌症患者好友乙的哀求，驾车将乙撞死

D. 甲为阻止森林火灾蔓延，砍掉周围几米内的树林

5.［2020河北唐山路北］2018年1月至2019年1月，王某在担任A市人民政府批准设立的A市体育馆筹建办公室出纳期间，利用职务之便，未经单位领导同意私自使用费用38万用于炒股、赌博。王某的行为属于（　　）

A. 贪污罪　　B. 盗窃罪　　C. 贿赂罪　　D. 挪用公款罪

6.［2020河北廊坊三河］李某酒后驾车在市内狂奔，连续冲撞数部车辆和行人，造成了一人死亡和多人受伤。李某的行为触犯了法律，严重危害了（　　）

A. 公共安全　　B. 社会管理秩序

C. 社会进步　　D. 国家安全

7. [2020山东青岛]我国《刑法》对残疾人犯罪的规定,下列表述正确的是( )

A. 精神病人犯罪的,不负刑事责任

B. 有肢体障碍的人犯罪,不负刑事责任

C. 又聋又哑的人或者盲人犯罪,可以从轻、减轻或者免除处罚

D. 尚未完全丧失行为能力的精神病人犯罪的,应当负刑事责任,且不可从轻或减轻处罚

8. [2020山西太原晋源]甲与乙共谋枪杀丙,两人先后开枪,甲未击中丙,乙击中丙,造成丙死亡,甲的行为属于( )

A. 犯罪既遂　　B. 犯罪未遂　　C. 侵权行为　　D. 犯罪中止

9. [2019河北秦皇岛市属]小王和小李是一对情侣,后因一些原因小李提出分手,小王扬言如果分手便要给小李全家人好看,小李报了警。警察在通往小王家路上截获了带着凶器去小李家的小王。小王的行为属于( )

A. 犯罪预备　　B. 犯罪中止　　C. 犯罪未遂　　D. 不构成犯罪

10. [2019河北保定唐县]方某蓄意盗窃厂房附近堆放的焦煤,骗蒋某说自己买了一堆煤炭,向蒋某借拖拉机去帮助拉回,蒋某深信不疑,答应帮助。于是方某、蒋某共同装车,将焦煤拉回。蒋某的行为属于( )

A. 从犯　　B. 助犯　　C. 窝赃犯　　D. 不构成犯罪

11. [2019河北保定唐县]卡车司机甲在行车途中,被一吉普车超过,甲顿生不快,便加速超过该车。不一会,该车又超过了甲,甲又加速超过该车。当该车再一次试图超车行至甲车左侧时甲对坐在副座的乙说,“我要吓他一下,看他还敢超过我。”随即将方向盘向左边打。吉普车为躲避碰撞而翻下路基,司机重伤,另有一人死亡。甲驾车逃离。甲的行为属于( )

A. 故意杀人罪　　B. 交通肇事罪　　C. 破坏交通工具罪　　D. 不构成犯罪

12. [2019山西长治潞州]“刑自罪生,罪重刑重,罪轻刑轻,罪刑均衡。”这反映了我国刑法的( )

A. 罪责刑相适应原则　　B. 罪刑法定原则

C. 法律面前一律平等原则　　D. 罪责自负原则

13. [2019山东统考]近年来,校园欺凌案件频发。2017年,北京某区法院对一起因校园欺凌,造成被害学生轻伤并伴有严重心理阴影的案件作出了判决,对五名涉案未成年人分别判处1~3年不等有期徒刑。通过该判决可以推断出( )

A. 未成年人实施校园欺凌,均应承担刑事责任

B. 校园欺凌案是未成年人犯罪的惩治重点,应加重处罚

C. 本案中五名未成年人已满16周岁,应当为欺凌致伤行为承担刑事责任

D. 本案中五名未成年人已满14周岁,应当为欺凌致伤行为承担刑事责任

14. [2019山东德州乐陵]路人王某为制服持刀行凶的杀人犯李某当街行凶的行为,与之搏斗并将其制服,在搏斗中不慎造成李某轻伤。王某的行为( )

A. 属于自救行为　　B. 构成故意伤害罪

C. 构成正当防卫　　D. 构成紧急避险

15. [2019河北邢台]王某与李某素有仇怨。一日,李某拦住王某,并百般羞辱。王某挥拳作势欲打李某,李某逃跑,王某紧追不舍,李某从屠户徐某处抢得一把杀猪刀,王某不敢再追,转身欲离开时,李某用杀猪刀砍了王某一刀,导致王某流血过多死亡,李某的行为属于( )

A. 正当防卫　　B. 紧急避险　　C. 防卫过当　　D. 故意杀人

16. [2019河北石家庄裕华]甲将与其有私仇的乙打昏在地后逃跑,此时丙路过,见乙不省人事,遂将其

所戴手表、钱物偷走。本案中(　　)

A. 甲构成故意伤害罪,丙构成盗窃罪　　B. 甲构成故意伤害罪,丙无罪

C. 甲、丙构成共同故意伤害罪、盗窃罪　　D. 甲、丙构成共同抢劫罪

17. [2019山东潍坊滨海]甲欲杀死妻子乙,遂在乙生日时送她一个投放了剧毒的蛋糕。其4岁的儿子丙见蛋糕便争抢要吃,甲怕目的不能实现,遂未制止,乙、丙一起吃完蛋糕便毒发身亡。则甲对其子丙的死亡所持的心理态度是(　　)

A. 直接故意　　B. 间接故意　　C. 疏忽大意的过失　　D. 过于自信的过失

18. [2019河北邢台桥西]下列情形中,属于犯罪预备的是(　　)

A. 甲买回剧毒农药意图杀害妻子,后念及夫妻多年情分,悄悄将农药倒掉

B. 乙尾随从银行取款出来的刘某,意图抢劫,在小区入口被保安阻拦后转身回家

C. 丙以出卖为目的,买到一婴儿后,尚未出手即被抓获

D. 丁趁某女不备,伸手抢夺该女肩上背包,却反被该女制服

19. [2019山东烟台开发区]甲欲杀乙,用菜刀对乙的胸部砍击,乙倒地后甲误认为乙已经死亡,便迅速逃离现场。乙被送到医院后经抢救脱离生命危险,但因护士在输液时用错药物致乙死亡。甲的行为构成(　　)

A. 故意杀人罪(未遂)　　B. 故意伤害罪

C. 故意杀人罪(既遂)　　D. 过失致人死亡罪

20. [2019河南信阳平桥]陈某趁珠宝柜台的售货员接待其他客人时,伸手从柜台内拿出一个价值2300元的戒指,握在手中。然后继续在柜台边假装观看。几分钟后售货员发现少了一个戒指并怀疑陈某,便立即报告保安人员。陈某见状,把戒指扔回柜台内后逃离。关于本案,下列说法正确的是(　　)

A. 陈某的盗窃行为属于既遂　　B. 陈某的盗窃行为属于未遂

C. 陈某将戒指扔回柜台内属于预备行为　　D. 陈某将戒指扔回柜台内属于中止行为

21. [2019山西省属]张某和同事李某沟通工作事宜时,因看法有分歧发生争执,随后张某回自己办公室独处时晕倒,送医院抢救无效死亡,下列说法正确的是(　　)

A. 李某构成过失杀人罪

B. 李某构成故意伤害罪

C. 李某对张某的死亡应当承担无过错责任

D. 李某与张某的死亡不存在法律上的因果关系,不承担责任

22. [2019山西大同平城]下列行为中存在共同犯罪的是(　　)

A. 小张与其妻子于情人节当天在家中进行烛光晚餐,不慎引发火灾,造成自家与邻居家重大财产损失

B. 于某杀害了与其素有仇怨的李某,于某父亲知晓后帮助于某逃跑至外地躲避公安的追捕

C. 甲、乙两人商量后共同潜入某富豪的家中盗窃,在窃得财物后,甲出于仇富心理,不听乙的劝阻杀害了该富豪

D. 孙某预谋开车撞死自己的"情敌",尚未实施,其"情敌"就被酒后驾车的钱某撞死

23. [2019山西太原迎泽]陈某喝醉酒后强奸邻居王某致使王某死亡,但陈某以为王某只是昏迷,惧怕王某醒来会报案,于是用水果刀连捅王某的心脏。陈某的行为构成(　　)

A. 强奸罪一罪　　B. 侮辱尸体罪一罪

C. 故意杀人罪一罪　　D. 故意杀人罪与强奸罪数罪

24. [2019山西省属]甲公司称其生产的床垫的填充物含有多种中草药和矿物质,具有润肠通便等多重功效。王大妈花近2万元买了一张,看过春晚小品《"儿子"来了》后,王大妈觉得自己可能也上当了,便向市

场监管局举报。经调查，甲公司的床垫只是普通的棕榈加海绵。关于本案，下列说法不正确的是（　　）

A. 王大妈有权要求退货　　B. 甲公司的行为构成虚假宣传

C. 甲公司的行为构成招摇撞骗罪　　D. 甲公司的行为违反《广告法》等多部法律

25. ［2019河北邢台经开］《刑法》关于拘役的规定，下列说法错误的是（　　）

A. 张某在拘役期间参加劳动并得到了报酬　　B. 李某因某事被判处拘役十四个月

C. 王某被判处拘役，由公安机关就近执行　　D. 黄某在拘役期间可以每月回家一天至两天

26. ［2018河南商丘］犯罪与违法的关系是（　　）

A. 犯罪是一般的违法　　B. 犯罪与违法是交叉概念

C. 犯罪与违法是种属关系　　D. 犯罪与违法没有根本的区别

27. ［2018河北辛集］关于刑事责任年龄的计算，不正确的是（　　）

A. 以周岁，即实足年龄计算　　B. 从过生日的当天起，才认为已满周岁

C. 从过生日的第二天起，才认为已满周岁　　D. 以公历年月日的生日为计算的标准

28. ［2018山东聊城］下列对紧急情况的处理，构成违法的是（　　）

A. 甲出租车司机为了将心脏病突发的乘客尽快送到医院，连续闯了红灯

B. 乙医院为抢救昏迷的孕妇，在无法联系上家属的情况下紧急实施手术

C. 丙饭店老板对未支付用餐费用的顾客，扣押其行李以防止他迅速逃离

D. 丁警察在追捕盗窃钱包的小偷时，在鸣枪警告无效之后将其当场击毙

29. ［2018河北辛集］因为在平时工作中产生矛盾，甲对乙心存怨恨。一日，甲见乙遭受车祸，在路边奄奄一息，但未死亡。甲未采取任何措施而走开，后乙因失血过多死亡。下列说法正确的是（　　）

A. 甲的行为构成间接故意犯罪　　B. 甲的行为构成见死不救犯罪

C. 甲的行为不构成犯罪　　D. 甲的行为构成不作为犯罪

30. ［2018河北保定市属］国家工作人员甲利用职务上的便利为某单位谋取利益。随后，该单位的经理送给甲一张价值2万元的购物卡，被甲拒绝了。事后该经理将此购物卡送给了甲的妻子，甲后来知道妻子收受了购物卡，但未作表示。关于甲的行为，下列哪一项是正确的（　　）

A. 甲的行为不构成受贿罪　　B. 甲的行为构成受贿罪（既遂）

C. 甲的行为构成受贿罪（未遂）　　D. 甲的行为构成受贿罪（预备）

31. ［2018河北邢台桥东］张三潜入公司金库，将仓库一台通讯器材（价值5万元）扔到墙外，偶尔经过的李四发现器材无人看管将其带走据为己有。15分钟后，翻墙出来的张三发现器材已无踪影。对于张三、李四的行为定性，下列哪一项是正确的（　　）

A. 张三成立盗窃罪（既遂），李四成立侵占罪（未遂）

B. 二人成立盗窃罪共犯

C. 张三成立盗窃罪（未遂），李四成立侵占罪

D. 张三成立盗窃罪（既遂），李四成立侵占罪

32. ［2018陕西西安］甲和丙是同事，两人有矛盾，甲雇佣乙用租来的车辆，将丙当场撞死，下列说法正确的是（　　）

A. 甲和乙均构成故意杀人罪　　B. 甲构成故意杀人罪，乙构成交通肇事罪

C. 甲和乙均构成交通肇事罪　　D. 甲构成交通肇事罪，乙构成故意杀人罪

33. ［2018山东滨州］下列关于管制的说法错误的是（　　）

A. 管制为主刑的一种

B. 适用管制的犯罪分子必须是人身危险性较小者

C. 管制并不关押罪犯，但会限制其一定的自由

D. 管制的期限为1个月以上半年以下

34. [2018河北石家庄市属]李某因触犯国家法律被判刑入狱，但并没有被剥夺政治权利，这意味着李某在服刑期间(　　)

A. 没有选举权　　B. 经过有关机关批准可以行使选举权

C. 可以行使选举权　　D. 暂时被停止行使选举权

35. [2018山东淄博]假如犯罪人犯诈骗罪，犯罪数额较大，按照数量标准应该判处有期徒刑一至三年，因其有检举他人表现，最后判处有期徒刑一年。这属于(　　)

A. 免除处罚　　B. 从轻处罚　　C. 减轻处罚　　D. 附加处罚

36. [2018河北辛集]孙某因抢劫罪被判处有期徒刑6年，已执行4年后，又犯故意伤害罪应判处有期徒刑8年，那么应当对孙某执行的刑罚为(　　)

A. 10年以上　　B. 8年以上10年以下

C. 5年以下　　D. 8年以下

37. [2017河南许昌]某甲是间歇性精神病人。某日，某甲喝醉了酒，把某酒店老板打成重伤，在群众抓捕他时，某甲因惊恐而精神病发作。则某甲(　　)

A. 应受到批评教育　　B. 应受到舆论谴责

C. 不负刑事责任，因其是精神病人　　D. 应当负刑事责任

38. [2017河南许昌]下列行为中不属于犯罪预备行为的是(　　)

A. 提刀在剧院里寻找仇人　　B. 为盗窃财物而进行实地考察

C. 守候在被害人必经之处意图杀害　　D. 将毒药投入被害人饭碗中

39. [2017重庆市属]关于共同犯罪，下列判断正确的是(　　)

A. 任何二人以上实施的犯罪

B. 共同犯罪人包括主犯、从犯、胁从犯、教唆犯

C. 两人中一方故意、另一方过失，也可以构成共同犯罪

D. 单位犯罪涉及单位和负责人两方主体，故单位犯罪都是共同犯罪

40. [2017河南许昌]某甲盗窃了一辆摩托车，价值5000余元，交予朋友某乙帮助销售。某乙明知是某甲盗窃的赃物，还将摩托车卖给了不知情的某丙。某乙的行为是(　　)

A. 与某甲构成共犯，是主犯　　B. 不构成犯罪

C. 独立构成犯罪　　D. 与某甲构成共犯，是从犯

41. [2017河南许昌]甲某在打电话时无意中发现电话机旁县检察院的举报箱中露出一封信，随手取出，发现该信举报的是该县某局长乙某有受贿4万多元的犯罪事实。甲某与乙某熟识，遂将举报信交给乙某，乙某当即酬谢甲某8000元现金，事后，乙某与行贿者串通，并销毁了有关罪证。甲某(　　)

A. 构成敲诈勒索罪　　B. 构成包庇罪

C. 构成非法获取国家秘密罪　　D. 不构成犯罪

42. [2017山西省属]甲在某公园湖边持刀拦路抢劫乙，乙被迫交出身上仅有的100元。甲见钱少又持刀逼迫，乙被逼迫后掉入湖中挣扎，甲未对乙实施救助，坐视乙溺亡后才离去。甲的行为构成(　　)

A. 抢夺罪　　B. 抢劫罪

C. 故意杀人罪　　D. 抢劫罪与故意杀人罪

二、多项选择题(下列每小题列出的四个选项中至少有两项是正确的。)

1. [2020河南信阳市属]甲乙素来不和,甲意图杀死乙。某天半夜甲潜入乙的房屋,看见乙的床上躺了一个人,甲以为是乙遂用刀杀之。结果,是乙的朋友丙住在乙的房间,被甲误杀。对于甲的行为,下列说法正确的有(　　)

A. 甲对乙的行为成立故意杀人罪未遂　　B. 甲对乙的行为不成立犯罪

C. 甲对丙的行为成立故意杀人罪既遂　　D. 甲对丙的行为成立过失致人死亡罪

2. [2019河北秦皇岛市属]关于单位犯罪,下列说法中正确的有(　　)

A. 单位应当对刑法规定的所有犯罪负刑事责任

B. 对单位犯罪一般实行"双罚"

C. 单位犯罪的实质特征是为了单位的利益

D. 没有法人资格的私营企业犯罪的,以个人犯罪论处

3. [2019山东济南南部山区]外国游客A在黄山游玩时,趁他人不备盗窃价值5000元手机一部,对该外国游客进行处罚可适用的中华人民共和国法律有(　　)

A.《中华人民共和国外国人入境出境管理法》

B.《中华人民共和国治安管理处罚法》

C.《中华人民共和国刑事诉讼法》

D.《中华人民共和国刑法》

4. [2019山西大同平城]下列哪些案件不构成过失犯罪(　　)

A. 老师因学生不遵守课堂纪律,将其赶出教室,学生跳楼自杀

B. 汽车修理工恶作剧,将高压气泵塞入同事肛门充气,致其肠道、内脏严重破损

C. 路人见义勇为追赶小偷,小偷跳河游往对岸,路人见状离去,小偷突然抽筋溺毙

D. 邻居看见6楼儿童马上要从阳台掉下,遂伸手去接,因未能接牢,儿童摔成重伤

5. [2019山西长治潞州]为了使国家、公共利益、本人或者他人的人身、财产和其他权利免受正在发生的危险,不得已采取的紧急避险行为,造成损害的,不负刑事责任。以下情况不属于紧急避险的有(　　)

A. 消防队员为避免自己烧伤而拒不参加救火

B. 医生因害怕被传染而拒绝给传染病患者治疗

C. 大巴司机为避免与失控汽车相撞,将满载乘客的大巴开到路边,造成一辆摩托车严重损坏

D. 警察为了自己免受枪击而逃离案发现场

6. [2019河北石家庄裕华]关于贪污罪,下列说法正确的是(　　)

A. 犯罪主体是国家工作人员　　B. 客观上必须利用职务上的便利

C. 贪污的财物必须是国有财物　　D. 主观方面具有非法占有目的

7. [2019山东烟台招远]以刑罚所剥夺或限制犯罪分子的权利和利益的性质为标准,将刑罚方法分为(　　)

A. 生命刑　　B. 自由刑　　C. 财产刑　　D. 资格刑

8. [2018山东滨州]下列属于罪刑法定原则内容的有(　　)

A. 成文的罪刑法定——排斥习惯法　　B. 事前的罪刑法定——禁止事后法

C. 严格的罪刑法定——禁止类推解释　　D. 确定的罪刑法定——刑罚法规的适当

9. [2017山东济宁]赵某看中了一款皮包,准备买下,后发现资金不够,于是到自动取款机取现金。但是,取款机出现了问题,吞卡取不出钱,气急败坏的赵某对着取款机一通乱拍乱踢,结果把取款机弄坏了。

经过鉴定，维修损坏的机器需要上万的费用。赵某的行为(　　)

A. 构成故意损坏公私财物罪　　B. 需承担刑事责任

C. 不构成犯罪　　D. 需承担民事赔偿责任

三、判断题(判断下列每小题的正误，正确的打"√"，错误的打"×"。)

1. [2020山西大同平城]某民政局工作人员利用职务之便挪用救济金10万元进行营利活动。其构成了挪用公款罪，又因为是挪用救济金而应当从重处罚。(　　)

2. [2020河南信阳市属]假冒注册商标罪要求行为人主观方面为故意，且以营利为目的，过失不构成该罪。(　　)

3. [2019重庆市属]某国×组织成员在其国内实施煽动分裂我国的犯罪行为，因为×组织成员为外国人，且其犯罪行为不在我国国境内实施，因此对该组织成员的行为不适用我国法律。(　　)

4. [2019重庆永川]在认定非法持有毒品罪中，如行为人认为自己管理毒品不安全，将毒品委托给第三者保管时，行为人与第三人均持有该毒品。第三者为直接持有，行为人为间接持有。(　　)

5. [2018重庆大渡口]某法院刑事审判庭法官甲收受被告人家属贿赂后，徇私枉法，对被告人判处较轻刑罚。根据我国《刑法》，只应对甲判处一罪，而不应对其按受贿罪和徇私枉法罪数罪并罚。(　　)

四、主观题

[2018山西大同市属简答]什么是正当防卫？正当防卫应具备哪些条件？

第五章　行政法

基础知识达标

一、单项选择题(下列每小题列出的四个选项中只有一项是正确的。)

1. [2021河北石家庄市属]许某因违法占用公交车道被交警处罚200元，这种处罚属于(　　)

A. 刑事制裁　　B. 民事制裁　　C. 行政制裁　　D. 违宪制裁

2. [2021河北石家庄市属]公安机关交通管理部门为驾驶人颁发机动车驾驶证的行为，属于(　　)

A. 行政许可　　B. 行政指导　　C. 行政确认　　D. 行政裁决

3. [2021河北石家庄市属]孙某对县公安局对其作出的行政拘留10日的决定不服，可以向(　　)申请行政复议。

A. 该县政府　　B. 该县监察委员会

C. 该县法院　　D. 该县检察院

4. [2020河北石家庄市属]行政机关依法作出不予行政许可的书面决定的，应当说明理由，并告知申请人享有依法申请行政复议或者(　　)的权利。

A. 要求举行听证　　B. 要求组织专家论证

C. 有权进行陈述和申辩　　D. 提起行政诉讼

5.［2020河北石家庄市属］对县级以上地方人民政府依法设立的派出机关的具体行政行为不服的，向(　　)申请行政复议。

A. 上一级地方人民政府　　B. 管理该派出机关的部门

C. 设立该派出机关的人民政府　　D. 该派出机关

6.［2020河北沧州河间］国家赔偿的方式不包括(　　)

A. 赔偿金　　B. 公开道歉　　C. 恢复原状　　D. 返还财产

7.［2020河北石家庄市属］居住在中华人民共和国境内的年满(　　)周岁的中国公民，应当依照法律的规定申请领取居民身份证。

A. 十二　　B. 十四　　C. 十六　　D. 十八

8.［2019辽宁大连瓦房店］《中华人民共和国治安管理处罚法》规定的拘留处罚属于(　　)

A. 司法拘留　　B. 行政拘留　　C. 刑事拘留　　D. 纪检拘留

9.［2019河北秦皇岛市属］突发事件是指突然发生，造成或者可能造成严重社会危害，需要采取应急处置措施予以应对的自然灾害、事故灾难、公共卫生事件和社会安全事件。应对突发事件的原则是(　　)

A. 预防为主、预防与应急相结合　　B. 应急为主、应急与预防相结合

C. 预防为主、预防与救助相结合　　D. 应急为主、应急与防护相结合

10.［2019山西省属］某知名品牌汽车生产商出产的部分型号小轿车存在着空调鼓风机调节器控制单元的密封性不足的缺陷，国家市场监管总局责令该企业召回其已上市销售的不合格产品，责令召回的性质属于(　　)

A. 行政强制措施　　B. 行政强制执行

C. 行政处罚　　D. 行政撤回

11.［2019河北邢台］某企业非法集资，被处以资金冻结，这属于(　　)

A. 财产罚　　B. 行政强制措施

C. 申诫罚　　D. 能力罚

12.［2019山东烟台莱州］从家庭室内发出严重干扰周围居民生活的环境噪声的，由(　　)给予警告，可以并处罚款。

A. 环保部门　　B. 公安机关　　C. 城管部门　　D. 居委会

13.［2019山西省属］根据《中华人民共和国公务员法》，下列表述正确的是(　　)

A. 被依法列为失信联合惩戒对象的人员不得录用为公务员

B. 公务员定期考核的结果分为优秀、称职和不称职

C. 公务员领导职务实行委任制和聘任制

D. 参加培训是公务员应尽的义务

14.［2019山西大同市属］根据《中华人民共和国监察法》，监察机关不对(　　)进行监察。

A. 法律、法规授权或者受国家机关依法委托管理公共事务的组织中从事公务的人员

B. 基层群众性自治组织中从事管理的人员

C. 公办的教育、科研、文化、医疗卫生、体育等单位中从事管理的人员

D. 国有企业的普通员工

15.［2019山东烟台招远］国家机关在工作中发现被调查公职人员既涉嫌严重职务违法或者职务犯罪，又涉嫌其他违法犯罪的，一般应由(　　)为主调查，其他机关予以协助。

A. 检察机关　　B. 监察机关　　C. 公安机关　　D. 人民法院

16.［2019河北邢台市属］各级监察委员会派驻或者派出的监察机构、监察专员根据授权，按照管理权限依法对公职人员进行监督，提出监察建议，依法对公职人员进行（　　）

A. 调查、处置　　B. 监督、调查、处置　　C. 监督、处置　　D. 监督、调查

17.［2019河北邢台市属］查封、扣押的财物、文件经查明与案件无关的，应当在查明后（　　）内解除查封、扣押，予以退还。

A. 三日　　B. 五日　　C. 七日　　D. 十日

18.［2019山东烟台开发区］机动车在高速公路上行驶，车速超过每小时100公里时，应当与同车道前车保持（　　）以上的距离。

A. 50米　　B. 60米　　C. 80米　　D. 100米

19.［2018河北保定］下列各项中，不具有行政主体资格的是（　　）

A. 乡政府　　B. 派出所　　C. 街道办　　D. 教育局局长

20.［2018陕西西安］行政机关根据公民、法人或者其他组织的申请，经依法审查，准予其从事特定活动的行为是（　　）

A. 行政命令　　B. 行政许可　　C. 行政鉴定　　D. 行政确认

21.［2018陕西西安］行政主体依照法律授权，以中间人的身份，对特定的民事纠纷进行审理和公断的行政行为称为（　　）

A. 行政复议　　B. 行政确认　　C. 行政裁决　　D. 行政诉讼

22.［2018河北石家庄市属］实施行政处罚，纠正违法行为，应当坚持（　　）相结合，教育公民、法人或者其他组织自觉守法。

A. 处罚和教训　　B. 处罚与批评　　C. 处罚与教育　　D. 处罚与纠错

23.［2018河北保定］对于因民间纠纷引起的打架斗殴或者损毁他人财物等违反治安管理行为，情节较轻的，公安机关可以调解处理。经公安机关调解，当事人达成协议的，（　　）

A. 仍需处罚　　B. 减轻处罚　　C. 不予处罚　　D. 从轻处罚

24.［2018河北保定］依据《行政处罚法》的规定，不满（　　）周岁的人有违法行为的，不予行政处罚，责令监护人加以管教。

A. 14　　B. 16　　C. 18　　D. 20

25.［2018河北保定］我国行政处罚包括警告、罚款、没收非法财物、（　　）、暂扣或者吊销许可证、行政拘留等。

A. 责令赔偿　　B. 责令悔过　　C. 责令停产停业　　D. 限期改正

26.［2018河北石家庄市属］被申请人应履行而不履行法定职责的，行政复议机关可以作出哪种复议决定（　　）

A. 驳回复议申请　　B. 确认违法

C. 责令限期履行法定职责　　D. 由上级机关代为履行法定职责

27.［2018河北石家庄市属］公民的合法权利受到法律的保护，由于国家机关和国家工作人员侵犯公民权利而受到损失的人，有依照法律规定（　　）的权利。

A. 申请行政复议　　B. 提起诉讼　　C. 取得赔偿　　D. 进行申诉

28.［2018陕西西安］行政主体及其行政人员违法行使职权，侵害行政相对人的合法权益，造成损害，而依法必须承担的赔偿责任称为（　　）

A. 司法赔偿　　B. 民事赔偿　　C. 立法赔偿　　D. 行政赔偿

29.［2018河北保定］根据我国《国家赔偿法》的规定，行政赔偿的主体是（　　）

A. 实施了违法侵权行为的公务员

B. 实施了违法侵权行为的公务员所在的行政机关

C. 实施了违法侵权行为的公务员及其所在机关

D. 国家

30.［2017吉林］当事人不履行《行政法》规定的义务，行政机关依法采用一定的方法迫使其履行义务的行政执法行为是（　　）

A. 行政强制执行　　B. 行政许可　　C. 行政决定　　D. 行政处罚

31.［2017山东济宁］国务院各部委制定的规章可以设定的行政处罚范围是（　　）

A. 拘留　　B. 限期出境　　C. 没收非法所得　　D. 警告或一定数量罚款

32.［2017河南许昌］下列属于行政复议受案范围的是（　　）

A. 某市人民政府对于某块滩涂所有权归属所作的处理决定

B. 某市环保局所作出的开除工作人员吴某的决定

C. 某市人民政府所作出的"关于春节期间禁止燃放烟花爆竹"的决定

D. 某区人民政府对有关民事纠纷作出的调解

33.［2017山西省属］下列人员可以被录用为公务员的是（　　）

A. 未成年人甲　　B. 因盗窃被判处缓刑的乙

C. 因薪金问题从企业辞职的丙　　D. 因严重违反单位纪律被开除公职的丁

34.［2017山东统考］王某在某超市购买午餐肉两盒，食用后全家上吐下泻，并为此支付医疗费1000元，事后发现午餐肉在出售时已超过保质期，王某要求超市赔偿。对此，下列说法错误的是（　　）

A. 销售超过保质期的食品，属于违反法律禁止性规定的行为

B. 王某在购买时未仔细查看商品上的生产日期应当自负其责

C. 王某有权要求该超市退还其购买午餐肉所付的价款

D. 王某有权要求该超市赔偿1000元医疗费

二、多项选择题（下列每小题列出的四个选项中至少有两项是正确的。）

1.［2020山西大同市属］下列属于行政强制措施种类的是（　　）

A. 责令停产停业　　B. 冻结存款　　C. 查封场所　　D. 吊销营业执照

2.［2019山东济南钢城］依照《中华人民共和国治安管理处罚法》的规定，治安管理处罚的种类分为（　　）

A. 警告　　B. 罚款　　C. 行政拘留　　D. 责令停业

3.［2019山东济南历城］根据《中华人民共和国道路交通安全法》的相关规定，下列行为正确的是（　　）

A. 机动车、非机动车实行右侧通行

B. 遇到交通警察现场指挥时，应当按照交通警察的指挥通行

C. 与对面来车有会车可能时，要降低速度超车

D. 洒水车在不影响其他车辆通行的情况下，可以不受车辆分道行驶的限制

4.［2019重庆江北］公民在请求国家赔偿时，可以（　　）

A. 直接向赔偿义务机关提出　　B. 直接向基层法院提出赔偿诉讼

C. 在行政诉讼中一并提出　　D. 在行政复议中一并提出

5.［2019山东］关于身份证的说法，正确的是（　　）

A. 身份证号是唯一的

B. 扣押的主体是公安机关

C. 身份证丢失,可以到户籍所在地的派出所补办

D. 未满16周岁的公民,自愿申请领取居民身份证的,发给有效期五年的居民身份证

6. [2018河北保定]行政违法的构成,即行政违法必须同时具备以下哪些条件( )

A. 行为人具有明确法定义务,即法定职责　B. 行为人具有不履行法定义务的行为

C. 行为人有主观过错　D. 行为人的行为与危害性后果有联系

三、判断题(判断下列每小题的正误,正确的打"√",错误的打"×"。)

1. [2020河北沧州河间]不满十四周岁的人有行政违法行为的,不予处罚,责令监护人加以管教。( )

2. [2019江苏南通崇川]在我国,私自种植大麻用于缓解自身疾病痛苦的行为属于违法行为。( )

3. [2019河北秦皇岛市属]根据《行政处罚法》规定,违法行为在两年内未被发现的,不再给予行政处罚。( )

4. [2019山东烟台开发区]人民检察院设立检察官考评委员会,负责对本院检察官的考核工作。( )

5. [2019山东烟台开发区]对纳入保护重点区域的天然林,除森林病虫害防治、森林防火等维护天然林生态系统健康的必要措施外,禁止其他一切生产经营活动。( )

6. [2019重庆江北]行政拘留属于行政处罚中的行为罚。( )

7. [2019山西长治潞州]在行政复议中,被申请人都是行政主体。( )

8. [2019山东烟台开发区]我国国家赔偿以国家机关及其工作人员行使职权时的行为违法为前提条件。( )

9. [2019山西大同平城]监察委员会依照法律规定独立行使监察权,不受行政机关、社会团体和个人的干涉。( )

10. [2019山东烟台开发区]造成交通事故后逃逸的,吊销机动车驾驶证,且终生不得重新取得机动车驾驶证。( )

11. [2018河北石家庄市属]行政机关可以因当事人申辩而加重处罚。( )

12. [2018河北石家庄市属]行政拘留属于限制人身自由的行政处罚。( )

13. [2018重庆沙坪坝]行政机关在因工作人员过失引发损害而向受害人承担赔偿责任后,有权向一般过失引发该损害的工作人员追偿。( )

14. [2018山东聊城东昌府]人民警察当场收缴罚款,如果不出具省、自治区、直辖市人民政府财政部门统一制发的罚款收据,被处罚人有权拒绝缴纳罚款。( )

15. [2017重庆市属]在行政法律关系中,行政主体是享有国家行政权力,实施行政活动的组织。这是行政主体与其他国家机关、组织的区别所在。( )

16. [2017吉林]食品药品监督管理局责令某厂商召回其已上市销售的不符合食品安全标准的香肠,这一行为属于行政处罚。( )

17. [2017重庆市属]在我国,有权行使行政处罚的机关只能是国家行政机关。( )

综合能力提升

一、单项选择题(下列每小题列出的四个选项中只有一项是正确的。)

1. [2020河南信阳市属]正确处理惩罚与保护的关系,使无辜的人不受行政处罚,使违法行为的人受到公正处理,使遭受违法处罚的人得到及时补救,这属于行政处罚基本原则中的( )的基本要求。

A. 处罚法定原则　B. 保障当事人程序权利原则

C. 处罚与教育相结合原则　D. 公正公开原则

2. [2020山西大同平城]下列关于居民身份证的说法，不正确的组合项是(　　)

①居住在中华人民共和国境内的年满14周岁的中国公民，才可以申请办理居民身份证

②居民身份证不得使用少数民族文字和外国文字

③通过中外比较，公民身份证比居民身份证的法律限制性弱

④公民身份号码是每个公民唯一的、终身不变的身份代码

A. ①②③④　　B. ①③④　　C. ②③④　　D. ①②③

3. [2019河北秦皇岛市属]下列关于行政主体的表述，正确的一项是(　　)

A. 行政主体是指行政机关

B. 行政主体是指具有行政职权的行政机关

C. 行政主体是享有行政职权、实施行政活动、承担行政责任的组织

D. 行政主体是指行政法律关系的主体

4. [2019河北唐山芦台]某市市场监督管理部门以未取得生产许可证为由，扣押孙某工厂所生产的商品及厂房设备，并查封厂房，要求孙某缴纳罚款3万元。因孙某拒不缴纳罚款，该部门将扣押的商品进行了拍卖以抵缴罚款。以下说法正确的一项是(　　)

A. 扣押商品及厂房设备的行为属于行政强制执行

B. 查封厂房的行为属于行政强制措施

C. 拍卖商品的行为属于行政强制措施

D. 拍卖商品的行为属于行政处罚

5. [2019河北石家庄市属]下列不属于具体行政行为的是(　　)

A. 医院开具《死亡医学证明》　　B. 工商局吊销营业执照

C. 交警开具违章罚单　　D. 民政局颁发社团登记证书

6. [2019河北邢台市属]下列关于行政复议和行政诉讼程序的观点，说法正确的是(　　)

A. 申请行政复议可以采取口头形式，也可以采取书面形式

B. 提起行政诉讼可以采取书面形式，但不得采取口头形式

C. 行政诉讼优先于行政复议

D. 解决行政争议，由行政机关举证，可以调解

7. [2019山西大同平城]某街道办事处主任刘某利用其掌握的城市居民低保资格复核权，收受申请人好处费，被上级机关撤销主任一职。刘某受到的法律制裁属于(　　)

A. 行政处罚　　B. 刑事制裁　　C. 民事制裁　　D. 行政处分

8. [2019山西省属]近年来，以“一处失信，处处受限”理念为基础的失信惩戒制度对于推进诚信社会建设发挥了重要作用。下列关于失信惩戒制度的说法正确的是(　　)

A. 失信惩戒的性质是行政处罚　　B. 失信惩戒的性质是行政强制

C. 失信惩戒制度应当遵循程序正当原则　　D. 失信联合惩戒是多个行政机关的联合执法

9. [2019河北邢台经开]经传唤调查，A市A区公安分局以郑某网上散布谣言，扰乱社会秩序为由，决定对郑某处以行政拘留5日，并处500元罚款。下列哪一选项是正确的(　　)

A. 传唤后对郑某的询问查证时间不得超过48小时

B. 传唤郑某时，A区公安分局应当将传唤的原因和依据告知郑某

C. 如郑某对处罚决定不服申请行政复议，应向A市公安局申请

D. 如郑某对处罚决定不服直接起诉，应暂缓执行行政拘留的处罚决定

10.［2019山东潍坊滨海］下列所列举的情形中，不属于行政合同的是（　　）

A. 某地方政府与开发商签订的国有土地使用权合同

B. 某地方政府与被征地人签订的征地补偿协议

C. 某人社局与装修公司签订的装修办公室的合同

D. 某机关与聘用制公务员签订的聘用合同

11.［2019山东烟台开发区］下列行为中，国家应负赔偿责任的是（　　）

A. 某市公安局的违法拘留行为　　B. 某省人民代表大会的立法行为

C. 某市银行的违法划拨存款行为　　D. 某执法人员与职务无关的个人行为

12.［2018重庆沙坪坝］下列选项中，属于具体行政行为的是（　　）

A. 城西区工商局在市民广场开展"3·15"法制宣传活动

B. 城西区税务局起诉某装修公司违约的行为

C. 城西区环保局处罚某违法排污企业的行为

D. 城西区民政局印发《城西区低保户申请办理办法》的行为

13.［2018山东枣庄市中］行政授权是授权的一种形式，指行政组织内部上级机关依法把某些权利授予下级行政机关或职能机构。下列关于行政授权的说法正确的是（　　）

A. 下级机构任何时候都不能自主地行动和处理行政事务

B. 行政授权的主体是行政机关

C. 任何组织都可以成为行政授权的主体

D. 行政授权是一种单向的行为过程

14.［2018河北邢台桥东］姚某因赌博被公安行政机关处罚2000元，姚某认为公安机关的处罚太重，应当如何处理（　　）

A. 只能向法院起诉　　B. 只能申请复议

C. 既可申请复议，也可直接向法院起诉　　D. 先申请复议，若不服复议决定再起诉

15.［2018山东滨州］某市经济开发区公安局和工商局根据市政府整顿服装市场的决定对服装市场进行检查。林某因乱设摊点，受到了吊销营业执照的处罚。若林某申请复议，此案应以（　　）为被申请人。

A. 某市经开区工商局

B. 某市经开区公安局

C. 某市经开区工商局和公安局为共同被申请人

D. 某市经开区工商局和公安局共同的上一级机关为被申请人

16.［2018河北衡水冀州］某市城管人员赵某在执法中将完全不能辨识自己行为的精神病人张某撞伤，在该案中，行政赔偿请求人是（　　）

A. 张某父母委托的律师　　B. 张某的法定代理人

C. 张某的委托代理人　　D. 张某本人

17.［2018山东聊城］下列情形中，王某可以请求国家赔偿的是（　　）

A. 王某被前去上班的某公务员驾车撞伤手臂

B. 王某因对警察扣车提出异议而被辅警打伤

C. 王某的工厂被执法机关依法查封导致营业受损

D. 王某因某机关未履行政府采购协议而遭受损失

18. [2017山西省属]程序正当原则是行政法的基本原则之一,下列选项中没有体现这一原则要求的是(　　)

A. 某派出所鉴于小刘斗殴时刚满15周岁,依法不执行行政拘留处罚

B. 省人民政府在制定地方政府规章时,召开立法听证会听取公众意见

C. 县工商局工作人员马某在一次执法检查某超市时,因利害关系回避

D. 市公安局在处理一起治安处罚案件时,听取当事人李某的陈述申辩

19. [2017山西省属]甲公司向县规划局提出了厂房建设规划许可证申请,县规划局根据需要举行了许可听证会,并制作了听证笔录。下列说法正确的是(　　)

A. 县规划局可以抛开听证笔录做出许可决定

B. 县规划局可以参考听证笔录做出许可决定

C. 县规划局必须根据听证笔录做出许可决定

D. 县规划局应当根据听证笔录做出许可决定

20. [2017河南许昌]动物卫生监督机构在监督检查过程中,发现甲某涂改了检疫证明的数量和日期,动物卫生监督机构对其进行了行政处罚。被涂改的检疫证明在证据的分类上属于(　　)

A. 书证　　B. 物证　　C. 视听资料　　D. 当事人陈述

21. [2017河南许昌]根据《行政处罚法》规定,下列哪项不属于应当依法从轻或者减轻行政处罚的情形(　　)

A. 已满14周岁不满18周岁的人有违法行为的

B. 主动消除或者减轻违法行为危害后果的

C. 伙同他人实施违法行为的

D. 配合行政机关查处违法行为有立功表现的

22. [2017山西省属]公安局民警甲在日常巡逻时,发现乙和丙在街头玩牌赌博,便上前没收扑克牌,乙不肯,甲便拿出警棍,对乙多次猛击使其受伤。乙花去医疗费2000元,后提出赔偿请求。下列说法中正确的是(　　)

A. 甲承担赔偿责任,因为甲的行为属于与职权无关的个人行为

B. 甲承担赔偿责任,因为甲的行为属于故意或重大过失行为

C. 公安局承担赔偿责任,可以向甲追偿赔偿费用

D. 公安局承担赔偿责任,甲不承担任何责任

23. [2017河南许昌]陈某因违反交通规则,其车辆被交警扣押达半年之久,迟迟不予归还,车辆也被损坏。陈某如果请求国家赔偿,下面哪项不是国家承担赔偿责任的方式(　　)

A. 支付车辆损坏的赔偿金　　B. 返还陈某的车辆

C. 修复损坏的车辆　　D. 为陈某消除影响,恢复名誉,赔礼道歉

二、多项选择题(下列每小题列出的四个选项中至少有两项是正确的。)

1. [2019山西长治潞州]行政机关在实施和办理行政许可时,不得出现的行为包括(　　)

A. 向申请人提出购买指定商品的要求　　B. 向申请人索取财物

C. 趁机谋取不正当利益　　D. 认真仔细地办理行政许可

2. [2019河南信阳平桥]在起草法律、法规或者规章草案过程中,拟设定行政许可的,起草单位应当向制定机关说明(　　)

A. 设定该行政许可的必要性　　B. 对经济、社会可能产生的影响

C. 听取和采纳意见的情况　　D. 拟设定的行政许可的条件和期限

3. [2018山东聊城]行政法有一般行政法和特别行政法之分,下列属于特别行政法的有(　　)

A.《中华人民共和国行政诉讼法》　　B.《中华人民共和国行政复议法》

C.《中华人民共和国食品卫生法》　　D.《中华人民共和国高等教育法》

4. [2018河北张家口桥西]行政给付又称为行政物质帮助,下列情形中,属于行政给付的有(　　)

A. 某县政府征用农村土地,给予相应补偿费50万元

B. 民政部门对牺牲的军人家属发放抚恤金

C. 某村民得了重病,村委会发动群众为其捐款治病

D. 社会保障部门对失业工人发放救济金

5. [2017山东济宁]吴某到郊区某家庭旅馆住宿,旅馆前台请他出示身份证办理入住手续,吴某拒不出示却强行要求入住,遂与旅馆工作人员发生争执并引发肢体冲突。旅馆工作人员报警后,该郊区派出所以扰乱公共秩序为由,决定对吴某处以300元罚款。对此,下列说法不正确的是(　　)

A. 派出所不得以自己的名义作出该处罚决定

B. 派出所可以当场作出该处罚决定

C. 公安机关应当将此决定书副本抄送该旅馆

D. 吴某对该罚款决定不服,应当先申请复议才能提起诉讼

6. [2017山东统考]下列有关政府信息公开的说法,正确的是(　　)

A.《政府信息公开条例》所称的政府信息是指行政机关在履行职责过程中制作或者获取的,以一定形式记录、保存的信息

B. 属于主动公开范围的政府信息,应当自该政府信息形成或者变更之日起20个工作日内予以公开

C. 国务院办公厅是全国政府信息公开工作的主管部门,负责推进、指导、协调、监督全国信息公开工作

D. 申请公开的政府信息中含有不应当公开的内容,一律不公开

[2017山东统考]律师刘某因代理诉讼案件的需要,于2014年6月3日通过M市政府信息公开网,向M市交通运输部门申请信息公开。因在法定期限内未收到交通局的答复,刘某向人民法院提起诉讼。该市交通局提出其未收到刘某的申请,所以才未予答复。在收到刘某起诉副本后,该市交通局于2015年4月2日对他申请的信息公开内容予以答复。刘某在案件开庭前,已收到该答复。刘某坚持认为,M市交通局在他起诉后虽然履行了政府信息公开职责,但该行为已经超过法定期限,故请求法院确认M市交通局逾期答复的行为违法。

7. 对于刘某的诉求,人民法院应(　　)

A. 确认逾期答复行为违法　　B. 判决确认违法,但不撤销行政行为

C. 作出驳回诉讼请求判决　　D. 确认违法,判决撤销行政行为

8. 下列说法正确的是(　　)

A. 刘某对本案具有举证责任

B. M市交通局对本案具有举证责任

C. 刘某通过行政主体建立网络平台提出的申请是合法有效的

D. 刘某应当通过纸质材料证明其提出公开申请

第六章 社会法

基础知识达标

一、单项选择题(下列每小题列出的四个选项中只有一项是正确的。)

1.[2021河北石家庄市属]( )属于适用劳动法的劳动者主体。

A. 国家机关公务员　　B. 部队现役军人

C. 家庭雇佣的保姆　　D. 进城务工的农民

2.[2020河北石家庄市属]职工连续工作( )以上的,享受带薪年休假。

A. 5年　　B. 3年　　C. 2年　　D. 1年

3.[2020河北廊坊三河]劳动者在试用期的工资不得低于本单位相同岗位最低档工资或者劳动合同约定工资的( ),并不得低于用人单位所在地最低工资标准。

A. 60%　　B. 70%　　C. 80%　　D. 90%

4.[2020河北石家庄市属]关于《安全生产法》的立法目的,下列表述中不准确的是( )

A. 加强安全生产工作　　B. 提升经济发展速度

C. 防止和减少生产安全事故　　D. 保障人民群众生命和财产安全

5.[2020河北石家庄市属]国有企业、事业单位职工参加基本养老保险前,视同缴费年限期间应当缴纳的基本养老保险费由( )承担。

A. 个人　　B. 用人单位　　C. 政府　　D. 政府和用人单位共同

6.[2019重庆南川]职工有下列哪项情形之一的,仍有可能认定为工伤或者视同工伤( )

A. 故意犯罪的　　B. 醉酒或者吸毒的

C. 严重违章操作的　　D. 自残或者自杀的

7.[2019重庆奉节]用人单位自用工之日起满一年不与劳动者订立书面劳动合同的,法律后果为( )

A. 全年支付双倍工资

B. 视为用人单位与劳动者已订立无固定期限劳动合同

C. 劳动关系未建立

D. 用人单位可立即解除劳动关系,按照每年一个月的标准支付经济补偿金

8.[2019河北石家庄裕华]根据劳动法的规定,法定休假日安排劳动者工作的,应支付的工资报酬为不低于工资的( )

A. 100%　　B. 150%　　C. 200%　　D. 300%

9.[2019河南信阳平桥]我国《劳动合同法》在规定劳动合同要包含劳动时间、劳动合同内容等常规条款外的同时,还强调要把以下哪一项纳入条款( )

A. 保密义务　　B. 福利待遇

C. 职业危害防护　　D. 试用期和工作培训

10.[2019河北邢台经开]关于非全日制用工,下列表述正确的是( )

A. 应当订立书面协议　　B. 可以约定试用期

C. 劳动报酬结算周期最长不得超过20日　　D. 一方可以随时通知对方终止用工

11.［2019河北石家庄市属］劳动者可以随时解除劳动合同的法定情形是，用人单位(　　)

A. 发生合并或者分立　　B. 变更名称、法定代表人、主要负责人

C. 变更投资人　　D. 未依法为劳动者缴纳社会保险费

12.［2019河北邢台市属］下列情形不可以认定为工伤的是(　　)

A. 在工作时间和工作岗位，突发疾病死亡或者在48小时之内经抢救无效死亡的

B. 在抢险救灾等维护国家利益、公共利益活动中受到伤害的

C. 职工原在军队服役，因战、因公负伤致残，已取得革命伤残军人证，到用人单位后旧伤复发的

D. 因吸毒过量导致死亡的

13.［2019河南平顶山］劳动者依法享有________和________的权利。(　　)

A. 平等就业；自主择业　　B. 公平就业；自由就业

C. 公平就业；自主择业　　D. 平等就业；自由就业

14.［2019河南平顶山］(　　)建立全国促进就业工作协调机制，研究就业工作中的重大问题，协调推动全国的促进就业工作。

A. 国务院　　B. 人力资源和社会保障部

C. 民政部　　D. 信息产业部

15.［2019山东烟台莱州］除因疾病或者其他特殊情况经当地人民政府批准的以外，对不送适龄女性儿童少年入学的父母或者其他监护人，由当地(　　)予以批评教育，并采取有效措施，责令送适龄女性儿童少年入学。

A. 人民政府　　B. 妇女组织　　C. 妇女联合会　　D. 公安机关

16.［2019山东济南历城］“百善孝为先”，尊老爱老是中华民族的传统美德。《中华人民共和国老年人权益保障法》中明确规定，把每年的农历(　　)定为老年节。

A. 九月初九　　B. 五月初五　　C. 六月初六　　D. 正月十六

17.［2018山西长治襄垣］《中华人民共和国劳动法》规定，国家(　　)用人单位根据本单位实际情况为劳动者建立补充保险。

A. 要求　　B. 强制　　C. 鼓励　　D. 希望

18.［2018河北石家庄市属］某企业长期要求职工加班工作，周日也照常上班。该企业主要侵犯了劳动者的(　　)

A. 休息、休假的权利　　B. 取得劳动报酬的权利

C. 平等就业和择业的权利　　D. 享受社会福利的权利

19.［2018河北石家庄市属］根据《中华人民共和国劳动法》规定，劳动者连续工作(　　)以上的，享受带薪年休假，具体办法由国务院规定。

A. 半年　　B. 一年　　C. 一年半　　D. 两年

20.［2018河北石家庄市属］劳动合同是职工与用人单位依照法律规定，在(　　)的基础上签订的，确定双方劳动关系，明确双方权利、义务和责任的协议。

A. 平等自愿和公平合理　　B. 平等自愿和协商一致

C. 自觉自愿和协商一致　　D. 公平合理和遵守法律

21.［2018河北辛集］下列属于劳动合同必备条款的是(　　)

A. 试用期　　B. 劳动合同期限

C. 保守商业秘密　　D. 福利待遇

22.［2018陕西西安］下列情况，用人单位可以解除劳动合同的是（　　）

A. 患病者或非因工负伤，在规定的医疗期内

B. 女职工在孕期、产期、哺乳期的

C. 劳动者严重违反用人单位规章制度的

D. 在本单位患职业病或因工负伤并被确认丧失或者部分丧失劳动能力的

23.［2018重庆彭水］劳动争议仲裁委员会收到仲裁申请书之日起（　　）日内，认为符合受理条件的，应当受理，并通知当事人。

A. 3　　B. 5　　C. 7　　D. 10

24.［2018陕西西安］下列情形中，应当认定为工伤的是（　　）

A. 在工作时间和工作场所内，因个人纠纷受到暴力等意外伤害的

B. 上下班途中，受到非本人主要责任的交通事故或城市轨道交通、客运轮渡、火车事故伤害的

C. 工作前后在工作场所内，从事与工作无关的事情受到伤害的

D. 在工作时间，私自外出遭受交通事故受到伤害的

25.［2018河北石家庄市属］对哺乳未满（　　）婴儿的女职工，用人单位不得延长劳动时间或者安排夜班劳动。

A. 3个月　　B. 6个月　　C. 1周岁　　D. 2周岁

26.［2017河南许昌］依据《劳动法》规定，劳动者在（　　）情况下，用人单位可以解除劳动合同，但应提前三十天以书面形式通知劳动者本人。

A. 在试用期间被证明不符合录用条件的

B. 患病或者负伤，在规定的医疗期内的

C. 严重违反用人单位规章制度的

D. 不能胜任工作，经过培训或调整工作岗位仍不能胜任工作的

27.［2017山东济宁］根据我国劳动法规定，用人单位与劳动者发生劳动争议后，以下解决途径不正确的是（　　）

A. 协商解决　　B. 依法申请调解

C. 向劳动争议仲裁委员会申请仲裁　　D. 直接向人民法院提起诉讼

28.［2017河南许昌］下列选项中，哪一项是劳动合同无效的原因（　　）

A. 用人单位未及时足额支付劳动报酬的

B. 用人单位未按照劳动合同约定提供劳动保护或者劳动条件的

C. 用人单位被依法宣告破产的

D. 用人单位免除自己的法定责任、排除劳动者权利的

29.［2017重庆市属］劳动者在本单位连续工作满（　　）年，且距离法定退休年龄不足五年的，用人单位不得解除劳动合同。

A. 10　　B. 15　　C. 20　　D. 25

30.［2017山西省属］甲为某企业的职工，按照我国相关法律的规定，下列社会保险中甲个人无需缴纳费用的是（　　）

A. 基本养老保险　　B. 基本医疗保险　　C. 工伤保险　　D. 失业保险

二、多项选择题（下列每小题列出的四个选项中至少有两项是正确的。）

1.［2020山西大同市属］根据我国劳动合同法的规定，用人单位在下列哪些情况下可以约定由劳动者承

担违约金(　　)

A. 用人单位与劳动者签订了竞业限制条款

B. 用人单位与劳动者约定损坏单位财物支付违约金

C. 用人单位与劳动者约定劳动合同期限,劳动者提前辞职

D. 单位为劳动者提供培训费用,对其进行专业技术培训并约定服务期限

2. [2019河南信阳平桥]下列有关劳动合同中试用期的说法,正确的有(　　)

A. 劳动合同期限3个月以上不满1年的,试用期不得超过1个月

B. 劳动合同期限1年以上不满3年的,试用期不得超过2个月

C. 3年以上固定期限和无固定期限的劳动合同,试用期不得超过3个月

D. 必要时,同一用人单位与同一劳动者可以约定两次试用期

3. [2018重庆沙坪坝]根据我国《仲裁法》,下列事项中不能申请仲裁的有(　　)

A. 关于婚姻关系的纠纷　　B. 关于收养、扶养关系的纠纷

C. 合同纠纷　　D. 继承纠纷

4. [2017山东统考]根据《社会保险法》的规定,(　　)仅由用人单位缴纳而职工不缴纳。

A. 基本养老保险费和基本医疗保险费　　B. 工伤保险费

C. 失业保险费　　D. 生育保险费

三、判断题(判断下列每小题的正误,正确的打"√",错误的打"×"。)

1. [2019山东烟台开发区]烈士褒扬金由领取烈士证书的烈士遗属户口所在地县级人民政府退役军人事务部门发给烈士的父母或者抚养人、配偶、子女。(　　)

2. [2019山东烟台开发区]男年满60周岁、女年满55周岁的孤老烈士遗属本人自愿的,可以在光荣院、敬老院集中供养。(　　)

3. [2018重庆沙坪坝]劳动者和用工企业发生劳动争议后,双方可选择协商、调解、仲裁、诉讼几种争议解决方式。若劳动者选择诉讼,则可直接以诉讼形式解决劳动争议。(　　)

4. [2018山东聊城东昌府]用人单位录用女职工,不得在劳动合同中规定限制女职工结婚、生育的内容。(　　)

5. [2017山东济宁]根据我国劳动合同法的规定,已建立劳动关系但未同时订立书面劳动合同的,应当自用工之日起三个月内订立书面劳动合同。(　　)

6. [2017吉林]公司拖欠员工姜某劳动报酬3万余元,姜某可以向当地劳动争议仲裁委员会申请支付令。(　　)

7. [2017山东济宁]《中华人民共和国社会保险法》规定,重新就业后,再次失业的,缴费时间重新计算,领取失业保险金的期限与前次失业应当领取而尚未领取的失业保险金的期限合并计算,最长不超过三十六个月。(　　)

8. [2017重庆市属]仲裁裁决具有法律效力,当事人必须执行,否则另一方当事人可以直接向人民法院申请强制执行。(　　)

综合能力提升

单项选择题(下列每小题列出的四个选项中只有一项是正确的。)

1. [2019河北秦皇岛市属]某民营公司两百多名职工,欲与公司签订集体合同。则下列说法符合规定的是(　　)

A. 由工会代表职工与公司签订集体合同

B. 集体合同自签订之日起生效

C. 职工个人也可私下与公司约定比集体合同低的劳动报酬

D. 集体合同对用人单位有约束力，但对劳动者没有约束力，因其不是合同当事人

2. [2019 河北秦皇岛市属]以下情形不能认定为工伤的是(　　)

A. 王警官在追捕歹徒过程中被歹徒刺伤

B. 小李出差期间偶遇同学，聚会时发生争执被打伤

C. 小吴早上坐公交去公司上班，途中发生交通事故受伤

D. 孙医生在做完几台手术后突发心脏病死亡

3. [2019 河北邢台市属]关于劳动合同，下列说法错误的是(　　)

A. 劳动者严重违反用人单位的规章制度的，用人单位可以解除劳动合同

B. 用人单位与劳动者在用工前订立劳动合同的，劳动关系自订立合同之日起建立

C. 企业方按照劳动者劳动的数量和质量支付劳动报酬，依法提供劳动条件，保障劳动者依法享有劳动保护、社会保险等合法权利

D. 裁减人员时，与本单位订立无固定期限劳动合同的人员应当优先留用

4. [2019 重庆江北]我国劳动争议诉讼的必经程序是(　　)

A. 调解　　B. 诉讼　　C. 举证　　D. 仲裁

5. [2019 重庆沙坪坝]小丁原为城西区香满园餐饮公司职工，后香满园餐饮公司以工作不称职为由将小丁辞退。若小丁就经济补偿问题无法与香满园餐饮公司协商一致，维权路径为(　　)

A. 只能到城西区人民法院提起诉讼

B. 只能到城西区劳动仲裁委员会仲裁

C. 选择到城西区人民法院诉讼或城西区劳动仲裁委员会仲裁

D. 先到城西区劳动仲裁委员会仲裁，若对仲裁结果不服，可自收到仲裁裁决书之日起15日内，到城西区人民法院提起诉讼

6. [2019 河北石家庄市属]2018年，我国多个省份上调最低工资标准。四川、广西、西藏、海南上调超200元。重庆自2019年1月1日起上调300元，31省份最低工资标准中，超过2000元的有6个。上调最低工资标准有利于维护劳动者(　　)

A. 获得安全保护的权利　　B. 获得劳动报酬的权利

C. 提请劳动争议处理的权利　　D. 接受职业技能培训的权利

7. [2019 河北邢台市属]根据食品安全法规定，专供婴幼儿和其他特定人群的主辅食品，其标签还应当特别标明(　　)

A. 生产日期　　B. 储存条件　　C. 生产许可证编号　　D. 主要营养成分及其含量

8. [2018 山西长治襄垣]某甲到一家私营公司上班已3个多月，公司人事部门只发了张聘用书给他，却一直不与他签订书面劳动合同，他听说不签订书面劳动合同是要支付双倍工资的，但公司负责人说，聘书与劳动合同是一回事。对此，正确的说法是(　　)

A. 已经建立劳动关系，但未同时订立书面劳动合同的应当自聘用之日起三个月内订立书面劳动合同

B. 公司的说法是正确的，能以聘书来代替劳动合同

C. 劳动合同由用人单位与劳动者协商一致，并经劳动者在劳动合同文本上签字或盖章生效

D. 聘书只是用人单位向劳动者发出的邀约

9. [2018河北石家庄市属]部分家政服务人员因未与雇主签订劳动合同,导致自身权益受损时难以有效维权。这主要启示我们劳动者应该( )

A. 增强法律意识,维护合法权益　　B. 完善相关法律,依法维护劳动者的合法权益

C. 自觉履行劳动义务,维护劳动者权益　　D. 维护平等就业和选择职业的权利

10. [2018陕西西安]下列情形中,劳动者应当按照约定向用人单位支付违约金的是( )

A. 劳动者提前三十日以书面形式通知用人单位解除劳动合同的

B. 用人单位未及时足额支付劳动报酬,劳动者因此而辞职的

C. 劳动者违反竞业限制约定的

D. 劳动者因用人单位未依法为劳动者缴纳社会保险费的

11. [2017山西省属]下列属于劳动关系的是( )

A. 大学生小李利用暑假在甲公司勤工俭学

B. 硕士研究生小胡应聘到丁企业法务部工作

C. 某广告公司职员小黄业余时间在丙健身房兼职健美教练

D. 65岁退休中学教师老王到乙课外辅导机构担任辅导老师

12. [2017河南许昌]近期,媒体报道的"996工作制"成了互联网行业的"潜规则"。所谓"996工作制"是指"早上9点上班,晚上9点下班,一周工作6天,且加班没有任何补贴的工作制"。面对"996工作制",劳动者应( )

A. 树立竞争意识,做好本职工作　　B. 提高自身素质,树立自主择业观

C. 创造良好的就业环境,实现平等就业　　D. 增强权利意识,通过合法途径维护权益

13. [2017吉林]某公司要求员工签署承诺书,内容为"我愿意放弃星期天、节假日(春节除外),坚持不定时加班"。有员工提出异议,公司对此回应说,这是对员工的考验,不适应的可以走。关于该承诺书,下列说法错误的是( )

A. 节假日属于员工福利,是法律赋予的权利

B. 员工自愿放弃假期,是其真实意思表示

C. 公司与员工之间的劳动关系应建立在合法的基础上

D. 公司的承诺书名为考验,实为一种强制

14. [2017吉林]某公司食堂免费为员工提供午餐。某日,员工吴某不想在食堂吃午餐,在网上订了外卖。下楼取餐时,吴某在楼梯上滑倒,致右手骨折。关于吴某所受伤害能否认定为工伤,下列说法正确的是( )

A. 不应认定为工伤,因为公司有食堂,不需要员工网上订餐

B. 不应认定为工伤,因为滑倒是吴某个人行为,与公司无关

C. 应认定为工伤,因为公司未禁止员工订外卖

D. 应认定为工伤,因为午餐订外卖行为可视为从事与工作有关的预备性工作的一部分

15. [2017吉林]某公司为防止员工虚开病假证明,明文规定员工必须去指定医院就诊,并依据医院出具的病假证明才能准假。下列说法正确的是( )

A. 公司无权对员工的病假证明提出疑问

B. 员工有权根据病情的轻重和医院的远近选择合适的医院就诊

C. 公司对没有去指定医院就诊的员工有权拒付病假工资

D. 员工对于公司拒发病假工资的行为有权直接向人民法院提起诉讼

第七章　商经法

基础知识达标

一、单项选择题(下列每小题列出的四个选项中只有一项是正确的。)

1.［2021 河北石家庄市属］股东以其认缴的出资额为限对公司承担责任,公司以其全部资产为限对公司债务承担责任的是(　　)

A. 有限责任公司　　B. 股份有限公司

C. 有限合伙企业　　D. 两合公司

2.［2021 河北石家庄市属］下列选项中,不适用《中华人民共和国消费者权益保护法》的是(　　)

A. 商店老板张三购买米、面、油等生活用品以供销售

B. 公务员李四在单位附近的美容院购买美容卡

C. 学生王五购买纸笔、书包等学习用品

D. 农民赵六购买用于农业生产的化肥

3.［2021 河北石家庄市属］按照国家税务总局关于进一步简便优化部分纳税人个人所得税预扣预缴方法的公告,自 2021 年 1 月 1 日起,在纳税人累计收入不超过(　　)万元的月份,暂不预扣预缴个人所得税。

A. 2　　B. 6　　C. 10　　D. 20

4.［2020 河北廊坊三河］下列商品和服务不受《消费者权益保护法》保护的是(　　)

A. 方便面　　B. T恤　　C. 汽车生产线　　D. 美容

5.［2019 河北石家庄新乐］甲、乙、丙为某合伙企业的合伙人,后该合伙企业经营亏损,财产不足以清偿到期债务。根据《中华人民共和国合伙企业法》的规定,甲、乙、丙对该债务应承担(　　)

A. 无限责任　　B. 按份责任

C. 无限连带责任　　D. 有限连带责任

6.［2019 河北秦皇岛市属］土地使用权出让合同应由(　　)与土地使用者签订。

A. 省、市级人民政府　　B. 省、市级人民政府土地管理部门

C. 市、县级人民政府　　D. 市、县级人民政府土地管理部门

7.［2019 山东潍坊滨海］甲乙合资成立了一家有限责任公司,关于甲乙的出资,下列说法错误的是(　　)

A. 可以用货币出资　　B. 可以用知识产权出资

C. 可以用土地使用权出资　　D. 不得以实物出资

8.［2019 内蒙古包头］国家新规定的个人所得税起征点是多少元(　　)

A. 4000 元/月　　B. 5000 元/月　　C. 6000 元/月　　D. 7000 元/月

9.［2019 河北石家庄裕华］王某买彩票中了一等奖,奖金 500 万,他领奖时需要交(　　)

A. 个人所得税　　B. 增值税　　C. 营业税　　D. 消费税

10.［2019 河北邢台］根据《中华人民共和国消费者权益保护法》的规定,服务者向消费者提供质低价高的服务,是对消费者(　　)

A. 公平交易权的侵犯　　B. 人格尊严权的侵犯

C. 损害求偿权的侵犯　　D. 选择服务自主权的侵犯

11. [2019山东烟台芝罘]经营者依法应对其提供的商品或者服务承担“三包”责任,“三包”是指(　　)

A. 包修、包赔、包退　　B. 包修、包换、包退

C. 包换、包赔、包退　　D. 包修、包贴、包换

12. [2019河南信阳平桥]因产品存在缺陷造成损害要求赔偿的诉讼时效期间为(　　),自当事人知道或者应当知道其权益受到损害时起计算。

A. 4年　　B. 3年　　C. 2年　　D. 1年

13. [2019重庆市属]依照《中华人民共和国反倾销条例》的规定,国内产业或者代表国内产业的自然人、法人或者有关组织,可以依照法定程序向(　　)提出反倾销调查的书面申请。

A. 商务部　　B. 国务院

C. 全国人民代表大会常务委员会　　D. 国务院办公厅

14. [2019山东烟台开发区]市、县级人民政府作出房屋征收决定前,应当组织有关部门依法对征收范围内未经登记的建筑进行调查、认定和处理。对认定为合法建筑和未超过批准期限的临时建筑的,(　　);对认定为违法建筑和超过批准期限的临时建筑的,(　　)

A. 应当给予补偿;应当给予补偿　　B. 应当给予补偿;不予补偿

C. 不予补偿;不予补偿　　D. 不予补偿;应当给予补偿

15. [2018河北衡水冀州]公司制是现代企业主要的典型的组织形式。股份有限公司和有限责任公司二者最主要的区别在于(　　)

A. 是否进行资本注册　　B. 是否具有决策、执行和监督机构

C. 是否发行股票筹集资本　　D. 是否以全部资产对债务承担责任

16. [2017山西省属]甲到乙餐馆就餐时,一只大老鼠突然从餐桌下窜出,吓得甲晕倒在地,造成身体伤害。下列说法正确的是(　　)

A. 乙构成侵权,不构成违约　　B. 乙构成违约,不构成侵权

C. 乙既构成侵权,也构成违约　　D. 乙既不构成侵权,也不构成违约

17. [2017山西省属]甲在某火锅店用餐时,服务员用打火机点燃酒精时操作不当,致使甲胳膊烧伤。该火锅店损害了甲作为消费者的(　　)

A. 知情权　　B. 自主选择权　　C. 公平交易权　　D. 安全保障权

18. [2017山西省属]经营者的下列行为中,未违反《消费者权益保护法》规定义务的是(　　)

A. 经营者拒绝为小额商品开发票　　B. 水果类食品的出售价格经常变化

C. 店堂告示“商品一旦售出概不退换”　　D. 店堂告示“未成年人须由成年人陪伴方可入内”

19. [2017吉林]我国《消费者权益保护法》规定,消费者享有获得有关消费和消费者权益保护方面的知识的权利,即(　　)

A. 公平交易权　　B. 获得教育权　　C. 安全保障权　　D. 自主选择权

二、多项选择题(下列每小题列出的四个选项中至少有两项是正确的。)

1. [2019重庆永川]根据法律规定,下列哪些不能成为普通合伙人(　　)

A. 一人有限公司　　B. 股份有限公司　　C. 国有独资企业　　D. 上市公司

2. [2019重庆南川]××公司生产了一款按摩神器——按摩床,后被有关行政部门认定该按摩床存在缺陷,有危及人身安全危险,该行政部门可以责令××公司(　　)

A. 停止销售　　B. 召回　　C. 无害化处理　　D. 停止生产

3.［2019山东枣庄市中］我国《公司法》规定，依照公司章程可以担任公司法定代表人的是（　　）

A. 董事长　　B. 执行董事　　C. 出资人　　D. 经理

4.［2019山东烟台芝罘］根据相关法律的规定，下列属于个人所得税征税范围的有（　　）

A. 工资收入　　B. 个体工商户的经营所得

C. 发表文章的稿费　　D. 国债利息

5.［2019重庆市属］根据《消费者权益保护法》的规定，消费者享有下列哪些权利（　　）

A. 知情权　　B. 自主选择权

C. 公平交易权　　D. 任意撤销权

6.［2019河南信阳平桥］经营者与消费者进行交易，应当遵循的原则有（　　）

A. 自愿　　B. 平等　　C. 公平　　D. 诚实信用

7.［2019贵州省属］关于农村土地承包经营权抵押贷款，下列说法正确的有（　　）

A. 由金融机构向符合条件的承包方农户或农业经营主体发放

B. 通过土地流转获得的土地经营权不能申请此贷款

C. 贷款以承包土地的经营权作为抵押

D. 贷款需在约定期限内还本付息

8.［2018山东淄博］下列属于营利性法人的是（　　）

A. 有限责任公司　　B. 股份有限公司　　C. 事业单位　　D. 个人独资企业

9.［2018河北石家庄市属］下面有关消费者合法权益的认识中，不正确的是（　　）

A. 消费者依法享有权利，但不能滥用

B. 消费者有权选择商品或服务并确定价格

C. 消费者有权监督企业经营管理者的决策过程

D. 消费者有权要求生产经营者提供产品的生产技术秘密

10.［2017重庆市属］当消费者与经营者发生消费权益争议时，可通过多种途径解决，下列建议正确的有（　　）

A. 与经营者协商和解　　B. 请求消费者协会调解

C. 向有关行政部门申诉　　D. 向人民法院提起诉讼

三、判断题（判断下列每小题的正误，正确的打“√”，错误的打“×”。）

1.［2020河北廊坊三河］个人合伙人对于合伙经营产生的债务承担有限责任。（　　）

2.［2019重庆南川］某公司在A省设立分公司，该分公司不能独立承担民事责任。（　　）

3.［2019重庆沙坪坝］××餐饮有限责任公司是一家依法注册成立的有限责任公司，张某担任公司的董事长。因此，张某就是该公司的法人代表。（　　）

4.［2019山东烟台开发区］有限责任公司的股票不能流通，股东不承担什么责任。（　　）

5.［2018河北辛集］行政机关可以用行政权力制定出含有排除、限制竞争内容的规定。（　　）

6.［2017重庆市属］法人产权赋予了现代企业与自然人企业的私人产权相同的权利。（　　）

7.［2017重庆市属］非公有制企业的显著特征是产权关系明确。（　　）

8.［2017河北张家口］公司是以营利为目的的经济组织，但是不具备法人资格。（　　）

9.［2017河南许昌］利息、股息、红利所得不需要缴纳个税。（　　）

综合能力提升

一、单项选择题(下列每小题列出的四个选项中只有一项是正确的。)

1.[2020河南信阳市属]下列情形符合法律规定的是(　　)

A.某药店规定,出店前请选好药物,出店后不予退换

B.某大型超市告示:背包和手提包,请到专门柜台寄存

C.某服装店表示本店服装一经售出,拒绝退货

D.某洗浴中心提示地滑请小心行走,否则浴场不负责

2.[2020山东济南]依照《中华人民共和国公司法》规定,公司是在中国境内设立的,以营利为目的的企业法人,是适应市场经济社会化大生产的需要而形成的一种企业组织形式,公司股东依法享有的权利不包括(　　)

A.资产收益　　B.参与重大决策　　C.选择管理者　　D.宣告破产

3.[2019河北石家庄新乐]关于合伙企业与个人独资企业的表述,下列哪一选项是正确的(　　)

A.二者的投资人都只能是自然人

B.二者的投资人都一律承担无限责任

C.个人独资企业可申请变更登记为普通合伙企业

D.合伙企业不能申请变更登记为个人独资企业

4.[2019河北唐山芦台]以下情形中消费者不享有七天无理由退货权利的是(　　)

A.甲在某网购平台购买一件衣服,收货后发现衣服与宣传的色差甚大

B.乙在电视购物频道购买了一块名牌手表,收到后对款式不满意

C.丙通过电话购买了海鲜产品,收货时发现产品不新鲜

D.丁通过邮购方式购买了一套化妆品,收到后发现包装有瑕疵

5.[2019山西省属]某新能源汽车制造有限公司召开股东会,选举本公司的董事人员,根据《公司法》,下列不能担任董事的是(　　)

A.甲,30岁,电气与自动化专业博士,原某985高校电力工程学院教师,因学术不端被学校开除

B.乙,50岁,力学专家,因故意伤害罪被判处3年有期徒刑,上个月刚刑满释放

C.丙,60岁,有到期未偿还的银行贷款500万,因经营的公司破产暂时无力偿还

D.丁,80岁,机械工程专业退休教授

6.[2019河北邢台经开]下列有关一人公司的表述哪个是正确的(　　)

A.国有企业不能设立一人公司

B.一人公司发生人格或财产混同时,股东应当对公司债务承担连带责任

C.一人公司的注册资本必须一次足额缴纳

D.一个法人只能设立一个一人公司

7.[2019重庆南岸]王某到甲商场购买洗衣粉,使用过程中发现洗衣粉质量有问题,后经鉴定其购买的洗衣粉系假冒伪劣产品,王某可以要求甲商场赔偿其购买洗衣粉的费用的(　　)

A.一倍　　B.两倍　　C.三倍　　D.四倍

8.[2019山东烟台芝罘]"11.11"期间,小王在淘宝网秒杀了一款心仪已久的耐克运动鞋,秒杀价299元,卖家声称该运动鞋为正品,后经检测发现该运动鞋为仿冒产品,小王可以向卖家索赔(　　)

A.598元　　B.897元　　C.500元　　D.2990元

9. [2019河北邢台桥西]王某在某电子商务平台定制了一张桌子,购买了一盏台灯、一台电视机和一台抽油烟机。下列情形中,不符合法律规定的是( )

A. 王某购买的台灯被快递公司丢失,有权要求卖方重新发货

B. 王某自收到桌子之日起七日内有权退货,且无须说明理由

C. 王某购买的电视机为冒牌货,有权要求平台提供卖方的信息

D. 王某因抽油烟机缺陷而受伤,有权向生产者或销售者请求赔偿

10. [2019河北邢台市属]2019年3月15日,十三届全国人大二次会议表决通过了《中华人民共和国外商投资法》,该法取消了逐案审批制管理模式,对于禁止和限制外国投资者投资的领域,将以清单方式明确列出,清单之外充分开放,中外投资将享有同等待遇。可见通过该法的意义是( )

A. 有利于推动对外贸易发展,满足人民美好生活需要

B. 以法律的形式提高了外资经济在市场竞争中的地位

C. 助力解决发展内外联动问题,发展开放型经济体系

D. 能促进我国经济体系的发展和优化我国的资源配置

11. [2019河北邢台经开]旅游者与旅行社发生纠纷,不能采取的解决途径是( )

A. 双方协商　　B. 向人民法院起诉

C. 向旅游投诉受理机构申请调解　　D. 在未达成仲裁协议的情况下提请仲裁机构仲裁

12. [2019山西省属]为了建设某项大型体育赛事场馆,甲省乙市需征收基本农田34公顷。根据《土地管理法》,此次土地征收应由( )批准。

A. 国务院　　B. 自然资源部　　C. 甲省人民政府　　D. 乙市人民政府

13. [2018河北邢台桥东]根据我国《公司法》的规定,下列说法正确的是( )

A. 有限责任公司的注册资本可以按照规定的比例在3年内分期缴清出资

B. 全体股东的首次出资额不得低于注册资本的30%

C. 投资公司的注册资本在5年内缴足即可

D. 有限责任公司的最低注册资本额为人民币5万元

14. [2018河北衡水冀州]甲乙丙三人共同出资成立了一家有限责任公司。公司合法经营,后来受国际经济波动影响而破产,清算后,该公司破产财产只剩200万元,而公司债务有250万元。对此( )

①该公司为有限责任公司,承担有限责任 ②甲乙丙应该以各自资产共同承担对外债务

③该公司将以200万元承担全部对外债务 ④总经理与股东应对剩余的债务负连带责任

A. ①③　　B. ①④　　C. ②③　　D. ②④

二、主观题

[2018山东枣庄市中简答]行政职责是指行政主体在行使国家赋予的行政职权,实施国家行政管理活动的过程中,所必须承担的法定义务。请简述履行行政职责的具体要求。

第八章　诉讼法

基础知识达标

一、单项选择题(下列每小题列出的四个选项中只有一项是正确的。)

1. [2021 河北石家庄市属]王某家住石家庄市长安区,周某家住裕华区。两人在桥西区共有一处商业用房,现因共有份额产生纠纷,王某诉至法院,应由(　　)法院受理。

A. 长安区法院　　B. 桥西区法院

C. 裕华区法院　　D. 以上三个法院都可以

2. [2021 河北石家庄市属]在我国刑事诉讼中,涉嫌犯罪的公民,在不同的诉讼阶段称谓不同。下列选项中,可以称为“被告人”的是(　　)

A. 张某,因抢劫正在被公安机关侦查　　B. 刘某,因贪污正在被检察机关审查起诉

C. 李某,因故意杀人正在被法院审判　　D. 许某,因绑架在逃而正在被公安机关通缉

3. [2020 河南信阳市属]根据我国《民事诉讼法》规定,下列案件不得公开审理的是(　　)

A. 农民工小米讨要劳务加工费案　　B. 小李和小张的离婚财产分配案

C. 16 岁的周某诉某网络公司侵犯隐私权案　　D. 小张离婚后子女抚养权归属案

4. [2020 河北邢台隆尧]下列关于民事诉讼法中特殊地域管辖的表述中,完全正确的一项是(　　)

A. 合同纠纷提起的诉讼,由原告住所地人民法院管辖

B. 因侵权行为提起的诉讼,由侵权行为地或被告住所地人民法院管辖

C. 因票据纠纷提起的诉讼,由票据支付地或原告住所地人民法院管辖

D. 因共同海损提起的诉讼,只能由共同海损理算地人民法院管辖

5. [2020 河北廊坊三河]在行政诉讼中,承担举证责任的是(　　)

A. 原告　　B. 被告　　C. 中立的第三方　　D. 单位

6. [2020 河北邢台任泽]在行政诉讼中,当事人不服人民法院一审裁定的,有权在裁定书送达之日起(　　)日内向上一级人民法院提起上诉。

A. 5　　B. 7　　C. 10　　D. 15

7. [2020 河北邢台任泽]在我国,有权发布通缉令的是(　　)

A. 监察部　　B. 公安机关　　C. 人民检察院　　D. 人民法院

8. [2019 重庆渝中]对行政机关委托的组织作出的具体行政行为不服提起行政诉讼,被告是(　　)

A. 被委托的组织　　B. 委托的行政机关和被委托的组织

C. 委托的行政机关的上级主管　　D. 委托的行政机关

9. [2019 重庆南川]下列选项不属于行政诉讼的受案范围的是(　　)

A. 认为行政机关没有按时支付低保的　　B. 对查封自己财产不服的

C. 某政府工作人员对其处分不服的　　D. 认为行政机关侵犯自己农村土地经营权的

10. [2019 河北唐山芦台]免证事实是指不需要当事人承担举证责任即可以认定的事实。下列证明对象不属于免证事实的是(　　)

A. 生效裁判　　B. 自然定律　　C. 定罪事实　　D. 常识事实

11. [2019 河北秦皇岛市属]当事人不服一审法院判决和裁定的上诉期限分别是(　　)

A. 7 日内、10 日内　　B. 10 日内、15 日内

C. 15 日内、10 日内　　D. 7 日内、15 日内

12. [2019 重庆市属]张某在A县县城被家住B县的王某打伤,张某欲起诉王某,要求王某承担人身损害赔偿责任,下列说法正确的是(　　)

A. 只能到A县法院起诉

B. 只能到B县法院起诉

C. 既可以到A县法院起诉,也可以到B县法院起诉

D. 不能到A、B县法院起诉

13. [2019 河北邢台经开]民事诉讼简易程序的审理期限为(　　)

A. 一个月　　B. 三个月　　C. 五个月　　D. 六个月

14. [2019 重庆市属]根据《中华人民共和国民事诉讼法》的规定,当事人申请执行的期间为(　　)

A. 1 年　　B. 2 年　　C. 3 年　　D. 5 年

15. [2019 河北石家庄市属]行政诉讼的主管机关是(　　)

A. 行政机关　　B. 人民法院　　C. 人民检察院　　D. 人大常委会

16. [2019 重庆江北]我国《行政诉讼法》规定,涉及不动产的行政案件由(　　)管辖。

A. 不动产所在地法院　　B. 原告所在地法院

C. 被告所在地法院　　D. 原告和被告商议确定的法院

17. [2019 山西省属]申请回避是当事人的权利。法院开庭审理被告人张某故意伤害案时,被告人张某有权对除(　　)以外的人员提出回避申请

A. 作为合议庭组成人员的人民陪审员赵某　　B. 为本案被害人做伤情鉴定的鉴定人钱某

C. 与张某素有矛盾、作为控方证人的孙某　　D. 本案的书记员李某

18. [2019 河北邢台经开]下列哪一项不是自诉案件审理的特点(　　)

A. 书面审理　　B. 简易程序　　C. 独任审理　　D. 适用调解

19. [2018 重庆彭水](　　)是指知道案件真相的当事人以外的第三人,向办案人员所作的有关案件部分或全部事实真相的陈述。

A. 物证　　B. 书证　　C. 证人证言　　D. 视听资料

20. [2018 河北石家庄市属]民事案件当事人申请再审,应当在判决、裁定发生法律效力后(　　)内提出。

A. 两个月　　B. 三个月　　C. 四个月　　D. 六个月

21. [2018 河北保定]根据《中华人民共和国行政诉讼法》,教师不服教育行政复议决定的,可以向人民法院提起诉讼,其诉讼期限是(　　)

A. 7 天　　B. 10 天　　C. 15 天　　D. 20 天

22. [2018 河北保定市属]下列人员中,不能充当辩护人的是(　　)

A. 律师　　B. 被告人的监护人

C. 本案的证人　　D. 被告人所在单位推荐的人

23. [2017 重庆市属]在确定民事案件的地域管辖时,通常都是由(　　)法院管辖。

A. 原告住所地　　B. 被告住所地　　C. 当事人双方选择的　　D. 高级法院指定的

24. [2017 山西省属]黄某住在某市甲区,在同市乙区购买了一套商品房,后来与住在同市丙区的马某因

这套商品房的所有权归属发生争议。黄某不服诉至法院,应由( )法院受理。

A. 甲区　B. 乙区　C. 丙区　D. 甲乙丙三区其中之一

25. [2017河北保定顺平]根据我国《行政诉讼法》的规定,行政诉讼的主要审查对象是( )

A. 行政处理行为　B. 行政决定行为　C. 具体行政行为　D. 抽象行政行为

26. [2017河南许昌]公民、法人或其他组织对行政机关的派出机构作出的具体行政行为不服的,应以( )为行政诉讼被告。

A. 该派出机构　B. 该行政机关

C. 该行政机关的上级主管机关　D. 该派出机构和该行政机关

27. [2017重庆大渡口]对行政机关委托的组织作出的具体行政行为不服提起行政诉讼的,被告应该是( )

A. 被委托的组织　B. 委托的行政机关和被委托的组织

C. 委托的行政机关的上一级机关　D. 委托的行政机关

28. [2017重庆大渡口]行政诉讼所要解决的纠纷一般发生在( )

A. 行政机关与行政机关之间　B. 行政机关与行政机关工作人员之间

C. 行政机关与公民、法人或者其他组织之间　D. 事业单位与职工之间

29. [2017山西省属]下列案件属于行政诉讼受案范围的是( )

A. 国防、外交等国家行为　B. 人民政府对其工作人员的开除决定

C. 人民政府关于禁止燃放烟花爆竹的决定　D. 人民政府责令某企业停产治理环境污染的决定

30. [2017重庆市属]行政诉讼中海关处理的案件的一审程序由( )管辖。

A. 基层人民法院　B. 中级人民法院

C. 高级人民法院　D. 高级人民法院根据实际情况指定的法院

31. [2017吉林]我国《刑事诉讼法》规定,逮捕的执行机关是( )

A. 人民法院　B. 人民检察院　C. 人民政府　D. 公安机关

32. [2017重庆市属]《中华人民共和国刑事诉讼法》规定,对驳回申请回避的决定,可以申请复议的主体不包括( )

A. 当事人　B. 法定代理人　C. 辩护人　D. 当事人的近亲属

二、多项选择题(下列每小题列出的四个选项中至少有两项是正确的。)

1. [2020河北廊坊三河]下列属于刑事诉讼证据的有( )

A. 被害人陈述　B. 证人证言　C. 鉴定意见　D. 被告人供述

2. [2020山东济南历城]根据我国《民事诉讼法》规定,下列情形属于中级人民法院管辖的有( )

A. 重大涉外案件

B. 省内有重大影响的案件

C. 最高人民法院确定由中级人民法院管辖的案件

D. 认为应当由本院审理的案件

3. [2020山西太原晋源]下列属于不可诉讼的行政行为的有( )

A. 国家领导人预备出使访问日本

B. 某县政府出台新的规划方案,涉及大面积拆迁问题

C. 某市交警部门在执法过程中对司机李某处以50元的行政处罚

D. 某地公安局对本局程某的记过处分决定

4. [2019重庆永川]证人因履行出庭义务而产生的哪些必要费用,由败诉一方当事人负担(　　)

A. 就餐费　　B. 住宿费　　C. 误工费　　D. 交通费

5. [2019河南信阳平桥]下列第一审刑事案件应由中级人民法院管辖的有(　　)

A. 危害国家安全的案件　　B. 恐怖活动案件

C. 可能判处10年以上有期徒刑的案件　　D. 可能判处死刑的案件

6. [2018重庆彭水]刑事诉讼的基本制度有(　　)

A. 回避　　B. 辩护　　C. 检查　　D. 代理

7. [2017山东济宁]在民事诉讼中,下列选项中具有诉讼权利能力的是(　　)

A. 今年15岁的小王

B. 依法登记,正准备领取营业执照的私营独资企业

C. 法人依法设立并领取营业执照的分支机构

D. 某银行的分支机构

三、判断题(判断下列每小题的正误,正确的打"√",错误的打"×"。)

1. [2021河北石家庄市属]我国刑事诉讼实行两审终审制。(　　)

2. [2021河北石家庄市属]在法治社会,诉讼是解决纠纷的唯一合法途径。(　　)

3. [2020山西大同市属]张立为行为不能自理的精神病人,外出期间他不慎被执法车撞伤,则其父母可代他向人民法院提出行政诉讼。(　　)

4. [2019重庆永川]危害国家安全的第一审刑事案件由高级人民法院管辖。(　　)

5. [2019重庆永川]我国所有刑事案件一律公开宣判。(　　)

6. [2019河北秦皇岛市属]关于公示催告程序的申请条件中,申请主体必须是按照规定可以背书转让的票据持有人即票据被盗、遗失、灭失前的最后持有人。(　　)

7. [2019重庆沙坪坝]民事调解书经双方当事人签收就具有法律效力。(　　)

8. [2019山东烟台招远]公民、法人或者其他组织认为行政机关及其公务员的具体行政行为侵犯其合法权益,有权向人民法院提起行政诉讼。(　　)

9. [2019重庆沙坪坝]利害关系人不得就抽象行政行为单独提起行政诉讼。(　　)

10. [2019河北石家庄市属]抽象行政行为不能成为行政诉讼的直接对象。(　　)

11. [2019重庆市属]行政诉讼中的单一被告只能是行政主体。(　　)

12. [2019山东烟台开发区]生理上、精神上有缺陷或者年幼,不能辨别是非、不能正确表达的人,不能作证人。(　　)

13. [2018河北保定市属]在我国,诉讼法包括民事诉讼法和刑事诉讼法两种。(　　)

14. [2018重庆彭水]诉讼代理人在同一案件中只能代理一方当事人进行诉讼。(　　)

15. [2017重庆市属]不公开审理的案件,其判决也不公开宣判。(　　)

16. [2017山东济宁]根据我国刑事诉讼法的规定,公安机关在立案后,对于利用职权实施的严重侵犯公民人身权利的重大犯罪案件,根据侦查犯罪的需要,经过严格的批准手续,可以采取技术侦查措施。(　　)

综合能力提升

一、单项选择题(下列每小题列出的四个选项中只有一项是正确的。)

1. [2020河南信阳市属]双方当事人签订购销合同,需方按约定给付供方150万元的预付款,事后发现供方有欺诈行为,根本没有能力履行合同,而且所付货款有被转移的可能,此时需方可以选择的最佳途径

是( )

A. 申请诉前财产保全 B. 提交民事仲裁 C. 与供方解除合同 D. 提交民事诉讼

2. [2020河南信阳市属]张某长期居住在A省B地，某次自驾到C省D地时，因违章停车被D地公安局罚款200元。张某不服，此时张某应该选择向( )人民法院提起诉讼。

A. A省 B. B地 C. C省 D. D地

3. [2020河南信阳市属]在钱某故意伤害一案中，目击者刘某因害怕被报复而不愿出庭作证，其向公安机关提供了书面证言，则该证据属于( )

A. 书证 B. 言词证据 C. 有罪证据 D. 直接证据

4. [2020河北沧州河间]下列选项中，可以提起行政诉讼的是( )

A. 乡政府作出的行政处理决定引发的争议

B. 镇政府民事调解行为引发的争议

C. 县工商局在商场购买办公用品引发的争议

D. 市政府作出的不具有强制力的行政指导行为引发的争议

5. [2020河北邢台襄都]在行政诉讼中，二审人民法院合议庭成员( )

A. 必须由审判员组成

B. 必须由陪审员组成

C. 必须由审判员和陪审员共同组成

D. 既可以由审判员组成，也可以由审判员和陪审员共同组成

6. [2019重庆奉节]下列哪项不属于刑事诉讼中回避的类型( )

A. 自行回避 B. 申请回避 C. 指令回避 D. 指定回避

7. [2019重庆酉阳]下列哪项不属于告诉才处理的情形( )

A. 有侵占行为的 B. 有虐待行为的

C. 暴力干涉婚姻自由的 D. 有诽谤国家情形的

8. [2019河北唐山芦台]行政诉讼与民事诉讼有一定的区别，下列与之相关的说法中不正确的一项是( )

A. 两者在能否适用调解的问题上不相同

B. 两者所解决的争议性质不相同

C. 行政诉讼中的原、被告具有恒定性，而民事诉讼则不具有

D. 两者所贯彻的基本原则均不相同

9. [2019河北邢台经开]下列案件适用民事诉讼程序的是( )

A. 甲驾车逆向行驶撞伤他人，交警进行处罚，甲不服处罚决定，欲起诉

B. 乙在散步时被行人的宠物狗咬伤，行人拒绝赔偿

C. 丙私自挪用单位财产偿还赌债2万元，半年未归还

D. 丁对戊说："嫁给我，我就给你买钻戒。"戊遂嫁给丁，丁未给戊买钻戒，戊欲起诉

10. [2019山西省属]甲向法院起诉要求乙返还借款5万元。甲提供的证据有双方签字的借据、证人丙的证言、银行转账凭证；乙在答辩中承认借款事实，但强调不还钱是因为生意失败手头紧，不是有钱故意不还。鉴于双方对案件事实没有争议，法院为了节约当事人诉讼成本、提高效率，没有开庭就作出判决。关于法院未经开庭而作出判决，下列说法正确的是( )

A. 体现了司法高效便民原则，合法 B. 违反了当事人诉述权利平等原则

C. 违反了合议原则 D. 违反了辩论原则

11.［2019 山西省属］下列案件属于行政诉讼受案范围的是（　　）

A. 甲民办学校认为Y省教育厅发布的《Y省营利性民办学校监督管理办法》侵犯民办学校教师应当受到平等对待的权利而提起诉讼

B. 乙认为所在单位县人社局在事实不清、证据不足的情况下对自己作出记过处分而提起诉讼

C. 房屋征收部门与丙签订房屋征收补偿协议，丙反悔拒不履行协议，房屋征收部门向法院提起诉讼

D. 丁炒货店认为区市场监管局对自己在产品宣传中使用"最好吃""最美味"等绝对化用语而罚款20万元属于滥用职权，提起诉讼

12.［2019 重庆江北］人民法院可以判决变更的情形是（　　）

A. 行政强制执行违法　　B. 行政处罚违规

C. 行政处罚显失公正　　D. 行政强制措施不当

13.［2019 山西省属］甲公司超标排放污染物，县环保局对其作出罚款20万元的行政处罚决定。甲公司不服，向县人民政府申请复议，县人民政府维持该决定，甲公司仍不服向法院起诉。关于本案下列说法正确的是（　　）

A. 本案的被告是县环保局　　B. 本案的被告是县人民政府

C. 县人民法院对本案有管辖权　　D. 县人民法院及其上一级人民法院均对本案有管辖权

14.［2019 山西省属］根据《刑事诉讼法》，关于证人作证，下列说法正确的是（　　）

A. 被告人申请传唤甲作证，但甲是聋哑人，不能作为证人

B. 被告人申请传唤乙作证，但乙是8岁儿童，不能作为证人

C. 证人因履行作证义务而支出的交通、住宿、就餐等费用，由败诉方负担

D. 人民法院、人民检察院和公安机关不仅应当保障证人的安全，也应当保障其近亲属的安全

15.［2019 河北邢台市属］下列关于辩护人的说法正确的是（　　）

A. 在公安机关侦查期间只能由律师来进行辩护

B. 被开除公职的老王不能为犯罪嫌疑人的儿子做辩护人

C. 黑社会性质犯罪案件的辩护律师需要经侦查机关同意才能会见当事人

D. 自案件移送审查起诉之日起，律师可以向犯罪嫌疑人、被告人核实有关证据

16.［2018 河北邢台桥东］根据民事诉讼法律制度的规定，关于公益诉讼的表述中，错误的是（　　）

A. 对污染环境、侵害众多消费者合法权益等损害社会公共权益的行为，法律规定的机关和有关组织可以向人民法院提起诉讼

B. 公益诉讼案件的原告在法庭辩论终结后申请撤诉的，人民法院应予准许

C. 人民法院受理公益诉讼案件后，应当在10日内书面告知相关行政主管部门

D. 公益诉讼案件，当事人可以和解，人民法院可以调解

17.［2018 重庆沙坪坝］开瑞化工厂因违法排污，经大河乡绿茵村村民举报，被东山市城郊区环保局查实后给予了罚款2万元人民币的行政处罚。开瑞化工厂不服，向东山市环保局提起了行政复议，东山市环保局经复议维持了原处罚决定。开瑞化工厂如提起行政诉讼，应以（　　）为被告。

A. 大河乡人民政府　　B. 城郊区环保局

C. 东山市环保局　　D. 城郊区环保局和东山市环保局

18.［2018 河北邢台桥东］某化工厂将废水直接排入河道，流入郝某的鱼塘，造成绝大部分鱼死亡。该厂承认其侵权，郝某要求赔偿损失50万，该厂不能接受。对此，表述不正确的是（　　）

A. 郝某请求损害赔偿的诉讼时效为3年

B. 郝某可以请求环境保护行政主管部门处理

C. 郝某对环境保护行政主管部门的处理不服时，可以向法院起诉

D. 郝某必须先经过环境保护行政主管部门处理，不能直接向法院起诉

19. [2018河北邢台桥东]下列关于审判管理，说法错误的是( )

A. 当事人有外国人的刑事案件应由中级人民法院作为一审法院

B. 检察院认为可能判处无期徒刑、死刑而向中级人民法院提起公诉的普通刑事案件，中级人民法院受理后，认为不需要判处无期徒刑以上刑罚的，可以依法审理，不再交基层人民法院审理

C. 一人犯数罪或共同犯罪的，只要其中一人或一罪属于上级人民法院管辖的，全案应由上级法院管辖

D. 对于第一审刑事案件，依法应当由上级法院管辖的，不能再指定下级法院管辖

20. [2018河北衡水冀州]下列哪一个是划分地域管辖的主要依据( )

A. 犯罪地 B. 被告人居住地 C. 最先受理地 D. 被害人居住地

21. [2018河北张家口桥西]"和为贵"是中华民族的传统美德，采用调解的方法解决纠纷，有利于社会和谐。调解可以在诉讼程序外进行，也可以在诉讼程序内进行。诉讼中调解是指( )

A. 人民调解 B. 行政调解 C. 司法调解 D. 仲裁调解

22. [2017山东济宁]下列选项中，人民法院可以采取证据保全措施的情形是( )

A. 证人甲因患严重疾病可能死亡 B. 证人乙因身体残疾而行动不便

C. 证人丙因离婚而情绪低落 D. 证人丁不准备出席作证

二、多项选择题(下列每小题列出的四个选项中至少有两项是正确的。)

1. [2019重庆酉阳]对于下列哪些行政处罚不服的，可以提起行政诉讼( )

A. 责令停产停业 B. 暂扣驾照 C. 行政拘留 D. 没收非法财物

2. [2019河北秦皇岛市属]在被告人没有委托辩护人的情形下，法院应当为被告人指定辩护人的情形是( )

A. 被告人是外国人 B. 被告人是聋哑人

C. 被告人是可能判处死刑的人 D. 被告人是未成年人

3. [2019重庆沙坪坝]东山市城北区居民刘某在该市城郊区开了一家化工厂。该化工厂因违法排污，被城郊区环保局查实后给予了罚款5万元人民币的行政处罚。刘某不服，向位于该市市中区的东山市环保局提起了行政复议。东山市环保局经复议后认为，原处理决定事实清楚、证据确实充分，但罚款数额偏低，遂作出了对刘某化工厂处以10万元罚款的决定。刘某如对处理结果不服，可向( )提起行政诉讼。

A. 城北区人民法院 B. 城郊区人民法院

C. 市中区人民法院 D. 东山市中级人民法院

4. [2019河南平顶山]在行政诉讼中，与案件有关的哪些证据，原告或者第三人不能自行收集，可以申请人民法院调取( )

A. 由国家机关保存而须由人民法院调取的证据

B. 涉及国家秘密、商业秘密和个人隐私的证据

C. 原告人认为收集将损耗大量人力财力的证据

D. 确因客观原因不能自行收集的其他证据

第五部分 人文素养

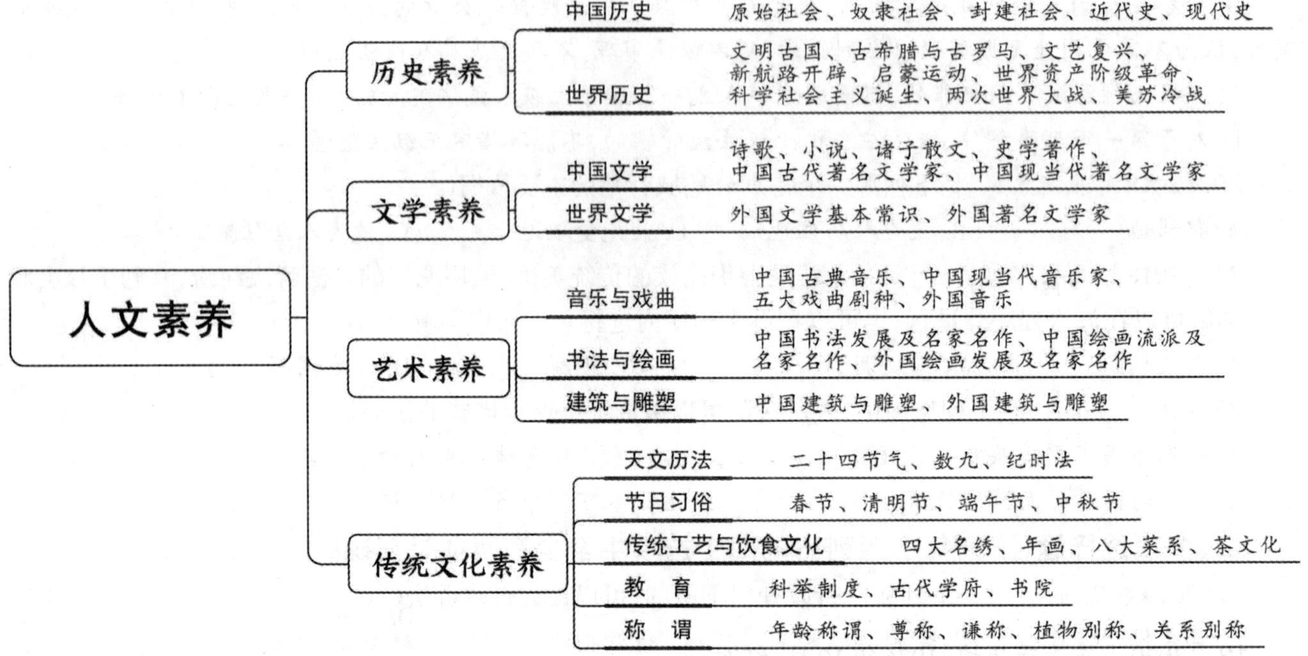

第一章 历史素养

基础知识达标

一、单项选择题(下列每小题列出的四个选项中只有一项是正确的。)

1. [2021辽宁葫芦岛]早在1921年,我国便开始对仰韶文化遗迹进行考察,由此诞生了我国现代考古学。仰韶文化是(　　)中游地区一种重要的新石器时代彩陶文化。

A. 长江　　B. 黄河　　C. 松花江　　D. 湄公河

2. [2021山东济南历下]三星堆遗址群位于(　　)

A. 湖南　　B. 四川　　C. 湖北　　D. 云南

3. [2021山东青岛市北]下列《三国演义》人物中属于山东人的是(　　)

A. 甘宁　　B. 张辽　　C. 徐晃　　D. 太史慈

4. [2021辽宁葫芦岛]宋朝时期,市场上流通的货币以铜钱、铁钱、金银等金属货币为主。为了携带方便,北宋前期,四川地区出现了(　　),这是世界上最早的纸币,为商业繁荣提供了便利条件。

A. 银票　　B. 官钞　　C. 会子　　D. 交子

5. [2021辽宁葫芦岛]习近平总书记在庆祝建军90周年大会上的讲话指出,党对军队的绝对领导的根本原则和制度,奠基于(　　)

A. 南昌起义　　B. 三湾改编　　C. 秋收起义　　D. 古田会议

6. [2021河北石家庄市属](　　)是抗日战争相持阶段八路军在华北地区发动的一次规模最大、持续时间最长的战役,有力配合了国民党军在正面战场的作战,极大振奋了全国的抗战信心。

A. 百团大战　　B. 淞沪会战　　C. 平津战役　　D. 武汉会战

7. [2020山东济南历城]秦始皇统一六国后推行"书同文,车同轨"的政策,"书同文"是中国第一次有系统地将文字的书体标准化的过程,其规定的标准字体是(　　)

A. 大篆　　B. 小篆　　C. 隶书　　D. 金文

8. [2020山东济南历城]三省六部制是西汉以后长期发展形成的封建管理制度。六部是指吏部、户部、礼部、兵部、刑部、工部,不同朝代各部履行的基本职能大体一致。其中,管理全国学校事务及科举考试的是(　　)

A. 吏部　　B. 户部　　C. 礼部　　D. 兵部

9. [2020湖北特岗]下列成语与相关历史人物对应错误的是(　　)

A. 曹操—望梅止渴　　B. 赵括—投笔从戎

C. 孔明—草船借箭　　D. 文同—胸有成竹

10. [2020山东济南历城]1927年8月1日,周恩来、贺龙等领导的(　　),打响了武装反抗国民党反动派的第一枪,开创了中国共产党独立领导武装斗争和创建革命军队的新时期。

A. 南昌起义　　B. 秋收起义　　C. 黄花岗起义　　D. 武昌起义

11. [2020山东青岛]确立以毛泽东为代表的马克思主义正确路线在中国共产党内领导地位的会议是(　　)

A. 瑞金会议　　B. 遵义会议　　C. 井冈山会议　　D. 西柏坡会议

12. [2020山东济南历城]1936年10月,红军三大主力在(　　)胜利会师,宣告了红军二万五千里长征胜利结束。

A. 贵州遵义　　B. 青海玉树　　C. 四川小金县　　D. 甘肃会宁

13. [2020山东济南]法国启蒙运动是十八世纪一次波澜壮阔的思想解放运动,在政治上、思想上和理论上为法国大革命奠定了基础,对整个西方近代文明产生了深远的影响,众多著名的启蒙思想家成为启蒙运动的代表人物。下列不属于法国启蒙思想家的是(　　)

A. 狄德罗　　B. 伏尔泰　　C. 卢梭　　D. 洛克

14. [2020河南信阳市属]第一次工业革命是指18世纪60年代从(　　)发起的技术革命,是技术发展史上的一次巨大革命,它开创了以机器代替手工劳动的时代。

A. 英国　　B. 法国　　C. 德国　　D. 美国

15. [2020河北廊坊三河]关于著名战役与参战将领,下列对应错误的是(　　)

A. 百团大战—彭德怀　　B. 滑铁卢之战—拿破仑

C. 台儿庄战役—李宗仁　　D. 美国南北战争—华盛顿

16. [2019河南平顶山]稻、黍、稷、麦、菽均是我国种植历史悠久的农作物,其中"菽"是指(　　)

A. 叶菜类　　B. 薯类　　C. 豆类　　D. 高粱

17. [2019河南平顶山]与成语"纸上谈兵"有关的战役是(　　)

A. 城濮之战　　B. 长平之战　　C. 杜陵之战　　D. 巨鹿之战

18. [2019山东统考]秦孝公时期,为了使国家强大,秦国任用商鞅进行变法,商鞅担心百姓对自己产生非议和不信任,使用(　　)的办法取信于民。

A. "杀一儆百"　　B. "一诺千金"　　C. "徙木立信"　　D. "买椟还珠"

19.[2019山东潍坊滨海]( )是在中国古代继宗法血缘分封制度之后出现的两级地方行政制度，是中央垂直管理下官员由中央直接任免的流官任期制，标志着官僚政治取代血缘政治，是公天下的开始。

A. 郡县制 B. 分封制 C. 藩国制 D. 封国制

20.[2019山东德州]秦统一后，经过丞相李斯整理的一种通行书体是( )

A. 大篆 B. 小篆 C. 隶书 D. 楷书

21.[2019山西大同平城]西汉初期，道家学说兼采阴阳、儒、墨、名、法各家学说的精髓，后来董仲舒的儒家学说也吸收阴阳五行、法、道等各种思想。促使当时学术思想上呈现这种特征的主要因素是( )

A. 王国势力强大 B. 百家争鸣局面的延续

C. 现实统治需要 D. 兼收并蓄的文化政策

22.[2019河北秦皇岛市属]汉代的董仲舒将天道和人事相比附，提出了( )说，成为古代封建统治的理论基础之一。

A. 天人相通 B. 天人合一 C. 天人感应 D. 天人同流

23.[2019辽宁大连瓦房店]在我国古代，提出“罢黜百家，独尊儒术”的是( )

A. 汉武帝 B. 董仲舒 C. 颜回 D. 墨子

24.[2019河北秦皇岛市属]下列人物中与“金屋藏娇”成语故事有关的是( )

A. 唐玄宗 B. 宋徽宗 C. 汉武帝 D. 南唐后主

25.[2019河南平顶山]汉朝时“丝绸之路”的起点是( )

A. 敦煌 B. 张掖 C. 咸阳 D. 长安

26.[2019山西省属]汉武帝时，张骞出使西域，开辟了著名的“丝绸之路”，下列不是经此路传入我国的是( )

A. 石榴 B. 良马 C. 葡萄 D. 大豆

27.[2019河北邢台经开]桃园三结义发生在( )

A. 涿州 B. 沧州 C. 定州 D. 霸州

28.[2019山东烟台招远]中国古代奠定曹魏统一中国北方的基础，以少胜多的典型战役是( )

A. 赤壁之战 B. 官渡之战 C. 淝水之战 D. 长平之战

29.[2019重庆渝中]历史上把唐太宗统治时期称为( )

A. 开元盛世 B. 光武中兴 C. 贞观之治 D. 太平盛世

30.[2019河北石家庄市属]唐朝时世界上最大的城市是( )

A. 罗马 B. 巴格达 C. 长安 D. 科尔多瓦

31.[2019河北石家庄市属]中国传统思想文化流派众多，其中占主体地位的三家是( )

A. 儒法道 B. 儒墨道 C. 佛儒道 D. 佛儒法

32.[2019河南平顶山]元太祖铁木真是蒙古草原英雄，被尊称为“成吉思汗”。那么“成吉思”的意思是( )

A. 太阳 B. 大地 C. 大海 D. 草原

33.[2019山西大同市属]我国省级行政区域的设立最早始于( )

A. 唐 B. 宋 C. 元 D. 明

34.[2019山西省属]“郑和下西洋”是中国古代航海史上的壮举，郑和最远到达的地方是( )

A. 美洲 B. 非洲 C. 欧洲 D. 大洋洲

35. [2019山西长治潞州]1839年,清政府委派钦差大臣(　　)在广东虎门集中销毁鸦片,此事后来成为第一次鸦片战争的导火索。

A. 左宗棠　B. 张之洞　C. 张居正　D. 林则徐

36. [2019山西省属]鸦片战争后,中国社会陷入了内忧外患的黑暗境地,中国人民经历了山河破碎、民不聊生的艰难状态。近代中国遭遇如此苦难的根本原因是(　　)

A. 封建主义的余毒深重　B. 无产阶级的力量弱小

C. 资产阶级的出现较晚　D. 帝国主义的侵略与压迫

37. [2019山东德州]魏源《海国图志》中的重要思想是(　　)

A. 中学为体,西学为用　B. 天下兴亡,匹夫有责

C. 物竞天择,适者生存　D. 师夷长技以制夷

38. [2019山西大同市属]为中国近代化开辟了道路的历史事件是(　　)

A. 辛亥革命　B. 戊戌变法　C. 新文化运动　D. 洋务运动

39. [2019河北唐山芦台]一百多年前,李鸿章把资本主义列强入侵后中国社会的变化称为"数千年未有之变局""三千年未有之大变局",面对这样的情形,他及一派仁人志士主张(　　)

A. 恢复儒学的正统思想地位　B. 建立君主立宪制度

C. 发展传统农业　D. 师夷长技以制夷

40. [2019河北邢台桥西]洋务运动是近代中国第一次大规模的模仿、学习西方工业化的运动,它的根本目的是(　　)

A. 向西方学习　B. 抵抗外来侵略　C. 维护清朝统治　D. 镇压人民起义

41. [2019山西吕梁]19世纪60年代,洋务运动兴起。下列不属于洋务运动代表人物的是(　　)

A. 曾国藩　B. 李鸿章　C. 张之洞　D. 黄兴

42. [2019山东济南]在洋务运动中培养出了中国第一批近代海军军官和近代海军工程技术人才的学校是(　　)

A. 大连船政学堂　B. 威海船政学堂　C. 青岛船政学堂　D. 福州船政学堂

43. [2019重庆市属]1895年,甲午战争以中国战败、北洋水师全军覆没告终,清朝政府被迫与日本签订了丧权辱国的不平等条约(　　)

A. 辛丑条约　B. 黄埔条约　C. 马关条约　D. 中日和约

44. [2019辽宁大连瓦房店]毛泽东在谈到辛亥革命时指出,辛亥革命只把一个皇帝赶跑。毛泽东的"只把一个皇帝赶跑"是指(　　)

A. 没有推翻帝制　B. 反帝反封建的革命任务没有完成

C. 孙中山没有继续革命　D. 袁世凯窃夺了胜利果实

45. [2019河北邢台市属]2019年是五四运动100周年,在五四运动中,起先锋作用的阶级或阶层是(　　)

A. 农民阶级　B. 青年学生　C. 工人阶级　D. 民族资产阶级

46. [2019山西吕梁]1921年7月23日,中共一大在上海秘密召开,后转移至________,毛泽东等________名代表参加。前后答案组合正确的是(　　)

A. 长沙南湖;13　B. 嘉兴南湖;12　C. 嘉兴南湖;13　D. 江西井冈山;13

47. [2019辽宁大连瓦房店]1929年12月下旬,中国共产党红军第四军第九次代表大会在福建上杭县古田村通过了著名的古田会议决议。决议的中心思想是(　　)

A. 中国共产党必须服从共产国际的领导　B. 武装斗争是中国革命的主要形式

C. 在农村根据地广泛开展土地革命　D. 用无产阶级思想进行军队和党的建设

48. [2019重庆永川]遵义会议后,毛泽东创作了《忆秦娥·娄山关》,写下了“雄关漫道真如铁,而今迈步从头越”的豪迈诗句,寓意遵义会议(　　)

A. 使今后的前途更渺茫　　B. 开启了新的革命征程

C. 否定此前的革命斗争　　D. 使革命从此一帆风顺

49. [2019重庆南川]中共中央于1935年1月在贵州省遵义召开会议,决定增选毛泽东为政治局常委。会后进行常委分工,中央由张闻天负总责,由毛泽东、周恩来、王稼祥组成三人军事指挥小组,统一指挥红军的行动。从中国历史发展的进程来看,遵义会议(　　)

A. 使红军跳出敌人的包围圈　　B. 形成了中国革命的正确领导力量

C. 使中国革命从此一帆风顺　　D. 确立毛泽东思想为党的指导思想

50. [2019重庆江北]2019年5月,习近平在江西考察了中央红军二万五千里长征的集结出发地于都县,中央红军长征的起始时间是(　　)

A. 1934年7月　　B. 1934年10月　　C. 1935年2月　　D. 1935年7月

51. [2019山西长治潞州]1936年12月12日,张学良和杨虎城为劝谏蒋介石改变“攘外必先安内”的既定国策,达成一致抗日的目的,发动“兵谏”。这次历史事件是(　　)

A. 古田起义　　B. 秋收起义　　C. 八七会议　　D. 西安事变

52. [2019重庆南岸]抗日战争的全面爆发是以卢沟桥事变为标志的,这一事变发生在(　　)

A. 1935年7月7日　　B. 1936年8月8日

C. 1937年7月7日　　D. 1937年8月8日

53. [2019山东烟台开发区]全国性抗战开始后,中国军队的第一次重大胜利是(　　)

A. 台儿庄战役　　B. 淞沪会战　　C. 平型关战役　　D. 豫湘桂战役

54. [2019河北石家庄新乐]中国共产党领导的全国人民的抗日中心是(　　)

A. 晋察冀抗日根据地　　B. 晋冀豫抗日根据地

C. 晋绥抗日根据地　　D. 陕甘宁革命根据地

55. [2019河南平顶山]“好地方来好风光”“又战斗来又生产,三五九旅是模范”,歌唱的是革命旧址(　　)

A. 井冈山　　B. 沂蒙山　　C. 南泥湾　　D. 台儿庄

56. [2019重庆市属]抗日战争胜利后,为了中国的和平建设事业,毛泽东和蒋介石举行了著名的(　　),双方签署了“双十协定”,确定了和平建国的基本方针。

A. 重庆谈判　　B. 南京谈判　　C. 上海谈判　　D. 北京谈判

57. [2019山西大同市属]我国国名“中华人民共和国”最早是由(　　)提出来的。

A. 毛泽东　　B. 周恩来　　C. 董必武　　D. 任弼时

58. [2019山西大同平城]毛泽东在中共七届二中全会上指出:“我党同党外民主人士长期合作的政策,必须在全党思想上和工作上确定下来。我们必须把党外大多数民主人士看成和自己的干部一样,同他们诚恳地坦白地商量和解决那些必须商量和解决的问题。”体现这一思想的是(　　)

①《共同纲领》　　②人民代表大会制度　　③政治协商制度　　④民主集中制

A. ①②　　B. ③④　　C. ①③　　D. ②④

59. [2019山东枣庄滕州]1949年10月1日,第一面中华人民共和国国旗由毛泽东在天安门广场首次升起。正式决定采纳红底五星旗的方案并将其改为五星红旗的会议是(　　)

A. 中国共产党七届三中全会　　B. 华北临时人民代表大会

C. 中国人民政治协商会议第一届全体会议　　D. 第一届全国人民代表大会第一次会议

60.［2019重庆市属］被国际舆论称为“小球转动了大球”的“乒乓外交”是指（　　）

A. 中美关系　　B. 中法关系　　C. 中英关系　　D. 中日关系

61.［2019河北邢台市属］最能说明新中国外交政策走向成熟的事件是（　　）

A. 新中国成立　　B. 在联合国合法席位的恢复

C. 中日邦交正常化　　D. 和平共处五项原则的提出

62.［2019重庆沙坪坝］党在过渡时期总路线的主要内容被概括为“一化三改”，其中“一化”是指逐步实现国家的社会主义（　　）

A. 现代化　　B. 工业化　　C. 军事化　　D. 信息化

63.［2019山西省属］在社会主义改造过程中，毛泽东指出：“我们现在不但正在进行关于社会制度方面的由私有制到公有制的革命，而且正在进行技术方面的由手工业生产到大规模现代化机器生产的革命，而这两种革命是结合在一起的”，这种改造形式被称为（　　）

A. 建设与改造同时并举　　B. 积极引导，逐步过渡

C. 用和平方法进行改造　　D. 和平赎买

64.［2019河北秦皇岛市属］中国共产党重新确立实事求是的思想路线的标志是（　　）

A. 延安整风和党的七大　　B. 遵义会议和毛泽东领导地位的确立

C. 在西柏坡召开的党的七届二中全会　　D. 党的十一届三中全会

65.［2019重庆江北］真理标准问题的讨论是一次深刻的思想解放运动，这里的“解放”是指（　　）

A. 从“左”的桎梏中摆脱出来　　B. 使全党认识到经济建设是全党工作的重心

C. 使全党认识到“文革”是错误的　　D. 打破了个人崇拜和教条主义的思想束缚

66.［2019山东德州］丝绸之路是历史上横贯欧亚大陆的贸易交通线，在历史上促进了欧亚非各国和中国的友好往来，传统的丝绸之路以长安（今西安）为起点，经过中亚国家、阿富汗、伊朗、伊拉克、叙利亚等到达地中海，终点是（　　）

A. 印度　　B. 哈萨克斯坦　　C. 吉尔吉斯斯坦　　D. 罗马

67.［2019山东济南］在古希腊历史上有三个思想家被称为“希腊三贤”，他们在文学、艺术、哲学领域作出了非凡的贡献，至今仍影响着世界文学、哲学、艺术等领域的发展。与苏格拉底、柏拉图并称为“希腊三贤”的是（　　）

A. 赫拉克斯特　　B. 德谟克里斯　　C. 亚里士多德　　D. 毕达哥拉斯

68.［2019河南平顶山］扑克牌中，红桃K上面的人物是（　　）

A. 大卫王　　B. 亚历山大大帝　　C. 查理大帝　　D. 恺撒大帝

69.［2019山东济南钢城］阿拉伯数字在世界范围内的广泛应用为人类文明作出了积极的贡献。阿拉伯数字是由古代哪一个国家发明的（　　）

A. 埃及　　B. 印度　　C. 波斯　　D. 大食

70.［2019河北邢台经开］从历史渊源上看，真正意义上的全球化始于（　　）

A. 资本主义萌芽　　B. 新航路开辟　　C. 文艺复兴运动　　D. 尼德兰革命

71.［2019重庆江北］第一个从欧洲到印度的人是（　　）

A. 达尔文　　B. 达·伽马　　C. 麦哲伦　　D. 马可·波罗

72.［2019重庆江北］被誉为意大利文艺复兴时期“三杰”的是（　　）

A. 达·芬奇、米开朗琪罗、拉斐尔　　B. 达·芬奇、泰戈尔、伏尔泰

C. 莎士比亚、达·芬奇、但丁　　D. 米开朗琪罗、拉斐尔、卢梭

73.［2019黑龙江小学特岗］历史学界通常认为世界近代史的开端是（　　）

A. 英国资产阶级革命　　B. 欧洲启蒙运动

C. 俄国十月革命　　D. 法国大革命

74.［2019河南平顶山］科学社会主义诞生的标志是（　　）

A. 英国工人制定《人民宪章》　　B. 共产主义通讯委员会的建立

C. 共产主义者同盟的建立　　D.《共产党宣言》的发表

75.［2019河北邢台市属］"冷战"正式开始的标志是（　　）

A. 杜鲁门主义的出台　　B. 马歇尔计划的提出

C. "北约"的成立　　D. "华约"的成立

76.［2018河北保定市属］中国国内最早的古人类叫（　　）

A. 北京人　　B. 元谋人　　C. 山顶洞人　　D. 蓝田人

77.［2018河北衡水冀州］秦朝建立的中央集权制度极大地影响了中国历史的发展，其中最深远的影响是（　　）

A. 有利于封建经济文化的发展

B. 有利于文化的统一

C. 奠定了中国两千多年封建政治制度的基本格局

D. 有利于以华夏族为主体的中华民族的形成

78.［2018河北保定市属］秦代修建的最伟大的工程是（　　）

A. 长城　　B. 阿房宫　　C. 兵马俑　　D. 护城河

79.［2018河北衡水冀州］琵琶曲《十面埋伏》描绘的是哪次战役的情景（　　）

A. 赤壁之战　　B. 垓下之战　　C. 巨鹿之战　　D. 官渡之战

80.［2018河北石家庄市属］奠定了三国鼎立局面的战争是（　　）

A. 祖逖北伐　　B. 官渡之战　　C. 赤壁之战　　D. 八王之乱

81.［2018江西特岗］"九品中正制"也叫"九品官人法"，这是（　　）时期的选官制度。

A. 西汉　　B. 东汉　　C. 魏晋南北朝　　D. 唐朝

82.［2018山西大同市属］科举制是我国隋朝时期选拔官员的新制度，在我国延续了一千多年。新罗、日本都曾受到科举制度的影响。科举制是（　　）

A. 从高门权贵且具有真才实学的子弟中选拔官员

B. 用分科考试的方法来选拔官员

C. 地方官员推荐有真才实学的人做官

D. 皇帝直接任命有真才实学的人做官

83.［2018河北辛集］中国古代历史上，规模最大的古城是（　　）

A. 唐长安城　　B. 宋汴梁城　　C. 元大都　　D. 明北京城

84.［2018陕西西安］在7世纪初，（　　）以武力征服了苏毗、羊同诸部，建立了统一的吐蕃奴隶制国家。

A. 囊日轮赞　　B. 尺带珠丹　　C. 松赞干布　　D. 克黎可足

85.［2018河南禹州］"唐朝被中国和西方许多历史学家称为最辉煌的朝代。对外国人来说，……唐朝比其他任何时期都更加开放。"下列事件不能说明唐朝对外开放的是（　　）

A. 遣唐使来华　　B. 玄奘西游　　C. 鉴真东渡　　D. 郑和下西洋

86. [2018陕西西安]公元1206年蒙古部落领袖( )在召开的贵族大会上被推举为全蒙古大汗,尊号“成吉思汗”。

A. 铁木真　　B. 窝阔台　　C. 忽必烈　　D. 术赤

87. [2018内蒙古通辽]台湾最早纳入我国行政管辖是什么时候( )

A. 隋　　B. 宋　　C. 元　　D. 清

88. [2018山东淄博]( )后,中国陷入内忧外患的黑暗境地。

A. 鸦片战争　　B. 甲午战争

C. 八国联军侵华战争　　D. 五四运动

89. [2018山西长治襄垣]中国无产阶级最早诞生于( )

A. 外国资本主义在华开办的企业　　B. 洋务派开办的工厂

C. 中国的民族资本主义企业　　D. 辛亥革命后新兴的资本主义企业

90. [2018河北保定]“善师四夷者,能制四夷;不善师四夷者,外夷制之。”这种思想出自( )

A. 姚莹的《康輶纪行》　　B. 魏源的《海国图志》

C. 徐继畬的《瀛寰志略》　　D. 洪仁玕的《资政新篇》

91. [2018陕西西安]1851年1月11日,( )在金田村宣布起义,建号“太平天国”。

A. 洪秀全　　B. 杨秀清　　C. 萧朝贵　　D. 石达开

92. [2018河南禹州]日本著名思想家福泽谕吉说过,一个民族要崛起,要有三个方面的改变:第一是人心的改变;第二是政治制度的改变;第三是器物和经济的改变。推动近代中国“器物和经济的改变”的事件是( )

A. 洋务运动　　B. 五四运动　　C. 辛亥革命　　D. 新文化运动

93. [2018江苏徐州]江南机器制造总局是清朝洋务运动中成立的军事生产机构,同时也是晚清时期最重要的军工厂。筹建该机构的历史人物是( )

A. 张之洞　　B. 李鸿章　　C. 沈葆桢　　D. 左宗棠

94. [2018河北石家庄]洋务派创办的第一个规模较大的近代军事工业企业是( )

A. 江南制造总局　　B. 马尾船政局　　C. 天津机器局　　D. 湖北枪炮局

95. [2018陕西西安]中国近代史上第一个较为系统地介绍西方资产阶级社会政治学说的思想家是( )

A. 康有为　　B. 谭嗣同　　C. 严复　　D. 魏源

96. [2018河北保定]公车上书是爱国志士联名上书,反对签订丧权辱国的( )的历史事件。

A.《南京条约》　　B.《北京条约》　　C.《马关条约》　　D.《辛丑条约》

97. [2018河南禹州]1895年,在北京应试的各省举人1300多人,联名上书光绪帝,请求变法图强,史称“公车上书”,由此揭开了戊戌变法的序幕。直接触动“公车上书”发生的是( )

A. 鸦片战争中国战败　　B. 英法联军火烧圆明园

C.《马关条约》的签订　　D. 清政府严禁人民参加反帝活动

98. [2018河南商丘]近代中国反侵略战争屡遭失败,从内因上讲,最根本的原因在于( )

A. 经济技术的落后　　B. 社会制度的腐败

C. 武器装备的落后　　D. 帝国主义的强大

99. [2018河南商丘]在中国历史上,资产阶级新文化开始打破封建文化独占文化阵地的局面的起点是( )

A. 维新运动　　B. 洋务运动　　C. 辛亥革命　　D. 五四运动

100. [2018河北辛集]1918年,胡适在文章中指出:“我们所提倡的文学革命,只是要替中国创造一种国语的文学。国语没有文学,便没有生命,便没有价值,便不能成立。”由此可见,新文化运动中的“文学革命”(　　)

A. 被赋予了民族主义的使命　　B. 其根本目的在于彰显文学价值

C. 斗争矛头直指外国文化的入侵　　D. 有利于中国传统文化复兴

101. [2018河北石家庄市属]1921年7月23日,中国共产党第一次全国代表大会在上海召开,大会最后一天转移到(　　)举行,党的一大宣告了中国共产党的成立。

A. 上海浦东　　B. 江苏无锡太湖　　C. 浙江嘉兴南湖　　D. 浙江杭州西湖

102. [2018重庆彭水](　　)在全国人民面前提出了彻底的反帝反封建的民主革命纲领。

A. 中共一大　　B. 中共二大　　C. 中共三大　　D. 中共四大

103. [2018重庆彭水](　　)决定共产党员以个人身份加入国民党,实现国共合作。

A. 中共一大　　B. 中共二大　　C. 中共三大　　D. 中共四大

104. [2018河北保定]蒋介石敢于悍然发动“四·一二”反革命政变,主要是由于(　　)

A. 拥有处于绝对优势力量的嫡系部队　　B. 帝国主义、大地主、大买办支持

C. 北洋军阀张作霖、吴佩孚密切配合　　D. 陈独秀解除工人武装

105. [2018重庆彭水](　　)在极其危急的情况下,挽救了中国共产党,挽救了红军,挽救了中国革命。

A. 南昌起义　　B. 秋收起义　　C. 遵义会议　　D. 中共七大

106. [2018山西长治襄垣]长征是工农红军进行的伟大的战略转移,这里的转移是指(　　)

A. 党的工作重心发生转移　　B. 中国革命的性质发生变化

C. 革命中心地区发生转移　　D. 中国革命任务发生变化

107. [2018河南商丘]中国人民抗日战争的起点是(　　)

A. 卢沟桥事变　　B. 西安事变　　C. 九一八事变　　D. 华北事变

108. [2018陕西西安]《抗日救国十大纲领》的颁布标志着抗日民族统一战线的形成,它的通过是在(　　)

A. 遵义会议　　B. 洛川会议　　C. 瓦窑堡会议　　D. 古田会议

109. [2018山西长治襄垣]抗战期间,中国共产党创造性地制定和执行了一整套关于抗日民族统一战线的理论、政策和策略。党制定和执行这些理论、政策和策略的基本原则是(　　)

A. 发展进步势力,争取中间势力,孤立顽固势力

B. 以斗争求团结

C. 一切经过统一战线

D. 坚持反倾向斗争

110. [2018河北石家庄市属]从近代到中华人民共和国成立前,我国第一次取得对外反侵略战争胜利的是(　　)

A. 甲午战争　　B. 抗日战争　　C. 解放战争　　D. 抗美援朝战争

111. [2018河北邢台桥东]抗日战争中,国共两军都有许多高级将领血洒疆场,为国捐躯,下列牺牲的将领中不属于国军的是(　　)

A. 佟麟阁　　B. 王铭章　　C. 张自忠　　D. 彭雪枫

112. [2018山西长治襄垣]我国将(　　)确定为中国人民抗日战争胜利的纪念日。

A. 8月15日　　B. 9月3日　　C. 9月2日　　D. 12月13日

113. [2018河北保定]小明的爷爷是一名老兵,他曾经参加过中国人民解放战争“三大战役”中的最后一

次战役。这次战役是(　　)

A. 辽沈战役　　B. 淮海战役　　C. 济南战役　　D. 平津战役

114. [2018重庆彭水](　　)的成立,标志着中国新民主主义革命已经取得基本胜利。

A. 中国共产党　　B. 中国人民解放军

C. 中国人民政治协商会议　　D. 中华人民共和国

115. [2018陕西西安]1949年到1956年,中国社会的性质是(　　)

A. 社会主义社会　　B. 新民主主义社会

C. 旧民主主义社会　　D. 民主社会主义社会

116. [2018河北辛集]五十年代初,中国社会主义建设选择的模式是(　　)

A. 欧洲模式　　B. 美国模式　　C. 苏联模式　　D. 亚洲模式

117. [2018山西长治襄垣]中国政府首次提出和平共处五项原则是在(　　)双边谈判中。

A. 中印谈判　　B. 中缅谈判　　C. 中苏谈判　　D. 中美谈判

118. [2018陕西西安]我国进入社会主义初级阶段的标志是(　　)

A. 新中国的建立　　B. 三大改造的完成

C. 改革开放　　D. “三反五反”的完成

119. [2018四川]在西柏坡时期,党中央:①组织指挥了辽沈、淮海、平津三大战役;②召开了党的七届二中全会;③领导了解放区的土改运动。上述历史事件出现的顺序是(　　)

A. ②③①　　B. ②①③　　C. ①②③　　D. ③①②

120. [2018山东德州]1974年毛泽东会见赞比亚总统时提出了(　　)的战略思想。

A. 和平共处　　B. 团结　　C. 平等互利　　D. “三个世界”划分

121. [2018重庆彭水](　　)以后,经济体制改革全面展开,农村的家庭联产承包责任制迅速推向全国,农业生产终于摆脱长期停滞的困境。

A. 中共十一届三中全会　　B. 中共十二大

C. 中共十三大　　D. 中共十三届四中全会

122. [2018山东淄博]世界上最古老的东西贸易通道是(　　)

A. 罗马古道　　B. 丝绸之路　　C. 地中海贸易通道　　D. 东亚贸易圈

123. [2018陕西西安]“十字军”东征是一场对东部地中海各国发动的持续两个世纪的战争,(　　)是发动战争的祸首。

A. 西欧封建主　　B. 罗马教廷　　C. 意大利商人　　D. 拜占庭皇帝

124. [2018陕西西安](　　)的远航开辟了西欧通往美洲的新航路,结束了美洲与世隔绝的状态。

A. 亨利　　B. 达·伽马　　C. 哥伦布　　D. 麦哲伦

125. [2018江西特岗]1764年,英国织布工(　　)发明了名为“珍妮机”的手摇纺纱机。

A. 哈格里夫斯　　B. 拉马克　　C. 史蒂芬森　　D. 珍妮

126. [2018河北保定]下列关于《共产党宣言》的说法,不正确的是(　　)

A. 是法国大革命的理论基础

B. 标志着马克思主义的正式诞生

C. 贯穿全书的基本思想是唯物主义的历史观

D. 把马克思主义哲学、政治经济学和科学社会主义原理融为一体

127. [2018河北邢台桥东]一位历史学家说:“20世纪有两位伟大的改革家,一位在一定程度上挽救了

现代资本主义国家，一位在一定程度上挽救了现代社会主义国家。”这两位改革家分别是( )

A. 罗斯福和邓小平　B. 罗斯福和毛泽东　C. 丘吉尔和列宁　D. 杜鲁门和斯大林

128. [2017河南许昌]大禹治水的故事家喻户晓，大禹治理的是哪个流域的洪水( )

A. 长江流域　B. 黄河流域　C. 淮河流域　D. 汾河流域

129. [2017山东济宁]三皇五帝时期，河水泛滥，大禹从鲧治水的失败中汲取教训，改变了“堵”的办法，转而对洪水进行疏导，大禹“三过家门而不入”，耗尽心血与体力终于完成了治水的大业。他治理的河流是( )

A. 黄河　B. 海河　C. 长江　D. 淮河

130. [2017吉林]“《春秋》大一统者，天地之常经，古今之通谊也。今师异道，人异论，百家殊方，指意不同……臣愚以为诸不在六艺之科孔子之术者，皆绝其道，勿使并进。邪辟之说灭息……”这段话意在劝说统治者要施行( )

A. “尊王攘夷”　B. “焚书坑儒”　C. “独尊儒术”　D. “八股取士”

131. [2017湖北特岗]东汉末年赤壁之战发生的地方是( )

A. 黄州赤壁　B. 蒲圻赤壁　C. 江夏赤矶山　D. 东坡赤壁

132. [2017辽宁盘锦市属]下列选项中，与典故“士别三日，当刮目相待”有关的一项是( )

A. 吕布　B. 张飞　C. 吕蒙　D. 司马懿

133. [2017山东济宁]南京是中国著名的四大古都及文化历史名城之一，又称为( )

A. 三朝古都　B. 六朝古都　C. 九朝古都　D. 十三朝古都

134. [2017山西省属]下列按照时间顺序排列出现最晚的是( )

A. 井田制　B. 九品中正制　C. 科举制　D. 郡县制

135. [2017湖北特岗]我国历代选才制度，以知识水平为依据选拔人才的是( )

A. 察举制　B. 九品中正制　C. 科举制　D. 推选制

136. [2017山西大同]我国科举制正式形成是在( )

A. 唐宋时期　B. 隋炀帝时期　C. 明清时期　D. 春秋时期

137. [2017山西大同]唐玄宗在位时，唐朝进入鼎盛时期，开创了“开元盛世”，但在不久之后，国势却迅速由巅峰滑落，其转折点是( )

A. 安史之乱　B. 三藩之乱　C. 藩镇之乱　D. 七王之乱

138. [2017山西省属]中国古代演戏的场所在历史上有过各种不同的名称和形态。就建筑而言，唐代称之为戏场，宋代则称为( )

A. 戏园　B. 勾阑　C. 戏台　D. 戏楼

139. [2017辽宁盘锦市属]北京历史悠久，在不同年代有着不一样的名称。下列选项中不是其历史名称的是( )

A. 蓟城　B. 燕京　C. 汴梁　D. 大都

140. [2017山东济宁]著名历史学家蒋廷黻谈到1840年的一场战争时说道：“在这场战争以前，我们不肯给外国平等待遇；在以后，他们不肯给我们平等待遇。”这场战争是指( )

A. 甲午战争　B. 中法战争　C. 鸦片战争　D. 八国联军侵华战争

141. [2017重庆市属]1842年8月29日，清政府与英国签订了中国近代史上的第一个不平等条约。该条约是( )

A.《南京条约》　B.《黄埔条约》　C.《天津条约》　D.《马关条约》

142.［2017山东德州］帝国主义列强对中国的争夺和瓜分图谋达到高潮是在（　　）

A. 鸦片战争爆发后　　B. 中日甲午战争结束后

C. 第二次鸦片战争爆发后　　D. 中法战争爆发后

143.［2017山西省属］1895年，日本逼迫清政府签订《马关条约》的消息激起了全国各阶层人民的愤怒，一千多名举人联名上书朝廷请求变法，史称“公车上书”。这次上书的组织者是（　　）

A. 康有为　　B. 梁启超　　C. 谭嗣同　　D. 孙中山

144.［2017湖北特岗］被称为中国伟大的革命先行者的是（　　）

A. 李大钊　　B. 孙中山　　C. 陈独秀　　D. 毛泽东

145.［2017山西大同］“中国”作为我国国名的简称，开始于（　　）

A. 夏朝　　B. 三国　　C. 清朝　　D. 民国

146.［2017山西大同］中国工人阶级以独立的姿态登上政治舞台的运动是（　　）

A. 新文化运动　　B. 五四运动　　C.“二七”大罢工　　D. 辛亥革命

147.［2017山东德州］在中国率先举起马克思主义旗帜的是（　　）

A. 陈独秀　　B. 李大钊　　C. 毛泽东　　D. 董必武

148.［2017山西大同］中国共产党独立领导革命战争和开始创建人民军队的起义是（　　）

A. 秋收起义　　B. 广州起义　　C. 南昌起义　　D. 黄花岗起义

149.［2017山西大同］1935年1月，在红军长征途中召开的成为党史上的一个生死攸关转折点的会议是（　　）

A. 遵义会议　　B. 古田会议　　C. 黎平会议　　D. 瓦窑堡会议

150.［2017山西省属］中国共产党正式确立关于抗日民族统一战线基本政策的会议是（　　）

A. 瓦窑堡会议　　B. 八七会议　　C. 遵义会议　　D. 洛川会议

151.［2017山西省属］下列事件按时间顺序排列发生最晚的是（　　）

A. 九一八事变　　B. 何梅协定　　C. 七七事变　　D. 南京大屠杀

152.［2017辽宁营口］为加强爱国主义教育，教育部组织历史专家进行了认真研究，教材修改要求将8年抗战一律改为14年抗战，强调（　　）后的14年抗战历史是前后贯通的整体，应在课程教材中予以系统、准确体现。

A.“七七事变”　　B.“九一八事变”　　C.“西安事变”　　D.“虹桥事变”

153.［2017重庆市属］19世纪末，资本主义进入帝国主义阶段以后，（　　）成为殖民主义剥削的重要形式。

A. 掠夺土地　　B. 商品输出　　C. 资本输出　　D. 劳动力输出

154.［2017河北保定顺平］为巩固和扩大抗日民族统一战线，抗日根据地在政权建设上采取的重要措施是（　　）

A. 建立政治协商制度　　B. 实行“三三制”

C. 实行减租减息　　D. 开展整风运动

155.［2017吉林］下列选项中时间对应错误的是（　　）

A. 中国植树节—3月12日　　B. 世界无烟日—5月31日

C. 中国人民抗日战争胜利纪念日—7月7日　　D. 世界艾滋病日—12月1日

156.［2017山东德州］中国共产党提出新民主主义社会向社会主义社会转变的会议是（　　）

A. 七大　　B. 七届二中全会　　C. 八大　　D. 七届三中全会

157. [2017重庆市属]提出"另起炉灶""打扫干净屋子再请客"等外交方针的是(　　)

A. 周恩来　　B. 毛泽东　　C. 邓小平　　D. 江泽民

158. [2017四川眉山]中共七届三中全会制定的党在建国初期的战略策略方针是(　　)

A. 团结—批评—团结　　B. 调动一切积极因素

C. 长期共存,互相监督　　D. 不要四面出击,树敌太多

159. [2017山东德州]在农业社会主义改造中建立的初级农业生产合作社属于(　　)

A. 新民主主义性质　　B. 半社会主义性质

C. 社会主义萌芽性质　　D. 社会主义性质

160. [2017山东德州]我国进入社会主义初级阶段的标志是(　　)

A. 中华人民共和国的成立　　B. 全国大陆的统一

C. 土地改革的完成　　D. 三大改造的完成

161. [2017山东德州]在社会主义制度确立后,国家政治生活的主题是(　　)

A. 正确处理敌我矛盾　　B. 正确处理社会主义国家之间的矛盾

C. 正确处理社会主义与资本主义的矛盾　　D. 正确处理人民内部矛盾

162. [2017山东营口]社会主义改造基本完成后,中国共产党的中心任务是(　　)

A. 调动一切积极因素,为社会主义事业服务

B. 正确处理人民内部矛盾,巩固社会主义制度

C. 发展社会生产力,实行大规模的经济建设

D. 加强和改进党的建设,巩固党的执政地位

163. [2017山东德州]中国进入了改革开放和社会主义现代化建设的历史新时期的起点是(　　)

A. 中共十一届二中全会　　B. 中共十一届六中全会

C. 中共十一届五中全会　　D. 中共十一届三中全会

164. [2017重庆市属]在较长一段时期里,我们党始终强调反对霸权主义,本着(　　)的精神来处理国际事务。

A. 相互尊重、求同存异　　B. 独立自主、自力更生

C. 平等互利、和平共处　　D. 对外开放、和平发展

165. [2017河北保定徐水]丝绸之路以古长安为起点,西至古城(　　)

A. 开罗　　B. 雅典　　C. 罗马　　D. 君士坦丁堡

二、多项选择题(下列每小题列出的四个选项中至少有两项是正确的。)

1. [2021辽宁葫芦岛]李鸿章是晚清名臣,洋务运动的主要领导人之一,其一生参与了一系列重大历史事件,其中代表清政府签订的不平等条约有(　　)

A.《马关条约》　　B.《辛丑条约》　　C.《南京条约》　　D.《黄埔条约》

2. [2021河北石家庄市属]1921年7月23日,党的一大在上海开幕。下列参加一大的代表有(　　)

A. 毛泽东　　B. 陈独秀　　C. 李大钊　　D. 董必武

3. [2021山东济南历下]平津战役是解放战争时期具有决定性意义的战役,是中国人民解放军将国民党军傅作义集团抑留于北平、天津、张家口地区,予以各个歼灭的战略决战性战役。参加平津战役的军队有(　　)

A. 华东野战军　　B. 华北野战军　　C. 中原野战军　　D. 东北野战军

4. [2019山东济南钢城]新文化运动为马克思主义在中国的传播和五四爱国运动的爆发奠定了思想基

础。下列选项属于新文化运动基本内容的有(　　)

A. 提倡民主,反对专制　　B. 提倡科学,反对迷信

C. 提倡新道德,反对旧道德　　D. 提倡新文学,反对旧文学

5. [2019山东济南钢城]五四运动是一场中国人民为拯救民族危亡、捍卫民族尊严、凝聚民族力量而掀起的伟大社会革命运动,它以(　　)推动了中国社会的进步,促进了马克思主义在中国的传播。

A. 彻底反帝反封建的革命性　　B. 追求救国强国真理的进步性

C. 争取民族独立和人民解放的实践性　　D. 各族各界群众积极参与的广泛性

6. [2019山东枣庄滕州]解放战争,亦称"第三次国内革命战争",是中国人民解放军在中国共产党的领导下,为推翻国民党统治,解放全中国而进行的战争。下列事件发生于解放战争期间的有(　　)

A. 第五次反围剿　　B. 辽沈战役　　C. 渡江战役　　D. 千里跃进大别山

7. [2019重庆江北]党的十一届三中全会以后,中国在社会主义建设过程中实现的若干转变有(　　)

A. 从封闭保守到对外开放

B. 市场机制作用的局限性

C. 从照搬苏联模式到开创中国特色社会主义道路

D. 从"两个凡是"到实事求是的党的基本路线

8. [2019河南平顶山]在资本主义国家的"三权分立"制度中,"三权"包括(　　)

A. 立法权　　B. 财政权　　C. 行政权　　D. 司法权

9. [2019山东德州]1889年清政府派人参加了由法国政府举办的巴黎世界博览会,参会者可能看到的展品有(　　)

A. 电话　　B. 柴油内燃机　　C. 汽车　　D. 无线电报

10. [2019黑龙江中学特岗]下列关于俄国十月革命的历史意义表述正确的有(　　)

A. 标志着世界反法西斯战争的结束　　B. 建立了世界上第一个无产阶级专政的国家

C. 是人类历史上最伟大的社会革命　　D. 苏联成为世界工业强国

E. 开辟了世界无产阶级和被压迫民族解放斗争的新纪元

11. [2019山东济南南部山区]习近平在不同场合多次强调,《联合国宪章》是联合国的基本大法,针对新时期国际形势的新变化,构建以合作共赢为核心的新型国际关系、打造人类命运共同体是对联合国宪章宗旨和原则的继承和弘扬,也是对传统国际关系理论的超越和创新。《联合国宪章》规定的联合国宗旨是(　　)

A. 维护国际和平与安全　　B. 促进国际和平与合作与发展

C. 各会员国主权平等　　D. 不干涉任何国家内政

12. [2018河南漯河]"战国七雄"是对中国古代战国时期七个较强的诸侯国的统称,下列属于"战国七雄"的有(　　)

A. 卫　　B. 楚　　C. 秦　　D. 燕

13. [2018内蒙古通辽]五四运动是一场以学生为先导的群众爱国运动,运动期间提出的口号有(　　)

A. 废除二十一条　　B. 民主集中制

C. 惩治国贼　　D. 拒绝在巴黎和约上签字

14. [2018湖北特岗]下列著名战役中,属于以少胜多的是(　　)

A. 巨鹿之战　　B. 牧野之战　　C. 官渡之战　　D. 淮海之战

15. [2018河北石家庄市属]被称为中国共产党历史上两个伟大的转折点的是(　　)

A. 八七会议　　B. 遵义会议　　C. 十一届三中全会　　D. 九一会议

16. [2018河南禹州]中国要强,农业必须强;中国要美,农村必须美;中国要富,农民必须富。下列政策中解放了农村生产力,调动了农民生产积极性的有(　　)

A. 1950年土地改革　　B. 农业合作化

C. 人民公社化运动　　D. 实行家庭联产承包责任制

17. [2017河南漯河]遵义会议集中解决的在当时具有决定性意义的问题是(　　)

A. 军事问题　　B. 组织问题　　C. 思想路线问题　　D. 政治路线问题

18. [2017山东济宁]在历史学科中,抗日战争史是最受社会广泛关注的领域之一。近期,教育部要求各级各类教材全面落实"十四年抗战"概念,并修改相关内容,确立"十四年抗战"的意义是(　　)

A. 有利于完整还原抗日战争历史过程

B. 有利于客观反映中国共产党的中流砥柱作用

C. 有利于正确认识中国抗日战争在世界反法西斯战争中的重要地位和作用

D. 有利于坚持伟大的抗战精神

19. [2017河北保定]抗美援朝两年十个月的战争中发生的著名战役包括(　　)

A. 鸭绿江战役　　B. 谅山战役　　C. 上甘岭战役　　D. 长津湖战役

20. [2017山东德州]台湾问题是(　　)

A. 中国内战遗留下来的问题　　B. "二战"遗留下来的问题

C. 中国的内政问题　　D. 中美关系的最大障碍

21. [2017贵州贵阳]14~16世纪,欧洲新兴资产阶级为了发展资本主义经济,需要新的思想文化冲破教会的桎梏,于是在意识形态领域掀起了一场声势浩大的思想文化运动。这场运动的主要代表人物有(　　)

A. 亚里士多德　　B. 但丁　　C. 达·芬奇　　D. 莎士比亚

三、判断题(判断下列每小题的正误,正确的打"√",错误的打"×"。)

1. [2021辽宁葫芦岛]北洋军阀是民国军阀势力之一,由袁世凯掌权后的北洋新军主要将领组成。(　　)

2. [2020山西大同平城]开元盛世是指唐太宗李世民统治时期开创的政治清明、经济繁荣的国家强盛局面。(　　)

3. [2020河南信阳市属]在中国历史上,孙中山首次倡导了政治体制上的中西结合,最早在中国提出了立宪政体。(　　)

4. [2020河北沧州河间]新中国成立后,党的任务就是立即消灭资本和资本主义,建立社会主义制度。(　　)

5. [2020河南信阳市属]抗美援朝是新中国成立后中国人民同世界上最强大的敌人进行军事较量并取得胜利的一次保家卫国战争。(　　)

6. [2020河南信阳市属]偷袭珍珠港是指由日本政府策划的一起偷袭美国太平洋海军舰队基地——珍珠港的军事事件,它成为第二次世界大战中太平洋战争爆发的导火索。(　　)

7. [2019河北秦皇岛市属]甲骨文是中国的一种古老文字,是商朝时期的一种成熟文字,最早出土于河南安阳的殷墟。(　　)

8. [2019山西吕梁]文帝、景帝统治时期,继续崇尚黄老"无为而治"的治国理念,沿袭先帝的方针政策,继续与民休养。经过几十年的努力,到景帝末年,唐朝社会经济发展,农民生活安定,国库财政充裕,国家由弱变强。历史上把这一时期的统治称为"文景之治"。(　　)

9. [2019河南平顶山湛河]"樯橹灰飞烟灭"说的是官渡之战。(　　)

10. [2019山东烟台开发区]均田制是中国封建社会推行的一种土地制度,首创于北魏。北魏封建政府将掌握的土地计口授田,但只有男子可以领种土地,隋唐沿用,是限制土地兼并最有效的方法。 ( )

11. [2019黑龙江小学特岗]五四运动是中国历史上具有划时代意义的重要事件,标志着中国新民主主义革命的开端。 ( )

12. [2019重庆渝中]我国抗日战争历时八年,为纪念中国人民艰苦卓绝的抗战历史,十二届全国人大常委会第七次会议作出决定,将九月三日确定为中国人民抗日战争胜利纪念日。 ( )

13. [2019山西吕梁]古巴比伦王国发源于两河流域,约在公元前3000年开始出现城邦;苏美尔文明是最初的源头;楔形文字是字母文字的源头;公元前18世纪中叶,古巴比伦国王汉谟拉比统一两河流域,建立了中央集权专制制度和等级制度;《汉谟拉比法典》是人类历史上第一部比较完备的成文法典。 ( )

14. [2019黑龙江小学特岗]哥伦布是葡萄牙航海家,他开拓了从欧洲绕过好望角通往印度的新航路。 ( )

15. [2019山东德州]德意志和意大利的统一过程中,两位首相发挥了重大作用,分别是俾斯麦和加里波第。 ( )

16. [2019山西大同平城]日本皇家海军的飞机和微型潜艇偷袭珍珠港事件发生在1941年12月7日清晨,这次袭击最终将美国卷入第一次世界大战。 ( )

17. [2018河南禹州]赤壁之战为曹操统一北方奠定了基础。 ( )

18. [2018河北辛集]海上丝绸之路形成于秦汉时期,发展于三国至隋朝时期,繁荣于唐宋时期,转变于明清时期,是已知的最为古老的海上航线。 ( )

19. [2018内蒙古通辽]我国第一个农村革命根据地是井冈山革命根据地。 ( )

20. [2018重庆彭水]1935年10月10日晚,红军8万余人从瑞金出发,开始进行长征。 ( )

21. [2018河南禹州]九一八事变是中国抗日战争的起点。 ( )

22. [2018河北石家庄市属]中国传播马克思主义的第一人是李大钊。 ( )

23. [2018山东聊城东昌府]新航路开辟后,世界各地之间的联系加强,世界逐渐联系为一个整体。 ( )

24. [2018内蒙古通辽]瓦特发明了世界上最早的火车,因而被誉为"铁路机车之父"。 ( )

25. [2017河北张家口]文景之治是指汉高祖刘邦统治时期,为恢复生产,朝廷推崇黄老之术,采取"轻徭薄赋""与民休息"的政策。 ( )

26. [2017河北保定]"中国"作为我国国名的简称,开始于清朝。 ( )

27. [2017重庆市属]中共七届二中全会提出了党的工作重心由农村转移到城市的方针。 ( )

28. [2017重庆市属]到1956年年底,社会主义改造取得了决定性胜利,从而在我国初步建立起社会主义基本制度。 ( )

29. [2017贵州贵阳]中国共产党十一届三中全会是建国以来党的历史上具有深远意义的转折点。从此,我国初步建立起社会主义的基本制度。 ( )

综合能力提升

一、单项选择题(下列每小题列出的四个选项中只有一项是正确的。)

1. [2020河北邢台襄都]春秋时期的争霸战争,就其性质而言,是( )

A. 促进民族融合的战争　　B. 推进祖国统一的战争

C. 推翻周王朝的战争　　D. 奴隶主的掠夺战争

2. [2020山西大同平城]中国历史上的农民起义一直风起云涌，有的沉痛打击了封建王朝，有的则开创了新王朝。这些运动都有一个共同点，那就是都有一个响亮的口号。比如：

①隋朝末年陈胜吴广起义，口号：王侯将相宁有种乎？

②东汉末年，黄巾起义，口号：苍天已死，黄天当立，岁在甲子，天下大吉。

③宋朝钟相、杨幺起义口号：等贵贱，均田免粮。

④明朝末年，李自成起义，口号：吾疾贫富不均，今为汝等均之。

⑤太平天国洪秀全起义，口号：一律平均。无处不均匀，无人不饱暖。凡天下田，天下人同耕。

上述列举中，朝代、代表人物和起义口号的匹配完全正确的组合选项是（　　）

A. ②⑤　　B. ②④　　C. ①②⑤　　D. ③④⑤

3. [2020河北邢台襄都]下列常识的表述，不正确的是（　　）

A. 开创三省六部制和科举制的朝代是隋朝

B. “民为贵，社稷次之，君为轻”是孟子民本思想的体现

C. 提出“中庸”这一中国传统文化最高价值原则的人是孔子

D. 严复翻译出版的《天演论》所宣传的主要思想是“师夷长技以制夷”

4. [2020河北邢台襄都]中国共产党成立后，积极发动工农群众开展革命斗争，中国共产党第一次独立领导并取得完全胜利的工人斗争是（　　）

A. 安源路矿工人罢工　　B. 香港海员罢工

C. 京汉铁路工人罢工　　D. 开滦五矿工人罢工

5. [2019山东济南南部山区]长城是中国也是世界上修建时间最长、工程量最大的一项古代防御工程，作为中华民族的象征在民族生死存亡的关键时刻一直发挥着重要作用。下列有关长城的说法正确的是（　　）

A. 今天我们看到的长城大多是清朝所修缮的

B. 陕西省是中国长城资源最为丰富的省份

C. 万里长城之称是从西汉开始的

D. 长城修筑的历史可上溯到东周时期

6. [2019吉林长春高新]下列事件与“老骥伏枥，志在千里。烈士暮年，壮心不已”的作者有关系的是（　　）

①挟天子以令诸侯　　②官渡之战　　③赤壁之战　　④八王之乱

A. ①②　　B. ③④　　C. ②③　　D. ①②③

7. [2019山西大同平城]据《梦溪笔谈》记载，张咏任崇阳知县时，因“民不务耕织”而唯以植茶获利，遂下令将茶树全部砍掉，改种桑麻。有人入市买菜，他怒斥：“汝村民皆有土田，何不自种而费钱买菜?”这反映出宋代（　　）

A. 官府垄断茶利，商业环境恶劣　　B. 农副产品较少，货币使用率低

C. 地方官员固守重农抑商的思想　　D. 商人社会地位较以往愈加低下

8. [2019河北秦皇岛市属]按发生时间先后顺序排列以下史实，正确的是（　　）

①三国鼎立　②五胡乱华　③文景之治　④光武中兴

A. ③②④①　　B. ③④①②　　C. ③②①④　　D. ①②③④

9. [2019山东济南钢城]中国古代监察制度体现了中国政治文化中治国治吏的智慧，明清两代最高的监察、弹劾及建议机关是（　　）

A. 御史台　　B. 都察院　　C. 刑部　　D. 御史府

10. [2019山西省属]我们党成立以来，注重吸收中华优秀传统文化中的有益经验，逐步建立起具有现代

意义的巡视制度,在党内监督中发挥了重要作用。下列有关我国古代巡视官称谓错误的是( )

A. 巡按 B. 巡察 C. 谏官 D. 刺史

11. [2019河南安阳龙安]关公形象早为中国人所熟知,元朝政权逐渐认可对关公的敬奉,关公成为"忠义"的化身,《三国演义》问世后,关羽更是成为妇孺皆知的英雄人物。据材料可知( )

A. 儒家思想影响关公形象的塑造 B. 统治思想与民众认识趋于一致
C. 关公崇拜成为社会思想主流 D. 小说的影响力决定了价值观念

12. [2019山东烟台开发区]下列汉字形体演变次序排列正确的是( )

A. 甲骨文—小篆—楷书—行书—隶书 B. 甲骨文—小篆—隶书—楷书—行书
C. 甲骨文—隶书—小篆—楷书—行书 D. 隶书—甲骨文—小篆—行书—楷书

13. [2019河北石家庄市属]中国的七大古都中有三个位于同一个省,这个省是( )

A. 河南省 B. 山西省 C. 陕西省 D. 江苏省

14. [2019山西大同平城]为下表取表名,最恰当的是( )

名称	相关信息
开滦唐山煤矿	1878年建,中国近代煤炭工业
北洋水师大沽船坞	1880年建,北方最早的船舶修建厂
北洋银元局	1902年建,位于天津,造币中心
京师自来水公司	1908年建,北京第一座官营自来水厂

A. 京津冀地区晚清民族企业简表 B. 北京近代民族企业简表
C. 洋务运动时期北方企业简表 D. 近代民族资本主义企业简表

15. [2019河南安阳龙安]某学者指出,五四运动在思想上"还没有能够科学地分析批判以前历次革命运动失败的经验教训,还没有能够从批判旧世界中找出新世界",但在"实际行动上,已经对于中国近代革命历史做了惩前毖后与承先启后的表示。"该学者认为五四运动是( )

A. 近代空前的人民思想觉醒运动 B. 划时代的人民群众救国运动
C. 无产阶级登上历史舞台的起点 D. 对新文化运动的继承和发展

16. [2019河北石家庄市属]2017年8月1日是中国人民解放军建军90周年,下列说法错误的是( )

A. 中国人民解放军诞生于1927年八一南昌起义

B. 井冈山革命根据地的建立标志着人民军队建设的开端

C. 第一面军旗是以红色为底,以镰刀斧头和一颗白色五角星为图案制作的

D. 中国人民解放军是我国最主要的武装力量

17. [2019山西大同平城]20世纪30年代中期,《新中华》载文:"现在你随便拉住一个稍稍留心中国经济问题的人,问他中国经济性质如何,他就毫不犹豫地答复你,中国经济是半殖民地性半封建性经济。"这可以用来说明当时( )

A. 知识界对中国社会性质的认识相同 B. 官僚资本主义在中国迅速膨胀
C. 经济理论问题引起民众的普遍关注 D. 马克思主义思想方法得到传播

18. [2019河南安阳龙安]据有关资料统计,从1978年改革开放开始到1992年提出建立社会主义市场经济体制的目标,十多年间国家定价的比重从95%逐步下降到10%,市场调节价的比重由不到10%逐步上升到80%。此材料表明( )

A. 改革开放深入内地,使国家定价比重大幅度下降

B. 改革开放后,市场调节开始发挥主导作用

C. 经济体制改革后,国家定价逐步消失

D. 十一届三中全会后计划经济开始向市场经济转变

19.[2019山东潍坊]关于我国的改革开放前与后的两个时期,说法不正确的一项是(　　)

A. 两个历史时期探索的主题、主线是统一的　B. 两个历史时期之间是继承和发展的关系

C. 两个历史时期是相互割裂、彼此分离的　D. 两个历史时期的区别是在螺旋式上升中产生的

20.[2019河南平顶山]下列选项中,属于君主立宪制类型的是(　　)

A. 合议制和专制独裁制　B. 合议制和二元君主制

C. 议会君主制和二元君主制　D. 专制独裁制和二元君主制

21.[2019贵州省属]下列关于辣椒的说法,错误的是(　　)

A. 辣椒起源于中南美洲热带地区的墨西哥、秘鲁等地,是一种古老的栽培作物

B. 16世纪末,哥伦布到达美洲之后把辣椒带回欧洲,并由此传播到世界其他地方

C. 辣椒富含维生素C,可以有效控制心脏病及冠状动脉硬化,降低胆固醇

D. 辣椒中的辣椒素能抑制肠内异常发酵,排出消化道中积存的气体

22.[2019山西长治潞州]"这是最好的时代,也是最坏的时代",英国文学家狄更斯曾这样描述工业革命发生后的世界。下列不属于第二次工业革命成果的是(　　)

A. 有线电报　B. 汽车　C. 手机　D. 飞机

23.[2019山东德州]罗斯福第一次"炉边谈话"的主要内容是(　　)

A. 解释银行暂停营业的举措,恢复人们对银行的信心

B. 提出新建大型公共工程,拯救失业人民

C. 提醒民众注意国内外法西斯主义危害

D. 抨击国内孤立主义情绪

24.[2019山东德州]以下说法正确的是(　　)

A. 存在主义是19世纪流行于西方的哲学思潮

B. 玛雅文化以南美洲的秘鲁为中心

C. 世界第二次工业革命,主要标志是蒸汽机的广泛应用

D. 18世纪欧洲启蒙运动的中心在法国

25.[2018山东德州]"有志者事竟成,破釜沉舟,百二秦关终属楚;苦心人天不负,卧薪尝胆,三千越甲可吞吴。"此联所涉及的历史事件发生在(　　)

A. 春秋和战国　B. 秦朝和春秋　C. 战国和三国　D. 秦初和汉初

26.[2018山东德州]汉武帝时,(　　)两次出使西域,开辟了著名的"丝绸之路"。

A. 王昭君　B. 苏轼　C. 张骞　D. 郑和

27.[2018山东德州]西汉和东汉这两个朝代的都城分别位于今天的(　　)

A. 西安、开封　B. 西安、洛阳　C. 洛阳、杭州　D. 洛阳、南京

28.[2018江苏南京四城区]下列选项中涉及的历史人物,与其他三项不处于同一朝代的是(　　)

A. 功盖三分国,名成八阵图　B. 江东子弟多才俊,卷土重来未可知

C. 治世之能臣,乱世之奸雄　D. 千万雄兵莫敢当,单刀匹马斩颜良

29.[2018河北石家庄]下列语句中,反映长江流域已成为我国古代经济重心的是(　　)

A. "南朝四百八十寺,多少楼台烟雨中。"(唐·杜牧)

B. "忆昔开元全盛日,小邑犹藏万家室。"(唐·杜甫)

C."苏湖熟,天下足。"(宋·谚语)

D."无徽不成镇。"(明清·谚语)

30.[2018河北保定]下列历史事件按时间排序正确的一组是( )

A.平王东迁→三家分晋→楚王问鼎　　B.文景之治→光武中兴→张骞通西域

C.开元盛世→安史之乱→玄奘西行　　D.杯酒释兵权→王安石变法→靖康之乱

31.[2018山东滨州]下列历史事件按发生时间先后顺序排列,正确的一项是( )

A.赤壁之战、安史之乱、黄巾起义、澶渊之盟　　B.赤壁之战、黄巾起义、澶渊之盟、安史之乱

C.黄巾起义、赤壁之战、安史之乱、澶渊之盟　　D.黄巾起义、安史之乱、澶渊之盟、赤壁之战

32.[2018河北石家庄]下列都是结束分裂、完成国家统一的朝代,它们出现的先后顺序是( )

A.隋朝、元朝、西晋、秦朝　　B.秦朝、西晋、隋朝、元朝

C.西晋、秦朝、隋朝、元朝　　D.秦朝、隋朝、西晋、元朝

33.[2018河北衡水冀州]下列器物按其出现年代的先后顺序排列,正确的是( )

①铜奔马　　②四羊方尊　　③开元通宝铜钱　　④成化斗彩鸡缸杯

A.①②③④　　B.①③②④　　C.②①③④　　D.②③④①

34.[2018河北保定]《说文解字》解释说:"宗,尊祖庙也。"也就是说:宗法的"宗"的本义是宗庙。这说明,宗法制的纽带是( )

A.血缘　　B.财产　　C.信仰　　D.地域

35.[2018河南郑州经开]在中国古代法律传统中,关于"礼"与"法"在社会治理中的关系,下列说法正确的是( )

A.礼法结合,礼主法辅,法为礼的重要实施手段

B.礼法结合,法主礼辅,礼为法的实施提供道德基础

C.礼法并重,两种社会规范分别从不同方面调整社会关系

D.礼法并重,将所有法律规范道德化,将所有道德规范法律化

36.[2018山东统考]"孤松独秀如椽笔,日月双星照古今"这是盛赞五四运动两名领军人物的诗句。诗中提到的领军人物是指( )

A.鲁迅、梁启超　　B.李大钊、陈独秀　　C.李大钊、蔡元培　　D.胡适、陈独秀

37.[2018山东德州]毛泽东同志在其诗词中描写过许多历史事件,"万木霜天红烂漫,天兵怒气冲霄汉。雾满龙冈千嶂暗,齐声唤,前头捉了张辉瓒"描述的是( )

A.湘赣边秋收起义　　B.八一起义

C.红军第一次反围剿　　D.北伐军进军湖南

38.[2018河北辛集]长征期间,国内外形势发生重大变化,民族矛盾加剧,中国共产党的方针政策进行了重大调整。体现这一调整的是( )

A.召开八七会议,确定武装反抗国民党反动派的总方针

B.召开遵义会议,纠正"左倾"错误路线

C.在古田会议上,明确了毛泽东的军事思想

D.发表"八一宣言",号召停止内战、一致抗日

39.[2018河南禹州]下列诗句中提及的历史事件,按先后顺序排列正确的是( )

①破釜沉舟,百二秦关终属楚　　②靖康耻,犹未雪

③越王勾践破吴归,战士还家尽锦衣　　④钟山风雨起苍黄,百万雄师过大江

A.①③④②　　B.③①②④　　C.①③②④　　D.③①④②

40.［2018河北保定］关于当代中国历史，下列描述正确的是（　　）

A. 新中国成立后，我国由半殖民地半封建社会转变为社会主义社会

B. 深圳、珠海、汕头、大连是我国最早的4个经济特区

C. 1977年我国正式恢复已经中断多年的高考制度

D. 中美建交是二十世纪八十年代的一件大事

41.［2018贵州联考］下列是与第二次世界大战有关的历史事件，按事件发生的先后顺序排列，正确的是（　　）

①诺曼底登陆　②德国进攻波兰　③慕尼黑阴谋　④日本偷袭珍珠港

A. ②①③④　B. ③④②①　C. ②③④①　D. ③②④①

42.［2017河南郑州经开］下列关于秦灭六国的先后顺序表述正确的是（　　）

A. 韩—赵—魏—楚—燕—齐　B. 赵—韩—魏—齐—燕—楚

C. 魏—赵—韩—楚—燕—齐　D. 齐—赵—魏—楚—燕—韩

43.［2017河南郑州经开］下列关于秦朝郡县制的表述，不正确的是（　　）

A. 秦统一后，统治区域空前扩大，秦始皇采纳了李斯的建议，在全国推行郡县制

B. 秦始皇把全国分为36郡，由中央直接管辖，郡下设县，县令由郡守任免

C. 秦朝通过郡县制，实现了对地方直接有效的控制

D. 秦朝的郡县制，奠定了中国两千多年政治制度的基本格局，为历代所沿用

44.［2017吉林］中华五千年文化创造出许多脍炙人口的成语典故。下列成语与历史事件对应正确的是（　　）

A. 纸上谈兵—城濮之战　B. 卧薪尝胆—楚汉争霸

C. 风声鹤唳—淝水之战　D. 退避三舍—巨鹿之战

45.［2017山西省属］我国古代不同时期的统治者为了加强思想控制采取了不同的措施。下列连线正确的是（　　）

A. 商朝—百家争鸣、百花齐放　B. 汉朝—焚书坑儒

C. 明朝—罢黜百家、独尊儒术　D. 清朝—文字狱

46.［2017河南郑州经开］下列清朝的年号，按时间顺序排列正确的是（　　）

A. 咸丰、道光、同治、光绪　B. 道光、咸丰、同治、光绪

C. 同治、咸丰、宣统、光绪　D. 咸丰、光绪、同治、宣统

47.［2017河南许昌］1949年10月1日，在开国大典上随着五星红旗的冉冉升起，54门礼炮齐鸣28响，礼炮齐鸣28响的寓意是（　　）

A. 中国共产党领导人民英勇奋斗28年　B. 有28个民族参加了开国大典

C. 人民解放军有28个方阵经过天安门广场　D. 有28个民族参加了第一届中国人民政治协商会议

48.［2017吉林］关于中国近现代史上一些重要的标志性的事件，下列描述正确的是（　　）

A.《南京条约》的签订标志着中国完全沦为半殖民地半封建社会

B. 辛亥革命的胜利改变了中国半殖民地半封建社会的性质

C. 五四运动是中国旧民主主义革命和新民主主义革命的分水岭

D. 中华人民共和国的成立标志着中国从新民主主义社会跨入到了社会主义社会

49.［2017山西大同］关于我国国防建设，下列说法错误的是（　　）

A. 我国第一架喷气式歼击机于1956年由沈阳飞机厂制造成功

B. 我国第一枚氢弹于1978年爆炸成功

C. 我国第一枚原子弹于1964年爆炸成功

D. 我国第一艘核潜艇于1974年交付海军正式使用

50. [2017河南郑州经开]下列关于《凡尔赛和约》,说法不正确的是(　　)

A. 它是1919年6月协约国与德国签订的条约

B. 它规定德国的全部海外殖民地由英、法、美瓜分

C. 德国在中国山东的全部权益由日本继承,引发了反帝爱国的五四运动

D. 它与协约国对匈牙利、土耳其、保加利亚的和约一起,构成了凡尔赛体系

二、多项选择题(下列每小题列出的四个选项中至少有两项是正确的。)

1. [2019河南平顶山]下列属于古代封建社会内部调整统治政策改革的有(　　)

A. 管仲改革　　B. 王莽改制　　C. 商鞅变法　　D. 周世宗改革

2. [2019山东枣庄市中]孟子是我国伟大的思想家、教育家,儒家学派的代表人物,被后世尊称为“亚圣”。“四端说”是孟子的重要思想之一,四端是指恻隐之心,仁之端也;羞恶之心,义之端也;(　　)

A. 诚实之心,信之端也　　B. 爱恨之心,行之端也

C. 辞让之心,礼之端也　　D. 是非之心,智之端也

3. [2019山东枣庄滕州]下列成语故事与其主人公的对应关系正确的是(　　)

A. 指鹿为马—赵高　　B. 凿壁偷光—匡衡

C. 程门立雪—杨时　　D. 卧薪尝胆—夫差

4. [2019河南平顶山]下列历史人物出自河南的有(　　)

A. 袁绍　　B. 司马昭　　C. 赵匡义　　D. 商鞅

5. [2019贵州省属]历史的走向往往因为一些关键事件的发生而出现重大转折,下列事件可以称为中国共产党历史转折点的有(　　)

A. 八七会议　　B. 中共一大

C. 十一届三中全会　　D. 遵义会议

6. [2018河北石家庄]鲁迅曾这样评价过曹操:“曹操是一个很有本事的人,至少是一个英雄。我虽不是曹操一党,但无论如何,总是非常佩服他。”下列典故中的主人公是曹操的有(　　)

A. 望梅止渴　　B. 割发代首　　C. 乐不思蜀　　D. 分香卖履

7. [2018贵州联考]下列关于中国历史的叙述,正确的有(　　)

A. 李世民为唐朝开国皇帝　　B. 中国历史上在位时间最长的皇帝是康熙

C. 三国的建国顺序是魏吴蜀　　D.《南京条约》是清政府与列强签订的第一个不平等条约

8. [2018山东淄博]下列对中国与联合国关系的认识,正确的是(　　)

A. 中国是安理会常任理事国之一

B. 联合国作用越来越大

C. 不需要改革

D. 联合国安理会常任理事国中,中国派出维和人员最多

9. [2017山西省属]关于我国古代著名战役,下列说法错误的有(　　)

A. 巨鹿之战导致了西汉的灭亡　　B. 牧野之战商朝大胜,夏朝灭亡

C. 淝水之战使得南方重新走向分裂　　D. 城濮之战奠定了晋文公的霸主地位

三、连线题

[2020山西大同市属]请连线相应人物及其对应著作。

林则徐　　《海国图志》

魏源　　《四洲志》

郑观应　　《天演论》

严复　　《盛世危言》

第二章　文学素养

基础知识达标

一、单项选择题(下列每小题列出的四个选项中只有一项是正确的。)

1.[2021河北石家庄市属](　　)是唐代古文运动的倡导者,被称为"唐宋八大家之首"。

A.欧阳修　　B.韩愈　　C.柳宗元　　D.苏轼

2.[2021河北石家庄市属]大观园是一座再现中国古典文学名著(　　)中景观的仿古建筑。

A.《红楼梦》　　B.《水浒传》　　C.《西游记》　　D.《三国演义》

3.[2021河北石家庄市属]下列诗句与修辞手法对应正确的一项是(　　)

A.暖风熏得游人醉,直把杭州作汴州。——夸张

B.九州生气恃风雷,万马齐喑究可哀。——拟人

C.可怜九月初三夜,露似真珠月似弓。——比喻

D.不知细叶谁裁出?二月春风似剪刀。——反问

4.[2021辽宁葫芦岛]西湖位于杭州城西,属于湖泊型的国家级风景名胜区,受到过古今中外无数诗人的赞美。以下诗句不属于赞颂杭州西湖美景的是(　　)

A.湖上春来似画图,乱峰围绕水平铺　　B.孤山寺北贾亭西,水面初平云脚低

C.湖光秋月两相和,潭面无风镜未磨　　D.水光潋滟晴方好,山色空蒙雨亦奇

5.[2021辽宁葫芦岛]欧洲文学长廊中有四个以吝啬闻名的经典人物形象,由于对利益的追逐丧失理智、人性,并将愚蠢、下作、卑鄙无耻等人性的黑暗面表现得淋漓尽致。这四大吝啬鬼是(　　)

A.泼留希金、安东尼奥、阿巴贡、葛朗台　　B.泼留希金、夏洛克、阿巴贡、严监生

C.泼留希金、夏洛克、阿巴贡、葛朗台　　D.李梅亭、卢至、监河侯、严监生

6.[2020山东济南历城]陶渊明是东晋时期著名的诗人,被后世称为"百世田园之主,千古隐逸之宗"。他的诗歌可分为饮酒诗、咏怀诗和(　　)三大类。

A.田园诗　　B.游记　　C.边塞诗　　D.言志诗

7.[2020山西大同市属]"海内存知己,天涯若比邻",出自唐代诗人王勃的《送杜少府之任蜀州》,这首诗的题材是(　　)

A.田园诗　　B.山水诗　　C.送别诗　　D.怀古诗

8.[2020山东济南历城]"轻肌弱骨散幽葩,更将金蕊泛流霞。欲知却老延龄药,百草摧时始起花。"苏轼这首作品描写的是(　　)

A.迎春花　　B.菊花　　C.梅花　　D.牡丹

9.［2020山东济南历城］下列诗词名句与作者对应错误的是(　　)

A. 感时花溅泪，恨别鸟惊心—白居易

B. 沉舟侧畔千帆过，病树前头万木春—刘禹锡

C. 先天下之忧而忧，后天下之乐而乐—范仲淹

D. 落红不是无情物，化作春泥更护花—龚自珍

10.［2020河北廊坊三河］“月落乌啼霜满天，江枫渔火对愁眠。姑苏城外寒山寺，夜半钟声到客船。”这首诗歌中的“愁”字是指(　　)

A. 仕途失意　　B. 贫病交加　　C. 思乡之苦　　D. 寒意袭人

11.［2020河北廊坊三河］宋代名人范仲淹的《岳阳楼记》中，脍炙人口的语句是(　　)

A. 落霞与孤鹜齐飞，秋水共长天一色　　B. 世事洞明皆学问，人情练达即文章

C. 匹夫而为万世师，一言而为天下法　　D. 先天下之忧而忧，后天下之乐而乐

12.［2020河南信阳市属］鲁迅是我国著名作家，他有着强烈的爱国主义热情，其多部作品被奉为经典。其中，鲁迅在作品(　　)中讲述了自己童年时的生活。

A.《狂人日记》　　B.《阿Q正传》　　C.《朝花夕拾》　　D.《野草》

13.［2020黑龙江中学特岗］下列选项中，(　　)是鲁迅先生的作品。

A.《追求》　　B.《家》　　C.《朝花夕拾》　　D.《平凡的世界》

14.［2020河北廊坊三河］“虎妞”这一人物形象出自老舍的作品(　　)

A.《离婚》　　B.《月牙儿》　　C.《骆驼祥子》　　D.《四世同堂》

15.［2019山东济南南部山区］中国文学史上第一部浪漫主义诗歌总集指的是(　　)

A.《离骚》　　B.《乐府诗集》　　C.《诗经》　　D.《楚辞》

16.［2019山东枣庄滕州］被称为中国历史上第一位伟大的爱国诗人、中国浪漫主义文学的奠基人、辞赋之祖的是(　　)

A. 李白　　B. 杜甫　　C. 宋玉　　D. 屈原

17.［2019河南平顶山］下列不属于四书的是(　　)

A.《大学》　　B.《中庸》　　C.《孟子》　　D.《春秋》

18.［2019重庆沙坪坝］“己所不欲，勿施于人”出自下列哪部典籍(　　)

A.《大学》　　B.《中庸》　　C.《论语》　　D.《孟子》

19.［2019河南平顶山］“子钓而不纲，弋不射宿”的提出者是(　　)

A. 孔子　　B. 荀子　　C. 墨子　　D. 孟子

20.［2019山东枣庄市中］根据联合国教科文组织统计，被译成外国文字发行量最多的中华名著，同时也被誉为“万经之王”的是(　　)

A.《论语》　　B.《道德经》　　C.《诗经》　　D.《墨子》

21.［2019河南平顶山］“天行有常，不为尧存，不为桀亡”是诸子百家中(　　)的观点。

A. 孟子　　B. 韩非子　　C. 荀子　　D. 老子

22.［2019河南平顶山］“孺子牛”一词，最初描述(　　)

A. 父母对子女的过分疼爱　　B. 服务大众，无私奉献

C. 任劳任怨，不辞辛苦　　D. 对父母感恩尽孝的子女

23.［2019山东济南南部山区］“欲胜人者必先自胜，欲论人者必先自论，欲知人者必先自知”出自《吕氏春秋》，下列有关《吕氏春秋》的说法正确的是(　　)

A. 是秦朝治国的指导思想

B. 是战国末期儒家的代表作

C. 此书成书于秦始皇统一中国之后

D. 是中国历史上第一部有组织、按计划编写的文集

24. [2019河北邢台市属]2019年4月16日出版的第8期《求是》杂志发表习近平总书记的重要文章《一个国家、一个民族不能没有灵魂》，这篇文章中，总书记引用“大鹏之动，非一羽之轻也；骐骥之速，非一足之力也”强调实现中共十九大描绘的宏伟蓝图，必须紧紧依靠人民。习总书记引用的这句话出自(　　)

A.《道德经》　　B.《孟子》　　C.《潜夫论》　　D.《论语》

25. [2019山东烟台开发区]“春秋三传”包括的三部著作不包括(　　)

A.《左传》　　B.《春秋》　　C.《公羊传》　　D.《谷梁传》

26. [2019山西长治潞州]“卧薪尝胆”，现在用于形容人刻苦自励，立志雪耻图强，它原来指的是春秋时期的(　　)励精图治以图复国的事迹。

A. 越王勾践　　B. 吴王夫差　　C. 楚庄王　　D. 郑庄公

27. [2019河南平顶山]我国第一部纪传体断代史史书是(　　)

A.《史记》　　B.《汉书》　　C.《后汉书》　　D.《资治通鉴》

28. [2019山东德州]汉乐府诗具有深刻的社会思想意义和极高的艺术成就，为历代文人所推崇。“乐府双璧”是指《木兰诗》和(　　)

A.《长歌行》　　B.《孔雀东南飞》　　C.《秦妇吟》　　D.《陌上桑》

29. [2019河北秦皇岛市属]汉代乐府民歌在中国诗歌发展史上占有重要的地位。下列作品中叙述了一对青年男女的爱情悲剧，被誉为汉乐府叙事诗发展高峰的是(　　)

A.《梁山伯与祝英台》　　B.《孔雀东南飞》

C.《牛郎与织女》　　D.《孟姜女》

30. [2019辽宁大连瓦房店]“初唐四杰”指的是(　　)四个人。

A. 王之涣、杨炯、卢照邻、李贺　　B. 王之涣、李贺、孟浩然、王维

C. 王勃、杨炯、卢照邻、骆宾王　　D. 王勃、李贺、高适、岑参

31. [2019山东青岛钢城]山水游记是中国古代散文中文学性最强的分支之一。著名诗句“落霞与孤鹜齐飞，秋水共长天一色”出自(　　)

A.《滕王阁序》　　B.《岳阳楼记》　　C.《醉翁亭记》　　D.《兰亭集序》

32. [2019重庆南川]温庭筠是(　　)的鼻祖，世称“温八叉”，对五代之后词的推广影响巨大。

A. 豪放派　　B. 婉约派　　C. 花间派　　D. 田园诗派

33. [2019重庆奉节]中国最早的文言志怪小说是(　　)

A.《搜神记》　　B.《聊斋志异》　　C.《西游记》　　D.《鬼吹灯》

34. [2019河北邢台桥西]“茕茕孑立，形影相吊”出自(　　)

A.《出师表》　　B.《答司马谏议书》

C.《陈情表》　　D.《报刘一丈书》

35. [2019吉林长春高新]“虽无丝竹管弦之盛，一觞一咏，亦足以畅叙幽情”出自《兰亭集序》，其作者是(　　)

A. 王勃　　B. 谢灵运　　C. 王羲之　　D. 陶渊明

36. [2019山东德州]李白是我国浪漫主义诗人，他曾借乐府古题创作过一首诗：(　　)，飒沓如流星。

A. 银鞍照白马　　B. 白马饰金羁　　C. 羽檄从北来　　D. 长驱蹈匈奴

37. [2019河南平顶山]“尔曹身与名俱灭，不废江河万古流”出自(　　)

A. 秦观《越王》　　B. 杜甫《戏为六绝句》

C. 刘禹锡《重酬前寄》　　D. 白居易《偶作寄朗之》

38. [2019山西大同市属]以下哪位诗人不是“旗亭画壁”中的人物(　　)

A. 王昌龄　　B. 岑参　　C. 王之涣　　D. 高适

39. [2019河南平顶山]成语“春风得意”出自(　　)

A. 孟郊《登科后》　　B. 袁牧《春风》　　C. 李白《春思》　　D. 杜牧《江南春》

40. [2019山西大同市属]“味摩诘之诗，诗中有画；观摩诘之画，画中有诗”这句话出自(　　)

A. 孟浩然　　B. 苏东坡　　C. 袁牧　　D. 王安石

41. [2019河南平顶山]苏轼称(　　)是“诗中有画，画中有诗”的山水田园诗人。

A. 孟浩然　　B. 陈子昂　　C. 王维　　D. 储光羲

42. [2019湖北特岗]下列中国古代著名文学家及其主要作品对应错误的是(　　)

A. 贾谊—《过秦论》　　B. 白居易—《琵琶行》

C. 王勃—《滕王阁序》　　D. 李商隐—《虞美人》

43. [2019山东烟台开发区]有些诗句无“雪”字，却写出“雪”之景。下列不具有这特点的一项是(　　)

A. 忽如一夜春风来，千树万树梨花开　　B. 天仙碧玉琼瑶，点点扬花，片片鹅毛

C. 山舞银蛇，原驰蜡象　　D. 空里流霜不觉飞，汀上白沙看不见

44. [2019山东东营]诗词是我国文学殿堂里璀璨的明珠。我国诗人中被称为“七律圣手”的是(　　)

A. 白居易　　B. 杜甫　　C. 李商隐　　D. 李贺

45. [2019河北石家庄市属]电影《一江春水向东流》的片名系取自我国古代一位词人词作中的句子，这位词人是(　　)

A. 辛弃疾　　B. 李煜　　C. 晏殊　　D. 李清照

46. [2019山东德州]广为人知的“无可奈何花落去，似曾相识燕归来”是出自(　　)

A. 晏殊的《浣溪沙》　　B. 欧阳修的《采桑子》

C. 柳永的《雨霖铃》　　D. 苏轼的《水调歌头》

47. [2019黑龙江中学特岗]创作“大江东去，浪淘尽，千古风流人物”这一千古名句的诗人是(　　)

A. 辛弃疾　　B. 陆游　　C. 苏轼　　D. 杜牧

48. [2019吉林长春高新]《永遇乐·京口北固亭怀古》中的“永遇乐”是指(　　)

A. 格律　　B. 词牌　　C. 韵脚　　D. 加板

49. [2019湖北特岗]书院作为中国古代民间教育机构，是由以下哪位创立成为正式的教育制度的(　　)

A. 王阳明　　B. 朱熹　　C. 陆九渊　　D. 王安石

50. [2019河南平顶山]“玉雪窍玲珑，纷披绿映红。生生无限意，只在苦心中。”这是元代吴师道的诗，写的是(　　)

A. 荔枝　　B. 杏花　　C. 莲花　　D. 海棠

51. [2019山西大同市属]名句“碧云天，黄花地，西风紧，北雁南飞。晓来谁染霜林醉？总是离人泪。”这句出自(　　)

A.《倩女幽魂》　　B.《梧桐雨》　　C.《汉宫秋》　　D.《西厢记》

52. [2019黑龙江小学特岗]《窦娥冤》的作者是(　　)

A. 白朴　　B. 马致远　　C. 郑光祖　　D. 关汉卿

53. [2019 山东临沂]两宋词坛上，创用词调最多的词人是(　　)

A. 柳永　　B. 周邦彦　　C. 姜夔　　D. 张炎

54. [2019 山东德州]下列不属于《三国演义》中的是(　　)

A. 三英战吕布　　B. 千里走单骑　　C. 大意失荆州　　D. 醉打蒋门神

55. [2019 山东枣庄市中]在中国古代第一部浪漫主义、章回体、长篇神话小说《西游记》中，最能体现孙悟空反抗精神的情节是(　　)

A. 三打白骨精　　B. 大闹天宫　　C. 真假美猴王　　D. 偷吃人参果

56. [2019 河南平顶山]“山郡逢春复乍晴，陂塘分出几泉清？郭边万户皆临水，雪后千峰半入城。”清代诗人王士祯这首诗写的是(　　)

A. 成都　　B. 杭州　　C. 泉州　　D. 济南

57. [2019 山西大同市属]《四库全书》中的“四库”是指(　　)

A. 金、木、水、火　　B. 礼、乐、诗、书　　C. 经、史、子、集　　D. 风、雅、颂、易

58. [2019 山东德州]“做人既不可翘尾巴，也不可夹着尾巴”运用的修辞手法是(　　)

A. 比喻　　B. 比拟　　C. 借代　　D. 对比

59. [2019 山东枣庄市中]1918年5月在《新青年》杂志上发表中国现代文学史上第一篇白话小说的作家是(　　)

A. 巴金　　B. 鲁迅　　C. 胡适　　D. 钱玄同

60. [2019 河南平顶山]我国现代诗歌史上体现“五四”时期精神的第一部诗集是(　　)

A. 郭沫若的《女神》　　B. 鲁迅的《野草》

C. 胡适的《尝试集》　　D. 闻一多的《红烛》

61. [2019 山东德州]“黑夜给了我黑色的眼睛，我却用它来寻找光明”的作者是(　　)

A. 北岛　　B. 舒婷　　C. 顾城　　D. 江河

62. [2019 山东枣庄滕州]“卑鄙是卑鄙者的通行证，高尚是高尚者的墓志铭”出自著名的朦胧诗《回答》。它的作者是(　　)

A. 海子　　B. 北岛　　C. 顾城　　D. 汪国真

63. [2019 山东枣庄滕州]《再别康桥》是著名诗人徐志摩的代表作，是新月派的代表作品。“康桥”是指(　　)

A. 剑桥　　B. 廊桥　　C. 伦敦桥　　D. 栈桥

64. [2019 黑龙江小学特岗]下列作品中属于戴望舒的作品的是(　　)

A.《致橡树》　　B.《雨巷》　　C.《死水》　　D.《落叶》

65. [2019 山东枣庄滕州]诗句“指点江山，激扬文字，粪土当年万户侯”书写了革命青年对国家命运的感慨和以天下为己任，蔑视反动统治者，改造旧中国的豪情壮志，该诗句出自毛泽东的哪部作品(　　)

A.《沁园春·雪》　　B.《采桑子·重阳》

C.《满江红·和郭沫若同志》　　D.《沁园春·长沙》

66. [2019 河南平顶山]毛泽东的词句“世上无难事”的下一句是(　　)

A. 只怕有心人　　B. 只要肯攀登　　C. 只要不畏难　　D. 只要肯登攀

67. [2019 河南平顶山]《大江歌罢掉头东》的作者是(　　)

A. 朱德　　B. 周恩来　　C. 毛泽东　　D. 陈毅

68.［2019河南平顶山］“面壁十年图破壁”这句话出自（　　）的作品。

A. 朱德　　B. 毛泽东　　C. 周恩来　　D. 任弼时

69.［2019江西特岗］新中国成立后，第一位获得“人民艺术家”称号的作家是（　　）

A. 鲁迅　　B. 茅盾　　C. 巴金　　D. 老舍

70.［2019山东枣庄滕州］2012年10月11日，山东籍作家莫言获得2012年诺贝尔文学奖。下列属于莫言作品的是（　　）

A.《活着》　　B.《人生》　　C.《蛙》　　D.《白鹿原》

71.［2019山西吕梁］文艺复兴时期，但丁的代表作品是（　　）

A.《茶花女》　　B.《堂吉诃德》　　C.《神曲》　　D.《乌托邦》

72.［2019黑龙江小学特岗］《巨人传》的作者是法国文艺复兴时期杰出的作家和人文主义学者（　　）

A. 拉伯雷　　B. 莫里哀　　C. 莎士比亚　　D. 卢梭

73.［2019河南平顶山］不属于四大悲剧的是（　　）

A.《哈姆雷特》　　B.《鲁克丽丝受辱记》

C.《奥赛罗》　　D.《李尔王》

74.［2019山东德州］威廉·莎士比亚是英国文学史上最杰出的戏剧家，也是欧洲文艺复兴时期最伟大的作家之一。下列不属于莎士比亚的著作的是（　　）

A.《仲夏夜之梦》　　B.《奥赛罗》　　C.《堂吉诃德》　　D.《李尔王》

75.［2019山东德州］《昆虫记》的全文行文优美，《昆虫记》的作者是（　　）

A. 韦尔斯　　B. 法布尔　　C. 布莱森　　D. 乔安娜·柯尔

76.［2019黑龙江中学特岗］下列作品中属于雨果创作的是（　　）

A.《巴黎圣母院》　　B.《双城记》

C.《欧也妮·葛朗台》　　D.《呼啸山庄》

77.［2019山东德州］下列作品中出自美国的是（　　）

A.《了不起的盖茨比》　　B.《百年孤独》

C.《悲惨世界》　　D.《静静的顿河》

78.［2019黑龙江小学特岗］“黑色幽默”这一文学流派在20世纪60年代流行于（　　）

A. 英国　　B. 法国　　C. 美国　　D. 意大利

79.［2018陕西西安］（　　）开创了中国文学的“风雅”传统。

A.《诗经》　　B.《尚书》　　C.《离骚》　　D.《春秋》

80.［2018河南禹州］我国文学史上向来以“风骚”并称，“骚”指《离骚》，“风”指（　　）

A. 民风　　B. 风气　　C. 诗经　　D. 国风

81.［2018山东枣庄峄城］神话故事“夸父逐日”出自（　　）

A.《山海经》　　B.《世说新语》　　C.《庄子》　　D.《左传》

82.［2018河北衡水冀州］在先秦作品中，表现“重章叠句，一唱三叹”艺术特点的作品是（　　）

A.《诗经》　　B.《离骚》　　C.《春秋》　　D.《国语》

83.［2018河北石家庄市属］为了孩子的学习环境而三次迁居的是哪个历史故事（　　）

A. 孟母教子　　B. 举案齐眉　　C. 岳母刺字　　D. 凿壁偷光

84.［2018江苏淮安］“四书五经”是中国儒家的经典书籍。其中，“四书”是指《大学》《论语》（　　）和《孟子》。

A.《诗经》　　B.《礼记》　　C.《中庸》　　D.《周易》

85. [2018江西特岗]关于孔子,下列观点中正确的是( )

A. 法家学派创始人
B. 著有世界上最早的一部专门论述教育问题的《学记》
C. 秦国时期最伟大的教育家
D. 我国私人办学的创始人

86. [2018山东枣庄峄城]孔子诞辰日是( )

A. 9月10日 B. 8月25日 C. 10月28日 D. 9月28日

87. [2018河北张家口桥西]"所谓不知《春秋》,不能涉世;不精《老》《庄》,不能忘世;不参禅,不能出世。"从中可以看出儒家思想的特点是( )

A. 注重以人为本的理念
B. 注重研究社会现实
C. 着重研究人与自然的关系
D. 重视研究人的前世来生

88. [2018河北辛集]在两千多年前的春秋时期,孔子提出平等的思想,体现孔子平等思想的主张是( )

A. 克己复礼 B. 为政以德 C. 民贵君轻 D. 有教无类

89. [2018河北保定]以下属于老庄思想的是( )

A. 重义轻利 B. 好利恶害 C. 绝圣弃智 D. 五行相生

90. [2018河北保定]《周易》是我国最古老的文化典藏之一,被誉为"六经之首"。下列哪个句子出自《周易》( )

A. 人法地,地法天,天法道,道法自然
B. 天行健,君子以自强不息;地势坤,君子以厚德载物
C. 君子有大道,必忠信以得之,骄泰以失之
D. 老吾老,以及人之老;幼吾幼,以及人之幼

91. [2018陕西西安]曹操的乐府诗( )反映了汉末军阀混战、百姓大量死亡的场景,有"诗史"之称。

A.《蒿里行》 B.《薤露行》 C.《短歌行》 D.《步出夏门行》

92. [2018陕西西安]在中国古典文学理论批评史上,( )是最完整系统的著作。

A.《文心雕龙》 B.《文赋》 C.《诗品》 D.《谈艺录》

93. [2018陕西西安]作为中国古典小说的一种形式,( )出现于隋末,发展兴盛于唐代。

A. 传奇小说 B. 话本小说 C. 变文小说 D. 俗讲小说

94. [2018山东枣庄市中]( )的诗雄奇飘逸,艺术成就极高。他的诗讴歌祖国山河与美丽的自然风光,风格雄奇奔放、俊逸清新,富有浪漫主义精神,达到了内容与艺术的完美统一,他被贺知章称为"谪仙人"。

A. 李白 B. 杜甫 C. 白居易 D. 刘禹锡

95. [2018河北石家庄市属]"会当凌绝顶,一览众山小"是杜甫的名句,诗人因为登上了哪座山而发出了这样的感慨( )

A. 黄山 B. 泰山 C. 华山 D. 嵩山

96. [2018山东滨州]下列诗句中,不是描写春天的是( )

A. 杨花榆荚无才思,惟解漫天作雪飞
B. 沾衣欲湿杏花雨,吹面不寒杨柳风
C. 忽如一夜春风来,千树万树梨花开
D. 雪消门外千山绿,花发江边二月晴

97. [2018山东聊城]诗句"大珠小珠落玉盘"描写的是哪一种乐器( )

A. 琵琶 B. 羌笛 C. 古筝 D. 胡琴

98. [2018贵州联考]下列选项中，在白居易的《琵琶行》里出现的成语是(　　)

A. 余音绕梁　　B. 比翼连枝　　C. 司马青衫　　D. 天长地久

99. [2018河南禹州]“春风得意马蹄疾，一日看尽长安花。”作者如此愉快的心情是因为(　　)

A. 新婚燕尔　　B. 登科及第　　C. 久别重逢　　D. 大病初愈

100. [2018河北保定]“月落乌啼霜满天，江枫渔火对愁眠。姑苏城外寒山寺，夜半钟声到客船。”这首诗中的“愁”字是指(　　)

A. 仕途　　B. 思乡之苦　　C. 贫病交加　　D. 寒意袭人

101. [2018山东枣庄峄城]“身无彩凤双飞翼，心有灵犀一点通”的作者是(　　)

A. 杜甫　　B. 李商隐　　C. 李贺　　D. 王维

102. [2018陕西西安]中唐传奇的压卷之作、代表了唐传奇最高水平的作品是(　　)

A.《柳毅传》　　B.《莺莺传》　　C.《李娃传》　　D.《霍小玉传》

103. [2018山东聊城]诗歌“接天莲叶无穷碧，映日荷花别样红”描写的时节应该是(　　)

A. 春季　　B. 夏季　　C. 秋季　　D. 冬季

104. [2018河北保定]宋代大文豪苏轼在游览庐山时，曾经写出(　　)的著名诗句。

A. 飞流直下三千尺，疑是银河落九天　　B. 庐山东南五老峰，青天削出金芙蓉

C. 横看成岭侧成峰，远近高低各不同　　D. 孤帆远影碧空尽，唯见长江天际流

105. [2018江苏南通崇川]“先天下之忧而忧，后天下之乐而乐”的作者是(　　)

A. 刘禹锡　　B. 李绅　　C. 杜牧　　D. 范仲淹

106. [2018河北保定]“兼听则明，偏信则暗。”这句古代格言出自(　　)

A.《孟子》　　B.《论语》　　C.《史记》　　D.《资治通鉴》

107. [2018山东聊城]撰写《资治通鉴》的是(　　)

A. 司马光　　B. 班固　　C. 刘邦　　D. 欧阳修

108. [2018江西特岗]元曲四大家之一的关汉卿，被称为“曲圣”，其代表作是(　　)

A.《墙头马上》　　B.《倩女离魂》　　C.《汉宫秋》　　D.《窦娥冤》

109. [2018陕西西安]元杂剧《西厢记》的作者是(　　)

A. 关汉卿　　B. 纪君祥　　C. 王实甫　　D. 郑光祖

110. [2018山西长治襄垣]我国古代收录汉字最多的字典是(　　)

A.《方言》　　B.《说文解字》　　C.《康熙字典》　　D.《新华字典》

111. [2018江苏南京四城区]《牡丹亭》中“良辰美景奈何天，赏心乐事谁家院”这一名句引发了《红楼梦》中(　　)的同感。

A. 贾宝玉　　B. 林黛玉　　C. 妙玉　　D. 薛宝钗

112. [2018山东淄博]我国四大书院中，属于湖南的是(　　)

A. 白鹿洞书院　　B. 岳麓书院　　C. 嵩阳书院　　D. 应天书院

113. [2018河北保定市属]寓言，指用假托的故事或自然物的拟人手法来说明某个道理的文学作品，下列不是寓言的是(　　)

A. 守株待兔　　B. 大禹治水　　C. 农夫与蛇　　D. 刻舟求剑

114. [2018陕西西安]鲁迅指出，他创作(　　)的目的是“要画出这样沉默的国民的魂灵来”。

A.《阿Q正传》　　B.《狂人日记》　　C.《药》　　D.《孔乙己》

115. [2018陕西西安]萧红的成名作是1935年出版的( )
A.《生死场》 B.《马伯乐》 C.《呼兰河传》 D.《旷野的呼喊》

116. [2018江苏徐州]因创作了话剧《龙须沟》,作家老舍被北京市人民政府授予的荣誉称号是( )
A. 人民艺术家 B. 语言艺术家 C. 幽默大师 D. 戏剧大师

117. [2018河北石家庄]古代世界各民族创造的科技和文化为近代文明的起步和发展奠定了基础。再现早期希腊社会图景,对西方文学发展产生了深远影响的文学巨著是( )
A.《威尼斯商人》 B.《圣经》 C.《俄狄浦斯王》 D.《荷马史诗》

118. [2018河北保定]下列作品不属于莎士比亚的是( )
A.《威尼斯商人》 B.《仲夏夜之梦》 C.《茶花女》 D.《王子复仇记》

119. [2018陕西西安]( )是一部自传体的作品,记述了卢梭从出生到1765年流亡圣皮埃尔岛为止的一生。
A.《忏悔录》 B.《爱弥儿》 C.《新爱洛依丝》 D.《社会契约论》

120. [2017河北张家口]( )言简意深,对仗工整,平仄协调,字数相等,结构相同,是中文语言独特的艺术形式。
A. 对联 B. 宋词 C. 散文 D. 京剧

121. [2017山西大同]"天行健,君子以自强不息"出自下列哪部经典( )
A.《论语》 B.《尚书》 C.《周易》 D.《礼记》

122. [2017山东统考]下列不属于诸子百家中名家观点的是( )
A. 合同异 B. 离坚白 C. 天下为公 D. 白马非马

123. [2017山西省属]"博学之,审问之,慎思之,明辨之,笃行之"出自《礼记·中庸》。《礼记·中庸》属于( )的经典。
A. 儒家 B. 法家 C. 道家 D. 墨家

124. [2017河北保定顺平]下述属于道家主张的是( )
A. 有教无类 B. 兼爱
C. 复归人的自然本性 D. 化民成俗,其必由学乎

125. [2017贵州贵阳]这部著作是我国古代第一部纪传体通史,记述了从传说中的黄帝到汉武帝时约3000年的历史。这部著作是( )
A.《史记》 B.《吕氏春秋》 C.《左传》 D.《资治通鉴》

126. [2017河南许昌]"才高八斗"是南朝诗人谢灵运称颂( )时用的比喻。
A. 陶渊明 B. 屈原 C. 萧衍 D. 曹植

127. [2017河南漯河]下列哪一项描写的不是"秋天"( )
A. 寒城一以眺,平楚正苍然 B. 草低金城雾,木下玉门风
C. 长风吹白茅,野火烧枯桑 D. 待到重阳日,还来就菊花

128. [2017辽宁盘锦市属]"诗仙""诗圣""诗鬼"分别指的是( )
A. 杜甫、李白、贾岛 B. 李白、杜甫、李贺
C. 李白、杜甫、白居易 D. 杜甫、李白、李商隐

129. [2017河南郑州经开]王维的诗句"大漠孤烟直,长河落日圆"里的"长河"是指( )
A. 长江 B. 黄河 C. 渭河 D. 洛河

130. [2017河北保定]“文章合为时而著，歌诗合为事而作”是由(　　)提出的。

A. 白居易　　B. 柳宗元　　C. 周敦颐　　D. 刘禹锡

131. [2017山东德州]我国唐代有“诗仙”李白、“诗圣”杜甫，人称“李杜”，人称“小李杜”的两位诗人分别是(　　)

A. 李商隐、杜牧　　B. 李清照、杜甫　　C. 李鸿章、杜娟　　D. 李世民、杜如晦

132. [2017山西省属]“无丝竹之乱耳，无案牍之劳形”出自刘禹锡的《陋室铭》。这里的“丝竹”是指(　　)

A. 箫　　B. 竹子　　C. 音乐　　D. 笛子

133. [2017山东济宁]在《中国诗词大会》(第二季)上，主持人董卿在第八期擂主争霸赛结尾时，送给攻擂者一句诗“双鬓多年作雪，寸心至死如丹”，这句诗出自(　　)

A. 李清照《如梦令》　　B. 陆游《感事六言》

C. 杜甫《江南逢李龟年》　　D. 辛弃疾《清平乐》

134. [2017吉林]“洛阳花，梁园月，好花须买，皓月须赊。”这句元曲小令中的“洛阳花”指的是(　　)

A. 芍药　　B. 菊花　　C. 牡丹　　D. 海棠

135. [2017湖北特岗]下列中国古代著名文学家及其主要作品对应错误的是(　　)

A. 韩愈—《师说》　　B. 朱熹—《语录》　　C. 颜元—《存学篇》　　D. 孟子—《学记》

136. [2017吉林]下列未表达出“不服老”含义的诗句是(　　)

A. 莫道桑榆晚，为霞尚满天　　B. 老骥伏枥，志在千里

C. 夕阳无限好，只是近黄昏　　D. 酒酣胸胆尚开张，鬓微霜，又何妨

137. [2017河南许昌]“滚滚长江东逝水……几度夕阳红……”这是我国古典文学名著(　　)的开篇词。

A.《三国演义》　　B.《红楼梦》　　C.《西游记》　　D.《水浒传》

138. [2017山东济宁]我国古代诗歌形式按产生的先后次序排列，正确的是(　　)

A. 诗经—楚辞—乐府—词—曲　　B. 诗经—乐府—楚辞—曲—词

C. 诗经—楚辞—乐府—曲—词　　D. 诗经—乐府—楚辞—词—曲

139. [2017山西省属]“新月派”是中国现代文学史上一个著名的文学流派，得名于1928年创刊的《新月》杂志。(　　)是《新月》的创办者和新月派的代表人物。

A. 鲁迅　　B. 沈从文　　C. 闻一多　　D. 徐志摩

140. [2017吉林]房子是中国人的心中结，以房养老，买房增值。但是随着人口红利的消失，房地产过剩可能成为悬在人们头上的达摩克利斯之剑。“达摩克利斯之剑”出自古希腊的典故。“达摩克利斯”是(　　)

A. 国王的名字　　B. 大臣的名字　　C. 宫殿的名称　　D. 利剑的名称

141. [2017辽宁盘锦市属]巴尔扎克是19世纪法国批判现实主义文学的代表作家。他的代表作(　　)为人们展现了法国社会特别是巴黎上流社会的现实主义历史。

A.《双城记》　　B.《人间喜剧》　　C.《寒灰集》　　D.《悲惨世界》

142. [2017山西省属]下列作品中都是莫泊桑创作的是(　　)

A.《羊脂球》《我的叔叔于勒》《包法利夫人》　　B.《项链》《包法利夫人》《装在套子里的人》

C.《项链》《我的叔叔于勒》《羊脂球》　　D.《麦琪的礼物》《项链》《我的叔叔于勒》

143. [2017山东济宁]“一个人并不是生来要被打败的，你尽可以把他消灭，可就是打不败他。”这句话出自海明威的名著(　　)

A.《太阳照常升起》　　B.《老人与海》

C.《丧钟为谁而鸣》　　D.《永别了，武器》

二、多项选择题(下列每小题列出的四个选项中至少有两项是正确的。)

1.[2021辽宁葫芦岛]杜甫的“三吏三别”深刻地写出了民间疾苦及在乱世之中身世飘荡的孤独,揭示了战争给人民带来的巨大不幸和困苦,表达了作者对倍受战祸摧残的老百姓的同情。“三吏三别”包括(　　)

A.《新婚别》　B.《从军别》　C.《石壕吏》　D.《潼关吏》

2.[2020黑龙江小学特岗]下列选项中属于“初唐四杰”的是(　　)

A.王勃　B.孟浩然　C.杨炯　D.李贽

3.[2020山西大同市属]下列咏花的诗句中,属于咏梅花的是(　　)

A.宁可枝头抱香死,何曾吹落北风中　B.忽然一夜清香发,散作乾坤万里春

C.雪满山中高士卧,月明林下美人来　D.疏影横斜水清浅,暗香浮动月黄昏

4.[2020山东济南]唐朝是我国诗歌文化发展的黄金时代,诗坛人才辈出,佳作流传,各具特色,蔚为壮观。很多著名诗人都有别称,下列别称和诗人对应正确的是(　　)

A.诗仙—李白　B.诗圣—杜甫　C.诗鬼—贺知章　D.诗狂—李贺

5.[2020黑龙江小学特岗]下列选项中属于茅盾的著作的是(　　)

A.《子夜》　B.《林家铺子》　C.《四世同堂》　D.《幻灭》

6.[2020河北邢台任泽]路遥是著名作家,把文学创作融入改革开放伟大实践,用心用情抒写改革开放故事,主要作品有(　　)。中共中央、国务院授予他“改革先锋”称号,称他为“鼓舞亿万农村青年投身改革开放的优秀作家”。

A.《人生》　B.《惊心动魄的一幕》

C.《在困难的日子里》　D.《平凡的世界》

7.[2020黑龙江小学特岗]下列选项中,属于“四大悲剧”的是(　　)

A.《哈姆雷特》　B.《奥赛罗》　C.《麦克白》　D.《亨利四世》

8.[2019河南平顶山]下列思想家中属于同一个流派的是(　　)

A.韩非子　B.李斯　C.荀子　D.庄周

9.[2019山东德州]下列不属于墨家思想的是(　　)

A.兼爱　B.致良知　C.道法自然　D.非攻

10.[2019山西长治潞州]《孙子兵法》被奉为兵家经典,诞生至今已有两千五百年的历史。下列关于《孙子兵法》的说法正确的有(　　)

A.又称《孙武兵法》,作者是孙武

B.“三十六计”是其经典内容

C.是中国现存最早的兵书,也是世界上最早的军事著作

D.该书作于春秋时期

11.[2019河南平顶山]汉代是赋这一文体发展的鼎盛时期,下列属于汉赋四大家的是(　　)

A.贾谊　B.司马光　C.班固　D.张衡

12.[2019黑龙江小学特岗]杜甫的代表作有(　　)

A.《新婚别》　B.《无家别》

C.《别董大》　D.《垂老别》

E.《燕歌行》

13.[2019河南平顶山]下列情节与《三国演义》无关的是(　　)

A.景阳冈打虎　B.流水葬花　C.三顾茅庐　D.倒拔垂杨柳

14. [2019山西长治潞州]下列人物出自蒲松龄的《聊斋志异》的有(　　)

A. 聂小倩　　B. 黑山老妖　　C. 林冲　　D. 贾宝玉

15. [2019黑龙江中学特岗]下列关于《三国演义》的说法,正确的有(　　)

A. 作者为元末明初小说家施耐庵　　B. 为中国第一部长篇章回体历史演义小说

C. "三分事实,七分虚构"　　D. 历史演义小说的经典之作

E. 是中国历史上最早用白话文写成的章回小说之一

16. [2019黑龙江小学特岗]下列属于巴金的作品的有(　　)

A.《春》　　B.《秋》

C.《雾》　　D.《电》

E.《茶馆》

17. [2019河北秦皇岛市属]下列属于莫言作品的是(　　)

A.《白鹿原》　　B.《平凡的世界》　　C.《丰乳肥臀》　　D.《红高粱》

18. [2019黑龙江中学特岗]莫言曾获得2012年诺贝尔文学奖,其"红高粱"系列中篇包括(　　)

A.《红高粱》　　B.《高粱酒》

C.《高粱殡》　　D.《狗道》

E.《丰乳肥臀》

19. [2019湖北特岗]维克多·雨果(Victor Hugo,1802年2月26日～1885年5月22日),19世纪前期积极浪漫主义文学的代表作家,被人们称为"法兰西的莎士比亚"。下列作品中属于其代表作的有(　　)

A.《悲惨世界》　　B.《茶花女》

C.《巴黎圣母院》　　D.《三个火枪手》

20. [2019黑龙江小学特岗]莫泊桑被誉为"短篇小说之王",他是19世纪法国著名优秀作家,其短篇小说名篇有(　　)

A.《我的叔叔于勒》　　B.《项链》

C.《小酒店》　　D.《娜娜》

E.《米隆老爹》

21. [2019黑龙江小学特岗]下列作品不属于俄国作家列夫·托尔斯泰的有(　　)

A.《战争与和平》　　B.《罪与罚》

C.《复活》　　D.《白痴》

E.《安娜·卡列尼娜》

22. [2019黑龙江小学特岗]高尔基的自传体小说包括(　　)

A.《母亲》　　B.《工人》

C.《童年》　　D.《在人间》

E.《我的大学》

23. [2018山东枣庄峄城]下列属于先秦"诸子百家"的是(　　)

A. 小说家　　B. 道家　　C. 名家　　D. 纵横家

24. [2018山东枣庄峄城]下列属于中国古代"六艺"的是(　　)

A. 射　　B. 礼　　C. 文　　D. 数

25. [2018山东聊城]下列作品属于"晚清四大谴责小说"的是(　　)

A.《孽海花》　　B.《老残游记》　　C.《官场现形记》　　D.《儒林外史》

26.[2018山东枣庄峄城]下列人物中属于唐宋八大家的是(　　)

A.朱熹　　B.柳宗元　　C.杜甫　　D.王安石

27.[2018山东淄博]"忠厚传家久,诗书继世长",每到春节很多人家门口都会张贴这副对联。在中国传统文化中,"家国天下"的情怀进入了每一个中国人的骨髓血脉,下列诗句能反映家国情怀的是(　　)

A.一寸丹心图报国,两行清泪为思亲　　B.烈士之爱国也如家

C.匈奴未灭,何以家为　　D.天下之本在国,国之本在家,家之本在身

28.[2018河北保定]下列文学作品中属于我国著名作家茅盾的"农村三部曲"的有(　　)

A.《春蚕》　　B.《夏雨》　　C.《秋收》　　D.《残冬》

29.[2018山东聊城东昌府]下列诗句中抒发忧国忧民感情的是(　　)

A.塞上长城空自许,镜中衰鬓已先斑　　B.暖风熏得游人醉,直把杭州作汴州

C.栏杆拍遍,无人会,登临意　　D.问君能有几多愁?恰似一江春水向东流

30.[2018河北保定]以下属于"四书"的有(　　)

A.《尚书》　　B.《论语》　　C.《大学》　　D.《孟子》

31.[2018河北辛集]"四书五经"的"五经"包括以下哪几部书籍(　　)

A.《诗经》　　B.《尚书》　　C.《乐经》　　D.《春秋》

32.[2017河北保定]下列学术派别与代表人物对应正确的是(　　)

A.儒家—孟子、荀子　　B.道家—老子、庄子

C.墨家—墨子、列子　　D.法家—韩非子、商鞅

33.[2017重庆市属]下列哪些文学作品中提到了三峡风光(　　)

A.杜甫《闻官军收河南河北》　　B.李白《早发白帝城》

C.苏轼《水调歌头》　　D.白居易《忆江南》

三、判断题(判断下列每小题的正误,正确的打"√",错误的打"×"。)

1.[2021辽宁葫芦岛]在《天论》篇中表示"从天而颂之,孰与制天命而用之"的是孟子。(　　)

2.[2020黑龙江小学特岗]我国第一部诗歌总集是《离骚》。(　　)

3.[2020河北沧州河间]《史记》被鲁迅先生称为"史家之绝唱,无韵之离骚"。(　　)

4.[2020黑龙江中学特岗]《孙子兵法》是由孙膑编写的。(　　)

5.[2020河南信阳市属]"咬定青山不放松,立根原在破岩中"是明代文人画家郑燮描写松柏刚毅品质的一句诗。(　　)

6.[2020黑龙江中学特岗]新中国第一位获得"人民艺术家"称号的作家是老舍。(　　)

7.[2020河南信阳市属]长篇历史小说《双城记》是法国作家查尔斯·狄更斯以法国大革命为背景所著的作品。(　　)

8.[2019山东烟台开发区]"说"是一种议论文文体,像《捕蛇者说》《马说》都属于这种文体。"说"的古义为陈述、解说,因而这类文体都可按"解说的道理"来理解。(　　)

9.[2019山东烟台开发区]《诗经》是我国最早的诗歌总集,收集了周初至春秋中叶的诗歌,现存300篇,分为"风""雅""颂"三大类。(　　)

10.[2019内蒙古包头东河]《史记》是我国第一部纪传体通史,作者是司马迁。(　　)

11.[2019山东烟台开发区]"亲贤臣,远小人,此先汉所以兴隆也;亲小人,远贤臣,此后汉所以倾颓也。"一语出自诸葛亮的《出师表》。(　　)

12.[2019河北石家庄市属]《七步诗》的作者是曹植。(　　)

13. [2019 内蒙古包头东河]陶渊明是中国文学史上以自己的田园生活为内容进行诗歌创作的第一人。（　　）

14. [2019 黑龙江中学特岗]《声声慢》《醉花阴》是李清照的代表作品。（　　）

15. [2019 黑龙江小学特岗]《水浒传》又名《忠义水浒传》，作于元末明初，是中国四大名著之一，作者是吴承恩。（　　）

16. [2019 山西吕梁]《红楼梦》代表了明清小说的最高成就，其艺术成就达到了中国古典小说的最高峰，并产生了一门新的学问——"红学"。周汝昌先生就是著名的红学专家之一。（　　）

17. [2019 河南平顶山湛河]巴金是我国现代著名的小说家、散文家。小说《家》《寒夜》及散文《随想录》都是他的代表作。（　　）

18. [2019 黑龙江小学特岗]老舍的作品《蚀》包括《幻灭》《动摇》《追求》三部作品。（　　）

19. [2019 黑龙江小学特岗]诗集《女神》的作者是闻一多。（　　）

20. [2019 黑龙江中学特岗]茅盾的《蚀》包括《幻灭》《动摇》《追求》三部作品。（　　）

21. [2019 重庆永川]《小团圆》《雷峰塔》《金锁记》是张爱玲以自我人生经历为题材创作的自传小说。（　　）

22. [2019 黑龙江小学特岗]作品《我的叔叔于勒》的作者是海明威。（　　）

23. [2018 河北辛集]汉赋是汉代出现的一种新的文学形式，它是一种诗化的散文。（　　）

24. [2018 河北石家庄]我国第一部叙事详细的编年体史书是《史记》。（　　）

25. [2018 江苏南通崇川]《汉书》被誉为"史家之绝唱，无韵之离骚"。（　　）

26. [2018 河北辛集]"落霞与孤鹜齐飞，秋水共长天一色"，是著名的初唐诗人骆宾王的《滕王阁序》中的名句。（　　）

27. [2018 山西长治襄垣]"春花秋月何时了，往事知多少"出自我国女词人李清照的《虞美人》。（　　）

28. [2018 河南禹州]《四库全书》是中国首部百科全书。（　　）

29. [2018 河南禹州]女作家张洁是迄今为止全国唯一获得两次茅盾文学奖的作者。（　　）

30. [2018 河北辛集]《三体》是我国当代科幻作家刘慈欣的代表作。（　　）

31. [2017 河北保定]《诗经》是我国历史上的第一部诗歌总集，对我国诗歌产生了深远的影响。《诗经》佳句传唱千古。例如，首篇《关雎》的"关关雎鸠，在河之洲。执子之手，与子偕老"就是脍炙人口的佳句。（　　）

综合能力提升

一、单项选择题（下列每小题列出的四个选项中只有一项是正确的。）

1. [2020 江苏南京]南京，一座历史悠久的文化名城，以下描写南京的诗歌有（　　）

①南朝四百八十寺，多少楼台烟雨中　　②终古高云簇此城，秋风吹散马蹄声

③烟笼寒水月笼沙，夜泊秦淮近酒家　　④吴宫花草埋幽径，晋代衣冠成古丘

A. ①②③　　B. ①②④　　C. ①③④　　D. ②③④

2. [2020 河北邢台任泽]袁枚《马嵬》："莫唱当年长恨歌，人间亦自有银河。石壕村里夫妻别，泪比长生殿上多。"与诗中提到作品无关的作家是（　　）

A. 洪昇　　B. 杜甫　　C. 关汉卿　　D. 白居易

3. [2020 山西大同平城]以下是关于19世纪批判现实主义文学的国别、代表人物和代表作品的表达：

①莫泊桑是法国批判现实主义文学的奠基者之一，他的《红与黑》是欧洲第一部杰出的批判现实主义代表作。

②英国批判现实主义文学最杰出的代表人物是查尔斯·狄更斯,其代表作有《双城记》《大卫·科波菲尔》《艰难时世》和《名利场》等。他的作品对资产阶级的金钱价值取向进行了辛辣的讽刺,抨击了资产阶级对穷人的剥削。

③美国批判现实主义文学代表作家是马克·吐温。他的作品的最大特点是以诙谐、幽默的笔调表现沉重、严峻的主题。他的代表作有《竞选州长》《镀金时代》等。

④俄罗斯伟大的民族诗人普希金是俄国浪漫主义文学的主要代表人物,同时也是批判现实主义文学的奠基人,他的诗体小说《叶甫盖尼·奥涅金》成为俄国批判现实主义文学确立的标志。

⑤巴尔扎克是19世纪德国伟大的批判现实主义作家、欧洲批判现实主义文学的奠基人和杰出代表。一生创作96部长、中、短篇小说和随笔,总名为《人间喜剧》。

上述表述中,国别、代表人物和代表作品的匹配完全正确的组合选项是(　　)

A. ②④⑤　　B. ①②④⑤　　C. ②③④　　D. ③④

4. [2019山西省属]"慎独"一词本系儒家用语,谓在独处无人注意时,自己的行为也要谨慎不苟。时至今日,习近平同志曾强调,"慎独"仍是领导干部的必修课。下列事例符合"慎独"涵义的是(　　)

A. 刘邦养虎遗患　　B. 杨震暮夜却金

C. 韩信胯下之辱　　D. 勾践卧薪尝胆

5. [2019河北唐山芦台]陶渊明是魏晋风流的代表,以自己的言行、诗文使人生艺术化,被称为"古今隐逸诗人之宗"。下列选项中,关于陶渊明及其作品的描述不正确的一项是(　　)

A. 安贫乐道、崇尚自然是陶渊明的主要思想

B. 咏史诗是陶渊明诗歌的主要题材

C. 自然是陶渊明诗歌的总体艺术特征

D.《五柳先生传》《归去来兮辞》均为陶渊明的代表作品

6. [2019河北保定唐县]下列唐诗所描写的内容与对应的体育项目不相符的是(　　)

A. 御马牵来亲自试,珠球到处玉蹄知—马球

B. 杨桴击节雷阗阗,乱流齐进声轰然—游泳

C. 壮徒恒贯勇,拔拒抵长河—拔河

D. 上弦明月半,激箭流星远—射箭

7. [2019山东]下列诗句与作者及作品名称的对应,错误的是(　　)

A. "大漠孤烟直,长河落日圆。"—王维《使至塞上》

B. "但使龙城飞将在,不教胡马度阴山。"—王昌龄《出塞》

C. "谁言寸草心,报得三春晖。"—李白《南园》

D. "感时花溅泪,恨别鸟惊心。"—杜甫《春望》

8. [2019河北邢台市属]下列诗句与季节对应不正确的是(　　)

A. 忽如一夜春风来,千树万树梨花开—春季

B. 接天莲叶无穷碧,映日荷花别样红—夏季

C. 塞下秋来风景异,衡阳雁去无留意—秋季

D. 山回路转不见君,雪上空留马行处—冬季

9. [2019河南安阳龙安]下列对联与名楼对应正确的是(　　)

①祢衡洲上千年恨,崔颢楼头一首诗—鹳雀楼

②高楼出云千里目,黄河入海一蓑翁—黄鹤楼

③放不开眼底乾坤，何必登斯楼把酒；吞得尽胸中云梦，方可对仙人吟诗—岳阳楼

④我辈复登临，目极湖山千里而外；奇文共欣赏，人在水天一色之中—滕王阁

A. ①②　　B. ③④　　C. ①③　　D. ②④

10.［2019河南平顶山］诗句中的历史人物出现的顺序是(　　)

①千载琵琶作胡语，分明怨恨曲中论　　②江东子弟多才俊，卷土重来未可知

③三分割据纡筹策，万古云霄一羽毛　　④一骑红尘妃子笑，无人知是荔枝来

A. ②①③④　　B. ①③④②　　C. ②③①④　　D. ①④③②

11.［2019河北邢台市属］下列说法不正确的一项是(　　)

A. "令""引""近""慢"是唐宋词的四种体制　　B. "令"即小令，每片四拍，短小

C. "慢"即慢曲，慢词较长　　D. "近"指与律诗在字数上接近

12.［2019山东烟台开发区］"秦时明月汉时关"的意思是"秦汉时的明月和秦汉时的边关"。下列诗句与这种表现手法不同的一项是(　　)

A. 烟笼寒水月笼沙　　B. 主人下马客在船

C. 将军百战死，壮士十年归　　D. 明月楼高休独倚

13.［2019山东统考］宋代著名词人辛弃疾和李清照都是济南人，字号中都有"安"字，于是后人将他们合称为"济南二安"。下列名句不是出自二人作品的是(　　)

A. 生当作人杰，死亦为鬼雄

B. 我见青山多妩媚，料青山见我应如是

C. 枝上柳绵吹又少，天涯何处无芳草

D. 众里寻他千百度，蓦然回首，那人却在灯火阑珊处

14.［2019山西长治潞州］下列诗句所反映的季节按春夏秋冬排序正确的一项是(　　)

①夕阳西下，断肠人在天涯　　②瀚海阑干百丈冰，愁云惨淡万里凝

③绿树阴浓夏日长，楼台倒影入池塘　　④夜来风雨声，花落知多少

A. ①④③②　　B. ④③②①　　C. ①③④②　　D. ④③①②

15.［2019贵州省属］下列几组人物中，三人出自同一小说的是(　　)

A. 张生、崔莺莺、红娘　　B. 潘安、贾宝玉、柳湘莲

C. 卢俊义、扈三娘、孙尚香　　D. 鲁滨逊、匹诺曹、皮皮鲁

16.［2019山西省属］下列表达诗人关心百姓疾苦的诗句是(　　)

A. 我劝天公重抖擞，不拘一格降人才　　B. 千磨万击还坚劲，任尔东西南北风

C. 些小吾曹州县吏，一枝一叶总关情　　D. 非淡泊无以明志，非宁静无以致远

17.［2019辽宁大连瓦房店］以下说法不正确的是(　　)

A. 顾拜旦被誉为"现代奥林匹克之父"

B. 邓稼先被称为我国的"两弹元勋"

C. 林则徐是"近代史上睁眼看世界的第一人"

D. 关汉卿与马致远、郑光祖、汤显祖并称为"元曲四大家"

18.［2019河北石家庄新乐］下列有关文学常识的表述，正确的一项是(　　)

A.《左传》也称《春秋左氏传》或《左氏春秋》，是儒家经典之一，它既是一部内容丰富的史书，又有很强的文学性，作者相传为同时代的左丘明

B. 罗贯中的《三国演义》一书中有很多故事家喻户晓。例如，桃园三结义、三英战吕布、三顾茅庐、三气周瑜、三打祝家庄等

C. 鲁迅的《狂人日记》收录在短篇小说集《彷徨》中，是中国现代文学史上第一部白话小说，鲜明地表现了对愚弱国民“哀其不幸，怒其不争”的态度

D.《父与子》《变色龙》《装在套子里的人》都是俄国作家契诃夫的短篇小说

19. [2019 河北邢台经开]下列有关文学常识的表述错误的一项是(　　)

A. 陶渊明，名潜，字元亮，世称靖节先生。他的作品《桃花源记(并序)》描绘了一幅没有剥削的社会图景，反映了古代农民的愿望与要求，是现实主义描写与浪漫主义精神结合的典范之作

B. 郭沫若是我国现代著名作家，代表作有诗集《女神》，历史剧有《屈原》《孔雀胆》等

C.《阿 Q 正传》《祝福》《包身工》《暴风骤雨》等小说，都反映了半殖民地旧中国劳动人民遭受重重压迫和剥削的痛苦生活

D. 老舍是现代杰出的小说家、戏剧家，小说有《骆驼祥子》《四世同堂》等，剧本有《龙须沟》《茶馆》等

20. [2019 黑龙江中学特岗]下列文学常识说法正确的是(　　)

A. 鲁迅，原名周树人，中国文学家、思想家和革命家，作品有短篇小说集《呐喊》和《彷徨》，散文诗集《野草》，散文集《朝花夕拾》

B. 老舍，原名舒庆春，字舍予，著有短篇小说《骆驼祥子》《寒夜》

C. 茅盾，原名沈德鸿，字雁冰，著有长篇小说《平凡的世界》

D. 路遥，原名王卫国，著有长篇小说《子夜》，短篇小说《林家铺子》《农村三部曲》

21. [2019 山西大同市属]下列表述错误的是(　　)

A. 小仲马的《基督山伯爵》是人物传记

B. 马克·吐温的《百万英镑》是讽刺小说

C. 莎士比亚的《哈姆雷特》创作于文艺复兴时期

D. 海明威的《永别了，武器》以一战为题材

22. [2018 河北衡水冀州]下列名言与作者的对应关系不正确的一项是(　　)

A.“朝闻道，夕死可矣”—孔子　　B.“相濡以沫，不如相忘于江湖”—庄子

C.“天行有常，不以尧存，不以桀亡”—老子　　D.“生于忧患，死于安乐”—孟子

23. [2018 河北保定]“乱花渐欲迷人眼，浅草才能没马蹄。最爱湖东行不足，绿杨阴里白沙堤。”下列关于这首名诗的作者及描写的美景说法正确的是(　　)

A. 白居易、洞庭湖　　B. 白居易、西湖

C. 苏东坡、洞庭湖　　D. 苏东坡、西湖

24. [2018 河南禹州]下列诗句按其所描写的季节，分别对应春夏秋冬的一项是(　　)

①明月别枝惊鹊，清风半夜鸣蝉　　②不知庭霰今朝落，疑是林花昨夜开

③菡萏香销翠叶残，西风愁起绿波间　　④时令北方偏向晚，可知早有绿腰肥

A. ④①③②　　B. ①③②④　　C. ②①③④　　D. ③②①④

25. [2018 河北邢台桥东]关于宋词，下列说法不正确的是(　　)

A.“两情若是久长时，又岂在朝朝暮暮”是秦观的名句

B.“有井水处即能歌柳词”说的是柳永

C.“樯橹灰飞烟灭”说的是官渡之战

D. 辛弃疾是“豪放派”的代表词人之一

26. [2018山东滨州]下列有关文学常识的表述正确的一项是(　　)

A.《国语》是最早的国别体史书,《左传》是最早的叙事详备的编年体史书,《国语》和《左传》既长于记事又长于记言

B.《论语》是儒家经典著作之一,主要记述孟子的言行,内容涉及哲学、政治、伦理、道德、文学、教育等各方面,是了解儒家学说最直接、最宝贵的资料

C. 话本产生于南宋,是说话艺人讲说故事的底本,它是适应都市的繁荣和市民阶层的需要产生的

D.《玉台新咏》是南朝徐陵所编的一部诗歌总集,其中的《木兰诗》为我国最杰出的民间叙事诗

27. [2018重庆大渡口]下列文学常识表述无误的一项是(　　)

A.《窦娥冤》—马致远—元代戏曲家

B.《爱莲说》中"说"和《陋室铭》中"铭"都是古代的文体

C. 咏物寄情散文《海燕》的作者是当代作家、文学史家郑振铎

D.《孙权劝学》—司马光—宋代思想家、文学家

28. [2018河北邢台桥东]关于外国文学常识,下列选项中说法错误的是(　　)

A. 莎士比亚,英国伟大的戏剧家,他写了三十多个剧,其中的《哈姆雷特》《李尔王》《奥赛罗》《罗密欧与朱丽叶》为"四大悲剧"

B. 歌德是德国伟大的诗人、小说家和戏剧家,其代表作有书信体小说《少年维特之烦恼》

C. 雨果是法国积极浪漫主义文学的奠基人和杰出代表,其最著名的小说有《巴黎圣母院》和《悲惨世界》

D. 安徒生是丹麦著名童话作家,《皇帝的新装》《卖火柴的小女孩》等都是脍炙人口的名篇

29. [2017河南许昌]《朝花夕拾》、《子夜》、《激流》三部曲、《白洋淀纪事》这些作品与其作者对应正确的一项是(　　)

A. 鲁迅、曹禺、茅盾、李健吾　　B. 鲁迅、茅盾、巴金、孙犁

C. 郭沫若、曹禺、巴金、李健吾　　D. 郭沫若、茅盾、巴金、孙犁

30. [2017河北保定徐水]下列搭配不正确的是(　　)

A. 莎士比亚—《威尼斯商人》—英国　　B. 海明威—《老人与海》—美国

C. 莫里哀—《李尔王》—德国　　D. 司汤达—《红与黑》—法国

31. [2017河南郑州经开]关于20世纪欧美文学作品的表述,不正确的是(　　)

A. 美国作家德莱赛的长篇小说是《美国的悲剧》

B. 法国作家罗曼·罗兰的长篇小说是《约翰·克里斯多夫》

C. 德国作家贝克特的剧本是《等待戈多》

D. 苏联作家肖洛霍夫的长篇小说是《静静的顿河》,获诺贝尔文学奖

二、多项选择题(下列每小题列出的四个选项中至少有两项是正确的。)

1. [2020河北石家庄市属]下列关于文学常识的说法,正确的有(　　)

A. 王勃、杨炯、卢照邻、骆宾王并称为"初唐四杰"

B."西出阳关无故人"中的"阳关"位于现在的宁夏

C.《安娜·卡列妮娜》是俄国作家列夫·托尔斯泰的代表作品

D."大漠孤烟直,长河落日圆"是唐朝王勃的诗句

2. [2020河北石家庄市属]习近平总书记以伟大的创造精神,伟大的奋斗精神,伟大的团结精神,伟大的梦想精神凝练概括中国人民创造的伟大民族精神,深刻阐述精神力量对中国发展和人类文明进步的重要意义。下列选项中,对应正确的是(　　)

A. 梦想精神—老骥伏枥,志在千里;烈士暮年,壮心不已

B. 团结精神—犯我中华者，虽远必诛

C. 奋斗精神—春夏耕耘，冬秋收藏，昏晨力作，夜以继日

D. 创造精神—千磨万击还坚劲，任尔东西南北风

3. [2019 山东济南钢城]诸葛亮是三国时期的蜀国丞相，是杰出的政治家、军事家、外交家。下列诗句描写诸葛亮的有(　　)

A. 出师未捷身先死，长使英雄泪满襟　　B. 羽扇纶巾，谈笑间，樯橹灰飞烟灭

C. 出师一表真名世，千载谁堪伯仲间　　D. 当其南阳时，陇亩躬自耕

4. [2019 河北秦皇岛市属]下列关于文学常识的表述，正确的有(　　)

A. 首位获得诺贝尔文学奖的亚洲人是日本文学家川端康成

B. 白居易，字乐天，号香山居士，《琵琶行》《长恨歌》都是其著名作品

C. 杜甫，字子美，自号少陵野老，在中国古典诗歌中的影响非常深远，被后人称为"诗圣"，"同是天涯沦落人，相逢何必曾相识"是他脍炙人口的诗句

D. 朱自清，著名散文家、诗人，《荷塘月色》《背影》等散文是他的代表作

5. [2019 山东德州乐陵]下列说法正确的是(　　)

A. 屈原是中国历史上第一位伟大的爱国诗人，中国浪漫主义文学的奠基人，被誉为"中华诗祖""辞赋之祖"。屈原作品的出现，标志着中国诗歌进入了一个由集体歌唱到个人独创的新时代

B. 陶渊明是中国第一位田园诗人，他创作的《古诗十九首》是我国古代五言诗的开始，有很高的艺术价值，被钟嵘誉为"五言之冠冕"。刘勰赞它"天衣无缝，一字千金"

C. 李白是唐代伟大的浪漫主义诗人，被后人誉为"诗仙"，代表作有《望庐山瀑布》《蜀道难》《将进酒》等

D. 李清照，宋代女词人，婉约词派代表，有"千古第一才女"之称，主要作品有《声声慢·寻寻觅觅》《一剪梅·红藕香残玉簟秋》《夏日绝句》等

6. [2019 贵州省属]下列选项错误的有(　　)

A. 王阳明是宋代理学家，他宣扬"心学"

B. 汉语中，可用"令爱"一词来称呼对方妻子

C.《红楼梦》中诗句"机关算尽太聪明，反误了卿卿性命"暗示了袭人的命运

D. 在现代企业经营管理中，"道"通常指企业的思想、理念和价值观。《管子·戒》中"闻一言以贯万物，谓之知道"的"道"与企业经营管理中的"道"意义相近

7. [2019 河南周口川汇]中国古典文学艺术异彩纷呈，绚丽多姿，以其独特的意蕴与风格，成为世界文化宝库中的瑰宝。下列相关表述正确的有(　　)

A.《楚辞》奠定了中国浪漫主义文学的基础

B.《雅》是《诗经》的精粹，反映了社会下层劳动群众的生活

C. 苏轼打破了诗与词的界限，使词走向广阔的社会生活中

D.《西游记》和《水浒传》为历史演义小说和英雄传奇小说的创作树立了楷模

8. [2019 河南平顶山]下列关于我国历史著作的说法，正确的有(　　)

A.《永乐大典》被称为迄今为止世界最大的百科全书

B.《四库全书》是在乾隆皇帝的主持下编撰的，分经、史、子、集四部

C.《资治通鉴》由北宋司马光主编，是我国第一部编年体通史

D.《说文解字》，作者为东汉蔡邕，是中国第一部系统地分析汉字字形和考究字源的字书

9.[2019山东统考]关于中国现代作家,下列说法正确的是( )

A.被毛泽东评价为“中华民族新文化的方向”的作家是鲁迅

B.中国杰出的现代话剧剧作家曹禺被誉为“东方的莎士比亚”,代表作是《雷雨》

C.新中国第一位获得“人民艺术家”称号的作家是茅盾

D.巴金的长篇小说《激流三部曲》包括《雾》《雨》《电》

10.[2018山东统考]下列表述正确的是( )

A.四书:《论语》《大学》《中庸》《孟子》 B.五经:《诗》《书》《礼》《乐》《春秋》

C.六艺:礼、乐、射、御、书、数 D.八卦:乾、坤、震、巽、坎、离、艮、兑

三、连线题

1.[2020山西大同市属]请连线关于《红楼梦》人物对应的概述。

贾宝玉	遵循传统道德,等级观念浓厚
林黛玉	精明强干,活泼狠毒
薛宝钗	天真率直,多愁善感,至死不渝
王熙凤	主张人人平等,尊重个性

2.[2020山西大同市属]请连线下列文学常识。

《神曲》	狄更斯	英国
《我愿是一条急流》	裴多菲	俄国
《复活》	但丁	匈牙利
《双城记》	托尔斯泰	意大利

第三章 艺术素养

一、单项选择题(下列每小题列出的四个选项中只有一项是正确的。)

1.[2021辽宁葫芦岛]在我国书法史上,以楷书著称的四位书法家分别是( )

A.欧阳询、颜真卿、柳公权、赵孟頫 B.欧阳询、颜真卿、柳公权、王羲之

C.欧阳询、颜真卿、柳公权、王献之 D.欧阳询、颜真卿、苏轼、赵孟頫

2.[2021山东青岛市北]瘦金体的创立者是( )

A.宋仁宗赵祯 B.宋徽宗赵佶 C.宋高宗赵构 D.宋光宗赵惇

3.[2020河北廊坊三河]中国古人所说的“琴棋书画”中的“琴”是指( )

A.月琴 B.琵琶 C.古琴 D.扬琴

4.[2020山东济南]京剧是中国五大戏曲剧种之一,被视为中国国粹之一。在京剧的行当中,天真活泼的年轻女性被称为( )

A.正旦 B.花旦 C.彩旦 D.刀马旦

5.[2020山东济南]广东音乐是我国第一批国家级非物质文化遗产,广泛流行于以广州为中心的珠江三角洲及广府方言区,是岭南民间传统丝竹乐种,影响遍及大江南北,也流行于世界各地的华人社区。下列曲目不属于广东音乐代表作的是( )

A.《步步高》 B.《平湖秋月》 C.《百鸟朝凤》 D.《雨打芭蕉》

6.[2020河北廊坊三河]下列作品中,属于作曲家聂耳的代表作是( )

A.《游击队歌》 B.《松花江上》 C.《在太行山上》 D.《义勇军进行曲》

7. [2020 河北唐山路北]下列选项不属于“北宋四大家”的是( )

A. 苏轼 B. 黄庭坚 C. 米芾 D. 李白

8. [2020 河南信阳市属]《富春山居图》是元朝书画，由画家黄公望为郑樗所绘，以( )的富春江为背景。

A. 江苏 B. 浙江 C. 江西 D. 湖南

9. [2020 山东济南]曾侯乙编钟是中国迄今发现数量最多、保存最好、音律最全、气势最宏伟的一套编钟，现保存于( )

A. 故宫博物院 B. 南京博物馆 C. 陕西省博物馆 D. 湖北省博物馆

10. [2019 山东德州]伯牙以善弹琴而闻名，子期则以善听琴而闻名。在伯牙子期的故事中，伯牙的《高山》和《流水》都属于著名的( )

A. 古筝曲 B. 古琴曲 C. 琵琶曲 D. 二胡曲

11. [2019 山东德州]《孔雀东南飞》中的诗句：“十三能织素，十四学裁衣，十五弹箜篌，十六诵诗书。”其中的箜篌是( )

A. 拨弦乐器 B. 丝竹乐器 C. 金石类乐器 D. 击打乐器

12. [2019 山东德州]小提琴协奏曲《梁山伯与祝英台》是以( )唱腔为素材。

A. 京剧 B. 越剧 C. 黄梅戏 D. 昆剧

13. [2019 江苏南京]京剧是我国国粹之一。京剧中的脸谱使人物的性格一目了然。红色脸谱一般代表( )

A. 刚正威严 B. 忠勇正直 C. 铁面无私 D. 骁勇凶暴

14. [2019 河北邢台经开]变脸是( )表演的特技之一，用于揭示剧中人物的内心及思想情感的变化，把不可见、不可感的抽象的情绪和心理状态变为可见和可感的具体形象。

A. 川剧 B. 评剧 C. 越剧 D. 豫剧

15. [2019 山东济南南部山区]戏曲是中国传统艺术之一，剧种繁多有趣，表演形式多样，下列剧种与发源地匹配错误的是( )

A. 花儿剧—甘肃 B. 平弦戏—青海 C. 花灯戏—贵州 D. 柳子戏—山东

16. [2019 河北邢台市属]工笔是哪种绘画形式的技法( )

A. 水彩画 B. 油画 C. 水粉画 D. 国画

17. [2019 山西长治潞州]王羲之是我国古代著名的书法家，他的( )被誉为“天下第一行书”。

A.《黄庭经》 B.《兰亭序》 C.《三希堂法帖》 D.《快雪时晴帖》

18. [2019 山东枣庄市中]盔顶是古代中国建筑的屋顶样式之一，拱而复翘的古代将军头盔式的顶式结构把中国古建筑的曲线美发挥到了极致，盔顶多用于碑、亭等礼仪性建筑。据考证，中国现存最大、最出名的盔顶建筑是( )

A. 岳阳楼 B. 滕王阁 C. 黄鹤楼 D. 阅江楼

19. [2019 江苏南京]五线谱是世界各国普遍采用的记谱法。它的发明使许多不朽的音乐名作得以流传下来。五线谱的发源地是( )

A. 希腊 B. 意大利 C. 德国 D. 奥地利

20. [2019 江苏南通]文艺复兴时期的画坛三杰不包括( )

A. 达·芬奇 B. 米开朗琪罗 C. 拉斐尔 D. 梵·高

21. [2019山东德州]下列世界著名的美术作品中不属于雕刻作品的是(   )

A.《掷铁饼者》 B.《呐喊》 C.《思想者》 D.《断臂维纳斯》

22. [2019河北唐山芦台]比萨斜塔是意大利比萨城大教堂的独立式钟楼,其发生倾斜的主要原因是(   )

A. 年久破损失修
B. 受到地震的影响
C. 塔底地层下陷
D. 常年遭受飓风吹袭

23. [2019山东济南钢城]巴洛克建筑的特点是外形自由、追求动感、喜好富丽的装饰和雕刻强烈的色彩,常用穿插的曲面和椭圆形空间来表现自由的思想和营造神秘的氛围。下列属于巴洛克主义风格建筑的是(   )

A. 索菲亚教堂 B. 巴黎圣母院 C. 罗马耶稣会教堂 D. 比萨大教堂

24. [2019山东济南]吴哥窟是世界上最大的宗教建筑,被称为东方四大奇迹之一。吴哥窟是哪个国家的著名建筑群(   )

A. 印度 B. 泰国 C. 柬埔寨 D. 印度尼西亚

25. [2019山西省属]世界著名华裔建筑大师贝聿铭于2019年5月16日去世,享年102岁,他的许多作品享誉世界,其中不包括(   )

A. 悉尼歌剧院 B. 苏州博物馆 C. 香港中银大厦 D. 卢浮宫玻璃金字塔

26. [2018河北保定]下列著名民歌与其所属类别对应正确的是(   )

A.《兰花花》—客家民歌
B.《北京的金山上》—傣族民歌
C.《嘎达梅林》—彝族民歌
D.《阿拉木汗》—维吾尔族民歌

27. [2018江苏南京四城区]《中华人民共和国国歌》的曲作者是(   )

A. 冼星海 B. 聂耳 C. 贺绿汀 D. 施光南

28. [2018江西特岗]近代欧洲最伟大的音乐家,巴洛克“音乐之父”是(   )

A. 匈牙利的李斯特
B. 德国的巴赫
C. 奥地利的舒伯特
D. 奥地利的贝多芬

29. [2018河北辛集]被誉为“中国戏曲之母”的剧种是(   )

A. 京剧 B. 豫剧 C. 秦腔 D. 昆曲

30. [2018江苏南通崇川]下列选项中,不属于中华戏曲百花苑中五大戏曲剧种的是(   )

A. 黄梅戏 B. 秦腔 C. 越剧 D. 豫剧

31. [2018河北石家庄]京剧作为我国著名剧种,和中医、国画并称为“中国三大国粹”。下列关于京剧的表述正确的是(   )

A. 人们习惯上称戏班、剧团为“杏园”
B. 京剧行当中的“净”是指女性角色
C. “梅派”唱腔创始人是京剧艺术大师梅兰芳先生
D.《梁山伯与祝英台》是京剧经典曲目之一

32. [2018山东滨州]关于中国戏剧,下列说法错误的是(   )

A. 中国戏剧包括戏曲与话剧,戏曲是传统戏剧,话剧引自西方
B. 中国戏曲与古希腊悲喜剧、印度梵剧并称为世界三大古剧
C. 明清传奇的出现标志着中国戏剧进入成熟阶段
D.《茶馆》显示了中国话剧的民族化追求,被誉为“东方舞台的奇迹”

33. [2018 河北石家庄]以下对中国文化艺术的文言别称中,属于美术的是(　　)

A. 丝竹　　B. 墨宝　　C. 丹青　　D. 金石

34. [2018 江苏南通崇川]元代画家(　　)擅长画山水,其代表作《富春山居图》被称为"中国十大传世名画之一"。

A. 黄公望　　B. 吴镇　　C. 倪瓒　　D. 王蒙

35. [2018 河北保定]被誉为"天下第一行书"的书法名篇是(　　)

A.《祭侄文稿》　　B.《兰亭集序》

C.《快雪时晴帖》　　D.《十六日帖》

36. [2018 河北保定市属]被称为"书圣"的我国著名书法家王羲之的代表作《兰亭集序》的书体是(　　)

A. 隶书　　B. 楷书　　C. 行书　　D. 草书

37. [2018 陕西西安]西安碑林是我国最大的石质书库,典籍集中,名家书法荟萃。碑林始建于(　　)

A. 唐　　B. 明　　C. 清　　D. 北宋

38. [2017 重庆市属]下列戏曲角色中,属于女性的是(　　)

A. 生　　B. 旦　　C. 净　　D. 末

39. [2017 山东济宁]京剧脸谱非常丰富,图案变化多端、内涵丰富。通常情况下黑色脸谱表示(　　)

A. 清正廉洁　　B. 凶狠残暴　　C. 忠勇侠义　　D. 刚烈正直

40. [2017 山西大同]被称为"天下第三行书"的书法作品是宋代文学家苏轼所书的(　　)

A.《兰亭序》　　B.《丧乱帖》　　C.《寒食帖》　　D.《祭侄文稿》

二、多项选择题(下列每小题列出的四个选项中至少有两项是正确的。)

1. [2021 山东济南历下]"楷书四大家"是对书法史上以楷书著称的四位书法家的合称,下列书法家中属于唐朝的是(　　)

A. 欧阳询　　B. 赵孟頫　　C. 颜真卿　　D. 柳公权

2. [2019 山东济南]中国音乐的发展有悠久的历史。五声音阶是中国古乐基本音阶,中国古代的五个音阶指宫、商、(　　)

A. 角　　B. 喉　　C. 徵　　D. 羽

3. [2019 山东枣庄滕州]《富春山居图》是元代画家黄公望于1350年创作的纸本水墨画,是中国十大传世名画之一。此画几经易手,并因"焚画殉葬"而身首两段,现存放《富春山居图》的博物馆有(　　)

A. 故宫博物院　　B. 台北故宫博物院

C. 南京博物院　　D. 浙江省博物馆

4. [2019 山东济南钢城]中国古代建筑的特点之一是最敢于使用色彩.也最善于使用色彩。大凡宫殿、坛庙、寺观等建筑物多使用对比强烈、色调鲜明的色彩。故宫,又名紫禁城,其建筑主色调是(　　)

A. 白　　B. 灰　　C. 红　　D. 黄

5. [2017 山东济宁]埃及是拥有厚重历史的文明古国,遍地散落着古文明的遗迹。下列属于埃及名胜古迹的是(　　)

A. 金刚山　　B. 金字塔　　C. 狮身人面像　　D. 帝王谷

三、判断题(判断下列每小题的正误,正确的打"√",错误的打"×"。)

1. [2021 辽宁葫芦岛]中国画讲究形式美,构图受时间、空间的限制,但画面空白的运用独具特色。(　　)

2. [2021 河北石家庄市属]龙门石窟位于山西省大同市。(　　)

3.［2020山西大同平城］京剧作为国粹，它的艺术风格发展完善而多样。其中“梅派”综合了青衣、花旦和刀马旦的表演方式，唱腔醇厚、表演雍容华贵，深受观众喜爱。《贵妃醉酒》《嫦娥奔月》就是梅派的代表作品。（ ）

4.［2019黑龙江小学特岗］《义勇军进行曲》是我国的国歌，它的作者是冼星海。（ ）

5.［2019河北秦皇岛市属］约翰·施特劳斯父子都是奥地利著名作曲家，老施特劳斯创作了脍炙人口的《蓝色多瑙河》，小施特劳斯则被誉为“圆舞曲之王”。（ ）

6.［2019河北唐山芦台］泰山上的建筑群体现了道教“天人合一”的思想，堪称中国古代建筑史上的奇观，被誉为“中国古代建筑成就的博物馆”和“挂在悬崖峭壁上的故宫”。（ ）

7.［2019山东德州］雕塑与摄影、绘画、书法最大的区别在于雕塑是在三度空间里创造出的可以触摸的实体形象，而后三者创造出的都是平面形象。（ ）

8.［2019黑龙江中学特岗］我国现存皇家园林中保存最完整的一座古典园林是御花园。（ ）

9.［2018河北石家庄］京剧中饰演性格活泼开朗的青年女性的是刀马旦。（ ）

10.［2018河北石家庄市属］赵州桥是唐朝李春主持建造的。（ ）

第四章 传统文化素养

一、单项选择题(下列每小题列出的四个选项中只有一项是正确的。)

1.［2021河北石家庄市属］3月5日是学雷锋纪念日，各地会开展各种形式的纪念活动。3月5日和下列哪个节气的时间最接近（ ）

A. 惊蛰　B. 雨水　C. 春分　D. 清明

2.［2021山东济南历下］2021年为农历辛丑年，这一称谓沿用了古代干支纪年的方法。下列表述中没有使用干支纪年的是（ ）

A. 永和九年，岁在癸丑，暮春之初，会于会稽山阴之兰亭

B. 夏四月辛巳，败秦师于殽

C. 淳熙丙申至日，予过维扬

D. 死事之惨，以辛亥三月二十九日围攻两广督署之役为最

3.［2021山东济南历下］“三更”是指（ ）

A. 21点到23点　B. 23点凌晨1点　C. 凌晨1点至3点　D. 24点

4.［2021河北石家庄市属］下列传统节日按照一年中的先后顺序排列，正确的一项是（ ）

①今夜月明人尽望，不知秋思落谁家。　②遥知兄弟登高处，遍插茱萸少一人。

③国亡身殒今何有，只留离骚在世间。　④爆竹声中一岁除，春风送暖入屠苏。

A. ④③②①　B. ④③①②　C. ③④①②　D. ③②④①

5.［2021辽宁葫芦岛］古时候，一家有兄弟数人，在给他们起名字的时候，家长会有意用上一些表示顺序的字，以示长幼有序。下列排行称谓按照年龄从大到小，排列正确的是（ ）

A. 仲、季、叔、孟　B. 孟、仲、叔、季　C. 仲、叔、孟、季　D. 仲、孟、叔、季

6.［2021山东青岛市北］“国学”一词最早出自《周礼·春官宗伯·乐师》的“乐师掌国学之政”，其中“国学”的意思是（ ）

A. 家族内设立的教育机构　B. 诸侯国设立的教育机构

C. 以周礼为中心的一门学问　D. 以音乐为中心的一门学问

7.[2020河南信阳市属]二十四节气，是于中国先秦时期就已经订立、到汉代完全确立的用来指导农事的补充历法，始于________，终于________，周而复始。(　　)

A. 春分　冬至　　B. 立春　冬至　　C. 立春　大寒　　D. 春分　大寒

8.[2020河北唐山路北]过了哪天，夏天的燥热褪去，天气逐渐凉爽(　　)

A. 立秋　　B. 小暑　　C. 大暑　　D. 处暑

9.[2020山东青岛]我国各地昼夜平分的节气是(　　)

A. 立春　　B. 谷雨　　C. 芒种　　D. 秋分

10.[2020黑龙江小学特岗]下列哪一句是描写重阳节的诗句(　　)

A. 千门万户曈曈日，总把新桃换旧符　　B. 遥知兄弟登高处，遍插茱萸少一人

C. 月色灯山满帝都，香车宝盖隘通衢　　D. 天上若无修月户，桂枝撑损向西轮

11.[2020山东济南历城]古人的年龄有时不直接用数字表示，而是用一种与年龄有关的称谓来代替。《桃花源记》中有“黄发垂髫，并怡然自乐”的语句。“垂髫”是指(　　)

A. 三四岁到八九岁的儿童　　B. 八九岁到十三四岁的少年

C. 男子十五岁　　D. 少女十三四岁

12.[2020河北唐山路北]陶渊明《饮酒》中的名句“行行向不惑，淹留遂无成”中的“不惑”指多少岁(　　)

A. 20岁　　B. 30岁　　C. 40岁　　D. 50岁

13.[2020河北唐山路北]2019年12月31日，习近平总书记在新年贺词中说：“让我们只争朝夕，不负韶华，共同迎接2020年的到来。”韶华指的是(　　)

A. 幼儿时期　　B. 青年时期　　C. 老年时期　　D. 中年时期

14.[2020山东济南]古人的年龄有时不直接用数字表示，而是用一种与年龄有关的称谓来代替。陆游有诗“余生已过足，不必到期颐”，苏轼有诗“到处不妨闲卜筑，流年自可数期颐”。“期颐”指的是(　　)

A. 七十岁　　B. 六十岁　　C. 九十岁　　D. 一百岁

15.[2020河南信阳市属]拥有高贵品质的人一直是世人推崇和学习的对象，在我国古代，常用梅、兰、竹、菊四种植物来隐喻四种颇具风骨的君子，其中菊所代表的是(　　)

A. 正人君子　　B. 世外隐士　　C. 当世大儒　　D. 少年天才

16.[2020河北廊坊三河]铁观音是(　　)出产的名茶。

A. 湖南　　B. 浙江　　C. 安徽　　D. 福建

17.[2020河北石家庄市属]在古代中国社会中，私学是与官学相对而存在的，并在中国教育史上占有重要的地位。我国历史上(　　)的私学规模最大、影响最深远。

A. 孔子　　B. 孟子　　C. 老子　　D. 墨子

18.[2020河北石家庄市属]北宋初期是我国书院教育的高潮期，出现了著名的四大书院，即(　　)书院、白鹿洞书院、嵩阳书院、应天书院。

A. 丽泽　　B. 岳麓　　C. 石鼓　　D. 茅山

19.[2020山东青岛]下列我国古代科举考试与录取者称谓，对应正确的是(　　)

A. 院试—贡生　　B. 乡试—秀才　　C. 会试—举人　　D. 殿试—进士

20.[2019河北保定唐县]下列民俗与端午节有关的是(　　)

A. 庭燎　　B. 守岁　　C. 喝菊花酒　　D. 喝雄黄酒

21.[2019河北唐山芦台]“姑苏城外寒山寺，夜半钟声到客船”出自唐代诗人张继的《枫桥夜泊》，古时

候,我国把一日分为“十二时”,诗句中的“夜半”对应的时间是(　　)

A. 从前一日23时至次日1时　　B. 从11至13点
C. 从15至17点　　D. 从19至21点

22.［2019河南郑州经开］“云母屏风烛影深,长河渐落晓星沉”描写的是一天之中的哪一时段(　　)

A. 黄昏　　B. 夜半　　C. 黎明　　D. 午后

23.［2019山西吕梁］2016年11月30日,形成于春秋战国时期的“二十四节气”歌谣,被列入联合国教科文组织人类非物质文化遗产代表作名录。歌谣是:“(　　),夏满芒夏暑相连,秋处露秋寒霜降,冬雪雪冬小大寒”。

A. 立春惊春清谷天　　B. 春雨惊春清谷天
C. 春雨春分清谷天　　D. 立春雨水清谷天

24.［2019山东统考］“冬九九”又称“数九”,是我国冬季的一种民间节气,生动形象地记录了冬天的气候变化情况,同时也表达了农事活动的一些规律。“冬九九”始于(　　)

A. 立冬　　B. 冬至　　C. 小寒　　D. 大寒

25.［2019山东济南钢城］《礼记·月令》用“蝼蝈鸣,蚯蚓出,王瓜生,苦菜秀”解释我国的二十四节气之一。在这个时节,蝼蝈开始聒噪,蚯蚓也忙着帮农民翻松土地,田埂的野菜也都彼此争相出土,日日攀长。这一节气是(　　)

A. 惊蛰　　B. 春分　　C. 谷雨　　D. 立夏

26.［2019山西大同市属］下列词语代表的年龄大于“垂髫”的是(　　)

A. 及笄　　B. 孩提　　C. 始龀　　D. 襁褓

27.［2019黑龙江中学特岗］古代年龄称谓中“不惑之年”指的是(　　)

A. 30岁　　B. 40岁　　C. 50岁　　D. 60岁

28.［2019山西吕梁］下列关于朋友关系与其雅称,对应正确的一项是(　　)

A. 贫贱而地位低下时结交的朋友—莫逆之交
B. 有道德有学问的人结成的朋友—竹马之交
C. 以平民身份交往的朋友—贫贱之交
D. 情谊契合、亲如兄弟的朋友—金兰之交

29.［2019山东烟台开发区］谦辞用于自称,以示谦虚。下列称谓不属于谦辞的有(　　)

A. 令郎　　B. 舍妹　　C. 老朽　　D. 家严

30.［2019山西大同市属］“伯仲之间”比喻两者之间差不多,难分优劣,其中“伯”和“仲”分别指(　　)

A. 老大、老二　　B. 老二、老三　　C. 老大、老三　　D. 老三、老四

31.［2019山东枣庄市中］“江山如此多娇,引无数英雄竞折腰。惜秦皇汉武,略输文采;唐宗宋祖,稍逊风骚。”毛泽东在《沁园春·雪》这首词中的“汉武”指皇帝的(　　)

A. 谥号　　B. 年号　　C. 庙号　　D. 尊号

32.［2019河南平顶山］“闭月”代指古代四大美女中的(　　)

A. 西施　　B. 杨玉环　　C. 王昭君　　D. 貂蝉

33.［2019河南郑州经开］下列关于中国古代“四大美女”的说法正确的是(　　)

A. “云想衣裳花想容”是形容杨玉环美貌的诗句
B. “王允巧施连环记”与“羞花”讲的是貂蝉的故事
C. “闭月”所形容的美女生活在崇尚“以肥为美”的时代
D. “沉鱼”讲的是王昭君的故事,“落雁”讲的是西施的故事

34.[2019吉林长春高新]汉族传统寓意图案中的(　　)经冬不凋,因此有“岁寒三友”之称。

A.兰、梅、松　　B.松、竹、梅　　C.兰、竹、菊　　D.菊、梅、竹

35.[2019山东统考]明代黄凤池辑有《梅竹兰菊四谱》,从此,梅、兰、竹、菊被称为“四君子”,世人常用“四君子”来寓意人的品德高尚。其中,竹所代表的是(　　)

A.劳动模范　　B.名臣贤相　　C.谦谦君子　　D.奸诈小人

36.[2019山东统考]成语是中国传统文化的一大特色,有固定的结构、形式和说法,表达一定的含义。下列选项中,与“蟾宫折桂”含义最接近的是(　　)

A.名落孙山　　B.金榜题名　　C.掩耳盗铃　　D.胸有成竹

37.[2019河北石家庄新乐]下列诗句背景与科举制的实行无关的是(　　)

A.慈恩寺下题名处,十七人中最少年　　B.太宗皇帝真长策,赚得英雄尽白头

C.黑发不知勤学早,白首方悔读书迟　　D.春风得意马蹄疾,一日看尽长安花

38.[2019山东统考]古人所说的“不夜侯”“仙芽”“雀舌”,指的是(　　)

A.茶　　B.竹笋　　C.韭菜　　D.瓜子

39.[2019山西大同市属]在我国风俗中,常常避讳73和84这两个岁数,因为这是(　　)两位历史人物去世的虚龄。

A.孔子和孟子　　B.老子和庄子　　C.汉高祖和汉武帝　　D.周武王和周文王

40.[2019河南安阳龙安]下列关于文化常识的解说,不正确的一项是(　　)

A.科举制,我国古代通过考试选拔官吏的制度。由于采用分科取士的办法,所以叫作科举

B.丧服,指为哀悼死者而穿的服装;服除,指穿上丧服,意谓开始守孝

C.顿首,以头叩地而拜,在古代书信中,也用于表示对对方尊崇的敬语

D.讣闻,又叫“讣告”,是向亲友报丧的通知,多附有死者的事略。讣闻是一种应用文体

41.[2018江西特岗]我国(　　)有赏花灯、闹年鼓、迎厕神、猜灯谜等活动。

A.春节　　B.端午节　　C.元宵节　　D.中秋节

42.[2018河北石家庄]二十四节气是中国古代订立的一种用于指导农事的补充历法,是中国古代汉族劳动人民长期经验的积累和智慧的结晶。其中,太阳几乎直射北回归线的这一天被称为(　　)

A.立春　　B.春分　　C.立夏　　D.夏至

43.[2018江苏南京四城区]“二十四节气”是我国古代劳动人民通过观察太阳周年运动,认知一年中时令、气候、物候等方面变化规律形成的智慧结晶,其形成于我国的(　　)

A.珠江流域　　B.长江流域　　C.黄河流域　　D.辽河流域

44.[2018山东统考]古人对于一昼夜有等分的时辰概念,用十二地支表示十二个时辰,每个时辰恰好等于现代的两小时。下列古代时辰和现代时间对应正确的是(　　)

A.辰时9:00~11:00　　B.子时23:00~1:00

C.未时15:00~17:00　　D.亥时19:00~21:00

45.[2018山西长治襄垣]“文房四宝”中的毛笔,相传是谁发明的(　　)

A.乐毅　　B.司马相如　　C.蒙恬　　D.姜子牙

46.[2018山东统考]古代帝王、诸侯、卿大夫等死后,朝廷根据他们的生平行为给予一种称号以褒贬善恶,称为谥或谥号。谥号多用固定的一些字来指称死者的美德或恶德等,大致可分为表扬、批评和同情三类。下列谥号表示同情的是(　　)

A.文、武　　B.成、献　　C.灵、炀　　D.哀、怀

47. [2018河北石家庄市属]根据中国传统建筑的特点，站在院外，面对大院的门口，你的左手边是什么方向(　　)

A. 东　　B. 西　　C. 南　　D. 北

48. [2018河北石家庄市属]四大名茶之一的龙井茶的产地是(　　)

A. 福建安溪　　B. 云南普洱　　C. 河南信阳　　D. 浙江杭州

49. [2018河北衡水冀州]“岁寒三友”和“四君子”是中国古代器物、衣物和建筑上常用的装饰题材。“岁寒三友”和“四君子”中均包括(　　)

A. 松、梅　　B. 兰、梅　　C. 竹、菊　　D. 竹、梅

50. [2018河北保定]古代称女子“豆蔻”，是指女子(　　)岁。

A. 十二　　B. 十三　　C. 十四　　D. 十五

51. [2018山东枣庄峄城]耄耋之年一般指的是(　　)

A. 五十岁　　B. 六十岁　　C. 七十岁　　D. 八九十岁

52. [2018河北保定]我国历史上的八股取士创始于(　　)

A. 秦朝　　B. 宋朝　　C. 元朝　　D. 明朝

53. [2018江苏徐州]国粹是指一个国家固有文化中的精华。下列选项中，不属于中国“三大国粹”的是(　　)

A. 中国功夫　　B. 中国京剧　　C. 中国医学　　D. 中国画

54. [2018山东聊城东昌府]下列关于文化常识的解说，不正确的一项是(　　)

A. “受禅”，也叫禅让制，是中国上古时期以来推举首领的一种方式，即群体中个人表决，以多数决定

B. 古代的科举考试中称乡试、会试、殿试的第一名分别为解元、会元、状元，合称“三元”，在这三种考试中皆中第一名称“连中三元”

C. “六部”，隋唐至清中央行政机构分吏部、户部、礼部、兵部、刑部、工部。这些部门各司其职，如户部主管科举、学校等事

D. “封禅”是古代帝王祭天地的最隆重的典礼，一般都是由帝王亲自到泰山上举行

55. [2017山西大同]寒食节是我国历史悠久的传统节日，寒食节的设立是为了纪念(　　)

A. 介子推　　B. 伍子胥　　C. 范蠡　　D. 屈原

56. [2017山东济宁]联合国教科文组织保护非物质文化遗产政府间委员会第十一届常会通过审议，批准中国申报的列入联合国教科文组织人类非物质文化遗产代表作名录的是(　　)

A. 端午节　　B. 二十四节气　　C. 中秋节　　D. 重阳节

57. [2017河北保定]下列二十四节气中，按时间顺序排列正确的是(　　)

A. 立春，清明，小满，谷雨　　B. 立夏，芒种，小暑，春分

C. 白露，秋分，霜降，寒露　　D. 惊蛰，谷雨，立夏，小暑

58. [2017山东济宁]农历是我国传统历法，其每个月份都有自己的别称。由于它和农业生产有着密切的联系，所以从二月到九月差不多都用植物来表示别称。农历五月的别称是(　　)

A. 榴月　　B. 桃月　　C. 槐月　　D. 杏月

59. [2017山东济宁]我国古代人民把一天划分为十二个时辰，其中的“子时”指(　　)

A. 晚上9点至晚上11点　　B. 晚上10点至晚上12点

C. 晚上11点至凌晨1点　　D. 晚上12点至凌晨2点

60. [2017山东统考]下列关于成语的说法不正确的是(　　)

A."功亏一篑"中的"篑"指的是盛土的筐子　B."扑朔迷离"原来形容的是狐狸

C."手不释卷"的典故指的是吕蒙　D."洛阳纸贵"与《三都赋》有关

61. [2017吉林]"润笔"原指使用毛笔时先用水把笔毛泡开、泡软，这样毛笔较容易吸收墨汁，写字时会感觉比较圆润。后来"润笔"被用来泛指(　　)

A. 写文章、写字、作画的报酬　B. 优秀的作家、书法家或画家

C."文房四宝"　D. 替别人研磨墨汁的书童

62. [2017河北保定徐水]下列成语表现情义最为深重的是(　　)

A. 莫逆之交　B. 金兰之交　C. 刎颈之交　D. 点头之交

63. [2017山东济宁]中华传统民俗积淀着深厚的文化内涵，其中首先体现的是(　　)

A. 群体和等级观念　B. 敬祖和孝亲观念　C. 美的追求和向往　D. 诚信和爱众观念

64. [2017河北张家口](　　)是我国的特有花卉，它雍容华贵，富丽多姿，被誉为"国色天香""花中之王""富贵花"等。

A. 芍药　B. 牡丹　C. 菊花　D. 海棠

65. [2017湖北特岗]被称为文房四雅的是(　　)

A. 梅、兰、竹、菊　B. 笔、墨、纸、砚

C. 焚香、品茗、插花、挂画　D. 香草、艾草、桂花、菖蒲

二、多项选择题(下列每小题列出的四个选项中至少有两项是正确的。)

1. [2021山东济南历下]下列说法中正确的有(　　)

A. 望指阴历每月十五　B. 既望指小月农历十六，大月农历十七

C. 晦指每月农历初一　D. 朔指每月农历的最末一天

2. [2021山东济南历下]关于我国古代年龄的称谓，下列表述中正确的有(　　)

A. 襁褓：一周岁　B. 始龀：十二三岁

C. 不惑之年：四十岁　D. 耄耋之年：八九十岁

3. [2021辽宁葫芦岛]教师的称谓并不是以一种不变的姿态从古代一直沿袭至今，下列选项中属于对教师的称谓的有(　　)

A. 夫子　B. 司徒　C. 先生　D. 大夫

4. [2020河北唐山路北]下列十二地支与十二生肖对应不正确的是(　　)

A. 子鼠　B. 丑虎　C. 辰蛇　D. 申猴

5. [2020山东济南]端午节是中国民间的传统节日，别称众多。端午节最早源自天象崇拜，由上古时代祭龙演变而来，在传承发展中又杂糅了多种民俗，蕴含着深邃丰厚的节俗文化内涵。下列属于端午节别称的是(　　)

A. 正阳节　B. 天中节　C. 龙节　D. 重午节

6. [2020山东青岛]关于古代年龄的称谓，下列选项中正确的是(　　)

A. 垂髫：两三岁　B. 及笄：十五岁　C. 弱冠：二十岁　D. 耳顺：五十岁

7. [2019山东济南]在中国的传统节日中，美丽动人的"牛郎织女鹊桥会"的"七夕"被人们当作我国的情人节，这天在古代又叫(　　)节。

A. 牛郎织女　B. 乞巧　C. 七巧　D. 双七

8. [2019 河南平顶山]唐朝时,河北有位崔元翰,参加科举考试曾“连中三元”,三元指的是(　　)

A. 解元　　B. 会元　　C. 贡元　　D. 状元

9. [2018 山西长治襄垣]下列传统节日中,与二十四节气无关的是(　　)

A. 元宵节　　B. 端午节　　C. 中秋节　　D. 清明节

10. [2018 河北保定]以下我国传统节日和习俗对应正确的有(　　)

A. 清明节—扫墓　　B. 端午节—吃粽子

C. 重阳节—祭祀先人　　D. 中秋节—赏月

11. [2017 河南漯河]关于二十四节气的说法,正确的有(　　)

A. 雨水、谷雨反映降水现象　　B. 立春、春分反映季节变化

C. 惊蛰、清明反映自然物候现象　　D. 小满、芒种与农作物成熟和收成相关

12. [2017 河北保定徐水]我国是历史悠久的文明古国,在我国文化史上,(　　)都可以表示“第一”。

A. 榜首　　B. 问鼎　　C. 夺魁　　D. 伯仲

三、判断题(判断下列每小题的正误,正确的打“√”,错误的打“×”。)

1. [2020 黑龙江中学特岗]古代所说的“三更”指的是二十一点到二十三点。(　　)

2. [2020 河北廊坊三河]梅花、松树、竹子、菊花是中国画的传统题材,谓之国画“四君子”。(　　)

3. [2020 河北唐山路北]“九”在数字中是最大数,有长久、长寿的含意,寄托着人们渴望健康长寿的希望。(　　)

4. [2019 山西吕梁]在我国古代,人的年龄有专门的称谓替代数字。比如,“而立之年”代替了30岁;“耄耋之年”代替了80~90岁;“总角之年”就是指八九岁至十三四岁的儿童、少年,与“豆蔻年华”用法相同。(　　)

5. [2019 黑龙江小学特岗]按照古代年龄称谓,七十岁被称为“花甲之年”。(　　)

6. [2019 黑龙江中学特岗]长揖是古时不分尊卑的相见礼,拱手高举,自上而下。(　　)

7. [2018 山西长治襄垣]我国古代对于年龄有很多独特的称呼,其中满一百岁被称为耄耋。(　　)

8. [2018 河北辛集]我国古代关于“柳”的风俗有“折柳”和“插柳”,前者用于表达惜别之情,后者相传是为了纪念在春秋时期晋国“抱柳而死”的介子推。(　　)

9. [2018 山东聊城东昌府]“伯仲叔季”是古代兄弟间依长幼排行的顺序。一般来说“伯”是老大,“仲”是老二,“叔”是老三,“季”是老四。(　　)

10. [2018 山东聊城东昌府]“国子监”是中国古代封建社会的教育管理机关和最高学府,入监读书的人称监生,教学人员为祭酒、司业等,掌管人员为博士、助教等。(　　)

11. [2017 山东济宁]“东风夜放花千树。更吹落、星如雨”描述的是元宵节的景象。(　　)

12. [2017 河北保定]清明既是二十四节气之一,又是一个历史悠久的传统节日。清明的前一天称寒食节。两节恰逢阳春三月,阳光明媚,桃红柳绿,一派欣欣向荣的气象。寒食节的设立是为了纪念伍子胥。(　　)

第六部分　科技常识

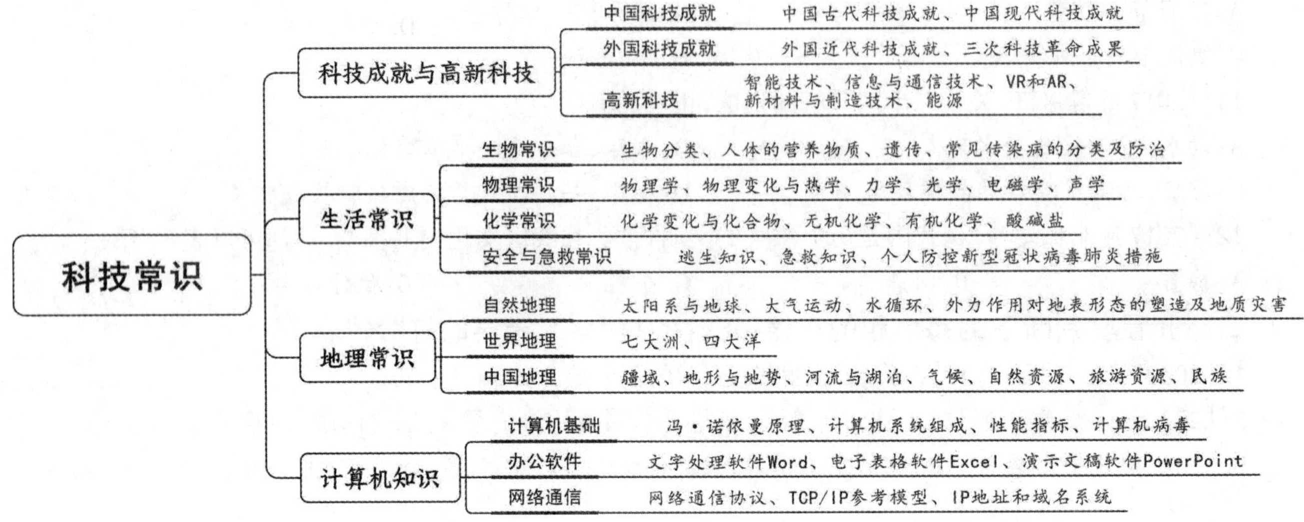

第一章　科技成就与高新科技

基础知识达标

一、单项选择题(下列每小题列出的四个选项中只有一项是正确的。)

1.[2021山东青岛市北]2020年12月10日4时14分,我国在西昌卫星发射中心用长征十一号运载火箭,以"一箭双星"方式将引力波暴高能电磁对应体全天监测器卫星送入预定轨道。为了利于科学传播,卫星昵称为(　　)

A.墨子　　B.慧眼　　C.极目　　D.太极

2.[2021山东济南历下]下列属于霍金作品的是(　　)

A.大爆炸探秘　　B.自然的终结

C.物理世界奇遇记　　D.时间简史——从大爆炸到黑洞

3.[2021辽宁葫芦岛]在研究光电效应的过程中,物理学者对光子的量子性质有了更加深入的了解,这对波粒二象性概念的提出有重大影响。光电效应是由(　　)发现的。

A.赫兹　　B.爱因斯坦　　C.爱迪生　　D.法拉第

4.[2021辽宁葫芦岛]云存储正在通过各种应用服务走进我们的生活,逐渐改变着我们对传统存储方式的认知。在服务构建方面,它是通过分布式、虚拟化、智能配置等技术,实现(　　)的共享存储资源。

A.海量、动态性扩展、高成本、高能耗　　B.海量、可弹性扩展、低成本、低能耗

C.微量、动态性扩展、低成本、低能耗　　D.微量、可弹性扩展、高成本、高能耗

5.[2021辽宁葫芦岛]能源按其基本形态分为一次能源和二次能源,下列属于二次能源的是(　　)

A.太阳能　　B.石油　　C.海洋能　　D.煤气

6. [2020湖北特岗]明朝医药学家李时珍编著的(　　),分类科学严密,包含药物数目众多,文笔流畅生动,被誉为"东方医药巨典"。

A.《千金方》　B.《神农本草经》　C.《伤寒杂病论》　D.《本草纲目》

7. [2020山西大同市属]《天工开物》是世界上第一部关于农业和手工业生产的综合性著作,该书作者是(　　)

A. 贾思勰　B. 宋应星　C. 张景岳　D. 徐光启

8. [2020河北廊坊三河]下列不是医学著作的是(　　)

A.《神农本草经》　B.《齐民要术》　C.《本草纲目》　D.《黄帝内经》

9. [2020河北廊坊三河]第一个将圆周率精确到3.1415926和3.1415927之间的数学家是(　　)

A. 毕达哥拉斯　B. 亚里士多德　C. 牛顿　D. 祖冲之

10. [2020河北廊坊三河]1969年7月20日,人类第一次登上月球,本次登月乘坐的是(　　)

A. 美国的"挑战者"宇宙飞船　B. 美国的"阿波罗11号"宇宙飞船

C. 美国的"爱国者"宇宙飞船　D. 苏联的"登月号"宇宙飞船

11. [2020山东济南]"癸丑之三月晦(公元1613年5月19日),自宁海出西门,云散日朗,人意山光,俱有喜态。"短短24个字为后人留下了文化旅游的瑰宝。自2011年起,每年的5月19日被定为"中国旅游日"。中国旅游日的设立与我国历史上伟大的旅行家、地理学家、史学家、文学家(　　)有关。

A. 沈括　B. 周达观　C. 徐霞客　D. 裴秀

12. [2020山东青岛]关于科学家与其代表成就的描述,下列选项中对应错误的是(　　)

A. 牛顿—经典力学　B. 法拉第—电磁感应

C. 普朗克—狭义相对论　D. 爱因斯坦—广义相对论

13. [2020山东青岛]第55颗导航卫星的成功发射,标志着我国组网成功的卫星导航系统是(　　)

A. 北斗一号　B. 北斗二号　C. 北斗三号　D. 北斗四号

14. [2020山东青岛]我国真正意义上的第一艘国产航空母舰是(　　)

A. 辽宁舰　B. 海南舰　C. 浙江舰　D. 山东舰

15. [2019山东济南联考]地铁是城市公共交通运输的一种形式,其线路通常铺设在地下隧道内,也有在城市中心以外,采用以地下转到地面或高架桥上的辐射方式。1863年,开通世界上首条地下铁路系统的城市是(　　)

A. 纽约　B. 伦敦　C. 东京　D. 圣彼得堡

16. [2019山东淄博]2019年是5G元年,5G为产业赋能最直接的体现是(　　)

A. 智能机器人　B. 手机终端　C. 物联网　D. 自动化设备

17. [2019江苏南京]在(　　)时期,我国采用纸张取代简牍成为最主要的书写材料。

A. 战国　B. 魏晋南北朝　C. 秦汉　D. 隋唐

18. [2019河南平顶山]我国《九章算术》成书于(　　)时期。

A. 春秋　B. 东汉　C. 西汉　D. 三国

19. [2019河南平顶山]我国数学成就为天元术的人是(　　)

A. 杨辉　B. 祖冲之　C. 刘徽　D. 李冶

20. [2019山东德州]我国现存最早最完整的一部农学著作是北魏贾思勰所著的(　　)

A.《天工开物》　B.《梦溪笔谈》　C.《农政全书》　D.《齐民要术》

21. [2019山东统考]关于医学常识,下列说法错误的是(　　)

A. 华佗首创"麻沸散",被称为外科鼻祖

B. 张仲景是唐代人，著有《伤寒杂病论》

C. 明朝李时珍著的《本草纲目》，被称为东方药物巨典

D. 孙思邈著有《千金方》，这是一本综合性临床百科全书

22. [2019山西省属]下列将中国古代的科学家与科学贡献对应错误的是（　　）

A. 张衡—浑天仪　　B. 徐光启—《梦溪笔谈》

C. 蔡伦—造纸术　　D. 宋应星—《天工开物》

23. [2019山西省属]“五禽戏”是汉末医学家华佗倡导的一种模仿动物的动作和神态进行健身的方法。下列不属于“五禽”之一的是（　　）

A. 虎　　B. 蛇　　C. 熊　　D. 猿

24. [2019河北邢台经开]2019年8月17日12时11分，酒泉卫星发射中心，北京国电高科科技有限公司（以下简称“国电高科”）研制的（　　）（又名“忻中一号”）卫星，由首次发射的捷龙一号商业火箭成功送入太空。该卫星是天启星座的第三颗业务星，它的成功入轨，标志着天启物联网星座实现初步组网运行。

A. 天启·忻州号　　B. 天启·沧州号　　C. 天启·辽宁号　　D. 天启·霸州号

25. [2019山西长治潞州]2019年7月19日，（　　）受控离轨并再入大气层，少量残骸落入南太平洋预定安全海域。这标志着中国载人航天工程空间实验室任务圆满完成，我国正式进入空间站时代。

A. 天宫一号空间实验室　　B. 天宫二号空间实验室

C. 天宫三号空间实验室　　D. 天宫四号空间实验室

26. [2019河南平顶山]2019年5月26日电，近日，考察队员抵达北极斯瓦尔巴地区的中国北极（　　）站，开始执行我国2019年业务化观监测及科学研究任务。

A. 昆仑　　B. 中山　　C. 黄河　　D. 泰山

27. [2019河北石家庄市属]2019年1月3日，（　　）探测器成功着陆在月球背面的预选着陆区，并通过“鹊桥”中继星传回了世界第一张近距离拍摄的月背影像图，揭开了古老月背的神秘面纱。

A. 天宫三号　　B. 天宫四号　　C. 嫦娥四号　　D. 嫦娥五号

28. [2019山东烟台招远]2019年1月3日，中国“嫦娥四号”探测器成功在月球背面着陆，实现了人类航天器首次在月球背面巡视探测。在月背复杂地形上实现软着陆、建立地月数据中继通信是“嫦娥四号”项目的两个最大难点。成功建立地月数据中继通信的是（　　）

A. “鹊桥”号中继星　　B. “玉兔二号”巡视器

C. “嫦娥四号”着陆器　　D. “创世纪”号探测器

29. [2019山东枣庄市中]1970年4月，中国第一颗人造地球卫星“东方红一号”发射成功，标志着中国正式进入“太空俱乐部时代”。“东方红一号”卫星发射的地点是（　　）

A. 文昌卫星发射中心　　B. 酒泉卫星发射中心

C. 太原卫星发射中心　　D. 西昌卫星发射中心

30. [2019河南郑州新郑]2019年3月30日，我国首个行政区域5G网络在（　　）建成并开始试用。

A. 北京　　B. 上海　　C. 深圳　　D. 杭州

31. [2019河北石家庄市属]中国国家最高科学技术奖的奖金数额由（　　）规定。

A. 中共中央　　B. 国务院　　C. 教育部　　D. 科技部

32. [2019山东德州]中国设立的第一个南极考察站的名称是（　　）

A. 中国南极长城站　　B. 中国南极泰山站

C. 中国南极中山站　　D. 中国南极昆仑站

33. [2019江西特岗]黄金分割是由公元前6世纪古希腊的数学家毕达哥拉斯发现的,被公认为是最能引起美感的比例。其比例是( )

A. 1∶0.418 B. 1∶0.518 C. 1∶0.618 D. 1∶0.718

34. [2019山东枣庄市中]《天体运行论》的出版,标志"日心说"正式创立。这是天文学上的一次革命,引起人类宇宙观的重大变革,使西方文明从宗教的束缚中解脱出来。《天体运行论》的作者是( )

A. 哥白尼 B. 牛顿 C. 伽利略 D. 开普勒

35. [2019山东德州]第一架天文望远镜是由( )发明的,这位科学家用望远镜发现了木星的卫星。后来用这位科学家的名字命名了此卫星。

A. 开普勒 B. 哥白尼 C. 伽利略 D. 达·芬奇

36. [2019黑龙江中学特岗]世界上创造专利数最多的发明家是( )

A. 居里夫人 B. 牛顿 C. 爱因斯坦 D. 爱迪生

37. [2019山东枣庄市中]2019年是人类登月50周年,50年前完成这一任务的宇宙飞船是( )

A. 水星号 B. 双子星座号 C. 联盟号 D. 阿波罗11号

38. [2019山东]太阳系中,按距离太阳由近及远的顺序排列的是( )

A. 火星,金星,水星,土星,天王星 B. 火星,水星,地球,木星,土星

C. 水星,金星,火星,木星,海王星 D. 水星,地球,金星,土星,木星

39. [2019山东德州]在太阳系的八大行星中,( )被称为飞毛腿。

A. 木星 B. 金星 C. 水星 D. 火星

40. [2019河南平顶山]现代信息技术的基石是( )

A. 微电子技术 B. 光电子技术 C. 计算机技术 D. 通信技术

41. [2019河北邢台市属]我们常说的"IT"是下列哪一项的简称( )

A. 计算机技术 B. 因特网 C. 信息技术 D. 输入设备

42. [2019山西吕梁]下列选项中,不属于"互联网+"六大特征的是( )

A. 创新驱动 B. 同业融合 C. 重塑结构 D. 连接一切

43. [2019河南平顶山]联合国开发计划署把新能源分为( )

A. 水能、太阳能、风能、地热能

B. 传统能源之外的各种新能源形式

C. 大中型水电、新可再生能源、传统生物质能

D. 小水电、太阳能、风能、现代生物质能、地热能

44. [2019河南平顶山]侏罗纪恐龙属于哪一个地质时期( )

A. 新生代 B. 中生代 C. 古生代 D. 原生代

45. [2018河北张家口桥西]宣纸得名于它的( )

A. 用途 B. 材质 C. 产地 D. 使用人群

46. [2018河北石家庄]《伤寒杂病论》的主要成就在于( )

A. 奠定了中医治疗学的基础 B. 奠定了中医病理学的基础

C. 确立了中医传统的诊断方法 D. 初步建立了中医的专业分科

47. [2018河北保定]下列历史人物中属于我国古代著名医学家的是( )

A. 郭守敬 B. 孙思邈 C. 沈括 D. 朱世杰

48. [2018陕西西安]唐代最杰出的天文学家是( )

A. 刘焯 B. 一行 C. 张子信 D. 耿询

49. [2018江西特岗]由我国明朝科学家宋应星撰写的世界上第一部关于农业和手工业生产的综合性著作是(　　),该著作也被外国学者称为“中国17世纪的工艺百科全书”。

A.《农政全书》　B.《齐民要术》　C.《天工开物》　D.《梦溪笔谈》

50. [2018河北邢台桥东]被国外誉为“中国17世纪的工艺百科全书”的著作是(　　)

A.《沈氏农书》　B.《天工开物》　C.《本草纲目》　D.《梦溪笔谈》

51. [2018山东德州]度量衡是我国古代使用的计量单位,其中“量”指的是哪个方面的标准(　　)

A. 长度　B. 面积　C. 容量　D. 质量

52. [2018河北衡水冀州]首条量子保密通信干线——“京沪干线”于2017年9月29日正式开通,结合(　　)卫星,我国科学家成功与奥地利实现了世界首次洲际量子保密通信。这标志着我国已构建出天地一体化广域量子通信网络雏形。

A.“孔子号”　B.“墨子号”　C.“孟子号”　D.“庄子号”

53. [2018河北保定]我国发射的“悟空号”卫星的主要任务是(　　)

A. 探测引力波　B. 探测反物质粒子

C. 探测暗物质粒子　D. 探测宇宙微波背景辐射

54. [2018河北保定]我国首颗应用量子通信技术的试验卫星是(　　)

A. 悟空号　B. 墨子号　C. 蛟龙号　D. 天宫号

55. [2018河南郑州二七]国家重大科技基础设施建设项目——“中国天眼”500米口径球面射电望远镜工程(简称FAST)的发起者和奠基人是(　　)

A. 黄旭华　B. 潘建伟　C. 黄大年　D. 南仁东

56. [2018山东枣庄峄城]世界上最大的500米口径球面射电望远镜建在(　　)

A. 贵州省　B. 四川省　C. 广东省　D. 云南省

57. [2018山西长治襄垣]我国第一个进入太空的宇航员是(　　)

A. 翟志刚　B. 刘洋　C. 杨利伟　D. 景海鹏

58. [2018山西长治襄垣]国家最高科学技术奖每年评审一次,每次授予不超过(　　)科技成就卓著、社会贡献巨大的个人,由国家主席亲自签署、颁发荣誉证书和高额奖金。

A. 1名　B. 2名　C. 3名　D. 4名

59. [2018湖北特岗]著名物理学家霍金的作品有(　　)

A.《相对论》　B.《时间简史》

C.《量子力学原理》　D.《自然哲学的数学原理》

60. [2018内蒙古通辽]对地球的形状表述最准确的是(　　)

A. 球体　B. 扁球体　C. 方形　D. 不规则的扁球体

61. [2018河北邢台桥东]当代科学技术发展的主导领域是(　　)

A. 集成电路　B. 激光技术

C. 计算机信息处理技术　D. 生物技术

62. [2018河北辛集]所谓“互联网+”就是(　　),但这并不是简单的两者相加,而是利用信息通信技术以及互联网平台,创造新的发展生态。

A. 互联网+创新企业　B. 互联网+科技行业

C. 互联网+传统行业　D. 互联网+通信行业

63. [2018河北辛集]2018年5月16日,第二届世界智能大会在天津梅江会展中心开幕,来自世界各地

的1800多名人工智能领域的专家与会。本届智能大会的主题是(　　)

A. 智能时代:新联想、新智能、新时代　　B. 智能时代:梦想推动未来

C. 智能时代:新进展、新趋势、新举措　　D. 智能时代:梦想创造未来

64. [2017山东济宁]世界上迄今为止年代最久、唯一留存、仍在一直使用的、以无坝引水为特征的我国最古老的水利工程是(　　)

A. 郑国渠　　B. 都江堰　　C. 通济渠　　D. 白渠

65. [2017山东统考]2016年8月16日,我国在酒泉卫星发射中心用长征二号丁运载火箭成功将世界首颗(　　)科学实验卫星"墨子号"发射升空。

A. 量子　　B. 质子　　C. 中子　　D. 光子

66. [2017河南郑州经开]"东风"系列导弹武器系统,是我国自行研制的(　　)

A. 巡航式导弹武器系统　　B. 防空导弹武器系统

C. 战略导弹武器系统　　D. 弹道式导弹武器系统

67. [2017河南许昌鄢陵]中央批准设立(　　),这是国家科技奖励体系的重要组成部分和补充,是仅次于国家最高科技奖的一个科技人才大奖。

A. 全国创新争先奖　　B. 自然科学奖

C. 技术发明奖　　D. 科技进步奖

68. [2017辽宁盘锦市属]诺贝尔奖是根据化学家诺贝尔遗嘱设立的,包括自然科学和人文科学的综合性、国际性和永久性系列奖项,为国际最高荣誉奖项。诺贝尔的国籍是(　　)

A. 瑞士　　B. 德国　　C. 英国　　D. 瑞典

69. [2017山东济宁]八大行星中,离太阳最近的是(　　)

A. 金星　　B. 木星　　C. 水星　　D. 火星

70. [2017山东济宁]随着人类社会的不断发展,未来城市将承载越来越多的人口。目前,我国正处于城镇化加速发展的时期,部分地区"城市病"日益严重。为解决城市发展难题,实现城市可持续发展,建设智慧城市已成为当今世界城市发展不可逆转的历史潮流。智慧城市的智慧之源是(　　)

A. 互联网　　B. 物联网　　C. 云计算　　D. 大数据

71. [2017山东德州]基于互联网服务的增加、使用和交付模式,通常涉及通过互联网来提供动态易扩展且经常是虚拟化的资源,这就是(　　)

A. 云计算　　B. 物联网　　C. 网络技术　　D. 新网络

72. [2017山东济宁]个人电脑的普及归功于(　　)

A. 信息化　　B. 机械设计制造及自动化

C. 控制论　　D. 微电子技术

73. [2017山东济宁]新能源汽车产业化最大的问题在于电池,(　　)的发明,被认为是找到了目前电动车电池技术的突破口,将给电动汽车带来革命性改变。

A. 稀土电池　　B. 石墨烯电池　　C. 可燃冰电池　　D. 镍镉电池

二、多项选择题(下列每小题列出的四个选项中至少有两项是正确的。)

1. [2021山东青岛市北]健康码能够灵活变换颜色,反映持有人的健康状况,这需要多方面的技术支持,包括(　　)

A. 医生远程诊断技术　　B. 定位技术

C. 量子计算技术　　D. 大数据技术

2. [2021辽宁葫芦岛]高层楼宇灭火系统是一种利用多种技术、针对现代城市环境条件下高层和超高层建筑物或其他危险场所应急救援而研制的特种消防装备,其所利用的技术有(　　)

A. GPS技术　　B. 航天发射技术　　C. 控制技术　　D. 信息处理技术

3. [2020山东济南]2020年政府工作报告明确提出保障能源安全,持续推进可再生能源的发展。下列选项中属于可再生能源的是(　　)

A. 生物质能　　B. 海洋能　　C. 潮汐能　　D. 地热能

4. [2019黑龙江中学特岗]下列属于我国古代"四大发明"的有(　　)

A. 指南针　　B. 地动仪　　C. 火药　　D. 造纸术

5. [2019山西省属]大国崛起,令世界瞩目。近年来,我国在航天科技领域的发展突飞猛进,取得了一系列骄人的成就。下列描述正确的有(　　)

A. "嫦娥一号"是我国首颗绕月人造卫星　　B. "悟空号"卫星是我国首颗望远镜卫星

C. 我国是目前实现月球软着陆的国家之一　　D. 我国手机导航系统运用了"风云"卫星技术

6. [2019山东济南南部山区]新能源又称非常规能源,是指传统能源之外的正在研究、有待推广、有望在新技术基础上加以开发利用的可再生资源。下列属于新能源的有(　　)

A. 太阳能　　B. 氢能　　C. 海洋能　　D. 天然气

7. [2019山东德州]19世纪自然科学的三大发现是(　　)

A. 相对论　　B. 细胞学说　　C. 生物进化论　　D. 能量守恒和转化定律

8. [2018江苏南通崇川]环境污染给人们生活带来的危害日益凸显,国家也意识到坚决不能以牺牲环境为代价来促进经济的发展。为此,海洋能源作为无污染、可再生的资源日益受到国家的关注。下列属于海洋能源的是(　　)

A. 潮汐能　　B. 温差能　　C. 波浪能　　D. 海流能

9. [2018山东枣庄峄城]下列属于一次能源的是(　　)

A. 水能　　B. 电能　　C. 生物质能　　D. 风能

10. [2018河北保定]下列能源与其分类对应正确的有(　　)

A. 天然气:可再生能源　　B. 电能:二次能源

C. 核能:不可再生能源　　D. 水能:一次能源

11. [2017山东济宁]中国的四大发明促进了人类经济、文化的交流和世界经济的发展,马克思指出(　　)是预告资产阶级社会到来的三大发明。

A. 指南针　　B. 造纸术　　C. 印刷术　　D. 火药

三、判断题(判断下列每小题的正误,正确的打"√",错误的打"×"。)

1. [2021河北石家庄市属]2021年4月29日,中国空间站首舱"天和核心舱"的发射圆满成功。(　　)

2. [2021辽宁葫芦岛]近年来我国在大力发展5G技术。5G移动网络与早期的2G、3G和4G移动网络不一样的是,5G网络是数字蜂窝网络,而2G、3G和4G移动网络是GSM网络。(　　)

3. [2021辽宁葫芦岛]一般来说,金属的热导率最大,气体较小,而液体最小。(　　)

4. [2020山西大同市属]人工智能是对人的意识、思维的信息过程的模拟。(　　)

5. [2020山西大同平城]太阳能是一种清洁能源,是由太阳内部持续不断进行的核裂变反应所产生的能量。(　　)

6. [2020河南信阳市属]核能给人类提供了安全、洁净、廉价的能源,但是一旦核能泄漏就会危及周边的生物。这说明科技革命是一把"双刃剑"。(　　)

7.［2020 河北唐山路北］日晷是我国古代比较常用的计时器。（　）

8.［2020 河北石家庄市属］小明和小华出去玩时，用小明的手机拍了张合影。回家后小明想通过微信将照片发给小华。为了使传过去的照片保持清晰，小明在发送时应选择“原图”发送。（　）

9.［2019 河南郑州荥阳］中国古代四大发明中，指南针、造纸术、火药三大技术均出自河南。（　）

10.［2019 重庆渝中］中国已经启用5G商用，在世界拥有领先5G技术的是中国的华为公司。（　）

11.［2019 内蒙古包头东河］电能是用途最广泛的能源之一，电能属于一次能源。（　）

12.［2019 重庆奉节］我国最早建立的南极科学考察站是长城站。（　）

13.［2019 山东德州］狭义相对论的两个基本假设是相对性原理和光速不变原理。（　）

14.［2019 山西大同平城］生物质能直接或间接地来源于绿色植物的光合作用，可转化为常规的固态、液态和气态燃料，取之不尽、用之不竭，是一种可再生能源，同时也是唯一一种可再生的碳源。（　）

15.［2018 山西长治襄垣］算盘是中国传统计算工具，利用算盘也能进行开平方运算。（　）

16.［2018 河北辛集］东汉医学家张仲景，被称为“医圣”，著有中医百科全书式专著《千金方》。（　）

17.［2018 河南禹州］被人称为药王的孙思邈的《本草纲目》一书，对中国药物学的发展作出了重大贡献。（　）

18.［2018 江苏南京四城区］“GPS”的中文全称是“全球导航系统”。（　）

19.［2018 内蒙古通辽］隐形飞机的“隐形”是指肉眼看不见。（　）

20.［2018 河南禹州］天舟一号是中国首艘货运飞船。（　）

21.［2018 河南禹州］生物能、太阳能、地热能都属于清洁能源。（　）

综合能力提升

一、单项选择题(下列每小题列出的四个选项中只有一项是正确的。)

1.［2020 山西大同平城］在十九世纪、二十世纪甚至当今，自然科学有许多伟大的发现或发明，深刻地影响了人类社会的发展与进步。比如：

①细胞学说　②能量守恒与转化定律　③达尔文进化论
④爱因斯坦相对论　⑤基本粒子的发现及原子结构、量子力学　⑥分子生物学
⑦计算机的发明　⑧人工智能的应用　⑨5G的发明和应用

上述列举中，属于20世纪发现或发明的正确组合选项是(　)

A. ②④⑤⑥⑦　B. ②③④⑤⑥　C. ①④⑤⑥⑨　D. ④⑤⑥⑦⑧

2.［2020 河南信阳市属］AR(增强现实技术)是一种实时地计算摄影机影像的位置及角度并加上相应图像的技术。AR系统所具备的特点不包括(　)

A. 是真实世界和虚拟世界的信息集成　B. 用户能感到作为主角存在于模拟环境中
C. 具有实时交互性　D. 是在三维尺度空间中增添定位虚拟物体

3.［2020 河南信阳市属］4D打印技术是指由3D技术打印出来的结构能够发生形状或者结构的改变，是在3D打印技术上多了(　)的打印技术。

A. 时间维度　B. 空间维度　C. 质量维度　D. 速度维度

4.［2020 河北石家庄市属］某单位使用门禁系统，需要用手指在指纹识别器上按一下才能打开。这种方式主要体现了人工智能的(　)

A. 信息编程加工　B. 虚拟现实技术
C. 智能代理技术　D. 模式识别技术

5. [2020河北邢台任泽]相对传统打印方式,3D打印的优点是(　　)

A. 可用任何材料生产物　　B. 大批量生产聚合物产品

C. 可取代规模化的工业生产　　D. 满足少量化、个性化生产需求

6. [2020河北邢台任泽]以下关于能源的分类,表达错误的是(　　)

A. 水能是一次能源,是可再生能源,属于清洁能源

B. 电能是一次能源,是可再生能源,属于清洁能源

C. 太阳能是一次能源,是可再生能源,属于清洁能源

D. 石油是一次能源,是不可再生能源,不是清洁能源

7. [2019河北石家庄新乐]高新技术的物质基础是(　　)

A. 生物技术　　B. 信息技术　　C. 新能源技术　　D. 新材料技术

8. [2019河北石家庄新乐]现代信息技术包含(　　)

A. 计算机技术、微波技术、通信技术　　B. 计算机技术、微电子技术、通信技术

C. 微电子技术、通信技术、多媒体技术　　D. 微电子技术、微波技术、电信技术

9. [2019河北唐山芦台]2019年4月9日,一场教育行业盛会"中国慕课大会"在北京召开。会上,作为官方技术合作伙伴之一的戴尔,向人们展示了一场神奇的4K+5G远程高速虚拟仿真实验课程。4K与5G技术的融合,将为各行业带来革新和机遇。下列有关4K与5G技术的相关说法错误的是(　　)

A. 观看4K视频的需求速率在40Mb/s到60Mb/s之间

B. 4K与5G技术的融合将极大促进媒体行业控制舆论导向、创新节目形态

C. 5G具备"低时延、大容量"的特征,能够提供富裕的带宽资源

D. 5G时代,即便是以最低速率,也能够满足4K视频的观看

10. [2019山东济南联考]O2O,即Online To Offline(在线离线/线上到线下),是指将线下的商务机会与互联网结合,让互联网成为线下交易的平台。实现O2O营销模式的核心是(　　)

A. 在线支付　　B. 互联网　　C. 线上展示　　D. 线下体验

11. [2019河北邢台市属]关于两汉天文学成就的叙述,不正确的是(　　)

A. 制订出中国第一部较完整的历书——《太初历》

B. 张衡对月食作了最早的科学解释

C. 最早记录太阳黑子

D. 制订出当时世界上最先进的历法——《授时历》

12. [2019湖北特岗]在我国古代以笔记体裁形式写成的科学典籍中,有一本最早记载了人工磁化的一种简便方法,即"以磁石磨针锋"造指南针。这本典籍是(　　)

A.《齐民要术》　　B.《梦溪笔谈》　　C.《天工开物》　　D.《徐霞客游记》

13. [2019山西省属]我国是世界上掌握飞船对接技术的国家之一,为了实现"神州十一号"飞船与"天宫一号"空间站的顺利对接,应使飞船和空间站(　　)

A. 在同一轨道、沿反方向做圆周运动

B. 在同一轨道、沿同方向做圆周运动

C. 飞船在低轨道、空间站在高轨道沿同一方向飞行

D. 飞船在高轨道、空间站在低轨道沿同一方向飞行

14. [2019山东德州]2019年6月5日12时6分,我国成功发射长征十一号运载火箭,标志着中国航天首次海上发射技术试验圆满成功。此发射地是在(　　)海域。

A. 黄海　　B. 渤海　　C. 东海　　D. 南海

15.［2019 山西吕梁］近年来，我国航天科技发展迅猛、成果不断。下列选项中列举不正确的是（　　）

A.“神舟”系列航天飞船、“嫦娥”系列探月卫星、悟空号探测卫星

B.“天宫”系列空间实验室、“长征”系列运载火箭、“北斗”系列导航卫星

C.“北斗”系列导航卫星、“风云”系列气象卫星、“慧眼”卫星

D.“北斗”系列导航卫星、“实践十号”实验卫星、华为5G手机导航

16.［2019 山东淄博］2019年4月10日，人类终于看见黑洞真容，一张在全球多地同步公布的“大片”，证实了神秘天体黑洞的存在。理论上首先预言黑洞存在的是（　　）

A. 牛顿的万有引力理论　　B. 爱因斯坦的广义相对论

C. 量子力学理论　　D. 大爆炸宇宙学理论

17.［2019 山东德州］以下人物及其成就说法不正确的是（　　）

A. 巴甫洛夫发现了条件反射

B. 拉瓦锡揭示了物质燃烧本质

C. 亚当·斯密写成了《就业、利息和货币通论》

D. 冯·诺伊曼被称为“计算机之父”

18.［2019 河南平顶山］太阳系八大行星中，最亮的是（　　）

A. 金星　　B. 火星　　C. 天王星　　D. 水星

19.［2019 山西省属］关于天文学知识，下列说法错误的是（　　）

A. 任何东西（包括光）都无法从黑洞中逃出　　B. 月球自东向西自转，同时围绕着太阳公转

C.“大爆炸”是关于宇宙起源影响最大的理论　　D. 宇宙中大部分质量和能量是未知的暗能量

20.［2019 山西省属］天文台主要的工作是用天文望远镜观测星象，世界各国天文台大多设在山上的原因是（　　）

A. 离星星更近使观测更清晰　　B. 防止大气层物质干扰观测

C. 天文望远镜只能在高空工作　　D. 能更好穿透大气层发射信号

21.［2019 山东烟台开发区］下列关于现代科技的说法中，正确的是（　　）

A. 高温超导体是指其超导临界温度在摄氏零度以上

B. 纳米材料是指结构单元的尺度达到纳米级而原有性能保持不变的材料

C. 杂交水稻是通过基因重组改变水稻的基因来提高产量的

D. 转基因食品是指转移动植物的基因并加以改变，制造出具备新特征的食品

22.［2019 山西省属］人工智能是计算机科学的一个分支，它企图了解智能的实质，并生产出一种新的能以人类智能相似的方式做出反应的智能机器。下列不属于该领域的研究是（　　）

A. 语言识别　　B. 无人驾驶　　C. 图像识别　　D. 移动支付

23.［2019 山西省属］当前国内三大运营商都宣布了推出5G技术的消息，下列关于5G技术说法错误的是（　　）

A. 当前热门的5G是指第五代移动通信技术　　B. 5G具有比4G更高的速率、更宽的带宽

C. 5G技术是目前保密性能最佳的通信技术　　D. 5G可满足自动驾驶、智能制造等行业需求

24.［2019 河北邢台市属］关于现代前沿科学技术，下列说法错误的是（　　）

A. AI即人工智能，它是研究、开发用于模拟、延伸和扩展人的智能的理论、方法、技术及应用系统的一门新的技术科学

B. 5G网络的通信速度可达现有4G网络的数百倍，几乎不会发生通信延迟

C. QR码三个角上的“回”字图形的作用是帮助解码软件确定码的位置、大小、倾斜角度

D. AR是一种虚拟现实技术，它由计算机生成交互式三维动态场景，给用户带来沉浸式体验

25. [2019山西大同平城]手机的无线充电技术日趋成熟，方便了我们的生活。下列关于无线充电技术的说法不正确的是(　　)

A. 无线充电又称作感应充电，非接触式充电

B. 源于无线电力输送技术

C. 利用磁共振在充电器与设备之间的空气中传输电荷，线圈和电容器则在充电器与设备之间形成共振，实现电能高效传输

D. 技术含量高，操作方便，但传输距离有限，仅在50厘米以内

26. [2019山西大同平城](　　)被称为武器装备的“心脏”，是现代军事技术的核心和基础，广泛应用于雷达、计算机、通信设备、导航设备、火控系统、制导设备和电子对抗设备等各类军用设备上。

A. 军用通信网络技术　　B. 军用新材料技术

C. 军用微电子技术　　D. 军用计算机技术

27. [2018陕西西安]关于彗星的观测和记录，可靠的最早记载见于(　　)

A.《春秋》　　B.《尚书》　　C.《左传》　　D.《诗经》

28. [2018河北石家庄市属]“天宫”“天眼”等重大科技成果相继问世，取得这些成果主要得益于我国(　　)

A. 坚持以人为本的核心立场　　B. 全面促进资源节约和环境保护

C. 推动城乡发展一体化　　D. 实施创新驱动发展战略

29. [2018河南南阳卧龙]袁隆平海水稻团队启动“中华拓荒人计划”，在我国，五大主要类型盐碱地和延安南泥湾次生盐碱与(　　)共六地，同时进行水稻插秧“拓荒”，建立示范基地。

A. 退化湿地　　B. 泥炭地　　C. 退化耕地　　D. 拓荒耕田

30. [2018河北辛集]17世纪的自然科学革命为启蒙运动提供了重要条件。“自然科学革命”的标志性成果是(　　)

A. 伽利略发现的自由落体定律　　B. 爱因斯坦提出的相对论

C. 牛顿的经典力学体系　　D. 法拉第发现的电磁感应现象

31. [2018贵州联考]下列说法错误的是(　　)

A. 一般飞机飞行的航线，是地图上两个目的地之间的最短直线

B. 一般民航客机都巡航在平流层，飞行高度在7000～13000米之间

C. 据伯努利定理可知，飞机起飞时机翼上、下表面出现了压力差，使机翼获得升力

D. 直升机的飞行原理和结构与其他飞机不同，是靠它头上的桨叶(螺旋桨)旋转产生升力

32. [2018江苏南京四城区]智能手机可以通过人脸识别技术解除锁屏，这一功能是通过提取人面部图像的特征进行身份识别的。其工作流程可以分为下列几个步骤，其中正确的顺序应该是(　　)

①人脸图像采集　　②人脸图像预处理

③控制手机屏幕锁开启　　④人脸图像特征值的匹配

A. ②①④③　　B. ④①②③　　C. ①②④③　　D. ①④②③

33. [2018陕西西安]下列关于虚拟现实技术的说法，正确的是(　　)

A. 主要目标是解决大容量、高速度信息的传输、存取和处理

B. 伴随激光技术的发展而产生的通信技术

C. 以沉浸性、交互性和构想性为基本特征的计算机高级人机界面

D. 神经科学是合成虚拟现实的基本前提

34. [2018山东统考]智能制造装备是指具有感知、分析、推理、决策、控制功能的制造装备。下列选项属于智造装备的是(　　)

A. 服务机器人　　B. 智能家电　　C. 3D打印机　　D. 可穿戴设备

35. [2018山东聊城东昌府]瞄准世界科技前沿,聚焦大数据、云计算、人工智能、集成电路、高端软件、物联网、车联网、空天海洋、生命科学、量子技术、虚拟现实等领域,加速知识、技术、创意向现实生产力转化。这属于(　　)

A. 跨界融合化　　B. 产业智慧化　　C. 品牌高端化　　D. 智慧产业化

36. [2018江苏南京四城区]能源可分为一级能源和二级能源:自然界中以现成形式提供的能源称为一级能源;需依靠其他能源间接制取的能源称为二级能源。下列选项中属于二级能源的是(　　)

A. 由发电机发出的电能　　B. 人类开采出来的天然气

C. 驱动风车运转的风能　　D. 为热水器加热的太阳能

37. [2017吉林]2016年11月18日下午,神舟十一号载人飞船平安着陆,创下中国航天员太空驻留时间的新纪录,在中国航天史上留下了浓重的一笔。下列中国航天史上的重要里程碑事件,按时间先后顺序排列正确的是(　　)

①"嫦娥一号"成功发射　　②"东方红一号"成功发射

③"天宫一号"成功发射　　④"神舟五号"载人飞船成功发射

A. ①②④③　　B. ②③④①　　C. ②④①③　　D. ②①④③

38. [2017山西省属]有一些气象卫星、地球资源卫星、侦察卫星的运行轨道会经过地球两极上空,这种人造卫星的运行轨道称为(　　)

A. 地球同步轨道　　B. 地球静止轨道　　C. 太阳同步轨道　　D. 极地轨道

39. [2017山西省属]以下关于日食和月食说法正确的是(　　)

A. 日食和月食的出现,与月球和地球的影子有直接的关系

B. 日食和月食的出现,与月球和地球的自转有关

C. 日食发生时,地球在月球和太阳中间

D. 月食发生时,月球在地球和太阳中间

40. [2017山东济宁]下列有关日食的叙述不正确的是(　　)

A. 日全食是因为地球挡住了太阳的光线　　B. 日食主要有日全食、日偏食和日环食

C.《尚书》有世界上最早的日食记录　　D. 日全食过程:初亏、食既、食甚、生光、复圆

二、多项选择题(下列每小题列出的四个选项中至少有两项是正确的。)

1. [2019贵州省属]我们的祖先在1000多年前就发明了火药,关于火药的说法正确的有(　　)

A. 古代火药的成分有硝石、雄黄、蜂蜜等

B. 古代火药用途广泛,常常能用来治疗疮癣、杀虫、辟湿气以及瘟疫

C. 唐朝末年,火枪、火炮、火箭等军事武器就得到了广泛应用

D. "东风夜放花千树。更吹落、星如雨"描述的就是古代火药制成烟火燃放时的场景

2. [2019贵州省属]关于"5G",下列说法正确的有(　　)

A. 5G是英语"fifth-generation"的缩写

B. 5G是移动通信行业的一种技术标准

C. 我国企业华为在5G技术上已经达到世界领先水平

D. 5G网络的传输速度可达每秒数十GB,比4G网络快数千倍

3. [2019山东]人工智能是研究、开发用于模拟、延伸和扩展人的智能的理论、方法、技术及应用系统的一门新的技术科学。下列关于人工智能的说法正确的是(　　)

A. 人工智能不是人的智能,却能像人那样思考,但不可能超过人的智能

B. 人工智能是一门边缘学科,属于自然科学和社会科学的交叉

C. 人工智能就其本质而言,是对人的思维的信息过程的模拟

D. 人工智能的一个主要目标是使机器胜任一些需要人类智能才能完成的复杂工作

4. [2019山东德州]下列新技术与其特征对应正确的是(　　)

A. 物联网—物与物互联、人与物互联、人与人互联

B. 云计算—超大规模、虚拟化、高可扩展性、按需服务

C. 大数据—海量的数据规模、多样的数据类型、数据价值密度高

D. 区块链—分布式数据存储、点对点传输、共识机制、加密算法

5. [2017山西省属]GPS可以提供车辆定位、防盗、反劫、行驶路线监控及呼叫指挥等功能,要实现以上功能必须具备(　　)

A. GPS终端　　B. 传输网络　　C. 有线设备　　D. 监控平台

第二章　生活常识

基础知识达标

一、单项选择题(下列每小题列出的四个选项中只有一项是正确的。)

1. [2021山东济南历下]人类通过生育过程繁衍后代,决定人类性别的自然因素是(　　)

A. 外部环境　　B. 遗传因素　　C. 身体状态　　D. 体内激素

2. [2021山东济南历下]通过给女性注射人乳头瘤病毒(HPV)疫苗可大大降低(　　)发病几率。

A. 卵巢癌　　B. 宫颈癌　　C. 乳腺癌　　D. 肝癌

3. [2021山东济南历下]缺铁性贫血的人群,应当适量多摄取的食物是(　　)

A. 菠菜　　B. 粗粮　　C. 动物肝脏　　D. 胡萝卜

4. [2021辽宁葫芦岛]据中国航天科技集团五院专家介绍,离开了发动机的反推,嫦娥五号是以(　　)形式着陆的。虽然月球引力较小,降落高度也不高,但撞击月面时仍会形成一定冲击载荷。

A. 平抛运动　　B. 简谐运动　　C. 自由落体　　D. 匀速直线运动

5. [2021辽宁葫芦岛]作为中国首个开放性滨海航天发射基地和世界上为数不多的低纬度发射场,(　　)能借助近赤道的较大线速度,以及惯性带来的离心现象,使火箭燃料消耗大大减少。

A. 太原卫星发射中心　　B. 文昌卫星发射中心

C. 酒泉卫星发射中心　　D. 西昌卫星发射中心

6. [2021山东济南历下]大气中的臭氧是由氧气吸收了(　　)后生成的。

A. 红光　　B. 紫外线　　C. 蓝紫光　　D. 红外线

7. [2021山东济南历下]某学生在体育课上跌倒,扭伤脚踝,皮肤无破损,已排除骨折,下列应急方法中正确的是(　　)

A. 局部使用抗生素　　B. 用力按摩　　C. 冷敷患处　　D. 热敷患处

8. [2020河南信阳市属]民间有这样一句谚语:“日晕三更雨,月晕午时风。”晕,实际是一种自然界的(　　)

A. 电磁现象　　B. 光学现象　　C. 地质现象　　D. 共振现象

9. [2020河南信阳市属]下列做法无法增加汽车轮胎与地面之间摩擦力的是(　　)

A. 向地面撒一层沙土　　B. 向地面泼水

C. 在汽车上放重物　　D. 将轮胎的表面做得凹凸不平

10. [2020河南信阳市属]在一座高山山顶,李某对水进行加热,发现水比在山脚时更容易沸腾。出现这种现象最可能的原因是(　　)

A. 山顶湿度比山脚高　　B. 山顶湿度比山脚低

C. 山顶大气压比山脚高　　D. 山顶大气压比山脚低

11. [2020河北唐山路北]曹冲称象利用的是什么原理(　　)

A. 杠杆原理　　B. 能量守恒原理　　C. 能效原理　　D. 浮力原理

12. [2020河北廊坊三河]下列变化使事物性质发生改变的是(　　)

A. 酒精挥发　　B. 矿石粉碎　　C. 冰雪融化　　D. 白磷自燃

13. [2020河北唐山路北]冬天常常可以看见室内的窗户上有冰晶,属于(　　)

A. 汽化　　B. 液化　　C. 升华　　D. 凝华

14. [2020河北唐山路北]微波炉是一种加热食品的现代厨房家电,其中微波的本质是(　　)

A. 水波　　B. 电磁波　　C. 信号波　　D. 声波

15. [2020河北邢台任泽]手机、电脑的芯片主要是由(　　)物质组成。

A. 石墨　　B. 硅　　C. 铜　　D. 银

16. [2020山东济南]世界卫生组织规定,每年的5月31日为“世界无烟日”。这一天世界各地既不吸烟也不售烟并要求各国广泛宣传戒烟的意义。烟草燃烧所产生的烟雾是由7000多种化合物所组成的复杂混合物,如一氧化碳、氢化氰、挥发性亚硝胺、烟焦油、尼古丁等。这些化合物绝大多数对人体有害,其中至少有69种为已知的致癌物,而引起吸烟成瘾的主要物质是(　　)

A. 氢化氰　　B. 烟焦油　　C. 尼古丁　　D. 一氧化碳

17. [2019河北保定唐县]一杯清水中滴一滴红墨水,我们会看到不一会儿整杯水都变成了红色。这种现象被称为(　　)

A. 离心现象　　B. 丁达尔现象　　C. 扩散现象　　D. 布朗运动

18. [2019河北唐山芦台]老王听见楼道里传出的小孩声音后,便知道自己的儿子回家了,这是因为每个人声音的(　　)不同。

A. 音调　　B. 音色　　C. 响度　　D. 节奏

19. [2019河南平顶山]中国科学院发现了(　　)的牙齿能实现自修复。

A. 长颈鹿　　B. 大熊猫　　C. 骆驼　　D. 马

20. [2019山西省属]下列人类食用的部分不属于果实的是(　　)

A. 红薯　　B. 豆角　　C. 葡萄　　D. 玉米

21. [2019山西省属]“腐竹”可以用来加工多种菜肴,其中主要营养成分是(　　)

A. 蛋白质　　B. 纤维素　　C. 脂肪　　D. 淀粉

22. [2019山东济南历城]微量元素,顾名思义,指的是在人体内含量非常少的元素。但是微量元素对人体的作用却非常大,缺少某些微量元素会导致身体发育不正常,甚至产生病变。李先生在单位组织的体检中发现自己甲状腺肿大,这最有可能是其体内缺乏(　　)元素。

A. 铁　　B. 碘　　C. 钙　　D. 锌

23. [2019河北邢台桥西]在地震救援中,使用雷达探测仪能探测到哪种生命体征(　　)

A. 体温　　B. 心跳　　C. 血压　　D. 呼吸

24. [2019江苏南京]生活常识需要基于科学认知。下列说法正确的是(　　)

A. 绿色食品是指颜色为绿色的食品　　B. 白色污染是指白色废弃物的污染

C. 加碘盐是指食盐中加入了碘酸钾　　D. 有机食品是指富含有机物的食品

25. [2019山东德州乐陵]在ABO血型系统中,(　　)可以输出给任意血型,因此被称作万能输血者。

A. O型血　　B. A型血　　C. B型血　　D. AB型血

26. [2019山东枣庄滕州]樟脑丸是常见的生活用品,放在衣橱中的樟脑丸时间长了体积会缩小,这是物理中的什么现象(　　)

A. 液化　　B. 升华　　C. 凝华　　D. 蒸发

27. [2019河北邢台市属]下列关于自然现象的解释,正确的一项是(　　)

A. 春天,冰雪消融是汽化现象

B. 夏天的傍晚,草叶上的露珠是熔化形成的

C. 秋天,浓雾消散是汽化现象

D. 冬天,房顶上的积雪虽没有融化,却逐渐减少,是蒸发现象

28. [2019山东德州乐陵]当前,自动感应门被广泛应用于商场、酒店、宾馆等场所,当人走近时它就会自动向左右打开,当人走远时它又自动关上。自动感应门是靠(　　)感应人的到来的。

A. 人体磁场　　B. 红外线　　C. 声音　　D. 紫外线

29. [2019山西长治潞州]下列预防近视的措施中,错误的是(　　)

A. 防止用眼过度　　B. 在阳光直射下看书

C. 定期检查视力　　D. 保持眼睛周围清洁

30. [2019河南平顶山]验钞机上发出的光能使钞票上的荧光物质发光,电视机的遥控器发出的光可以控制电视机。对于它们发出的光,下列说法正确的是(　　)

A. 它们发出的都是红外线　　B. 它们发出的都是紫外线

C. 验钞机发出的是红外线　　D. 电视机遥控器发出的是红外线

31. [2019河北邢台桥西]关于滑轮,下列说法正确的是(　　)

A. 使用定滑轮一定能省力　　B. 使用动滑轮能省力

C. 使用滑轮组可以省力,也可以省距离　　D. 使用滑轮组可以省力,但不能省距离

32. [2019山西长治潞州]只要仔细观察,我们会发现汽车轮胎上都有各种各样的花纹,这些花纹的主要作用是(　　)

A. 区分不同品牌的轮胎　　B. 增加汽车的美观度

C. 增加汽车的驱动力　　D. 增加车轮与地面的摩擦力

33. [2019山东潍坊滨海]拔河是一项常见的体育娱乐运动。有经验的人在参加拔河比赛时,会穿鞋底有花纹的新鞋。这是为了(　　)

A. 增大接触面的粗糙程度　　B. 增加接触面的质量

C. 减小接触面的流体压强　　D. 降低接触面的阻力

34. [2019山东]在电视上经常看见这样的场景:在一些庆祝胜利的场合,人们手拿啤酒瓶强烈晃动,啤

酒会像喷泉一样从瓶口喷出，酒花泡沫飞溅在空中。从物理角度来看，摇过的啤酒可以喷出与(　　)有关。

A. 摩擦力　　B. 光照　　C. 压强　　D. 浮力

35. [2019山东枣庄市中]三孔插座是我们日常生活办公常用的插座，三孔插座最上面的孔的接线是(　　)

A. 火线　　B. 零线　　C. 接地线　　D. 电阻线

36. [2019山东]白炽灯是一种热辐射光源，能量的转换效率很低，只有2%~4%的电能可以转换为眼睛能够感受到的光。在现代，白炽灯灯丝的主要成分通常为(　　)

A. 钨　　B. 铜　　C. 铝　　D. 银

37. [2019江苏南京]物理学家爱因斯坦预测了引力波的存在。(　　)产生引力波的证据，被视为爱因斯坦广义相对论的有力证明。

A. 陨石雨　　B. 太阳黑子运动　　C. 黑洞合并　　D. 宇宙大爆炸

38. [2019贵州省属]很多促进人类科学进步的发明或发现都源于意外，下列发明或发现并非源于意外的是(　　)

A. 青霉素　　B. 微波炉　　C. 青蒿素　　D. X射线

39. [2019山东枣庄市中]物质的变化构成了美丽的世界，物质变化分为物理变化和化学变化，下列属于化学变化的是(　　)

A. 人的呼吸　　B. 白炽灯发光

C. 海水晒盐　　D. 自行车轮胎爆炸

40. [2019山东枣庄滕州]小苏打是一种生活中常见的化学用品，其主要化学成分是(　　)

A. 氢氧化钠　　B. 碳酸钠　　C. 氧化钠　　D. 碳酸氢钠

41. [2019山西省属]下列关于药品和用药的说法正确的是(　　)

A. 我国将药品分为处方药和非处方药

B. 中药一般无毒副作用，可以长期服用

C. 服药后症状得到极大缓解，可以自行减少药量

D. 保健食品可以替代食品或药品，多吃没有坏处

42. [2019山西大同市属]复印机在复印过程中产生的(　　)对人体有害。

A. 臭氧　　B. 二氧化碳　　C. 二氧化硫　　D. 一氧化碳

43. [2019山西吕梁]逐年增加的二氧化碳排放量，对自然界和全人类造成的最严重的后果是(　　)

A. 会使石灰岩大量溶解，破坏原本不错的自然风光

B. 会使人类吸入大量二氧化碳，损害健康

C. 会使地球温度升高，冰川融化，生态失衡

D. 会使空气中的氧含量急速下降，影响人类呼吸

44. [2019山西省属]下列使用了生物化学武器的是(　　)

A. 战象、战马是古代战役中战争双方的主要工具

B. 冷战中，美军用苍蝇作为窃听苏联情报的载体

C. 越南战争中，美军曾使用落叶剂对付越南军队

D. 二战末期，美军向日本广岛、长崎投放原子弹

45. [2019内蒙古包头东河]火场逃生要做到①蹲②捂③(　　)

A. 匍匐　　B. 快跑　　C. 等待救援　　D. 跳楼

46.［2019河南平顶山］在高层室内遭遇火灾时逃生的正确做法是（　　）

A. 大声呼救，等待救援
B. 用湿毛巾捂住口鼻，弯腰低头贴墙走
C. 乘坐电梯直达一楼
D. 立即开门往高处通风口跑，防止窒息

47.［2019河南平顶山］地震发生时，若身处高楼，下列选项中正确的自救防护措施是（　　）

A. 立即往外跑，乘坐电梯下楼
B. 蹲到外墙窗户旁躲避，找机会跳楼逃生
C. 躲在吊柜下方
D. 把靠垫举在头顶，蹲到坚固的桌子下面

48.［2019河北邢台］关于地震逃生注意事项中，说法错误的是（　　）

A. 地震发生时，在家中的人可躲在较坚实的家具如床、桌下面
B. 要注意关闭煤气，切断电源
C. 住在高层建筑里的人应使用电梯迅速撤离
D. 如遇到引起火灾或有毒气体污染时，应迅速向上风方向撤离

49.［2019山西吕梁］雷电交加时，居家者的下列做法中最正确的是（　　）

A. 停用电脑，关掉电视即可
B. 关掉所有家用电器，最好切断电源
C. 打开门窗，保持通风
D. 打手机告诉亲友注意安全

50.［2019山东潍坊滨海］许多传染病都是通过蚊虫传播的，这类疾病往往十分凶险。下列属于有效防蚊方法的是（　　）

A. 多用香皂和香水
B. 光脚穿鞋
C. 保持皮肤清爽
D. 在户外穿黑色的衣服

51.［2018陕西西安］克隆技术对未来文明产生严重影响，应当禁止的克隆技术是（　　）

A. 细胞克隆
B. 胚胎克隆
C. 异种克隆
D. 人类生殖性克隆

52.［2018内蒙古通辽］处于冬眠的青蛙，主要靠（　　）呼吸。

A. 鼻腔　　B. 肺　　C. 皮肤　　D. 口腔

53.［2018山东枣庄峄城］2015年，中国女科学家屠呦呦因发现了青蒿素而获得诺贝尔生理学或医学奖，青蒿素的作用是（　　）

A. 有效抑制人类免疫缺陷病毒
B. 从根本上降低了河盲症和淋巴丝虫病的发病率
C. 有效降低疟疾患者的死亡率
D. 有助于调控胆固醇代谢

54.［2018山西长治襄垣］鸡蛋一般不能洗了之后存放是因为（　　）

A. 易被细菌侵染变坏
B. 易进入洗洁精
C. 易变软
D. 会带走鸡蛋中的养分

55.［2018河北衡水冀州］酒中含有酒精，饮酒过多或经常饮酒，会造成酒精中毒，使身体受损。饮酒对人体的（　　）器官最为有害。

A. 肝脏　　B. 肾脏　　C. 心脏　　D. 肺

56.［2018河北衡水冀州］在寒冷的冬天，可以看到户外的人不断呼出"白气"，这属于哪一种物理现象（　　）

A. 汽化　　B. 液化　　C. 凝华　　D. 升华

57.［2018内蒙古通辽］用棉球在小孩儿的额头上擦些酒精退烧，主要是因为（　　）

A. 酒精能杀菌
B. 酒精比较凉
C. 酒精挥发时能吸热
D. 酒精能产生化学反应

58. [2018河北石家庄]“蓝蓝的天上白云飘，白云下面马儿跑。”歌词中所说天空呈蓝色、云呈白色的原因分别是(　　)

A. 吸收和散射　　B. 吸收和反射　　C. 散射和反射　　D. 反射和散射

59. [2018重庆大渡口]“群峰倒影山浮水，无山无水不入神”呈现的光学现象是(　　)

A. 光的直线传播　　B. 光的反射　　C. 光的折射　　D. 光的色散

60. [2018山东德州]下列说法中，所含光学知识原理达两种及以上的是(　　)

A. 镜中花，水中月　　B. 凸透镜　　C. 海市蜃楼　　D. 潭清疑水浅

61. [2018内蒙古通辽]太阳照射大地，一片光明，相对地，月光就显得那么柔和、暗淡。月光之所以没有太阳光线强，主要是因为(　　)

A. 月亮离地球比较远　　B. 月亮的能量比较小

C. 大气层阻挡的结果　　D. 月亮本身不发光，它反射的是太阳的光

62. [2018内蒙古通辽]汽车后视镜是(　　)镜片。

A. 平面　　B. 凹面　　C. 凸面　　D. 凸透

63. [2018河北保定]多数汽车的前窗都是倾斜的，最主要是为了(　　)

A. 避免因反光而影响驾驶员视线　　B. 减少空气阻力

C. 结构合理，视野开阔，承受冲击力强　　D. 便于雨水流走

64. [2018山东淄博]体育课上，近处同学听到老师发出的口令而远处的同学没有听清楚，其原因是(　　)

A. 老师发出的声音的音频较低　　B. 老师发出的声音的音色不好

C. 远处的同学听到的声音的音调较低　　D. 远处同学听到的声音的响度较小

65. [2018内蒙古通辽]在影视剧的拍摄中，常见一些房屋道具倒塌或重物落下，但不会将演员砸伤，这些重物是用(　　)

A. 密度比实物大的材料做成　　B. 密度比实物小的材料做成

C. 密度与实物相同的材料做成　　D. 密度与实物相近的材料做成

66. [2018内蒙古通辽]下列自然现象涉及化学变化的是(　　)

A. 灰尘形成雾霾　　B. 二氧化碳形成干冰

C. 二氧化硫形成酸雨　　D. 冰化成水

67. [2018山西长治襄垣]铅笔有硬软之分，用英文字母来表示，下列符号哪个表示较硬(　　)

A. “H”　　B. “HB”　　C. “B”　　D. “2B”

68. [2018河北衡水冀州]下面有关安全教育的说法或解释正确的是(　　)

A. 发生雷电时，不能在高大的建筑物下躲避，而可以在树下躲避

B. 坐在行驶的汽车前排的人要系上安全带，是为了减小刹车时人的惯性

C. 在火车站或地铁站的站台边，有1m的安全警戒线，应用的原理是气体的流速与压强的关系

D. 一旦发生电火灾应先打开消防栓用水灭火，再切断电源

69. [2018河北保定]下列急救常识正确的是(　　)

A. 对骨折患者急救时，应该背起患者尽快赶往医院

B. 遇见他人触电时，应该尽快将其拉走，远离电源

C. 蜜蜂蜇伤症状较轻的，可以用肥皂水冲洗叮咬处

D. 若有人误服腐蚀性物品，应该立即对其进行插胃管洗胃处理

70. [2017 河南漯河]生物技术是21世纪技术的核心,其标志性技术之一是( )

A. 基因工程　B. 细胞工程　C. 酶工程　D. 微生物工程

71. [2017 山西省属]能引起流感、艾滋病等疾病的微生物是( )

A. 细菌　B. 霉菌　C. 病毒　D. 真菌

72. [2017 湖北特岗]以下说法不正确的是( )

A. 山的海拔越高,山顶气温越低　B. 压力锅内的开水温度总为100℃

C. 沸水有时不会烫伤人　D. 俄罗斯的夏天比武汉的夏天气温低

73. [2017 山东统考]下列选项中不属于热胀冷缩现象的是( )

A. 冬天往岩缝里灌水,水结冰后膨胀使岩石裂开

B. 将罐头稍微加热更容易拧开

C. 医生用水银温度计给病人量体温

D. 夏天架设电线时都要略有下垂

74. [2017 山西省属]高速行驶的汽车突然刹车,坐在汽车里的人会向前倾。下列与之类似的现象是( )

A. 往地下使劲摔皮球,皮球会反弹　B. 快速跑步时,急停使手中的书本掉前面

C. 利用救生圈,人可以很轻松地浮在水面上　D. 当充满气的气球口子被解开时,气球会飞走

75. [2017 山西省属]电视遥控器、摄像机的自动对焦和汽车的远程锁定等利用了( )进行近距离通信。

A. 红外线　B. 无线电波　C. 紫外线　D. X射线

76. [2017 山西省属]把光能转化为化学能的发明创造是( )

A. 电池　B. 照相术　C. 蒸汽机　D. 自行车

77. [2017 山东统考]自来水是指通过净化、消毒后生产出来的符合相应标准的供人们生活、生产使用的水。目前自来水最普遍使用的消毒方法是( )

A. 氯气消毒法　B. 臭氧消毒法　C. 二氧化氯消毒法　D. 漂白粉消毒法

78. [2017 山西省属]从天然气或原油中获取的燃料气体,可以称为( )

A. 碳水化合物　B. 碳氢化合物　C. 氧气　D. 氢气

二、多项选择题(下列每小题列出的四个选项中至少有两项是正确的。)

1. [2021 山东济南历下]下列选项中属于碳水化合物的是( )

A. 二氧化碳　B. 蛋白质　C. 糖　D. 谷物

2. [2021 辽宁葫芦岛]垃圾分类处理关系到资源节约型、环境友好型社会的建设,有利于我国生态文明建设水平的进一步提高。下列属于厨余垃圾的有( )

A. 变质的香肠　B. 槟榔渣　C. 打碎的瓷碗　D. 废电池

3. [2020 河北廊坊三河]车辆的惯性是造成许多交通事故发生的原因。下列交通规则与惯性有关的有( )

A. 系安全带　B. 保持车距　C. 限速行驶　D. 靠右行驶

4. [2020 河北廊坊三河]下列选项体现了光折射现象的有( )

A. 海市蜃楼　B. 潭清疑水浅　C. 小孔成像　D. 插进水杯的筷子“断了”

5. [2020 河北唐山路北]小明上午献血200毫升,以下哪个是他下午不能做的行为( )

A. 喝酒　B. 通宵熬夜　C. 高空作业　D. 散步

6. [2020河北唐山路北]灭火器是一种可携式灭火工具,是最常见的防火设施之一。下面正确有效使用灭火器的是(　　)

A. 灭火器放置处应保持通风,防止受潮

B. 避免暴晒

C. 灭火器开启后,如喷出不多,不需要进行充满

D. 按出厂要求,定期检查

7. [2020山东青岛]哺乳动物是动物发展史上最高级的阶段,下列选项中属于哺乳动物的是(　　)

A. 海马　　B. 蓝鲸　　C. 长颈鹿　　D. 海象

8. [2019山西大同平城]凡事皆有学问,下列关于厨房科学的说法,正确的是(　　)

A. 熬骨头汤时加入食醋能帮助人体吸收钙

B. 米醋比白醋杀菌效果好

C. 刚从开水里取出的熟鸡蛋,马上用手去拿,不会感到烫手

D. 土豆淀粉含量高,吃土豆易发胖

9. [2019山东济南南部山区]在日常生活中,下列做法符合安全用电原则的是(　　)

A. 用湿布擦拭正在使用的电器　　B. 及时更换绝缘部分有损坏的家用电器

C. 在发现有人触电时要及时切断电源　　D. 在电线上晾晒衣物

10. [2019山西省属]夏季容易发生雷电灾害,下列正确的避险措施有(　　)

A. 降低身体重心蹲下　　B. 拔掉座机电话线

C. 冒雨骑自行车回家　　D. 关闭家中的门窗

11. [2018内蒙古通辽]彩色电视的三基色是(　　)

A. 红色　　B. 黄色　　C. 绿色　　D. 蓝色

12. [2017山西省属]下列说法正确的有(　　)

A. 野生蘑菇纯天然,均可直接采食

B. 夏天剧烈运动大量出汗后应喝点淡盐水

C. 高层建筑发生大面积火灾时可以通过电梯逃生

D. 新买的新颜色衣服清洗前用盐水浸泡一会儿不易掉色

13. [2017山东济宁]用煤炉取暖是北方农村居民过冬最普遍的方法,使用不当极容易发生煤气中毒事件,给人民的生命财产带来严重威胁。下列关于煤气中毒防御措施说法正确的是(　　)

A. 用湿煤封火或放一盆水

B. 装设烟筒,定期清扫,保持烟筒畅通

C. 屋内在门窗的最上方安装风斗,经常检查风斗是否堵塞,做到及时清理

D. 做好通风防护,睡前将炉火熄灭

三、判断题(判断下列每小题的正误,正确的打"√",错误的打"×"。)

1. [2020黑龙江中学特岗]病毒的发现者为巴斯德。(　　)

2. [2020黑龙江中学特岗]中国生物医学界第一个获得诺贝尔奖的是陈竺。(　　)

3. [2020山西大同市属]现代物理学的两大基本支柱为相对论和量子力学。(　　)

4. [2020河北邢台任泽]发生洪水、城市内涝时,在积水中行走应穿长筒雨靴。(　　)

5. [2020河北廊坊三河]一般灭火器的灭火原理是降低温度。(　　)

6. [2020山西大同平城]人体共有22对常染色体和1对性染色体。鉴定亲子关系时,目前用到最多且最有效的是DNA分型鉴定,因为DNA分型鉴定是否为亲子关系的准确率近乎100%。(　　)

7. [2020河南信阳市属]燕子会释放出一种超声波,这种声波遇见物体时就会反弹回来,而人类听不见。雷达就是根据燕子的这种特性发明出来的。 ( )

8. [2020河北廊坊三河]一般人进入高海拔地区后会出现头晕、气喘、易疲劳等症状,即高原反应。然而,一些竞技体育项目的运动员却在比赛前专门到高海拔地区进行强化训练,其主要原因是高海拔地区空气稀薄,在这种环境下训练可以增强运动员的心肺功能。 ( )

9. [2019山西吕梁]转基因食品的安全性被广泛质疑并争议极大。其中,普遍认同的观点是:转基因作物存在破坏生态系统平衡的可能。杂交水稻就属于转基因食品。 ( )

10. [2019河南平顶山湛河]用锅蒸煮东西,不能用自来水,因为自来水里面有氯,会发挥氯化钠,导致人患癌。 ( )

11. [2019重庆永川]声音在真空中的传播速度最大。 ( )

12. [2019重庆酉阳]光年是指光在一年内传播的距离。 ( )

13. [2019河北石家庄新乐]细胞是遗传的物质基础。 ( )

14. [2019河北秦皇岛市属]鱼类的附肢为鳍,是游泳和维持身体平衡的运动器官。 ( )

15. [2019河北秦皇岛市属]感应玻璃门依靠红外线控制玻璃门自动开启。 ( )

16. [2019河北秦皇岛市属]在野外遇到雷雨时,应双腿并拢、蹲下身子。 ( )

17. [2019山西吕梁]近亲是指三到五代以内有共同祖先的人群。如果他们之间通婚,就被称为近亲婚配。近亲婚配增加了某些常染色体隐性遗传疾病的发生风险。 ( )

18. [2019内蒙古包头东河]缺少维生素B_2会引发口腔溃疡。 ( )

19. [2019内蒙古包头东河]饮酒过多或经常饮酒,对人体伤害最大的部位是肺。 ( )

20. [2019内蒙古包头东河]引起煤气中毒的物质是二氧化碳。 ( )

21. [2019山东德州]小苏打其实就是碳酸氢钠,化学式$NaHCO_3$,俗称小苏打,白色细小晶体,在水中的溶解度小于碳酸钠。 ( )

22. [2019山东烟台开发区]客车遇险后,没有安全门的,可用车上配备的铁锤或者其他物品将车窗玻璃敲破,从窗口疏散乘客。 ( )

23. [2018山西长治襄垣]检验司机是否酒后驾车的物质是含有CrO_3的硅胶。 ( )

24. [2018山西长治襄垣]花露水具有杀菌作用,其原因是花露水中含有酒精70%~75%。 ( )

25. [2018河南禹州]雾是水蒸气液化形成的小水珠。 ( )

26. [2018河南禹州]紫外线的波长比可见光线长,红外线的波长比可见光线短。 ( )

27. [2018江苏南京四城区]空气中含量最多的是氮气。 ( )

28. [2018河南禹州]新能源汽车的推广和使用,有助于减少光化学烟雾的产生。 ( )

29. [2018河南禹州]清晨空腹时肠胃比较脆弱,不宜服用药物。 ( )

30. [2017河北张家口]病毒自身不能复制,其生存必须依赖于活细胞。 ( )

综合能力提升

一、单项选择题(下列每小题列出的四个选项中只有一项是正确的。)

1. [2020江苏南京]在蜻蜓翅膀末端的前缘,有一块加厚而发暗的色素斑,生物学上称之为“翅痣”,其作用是( )

A. 吸收太阳光能,为不间断的飞行提供源源不断的动力

B. 调整翅膀的振动,减弱飞行过程中翅膀上的有害振动

C. 像人的眼睛一样，通过吸收红外线来获取外界信息

D. 发出超声波，通过吸收反射波辨别方位，给飞行导航

2. [2020江苏南京]2019年1月3日，“嫦娥四号”探测器在月球背面成功着陆，并进行科学探测实验，它所获得的科学数据与信息通过(　　)传播到地球接收站。

A. 机械波　　B. 次声波　　C. 电磁波　　D. 可听见声波

3. [2020河北唐山路北]下列关于血型的说法，不正确的是(　　)

A. 知道父母的血型可推测孩子的血型　　B. RH阴性可接受RH阳性输血

C. AB型血是“万能受血者”　　D. O型血是“万能输血者”

4. [2020河北邢台襄都]龙卷风的实质是高速旋转的气流。它能把地面上的物体或人畜“吸”起卷入空中。龙卷风能“吸”起物体是因为(　　)

A. 龙卷风内部的压强远小于外部的压强　　B. 龙卷风增大了空气对物体的浮力

C. 龙卷风使物体受到的重力变小　　D. 迷信说法中的“龙”把物体“抓”到空中

5. [2020河北廊坊三河]炎热的夏季使人难以忍受，年轻的李强躲进有空调的小汽车里过夜，第二天人们发现他已死在车里多时。经法医解剖，排除了李强因疾病死亡的可能和被人谋杀的可能。李强死亡的真正原因是(　　)

A. 温度调得太低冻死　　B. 汽车里缺氧而死

C. 一氧化碳中毒死亡　　D. 不能确定

6. [2020河北廊坊三河]下列有关生活常识的说法，不正确的是(　　)

A. 饮用水越纯净越好

B. 吃太多手摇爆米花机爆出的米花会导致铅中毒

C. 低盐饮食有利于预防高血压

D. 空腹不宜饮茶

7. [2020河北邢台襄都]若遇到突发事件，下列做法正确的是(　　)

A. 发生胸腹损伤事故时应使病人平躺，保持呼吸通畅

B. 发现有人触电，应迅速用手将触电者拉离电源

C. 夜间发现燃气泄漏时，应尽快打开油烟机或排气扇稀释燃气浓度

D. 在半山腰遇到森林火灾时，应迅速向山顶奔跑逃生

8. [2020河北沧州河间]以下不符合生活常识的有(　　)

A. 吃了辣的东西，往嘴里放上少许白糖，含一下，吐掉，就不辣了

B. 金银花具有祛风湿的功效

C. 如果嗓子或牙龈发炎了，在晚上把西瓜切成小块，就着盐吃，而且一定是晚上。这样一来，当时症状会减轻，第二天就好了

D. 治疗咳嗽，尤其是干咳，可在晚上睡觉前，用芝麻香油煎鸡蛋，油要多放，不要放盐，趁热吃，连吃几天就会好转

9. [2020山东青岛]我国正在积极推进垃圾分类的试点工作，下列选项中属于有害垃圾的是(　　)

A. 废电池　　B. 书本　　C. 中药残渣　　D. 果皮

10. [2019重庆酉阳]农谚说“有收无收在于水，多收少收在于肥”。这说明绿色植物的生活需要水和(　　)

A. 有机物　　B. 无机盐　　C. 蛋白质　　D. 维生素

11. [2019河北保定唐县]冬天倒开水时,容易爆破的杯子是(　　)

A. 很薄的玻璃杯　　B. 很厚的玻璃杯　　C. 越高的玻璃杯　　D. 没区别

12. [2019河北石家庄新乐]热传导的各种方式中,热辐射是以(　　)形式传递热量的。

A. 光波　　B. 电磁波　　C. 介质流动　　D. 物体接触

13. [2019河北唐山芦台]在野外活动时难免会受伤。下列有关户外受伤急救的说法,错误的是(　　)

A. 先处理危重病人,再处理病情较轻的病人

B. 同一病人,先救治生命,再处理局部

C. 在急救处理时,以患者最舒适的方式移动身体

D. 若有脸色发青者,需要稍抬高其头部

14. [2019河北保定唐县]以下说法错误的是(　　)

A. 当艾滋病病毒进入人体血液以后,首先侵入血液中的淋巴细胞,破坏人体免疫系统

B. 服用碘片来预防核辐射的原理在于它能减少甲状腺对放射性碘的摄取

C. 100毫升血液中酒精含量达到20~60毫克的驾驶行为是饮酒驾车,60毫升以上认定为醉酒驾车

D. 亚硝酸盐是可以使用的食品添加剂

15. [2019山东济南钢城]有氧运动是人体在氧气充足的情况下进行的运动,即在运动过程中,人体吸入的氧气与需求相等,达到生理上的平衡状态,下列不属于有氧运动的是(　　)

A. 慢跑　　B. 骑车　　C. 举重　　D. 打羽毛球

16. [2019山西省属]"网络成瘾"正在成为现代社会影响公众健康的一大杀手。关于"网络成瘾",下列说法错误的是(　　)

A. 对网络使用有强烈的渴求或冲动感　　B. 平均每天连续上网时间超过3个小时

C. 停止上网时会出现烦躁、失眠等戒断反应　　D. 因使用网络而减少或放弃了其他娱乐活动

17. [2019河南平顶山]人们很早就已经发现,鳄鱼在吃掉捕获的食物前,往往会流几滴眼泪,于是"鳄鱼的眼泪"被人们用于形容伪善。鳄鱼流泪的原因是(　　)

A. 眼泪均匀覆盖眼球,使眼睛保持良好视力

B. 鳄鱼的肾脏发育不完全,需要靠眼睛附近的腺体排出盐分

C. 鳄鱼的眼泪可以发出特殊的气味,召唤同类前来捕食猎物

D. 鳄鱼进化不完善,唾液腺分泌和泪腺分泌的神经控制系统未完全分离

18. [2019山西省属]饥饿感是动物摄食行为产生的重要驱动力。下列有关饥饿感的叙述正确的是(　　)

A. 饥饿感形成的部位在大脑皮层　　B. 饥饿感的形成属于非条件反射

C. 饥饿感的形成过程与神经调节无关　　D. 饥饿感驱动摄食通过体液调节实现

19. [2019山西省属]细胞和个体一样也有其生命历程。下列关于细胞生命历程的叙述正确的是(　　)

A. 年轻生命内不会发生细胞的衰老

B. 个体衰老的特征与细胞衰老时的变化有关

C. 细胞坏死是由基因决定的正常的生命历程

D. 细胞都要经过分裂、生长、衰老、凋亡等生命历程

20. [2019河北邢台市属]下列关于生活中常见农产品的说法,错误的是(　　)

A. 未成熟的香蕉与成熟的苹果一起保存,后者释放的乙烯能促进前者成熟

B. 生鸡蛋泡在石灰水中,水里的碳酸钙能堵塞鸡蛋表面微孔,延长保存时间

C. 胡萝卜属于十字花科萝卜属，在10世纪被引入中国

D. 香菇是一种常见的食用菌，不属于植物，但属于蔬菜

21. [2019山东烟台开发区]以下哪类茶是半发酵茶(　　)

A. 红茶　　B. 绿茶　　C. 乌龙茶　　D. 花茶

22. [2019山西大同平城]关于生物净化，下列说法错误的是(　　)

A. 植物净化大气主要是通过叶片的作用实现的

B. 海洋中降解石油烃的微生物主要是酵母

C. 淡水生态系统中的生物净化，细菌起主导作用

D. 生物净化能力都有一定的限度

23. [2019山西大同平城]下列关于生活常识的说法中，错误的一项是(　　)

A. 暖气瓶的瓶胆，是由两层玻璃制成的，中间夹层里的空气被抽掉后，里面就形成了真空。由于真空不容易传热，里面盛的水就不容易变凉

B. 把馒头放笼屉上蒸，最下面的先熟

C. 夏天浇花，最好在清早或傍晚

D. 一个人如果长时期不吃盐，身体就会软弱无力，甚至生病

24. [2019河南郑州经开]下列关于生活常识的表述错误的是(　　)

A. 水在真空中会先沸腾后结冰　　B. 颜色深的汽车隔热膜，隔热效果好

C. 纯水(只有水分子)在0℃时不会结冰　　D. 天凉时，湿润的地方比干旱的地方使人觉得更冷

25. [2019山西省属]下列有关说法错误的是(　　)

A. 蔗糖受潮后结成糖块变成多晶体

B. 由于表面张力的作用会使液体表面伸张

C. 用粉笔吸干桌上的一摊墨水属于毛细现象

D. 人们对干爽和潮湿的感受与空气中水蒸气的压强有关

26. [2019河南安阳龙安]许多优美的诗词是对生活和自然现象的生动描述。下列诗词所对应的物理知识不正确的是(　　)

A. “牧童归去横牛背，短笛无腔信口吹”—“短笛”发出的声音是由笛子本身振动产生的

B. “姑苏城外寒山寺，夜半钟声到客船”—“钟声到客船”说明空气可以传播声音

C. “大弦嘈嘈如急雨，小弦切切如私语”—“嘈嘈”和“切切”形容的是大弦和小弦发出声音的音调不同

D. “不敢高声语，恐惊天上人”—“不敢高声语”是从声源处减弱噪声

27. [2019山东德州]某物质在一定的温度下，电阻会降为零，这一现象被称为(　　)

A. 超导　　B. 消磁　　C. 量子平衡　　D. 绝对零度

28. [2019山东济南]2019年6月17日22时55分，四川省宜宾市长宁县发生了6.0级地震，给中国人民带来了巨大的伤害。灾难过后我们不禁感叹，在灾难和自然危害面前，人类的力量是如此的渺小。然而这次灾难过后，不仅有全国人民为灾区群众的祈福，还有最让人感动和不可思议的地震预警系统倒计时。该系统由我国科学家王暾带领他的团队自主研制，我国因此也成为继墨西哥、日本后第3个具有地震预警能力的国家。地震预警系统的原理是(　　)

A. 地震波比声波的传播速度快　　B. 地震波比声波的传播速度慢

C. 电磁波比地震波的传播速度快　　D. 电磁波比地震波的传播速度慢

29. [2019山西省属]关于节能措施,下列说法错误的一项是(　　)

A. 如果汽车空转超过60秒,则关闭发动机更节油

B. 2层或3层窗户玻璃可以减少房屋内的热量损失

C. 在长期照明情况下,白炽灯比荧光灯更节约能源

D. 频繁地开关灯会缩短荧光灯寿命,降低使用效率

30. [2019河北邢台经开]以下科技常识正确的是(　　)

A. 原子弹爆炸是核能聚变的反应过程

B. 使用甲醇含量高的建材进行家庭装修,容易导致室内环境污染

C. "钛"因为耐高温,比铝还轻,被称为"太空金属"

D. 手机刚接通时的电子辐射最强

31. [2019贵州省属]下列说法正确的是(　　)

A. 石墨烯是一种仅由碳原子构成的单层片状结构的新型纳米材料,具有极好的导电性能,可用于制作新型电池

B. 光纤通信中信号传播的主要载体是光导纤维,内芯的折射率比外套的大,光传播时由内芯进入外套时发生漫反射

C. 稀土是芯片产业的重要物资,由于开采、提纯难度大,我国长期依赖美国进口

D. 风是相对于地表面的空气运动,形成风的原因包括地表摩擦力

32. [2019山东德州]不锈钢的主要组成元素是(　　)

A. 铜、锌　　B. 铜、铁、铬　　C. 铁、碳　　D. 铁、铬、镍

33. [2019河南安阳龙安]下列有关非金属元素的说法正确的是(　　)

A. 二氧化氯具有还原性,可用于自来水的杀菌消毒

B. 二氧化硫具有氧化性,可用于漂白纸浆

C. 液氨汽化时要吸收大量的热,可用作制冷剂

D. 硅是重要的半导体材料,常用于制作光导纤维

34. [2019山西省属]化学知识在生产和生活得到广泛的应用,下列叙述错误的是(　　)

A. 蔗糖和食用油都能够发生水解反应

B. 可用灼烧法鉴别纺织材料是纯毛成分还是化纤材料

C. 高压钠灯发出的光射程远,透雾能力强,可用于道路照明

D. 久置不用的银制品色泽变暗原因是发生了电化学腐蚀作用

35. [2019山西省属]下列关于外出途中路遇泥石流避险措施正确的是(　　)

A. 向与泥石流呈垂直方向的两边山坡上爬　　B. 往地势空旷,树木生长稀疏的地方逃生

C. 丢弃包括通信工具在内的所有随身物品　　D. 停留在就近山坡的谷底或者山谷沟口处

36. [2019山西省属]下列有关健康常识的叙述错误的是(　　)

A. 饭后大量血液涌向消化系统,大脑出现短暂性缺血,会产生饭后犯困的现象

B. 普通烧烫伤后,应立即将伤处持续浸泡于冷水中,不应用醋、酱油等物质涂抹患处

C. 坐上飞机后产生耳鸣,是因为飞机降落引起气压增加与耳内气压不平衡导致损伤

D. 运动扭伤后,应立即对伤处进行按摩,以缓解出血肿胀,减少血肿和疼痛

37. [2018江苏南京四城区]发酵技术和我们的日常生活息息相关。下列发酵食品与微生物的对应关系错误的是(　　)

A. 酿酒—酵母菌　　B. 酸奶—乳酸菌　　C. 腐乳—霉菌　　D. 泡菜—醋酸菌

38. [2018内蒙古通辽]咸鸭蛋是中国特色菜肴,在中国历史悠久,深受老百姓的喜爱,在市场上也备受青睐。咸鸭蛋蛋黄里出现的油是(　　)

A. 卤水　　B. 盐水　　C. 脂肪　　D. 无机盐

39. [2018河南禹州]以下生活常识不正确的是(　　)

A. 微波炉不能使用金属器皿加热食品

B. 胡萝卜富含维生素,生吃效果好

C. 扎啤是没有经过发酵的啤酒

D. 人在发烧时,食欲不振,其主要原因是体温较高,酶的催化作用差

40. [2018山东德州]关于物理现象,下列描述正确的一项是(　　)

A. 液体的浓度越低越容易沸腾　　B. 常温下没有可以保持液态的金属

C. 白炽灯使用时间越长,它的灯丝越细　　D. 炎热的夏天更容易形成水蒸气

41. [2018河北邢台桥东]可燃冰,即天然气水合物,是分布于深海沉积物或陆域的永久冻土中,由天然气与水在高压低温条件下形成的类冰状的结晶物质。下列关于"可燃冰"的说法正确的是(　　)

A. 大量存在于地壳深层,学名"天然气水合物"

B. 可燃冰燃烧后几乎不产生任何残渣或废弃物

C. 可燃冰是一种纯净物

D. 可燃冰属于常规能源、可再生能源

42. [2017山西省属]下列关于人体器官说法错误的是(　　)

A. 胃是消化器官　　B. 肾是造血器官

C. 心脏是血液循环器官　　D. 肺是呼吸器官

43. [2017山西大同]生物农业的发展不采用(　　)

A. 农作物轮作耕田　　B. 天然杀虫　　C. 生物多样化　　D. 少施无机肥

44. [2017山西省属]关于"真金不怕火炼"说法正确的是(　　)

A. 金不导热,所以不怕火　　B. 金的质地坚硬,无法用火熔化

C. 不管火的温度多高都不能熔化金子　　D. 金的熔点高,一般的火焰达不到金的熔点

45. [2017吉林]"朝霞不出门,晚霞行千里"是看云识天气的谚语。下列与霞相关的描述,正确的是(　　)

①霞是阳光通过厚厚的大气层,被大量的空气分子散射的结果

②当空中的尘埃、水汽等杂质愈多时,其色彩愈显著

③波长较短的紫、蓝、青等颜色的光最容易散射出来

④波长较长的红、橙、黄等颜色的光透射能力很强

A. ①②③　　B. ①②④　　C. ②③④　　D. ①②③④

46. [2017山东统考]下列对矿物质及其用途的描述中,错误的是(　　)

A. 石英可以用于制作半导体　　B. 石灰岩可以用来生产水泥

C. 石棉可以用来促进燃烧　　D. 火石和铁器打击会产生火花,可以用作取火工具

47. [2017山西省属]下列属于利用"结晶"原理进行操作的方法的是(　　)

A. 把粗盐倒入水中,经过搅拌后水变得浑浊了

B. 静置一段时间,粗盐水变得干净透明了

C. 把盐水倒入装有滤纸的杯子里

D. 把盐水放在阳光下使水蒸发

二、多项选择题(下列每小题列出的四个选项中至少有两项是正确的。)

1.[2020河南信阳市属]当遇到火灾时,选择合适的灭火器灭火,会事半功倍。泡沫灭火器适宜扑灭的火灾有( )

A.木材燃烧引起的火灾　　B.纸张燃烧引起的火灾

C.汽油燃烧引起的火灾　　D.电器燃烧引起的火灾

2.[2020河北沧州河间]下列说法正确的有( )

A.日常生活中的无糖食品一般是指不含蔗糖、葡萄糖等的甜味食品

B.人的汗液发臭主要是由于细菌分解了汗液中的有机物导致的

C.人补充钙剂时加服维生素D可以促进钙剂的吸收

D.肌肉系统是负责人体各类运动功能的重要系统

3.[2020河北唐山路北]RGB代表什么颜色( )

A.红色　　B.黄色　　C.绿色　　D.蓝色

4.[2020河北唐山路北]下列内容中,可选入红星社区关于新型冠状病毒肺炎防控宣传栏中的有( )

A.避免前往禽类市场,禽肉蛋要充分煮熟后食用

B.外出前往公共场所,就医和乘坐公共交通工具时,应佩戴医用外科口罩

C.从公共场所返回、咳嗽用手捂住后、饭前便后,用洁手液或香皂流水洗净

D.就诊时应主动告诉医生自己在相关疾病流行地区的旅行居住史,以及发病后接触过什么人

5.[2020山东青岛]下列化学反应中能产生二氧化碳的是( )

A.碳酸钙加盐酸　　B.高温煅烧石灰石

C.甲烷在空气中燃烧　　D.氢氧化钙加碳酸钾

6.[2019重庆酉阳]生活中的哪些物质与水混合,不能形成溶液( )

A.蔗糖　　B.香油　　C.煤粉　　D.小苏打

7.[2019山东济南联考]地球上的植物有50多万种,动物有150多万种,多种多样的生物不仅维持了自然界的持续发展,而且是人类赖以生存和发展的基本条件。环境的变化对生物的成长有着重大的影响,下列诗句体现环境影响生物成长的有( )

A.人间四月芳菲尽,山寺桃花始盛开　　B.忽如一夜春风来,千树万树梨花开

C.近水楼台先得月,向阳花木易为春　　D.有心栽花花不开,无心插柳柳成荫

8.[2019山东枣庄滕州]在生活中,一部分人饮酒后会出现面部发红的现象,这说明其身体分解酒精的能力较差。酒精在人体内的分解代谢主要依靠的酶有哪几种( )

A.甲醇脱氢酶　　B.乙醇脱氢酶　　C.乙醛脱氢酶　　D.乙醚脱氢酶

9.[2019贵州省属]下列常识正确的有( )

A.冠状动脉是心脏的血管

B.抗生素类药物属于非处方药

C.基因突变是由于DNA分子发生碱基对的缺失等原因引起的基因结构变化

D.基因重组是在生物体进行有性生殖的过程中控制不同性状的基因重新组合

10.[2019河南安阳龙安]生物技术正在越来越多地影响人类的生活和社会发展,下列有关叙述正确的有( )

A.植物组织培养技术可以快速繁殖植物体

B.转基因技术可培育产生人胰岛素的大肠杆菌

C. 利用克隆技术可以培育太空辣椒

D. 食醋和泡菜都是利用发酵技术产生的有酸味的食品，在加工生产中利用了同一类微生物

11. [2018 山东统考]膳食纤维是一种不能被人体消化的碳水化合物。下列食物中，可增强人体膳食纤维摄入量的食物是( )

A. 芹菜、秋葵　　B. 鲤鱼、黄鳝　　C. 羊肝、羊肚　　D. 竹笋、魔芋

12. [2018 河南禹州]下列说法正确的有( )

A. 石墨烯只有一个碳原子厚度，导电性强、可弯折、机械强度好

B. 碳纳米管具有良好的隔热性，是优良的防火材料

C. 我国研制的超级望远镜FAST是世界上建成的口径最大的单天线射电望远镜

D. 我国已研制出世界最高效固态量子存储器，一次可以存储100个量子比特

第三章 地理常识

基础知识达标

一、单项选择题(下列每小题列出的四个选项中只有一项是正确的。)

1. [2021 山东青岛市北]2020年12月8日，习近平同尼泊尔总统共同宣布珠峰最新高程为( )

A. 8844.43米　　B. 8848.13米　　C. 8848.86米　　D. 8851.10米

2. [2021 山东济南历下]我国牧区和农耕区的分界线大体接近( )

A. 100毫米等降水量线　　B. 200毫米等降水量线

C. 400毫米等降水量线　　D. 800毫米等降水量线

3. [2021 河北石家庄市属]2021年3月，"我支持新疆棉花"成为人们热议的焦点。全球棉花看中国，中国棉花看新疆。下列说法中正确的是( )

A. 中国是世界第二大棉花消费国

B. 中国是世界最大棉花生产国

C. 新疆是我国最大、世界重要的棉花产区

D. 新疆有得天独厚的自然条件，是我国最大的长绒棉产区

4. [2021 山东济南历下]下列动物中属于我国特有的珍稀爬行动物，并享有"活化石"之称的是( )

A. 长臂猿　　B. 壁虎　　C. 大鲵　　D. 扬子鳄

5. [2020 河北廊坊三河]下列不属于世界文化遗产的是( )

A. 故宫　　B. 莫高窟　　C. 云南三江并流　　D. 西藏布达拉宫

6. [2020 河北邢台隆尧]"绿色化学"要求从根本上减少乃至杜绝污染。下列对农作物收割后留下的秸杆的处理方法中，不符合"绿色化学"的是( )

A. 就地焚烧　　B. 发酵后作农家肥　　C. 加工成饲料　　D. 制造沼气

7. [2020 河北石家庄市属]我国青藏地区夏季的气温比同纬度地区长江中下游平原低得多，其主要原因是( )

A. 海陆位置不同　　B. 季风的影响　　C. 海拔不同　　D. 日照强弱不同

8. [2019 河北保定唐县]直立的竹竿在正午时影子最长的那一天是北半球的( )

A. 冬至　　B. 夏至　　C. 春分　　D. 秋分

9.［2019山东济南联考］都江堰是我国历史年代最久、今天仍在使用的古代集防洪、灌溉、航运于一体的综合水利工程，都江堰位于哪条江上（　　）

A. 嘉陵江　　B. 岷江　　C. 沱江　　D. 雅鲁藏布江

10.［2019重庆渝中］我国陆地面积960万平方千米，海域面积473万平方千米，国土面积居世界（　　）

A. 第二位　　B. 第三位　　C. 第四位　　D. 第五位

11.［2019重庆永川］西亚国家与我国陆上领土接壤的是（　　）

A. 阿富汗　　B. 缅甸　　C. 伊朗　　D. 哈萨克斯坦

12.［2019重庆奉节］“大漠孤烟直，长河落日圆”指的是（　　）

A. 长江中下游地区　　B. 塔里木河下游地区

C. 雅鲁藏布江　　D. 山东丘陵地区

13.［2019河南平顶山］“天无三日晴，地无三尺平”指的是哪个省份（　　）

A. 山东省　　B. 贵州省　　C. 湖北省　　D. 浙江省

14.［2019河南平顶山］“北麦南稻，南船北马”是以什么为分界线的（　　）

A. 秦岭—淮河　　B. 昆仑山

C. 巴颜喀拉山—秦岭　　D. 大兴安岭

15.［2019山东济南历城］2019年9月，习近平总书记指出，黄河流域是我国重要的生态屏障和重要的经济地带，是打赢脱贫攻坚战的重要区域，在我国经济社会发展和生态安全方面具有十分重要的地位。下列选项中黄河流经的省会城市不包括（　　）

A. 兰州　　B. 银川　　C. 太原　　D. 济南

16.［2019山东枣庄滕州］黄河发源于青海省，是中华文明最主要的发源地，被称为中国的“母亲河”。黄河在流经九个省（自治区）后，流入（　　）

A. 东海　　B. 黄海　　C. 渤海　　D. 南海

17.［2019山东烟台招远］中国东部秦岭—淮河一线以北，包括华北地区、东北地区的气候多呈现夏季高温多雨，冬季寒冷干燥的特征。这种气候特征属于（　　）类型。

A. 温带季风气候　　B. 温带大陆性气候

C. 地中海气候　　D. 温带海洋性气候

18.［2019河南平顶山］我国土地资源的四个基本特点不包括（　　）

A. 绝对数量大，人均占有少　　B. 类型复杂多样，耕地比重小

C. 利用情况复杂，生产力地区差异明显　　D. 地区分布均匀，保护和开发压力小

19.［2019山东济宁邹城］一个质量是8克的戒指从上海运到拉萨后，它的重量会减少，这是因为（　　）

A. 拉萨比上海的海拔高　　B. 拉萨比上海的温度高

C. 拉萨比上海的风沙大　　D. 拉萨比上海的温度低

20.［2019山东德州］热带雨林气候特点为全年高温多雨，如南美洲的亚马孙平原，非洲的刚果盆地和几内亚湾沿岸，亚洲东南部的一些群岛等。热带雨林气候位于各洲的赤道两侧，向南、北延伸（　　）

A. 5°～10°左右　　B. 5°左右　　C. 10°左右　　D. 15°左右

21.［2019河南郑州二七］爱琴海号称海上“十字路口”，使得比雷埃夫斯港在全球物流链上独具战略地位，成为“中欧陆海快线”的重要节点，也是推进“一带一路”全球发展战略的重要一环。比雷埃夫斯港是（　　）最大的港口。

A. 雅典　　B. 希腊　　C. 德国　　D. 意大利

22.［2019河南平顶山］习近平总书记在一次讲话中引用了明代官员陈诚的诗句“绿野草铺茵，空山雪积银”，诗句中描写的是(　　)的景色。

A. 北欧　　B. 北极　　C. 中亚　　D. 西伯利亚

23.［2019河南平顶山］许多国家的著名城市都是沿河而建的，下列组合正确的是(　　)

A. 法国—巴黎—塞纳河　　B. 匈牙利—布达佩斯—易北河

C. 德国—汉堡—莱茵河　　D. 埃及—开罗—尼日尔河

24.［2019山东烟台开发区］俄罗斯西伯利亚地区多分布着沼泽。关于该地沼泽成因，解释错误的是(　　)

A. 地下多冻土，水分难以下渗　　B. 纬度高，气温低，蒸发微弱

C. 地势低平，排水不畅　　D. 气候湿润，降水丰富

25.［2019山西大同平城］二十世纪六七十年代，河南省林县(今林州市)为解决农业用水问题，在太行山的陡坡上修建了坡度很小，蜿蜒曲折的跨流域调水工程——红旗渠。将红旗渠干渠的坡度设计的很小，是为了(　　)

A. 减轻渠水对渠堤的侵蚀　　B. 增加输水渠的输水流量

C. 减少输水渠中的泥沙沉积　　D. 降低输水工程的建设成本

26.［2019河南平顶山］一跨国企业计划7月份在全球两个大城市同时举办大型室外活动，为避免降雨影响活动效果，选择下列哪两个城市最为合理(　　)

A. 北京和纽约　　B. 东京和马德里　　C. 上海和伦敦　　D. 罗马和洛杉矶

27.［2019山东德州］中国四大名楼不在长江之南的是(　　)

A. 岳阳楼　　B. 鹳雀楼　　C. 滕王阁　　D. 黄鹤楼

28.［2019江西特岗］中国四大石窟是指以佛教文化为特色的巨型石窟艺术景观，它们主要是指(　　)

A. 云冈石窟、莫高窟、麦积山石窟、龙游石窟　　B. 莫高窟、云冈石窟、龙门石窟、麦积山石窟

C. 麦积山石窟、莫高窟、龙游石窟、龙门石窟　　D. 龙门石窟、莫高窟、云冈石窟、龙游石窟

29.［2019山西长治潞州］北半球夏至日，正午太阳高度角(　　)

A. 由南回归线向南北两侧递减　　B. 由北回归线向南北两侧递减

C. 由赤道向南北两侧递减　　D. 由南北两侧向赤道递减

30.［2019山东济南］亚洲是全世界人口最多的一个洲，同时也是人口密度最大的洲，它的名字也是最古老的，其英文名为Asia，全称是亚细亚洲，其意思是指(　　)

A. 日落的地方　　B. 富饶的地方　　C. 古老的地方　　D. 太阳升起的地方

31.［2019山东枣庄滕州］被称为“七丘城”和“永恒之城”的欧洲著名城市是(　　)

A. 罗马　　B. 维也纳　　C. 巴黎　　D. 雅典

32.［2019山东潍坊滨海］世界五大陆地基本地形中，绝对高度在500米以内，相对高度不超过200米的是(　　)。它是由各种岩类组成的坡面组合体，起伏不大，坡度较缓，地面崎岖不平。

A. 盆地　　B. 丘陵　　C. 平原　　D. 高原

33.［2018河北邢台桥东］下列对我国基本国情的认识不准确的是(　　)

A. 我国正处于并将长期处于社会主义初级阶段

B. 粮食生产连年丰收，粮食自给率达到100%

C. 中国的GDP居全球第二位

D. 我国人口最多的少数民族是壮族

34. [2018河北保定市属]下列关于我国能源的说法,正确的是(　　)

A. 我国是目前全球第三大能源消费国

B. 我国拥有丰富的化石能源资源,石油占主导地位

C. 我国人均能源拥有量在全球处于较高水平

D. 我国水能资源极为丰富,已查明可开发水能居全球首位

35. [2018湖北特岗]汉武帝于公元前139年和公元前119年,两次任命张骞为使者,出使西域,开辟了通往西域的丝绸之路。下列哪一遗迹在丝绸之路上(　　)

A. 莫高窟　　B. 云冈石窟　　C. 龙门石窟　　D. 平遥古城

36. [2018河北邢台桥东]截至目前,我国世界遗产有53处,世界自然遗产有13处。世界自然遗产总数超越之前并列的澳大利亚和美国,位居世界第一。下列选项中属于我国世界自然遗产的是(　　)

A. 贵州梵净山　　B. 杭州西湖　　C. 大足石刻　　D. 成都武侯祠

37. [2018重庆沙坪坝]我国纬度最低的城市是(　　)

A. 海口　　B. 三亚　　C. 三沙　　D. 高雄

38. [2018河南郑州经开]地震、台风等自然灾害往往造成巨大的财产损失和人员伤亡。下列关于自然灾害的说法正确的是(　　)

A. 泥石流具有突然性、流速快和破坏力强等特点,一般发生在具有特殊地形地貌的地区

B. 台风是发生在太平洋西部海洋和南海海上的热带气旋,台风眼内的风力是测定台风等级的依据

C. 火山爆发是地球内能释放的一种形式,地球上各地的火山分布在陆地上,分为死火山、活火山和休眠火山

D. 地震多发生于地球板块的交界或地壳裂隙地带,地震的烈度是地面受到的影响和破坏程度,震源越深,烈度越大

39. [2018河北辛集]下列关于环境问题的观点,正确的是(　　)

A. 环境问题就是指环境污染问题

B. 随着世界范围内工业化进程的加快和人口数量的增长,环境问题会被逐渐解决

C. 人类面临的所有环境问题都可以通过发展科学技术来解决

D. 生态危机也是重要的环境问题

40. [2018山西大同市属]一天之中空气最新鲜的时间是(　　)

A. 上午10点左右,下午3点至4点　　B. 中午12点

C. 早晨7点前　　D. 晚上7点前后

41. [2018河北石家庄]近年来,我国多座城市遭到罕见暴雨袭击。这些灾害性天气现象与"雨岛效应"有关。雨岛效应集中出现在汛期和暴雨之时,易形成大面积积水,甚至形成城市区域性内涝。下列关于雨岛效应的成因说法错误的是(　　)

A. 城市热量的超常排放使市区内上升气流加强,有利于云的形成

B. 城市空气中含有较多的凝结核,吸湿性凝结核增多容易成云致雨

C. 城市高楼大厦林立,摩擦阻碍作用使云层移速减慢,延长下雨时间

D. 城市绿地和水体增加了空气湿度,有利于低云层在市区上空增多

42. [2018河北石家庄]北半球某城市,冬至日时正午太阳高度为45度,为保证建筑物低层居室有一定日照,南北两栋楼房间距至少应该是(　　)

A. 楼高的2倍　　B. 楼高的1/2　　C. 与楼高相等　　D. 以上都可以

43. [2018山东聊城东昌府]下列关于等高线的叙述,正确的是( )

A. 同一条等高线上的各点,相对高度都是相等的

B. 同一条等高线,海拔高度可以不同

C. 等高线越稀疏,坡度越缓

D. 等高线越密集,坡度越小

44. [2018河南郑州经开]下列说法中,不正确的一项是( )

A. "穿花蛱蝶深深见,点水蜻蜓款款飞"描绘的是唐代曲江的景象

B. 巴基斯坦的首都是伊斯兰堡

C. 海上行驶的轮船发出六声短笛是转弯的警示

D. 我国古代名画《清明上河图》描绘的是北宋汴梁秋天的景观

45. [2018河南禹州]下列地理位置与其特征对应不正确的是( )

A. 贝加尔湖—世界最深的湖　　B. 珠穆朗玛峰—世界最高的山峰

C. 西西伯利亚平原—世界最大的平原　　D. 马来群岛—世界最大的群岛

46. [2018内蒙古通辽]湿地被誉为( )

A. 地球之肾　　B. 地球之肝　　C. 地球之肺　　D. 地球之胃

47. [2018河北石家庄]根据联合国教科文组织制定的标准,下列哪个国家已经进入老龄化社会( )

A. 甲国60岁以上人口占总人口数的9%　　B. 乙国60岁以上人口占总人口数的8%

C. 丙国65岁以上人口占总人口数的7%　　D. 丁国65岁以上人口占总人口数的5%

48. [2018河北保定]温室效应将引起全球气温上升,导致气候异常、海平面上升、生态恶化。引起温室效应的最主要的气体是( )

A. 二氧化碳　　B. 氮氧化合物　　C. 臭氧　　D. 氟利昂

49. [2018河北衡水冀州]下列哪一个是环境保护的举报热线电话号码( )

A. 12315　　B. 148　　C. 12369　　D. 12596

50. [2018山东德州]俗话说:人有旦夕祸福,月有阴晴圆缺。月亮的圆缺变化是由( )引起的。

A. 地球的自转　　B. 地球的公转　　C. 月球的自转　　D. 月球绕地球的公转

51. [2018山东德州]地球的赤道周长约为( )千米。

A. 3.9万　　B. 4万　　C. 4.2万　　D. 4.5万

52. [2017吉林]下列各省市与简称对应正确的是( )

①福建—福　　②重庆—渝　　③海南—琼

④山西—晋　　⑤江苏—皖　　⑥河北—鄂

A. ①②③　　B. ②③④　　C. ①⑤⑥　　D. ④⑤⑥

53. [2017河北保定徐水]下列关于我国国情的表述不正确的是( )

A. 我国大陆海岸线长1.8万多千米

B. 我国是典型的季风性气候,夏季盛行偏南风,冬季盛行偏北风

C. 地势西高东低,大致呈阶梯状分布

D. 我国的老龄化现象日益突出,即将进入老龄化社会

54. [2017山西大同]下列省份与简称对应不正确的一项是( )

A. 山东省—鲁　　B. 黑龙江省—黑　　C. 江苏省—晋　　D. 福建省—闽

55. [2017河南许昌]我国南方和北方的地理分界线是(　　)

A. 乌蒙山—长江　　B. 祁连山—黄河　　C. 伏牛山—淮河　　D. 秦岭—淮河

56. [2017山东德州]2016年8月24日,习近平总书记在青海考察时指出,保护三江源是党中央确定的重大政策,生态移民是落实这项政策的重要措施,一定要组织实施好。其中三江源的三江是(　　)

A. 长江、黄河、珠江　　B. 长江、黄河、澜沧江

C. 长江、淮河、澜沧江　　D. 金沙江、澜沧江、怒江

57. [2017贵州贵阳]诗句"日照香炉生紫烟,遥看瀑布挂前川"中所指的瀑布位于(　　)

A. 河南省　　B. 江西省　　C. 贵州省　　D. 山东省

58. [2017山西省属]在我国,各少数民族都有自己的传统节日,下列说法错误的是(　　)

A. 傣族的泼水节　　B. 藏族的那达慕大会

C. 彝族的火把节　　D. 壮族的歌圩

59. [2017山西省属](　　)在中国农村分布极广,表现内容非常丰富,具有强烈的民族特色和成熟稳定的艺术特征,在世界艺术之林中独树一帜。这种平面造型艺术多用于年节或喜庆盛典等民俗活动中,装点环境,渲染气氛。

A. 对联　　B. 面塑　　C. 皮影　　D. 剪纸

二、多项选择题(下列每小题列出的四个选项中至少有两项是正确的。)

1. [2021辽宁葫芦岛]骆驼刺作为防风固沙的植物,对于抑制草场退化、减轻干旱荒漠农区绿洲的盐渍及沙化、保护及扩大绿洲等起着重要作用,其主要分布地区为(　　)

A. 甘肃　　B. 青海　　C. 山东　　D. 内蒙古

2. [2021山东济南历下]为减少雾霾天气的发生,下列措施中可行的有(　　)

A. 禁止焚烧秸秆　　B. 增加绿化面积

C. 提高尾气排放标准　　D. 扩大城市面积

3. [2020山东济南历城]世界遗产分为自然遗产、文化遗产、自然遗产与文化遗产混合体(即双重遗产)、文化景观4类。在中国的55项世界遗产中,属于文化景观的是(　　)

A. 庐山　　B. 五台山　　C. 杭州西湖　　D. 红河哈尼梯田

4. [2019山东济南钢城]内海是指一国领海基线以内的海域。领海基线是一国领陆或内水与领海的分割线,也是国际海洋法中划分其他海域的起算线。下列属于中国内海的有(　　)

A. 台湾海峡　　B. 琼州海峡　　C. 黄海　　D. 渤海

5. [2019山东]关于地震正确的是(　　)

A. 与台风等相比,地震的预测难度要大

B. 次生灾害严重

C. 震级相同的情况下,震源深度越深,对地面造成的危害越大

D. 白天比黑夜的危害大

6. [2019湖北特岗]全球变暖是一种气候变化现象。由于人们过度燃烧石油、煤炭等化石燃料,产生了大量的二氧化碳等温室气体,这些温室气体使地球温度上升,造成全球变暖。全球变暖会产生的影响包括(　　)

A. 引起自然灾害　　B. 影响农业生产　　C. 改变生态系统　　D. 改变冬夏时长

7. [2019山东枣庄市中]亚洲地大物博、山河秀美,拥有47个国家,1000多个民族。亚洲地域辽阔,按地理方位,可把亚洲分为东亚、东南亚和(　　)

A. 南亚　　B. 西亚　　C. 北亚　　D. 中亚

8. [2019山东枣庄市中]阿拉伯国家又称阿拉伯世界，是指以阿拉伯人为主要族群的国家，他们有统一的语言阿拉伯语，也有着相似的文化和风俗，阿拉伯世界素有“世界能源库”之称。下列不属于阿拉伯国家的是(　　)

A. 伊朗　　B. 伊拉克　　C. 索马里　　D. 土耳其

9. [2019河南平顶山]南面与我国隔海相望的国家有(　　)

A. 菲律宾　　B. 马来西亚　　C. 韩国　　D. 文莱

10. [2019山东枣庄滕州]粤港澳大湾区由香港、澳门两个特别行政区和广东省的九个地市组成，是国家建设世界级城市群和参与全球竞争的主要空间载体。与粤港澳大湾区并称为世界四大湾区的是(　　)

A. 美国洛杉矶湾区　　B. 美国旧金山湾区　　C. 美国纽约湾区　　D. 日本东京湾区

11. [2018山西长治襄垣]下列说法正确的是(　　)

A. 我国是一个海陆兼备的国家　　B. 我国领土面积位居世界第三

C. 我国水资源地区分布极不平衡　　D. 中国是世界上人口最多的国家

12. [2018河北石家庄]下列有关海洋知识的表述，正确的是(　　)

A. 海水所含的元素超过了人体吸收的限度，所以不能喝

B. “黑潮”是纵贯大西洋的一支海流，由于污染海水呈黑色，所以被称为“黑潮”

C. 科学家认为，海平面的升降是由于大陆板块运动或全球气候的冷暖变化引起的

D. 海洋中容纳有巨大的热量，在不断与外界交换和传输自身热量的过程中，对大陆的气候起到了调节作用

13. [2018河南禹州]关于我国的气候，说法正确的是(　　)

A. 我国是世界上季风最典型、季风气候最显著的地区

B. 秦岭—淮河一线是我国季风区与非季风区分界线

C. 我国年降水量从东南沿海向西北内陆递减

D. 对我国影响较大的主要灾害性天气有旱灾、洪灾、寒潮、台风等

14. [2018河北石家庄]下列属于五岳的是(　　)

A. 黄山　　B. 泰山　　C. 衡山　　D. 嵩山

15. [2018河北石家庄]以下少数民族主要传统节日及风俗中，对应关系不正确的是(　　)

A. 蒙古族—那达慕大会　　B. 壮族—泼水节

C. 回族—歌圩节　　D. 傣族—开斋节

16. [2017重庆市属]我国幅员广大，地质条件多样，矿产资源丰富，其中探明储量居世界首位的矿产有(　　)

A. 钼　　B. 锑　　C. 锌　　D. 锡

三、判断题(判断下列每小题的正误，正确的打“√”，错误的打“×”。)

1. [2021辽宁葫芦岛]“南下斯须隔帝乡，北行一步掩南方。悠悠烟景两边意，蜀客秦人各断肠。”这首诗所描写的山脉属于南北走向。(　　)

2. [2020山西大同市属]全球气候变暖最明显的后果是海平面上升。(　　)

3. [2020山西大同市属]黄河是我国南北地理分界线。(　　)

4. [2020山西大同平城]平遥古城位于山西中部，始建于西周，距今2700多年，迄今较为完好地保留了明清县城的基本风貌。而泰山既是五岳之首，也是世界文化、自然和地质三重遗产。(　　)

5. [2019河北石家庄新乐]温室气体增加的主要原因是，人类燃烧燃料(如煤、石油和天然气等)产生二氧化碳和森林植被遭到破坏降低了植物吸收二氧化碳的能力。(　　)

6. [2019山东烟台开发区]华北平原是中国第二大平原,也是中国重要的粮棉生产基地。( )

7. [2019河北秦皇岛市属]传播、反射、散射和吸收都是大气对太阳辐射的削弱作用的主要表现。( )

8. [2018内蒙古通辽]内海是一个国家神圣不可侵犯的领土,黄海是中国的内海。( )

9. [2018河南禹州]"人间四月芳菲尽,山寺桃花始盛开"形象地反映了山地气候的垂直变化。( )

10. [2018河北辛集]中国的四大平原包括成都平原、华北平原、东北平原、长江三角洲平原。( )

11. [2018江苏南通崇川]我国的"四大高原"指的是青藏高原、内蒙古高原、黄土高原、云贵高原。( )

12. [2018河北石家庄]我国地势西高东低,大致呈阶梯状分布。( )

13. [2018河北石家庄]中国煤炭资源总储量位居世界第一位。( )

14. [2018河北石家庄]我国解决民族问题的根本出发点和归宿是各民族一律平等。( )

15. [2018山东聊城东昌府]水循环过程中,环节最多、参与水量最大的都是海陆间大循环。( )

16. [2018山东聊城东昌府]我国华北地区的不合理灌溉措施,可能会导致土壤的次生盐碱化。( )

17. [2018河北辛集]世界上最长的山脉,是纵贯南美洲大陆西部,素有"南美洲脊梁"之称的安第斯山脉。( )

综合能力提升

一、单项选择题(下列每小题列出的四个选项中只有一项是正确的。)

1. [2020山西大同平城]民间关于气象的谚语很多。下列谚语中符合气象学常识的组合项是( )

①白头风,乌头雨　　②月晕而风,础润而雨

③朝霞不出门,晚霞行千里　　④东虹云彩西虹雨,南虹太阳晒河底

A. ①②③④　B. ①②③　C. ②③④　D. ①③④

2. [2020河北唐山路北]下列哪地不生产菠萝蜜( )

A. 香港　B. 海南岛　C. 尼泊尔　D. 丹东

3. [2020河北唐山路北]由于全球气候逐渐变暖,世界冰川面积体积明显变小,由此带来的严重后果不包括( )

A. 导致一些地区淡水危机

B. 全球海平面上升,淹没海岛

C. 暴露的陆地和水面吸收太阳热量,导致水体融化变多

D. 吸收较少的太阳热量,导致低温效应

4. [2020河北唐山路北]依次展示彝族、蒙古族、维吾尔族、藏族文化代表的是( )

A. 火把节、《江格尔》、手鼓舞、唐卡　　B. 火把节、唐卡、手鼓舞、《江格尔》

C. 手鼓舞、那达慕、唐卡、《江格尔》　　D. 那达慕、《江格尔》、唐卡、手鼓舞

5. [2019河北保定唐县]引起潮起潮落的主要原因是( )

A. 月亮　B. 太阳　C. 季节　D. 以上都不对

6. [2019河北保定唐县]为了保护水资源,提倡洗衣物时使用无磷洗衣粉,原因是大量含磷污水进入河湖后,致使( )

A. 大量鱼类中毒死亡

B. 水体富营养化,缺氧导致水生物大量死亡,水体变臭

C. 磷和某些有机物发生化学反应，使水体变臭，生物死亡

D. 磷抑制藻类生长，使鱼类缺乏饵料死亡

7. [2019河北石家庄新乐]下列关于我国自然资源的概况，说法正确的是(　　)

A. 土地资源丰富，耕地数量居世界第一位

B. 人均水资源占有量仅为世界平均水平的1/5

C. 矿产资源中，能源的储量和产量居第一位的是煤

D. 四大渔场中黄渤海渔场是全国最大的渔场

8. [2019河北秦皇岛市属]下列关于雄安新区，说法正确的一项是(　　)

A. 设立雄安新区的原因是因为雄安基础设施完善，开发程度高

B. 雄安新区规划范围涉及雄县、安国、定兴3县及周边部分区域

C. 设立雄安新区，可以集中疏解北京的首都功能

D. 雄安新区离北京近，便于承接大城市的产业转移

9. [2019山东济南钢城]东岳泰山以其雄，西岳华山以其险，南岳衡山以其秀，北岳恒山以其幽，中岳嵩山以其峻而闻名于世。唐诗"谁将倚天剑，削出倚天峰"描述的是(　　)

A. 恒山　　B. 泰山　　C. 嵩山　　D. 华山

10. [2019重庆奉节]非洲产量储量都居世界首位的矿产是(　　)

A. 铁矿、煤　　B. 铜矿、铝土　　C. 黄金、金刚石　　D. 石油、铀

11. [2019辽宁大连瓦房店]我国水能资源最丰富的两条河流是(　　)

A. 长江、黄河　　B. 长江、雅鲁藏布江　　C. 长江、珠江　　D. 长江、松花江

12. [2019河南平顶山](　　)地面高低不平，地势比较平坦的山间小盆地，被当地人称为"坝子"。

A. 内蒙古高原　　B. 云贵高原　　C. 青藏高原　　D. 黄土高原

13. [2019河南周口川汇]"沿海水域"，是指中华人民共和国沿海的港口、(　　)和领海以及国家管辖的一切其他海域。

A. 内水　　B. 专属经济区　　C. 毗邻区　　D. 大陆架

14. [2019河北邢台桥西]颗粒物既是一种污染物，也是污染物的载体。下列除了哪项均是其对人的危害表现(　　)

A. 对呼吸道的刺激和腐蚀作用　　B. 引起抗体免疫功能下降

C. 使体内蛋白质和酶代谢发生紊乱　　D. 致突变性

15. [2018河北石家庄]酸雨的主要污染物是(　　)

A. 二氧化碳　　B. 氟利昂　　C. 一氧化碳　　D. 二氧化硫

16. [2018河北邢台桥东]京杭大运河是世界上最长的古代运河。南起余杭(今杭州)，北到涿郡(今北京)，流经天津、河北、河南、山东、江苏和浙江，沟通了五大水系，全长1797千米。京杭大运河对中国南北地区之间的经济、文化发展与交流，特别是对沿线地区工农业经济的发展和城镇的兴起均起到了推动作用。京杭大运河沟通了哪五大水系(　　)

A. 黄河、淮河、长江、太湖、钱塘江　　B. 海河、黄河、淮河、长江、钱塘江

C. 滦河、海河、黄河、太湖、长江　　D. 海河、黄河、长江、钱塘江、赣江

17. [2018河北石家庄]我国国土资源具有以下一些基本特征：第一，总量多、人均少；第二，(　　)；第三，分区性明显而且区域之间的差异较大；第四，综合利用的优势和潜力大。

A. 质量比较差，自然生产力低　　B. 质量比较好，但利用效果不理想

C. 质量较好，产量和产值均较高　　D. 少部分质量差

18. [2018陕西西安]我国现代人口转型具有的特点是(　　)

A. 规模大、速度慢、时间长　　B. 伴随经济发展的自然过程

C. 人口红利期持续时间长　　D. 以政府计划生育政策为主导

19. [2018河北邢台桥东]我国是一个多民族的国家,下列关于我国民族特点,叙述正确的是(　　)

A. 我国共有56个少数民族

B. 我国民族总的分布特征是大杂居,小聚居

C. 我国各省、自治区、直辖市都有少数民族居住,其中民族成分最多的是四川省

D. 我国少数民族中人口最多的是满族

20. [2017河南郑州经开]下列关于我国"四大高原"的叙述,正确的是(　　)

A. 雪山连绵是黄土高原的景观　　B. 内蒙古高原地表崎岖不平

C. 水土流失非常严重的是青藏高原　　D. 石灰岩分布广泛的是云贵高原

21. [2017重庆市属]"北京时间"的发出地来自(　　)

A. 北京　　B. 陕西　　C. 上海　　D. 山西

22. [2017重庆市属]下列有关说法和判断,错误的是(　　)

A. 2017年,青海可可西里成为我国面积最大的世界自然遗产地

B. 2017年,香港回归祖国20周年

C. 党风廉政建设的"两个责任"是指党委主体责任和纪委监督责任

D. 2017年4月,中共中央、国务院设立了雄安新区,规划范围涵盖雄县、安新两个小县城及周边部分区域

二、多项选择题(下列每小题列出的四个选项中至少有两项是正确的。)

1. [2020河北唐山路北]哪个地区现在还在用繁体字(　　)

A. 西藏　　B. 香港　　C. 澳门　　D. 台湾

2. [2019山东济南联考]冲积平原是由河流沉积作用形成的平原地貌。在河流的下游,水流没有上游急速。水流从上游侵蚀了大量泥沙,到了下游后因流速不再足以携带泥沙,结果这些泥沙便沉积在下游。尤其当河流发生水浸时,泥沙在河的两岸沉积,冲积平原便逐渐形成,下列属于冲积平原的是(　　)

A. 华北平原　　B. 长江中下游平原　　C. 成都平原　　D. 亚马孙平原

3. [2019重庆渝中]我国人口身体素质不断提高主要表现在(　　)

A. 婴儿死亡率下降

B. 青少年发育成长水平提高,平均身高体重增长迅速

C. 人口患病和死亡率下降

D. 人口平均预期寿命延长

4. [2019河南平顶山]下列景观与地貌特征的对应,正确的有(　　)

A. 四川黄龙—岩溶地貌　　B. 魔鬼城—流水侵蚀

C. 云南石林—雅丹地貌　　D. 武夷山—丹霞地貌

5. [2019江苏南通崇川]近年来我国大气污染治理取得了卓越的成效,多个城市和地区的$PM_{2.5}$浓度显著下降。$PM_{2.5}$可能来源于(　　)

A. 汽车排放物　　B. 农作物燃烧　　C. 二手烟　　D. 氢气燃烧

6. [2018河南漯河]下列关于城市雾霾天气及其危害的说法,正确的有(　　)

A. 雾霾的主要组成包括二氧化碳、氮氢化合物和细颗粒物

B. 空气湿度很低时就会发生雾霾天气

C. 雾霾天气会影响人体呼吸系统的正常工作

D. 雾霾天气是心血管疾病患者的“健康杀手”

7. [2018河北石家庄]下列四组地形中,有不属于西部大开发区域的是(　　)

A. 四川盆地、阿尔泰山、云贵高原、祁连山　B. 柴达木盆地、天山、江南丘陵、云贵高原

C. 准噶尔盆地、长白山、青藏高原、横断山脉　D. 塔里木盆地、云贵高原、黄土高原、太行山

8. [2018内蒙古通辽]我国某地方高温、干燥、少雨,下列哪些植物能在该地生长(　　)

A. 毛竹　B. 椰子树　C. 仙人掌　D. 沙棘

9. [2017山东济宁]泰山被尊为“五岳之首”,历史文化博大精深。秦始皇、汉武帝等12位帝王先后登临泰山,举行封禅大典,祭祀天地神灵,祈求国泰民安。历代文人墨客也多登临抒怀,其中成为千古绝唱的有(　　)

A. 李白的“天门一长啸,万里清风来”　B. 苏轼的“横看成岭侧成峰,远近高低各不同”

C. 杜甫的“会当凌绝顶,一览众山小”　D. 李白的“奇峰出奇云,秀木含秀气”

第四章　计算机知识

基础知识达标

一、单项选择题(下列每小题列出的四个选项中只有一项是正确的。)

1. [2020河北石家庄市属]在Excel2010中,单元格地址的绝对引用,是在列标和行号前加(　　)符号。

A. *　B. $　C. #　D. %

2. [2020河北石家庄市属]要使幻灯片在放映时能够自动播放,需要为其设置(　　)

A. 动作按钮　B. 预设动画　C. 排练计时　D. 录制旁白

3. [2020河北石家庄市属]在PowerPoint中,向幻灯片中添加文本时,可以选择“插入”菜单中的(　　)命令。

A. 文本框　B. 图片　C. 表格　D. 影片和声音

4. [2019山西吕梁]输出设备是将计算机的处理结果传送到计算机外部,供计算机用户使用的装置。下列选项中不属于输出设备的是(　　)

A. 显示器　B. 扫描仪　C. 绘图仪　D. 音箱

5. [2019山东烟台莱州]资源管理器是Windows系统提供的信息资源管理工具,它是采用(　　)实现目录管理的。

A. 树型目录　B. 网络型目录　C. 交叉型目录　D. 线性目录

6. [2019河北邢台经开]在Windows操作系统中,要使某文件不被修改和删除,可把该文件的属性设置为(　　)

A. 只读　B. 隐藏　C. 存档　D. 系统

7. [2019河北邢台桥西]在Windows系统中,若强行关闭一个正在运行的程序,可使用任务管理器来实现。打开任务管理器需按下(　　)

A. Ctrl+Del键　B. Ctrl+Alt+Shift键

C. Ctrl+Shift键　D. Ctrl+Alt+Del键

8. [2019山东烟台开发区]搜索引擎可以帮用户查询数据信息，下面不属于搜索引擎的选项是( )

A. 百度　B. 谷歌　C. IE浏览器　D. 搜狗

9. [2019山东济南历城]大学生谭某虽然有自己的笔记本电脑，但他还是喜欢去网吧里面查资料，因为网吧里面电脑的内存储器容量是8GB，而他自己电脑的内存只有512MB。由此可知，网吧电脑内存储器容量是谭某电脑的( )倍。

A. 13　B. 14　C. 15　D. 16

10. [2019河北邢台市属]在计算机网络中，表征数据传输可靠性的指标是( )

A. 传输率　B. 误码率　C. 信息容量　D. 频带利用率

11. [2019山东烟台莱州]下列不属于信息采集工具的是( )

A. 扫描仪　B. Kindle电子阅读机

C. 摄像机　D. 照相机

12. [2019山西大同市属]计算机病毒破坏的主要对象是( )

A. CPU　B. 磁盘驱动器　C. 程序和数据　D. 光盘

13. [2019吉林长春高新]在Word中，以下哪种操作可以使在下层的图片移至上层( )

A. "绘图"菜单中的"旋转与翻转"　B. "绘图"菜单中的"微移"

C. "绘图"菜单中的"组合"　D. "绘图"菜单中的"叠放次序"

14. [2019河北邢台市属]在Word表格中，单元格内能填写的信息( )

A. 只能是文字　B. 只能是文字或符号

C. 只能是图像　D. 文字、图像、符号均可

15. [2019山西吕梁]保存Word2010文件的快捷键是( )

A. Ctrl+S　B. Ctrl+V　C. Ctrl+X　D. Ctrl+W

16. [2019山东烟台莱州]使用Word2010在查看文档过程中，发现不能进行修订操作，在左下方出现"不允许修改，因为所选内容已被锁定"提示信息，可用以下哪种方法解决( )

A. 勾选"设置格式"　B. 勾选"插入与删除"

C. 关闭文档保护　D. 单击"修订"按钮

17. [2019吉林长春高新]在PowerPoint中，为所有幻灯片设置统一的、特有的外观风格，应运用( )

A. 母版　B. 自动版式　C. 配色方案　D. 联机协作

18. [2019山东德州]PowerPoint空白的幻灯片中，不可以直接插入的是( )

A. 艺术字　B. 声音　C. 字符　D. 文本框

19. [2018山东滨州]计算机有硬件系统和软件系统组成，其中软件系统可分为( )

A. 系统软件和应用软件　B. 操作系统和办公软件

C. 操作系统和应用软件　D. 系统软件和网络浏览器

20. [2018山东聊城]下列软件中，属于应用软件的是( )

A. Windows 7　B. Windows XP

C. Internet Explorer　D. Linux

21. [2018山东聊城]要实现输入法之间切换，需要同时按下( )

A. Ctrl+F4　B. Shift+Delete　C. Ctrl+Alt　D. Ctrl+Shift

22. [2018山东聊城东昌府]在Windows系统中切换中文、英文输入法的快捷键是( )

A. Alt + Shift　B. Ctrl + Shift　C. Shift+Space　D. Ctrl+Space

23.［2018河北邢台桥东］我们使用电脑时或多或少都会用到这样一组快捷键，它的作用是撤销上一个操作，恢复到以前的某一步。和电脑相比，生活中可以按下这组快捷键的地方实在是太少了，能够撤销的都是无关紧要的，不能撤销的反而都是举足轻重的，当一件事已经无可挽回的时候，我们应该做的，也是只能做的是弥补错误和承担责任。这组快捷键是（　　）

A. Shift+F10　　B. Ctrl+Z　　C. Ctrl+A　　D. Alt+F4

24.［2018河北衡水冀州］在Word编辑文本时，可以在标尺上直接进行的操作是（　　）

A. 文章分栏　　B. 建立表格　　C. 嵌入图片　　D. 段落首行缩进

25.［2018山东滨州］可将正在编辑的Word2010文档另存为扩展名为（　　）的文档。

A. JPG　　B. MP4　　C. PDF　　D. MKV

26.［2018山东滨州］在Excel2010工作表单元格中输入（　　）时，应首先输入“=”。

A. 中文　　B. 公式　　C. 日期　　D. 关键词

27.［2018山东聊城］下列属于电子表格处理软件的是（　　）

A. Word　　B. TXT　　C. Excel　　D. PPT

28.［2018山西大同市属］下列关于PowerPoint的叙述，错误的是（　　）

A. 可以新建空白演示文稿，也可以基于模板创建演示文稿

B. 可以在幻灯片中插入表格

C. 可以将某张图片设置为幻灯片的背景

D. 可以在PowerPoint中插入表格，并对其中的数字进行排序

29.［2017湖北特岗］下列文件扩展名不属于图片文件的是（　　）

A. jpg　　B. gif　　C. rar　　D. png

二、多项选择题（下列每小题列出的四个选项中至少有两项是正确的。）

1.［2018湖北特岗］以下属于Internet结构的有（　　）

A. 网络接口层　　B. 网际层　　C. 传输层　　D. 应用层

2.［2018山东聊城东昌府］下列关于快捷方式的说法，错误的是（　　）

A. 用户可以为一个快捷方式创建一个指向该快捷方式的快捷方式

B. 用户可以创建连接到某个网络位置的快捷方式

C. 用户不能再为快捷方式指定快捷键

D. 删除快捷方式可能会对源程序或文档产生影响

3.［2018河南焦作解放］在Word的编辑中，如果需要选中全部文字，应当执行（　　）命令。

A. 执行文件中全选的指令　　B. 快捷键Ctrl+A

C. 执行编辑菜单中的全选指令　　D. Shift+A

4.［2017湖北特岗］清除计算机病毒有很多途径，可以成功清除病毒的途径有（　　）

A. 把计算机的灰尘打扫干净　　B. 通过杀毒软件

C. 对硬盘进行格式化　　D. 切断电源

三、判断题（判断下列每小题的正误，正确的打“√”，错误的打“×”。）

1.［2020河南信阳市属］局域网是一种私有网络，一般在一座建筑物内或建筑物附近，比如家庭、办公室或工厂。（　　）

2.［2020河北石家庄市属］表格信息的加工只能通过电子表格Excel软件来实现。（　　）

3.［2019山东德州乐陵］在Word中，按Delete键可删除插入点后面所有的字符。（　　）

4.［2019 山东烟台开发区］电脑上存储的文件名称有主文件名和扩展名之分，但是扩展名是无法显示的，我们通常只能看到文件的主文件名。（　　）

5.［2019 山东烟台开发区］在 Excel 工作表中，A3、B3 单元格中的数据分别是 20、30，公式"=A3&B3"的计算结果是 50。（　　）

6.［2019 山西吕梁］创建一个空白工作簿之后，便可以在工作表中输入文本、数值、日期、时间等数据。另外，用户还可以利用 Excel2010 中的数据有效性功能限制数据的输入。（　　）

7.［2018 内蒙古通辽］计算机病毒在侵入正常的计算机系统后，其破坏性不一定马上表现出来。（　　）

8.［2018 河北石家庄市属］Windows 是一种常见的应用软件。（　　）

9.［2018 河北石家庄市属］启用 Internet Explorer 时，主页可以是我们设置的任意一个网站。（　　）

10.［2018 山西长治襄垣］在 Word2010 中要复制选定的文档内容，在用鼠标拖拽至指定位置前，应先按住的键是"Alt"。（　　）

综合能力提升

一、单项选择题（下列每小题列出的四个选项中只有一项是正确的。）

1.［2020 河北石家庄市属］Excel 中，用条件"数学>70 与总分>350"对成绩数据表进行筛选，结果是（　　）

A. 所有数学>70 的记录　　B. 所有数学>70，并且总分>350 的记录

C. 所有总分>350 的记录　　D. 所有数学>70，或者总分>350 的记录

2.［2020 河北石家庄市属］现在互联网上出现的信息交流工具越来越多，每种信息交流工具各有特点。下列不属于信息交流工具的是（　　）

A. 钉钉　　B. QQ　　C. 超级旋风　　D. E-mail

3.［2019 河北保定唐县］关于计算机，下列说法不正确的是（　　）

A. 平板电脑属于小型计算机　　B. 计算机断电后内存中的数据会丢失

C. 计算机的性能并非完全依靠于 CPU　　D. 机器语言可以被计算机硬件直接执行

4.［2019 贵州省属］下列常识错误的是（　　）

A. 计算机的实质是一种信息处理机　　B. 不装备任何软件的计算机称为裸机

C. 计算机的触摸屏幕属于输出设备　　D. 软件作为一种知识产权被列入法律保护的范畴

5.［2019 山东烟台莱州］下列关于 CPU 的叙述中，正确的是（　　）

A. CPU 能直接读取硬盘上的数据　　B. CPU 能直接与内存储器交换数据

C. CPU 主要组成部分是存储器和控制器　　D. CPU 只能用来执行算术运算

6.［2019 河北邢台市属］一个汉字和一个英文字符在计算机中存储所占的字节数的比值是（　　）

A. 4∶1　　B. 2∶1　　C. 1∶1　　D. 1∶2

7.［2019 山东烟台开发区］刘伟在用 Word2013 编辑一篇文档时，发现没有他需要的行楷字体，那么他需要把下面哪个文件安装到字库中（　　）

A. 行楷.BMP　　B. 行楷.TTF　　C. 行楷.2T　　D. 行楷.FNT

8.［2019 山东德州乐陵］下列有关页眉和页脚的说法中，错误的是（　　）

A. 只要将"奇偶页不同"这个复选框选中，就可以在文档的奇、偶页中插入不同的页眉和页脚内容

B. 在输入页眉和页脚内容时还可以在每一页中插入页码

C. 可以将每一页的页眉和页脚的内容设置成相同的内容

D. 插入页码时，必须每一页都输入页码

9.［2019山东烟台莱州］下列关于表格信息加工的说法不正确的是（　　）

A. 一个Excel工作簿只能有一张工作表

B. SUM（　　）函数可以进行求和运算

C. B3表示第3行B列处的单元格地址

D. 数据透视表是一种对大量数据进行快速汇总和建立交叉列表的交互式表格

10.［2019山东烟台开发区］下列关于用记事本文档进行文本编辑的描述，不正确的是（　　）

A. 可以保存为网页文件　　B. 可以通过格式菜单设置文字颜色

C. 可以设置文字字体　　D. 可以设置文字字号

11.［2018河南焦作解放］下列关于计算机的描述，错误的是（　　）

A. 个人计算机的英文缩写是PC

B. 个人计算机又称微机

C. 世界上第一台计算机是个人计算机

D. 个人计算机是以微处理器为核心的计算机

12.［2018河北石家庄市属］电子邮件地址由两部分组成，用@号隔开，其中@号前为（　　）

A. 用户名　　B. 机器名　　C. 本机域名　　D. 密码

13.［2018河北石家庄市属］计算机病毒除通过读／写或复制移动存储器上带病毒的文件传染外，另一条主要的传染途径是（　　）

A. 网络　　B. 电源电缆　　C. 键盘　　D. 输入有逻辑错误的程序

二、多项选择题（下列每小题列出的四个选项中至少有两项是正确的。）

1.［2019贵州省属］下列常识正确的有（　　）

A. 访问网络弹出404，是浏览器不能找到所要求的网页文件

B. DOT文件是Word文档中的模板文件

C. 防火墙是指由硬件设备组合而成、在内部网和外部网之间构造的保护屏障

D. 汇编程序是将汇编语言写的源程序转变为用机器语言描述的目标程序

2.［2019山东枣庄市中］计算机病毒是破坏电脑正常运行的一种程序或代码，它具有传播性、隐蔽性、感染性、破坏性等。计算机病毒和医学病毒具有类似性，表现为（　　）

A. 自我繁殖　　B. 互相传染　　C. 激活再生　　D. 天然存在

3.［2018河南禹州］下列关于计算机常用术语的叙述中，说法正确的有（　　）

A. 光标是显示屏上指示位置的标志

B. 汇编语言是一种面向机器的低级程序设计语言，用汇编语言编写的源程序计算机能直接执行

C. 总线是计算机系统各部件之间传输信息的公共通道

D. 读写磁头是既能从磁盘表面储存器读出信息又能把信息写入磁盘表面储存器的装置

第七部分　公文写作

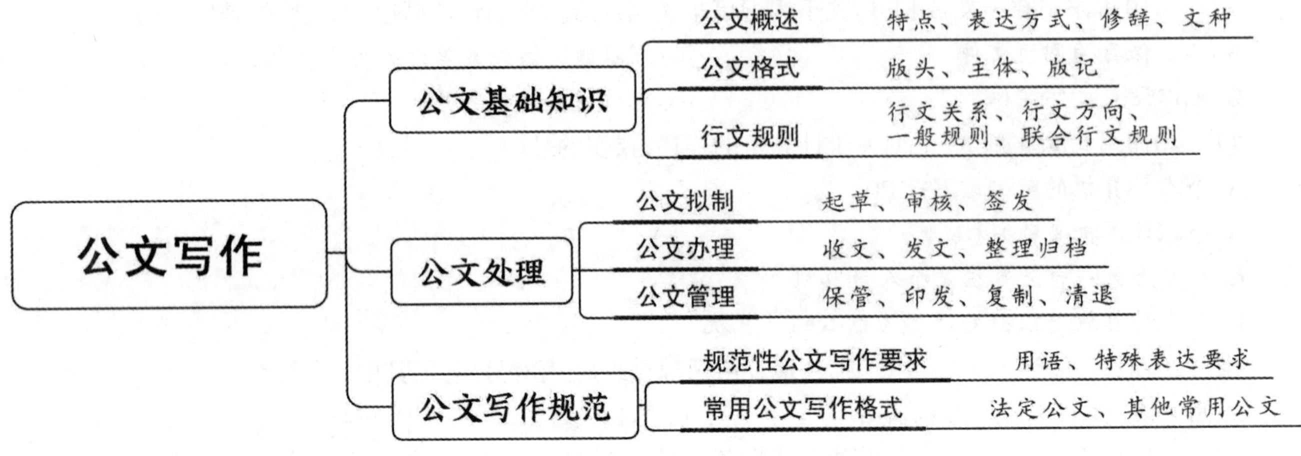

第一章　公文基础知识

基础知识达标

一、单项选择题(下列每小题列出的四个选项中只有一项是正确的。)

1. [2021河北石家庄市属]石家庄市人民政府印发《正定数字经济产业园发展规划(2021-2025年)》的通知,下列选项中,发文字号使用正确的是(　　)

A. 石政发20203号　　B. 石政发(2020)03号

C. 石政发〔2020〕3号　　D. 石政发(2020)第3号

2. [2021河北石家庄市属]下列公文标题中,正确的是(　　)

A. 天津市人民政府令

B. 天津市人民政府决定

C. 关于建立中国工艺美术行业协会的请示报告

D. ××市科技局关于三年来科技创新工作情况的申请

3. [2021辽宁葫芦岛]下列有关公文成文日期的说法,有误的是(　　)

A. 年、月、日三者俱全

B. 会议通过的文件,以会议通过之日为准

C. 联合行文,以最先签发机关负责人的签发日期为准

D. 常规行文,以单位负责人签发之日为准

4. [2021河北石家庄市属]下列文种中属于上行文的是(　　)

A. 命令(令)　　B. 决定　　C. 批复　　D. 报告

5. [2020河北邢台隆尧]要求有关部门和人员共同遵守的一种具有法规性和约束力的文书是(　　)

A. 法律规章　　B. 规章制度　　C. 行政规章　　D. 部门规章

6. [2020河北廊坊三河]公文词语大部分为规范化的( )

A. 普通词语　B. 书面词语　C. 口头词语　D. 通俗词语

7. [2020河北廊坊三河]下列说法不正确的是( )

A. 公文的行文应当确有必要,注重效用

B. 部门内设机构除办公厅(室)外不得对外正式行文

C. 公文复印件作为正式公文使用时,可不加盖复印机关证明章

D. 经批准公开发布的公文,同发文机关正式印发的公文具有同等效力

8. [2020河北廊坊三河]冀财规〔2019〕5号属于公文的( )

A. 机关标识　B. 标题　C. 发文字号　D. 发文机关

9. [2020河北石家庄市属]发文字号的位置应在( )

A. 主体,标题与主送机关之间,居中

B. 版尾,抄送机关与印发机关之间,居中

C. 眉首,红色分隔线以上,右侧

D. 眉首,红色分隔线以上、发文机关标志以下,居中

10. [2020河北廊坊三河]关于公文的成文日期,正确的写法是( )

A. 二〇二〇年三月十日　B. 2020.3. 10

C. 2020年3月10日　D. 二零二零年三月十日

11. [2020河北廊坊三河]公文的核心部分是主体,它体现公文中实质性的内容。下列各项中不属于公文主体部分要素的是( )

A. 附件　B. 附注　C. 主送机关　D. 抄送机关

12. [2020河北廊坊三河]下列若干公文要素中,属于版记部分的是( )

A. 主题词　B. 题注　C. 附件　D. 印发机关和印发日期

13. [2020河北廊坊三河]公文结构层次序数第二层为( )

A. "一、"　B. "1."　C. "(一)"　D. "(1)"

14. [2020河北邢台隆尧]为避免政出多门,维护政令一致,凡是内容涉及其他机关职权范围的下行文,行文前必须要( )

A. 向上级机关请示　B. 与有关机关协商

C. 向主管领导请示　D. 与有关部门联合发文

15. [2019重庆市属]在公文规范中,除主送机关外需要执行或者知晓公文内容的其他机关被称为( )

A. 抄送机关　B. 相关机关　C. 印发机关　D. 执行机关

16. [2019重庆渝中]公文标题的组成部分是( )

A. "大版头"+发文事由(公文主旨)+文种名称

B. 发文机关名称+发文事由(公文主旨)+文种名称

C. 主送机关名称+发文事由(公文主旨)+文种名称

D. 抄送机关名称+发文事由(公文主旨)+文种名称

17. [2019重庆酉阳]下列属于公文版头部分的是( )

A. 标题　B. 保密期限　C. 抄送机关　D. 附注

18. [2019重庆渝中]当作者与主要受文者存在不相隶属关系时,只能选取( )

A. 上行文　B. 平行文　C. 下行文　D. 公布性文件

19. [2019河北石家庄新乐]国家制定或认可，并由国家强制力推行的用以规定行为规范的法规、规章属于(　　)

A. 规范性文件　　B. 领导指导性文件
C. 呈请性文件　　D. 证明性文件

20. [2019河北邢台桥西]公文用于处理公务，具有行政机关赋予的影响力，这说明(　　)

A. 公文的制作者只能是组织　　B. 公文具有特定效力
C. 公文的法制性强　　D. 公文的内容必须规范

21. [2019山西长治潞州]公文根据现实的需要，针对实际问题而制发，这主要说明了公文具有(　　)的特点。

A. 公开性　　B. 实用性　　C. 可靠性　　D. 时效性

22. [2019重庆南岸]《党政机关公文处理工作条例》第三条指出，党政机关公文具有特定效力和(　　)

A. 应用范围　　B. 法律依据　　C. 规范体式　　D. 有效日期

23. [2019河北邢台市属]含有重要的国家秘密，泄露会使国家的安全与利益遭受到严重损害的文件，属于(　　)

A. 秘密文件　　B. 绝密文件　　C. 机密文件　　D. 保密文件

24. [2019重庆沙坪坝]根据文件来源，在一个机关内部可将公文分为(　　)

A. 收文、发文　　B. 上行文、平行文、下行文
C. 通用公文、专业公文　　D. 法定公文、事务性公文

25. [2019河北石家庄市属]公文中红色分隔线的作用在于把眉首与(　　)部分隔开。

A. 主体　　B. 发文机关标识　　C. 发文字号　　D. 版记

26. [2019山西长治潞州]函的尾部一般包括署名和成文时间两项内容，而成文时间应表示为(　　)

A. 年、月、日　　B. 年、日、月　　C. 日、月、年　　D. 日、年、月

27. [2019河北石家庄裕华]公文的成文日期，正确的写法是(　　)

A. 2019年6月10日　　B. 一九年六月十日
C. 2019.6.10　　D. 二零一九年六月十日

28. [2019河北邢台市属]2019年石家庄市委办公室和市政府办公室联合发文，应使用的发文字号是(　　)

A. 石办发〔2019〕*号　　B. 石发〔2019〕*号
C. 石政办发〔2019〕第*号　　D. 石政发〔2019〕*号

29. [2019重庆沙坪坝]下列发文顺序号编排正确的是(　　)

A. 第123号　　B. 123号　　C. 0123号　　D. 第0123号

30. [2019河北石家庄市属]下列若干公文要素中，属于版记部分的是(　　)

A. 主题词　　B. 秘密等级　　C. 附件说明　　D. 印发日期

31. [2019河北邢台市属]公文一般是每面排________行，每行排________个字，并撑满版心。特定情况可作适当调整。(　　)

A. 20、26　　B. 22、28　　C. 24、28　　D. 22、26

32. [2019山西吕梁]公文首页必须显示正文。正文一般用________号________体字，编排于主送机关名称下一行，每个自然段左空二字，回行顶格。下列选项中，前后答案组合正确的是(　　)

A. 二、楷　　B. 三、宋　　C. 三、仿宋　　D. 小三、楷

33. [2019重庆沙坪坝]公文中结构层次序数依次可以用( )

A. “一、”“(一)”“1.”“(1)” B. “一”“(一)”“1.”“①”

C. “一”“(一)”“1.”“(1)、” D. “一。”“(一)”“1.”“(1)”

34. [2019重庆南岸]有特定发文机关标志的公文,可以不加盖公章的是( )

A. 普发性公文和电报 B. 加急公文和电报

C. 特急公文和电报 D. 一般公文和电报

35. [2019重庆市属]公文如有附件,应依次注明( )

A. 附件的名称和编号 B. 附件的名称和内容

C. 附件的顺序号和名称 D. 附件的名称和顺序号

36. [2019河北石家庄裕华]公文的主要受理机关称为( )

A. 抄送机关 B. 主送机关 C. 发文机关 D. 印制机关

37. [2019山西省属]如果一份文件的主送机关中涉及党委、军队、政府和群众团体,其排列顺序应该为( )

A. 政、党、军、群 B. 党、军、政、群 C. 政、党、群、军 D. 党、政、军、群

38. [2019河北邢台市属]联合行文时,作者应是( )

A. 同级机关 B. 同一系统的机关

C. 三个以上的机关 D. 行政主管机关与业务指导机关

39. [2019河南信阳平桥]联合行文标注发文机关时,标在前面的机关是( )

A. 主办机关 B. 组织序列表中靠前的机关

C. 上级机关 D. 协办机关

40. [2019山西大同市属]当问题重大,急需直接上级和更高层次的上级机关同时了解公文内容时,可采用( )

A. 越级行文 B. 多级行文 C. 逐级行文 D. 直达行文

41. [2019河北邢台经开]维护文件的高度严密性是指( )

A. 公文的保密性 B. 公文语言结构的严密

C. 公文行文程序的严密 D. 施行办法的严密

42. [2019河北邢台桥西]公文语言的第一要素是( )

A. 准确 B. 简明 C. 朴实 D. 庄重

43. [2019河南信阳平桥]公文的语言应该是( )

A. 庄重严谨 B. 华丽流畅 C. 威严有力 D. 古朴典雅

44. [2019山东济宁嘉祥]下列哪项是对公文词语的要求( )

A. 含义确切 B. 韵味无穷 C. 可圈可点 D. 修辞丰富

45. [2019河北邢台市属]新的规范性公文产生了,对同一事物约束、规范的旧文件应( )

A. 两法并存 B. 新不废旧 C. 相辅相成 D. 废止旧法

46. [2019河北石家庄市属]下列公文除( )外,都应加盖发文机关的印章。

A. 函 B. 通告 C. 通报 D. 会议纪要

47. [2018河北保定]公文区别于其他信息记录的特点是( )

A. 传播知识 B. 具备查考价值

C. 书面文字材料 D. 具备法定权威性

48. [2018河北保定]公文具有法定的权威性，其制发者必须是(　　)

A. 法律部门　　B. 上级机关　　C. 部门领导　　D. 法定作者

49. [2018河北石家庄市属]我国从2012年7月1日起开始施行新修订的《党政机关公文处理工作条例》。根据该条例，党政机关公文由以前的13种增至15种。新增的两种公文的文种是(　　)

A. 公报、决议　　B. 公报、议案　　C. 纪要、决议　　D. 纪要、公告

50. [2018河北辛集]公文的密级和保密期限，应该标注在公文首页(　　)

A. 左上角　　B. 左下角　　C. 右上角　　D. 正中间

51. [2018山西长治襄垣]下列关于公文发文字号的格式，正确的一项是(　　)

A. 中办发〈2018〉1号　　B. 中办发〔2018〕01号

C. 中办发〔2018〕1号　　D. 中办发〈2018〉01号

52. [2018河北邢台桥东]河北省人民政府办公厅2018年所发出的、排序编号为3号公文的发文字号的正确写法是(　　)

A. 冀政办发〔2018〕第3号　　B. 冀厅发〔2018〕3号

C. 冀政发〔2018〕第3号　　D. 冀政办发〔2018〕3号

53. [2018河北辛集]关于公文的发文字号，叙述错误的是(　　)

A. 发文字号由发文机关代字、年份、发文顺序号组成

B. 联合行文时，使用主办机关的发文字号

C. 下行文的发文字号编排在发文机关下空二行位置，居中排布

D. 发文顺序号的数字前应编虚位

54. [2018河北石家庄市属]在字体字号的选用上，公文的正文一般用(　　)

A. 三号仿宋体字　　B. 四号宋体字　　C. 四号楷体字　　D. 五号黑体字

55. [2018河北石家庄市属]机关(　　)是机关法定职权的凭证和法定权威的象征。

A. 版头　　B. 发文字号　　C. 印章　　D. 名称

56. [2018河北保定]以下公文类型，属于上行文的是(　　)

A. 函　　B. 报告　　C. 决定　　D. 通知

57. [2018河北衡水冀州]根据《党政机关公文处理工作条例》第9条的规定，在公文上应当标注签发人姓名的是(　　)

A. 上行文　　B. 下行文　　C. 平行文　　D. 会议文件

58. [2018河北保定市属]在处理公文中，非同一系统的任何机关相互行文都使用(　　)

A. 平行文　　B. 下行文　　C. 越级行文　　D. 上行文

59. [2018河北石家庄]为了维护政令一致，凡下行公文(　　)

A. 都要向上级请示

B. 都要和有关机关协商

C. 内容涉及其他机关的职权范围时，行文前应与其协商一致

D. 都与有关部门联合发文

60. [2018河北保定]为了维护正常的领导关系，具有隶属关系或业务指导关系的机关之间应基本采取(　　)

A. 逐级行文　　B. 多级行文　　C. 越级行文　　D. 直接行文

61.[2018河北石家庄市属]为了加快文件的传递,可以( )

A.直接行文 B.越级行文 C.逐级行文 D.多级行文

62.[2018山西长治襄垣]公文的语言,从句型上看经常使用的是( )

A.无主句 B.主谓句 C.祈使句 D.感叹句

63.[2018山西大同市属]公文应在( )装订。

A.左侧 B.右侧 C.上面空白区 D.下面空白区

64.[2017吉林]根据涉密公文的涉密程度,下列选项错误的是( )

A.标注“绝密”公文 B.标注“特密”公文

C.标注“机密”公文 D.标注“秘密”公文

65.[2017河北张家口]下列关于公文的相关格式要求,说法有误的是( )

A.公文一般使用A4纸 B.公文字体一律使用3号仿宋体字,且不得调整

C.公文一般双面打印 D.公文一般左侧装订

66.[2017重庆市属]下列选项中,不属于公文版头要素的是( )

A.份号 B.发文字号

C.发文机关标志 D.发文标题

67.[2017河南许昌]公文的紧急程度、发文机关标识、发文字号等要素,位于公文的( )

A.主体部分 B.眉首部分 C.文尾部分 D.版记部分

68.[2017河南许昌]发文字号按顺序包括( )

A.序号、机关代字、年份 B.年份、机关代字、序号

C.机关代字、序号、年份 D.机关代字、年份、序号

69.[2017山西省属]从语法结构看,公文标题通常由一个偏正词组组成,中心词是( )

A.的 B.文种名称 C.关于 D.发文机关

70.[2017重庆市属]对照《党政机关公文格式》(2012年新标准),下列选项中,关于“正文”的说法正确的是( )

A.一般用3号宋体字 B.编排于主送机关名称下二行

C.公文首页必须显示正文 D.每个自然段左空二字,回行可以不顶格

71.[2017山西省属]撰拟公文常用到的修辞手法主要有( )

A.夸张、拟人 B.排比、比喻 C.双关、象征 D.夸张、比喻

72.[2017河南许昌]特殊情况越级向上行文,应抄送给( )

A.直属上级机关 B.直属下属机关

C.系统内的所有同级机关 D.有业务联系的机关

73.[2017河南许昌]下列情形不该使用平行文的是( )

A.隶属政府系统的两个省人民政府之间 B.同属某市政府的两个同级部门之间

C.不相隶属的某工厂与某学校之间 D.省教育厅与市(地)教育局之间

74.[2017山西省属]“要”字句是公文常用的一种特定句式,用以表示“应该”“必须”之意。下列对“要”字句理解正确的是( )

A.表示商量 B.语气委婉

C.常用语上行文中 D.使行文具有坚定性、原则性

75.[2017重庆南岸]公文的结尾,通常采用的形式是(　　)

A.交代制发公文的根据与目的　　B.直接表明结论,以阐明制发此文的原因

C.发出号召,提出希望与要求　　D.表示敬意、谢意

二、多项选择题(下列每小题列出的四个选项中至少有两项是正确的。)

1.[2021山东青岛市北]从公文格式看,发文字号的组成部分包括(　　)

A.发文机关代字　B.年份　C.月份　D.发文顺序号

2.[2020山西大同市属]下列属于公文的基本组成部分的有(　　)

A.发文机关　B.报送机关　C.标题　D.成文日期

3.[2020河北沧州河间]下列选项属于法定公文格式三大组成部分的是(　　)

A.版头　B.主体　C.版记　D.文头

4.[2019重庆渝中]在下行文中提出执行要求时,要使受文者不折不扣执行文件,应写作(　　)

A.参照执行　B.遵照执行　C.按照执行　D.坚决执行

5.[2019重庆市属]收文承办时,一般可以将公文分为下列哪些类型(　　)

A.宣告性公文　B.指令性公文　C.批办性公文　D.阅知性公文

6.[2019重庆南岸]属于公文“版头”部分必备的格式要素有(　　)

A.秘密等级　B.发文机关标志　C.发文字号　D.份号

7.[2019重庆南岸]公文标题回行时要做到(　　)

A.词意完整　B.排列对称　C.长短适宜　D.标题排列为菱形或梯形

8.[2019河北石家庄市属]下列说法正确的是(　　)

A.附件如有序号,使用阿拉伯数字　　B.附件名称后不加标点符号

C.附件应该与公文正文一起装订　　D.附件的序号和名称前后标识应一致

9.[2018山西长治襄垣]公文的特点有(　　)

A.由法定的作者制发并具有法定权威性　　B.其制发与履行必须执行法定程序

C.具有法定的现实执行效用　　D.规范的体式

10.[2018河北石家庄市属]紧急公文根据紧急的程度分别标明(　　)

A.特提　B.加急　C.特急　D.急件

11.[2018河北保定]公文各要素中,位于版心左上角的有(　　)

A.发文字号　　B.发文机关标志

C.密级和保密期限　　D.紧急程度

12.[2018重庆沙坪坝]下列关于公文格式中页码的说法,正确的有(　　)

A.一般用4号半角宋体阿拉伯数字,编排在公文版心下边缘之下

B.单页码居右空一字,双页码居左空一字

C.公文的版记页前有空白页的,空白页和版记页可以编排页码

D.公文的附件与正文一起装订时,页码应当连续编排

13.[2018山东淄博]向上级机关行文,应当遵循的原则有(　　)

A.原则上主送一个上级机关,根据需要同时抄送相关上级机关和同级机关,不抄送下级机关

B.党委、政府的部门向上级主管部门请示、报告重大事项,应当经本级党委、政府同意或者授权

C.下级机关的请示事项,如需以本机关名义向上级机关请示,可原文转报上级机关

D.除上级机关负责人直接交办事项外,不得以本机关名义向上级机关负责人报送公文

14.［2017河南许昌］下列关于公文格式的表述，不正确的是（　　）

A. 需会议讨论通过的公文，其成文日期以会议通过日期为准

B. 发文机关必须用全称，不能用简称

C. 联合下发的公文，主办机关加盖公章即可

D. 公文如有附件，应在正文左下方标识

15.［2017重庆市属］下列选项中，关于公文正文的表述，正确的有（　　）

A. 公文首页必须显示正文

B. 公文的语言应该准确、庄重、严密和形象

C. 正文表述公文的内容，一般由发文缘由、事项和结语词组成

D. 文中结构层次序数依次可以用"一、""（一）""1.""（1）"标注

16.［2017山西省属］印章是发文机关职权的象征，是确认公文效力的凭证，也是公文格式的组成部分，下列公文中需加盖印章的文种有（　　）

A. 函　　B. 意见　　C. 纪要　　D. 命令

17.［2017重庆南岸］标注公文的主送机关可使用（　　）

A. 全称　　B. 简称

C. 同类机关统称　　D. 规范化简称

E. 机关代码

18.［2017重庆市属］下列行文规则中，属于请示必须遵守的规则有（　　）

A. 一文一事　　B. 涉及下级机关的，可以抄送下级机关

C. 原则上主送一个上级机关　　D. 原则上不主送上级机关负责人

19.［2017河北涿州］遵守行文规则是为了（　　）

A. 确保公文迅速、准确传递　　B. 避免行文紊乱

C. 控制发文数量　　D. 确定行文关系

三、判断题（判断下列每小题的正误，正确的打"√"，错误的打"×"。）

1.［2021河北石家庄市属］向上级请示问题，其主送机关最多有3个。（　　）

2.［2021河北石家庄市属］政府网站发布的公文同发文机关正式印发的公文在效力上不相等。（　　）

3.［2021河北石家庄市属］发文单位标识与发文单位印章要一致。（　　）

4.［2020山西大同平城］根据《党政机关公文格式》的规定，公文的主体部分包括：标题、主送机关、正文、附件说明、发文机关署名、成文日期和印章、附注等。（　　）

5.［2020河南信阳市属］每份公文都有附件，它一般作为正文的补充说明或参考材料。公文规范要求附件应当置于正文之后、发文机关之前，并注明附件的名称和件数。（　　）

6.［2020山西大同市属］所有公文都需要编制份数序号。（　　）

7.［2020河北石家庄市属］公文的结束语只是一种形式，没有任何实际意义，因此都可以省去。（　　）

8.［2020河北廊坊三河］公文首页必须显示正文。（　　）

9.［2019重庆酉阳］公文一经正式发布，即产生法定效用，但这种效用只在一定时间内存在。（　　）

10.［2019重庆南川］公文的附注是公文印发传达范围等需要说明的事项，公文如有附注，应居左空二字加圆括号编排在成文日期下一行。（　　）

11.［2019重庆奉节］当主送机关过多致使公文首页不能显示正文时，需将主送机关移至文尾的版记中。（　　）

12. [2019重庆市属]下级机关以本机关的名义向上级机关的请示事项,应该原文转报。 ( )

13. [2019河北唐山芦台]标明公文紧急程度是为了引起特别注意,以保证公文的时效,确保紧急工作问题的及时处理。公文紧急程度的标明,通常放在标题右上方的明显处。 ( )

14. [2019重庆永川]通知的主送机关较多时,要统一采用主送机关的规范化简称。 ( )

15. [2019山西吕梁]公文具有法定作者、法定效力和特定体式三大主要特点。各级党政机关、社会团体和企事业单位,凡是依法建立并合法存在的,均可依据自己的职能和权限范围制发文件,它们都是公文的法定作者。 ( )

16. [2019重庆南岸]公文(非电报)的紧急程度分为“特急”和“急件”。 ( )

17. [2019重庆沙坪坝]版记中如有其他要素,应当将其与印发机关和印发日期用一条粗分隔线隔开。 ( )

18. [2019河北石家庄市属]主送机关只能位于公文标题之下,正文之上。 ( )

19. [2019山西长治潞州]主送机关常见的标注形式只有一种。 ( )

20. [2019重庆沙坪坝]正文无法盖章时,可用“此页无正文”的方式处理。 ( )

21. [2019重庆沙坪坝]联合发文时,一般应将主办机关名称排列在前,如有“文件”二字,应当置于发文机关名称的下方。 ( )

22. [2018河北石家庄市属]公文中的数字均应使用阿拉伯数字表示。 ( )

23. [2019山东潍坊滨海]公文的发文日期要求年、月、日三者俱全。 ( )

24. [2019山东潍坊滨海]公文如有多个附件,应使用带括号的阿拉伯数字标注附件顺序号,如附件1. ××××。 ( )

25. [2018重庆沙坪坝]2012年7月1日起实施的《党政机关公文格式》规定,公文中成文日期用阿拉伯数字将年、月、日标全。 ( )

26. [2018重庆大渡口]紧急程度应标在公文首页的右上角,密级应排在紧急程度上方。 ( )

27. [2018重庆大渡口]如有多个单位联合发文,盖章时,每行印章不得超过4个。 ( )

28. [2018重庆沙坪坝]上级机关向受双重领导的下级机关行文,任何时候都可以不抄送给该下级机关的另一个上级机关。 ( )

29. [2018河北辛集]向下级机关行文时,主送受理机关,根据需要抄送相关机关。 ( )

30. [2017重庆南岸]公文具有法定的权威性和行政约束力。 ( )

31. [2017河北保定]公文的标题通常包含发文机关、事由和年份三个要素。 ( )

32. [2017重庆市属]党政公文都必须加盖发文机关印章或签发人的签名章。 ( )

33. [2017重庆市属]公文的附注是指对正文内容做出的注解。 ( )

34. [2017重庆市属]公文语言应以书面语体为主,可以适当采用浅近文言用语。 ( )

35. [2017河南许昌]联合行文时,作者应是同一系统的机关。 ( )

综合能力提升

一、单项选择题(下列每小题列出的四个选项中只有一项是正确的。)

1. [2021辽宁葫芦岛]对于标题较长的公文,下列处理方式恰当的是( )

A. 分一行或多行靠右排布　　B. 尽量排布在一行,可以适当超出版心

C. 分多行靠左排布　　D. 标题排列应当使用梯形或菱形

2. [2020河南信阳市属]某篇公文对厘清政务服务事项提出如下要求:要明确受理单位、办理渠道、申请

条件、申请材料、办理程序、办理时限、收费依据及标准、评价渠道等要素，逐项编制、完善办事指南，推进同一事项无差别受理、同标准办理。这其中存在的语言问题是(　　)

A. 错别字　B. 重复表达　C. 语序不当　D. 成分残缺

3. [2020河南信阳市属]下列选项中除(　　)外均可采用越级行文。

A. 处于同等地位的两个或两个以上机关共同发布公文

B. 经多次请示直接上级，问题长期未得到解决的

C. 上级交办并指定越级上报某些事项的

D. 检举、控告直接上级的

4. [2020河北沧州河间]下列不具备法定效力的公文稿本是(　　)

A. 副本　B. 暂行本　C. 草稿　D. 试行本

5. [2020河北廊坊三河]公文区别于其他信息记录的特点是(　　)

A. 传播知识　B. 具备查考价值

C. 书面文字材料　D. 具备法定的权威性

6. [2020河北廊坊三河]条例、规定、办法与决定属于公文中的(　　)

A. 领导指导性文件　B. 规范性文件　C. 公布性文件　D. 商洽性文件

7. [2020河北廊坊三河]大多数公文生效的必备条件是(　　)

A. 注发　B. 签发　C. 签署　D. 用印

8. [2020河北沧州河间]党中央国务院通过媒体发布文件，让重大决策直接与广大群众见面，这种行文方式属于(　　)

A. 逐级行文　B. 越级行文　C. 直达行文　D. 多级行文

9. [2019重庆奉节]下列关于抄送机关，说法错误的是(　　)

A. 抄送机关可以是上级、平级、下级和不相隶属机关

B. 抄送机关是指除主送机关以外还需要执行或知晓公文内容的其他机关

C. 抄送机关用四号仿宋字体

D. 抄送机关位于版头内

10. [2019辽宁大连瓦房店]在《党政机关公文处理工作条例》规定的15种公文中，可以向下级机关行文的有(　　)

A. 通知、通告、报告　B. 决议、决定、函　C. 公告、纪要、议案　D. 通报、决定、批复

11. [2019重庆永川]下列机关之间因工作需要发生公文往来，不能使用平行文的是(　　)

A. ××大学与省公安厅　B. 省人社厅与人社部

C. 市文广新局与市教育局　D. 市财政局与市商务局

12. [2019河北唐山芦台]某市一所中学计划修建篮球场，向其上级机关行文申请经费，则该公文标题正确的是(　　)

A.《关于修建篮球场的经费使用申请报告》　B.《关于修建篮球场所需经费的请示》

C.《关于修建篮球场所需经费的请示报告》　D.《关于请求解决修建篮球场所需经费的请示》

13. [2019山西省属]关于什么是公文，自古以来定义甚多，众说纷纭，下列选项中不正确的是(　　)

A. 公文是公府所作之文，公事所用之文　B. 公文是一种古老的文体，是“政事之先务”

C. 与“公文”同时并称的还有“文书”“文件”　D. 企业在其管理活动中所形成和使用的文书不算公文

14. [2019河南信阳平桥]公文最基本的作用和功能是(　　)作用。

A. 领导和指导　　B. 联系和关照　　C. 依据和凭证　　D. 宣传和教育

15. [2019山西省属]公文文种的使用具有单一性,采用的文种直接受制于公文的内容表达需要,下列对文种选择说法不正确的是(　　)

A. 根据不同的行文关系选择相应的文种　　B. 根据不同的行文目的选用恰当的文种

C. 根据发文机关的职权范围选用恰当的文种　　D. 根据发文机关的意图编创能体现公文内容的文种

16. [2019河南信阳浉河]某教育局给本市卫生局发一公函,内容是商洽某人工作调转事宜。这份公函是(　　)

A. 上行文　　B. 平行文　　C. 下行文　　D. ABC项都不是

17. [2019山西省属]以下不符合我国党政机关公文书写格式规范要求的是(　　)

A. 份号应当用汉字标注

B. 版记中的分隔线与版心等宽

C. 印发日期后要加印发二字

D. 页码用四号半角宋体阿拉伯数字,数字左右各放一条一字线

18. [2019山西省属]下列标题撰写正确的是(　　)

A. ××大学关于免去张三同志职务的命令

B. ××厅关于协助××博物院修改通史陈列文物的通报

C. ××省人民政府转发《国务院关于××的意见》的通知

D. ××省属工委印发加强省属机关精神文明创建工作的决定

19. [2019河北石家庄市属]下列标题拟制正确的是(　　)

A. 国务院关于印发公文处理办法的通知　　B. 国务院关于印发《公文处理办法》的通知

C. 国务院关于转发《公文处理办法》的通知　　D. 国务院关于转发公文处理办法的通知

20. [2019山西大同市属]根据《党政机关公文处理工作条例》的规定,下列标题正确的是(　　)

A.《××市人民政府授予王某等十名同志"优秀教师"荣誉称号的通报》

B.《国务院关于对××城市总体规划的批复》

C.《关于研讨全省教育工作会议的通知》

D.《关于请求解决一号教学楼加固改造经费的指示》

21. [2019山西省属]某机关制发文件排版后发现所剩空白处不能容下印章和成文日期,可采取的解决办法是(　　)

A. 可适当调整行距,字距　　B. 不加盖印章,只写成文日期

C. 转到下一页的空白处,加盖印章　　D. 将机关印章换为机关负责人的签名照

22. [2019河北邢台经开]下列关于公文的说法错误的是(　　)

A. 公文标题由机关名称、事由和文种组成　　B. 通告是用于向国内外宣布重要事项和法定事项

C. 公文应当经本机关负责人审批签发　　D. 联合发文由所有联署机关的负责人会签

23. [2019重庆南岸]下列关于公文写作的表述不正确的是(　　)

A. 公文标题由发文机关名称、事由和文种组成

B. 发文机关署名可署机关全称,也可以署规范化简称

C. 联合行文时,成文日期为最后签发机关负责人签发的日期

D. 附注是公文正文的说明、补充或参考资料

24. [2019山西省属]公文的目的是“以文辅政”,能体现这一要求的是( )

A. 力求材料客观 B. 坚持问题导向 C. 追求语言精准 D. 布局详略得当

25. [2019山西省属]××省人民代表大会常务委员会发布修改《××条例》的公告,下列要素中可以省略的是( )

A. 标题 B. 正文 C. 主送机关 D. 成文日期

26. [2019河北邢台市属]关于党政机关公文中请示的抄送范围,下列说法正确的是( )

A. 受双重领导的机关向一个上级机关行文,原则上应抄送另一个上级机关

B. 特殊情况需越级行文的,不必抄送被越过的机关

C. 根据需要可抄送下级机关

D. 根据需要同时抄送相关上级机关和同级机关

27. [2019河北邢台经开]《××省人民政府关于调整一批行政许可事项的决定》的作者是( )

A. ××省人民政府 B. ××省省长

C. ××省省委办公室 D. ××省人民政府办公厅秘书处

[2019山东潍坊滨海]以下为某篇公文中截取的部分内容,请据此回答第28~31题。

2018年,江苏省政府信息系统深入贯彻落实党的十九大精神和习近平总书记对江苏工作的重要指示要求,聚焦中央和省委省政府决策部署落实情况,经济社会发展的新趋势、新形势,保障和改善民生热点焦点问题,报送大量有价值的信息,为各级领导全面掌握情况,科学民主决策,指导推动工作发挥了重要作用。根据2018年度各地各有关部门报送信息采用情况,决定对97个政务信息工作先进单位,110名政务信息工作先进个人,20篇优秀政务信息稿件予以通报表扬。

28. 下列有关这篇公文的标题,写法最恰当的是( )

A. 省政府办公厅2018年度全省政务信息工作先进单位先进个人的通报

B. 省政府办公厅通报2018年度全省政务信息工作先进单位先进个人

C. 省政府办公厅关于2018年度全省政务信息工作先进单位先进个人的通报

D. 2018年度关于省政府办公厅全省政务信息工作先进单位先进个人的通报

29. 关于该公文的发文字号,下列写法正确的是( )

A. 苏政办发〔2019〕29号 B. 苏政办发[2019]第29号

C. 苏政办发<2019>29号 D. 苏政办发{2019}第29号

30. 从行文方向看,这篇公文属于( )

A. 上行文 B. 下行文 C. 平行文 D. 泛行文

31. 通报除了可以用以表彰先进外,还可用以( )

①答复下级机关问题 ②传达重要精神 ③批评错误

A. ①②③ B. ①② C. ①③ D. ②③

32. [2018河北石家庄市属]下列文种中属于陈述性上行公文的是( )

A. 请示 B. 报告 C. 议案 D. 意见

33. [2018重庆彭水]公文一般由( )个格式要素组成。

A. 15 B. 16 C. 17 D. 18

34. [2018重庆大渡口]在公文写作中,如需引用某份已发布的公文,正确的做法是( )

A. 先引发文机关名称,再引标题 B. 先引发文字号,再引标题

C. 先引发文字号,再引发文机关名称 D. 先引标题,再引发文字号

35.［2018山西长治襄垣］下列公文标题不正确的是（　　）

A. 公告　　B.《关于温某上课迟到的通报决定》

C.《××省人民政府令》　　D.《某市工会关于端午节放假的通知》

36.［2018山西长治襄垣］印章在现实生活中是一种重要的征信工具，可以用来证明身份、信义和关系等。在行政机关，用来从事某项特定的职能而专门使用到的印章是指（　　）

A. 公章　　B. 私章　　C. 印章　　D. 专用章

37.［2018河北保定市属］在表达方式的运用上，报告、请示、通报等文种侧重于（　　）

A. 说明　　B. 议论　　C. 叙述　　D. 夹叙夹议

38.［2017河北保定顺平］公文急件是指（　　）

A. 内容重要并特殊紧急，需打破工作常规迅速传递处理的文件

B. 内容重要并紧急，需打破工作常规迅速传递处理的文件

C. 内容至关重要并特殊紧急，已临近规定办结期限，需随时优先传递处理的文件

D. 内容至关重要并紧急，已临近办结期限，需随时迅速传递处理的文件

39.［2017山西省属］《××县教育局关于请求××县土地局划拨新建实验小学用地的报告》，该标题不正确的原因是（　　）

A. 违反一文一事的规定　　B. 错误使用文种，应用函

C. 错误使用文种，应用请示　　D. 报告中夹带了请示事项

40.［2017山西省属］下列意见标题中，拟写正确的是（　　）

A. ××市关于城市轨道发展的规划意见

B. 关于中小学教师职业道德行为处理意见

C. 关于实施中华优秀传统文化传承发展工程的意见

D. ××省农业厅关于加强农业农村污染防治工作的方案意见

二、多项选择题（下列每小题列出的四个选项中至少有两项是正确的。）

1.［2020山西大同市属］公文具有严格的程序，一般情况下，可以越级行文的情形有（　　）

A. 某县政府发现上级市政府有渎职情形，准备越级上报至上级的省政府

B. 某省政府因环境保护问题，指定下级县政府直接报告工作不需要经过市政府

C. 某县政府人事处理决定问题向上级省政府咨询

D. 某县政府因为重大资金问题多次请示上级政府未得到回应，准备越级向省政府请示

2.［2020河北廊坊三河］禁止在主送的同时抄送给下级机关的文件有（　　）

A. 主送给上级机关的请求批准的请示　　B. 主送给平级机关的商洽性函件

C. 主送给有关下级机关的政策性批复　　D. 主送给上级机关的请求指示的请示

3.［2019重庆渝中］公文词语的特点主要有（　　）

A. 词语一般不使用谚语、歇后语，也不能使用简称

B. 介宾词组、联合词组的使用频率极高

C. 排斥使用一般的口语词、方言词和土俗俚语

D. 公文词语以单音节词为主，双音节词、多音节词的使用频率高

4.［2019重庆市属］下列说法中，正确的有（　　）

A. 当公文排版后所剩空白处不能容下印章或签发人签名章、成文日期时，可以采取调整行距，字距的措施解决

B. 如有附注，居左空二字加圆括号编排在成文日期下一行

C. 附件应当另面编排，并在版记之前，与公文正文一起装订，“附件”二字及附件顺序号用3号黑体字顶格编排在版心左上角第一行

D. 如附件与正文不能一起装订，应当在附件左上角第一行顶格编排公文的发文字号并在其后标注“附件”二字及附件顺序号

5. [2019 山西省属]“文章不厌百回改”，从某种意义上讲，文章是“改”出来的。下列属于文稿进行修改范围的有(　　)

A. 斟酌主旨　　B. 调整结构　　C. 材料取舍　　D. 推敲文字

6. [2018 河北保定]关于党政机关公文，以下说法不正确的有(　　)

A. 党政机关应在各自的系统内部发布文件　　B. 行政机关可直接向党的组织发布指令性文件

C. 行政机关可直接向党的组织汇报工作　　D. 党政机关尽可能地增加联合发文

7. [2018 河北石家庄]下列关于公文格式的说法中，正确的是(　　)

A. 发文机关标识一般由发文机关全称或规范化简称后加“文件”两字组成，套红印刷

B. 主送机关又称抬头、上款，书写在标题之下靠左顶格位置

C. 附件是公文的重要组成部分，附件名称一般需加书名号

D. 印章是制发机关对公文生效负责的凭证。通常，联合上报的公文，由主办机关加盖印章；联合下发的公文，发文机关都应加盖印章

8. [2018 重庆大渡口]关于联合发文，下列说法正确的有(　　)

A. 同级党政机关可以联合发文　　B. 必须由各机关负责人会签

C. 只能用于下行文和平行文　　D. 上级政府部门与下级政府可以联合发文

9. [2017 重庆南岸]公文开头适宜采用的形式有(　　)

A. 气氛渲染　　B. 场景描写

C. 概述行文目的与依据　　D. 阐明基本观点

E. 说明行文时间

10. [2017 山西省属]公文的语言要求明确，下列语句中表达准确的有(　　)

A. 参加这次会议的人数达到了全院总人数的近98%左右

B. 随着生活节奏和高科技的加快，人类社会进入了一个崭新的时代

C. 希望受到表扬的单位以此为起点，珍惜荣誉，再接再厉，做出更大贡献

D. 各级教育部门和各级各类学校要加倍珍惜来之不易的大好形势，高度重视教育资金使用的监管工作

三、判断题(判断下列每小题的正误，正确的打“√”，错误的打“×”。)

1. [2020 河南信阳市属]公文是组织管理的工具，具有管理性、规范性、指导性和制约力，因而公文修辞要讲求实用有效，多用积极修辞手法，慎用消极修辞手法。(　　)

2. [2020 河北廊坊三河]具备法定效力的公文稿本有副本、定稿、试行本与暂行本。(　　)

3. [2020 河北廊坊三河]在印制本上，文头位于公文的首页上端，作者位于公文的左下方。(　　)

4. [2020 河北沧州河间]就行文方向来说，意见既可用于上行文，也可用于下行文、平行文。(　　)

5. [2019 重庆永川]公文的作用包括领导与指导作用和行为规范作用，其领导与指导作用又称法规约束作用。(　　)

6. [2019 重庆市属]公文的发文者和收文者可以是某个领导者个人。(　　)

7.［2017 河北保定顺平］档案主要是从公文转化而来的，今天的档案是昨天的公文。（　　）

8.［2017 河南许昌］公文写作的规范性强，主要体现在公文写作必须讲究格式。（　　）

第二章　公文处理

基础知识达标

一、单项选择题（下列每小题列出的四个选项中只有一项是正确的。）

1.［2021 河北石家庄市属］3月10日办公室工作人员小李起草了一份文件，3月12日办公室主任修改完成，3月20日单位负责人签发同意，办公室遂于3月21日印发。这份文件的成文日期是（　　）

A. 3月10日　　B. 3月12日　　C. 3月20日　　D. 3月21日

2.［2021 河北石家庄市属］长安区政府办公室工作人员小张在复核待发文稿时发现有几处错误，应该（　　）

A. 自行修改后马上印发　　B. 按程序复审

C. 直接交打字室印发　　D. 向领导报告追究相关人员责任

3.［2021 河北石家庄市属］某市教育局王局长在《某市第二高等职业学院关于新建教职工宿舍楼的请示》上圈阅，表示王局长对该请示（　　）

A. 同意　　B. 不同意　　C. 已阅知　　D. 持保留意见

4.［2020 河南信阳市属］（　　）是公文发文处理的最后一个环节，也是杜绝差错、规范印制格式、确保公文质量的重要环节。

A. 传阅　　B. 核发　　C. 登记　　D. 复核

5.［2020 河北廊坊三河］拟写文稿需使用简称时，应当（　　）

A. 先用全称　　B. 先用全称并加以注明

C. 加以注明　　D. 注明全称

6.［2020 河北廊坊三河］在以下公文办理程序中，收文和发文都要经历的程序是（　　）

A. 登记　　B. 用印　　C. 分办　　D. 传阅

7.［2019 重庆市属］下列不属于公文起草要求的是（　　）

A. 一切从实际出发，分析问题实事求是

B. 文种正确，格式规范

C. 公文涉及其他地区或者部门职权范围内的事项，起草单位必须征求相关地区或部门意见，力求达成一致

D. 办公室秘书应当主持、指导重要公文起草工作

8.［2019 重庆市属］公文应当经（　　）审批签发。

A. 上级机关负责人　　B. 本机关负责人

C. 下级机关负责人　　D. 以上都不对

9.［2019 重庆永川］收文处理中的（　　）是指机关的负责人对来文办理提出处理意见的活动。

A. 批办　　B. 初审　　C. 承办　　D. 催办

10.［2019 重庆江北］公文处理应遵循的原则不包括（　　）

A. 实事求是的原则　　B. 精简的原则　　C. 高效的原则　　D. 创新性原则

11.［2019重庆市属］涉密公文公开发布前应当履行解密程序。公开发布的时间、形式和渠道，由（ ）确定。

A. 主办机关 B. 领导机关 C. 主管机关 D. 发文机关

12.［2019河北石家庄市属］公文文稿签发前，应当由（ ）进行审核。

A. 秘书 B. 发文机关办公厅（室）

C. 机关负责人 D. 业务主管领导

13.［2019河北石家庄市属］某局办公室收到外单位来文后，其后续正确的处理步骤是（ ）

A. 初审—登记—承办—传阅—催办—答复 B. 答复—登记—初审—承办—传阅—催办

C. 登记—初审—承办—传阅—催办—答复 D. 初审—登记—答复—承办—传阅—催办

14.［2019河南信阳平桥］负责人就来文如何办理对有关承办部门和承办人员提出批示性意见的活动是收文处理中的（ ）

A. 拟办 B. 批办 C. 催办 D. 审核

15.［2019重庆江北］不具备归档和存查价值的公文应（ ）

A. 由工作人员就地销毁 B. 经过鉴别并经办公室负责人批准，可以销毁

C. 卖给废品收购站 D. 由机关文书暂存五年

16.［2018河北石家庄市属］主送机关对公文负有（ ）和答复的责任。

A. 转发 B. 抄送 C. 通报 D. 主办

17.［2018河北石家庄市属］办公部门或业务部门负责人根据来文情况提出初步处理意见，称为公文的（ ）

A. 拟办 B. 承办 C. 批办 D. 催办

18.［2018重庆沙坪坝］对公文的主要信息和办理情况应当详细记载的处理活动属于收文办理中的（ ）

A. 签收 B. 登记 C. 初审 D. 承办

19.［2018河北石家庄市属］下列不属于公文收文办理程序的是（ ）

A. 签收 B. 复核 C. 拟办 D. 催办

20.［2018重庆沙坪坝］下列选项中，不属于收文程序中初审的重点的是（ ）

A. 是否应当由本机关办理 B. 是否符合行文规则

C. 文种、格式是否符合要求 D. 是否有负责人签发

21.［2018河北衡水冀州］在承办公文时，应当根据（ ）科学安排承办的次序。

A. 时效原则 B. 先党后政 C. 意义大小 D. 主次缓急

22.［2018河北石家庄］机关或部门的领导对来文办理提出处理意见的活动是收文处理中的（ ）

A. 拟办 B. 批办 C. 承办 D. 查办

23.［2018河北石家庄］由机关领导对发文稿批注核准发出的意见并签署姓名及日期的活动，是发文处理中的（ ）

A. 会商 B. 审核 C. 注发 D. 签发

24.［2018山东聊城东昌府］已经领导人审批过的文稿，在印发之前应再作校核。经校核如需作涉及内容的实质性修改，须报（ ）复审。

A. 原审批领导人 B. 主要领导人 C. 分管领导人 D. 起草部门负责人

25. [2018重庆大渡口]发文机关负责人签批公文后，下列正确的发文程序是(　　)

A. 复核→登记→印制→核发　　B. 登记→复核→印制→核发

C. 复核→印制→登记→核发　　D. 复核→核发→登记→印制

26. [2018河北石家庄]公文办理完毕后应整理归档保存，整理归档所形成的文书档案具有(　　)

A. 信息传递作用　　B. 助手作用　　C. 纽带作用　　D. 查考作用

27. [2017重庆市属]根据《党政机关公文处理工作条例》的规定，公文办理包括(　　)

A. 收文办理、发文办理、整理归档　　B. 起草、审核、签发

C. 交拟、拟议、签发　　D. 登记、承办、分发

28. [2017重庆市属]下列选项中，不属于收文办理主要程序的是(　　)

A. 登记　　B. 承办　　C. 传阅　　D. 存档

29. [2017河南许昌]机关文书部门对那些必须办理答复的文件，根据承办时限的要求，及时地对文件承办的情况进行督促和检查的环节称(　　)

A. 催办　　B. 查办　　C. 批办　　D. 注办

30. [2017重庆市属]根据《党政机关公文处理工作条例》的规定，下列选项中，不属于发文办理主要程序的是(　　)

A. 签发　　B. 复核　　C. 登记　　D. 印制

31. [2017重庆市属]起草公文时，必须遵循公文行文的适用范围，是指(　　)

A. 公文的行文种类　　B. 公文的行文语言

C. 公文的行文程序　　D. 公文的行文格式

32. [2017重庆市属]在公文管理中，不符合涉密文件管理要求的是(　　)

A. 公文确定密级前，应当按照普通公文进行管理

B. 公文确定密级前，应当按照拟定的密级先行采取保密措施

C. 确定密级后，应当按照所定密级严格管理

D. 绝密级公文应当由专人管理

二、多项选择题(下列每小题列出的四个选项中至少有两项是正确的。)

1. [2020河北廊坊三河]公文拟制的一般步骤有(　　)

A. 起草　　B. 审核　　C. 签发　　D. 登记

2. [2019重庆永川]根据公文的签发权限，(　　)由机关主要负责人签发。

A. 上行文　　B. 下行文　　C. 平行文　　D. 重要公文

3. [2019重庆奉节]下列哪些属于公文中退文的情形(　　)

A. 内容出现明显差错　　B. 文种使用错误

C. 报告夹带请示　　D. 报送形式不规范

4. [2019河北秦皇岛市属]公文处理必须遵行的原则包括(　　)

A. 观赏性原则　　B. 保密性原则　　C. 程序性原则　　D. 时效性原则

5. [2019重庆市属]下列哪些机关可以撤销或废止公文(　　)

A. 平级机关　　B. 发文机关　　C. 上级机关　　D. 权力机关

6. [2019河南信阳平桥]确定公文成文日期的依据有(　　)

A. 负责人签发日期　　B. 印发日期　　C. 会议通过日期　　D. 审稿日期

7.［2019山西长治潞州］小张在单位主要负责公文的收发办理，而对收文进行认真阅读是收文办理的重要环节之一。小张在此环节主要需要弄清（　　）

A. 办理要求　　B. 主办部门　　C. 保密要求　　D. 主送、抄送部门

8.［2018重庆沙坪坝］根据《党政机关公文处理工作条例》的规定，公文处理工作应当坚持的原则包括（　　）

A. 准确规范　　B. 精简高效　　C. 安全保密　　D. 灵活多样

9.［2018河北辛集］公文起草应该遵行的原则包括（　　）

A. 符合国家法律法规和党的路线方针政策　　B. 完整准确体现发文机关意图

C. 应同现行有关公文相衔接　　D. 分析问题实事求是，所提政策措施切实可行

三、判断题（判断下列每小题的正误，正确的打"√"，错误的打"×"。）

1.［2021河北石家庄市属］公文一律不准翻印。（　　）

2.［2020河北廊坊三河］公文进行修改时，应当报送原签发人复审。（　　）

3.［2020河北廊坊三河］不具备归档和保存价值的公文，经批准后可以销毁。（　　）

4.［2020河北廊坊三河］机关负责人兼任其他机关职务的，在履行所兼职务过程中形成的公文，由其本机关归档。（　　）

5.［2019重庆市属］公文签收时，机关工作人员都可以签收公文。（　　）

6.［2019重庆市属］公文文种的选用是公文写作活动的第一个重要环节。（　　）

7.［2019河北石家庄市属］批复内容若涉及其他部门，为了体现上级机关的权威性，起草批复时不必与有关部门协商。（　　）

8.［2019河北石家庄市属］公文拟制包括公文的起草、审核、签发等程序。（　　）

9.［2018重庆沙坪坝］经批准公开发布的公文，同发文机关正式印发的公文具有同等效力。（　　）

10.［2018河北石家庄市属］所有的机关单位之间都可以根据工作需要联合行文。（　　）

11.［2018河北石家庄市属］收到下级机关来文，上级机关必须用"批复"回复。（　　）

12.［2018河北辛集］承办是指按机关领导人的批办意见和公文本身的要求进行具体的办理。（　　）

13.［2018河北石家庄市属］公文登记是公文处理工作的基础。（　　）

14.［2017重庆市属］公文的起草是秘书部门的事，机关负责人不主持、指导起草工作。（　　）

15.［2017河北保定顺平］公文办完后，须集中立卷归档，任何人不得私自保存和销毁公文。（　　）

综合能力提升

一、单项选择题（下列每小题列出的四个选项中只有一项是正确的。）

1.［2020河北邢台隆尧］下列选项中关于公文处理的说法中错误的是（　　）

A. 复核属于公文处理环节中发文办理的程序

B. 两个以上机关联合办理的公文，原件由主办单位归档

C. 负责公文处理工作的只能是本机关的宣传部门

D. 不具备归档和保存价值的公文，经批准后可以销毁

2.［2019山西大同平城］办公物品的申请表需要有（　　）签字才有效。

A. 使用人、领取人、发放人　　B. 使用人、批准人、发放人

C. 使用人、领取人、批准人　　D. 领取人、批准人、发放人

3.［2018山东聊城东昌府］某秘密级省委文件发放至县级机关、单位，因工作需要，某区委拟将该文件转

发扩大至其下级机关。此时，该单位应当向(　　)提出扩大知悉范围的申请。

A. 市委　　B. 省委　　C. 市保密局　　D. 省保密局

4. [2018河北石家庄]机关文书部门送给领导人批办的文件一般是(　　)

A. 上级机关重要来文　　B. 重要的紧急的公文

C. 下级机关的请示文件　　D. 本级机关发出的重要文件

5. [2018河北石家庄]在对归档的会议文件进行排列时，应排在前面的是(　　)

A. 会议简报　　B. 代表发言　　C. 工作报告　　D. 会议纪要

6. [2017重庆市属]公文的印发传达范围应当按照发文机关的要求执行；需要变更的，应当经(　　)批准。

A. 上级机关　　B. 主送机关　　C. 发文机关　　D. 权力机关

7. [2017河北保定徐水]某单位制发公文，王局长签发后，办公室李主任发现其中有错，于是修改后印制，该事例的错误是(　　)

A. 违反分层签发的原则　　B. 违反合理分工的原则

C. 违反先核后签的原则　　D. 违反党政分工的原则

二、多项选择题(下列每小题列出的四个选项中至少有两项是正确的。)

1. [2020河南信阳市属]小张作为文件管理人员，经常需要负责传阅公文。公文在传阅过程中需要注意的事项有(　　)

A. 分轻重缓急及时处理　　B. 随时登记掌握公文去向

C. 完全领悟文件的精神　　D. 控制传阅周期

2. [2020河北廊坊三河]选定公文种类主要的原则方法是(　　)

A. 考虑行文的具体需要　　B. 考虑本单位的权限

C. 考虑公文撰拟者的写作水平　　D. 考虑行文走向

3. [2019重庆永川]下列关于公文的清退与销毁的说法中，正确的有(　　)

A. 不具备归档和保存价值的公文，可以直接销毁

B. 销毁涉密公文必须严格按照有关规定履行审批登记手续

C. 个人可以私自销毁涉密公文

D. 工作人员离职时，所在机关应督促其将暂存、借用的公文按照规定移交、清退

4. [2019重庆沙坪坝]公文文稿签发前，审核涉及的事项有(　　)

A. 行文理由是否充分，行文依据是否准确

B. 文种是否正确，格式是否规范

C. 人名、地名、时间、数字、段落顺序、引文等是否准确

D. 文字、数字、计量单位和标点符号等用法是否规范

5. [2018山东淄博]主旨是公文的统帅和灵魂，确立好主旨就会起到事半功倍的效果，下列对公文主旨确立要点的说法，正确的是(　　)

A. 主旨要正确，忌偏离　　B. 主旨要鲜明，忌模糊

C. 主旨要集中，忌分散　　D. 主旨要深刻，忌肤浅

三、判断题(判断下列每小题的正误，正确的打"√"，错误的打"×"。)

1. [2019重庆永川]以党委和政府名义发出的公文，经党委或政府会议讨论通过的发文稿，必须由党委或政府的主管负责人签发。(　　)

2. [2019河南信阳平桥]归档文件整理的第一个步骤是装订。（　　）

3. [2018重庆沙坪坝]由于正在创设国家级卫生城区，某地党委、政府多个主管部门联合行文时，在公文版头部分标明多个部门的发文字号。（　　）

4. [2018山西长治襄垣]材料是公文写作的基础，在明确行文目的之后，要进行调查研究。（　　）

5. [2017重庆市属]公文中涉及其他地区或者部门职权范围内的事项，起草单位可以根据自身需要考虑是否征求相关地区或者部门意见。（　　）

第三章　公文写作规范

基础知识达标

一、单项选择题（下列每小题列出的四个选项中只有一项是正确的。）

1. [2021河北石家庄市属]下列不属于法定公文的是（　　）

A. 通知　　B. 公告　　C. 公示　　D. 纪要

2. [2021山东青岛市北]某市人大常委会会议听取并审查了该市财政局受市人民政府委托所作的《关于本市本级2021年预算调整的报告》，会议决定批准报告。会后，某市人大常委会发布关于此事的公文。从公文种类看，该公文应属于（　　）

A. 决议　　B. 公告　　C. 决定　　D. 通告

3. [2021河北石家庄市属]近日，义乌邮政管理局下发给百世快递、极兔速递警示（　　），要求其不得用远低于成本价格的方式进行倾销。

A. 通知　　B. 函　　C. 公告　　D. 批复

4. [2021辽宁葫芦岛]请示和报告既有相同之处，又有区别。相同之处是（　　）

A. 都属于上行文　　B. 都尽量一文多事

C. 都用相同的结语　　D. 内容都要十分详细地展开说明

5. [2020河南信阳市属]纪要是指用于记载、传达会议情况和议定事项的法定公文。以下不属于纪要的特点的是（　　）

A. 文字的抒情性　　B. 内容的纪实性　　C. 表达的提要性　　D. 称谓的特殊性

6. [2020河南信阳市属]某机关近期撰文向上级反映本机关的某项工作，让上级对此项工作有所了解，则最宜采用的报告类型为（　　）

A. 例行报告　　B. 综合报告　　C. 专题报告　　D. 研究报告

7. [2020山西大同市属]用于向国内外宣布重大事项或法定事项时所使用的文种是（　　）

A. 布告　　B. 通告　　C. 公告　　D. 通知

8. [2020河北石家庄市属]某高校信息技术学院准备购置40台电脑和3台彩色打印机，需向学校申请经费，此时行文应用哪种公文（　　）

A. 通知　　B. 报告　　C. 请示　　D. 函

9. [2020河北石家庄市属]2020年8月4日，石家庄市夜间开始出现强降雨天气，降雨持续时间长，累积雨量大。8月6日，降雨还在持续，石家庄市城区防汛指挥部办公室发布紧急（　　），要求各成员单位发扬连续作战的工作作风，坚守岗位，全力以赴做好防汛工作。

A. 报告　　B. 通告　　C. 通报　　D. 通知

10.［2020河北廊坊三河］任免和聘用干部的公文文种为(　　)

A. 指示　　B. 通知　　C. 命令　　D. 通报

11.［2020河北邢台任泽］汇报工作，反映情况，提出建议，供领导机关制定决策或指导工作参考，不要求批复，通常用的公文类别是(　　)

A. 报告　　B. 请示　　C. 通知　　D. 通告

12.［2020河北石家庄市属］商贸学院学生李某救了一名落水儿童，学校决定发文进行表彰，适用文种是(　　)

A. 通告　　B. 通报　　C. 通知　　D. 决定

13.［2020河北廊坊三河］学生王某替社会人员参加自考考试，为了警示他人，教育本人，学校准备对其进行处理。最恰当的文种是(　　)

A. 决定　　B. 公告　　C. 通报　　D. 意见

14.［2020河北廊坊三河］工作报告中是否可以写上请示事项(　　)

A. 可以写上　　B. 不能夹带　　C. 必要时可写　　D. 视具体情况而定

15.［2020河北石家庄市属］下列关于“批复”文种的论述，正确的是(　　)

A. 是平行文　　B. 是上行文

C. 答复同级机关询问事项　　D. 答复下级机关请示事项

16.［2020山东济南历城］为了庆祝建国70周年，表彰先进，弘扬模范，某机关通过民主选举确定了一批在工作中勤奋努力，成绩突出的工作人员进行表彰。在公布这一事件及先进名单时，应该使用的公文种类是(　　)

A. 通报　　B. 通告　　C. 公报　　D. 公告

17.［2019重庆永川］对于国家级别的表彰，如为授予某些作出突出贡献的人荣誉称号，一般采用(　　)

A. 决议　　B. 决定　　C. 命令　　D. 通知

18.［2019河北秦皇岛市属］某县环保局拟就某一事件的办理情况向上级机关做专题汇报，应采用的文种是(　　)

A. 函　　B. 请示　　C. 通报　　D. 报告

19.［2019河北唐山芦台］撰写请求批准的函要理由充分，请求批准的事项要明确清楚。下列不宜写在这种公函结尾处的是(　　)

A. “请予批准”　　B. “特此函复”　　C. “请予回复”　　D. “请予协调解决”

20.［2019河北唐山芦台］批复意见不能含糊其词、模棱两可，以免下级无所适从，这要求写作批复时需做到(　　)

A. 慎重及时　　B. 针对请示答复　　C. 明确态度　　D. 与请示同时使用

21.［2019河南信阳平桥］对重要问题提出见解和处理办法用(　　)

A. 指示　　B. 决定　　C. 意见　　D. 通知

22.［2019重庆南岸］国家公安部向国内外宣布重要事项，行文应用(　　)

A. 公告　　B. 通告　　C. 决议　　D. 公报

23.［2019重庆南岸］县政府行文表彰一批护林先进单位和个人，应用(　　)

A. 通报　　B. 意见　　C. 公告　　D. 通告

24.［2019河北邢台市属］对重要事项或者重大行动作出安排，用(　　)

A. 通知　　B. 命令　　C. 决议　　D. 决定

25. [2019河北邢台市属]商洽性文件的主要文种是( )

A. 请示 B. 通知 C. 函 D. 通报

26. [2019河北石家庄裕华]某市人社局进行人员培训,拟行文向该市某小学请求借用教室,应使用的文种是( )

A. 请示 B. 通知 C. 申请 D. 函

27. [2019重庆沙坪坝]用于答复下级机关请示事项的公文类型是( )

A. 意见 B. 批示 C. 批复 D. 决定

28. [2019河北邢台]以下公文中可以不标注主送机关的是( )

A. 通告 B. 报告 C. 函 D. 批复

29. [2019重庆沙坪坝]下列不属于述职报告写作特点的是( )

A. 真实性 B. 概括性 C. 通俗性 D. 指导性

30. [2019重庆市属]简报的主体一般由( )组成。

A. 标题、正文 B. 主送机关、正文

C. 标题、主送机关、事项 D. 标题、事项、编发单位

31. [2019重庆沙坪坝]下列关于纪要标题构成要素的说法正确的是( )

A. 会议名称+文种 B. 机关名称+事由

C. 会议名称+事由 D. 机关名称+文种

32. [2019河北石家庄裕华]下列应用文的专用词语中属于"时限用语"的是( )

A. 及时、届时、按时 B. 盼、期请、恳请、希望

C. 根据、按照、敬悉、惊悉、遵照 D. 为此、据此、故此、综上所述

33. [2019山西吕梁]写请示的尾语部分必须明确提出请求,下列选项中不属于通常使用的表述语的是( )

A. "特此请示,请批复" B. "妥否,请批示"

C. "可否,请予审核批准" D. "特此呈请,请望核准"

34. [2019河北石家庄市属]请示正文的写作顺序一般是( )

A. 先事项要求,再原因,最后结语 B. 先原因,再事项要求,最后结语

C. 先原因,再结语,最后事项要求 D. 先事项要求,再结语,最后原因

35. [2019山东]某篇公文的末尾,位于发文机关下方的日期为"2019年5月15日",则该公文( )于2019年5月15日。

A. 承办 B. 起草 C. 签发 D. 印制

36. [2018河南信阳浉河]某市教育局向市财政局请求增拨教育经费应用的文种是( )

A. 请示 B. 函 C. 报告 D. 申请书

37. [2018重庆彭水]( )适用于对重要事项作出决策和部署、奖惩有关单位和人员、变更或者撤销下级机关不适当的决定事项。

A. 意见 B. 决定 C. 通知 D. 通报

38. [2018河北张家口桥西]向上级机关、部门请求指示、批准的公文是( )

A. 报告 B. 函 C. 通知 D. 请示

39. [2018河北保定]下列公文形式中适用于通报情况时使用的是( )

A. 通知 B. 通告 C. 通报 D. 情况报告

40.［2018重庆沙坪坝］某企业发生重大安全事故，上级机关对该企业做出处理并下发到其他企业，应选用的文种是（　　）

A.公告　　B.通告　　C.通知　　D.通报

41.［2018重庆沙坪坝］《党政机关公文处理工作条例》中明确指出，适用于在一定范围内公布应当遵守或周知的事项的公文是（　　）

A.通知　　B.通告　　C.公告　　D.通报

42.［2018重庆沙坪坝］具有回顾性特点的文书是（　　）

A.计划　　B.总结　　C.公示　　D.申请书

43.［2018重庆大渡口］适用于记载会议情况和议定事项的文种是（　　）

A.通报　　B.通告　　C.纪要　　D.报告

44.［2018河北邢台桥东］根据《党政机关公文处理工作条例》的规定，下列选项说法正确的是（　　）

A.命令(令)适用于公布行政法规和规章

B.公文标题中不准使用任何标点符号

C.函为不相隶属机关间相互往来的正式公文，对受文者的行为没有强制性影响

D.公文的密级需要变更或解除的由原保密公文所涉机关的负责人决定

45.［2018重庆沙坪坝］批复正文的开头部分，首先应当写出的是（　　）

A.批复的引语　　B.批复的内容　　C.批复的意见　　D.批复的事项

46.［2018河北保定市属］下列符合“请示”类公文写作要求的是（　　）

A.事后请示　　B.报送多个主管机关

C.一文一事　　D.上报时抄送下级机关

47.［2018河北保定］下列用语中，（　　）属于公文“请示”的结语。

A.特此函达　　B.此致，敬礼　　C.当否，请批示　　D.请尽快办理

48.［2018河北石家庄市属］通报的表达方式侧重于（　　）

A.叙述　　B.说理　　C.说明　　D.议论

49.［2018河北石家庄市属］一般由标题、正文、发文机关名称和成文日期构成的文种是（　　）

A.通告　　B.通知　　C.批复　　D.请示

50.［2017河北涿州］适用于向上级机关汇报工作，反映情况，回复上级机关询问的公文种类是（　　）

A.报告　　B.批复　　C.议案　　D.请示

51.［2017河南许昌］交通管理局向社会公布公交路线调整情况，行文应选（　　）

A.决定　　B.通告　　C.公告　　D.通报

52.［2017河南许昌］政府办公厅要求各级各部门领导干部深入基层、走进群众开展春节慰问活动，秘书小王起草公文，他使用的公文文种应是（　　）

A.通告　　B.公告　　C.通知　　D.公报

53.［2017重庆大渡口］某市政府拟按法律程序向市人大常委会就城市总体规划提请审议，适用的公文文种是（　　）

A.报告　　B.通告　　C.通知　　D.议案

54.［2017山西省属］省林业厅就调整某省级自然保护区的功能区一事向省人民政府发文请示。省人民政府对此文进行回复，应使用的文种是（　　）

A.通知　　B.批复　　C.意见　　D.决定

55.［2017 山西省属］文种的名称具有概括表明文件的性质、作用、运行方向及制发目的、要求的重要作用。下列根据提示选用文种，正确的是(　　)

A. 向上级汇报、反映情况—意见　　B. 面向上级的陈述性文件—请示

C. 面向全社会的告知性文件—报告　　D. 经过会议集体讨论通过的决策—决议

56.［2017 山西省属］公开发布两个或两个以上的国家政府在会谈后达成的共识及各方观点，宜使用(　　)

A. 会议公报　　B. 联合公报　　C. 会议公告　　D. 新闻公告

57.［2017 重庆市属］某国有大型企业商请某市属高校举办营销培训班，应使用的文种是(　　)

A. 请示　　B. 报告　　C. 函　　D. 意见

58.［2017 重庆市属］会议记录的组成是(　　)

A. 会议组织情况+会议发言情况　　B. 标题+会议六要素

C. 标题+会议的基本内容　　D. 会议组织情况+会议的基本内容

59.［2017 河北保定］述职报告的写作要求是(　　)

A. 标题要清楚，内容要全面，个性要鲜明，详略要得当，语言要庄重

B. 标准要清楚，内容要客观，重点要突出，个性要鲜明，语言要庄重

C. 标准要清楚，内容要客观，重点要突出，个性要鲜明，语言要朴实

D. 标题要清楚，内容要客观，个性要鲜明，详略要得当，语言要朴实

60.［2017 山西省属］撰拟向有关主管部门申请批准的函，态度需要谦和诚恳。下面用语不恰当的是(　　)

A. 敬请函复　　B. 承蒙关照　　C. 敬祈见复　　D. 祈请函复为盼

二、多项选择题(下列每小题列出的四个选项中至少有两项是正确的。)

1.［2021 河北石家庄市属］以下适宜用通知行文的有(　　)

A. 正定县政府准备在2021年为老百姓办八件实事

B. 石家庄市交管局拟对裕华路实施交通管制

C. 衡水市政府印发城镇居民基本医疗保险实施细则

D. 大城县政府决定，县直机关实行秋季作息时间

2.［2020 山东青岛］在行政公文中，报告的主要功能包括(　　)

A. 汇报工作实施的情况　　B. 答复各级机关的询问

C. 提出合理化的对策建议　　D. 反映执行中的具体问题

3.［2019 河南信阳平桥］在公文办理中，以下哪些情况下可以使用“通知”(　　)

A. 批转下级机关的公文　　B. 转发上级和不相隶属机关的公文

C. 要求下级机关周知的事项　　D. 给下级机关布置工作

4.［2019 河南信阳平桥］下列适用通报行文的有(　　)

A. 公布社会各有关方面应当遵守或者周知的事项

B. 变更或者撤销下级机关不适当的决定事项

C. 表彰先进，批评错误

D. 传达重要精神或者情况

5.［2019 重庆江北］中共××区委向全区党的各级组织提出开展“两学一做”工作的原则和要求，用(　　)

A. 通知　　B. 指示　　C. 通报　　D. 决议

6.[2019河南信阳平桥]下列各项中反映通报特点和作用的是(　　)

A.内容具有较强的典型性

B.让事实和数据说话,不需要阐发和论证道理

C.主要起感召、宣传和教育作用

D.均通过新闻媒体向社会公布

7.[2019河北邢台]公文"请示"正文部分应包括(　　)内容。

A.请示原因　　B.请示事项　　C.请示结语　　D.请示时间

8.[2019山西长治潞州]关于纪要的撰写,下列说法正确的有(　　)

A.要综合归纳各方意见

B.内容要真实可靠

C.对于关键性的观点、数据,一定要用概括表述

D.条理要清楚,概括要完整

9.[2019山西长治潞州]小梁根据领导的吩咐,撰写一篇关于某一项目的请示公文,则下列可以作为该公文的结尾表述的是(　　)

A."请遵照执行"　　B."妥否,请批示"　　C."特此函复"　　D."特此请示,望批准为盼"

10.[2019河北石家庄裕华]下列不能作为请示结束语的是(　　)

A.以上事项,请尽快批准

B.以上所请,如有不同意,请来函商量

C.所请事关重大,不可延误,务必于本月30日前答复

D.以上所请,妥否?请批复

11.[2018河北保定市属]可用来发布规章的文件有(　　)

A.命令　　B.决定　　C.通知　　D.通告

12.[2018河北张家口桥西]可以用于下行文的文种包括(　　)

A.通知　　B.通报　　C.会议纪要　　D.批复

13.[2018河北保定市属]请示的主送对象可以是(　　)

A.有商洽必要的平行机关

B.需请求其批准的不相隶属机关

C.直属的上级领导机关

D.上级业务主管部门

14.[2018河北辛集]以下关于请示的说法,不正确的有(　　)

A.请示应当一文一事

B.可以在向上级的报告中,对与之有关的事项进行请示

C.在紧急情况下,可以越过本级党委、政府,直接向更上级党委、政府请示

D.对下级机关的请示事项,本机关必须原文转报上级机关

15.[2017河南许昌]函的适用范围主要有(　　)

A.不相隶属机关之间商洽工作

B.传达会议精神和议定事项

C.询问和答复问题

D.请求批准和答复审批事项

三、判断题(判断下列每小题的正误,正确的打"√",错误的打"×"。)

1.[2020山西大同平城]回复上级机关的询问,使用报告;而在下行公文中,最具有权威性和强制性的是决定。(　　)

2.[2020山西大同市属]财政部向国务院建议在全国范围内展开一次税收财务大检查,应用通报行文。(　　)

3.[2020河北沧州河间]统计公报以发布各种数据为主,其内容一定要科学、准确。(　　)

4.［2020 河北沧州河间］情况通报用于在一定范围内批评不良的人和事，归纳教训，引以为戒。（　　）

5.［2019 重庆酉阳］“十一届三中全会”“建设四化”等约定俗成的缩略语可在公文中直接使用。（　　）

6.［2019 重庆永川］批复具有指导性，是下级行动的依据，所以态度一定要鲜明，措辞一定要明确，不能让下级产生误解。（　　）

7.［2019 重庆永川］向业务主管部门请求批准时应采用的公文文种是请示。（　　）

8.［2019 重庆南川］纪要需要经过加盖公章后才可以作为正式文件下发。（　　）

9.［2019 重庆奉节］业务主管部门的意见一经上级机关批转，对受文单位都有行政约束力。（　　）

10.［2019 重庆奉节］嘉奖有突出成果和重大贡献的单位和人员可用命令。（　　）

11.［2019 河北唐山芦台］报告一般用于向上级反映工作中的基本情况、工作中取得的经验教训、存在的问题以及今后工作的设想等。（　　）

12.［2019 重庆市属］计划是党政机关、社会团体、企事业单位（或个人）对一定时期内即将开展的工作、活动等所作的预想性的部署或安排的事务文书。（　　）

13.［2019 重庆南岸］简报可用于传达要求下级机关执行和办理的事项。（　　）

14.［2019 重庆南岸］指导性是述职报告的主要特点之一。（　　）

15.［2019 重庆江北］会议纪要可以用第一人称作叙述。（　　）

16.［2019 重庆沙坪坝］工作报告应在工作开始之前写，以求得上级领导的指导。（　　）

17.［2019 山西吕梁］批复类公文的正文结构一般包括批复引语、批复意见和尾语三部分。其中，对批复引语的写作要求是：开头引述来文标题并于其后括注文号，然后用“悉”“收悉”表示已收文阅知。引语要清楚明白，不能笼统称“来文收悉”。（　　）

18.［2019 重庆南岸］公告、通告的标题可酌情省略“事由”。（　　）

19.［2019 河北石家庄市属］请示如需有关上级单位知道，可用抄送形式。（　　）

20.［2018 河北保定市属］命令是用于依照有关法律规定发布行政法规和规章的文种。（　　）

21.［2018 河北石家庄市属］通知的作用重在指挥、指导，而通报的作用重在教育和启示。（　　）

22.［2018 河北石家庄］公告的内容偏重于告知性、消息性，通告的内容偏重于知照性、执行性。（　　）

23.［2018 河北保定市属］通报的表达方式侧重于说明、说理。（　　）

24.［2018 山西大同市属］用于答复下级机关请示事项的公文是命令。（　　）

25.［2018 山西大同市属］通知具有多种功能，既能上传，又可以下达。（　　）

26.［2018 重庆大渡口］在发文文种中，决定只能用于下行文。（　　）

27.［2017 重庆大渡口］在公文中使用率最高的是公告。（　　）

28.［2017 吉林］“批复”的“复”是答复的意思，事先要有请示，否则就谈不到答复。（　　）

29.［2017 重庆市属］某企业为了活跃职工文化体育活动，举办企业运动会，由于没有运动场地，即向某大学发出请示，希望租用该校运动场。该企业使用的文种没有错误。（　　）

30.［2017 重庆市属］上级机关对下级机关的请示，如果不同意，可以不予批复。（　　）

综合能力提升

一、单项选择题（下列每小题列出的四个选项中只有一项是正确的。）

1.［2020 山东青岛］关于“倡议书”的表述，下列选项中不正确的是（　　）

A. 正文开头需要写问候语　　B. 倡议的响应者具有不确定性

C. 倡议书本身不具有很强的约束力　　D. 主体内容需要交待倡议的背景、目的

2.［2019重庆永川］《国务院关于同意存款保险制度实施方案的批复》属于（　　）

A.审批性批复　　B.指示性批复　　C.授权性批复　　D.请示性批复

3.［2019重庆永川］（　　）主要用于对所属机关，组织和人员提出一些规范性的要求和措施。

A.指导性意见　　B.规划性意见　　C.规定性意见　　D.具体工作意见

4.［2019重庆永川］下列机构中，具有发布公告权力的是（　　）

A.国家司法机关　　B.党团组织　　C.企事业单位　　D.社会团体

5.［2019重庆南川］当上级主管部门对下级行政机关享有业务上的指导权和监督权，但没有直接命令、指挥权时应当采用（　　）

A.通知　　B.意见　　C.指示　　D.函

6.［2019河北保定唐县］请示具有要求上级机关答复批准的性质。要得到上级机关给予理想批复，写好（　　）是关键。

A.请示标题　　B.请示缘由　　C.请示事项　　D.结束语

7.［2019山西省属］《国务院关于开展第一次全国农业普查的通知》属于（　　）

A.转发性通知　　B.中转性通知　　C.指示性通知　　D.发布性通知

8.［2019河北邢台经开］下列公文类型中，属于联系类公文的是（　　）

A.公告　　B.通知　　C.函　　D.合同

9.［2019河南安阳龙安］某中学转发其所在地市人民政府《关于开展整顿行人交通秩序活动的意见》，应用（　　）

A.通告　　B.通知　　C.决定　　D.函

10.［2019河南信阳平桥］从报告内容涉及的范围看，《政府工作报告》属于（　　）

A.综合报告　　B.专题报告　　C.调查报告　　D.情况报告

11.［2019河南信阳浉河］在下列关于会议纪要特点的说法中，正确的是（　　）

A.纪要的性质取决于会议的内容性质与印发会议纪要的目的要求

B.会议纪要有交流会议信息、介绍经验的作用，但没有约束执行的效用

C.撰写会议纪要可以根据工作需要做各种调查，广泛选取材料

D.撰写会议纪要以叙述为主要方式，也可叙议结合

12.［2019河北石家庄裕华］下列应用文体，必须写称谓的是（　　）

A.策划书　　B.简报　　C.申请书　　D.个人简历

13.［2019山西长治潞州］财务部门定期向业务主管部门和财政、税收、银行等业务指导机关所呈送的财务报表，包括日报、周报、月报等属于（　　）

A.汇报性报告　　B.答复性报告　　C.呈报性报告　　D.例行工作报告

14.［2019重庆沙坪坝］“接受请示的机关应对请示事项表明是否批准的态度或予以明确的指示”，这表明请示具有（　　）的特性。

A.被动约束　　B.主动回复　　C.强制回复　　D.强制约束

15.［2019重庆市属］下列属于总结的特点的是（　　）

A.预设性　　B.理论性　　C.约束性　　D.法定性

16.［2019河北邢台市属］下列关于公告与通告的区别，表述错误的是（　　）

A.从公文类型上看，公告属于法定公文，通告属于事务文书

B. 从性质上看,公告内容属重要事项或法定事项,重在知照性;通告内容专业性较强,或宣布行政措施,或告知具体事务,兼有知照和约束的性质

C. 从发布方式看,公告一般通过新闻媒介发布,通告则采用在相关地区张贴或登报、广播的方式

D. 从知照范围看,公告面向国内外,而通告则只面向一定辖区范围的群众

17. [2019重庆南岸]调查报告与工作总结的共同点是(　　)

A. 目的　　B. 人称　　C. 阐明方法经验　　D. 用材料证明观点

18. [2019重庆江北]决定与决议的主要不同在于(　　)

A. 效力性　　B. 领导指导性　　C. 生成程序　　D. 时效性

19. [2019山西省属]下列有关“决议”表述不正确的是(　　)

A. 决议的人称只能有一个,即“会议”

B. 决议的成文日期,其位置在正文之后

C. 决议的正文是对决议对象的评价和表态

D. 决议适用于会议讨论通过的重大决策事项

20. [2019山西省属]郭沫若指出:“标点之于言文同等重要,甚至还在其上。言文而无标点,在现今是等于人而无眉目。”可见,标点在公文中起到了非常重要的作用,下列标点使用正确的是(　　)

A. 抄送:各省、自治区,直辖市教育厅(局)。

B. 我国四大名著包括《红楼梦》、《西游记》、《水浒》、《三国演义》。

C. 现代化生产企业是搞大而全好呢?还是搞专业化协作好呢?

D. 各地要认真贯彻《中华人民共和国环境保护法》,扎实做好环境保护工作。

21. [2019山西省属]不同的公文会采用不同的结尾方式,公文结尾“我们认为,只要认真做了这些工作,盗窃倒卖文物的犯罪活动是完全可以制止的”采用的结尾方式是(　　)

A. 要求式　　B. 展望式　　C. 警告式　　D. 指令式

22. [2019山西省属]撰写报告时,材料应确实、可靠。下列报告材料撰写正确的是(　　)

A. 估计目前我国注册护士总数已超过400万

B. 调查结果再次显示,我国高碘地区依然存在

C. 我们可能于今年开始实施骨干人才特岗津贴项目

D. 据悉,自脱贫攻坚以来,我省53个贫困县有39个脱贫摘帽

23. [2019重庆市属]某单位在签发请示性公文时,突发其他重大事件需上报,应对恰当的处理方式是(　　)

A. 直接在原公文中将新发事件合并上报　　B. 一文一事,另行起草相应公文及时上报

C. 取消原公文签发,只上报新发事件　　D. 暂缓新发事件上报,只签发原请示公文

24. [2019山西大同平城]某批复性公文中写道“经校党委七名常委在×月××日的常委会上反复讨论决定,并举手表决,最终一致通过……”这句话存在的主要问题是(　　)

A. 表达上极其不严密　　B. 人物数量应虚化

C. 批复的意见不明确　　D. 语言啰唆不简洁

25. [2019山东淄博]赵贤镇委托城市规划设计院对全镇社区建设和产业园区布局进行规划。今后一个时期,城市规划设计院除配合金北新城建设外,还将建设赵贤、大杨、孙店三大社区,服务对应四大产业园区。以上内容节选自某则公文,你认为横线处内容是否妥当(　　)

A. 妥当,准确时间属于涉密范围,不便公开

B. 妥当,时间不确定,为灵活控制时间留有余地

C. 不妥当,公文中不能使用不确定的时间概念

D. 不妥当,本句话属于多余

26. [2019 山西长治潞州]为传达习近平总书记的最新精神,研究部署下一步的工作,单位领导让你拟写一份会议通知,则你在拟写该份通知时,需要注意的事项中,说法有误的是( )

A. 不需要写清楚会议地点　　B. 把召开会议的根据、原因写清楚

C. 把会议的起止时间写清楚　　D. 把会议日期写清楚

27. [2017 山西省属]近日,某县一幼儿园门前发生爆炸,造成多人伤亡。教育部办公厅下发了《加强学校周边安全风险防控工作的紧急通知》。山西省教育厅拟就贯彻落实《通知》精神向各市教育局下发文件,宜选择的文种是( )

A. 指示　　B. 决定　　C. 通告　　D. 通知

28. [2017 山西省属]法定公文的文种名称,只能单独使用,不能随意加以合并或者缩减。下列在现实行文中文种使用正确的是( )

A. 纪要　　B. 告示　　C. 请示报告　　D. 意见报告

29. [2017 山西省属]下列事项中不适用通报文种的是( )

A. 国务院对水利专项资金审计情况的告知

B. 国务院传达加强城市绿化建设的有关精神

C. 教育部对某省虚报学生人数套取教育资金提出批评

D. 国务院对节能减排工作成绩突出的省级人民政府给予表扬

30. [2017 山西省属]国务院提出的议案应由( )签署。

A. 国务院　　B. 全国人民代表大会

C. 国家主席　　D. 国务院总理

二、多项选择题(下列每小题列出的四个选项中至少有两项是正确的。)

1. [2019 辽宁大连瓦房店]撰写通报要做到( )

A. 内容具有典型性,事例具有代表性　　B. 通报材料必须深入调查和反复核实

C. 应使用议论和论证的表达方式　　D. 不可使用叙述的表达方式

2. [2019 重庆永川]会议讲话稿是指在各类会议上讲话时使用的文稿,具有阐发思想、传达政策、下达任务、指导工作、交流经验与体会的重要作用,此类公文的写作要求包括( )

A. 主旨集中,观点明确　　B. 适于宣读,语义清晰

C. 语言平实,表达得体　　D. 讲求实效,内容充实

3. [2019 重庆沙坪坝]下列属于细则常用写法的有( )

A. 条款式写法　　B. 章条式写法　　C. 列举式写法　　D. 章节式写法

4. [2019 重庆沙坪坝]我国法定的知照性公文包括( )

A. 议案　　B. 通告　　C. 公报　　D. 公告

5. [2019 重庆市属]按照内容性质划分,通报可分为( )

A. 表彰性通报　　B. 批评性通报　　C. 指示性通报　　D. 情况通报

6. [2019 山东淄博]下列表述中正确的是( )

A. 请示的结尾可尾随文后,无须独占一行

B. 报告结尾需写上"特此报告",并另起一行

C.“以上如认为可行,请批转……”可以作为请示结尾内容

D.内容涉及总结、工作经验的专题报告,结尾用语一般是“以上报告如有不妥,请批示”

7.[2018河南禹州]下列选项应使用通知行文的有(　　)

A.省政府向省属各单位转发国务院文件

B.某研究院对严重违纪职工的处分

C.某医院对部分贫穷患者实行就医减免费用事宜

D.某大学公布调整后的院(系)负责人名单

8.[2017河北张家口]公告,通常是以国家的名义向国内外宣布重大事件,有时也授权新华社以公告形式公开宣布某一事项的有关规定、要求。以下选项适用公告的有(　　)

A.国家领导人的出国访问　　B.国家领导人的选举结果

C.某企业召开月度会议消息　　D.某学校举行开放日消息

9.[2017重庆市属]下列选项中,可以使用通告的有(　　)

A.党政机关　　B.事业单位　　C.企业单位　　D.社会团体

10.[2017重庆市属]会议记录与纪要都是会议的产物,都能记载会议情况和会议议定事项,它们的区别在于(　　)

A.性质作用不同　　B.内容详略点不同

C.外在格式不同　　D.发布方式不同

三、判断题(判断下列每小题的正误,正确的打“√”,错误的打“×”。)

1.[2020山西大同市属]任免通知落款处由任免机关领导人亲笔签署(或代以签名章)。(　　)

2.[2020河南信阳市属]公函与便函只有内容重要程度以及公文格式上的区别,写法实质上几乎没有差异。(　　)

3.[2020河南信阳市属]请示应该送交办公厅(室),但若是领导直接交办的事项,则可直接送交领导个人。(　　)

4.[2020河北沧州河间]一般来说,只有国家最高领导机关及其领导人经常使用命令。(　　)

5.[2020河北沧州河间]报告要求内容集中单一,其意思是指一篇文章只能涉及一个问题、一件事情、一个道理。(　　)

6.[2019重庆渝中]总结与报告是相对应的机关常用文书。(　　)

7.[2019重庆永川]慰问信一般采用祝愿或鼓励的话作为结束语。(　　)

8.[2019重庆市属]“通报”草拟时一般应先叙后议,而非先议后叙。(　　)

9.[2019重庆沙坪坝]调查报告属于党政公文中“报告”这类文种的一种。(　　)

10.[2018重庆沙坪坝]小张和小王是夫妻,在不同城市的税务局工作,为了解决夫妻分居问题,小张所在的机关用函跟对方机关联系,商洽调动。这种做法属于文种使用错误。(　　)

第八部分　事业单位概况与思想道德建设

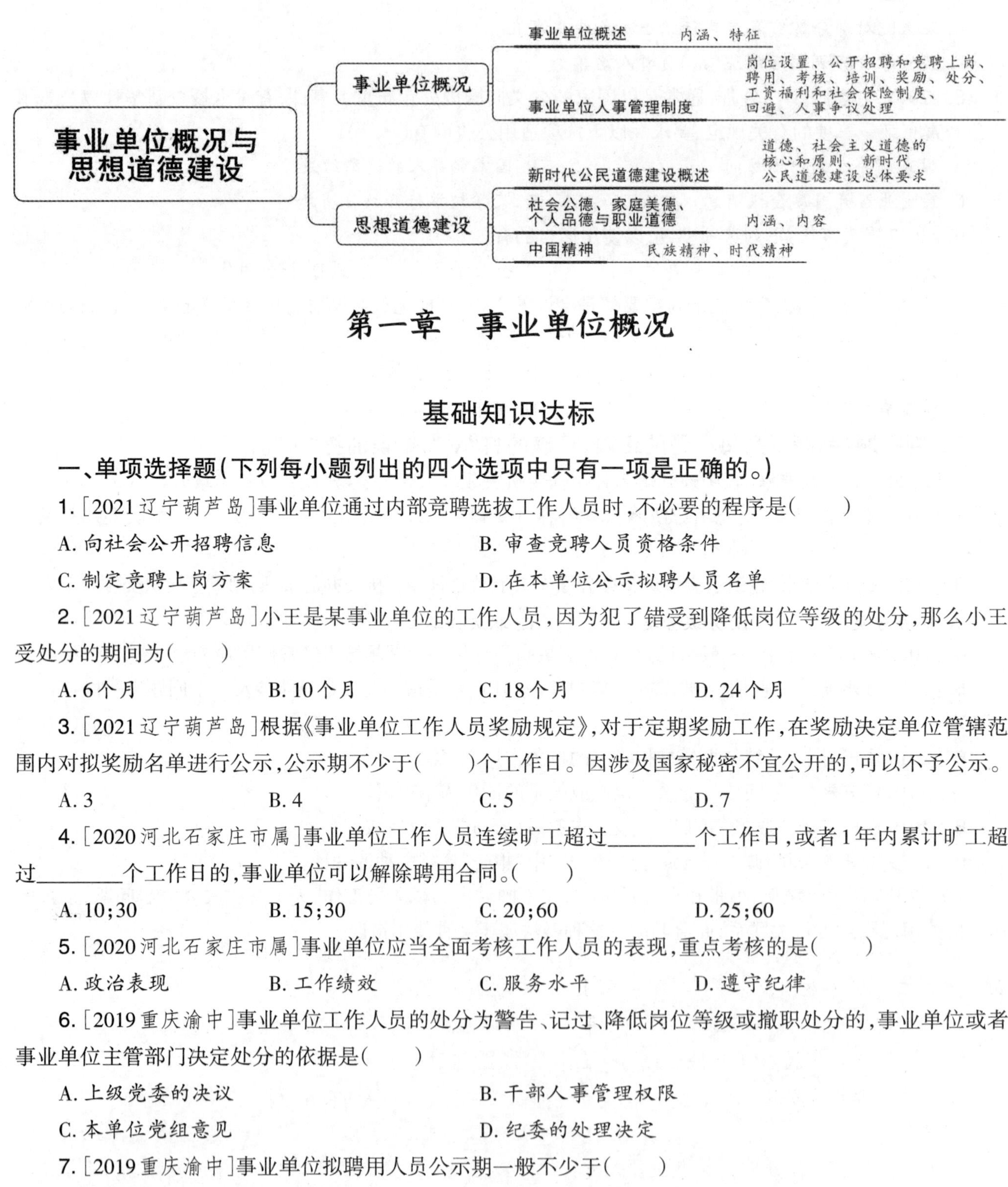

第一章　事业单位概况

基础知识达标

一、单项选择题(下列每小题列出的四个选项中只有一项是正确的。)

1. [2021辽宁葫芦岛]事业单位通过内部竞聘选拔工作人员时,不必要的程序是(　　)

A. 向社会公开招聘信息　　B. 审查竞聘人员资格条件

C. 制定竞聘上岗方案　　D. 在本单位公示拟聘人员名单

2. [2021辽宁葫芦岛]小王是某事业单位的工作人员,因为犯了错受到降低岗位等级的处分,那么小王受处分的期间为(　　)

A. 6个月　　B. 10个月　　C. 18个月　　D. 24个月

3. [2021辽宁葫芦岛]根据《事业单位工作人员奖励规定》,对于定期奖励工作,在奖励决定单位管辖范围内对拟奖励名单进行公示,公示期不少于(　　)个工作日。因涉及国家秘密不宜公开的,可以不予公示。

A. 3　　B. 4　　C. 5　　D. 7

4. [2020河北石家庄市属]事业单位工作人员连续旷工超过________个工作日,或者1年内累计旷工超过________个工作日的,事业单位可以解除聘用合同。(　　)

A. 10;30　　B. 15;30　　C. 20;60　　D. 25;60

5. [2020河北石家庄市属]事业单位应当全面考核工作人员的表现,重点考核的是(　　)

A. 政治表现　　B. 工作绩效　　C. 服务水平　　D. 遵守纪律

6. [2019重庆渝中]事业单位工作人员的处分为警告、记过、降低岗位等级或撤职处分的,事业单位或者事业单位主管部门决定处分的依据是(　　)

A. 上级党委的决议　　B. 干部人事管理权限

C. 本单位党组意见　　D. 纪委的处理决定

7. [2019重庆渝中]事业单位拟聘用人员公示期一般不少于(　　)

A. 5个工作日　　B. 7个工作日　　C. 8个工作日　　D. 9个工作日

8.［2019重庆永川］事业单位工作人员处分中，(　　)处分适用于行政机关任命的事业单位工作人员。

A. 开除　B. 记过　C. 降低岗位等级　D. 撤职

9.［2019重庆永川］事业单位工作人员甲受到警告处分，在受处分期间甲没有再发生违纪行为，处分期满后由(　　)批准后解除处分。

A. 甲所在事业单位同级人民政府　B. 甲所在事业单位上一级人民政府

C. 甲所在事业单位　D. 原处分决定单位

10.［2019重庆南川］事业单位应聘人员让他人代替自己参加考试的，给予当次全部科目考试成绩无效的处理，并将其违纪违规行为记入事业单位公开招聘应聘人员诚信档案库，记录期限为(　　)

A. 1年　B. 3年　C. 5年　D. 长期

11.［2019河北邢台经开］依据《事业单位岗位设置管理试行办法》，下列不属于事业单位岗位类的是(　　)

A. 管理岗位　B. 专业技术岗位　C. 行政岗位　D. 工勤技能岗位

12.［2019河北邢台市属］以下合同属于有效的人事合同的是(　　)

A. 小张与事业单位负责人老王口头订立的聘用合同

B. 小张的父母在小张不知情的情况下与事业单位负责人老王签订的书面合同

C. 小张在事业单位工作人员胁迫下与事业单位负责人老王签订的书面合同

D. 小张在自愿的情况下与事业单位负责人协商一致签订的书面合同

13.［2018山西长治襄垣］我国事业单位按照事业单位的经费来源，可分为全额拨款单位、(　　)和自收自支单位。

A. 行政收费单位　B. 经营收费单位　C. 服务收费单位　D. 差额拨款单位

14.［2018山东德州］我国对事业单位工作人员实行(　　)管理。

A. 职务分类　B. 分级分类　C. 职级分类　D. 统一分类

15.［2018河北衡水冀州］机关事业单位在参加基本养老保险的基础上，应当为其工作人员建立(　　)

A. 职业年金　B. 退休补贴　C. 绩效工资　D. 住房公积金

16.［2018河北衡水冀州］除国家政策性安置、按照人事管理权限由上级任命、涉密岗位等人员外，事业单位新聘用工作人员，应当面向社会(　　)

A. 凡进必考　B. 公开考录　C. 公开招聘　D. 竞聘上岗

17.［2018山东枣庄峄城］事业单位与员工订立聘用合同时，针对流动性强、技术含量低的岗位一般签订(　　)

A. 试用期合同　B. 短期合同　C. 中长期合同　D. 以完成一定工作为期限的合同

18.［2018重庆大渡口］事业单位工作人员在本单位(　　)且距法定退休年龄不足10年，提出订立聘用至退休的合同的，事业单位应该与其订立聘用至退休的合同。

A. 工作满8年　B. 连续工作满8年　C. 工作满10年　D. 连续工作满10年

19.［2017重庆市属］事业单位公开招聘工作人员的程序不包括(　　)

A. 制定公开招聘方案　B. 审查应聘人员资格条件

C. 考评　D. 体检

20.［2017河南许昌］初次就业的工作人员与事业单位订立的聘用合同期限3年以上的，试用期为(　　)

A. 1个月　B. 3个月　C. 6个月　D. 12个月

二、多项选择题(下列每小题列出的四个选项中至少有两项是正确的。)

1. [2020河南信阳市属]竞聘上岗是事位单位内部人员选拔,尤其是岗位晋升和重点岗位人员选拔的主要方式。事业单位竞聘上岗过程应该坚持(　　)原则。

A. 公平　　B. 公正　　C. 公开　　D. 半透明

2. [2019重庆永川]某事业单位工作人员甲受到降低职位处分,其年度考核等次不可以评定为(　　)

A. 优秀　　B. 不合格　　C. 合格　　D. 基本合格

3. [2019重庆奉节]事业单位招聘的工作人员有下列哪些行为的,由相关部门给予处分,并停止其继续参加当年及下一年度招聘工作(　　)

A. 擅自提前考试开始时间、推迟考试结束时间及缩短考试时间的

B. 擅自为应聘人员调换考场或者座位的

C. 未准确纪录考场情况及违纪违规行为,并造成一定影响的

D. 未执行回避制度的

4. [2019重庆沙坪坝]根据《事业单位人事管理条例》的规定,事业单位年度考核的结果档次主要包括(　　)

A. 优秀　　B. 基本合格　　C. 合格　　D. 不合格

5. [2019河南平顶山]社会组织是我国社会主义现代化建设的重要力量。其中,社会组织的主体组成包括(　　)

A. 社会团体　　B. 基金会　　C. 事业单位　　D. 社会服务机构

6. [2019重庆江北]事业单位的岗位类别是(　　)

A. 管理岗位　　B. 干部岗位　　C. 专业技术岗位　　D. 工勤技能岗位

7. [2019重庆市属]根据《事业单位人事管理条例》的规定,事业单位聘期考核的结果主要包括(　　)等档次。

A. 优秀　　B. 合格　　C. 基本合格　　D. 不合格

8. [2018山东滨州]下列选项中,(　　)属于《事业单位人事管理条例》中规定的处分种类。

A. 警告　　B. 记大过　　C. 开除　　D. 撤职

9. [2017山东德州]下列对事业单位属性表述正确的是(　　)

A. 国家举办　　B. 以公益为目的

C. 从事教育、科技、文化、卫生等活动　　D. 社会服务组织

10. [2017重庆市属]《事业单位人事管理条例》规定,事业单位人事管理坚持的原则包括(　　)

A. 公平竞争　　B. 党管干部　　C. 择优录取　　D. 党管人才

三、判断题(判断下列每小题的正误,正确的打"√",错误的打"×"。)

1. [2021辽宁葫芦岛]对获得嘉奖、记功、记大功的事业单位工作人员给予一次性奖金。获奖人员所在地区或者单位经批准可以追加其他物质奖励,经批准的奖励所需经费,通过相关单位现有经费渠道解决,不计入工作人员所在单位绩效工资总额。(　　)

2. [2019重庆永川]被调查的事业单位工作人员在违法违纪案件立案调查期间,不得解除聘用合同。(　　)

3. [2019重庆奉节]考核结果仅作为调整事业单位工作人员岗位、工资的依据。(　　)

4. [2019重庆酉阳]事业单位与初次就业的工作人员订立的聘用合同期限2年以上的,试用期为6个月。(　　)

5.［2019重庆江北］事业单位人员聘用合同是聘用单位与聘用人员确立具有人事关系性质的聘用关系，明确双方权利与义务的协议。（　　）

6.［2019河北秦皇岛市属］与企业相比，事业团体的特点是非营利性；与政府机关相比，事业团体的特点是权威性。（　　）

7.［2018重庆大渡口］事业单位招聘应坚持公开公正、才干优先，在工作能力同等的条件下，综合评估德行、守法、身体等条件，择优录取。（　　）

8.［2017重庆市属］事业单位工作人员被依法判处有期徒刑以上刑罚的，给予开除处分。（　　）

综合能力提升

一、单项选择题（下列每小题列出的四个选项中只有一项是正确的。）

1.［2021辽宁葫芦岛］下列情形中，事业单位能够解除聘用合同且无需提前30日进行书面通知的是（　　）

A. 田某1年内累计旷工超过20个工作日　　B. 胡某年度考核不合格且不同意调整工作岗位

C. 王某连续两年年度考核不合格　　D. 钱某连续旷工超过15个工作日

2.［2020河南信阳市属］某事业单位工作人员在招标投标和物资采购工作中违反有关规定，给单位和国家造成不良影响和财产损失，情节严重，则应对其进行的处分是（　　）

A. 警告　　B. 记过　　C. 开除　　D. 降低岗位等级

3.［2020河南信阳市属］对下列事业单位工作人员，应当给予奖励的不包括（　　）

A. 小王在应对重大突发事件中表现突出

B. 老王在扶贫工作中成绩突出

C. 老马10年来准时上下班，风雨无阻

D. 小明的某项发明获得国家科技进步二等奖

4.［2019河北保定唐县］在人事行政中根据每个工作人员的才能、特点、志向和具体资历条件等安排其适应的岗位和职务，使人事相宜，职能相称，体现了用人的（　　）

A. 依法行政原则　　B. 分类管理原则

C. 德才兼备原则　　D. 适才适用原则

5.［2019河北邢台市属］事业单位人事争议诉讼属于（　　）的范围。

A. 刑事诉讼　　B. 行政诉讼　　C. 民事诉讼　　D. 民事、行政诉讼

二、多项选择题（下列每小题列出的四个选项中至少有两项是正确的。）

1.［2019重庆渝中］机关、事业单位职工的语言文明的要求是（　　）

A. 言之有理　　B. 言之有礼　　C. 言之有物　　D. 声情并茂

2.［2018山东聊城］《事业单位工作人员处分暂行规定》中适用从轻处分情节有（　　）

A. 主动交代违法违纪行为的　　B. 主动采取措施，有效避免或者挽回损失的

C. 检举他人重大违法违纪行为，情况属实的　　D. 配合调查有立功表现的

3.［2017河北涿州］下列情形中，事业单位的聘用单位可随时单方面解除聘用合同的有（　　）

A. 周某未经学校同意擅自去泰国和新加坡学术访问

B. 陈老师因在课堂上公然猥亵2名女生被劳动改造

C. 方主任贪污受贿和挪用公款被判处有期徒刑4年

D. 邓某在实验中违反操作规程发生了严重爆炸事件

第二章 思想道德建设

基础知识达标

一、单项选择题(下列每小题列出的四个选项中只有一项是正确的。)

1. [2021辽宁葫芦岛]新时代爱国主义教育责任重大,意义深远,必须旗帜鲜明地把( )作为爱国主义教育的主题。

A. 反对分裂,坚持一个中国原则　B. 坚持爱党爱国爱社会主义相统一

C. 建设社会主义现代化强国　D. 实现中华民族伟大复兴的中国梦

2. [2021河北石家庄市属]为抵御新冠疫情肆虐,医护人员奋不顾身、前仆后继,其精神可歌可泣。下列诗句中最适合用来赞美他们这种精神的是( )

A. 捐躯赴国难,视死忽如归　B. 居高声自远,非是藉秋风

C. 荷尽已无擎雨盖,菊残犹有傲霜枝　D. 醉卧沙场君莫笑,古来征战几人回

3. [2021河北石家庄市属]推崇"执着专注、精益求精、一丝不苟、追求卓越"的工匠精神,已经成为社会共识。培育工匠精神必须( )

A. 让创新精神、工匠精神成为全社会最高的价值追求

B. 热爱本职工作,干一行爱一行,不能随意跳槽

C. 继承发扬中华民族的传统文化,借鉴国外优秀文化成果

D. 加强劳动者职业道德建设,提升劳动者职业技能水平

4. [2020河北邢台隆尧]道德是由一定的社会经济基础所决定,并为其服务的( )

A. 政治制度　B. 文化传统　C. 传统习惯　D. 上层建筑

5. [2020河北廊坊三河]坚持从具体事情做起、从群众最关心的事情抓起,使道德实践活动与各项业务工作紧密结合,贴近( )、贴近群众、贴近生活,防止和克服形式主义。

A. 基层　B. 实际　C. 社会　D. 事实

6. [2020河北邢台隆尧]《新时代公民道德建设实施纲要》在总体要求中明确指出,持续强化教育引导、实践养成、制度保障,不断提升公民道德素质,促进人的全面发展,培养和造就( )

A. 担当社会主义现代化的时代新人　B. 担当民族复兴大任的时代新人

C. 社会主义建设者和接班人　D. 新时代的爱国者与奋斗者

7. [2020河北廊坊三河]( )是我国公民道德建设的基本要求。

A. 有理想、有道德、有文化、有纪律

B. 积极探索、勇于创新、谦虚谨慎、不骄不躁

C. 爱祖国、爱人民、爱劳动、爱科学、爱社会主义

D. 爱国守法、明礼诚信、团结友善、勤俭自强、敬业奉献

8. [2019重庆渝中]社会主义道德的核心内容和集中体现是( )

A. 团结友爱　B. 为人民服务　C. 诚实守信　D. 爱国主义

9. [2019重庆酉阳]社会主义道德建设以( )、职业道德、家庭美德、个人品德为着力点。

A. 人道主义　B. 集体主义　C. 思想道德　D. 社会公德

10. [2019 重庆奉节]下列属于我国公民基本道德规范的有(　　)

①尊重公德　②爱国守法　③依法纳税　④团结友善　⑤敬业奉献

A. ②④⑤　B. ①②③④　C. ②③④　D. ①②④⑤

11. [2019 河北石家庄新乐]各类机关、企事业单位应当把道德特别是职业道德作为岗前和岗位培训的重要内容,帮助从业人员熟悉和了解与本职工作相关的道德规范,培养(　　)精神。

A. 爱岗　B. 敬业　C. 爱国主义　D. 奉献

12. [2019 河北保定唐县]使人们自觉遵循和践行道德原则规范的有效途径是(　　)

A. 一切道德传统

B. 培养良好的道德品质

C. 随心所欲地选择道德行为

D. 靠国家强制力来维护道德原则规范

13. [2019 河北保定唐县]社会公德最基本的要求是(　　)

A. 文明礼貌　B. 遵纪守法　C. 助人为乐　D. 保护环境

14. [2019 山东德州]社会主义道德建设以集体主义为原则,是社会主义精神文明建设的重要内容。社会主义集体主义所强调的不包括(　　)

A. 集体利益和个人利益的辩证统一

B. 集体利益高于个人利益

C. 重视和保障个人的正当利益

D. 个人利益高于集体利益

15. [2019 河北邢台市属](　　)是道德问题的核心。

A. 政治立场　B. 社会理想　C. 发展道路　D. 为谁服务

16. [2019 河北邢台市属]公民道德建设的过程是(　　)的过程。

A. 教育和实践相结合

B. 个人修养与社会规范相结合

C. 与时俱进

D. 文化建设

17. [2019 河北石家庄裕华]敬业主要是规范公民与________的道德关系。奉献主要是规范公民与________的道德关系及对待他人的道德责任。(　　)

A. 社会、职业　B. 职业、社会　C. 个人、职业　D. 职业、个人

18. [2019 河南周口川汇]在社会主义职业道德中最高层次的要求是(　　)

A. 爱岗敬业　B. 办事公道　C. 服务群众　D. 奉献社会

19. [2019 重庆沙坪坝]《公民道德建设实施纲要》对我国公民基本道德规范做出了明确规定,其中在职业道德领域提倡(　　)

A. 文明礼貌、助人为乐、爱护公物、保护环境、遵纪守法

B. 爱岗敬业、诚实守信、办事公道、服务群众、奉献社会

C. 尊老爱幼、男女平等、夫妻和睦、勤俭持家、邻里团结

D. 爱国守法、明礼诚信、团结友善、勤俭自强、敬业奉献

20. [2019 河北邢台桥西]职业道德的基本规范是对各行各业职业道德共同本质的概括和反映,是调整各行各业之间、从业人员之间、各行各业与从业人员之间相互关系所必须遵循的共同的基本要求。从我国历史和国情来看,职业道德的基本规范中最普遍、最基本的是(　　)

A. 爱岗敬业

B. 诚实守信

C. 办事公道、服务群众

D. 奉献社会

21. [2019 山东潍坊滨海]下列符合社会主义职业道德规范的是(　　)

A. 小张认为工作中不影响结果的小细节可以忽略不管

B. 小李将公司的机密内容泄露给同行业的其他公司

C. 小文总是把比较轻松的工作派给自己喜欢的下属

D. 小赵冒着被开除的风险将工作中的错误主动上报

22. [2019河北邢台市属]下面对爱岗敬业理解不正确的是(　　)

A. 它是最基本的职业道德规范　　B. 它在某种程度上会遏制人们的创造热情

C. 它是从业者应当遵守的共同的职业道德　　D. 它是对人们工作态度的一种普遍要求

23. [2019河南平顶山]戚继光的诗句“繁霜尽是心头血,洒向千峰秋叶丹”可以用来譬喻下面哪个情境(　　)

A. 知难而上的奋斗勇气　　B. 艰苦奋斗的创业精神

C. 诚实守信的可贵品质　　D. 深厚的爱国主义情怀

24. [2019河南安阳龙安]习近平在全国教育大会上强调,要在厚植爱国主义情怀上下功夫,让爱国主义精神在学生心中牢牢扎根,教育引导学生热爱和拥护中国共产党,立志听党话、跟党走,立志扎根人民、奉献国家。从文化生活角度看,提出这一要求是基于(　　)

①学校教育是培育爱国主义精神的根本途径

②国家文化软实力取决于爱国主义的感召力

③教育在人的教化和培育上扮演着重要角色

④培育践行核心价值观离不开人们的情感认同

A. ①②　　B. ①③　　C. ②④　　D. ③④

25. [2019山东潍坊滨海]在处理社会关系方面,我国历史上的儒家学派提倡的道德准则是“五常”,即(　　),这是儒家认为做人应该遵守的最起码的准则。

A. 仁、义、礼、智、信　　B. 温、良、恭、俭、让　　C. 忠、孝、廉、耻、勇　　D. 慧、敏、德、贤、达

26. [2018山西长治襄垣](　　)是社会主义社会新型道德关系的一个重要标志。

A. 尊老爱幼　　B. 邻里团结　　C. 团结友爱　　D. 明礼诚信

27. [2018河北石家庄市属]为了更好地发挥专业技术水平,更好地为人民服务,专业技术人员要有良好以至优秀的(　　)

A. 职业道德规范　　B. 职业道德约束　　C. 职业道德修养　　D. 职业道德行为

28. [2018河北石家庄市属]职业技能是指从业者完成本职工作、承担职业责任所必须具备的科学文化知识和(　　)

A. 创新精神　　B. 专业技术能力　　C. 拼搏奋斗精神　　D. 严谨作风

29. [2017重庆大渡口]我国社会主义道德建设的原则是(　　)

A. 集体主义　　B. 人道主义　　C. 功利主义　　D. 合理利己主义

30. [2017山东德州]被称为大学生进入社会的“通行证”的是(　　)

A. 团结　　B. 友爱　　C. 互助　　D. 诚信

31. [2017河北保定]办事公道是指从业人员在进行职业活动时要做到(　　)

A. 原则至上,不徇私情,举贤任能,不避亲疏

B. 奉献社会,襟怀坦荡,待人热情,勤俭持家

C. 坚持真理,公私分明,公平公正,光明磊落

D. 牺牲自我,助人为乐,邻里和睦,正大光明

32. [2017河北保定]在职业生活中,从业人员是否践行诚实守信,应(　　)

A. 看上司的意见而定　　B. 看对自己是否有利而定

C. 是无条件的　　D. 视对方是否诚心而定

33. [2017重庆南岸]“不想当将军的士兵不是好士兵。”这句话体现的职业道德准则是(　　)

A. 忠诚　　B. 诚信　　C. 敬业　　D. 追求卓越

二、多项选择题(下列每小题列出的四个选项中至少有两项是正确的。)

1. [2021山东青岛市北]党的一大后期在嘉兴南湖的一条船上进行，这被称为“红船精神的诞生”。对此解读正确的有(　　)

A. “红船精神”是爱国主义精神的源头　　B. “红船精神”是中国革命精神之源

C. “红船精神”具有鲜明的时代性和先进性　　D. “红船精神”包括开天辟地、敢为人先的首创精神

2. [2021山东青岛市北]抗美援朝精神的内涵，除了国际主义精神，还包括(　　)

A. 爱国主义精神，革命英雄主义精神　　B. 民族精神，集体主义精神

C. 民主精神，革命献身精神　　D. 革命乐观主义精神，革命忠诚精神

3. [2021河北石家庄市属]伟大抗疫精神是当下中华民族和中国社会最为亮丽的精神标识，它在惊心动魄的抗疫大战和艰苦卓绝的历史大考中孕育形成，更将在全面建设社会主义现代化国家、实现中华民族伟大复兴的新征程中发扬光大。这说明(　　)

A. 抗疫精神决定抗疫斗争胜利　　B. 优秀文化源自社会实践

C. 中华民族精神火炬越烧越旺　　D. 中国共产党是文化创造的主体

4. [2020河北廊坊三河]无论你从事的工作有多么特殊，它总是离不开一定的(　　)的约束。

A. 职业道德　　B. 岗位责任　　C. 家庭美德　　D. 规章制度

5. [2019重庆永川]社会主义道德建设的着力点包括(　　)

A. 社会公德　　B. 家庭美德　　C. 职业道德　　D. 传统美德

6. [2019山东德州]个人加强道德修养，应借鉴历史上思想家们所提出的各种积极有效的道德修养方法，并结合当今社会发展的需要和当代人道德修养的实践经验，身体力行。作为一名教育工作者，可采取的有效道德修养方法包括(　　)

A. 学思并重　　B. 省察克治　　C. 慎独自律　　D. 积善成德

7. [2019重庆江北]职业纪律的内容有(　　)

A. 诚实可信　　B. 规章制度　　C. 操作规范　　D. 岗位责任

8. [2019山东德州]雷锋日记中有这样一段话：“如果你是一滴水，你是否滋润了一寸土地？如果你是一线阳光，你是否照亮了一分黑暗？如果你是一颗螺丝钉，你是否永远坚守你的岗位？”这段话彰显了雷锋的(　　)品质。

A. 爱岗敬业　　B. 诚实守信　　C. 办事公道　　D. 奉献社会

9. [2017山东临沂]职业道德主要体现在(　　)方面。

A. 职业理想　　B. 职业态度　　C. 职业义务　　D. 职业纪律

10. [2017吉林]村民杨某对生活不能自理的婆婆不尽赡养义务，这种行为违背(　　)

A. 传统美德　　B. 社会公德　　C. 家庭美德　　D. 职业道德

三、判断题(判断下列每小题的正误，正确的打“√”，错误的打“×”。)

1. [2020河北沧州河间]医生要救死扶伤，教师要为人师表，商人要童叟无欺。这些反映的是职业道德的多样性和具体性。(　　)

2. [2020河北沧州河间]“我为人人，人人为我”是人生存和发展的基础。服务群众是职业行为的本质，是每个职业劳动者的责任和义务。(　　)

3.[2020河北石家庄市属]在新冠肺炎疫情严控期间,“宅家就是作贡献”要求我们将爱国主义转化为务实的行动。 ( )

4.[2020河北石家庄市属]“国无德不兴,人无德不立”,在当前公民道德建设中要大力弘扬中华传统道德。 ( )

5.[2020河北廊坊三河]为人民服务作为公民道德建设的核心,是社会主义道德区别和优越于其它社会形态道德的显著标志。 ( )

6.[2020河北廊坊三河]一视同仁是职业道德的根本。 ( )

7.[2019重庆市属]法律与道德具有同一属性而相互联系,凡是道德所允许的,都为法律所允许;反之,凡是法律所允许的,都为道德所接受。 ( )

8.[2019重庆渝中]职业道德教育是客观的社会的职业道德活动,而职业道德修养则是个人的主观的道德活动。 ( )

9.[2018重庆沙坪坝]无论在社会主义社会,还是在资本主义社会,乃至其他社会形态里,人们的某些行为规范是相同的,比如尊老爱幼。因此道德是没有阶级性之分的,是人类共有的行为规范。 ( )

10.[2018河北辛集]职业道德基本规范的基础和核心是奉献社会。 ( )

综合能力提升

一、单项选择题(下列每小题列出的四个选项中只有一项是正确的。)

1.[2020河北邢台隆尧]反映一定阶级的利益和要求并为阶级的利益和要求服务的各种道德体系和道德规范指的是道德的( )

A.进步性 B.历史性 C.阶级性 D.全人类性

2.[2020河北邢台隆尧]人们对于行为准则的是非、善恶及其意义的认识是( )

A.道德认识 B.道德信念 C.道德行为 D.道德意志

3.[2020河北廊坊三河]下列关于集体主义的说法,不正确的是( )

A.集体主义是一种道德原则

B.一切个人利益都要让步于集体利益

C.集体利益与个人利益是矛盾的统一体

D.集体利益原则尊重劳动者个人才能的充分发挥

4.[2020河北邢台襄都]下面有关爱岗敬业的论述中错误的是( )

A.爱岗敬业是中华民族的传统美德

B.爱岗敬业是现代企业精神

C.爱岗敬业是社会主义职业道德的一条重要规范

D.爱岗敬业与企业精神无关

5.[2019辽宁大连瓦房店]发挥道德调节作用依靠的力量是( )

A.社会舆论、传统习惯、内心信念 B.社会管理、传统习惯、内心信念

C.社会舆论、社会管理、内心信念 D.传统习惯、社会管理、社会舆论

6.[2019重庆渝中]道德与法律相比,道德的鲜明特征是( )

A.自觉性和他律性 B.主动性和他律性

C.强制性和自律性 D.自律性和自觉性

7.[2019辽宁大连瓦房店]习近平在欧美同学会成立100周年大会上说,希望广大留学人员继承和发扬

留学报国的光荣传统，做爱国主义的坚守者和传播者，始终把国家富强、民族振兴、人民幸福作为努力志向，自觉使个人成功的果实结在爱国主义这棵常青树上。因为爱国主义是(　　)

A. 个人实现人生价值的力量源泉　　B. 个人实现人生价值的直接条件

C. 个人成功的根本保障　　D. 个人成功的决定性因素

8. [2019重庆渝中]社会主义思想道德建设要解决的问题是(　　)

A. 为物质文明建设提供智力支持问题　　B. 为物质文明提供思想保证问题

C. 整个民族的精神支柱和精神动力问题　　D. 整个民族文化建设的价值追求问题

9. [2019重庆渝中]下列关于职业道德修养的说法正确的是(　　)

A. 职业道德修养是国家和社会的强制规定，个人必须服从

B. 职业道德修养是从业人员获得成功的唯一途径

C. 职业道德修养制约从业人员发展的速度

D. 职业道德修养是从业人员的立身之本，成功之源

10. [2019河北保定唐县]为人民服务包含着的高层次的社会主义道德是(　　)

A. 己所不欲，勿施于人　　B. 全心全意为人民服务

C. 人人为自己，上帝为大家　　D. 遵纪守法，不损害他人利益

11. [2019河北保定唐县]爱国主义精神的落脚点和归宿是(　　)

A. 爱国情感　　B. 爱国思想　　C. 爱国行为　　D. 爱国体验

12. [2019重庆市属]“吾日三省吾身”属于中国传统道德修养方法中的(　　)

A. 省察克治　　B. 积善成德　　C. 慎独自律　　D. 学思并重

13. [2019河北邢台经开]关于职业技能与职业道德的关系，下列说法正确的是(　　)

A. 职业技能高低决定了职业道德素质的提高

B. 职业道德对职业技能具有统领作用

C. 强调职业道德往往会约束职业技能的提高

D. 职业道德与职业技能无关联性

14. [2019河北邢台市属]职业道德的构成要素主要包括(　　)

A. 地方行政要素　　B. 意识性要素、法律法规

C. 经济性要素、法律性文件　　D. 意识性要素、规范性要素、行为性要素

15. [2019河南平顶山]职业道德修养是指从业人员在职业活动实践中，按照职业道德基本原则和规范，在职业道德品质方面的(　　)，借以形成高尚的职业道德品质和达到较高的境界。

A. 自我管理和自我监督　　B. 环境熏陶和培养教育

C. 外界监督和自身约束　　D. 自我锻炼和自我改造

16. [2018河北保定]道德的功能是指道德作为社会意识的特殊形式对于社会发展所具有的功能，其中最突出也是最重要的社会功能是(　　)

A. 辩护功能　　B. 沟通功能　　C. 调节功能　　D. 激励功能

17. [2018河北辛集]社会公德不同于职业道德的一个显著特点是(　　)

A. 它具有特别的强制性和约束力　　B. 它具有鲜明的时代性

C. 它是国家明文规定的道德规范　　D. 它是全体公民都应遵守的道德规范

18. [2018河北衡水冀州]下列选项中，哪一个既是一种职业精神，又是职业活动的灵魂，还是从业人员的安身立命之本(　　)

A. 敬业　　B. 节约　　C. 纪律　　D. 公道

19.[2018山东德州]“人无信不立”这句话在个人的职业发展中是指(　　)

A.坚守诚信是获得成功的关键　　B.要求统治者要“仁民爱物”

C.无论为人还是做事都要“执事敬”　　D.人无论做什么都要尽最大的努力

20.[2017河北保定顺平]在古代,“道”和“德”是两个概念,“道德”二字合用,始于战国时期的(　　)

A.老子　　B.孟子　　C.孔子　　D.荀子

21.[2017重庆南岸]体现我国公民道德建设发展主流的是(　　)

A.追求科学、文明、健康的生活方式

B.中华民族的传统美德与体现时代要求的新的道德观念相融合

C.为人民服务精神不断发扬光大,崇尚先进、学习先进蔚然成风

D.爱国主义、集体主义、社会主义思想日益深入人心

22.[2017河南许昌]下列说法正确的是(　　)

A.职业技能与职业道德没有什么关系

B.相对于职业技能,职业道德居于次要地位

C.一个人事业要获得成功,关键是职业技能

D.职业道德对职业技能的提高具有促进作用

23.[2017重庆南岸]不属于职业合作特征的是(　　)

A.社会性　　B.互利性　　C.独立性　　D.平等性

二、多项选择题(下列每小题列出的四个选项中至少有两项是正确的。)

1.[2019重庆酉阳]关于道德,下列说法正确的有(　　)

A.马克思主义认为,它是一种社会意识形态

B.马克思主义认为,它是一种行为规范

C.马克思主义认为,它是一种上层建筑

D.马克思主义认为,它是一种民间约定

2.[2019重庆永川]社会公德的特征有(　　)

A.全民性　　B.一定的强制性　　C.简单易行　　D.民族的传统性

3.[2019河北石家庄裕华]专业优势在有德者身上,能够高人一等地造福社会;专业优势在无良者手中,则成了“谋财害命”的捷径。下列对这一观点理解正确的是(　　)

A.思想道德修养比科学文化修养更重要

B.思想道德修养制约科学文化知识作用的发挥

C.思想道德修养与科学文化修养是互相促进的

D.文化知识水平的高低取决于思想道德水平

4.[2019重庆南岸]共产主义道德的标志是(　　)

A.热爱社会主义祖国　　B.全心全意为人民服务

C.热爱中国共产党　　D.热爱马列主义、毛泽东思想

5.[2018河北石家庄市属]共享单车在解决了居民出行“最后一公里”问题的同时,乱停放、恶意破坏车辆、押金难退等一系列问题也随之产生。解决这些问题需要我们(　　)

A.坚持依法治国和以德治国相结合　　B.弘扬中华传统道德,弘扬时代新风

C.加强职业道德、家庭美德教育　　D.把诚信建设作为道德建设的重点

6.［2018河北辛集］关于职业道德的理解，下列观点正确的是（　　）

A. 职业道德的规范，往往采取自定章程的形式

B. 职业道德一旦形成，就很难改变

C. 职业的发展催生了新的职业道德

D. 不同的职业道德规范，包含着职业行为共有的基本道德要求

7.［2017重庆南岸］在职业道德与职业技能的关系中，职业道德居主导地位，这是因为（　　）

A. 职业道德是职业技能有效发挥的重要条件

B. 职业道德对职业技能的运用起着激励和规范作用

C. 职业道德对职业技能的提高有促进作用

D. 对于一个人来说，有才无德往往比有德无才对社会的危害更大

E. 职业道德可以干扰职业技能发挥

三、主观题

1.［2019山西大同市属简答］简述社会主义职业道德的基本内容。

2.［2019河南安阳龙安材料分析］阅读材料，完成材料后问题。

材料：古往今来，人才都是富国之本、兴邦大计。办好中国的事情，关键在党，关键在人，关键在人才。培养时代新人必须站在时代的高度，站在国家和人民期待的角度，坚持立德树人，以文化人，用社会主义理想、信念、价值观为时代铸魂，使之成为能托付大任的中坚力量。“才者，德之资也；德者，才之帅也。”担当民族复兴大任的时代新人，须是德才兼备，且以德为先。培养能够担当时代重任的新人，必须把“人”字写端正、做端正，德才之间，德为魂，才为体。

问题：结合材料，运用思想道德建设的有关知识，分析如何培养担当民族复兴大任的时代新人。

3.［2018山西大同市属简答］简要回答加强个人道德修养的途径和策略。

图书反馈

重磅！真题重奖征集！

凡提供当年度考试真题者，均可获得现金奖励。具体请联系QQ:3232490489。

（温馨提示：所提供真题须是当年度考试真题，且真实有效。最终解释权归山香教育所有）

亲爱的考生：

感谢您对山香教育的信任和支持，您的建议是我们前进的动力！为进一步提高图书质量，我们特向全国各地的考生开展有奖反馈活动。

1.凡提供山香图书的错题反馈者，均能获得价值99元的山香网课《高频考点》（基础版）大礼包1份。

2.凡提供反馈项目者，可获得价值299元的山香网课《高频考点》（豪华版）超级大礼包1份。

3.我们从意见被采纳人员中每月抽取幸运者2名，各奖励价值1380元的山香网校网课大礼包一份。

图书反馈链接

¥99
大礼包

¥299
超级大礼包

反馈项目

姓名：　　　　　　专业：　　　　　　报考地区：

手机号：　　　　　QQ号：

1.您认为图书中可以增加哪些模块或内容，有助于您的学习？

2.您对本书的印刷、装订、封面有何意见和建议？

3.结合山香现有图书和考情需要，您还需要哪些形式的备考资料？

联系方式：400-600-3363　　**研发部QQ：**1831595423

招教网：http：//www.zhaojiao.net　　**山香网校：**http：//www.sx1211.cn

图书订正链接